Inde du Nord

Cofondateurs : Philippe GLOAGUEN et Michel DUVAL

Directeur de collection et auteur
Philippe GLOAGUEN

Rédacteurs en chef adjoints
Amanda KERAVEL
et Benoît LUCCHINI

Directrice de la coordination
Florence CHARMETANT

Directrice administrative
Bénédicte GLOAGUEN

Directeur du développement
Gavin's CLEMENTE-RUIZ

Conseiller à la rédaction
Pierre JOSSE

Responsable voyages
Carole BORDES

Direction éditoriale
Élise ERNEST

Rédaction
Isabelle AL SUBAIHI
Emmanuelle BAUQUIS
Mathilde de BOISGROLLIER
Thierry BROUARD
Marie BURIN des ROZIERS
Diane CAPRON
Véronique de CHARDON
Laura CHARLIER
Fiona DEBRABANDER
Anne-Caroline DUMAS
Éléonore FRIESS
Géraldine LEMAUF-BEAUVOIS
Olivier PAGE
Alain PALLIER
Anne POINSOT
André PONCELET

2020

hachette

TABLE DES MATIÈRES

Attention ! Le Népal fait l'objet d'un guide à part.

Nous avons divisé ce pays en plusieurs titres. En effet, la très grande majorité d'entre vous ne parcourt pas tout le pays. Et ces contrées sont tellement riches culturellement qu'elles nécessitent deux guides à elles seules. Rassemblés en un seul volume, nos ouvrages atteindraient 1 500 pages. Ils seraient alors intransportables et coûteraient… trois fois plus cher ! Nous souhaitons conserver un format pratique à un prix économique, tout en vous fournissant le maximum d'informations sur des régions qui méritent d'être développées. Voilà !

La rédaction

PRÉAMBULE

COMMENT Y ALLER ? 36

INDE DU NORD UTILE 54

LE NORD 101

LA VALLÉE DU GANGE 175

LE NORD-EST 378

Important : dernière minute

Sauf rares exceptions, le *Routard* bénéficie d'une parution annuelle à date fixe. Entre deux dates, des événements fortuits (formalités, taux de change, catastrophes naturelles, conditions d'accès aux sites, fermetures inopinées, etc.) peuvent modifier vos projets de voyage. Pour éviter les déconvenues, nous vous recommandons de consulter la rubrique « Guide » par pays de notre site • *routard.com* • et plus particulièrement les dernières ***Actus voyageurs.***

Monastère à flanc de falaise, Ladakh

© Olaf Krüger/imageBROKER/Age fotostock

LA RÉDACTION DU ROUTARD

(sans oublier nos 50 enquêteurs, aussi sur le terrain)

Jean-Sébastien, Olivier, Mathilde, Alain, Gavin's, Éléonore, Anne-Caroline, André, Laura, Florence, Véronique, Isabelle, Géraldine, Fiona, Amanda, Benoît, Emmanuelle, Bénédicte, Philippe, Carole, Diane, Anne, Marie.

La saga du *Routard* : en 1971, deux étudiants, Philippe et Michel, avaient une furieuse envie de découvrir le monde. De retour du Népal germe l'idée d'un guide différent qui regrouperait tuyaux malins et itinéraires sympa, destiné aux jeunes fauchés en quête de liberté. 1973. Après 19 refus d'éditeurs et la faillite de leur première maison d'édition, l'aventure commence vraiment avec Hachette. Aujourd'hui, le *Routard*, c'est plus d'une cinquantaine d'enquêteurs impliqués et sincères. Ils parcourent le monde toute l'année dans l'anonymat et s'acharnent à restituer leurs coups de cœur avec passion.

Merci à tous les routards qui partagent nos convictions : liberté et indépendance d'esprit ; découverte et partage ; sincérité, tolérance et respect des autres.

NOS SPÉCIALISTES INDE DU NORD

Anne Poinsot : après avoir tâté de l'histoire, de la sociologie et de la sculpture, c'est au *Routard* qu'Anne nourrit chaque jour sa curiosité éclectique, ses désirs d'ailleurs et son goût du mot juste. Toujours l'œil grand ouvert sur la beauté paradoxale du monde. Entre les rencontres, l'exploration de terrain et les plages d'écriture, elle n'y voit pas le temps passer…

Claude Hervé-Bazin : passionné d'îles perdues et de nature très sauvage, il décline le voyage et l'écrit depuis l'âge de 17 ans. Un métier ? Non, une pulsion qui pousse à additionner les heures de vol, les road trips et les formules de politesse (dans toutes les langues) pour vérifier si l'herbe est plus verte ailleurs, si les couettes sont plus douillettes et les hommes plus heureux.

Emmanuel Juste : sa première passion fut la géographie. Petit déjà, il dévorait les atlas qui le faisaient rêver plus que tout ! Aujourd'hui, après une maîtrise en langues et un peu d'enseignement, sa fascination pour les cartes est intacte mais c'est sur le terrain qu'il découvre la surface du monde. Un ravissement qu'il partage depuis 15 ans, en tant qu'enquêteur, sans modération !

Éric Milet : né à Saint-Nazaire, il a passé son enfance à regarder s'éloigner les bateaux. Premier voyage à 15 ans. Seul. Depuis, il n'a pas cessé. Voyager, c'est comme une petite vie dans la vie : on naît, on vit, on meurt… et on renaît (ouf !). Juste l'envie de voir, de toucher, de sentir. Envie de raconter, aussi, qu'on arrive du bout du monde ou du fond de son jardin.

UN GRAND MERCI À NOS AMI(E)S SUR PLACE ET EN FRANCE

Pour cette nouvelle édition, nous remercions particulièrement :

- **Alex et ses équipes,** à la fois super pro et super agréables ;
- **Chandra et son staff,** efficaces ;
- **Ramesh C. Jangid,** pour ses lumières sur le Shekhawati ;
- **Ramesh et Surendra,** qui se reconnaîtront ;
- **Ramesh et sa famille,** pour toutes ces infos précieusement partagées ;
- **Anil,** toujours aussi efficace et souriant ;
- les Alliances françaises en général, pour leur dynamisme en Inde.

Pictogrammes du *Routard*

Établissements

- Hôtel, auberge, chambre d'hôtes
- Camping
- Restaurant
- Terrasse
- Pizzeria
- Boulangerie, sandwicherie
- Pâtisserie
- Glacier
- Café, salon de thé
- Café, bar
- Bar musical
- Club, boîte de nuit
- Salle de spectacle
- Boutique, magasin, marché

Infos pratiques

- Office de tourisme
- Poste
- Accès internet
- Hôpital, urgences
- Adapté aux personnes handicapées

Sites

- Présente un intérêt touristique
- Point de vue
- Plage
- Spot de surf
- Site de plongée
- Recommandé pour les enfants
- Inscrit au Patrimoine mondial de l'Unesco

Transports

- Aéroport
- Gare ferroviaire
- Gare routière, arrêt de bus
- Station de métro
- Station de tramway
- Parking
- Taxi
- Taxi collectif
- Bateau
- Bateau fluvial
- Piste cyclable, parcours à vélo

Le *Routard* est imprimé sur un papier issu de forêts gérées.

I.S.B.N. 978-2-01-706837-2

AFGHANISTAN
PAKISTAN
Sind (Indus)
LE LADAKH p. 101
Leh
Srinagar
JAMMU-ET-KASHMIR
LE NORD p. 101
Keylong
Dharamsala
Manali
Kullu
Manikaran
L'HIMACHAL PRADESH p. 137
Amritsar
Shimla
Gangotri
Chandigarh
Mussoorie
Rishikesh
Haridwar
LE PENDJAB ET L'HARYANA p. 158
Delhi
New Delhi
Bikaner
Shekhawati
Deshnoke
Deeg
Agra
Jaisalmer
LE RAJASTHAN p. 452
Amber
Bharatpur
Fatehpur Sikri
Pushkar
Jaipur
Ville royale
Ajmer
Jodhpur
Gwalior
Ranthambore Tiger Reserve
Datia
Bundi
Kota
Orchha
Kumbhalgarh
Ranakpur
Mount Abu
Chittorgarh
Udaipur
LE GUJARAT p. 629
Stupas bouddhiques
Sanchi
Ahmedabad
Bhopal
MADHYA
Vadodara
Porbandar
Bhavnagar
Sasan Gir
Veraval (Somnath)
Diu
MER D'OMAN
MAHARASHTRA
0 100 200 km

L'INDE DU NORD

Pali, Rajasthan

« Tout Européen qui vient en Inde acquiert la patience s'il n'en a pas et la perd s'il en a. »
Proverbe indien

« India is magic, India is tragic. » Ainsi décrit-on souvent le pays. Un pays pas comme les autres, qui vous promet un voyage vers des espaces inconnus. **L'Inde remue, l'Inde secoue.** Un premier voyage au pays de Gandhi n'est jamais anodin. Il déboussole au sens propre. On y perd ses codes, ses repères. Vous êtes venu pour ça, non ? Trop de bruit, trop de gens, trop de chaleur, trop de pluie, trop de pauvres… Mais **quelle grâce dans les sourires,** quelle élégance dans les mouvements d'un sari, dans l'enroulement d'un turban, **quel naturel dans la spiritualité, quelle majesté dans son architecture** et **quelle ferveur dans ses prières !**
La dureté de la vie, on la rencontre à chaque coin de rue. La beauté aussi. C'est cette permanente dualité qui déconcerte. Le mélange des contraires. **L'Inde,** la plus grande démocratie du monde, accepte ses contradictions. **C'est une leçon d'énergie.**
Rien n'y est facile. Elle s'est officiellement (et légalement) débarrassée des castes, mais elle continue à appliquer la **ségrégation** dans les pratiques sociales et culturelles. La liberté d'expression est entière, mais la **corruption** dévore l'administration et la police. La tolérance religieuse est la règle, mais les extrémistes sont à l'affût. L'égalité entre les sexes est inscrite dans la loi, mais la **situation des femmes** dans les campagnes est souvent déplorable.
On vient en Inde du Nord pour les **temples,** les **sites archéologiques** et les **splendeurs de l'Himalaya,** mais l'on gardera en mémoire la **magie des rencontres,** les **couleurs,** les instants de grâce offerts par une **population affable et curieuse.** Un voyage pas comme les autres, plein de saveurs (culinaires aussi !) et de force. Pimenté. Initiatique bien souvent. **Tout à la fois un périple dans l'histoire et une expédition dans le futur.** L'Inde ne fait pas dans la demi-mesure. Elle offre un autre regard sur le monde et vient vous cueillir au fond des tripes.

Garisar Lake, Jaisalmer

NOS COUPS DE CŒUR

Au Ladakh, oublier le tumulte des villes indiennes en s'offrant une tournée des monastères bouddhiques, dans des paysages lunaires.

C'est là-haut, tout au nord de l'Inde, au-delà des pics enneigés de l'Himalaya, que commence le Ladakh. Ces paysages grandioses ont donné rendez-vous aux plus hauts sommets, aux vallées les plus sèches du monde. Le Ladakh abrite aussi une multitude de *gompas* (monastères), jusque dans les plus petits villages. Nombre d'entre eux s'accrochent à la montagne dans des positions invraisemblables. *p. 101*

***Bon à savoir :** en principe, les monastères accueillent les visiteurs tlj 7h-18h.*

© Blend Images/hemis.fr

2 Plonger dans les mystères du sikhisme au cours d'une visite nocturne du Golden Temple, à Amritsar.

Avec son dôme miroitant nuit et jour dans les eaux de la « piscine de nectar », le Golden Temple (Temple d'or) est une pure merveille, le cœur même des croyances et des pratiques religieuses sikhes. Un endroit hors du commun, où règnent une ferveur permanente et une ambiance fascinante. Il faut suivre le flot des pèlerins, gamelle et gobelet en main, et manger un *thali* assis à même le sol dans la grande cantine. Unique ! *p. 163*

***Bon à savoir :** l'entrée est gratuite, comme les nuitées et les repas ! Y aller plutôt au lever ou au coucher du soleil, pour la beauté des couleurs.*

3 Assister à la cérémonie du feu, au crépuscule, sur les ghâts d'Har-ki-Pairi qui bordent le Gange, à Haridwar.

Chaque soir, à la tombée de la nuit, hindous et touristes prennent place sur les rives du Gange pour assister à l'*arathi*, une cérémonie des plus fascinante. Alors que des chants religieux rompent le silence, des centaines de flammèches sont abandonnées au Gange en guise d'offrande, et emportées par les remous de l'eau... L'ambiance, pleine de bonne humeur, est tout aussi étonnante. Une cérémonie plus intime se déroule également au lever du jour. *p. 182*

Bon à savoir : *accès aux ghâts gratuit. Le meilleur endroit pour observer la cérémonie se trouve au pied de la Clock Tower.*

4 Dévaler le Gange tumultueux, en amont de Rishikesh.

Dans la vallée du Gange, à quelques kilomètres à peine de Rishikesh, en direction de Badrinath, on découvre un Gange sauvage et bouillonnant qui dévale la montagne en toute liberté, loin des clichés que l'on peut se faire du fleuve sacré. Hors période de mousson, les amoureux de sensations fortes ne manqueront pas de s'adonner aux joies du rafting dans les rapides ! *p. 191*

Bon à savoir : *de nombreuses agences basées à Rishikesh proposent des descentes en rafting, de mi-septembre à juin.*

5 **Défier la foule de Old Delhi** **pour découvrir une Inde millénaire (mais aussi la plus grande mosquée du pays et le Fort Rouge !).** *p. 198*

© Jon Arnold Images/hemis.fr

6 **À Agra, se lever aux aurores pour profiter de la beauté du Taj Mahal parfois nimbé de brumes matinales.**

La légende dit que l'empereur Shah Jahan, fou de chagrin à la mort de sa 3e épouse, Mumtaz Mahal, voulut lui édifier un mausolée qui n'eût pas son pareil au monde. Pari réussi ! Dissimulé derrière une immense enceinte de grès rouge, ce chef-d'œuvre de l'architecture moghole au marbre blanc étincelant se découvre avec tout le suspense d'un rideau qui se lève. *p. 262*

***Bon à savoir :** attention, fermé le vendredi ! Tôt le matin en hiver, prévoir un bon pull !*

7 **Se laisser aller au mysticisme à Khajuraho, après la visite des temples et la contemplation plus terre à terre de leurs bas-reliefs…**

Au milieu de la campagne, Khajuraho est célèbre pour ses sculptures érotiques, qui, en réalité, ne constituent que 5 % de l'ensemble de la surface sculptée du site. Édifiés entre les IXe et XIIe s, les temples présentent un ensemble absolument unique par sa cohérence et sa pureté, et par la finesse de ses représentations. *p. 304*

Bon à savoir : *prévoir 2 j. pour visiter le site et disposer d'un peu de temps pour se reposer.*

8 Plonger dans un univers parallèle onirique au Madhya Pradesh Tribal Museum, à Bhopal.

Pas moins de 7 tribus du Madhya Pradesh ont collaboré à l'élaboration de ce musée extraordinaire (peut-être le plus beau du pays !). De véritables mises en scène qui entraînent les visiteurs au cœur même de leurs univers singuliers et poétiques, de leurs rituels, de leurs artisanats, toujours vivaces et vivants. Une véritable rencontre loin des clichés ! Magique ! *p. 315*

Bon à savoir : *dans la catégorie plus traditionnelle des musées ethnographiques, le Museum of Tribal Arts and Artifacts de Bhubaneswar expose des collections très complètes.*

© Ar.Vish/Shutterstock

© Body Philippe/hemis.fr

9 **À Varanasi, s'imprégner de tout le mysticisme hindou et découvrir, au petit matin, l'animation au bord du Gange.**

Varanasi est l'un des lieux les plus saints de l'hindouisme. Chaque année, des millions de pèlerins viennent se baigner dans les eaux du Gange, censées laver de tous les péchés. C'est aussi le lieu où les hindous viennent mourir : rendre son dernier soupir à Varanasi est l'assurance de rompre avec le cycle des réincarnations. Une ville qui ne laisse pas indifférent. *p. 342*

Bon à savoir : pendant la mousson, pas de navigation sur le Gange, et les berges sont réduites.

© Frédéric Soreau/Photononstop

10 **Se perdre dans le quartier de Kumartuli, à Kolkata.**

Une bulle hors de la frénésie urbaine, où la ferveur laborieuse est tout entière tournée vers la fabrication de statues des divinités hindoues. *p. 375*

11 **Affiner son palais en enchaînant les dégustations de thé dans les boutiques spécialisées de Darjeeling.** *p. 390, 391*

© Jon Arnold Images/hemis.fr

12 **Partir en trek dans le Sikkim, face à des montagnes inouïes, à la recherche du yéti !**

De sublimes paysages, une faune et une flore à la richesse incomparable, une population très métissée où les influences se mélangent jusque dans le sourire des enfants. Ceux qui poussent jusqu'à cette région de haute montagne ont souvent le désir de venir se frotter aux sommets. Partir en trek dans ce paradis de l'Himalaya est une véritable aventure doublée d'une expérience exaltante. *p. 401*

Bon à savoir : *pour se rendre au Sikkim, permis payant, valable 15 jours ; certaines zones de la région nécessitent en plus des permis spéciaux. Période idéale : octobre-novembre et avril-mai.*

(13) Dormir une nuit dans un palais de maharaja digne des *Mille et Une Nuits,* chez les nobles rajpoutes du Rajasthan.

C'est un des rares endroits au monde où l'on peut dormir dans une suite royale sans être millionnaire. Privés de leurs revenus par l'indépendance et ruinés, nombre de maharajas ont aménagé leurs splendides palais et forteresses en hôtels de luxe. Si vous rêvez de passer une nuit de pacha dans un palace chargé d'histoire et étincelant de miroirs, rêve et réalité peuvent se conjuguer… sans trop assécher votre compte en banque. *p. 470*

© Rupinder Khullar/Dinodia Photo/Age fotostock

(14) Photographier, au soleil levant, la façade rose du palais des Vents de Jaipur.

Il fut bâti, en 1799, de façon à y laisser le vent circuler et rafraîchir l'atmosphère. Car l'édifice n'a quasiment pas d'épaisseur. Il ne s'agit pas tant d'un palais que d'une simple façade : elle se pare d'innombrables niches, alvéoles et fenêtres en saillie qui permettaient aux femmes du harem d'observer la rue sans être vues. Tous les décorateurs de théâtre rêvent de faire aussi bien ! *p. 477*

Bon à savoir : *à voir tôt le matin, depuis Siredeori Bazar, lorsque les rayons de l'astre lui donnent une coloration pêche.*

© Boisvieux Christophe/hemis.fr

15 **Se perdre dans le labyrinthe de la vieille ville d'Ahmedabad (Gujarat), pour dénombrer plus de 600 colossales mangeoires à oiseaux !**

Classé par l'Unesco, le centre historique de la vieille ville d'Ahmedabad recèle une urbanisation dotée d'une architecture originale qui témoigne encore aujourd'hui de sa splendeur passée. Une halte d'autant plus enrichissante qu'on y découvre aussi l'un des plus beaux musées du Textile au monde. *p. 637, 640*

16 S'offrir un dîner dans un resto en terrasse, à Udaipur, avec vue plongeante sur le *Lake Palace*.

Le *Lake Palace* est un rêve flottant édifié au XVIIIe s par le *maharana* pour y recevoir ses hôtes de marque. Tout de marbre blanc, il semble avoir été posé sur le lac comme par miracle. C'est désormais l'un des plus célèbres hôtels de l'Inde ; les prix y étant délirants, on se contentera de l'admirer le soir, brillant de mille feux, depuis une terrasse en surplomb du lac ! *p. 536*

© Heirtz Jean/hemis.fr

17 À Jodhpur, visiter la colossale forteresse de Mehrangarh, perchée sur son rocher. *p. 563*

© Zoonar/Dmitry Rukhle/Zoonar GMBH LBRF/Age fotostock

18 **S'émerveiller devant la finesse des *havelis* et des temples jaïns de la forteresse de Jaisalmer, vieille de 5 siècles et nimbée chaque soir de l'or du couchant.**

Classée par l'Unesco, l'étonnante forteresse jaune doré de Jaisalmer, émerge soudain de la plaine désertique du Thar. Corsetée entre ses remparts, la cité abrite 7 superbes temples jaïns vieux de 5 siècles, un fort massif et labyrinthique, et, en contrebas, de magnifiques ensembles de *havelis,* demeures construites à partir du XVIIIe s par de riches marchands. Des chefs-d'œuvre merveilleusement ciselés, époustouflants de finesse et délicieusement nimbés chaque soir de l'or du couchant. *p. 585*

© FRILET Patrick / hemis.fr

19 Parcourir à dos de dromadaire le désert du Thar l'espace de quelques heures ou de quelques jours, avant d'y dormir à la belle étoile !

Jaisalmer et Bikaner sont des sentinelles postées aux portes du désert du Thar. Tout incite à s'y aventurer pour un ou plusieurs jours, à parcourir, au rythme chaloupé d'un vaisseau du désert, les dunes qui le jalonnent et se retrouver le soir pour dormir autour d'un feu de camp, la tête sous les étoiles. *p. 592*

***Bon à savoir :** période idéale de mi-juillet à début avril. D'octobre à février, époque la plus touristique, les nuits sont fraîches dans le Thar ; être équipé en conséquence.*

© Jon Arnold Images/hemis.fr

20 Musarder encore et encore dans les ruelles des marchés, enivré par les parfums des épices, les effluves de l'encens et l'incroyable diversité de l'artisanat.

Les marchés indiens sont parmi les plus riches et variés qui soient. Dans une abondance de couleurs et d'odeurs s'y alignent gargotes, vendeurs de tout, vendeurs de rien, vendeurs de rien du tout… Sans compter, dans les grandes villes, les rues spécialisées dans des marchandises bien précises ; saris ici, bijoux là-bas, et fruits secs au milieu ! À fréquenter sans compter pour s'imprégner d'une ville, et découvrir de belles tranches de vie.

Tigre du Bengale,
Ranthambore Tiger Reserve

ITINÉRAIRES CONSEILLÉS

Quelques idées d'itinéraires, pour une 1re approche de l'Inde du Nord. Que vous les adoptiez tels quels ou que vous les adaptiez, n'oubliez jamais que les déplacements prennent du temps !

L'Inde du Nord en version express : 1 semaine

Conseil : opter pour des transports rapides (avion ou voiture avec chauffeur) ou de nuit, sinon ce n'est pas faisable en 1 semaine ! Les réserver à l'avance pour être sûr de trouver de la place. Autre solution, se contenter de découvrir une seule région (et voir alors le détail des régions dans les itinéraires de 2, 3 ou 4 semaines, qui s'adaptent bien).

Delhi (1) : 2 jours pour découvrir Old Delhi (le Red Fort et la Grande Mosquée – Jama Masjid), le Gandhi Museum, le National Museum, le Qutb Minar, Humayun's Tomb, Safdarjung Tomb…

Agra (2) : 1 jour. Partir tôt le matin de Delhi, en train express ou en voiture. Le Taj Mahal bien sûr, le Red Fort (un autre !).

Khajuraho (3) : 1 jour. Prendre le train de nuit Agra-Khajuraho. Les temples (érotiques !) et le State Museum of Tribal Folk Arts.

Varanasi (4) : 2 jours. Prendre le train de nuit Khajuraho-Varanasi, mais il ne roule que 3 fois par semaine. Les ghâts et le Gange (au petit matin), le Chowk et Bharat Kala Bhavan.

11-12 jours, cap au Nord

Voici un voyage fabuleux, depuis les 1ers contreforts de l'Himalaya jusqu'aux terres spectaculaires du Ladakh !

Variante 1 (11 jours) **:** 1re nuit à **Delhi (1).** Le lendemain, prendre un avion pour **Leh (2).** Prévoir 2 jours d'acclimatation (indispensable à 3 500 m d'altitude !) et visiter tranquillement les monastères bouddhiques. Mais si vous allez au **Ladakh (3),** c'est bien pour faire un trek (compter 2-3 jours minimum). Retour ensuite à Delhi, en avion. Le lendemain, bus pour **Haridwar (4** ; 1 jour) pour assister à la cérémonie des lumières au crépuscule. Puis 2 jours à **Rishikesh (5)** pour souffler, ou pour descendre le Gange tumultueux en raft. Retour à Delhi (bus ou train, 1 jour).
Pour ceux qui n'auraient pas la condition physique pour le Ladakh, ***variante 2*** (12 jours) : filer à **Haridwar (4** ; 1 jour) puis **Rishikesh (5** ; 2 jours) en bus. De là, rejoindre **Chandigarh (6)** en bus (1 jour de trajet, 1 jour sur place), la ville conçue par Le Corbusier, à moins de préférer la fraîcheur de **Mussoorie (7** ; 1 jour de trajet, 1 jour sur place). Ensuite, direction **Dharamsala (8)** en bus (1 jour de trajet), pour une étape de 2 jours. Rejoindre enfin **Amritsar (9)** en bus (1 jour de trajet, 1 jour sur place), pour admirer le Golden Temple des sikhs, puis retour à Delhi (1 jour).

En une quinzaine de jours (c'est déjà plus raisonnable)

Conseil : pour ne pas perdre trop de temps en transport, ne pas hésiter à prendre l'avion ou à louer une voiture avec chauffeur pour certains segments du parcours.
Delhi (1) : 2 jours ; voir plus haut.
Le Rajasthan express (4-7 jours) **:** rejoindre Udaipur en train de nuit ou en avion. 2 jours à **Udaipur (2)** avec au programme le City Palace, promenade sur le lac, balade dans la vieille ville autour du Jagdish Temple, Folklore Museum et spectacle de marionnettes, spectacle de danses traditionnelles ; dans les environs, voir aussi les temples d'Eklingji et de Nagda. ***Variante 1 :*** depuis Udaipur, rejoindre Jaipur en avion. 2 jours à **Jaipur (3)** pour visiter le City Palace, l'Observatoire – *Jantar Mantar* –, le palais des Vents et faire du shopping sur Johari Bazar ; le lendemain, **Amber Fort (4).** ***Variante 2 :*** depuis Udaipur, en voiture avec chauffeur, rejoindre Jaipur en 1 journée via **Chittorgarh (5)** et sa forteresse. ***Variante 3 :*** depuis Udaipur, en voiture avec chauffeur, rejoindre **Ajmer (6)** pour son Dargah et surtout **Pushkar (7)** (les ghâts, et balade dans le village) pour 1 nuit (loger à Pushkar), avant de reprendre la route vers Jaipur. ***Variante 4 :*** depuis Udaipur, en voiture avec chauffeur, direction **Chittorgarh (5)** et sa forteresse (à visiter dans la journée, sur la route), puis **Bundi (8),** son palais et son atmosphère provinciale pour 1 nuit. Cap ensuite sur **la réserve des tigres de Ranthambore (9)** à Sawai Madhopur. Enfin, direction Jaipur, par la route.
Puis route vers **Agra (12** ; 2 jours) en passant éventuellement par la réserve ornithologique à **Bharatpur (10** ; selon la saison) et par **Fatehpur Sikri (11** ; obligatoire). Continuer ensuite sur **Khajuraho (13** ; 1 jour) et **Varanasi (14** ; 2 jours) – voir plus haut.

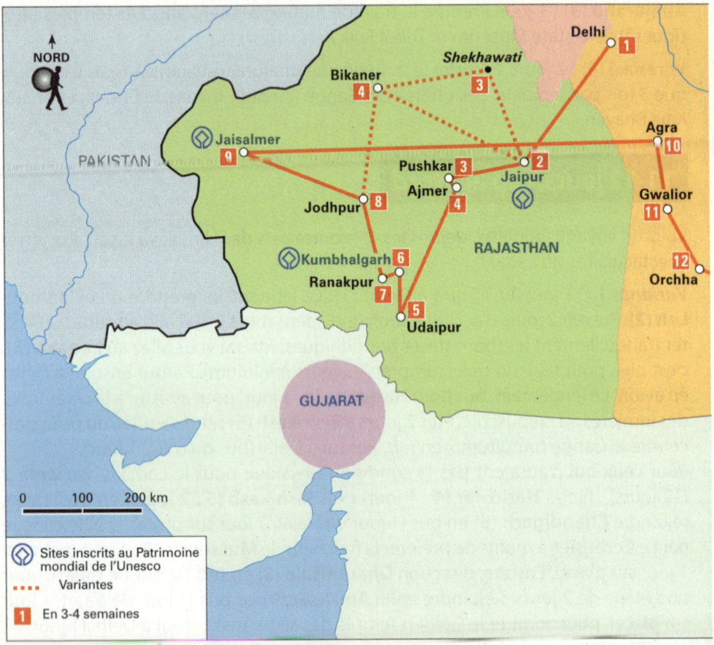

En 3-4 semaines (là, on est plus à l'aise)

On peut tout parcourir en transports en commun (train et bus) si l'on a vraiment 4 semaines et la bougeotte, ou alterner avec une location de voiture. Plusieurs variantes ici, à chacun de choisir ses régions de prédilection et de moduler les propositions entre elles.

Delhi (1) : voir plus haut, en prenant un peu plus le temps (2-3 jours).

Le Rajasthan (10-15 jours) **:** voir plus haut, en prenant plus de temps et en variant le sens. **Jaipur (2),** puis **Pushkar (3), Ajmer (4), Udaipur (5).** Ensuite, direction Jodhpur via la forteresse de **Kumbhalgarh (6)** et les temples jaïns de **Ranakpur (7),** puis 2-3 jours à **Jodhpur (8).** Ensuite, train ou route vers **Jaisalmer (9)** pour 2-3 jours.

Variante : depuis Jaipur, gagner (en voiture) le **Shekhawati (3)** pour 2-3 jours de visite. Poursuivre vers **Bikaner (4)** pour 1-2 jours, autre belle forteresse avec possibilité de balade à dos de dromadaire. Récupérer l'itinéraire principal à Jodhpur ou Jaipur.

Puis (voir plus haut, en prenant le temps) **Agra (10** ; 1-2 jours), **Gwalior (11** ; 1 jour) et **Orchha (12** ; 1 jour), **Khajuraho (13** ; 1 jour), **Varanasi (14** ; 3 jours) et **Sarnath (15), Kolkata (16** ; 2 jours) – à rejoindre en train –, et enfin gagner l'Odisha et les superbes temples de **Konârak (17),** pour 2-3 jours d'immersion en Inde rurale.

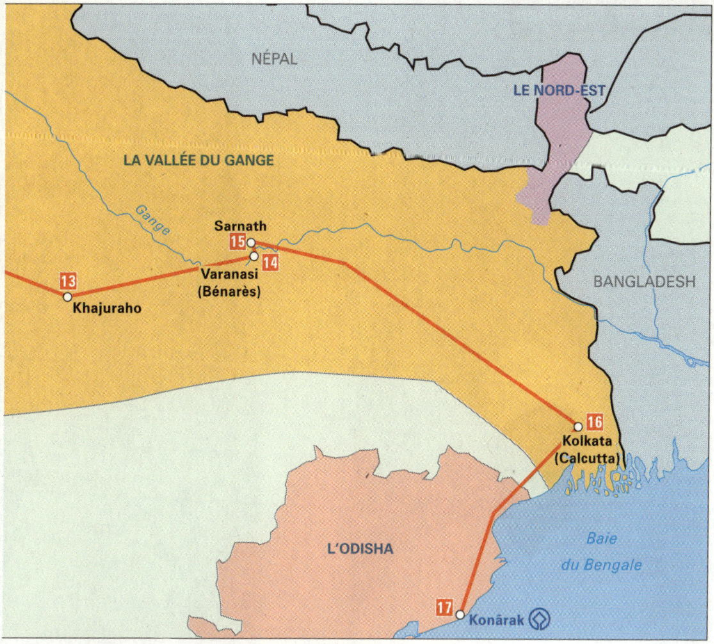

SI VOUS ÊTES PLUTÔT…

Vie à l'indienne : les bazars de Delhi, Jaipur et Kolkata ; les marchés locaux en général ; les ghâts de Pushkar et Varanasi, la cérémonie du feu de Haridwar.

Sites historiques et archéologiques : Delhi (avec tous ses sites disséminés), Agra, Amritsar, Fatehpur Sikri, Khajuraho, Konârak.

Palais de maharajas : le Rajasthan, bien sûr !

En famille, avec des enfants : les réserves animalières (Ranthambore Tiger Reserve, Keoladeo Ghana National Park), le Rail Museum à New Delhi, les spectacles de marionnettes (au Rajasthan – Udaipur en particulier – ou ailleurs), le Jantar Mantar de Jaipur.

En amoureux : les palais de maharajas convertis en hôtels, en particulier au Rajasthan.

Sites et cultures orientaux : les monastères et temples bouddhiques de Sanchi, Bodhgaya, Nalanda, les monastères du Ladakh, Dharamsala, les temples jaïns de Ranakpur et Dilwara.

Branché Inde rurale : Bundi, Mandore, le Shekhawati, Orchha, Bodhgaya (hors saison touristique), les villages vishnoïs des environs de Jodhpur.

Branché solitude : le désert du Thar.

Nature et animaux : Ranthambore Tiger Reserve, Keoladeo Ghana National Park, une balade à dos de dromadaire autour de Jaisalmer ou de Bikaner.

Treks et rafting : Darjeeling, le Sikkim, le Ladakh, Manali, Dharamsala, Rishikesh.

Pushkar, Rajasthan

Interview #experienceroutard

Par la rédaction du *Routard*

En quoi l'Inde du Nord est-elle une destination singulière ?

L'Inde est presque un continent en soi, et l'Inde du Nord offre tant de caractères différents qu'il est impossible de s'en lasser ! On peut y aller et y retourner encore et encore, et être toujours aussi surpris. Quoi de commun entre les paysages himalayens grandioses du Ladakh et l'animation frénétique de Old Delhi ? Entre la majesté des forteresses du Rajasthan et la plaine du Gange ? Et puis l'Inde, c'est avant tout un complet dépaysement, où les couleurs éclatantes des saris et des turbans ponctuent les ocres et sables du désert du Thar tout comme le vert luxuriant des rhododendrons géants du Sikkim... Un tourbillon qui sollicite en permanence les 5 sens du voyageur !

Une activité à faire absolument ?

Prendre un cours de cuisine, pour découvrir toute la subtilité de l'utilisation des poivres, cumin, cardamome et autres épices, et devenir un maestro des *masala* et des currys ! Même les pains sont faits maison, le *naan* et le *paratha* nécessitent chacun un tour de main bien particulier. On se régale de ses préparations à la fin du cours, et on repart souvent avec quelques recettes pour épater la galerie de retour chez soi (reste à acheter les épices !).

Un moment à partager ?

Le Gange traverse tout le nord de l'Inde et il y a des instants au bord du Gange qui sont magiques, que ce soit à Haridwar ou à Varanasi : le matin à l'aube, lorsque les gens viennent y laver un sari avant de faire leur toilette, puis de conclure par des ablutions rituelles et une offrande au fleuve... Le soir à la tombée du jour, se tient l'*arathi* (ou *aarti*), une cérémonie sous le signe du feu en hommage à la déesse Ganga : incroyable dévotion, et des rituels ancestraux effectués par des prêtres très concentrés au son des gongs et des clochettes. Une ambiance unique !

Un livre à emporter avec soi ?

Les Enfants de minuit, de Salman Rushdie. Un gros pavé qui vous accompagnera dans le bus et le train (les trajets peuvent durer !). En fait, une allégorie de l'histoire de l'Inde contemporaine depuis l'indépendance jusqu'à l'époque d'Indira Gandhi, à travers les aventures de Saleem, né à minuit le jour de l'indépendance et de ce fait doté de pouvoirs magiques (comme tous les enfants nés ce jour-là... car ils sont plusieurs !).

Une musique à écouter ?

Le sitar de Ravi Shankar, grand maître des ragas, aussi époustouflant dans les envolées mystiques traditionnelles que dans ses approches plus rock. Et pour choper les rythmes de l'Inde urbaine, *Mundian To Bach Ke,* de Panjabi MC.

LES QUESTIONS QU'ON SE POSE AVANT LE DÉPART

➢ Quels sont les documents nécessaires pour aller en Inde ?

Un visa est obligatoire, et il faut faire les démarches avant l'arrivée dans le pays. On vous conseille le visa électronique (e-visa), moins cher et plus simple à obtenir que le visa classique. Quant au passeport, il doit être valable 6 mois après la date de retour.

➢ Quelle est la meilleure saison pour aller en Inde du Nord ?

De mi-novembre à fin mars. L'été se révèle très chaud et humide à Delhi, Agra et Varanasi. Seules les régions montagneuses (Himachal Pradesh, Ladakh, Sikkim...) gardent un climat tempéré d'avril à octobre. Mais éviter ces mêmes régions en hiver, il y fait très froid et peu d'hôtels sont chauffés.

➢ Quel est le décalage horaire ?

Il y a 4h30 de plus qu'en France en hiver, 3h30 en été.

➢ Quelle est la durée du vol ?

Depuis Paris, environ 8h pour Delhi, 9h pour Mumbai.

➢ Côté santé, quelles précautions particulières ?

Aucun vaccin n'est obligatoire, il suffit d'être à jour avec ses vaccins traditionnels. Cependant, pour des séjours en zone rurale, les vaccins contre les hépatites A et B, contre la fièvre typhoïde et parfois contre la rage ou l'encéphalite japonaise sont conseillés. De plus, il y a des risques de ***paludisme*** en Inde du Nord – on vous conseille de suivre un traitement sauf si vous partez en montagne (au-dessus de 2 000 m, pas de risques). Quoi qu'il en soit, protégez-vous des moustiques (qui propagent aussi la dengue ou le chikungunya).

➢ Quel est le taux de change ? Comment payer sur place ?

En gros, 1 € = 75 ₹ (à vérifier avant votre départ, car le taux fluctue régulièrement). Pour disposer d'espèces, il y a des distributeurs de billets (*ATM* en anglais) un peu partout et, dans les endroits touristiques, des bureaux de change qui changent les euros à un bon taux et sans commission. Sinon, on peut payer avec les cartes de paiement internationales dans les restos et hôtels d'un certain niveau, dans les agences (de voyages, de location de véhicules...), les boutiques un peu chics et même à l'entrée de nombreux sites touristiques.

➢ Quel budget prévoir ?

L'Inde reste un pays fort abordable pour les touristes étrangers. On trouve des chambres simples mais convenables à partir de 15-20 € (pour 2), et on peut manger pour quelques euros. Idem pour les transports (bus, train), bien moins chers qu'en Europe. Mais que nos lecteurs plus argentés se rassurent, il y a aussi de quoi flamber !

➢ Comment se déplace-t-on ?

Les voyageurs individuels se déplacent généralement en train et en bus, les modes de transport les plus économiques. Mais on peut aussi louer une voiture (quasi obligatoirement avec chauffeur), ça ne revient pas si cher non plus (à partir de 20 €/j. en kilométrage limité). Enfin, comme ailleurs, il y a l'avion, assez abordable aussi depuis que des compagnies *low-cost* ont fait leur apparition. Pour certains trajets (comme Delhi-Leh...), c'est évidemment la solution la plus rapide et la moins fatigante.

➢ Quelle langue parle-t-on en Inde ?

Le pays compte 22 langues officielles... et quelques centaines d'idiomes. En Inde du Nord, la langue dominante est toutefois l'hindi. Pour vous, ce sera l'anglais bien sûr, souvent parlé (ou baragouiné) dans les endroits touristiques (ailleurs, ça se corse souvent !). En revanche, dans certaines gares routières, ou dans les villages très ruraux, ça peut devenir compliqué de communiquer. Pour vous aider d'ailleurs, n'oubliez pas notre guide en image *G'palémo.*

➢ Y a-t-il des problèmes de sécurité ?

L'Inde est un pays assez sûr mais, comme partout, il faut garder un œil sur ses affaires, car les vols ne sont pas si rares. Quelques régions aussi sont sujettes à des tensions politiques, mieux vaut donc se renseigner avant de partir : le Cachemire, bien sûr, mais aussi le Bihar et le Jharkhand, les zones de menaces maoïstes. Attention : la détention et la consommation de drogue, y compris de haschich, ont toujours été interdites en Inde, et la loi est très stricte. Les contrevenants s'exposent à de lourdes peines.

➢ Pour quelles régions faut-il un permis spécial ?

Le Sikkim, mais aussi l'Arunachal Pradesh, le Manipur, le Nagaland et quelques zones proches des frontières dans le Ladakh.

➢ Et les treks, comment ça marche ?

Un trek se prépare. On ne part pas à l'aveuglette. Le mieux est de s'adresser à des agences sur place, pour organiser un circuit en fonction de sa forme physique et de ses envies.

COMMENT Y ALLER ?

LES COMPAGNIES RÉGULIÈRES

▲ AIR FRANCE

Rens et résas au ☎ 36-54 (coût d'un appel local ; tlj 6h30-22h), sur • airfrance.fr •, dans les agences Air France (fermées dim) et dans ttes les agences de voyages.

➢ Au départ de Paris-Roissy-Charles-de-Gaulle, Air France dessert **Delhi** à raison de 1 vol/j. Départ de l'aéroport Paris-Roissy-Charles-de-Gaulle, terminal 2E.

Air France propose à tous des tarifs attractifs toute l'année. Pour consulter les meilleures offres du moment sur Internet, allez directement sur la page « Nos meilleurs tarifs » sur *• airfrance.fr •* *Flying Blue,* le programme de fidélité gratuit d'Air France-KLM, permet de gagner des miles en voyageant sur les vols Air France, KLM, Transavia et les compagnies membres de *Skyteam,* mais aussi auprès des nombreux partenaires non aériens *Flying Blue...* Les miles peuvent ensuite être échangés contre des billets d'avion ou des services (surclassement, bagage supplémentaire, accès salon...) ainsi qu'auprès des partenaires. Pour en savoir plus, rendez-vous sur *• flyingblue.com •*

▲ AIR INDIA

Rens et résas : ☎ 01-76-54-57-41 (lun-ven 9h-21h). • airindia.fr • airindia.in • Ou en agence de voyages.

➢ Air India propose 1 vol/j. à destination de **Delhi** et 1 vol/j. à destination de **Mumbai,** au départ de Paris-Roissy-Charles-de-Gaulle, terminal 2C. Nombreuses correspondances, entre autres pour Ahmedabad, Amritsar et Kolkata, ainsi que vers le sud du pays.

▲ DELTA AIR LINES

Rens et résas : ☎ 0892-702-609 (0,35 €/mn + prix d'appel ; lun-ven 8h-20h, w-e et j. fériés 9h-17h30) ; en Inde : ☎ 1-800-123-6645 (gratuit). • delta.com •

➢ Delta Air Lines assure 1 ou 2 vols/j. **Paris-Delhi** via Amsterdam, en partenariat avec Air France, avec de nombreuses possibilités de connexions depuis la province. À noter : Delta assure également 1 vol/j. entre Paris et **Mumbai** et 4 vols/sem entre Paris et **Bangalore,** toujours en partenariat avec Air France. Au-delà de Mumbai et Delhi, nombreuses correspondances possibles vers les différentes villes indiennes.

▲ GULF AIR

Rens et résas : ☎ 01-49-52-41-41. En Inde : ☎ 1-800-123-7474 (gratuit). • gulfair.com •

➢ Gulf Air dessert quotidiennement, au départ de Paris-Roissy-Charles-de-Gaulle, terminal 2C, 6 destinations en Inde (via Bahreïn), et permet des combinaisons entre les villes de Delhi, Mumbai, Chennai (Madras), Kochi (Cochin), Trivandrum et Hyderabad.

▲ KUWAIT AIRWAYS

☎ 01-47-20-75-15. • kuwaitairways.com •

➢ La compagnie dessert **Mumbai** (4 vols/sem), **Delhi** (3-4 vols/sem) **Trivandrum** (2-3 vols/sem), **Kochi** (Cochin ; 4 vols/sem) et **Chennai** (Madras ; 3 vols/sem) au départ de Paris–Roissy-Charles-de-Gaulle, avec étape à Rome et escale à Kuwait City.

▲ LUFTHANSA

Rens et résas : ☎ 0892-231-690 (0,35 €/mn + prix d'appel). • lufthansa.com •

➢ Lufthansa propose, via Francfort ou Munich, 1 ou 2 vols/j. à destination de **Delhi, Mumbai, Bengaluru** (Bangalore) et **Chennai** (Madras).

▲ D'autres compagnies, telles que **Etihad Airways** *(☎ 01-57-32-43-43 ; • etihadairways.com •)* et **Emirates** *(☎ 01-57-32-49-99 ; • emirates.com •)* desservent également l'Inde du Nord, avec parfois des vols directs intéressants, ou via des escales.

LES ORGANISMES DE VOYAGES

En France

▲ ALLIBERT TREKKING

– Paris : 37, bd Beaumarchais, 75003. ☎ 01-44-59-35-35. • allibert-trekking.com • Ⓜ Chemin-Vert ou Bastille. Lun-ven 9h-19h, sam 10h-18h.

– Agences également à Chamonix, Chapareillan, Lyon, Nice et Toulouse.

Née en 1975 d'une passion commune entre 3 guides de montagne, Allibert propose aujourd'hui des voyages aux quatre coins du monde. Découvrir de nouveaux itinéraires en respectant la nature et les cultures des régions traversées reste leur priorité. Pour chaque pays, différents niveaux de difficulté. Allibert est le 1er tour-opérateur certifié Tourisme responsable.

▲ ALTIPLANO VOYAGE

– Annecy (Metz-Tessy) : Park Nord, Les Pléiades nº 35, 74370. ☎ 04-57-09-80-00. • altiplano-voyage.com • Lun-ven 9h-13h, 14h-18h.

Osez l'inédit ! Avec Altiplano Voyage, agence spécialiste des voyages sur mesure en Inde, découvrez le pays du Bollywood, ses marchés colorés et ses paysages grandioses. Cette agence à taille humaine propose toutes les régions de l'Inde : du Rajasthan au Ladakh, du Tamil Nadu au Kerala, rencontrez une culture millénaire et bouillonnante et régalez-vous de curry épicé. À votre écoute, la spécialiste Inde chez Altiplano partage avec vous ses conseils et astuces afin de créer un voyage à votre image, avec le degré d'autonomie souhaité (en liberté ou avec guide et visites).

▲ ASIA

– Paris : 1, rue Dante, 75005. ☎ 01-44-41-50-10. • asia.fr • Ⓜ Maubert-Mutualité. Lun-ven 9h-18h30 ; sam 10h-13h, 14h-17h.

– Agences également à Lyon, Nice, Marseille et Toulouse.

Asia est leader des voyages en Asie et propose des voyages personnalisés en individuel ou en petits groupes de l'Asie Mineure au Pacifique, de la Jordanie à la Nouvelle-Zélande en passant par l'Inde, bien sûr, la Mongolie, la Chine, l'Asie du Sud-Est et l'Australie. Dans chaque pays, Asia met son expertise au service de ses clients pour réaliser le voyage de ses envies. Connaissance du terrain et du patrimoine culturel, respect de l'environnement et authenticité, c'est au plus près des populations, et toujours dans l'esprit des lieux, qu'Asia fait partager ses créations « maison ». Sur les rivages paradisiaques, de l'océan Indien jusqu'à la mer de Chine, Asia a sélectionné des adresses idylliques et des spas raffinés pour des séjours bien-être.

▲ ASIE INFINY

– Paris : 5 bis, rue de l'Asile-Popincourt, 75011. ☎ 01-53-70-23-51. • asieinfiny.com • Lun-ven 9h30-19h ; sam 10h-13h, 14h-18h.

Créée en 2015, Asie Infiny, spécialiste du voyage à la carte, décline ses formules à l'infini pour répondre à toutes les envies et offrir une « Asie pour chacun ». De l'Inde au Japon en passant par le Sri Lanka, l'Indonésie (Bali) et l'Asie du Sud-Est (Thaïlande, Birmanie, Laos, Cambodge et Vietnam), son équipe vous propose une offre complète et variée. Guidé, en groupe, classique, hors des sentiers battus, à la carte ou cousu main. En route, les métropoles vibrantes et dynamiques que sont Singapour ou Hong Kong vous attendent pour une escale de quelques jours.

▲ CERCLE DES VACANCES

– Paris : 4, rue Gomboust (angle 31, av. de l'Opéra), 75001. ☎ 01-40-15-15-18. • cercledesvacances.com • Ⓜ Pyramides ou Opéra. Lun-ven 9h-20h, sam 10h-18h30.

Le vrai voyage sur mesure, à destination des pays d'Asie, dont l'Inde. Cercle des Vacances propose un large choix de voyages adaptés à chaque client : circuits avec guide et chauffeurs, voyages en groupe, croisière, combinés de plusieurs pays, voyages de noces... Les experts Cercle des Vacances partagent leurs conseils

et leurs petits secrets pour faire de chaque voyage une expérience inoubliable. Cercle des Vacances offre également un service Liste de mariage gratuit. Les petits plus qui font la différence : cours de cuisine, rencontre avec les éléphants, balade en train local, tour en pirogue...

▲ COMPTOIR DES VOYAGES

• comptoir.fr • Lun-sam 9h30-18h30.
– Paris : 2-18, rue Saint-Victor, 75005. ☎ 01-53-10-30-15. Ⓜ Maubert-Mutualité.
– Bordeaux : 26, cours du Chapeau-Rouge, 33800. ☎ 05-35-54-31-40.
– Lille : 76, rue Nationale, 59160. ☎ 03-28-04-68-20. Ⓜ Rihour.
– Lyon : 10, quai Tilsitt, 69002. ☎ 04-72-44-13-40. Ⓜ Bellecour.
– Marseille : 12, rue Breteuil, 13001. ☎ 04-84-25-21-80. Ⓜ Estrangin.
– Nice : 62, rue Giofreddo, 06000. Ouverture prévue en 2020.
– Toulouse : 43, rue Peyrolières, 31000. ☎ 05-62-30-15-00. Ⓜ Esquirol.

En plus de 30 ans, Comptoir des Voyages s'est imposé comme la référence incontournable du voyage sur mesure en immersion, avec plus de 90 destinations sur les 5 continents. Ses conseillers-spécialistes construisent des voyages uniques en s'adaptant à votre budget, vos goûts et vos envies. Pour favoriser les rencontres et l'immersion dans la vie locale, ils privilégient des hébergements typiques et des expériences authentiques. Sur place, des *greeters* francophones partagent avec vous conseils et bonnes adresses le temps d'un café. Sur votre smartphone, l'application mobile « Luciole » vous informe sur le déroulé de votre voyage et vous guide grâce à un GPS hors connexion. Comptoir des Voyages est membre d'Agir pour un Tourisme Responsable depuis 2009, labellisation ATR renouvelée par Ecocert Environnement en 2019.

▲ INDE EN LIBERTÉ

• inde-en-liberte.com •

Contactez Inde en Liberté, une agence locale de confiance, pour organiser votre voyage sur mesure en Inde. Leurs conseillers, fins connaisseurs du terrain et de la réalité du pays, vous accompagnent dans la préparation de votre voyage, en couple, en famille ou en groupe d'amis. Vous avez ainsi accès à un service personnalisé en bénéficiant d'un prix accessible. Membre de ***Bynativ,*** la communauté des agences de voyages locales, Inde en liberté propose un maximum de garanties et de services : règlement en ligne et ce de façon sécurisée, possibilité de souscrire à une assurance voyage et de bénéficier de garanties solides en cas d'imprévu. De quoi voyager de façon authentique et en toute tranquillité.

▲ NOMADE AVENTURE

☎ 01-46-33-71-71. • nomade-aventure.com •
– Paris : 40, rue de la Montagne-Sainte-Geneviève, 75005. ☎ 01-46-33-71-71. Ⓜ Maubert-Mutualité. Lun-sam 9h30-18h30.
– Lyon : 10, quai Tilsitt, 69002. ☎ 04-72-44-13-50. Lun-sam 9h30-18h30.
– Marseille : 12, rue Breteuil, 13001. ☎ 04-84-25-21-86. Lun-sam 9h30-18h30.
– Toulouse : 43, rue Peyrolières, 31000. ☎ 05-62-30-10-77. Lun-sam 9h30-18h30.

Nomade Aventure propose des circuits inédits partout dans le monde à réaliser en famille, entre amis, avec ou sans guide. Également la possibilité d'organiser, hors de groupes constitués, un séjour libre en toute autonomie et sur mesure. Spécialiste de l'aventure avec plus de 600 itinéraires (de niveau tranquille, dynamique, sportif ou sportif +) faits d'échanges et de rencontres avec les habitants, Nomade Aventure donne la priorité aux expériences authentiques à pied, à VTT, à cheval, à dos de chameau, en bateau ou en 4x4.

▲ NOSTALASIE

– Paris : 19, rue Damesme, 75013. ☎ 01-43-13-29-29. • ann.fr • Ⓜ Tolbiac. Lun-ven 10h-13h, 15h-18h.

Parce qu'il n'est pas toujours aisé de partir seul, NostalAsie, un tour-opérateur indépendant, propose de véritables voyages sur mesure en Asie, notamment en Inde, des lieux les plus connus jusqu'aux contrées les plus reculées, en individuel ou en groupe déjà constitué. 2 formules au choix :

Les Estampes, avec billets d'avion, logements, transferts entre les étapes, ou *Les Aquarelles,* avec en plus un guide et une voiture privée à chaque étape. Vous trouverez sur le site internet des idées d'itinéraires que vous pourrez ensuite personnaliser et adapter selon vos envies.

▲ RENCONTRES AU BOUT DU MONDE

Rens et résas : ☎ 04-90-49-97-40. • boutdumonde.eu •

Rencontres au bout du monde, opérateur dédié aux voyages équitables et solidaires, organise depuis 20 ans des voyages de découverte, en individuel ou en très petits groupes, privilégiant l'échange, la relation, et l'équité entre le voyageur et les populations d'accueil. Pour voyager autrement à la rencontre des acteurs du développement alternatif de l'Inde, des circuits et des séjours villageois « en immersion » chez l'habitant, avec ou sans randonnée, sur les terres royales du Rajasthan dans la vallée du Gange, dans les campagnes du Madhya Pradesh ou au cœur des villages du Ladakh et du Zanskar. Loin du monde et des circuits touristiques, souvent en zones rurales isolées, appliquant au plus près les principes du commerce équitable, Rencontres au bout du monde et ses voyageurs apportent, en toute humilité, leur contribution à l'amélioration des conditions de vie des populations rurales et villageoises qui les accueillent. Rencontres au bout du monde bénéficie du label Garantie tourisme équitable et solidaire décerné par l'Association pour le tourisme équitable et solidaire (ATES).

▲ ROOTS TRAVEL

– Paris : 17, rue de l'Arsenal, 75004. ☎ 01-42-74-07-07. • rootstravel.com • Ⓜ Bastille. Lun-ven 10h-13h, 14h-18h ; sam sur rdv.

Roots Travel est un spécialiste des circuits individuels sur mesure en autotour avec chauffeur, du Rajasthan à la vallée du Gange en passant par Varanasi, sur les pas du Bouddha. Autres itinéraires traversant les paysages grandioses du Ladakh jusqu'au Tibet ou bien vers Katmandou. Réservation des vols, hôtels de charme, *guesthouses* en *havelis,* anciens palaces de maharajas, bivouac en montagne et location de voitures avec chauffeur. Roots Travel est aussi spécialisé sur l'Inde du Sud et le Sri Lanka.

▲ ROUTE DES INDES ET DE L'ASIE (LA)

• laroutedesindes.com • Ⓜ Palais-Royal-Musée-du-Louvre ou Pyramides. Lun-jeu 10h-19h, ven 10h-18h, sam sur rdv.

– Paris : 7, rue d'Argenteuil, 75001. ☎ 01-42-60-60-90. La Route des Indes et de l'Asie s'adresse aux voyageurs indépendants et propose des voyages individuels organisés, sur mesure, à travers l'Asie du Sud-Est et l'Extrême-Orient, adaptés au goût et au budget de chaque voyageur. Les itinéraires sont construits par des spécialistes après un entretien approfondi. La librairie offre un large choix de guides, de cartes et de littérature consacrée à l'Asie du Sud-Est et à l'Extrême-Orient. Des expositions sont régulièrement organisées dans la galerie-photo et des écrivains sont invités à venir signer leurs ouvrages.

▲ ROUTE DES VOYAGES (LA)

– Paris : 10, rue Choron, 75009. ☎ 01-55-31-98-80. Ⓜ Notre-Dame-de-Lorette.

– Angers : 6, rue Corneille, 49000. ☎ 02-41-43-26-65.

– Annecy : 4 bis, av. d'Aléry, 74000. ☎ 04-50-45-60-20.

– Bordeaux : 19, rue des Frères-Bonie, 33000. ☎ 05-56-90-11-20.

– Lyon : 59, rue Franklin, 69002. ☎ 04-78-42-53-58.

– Toulouse : 9, rue Saint-Antoine-du-T, 31000. ☎ 05-62-27-00-68.

• laroutedesvoyages.com • Agences ouv lun-jeu 9h-19h, ven 9h-18h. Rdv conseillé.

25 ans d'expérience de voyage sur mesure sur les 5 continents ! 15 pays en Europe complètent à présent leur offre. Cette équipe de voyageurs passionnée a développé un vrai savoir-faire du voyage personnalisé : écoute, conseils, voyages de repérage réguliers et des correspondants sur place soigneusement sélectionnés avec qui ils

travaillent en direct. Son engagement à promouvoir un tourisme responsable se traduit par des possibilités de séjours solidaires à insérer dans les itinéraires de découverte individuelle. Elle a aussi créé un programme de compensation solidaire qui permet de financer des projets de développement locaux.

▲ SALAÜN HOLIDAYS

Rens et résas au ☎ 02-23-44-01-30 ou dans l'une des 84 agences de voyages Salaün Holidays et sur • salaun-holidays.com •

Salaün Holidays, tour-opérateur et voyagiste français, est le spécialiste des circuits accompagnés à travers le monde et propose une grande variété de programmes en Inde, une de ses destinations phares : *l'Inde du Nord et le Rajasthan, l'Inde du nord au sud, Inde et Népal, Trésors des Maharajas...* et de nombreux circuits, de 12 à 21 jours, pour découvrir l'Inde. Salaün Holidays est aussi le spécialiste des voyages à la carte permettant aux voyageurs de se voir proposer un programme personnalisé à la rencontre de l'Inde hors des sentiers battus.

▲ SHANTI TRAVEL

– Paris : 17, rue Galilée, 75116 Paris. ☎ 01-82-28-92-28. • shantitravel.com • – Également des bureaux à New Delhi, Colombo, Bali, Rangoun, Katmandou, Siem Reap et Hanoï.

Une agence de voyages francophone qui façonne des itinéraires de voyage et des treks sur mesure à travers l'Asie depuis 2005. Fort de ses 14 années d'expertise, Shanti Travel fait découvrir de l'intérieur 18 destinations en Asie dont la Birmanie, le Cambodge, Hong Kong, l'Inde, l'Indonésie, le Japon, le Laos, la Malaisie, le Népal, le Sri Lanka, Singapour, la Thaïlande et le Vietnam.

Selon vos désirs, vos disponibilités et votre budget, vous pouvez choisir de partir sur mesure en créant votre itinéraire, étape par étape, avec un expert voyage personnel ; partez où, quand et avec qui vous voulez. Soit en petit groupe sur un des programmes thématiques, à des dates fixes mais variées, en bénéficiant de prix imbattables. Profitez également d'un accompagnateur francophone gratuit à partir de 6 participants.

▲ TERRE DES INDES

– Paris : 28, bd de la Bastille, 75012. ☎ 01-44-32-12-80. • terre-voyages.com/terre-des-indes • Ⓜ Bastille. Lun-ven 8h-18h30, sam 10h-18h.

Terre des Indes redessine les contours, les territoires et les beautés de l'Inde pour une découverte teintée d'émotions. Pour tous les voyageurs qui attendent d'une échappée lointaine plus qu'une simple visite mais au contraire une véritable connaissance et un apprentissage responsable des différentes cultures indiennes en totale immersion, Terre des Indes est le spécialiste qu'il leur faut. En groupes ou en individuel, Terre des Indes fait la part belle aux voyages sur mesure, à l'authenticité... et au juste prix ! Découvrir, savourer, et explorer sont autant d'angles différents proposés par Terre des Indes pour sillonner au mieux les régions les plus fréquentées mais aussi les moins connues de cette destination unique.

▲ TERRES D'AVENTURE

☎ 0825-700-825 (0,15 €/mn + prix d'appel). • terdav.com •
– Paris : 30, rue Saint-Augustin, 75002. ☎ 01-70-82-90-00. Ⓜ Opéra ou Quatre-Septembre. Lun-sam 9h30-19h.
– Agences également à Bordeaux, Grenoble, Lille, Lyon, Marseille, Nantes, Rennes, Rouen, Strasbourg et Toulouse.

Depuis 1976, Terres d'Aventure, spécialiste du voyage à pied, propose aux voyageurs passionnés de marche et de rencontres des randonnées hors des sentiers battus à la découverte des grands espaces de notre planète. Voyages à pied, à cheval, en bateau, en raquettes... Sur tous les continents, des aventures en petits groupes ou en individuel encadrés par des professionnels expérimentés sont proposées. Les hébergements dépendent des sites explorés : camps d'altitude, bivouac, refuge ou petits hôtels. Les voyages sont conçus par niveaux de difficulté : de la simple balade en plaine

à l'expédition sportive en passant par la course en haute montagne.
En province, certaines de leurs agences sont de véritables *Cités des Voyageurs* dédiées au voyage. Consultez le programme des manifestations sur leur site internet.

▲ TERRES DE CHARME & ÎLES DU MONDE

☎ 01-55-42-74-10. • terresdecharme.com •
– Paris : 5 bis, rue de l'Asile-Popincourt, 75011. Lun et mer-ven 9h30-18h30, mar 14h-18h30. Ou 68, rue de Miromesnil, 75008. Lun et mer-ven 9h30-18h30, mar 14h-18h30, sam 10h30-13h, 14h-17h.
Artisans du voyage individuel sur mesure depuis plus de 20 ans, leurs scénaristes du voyage ont à cœur de faire partager leurs passions en concevant des séjours authentiques, inoubliables et singuliers aux quatre coins du monde. Ce sont la rareté et le charme raffiné savamment dosés qui animent l'équipe pour créer des voyages placés sous le signe d'émotions intenses et rares. *Sandals* privés glissant le long du Nil, camp privatif au cœur du Masai Mara, îles exclusives de l'océan Indien, décors magiques des Caraïbes, sites cachés en Asie, trains de luxe et de légende... Telles sont quelques-unes des créations de Terre de Charme & Îles du Monde pour faire de votre voyage une expérience unique.

▲ TERRES LOINTAINES

– Paris ☎ 01 75 60 63 50
– Bordeaux ☎ 05 33 09 09 10
– Lyon ☎ 04 65 07 02 70
– Lille ☎ 03 59 61 59 40
– Nantes ☎ 02 52 59 48 00
– Marseille ☎ 04 65 07 02 80. Lun-ven 9h-19h, sam 10h-18h.
• terres-lointaines.com •
Terres Lointaines affiche clairement son ambition : démocratiser le voyage sur mesure au prix le plus juste. Convaincu qu'un voyage réussi est un voyage qui dépasse les attentes du client, c'est en visant l'excellence que Terres Lointaines met le monde à votre portée, en individuel ou en petit groupe allant jusqu'à 12 personnes. Afrique, Amériques, Asie, Europe, Océanie... La palette de destinations proposée est vaste avec des conseillers à l'écoute de vos envies. Grâce à leur expertise et à des partenaires locaux de confiance, Terres Lointaines crée des voyages de qualité pour vous offrir des découvertes exceptionnelles et de merveilleux souvenirs.

▲ VOYAGEURS DU MONDE EN INDE ET DANS LES HIMALAYAS

– Paris : La Cité des Voyageurs, 55, rue Sainte-Anne, 75002. ☎ 01-42-86-16-90. • voyageursdumonde.com • Ⓜ Opéra ou Pyramides. Lun-sam 9h30-19h. Avec une librairie spécialisée sur les voyages.
– Également des agences à Bordeaux, Grenoble, Lille, Lyon, Marseille, Montpellier, Nantes, Nice, Rennes, Rouen, Strasbourg et Toulouse. Et aussi à Bruxelles et à Genève.
Parce que chaque voyageur est différent, que chacun a ses rêves et son idée pour les réaliser, Voyageurs du Monde conçoit, depuis plus de 30 ans, des projets sur mesure. Les séjours proposés sur 120 destinations sont élaborés par leurs 180 conseillers voyageurs. Spécialistes par pays et même par région, ils vous aideront à personnaliser les voyages présentés à travers une trentaine de brochures d'un nouveau type et sur le site internet où vous pourrez également découvrir les hébergements exclusifs et consulter votre espace personnalisé. Au cours de votre séjour, vous bénéficiez des services personnalisés Voyageurs du Monde, dont la possibilité de modifier à tout moment votre voyage, l'assistance d'un concierge local, la mise en place de rencontres et de visites privées et l'accès à votre carnet de voyage via une application iPhone et Android.
Voyageurs du Monde est membre de l'association ATR (Agir pour un tourisme responsable) et a obtenu sa certification Tourisme responsable AFAQ AFNOR.

Voir aussi au sein de chaque ville indienne les agences locales que nous avons sélectionnées.

Comment aller à Roissy et à Orly ?

Toutes les infos sur notre site *• routard.com •* à l'adresse suivante : *• bit.ly/aeroports-routard •*

SHANTI travel.com
EXPERT VOYAGE EN ASIE
Créons ensemble votre voyage sur mesure
en Inde du Nord
Nos experts voyage basés à New Delhi vous conseillent
INDE - SRI LANKA - INDONÉSIE - SINGAPOUR - MALAISIE - BIRMANIE - NÉPAL - BHOUTAN
TIBET - CAMBODGE - LAOS - THAÏLANDE - VIETNAM - MONGOLIE - PHILIPPINES - JAPON
(+33) 01 82 28 92 28
shantitravel.com
contact@shantitravel.com

En Belgique

▲ CONNECTIONS

Rens et résas : ☎ 070-233-313. • connections.be •

Fort d'une expérience de plus de 20 ans dans le domaine du voyage, Connections dispose d'un réseau de 32 *travel shops* dont 1 à Brussels Airport. Connections propose des vols dans le monde entier à des tarifs avantageux et des voyages destinés à des voyageurs désireux de découvrir la planète de façon autonome. Connections propose une gamme complète de produits : vols, hébergements, location de voitures, autotours, vacances sportives, excursions...

▲ CONTINENTS INSOLITES

– Bruxelles : rue César-Franck, 44 A, 1050. ☎ 02-218-24-84. • continents-insolites.com • Lun-ven 10h-18h, sam 10h-16h30 sur rdv.

Continents Insolites, organisateur de voyages lointains sans intermédiaire, propose une gamme étendue de formules de voyages détaillées sur leur site internet.

– Voyages découverte sur mesure : à partir de 2 personnes. Un grand choix d'hébergements soigneusement sélectionnés : du petit hôtel simple à l'établissement luxueux et de charme.

– Circuits découverte en minigroupes : de la grande expédition au circuit accessible à tous. Des circuits à dates fixes dans plus de 60 pays en petits groupes francophones de 7 à 12 personnes. Avant chaque départ, une réunion est organisée. Voyages encadrés par des guides francophones, spécialistes des régions visitées.

▲ TERRES D'AVENTURE

– Bruxelles : chaussée de Charleroi, 23, 1060. ☎ 02-543-95-60. • terdav.com • Lun-sam 10h-19h.

Voir texte dans la partie « En France ».

▲ VOYAGEURS DU MONDE

– Bruxelles : chaussée de Charleroi, 23, 1060. ☎ 02-543-95-50. • voyageurs dumonde.com •

Le spécialiste du voyage en individuel sur mesure. Voir texte dans la partie « En France ».

En Suisse

▲ ALTIPLANO VOYAGE

– Genève : pl. du Temple, 3, 1227 Carouge. ☎ 022-342-49-49. • alti plano-voyage.ch • Ouv lun-mar et jeu-ven sur rdv.

Voir texte dans la partie « En France ».

▲ ASIA

– Genève : c/o Fert et Cie Voyages, rue Barton, 7, CP 2364, CH-1211, Genève 2. ☎ 022-839-43-92. • asia.fr •

Voir texte dans la partie « En France ».

▲ ÈRE DU VOYAGE (L')

– Nyon : Grand-Rue, 21, CH-1260. ☎ 022-365-15-65. • ereduvoyage.ch • Mar-ven 8h30-12h30, 13h30-18h ; sur rdv en dehors de ces heures.

Agence fondée par 4 professionnelles qui ont la passion du voyage. Elles pourront vous conseiller et vous faire part de leur expérience en Asie, Afrique australe et Moyen-Orient. Des itinéraires originaux, testés par l'équipe de l'agence : voyages sur mesure pour découvrir un pays en toute liberté en voiture privée avec ou sans chauffeur, guide local et logements de charme ; petites escapades pour un week-end prolongé et voyages en famille.

▲ HORIZONS NOUVEAUX

– Verbier : rue de Medran, 6, CP 196, 1936. ☎ 027-761-71-71. • horizons nouveaux.com • Lun-ven 9h-17h, sam sur rdv.

Horizons Nouveaux est le tour-opérateur suisse spécialisé dans les régions qui vont de l'Asie centrale à l'Asie du Sud en passant par les pays himalayens, tels que l'Inde, le Sri Lanka, le Népal, le Tibet, la Birmanie, le Cambodge, le Laos, Java ou encore Bali. Horizons Nouveaux organise principalement des voyages à la carte, des voyages culturels à thème, des trekkings souvent inédits et des expéditions.

▲ JERRYCAN VOYAGES

– Genève : rue Sautter, 11, 1205. ☎ 022-346-92-82. • jerrycan-voyages. ch • Lun-ven 9h-12h30, 13h30-18h.

Tour-opérateur de la Suisse francophone spécialisé sur l'Afrique, l'Asie et l'Amérique latine. 3 belles brochures

proposent des circuits individuels et sur mesure. L'équipe connaît bien son sujet et peut construire un voyage à la carte.

▲ ROUTE DES VOYAGES (LA)

– Gèneve : ☎ 022-552-34-46. • geneve@route-voyages.com • ch.route-voyages.com

Voir texte dans la partie « En France ».

▲ SAKADOH

– Lausanne : av. William-Fraisse, 7, 1006. ☎ 021-626-17-70. • sakadoh.ch •

Grand voyageur depuis près de 40 ans, amoureux de l'Asie en général et de l'Inde en particulier, Jean-Daniel Forestier y organise des voyages depuis 1989 : circuits ou séjours individuels et minigroupes de 6 personnes maximum qu'il accompagne lui-même. Les principales caractéristiques de ces voyages sont un profond respect pour le pays et sa population et une réelle approche de l'Inde du quotidien. Au fil des années, il est devenu le spécialiste de l'Inde en Suisse romande.

À noter que 1 % du prix de vente de tous les circuits Sakadoh est redistribué à des ONG actives en Inde (scolarisation d'enfants, soins médicaux, ateliers de formation, etc.).

▲ STA TRAVEL

☎ 058-450-49-49. • statravel.ch •

– Fribourg : rue de Lausanne, 24, 1700. ☎ 058-450-49-80.

– Genève : rue Pierre-Fatio, 19, 1204. ☎ 058-450-48-00.

– Genève : rue Vignier, 3, 1205. ☎ 058-450-48-30.

– Lausanne : bd de Grancy, 20, 1006. ☎ 058-450-48-50.

– Lausanne : à l'université, Anthropole, 1015. ☎ 058-450-49-20.

Agences spécialisées notamment dans les voyages pour jeunes et étudiants. 150 bureaux STA et plus de 700 agents du même groupe répartis dans le monde entier sont là pour donner un coup de main *(Travel Help).*

STA propose des tarifs avantageux : vols secs *(Blue Ticket),* hôtels, écoles de langues, *work & travel,* circuits d'aventure, voitures de location, etc. Délivre la carte internationale d'étudiant et la carte Jeune.

▲ TERRES D'AVENTURE

– Genève : rue de la Rôtisserie, 19, 1204. ☎ 022-518-05-13. • geneve@terdav.com • Lun-ven 10h-19h, sam 9h30-18h30.

Voir texte dans la partie « En France ».

▲ VOYAGEURS DU MONDE

– Genève : 19, rue de la Rôtisserie, 1204. ☎ 022-519-12-10. • voyageursdumonde.com • Lun-ven 9h30-19h, sam 9h30-18h30 ; fermé dim.

Le spécialiste du voyage en individuel sur mesure.

Voir le texte dans la partie « En France ».

Au Canada

▲ EXOTIK TOURS

Rens sur • exotiktours.com • ou auprès de votre agence de voyages.

Exotik Tours offre une importante programmation en été comme en hiver sur la Méditerranée et l'Europe. L'hiver, des séjours sont proposés dans le Bassin méditerranéen et en Asie. Durant cette saison, on peut également opter pour des combinés plage + circuit. Dans la rubrique « Grands voyages », le voyagiste suggère des périples en petits groupes ou en individuel. Au choix : l'Amérique du Sud, le Pacifique sud, l'Afrique, l'Inde et le Népal.

▲ EXPÉDITIONS MONDE

• expeditionsmonde.com •

Expéditions Monde est à l'avant-garde du voyage d'aventure, de découverte, en trekking, à vélo et d'alpinisme sur tous les continents. Les voyages en petits groupes facilitent les déplacements dans les régions les plus reculées et favorisent l'interaction avec les peuples locaux pour vivre une expérience authentique. Expéditions Monde offre aussi la possibilité de voyager en Europe à pied, ou à vélo en liberté.

▲ EXPLORATEUR VOYAGES

– 328, Ontario Est, Montréal H2X 1H6. Rens : ☎ (514) 847-1177. • explorateurvoyages.com • Lun-ven 9h-18h (20h jeu-ven), sam 10h-15h.

Cette agence de voyages montréalaise propose une intéressante production maison, axée sur les voyages

d'aventure en petits groupes (5 à 13 personnes maxi) ou en individuel. Ses itinéraires originaux, en Amérique latine, en Asie, en Afrique et au Moyen-Orient, se veulent respectueux des peuples et des écosystèmes, guidés par un accompagnateur de l'agence. Intéressant pour se familiariser avec ces différents circuits : les soirées Explorateur (gratuites), avec présentation audiovisuelle.

▲ KARAVANIERS

– Montréal (Québec) : 4035, rue Saint-Ambroise, local 220N, H4C 2E1. ☎ (514) 281-0799. • karavaniers.com • Lun-ven 9h-18h, sam 10h-15h.

L'agence québécoise Karavaniers du Monde a pour but de rendre accessibles des expéditions aux quatre coins de la planète. Toujours soucieuse de respecter les populations locales et l'environnement, Karavaniers favorise la découverte d'une quarantaine de destinations à pied et en kayak de mer, en petits groupes accompagnés d'un guide francophone et d'un guide local, avec hébergement en auberge ou sous la tente.

▲ TOURS CHANTECLERC

• tourschanteclerc.com •

Tours Chanteclerc est un tour-opérateur qui publie différentes brochures de voyages : Europe, Amérique du Nord, Amérique du Sud, Asie et Pacifique sud, Afrique et le Bassin méditerranéen en circuits ou en séjours. Il s'adresse aux voyageurs indépendants qui réservent un billet d'avion, un hébergement (dans toute l'Europe), des excursions ou une location de voiture. Également spécialiste de Paris, le tour-opérateur offre une vaste sélection d'hôtels et d'appartements dans la capitale française.

INDE DU NORD UTILE

« L'Inde n'a pas besoin de combats, mais d'égalité et de meilleures conditions de vie pour les basses castes et pour les femmes. »

Phoolan Devi, *Reine des bandits*

ABC de l'Inde

- ***Capitale :*** New Delhi.
- ***Superficie :*** 3 287 590 km² (6 fois la France).
- ***Population :*** 1,37 milliard d'habitants (2019). Selon l'ONU, l'Inde dépassera la Chine à l'horizon 2022-2024.
- ***Densité de population :*** 417 hab./km² (plus de 3 fois plus qu'en France).
- ***Espérance de vie :*** environ 69 ans.
- ***Population urbaine :*** environ 34 %.
- ***Taux d'alphabétisation :*** 74 %.
- ***Monnaie :*** la roupie (₹). 1 € = environ 75 ₹.
- ***Langues :*** l'anglais et 22 langues officielles, dont l'hindi, la plus commune ; autres langues répandues en Inde du Nord : l'assamais, le cachemiri, le gujarati, le bengali, le pendjabi, le marathi...
- ***Chef d'État :*** Ram Nath Kovind (depuis 2017).
- ***Chef du gouvernement :*** Narendra Modi (depuis 2014).
- ***Nature de l'État :*** république fédérale (29 États et 7 territoires de l'Union).
- ***Régime :*** démocratie parlementaire.
- ***Principales religions (estimations 2011) :*** hindous (79,8 %), musulmans (14,2 %), chrétiens (2,3 %), sikhs (1,7 %), bouddhistes (0,7 %), jaïns (moins de 0,4 %).
- ***Revenu national brut par habitant :*** environ 1 950 $ (nominal) par an (2017). Près d'un quart de la population vit en dessous du seuil critique de pauvreté.
- ***Inflation :*** environ 4,5 % (2018).
- ***Indice de développement humain (espérance de vie, éducation, niveau de vie) :*** 0,640. Rang mondial : 130e (estimation 2018).

AVANT LE DÉPART

Adresses et infos utiles

En France

■ **Consulat de l'Inde** *(service des visas)* **:** *20-22, rue Albéric-Magnard, 75016 Paris.* ☎ *01-40-50-71-71.* • *cons.paris@gmail.com* • *ambinde.fr* • Ⓜ *La Muette.* Attention, ce n'est pas le consulat qui délivre les visas de tourisme, mais *VFS France* (voir ci-dessous).

■ ***Ambassade de l'Inde :*** *15, rue Alfred-Dehodencq, 75016 Paris. ☎ 01-40-50-70-70. • ambinde.fr • Ⓜ La Muette. Lun-ven 9h30-13h, 13h30-17h.*

Office national Indien du tourisme : *13, bd Haussmann (5e étage), 75009 Paris. ☎ 01-45-23-30-45. • indtourparis@aol.com • incredibleindia.org • Ⓜ Chaussée-d'Antin. Lun-ven 9h30-13h, 14h-17h30, sauf certains j. fériés indiens et français.* Bonne documentation. Et un numéro gratuit pour obtenir des infos touristiques depuis l'Inde, y compris en français théoriquement : *☎ 1-800-111-363.*

■ ***VFS France – ICPVAC :*** *16, bd du Général-Leclerc, 92110 Clichy. ☎ 0892-230-358 (0,34 €/mn + prix d'appel). • vfsglobal.com/india/france • Au 6e étage, interphone : VFS. Ⓜ Mairie-de-Clichy ou Porte-de-Clichy. Dépôt des dossiers de demande lun-ven 9h-12h ; retrait des visas lun-ven 14h30-16h. Visa* Regular *de tourisme : 108,53 € (95 € visa + 10,53 € VFS + 3 € de taxe) ; visa de transit : 32,53 € (19 € + 10,53 € + 3 €). Prévoir min 4 à 5 j. ouvrables en déposant le dossier directement à leur agence de Paris (min 10 j. à Marseille, Bordeaux ou Strasbourg, et nettement plus par voie postale), et évidemment des frais supplémentaires (salés) en cas d'urgence (attention, les cas d'urgence sont très restreints).* L'ambassade de l'Inde a externalisé le traitement des demandes de *Regular* visa à cette société afin d'améliorer le service. Seuls les visas pour passeports diplomatiques (ONU, etc.) se font encore auprès du service consulaire de l'ambassade de l'Inde à Paris. ***Attention,*** il faut commencer par remplir un formulaire via leur site internet AVANT de se rendre sur place (voir détails dans « Formalités d'entrée », plus loin). Dans les locaux de VFS, vous trouverez également un Photomaton adapté au format de photo exigé et une photocopieuse. Également des centres VFS à Marseille (avec Photomaton adapté), Lyon, Bordeaux et Strasbourg (voir sur leur site internet pour plus de détails). ***On vous conseille d'opter pour l'*****e-Tourist Visa*****, moins cher et pratique aussi (voir plus bas).***

En Belgique

■ ***Ambassade de l'Inde :*** *chaussée de Vleurgat, 217, Bruxelles 1050. ☎ 02-640-91-40. • indembassy.be • Les demandes de visa se font auprès de* ***VFS,*** *avec remplissage du formulaire sur le site • in.vfsglobal.be • puis dépôt du dossier av. Émile-de-Mot, 19 (Bruxelles 1000), 8e étage, lun-ven 8h-14h (retrait 14h-16h). Également un bureau de dépôt à Anvers (mais les délais sont légèrement allongés).* Regular Visa : *116,50 € (visa 95 € + 18,50 € de frais de service + 3 € de taxe ICWF).* Là encore, privilégier l'*e-Tourist Visa* pour les séjours qui s'y prêtent (moins cher !).

En Suisse

■ ***Ambassade de l'Inde :*** *Kirchenfeldstrasse 28, Postfach 406, CH-3005 Berne. ☎ 031-350-11-30. • indembassybern.gov.in • Également une section consulaire à la même adresse et un consulat à Genève (rue de Valais 7-9, CH-1202 ; ☎ 022-906-86-86). Les demandes de visa se font auprès de* ***VFS*** *(• in.vfsglobal.ch •), Weststrasse 2, 3005 Berne, ou rue de Lausanne, 70, 1202 Genève. Dépôt lun-ven 8h30-14h (13h30 à Genève), retrait 16h-17h30 (15h-16h à Genève). Rappel : pour les séjours de moins de 60 j., préférer l'*e-Tourist Visa *: tt se fait sur Internet (voir plus bas).*

Au Canada

■ ***Ambassade de l'Inde :*** *10 Springfield Rd, Ottawa (Ontario) K1M 1C9. ☎ (613) 744-3751 à 3753. • hciottawa.ca •*

■ ***Consulats de l'Inde :*** *365 Bloor St East, Suite 700, Toronto (Ontario) M4W 3L4, ☎ (416) 960-0751, • cgitoronto.gov.in • ; 325 Howe St, Vancouver (BC) V6C 1Z7, ☎ (604) 662-8811, • cgivancouver.gov.in • ; ainsi qu'une section consulaire à l'ambassade d'Ottawa. Les demandes de visa se font auprès de* ***BLS Canada,***

Unit 6A, 1448 Lawrence Ave East, Toronto (Ontario) M4A 2V6. Dépôt lun-ven 8h-14h, retrait 15h-17h. Également 8 autres bureaux dans le pays, dont Ottawa, Montréal et Vancouver (pour plus de rens : • blsindia-canada.com •).

Office de tourisme indien : *60 Bloor St West, Suite 1003, Toronto (Ontario) M4W 3B8. ☎ (416) 962-3787. • info@indiatourismcanada.ca •*

Sur Internet

• ***incredibleindia.org*** • Site officiel du ministère du Tourisme indien.

– ***Ariane ; pour votre sécurité, restez connecté :*** Ariane est un service gratuit mis à disposition par le Centre de crise et de soutien du ministère français des Affaires étrangères pour vous alerter en cas de risque sécuritaire lors de vos déplacements à l'étranger. Créez votre compte et inscrivez vos voyages personnels ou professionnels. Les informations renseignées sur Ariane seront utilisées uniquement en cas de crise pendant votre durée de séjour et permettent notamment de contacter les proches lors des situations d'urgence. Pour en savoir plus : • *diplomatie.gouv.fr* •

• ***routard.com*** • Le site de voyage n° 1, avec plus de 800 000 membres et plusieurs millions d'internautes chaque mois. Pour s'inspirer et s'organiser, près de 300 guides destinations actualisés, avec les infos pratiques, les incontournables et les dernières actus, ainsi que les reportages terrain et idées week-end de la rédaction. Partagez vos expériences avec la communauté de voyageurs : forums de discussion avec avis et bons plans, carnets de route et photos de voyage. Enfin, vous trouverez tout pour vos vols, hébergements, voitures et activités, sans oublier notre sélection de bons plans, pour réserver votre voyage au meilleur prix.

• ***diplomatie.gouv.fr*** • Cliquer sur « Conseils aux voyageurs ». Le site du ministère français des Affaires étrangères, mis à jour régulièrement, répertorie les régions déconseillées et donne aux voyageurs, pour chaque pays, des conseils généraux de sécurité, les formalités d'entrée et de séjour. Un site à consulter avant votre départ.

• ***incredibleindia.org*** • Site officiel du ministère indien du Tourisme. En anglais. Donne un aperçu très rapide des principaux sites à visiter. Liens avec tous les sites touristiques des États indiens, beaucoup plus complet...

• ***ambafrance-in.org*** • Site officiel de l'ambassade de France en Inde. Liste des consulats et des Alliances françaises.

• ***asi.nic.in*** • En anglais. Le site officiel de l'*Archeological Survey of India*, chargé de la gestion et de la protection des sites du patrimoine national indien. Assez touffu, mais de bonnes surprises pour qui sait fouiller. Et permet désormais de réserver sur Internet un certain nombre de sites.

– Chaque État décline son propre site dédié au tourisme et parfois un 2d, tout aussi officiel, pour les hôtels et autres excursions gérés par le gouvernement local. Ces sites (aux réactualisations parfois aléatoires) permettent au moins de vérifier les dates des fêtes et manifestations régionales. De manière générale, préférer les versions anglaises aux françaises, nettement moins actualisées :

• ***tourism.rajasthan.gov.in*** • et • ***rtdc.tourism.rajasthan.gov.in*** • pour le Rajasthan bien sûr ; • ***gujarattourism.com*** • pour le Gujarat ; • ***himachaltourism.gov.in*** • et • ***hptdc.in*** • pour l'Himachal Pradesh ; • ***punjabtourism.gov.in*** • pour le Pendjab ; • ***jktourism.org*** • pour le Ladakh (et le reste du Jammu et Cachemire) ; • ***uttarakhandtourism.gov.in*** • pour l'Uttarakhand ; • ***uptourism.gov.in*** • pour l'Uttar Pradesh ; • ***mptourism.com*** • pour le Madhya Pradesh ; • ***bihartourism.gov.in*** • pour le Bihar ; • ***wbtourism.gov.in*** • pour le West Bengal ; • ***sikkimtourism.gov.in*** • pour le Sikkim ; et enfin • ***odishatourism.gov.in*** • pour l'Odisha (Orissa) !

• ***mapmyindia.com*** • Pour localiser instantanément sur la carte un hôtel, un resto ou tout autre lieu... Très pratique !

• ***unoeilsurlinde.blogspot.fr*** • Le blog perso d'un journaliste français installé en Inde, correspondant de plusieurs

grands médias. Pas très régulièrement alimenté, mais toujours des sujets de société pointus et bien fouillés.
● ***inde-en-ligne.com*** ● En français, plein d'infos sur l'Inde (culture, histoire, tourisme, infos pratiques, nombreux liens).

Formalités d'entrée

Pensez à scanner passeport, visa, carte de paiement et *vouchers* d'hôtel. Ensuite, adressez-les-vous par e-mail en pièces jointes. Assurez-vous aussi que votre billet d'avion électronique est bien archivé dans votre boîte e-mail. En cas de perte ou de vol, rien de plus facile pour les récupérer. Les démarches administratives en seront bien plus rapides. Merci tonton Routard !

Il est ***impératif d'être en possession d'un visa*** pour pouvoir entrer en Inde. Désormais, il existe 2 types de visa de tourisme, l'*e-Tourist Visa,* uniquement pour les séjours de moins de 60 jours (pour lequel toutes les formalités se font en ligne, via Internet), et le *Regular Visa*.
Les ***mineurs*** doivent être munis de leur propre pièce d'identité (passeport). Lorsque les enfants ne sont pas accompagnés par un de leurs parents, ***les mineurs français*** doivent être munis d'une ***autorisation de sortie du territoire.*** Pour voyager à l'étranger, ils doivent être munis d'une pièce d'identité (passeport pour ce qui est de l'Inde), d'un formulaire signé par l'un des parents titulaires de l'autorité parentale et de la photocopie de la pièce d'identité du parent signataire. Renseignements auprès des services de votre commune et sur ● *service-public.fr* ●

L'e-Tourist Visa

C'est un visa valable 1 an, pour des séjours de 90 jours maximum à la suite (ni prolongeable ni modifiable), qui débute à l'arrivée sur le territoire indien. Il est à entrées multiples sur le territoire indien, et est accessible aux Français, aux Belges, aux Suisses et aux Canadiens. Toute la procédure, y compris le paiement, se fait ***en ligne*** sur le site ● *indianvisaonline.gov.in* ●, ***onglet « e-Tourist Visa »*** (attention, c'est ***uniquement sur ce site officiel*** du gouvernement indien, et non sur des sites aux noms presque similaires... qui en ont surtout après vos roupies !).
On conseille de faire la demande au moins 10 jours avant le voyage (officiellement, de 120 jours maximum à 4 jours minimum avant le départ). On remplit sa demande en anglais. Il faut scanner la page d'info de son passeport (la double page avec la photo, le nom, etc. ; format PDF, minimum 10 Ko, maximum 300 Ko) ainsi qu'une photo d'identité récente en couleur au format JPG, en format carré (minimum 10 Ko, max 1 000 Ko). Attention à la taille des fichiers téléchargés : la demande est susceptible d'être refusée par les autorités indiennes si les documents ne sont pas lisibles ou conformes aux exigences ! Coût : 80 $ (env 70 € ; + 2,5 % de frais bancaires ; non remboursables en cas d'échec de la procédure). Paiement par carte bancaire sur le site (sécurisé).
Quelques jours plus tard (théoriquement 4 jours max), on reçoit un e-mail qui confirme (ou refuse) l'acceptation de la demande : ***à imprimer et à présenter à l'arrivée.*** Retournez aussi sur le site internet quelques jours avant votre arrivée, pour vérifier que le statut de votre visa est toujours « *Granted* » (et réimprimer la page concernée, qui s'affichera cette fois-ci avec votre photo scannée incluse).
Ce visa de tourisme est à utiliser dans l'année suivant son obtention (entrée sur le territoire), et est valable pour les entrées en Inde par voie aérienne, maritime (à Cochin, Goa, Mangalore, Mumbai et Chennai), mais pas terrestre (impossible, par exemple, avec ce visa de passer du Népal en Inde par la frontière terrestre ; mais

on peut, en revanche, sortir par voie terrestre... donc passer de l'Inde au Népal, à condition de revenir ensuite en l'Inde par voie aérienne...).
À l'aéroport d'arrivée, suivre le fléchage vers les comptoirs dédiés au *e-Tourist Visa* : on y présente son e-mail d'acceptation, son passeport, on se fait relever les empreintes et on obtient les tampons qui font office de visa.
Pour visiter le Sikkim et certaines régions nécessitant un permis spécial, il faudra demander sur place un permis supplémentaire, ou demander plutôt le Regular Visa.
Rappel : l'*e-Tourist Visa* n'est pas disponible pour les journalistes ou professions assimilées. Enfin, on ne peut faire que 2 demandes d'*e-Tourist Visa* par année civile.

Le *Regular Visa*

C'est le visa de tourisme classique, à multiples entrées, valable 6 mois à partir de sa délivrance (et non à partir de l'entrée sur le territoire indien), et qui permet aussi de demander les permis spéciaux (pour le Sikkim notamment). Attention, ***on ne peut dépasser 90 jours par séjour.*** On remplit un dossier en ligne avant d'aller déposer la demande dans un centre VFS (voir plus haut). Il est ***fortement recommandé*** de consulter le site internet de VFS de façon régulière : les changements de règles ou de délais peuvent intervenir à tout moment.
Pour tous les *Regular Visa* (tourisme, transit, business, etc.).
1) Se connecter, muni de son passeport, sur le site de *VFS France* (• *vfsglobal.com/india/france* • ; voir plus haut) et bien lire toutes les instructions, en particulier concernant le remplissage du formulaire en anglais, sur le site internet sécurisé du gouvernement indien (• *indianvisaonline.gov.in* •, puis onglet « Regular Visa Application »). N'hésitez pas à imprimer carrément le mode d'emploi de ce formulaire, assez fastidieux à remplir, et qui nécessite au minimum 30 mn pour être complété correctement. Vérifiez bien tous les ***documents et justificatifs*** exigés, à savoir, ***pour les visas de tourisme*** (6 mois à entrées multiples) ***et de transit*** (valide 15 jours, 2 entrées, 72h maximum par visite) :
- un passeport en parfait état valide au minimum 6 mois après le retour prévu et disposant de 3 pages vierges (dont 2 face à face) ;
- une photocopie des pages personnelles du passeport (identité, etc.) ;
- 2 photos d'identité au ***format 5 x 5 cm*** et conformes aux normes en vigueur ;
- pour les visas de transit : le visa pour le pays de destination finale ainsi que les justificatifs (billets d'avion, etc.).

2) Remplir ensuite le formulaire en ligne, puis le télécharger (« *download* ») et noter le numéro de référence qui vous est alors attribué. Enfin, l'imprimer et le signer. Reste à vous rendre au centre *VFS* le plus proche, muni de tous les documents requis, de votre formulaire imprimé, de votre numéro de référence et d'un moyen de paiement (espèces, carte *Visa* ou *MasterCard,* ou chèque de banque certifié). Pour certains visa (travail, etc.), on relèvera aussi sur place vos données biométriques (vos empreintes digitales quoi !). Mieux : prenez rendez-vous pour ne pas attendre trop longtemps et faciliter la procédure.
3) Votre numéro de passeport vous permettra de suivre sur le site internet l'évolution de votre dossier : en général, minimum 4-5 jours si vous l'avez déposé à Paris. Attention, cependant, en période de forte affluence, c'est-à-dire en janvier-février, mai-juin et octobre, le délai peut atteindre les 10 jours ouvrés. Comptez, de toute façon, minimum 10 jours ouvrés si vous l'avez déposé à Marseille, Bordeaux, Lyon ou Strasbourg (paiement uniquement par carte bancaire – sauf *American Express* – ou chèque certifié).
- Pour tous les ***citoyens européens résidant en France*** : même procédure, mais prévoir un délai de 7 à 10 jours et 30 € de frais supplémentaires.
- Il est possible d'adresser cette demande ***par correspondance*** au centre *VFS* de Paris en recommandé avec accusé de réception (règlement par chèque bancaire certifié, à l'ordre de « VF Services (UK) Limited ») ; la procédure est la même,

mais il faut joindre une enveloppe Chronopost (Chronopass 13 – 500 g) ***par passeport*** (ou ajouter 25 € par passeport pour les frais d'envoi) et prévoir 10 jours ouvrés supplémentaires (soit, minimum, 15 jours pour un passeport français et 15-20 jours pour un passeport européen).

– *Remarques :* s'il manque un seul élément, la demande de visa est refusée (mais rien n'est remboursé !). Mieux vaut préparer son dossier avec attention.

Le visa ne peut être prolongé après 6 mois, sauf raison très valable (maladie, cas de force majeure...). À Delhi, se renseigner au *Ministry of Home Affairs.* Sachez ***qu'en aucun cas*** un visa touristique ne peut être converti sur place en visa résident ou travail. Il faut en faire la demande depuis son pays d'origine.

– *À savoir :* si le séjour en Inde a excédé 120 jours, il faut se munir de tous les bordereaux de change et tickets de CB (si on ne les a plus, il faut se rendre à l'ambassade de France) afin d'obtenir un petit papier vert de l'*Income Tax Office,* à présenter à l'aéroport.

■ ***Action-Visas.com :*** *10-12, rue du Moulin-des-Prés, 75013 Paris. ☎ 01-45-88-56-70. Fax : 01-45-88-59-84. • action-visas.com • Ⓜ Place-d'Italie (sortie « Bd Blanqui »). Lun-ven 9h30-12h, 13h30-18h30 ; sam 9h30-13h. Prix du service 26-49 € selon destinations + les frais consulaires. Réduc de 8 €/pers pour nos lecteurs pour chaque destination : lors de votre commande, prendre l'option paiement par chèque et déduire directement sur le total indiqué cet avantage en indiquant « routard » sur votre bon de commande.* Cette agence sérieuse s'occupe d'obtenir votre visa pour toutes destinations. Délais rapides, traitement immédiat du dossier dès réception et service fiable. Pour la province, demandez le visa par correspondance quelle que soit la destination. Les commandes de visas peuvent s'effectuer sur le site internet qui est actualisé quotidiennement et vous recevrez directement les formulaires et la liste des pièces à fournir. Réception d'un courriel sur votre messagerie à chaque étape du processus d'obtention du visa. Par ailleurs Action-Visas prélève 1 € de sa marge commerciale pour financer un projet humanitaire qui peut être suivi en direct sur leur site internet. La tendance étant aux e-visas, Action-Visas propose ce service d'obtention du visa en ligne (y compris pour l'Inde) et en français avec un paiement en euros sur banque française, sur de nombreuses destinations et ce, en simplifiant de plus la procédure.

■ ***Rapide Visa :*** *7, rue La Boétie, 75008 Paris. ☎ 01-84-17-88-88. • rapidevisa.fr • Ⓜ Miromesnil. Lun-ven 9h-12h30, 14h-18h.*

Permis spéciaux

Certains territoires indiens sont soumis à des restrictions *(Restricted Area).* En Inde du Nord, cela concerne le Sikkim.

Assurances voyages

■ ***Routard Assurance par AVI International :*** *40, rue Washington, 75008 Paris. ☎ 01-44-63-51-00. • avi-international.com • Ⓜ George-V.*
Enrichie au fil des années par les retours des lecteurs, *Routard Assurance* est devenue une assurance voyage référence des globe-trotters. Tout est inclus : frais médicaux, assistance rapatriement, bagages, responsabilité civile... Avant votre départ, appelez *AVI* pour un conseil personnalisé. Besoin d'un médecin, d'un avis médical, d'une prise en charge dans un hôpital ? Téléchargez l'appli mobile AVI international pour garder le contact avec *AVI Assistance* et disposez de l'un des meilleurs réseaux médicaux à travers le monde. *AVI Assistance* est disponible 24h/24 pour une réponse en temps réel. De simples frais de santé en

voyage ? Envoyez les factures à votre retour, *AVI* vous rembourse sous une semaine.

■ ***AVA :*** 25, rue de Maubeuge, 75009 Paris. ☎ 01-53-20-44-20. • ava.fr • Ⓜ Cadet. Un autre courtier fiable pour ceux qui souhaitent s'assurer en cas de décès-invalidité-accident lors d'un voyage à l'étranger, mais surtout pour bénéficier d'une assistance rapatriement, perte de bagages et annulation. Attention, franchises pour leurs contrats d'assurance voyage.

■ ***Pixel Assur :*** 18, rue des Plantes, BP 35, 78601 Maisons-Laffitte. ☎ 01-39-62-28-63. • pixel-assur.com • RER A : Maisons-Laffitte. Assurance de matériel photo et vidéo tous risques (casse, vol, immersion) dans le monde entier. Devis en ligne basé sur le prix d'achat de votre matériel. Avantage : garantie à l'année.

Vaccins et centres de vaccination

– Pour les ***centres de vaccination*** partout en France, dans les DOM-TOM, en Belgique et en Suisse, consulter le site internet : • astrium.com/espace-voyageurs/centres-de-vaccinations-internationales.html •

– Aucun ***vaccin*** n'est administrativement obligatoire pour les voyageurs en provenance d'Europe. Il convient d'être à jour pour les vaccinations « universelles » : diphtérie, tétanos, polio, coqueluche (rappel aujourd'hui très simple avec le vaccin *Reprevax* ou l'équivalent contre ces 4 maladies), hépatite B. Et bien vérifier si l'on est à jour pour rougeole, oreillons, rubéole (ROR). Vaccination contre l'hépatite A vivement recommandée pour tous ceux qui ne sont pas naturellement immunisés (en pratique, tous les Européens de moins de 70 ans). La vaccination contre la fièvre typhoïde est conseillée, l'Inde étant le temple de cette maladie. Vaccin combiné (une seule injection) désormais possible « hépatite A + typhoïde » dans une seule seringue *(Tyavax)*. Pour les trekkeurs, vaccination préventive contre la rage qui nécessite 3 injections en 21-28 jours. Expatriés et/ou séjours ruraux, en particulier en zone de rizières et en période de mousson, vaccin contre l'encéphalite japonaise : Ixiaro®, 2 injections J0, J28 (avec rappel à 1 an pour les séjours prolongés ; également un protocole accéléré en J0 et J7 en cas de départ précipité).

Si l'on trouve facilement en Inde la plupart des médicaments indispensables, attention cependant aux très nombreuses contrefaçons. En général, les médecins ont reçu une bonne formation ; certains d'entre eux ont même une excellente réputation internationale. Certains hôpitaux et cliniques sont de bonne qualité : le problème est que l'on risque de ne le savoir qu'a posteriori.

Carte internationale d'étudiant (carte ISIC)

Elle prouve le statut d'étudiant dans le monde entier et permet de bénéficier de tous les avantages, services et réductions dans les domaines du transport, de l'hébergement, de la culture, des loisirs, du shopping...

La carte ISIC permet aussi d'accéder à des avantages exclusifs (billets d'avion spécial étudiants, hôtels et auberges de jeunesse, assurances, cartes SIM internationales, locations de voitures...).

Renseignements et inscriptions

– ***En France :*** • isic.fr • *(13 € pour l'année scolaire).*
– ***En Belgique :*** • isic.be •
– ***En Suisse :*** • isic.ch •
– ***Au Canada :*** • isiccanada.com •

ARGENT, BANQUES, CHANGE

Monnaie et change

– La ***monnaie indienne*** est la *roupie* (Rp, ou ₹). Au moment où nous bouclons ce guide, 1 € = environ 75 ₹, et 100 ₹ = environ 1,30 €, taux sur lequel nous avons basé les conversions en euros des prix dans ce guide. Attention, ce taux est indicatif, vérifiez bien le cours de la roupie avant votre départ, il fait le yo-yo régulièrement. On trouve des pièces de 1, 2, 5 et 10 ₹, et des billets de 10, 20, 50, 100, 200, 500 et 2 000 ₹. Une nouvelle série de billets achève en 2019 d'être mise en circulation, mais les anciens ont encore cours (sauf ceux de 500 et 1 000 ₹ démonétisés).
– ***On peut changer les euros*** (en espèces), généralement sans commission, dans les bureaux de change (le plus rapide et le plus intéressant, d'autant qu'ils sont pour la plupart ouverts tous les jours), dans certaines banques (mais c'est souvent très long) et, à défaut, dans certains hôtels un peu chics (à condition en général d'en être client), mais les taux y sont moins bons. Évitez les aéroports ! Où que vous changiez, recomptez bien.
– Une fois sur place, veillez à ***conserver un certain nombre de vos bordereaux de change*** ainsi que vos tickets de DAB *(ATM)* : ils peuvent vous être demandés pour changer les roupies qui vous resteraient avant votre retour au pays. Il est strictement interdit d'importer ou d'exporter des roupies indiennes.
– ***Refusez systématiquement les billets scotchés*** ou déchirés sur les bords : il vous serait impossible de vous en servir. De même, une simple égratignure sur le bord d'un billet de 500 ₹ lui enlève toute valeur. En revanche, un trou en plein milieu, même sur le filigrane, ou un gribouillis n'ont pas d'importance. Si par malchance on vous refile un tel billet, vous pouvez théoriquement l'échanger dans une agence de la *State Bank of India* ou de la *Reserve Bank of India*.
– Pensez à garder toujours sur vous des ***petites coupures*** (10, 20, 50 et 100 ₹) pour vos menues dépenses : rickshaws, taxis, pourboires, boissons et autres petits achats. Comme par hasard, il y a souvent pénurie quand on doit vous rendre la monnaie...
– Certains hôtels (catégories « Très chic », voire « Chic » ou même certains « Prix moyens » dans les zones très fréquentées par les touristes étrangers) affichent leurs prix en dollars ou en euros et préfèrent se faire régler dans ces devises. Les dollars serviront également à régler votre visa à la frontière népalaise.

Cartes de paiement...

Avertissement : si vous comptez effectuer des retraits d'argent aux distributeurs, il est très vivement conseillé d'avertir votre banque avant votre départ (pays visité et dates). En effet, votre carte peut être bloquée dès le 1er retrait pour suspicion de fraude. C'est de plus en plus fréquent. Bonjour les tracasseries administratives pour faire rentrer les choses dans l'ordre, et on se retrouve vite dans l'embarras !

La plupart des hôtels et restos un peu chics et les boutiques de luxe acceptent les cartes de paiement internationales. Dans les adresses bon marché (ou pour régler sa course en rickshaw...) en revanche, on continue à payer en espèces. C'est aussi le cas dans certaines régions périphériques, comme le Ladakh.
– Lorsque vous réglez des achats avec une ***carte de paiement,*** vérifiez (avant, c'est mieux !) que le montant ne sera pas trop majoré par une commission (pratique assez répandue). De même, prenez bien soin, d'une façon générale, de

remplir tous les espaces blancs ou cases des bordereaux (notamment la case *tips* – pourboire – dans les restos ou hôtels), histoire d'éviter de mauvaises surprises !

... et retrait d'espèces

Le réseau de distributeurs automatiques de billets (*ATM* en anglais, DAB en français) s'est largement développé, et il est ***très facile d'y retirer des roupies*** avec les cartes *Visa, MasterCard, Maestro, Cirrus...* Attention, il y a un plafond autorisé par semaine (vérifiez auprès de votre banque) et une commission à chaque retrait.
Évitez donc de retirer 2 000 ₹ toutes les 2h, ça finirait par vous ruiner ! Enfin, faire également attention à la pénurie de billets dans les petites villes, et garder en tête que la plupart des distributeurs ne permettent pas de retirer plus de 10 000 ₹ à la fois.
Quand vous partez à l'étranger, pensez à relever le plafond de retrait aux distributeurs et pour les paiements par carte, quitte à le faire rebaisser à votre retour.
Avant de partir, notez bien le numéro d'opposition propre à votre banque (il figure souvent au dos des tickets de retrait, sur votre contrat ou à côté des distributeurs de billets), ainsi que le numéro à 16 chiffres de votre carte. Bien entendu, conservez ces informations en lieu sûr, et séparément de votre carte.
Par ailleurs, l'assistance médicale se limite aux 90 premiers jours du voyage et l'assistance véhicule aux cartes haut de gamme (renseignez-vous auprès de votre banque).
N'oubliez pas aussi de VÉRIFIER LA DATE D'EXPIRATION DE VOTRE CARTE DE PAIEMENT avant votre départ !
En cas de perte, de vol ou de fraude, quelle que soit la carte que vous possédez, chaque banque gère elle-même le processus d'opposition et le numéro de téléphone correspondant !
Voir aussi plus loin la rubrique « Urgences ».

> Petite mesure de précaution : si vous retirez de l'argent dans un distributeur, utilisez de préférence les distributeurs attenants à une agence bancaire. En cas de pépin avec votre carte (carte avalée, erreurs de code secret...), vous aurez un interlocuteur dans l'agence, pendant les heures ouvrables.

ACHATS

L'Inde est un pays à l'artisanat très riche : pour en avoir une idée, il suffit de se promener dans les *emporiums* (magasins officiels qui présentent les produits des différents États de l'Inde). Tout au long de votre voyage, vous serez tenté d'acheter à tout-va.
– *Agra :* travail sur marbre incrusté de pierres semi-précieuses, du style le Taj Mahal en miniature, mais pas seulement ! Gare cependant aux arnaques sur les pierres, nombreuses dans cette ville éminemment touristique.
– *Varanasi :* soieries (attention au *made in China*), objets de cuivre martelé, shiloms (pipes traditionnelles), khôl (maquillage pour les yeux) et flûtes.
– *Delhi :* objets d'art et artisanat de toutes sortes, antiquités, instruments de musique à cordes, soie imprimée, chemises brodées, etc. Bref, la séance de rattrapage pour ceux qui auraient oublié un cadeau en route ou le bon moment pour vous charger avant de rentrer à la maison.
– *Cachemire :* châles (attention aux arnaques – voir plus bas), tapis, soie, pierres semi-précieuses, sculptures, gravures, meubles en noyer finement sculptés et objets en papier mâché. Au Ladakh : pashminas et objets en feutre.

– *Rajasthan :* bijoux en argent (à Jaipur), artisanat en bois et métal (à Jodhpur), objets de cuivre, soie et cotonnades peintes à la gouache, tentures brodées et incrustées de miroirs, peintures miniatures (à Udaipur en particulier), marionnettes, poteries et articles de cuir. La ville de Kota, au sud-est du Rajasthan, est célèbre pour ses saris tissés de coton et de soie.
– *Odisha (Orissa) :* parapluies, parasols et autres objets en cotonnades cousues, de couleurs vives, gravures sur feuille de palme, statues de pierre, miniatures. Très riche artisanat, en partie issu des tribus de l'État.
– *Gujarat :* essentiellement des textiles, en particulier des étoffes brodées, différentes selon les microrégions. Celles des villages du Kutch sont assez originales.

Quelques recommandations

– Le ***châle en fibre de cachemire*** ou de ***pashmina*** fait partie des incontournables. Si le 1er est relativement courant et d'un prix somme toute abordable, ce n'est pas le cas du 2d. De fibre plus fine, inférieure à 15 microns quand le cachemire flirte avec les 19 microns, le *pashmina* est tissé à partir de la laine de barbichette d'une espèce de chèvre himalayenne qui vit à plus de 4 500 m d'altitude. On le trouve sous forme de châles, d'étoles, d'écharpes ou, plus rarement, de pulls. C'est une étoffe magnifique, très chaude et chère (compter minimum 8 000 ₹ pour un châle uni, soit plus de 100 €, mais ça peut grimper très vite en fonction du travail de broderie réalisé). Le fin du fin : le *shatoosh* (9 microns !), issu de la fourrure d'une antilope tibétaine, mais la bête étant en voie d'extinction, sa commercialisation est strictement interdite depuis 1979. On l'aura vite compris, l'arnaque n'est jamais bien loin car certains boutiquiers indiens sont experts pour vendre de la viscose (très soyeuse il est vrai) au prix de l'authentique pashmina. Le mieux, pour les néophytes, est encore de se rendre dans les ***emporiums gouvernementaux*** (les vrais !) de l'État du Cachemire (on en trouve un à Delhi, par exemple) ou bien dans une boutique de luxe (genre *Bhuttico,* à Manali ou Kullu, spécialisé dans le pashmina) : certes, les prix seront un peu plus élevés et difficilement négociables, mais vous serez sûr de la qualité. Les pashminas mélangés à de la soie ou à de la viscose sont bien meilleur marché.
Autre compromis pour les budgets restreints : se contenter de la pure laine brodée, certains de ces châles sont déjà très réussis, et vraiment chauds.
– ***Ne demandez jamais à une boutique de vous expédier directement votre achat en France !*** D'une part, vous n'êtes jamais assuré de recevoir exactement ce que vous aurez commandé (voire de le recevoir tout court). D'autre part, entre les frais de transport et les taxes d'importation en France (pour les gros objets, mobilier, etc.), le prix grimpe vite ! À tout prendre, expédiez-le vous-même (voir les détails dans « Poste » plus loin).
– Meilleure marque de ***baume indien*** (efficace contre les maux de tête, le nez bouché, les piqûres d'insectes, les douleurs musculaires, etc.) : « Amrutanjan ».
– Partout on vous proposera des ***bijoux*** prétendument en lapis-lazuli ou en grenat. En fait, ce sont souvent des pierres synthétiques, dont le prix sortie d'usine est de 5 ₹ (moins de 0,10 €) et qu'on vous propose sans sourciller à 200 ou 300 ₹... Seuls les bijoutiers délivrent des certificats d'authenticité.
L'argent « sterling » ou « argent 925 », considéré comme de l'argent pur, contient 925 millièmes d'argent au gramme. Mais il est souvent trop mou pour être gravé, alors les bijoutiers réduisent le pourcentage à 800, voire 750 millièmes. Pour les néophytes, difficile de voir la différence à l'œil nu. Cela n'empêche pas d'acheter de jolies choses. Attention toutefois aux bijoux dont le pourcentage de nickel est supérieur à celui de l'argent, vous risquez une allergie !
– ***Vêtements :*** se méfier des articles en Nylon, en viscose ou en soie mélangée qu'on vous fera passer pour de la soie véritable. Un seul truc : faire brûler un fil, si ça crame vraiment (en laissant des cendres) et que ça sent le roussi (comme les cheveux), c'est de la soie ! Si les fibres se replient en boule et collent sous l'effet d'une flamme (avec une odeur de plastique brûlé), c'est du synthétique.

Près des grands hôtels, vous trouverez des tailleurs d'excellente qualité. Certains tailleurs de rue se débrouillent très bien aussi. Pensez à emporter la robe ou la veste que vous adorez : elle sera reproduite en 48h, dans le tissu de votre choix.

– ***Les emporiums gouvernementaux :*** ces magasins d'État sont un peu plus chers que les autres. Chaque État indien possède les siens dans un nombre variable d'autres États et on en retrouve généralement un avatar à Delhi. On y trouve aussi souvent quelques pièces d'artisanat du reste du pays. **Avantage : les prix sont fixes et la qualité assurée ;** Inconvénient : ils sont parfois fixés un peu haut... Disons qu'aller y faire un tour permet au moins de se faire une idée des spécialités artisanales locales les plus courantes, et... des prix à ne pas dépasser si on achète ailleurs ! Attention cependant : de nombreux commerçants n'hésitent pas à intituler leur boutique « emporium ». Arnaque assurée dans ce cas. Une autre combine consiste à écrire aussi sous l'enseigne : « *Approved by the Government* » (« Approuvé par le gouvernement »). Tout le monde peut le faire sans risque de poursuites.

– Pour les achats de produits comestibles (boissons, biscuits, etc.) : la date indiquée sur l'emballage est la date de conditionnement, et non la date de péremption.

Marchandage

En dehors des commerces où les prix sont fixes (et encore !), le marchandage est de rigueur. Le tout est de savoir jusqu'où l'on peut faire descendre le prix, sans se faire arnaquer, ni dévaloriser l'objet (c'est rare !). Le mieux est souvent de s'informer auprès d'Indiens qui n'ont rien à gagner dans l'affaire. Sinon, dans la rue ou avec les vendeurs ambulants, n'hésitez pas à faire baisser fortement les prix proposés : de 3 à 10 fois parfois. Tout cela est une question de doigté. Quoi qu'il en soit, évitez de faire le coup du « on n'a pas d'argent » à quelqu'un qui vit de la vente à la sauvette !

2 règles d'or : si un prix vous paraît correct, c'est le moment d'acheter. Ce n'est pas la peine de chipoter devant un tapis qui vous plaît, pour 100 ₹ de plus ou de moins. Ensuite, si vous voyez un objet original, prenez-le tout de suite, car certaines fabrications sont très locales et introuvables ailleurs.

BUDGET

On ne vous apprendra rien en vous disant que l'Inde est un ***pays bon marché.*** Cela ne se dément pas, même si l'hébergement dans des villes comme Kolkata ou Mumbai est exagérément plus cher qu'ailleurs.

En gros, en voyageant à deux à l'économie, on peut s'en sortir avec un budget de 1 200-1 800 ₹ (environ 16-24 €) par personne et par jour : 400-600 ₹ pour l'hébergement (pour une chambre double à 800-1 200 ₹), 600-800 ₹ pour la nourriture et les boissons (bière non comprise), et 200-400 ₹ en moyenne pour les transports et autres faux frais. Les droits d'entrée aux sites, qui s'ajoutent, peuvent constituer un poste significatif.

Les ***fourchettes de prix*** proposées plus bas sont ***indicatives*** et représentent une moyenne : d'un lieu à l'autre, elles peuvent varier, en particulier dans les grandes villes. En saison creuse, dans certains coins, les fourchettes pourront être revues à la baisse (- 20 à - 50 %). À l'inverse, lors de certaines fêtes religieuses et pendant les fêtes de fin d'année (de mi-décembre à mi-janvier), les tarifs peuvent faire de la gonflette de manière vraiment excessive – notamment dans les hébergements des catégories « Chic » des régions très fréquentées (Rajasthan en tête).

Les établissements de luxe ont beaucoup augmenté leurs tarifs, si bien qu'ils ne sont plus systématiquement, à standing égal, d'un prix inférieur à ce qu'on trouve en Europe.

Hôtels

Les tarifs indiqués dans ce guide se rapportent à une ***chambre double en haute saison*** (sauf fêtes de fin d'année pendant lesquelles certains hôtels doublent, voire triplent leurs tarifs !) occupée par 2 personnes, taxes comprises en général. Dans ces taxes est incluse la GST *(Goods & Services Tax),* qui varie suivant le prix de la chambre comme suit : de 0 à 999 ₹, pas de GST, de 1 000 à 2 499 ₹, 12 % de GST, de 2 500 à 7 499 ₹, 18 % de GST, et au-delà de 7 500 ₹, 28 % de GST ! Il arrive aussi qu'un *service charge* de 5 à 10 % soit ajouté. Si vous voyagez seul ou hors saison, enlevez environ 25 % au prix de la double, vous serez dans les clous. Précisons que dans les établissements des catégories « Bon marché » et « Prix moyens », l'utilisation de la climatisation (AC), ou du chauffage dans les régions himalayennes (si dispo), fait souvent l'objet d'un supplément (300 à 600 ₹ en moyenne). Dans la catégorie « Chic », la clim est comprise. Généralement, seuls les meilleurs hôtels ou certains *B & B* incluent le petit déjeuner dans leurs tarifs (quoique la pratique s'étende).

- ***Très bon marché :*** jusqu'à 600 ₹ (8 €).
- ***Bon marché :*** 600-1 500 ₹ (8-20 €).
- ***Prix moyens :*** 1 500-3 000 ₹ (20-40 €).
- ***Chic :*** 3 000-5 400 ₹ (40-72 €).
- ***Très chic :*** 5 400-10 500 ₹ (72-140 €).
- ***Beaucoup plus chic :*** au-delà de 10 500 ₹ (140 €).

Restaurants

Les fourchettes de prix ci-dessous s'entendent pour un ***repas complet pour 1 personne,*** sans autre boisson qu'une bouteille d'eau, taxes incluses (5 % de GST). Certains restos peuvent être « Bon marché » pour leurs plats végétariens mais « Prix moyens » si on prend de la viande et, plus encore, du poisson ou des fruits de mer...

- ***Très bon marché :*** moins de 180 ₹ (2,40 €).
- ***Bon marché :*** 180-450 ₹ (2,40-6 €).
- ***Prix moyens :*** 450-900 ₹ (6-12 €).
- ***Chic :*** 900-1 800 ₹ (12-24 €).
- ***Très chic :*** plus de 1 800 ₹ (24 €).

Musées et monuments

Pour la visite des sites, monuments et musées, il existe presque toujours un prix spécial touristes étrangers (qui ne cesse d'augmenter...), l'objectif étant de réunir des fonds pour sauvegarder le patrimoine. En gros, ces tarifs vont de 100 à 300 ₹ (1,35-4 €) pour les sites « mineurs », et tournent autour de 500-600 ₹ (6,70-8 €) pour les sites plus importants, le Taj Mahal remportant la palme avec 1 300 ₹ (plus de 17 €). Dans la plupart des sites, les étudiants (sur présentation de la carte internationale d'étudiant) et les moins de 15 ans (parfois 12 ans) bénéficient de réductions ou de gratuité. Photographier ou filmer est généralement payant, du moins en théorie car, avec les smartphones, on peut désormais souvent prendre des photos (et filmer) sans acquitter de droit...

Faire ses courses

Vous vous rendrez vite compte, en voulant acheter une bouteille d'eau ou un savon, que les magasins étiquettent (très) rarement leurs produits. Pour éviter de payer 3 fois trop cher, vérifiez donc le MRP *(Maximum Retail Price),* le prix de vente maximal autorisé, indiqué sur chaque produit manufacturé en Inde, généralement à côté de la date de conditionnement. Une bouteille d'eau (1 l), c'est simple, ça vaut 20 ₹ !

CLIMAT

La ***meilleure saison*** pour visiter l'Inde du Nord est de mi-novembre (l'automne indien !) à fin mars, hormis au Ladakh, où la bonne saison s'étend de mi-mai (voire juin) à fin septembre-début octobre, et au Sikkim, où l'on se rendra de préférence entre mi-mars et mi-mai, ou entre fin septembre et novembre. Ailleurs, l'été, la chaleur et l'humidité sont assez pénibles ; en mai, les températures atteignent facilement 40, voire 45 °C dans la plaine du Gange !

Un peu plus tard, ***en juin,*** survient la mousson, de laquelle dépend la vie de millions d'Indiens. De fin juin à septembre, des trombes d'eau s'abattent sur le Nord du pays (sauf dans le Cachemire et au Ladakh), avec un maximum en juillet et en août. Les pluies diminuent pour s'arrêter mi-septembre dans le Nord-Ouest, et seulement fin septembre dans le Nord-Est. La température baisse un brin, mais pas énormément. C'est à cette époque que les catastrophes arrivent. Pour le voyageur, ça se limite souvent à des retards de train ou de bus. Le Sikkim est à éviter absolument à cette période (routes dangereuses).

À partir de ***novembre,*** il fait froid dans le Nord (les températures peuvent être négatives) : prévoir des vêtements chauds !

La région de l'Indus (Rajasthan, Kutch et nord du Gujarat) est désertique. Du coup, il peut faire très chaud dans la journée, mais vraiment frisquet le matin et le soir.

DANGERS ET ENQUIQUINEMENTS

ATTENTION : ***la détention et la consommation de drogue,*** y compris de haschich, ont toujours été interdites en Inde. La loi NDPS *(Narcotic Drugs and Psychotropic Substances)* est très stricte. Toute personne inculpée au titre de cette loi est ***emprisonnée d'office*** et, d'une région à l'autre, il n'est pas rare que l'attente du jugement atteigne 3 ans ! Petit rappel, pour être bien conscient des risques encourus :

– toute personne détenant entre 1 et 100 g de haschich sera passible d'une peine de 6 mois à 1 an de prison ferme ;

– entre 100 g et 1 kg, la peine varie de 1 à 10 ans ;

– au-delà de 1 kg, la peine peut atteindre de 10 à 20 ans.

– ***Drogue :*** voir l'encadré, ce n'est pas de la blague ! Dans les trains, sur les plages et dans les hôtels, on a déjà vu des contrôles du genre « opération coup de poing », qui ne concernaient QUE les étrangers. ***Ne jamais accepter une boisson ou un gâteau offert par un inconnu.*** C'est parfois un excellent moyen de vous droguer pour mieux vous dévaliser.

– ***Administration :*** en cas de difficultés avec une administration, toujours voir le supérieur le plus haut gradé – les subalternes n'ayant ni responsabilités ni initiatives (d'ailleurs, ils ne désirent pas en prendre !). Soyez ferme, sûr de vous et... patient !

SALUT LES BABAS !

Baba cool, les néobabas... Voilà des mots bien rentrés dans notre langage courant. Ce terme nous a été rapporté en France par les hippies des années 1970. Partout en Inde, on les appelait... baba. Le comble, c'est qu'en hindi c'est une marque de respect, qui peut signifier aussi bien « Père respecté » que « Monsieur » !

		J	F	M	A	M	J	J	A	S	O	N	D
Agra	°C	22	26	32	38	42	41	35	33	33	33	29	24
	°C	7	10	16	22	27	29	27	26	25	19	12	8
	mm	16	9	11	5	10	60	210	263	151	23	2	4
Varanasi	°C	23	26	33	39	41	38	33	32	33	32	28	24
	°C	9	11	16	22	26	18	26	26	25	20	13	9
	mm	19	18	9	5	13	115	300	305	183	55	9	7
Kolkata (Calcutta)	°C	26	29	34	36	35	34	32	32	32	32	29	26
	°C	13	15	20	24	25	26	26	26	26	23	18	13
	mm	9	30	34	44	140	272	125	328	252	114	21	5
Darjeeling	°C	9	11	15	18	19	19	20	20	20	19	15	12
	°C	3	4	8	11	13	15	15	15	15	12	7	4
	mm	22	27	52	109	182	522	713	573	419	116	14	5
Delhi	°C	21	24	29	36	40	39	35	34	34	34	28	23
	°C	7	10	14	20	26	28	27	26	24	18	11	7
	mm	25	21	13	8	13	77	179	184	123	10	3	11
Jaipur	°C	23	25	31	37	41	40	35	33	34	35	30	25
	°C	8	10	13	20	25	27	26	24	23	18	12	9
	mm	11	8	9	4	15	57	197	205	82	12	4	8
Leh	°C	- 3	1	6	12	17	21	25	24	21	14	8	2
	°C	- 14	- 12	- 6	- 1	3	7	10	10	5	- 1	- 7	- 11
	mm	12	9	12	7	7	4	16	20	12	7	3	8

– ***Quelques précautions supplémentaires : ne jamais confier de documents officiels à quiconque*** (on a déjà vu de faux contrôleurs dans les trains). Ayez sur vous une ***photocopie de votre passeport*** et de votre visa, et présentez-les toujours en 1er lieu… même à la police.

– ***Évitez d'afficher des signes extérieurs de richesse*** et de laisser traîner vos affaires personnelles sans surveillance (surtout dans les gares et les trains où les vols sont nombreux).

– ***Ne confiez pas vos bagages*** à de prétendus porteurs, ou bien ne les lâchez pas d'une semelle ! Dans de nombreuses villes, des personnes prétendant appartenir aux offices de tourisme vous attendent à la sortie des gares ou des aéroports, badges en main (faux, bien sûr !). Ne pas les suivre, les véritables employés des offices de tourisme gouvernementaux ou régionaux, vous les trouverez dans leurs bureaux !

– Dans le même ordre d'idée, attention aux ***rickshaws,*** à qui il faut souvent tirer l'oreille pour se faire conduire à l'hôtel de son choix – taxis, même combat ! – (voir plus loin « Transports intérieurs. Le rickshaw »). Si l'on vous demande depuis combien de temps vous êtes en ville ou si c'est votre 1er voyage en Inde, c'est parfois pour flairer la proie facile. Répondez donc, en cas de doute, que vous êtes ici depuis plusieurs semaines et que c'est votre 3e voyage, par exemple !

– Globalement, attendez-vous à ce qu'on vous demande régulièrement des ***prix gonflés*** (genre : 50 ou même 100 ₹ la bouteille d'eau de 1 litre qui en vaut 20 !), un peu partout, à toute heure du jour, et encore plus de la nuit…

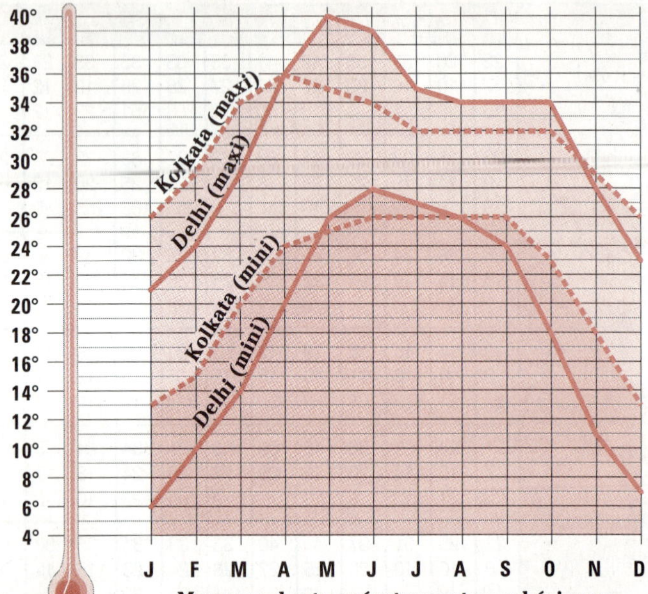

Moyenne des températures atmosphériques

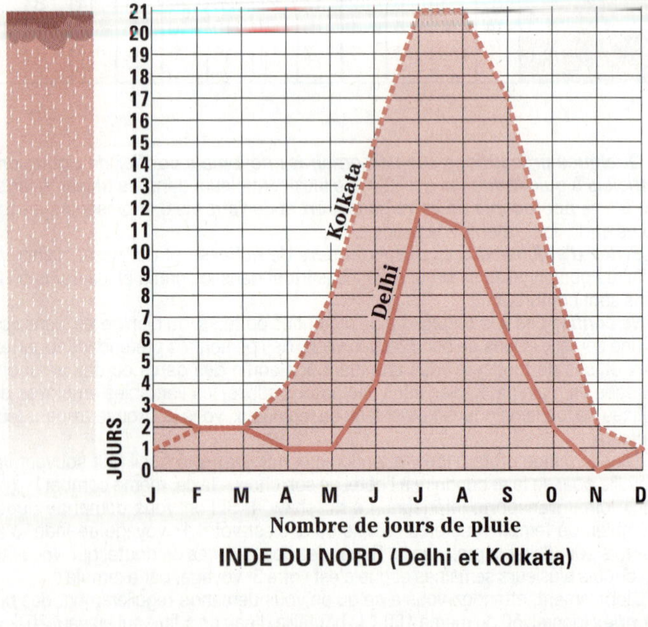

Nombre de jours de pluie

INDE DU NORD (Delhi et Kolkata)

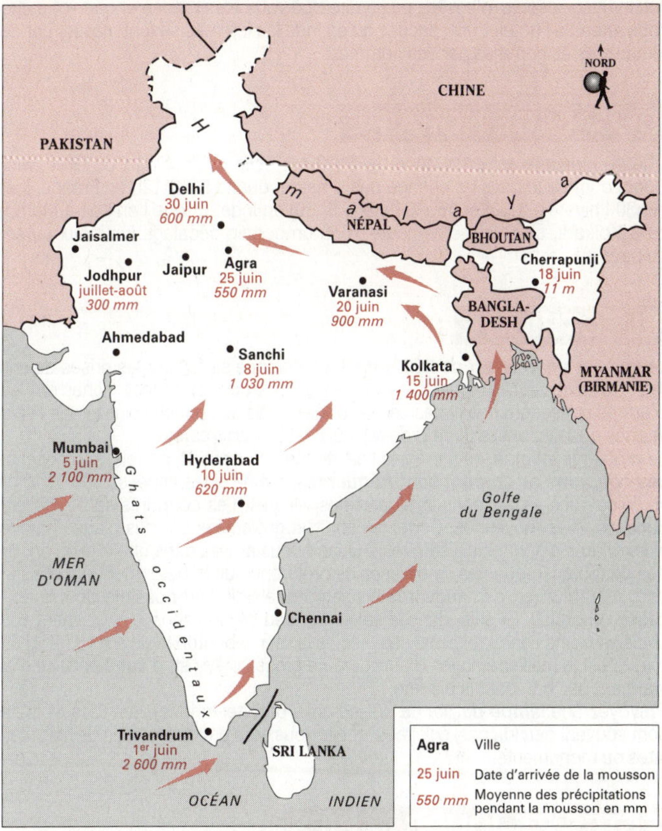

LA MOUSSON

– Sachez aussi que ***les petites arnaques sont le lot quotidien du voyageur en Inde*** : tours de passe-passe sur la monnaie rendue, billets déchirés (sans valeur) refilés aux touristes, billets de train invalides vendus aux guichets de certaines gares... Bien souvent, ça peut avoir du bon de se faire accompagner par un Indien (digne de confiance), ça coupe généralement court à toute velléité d'arnaque.

– Si vous êtes « invité » à visiter une boutique, ***ne promettez pas*** de revenir plus tard si vous savez que vous ne le ferez pas... Question de respect d'abord, puis ça vous évitera d'être sollicité encore et encore, par un vague cousin à l'autre bout de ville !

– ***Conseils aux routardes :*** les routardes se méfieront des « *Eve teasers* », bandes de jeunes qui s'amusent à pincer très fort les étrangères (parfois les fesses, mais aussi le buste...) passant à leur portée... ***Évitez de porter jupes courtes, tee-shirts décolletés ou encore pantalons moulants.*** En revanche, les lunettes de soleil ont le grand avantage de rendre inaccessible. Essayez, vous verrez... Si vous voyagez seule, n'hésitez pas à dire que vous êtes mariée et que votre chéri vous attend à l'hôtel. Enfin, sachez qu'en Inde les femmes se font masser par des femmes et les hommes par des hommes.

DÉCALAGE HORAIRE

L'heure indienne est en avance de 5h30 sur celle du méridien de Greenwich. Donc, comme le pays ne change pas d'heure, quand il est 12h en France, il est 16h30 l'hiver (+ 4h30) et 15h30 l'été (+ 3h30) en Inde. Et que l'on soit à Mumbai ou à Kolkata, c'est la même heure, d'où un certain décalage lumineux au sein du pays !

ÉLECTRICITÉ

Le voltage en Inde est de 220 volts. La différence se fait sur les prises de courant. Certaines sont comparables à celles qu'on trouve en France (fiches rondes). D'autres possèdent des fiches certes rondes, mais aux orifices plus larges et plus écartés que nos prises (type D ou M). Là, il faut un adaptateur.
Le problème en Inde, ce n'est pas l'électricité, mais plutôt, parfois, son absence. ***Les coupures de courant sont fréquentes,*** même si les années 2000-2010 ont vu l'électricité arriver dans la plupart des villages. Les coupures sont régulières dans les villes moyennes. Certaines sont programmées sur des plages horaires fixes, d'autres sont plus aléatoires... Quand vous arrivez dans une ville où ont lieu des coupures fréquentes, choisissez de préférence un hébergement qui possède un générateur (en demandant une chambre le plus loin possible de celui-ci à cause du bruit !). Et puis, dans la série « un peu de bon sens », si vraiment vous choisissez une chambre climatisée, ne pas laisser le bouton réglé sur 15 °C : d'une part, c'est le meilleur moyen d'attraper une grosse crève et, d'autre part, ce n'est vraiment pas bon pour la planète...
Prévoyez une ***lampe de poche*** (fût-ce celle d'un téléphone) : les rues et routes sont souvent peu (ou pas) éclairées, et elle vous sera précieuse dans de nombreux sites ou monuments.

FÊTES ET JOURS FÉRIÉS

La plupart des fêtes sont religieuses et elles seraient plus nombreuses que les jours du calendrier ! Souvent issues d'anciens rites animistes, elles respectent le rythme des 6 saisons : *vasanta* (le printemps), *grishma* (l'été), *varsha* (la saison des pluies), *çarada* (l'automne), *bemanta* (l'hiver), *çiçira* (la saison froide).
Ce qui est bien en Inde, c'est le gracieux mélange des fêtes hindoues, bouddhiques, jaïnes, musulmanes et autres. Certaines sont typiquement hindoues comme la fabuleuse *Kumbh Mela,* le plus grand pèlerinage du monde, qui a lieu tous les 3 ans en mars-avril. D'autres sont un subtil mélange d'hindouisme et de représentations animistes, telle *Holi.*
En ajoutant à toutes ces nombreuses réjouissances les fêtes civiles (comme l'anniversaire de l'indépendance), on ne s'ennuie à aucun moment de l'année, dans aucune région. Il y a toujours un éléphant chamarré ou une statue de divinité en promenade.
Quant aux dates, c'est complexe ! Certaines de ces fêtes sont célébrées à date fixe (enfantin), d'autres dépendent des calendriers lunaire ou solaire (facile), d'autres encore du calendrier luni-solaire (ça se complique !), voire, pour les fêtes bouddhiques, du calendrier tibétain, qui s'inspire du calendrier chinois, comme chacun sait. Tout ça pour dire que, dans la plupart des cas, les dates changent d'une année sur l'autre. Vérifiez donc bien avant (par exemple sur Internet).

– ***Makar Sankranti*** *(14 janvier)* **:** fête du Vent ! Particulièrement célébrée à Ahmedabad, mais également dans toute l'Inde du Nord. Les toits s'animent de dizaines de cerfs-volants, parfois même aussi le 15.

– ***Vasanta Panchami*** *(janvier-février ; 30 janvier 2020)* **:** dans toute l'Inde, 3 jours de fête. Dans le nord de l'Inde, cette fête hindoue marque l'avènement prochain du printemps. Ces jours-là, vêtements jaunes, couleur associée à cette fête, et cerfs-volants sont de sortie. Au Bengale, Vasanta Panchami est dédié à la Saraswati, déesse des Arts et de la Connaissance. Sa statue est immergée comme d'habitude, et on dépose tous les livres, stylos et instruments de musique dans son sanctuaire.

– ***Fête de la République*** *(26 janvier)* **:** partout en Inde, mais mieux vaut la voir à Delhi. Défilé militaire (bof !), heureusement suivi d'éléphants à baldaquin et de dromadaires et, surtout, présentation de tableaux vivants, avec un fond de propagande. Et puis, enfin, des troupes de danse. Il est conseillé, à Delhi, d'arriver très tôt le matin sur Raj Path, où a lieu le défilé, sinon on ne voit rien.

– ***Shivaratri*** *(février-mars ; 21 février 2020)* **:** dans toute l'Inde, et particulièrement dans les temples de Shiva à Chidambaram, Kalahasti, Khajuraho et Varanasi. Fête religieuse et pèlerinage consacrés à Shiva, marqués par une journée de jeûne qui se clôt par un repas de dattes, fruits, noix, patates douces et riz pilé.

– ***Holi*** *(février-mars ; 9 mars 2020)* **:** dans tout le nord de l'Inde (et au Népal), c'est la fête des couleurs qui célèbre la fin de l'hiver, une réminiscence aussi des joutes amoureuses de Radha et de Krishna. Tout le monde se jette des poudres de toutes les couleurs, ainsi que de l'eau, colorée elle aussi... Attention à ce que vous vous mettez sur le dos, les pigments sont difficiles à enlever. Et à moins de vouloir une teinture punk pendant quelque temps, mettez un foulard ! Dès la veille, des feux de joie sont installés un peu partout, symbole de la victoire du bien sur le mal. Pour acheter le bois, les gamins rançonnent sans vergogne les passants en barrant les routes et en s'accrochant aux rickshaws. Vous avez tout intérêt à céder à leurs amicales pressions si vous ne voulez pas être couvert de teinture. Attendez-vous aussi à être bousculé, surtout en fin de journée quand l'excitation se mêle à la consommation d'alcool et de *bhang.* Holi est une des fêtes les plus populaires en Inde, une des plus joyeuses aussi, puisque, ce jour-là, les vieilles querelles veulent être oubliées. Photos superbes en perspective, mais gare à votre matériel !

– ***Gangaur*** *(ou Gauri Puja ; mars-avril ; du 10 au 27 mars 2020)* **:** fête du Rajasthan. C'est à Jaipur et à Udaipur qu'elle a le plus d'éclat. Consacrée à Gauri, une des manifestations de Parvati (qui n'est autre que madame Shiva !), cette fête s'adresse aux femmes et plus particulièrement à celles qui cherchent un mari. Rien à voir avec la Sainte-Catherine en France ! Les chapeaux sont remplacés par des cruches d'eau qui serviront pour le bain de la déesse, implorée pour trouver un aussi gentil mari que le sien. On promène le couple divin en procession à travers la ville, avant de l'immerger dans un étang ou un lac.

– ***Jamshed-e-Navroz*** *(20 mars 2020)* **:** principalement fêté dans le Gujarat et le Maharashtra. C'est le Nouvel An parsi.

– ***Mahavir Jayanti*** *(mars-avril ; 6 avril 2020)* **:** national. Festival jaïn qui célèbre la naissance de Mahavira, le fondateur du jaïnisme. Il s'accompagne de pèlerinages aux sanctuaires jaïns.

– ***Vendredi saint*** *(mars-avril ; 10 avril 2020)* **:** partout en Inde où il y a des chrétiens.

– ***Baisakhi ou Vaisakhi*** *(avril-mai ; 13 avril 2020)* **:** dans le nord de l'Inde. 1er jour de l'année luni-solaire hindoue. La légende dit que ce jour-là, de la chevelure de Shiva, le Gange serait descendu sur terre. Un bain sacré dans le lac ou le fleuve fait partie du rituel. La journée de festivités, animée de nombreuses danses, se clôt par un festin (ça ne vous rappellerait pas les us et coutumes d'un petit village d'irréductibles Gaulois ?).

– ***Fête du Printemps*** *(avril-mai)* **:** au Cachemire. Le printemps est en réalité fêté dans tout le pays à diverses périodes *(Vasanta Panchami, Holi).* Au Cachemire, la fête commence avec l'éclosion des fleurs d'amandiers, et tout le monde se rassemble dans les vergers pour célébrer l'événement en écoutant de la musique et en buvant du thé. C'est le début de la saison plus chaude, qui ne va durer que quelques mois.

– ***Buddha Purnima*** *(avril-mai ; 7 mai 2020)* **:** fête bouddhique la plus importante. À la pleine lune, commémoration le même jour des 3 grands événements de la vie du Bouddha : sa naissance, son éveil et son atteinte du nirvana. Processions où sont portées les images du Bouddha.

– ***Jagannath Rath Yatra*** *(juin-juillet ; 23 juin 2020)* **:** à Puri, Varanasi, Serampur, Jagannathpur. Voir « Fêtes » dans le chapitre consacré à Puri.

– ***Hariyali Teej*** *(juillet-août ; 23 juillet 2020)* **:** fête du Rajasthan (c'est à Jaipur que le faste est le plus grand). La déesse Parvati, habillée en jeune mariée, est la divinité à l'honneur de cette fête qui célèbre également l'arrivée de la mousson. On fête le jour où elle a quitté la maison de ses parents pour celle de son mari. Les femmes portent de nouveaux vêtements et dessinent de superbes motifs au henné sur leurs mains. Puis elles s'amusent sur les nombreuses balançoires accrochées aux arbres, en chantant. Le soir, on fait un cortège en promenant Parvati avec des éléphants et des chameaux décorés.

– ***Naag Panchami*** *(juillet-août ; 25 juillet 2020)* **:** c'est la fête du Naga, le serpent sur lequel se serait appuyé Vishnou, sans se faire mordre, pendant ses méditations. Sa bénédiction est donc utile pour surmonter les obstacles de la vie. Cette fête est pratiquée au Rajasthan, surtout à Jodhpur, où les habitants essaient de représenter le serpent mythique dans une débauche de couleurs.

– ***Id-ul-Zuha*** *(ou Bakri Id ; 31 juillet 2020)* **:** surtout à Delhi, Lucknow, Kolkata et Hyderabad. C'est l'*Aïd el-Adha* ou encore l'*Aïd-el-Kebir* (la grande fête du mouton), célébration musulmane festive commémorant le sacrifice d'Abraham et pour laquelle on arbore ses nouveaux vêtements. Autre fête musulmane importante, ***Id-ul-Fitr,*** qui marque la fin du ramadan (les dates sont donc variables).

– ***Raksha Bandhan*** *(ou Rakhi ; juillet-août ; 3 août 2020)* **:** surtout dans le Nord et l'Ouest. Pas de manifestation spéciale, mais chaque sœur offre à son frère un bracelet de tissu, en priant pour son bien-être et en échange de sa protection. Ce geste rappelle celui de la femme du dieu Indra qui noua au poignet de son mari un cordon de soie pour le protéger des démons. C'est ce cordon qui permettra à Indra de reconquérir la suprématie du cosmos. Ce même jour, prêtres et brahmanes changent leur cordon sacré.

– ***Fête de l'Indépendance*** *(15 août)* **:** défilés militaires comme d'habitude. Attention, tout est fermé, y compris certains sites archéologiques (se renseigner au cas par cas).

– ***Amarnath Yatra*** *(juillet-août)* **:** au Cachemire. À la pleine lune, les fidèles font le pèlerinage jusqu'à la grotte d'Amarnath (à 4 000 m d'altitude), celle-ci abritant un lingam sacré. C'est ici que Shiva aurait révélé à sa compagne Parvati le secret de l'immortalité.

– ***Krishna Janmashtami*** *(11 août 2020)* **:** national, mais principalement à Agra, Mumbai et Mathura. *Happy birthday* lord Krishna !

– ***Ganesh Chaturthi*** *(22 août 2020)* **:** surtout dans le Maharashtra (Mumbai) et à Chennai (Madras). On honore Ganesh (le dieu à tête d'éléphant) pendant 10 jours.

– ***Muharram*** *(1er septembre 2019 et 21 août 2020)* **:** fête du Nouvel An musulman qui commémore, là où se trouvent des communautés islamiques chiites, le martyre du petit-fils de Mahomet. Processions de flagellations à l'iranienne. Dans l'Andhra Pradesh, on peut voir des danseurs déguisés en tigres.

– ***Commémoration de la naissance de Gandhi :*** *le 2 octobre.*

– ***Dussehra*** *(septembre-novembre ; 8 octobre 2019 et 25 octobre 2020)* **:** 10 jours à l'automne en fonction du calendrier lunaire. C'est une fête qui a lieu dans toute l'Inde, mais surtout à Delhi (où la fête est appelée Ram-Lila) et dans les États de Kullu et Mysore, pour célébrer la victoire du bien sur le mal. Elle revêt différentes formes selon les régions. Dans le Nord, ce sont surtout des représentations de la légende du *Rāmāyana.* Du vrai théâtre indien populaire. La fin est marquée (à

Delhi particulièrement) par la destruction à coups de pétards et de feux d'artifice d'un grand fantoche du diable Ravana à 10 têtes. Dans l'Est, on s'adresse particulièrement à la déesse Durga, celle qui a 10 bras et une arme différente dans chaque main.
– ***Diwali*** *(octobre-novembre ; 27 octobre 2019 et 14 novembre 2020)* **:** c'est certainement la fête hindoue la plus gaie. Elle célèbre le retour de Rāma dans son royaume avec sa femme Sītā, après sa victoire sur le démon Rāvana. Quand il revint, ploin de petites lampes furent allumées pour fêter son arrivée. C'est pourquoi, lors de Diwali, les maisons et les bâtiments sont illuminés dans tout le pays, même dans le plus petit village. C'est le début de la nouvelle année hindoue. On repeint les magasins, on porte de nouveaux vêtements...
– ***Foire de Pushkar*** *(ou Pushkar Mela ; 4-12 novembre 2019 et 22-30 novembre 2020)* **:** la plus grande foire aux dromadaires et aux chevaux d'Inde. Spectaculaire !
– ***Noël* :** célébré de manière pittoresque par les chrétiens. Dans tout le pays, mais surtout à Goa.

HÉBERGEMENT

Hôtels

C'est de loin le mode d'hébergement le plus répandu en Inde. On en trouve de toutes sortes, du plus miteux au palace étincelant digne des *Mille et Une Nuits.* À moins d'être à 100 ₹ près, oubliez les plus miteux (les hôtels à moins de 500 ₹ – 6,70 € – pour 2).
– ***Les hôtels (très) bon marché* :** en mettant 600-800 ₹, vous aurez parfois une chambre acceptable (ou moins glauque), le plus souvent avec une petite salle d'eau privée *(attached bathroom)* incorporant des w-c à l'indienne (comme ceux à la turque) ou à l'occidentale (plus fréquents dans les grandes villes et zones très touristiques), et une douche en général chaude (sinon, au seau, à demander à la réception). Les matelas sont en général peu épais et durs, les draps absents ou pas très nets (idem pour les taies d'oreiller). Pour vous isoler du matelas et des couvertures, prévoyez un sac de couchage ou, plus léger, un « sac à viande ». N'oubliez pas non plus une paire de tongs, elle vous évitera quelques mycoses.
– La ***catégorie qui offre le meilleur rapport qualité-prix*** est souvent celle qui propose des chambres doubles allant de 900 à 1 500 ₹ (12-20 €) environ. Là, on a droit à un petit confort appréciable, surtout après une longue journée dans le bruit et la poussière : les chambres sont plus nettes, l'eau chaude un peu plus courante, il y a parfois la TV (mais rarement câblée), les matelas sont un peu moins durs et les draps parfois blancs... Il arrive aussi que savon, serviettes et papier hygiénique soient fournis. La clim, dans cette tranche de prix, reste assez rare ou alors facturée en supplément, faisant souvent basculer la chambre « Bon marché » dans la catégorie « Prix moyens » (on retrouve souvent ces différentes catégories de chambres dans un même hôtel, d'où nos fourchettes de prix parfois un peu larges).
– ***Les hôtels à prix moyens* :** ils offrent souvent des chambres assez confortables, climatisées et mieux décorées autour de 1 500-3 000 ₹ (20-40 €). Dans la plupart des cas, on gagne en netteté...
– ***Les hôtels « Chic », ou simplement plus chers* :** pas toujours la catégorie la plus intéressante, sauf parfois dans les grandes villes : des chambres plus grandes et plus meublées que dans la catégorie « Prix moyens » mais, à part ça, pas toujours grand-chose qui justifie l'importante différence de tarifs... Si vous voulez vraiment goûter à plus de confort, choisissez carrément les hôtels « Très chic » qui, eux, offrent vraiment autre chose, en particulier côté cadre... Reste que, là encore, tous ne sont pas égaux : tant de palais, superbes de l'extérieur, se révèlent décevants, vieillots, voire carrément négligés, et pourtant affreusement chers...

Enfin, voici ***en vrac quelques remarques générales*** concernant les hôtels en Inde.

– Selon la saison et le taux d'occupation, les ***tarifs sont négociables,*** dans toutes les catégories d'hôtel. Si vous arrivez dans un hôtel en fin de journée et sentez qu'il est aux trois quarts vide, n'hésitez pas à marchander.

– La plupart des hôtels et *guesthouses* peuvent venir vous chercher (gratuitement ou non) à la gare, au terminal des bus ou à l'aéroport. Voir avec eux lors de votre réservation.

– Presque partout (jusqu'à la catégorie « Prix moyens » en tout cas), il est possible d'ajouter un matelas dans une chambre double, moyennant un supplément (demander un *extra bed*). En général cela revient moins cher que de prendre une 2e chambre.

– Dans les zones les plus touristiques, comme le Rajasthan, il revient souvent plus cher de réserver sa chambre à l'avance. Les hôteliers profitent de votre ignorance des tarifs indiens pour vous matraquer à distance. On ne s'en rend compte qu'une fois sur place.

– ***Demandez toujours à voir la chambre AVANT*** de vous décider, d'autant qu'il n'est pas rare qu'elles soient inégales. Vérifiez la douche et les robinets. Si les draps vous semblent douteux, insistez pour qu'on vous les change...

– un bon indicateur de la propreté de la chambre : le miroir de la salle de bains. S'il est impeccable, vous pouvez y aller sans hésiter. En fait, c'est rarement le cas.

– Si vous vous décidez pour une chambre, il vous faudra remplir un registre ou un long formulaire avec le numéro du passeport et du visa et leur date de délivrance et d'expiration, même si vous arrivez épuisé au beau milieu de la nuit.

– Simple bon sens : lorsque les *guesthouses* sont équipées d'un resto sur leur toit-terrasse *(rooftop),* les couche-tôt éviteront les chambres situées juste en dessous...

– Le ***petit déjeuner*** n'est presque jamais inclus dans le prix de la chambre dans les hôtels bon marché (mais beaucoup possèdent un petit resto où prendre thé, café, toasts, œufs, yaourt...). En revanche, il l'est généralement dans les établissements plus chics (souvent sous la forme d'un buffet). Entre les 2 catégories, ça dépend (on vous l'indique).

– Il est presque toujours possible de ***faire laver son linge*** (pour pas très cher) dans les hôtels et les *guesthouses.* Après, on ne vous garantit rien côté résultat...

– Dans les hôtels chics, la formulation des tarifs est souvent la suivante : *CP* signifie *continental plan,* soit avec petit déjeuner inclus ; *MAP* = *modified american plan,* soit demi-pension ; enfin, *AP* = *american plan,* c'est-à-dire pension complète. *EP* = chambre seule.

– Et puisqu'on vous parle des hôtels chics (les beaux), même si votre budget est serré, allez y prendre un thé pour le cadre.

– Enfin, ne pas chasser les lézards qui, souvent, se fixent sur les murs ; ce sont de gentils geckos qui mangent les moustiques.

Retiring rooms et salles d'attente des gares

– ***Les retiring rooms :*** sorte d'hôtel de transit dans les gares ferroviaires, en théorie réservé aux détenteurs d'un titre de transport en transit. Avantages : leur situation, bien sûr ; et les tarifs assez bas. Cela étant, ils sont assez sommaires, voire sordides, surtout les dortoirs (souvent réservés aux hommes). Ils se situent habituellement sur le quai no 1, à l'étage, ce qui les rend bruyants. Les chambres privées ont généralement une salle de bains, parfois la TV et, pour les plus chères, la clim. Mais, peu nombreuses, elles sont vite complètes, et on ne peut y rester que 2 nuits maximum, la seconde étant facturée plus cher que la première. Parfois, elles sont louées par tranches de 12h. Pour les gares les plus importantes, on peut désormais les réserver en ligne sur ● *irctctourism.com* ● onglet « *Accommodation* », muni de son no PNR, qui figure en haut à gauche du billet de train.

– ***Les salles d'attente des gares :*** toujours préférer les *upper class waiting rooms.* Les contrôles auprès des touristes sont très rares. Les sièges n'y sont pas trop durs et il est parfois possible d'y prendre une douche, bien agréable après une nuit en train.

Tourist bungalows

Ce sont des hôtels de catégorie moyenne gérés par chaque État, et le prix est souvent musclé par rapport au confort et à l'entretien. Ils n'ont généralement aucun charme. De même, l'ambiance n'est pas leur fort car ils sont souvent déserts. Chambres avec ou sans clim, tendance déprimante. Ils disposent d'un resto, rarement très animé (en fait, souvent à fuir...). Certains possèdent aussi des dortoirs prioritairement réservés aux chauffeurs. Bon, vous avez compris, ce sera uniquement pour dépanner...

Auberges de jeunesse

Les officielles sont rares, souvent excentrées, mal tenues et aussi chères que les hôtels de la même catégorie (à savoir « Très bon marché » pour les dortoirs ; plutôt « Bon marché » pour les chambres individuelles)... Heureusement, depuis une décennie, on trouve des établissements plus sympathiques, sur le modèle des *hostels* que l'on rencontre ailleurs dans le monde, avec dortoirs et souvent des chambres privées plus ou moins modernes et confortables, à ranger dans la catégorie « De bon marché à prix moyens ». On y apprécie l'ambiance routarde et les services qui vont avec (wifi, cuisine et espaces communs conviviaux, etc.). Inconvénient : ils sont parfois excentrés, notamment dans les grandes villes, raison pour laquelle on ne les mentionne pas toujours dans ce guide...

LANGUES

Tous les documents officiels sont écrits en anglais, en hindi et dans la langue régionale. Mais il existe 22 langues officielles et plusieurs centaines d'idiomes, dont une petite trentaine parlés chacun *nativement* par plus de 1 million de personnes. Inutile de dire que si vous voulez communiquer avec tous les habitants dans leur langue, y a du boulot ! Cela dit, si vous voyagez dans le Nord, parler quelques mots d'hindi (la langue la plus répandue) peut être très utile.
Cette diversité peut paraître invraisemblable, mais si l'on remarque que l'Inde occupe une surface comparable à l'Europe occidentale, tout en comptant nettement plus d'habitants, on s'aperçoit que la situation est assez proche : la différence est aussi grande entre le tamoul et le pendjabi qu'entre le suédois et le basque.
Les 2 principaux groupes de langues en Inde sont les *langues indo-aryennes* (plutôt au nord) et les *langues dravidiennes* (plutôt au sud et à l'est). Il existe 2 autres groupes moins importants.

LA BATAILLE DES SYMBOLES

26 % des Indiens sont illettrés. Les partis politiques se font donc reconnaître par un symbole que l'on retrouve sur les affiches électorales et les bulletins de vote (roue, vélo, réveil, ampoule, lotus...). Avec 1 760 partis, c'est évidemment la foire d'empoigne pour obtenir un symbole fort et universel. Pas de chance pour le parti qui se retrouve avec le cadenas (= prison) ou les lunettes (= vieillesse) ou le ventilo (inconnu dans les États montagneux) ou le tracteur (inutile chez les artisans ou les commerçants).

L'anglais

Il est parlé couramment par seulement 5-6 % de la population, ce qui fait tout de même quelque 70 millions de locuteurs. C'est la langue des Indiens cultivés (vous verrez d'ailleurs souvent des Indiens se parler entre eux en anglais), et celle qui, paradoxalement, a aidé les mouvements indépendantistes à se fédérer dans tout le sous-continent. C'est évidemment en anglais que les touristes ont un espoir de se faire comprendre ; et même si les Indiens ont un accent très particulier (qui varie selon les États et surtout selon le niveau d'éducation de l'interlocuteur), ils sont en général assez faciles à comprendre. À noter quand même que si beaucoup d'Indiens ne sont pas anglophones, la plupart sont polyglottes. Ainsi un Rajpout, outre l'hindi, parlera ou au moins comprendra en général un peu de gujarati ou de pendjabi, langues de ses voisins. Et réciproquement.

LA VRAIE CASTE SUPÉRIEURE

Dans l'Inde actuelle, il ne s'agit plus des brahmanes (prêtres) mais des 5-6 % de la population qui parle couramment l'anglais. Seule cette élite possède l'éducation, donc le pouvoir et l'argent. L'anglais est un outil absolu de domination. Sans cette langue, pas de boulot correct dans le public ni dans le privé. Les anglophones sont devenus les nouveaux brahmanes.

Bon à savoir : beaucoup d'Indiens prononcent le « f » comme un « p » (ainsi, on dit « pipteen » pour *fifteen*), le « j » comme un « z » (« zune » – ou « dzune » – pour *june*), les « sh » comme un « s » et non « ch » (« ricksaw » pour *rickshaw*), le « v » presque comme un « b » (« bery » pour *very*) et le « w » comme un « v » (« vay » pour *way*)...

– Remarque : les Indiens sont très ouverts à l'égard des étrangers et, de plus, fort curieux, vous assaillent de questions, la 1re étant traditionnellement « *Where do you come from ?* » (De quel pays venez-vous ?), puis « *What's your name ?* » (Quel est votre nom ?) et enfin « *Are you married ?* » (Vous êtes marié ?).

Mots français venus d'Inde (hindi, malayalam, tamoul)

Plusieurs mots sont venus d'Inde dès le XVIe s, passant en Europe par l'intermédiaire des marchands européens (Portugais, Hollandais, Anglais). Certains sont entrés dans la langue française, les voici :

– ***De l'hindi*** (langue nationale) **:** le mot *shampooing* est passé en français par l'anglais. Il vient de *tchampou* qui signifie massage en hindi, *bungalow* (vient du gujarati *bangalo*), *gymkhana, kaki, baba* et *jungle* (du mot hindi *jangal* : territoire couvert de végétation impénétrable).

– ***Du tamoul*** (langue du Tamil Nadu) **:** le mot *palanquin* dérive du mot *pallakku* déjà cité dans le *Rāmāyana* (250 av. J.-C.). Et aussi les mots *curry, cari, mangue* (de *mankây*), *cachou* (du portugais *cacho* issu du tamoul *kasu*), *patchouli, catamaran* et *pagode* (emprunté au dravidien *pagôdi*).

– ***Du malayalam*** (langue du Kerala) **:** les mots *bambou, bétel* (vient du mot *vetilla*), *teck* (vient de *tekku*), *jacquier* (de *chakka*) et *mainate* (vient de *mannattan*).

Mots intéressants à connaître en hindi

Mots usuels

Namaste, namaskar	Bonjour (avec un sourire, le sésame de l'Inde !)
Han	Oui
Atcha	D'accord
Nei, nahi	Non

Dhaniovad	Merci (ce mot n'est presque jamais utilisé, car l'hindou ne dit pas merci mais l'exprime par un regard ou un geste ; *choukria,* en revanche, est très usité chez les musulmans)
Aap kaise hain ?	Comment ça va ?
Theek hai	Ça va
Chaï	Thé
Pani	Eau
Ketna kahai ?	Combien ça coûte ?
Bas	Bus
Haspataal	Hôpital
Doktar	Médecin
Samajsthé	J'ai compris
Pardeshi	Étrangers, métèques (en l'occurrence, vous !)
Tchelo	Allons-y, *let's go !*

Petit lexique religieux

– ***Ahimsa :*** non-violence. La notion d'ahimsa est associée au refus de la mise à mort des animaux et à la pratique du végétarisme. À l'époque moderne, la non-violence fut utilisée par Gandhi comme une arme politique. Ce qui n'empêche que les Indiens sont capables d'un grand degré de violence.

UNE DES LANGUES LES PLUS ANCIENNES DU MONDE

Le sanskrit, encore utilisé par quelques érudits brahmanes, était le langage des cérémonies et écrits hindous. Il daterait de 2 500 ans av. J.-C. et était très respecté par les colons britanniques, persuadés qu'il s'agissait de la langue utilisée par Adam et Ève. British are so amazing !

– ***Avatar :*** réincarnation d'une divinité qui revient sur terre sous une nouvelle forme pour sauver l'humanité. Exemple : Krishna est un avatar de Vishnou.

– ***Brahmane :*** la caste supérieure, celle des prêtres. On les reconnaît au cordon en bandoulière qu'ils portent à même le corps.

– ***Dharma :*** tout ce qui se rapporte au devoir. Le dharma est la loi morale et éthique que toute personne doit suivre.

– ***Ghâts :*** gradins. Mais aussi les marches d'accès aux bassins, aux lacs ou aux fleuves sacrés (par exemple les ghâts de Varanasi ou de Pushkar).

– ***Guru :*** titre donné au maître spirituel d'un jeune brahmane ou d'un jeune hindou.

– ***Karma :*** ce concept signifie « acte », « action ». Chaque action ou pensée du passé influe sur la destinée d'un individu et détermine le cycle de la transmigration *(samsāra).* Exemple : si le karma est mauvais on peut être réincarné sous forme d'un animal nuisible. Un « good karma » permet de renaître dans une condition enviable. Bon ou mauvais, le karma découle des actes bons ou mauvais commis dans une vie antérieure.

– ***Paria :*** à l'origine, sous-caste d'intouchables du Tamil Nadu. Le mot est une déformation par les Européens du nom *paraiyar.* Par extension, paria s'applique à tous les intouchables d'Inde.

– ***Puja :*** rituel de la prière hindoue comprenant 16 étapes (bain, parfums, fleurs, récitation de mantras...).

– ***Sadhu :*** « *homme bon* », le *sadhu* est un ascète qui a renoncé aux plaisirs matériels pour suivre la voie du détachement et de la sainteté. Certains sont rattachés à des temples, d'autres mènent une vie errante, seuls ou en petits groupes. Certains vivent nus ou enduisent leur corps de cendres. Les plus grands rassemblements de *sadhu* ont lieu à l'occasion des *kumbha-mela.*

– ***Samsāra :*** dans les philosophies hindoue, bouddhiste et jaïne, ce terme désigne le cycle de la transmigration des âmes, au fil des réincarnations.

– ***Yatra :*** voyage, par extension pèlerinage vers des lieux sacrés, rassemblement. Exemples : le *Jazz-yatra* de Mumbai (festival de Jazz), *Pada-yatra,* manifestation à pied, la marche du Sel de Gandhi.
Voir aussi la rubrique « Cuisine » dans « Hommes, culture, environnement » pour le vocabulaire des aliments.

LIVRES DE ROUTE

– ***Le Ministère du bonheur suprême*** (2018), d'Arundhati Roy (traduction Irène Margit, Gallimard, 538 p.). Une fresque intimiste qui embrasse l'histoire tumultueuse de l'Inde de la Seconde Guerre mondiale jusqu'au XXIe s : le sempiternel problème du Pakistan, l'exacerbation des tensions religieuses entre hindous et musulmans, l'avènement du terrorisme, la permanence des castes dans un pays ouvert sur le monde. L'un des personnages, Anjum, est hermaphrodite (comme son auteur) et sert de fil rouge au roman.
– ***La Forêt des 29*** (2012), d'Irène Frain (J'ai lu). À la fin du XVe s, l'épopée des Vishnoïs aux confins du désert du Thar, le pays de la mort, où la sécheresse fait rage depuis 15 ans. Le maharaja agrandit son palais, il a besoin d'arbres pour alimenter ses fours à chaux. Alors il décide d'abattre les arbres sacrés des Vishnoïs, lesquels s'y opposent et sont massacrés. C'est un vrai hymne à l'engagement écologique que nous livre ici Irène Frain. Un véritable conte initiatique.
– ***Une certaine idée de l'Inde*** (1970), d'Alberto Moravia (Arlea Poche, 2008). En 1961, l'auteur part en Inde avec sa femme Elsa Morante et Pier Paolo Pasolini. Nous pesons nos mots, voici l'un des ouvrages les plus fascinants écrits sur l'Inde. Au bout de quelques pages, on perçoit totalement les bruits, les odeurs, les peurs, les jouissances...
– ***L'Antivoyage*** (1974), de Muriel Cerf (Actes Sud, coll. « Babel », n° 926, 2008, 294 p.). Salué à sa sortie par André Malraux, ce beau récit de voyage révéla Muriel Cerf, partie « aux Indes » à l'âge de 24 ans, en pleine époque hippie. Un véritable travail littéraire, bourré de poésie, de lyrisme, d'humour et d'érudition, au style enlevé, marqué par l'influence de Henry Miller. Le lecteur y trouvera de saisissants portraits de Bombay, de Calcutta et de Katmandou.
– ***Cette nuit la liberté*** (1975), de Dominique Lapierre et Larry Collins (Pocket, n° 4182, 2004, 760 p.). Un livre pour tenter de comprendre ce qui, en 1947, provoqua l'indépendance de l'Inde. On peut néanmoins reprocher aux auteurs, dans leur volonté de rendre la lecture plus légère et haletante, de « simplifier » une histoire qui ne l'est pas. Cela dit, l'ouvrage tient en haleine comme un roman.
– ***Les Enfants de minuit*** (1980), de Salman Rushdie (LGF, coll. « Le Livre de Poche », n° 3122, 1990, 671 p.). Saga baroque et burlesque au cœur de l'Inde moderne, ce roman picaresque contemporain est une truculente autobiographie de l'auteur des fameux *Versets sataniques.* Si vous vous rendez au Ladakh ou au Cachemire, jetez aussi un œil à *Shalimar le Clown* (Pocket, n° 13003, 2007) : un panorama poignant de l'histoire de la région.
– ***Nocturne indien*** (1984), d'Antonio Tabucchi (10/18, n° 1916, 2004, 130 p.). Bombay, Madras, Goa, autant de lieux, de villes, étapes de ce voyage sur les traces de l'ami disparu. Voyage prétexte, initiation, ce récit s'organise autour de l'équilibre fragile entre le rêve et le réel.
– ***Fous d'Inde : Délires d'Occidentaux et sentiment océanique*** (2002), de Régis Airault (Petite bibliothèque Payot, 240 p.). Ancien médecin psychiatre au consulat de France à Bombay, l'auteur a eu à traiter des touristes victimes du « syndrome indien ». Il répond ici avec justesse à la question : « Qu'est-ce qui fascine tant les Occidentaux dans ce pays ? Pourquoi cette étrange attirance, pourquoi certains voyageurs sont-ils sujets à des crises de délire au point de les déconnecter de la réalité, de leur faire perdre leurs repères ? » Le langage reste accessible et l'on apprend que ces troubles se révèlent le plus souvent sans lendemain. En tout cas, ça aide à comprendre combien un voyage en Inde peut transformer notre vision du monde.

– ***Promenade avec les dieux de l'Inde*** (2007), de Catherine Clément (Le Seuil, coll. « Points », 265 p.). Ces pages sont tirées des émissions que l'écrivaine a concoctées pour France Culture. Loin de constituer une introduction traditionnelle à l'hindouisme, elles rendent les frasques et les relations de ces dieux familières. Des connaissances érudites transmises avec la simplicité et le talent d'une conteuse.

– ***Compartiment pour dames*** (2004), d'Anita Nair (Picquier, 449 p.). Akhila, une célibataire au service de sa famille depuis toujours, décide de prendre le train pour aller voir la mer. Dans son compartiment, 6 autres femmes avec lesquelles elle va échanger et qui vont se raconter, au rythme du paysage qui défile au-dehors...

– ***L'Inde où j'ai vécu, avant et après l'indépendance*** (1951), d'Alexandra David-Néel (Pocket, nº 2390, 2003, 410 p.). En 1911, à plus de 40 ans, après avoir quitté son mari et son passé, Alexandra David-Néel arrive aux Indes. C'est le rêve de toute sa vie. Elle y vient, attirée par le mysticisme et par le bouddhisme qui ne cessent de la fasciner. Une expérience et un récit, que perpétuent des tas d'Européens qui se rendent en Inde pour marcher dans les pas de cette aventurière spirituelle.

– ***Un barbare en Asie*** (1933), d'Henri Michaux (Gallimard, coll. « L'Imaginaire », nº 164, 1986, 238 p.). Dans ce livre, Michaux narre avant tout la rencontre spirituelle entre l'intellectuel occidental et l'hindou. Son humour fait du dégât et livre le portrait d'une Inde à mille lieues des clichés. Le genre de livres (rares) qui donnent l'impression d'être un peu plus intelligent après lecture !

– ***Kim*** (1901), de Rudyard Kipling (Gallimard, coll. « Folio », nº 4206, 2005, 482 p.). Les aventures et tribulations d'un jeune orphelin irlandais dans l'Inde de la fin du XIXᵉ s. Le monde indien, avec ses villes mythiques (Bénarès, Delhi, Lahore, Umballa), revit magistralement sous la plume de l'écrivain anglais.

– ***Siddhartha*** (1922), de Hermann Hesse (Grasset, coll. « Les Cahiers Rouges », nº 82, 2002, 200 p.). *Siddhartha* (un des noms du Bouddha...) est un pur produit du *Bildungsroman* (roman d'initiation), revisité par le désir de spiritualité qui animait Hermann Hesse. Celui-ci connaissait l'Inde, mais ne cherchez pas de réalisme dans ses descriptions ; époque et lieux restent indéterminés, afin d'accentuer la portée générale du propos. Un roman sur la fusion nécessaire entre l'âme et le corps.

– ***Parias*** (1985), de Pascal Bruckner (Le Seuil, coll. « Points », nº 285, 1997, 383 p.). Ce livre peut choquer par le portrait très dur et désespérant qui est fait de l'Inde contemporaine. Violence, trahisons, assassinats rituels ou non, gourous hallucinés et roublards, misère effroyable et, par-dessus tout, fascination morbide pour le néant sont évoqués dans ce roman, qui oscille constamment entre le réel et l'imaginaire.

– ***L'Hindouisme*** (1983), de Louis Renou (Que sais-je ?, nº 475, 2001, 128 p.). Pour s'y retrouver quelque peu dans les dédales du panthéon hindou, peuplé des avatars des 3 dieux fondateurs, Brahma, Vishnou et Shiva. Une bonne synthèse.

– ***Un garçon convenable*** (1995), de Vikram Seth (LGF, coll. « Le Livre de Poche », 2 tomes, nºˢ 14327 et 14328, 1997, 922 et 858 p.). Devenu un best-seller mondial, ce pavé est considéré comme le roman le plus complet sur l'Inde. Normal : il a coûté 8 ans de travail à Vikram Seth. La saga d'une grande famille bourgeoise en quête d'un « garçon convenable » pour un mariage n'est qu'un prétexte pour raconter toute l'histoire d'un peuple depuis son indépendance. On croise d'infinies séries de portraits qui fourmillent pour former un roman truculent, haletant et poétique.

– ***Moi, Phoolan Devi, Reine des bandits*** (1996), de Phoolan Devi (éd. Fixot, 2001, 443 p.). Biographie officielle de la célèbre « Reine des bandits » qui défraya tant la chronique en Inde dans les années 1980. Née dans une famille de *mallahs,* la petite Phoolan (« fleur » en hindi) subit les pires humiliations qu'une fillette de basse caste puisse connaître. Phoolan choisit la rébellion et deviendra la « Reine des bandits » jusqu'à sa reddition. Un témoignage accablant sur la condition des femmes de basse caste en Inde.

– ***Tantra*** (1996), de Daniel Odier (Pocket, n° 4805, 2002, 227 p.). Roman mystique. Partir en Inde et appréhender une infime partie de l'enseignement spirituel, c'est ce que nous propose l'auteur de *Diva*. Il raconte comment une yogi lui a enseigné cet art qui allie sexualité et spiritualité. Intéressant.
– ***Loin de Chandigarh*** (2005), de Tarun J. Tejpal (LGF, coll. « Le Livre de Poche », n° 30760, 2007, 692 p.). Le narrateur, un journaliste qui se rêve écrivain, brûle de passion depuis 15 ans pour sa femme, Fizz... jusqu'à ce que le couple achète une vieille baraque délabrée sur les contreforts de l'Himalaya, et y découvre 64 carnets dont la lecture va bouleverser leur vie... Un livre emporté par une écriture sensuelle et aérienne, pleine de poésie, de finesse, et en même temps d'humour et de couleur. Une Inde vraiment contemporaine et une balade dans l'histoire du pays, le tout pimenté de longs passages à faire rougir le *Kama-Sutra* (le titre anglais, *The Alchemy of Desire*, reflète beaucoup mieux le contenu du roman)...
– ***L'Âge de Kali, à la rencontre du sous-continent*** (1998), de William Dalrymple (éd. Noir sur Blanc, 2004, 429 p.). Historien, journaliste et écrivain, Dalrymple a parcouru l'Inde une dizaine d'années et partage toujours sa vie entre Londres et Delhi. La vingtaine d'essais présentée ici est le fruit de ses voyages et rencontres dans le sous-continent, autant de pistes pour tenter de comprendre l'Inde contemporaine. Remarquablement écrit.
– ***Idées reçues, l'Inde*** (2006), de Pascale Haag et Blandine Ripert (éd. Le Cavalier Bleu, n° 110, 2006, 128 p.). En prenant comme point de départ les idées reçues systématiquement collées à l'Inde (« l'Inde est le pays des maharajas, des fakirs et des vaches sacrées », « l'Inde est un pays sous-développé », « les femmes indiennes sont soumises », etc.), puis en les réajustant ou en les expliquant, les auteurs esquissent un portrait de l'Inde concis et pertinent. Parfait pour une 1re approche du pays.
– ***Intouchable, une famille de parias dans l'Inde contemporaine*** (2002), de Narendra Jadhav (Hachette, coll. « Pluriel », 2005, 380 p.). L'auteur, économiste, a travaillé pour le FMI avant de devenir haut fonctionnaire au ministère des Finances indien. Né en 1953 dans une famille d'intouchables, il retrace dans ce document la vie d'une famille de parias au XXe s, avec en toile de fond le combat pour la défense des droits des intouchables mené par le Dr Babasahed Ambedkar.
– ***L'Émeute*** (2001), de Shashi Tharoor (Le Seuil, coll. « Points », n° 1235, 2004, 402 p.). Une jeune Américaine est assassinée lors d'une émeute opposant hindous et musulmans. Le roman retrace les 10 derniers mois de sa vie grâce à son journal intime et aux témoignages de son entourage. À travers la parole des représentants des diverses communautés au cœur de l'affrontement se font entendre les différentes voix de l'Inde (l'histoire d'amour plus convenue, le fil rouge de l'histoire, nous a moins convaincus). Également l'auteur de *Show Business* (coll. « Points », 2007, 416 p.), une grande fresque tragi-comique sur le monde de Bollywood, et du *Grand Roman indien* (coll. « Points », n° 1047, 2002, 576 p.).
– ***Les Tigres d'Allah*** (2000), de Vikram Chandra (LGF, coll. « Le Livre de Poche », n° 7282, 2003, 340 p.). Un thriller politique qui ramène bien des décennies en arrière, alors qu'hindous et musulmans vivent en harmonie à Srinagar, capitale du Cachemire indien, un État qui va peu à peu être déchiré par le terrorisme et les conflits. On oublie parfois qu'on lit un thriller, mais l'auteur expose plutôt bien les différentes composantes du conflit cachemiri.
– ***Le Nabab*** (1982), d'Irène Frain (LGF, coll. « Le Livre de Poche », 826 p.). Ou comment un jeune mousse breton, Madec, débarqué en 1754 à Pondichéry, se fait une place inespérée dans cette Inde ô combien exotique qui le fascine. Admis dans l'intimité du prince de Godh, et tombé sous le charme d'une princesse sensuelle, l'aventurier sera finalement nommé nabab. Une belle et juste fresque historique, inspirée de l'histoire réelle de René Madec et de ces divers Occidentaux qui firent bel et bien leur vie – et leur fortune – dans l'Inde du XVIIIe s.
– ***Le Tigre blanc*** (2008), d'Aravind Adiga (10/18, 318 p.). 7 nuits et autant de lettres au cours desquelles Balram Halwai, jeune entrepreneur indien installé à Bangalore, raconte au 1er ministre chinois son Inde à lui... loin de celle des visites officielles !

Un grand succès en Inde, récompensé par le prestigieux prix littéraire anglais Man Booker Prize, mais qui a fait des remous... L'Inde à l'envers et à l'endroit. « Tout ce qu'on peut dire de l'Inde est vrai, on y voit les choses plus clairement parce que c'est le chaos. »
– ***L'Équilibre du monde*** (1995), de Rohinton Mistry (LGF, coll. « Le Livre de Poche », 890 p.). Écrivain canadien né à Mumbai, Rohinton Mistry brosse dans ce roman-fleuve un tableau social de l'Inde des années 1970-1980, conté à hauteur d'homme. En plongeant dans la vie tumultueuse d'une galerie de personnages, on explore autant de facettes d'une société aussi complexe que foisonnante : système des castes, condition de la femme, bidonvilles, mendicité et petites débrouilles, violences interreligieuses, corruption, mépris de classe... Le tout saupoudré de cuisine et de traditions, et agité par l'État d'urgence imposé par la 1re ministre d'alors, Indira Gandhi. Une fresque que l'on ne veut plus quitter, à la fois noire et bouillonnante de vie, tragique et absurde, violente et rayonnante.
– ***Le Défi indien : Pourquoi le XXIe siècle sera le siècle de l'Inde ?*** (2005), de Pavan K. Varma (Actes Sud, coll. « Babel », nº 798, 2007, 362 p.). Un livre précieux pour qui veut comprendre l'âme et la société indiennes du XXIe s. Pavan K. Varma expose les nombreux paradoxes qui frappent tout étranger aux prises avec l'Inde : permanence du système des castes dans la plus grande démocratie du monde, irrationalité et superstitions, aux côtés de sociétés d'informatique reines du marché international, etc. Un best-seller en Inde, riche d'enseignements sur un pays aux multiples facettes.
– ***Dictionnaire de l'Inde,*** sous la direction de C. Clémentin-Ojha et C. Jaffrelot (Larousse, coll. « À présent », 2009, 480 p.). Un ouvrage dont l'ambition est de dépasser les clichés d'un exotisme convenu sur cette étonnante nation, en proposant à la fois des repères clairs et objectifs sur son histoire, sa culture et ses habitants, et quelques problématiques contemporaines. Pas mal pour s'initier ou faire un point sur ses connaissances du pays.
– ***Inde. Histoire, société, culture*** (2013), de Pauline Garaude (La Découverte, 224 p.). Une présentation très complète de l'Inde par une journaliste-reporter qui y travaille depuis plus de 15 ans. Pas ennuyeux du tout, on s'y attacherait presque comme à un roman. Permet vraiment de comprendre la réalité de la démocratie la plus peuplée du monde, puissance régionale stratégique et futur géant économique.
– ***L'Inde contemporaine*** (2014), sous la direction de Christophe Jaffrelot (Hachette, coll. « Pluriel », 336 p.). Un ouvrage de référence, sous la direction du spécialiste français le plus pointu sur l'Inde. Transition démographique, urbanisation croissante, crispation religieuse et libéralisation économique : tous les facteurs qui ont participé au gigantesque bond en avant du sous-continent depuis les années 1990 sont disséqués et expliqués au fil des pages.
– ***La Nouvelle Revue de l'Inde :*** revue qui se propose de donner « un autre regard sur l'Inde ». Elle est très orientée économie et politique, mais vous trouverez néanmoins des témoignages ou des articles consacrés à l'art et la culture, ainsi qu'une rubrique santé. Pour plus d'infos : • *larevuedelinde.com* •

– ***Autobiographie ou mes expériences de vérités*** (1950), de Gandhi (PUF, coll. « Quadrige », nº 203, 2007, 720 p.). L'autobiographie que Gandhi signe ici avec une absolue sincérité doit être considérée comme son héritage spirituel. Fort de sa générosité et de sa soif de vérité, Gandhi est le personnage de notre temps qui a le plus cru en l'homme, en sa dignité, en son devoir de sagesse.
– *N.B.* : les ouvrages concernant plus précisément le ***Rajasthan*** sont traités dans l'introduction de cette région.

Petite bibliographie du dalaï-lama

L'œuvre du dalaï-lama s'adresse tant aux néophytes de la philosophie bouddhiste qu'aux scientifiques ou aux initiés. 3 ouvrages qui permettront à chacun de mieux appréhender les principes clés du bouddhisme.

– ***Comment pratiquer le bouddhisme ?*** (2002), propos du dalaï-lama, Jeffrey Hopkins et Yolande du Luard (Pocket, nº 12019, 2003). Comment changer notre vie ? Aller vers plus de paix ? Davantage de bonheur ? Autant de questions auxquelles le dalaï-lama répond par la voie la plus simple, celle de son expérience personnelle.
– ***Surmonter les émotions destructrices, un dialogue avec le dalaï-lama*** (2003), de Daniel Goleman (Pocket, nº 12331, 2008). Un petit groupe de penseurs et de scientifiques de renommée mondiale s'est réuni en 2000 auprès du dalaï-lama afin de débattre autour du moyen de surmonter les émotions destructrices que sont le désir, la colère et l'illusion. Véritable introspection sur la nature des émotions universelles, cet ouvrage présente outre une série d'études expérimentales, une collaboration entre bouddhisme, sciences de l'esprit et neurosciences.
– ***Vaincre la mort et vivre une vie meilleure*** (2002), du dalaï-lama (J'ai lu, 2006). Un commentaire, strophe par strophe, du poème du 1er panchen-lama dont l'objectif est de permettre à chacun de surmonter la peur de la mort.

MUSÉES, SITES ET MONUMENTS

La plupart sont ouverts tous les jours, généralement de 9h-10h (parfois un peu plus tôt) à 17h-18h, ou tout simplement du lever au coucher du soleil (les temples notamment). Les musées ont parfois un jour de fermeture hebdomadaire (souvent le lundi) et sont fermés lors des grandes fêtes nationales. La billetterie ferme souvent de 1h à 30 mn avant le site. On rappelle que les tarifs d'entrée des principaux monuments peuvent représenter un gros budget pour les étrangers (qui paient beaucoup plus cher).
Dans les temples comme dans les mosquées, une tenue correcte est évidemment exigée. Il faut se déchausser avant d'entrer (en général, une consigne est prévue, gratuite ou pour 5-10 ₹ ; ou alors on laisse ses chaussures à l'entrée avec toutes celles des autres visiteurs) : pensez à vous munir de chaussures faciles à ôter. ***En été, mettez des chaussettes*** (elles sont autorisées dans la plupart des sites), histoire de ne pas vous griller la plante des pieds sur les dalles ! Idem au Ladakh, mais à cause du froid ! Et pourquoi ne pas utiliser les chaussettes distribuées dans l'avion ?

PHOTOS

Demandez toujours le consentement des personnes concernées lorsqu'il s'agit de portraits, mais ne donnez jamais d'argent en échange d'un cliché.
Côté pratique, il y a des boutiques dans toutes les villes, vendant cartes mémoire et autres accessoires.

POSTE

Elle est lente, mais fiable. Compter en moyenne une semaine pour un envoi de l'Inde vers la France, en recommandé, ou plus depuis le fin fond des campagnes. Pour les cartes postales, cela peut atteindre 3 semaines (et parfois les cartes n'arrivent pas). L'affranchissement d'une carte postale à destination de l'Europe coûte 15 ₹ et celui d'une lettre 30 ₹.
– ***Pour les colis*** (jusqu'à 20 kg), commencez par aller à la poste avec votre paquet ouvert, pour faire vérifier son contenu, avant de le faire mettre dans une boîte en carton. Côté tarifs et délais, vous avez le choix entre le recommandé (8-9 jours), la *speed-post* (4-5 jours, le plus cher), *by boat* (le moins cher, 3 mois de délai... mais normalement ça arrive), ou, un bon compromis, le *SAL* (mi-avion, mi-bateau, 3 à 6 semaines, et prix encore raisonnable). Comparer avec les tarifs

des transporteurs privés *(DHL, UPS, Fedex...)*, certes chers mais assurant le transport en un temps record (et bien sûr traçable).
- Les ***bureaux de poste*** sont en général ouverts du lundi au vendredi de 9h à 17h (avec une pause déjeuner vers 13h-14h), et le samedi de 9h à 14h. Dans les grandes villes, les horaires sont un peu plus larges et dans les villages, plus restreints (parfois seulement le matin, 2 ou 3 fois par semaine).
Postez votre courrier vous-même plutôt que de le confier aux hôtels (même chics) et préférez les grandes villes. Toujours le faire tamponner devant vous (on n'est jamais trop prudent).

SANTÉ

L'Inde, comme les autres États du sous-continent, est l'un des pays du monde où l'hygiène laisse le plus à désirer – conséquence, notamment de la faiblesse du niveau de vie. Le climat, presque partout chaud, n'aide pas, bien sûr. Au-delà, par philosophie ou religion, les Indiens n'ont qu'une faible propension à lutter contre les causes les plus évidentes des maladies infectieuses : cadavres d'animaux abandonnés le long des routes, animaux dans les rues et les habitations, jusqu'aux rats qu'on laisse proliférer, voire que l'on adore dans certains temples... Nul étonnement que la peste soit présente à l'état sporadique et explose parfois en épidémies, comme en 1994.

LE BÉZOARD, UN REMÈDE DE BAZAR

Pendant toute la Renaissance, l'aristocratie européenne se soignait avec cette concrétion de résidus que l'on trouve dans l'estomac des ruminants. Très précieux (et totalement inefficace !), le bézoard venait d'Inde. On le râpait et l'ingurgitait sous forme de poudre. Même Harry Potter l'utilise comme antidote aux poisons.

Autant dire que les précautions sanitaires les plus strictes doivent être appliquées pour tout séjour en Inde. En tout 1er lieu, les précautions alimentaires « universelles » : ne boire aucune eau non contrôlée sauf si elle est consommée via *Lifestraw* (le procédé individuel le plus économique). Il s'agit d'une sorte de paille individuelle qui filtre bactéries et parasites (à hauteur de 99,99 % : du jamais-vu) avec une capacité de 1 000 litres, soit au moins la consommation d'une personne sur une année. Proscrire les glaçons (voire les pailles), éviter les légumes/fruits non cuits ou non méticuleusement lavés et pelés, le lait et ses dérivés non industriels (les lassis, toutefois, ne posent en général pas de problème), proscrire tout produit qui aurait pu être congelé (car décongelé, recongelé...) et se méfier des œufs pas frais (risques de listeria). Ces recommandations ne s'appliquent pas vraiment pour les restaurants et hôtels chics. Mais restez prudent tout de même.
- *Barbier :* évitez de vous faire raser par l'un de ces nombreux barbiers aux doigts agiles qui œuvrent dans les rues passantes et autour des gares. Sans tomber dans la parano, la moindre coupure avec un instrument souillé peut représenter un risque de transmission du virus du sida, de l'hépatite C ou de l'hépatite B (mais vous êtes vacciné, bien sûr), très répandus en Inde.
- Contre le mal des transports, mieux vaut s'équiper avant de partir d'un antinauséeux et antivomissement, à prendre 30 mn avant le départ.

Diarrhées

Elles sont fréquentes. Des médicaments stoppant les diarrhées peuvent être achetés en pharmacie sans ordonnance, avant votre départ. Votre pharmacien vous indiquera les modalités de prise de ce médicament.

En cas de diarrhée, 2 possibilités :
- elle s'accompagne d'une fièvre élevée et/ou d'émissions de glaires, pus ou sang : il faut consulter rapidement un médecin ; idem s'il s'agit d'émissions type « eau de riz » : ce peut être un choléra, répandu en Inde (mais rare chez les voyageurs) ;
- il s'agit simplement de selles anormalement molles et normalement colorées, sans fièvre : pas de panique, une simple désinfection intestinale. Au choix : azithromycine *(Zithromax®)* 2 comprimés en une seule prise, une seule fois, ou acécadotril *(Tiorfan®)* une gélule d'emblée, puis une gélule 3 fois par jour, si possible avant les 3 principaux repas (maximum 7 jours).

Paludisme

Rassurez-vous : il n'y en a pas partout et pas tout le temps. Bien noter que :
- il n'y a pas de paludisme dans le centre des grandes villes (nous disons bien « centre ») ;
- il n'y a un risque de piqûre contaminante d'insectes que du coucher au lever du soleil ; si bien qu'il n'y aura de danger que si vous envisagez de dormir en brousse, dans une petite ville ou dans des banlieues et bidonvilles ; bien entendu, le risque en question augmente pendant la mousson ;
- enfin, en Inde, il n'y a pas de paludisme au-dessus de 2 000 m d'altitude (absence de paludisme au Jammu et au Cachemire).

Si votre séjour vous expose au risque de paludisme, adoptez les mesures suivantes :
- dès le coucher du soleil, ne portez que des vêtements recouvrant le maximum de surface corporelle (vêtements que vous aurez au mieux imprégnés d'insecticides spéciaux avant le départ, imprégnation qui résiste à 6 lavages machine) ; pour les parties qui restent découvertes, utilisez des crèmes, pommades ou sprays répulsifs antimoustiques réellement efficaces (toutes les 4h le plus souvent) ; la gamme la plus complète de ces produits antimoustiques, conforme aux recommandations de l'OMS et du ministère de la Santé, est celle de *Cooper : Insect Ecran* (adultes, enfants, imprégnation des vêtements) ; sinon, on trouve sur place un produit assez efficace : l'*Odomos®*, une crème qui a en plus l'avantage de sentir plutôt bon (et d'être beaucoup moins chère que les produits européens, mais vu sa composition, à déconseiller pour les enfants) ; également la gamme *Good Knight®* ;
- ne dormez que sous une moustiquaire préimprégnée d'insecticide ; elles peuvent être achetées sur commande dans certaines pharmacies ou par correspondance.

■ ***Catalogue Santé Voyages :*** les produits et matériels utiles aux voyageurs, assez difficiles à trouver, peuvent être achetés par correspondance sur le site de *Santé Voyages* • *astrium.com* • Infos complètes toutes destinations, boutique web avec paiement sécurisé, expéditions Colissimo Expert ou Chronopost. ☎ *01-45-86-41-91 (lun-ven 14h-19h).*

Les précautions contre les moustiques sont d'autant plus utiles qu'elles contribuent à protéger contre les autres maladies qu'ils transmettent, en particulier la ***dengue*** (maladie épidémique fréquente qui donne une sorte de grippe très cognée), le ***chikungunya*** (à une altitude inférieure à 1 800 m), le zika, l'encéphalite japonaise ou la redoutable leishmaniose viscérale (Kala Azar)...

Prenez des médicaments préventifs : on recommande pour l'Inde la *Malarone®*, 1 comprimé par jour à débuter le jour du départ dans la zone à risque pendant tout le séjour et 1 semaine après le retour (autre traitement possible : la Doxycycline®). Si ces mesures sont correctement suivies, le risque de paludisme peut être considéré en pratique comme faible.

Vaccinations

Voir « Avant le départ. Vaccins et centres de vaccination » au début du chapitre.

Faux médicaments

La contrefaçon de médicaments touche tous les pays et toutes les classes thérapeutiques. Un faux médicament est au mieux inefficace et au pire mortel. Mais, parce qu'il ne soigne jamais convenablement et qu'il est fabriqué dans la clandestinité sans aucun contrôle sanitaire, le faux médicament est toujours dangereux. L'IRACM, l'Institut international de recherche anticontrefaçon de médicaments, vous donne des conseils pratiques et les précautions à suivre en prévision de votre séjour, durant les formalités d'embarquement, pendant le vol, une fois à destination et, enfin, si vous êtes contraint d'acheter des médicaments sur place. Pour plus d'informations, rendez-vous sur le site • *iracm.com* •

Avant votre voyage

– Prenez suffisamment de médicaments pour toute la durée de votre séjour.
– Voyagez avec votre ordonnance rédigée en « Dénomination commune internationale » (DCI).

Lors des formalités d'embarquement et pendant le vol

– Conservez au moins une partie de vos médicaments en cabine (utile en cas de perte ou de retard de votre valise).
– Gardez vos médicaments dans leur emballage d'origine.

En cas d'achat de médicament à l'étranger

– Pas de médicaments sans consultation.
– Soyez vigilant face aux contrefaçons.
– N'achetez vos médicaments qu'auprès de revendeurs officiels (pharmacies).
– En cas de doute, appelez votre consulat pour obtenir la liste des pharmacies officielles.
– Vérifiez attentivement vos médicaments et leur conditionnement.
– Attention aux effets indésirables inhabituels. Consultez un médecin dans les plus brefs délais et apportez-lui les médicaments suspects.
Source : L'IRACM. L'Institut international de recherche anti-contrefaçon de médicaments est une association internationale indépendante à but non lucratif dont la mission principale est de promouvoir et développer la lutte contre le trafic de faux médicaments à travers le monde.

TAXES ET POURBOIRES

En Inde, les taxes (variables) sont rarement incluses dans les prix affichés, du moins dans les hôtels ou restos d'un certain niveau. Ne les oubliez pas, car cela fait une vraie différence (voir la rubrique « Budget » pour le détail). Cela dit, ***nous les incluons dans les prix que nous indiquons dans le guide.***
Un certain nombre de produits courants sont assujettis à une GST de 5 % identique dans tout le pays. C'est notamment le cas de l'artisanat. Donc, bien se faire préciser lors d'une négociation si les prix incluent la GST ou non...
Taxes sur les alcools : ce n'est pas la GST, mais la TVA (VAT) : 20 %. En fait, cela ne concerne que les établissements qui ont une licence, ce qui est assez rare finalement. Dans les *guesthouses* et autres restos informels où on vous sert de la bière sous le manteau, vous n'aurez donc pas à la payer...
L'usage est de laisser un ***pourboire*** (*tip,* en bon anglais) aux bagagistes dans les ***hôtels*** (10-20 ₹ par bagage, un peu plus dans les établissements chics), mais ce n'est pas une obligation. Dans les hôtels chics, on le laisse normalement en partant dans la « Tip box » (boîte à pourboire), en général située à la réception, ce qui permet une redistribution équitable à l'ensemble du personnel. La pratique de laisser un pourboire dans les ***restaurants*** se développe également, surtout dans

les établissements un peu onéreux. Compter 5 à 10 %, sans dépasser 100 à 150 ₹. Il n'est pas rare que les restos de la catégorie « Chic » incluent d'office 10 % de *service charge* sur l'addition en plus de la GST. Dans ce cas, inutile de laisser un pourboire supplémentaire.

– ***Pourboires aux chauffeurs et aux guides :*** si vous louez une ***voiture avec chauffeur*** pour 1 journée, laissez-lui 150 à 200 ₹ par jour et par personne, un peu plus s'il a été particulièrement efficace (lors d'un parcours itinérant, les montants sont revus à la hausse, voir « Transports. En voiture »). Pour un ***guide,*** prévoir minimum 300-400 ₹ (4-5,30 €), et même plutôt 500 ₹ (6,70 €) s'il est francophone. On donne aussi en général 10-20 ₹ à la personne qui se charge de mettre vos bagages en soute (ou sur le toit) dans les bus. Dans les ***centres de massage,*** les masseurs ou masseuses sont rarement bien payés ; si vous êtes satisfait(e) du travail exercé sur votre petit corps délicat, un pourboire est là encore le bienvenu.

TÉLÉPHONE, INTERNET

Téléphone

– Avec le développement de la téléphonie mobile, on ne trouve presque plus de téléphones publics, autrefois omniprésents dans les boutiques *PCO-STD-ISD...*
– ***Inde → Europe :*** composer le ☎ *00 + 33* (pour la France) *ou 32* (pour la Belgique) *ou 41* (pour la Suisse) + numéro de votre correspondant à 8 ou 9 chiffres, sans le « 0 » initial.
– ***Europe → Inde :*** composer le ☎ *00 + 91* + indicatif de la ville, sans le « 0 » + numéro du correspondant.
– ***Inde → Inde :*** composer le numéro avec l'indicatif régional (y compris le 0 de l'indicatif local), sauf si vous appelez d'un téléphone fixe depuis la zone de l'indicatif en question.
– Lorsque vous appelez un portable (numéro à 10 chiffres commençant en général par 08 ou 09, parfois par 07 ou 06), composer également le 0 initial.
– Pour les appels en PCV vers la France, il faut composer le ☎ *000-33-17* (pas toujours possible des boutiques téléphoniques ou des hôtels).

Le téléphone portable en voyage

On peut utiliser son propre téléphone portable en Inde avec l'option « International ». Renseignez-vous auprès de votre opérateur. En revanche, il est ***strictement interdit de faire entrer des téléphones satellitaires*** sur le territoire indien sans autorisation préalable.
– ***Activer l'option « international » :*** elle est en général activée par défaut. Pensez sinon à contacter votre opérateur pour souscrire à l'option (gratuite) au moins 48h avant votre départ.
– ***Le « roaming » ou itinérance :*** c'est un système d'accords internationaux entre opérateurs. Concrètement, cela signifie que lorsque vous arrivez dans un pays, le nouveau réseau local s'affiche automatiquement. Vous recevez rapidement un SMS de votre opérateur qui propose un ***pack voyageurs*** plus ou moins avantageux, incluant un forfait limité de consommations téléphoniques et de connexion internet.
– ***Forfaits étranger inclus :*** certains opérateurs proposent des forfaits où ***35 jours de roaming par an sont offerts*** dans le monde entier. On peut donc effectuer plusieurs voyages à l'étranger sans se soucier de la facture au retour. Attention, si SMS, MMS et appels sont souvent illimités, la connexion Internet est, elle, limitée. D'autres opérateurs offrent carrément le **roaming *toute l'année vers certaines destinations.*** Renseignez-vous auprès de votre opérateur.

- ***Tarifs :*** ils sont propres à chaque opérateur et varient en fonction des pays (le globe est découpé en plusieurs zones tarifaires). ***N'oubliez pas qu'à l'international vous êtes facturé aussi bien pour les appels sortants que pour les appels entrants. Idem pour les textos.*** Donc quand quelqu'un vous appelle à l'étranger, vous payez aussi. Autant le savoir.
- ***Acheter une carte/puce SIM sur place :*** c'est une option très avantageuse en Inde. On achète sa carte SIM locale (associée à un numéro de téléphone indien) dans les petites boutiques affichant des noms d'opérateurs (*Airtel, Vodafone, Aircel BNSL, Reliance* ou *Jio*). On vous demandera une copie de votre passeport et de votre visa, ainsi qu'une photo d'identité. Pour à peine quelques centaines de roupies (6-7 €), on peut avoir droit (selon les opérateurs et les offres du moment) à des communications téléphoniques illimitées à l'intérieur du pays et à un forfait Internet important, durant 1 mois. Avant de signer le contrat, assurez-vous que la carte SIM du vendeur est compatible avec votre téléphone – préalablement débloqué. Dans la mesure où il y a souvent un délai d'activation (de l'ordre d'une demi-journée), il peut être nécessaire de revenir chez le vendeur une fois ce délai passé, pour qu'il vous aide à rendre le système opérationnel. Vraiment très pratique pour être joignable mais aussi pour téléphoner (à l'intérieur du pays) et surfer sur Internet n'importe quand !
- À noter : les cartes SIM sont rattachées à l'État indien dans lequel elles sont émises et vendues. Ainsi, même si elles sont utilisables partout en Inde, à partir du moment où vous sortez de leur État d'origine, les communications seront en *roaming,* donc un petit peu plus chères, et les appels entrants seront également taxés. Mais les forfaits nationaux illimités échappent à cette surfacturation.

La connexion Internet en voyage

- ***Se connecter au wifi*** à l'étranger est le seul moyen d'avoir accès au Web gratuitement si vous ne disposez pas d'un forfait avec *roaming* offert. Bien sûr, vous pouvez aussi acheter en Inde une ***carte SIM*** avec un forfait Internet (voir infos plus haut).

Le plus sage consiste à ***désactiver la connexion*** « Données à l'étranger » (dans « Réseau cellulaire »). On peut aussi mettre le portable en ***mode « Avion »*** (sauf si vous avez acheté une carte SIM locale avec forfait Internet) et activer ensuite le wifi. Attention, le mode « Avion » empêche, en revanche, de recevoir appels et messages.

Désormais, presque tous les hôtels et *guesthouses* (mais aussi certains cafés-restaurants) sont équipés du wifi, gratuit pour les clients. À noter que le wifi n'irradie pas toujours jusque dans toutes les chambres (en gros, plus l'hôtel est cher, plus on a de chances d'avoir le wifi dans sa chambre). Nous vous signalons par un « Pas de wifi » les (très) rares hébergements qui ne proposent pas ce service.

- Une fois connecté au wifi (ou à Internet grâce à un forfait), vous avez accès à tous les services de la ***téléphonie par Internet. WhatsApp, Messenger*** (la messagerie de *Facebook*), ***Viber, Skype*** permettent d'appeler, d'envoyer des messages, des photos et des vidéos aux quatre coins de la planète, sans frais. Il suffit de télécharger – gratuitement – l'une de ces applis sur son smartphone. Elle détecte automatiquement dans votre liste de contacts ceux qui utilisent la même appli.

TRANSPORTS INTÉRIEURS

L'avion

Depuis l'apparition de compagnies *low-cost* (voir plus bas), prendre l'avion en Inde est devenu très abordable, comme dans d'autres pays d'Asie. Si on laisse de côté

toute considération écologique, c'est, pour les longues distances, le moyen le plus simple et le plus pratique de se déplacer.
Pour savoir quels sont les vols intérieurs aux meilleurs prix (et même acheter votre billet en ligne, moyennant une commission, bien sûr) un bon site : • *cleartrip.com* •

Les compagnies régulières

■ ***Air India :*** ☎ *1-860-233-14-07 (nº gratuit, seulement depuis l'Inde).* • *airindia.in* • La compagnie d'État, qui assure aussi bien des vols internationaux qu'intérieurs.

■ ***Vistara :*** ☎ *928-922-88-88 (en cas de plaintes ou de problèmes).* • *airvistara.com* • La plus récente des compagnies intérieures, avec 24 villes desservies au Nord comme au Sud.

Les compagnies low-cost

Comme partout, ces compagnies permettent, pour des prestations réduites au minimum, de couvrir de longues distances rapidement et à moindres frais. Vols parfois moitié moins chers que ceux d'une compagnie régulière. Les billets s'achètent de préférence sur les sites internet des compagnies, et on règle avec une carte de paiement internationale. Pour bénéficier des meilleurs tarifs, s'y prendre le plus tôt possible (plus la date du départ approche, plus le prix augmente). Côté pratique, si les snacks et boissons sont payants, on peut très bien embarquer ses propres provisions, pour autant qu'il ne s'agisse pas de trucs gras ou salissants...

■ ***IndiGo Airlines :*** ☎ *(0124) 617-38-38.* 📱 *99-10-38-38-38.* • *goindigo.in* • Cette compagnie occupe la plus grande part du marché intérieur, avec une cinquantaine de destinations, nord et sud confondus. Prix particulièrement compétitifs. Elle propose aussi des vols internationaux, comme Katmandou, Colombo, Dubaï, Phuket, Bangkok, Hong-Kong, Singapour...

■ ***Spice Jet :*** ☎ *0987-180-33-33 ou 0965-400-33-33 (remplacer le « 0 » initial par « + 91 » depuis l'étranger).* • *spicejet.com* • Autre compagnie *low-cost* desservant une cinquantaine de ville dans le pays. Se déploie aussi un peu vers l'étranger (liaisons vers Colombo, Bangkok, Dubaï...). *Spice Jet* a dû annuler de nombreux vols après l'interdiction de voler du 737 MAX.

■ ***GoAir :*** ☎ *1860-210-09-99.* • *goair.in* • Compagnie proposant une bonne vingtaine de destinations.

■ ***Air Asia India :*** • *airasia.com* • Filiale indienne du groupe *Air Asia*, basé à Bengaluru et desservant une quinzaine de destinations en Inde, dont Chennai, Kochi, Goa, Delhi, Jaipur et Srinagar.

■ ***Air India Express :*** ☎ *044-40-01-30-01 ou 044-24-30-1930* (call center). • *airindiaexpress.in* • Filiale à bas coût d'*Air India*, elle propose des vols vers une vingtaine de villes indiennes et les pays du Golfe.

Quelques conseils et remarques d'ordre général

– ***Hors périodes de vacances scolaires indiennes*** (Noël, de mi-mai à mi-juin et septembre-octobre), il n'est pas nécessaire de réserver son billet longtemps à l'avance, surtout s'il s'agit de destinations courantes. Avec le nombre important de compagnies qui se disputent le marché, il est assez rare que tout soit complet, même en s'y prenant au dernier moment (quelques exceptions cependant, Leh en particulier).
– Pour les ***vols intérieurs,*** se présenter à l'aéroport 1h30 avant le départ suffit, 2h s'il s'agit d'aéroports plus importants tels que Delhi ou Kolkata. En revanche, pour un ***vol international,*** mieux vaut se présenter 3h avant. Ne venez pas trop tôt non plus : dans certains aéroports, il est interdit d'accéder à la zone d'enregistrement trop longtemps avant le départ... Pensez à ***imprimer votre billet électronique.*** Il vous sera demandé pour pouvoir pénétrer dans l'aéroport.

Distances entre les villes en kilomètres	AHMEDABAD	BIKANER	BHOPAL	CHANDIGARH	DARJEELING	DELHI	HARIDWAR	JAISALMER	JODHPUR	KHAJURAHO	KOLKATA (CALCUTTA)	UDAIPUR	VARANASI
Agra	868	578	543	458	1 356	211	378	802	567	392	1 274	614	605
Ahmedabad		745	598	1 161	2 129	933	1 132	535	462	1 030	2 048	254	1 378
Bikaner			833	522	1 936	448	582	331	303	917	1 855	490	1 185
Bhopal				1 000	1 499	749	919	1 024	754	374	1 418	509	748
Chandigarh					1 635	261	206	851	741	857	1 722	925	1 052
Darjeeling						1 506	1 421	2 141	1 885	1 107	629	1 837	712
Delhi							207	777	597	600	1 464	684	795
Haridwar								913	750	768	1 506	890	837
Jaisalmer									268	1 164	2 186	549	1 516
Jodhpur										886	1 841	263	1 171
Khajuraho											1 056	778	386
Kolkata (Calcutta)												1 796	682
Udaipur													1 126

– Enfin, non seulement les couteaux ou les objets tranchants sont strictement interdits en cabine, mais aussi les piles. Quant aux briquets ou aux allumettes, ils sont interdits en soute comme en cabine... Enfin, aux dernières nouvelles, toutes les batteries électroniques (type lithium et autre batteries externes) étaient interdites en soute, et autorisées seulement en cabine... À vérifier au moment de l'enregistrement de vos bagages, car ces interdictions/autorisations ne cessent d'évoluer.

– Attention : dans les aérogares anciennes (ce sont surtout les petits aéroports qui sont concernés), chaque compagnie a son propre scanner à l'entrée du hall des départs, avant même l'enregistrement des bagages. Ceux-ci sont alors scannés puis « ficelés-scellés », et une petite étiquette est apposée. Impossible de les rouvrir ensuite.

Le train

L'Inde possède un réseau ferroviaire énorme, le 4e plus étendu au monde, avec environ 122 000 km de réseau. Tous les jours, plus de 20 000 trains transportent environ 23 millions de voyageurs et desservent les 7 349 gares que compte le pays ! Le train est un moyen de transport bon marché (enfin, ça dépend de la classe !) et efficace mais souvent bondé.

LA PLUS GRANDE ENTREPRISE DU MONDE

Avec 1,6 million de personnes travaillant pour elle, la compagnie nationale Indian Railways *est le plus grand employeur du monde !*
Énorme le réseau ferroviaire, immense le trafic ! Au total sur une année, ce sont 8,6 milliards de passagers qui voyagent dans les trains indiens !

– Pour connaître les ***horaires*** des trains, un site : • *erail.in* • Certes privé, c'est cependant de loin le plus simple d'utilisation : on entre le nom des villes de départ et d'arrivée, en indiquant éventuellement la date, et la liste de tous les trains avec les heures de départ et d'arrivée apparaît immédiatement. La durée du trajet est également précisée, de même que les jours de la semaine (marqués d'un « Y », comme « Yes ») où les trains circulent. À droite dans la grille, on peut aussi voir quelles sont les classes encore disponibles pour la date choisie (avec les prix) et, en cliquant sur le nom du train, la liste des gares desservies entre le départ et l'arrivée. Bref, super pratique.

– ***Pour les infos générales*** (et aussi les horaires), il y a le site officiel d'*Indian Railways* : • *indianrail.gov.in* • ou • *enquiry.indianrail.gov.in* • Un peu plus compliqué à manier : choisir la rubrique « *Trains between stations* », entrer les noms des gares de départ et d'arrivée, puis s'affichent les horaires des trains. Pour les gares de moindre importance, il arrive que l'orthographe diffère très légèrement de celle du guide ou même des cartes routières, et, le système informatique ne corrigeant pas de lui-même, on vous annonce qu'il n'y a aucune gare de ce nom... Enquiquinement supplémentaire : les liaisons ne sont signalées que pour une gare spécifique : s'il y en a quatre dans la même ville, il faut vérifier les quatre ! Pour chaque train sont aussi indiqués les classes disponibles et les prix, la durée du voyage, etc.

Les différentes sortes de train

En gros, il y a 2 sortes de trains en Inde : les ***express,*** c'est-à-dire les trains de grandes lignes, qui relient les villes importantes du pays, et les ***passenger trains,*** qui circulent plus localement et s'arrêtent partout (omnibus). Vous prendrez surtout les premiers. Parmi eux, certains font même figure d'ultrarapides, comme les *Rajdhani Express,* qui relient Delhi aux autres grandes villes indiennes, les *Shatabdi Express,* très fréquentés par les touristes en particulier dans la vallée du Gange ou les *Intercity Express,* bien pratiques.

Les différentes classes

Seuls les *express trains* offrent différentes classes. Attention, il y a une grande différence de prix entre elles ! Voici les différentes appellations auxquelles vous aurez généralement affaire :

– ***1A (ou AC first class) :*** la 1re classe. Elle est toujours climatisée et propose 2 à 4 couchettes (que l'on rabat pendant la journée) dans des compartiments fermés.
– ***2A :*** la 2e classe, climatisée aussi. Là, on voyage dans un compartiment équipé de 4 couchettes en skaï (un peu plus dures qu'en 1re classe) et séparé du couloir par un rideau, ou, si l'on a moins de chance, sur l'une des 2 couchettes qui bordent le couloir.
– ***3A :*** toujours climatisée mais, là, il y a 6 couchettes dans les compartiments et aucune séparation entre ceux-ci et le couloir. À notre avis, c'est la classe qui offre le meilleur rapport prix-confort.
– ***SL :*** même chose que la précédente, sans la clim. On est déjà dans une classe plus populaire, avec des wagons ouverts à tous les vents ou, au contraire, un peu suffocants ! C'est la classe la plus présente dans la plupart des trains. Plutôt à éviter pour les routardes seules.
– ***II (ou General Class) :*** la classe populaire ! Ici, des banquettes en bois... surmontées de porte-bagages en fer eux-mêmes souvent utilisés comme banquettes ! C'est sale, bondé et inconfortable (on vous la déconseille pour les longs trajets) mais c'est là que vous trouverez le plus de vie...
– Enfin, certains trains ne proposent que des ***chair cars (CC),*** c'est-à-dire des wagons (climatisés) avec uniquement des sièges, sortes de trains corail. C'est moins cher que la classe *3A* (sauf sur le *Shatabdi Express*) mais plus cher que la classe *SL,* bref, ce peut être une solution intermédiaire.

Comment acheter son billet ?

Seule la classe II (la plus populaire, peu utilisée par les touristes étrangers) ne requiert pas de réservation. Pour toutes les autres, donc (et en particulier si vous voyagez de nuit et voulez une couchette), ***il faut réserver sa place...*** de préférence 4 ou 5 jours à l'avance, et même ***facilement 15 à 20 jours avant en très haute saison touristique*** (décembre-janvier) et en période de vacances scolaires indiennes (mai-juin), pour les destinations les plus prisées.
Pour ce faire, plusieurs possibilités :
– ***À l'avance sur Internet :*** nous n'irons pas par 4 chemins, on vous conseille le site ● *12go.asia* ●, qui permet de réserver tout type de billet de transport en Asie et donc aussi les tickets de train en Inde. Ils prennent une petite commission mais celle-ci vaut largement le gain de temps et d'efforts dont vous bénéficierez ! Site très simple à utiliser, il suffit de sélectionner « India » dans la page d'accueil puis de choisir votre trajet. Différentes options (de train et de classe, avec les prix correspondants) vous seront alors proposées, et vous n'aurez plus qu'à choisir, régler avec une carte de paiement internationale et attendre de recevoir votre ticket électronique (à imprimer !) à votre adresse e-mail ; le tout bien plus simplement qu'en utilisant le système de réservation en ligne d'*Indian Railways* (voir plus bas)... Seuls inconvénients : le site ne permet de réserver que sur les trajets les plus couramment effectués par les touristes (rassurez-vous, le choix est déjà grand !)... et n'émet que des billets *confirmés* (impossible donc de se mettre sur liste d'attente si le train que vous visez à une date précise est complet. Voir plus loin les infos à ce sujet).
– Il est également possible de réserver directement sur le site ● *irctc.co.in* ●, le système de réservation en ligne d'*Indian Railways,* mais la procédure est compliquée et cela ne réussit pas toujours du 1er coup... Il vous faudra avant tout commencer par ouvrir un compte en cliquant sur le lien « *REGISTER* » (dans la barre du haut). Puis remplir le formulaire, en introduisant, entre autres, un nom d'utilisateur *(user ID),* un mot de passe, votre code postal à l'endroit du « *pin code* » (si le vôtre n'est pas accepté, entrez simplement « 123456 »), votre adresse e-mail et votre numéro de téléphone portable (sans faire précéder l'indicatif du pays de « 00 » ni de « + »).
Vous recevrez ensuite un courriel confirmant votre enregistrement et vous invitant à cliquer sur « Click here » pour vous connecter à votre compte. Entrez à nouveau votre nom d'utilisateur et votre mot de passe. Puis vous devrez accepter de

payer un peu plus de 100 ₹ (environ 1,50 €) pour couvrir les frais d'envoi de codes « OTP » *(One Time Password)* sur votre téléphone et à votre adresse e-mail, codes qu'il vous faudra renvoyer pour valider vos données... Si tout se passe bien (le système est capricieux et il arrive qu'il faille s'y reprendre plusieurs fois !), vous pourrez accéder au service de réservation en ligne. Puis, si la réservation et le paiement (par carte bancaire internationale) ont été effectués avec succès, vous recevrez votre billet de train à l'adresse e-mail que vous aurez indiquée. Ouf !
À noter que la procédure est possible aussi par l'intermédiaire du site *● cleartrip.com ●,* mais comme il vous faudra de toute façon en passer, là aussi, par la création d'un compte sur *● irctc.co.in ●,* ce détour n'est pas vraiment utile...

– ***Sur place, une fois en Inde :*** le plus courant, en passant par une agence de voyages locale (il y en a dans toutes les villes touristiques), ou même par son hôtel ou sa *guesthouse* (beaucoup proposent ce service). Elle prendra forcément une commission (pas énorme, genre 100 ₹ par ticket), mais, là encore, vous vous épargnerez un temps d'attente parfois bien long (et quelques tracasseries) à la gare ! Sur place, c'est la solution que l'on conseille, sans hésiter.

– ***En se rendant soi-même au* Reservation Centre *de la gare :*** là, il faudra remplir une fiche de réservation (qu'on trouve en général sur des présentoirs) et la remettre au préposé du guichet, après avoir fait la queue (parfois longue !). La fiche en question se nomme *reservation/cancellation requisition form.* Vous devez y inscrire le nom et le numéro du train que vous voulez prendre, la date de départ, la classe dans laquelle vous souhaitez voyager, les gares de départ et d'arrivée, vos nom, âge, sexe, adresse, et même (on se demande pourquoi) votre numéro de téléphone... L'employé au guichet vous imprimera un billet où figurent le numéro du wagon et celui de votre siège/couchette. Ces numéros de wagon et de place, vous les retrouverez sur le wagon lui-même, sur une liste affichée à côté de la porte d'entrée, histoire de vérifier que vous êtes bien dans le bon compartiment du bon wagon du bon train...

– ***Bien faire attention au billet que l'on vous propose. S'il ne reste plus de place*** dans le train que vous voulez prendre, le préposé au guichet vous proposera un ticket portant l'inscription « RAC » *(reservation against cancellation)* ou « WL » *(waiting list).* Dans le 1er cas, il s'agit bel et bien d'une réservation pour le train demandé (qui vous permet donc d'embarquer)... sans pour autant vous octroyer un numéro de siège ou de couchette, lequel vous sera attribué si une place se libère avant le départ, ce qui arrive la plupart du temps. Avec un billet WL, en revanche, vous n'aurez l'autorisation d'embarquer que si votre ticket acquiert le statut RAC avant le départ... ou, mieux, si votre réservation se confirme, ce qui n'est pas forcément rare non plus. Informez-vous bien au guichet, donc. Si vous êtes sur la liste d'attente, vous pouvez aussi suivre l'évolution de votre rang sur le site d'*Indian Railways (● enquiry.indianrail.gov.in ●),* en cliquant sur « PNR Status », ou encore à la gare *(enquiry counters)* ou en appelant le ☎ *139* (mais ce numéro n'est pas accessible à partir de tous les téléphones). En dernier ressort, il vous faudra aller voir le *train manager* un peu avant le départ dans l'espoir de vous faire attribuer un siège.

– Sachez qu'il existe pour tous les trains express un ***tourist quota,*** c'est-à-dire un certain nombre de places réservées aux touristes et aux Indiens de l'étranger (comme il y a un quota pour les militaires, les invalides...). Vous pouvez demander à en bénéficier, mais on n'y a généralement accès que dans les gares les plus importantes.
Autre solution : le ***tatkal scheme.*** Un certain nombre de sièges sont mis de côté et ouverts à la réservation seulement la veille du départ à partir de 10h – ce qui est bien pratique si l'on s'y prend à la dernière minute. On paie un supplément, qui dépend du prix du billet (compter 125 à 400 ₹). Attention, on ne peut pas se faire rembourser un *tatkal ticket.* Dans le cas du *tourist quota* comme du *tatkal scheme,* les places non utilisées sont libérées le jour du départ et ouvertes à tous – ce qui permet généralement à la *waiting list* d'avancer d'un coup !

– Enfin, pour obtenir une réservation dans un train moins de 2h avant son départ, foncez au ***current counter,*** sorte de guichet de la dernière chance où, après avoir servi les voyageurs sur liste d'attente, on vous attribuera une place s'il en reste.
– Quant à nos lecteurs qui désirent faire l'expérience de la classe II (la classe sans réservation), ils iront au *booking office,* qui n'est autre que la billetterie générale. Mais là, faites preuve de sang-froid : les queues sont parfois longues, et les préposés prennent leur temps ! Les filles prendront la file *ladies*.
– ***Changer ou annuler son billet :*** c'est possible, mais avant le départ du train, bien entendu. Si vous l'annulez purement et simplement, vous serez remboursé, à l'exception d'une petite taxe. L'employé vous remettra un ticket qui détaillera l'opération : il ne vous restera plus qu'à vérifier votre monnaie. Si vous êtes passé par une agence pour acheter votre billet, seule cette agence peut faire la demande de remboursement (en général moyennant une petite commission supplémentaire).
– Sachez aussi qu'il existe des ***forfaits (les Indianrail Passes)*** qui permettent de prendre le train librement dans tout le pays pour une période allant de quelques jours à 3 mois, mais ils ne sont intéressants que si l'on voyage beaucoup.

Les gares indiennes

Il y règne une atmosphère toute particulière, surtout la nuit. Vous pouvez vous en faire une idée en consultant le magnifique recueil de photos de Bernard Lachaud, *Inde, l'ombre des gares* (éd. France Delory, 2002). Sinon, les gares indiennes sont souvent assez sales, mais bien équipées. On y trouve :
– ***des salles d'attente*** *(waiting rooms)* **:** il y en a presque toujours au moins 2, *Upper class for gents* et *Upper class for ladies,* « upper class » se référant en réalité à toute classe à réservation obligatoire. Donc, si vous avez un billet avec réservation, aucun problème pour en profiter (sans compter qu'on ne renvoie guère les touristes). Elles ne sont pas trop fréquentées et souvent à l'écart du tumulte, ce qui en fait un bon endroit où passer (voire dormir) 1h ou 2h en attendant son train. Si vous êtes en couple et que vous ne tenez pas à vous séparer, allez dans la salle d'attente pour hommes, on ne fera en général pas d'histoires. La plupart du temps, elles disposent aussi de sanitaires avec douches ;
– ***des consignes à bagages*** *(cloakrooms)* **:** en général à une extrémité ou l'autre du quai nº 1 ; possible d'y déposer ses affaires avant de dormir dans les salles d'attente, ou pour ne pas s'encombrer lors de la visite d'une ville. Votre bagage doit être fermé à clé ou cadenassé. En général, moins de 20 ₹/24h. Vérifier bien les horaires d'ouverture, variables d'une gare à l'autre ;
– ***de petites cafétérias*** *(refreshment rooms)* **:** pas toujours très engageantes, quoiqu'elles se modernisent dans les grandes villes. Elles proposent des repas simples et très bon marché ;
– ***des retiring rooms :*** voir plus haut la rubrique « Hébergement ».

Quelques remarques sur le train

1re mise au point : croire que l'on peut voyager en Inde sans billet est un mythe (amendes élevées).
– ***Sécurité :*** il y a parfois des vols dans les gares et dans les trains. Pour éviter de devoir garder constamment un œil sur vos affaires, pensez à les attacher avec une chaîne et un cadenas (on en vend partout) aux barreaux de votre compartiment. Soyez vigilant aussi dans les gares (pickpockets), notamment quand vous achetez votre billet.
– ***État des trains indiens :*** les trains indiens (comme les gares) sont assez poussiéreux, et pas de 1re jeunesse. Ils roulent en général assez lentement et klaxonnent continuellement (évitez les wagons de tête si vous comptez fermer l'œil la nuit).

– ***Respect des horaires :*** les horaires sont à peu près respectés au départ, mais les trains ont tendance à musarder en cours de route. Par conséquent, plus on embarque loin du point de départ du train, plus celui-ci a du retard. Pour se tenir au courant des horaires réels, contacter le bureau des *Enquiries* de la gare.
– ***Restauration :*** dans toutes les classes à réservation obligatoire, il est possible de commander à manger dans le train. Choix entre 2 menus (végétarien ou non), et on vous apporte le repas (un plateau) dans votre compartiment. N'hésitez pas à le faire, c'est généralement bien servi et bon marché !

TRAIN RAPIDE CONTRE VACHE SACRÉE

En février 2019, une vache a été heurtée violemment par le nouveau train rapide Vande Bharat Express *qui relie Delhi à Varanasi (Bénarès) en 8h au lieu de 14h. Fabriqué en Inde, il peut atteindre les 180 km/h. L'accident s'est produit le lendemain de son inauguration, lors de la traversée de l'Uttar Pradesh. En Inde, il est fréquent que les vaches obstruent les routes et traversent les voies ferrées. Faut-il y voir la difficulté de l'essor économique indien ? La modernité heurtant la tradition ?*

Le bus

Généralement moins bondé que le train. Le tarif du bus équivaut à peu près au prix du train en 2e classe. Pas de réduction étudiants.
En Inde, on distingue ***2 sortes de bus : les bus d'État (government buses) et les bus privés (souvent plus chers).*** Si votre budget le permet, préférez ces derniers, ils sont souvent plus fiables, confortables et surtout plus rapides. Si les *Government buses* sont centralisés dans une seule gare routière, ce n'est pas le cas des bus privés, qui partent soit d'une gare routière séparée, soit d'un parking en périphérie du centre ou encore directement depuis le bureau de l'agence dont ils dépendent.

Réserver

C'est possible en ligne, par exemple sur le site ● *redbus.in* ●, assez facile d'accès. Il permet de connaître les horaires, les points de départ et de passage ainsi que les points d'arrivée dans la ville de destination jusqu'au terminus et ce, aussi bien pour les bus gouvernementaux que pour les bus privés. Certains bus bénéficient même d'un *Live tracking* qui, grâce au GPS embarqué, permet de connaître leur position en temps réel tout le long du parcours grâce à l'appli *Track my bus* téléchargeable sur smartphone ou tablette.
Lors de la réservation en ligne, on peut choisir son siège. Le site accepte le paiement par cartes internationales type *Visa* ou *MasterCard* et votre billet vous est expédié par e-mail. Imprimez-le, il vous sera demandé pour monter dans le bus.
Conseil : lors de la réservation en ligne, si pour une raison ou une autre votre réservation est interrompue, ne tentez pas une 2de réservation, vous risqueriez d'être débité 2 fois !
Attention quand même, certains bus locaux ne sont pas répertoriés : ce n'est donc pas parce que vous ne trouvez pas de liaisons entre 2 villes qu'elles n'existent pas !
– ***Bon à savoir :*** on peut également réserver en ligne sur le site de certaines compagnies, à condition que le système de réservation accepte les cartes de paiement internationales...
Sinon, si vous n'êtes pas à 100 ₹ (1,30 €) près, vous pouvez aussi passer, sur place, par une agence, votre hôtel ou votre *guesthouse.* Cela vous évitera une perte de temps au guichet. Important : précisez bien à votre intermédiaire le type de bus que vous souhaitez (ordinaire, express, *deluxe, sleeper,* etc.) et faites-vous bien préciser le lieu de départ (surtout pour les bus privés).

Choisir son bus

Que ce soit pour les bus gouvernementaux ou pour les bus privés, les temps de parcours peuvent parfois varier du simple au triple, selon le type de véhicule ! Les bus gouvernementaux sont souvent en piteux état (y compris les *deluxe*), exception faite des *Volvo Mercedes* (plus rapides, plus chers et climatisés). Ces derniers sont tout aussi recommandables que les (bons) bus privés. Le problème, c'est qu'ils ne vont pas partout et que leur fréquence est moindre. Parmi les bus gouvernementaux, on distingue aussi les *express* et les bus ordinaires qui, eux, ont tendance à se traîner en route, car ils s'arrêtent constamment.
Petite précision : les bus privés de nuit sont souvent des *sleeper coaches,* c'est-à-dire des bus équipés de véritables couchettes, comme les trains (mais de longueur et largeur parfois réduites). Tarifs évidemment plus élevés que les bus de jour (à trajet équivalent), et parfois même que le train.

Question de confort

Faut-il privilégier le bus ou le train ? Pour les trajets de plus de 6h, le second est généralement préférable. En bus, vous aurez du mal à dormir à cause des secousses et de la clim poussée à fond s'il y en a (prévoir un pull)... sans parler de la musique (prévoir des bouchons d'oreilles). Eu égard à l'état des routes et à la conduite pour le moins sportive de certains chauffeurs (qui se shootent pour tenir le coup), le train est aussi globalement moins dangereux – même si une étude gouvernementale de 2015 a répertorié environ 15 000 morts dans l'année en raison d'accidents ferroviaires ! Les bus ont en revanche l'avantage de s'arrêter généralement sans difficulté en dehors des arrêts officiels si on le demande au contrôleur.
Pour calculer vos temps de trajet, prenez une vitesse moyenne de 30 à 50 km/h, pas plus. Parfois plus rapide, si l'état des routes le permet, parfois beaucoup moins (20-30 km/h).
– ***Bon à savoir :*** penser, s'il fait chaud, à prendre des serviettes de toilette pour mettre sous les fesses et derrière le dos car, avec la chaleur, bonjour le skaï ! Par ailleurs, un petit sac en plastique, en cas de mal des transports (fréquent), peut s'avérer bien utile !
– À noter que ***les gares routières sont souvent éloignées des gares ferroviaires,*** et même, dans les grandes agglomérations, des centres-ville ; peu pratique si l'on souhaite changer de monture !

Le rickshaw (appelé aussi *tuk-tuk*)

Le terme « rickshaw » (du japonais *jin riki sha* : « véhicule propulsé par l'homme ») regroupe à la fois les auto-rickshaws, motorisés, de plus en plus souvent désignés sous le nom de *tuk-tuk,* et les vélo-rickshaws, nettement moins nombreux et rapides... Les conducteurs de rickshaws touchent souvent une commission des boutiquiers et des hôteliers, ce qui rend certains d'entre eux très insistants et les pousse à essayer de détourner leurs clients de leur but premier...
Dans certaines gares, la nuit, à la descente du train, vous serez assailli par ces cocos brandissant les cartes de visite (parfois même les livres d'or !) d'hôtels avec lesquels ils travaillent. Si vous leur demandez de vous conduire dans un hôtel où ils ne sont pas commissionnés, ils risquent bien de vous raconter des bobards : il a brûlé, fermé... S'ils acceptent, ils peuvent aussi bien vous déposer devant un autre hôtel. Insistez, là encore, fermement. Au pire, menacez-les d'aller chercher la police. Pour éviter ces désagréments, demandez qu'ils vous déposent dans une rue donnée plutôt que devant un hôtel spécifique. Et demandez toujours qu'ils mettent le compteur. S'ils refusent (c'est généralement le cas !), ***négociez toujours le prix AVANT la course,*** après (si possible) vous être informé auprès d'un Indien du prix approximatif de celle-ci. Si l'on est

deux, TOUJOURS se faire bien préciser si le prix annoncé s'entend pour 1 ou 2 personnes. Dans certaines villes, le prix au compteur n'est pas celui à payer, demandez alors la *tarif card*.
– ***Conseil :*** dans certaines gares ferroviaires et routières, on trouve un guichet de ***prepaid rickshaws.*** Avantage : le tarif est fixe.
La version collective du rickshaw, le ***tempo,*** peut être utile pour visiter des environs de ville et des villages. Le prix du passage est très faible ; 10-30 ₹ le plus souvent.

Uber ou Ola

Autre moyen de se déplacer dans les villes : *Uber* (prononcez « Oubère ») ou son équivalent indien *Ola*. Peu de différences entre les 2, il faut juste télécharger leur application sur votre smartphone ou votre tablette pour pouvoir utiliser leurs services. Comme ailleurs, c'est un moyen fiable pour se déplacer et en plus ça évite bien des négociations de marchands de tapis au moment de payer sa course avec certains chauffeurs de rickshaw ou de taxi peu scrupuleux (le prix est connu d'avance et identique même pour les touristes !)...
– ***Petite réserve :*** pour l'instant, ce type de service n'est intéressant qu'en zone (vraiment) urbaine. Si vous tentez une balade dans des environs un peu lointains (genre 1h de route), peu de chance de trouver une monture par ce biais pour le retour en ville... Plan galère en vue !
– ***Attention quand même :*** des problèmes de sécurité sont régulièrement à déplorer. Les femmes, souvent très sollicitées en Inde, auront tout intérêt à voyager accompagnées.

La voiture

C'est évidemment en louant une voiture que vous serez le plus libre pour visiter une région, même si cela revient plus cher que de prendre le bus ou le train. Les tarifs débutent à 1 500 ₹ (20 €) pour une location à la journée, avec retour au point de départ. Sur des parcours de plusieurs jours, selon les régions et les saisons, et le type de voiture, mieux vaut compter minimum 2 000 à 3 000 ₹ (25-40 €) par jour, en fonction des distances à parcourir et de l'itinéraire. Particularité du pays : ***la location d'un véhicule se fait presque toujours avec chauffeur.*** Vous comprendrez vite pourquoi en constatant l'état des routes et, surtout, l'anarchie du trafic local ! D'ailleurs, c'est en général plus cher sans chauffeur qu'avec...
– Surtout vérifier attentivement l'état du véhicule : qu'il dispose bien d'une roue de secours et que le klaxon fonctionne convenablement. C'est la condition sine qua non pour circuler !
– Les voitures de location ont des plaques d'immatriculation avec des inscriptions écrites en noir sur fond jaune. Si ce n'est pas le cas, il ne s'agit pas alors d'une voiture autorisée pour le transport des touristes et il y a entourloupe.
– En changeant d'État, les voitures de location doivent s'acquitter d'une taxe dont le montant diffère d'un État à l'autre. Les agences SÉRIEUSES incluent le montant de cette taxe dans le prix de la location. Et, bien évidemment, c'est au chauffeur de régler, ça fait partie des frais de l'agence, tout comme l'essence, les parkings, le logement et les repas du chauffeur (mais pas son pourboire). ***Bien vérifier ces points lors de la signature du contrat pour éviter tout litige, ainsi que le kilométrage quotidien autorisé*** (en général, le forfait est basé sur 200 ou 250 km par jour). La plupart des agences de location vous proposeront aussi des réservations d'hôtel, de train, etc., mais rien ne vous y oblige ! Vous pouvez simplement prendre une voiture avec chauffeur et choisir vous-même vos hôtels au coup par coup. Enfin, n'oubliez pas que lorsque vous désirez simplement faire une excursion de quelques jours autour d'une ville donnée, les petites agences locales (dont vous trouverez les coordonnées au fil des pages, dans les rubriques « Adresses utiles ») sont souvent peu chères.

État des routes

– Avec près de 6 millions de kilomètres de routes en 2019, l'Inde déroule le 2e plus grand réseau routier du monde, derrière les États-Unis et juste devant la Chine. Bon, si on devait ne compter que les routes goudronnées en bon état, elle perdrait sans doute quelques places... C'est aussi l'un des pays les plus dangereux avec 1 mort toutes les 4 mn. Le gouvernement s'est toutefois engagé à réduire le nombre d'accidents de la route de moitié d'ici à 2020. Résultat : le réseau routier s'améliore d'année en année, et le pays dispose désormais de près de 25 000 km de routes de 4 à 6 voies, autour des grandes agglomérations *(expressways)* et entre les villes majeures (les principales *national highways*). Exemple : l'autoroute à 6 voies reliant Agra à Lucknow est actuellement la plus longue *expressway* d'Inde (302 km). Viennent ensuite les *national highways* (NH, à 2, 4 ou 6 voies) qui totalisent 101 000 km et les *state highways* qui sont de la compétence des États. Toutefois, en dehors de ces nouveaux axes, les routes (y compris certaines vieilles *national highways*) demeurent assez mauvaises et étroites (souvent une seule bande de circulation), avec de nombreux nids-de-poule...

En période de mousson, routes et ponts sont parfois coupés, surtout dans l'Est (et pire encore au Sikkim), obligeant à de grands détours. Entre les buffles, les charrettes, les singes, les éléphants, les dromadaires, les vélos, les piétons, on roule à 50 km/h... en vitesse de pointe.

– Vous vous apercevrez vite que les camions roulent assez lentement (ou qu'au contraire, ils foncent la nuit !) et ont bien du mal à se laisser doubler. Quand vous les croisez, autant ne pas apprendre à vos dépens qu'il vaut mieux carrément s'arrêter sur le bas-côté, quitte à s'embourber. On voit d'ailleurs régulièrement des engins renversés sur les bas-côtés, en travers de la chaussée ou carbonisés. Prudence, donc !

« HORN PLEASE ! »

Une inscription que l'on trouve fréquemment au cul des camions ! Un Indien klaxonnerait autant en une journée qu'un Américain en un an. C'est tellement vrai que les constructeurs automobiles indiens équipent leurs véhicules de klaxons ultrapuissants et résistants... histoire que chacun puisse participer au concert !

– ***Évitez de rouler la nuit :*** avec l'absence d'éclairage, les feux des camions qui éblouissent, les cyclistes, les piétons et les animaux, bonjour les dégâts (d'ailleurs, il y en a beaucoup !).

– Hormis dans les grandes agglomérations et sur les nouvelles 4-voies, la ***signalisation*** est quasi inexistante, et la plupart des panneaux sont rédigés en hindi (et autre langue locale).

– Attention aux dos-d'âne (notamment si vous roulez à moto ou à scooter) : non signalés et plutôt costauds, leur couleur se fond avec celle de la route.

– Le passage de certains ponts est payant. Exigez un reçu pour éviter de repayer de l'autre côté.

– À chaque frontière d'État, ou à l'entrée et à la sortie des villes, vous trouverez de longues files de camions : c'est l'octroi. Doublez allègrement le tout et passez sous les barrières, cela ne vous concerne pas.

Le vélo

On peut en louer dans certaines villes, mais il faut être extrêmement prudent vu le trafic (on ne peut plus chaotique). Mieux vaut, en fait, le réserver aux zones rurales... Vérifiez l'état général de l'engin et que le cadenas fonctionne bien ; et soyez prudent... même si vous êtes sur des routes de campagne (une vache est si vite arrivée !). Côté tarifs, c'est très bon marché : environ 100 ₹ (autour de 1 €) la journée.

TRAVAIL BÉNÉVOLE

■ ***Concordia :*** *64, rue Pouchet, 75017 Paris. ☎ 01-45-23-00-23. • concordia.fr • Ⓜ Brochant ou Guy-Môquet. Brochures en ligne, ou envoi gratuit sur demande par tél ou e-mail.* Une association qui organise des chantiers très variés, où les participants sont logés et nourris : restauration du patrimoine, valorisation de l'environnement, travail d'animation, etc. Sachez toutefois que l'adhésion à l'association est de 20 € minimum. Les frais d'inscription coûtent entre 160 et 260 €. Le voyage, l'assurance et les formalités d'entrée sont à la charge du participant. Week-end de formation, en région parisienne, obligatoire avant le départ pour les chantiers « pays du Sud » (Afrique, Amérique latine, Asie).

URGENCES

■ Un unique numéro de ***téléphone d'urgence***, le ☎ *112,* fonctionne (normalement) dans toute l'Inde, et redirige ensuite vers le service nécessaire. On peut aussi envoyer un SMS. À terme, les numéros suivants devraient disparaître : ***police,*** ☎ *100 ;* ***pompiers,*** ☎ *101* ; ***ambulance*** (plus ou moins équivalent du SAMU), ☎ *102.*

■ ***Consulat et ambassade de France à Delhi :*** *☎ (011) 43-19-61-00. 📱 98-18-99-84-55 (urgences seulement, nuit, w-e et j. fériés).*

■ ***Consulat général de France à Kolkata (Calcutta) :*** *☎ 40-16-32-00. En cas d'urgence (réelle !) hors des horaires d'ouverture : 📱 97-48-01-11-18.*

Avoir un passeport européen, ça peut être utile !

L'Union européenne a organisé une assistance consulaire mutuelle pour les ressortissants de l'UE en cas de problème en voyage.

Vous pouvez y faire appel lorsque la France (c'est rare) ou la Belgique (c'est plus fréquent) ne disposent pas d'une représentation dans le pays où vous vous trouvez. Concrètement, cette assistance vous permet de demander de l'aide à l'ambassade ou au consulat (pas à un consulat honoraire) de n'importe quel État membre de l'UE. Leurs services vous indiqueront s'ils peuvent directement vous aider ou vous préciseront ce qu'il faut faire.

Leur assistance est, bien entendu, limitée aux situations d'urgence : décès, accidents ayant entraîné des blessures ou des lésions, maladie grave, rapatriement pour raison médicale, arrestation ou détention. En cas ***de perte ou de vol de votre passeport,*** ils pourront également vous procurer un ***document provisoire de voyage.***

Cette entraide consulaire entre les États membres de l'UE ne peut vous garantir un accueil dans votre langue. En général, une langue européenne courante sera pratiquée.

Pour les cartes de paiement

– ***Carte Visa :*** *numéro d'urgence (Europ Assistance) : ☎ (00-33) 1-41-85-85-85 (24h/24). • visa.fr •*

– ***Carte MasterCard :*** *assistance médicale incluse ; numéro d'urgence : ☎ (00-33) 1-45-16-65-65. • mastercardfrance.com •*

– ***Carte American Express :*** *téléphoner en cas de pépin au ☎ (00-33) 1-47-77-72-00. • americanexpress.com •*

Il existe un serveur interbancaire d'opposition qui, en cas de perte ou de vol, vous met en contact avec le centre d'opposition de votre banque : *en France ☎ 0892-705-705 (prix d'appel + 0,35 €/mn) et depuis l'étranger ☎ (00-33) 4-42-60-53-03.*

Besoin urgent d'argent liquide

– Envoyer de l'argent par ***la Banque postale*** : le bénéficiaire, muni de sa pièce d'identité, peut retirer les fonds dans n'importe quel bureau de poste du réseau local. Le transfert s'effectue avec un mandat ordinaire international (jusqu'à 3 500 €) et ***la transaction prend 4-5 jours en Europe*** (8-10 jours vers l'international). Plus cher, mais plus rapide, le mandat express international permet d'envoyer de l'argent (montant variable selon la destination – 34 au total) sous 2 jours maximum, 24h lorsque la démarche est faite en ligne. *Infos : • labanquepostale.fr •*
Vous pouvez être dépanné en quelques minutes grâce au système ***Western Union Money Transfer.*** L'argent vous est transféré en moins de 1h. La commission, assez élevée, est payée par l'expéditeur. Possibilité d'effectuer un transfert auprès d'un des bureaux *Western Union* ou, plus rapide, en ligne, 24h/24 par carte de paiement (*Visa* ou *MasterCard*).
Même principe avec d'autres organismes de transfert d'argent liquide, comme ***MoneyGram, PayTop*** ou ***Azimo.*** Transfert en ligne sécurisé en moins de 1h.
Dans tous les cas, se munir d'une pièce d'identité. Toutefois, en cas de perte ou vol de papiers, certains organismes permettent de convenir d'une question/réponse type pour pouvoir récupérer votre argent. Chacun de ces organismes possède aussi une application disponible sur téléphone portable. Consulter les sites internet pour connaître les pays concernés, les conditions tarifaires (frais, commission) et trouver le correspondant local le plus proche : *• westernunion.com • moneygram.fr • paytop.com • azimo.com/fr •*

Urgence : en cas de perte ou de vol de votre téléphone portable

Suspendre aussitôt sa ligne permet d'éviter de douloureuses surprises au retour du voyage ! Voici les numéros des 4 opérateurs français, accessibles depuis la France et l'étranger :

– ***Free :*** *depuis la France, ☎ 3244 ; depuis l'étranger, ☎+ 33-1-78-56-95-60.*
– ***Orange :*** *depuis la France, ☎ 0800-100-740 ; depuis l'étranger, ☎ + 33-969-39-39-00.*
– ***SFR :*** *depuis la France, ☎ 1023 ; depuis l'étranger, 📱 + 33-6-1000-1023.*
– ***Bouygues Télécom :*** *depuis la France comme depuis l'étranger, ☎ + 33-800-29-1000.*

Vous pouvez aussi demander la suspension de votre ligne depuis le site internet de votre opérateur.
Avant de partir, notez (ailleurs que dans votre téléphone portable !) votre numéro IMEI, utile pour bloquer à distance l'accès à votre téléphone en cas de perte ou de vol. Comment avoir ce numéro ? Il suffit de taper sur votre clavier *#06#

En cas d'urgence (maladie, accident, vol ou perte d'argent)

Quand les moyens du bord ne suffisent plus, sachez que même si vous n'avez pas souscrit un contrat d'assistance, vous n'êtes pas perdu. 1re chose importante : l'ambassade et les consulats feront tout ce qui est en leur pouvoir pour vous aider : les services consulaires vous délivreront un passeport temporaire d'urgence ou un laissez-passer qui vous permettra de repartir, etc. Mais ***en aucun cas*** ils ne vous avanceront de l'argent, ne vous offriront un billet retour ni ne monteront une expédition armée si vous avez atterri en taule. À la rigueur, ils vous mettront en rapport avec quelqu'un de votre famille ou de vos amis, mais seulement dans les cas très graves.

– ***1er cas :*** vous devez rentrer très vite en Europe. Il existe un système de billets d'avion *prepaid.* Vos parents ou amis peuvent acheter un billet d'avion dans n'importe quelle agence *Air France* puis vous transmettre le billet électronique par e-mail en quelques minutes.
– ***2e cas :*** vous n'avez plus d'argent. Voir la rubrique « Argent, banques, change. Besoin urgent d'argent liquide ».
– ***3e cas : vous avez perdu votre passeport ou on vous l'a volé.*** Rendez-vous immédiatement au consulat de votre pays le plus proche (ou au consulat d'un autre pays de l'Union européenne si le vôtre n'est pas représenté), muni d'une déclaration de perte de passeport que vous aurez pris soin de demander au commissariat. Certains commissariats (celui de la gare de Delhi, par exemple) refusent parfois de délivrer un récépissé de déclaration de vol, car ça donne une mauvaise courbe à leurs statistiques. Dans ce cas, admettez alors que vous l'avez perdu et/ou changez de commissariat. Muni de ce document, de 5 photos d'identité et d'une photocopie de votre passeport (ou d'un scan ; sinon, essayez au moins de donner son numéro, ainsi que la date et le lieu de délivrance), le consulat pourra contacter la préfecture de délivrance de votre pays pour vérifier les informations. Prévoir environ 3 jours de délai, à moins que vous n'ayez en votre possession une photocopie ou un scan du visa indien : c'est la vérification de ces informations qui prend le plus de temps. Le consulat sera alors habilité à vous délivrer un laissez-passer si votre retour est imminent, ou un passeport provisoire valable 1 an s'il s'agit du début de votre voyage. Compter 23 € dans le 1er cas, 30 € dans l'autre.
Un ***permis de sortie du territoire*** délivré par les autorités indiennes (le *FRO* : *Foreigners Registration Office*) est également nécessaire ; mieux vaut alors connaître vos dates d'arrivée en Inde, numéros de vol et de visa (quand on vous dit qu'il faut avoir scanné tout ça avant le départ, et l'avoir envoyé sur son e-mail...). Une enquête peut être réalisée à votre encontre, et le tout peut prendre de 1 à 4 jours... L'expérience peut se révéler très désagréable, alors faites attention à vos affaires !

LE NORD

Ah ! Cachemire ! Ce nom résonne comme un éden lointain, un royaume mythique perdu dans les montagnes, la promesse d'un climat doux et frais... Il évoque le lac Dal, ses *houseboats* romantiques, ses lotus en fleur, la beauté de ses jardins moghols... L'image serait parfaite si la région ne se trouvait politiquement déchirée entre 3 géants : l'Inde, le Pakistan et la Chine. La situation est complexe, les combats réguliers. Les médias sont intoxiqués par les informations de l'armée indienne, qui est parvenue à imposer dans l'opinion internationale l'image d'une Inde démocratique contenant les assauts de « rebelles » extrémistes et de Pakistanais complices.
La réalité est bien plus complexe. À tel point que, dans l'immédiat, nous avons renoncé – à regret – à vous conseiller la visite de cette bien belle région, trop régulièrement soumise au couvre-feu.
Les amoureux de la montagne se rabattront sur le Ladakh voisin, terre rêvée des trekkeurs. Ce bastion bouddhiste, aux richesses artistiques méconnues, abrite la plus forte concentration de monastères bouddhiques au monde. Certains ont 1 000 ans.

LE LADAKH

• Carte *p. 103*

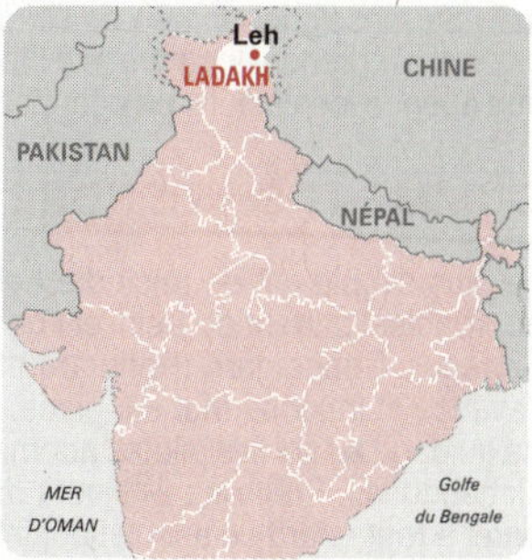

À l'est du Cachemire historique, loin des mosquées et des jardins de Srinagar, la haute vallée de l'Indus s'insinue entre 2 colosses : l'Himalaya au sud, le Karakorum au nord. C'est là, à une altitude moyenne de 5 300 m, dans des paysages grandioses de montagnes désertiques, que se niche le Ladakh. L'essentiel de la population de cet ancien royaume bouddhique, surnommé « Le Petit Tibet », vit sur les berges du fleuve et de ses maigres affluents – dont les eaux, aux fantastiques reflets turquoise laiteux, permettent d'irriguer des patchworks de petits champs de blé et d'orge, des vergers de pommiers et d'abricotiers. Les saules et les peupliers y dessinent des oasis en rubans, contrastant de manière vigoureuse avec la pierraille omniprésente.
Étendu sur environ 87 000 km² (presque le Portugal), le Ladakh se divise en 2 entités bien différentes : à l'ouest, le district de Kargil, majoritairement chi'ite (à 65 %), d'où monte l'influence de l'islam ; à l'est, le district de Leh, la capitale, bouddhique dans une proportion égale. C'est de ce dernier que nous allons vous parler dans ce guide.
La population, forte d'environ 280 000 habitants, se complète d'une importante présence de l'armée indienne. Pour tenir cette région frontalière stratégique, pas moins de 150 000 soldats se répartissent en des dizaines de campements militaires semés autour de Leh et de la vallée de l'Indus. Les plus mal lotis se retrouvent à défendre le glacier de Siachen, théâtre de la « guerre la plus froide » livrée entre Inde et Pakistan en 1999, par - 50 °C... Cette armée est plutôt paisible, mais 150 000 soldats, ça ne passe pas vraiment inaperçu !

Étape sur la route de la Soie à l'époque où les frontières étaient ouvertes, le Ladakh est un authentique carrefour de civilisations. Et si des Tibétains y ont trouvé refuge en nombre depuis l'annexion de leur patrie par la Chine en 1951, on rencontre aussi, au fin fond de vallées secrètes, d'authentiques descendants d'Alexandre le Grand... Plus récemment, les trekkeurs ont dû s'habituer à partager ce vaste et sauvage territoire avec de nouveaux venus : des touristes indiens, attirés par les décors de films à succès de Bollywood, qui y débarquent désormais en nombre et en famille pour venir prendre le frais, en mai-juin, lorsque les plaines du Sud rissolent sous les 45 °C. Sous leur influence, les hôtels et *guesthouses* poussent comme des champignons. Et si les *amchis* (guérisseurs) et astrologues conservent une large audience, les Ladakhis, rebutés par la rude vie nomade et rurale d'autrefois, se font guides ou fonctionnaires. Aujourd'hui, le tourisme assure à lui seul 40 à 50 % du PIB.

FORMALITÉS

Ouvert aux étrangers depuis 1974, le Ladakh est accessible avec un simple visa normal (*e-Tourist Visa* ou *Regular Visa*). Des permis spéciaux sont toutefois requis pour visiter les régions frontalières de la Chine : notamment la *Nubra Valley,* les lacs *Tso Moriri, Tso Kar* et *Pangong Tso,* ou encore la région de *Dha-Hanu*. Impossible d'obtenir ces permis soi-même, il faut passer par une agence qui se charge des démarches ; en général, il suffit d'en faire la demande la veille avant 15h-16h. Tarif : 600 à 700 ₹ par personne pour le permis seul ; l'excursion s'ajoute, mais n'est pas obligatoire (on peut rejoindre certaines de ces zones par soi-même). Attention, le permis est valide pour un minimum de 2 personnes : soit 2 indépendants, soit un touriste et son guide ; si l'on se présente seul aux postes de contrôle, on sera refoulé. Les alpinistes ont besoin d'un permis spécial, le « Pic Fee », dont les tarifs oscillent entre US$ 100 et US$ 1 000 pour 2 personnes en fonction de la hauteur du sommet. Se renseigner auprès de l'*Indian Mountaineering Foundation* : • *indmount.org* • et s'y prendre longtemps à l'avance (au moins 3 mois), à moins de passer par une agence locale qui s'en occupera.

COMMENT S'Y RENDRE ?

Le plus simple est de rejoindre Leh en avion. Chaque matin, 4 ou 5 vols (assez abordables) partent de Delhi et l'on peut aussi rejoindre la ville directement depuis Srinagar, Chandigarh (Pendjab) et Mumbai. Mieux vaut réserver longtemps à l'avance et (re)confirmer sur place. L'aéroport de Leh étant dépourvu de système de guidage au sol (les pilotes atterrissent à vue), les vols dépendent des conditions climatiques... Prévoyez 2-3 jours de battement avec votre vol international, pour parer à tout retard ou annulation, fréquents.
La route, elle, est superbe mais éprouvante (se reporter au texte « La route de Leh à Manali », plus loin). Elle n'est ouverte que de mi-mai/juin à mi-octobre, au mieux.

ARGENT

Les distributeurs de billets, certes présents à Leh et dans les principales localités (Nimmu, Saspol, Khalsi, Kargil), sont lents, souvent vides ou en panne. Devant ceux qui fonctionnent, il y a des queues infinies en plein été ! Le paiement par carte est rarement possible. Bref, faites provision de cash avant de venir. Si vous avez des euros, vous pourrez les changer à de bons taux.

CLIMAT ET ALTITUDE

Le Ladakh connaît 2 saisons principales : l'hiver (de novembre à avril), avec des températures descendant à - 30 °C, de la neige et des routes coupées, et l'été

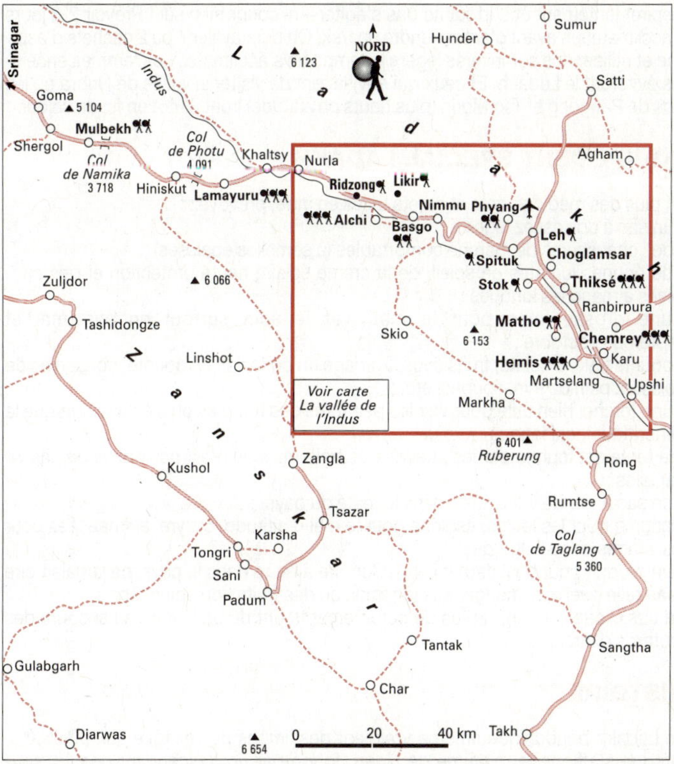

LE LADAKH

(de juin à septembre), où le climat est très sec (les montagnes arrêtent en principe la mousson) avec une réverbération du soleil intense. Les températures varient alors de + 35 °C le jour à + 10 °C la nuit. En mai et en septembre-octobre, les flocons et le grésil ne sont pas rares...

Le mal d'altitude

En arrivant à Leh (3 500 m) en avion depuis Delhi, près de 2 personnes sur 3 souffrent du mal d'altitude. Si tout est question de sensibilité personnelle, on se retrouve généralement K.-O. pendant 1 ou 2 jours (ou 3), avec des maux de tête, voire des nausées, des étourdissements, une difficulté à manger et à dormir. Il existe des traitements préventifs à base d'aspirine, qui fluidifie le sang et allège ainsi les symptômes.
S'ils persistent ou s'aggravent (maux de tête violents, vomissements, syncopes à répétition), consultez un médecin de l'hôpital de Leh, il y a des risques d'œdèmes pulmonaires et même cérébraux pour les gens à la santé déjà fragile. Les agences sérieuses, les meilleurs hôtels et certaines pharmacies ont des bouteilles d'oxygène à disposition.
– *Quelques conseils :* bien dormir avant le départ pour Leh. Sur place, boire de l'eau plate ou du thé nature (2-3 l par jour), éviter le café et l'alcool, manger peu,

respirer lentement et surtout ne pas s'agiter – ni courir bien sûr ! Prévoir 2-3 jours d'acclimatation avant d'entreprendre un trek. On peut avaler 1 ou 2 cachets d'aspirine et utiliser des somnifères légers le temps de s'acclimater. Les femmes enceintes éviteront le Ladakh. Et ceux qui envisagent de visiter la vallée de Nubra ou les lacs de Pangong et Tso Moriri (plus hauts en altitude) iront plutôt en fin de séjour.

ÉQUIPEMENT SPÉCIAL LADAKH

En plus des médicaments et objets utiles en Inde, prévoyez :
- un sac à dos assez léger ;
- des chaussures de marche confortables (à semelles épaisses) ;
- de bonnes lunettes de soleil, de la crème solaire haute protection et des chemises à manches longues ;
- une grosse laine pour le matin et le soir, surtout en avril-mai et septembre-octobre ;
- pour le trek : biscuits, fruits secs, fromage en boîte, lait en poudre, conserves de poisson, pain de mie, soupes, etc. ;
- une torche, bien utile pour voir les peintures des temples ou s'éclairer lorsque le générateur local fatigue... ;
- la tente est fournie par les agences de trek, mais on n'est pas obligé de passer par elles ;
- un sac à viande (utile aussi dans le reste du pays) ;
- baume pour les lèvres, aspirine pour le mal d'altitude, collyre, antinausées pour les virages et/ou l'altitude ;
- un produit pour désinfecter l'eau. Comme ailleurs dans le pays, ne jamais boire l'eau telle quelle, ni manger des légumes ou des fruits non épluchés.

En cas d'oubli, à Leh, un tas de commerçants ont de quoi venir au secours des routards distraits.

HISTOIRE

Le Ladakh bouddhique émerge vraiment des limbes de l'histoire aux IXe et Xe s, lorsque s'affirme le royaume de Ngari, fondé par un descendant des 1ers souverains tibétains. Le territoire se développe au gré du passage des caravanes de la route de la Soie. La dynastie des Namgyal s'impose au XVIe s, mais elle ne peut résister à la puissance des Moghols (musulmans), qui assoient leur suzeraineté sous le règne du grand Aurangzeb (1658-1707). C'est alors qu'est édifiée la mosquée de Leh. En 1834, le dernier souverain du Ladakh, Tshespal Namgyal, est contraint d'abdiquer en faveur du maharajah du Jammu-et-Cachemire. Le territoire conserve toutefois une certaine autonomie.

L'indépendance de l'Inde et les conflits qui se sont ensuivis avec le Pakistan et la Chine (1947-1948, 1962, 1999) ont, depuis, fait du Ladakh une zone frontière coupée de ses voisins. En 1995, les Ladakhis ont obtenu de l'Inde la création d'un Parlement consultatif.

LANGUE

Le ladakhi est une langue à part entière, proche du tibétain. À Leh et dans les zones touristiques, l'anglais est couramment pratiqué. Mais un seul mot vous ouvrira toutes les portes, le mot magique : *jullay,* qui signifie tout à la fois « bonjour », « au revoir », « merci », ...

NOURRITURE

La cuisine ladakhie est proche de celle du Tibet, mais la plupart des restos proposent aussi des plats indiens, (vaguement) chinois et occidentaux ; beaucoup sont végétariens. Globalement, ne vous attendez pas à des merveilles. Quelques spécialités :

- ***les momos :*** gros raviolis blancs (farine de blé) cuits à la vapeur ou frits, très bons ; ils peuvent être fourrés aux légumes et au fromage, au poulet, au mouton... ;
- ***les thukpa et tenthuk :*** entre la soupe et le ragoût, ces plats d'origine tibétaine mêlent nouilles, légumes et/ou viande ; on trouve aussi sous ce nom des plats de nouilles sautées rappelant le *chow mein* chinois (en moins savoureux) ;
- ***le khambir :*** pain de blé croustillant ;
- ***le chang :*** sorte de bière locale à base d'orge ;
- ***le thé tibétain :*** d'un goût très particulier, il est mêlé de lait, de beurre et de sel, puis saupoudré à volonté de farine d'orge. Le beurre rance jadis conservé quelques mois dans une peau de chèvre cède de plus en plus la place, en ville, au beurre industriel : le thé est ainsi moins fort, plus facile à boire. Les Ladakhis en consomment abondamment pour éviter la déshydratation et résister au froid. On vous en proposera très certainement dans les *guesthouses.* Si vous n'aimez pas, ne videz pas votre tasse, sinon votre hôte la remplira aussitôt ;
- ***les légumes :*** leur variété est surprenante à partir de juillet, vu l'environnement quasi désertique – carottes, oignons, choux-fleurs, navets, courges, haricots, herbes aromatiques... En revanche, l'hiver, pas de légumes sur place et ceux que l'on trouve au marché sont quasi inabordables pour les Ladakhis.

POLYANDRIE

Si on en a beaucoup parlé par le passé, la ***polyandrie,*** officiellement abolie en 1941, est en fort repli au Ladakh comme dans toute l'aire tibétaine. Seules quelques familles vivant dans des zones particulièrement isolées et difficiles pratiquent encore cette forme d'union peu commune, avant tout destinée à préserver la propriété agricole en évitant son démembrement entre les garçons d'une même fratrie. Une femme épouse ainsi plusieurs frères, sans qu'aucun ne soit spécifiquement considéré comme le père des enfants à naître (les cadets étant simplement désignés sous le vocable de « petits pères »). L'inverse est aussi traditionnellement possible : un Ladakhi peut se marier avec plusieurs sœurs ; on parle dans ce cas de ***polygynie.***

POPULATION

Au Ladakh, 2 groupes linguistiques historiques cohabitent : indo-européen (les Dardes et les Brogpas), très minoritaire ; et tibéto-birman, regroupant les Ladakhis (majoritaires), les Zanskaris et les Baltis musulmans. Et pour mieux comprendre la place du bouddhisme dans tout ça, voir en fin d'ouvrage « Hommes, culture, environnement. Religion ».
- ***Les Dardes,*** de souche aryenne (yeux bleus, noisette ou verts !), habitent la vallée de la Drass et la région de Gilgit (Pakistan). La légende voudrait qu'ils descendent des soldats d'Alexandre le Grand. Ils sont musulmans depuis le XIVe s.
- ***Les Brogpas*** (« habitants de la montagne ») sont de la même origine, mais sont bouddhistes – quoique leur pratique soit mâtinée de rites animistes ancestraux. Ils vivent dans 8 villages de la vallée de Dhahanu, à 160 km au nord-ouest de Leh, dans une zone frontalière contrôlée par l'armée ; seuls Dha et Hanu sont accessibles aux étrangers (avec permis). Les femmes portent un pantalon bouffant avec une longue tunique beige, tandis que celle des hommes est pourpre. Les uns et les autres revêtent une coiffe souvent ornée de fleurs artificielles et monnaies.
- ***Les Baltis*** vivent dans la vallée de Kargil. Massivement imprégnés par l'islam, ils en sont actuellement les plus farouches défenseurs. C'est sous leur pression que le district du Ladakh a été divisé en deux, le Bas-Ladakh avec Kargil pour capitale, et le Haut-Ladakh, dont Leh est le chef-lieu. Face à l'extension de l'islam, certains Ladakhis aimeraient même voir leur territoire séparé politiquement du Jammu-et-Cachemire.

MONASTÈRES : QUELQUES INFOS UTILES

Voir aussi « Homme, culture, environnement. Religion. Bouddhisme » à la fin de ce guide pour plus de détails sur les monastères et rites. La plupart des monastères sont ouverts à la visite tous les jours de 6h ou 7h à 18h, avec une pause entre 13h et 14h. L'entrée est payante et varie entre 30 et 100 ₹. L'accueil est plutôt débonnaire et les moines parlant l'anglais pas si nombreux. N'oubliez pas d'enlever vos chaussures avant d'entrer dans les sanctuaires (chaussettes conseillées). Une fois à l'intérieur, il faut circuler dans le sens des aiguilles d'une montre. Les photos sans flash sont autorisées dans certains temples, interdites dans d'autres.

Les cérémonies ont lieu généralement le matin tôt, parfois aussi le soir ; on peut y assister. Cela vaut particulièrement le coup à Thiksé, où l'on se réveille au son des grandes trompes tibétaines ! Certains monastères (dont Thiksé, justement) abritent des hôtelleries ou acceptent de loger 1 ou 2 personnes, mais c'est rarement nickel et très froid hors saison ! C'est gratuit, mais on vous enjoint à laisser une obole (min 150-200 ₹).

TREKKING AU LADAKH

Où, ailleurs, peut-on marcher le nez rivé sur les cimes de l'Himalaya ou du Karakorum, de montagne pelée en vallée-oasis, de col en col, au gré des guirlandes de drapeaux à prières et des patchworks de petits champs d'orge et de blé ? Paysages lunaires, vallées désertiques, roches multicolores, lacs éblouissants, sommets sidéraux... Le Ladakh ne déçoit pas. Reste, toutefois, à choisir un itinéraire à sa mesure.

– ***À quelle saison ?*** On peut entreprendre un trek de début mai à début octobre mais, pour ne pas geler la nuit, mieux vaut privilégier la période de mi-juin à début septembre. De mi-juillet à mi-août, c'est la haute saison. En juin, c'est plus calme. ***Le trek hivernal le plus fameux se fait sur la rivière Zanskar gelée*** (Chadar trek), mais il fait alors un froid de canard (- 30 °C...) et nombre d'infrastructures, à Leh, sont fermées. Autre bémol : l'itinéraire est devenu populaire auprès des jeunes Indiens, qui en profitent pour faire la nouba en musique toute la nuit...

– ***Combien de temps ?*** Les *treks classiques* se déclinent sur 8 à 21 jours de marche, combinant découverte des paysages et des villages perdus au fin fond des vallées, avec nuit chez l'habitant ou sous tente. Les (innombrables) agences touristiques locales proposent aussi des programmes light de 2 à 5 jours, le long de l'Indus notamment, avec logement chez l'habitant et voiture-balai pour les éventuelles défaillances. Dans leur jargon, les professionnels appellent ça des *baby-treks* et, si cela ne s'apparente pas tout à fait à une flânerie, on peut s'y risquer sans problème en famille, avec de grands enfants en tout cas. Dans cette optique, les étapes sont courtes (3-5h de marche par jour). Dans tous les cas, ***acclimatez-vous au moins 2-3 jours avant.***

– ***Partir avec qui ?*** Ceux qui ne connaissent pas la région éviteront de se lancer seuls. On se perd aisément, et il est indispensable d'avoir un bon équipement. Parmi les multiples agences de Leh, il est important d'en choisir une sérieuse, proposant un encadrement logistique adapté : guide compétent (et pas un étudiant engagé à la petite semaine...), chevaux ou mules pour le transport du matériel sur les plus longs treks, tentes, cuisiniers, oxygène, etc. L'idéal est de partir en petit groupe. Heureusement, il existe des agences très sérieuses à Leh (voir « Adresses utiles. Agences de trek », plus loin).

– ***À quel prix ?*** Sur la base de 4 personnes, 1 journée varie en moyenne entre 30 et 60 € par personne. Le prix dépend de la qualité de la prestation, de la difficulté du parcours, et donc de la logistique nécessaire, du nombre de jours et de participants. En dessous de 30 €, méfiance ! Faites-vous préciser toutes les conditions avant le départ et n'hésitez pas à comparer plusieurs agences, surtout si vous demandez un trek à la carte. Et si vous êtes seul(e) ou à deux, consultez les petites annonces de recherche de coéquipiers, au resto *Gesmo* par exemple.

- ***Quels équipements prévoir ?*** Se reporter à la rubrique « Équipement spécial Ladakh », plus haut.

- ***Quels sont les treks les plus prisés ?*** Les possibilités abondent, mais la plupart des agences s'en tiennent aux mêmes classiques. On est loin d'être exhaustif.

➢ ***Les baby-treks :*** le grand classique, ici, consiste à relier en 3 courtes étapes (3-5h) le monastère de Likir (à 1h30 de route à l'ouest de Leh) à celui de Tingmosgang (à 2h30). Cette magnifique randonnée d'altitude moyenne (parfaite pour continuer à s'acclimater) peut éventuellement se faire seul ou, plus facilement, avec une agence. En chemin : 5 cols (le plus haut à 3 874 m), de nombreux petits villages, des champs de blé et d'orge, des vergers d'abricotiers. En principe, on peut loger et manger chez l'habitant à Yangthang et Hemis Shukpachan, mais mieux vaut emporter une tente et des vivres : en été, les villageois travaillent aux champs et ne sont pas forcément disponibles... ou les *homestays* sont déjà squattés. De mi-juillet à mi-août, il y a beaucoup de monde et il peut faire très chaud. Détour possible par le monastère de Rizong. Un peu plus ardu et montagneux : le trek de 5 jours (52 km) du monastère de Spituk (aux portes de Leh) à celui de Matho, en passant par les cols de Stok La (4 855 m) et Matho La (4 845 m). Plus court : jusqu'à Stok seulement (39 km en 3 jours). Ou encore : de Lamayuru au monastère d'Alchi en 71 km et 5 jours. Et une dernière idée : de Saboo (aux portes de Leh) à Igoo en 5 jours, en tente ou *homestays* dans des villages authentiques.

➢ ***La vallée de Markha :*** au sud de la vallée de l'Indus et parallèle à celle-ci, elle est le théâtre de beaux treks pas trop difficiles de 6 à 9 jours (pour 4-8h de marche quotidienne). Altitude maximale : 5 260 m au Kongmaru La. Sa popularité a vu la prolifération de nombreux *homestays* et *guesthouses* ces dernières années : on en trouve désormais sur tout l'itinéraire, à l'exception d'une nuit sous tente (prémontée). Les prix sont raisonnables en raison de la proximité de Leh : départ de Spituk (ou de Chilling en version courte) et arrivée à Hemis. Les plus sportifs pourront s'élancer à l'assaut du Stok Kangri qui culmine à 6 153 m, un des 6 000 m les plus aisés du coin. L'agence *Sky Walker* propose une intéressante alternative plus en altitude, baptisée *Upper Markha Valley,* au flanc des glaciers.

➢ ***Les treks moins connus :*** certaines agences, parmi celles que nous conseillons à Leh, proposent des treks alternatifs dans des zones isolées où les randonneurs sont autrement moins nombreux. Que diriez-vous, par exemple, de rallier la vallée de l'Indus à celle de la ***Nubra*** (en 5-6 jours) au départ du monastère de Phyang par le Lasermo La (5 438 m), ou depuis Basgo par le Nia La, en traversant juste quelques villages intacts ? Plus sauvages encore, plus longs : les treks à la découverte des campements nomades de la région du Changthang (au sud-est), en chemin vers les lacs de Tso Kar et Tso Moriri. Sauvage, superbe, mais les prix sont ici supérieurs en raison de l'éloignement.

➢ ***La grande traversée du Zanskar :*** à l'ouest de Leh, ce classique réservé aux bons marcheurs (10 jours de Lamayuru à Padum, puis 9 jours de plus jusqu'à Darcha) a perdu de sa superbe depuis que le réseau routier a envahi une (bonne) partie de l'itinéraire... On vous conseille plutôt des treks alternatifs, de Rangdum à Padum via Lingshed, par exemple, ou au sud-est de Padum autour du col du Stongde La (5 140 m). Un très bel itinéraire sauvage permet aussi de relier Lamayuru à Lingshed via Kanji en restant toujours au-dessus de 4 500 m.

➢ ***Spécial léopard des neiges :*** si plusieurs agences proposent cette aventure unique (sur 2-3 jours) dans le secteur de Rumbak, où le félin se laisse régulièrement voir en janvier-février, on vous conseille de vous adresser à Tashi, de *Hidden North Adventures,* vraiment passionné par le sujet. Attention, il fait alors affreusement froid, et l'infrastructure est lourde (donc chère).

- Certaines agences proposent des ***treks à thématique*** culturelle (principalement les monastères), géologique, écologique...

AUTRES ACTIVITÉS SPORTIVES

Le panel d'activités se diversifie au fil des ans : location ou excursions en *mountain bike*, escalade, rafting sur la Zanskar (dès fin mai) ou l'Indus (plus calme, en juillet-août), etc. Durée et logistique se négocient à la carte, selon vos envies et votre budget. Là encore, il s'agit de comparer.

UN MARATHON POUR LES FOUS

Courir à l'altitude du mont Blanc ? Quelle drôle d'idée ! Début septembre, la fièvre du marathon s'empare pourtant de Leh. En ligne de mire : les courses de 7, 21 et 42,195 km, mais aussi et surtout le défi ultime, le Khardung-La Challenge. Ultra-trail *le plus haut et parmi les plus ardus au monde, long de 72 km, il franchit ce col culminant à 5 370 m. Record à battre : 6h23. Les organisateurs exigent un temps d'acclimatation d'au moins 1 semaine.* • ladakhmarathon.com •

LEH (लेह)

30 000 hab. IND. TÉL. : 01982

• Plan *p. 110-111*

Parmi les ocres et les gris des pentes himalayennes, le vert de la vallée de l'Indus trace la frontière de la vie. Un peu au-dessus, dans une large parenthèse de montagnes entrebâillées, Leh s'amarre au pied d'un piton coiffé d'un palais et d'un monastère bouddhique en équilibre au-dessus d'une mosquée – le coup d'œil est joli. Capitale et centre névralgique du Ladakh, Leh fut une étape sur la route de la Soie avant de devenir un carrefour routier et un bastion de l'armée indienne. Aujourd'hui, les militaires y cohabitent avec les visiteurs – notamment indiens –, de plus en plus nombreux. Et la fièvre de l'or touristique s'est emparée de la ville : on construit de tous côtés, multipliant hôtels et *guesthouses*, en épuisant les maigres ressources.

CONSEILS

– N'oubliez pas que vous êtes à ***3 500 m d'altitude*** ; lire « Climat et altitude », plus haut.
– En hiver, les monastères sous la neige sont superbes et les fêtes bouddhiques nombreuses, mais la saison n'est pas pour les frileux. Peu d'hébergements disposent du chauffage central et beaucoup ferment d'octobre à avril ou mai. Quelques-uns ont des radiateurs sur pieds, plus ou moins efficaces. Et il arrive que les canalisations gèlent et que l'eau chaude disparaisse... Et là, pas de miracle.
– Les ***services de sécurité de l'aéroport*** de Leh sont tatillons et les contrôles nombreux, prévoyez de venir au moins 2h avant le départ de votre vol !

Arriver – Quitter

Ce peut être un problème épineux, avions et bus étant conditionnés aux aléas climatiques.

En bus et minibus

Bus Stand *(plan B3,* ***1****)* **:** *à env 1 km au sud du centre.* La plupart des bus locaux, minibus et taxis collectifs partent de là. On y trouve la *J & K State Road Transport Corporation (J & K SRTC),* entreprise d'État du Jammu-et-Cachemire *(☎ 25-20-85),* et la *Ladakh Bus Operators Co-Operative (LBOC),* privée *(☎ 25-27-92).* Si la 1re dessert l'ensemble du Ladakh et au-delà, la 2de offre moins d'options : vallée de l'Indus jusqu'à Lamayuru, vallée de Dhahanu (celle des Aryens), lac Pangong surtout. Leurs bureaux sont planqués au fond du parking des bus, dans la zone grillagée.

Les bus pour **Choglamsar** partent, eux, de la porte de la ville, environ 200 m plus haut *(plan B3,* ***2****).*

Vers Manali et Srinagar, la ***HPTDC,*** l'entreprise d'État de l'Himachal Pradesh *(● hptdc.in ●, mais on ne trouve pas ttes leurs liaisons en ligne),* propose des bus *deluxe.* Son bureau est situé au centre *(plan zoom B2,* ***5****) : Fort Rd, presque en face du Yak Tail Hotel, au 1er étage. 📱 94-18-69-12-15 ou 94-18-07-80-19. Ouv juin-oct seulement.*

➢ ***Srinagar, via Kargil*** *(434 km)* **:** la route, presque entièrement goudronnée, ouvre selon les années entre fin avr et mi-juin, pour fermer en général en oct-nov (parfois plus tard). *J & K SRTC* assure 1 départ/j. vers 14h (750-1 300 ₹ selon la catégorie), parfois 2 selon la demande. Durée : env 18h non-stop. Les minibus et taxis partagés, qui partent généralement vers 16h-17h et roulent de nuit (arrivée vers 8h le lendemain), coûtent entre 1 000 et 1 500 ₹. Sinon, certains s'essaient au stop : les camionneurs y sont assez enclins et prennent généralement les voyageurs gratuitement (sécurité non garantie !).

➢ ***Manali, via Keylong*** *(473 km)* **:** lire aussi « La route entre Leh et Manali », plus loin. De juil à mi-sept en principe (mais tout dépend de la météo), 1 bus *deluxe* tous les 1-3 j. (2 en général) de la *HPTDC,* vers 5h (2 900 ₹ avec dortoir et repas à Keylong) ; et 1 autre, tlj, à la même heure, de mi-mai (ou juin) à mi-oct, avec *J & K SRTC* (env 730 ₹ pour le trajet seul). Durée : env 21h hors escale. Les minibus privés de *Tempo Travellers* circulent tlj sans arrêt en haute saison : départ vers 16h, arrivée à Manali le lendemain dans la matinée. Là, il en coûte 1 200 à 3 000 ₹ selon la demande (plus cher en juil-août...). Et en taxi collectif ou minibus : env 2 000 ₹.

➢ ***Delhi :*** là, c'est du masochisme... Compter près de 40h de voyage (1 040 km) et 1 700-1 800 ₹ (nuit à Keylong à votre charge).

➢ ***Dans la vallée de l'Indus et au Ladakh :*** consultez chaque localité pour les informations spécifiques. Les billets s'achètent auprès du chauffeur et les bus s'arrêtent à la demande.

En avion

✈ ***Kushok Bakula Rimpoche Airport*** *(hors plan par B3)* **:** *à 3 km au sud du centre. En taxi, compter env 500 ₹.* Sur place : change, *ATM.* L'aéroport étant militaire, tous les vols sont regroupés le matin.

➢ ***Delhi :*** jusqu'à 10 vols/j. en été avec *GoAir* (principalement), *Spice Jet, Vistara* et *Air India.*

➢ ***Srinagar :*** 2 vols directs/j. avec *GoAir* et *Air India.*

➢ Également des vols vers ***Chandigarh*** et ***Mumbai.***

N.B. : si votre place est en *waiting list,* présentez-vous tout de même 2h à l'avance ; désistements fréquents.

En taxi

🚗 ***Ladakh Taxi Operator Cooperative*** *(plan zoom B2-3,* ***6****)* **:** *Fort Rd, au centre-ville. ☎ 25-27-32 ou 25-30-39.* Taxis pour la région de Leh uniquement. Tarifs fixes (demandez à consulter le livret que possèdent les chauffeurs : ils indiquent aussi les tarifs combinés pour la visite de plusieurs monastères).

Adresses et infos utiles

Infos touristiques

ℹ ***Tourist Office*** *(plan zoom B2,* ***4****)* **:** *Fort Rd, près de la station de taxis. ☎ 25-77-62-88. ● leh.nic.in ● jktourism.org ● Avr-oct, lun-sam 9h-20h, dim et j. fériés 10h-16h ; nov-mars, tlj 10h-16h.* Bon accueil ; on y trouvera

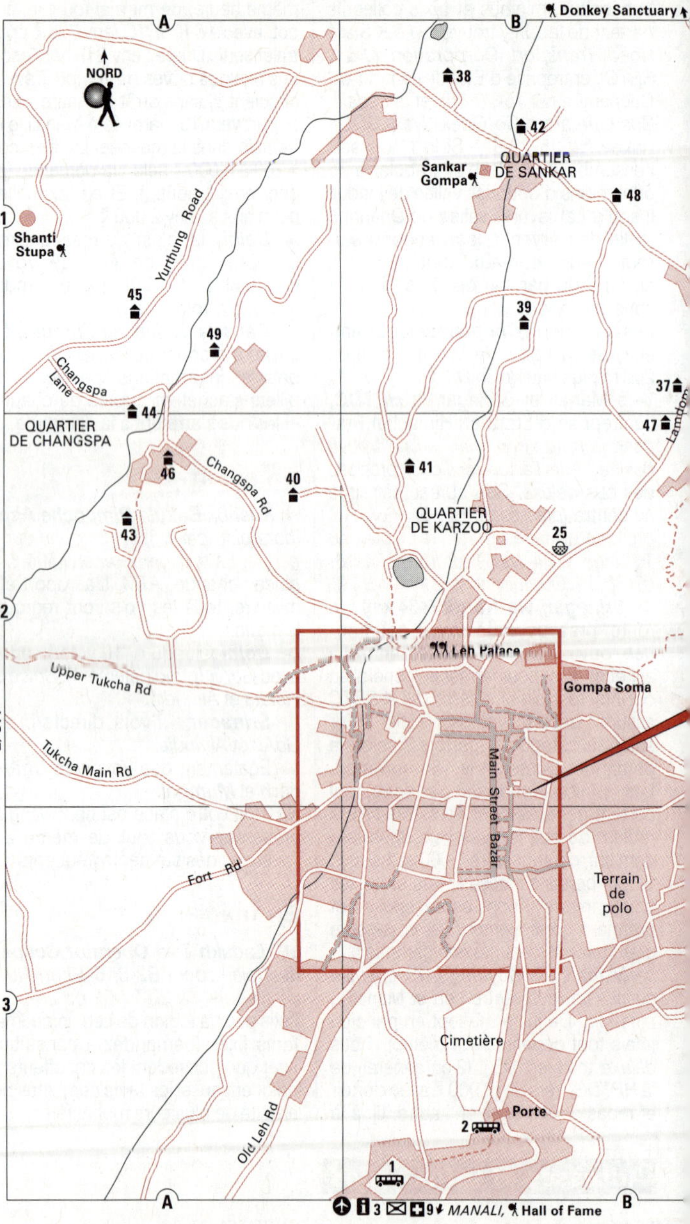

Donkey Sanctuary
NORD
38
42
QUARTIER DE SANKAR
Sankar Gompa
48
Shanti Stupa
Yurthung Road
45
49
39
Changspa Lane
37
47
Lamdon
44
QUARTIER DE CHANGSPA
46
Changspa Rd
40
41
QUARTIER DE KARZOO
43
25
Leh Palace
Gompa Soma
Upper Tukcha Rd
31
Tukcha Main Rd
Main Street Bazar
Fort Rd
Terrain de polo
Cimetière
Old Leh Rd
Porte
2
1
3
9
MANALI,
Hall of Fame
A
B
1
2
3

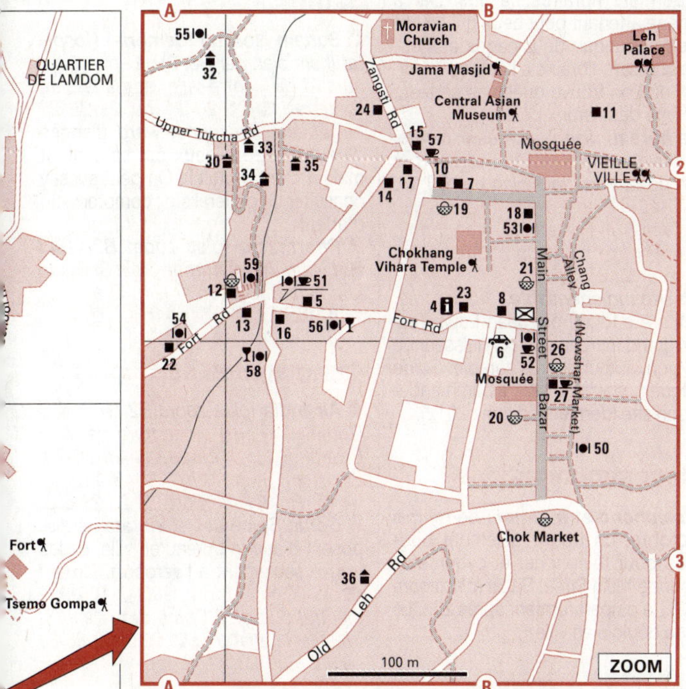

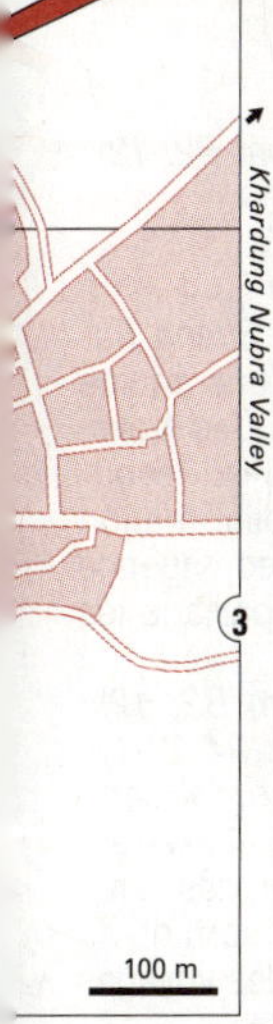

Adresses utiles

1 Bus Stand (B3)
2 Bus vers Choglamsar (B3)
3 Tourist Office (hors-plan par B3)
4 Tourist Office Centre (zoom B2)
5 Bureau de résa HPTDC (zoom B2)
6 Ladakh Taxi Operator Cooperative (zoom B2-3)
7 ATM de la State Bank of India (zoom B2)
8 Distributeur de la J & K Bank (zoom B2)
9 Sonam Norboo Memorial Hospital (hors-plan par B3)
10 Air India (zoom B2)
11 Alliance française (zoom B2)
12 Shanti Travel, Sky Walker et galerie Olivier Föllmi (zoom B2)
13 Trans Himalayan Bikers (zoom B2)
14 Hidden North Adventures (zoom B2)
15 Virgo (zoom B2)
16 Transcorp Forex (zoom B2)
17 Dzomsa - Ecologic Laundry (zoom B2)
18 Pharmacie (zoom B2)
19 Himalaya Adventure Store (zoom B2)
20 Super Market Ladakh Art Palace (zoom B3)
21 Chospa (zoom B2)
22 Royal Voyages Ladakh (zoom A2-3)
23 Royal Explorers (zoom B2)
24 Exotic Travel Ladakh (zoom B2)
25 Women's Alliance (B2)
26 Sonu Dry Fruits (zoom B3)
27 Trendel Café (zoom B3)

Où dormir ?

30 Malpak Guesthouse (zoom A-B2)
31 Raybo Hostel / Rooms (hors-plan par A2)
32 Juniper House (zoom A2)
33 Jigmet Guesthouse & Hotel (zoom B2)
34 Atisha Guesthouse (zoom B2)
35 Ree-Yul Guesthouse (zoom B2)
36 Hotel Dragon (zoom B3)
37 Norbulinga Guesthouse (B1)
38 Deskit Villa – Guesthouse & Lodge (B1)
39 Dawa Guesthouse (B1)
40 Rainbow Guesthouse (A2)
41 Lotus Hotel (B2)
42 Silver Cloud Guesthouse (B1)
43 Kunzang Guesthouse (A2)
44 Otsal Guesthouse (A1-2)
45 Oriental Hotel & Guesthouse (A1)
46 Hotel Omasila (A2)
47 Ser-Dung Guesthouse (B2)
48 Hotel Shaolin (B1)
49 Gomang Boutique Hotel (A1)

Où manger ? Où boire un verre ? Où trouver un bon café ?

50 Darjeeling (zoom B3)
51 Gesmo (zoom B2)
52 Himalaya Café (zoom B2-3)
53 Neha Snacks (zoom B2)
54 Tibetan Kitchen (zoom A2)
55 Bon Appétit (zoom A2)
56 Dreamland (zoom B2)
57 Coffee Culture (zoom B2)
58 Penguin (zoom B3)
59 Chopsticks (zoom B2)

LEH

les derniers horaires de bus. Bar à oxygène attenant pour ceux qui en ont besoin, boutique de lainages et sympathique café-librairie à l'étage *(tlj 10h-19h),* où l'on trouve quelques cartes... et même des *Astérix* !

Le ***bureau principal,*** très excentré, se trouve sur la route de l'aéroport, à 2 km de la ville *(hors plan par B3, **3**).* ☎ 25-22-97 ou 20-95. *Tlj sauf dim et j. fériés 7h-19h en été, 10h-16h en hiver.* ***Annexe*** *à l'aéroport aux heures des vols :* ☎ 25-03-80.

– ***Un site indispensable :*** • *ladak.free.fr* • Il a été fondé par Jean-Louis Taillefer, grand marcheur et connaisseur de la région, auteur du très complet *Guide pratique Ladakh Zanskar,* à commander sur son site (dernière édition : 2012).

Télécommunications

@ ***Téléphone et Internet :*** de mi-mai à octobre, on trouve aisément boutiques pour téléphoner et cybercafés autour de Main Street Bazar *(plan zoom B2-3)* ; la plupart ferment après 20h. Le wifi se déploie en ville.

Banques, change

■ ***Distributeurs :*** on en trouve de nombreux en ville, mais ils sont souvent en panne ou vides... ou alors ils ne disposent plus que de grosses coupures, peu pratiques. Parmi les plus « sûrs », mentionnons l'*ATM* de la ***State Bank of India*** *(plan zoom B2, **7**)* en haut de Main Bazaar et celui de la ***J & K Bank*** *(plan zoom B2, **8**)* sur Fort Rd, face à la station des taxis. Attention, les files d'attente sont parfois très longues en haute saison...

■ ***Bureaux de change :*** la plupart n'ouvrent que d'avril ou mai à octobre. Parmi les meilleurs taux : ***Transcorp Forex*** *(plan zoom B2, **16** ; tlj 9h-21h),* sur Fort Rd, en face du resto *Gesmo,* qui ne demande aucune commission sur le change, permet d'obtenir du liquide avec une carte de crédit (commission : 4 %) et assure le service ***Western Union*** pour les dépannages urgents. Le reste de l'année, mieux vaut prévoir avant de venir au Ladakh.

Santé

Sonam Norboo Memorial Hospital *(hors plan par B3, **9**) : à env 1,5 km au sud du centre-ville, après la gare routière.* ☎ 25-20-14 ou 25-36-29 *(urgences).* Le *tourist ward* dispose d'oxygène pour ceux qui se sentent mal (et c'est gratuit !). On peut aussi y consulter un généraliste ; compter 2-3h d'attente.

■ ***Pharmacie*** *(plan zoom B2, **18**) :* ***Het Ram Vinay Kumor,*** *Main St Bazar. Lun-sam 8h30-20h30 (21h30 en été), sauf* lunch break *; dim 11h30-15h30.*

Compagnies aériennes

■ ***Air India*** *(plan zoom B2, **10**) :* NIC Complex, *à l'extrémité nord de Main Bazaar Rd ; 1er étage.* ☎ 25-20-76. *Lun-sam 9h30-13h, 13h45-17h35 ; fermé dim. À l'aéroport :* ☎ 25-22-55.

■ ***GoAir, Spice Jet*** et ***Vistara*** ne disposent d'aucun bureau en ville, on les trouve seulement à l'aéroport. ***GoAir :*** ☎ 25-39-40/41 ou 1-8602-100-999 *(central d'appel).* ***Spice Jet :*** ☎ 987-180-33-33. ***Vistara :*** ☎ 928-922-88-88 ou 995-896-22-22.

Agences de trek

■ ***Shanti Travel*** *(plan zoom B2, **12**) : Raku Complex, Fort Rd, au-dessus de la galerie d'Olivier Föllmi.* ☎ 25-51-65. • *shantitravel.com* • *Ouv juin-sept.* Cette antenne de l'agence *Shanti Travel* de Delhi, composée d'une équipe franco-indienne, organise des treks, des voyages écotourisme et découverte. Elle travaille en collaboration et en complémentarité avec l'agence *Sky Walker* avec qui elle partage les mêmes locaux.

■ ***Sky Walker*** *(plan zoom B2, **12**) : Raku Complex, Fort Rd.* 📱 94-19-17-82-90. • *skywalkertravel.com* • Cette agence sérieuse est fortement axée sur le trekking avec, notamment, des offres pour marcheurs aguerris sortant de l'ordinaire. Propose aussi des voyages yoga/méditation et escalade.

■ ***Trans Himalayan Bikers*** *(plan zoom B2, **13**) : Fort Rd, juste en face du Raku Complex.* ☎ 25-18-22. 📱 96-22-99-44-92. • *transhimalayanbiker@gmail.com* •

Après une quinzaine d'années chez *Sky Walker,* Konchok a ouvert sa propre agence, spécialisée dans les treks à moto (et un peu à pied). Il possède une cinquantaine de bécanes et n'hésite pas à proposer une transhimalayenne guidée (en anglais) en 2 mois ! Les tours de 2 ou 3 semaines s'attaquent aux routes mythiques du coin, et on peut aussi louer une moto pour grimper en solo au Khardung-La. Konchok ? Un gars sympa, sérieux et accueillant.

■ ***Hidden North Adventures*** (plan zoom B2, **14**) **:** *LBA Shopping Complex, Zangsti. ☎ 22-60-07. 📱 94-19-21-80-55 (Tashi) ou 99-06-99-99-50 (Cristina).* • *hiddennorth.com* • Tashi est ladakhi et Cristina italienne (elle parle très bien le français). À la tête d'une agence fiable et bien rodée, ils sont pleins de bons conseils et proposent un vaste assortiment de treks à la carte (souvent hors des sentiers battus), ou à moto. La spécialité de Tashi ? Les treks hivernaux pour aller observer la panthère des neiges et les séjours d'observation des oiseaux – surtout en mars-avril et de mi-août à mi-octobre. Il en connaît un rayon sur le sujet et vous montrera ses belles images et films.

■ ***Virgo*** (plan zoom B2, **15**) **:** *Zangsti Rd. 📱 94-19-81-84-56 (en Inde) ou 06-86-12-18-38 (Laurent, en France).* • *l.wipf@wanadoo.fr* • *ladakvirgo.com* • *À côté de Coffee Culture.* Cette bonne agence dirigée par Manzoor organise des treks-expéditions, ascensions et visites de monastères. Laurent, un Français qui sillonne le Ladakh depuis plus de 20 ans et bosse avec eux, propose des treks à bas coût qui tiennent fort bien la route (on paie soi-même son *homestay* ou *guesthouse*) : idéal pour les petits budgets.

■ ***Royal Voyages Ladakh*** (plan zoom A3, **22**) **:** *Zangsti Complex, Fort Rd. 📱 97-97-50-50-21.* • *sangrup17@gmail.com* • Guide francophone maîtrisant très bien notre langue, Sangrup Tsering a été formé au très sérieux *Central Institute of Buddhist Studies* de Leh. Il connaît le panthéon sur le bout des doigts et l'explicite à petite dose, au gré des visites des monastères et sites historiques, lors des séjours culturels qu'il organise. Une super manière d'entrer en résonance avec la culture locale.

■ Il existe bien d'autres agences, certaines fort compétentes et d'autres moins... S'il nous est impossible de les citer toutes, mentionnons encore ***Exotic Travel Ladakh*** *(plan zoom B2, **24** ;* • *exoticladakh.com* •*)*, dirigée par le sympathique Phunchok Tsering, francophone. ***Royal Explorers*** *(plan zoom B2, **23** ;* • *royalexplorers.com* •*)*, dirigée par une femme, Lobzang Tsendol, est généraliste et aussi très sérieux.

Développement local et durable

- ***Tendrel Café*** (plan zoom B3, **27**) **:** *near HDFC Bank, Main Bazar. ☎ 25-31-66. 📱 78-07-88-07-03 ou 02.* • *tendrel.in* • *Au 2e étage au-dessus d'une boutique d'ordinateurs. Ouv de mi-mai à sept, fermé hors saison. Tlj 7h30-21h30.* Une petite agence qui se démarque par ses activités axées sur la découverte de la culture locale : yoga ou méditation, cours de poterie, de mandala, de cuisine (avec balade-achat au marché) ou introduction à la médecine tibétaine, à prix très raisonnables. Et aussi des visites guidées de Leh *(3h pour 1 200 ₹)* et des rencontres, lectures ou conférences autour d'un film, d'un artiste ou d'un historien, et même des concerts. Un vrai petit centre culturel ! Autres spécialités, quelques minitreks culturels à la ½ journée ou la journée (le plus long, qui permet de rencontrer la communauté des nomades du Changtang, dure 3 j.). Enfin, sur le toit-terrasse couvert, un agréable café avec vue sur Main Bazar : thé et café, pâtisseries, produits bio... Une initiative intéressante.

■ ***Dzomsa – Ecologic Laundry*** (plan zoom B2, **17**) **:** *à deux pas de Main St Bazar. Juil-août, tlj 8h-20h30 ; sinon horaires plus restreints. Fermé déc-mars.* Pour lutter contre l'invasion des bouteilles en plastique, cette association propose de l'eau stérilisée pour remplir les bouteilles vides : c'est écolo et 3 fois moins cher ! Son service de laverie est lui aussi respectueux de l'environnement (pas de déversement sauvage) et les produits locaux vendus dans la boutique sont issus de l'agriculture locale bio (fruits secs, confiture et huile d'abricots pour les lèvres et les mains sèches, etc.).

Divers, achats

■ ***Alliance française*** *(plan zoom B2, **11**) : Dzomskit House, dans la vieille ville, derrière la mosquée en reconstruction. 80-82-33-13-75. • chandigarh.afindia.org/leh • Lun-ven 10h-15h ; fermé w-e.* L'Alliance française la plus haute du monde ! On y passe surtout pour sa petite bibliothèque. N'hésitez pas à y laisser vos livres pour alléger vos sacs, ils seront appréciés.

Himalaya Adventure Store *(plan zoom B2, **19**) : Goji Complex, presque en face de la State Bank of India. ☎ 25-86-09. 99-06-99-70-72. Tlj 10h-20h.* Ce magasin bien fourni propose du matériel et de l'équipement pour la montagne de qualité : sacs de couchage, doudounes, polaires, chaussures, réchauds à gaz et recharges notamment... Pas de contrefaçon et les prix, plutôt compétitifs, sont généralement indiqués.

Super Market Ladakh Art Palace *(plan zoom B3, **20**) : Main St Bazar. Tlj.* Une dizaine de magasins dans une galerie marchande où l'on peut aussi acheter du matériel de trekking. Marchander. Paiement en espèces uniquement.

Chok Market *(plan zoom B3) : au bout de Main St Bazar en allant vers le sud.* On peut s'y approvisionner en fruits secs (voire desséchés...) avant un trek. Cela dit, on préfère ***Sonu Dry Fruits*** *(plan zoom B3, **26**)*, sur Main St Bazar, où l'on peut acheter abricots, amandes, noix et même canneberges !

Chospa *(plan zoom B2, **21**) : Main St Bazar. Tlj sauf dim.* Petit supermarché très bien fourni (conserves, café, chocolat, gâteaux secs, shampoings, savons, fruits secs...).

Galerie Olivier Föllmi *(plan zoom B2, **12**) : Raku Complex, dans le même bâtiment que Shanti Travel et Sky Walker. • olivier-follmi.net • Ouv mai-oct ; fermé nov-avr.* C'est la boutique d'un des 1ers photographes (français) à avoir fait connaître le Ladakh et le Zanskar. Petits recueils de poésie et surtout ses très belles photos de la région, en cartes postales ou affiches.

Women's Alliance *(plan B2, **25**) : Sankar Rd. 99-06-26-21-05. À 10 mn à pied du centre. Mai-sept, lun-sam 10h-16h ; fermé dim et oct-avr.* Cette association de femmes ladakhies propose de l'artisanat et des produits locaux. Une initiative à encourager !

Où dormir ?

Entre avril-mai et fin octobre-début novembre, le choix d'hébergement à Leh est considérable : l'offre a décuplé en quelques années, et les constructions continuent bon train, transformant la ville... Au bas de l'échelle (des prix), les *homestays* consistent en chambres simples chez l'habitant, avec salle de bains commune, voire eau chaude au seau – même si, de plus en plus, cette formule tend à se transformer en *guesthouses.* Ces dernières regroupent généralement entre 4 et 12 chambres, avec eau chaude solaire ou électrique ; le chauffage y est rare (éventuellement sur demande). Les plus agréables occupent des maisons ladakhies ou inspirées de l'architecture traditionnelle, devant lesquelles s'étend un bout de potager – d'où est tiré en été l'essentiel des repas proposés aux hôtes.

Les petits hôtels familiaux ne sont guère différents en termes de confort (sinon qu'ils sont souvent plus froids, car en béton). Les grands, aux normes internationales, ne sont qu'une poignée et sont parmi les rares établissements à disposer du chauffage central. Au printemps et à l'automne, les prix sont plus doux mais, l'hiver, lorsque la plupart des hébergements ferment, ils remontent.

Emportez une ***lampe de poche*** pour parer aux coupures d'électricité et rentrer le soir : beaucoup de rues ne sont pas éclairées, même au centre. Autre impératif : les ***bouchons d'oreilles.*** Les chiens errants hurlent de concert à n'en plus finir dès la nuit tombée, une horreur ! Avec l'insomnie due à l'altitude, ça peut devenir vraiment difficile de réussir à se reposer...

Au centre-ville

La plupart des adresses se regroupent entre Upper Tukcha Rd et Fort Rd, au fil d'une ruelle tortueuse traversant un rigodon.

De très bon marché à bon marché (max 1 500 ₹ / 20 €)

Raybo Hostel / Rooms *(hors plan par A2, **31**)* **:** *Main Tukcha Rd.* 📱 *94-84-03-80-38.* • *raybohostels.com* • *Ouv 20 avr-oct ; fermé l'hiver. En dortoir 4-8 lits 450-550 ₹. Repas 120 ₹.* Voilà une vraie auberge de jeunesse, avec 5 dortoirs de 4 lits en bois superposés et un de 8 (moins agréable), lumineux et très bien tenus, entourant un long salon surbaissé. Tous, sauf le plus grand, possèdent leur propre salle de bains, avec eau chaude 24h/24. En prime : lumière et prise individuelle, cuisine commune (assez simple) avec frigo, jeux et activités en été. Seul bémol : le centre est à une bonne dizaine de minutes à pied.

Malpak Guesthouse *(plan zoom A-B2, **30**)* **:** *quartier Zangsti.* ☎ *25-05-80.* 📱 *94-19-17-64-25. Double avec sdb env 500 ₹ ; ni petit déj ni wifi.* On aime bien cette petite adresse à l'atmosphère familiale accueillante. Le joli jardin veillé par un grand lilas donne une touche sereine au lieu. Les 8 chambres, s'ouvrant sur le potager et les montagnes, sont des plus simples et pourraient être plus propres, avec des lits durs, mais le lieu est central, tranquille et les prix bas. Eau chaude solaire.

Juniper House *(plan zoom A2, **32**)* **:** *accès par un passage depuis la Moravian Mission School (sur Changspa Rd), ou d'Upper Tukcha Rd (face à l'hôtel Jigmet).* ☎ *25-17-45.* 📱 *99-06-03-03-63 ou 99-06-99-20-49.* • *tahirabanday@gmail.com* • *Ouv mai-oct ; fermé l'hiver. Lit en dortoir 300 ₹ ; double env 1 500 ₹.* Tenue par un ancien colonel (« *quite friendly nevertheless* ») et son épouse, la maison se cache dans un bouquet de saules, face au (bon) resto *Bon Appétit*. On y trouve un dortoir (mixte) de 8 lits individuels avec salle de bains attenante et une série de chambres simples, assez spacieuses, propres et avec eau chaude, présentant un bon rapport qualité-prix-emplacement.

Atisha Guesthouse *(plan zoom B2, **34**)* **:** *Malpak.* 📱 *99-06-99-21-87.* • *atishaladakh.com* • *Ouv mai-sept ; fermé l'hiver. Doubles 800-1 200 ₹ selon taille et période.* En plein centre, dans une ruelle piétonne calme, cette *guesthouse* dispose de 11 chambres avec salle de bains (eau chaude) bien propres et très abordables. Les moins chères sont plus petites. 2 ont un plafond ladakhi et une, une grande terrasse – une autre, commune, semée de plantes, se trouve au 2d étage. L'accueil, en anglais, est sympathique. Les boss tiennent une agence de voyages.

De bon marché à prix moyens (600-3 000 ₹ / 8-40 €)

Ree-Yul Guesthouse *(plan zoom B2, **35**)* **:** *Upper Tukcha Rd, Zangsti.* 📱 *96-22-97-59-39.* • *limbijal@rediffmail.com* • *Ouv de mi-mars à oct ; fermé l'hiver. Doubles 1 200-2 000 ₹, petit déj inclus.* Cette adresse assurément routarde, occupant une maison ladakhie de 4 étages, marque des points avec son agréable courette, son *book exchange* et ses chambres propres. Certaines sont plus petites, d'autres plus grandes, certaines plus récentes, d'autres un peu anciennes (avec linos fatigués), certaines avec salle de bains, d'autres non : faites votre marché. On aime bien la n° 406, sur le toit, avec sa batterie de fenêtres et sa super vue. À côté, sur la terrasse... le poulailler pour les œufs du petit déjeuner !

Jigmet Guesthouse & Hotel *(plan zoom B2, **33**)* **:** ☎ *25-35-63.* 📱 *96-22-96-58-46.* • *jigmetladakh.com* • *Ouv avr-oct ; hors saison sur demande. Doubles 1 400-1 700 ₹ côté guesthouse, 3 200 ₹ côté hôtel.* Dorje et son fils Jigmet, qui a repris les rênes, sont très représentatifs des hôteliers ladakhis : très accueillants et soucieux de préserver l'aspect familial de leur *guesthouse.* Dans le bâtiment d'origine, d'architecture ladakhie, on trouve 8 chambres avec salle de bains (eau chaude), dont 2 triples ; on aime bien la nº 117, avec ses fenêtres sur 2 faces, qui prend bien le soleil. Une 2de aile moderne a été (bien) intégrée : elle abrite 12 chambres standardisées avec salle de bains et balcon. Le tout est très propre, il y a un potager devant, quelques espaces aménagés avec tables et chaises pour prendre le frais, et de l'oxygène pour ceux qui en manquent – mais pas de chauffage. Une adresse qui tient bien la route !

Chic (3 000-5 400 ₹ / 40-72 €)

Hotel Dragon *(plan zoom B3,* ***36****) : Chulung Old Rd. ☎ 25-21-39 ou 27-20. • hoteldragonleh.com • Ouv mai-sept ; fermé l'hiver. Doubles 4 000-5 600 ₹, petit déj inclus.* Encore central, cet hôtel de gamme intermédiaire propose une trentaine de chambres : *standard, deluxe* et même suites avec un petit salon. Toutes avec parquet, salle de bains en marbre et chauffage *(yes !),* elles sont bien tenues mais inégalement fraîches, avec des matelas plus ou moins confortables. Oxygène, joli resto à la déco ladakhie et service prévenant. En revanche, on n'aime pas trop la fausse herbe sur les terrasses et dans certains couloirs...

Vers les quartiers de Karzoo et de Sankar

Juste au nord du centre (5-10 mn à pied) vient d'abord Karzoo, où se sont multipliées les adresses, puis Upper Karzoo. Au-delà, en montant toujours, on atteint Sankar (15-25 mn), où les potagers s'agrandissent devant les *guesthouses.* Ce n'est pas encore la campagne, mais plus tout à fait la ville. Seul ennui, outre l'éloignement (relatif) : les chiens qui hurlent toute la nuit. En taxi, compter environ 150 ₹ depuis le centre.

De très bon marché à bon marché (max 1 500 ₹ / 20 €)

Norbulinga Guesthouse *(plan B1,* ***37****) : Lamdom School Rd (Sankar Rd). ☎ 25-29-41. 📱 94-19-28-62-22 ou 96-22-98-46-67. • jigmmystanba@yahoo.co.in • Ouv mai-oct ; demander hors saison. Doubles 800-1 400 ₹.* Dans cette maison particulière, 2 types de chambre sont proposés : avec vue sur les cimes himalayennes (les plus chères), ou sur l'arrière. Il n'y a que 6 chambres, ce qui préserve une atmosphère familiale. Certaines ont une salle de bains privée, d'autres la partagent (eau chaude solaire). L'ensemble est très simple mais bien tenu, et les plafonds ladakhis assurent un petit brin de charme. Accueil plein de gentillesse, en anglais.

Dawa Guesthouse *(plan B1,* ***39****) : entre Upper Karzoo et Sankar. 📱 96-22-18-19-20. • dawaguesthouse@gmail.com • Ouv fin avr-début oct ; fermé l'hiver. Doubles 1 000-1 500 ₹.* Posée sur les hauteurs, à 15 mn à pied du centre, cette grande maison ladakhie abrite 8 chambres bien propres aux sols stratifiés et mobilier en pin clair, avec ou sans salle de bains (eau chaude solaire). Dotées de grandes fenêtres, elles sont bien lumineuses. Mais le vrai plus, c'est l'excellent accueil de Dawa et son épouse Kunzang, qui vous mitonneront de bons petits repas tirés du potager.

De bon marché à prix moyens (600-3 000 ₹ / 8-40 €)

Rainbow Guesthouse *(plan A2,* ***40****) : Karzoo. ☎ 25-23-32. 📱 94-19-17-86-44. Ouv mai-oct ; fermé l'hiver. Doubles 1 200-1 900 ₹.* Accueillante et de bonne nature, Tahira est une femme de caractère, volubile (elle parle assez bien l'anglais). À la tête de l'une des premières *guesthouses* de Leh, avec son fils Tausef, elle propose 12 chambres très correctes avec panneaux de bois stratifié et salle de bains (eau chaude solaire et chauffe-eau en renfort). Les prix varient en fonction de l'étage : au rez-de-chaussée, c'est moins cher... mais moins lumineux. Radiateur ou bouillottes sur demande. Tahira prépare aussi le petit déj (avec du pain ladakhi) et les repas.

Ser-Dung Guesthouse *(plan B2, **47**) : Lamdom School Rd. ☎ 94-19-98-01-35. • serdungguesthouse.com • Ouv avr-oct ; fermé l'hiver. Doubles 950-2 150 ₹.* Planquée en retrait de la route, entre d'autres maisons, cette *guesthouse* tenue par Norboo (bourru) et son épouse Dolma dispose de chambres très différentes en fonction de l'étage. Celles du rez-de-chaussée sont basiques et sombres, avec sanitaires en partie communs. Celles du 1er sont mieux mais assez petites, avec des salles de bains minuscules, sans vraie douche. En fait, on vous conseille surtout les plus chères, au 2d, spacieuses, propres et assez cosy, avec de grandes fenêtres et des parquets – certes un peu anciens. La douche est ici assurément chaude : outre le système solaire, la maison est équipée d'un chauffe-eau et d'une chaudière à bois si l'électricité vient à faire défaut ! Dans la cour, un abricotier. Au-dessus : une agréable terrasse.

Hotel Shaolin *(plan B1, **48**) : Sankar Rd, près de la Water Pump. ☎ 25-29-03. ☎ 94-19-21-84-09. • hotelshaolinladakh@gmail.com • hotelshaolinladakh.com • Ouv avr-oct ; fermé l'hiver. Doubles 1 500-3 000 ₹, petit déj inclus.* C'est en fait une grosse *guesthouse* aux fenêtres en bois ouvragé typiques, donnant sur un petit jardin potager, avec quelques chaises canées pour prendre le soleil. Les 11 chambres se répartissent en 2 ailes : une plus ancienne (mais pas trop), avec plafonds ladakhis et eau chaude solaire ; une toute récente, aux piaules spacieuses, modernes et propres, très bien tenues. Radiateur électrique sur demande. Les boss parlent l'anglais et préparent de bons repas.

De prix moyens à chic (1 500-5 400 ₹ / 20-72 €)

Deskit Villa – Guesthouse & Lodge *(plan B1, **38**) : quartier de Sankar. ☎ 25-11-33. ☎ 94-19-17-89-98. • deskitvilla.com • Guesthouse avr-nov, lodge de mi-mai à oct ; fermé l'hiver. Doubles env 2 200 ₹ côté guesthouse, 5 400 ₹ côté lodge, petit déj compris.* Lobsang, qui tient l'agence *Sky Walker,* accueille au choix les visiteurs dans sa *guesthouse* ou dans l'aile moderne, plantée à l'autre bout du potager – où poussent les légumes qui finiront dans votre assiette. Les 5 chambres de la *guesthouse* sont toutes différentes, mais propres et agréables, avec plafonds ladakhis ; 3 ont un balcon. À vrai dire, elles nous semblent d'un meilleur rapport qualité-prix que les 8 chambres du *lodge,* certes confortables (bonne literie, salles de bains modernes) mais un peu surévaluées. Là, on a droit au chauffage central... mais seulement s'il y a assez de monde à l'hôtel ! Sinon, il faut se contenter d'un radiateur électrique. Les repas, souvent concoctés par la charmante Tsomo (d'origine zanskari), qui bichonne les hôtes, se prennent dans le jardin ou dans la jolie cuisine ladakhie traditionnelle. Oxygène si besoin.

De chic à très chic (3 000-10 500 ₹ / 40-140 €)

Silver Cloud Guesthouse *(plan B1, **42**) : quartier de Sankar. ☎ 25-31-28 ou 25-72. • silvercloudladakh.com • Ouv tte l'année. Doubles 2 900-6 200 ₹, petit déj inclus.* Une fois n'est pas coutume, cette grande demeure de style ladakhi précédée d'un jardin potager est avant tout intéressante pour ses 3 chambres les plus chères : grandes, pleines de charme, avec plafond ladakhi, panneaux de bois sculptés, bons matelas et belles couettes, plus une terrasse privée d'où la vue sur les cimes enneigées est superbe ! Les 2 *rooftop rooms,* en bois aussi, sont bien, quoique la salle de bains y soit petite. Juste à côté, la belle salle de prière familiale est accessible pour méditer ! Les chambres de l'annexe ne sont pas bien grandes, mais également de bon confort. D'ici à ce que vous lisiez ces lignes, le chauffage central devrait être installé. Repas possibles.

Lotus Hotel (plan B2, **41**) : *Upper Karzoo. ☎ 25-72-65. 📱 94-19-17-86-48. Ouv tte l'année (sauf parfois nov-janv). Doubles 5 800-7 000 ₹ selon confort, petit déj inclus.* À 5-10 mn à pied du centre-ville, ce joli hôtel d'architecture ladakhie est soigné et même cosy. On a plaisir à se reposer dans des chambres spacieuses, bien équipées (chauffage central) et bien propres, agrémentées de parquet, aux notes de déco chaleureuses. En bonus : un petit jardin pour prendre le petit déj avec les cimes enneigées en toile de fond. L'accueil est attentionné (en cas de petite fraîcheur, on glissera une bouillotte bien chaude au fond de votre lit !). Salle à manger très colorée avec buffet. L'une des belles adresses de Leh.

Le quartier de Changspa

À 1,5-2 km au nord-ouest du centre, cet ancien hameau devenu quartier, largement dédié aux routards et trekkeurs, s'anime surtout entre juin et septembre. Les nouveaux hôtels y côtoient des *guesthouses* plus anciennes établies dans d'anciennes maisons ladakhies et une flopée de restos et boutiques.

De très bon marché à prix moyens (max 3 500 ₹ / 46,70 €)

Otsal Guesthouse (plan A1-2, **44**) : *Changspa Lane, 50 m après le petit cours d'eau. ☎ 25-28-16. 📱 94-19-17-72-76. • otsalguesthouse@gmail.com • Ouv tte l'année. Doubles sans ou avec sdb 500-1 000 ₹.* Cette *guesthouse* fondée en 1978 est une des toutes 1res du Ladakh à avoir vu le jour. Son proprio, Sonam, aujourd'hui octogénaire, a été guide de trek pendant près de 30 ans et connaît le pays comme sa poche. Son sympathique fils Otsal – photographe à ses heures – a pris la suite. Leurs chambres, avec salle de bains privée ou commune (eau chaude solaire), sont très simples, mais ont l'avantage de ne pas être trop froides, car le bâtiment, à l'ancienne, est en pisé. En contrebas : le potager et un ruisseau. Ceux qui n'ont pas le sou et ne sont pas regardants sur la propreté pourront crécher dans l'aile ancienne à prix riquiqui *(dès 150 ₹/pers).*

Kunzang Guesthouse (plan A2, **43**) : *Changspa Lane. 📱 99-06-99-98-17 (guesthouse) ou 96-22-95-96-99 (hôtel). • hotelkunzangleh.com • Prendre le petit chemin qui longe le mur depuis le resto* Zen Garden *; c'est à 150 m (pas de panneau). Ouv de fin avr à mi-oct ; fermé l'hiver. Doubles 500-600 ₹ guesthouse, 2 500-4 300 ₹ hôtel. Pas de wifi.* Devant, il y a la vieille demeure ladakhie avec son minijardin et 7 chambres très rustiques moyennement propres (douche solaire) ; celles d'angle sont plus spacieuses et lumineuses. On vient ici avant tout pour partager le cadre d'une famille ladakhie et ses bons repas servis dans une jolie cuisine traditionnelle. À l'arrière, un nouveau bâtiment géré par un cousin abrite 12 chambres d'hôtel modernes, autrement mieux tenues et arrangées.

Oriental Hotel & Guesthouse (plan A1, **45**) : *Yurthung Rd, au pied de Shanti Stupa. 📱 96-22-95-00-09 ou 22-96-96. • orientalhotel-ladakh.com • Ouv tte l'année. Doubles 2 000 ₹ (guesthouse)-3 500 ₹ (hôtel), petit déj inclus.* Ce gros établissement de 4 étages se partage entre une aile de *guesthouse* (12 chambres) plus simple et une partie hôtel aux 35 chambres (un poil datées mais dotées de couettes et chauffage le soir). Malgré la taille, l'accueil reste chaleureux et familial. Salle de bains avec eau chaude pour tous et joli panorama sur les montagnes pour certains. Resto au décor traditionnel.

Très chic (5 000-11 500 ₹ / 67-153 €)

Gomang Boutique Hotel (plan A1, **49**) : *Upper Changspa Rd. 📱 94-19-12-91-57. • gomanghotelleh.com • Ouv de fin mars à mi-oct ; fermé l'hiver. Doubles 10 300-11 600 ₹, petit déj inclus.* Leh change... la preuve ! Cet authentique boutique-hôtel de 15 chambres, impeccablement mis, conjugue escalier en marbre, photos du Ladakh aux murs, peignoirs, TV à écran plat, chauffage, petite terrasse ensoleillée en *rooftop,* joli lounge-bibliothèque aux canapés turquoise et (bon) resto italien intime de 6-7 tables. Le service est aux petits oignons – un brin compassé peut-être ?

Hotel Omasila *(plan A2,* ***46****) : Changspa Lane. ☎ 25-21-19. 📱 94-19-21-95-04. • hotelomasila.com • Ouv mars-nov. Doubles 5 200-7 700 ₹ selon confort, petit déj compris.* L'imposante maison de style ladakhi abrite des chambres confortables, quoique assez inégales. Si vous êtes en fonds, mesdemoiselles, vous pouvez tenter la suite 21, avec salon séparé par des portes coulissantes : Brad Pitt y a dormi 2 nuits ! Bon, ce n'est pas le *Ritz* non plus... Essayez en tout cas d'en avoir une avec vue sur les montagnes. Sinon, rendez-vous sur la vaste terrasse fleurie panoramique et son coin de gazon attenant. Chauffage central et machine à oxygène.

Où manger ? Où boire un verre ? Où trouver un bon café ?

Sachez-le, Leh n'est pas la capitale de la gastronomie ! La plupart des restos proposent peu ou prou le même choix de plats ladakhis, tibétains, indiens, simili-chinois et souvent aussi « continentaux », mangeables mais rarement délectables. Ils n'ouvrent qu'avec l'arrivée des beaux jours, vers mi-mai, jusqu'en octobre en général, et ferment souvent dès 21h.

Très bon marché (max 180 ₹ / 2,40 €)

En bas de Chang Alley (Nowshar Market), la ruelle parallèle à Main Street Bazar, on trouve 2-3 ***gargotes*** proposant *momos* et *noodles* pour 3 fois rien. Parmi elles : ***Darjeeling*** *(plan zoom B3,* ***50****).* Quasiment aucun touriste à l'horizon.

Neha Snacks *(plan zoom B2,* ***53****) : Main St Bazar. 📱 94-19-17-91-14.* Les touristes indiens en visite à Leh affluent dans ce snack grand comme 3 pommes, où tiennent tout juste 4 tables veillées par un Ganesh. Au menu : des samosas, *uttapam, masala dosa* et (surtout) des classiques du nord de l'Inde.

Bon marché (180-450 ₹ / 2,40-6 €)

Gesmo *(plan zoom B2,* ***51****) : Fort Rd. Ouv tte l'année.* Incontournable, indémodable, *Gesmo* fut longtemps le QG des petits budgets à Leh. Les prix sont désormais identiques à ceux des autres restos, mais on continue d'y venir en masse pour la grande salle rétro aux fenêtres turquoise, au milieu de laquelle trône l'armoire à pâtisseries en bois. On peut se contenter d'un petit déj, d'un cookie au muesli avec un café, ou commander des *momos,* une pizza au fromage de yak ou même un plat israélien. Le choix est vaste. Attention, toilettes crado !

Tibetan Kitchen *(plan zoom A2,* ***54****) : Fort Rd. À 50 m en retrait de la rue (mal indiqué en venant du centre, se retourner). Ouv début mai-début oct, tlj 11h-22h30 ; fermé l'hiver. En saison, ne pas arriver trop tard ou réserver, l'adresse est réputée.* Si le cadre n'a vraiment rien de folichon, la cuisine tibétaine tient bien la route. Les *momos* sont les meilleurs que nous ayons goûtés à Leh ; essayez aussi le *sabagleb,* une sorte de tourte. Sinon, il y a un large choix de plats chinois et indiens. L'été, une grande tente montée devant la maison permet de manger à l'abri du soleil.

Penguin *(plan zoom B3,* ***58****) : à 50 m du petit pont de Fort Rd (entrée sous la Ladakh Art House). Ouv de mi-mai à fin sept ; fermé l'hiver.* On s'installe dans une cour ombragée par des abricotiers et bordée d'un ruisseau (pas très propre, le ruisseau...). Un lieu agréable pour boire un verre, mais la cuisine ne démérite pas, même si la carte est éminemment touristique (pas de viande servie le vendredi). Le service est généralement bon – presque rapide pour Leh.

Himalaya Café *(plan zoom B2-3,* ***52****) : Main St Bazar, Sanskar Library Shopping Complex, au 2e étage.*

☎ 25-34-34. *Ouv du 10 mai à mi-oct ; fermé l'hiver.* La grande salle, bardée de fenêtres et ornée de lampes chinoises (et de tapisseries du Potala), domine la rue piétonne de haut. Au menu : pas loin de 200 plats, pour tous les goûts. Rien d'extraordinaire, mais ça cale à prix très corrects. L'adresse vaut aussi pour le petit déj (pancakes, œufs).

Dreamland (plan zoom B2, **56**) : *Fort Rd, à côté de l'hôtel* Dreamland. *Ouv début mai-20 oct ; fermé l'hiver.* L'escale n'est pas inoubliable, mais la cuisine est correcte, servie avec le sourire, et la terrasse agréable pour boire un verre. Là encore, on pêche à tous les râteliers : tibétain, chinois, indien, cachemiri...

Coffee Culture (plan zoom B2, **57**) : *au carrefour, à côté d'Air India. Tlj 8h-22h en saison.* On s'y arrête volontiers le matin pour s'aider à décoller d'un bon *latte* ou cappuccino, ou au goûter pour s'offrir un smoothie ou une part d'excellent *banana bread*. Il y a aussi généralement des sandwichs et burgers. Gros plus : le wifi excellent et les 2 tables en terrasse.

De bon marché à prix moyens (180-900 ₹ / 2,40-12 €)

Chopsticks (plan zoom B2, **59**) : *Raku Complex, Fort Rd.* 📱 *99-06-98-44-46. Ouv avr-oct ; fermé l'hiver. Plats 120-590 ₹.* Pas de baguettes, en vérité, juste des fourchettes, mais ce resto pan-asiatique sort de l'ordinaire. Nouilles, woks, plats de riz, currys, *pad thai, dim sum* chinois, *thom kha* (soupe thaïlandaise) et même poulet afghan, le chef s'inspire de tout le continent. On coche son choix sur le menu, en prenant garde aux plats un peu ou beaucoup épicés, dûment signalés. Le résultat est probant et la salle, aux larges tables et banquettes confortables, est lumineuse et plutôt agréable. Gros bémol : le service, médiocre. Pour vous consoler, il y a de bons desserts (*momos* au chocolat ?).

Bon Appétit (plan zoom A2, **55**) : *accès par une allée partant face à la Moravian School, sur Changspa Rd.* ☎ *25-15-33.* 📱 *94-18-17-73-09. Ouv de mi-mai à oct ; fermé l'hiver.* C'est un peu le restaurant de référence de Leh. On dîne au choix dans la salle en bois minimaliste ouverte sur le panorama, ou autour des feux allumés à l'extérieur. À la carte, une cuisine plus travaillée qu'à l'accoutumée, naviguant entre classiques italiens, burgers végétariens, tempuras de légumes et tandoori. En été, les salades débarquent. Attention, ne confondez pas avec l'autre *Bon Appétit* situé au pied du Raku Complex, sur Fort Road !

À voir

Leh Palace (Lechen Palkhar ; plan zoom B2) : *ouv tlj du lever au coucher du soleil. Entrée : 250 ₹ (bien cher !).* Après une décennie de travaux, le palais royal, superbement perché sur un piton dominant le lacis de venelles de la ***vieille ville,*** est enfin restauré. Bâti au XVIIe s par le roi « lion » Sengge Namgyal dans sa tentative de redynamiser le pouvoir ladakhi, il en impose assurément avec ses 9 étages. À vrai dire, le plus beau se voit de l'extérieur... notamment son monumental portique sculpté, gardé par 3 lions de bois et soutenu par des colonnes constituées de plusieurs petits troncs réunis. À l'intérieur : des pièces vides, d'autres avec de vieilles photos du Ladakh, des terrasses panoramiques, de maigres vestiges de fresques et, quand même, un joli petit temple aux colonnes peintes en relief.

– Juste à côté se dresse le ***Gompa Soma,*** un petit monastère où a lieu la ***fête de Dosmochey*** : *21-22 fév 2020.* Les moines dansent alors en costumes, avec des masques.

Du palais royal, un sentier sableux grimpe en 15 mn jusqu'au ***monastère de Tsemo*** (Namgyal Tsemo Gompa ; plan B2). *Ouv tte la journée juin-août ; le reste de* *l'année 7h-9h surtout, quand le moine y monte pour la prière. Entrée : 30 ₹.* Fondé en 1430 et affilié à l'ordre des Bonnets jaunes, il comprend une imposante statue du Bouddha du futur et un *gonkhang,* réservé aux divinités gardiennes, orné de fresques très anciennes, où sont conservés les restes des guerriers défaits par le roi Tashi Namgyal au XVIe s. C'est cet exploit qui a valu au piton rocailleux le surnom de « pic de la Victoire » et la construction de l'imposant ***fort*** blanc qui trône au-dessus – lui aussi dit « de la Victoire » En cours de restauration, il était récemment hors d'atteinte. En attendant, profitez du panorama imprenable sur la ville à vos pieds.

La vieille ville et le bazar *(plan zoom B2-3)* **:** la vieille ville, localement désignée sous le nom de *Skyanos Gogsum,* déroule son dédale de ruelles au pied même du palais. C'est là et seulement là que flotte encore un peu de l'âme de l'ancienne cité caravanière. Plusieurs maisons ladakhies anciennes y ont été restaurées – dont celle où a élu domicile l'*Alliance française.* Bornant le quartier à l'ouest, ***Main Street Bazar,*** désormais large et piétonne, concentre magasins de pashminas et souvenirs, restaurants et autres commerces. Sur les trottoirs, des villageoises vendent les produits de leurs jardins, parfois en filant la laine. ***Chang Alley*** *(Nowshar Market),* la ruelle parallèle, côté est, est occupée par les p'tits tailleurs, marchands de tissus, quincailliers, bijoutiers et petites boucheries (odorantes !)... Côté nord de Main St Bazar, ce sont les boulangeries cachemiries qui prennent le relais (rustiques mais très fréquentables). Elles entourent la vénérable ***Jama Masjid*** *(plan zoom B2),* édifiée en 1645 sous le règne de l'empereur moghol Aurangzeb – et rappelant que près de la moitié de la population de la ville est aujourd'hui musulmane. La salle de prière, très classique, est toute petite.

Central Asian Museum *(plan zoom B2)* **:** *vieille ville, au pied de la Jama Masjid. Tlj 10h-13h, 14h-18h. Entrée : 50 ₹.* Ce modeste mais joli petit musée s'est donné pour rôle de montrer l'importance de Leh en tant que ville caravanière de la route de la Soie. Au XIXe s, il fallait encore 1 mois, d'ici, pour rallier la ville-oasis de Yarkand en Chine et 3 mois jusqu'à Lhassa, au Tibet... Du Ladakh s'exportaient laine, céréales et abricots séchés. De Chine et du Turkestan venaient soie, tapis, étoffes, turquoises, or et argent... Et d'Inde du Nord : épices, riz, sucre, tabac, savon et perles. De vieilles photos des années 1920-1930 soulignent le propos, ainsi que pièces de mobilier, poids et théières, boulier et pots de beurre. De l'étage, la vue sur la mosquée et le palais est superbe. Jetez aussi un coup d'œil à la belle cuisine, au fond de la cour.

Chokhang Vihara Temple *(plan zoom B2)* **:** *accès depuis la rue (piétonne) perpendiculaire à Main St Bazar.* Caché dans une large cour, ce temple au triple toit doré à la chinoise offre une parenthèse de sérénité en pleine ville.

Shanti Stupa *(plan A1)* **:** *à env 2,5 km du centre-ville, au-dessus du quartier de Changspa. À pied : 565 marches !* Inauguré par le dalaï-lama en 1985, il symbolise la paix dans le monde et l'alliance entre le Ladakh et le Japon. On y va surtout en fin de journée pour la vue à 360° sur Leh et les cimes enneigées.

Sankar Gompa *(plan B1)* **:** *à env 2 km au nord du centre, dans le quartier de Sankar. Entrée : 30 ₹.* Ce petit monastère est animé par une vingtaine de moines. La prière a lieu le matin.

Donkey Sanctuary *(hors plan par B1)* **:** *Upper Sankar, à 30-40 mn à pied du centre (y aller en taxi). 84-92-81-21-33. • donkeysanctuary.in • Tlj 8h-18h en été, 10h-17h en hiver. GRATUIT (donation bienvenue).* Ce sanctuaire a été créé pour recueillir les ânes maltraités, percutés par un véhicule, mordus par les chiens ou devenus inutiles aux paysans. Les bénévoles qui s'en occupent sont très accueillants. Achetez donc des carottes avant de grimper pour nourrir ces sympathiques bestioles.

Hall of Fame (hors plan par B3) : *à 5 km au sud du centre, le long de l'aéroport. Ouv tlj 9h-13h, 15h-18h (19h avr-sept) ; fermé janv-mars. Entrée : 150 ₹.* Il faut montrer patte blanche et posséder une nationalité compatible (Pakistanais exclus !) pour visiter ce musée militaire glorifiant l'action des forces armées indiennes sur les frontières du pays. Tous les conflits armés du siècle passé y sont détaillés, ce qui a l'avantage de mettre les points sur les i du rôle stratégique du Ladakh. Une petite section, à l'entrée, présente la région, sa faune, sa flore et sa culture (costumes notamment).

DANS LES ENVIRONS DE LEH

La vallée de la Nubra : *permis nécessaire à obtenir auprès d'une agence. Bus pour Turtuk sam à 6h ou 7h et pour Skuru mar vers 6h, avec J & K SRTC (vérifier !). Sinon, taxis collectifs partant des abords du polo ground (500-600 ₹/pers).* Une route presque légendaire conduit à la large vallée de la Nubra : partant de Leh vers le nord, elle passe par le ***Khardung-La,*** le plus haut col routier du monde (5 360 m), rarement ouvert avant juin, où s'implantent un petit monastère et un poste de l'armée. À 3 050 m d'altitude, la vallée est, elle, assez basse et « chaude » pour le Ladakh. Elle a été dessinée par le colossal glacier de Siachen, dont les eaux dévalent du Karakorum vers la rivière Shyok, un affluent de l'Indus. Pourquoi venir ici ? Pas pour les sources chaudes de Panamik, un peu minables, mais pour le Bouddha du futur géant (32 m !) veillant auprès du vieux monastère de Diskit (1420), superbement amarré sur sa crête, ainsi que pour les petites dunes de sable clair qui moutonnent entre la bourgade et celle de Hunder (les balades à dos de chameau de Bactriane ne plairont pas à tous...). Si la vallée voit désormais pas mal de visiteurs en haute saison, elle conserve quelque chose d'un bout du monde attachant, grandiose – dû, peut-être aussi, à son mélange de cultures bouddhiste et musulmane (baltie).

On trouve plusieurs camps de tentes, yourtes et/ou cottages en dur dans la vallée, la plupart vers Hunder *(ouv de mai à mi-sept, fermé l'hiver ; compter 4 700-7 500 ₹ pour 2 avec dîner et petit déj ; • campsofladakh.com •).* Il y a aussi des *guesthouses* nettement plus abordables à Hunder pour les petits budgets.

LA VALLÉE DE L'INDUS

• Carte *p. 123*

Fantasme de voyageur, souvenir de l'ultime frontière atteinte par Alexandre le Grand dans son odyssée asiatique, la vallée de l'Indus ne déçoit pas : sinuant entre des montagnes rêches et désertiques, franchissant des goulets, s'épanchant sur les maigres parenthèses de plaine, le jeune fleuve déroule des méandres aux eaux d'un incroyable vert turquoise laiteux. Sur ses flancs : des villages, des cultures en terrasses, des rubans de saules pointant leurs pignons verts vers le ciel bleu. Et, partout, des monastères remontant le temps. Ils sont une vingtaine, formant la plus forte concentration au monde de monuments bouddhiques. Les plus vieux ont 1 000 ans.

Comment visiter la vallée de l'Indus ?

Visiter la vallée de l'Indus, c'est avant tout visiter ses monastères – tout en se rappelant que beaucoup ne sont pas situés sur le fleuve même, mais sur les hauteurs,

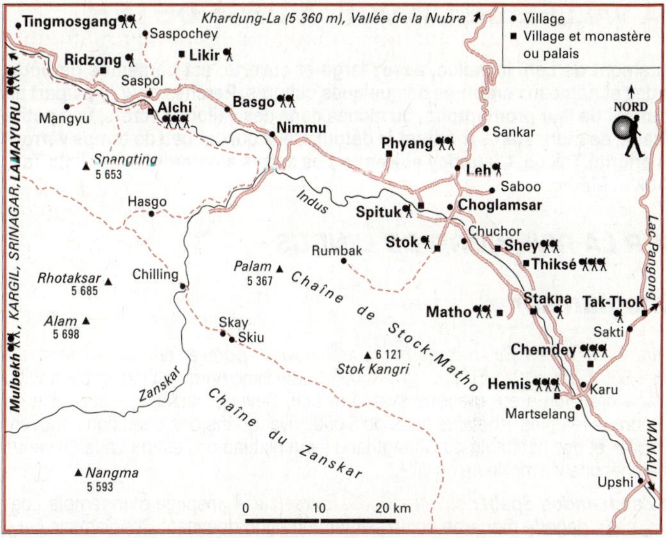

LA VALLÉE DE L'INDUS

dans les replis de vallées tributaires. Seuls ***Spituk, Shey, Thiksé*** et ***Phyang*** peuvent être vus dans la journée depuis Leh par les transports en commun. Pour les autres, ça se complique : les rares minibus partent généralement des villages le matin et reviennent de Leh en fin de journée... l'inverse de ce qu'il faudrait, donc, à moins de dormir sur place (ce qui n'est pas partout possible). Il est beaucoup plus simple – et confortable – de louer un taxi à la journée, qui vous déposera à l'entrée même des monastères et vous évitera ainsi les (souvent) longues grimpettes depuis la route ou les villages où s'arrêtent les minibus. On peut ainsi combiner la visite de plusieurs monastères.

Les fréquences des minibus que nous indiquons plus loin sont valables d'avril à octobre seulement. N'hésitez pas à passer à l'office de tourisme pour vous faire confirmer qu'ils existent bien : les changements sont réguliers et allaient plutôt récemment dans le sens d'une disparition que d'une augmentation des rotations... Lire aussi « Monastères : quelques infos utiles » au début du chapitre sur le Ladakh.

Quelques tarifs pour la location d'un taxi (4-5 personnes, à réserver la veille) depuis Leh, en visite combinée

- *Shey et Thiksé :* environ 1 100 ₹ (14,70 €).
- *Stok, Matho et Stakna :* environ 2 100 ₹ (28 €).
- *Shey, Thiksé, Hemis et Stakna :* environ 3 000 ₹ (40 €).
- *Chemdey, Tak-Thok et Hemis :* environ 3 100 ₹ (41,30 €).
- *Spituk et Phyang :* environ 1 450 ₹ (19,30 €).
- *Alchi, Likir et Basgo :* environ 3 300 ₹ (44 €) aller simple, 3 900 ₹ (52 €) aller-retour.
- *Alchi, Likir et Ridzong :* environ 4 800 ₹ (64 €).
- *Alchi, Likir et Lamayuru :* environ 6 100 ₹ (81,30 €) aller simple, 6 900 ₹ (92 €) aller-retour.

LA VALLÉE DE L'INDUS, À L'EST DE LEH

En amont de Leh, la vallée, assez large et ouverte, est parsemée de bourgades et hameaux entourés de quelques cultures. Perchés pour la plupart au sommet de leur promontoire, ou nichés dans des vallons secrets, une petite dizaine de monastères méritent le détour. Ceux qui ont peu de temps verront en priorité Thiksé, Chemdey et Hemis. Les autres ajouteront à leur liste Tak-Thok et Matho.

SUR LA RIVE NORD DE L'INDUS

Choglamsar

*À env 8 km de Leh. Bus ttes les 10 mn env depuis la porte à l'entrée sud de la ville (plan B3, **2**) pour 10 ₹. En taxi : env 360 ₹.* Sur le flanc nord de l'Indus, cet ancien village brouillon a été presque avalé par Leh. Devenu banlieue, il accueille de nombreux réfugiés Tibétains (plus de 5 000) vivant dans des conditions souvent difficiles et des habitants du Changthang (haut plateau de l'est du Ladakh) venus chercher une vie meilleure en ville.

Zangs-mdog Spalri : *ouv 4h-18h30. Entrée : 30 ₹.* Inspirée d'un temple tibétain, cette pagode moderne coiffe joliment un piton dominant Choglamsar. On y vient avant tout pour le panorama sur 360°. L'édifice, consacré par le dalaï-lama, compte 3 étages, pour autant de représentations : Padmasambhava en bas, le Bouddha de la compassion au milieu et, en haut, Amitābha, le Bouddha des Bouddhas (de la pureté infinie).

TCV School (*Tibetan Children's Village*) **:** *dans le centre. ☎ 26-40-24. • tcv.org.in/school • Accueil et infos de mi-avr à mi-sept, lun-ven 8h-13h, 14h-17h, sauf fin juin-début juil ; reste de l'année 9h30-13h, 14h-16h, sauf de mi-déc à fév.* L'un des 8 villages d'enfants tibétains répartis dans le nord de l'Inde, gérés depuis Dharamsala (pour plus d'infos, voir « Dharamsala. Aide à la communauté tibétaine »), la *TCV School* accueille près de 2 000 élèves, tibétains mais aussi ladakhis issus de familles pauvres, et soutient plusieurs centaines de personnes âgées démunies. Dons et aides financières, système de parrainage... on peut aider de diverses manières. Et même venir enseigner !

***The Indus River Camp :** à **Chuchot Yokma.** De Choglamsar, traverser l'Indus par le pont, puis prendre tt de suite à gauche vers la mosquée Imam Barga, c'est un peu plus loin par un chemin de terre au niveau du panneau Zainabiya Chowk. 📱 70-51-37-94-42. • indusrivercamp.com • Ouv début mai-fin sept ; fermé l'hiver – sauf les bungalows. Tente env 7 100 ₹, bungalow 11 000 ₹, petit déj inclus. Repas 650-900 ₹.* Tenu par un jeune couple indo-anglais, Nico et Mary, ce campement s'étend sur près de 18 ha le long de l'Indus, en pleine nature mais à seulement 15 mn de Leh. Ils ont installé là 5 tentes idéalement tournées vers le fleuve et les montagnes, chacune avec un bon gros lit, un petit salon et une minisalle de bains avec douche, lavabo et w-c (eau chaude solaire). Également 3 bungalows en dur avec véranda en demi-cercle, portes coulissantes sur le panorama et douche vitrée avec vue. Mary assure les repas et les cours de cuisine. Séances de yoga matinales face à l'Indus.

Shey

À 16 km de Leh, sur la route de Thiksé et Manali. Depuis Choglamsar, minibus ttes les 30-45 mn 6h-18h30 l'été. Temple ouv tlj 6h-13h, 14h-18h30. Entrée : 30 ₹.

Capitale royale jusqu'au XVIe s, Shey conserve la coquille vide d'un palais d'été ouvert aux vents, précédé de 8 chortens restaurés et, au-dessus, les vestiges de la plus ancienne forteresse du Ladakh, remontant au Xe s. Son nom, signifiant « miroir », fait allusion au reflet de l'édifice dans l'étang qui s'étend à ses pieds. Son temple possède une statue du Bouddha du futur plaquée or (mi-XVIIe s) de 7,50 m de haut et de belles fresques de la même époque. Un seul moine, du proche monastère de Thiksé, lui est encore attaché. Vers l'est, sur la plaine dénudée austère, on aperçoit une petite forêt de chortens blancs de toutes tailles, commémoratifs ou bâtis en pénitence. On l'approche lors de la superbe promenade de 5 km reliant Shey à Thiksé, dans la verdure estivale.

Thiksé

À 19 km de Leh. De Choglamsar, minibus ttes les 30-45 mn, 6h-18h30 l'été. Le monastère se trouve à 15-20 mn de marche de l'arrêt (grimper à travers les maisons des moines), mais on peut aussi se faire déposer avt au pied de l'escalier, côté arrière du monastère (10-15 mn). Avr-nov, 6h30-13h, 13h30-19h ; horaires réduits en hiver. Entrée : 30 ₹. Photos autorisées sans flash.

Il ne manque pas d'allure, ce monastère fondé en 1430, colonisant tout le flanc d'une colline rocheuse surplombant la vallée de l'Indus, et précédé d'une brochette de 8 énormes stupas blancs et dorés (les 8 principales étapes de la vie du Bouddha). Au sommet s'arrime le sanctuaire ; en dessous, les maisons blanches étagées des moines. Appartenant à l'ordre des Bonnets jaunes, ils sont environ 80 à résider sur place. On les retrouve, chaque matin à l'aube, en train de souffler dans les grandes trompes tibétaines et les conques depuis le toit-terrasse pour la prière... Un moment magique, suspendu dans le temps.

Du fond de la cour centrale *(chamra),* quelques marches grimpent vers le ***dukhang,*** la grande salle d'assemblée des moines. Remarquez, avant d'y pénétrer (côté gauche de l'entrée), la fresque illustrant l'un des fondements de l'enseignement bouddhiste : la *roue de la vie,* dans laquelle tout être vivant est pris, jusqu'à enfin atteindre le nirvana. Le cercle du milieu évoque les 3 « poisons » de l'être humain : la *Colère* (symbolisée par le serpent), le *Désir* (pigeon) et l'*Ignorance* (sanglier). Le 2^{d} cercle est divisé en 6 mondes : celui des hommes, des animaux, de l'enfer, des fantômes (au cou fin et gros ventre), du demi-paradis et du paradis – mondes dans lesquels chacun est susceptible de se réincarner en fonction des bonnes ou mauvaises actions de sa vie présente. Le paradis lui-même induit son propre lot de souffrances... dont seul le nirvana permet de se libérer. Plus loin : les 4 gardiens et 16 *arhats* (sages).

À l'intérieur, dans une sombre atmosphère, se dressent le trône du dalaï-lama et celui du *rinpotché.* Et, dans la petite pièce du fond, encore moins éclairée, le Bouddha du présent est entouré, à gauche, par *Tsongkhapa* (statue du XVe s), le fondateur de l'ordre, et le Bouddha du futur – avec, à sa droite, le Bouddha de la sagesse. Seuls livre sacré et épée les distinguent.

Les escaliers sur la droite du *dukhang* montent au ***gonkhang,*** la salle des protecteurs (à l'aspect effrayant), baignée elle aussi dans l'obscurité, comme si souvent. On implore leur protection au moment de commencer un voyage ou de construire une maison, par exemple. Mêmes les musulmans y sacrifient ! Sur la droite, les couples stériles viennent, eux, implorer un gros phallus en terre, espérant que leurs prières leur permettront d'enfanter...

On grimpe ensuite sur la terrasse d'où, à l'aube, les moines sonnent les trompes. D'ici, le panorama sur la vallée est superbe. À côté : la bibliothèque et 2 petits sanctuaires. On redescend enfin pour découvrir, à droite de la cour centrale, le ***chamkhang,*** un nouveau temple inauguré en 1980 par le dalaï-lama. À l'intérieur : un imposant *Maitreya* (Bouddha du futur) polychrome haut de 12 m. La salle est abondamment ornementée de fresques : vie du Bouddha, Bouddha médecin (bleue), *rinpotchés* et philosophes. Juste à côté, les 21 *taras,* bodhisattvas féminins.

Le ***musée*** situé au sous-sol de l'hôtellerie, juste après le portail d'entrée du monastère *(ouv seulement en saison ; entrée incluse),* expose un bel ensemble d'objets d'art religieux, ne l'oubliez pas ! Parmi eux : un *khatchok,* l'armoire renfermant les textes sacrés.
– ***Célébration de l'anniversaire du Bouddha :*** *30 avr 2020.* Vers 10h démarre du monastère une procession d'enfants suivie de danses ; fin vers 14h.
– ***Fête bouddhique*** *(Thiksé Gustor)* **:** *15-16 nov 2019 ; 3-4 nov 2020.* Danses avec masques.

Chamba Hostel : *juste à gauche du portail principal du monastère, en arrivant par la route. ☎ 26-73-85. • thiksay.org • Doubles sans ou avec sdb 800-1 200 ₹. Plats 100-220 ₹.* Des 7 chambres, 1 seule (plutôt chaleureuse, en bois) possède sa propre salle de bains, mais il n'y a que de l'eau froide. Les autres sont encore plus simples, mais raisonnablement propres. Côté cuisine, il y a de tout : *momos* et autres plats tibétains, indiens, chinois, pancakes et petit déj... Juste à côté, l'*amchi* (médecin traditionnel ladakhi/tibétain) reçoit pour des consultations et vend ses plantes médicinales.

Chamba Hotel Thiksay : *au pied de la colline du monastère, au croisement de la route d'accès et de la route principale. ☎ 22-11-40. • thiksay.org • Double min 1 200 ₹, avec petit déj.* Dépendant également du monastère, cet hôtel autrement plus récent aligne 20 chambres assez spacieuses en bois (avec salle de bains, eau chaude, ventilo et bouilloire) et 6 plus petites.

Café Cloud : *env 1 km à l'est de la voie d'accès au monastère, sur la route principale. ☎ 26-71-00. Ouv mai-sept, 11h-22h ; fermé l'hiver. Plats 180-650 ₹.* Inattendu ici, ce joli café chic de bord de route, à la terrasse couverte cachée derrière une palissade en bois, dépend du proche – et très cher – *TUTC Chamba Camp.* L'escale est bienvenue pour s'offrir un sandwich, un burger ou un plat indien (les plus réussis et meilleur marché). On a, par exemple, bien apprécié le *paratha* fourré au *cottage cheese.* Le service est avenant, tendance stylé.

Chemdey (Chemrey)

À env 40 km de Leh et 4 km au nord de Karu. Depuis Leh, 2 minibus/j. en direction de Sakti, 7h-9h ; retours 15h-17h (env 2h de trajet). Ils vous arrêteront sur la route en contrebas du monastère ; de là, il reste 20-30 mn de marche. Plus pratique en taxi. Monastère ouv tlj 7h-13h, 14h-18h. Entrée : 50 ₹.
Situé dans une large vallée s'élevant en direction du col du Chang-La (5 300 m), sur la route du lac Pangong, le monastère s'accroche à un éperon rocheux, coiffant les maisons blanches des moines et celles du hameau ladakhi qui dégringole en dessous. En contrebas s'étendent jardins en terrasses, champs de colza (en fleurs en juillet), torrent, fermes et chortens. Une bien belle image au cœur de l'été. Fondé en 1664, Chemdey est occupé par une centaine de moines et élèves, appartenant à l'école *drukpa kagyu* (assimilés aux Bonnets rouges).
De la cour, ornée de portiques de bois sculpté, on accède au vaste ***dukhang,*** aux murs couverts de fresques des 1 000 Bouddhas. Une volée de marches plus haut, le vieux ***lama-lakhang*** a vu ses peintures du XVIIe s, noircies par les fumées du beurre des lampes, nettoyées. Les 5 statues représentent le *rinpotché* du monastère dans ses différentes réincarnations.
Un petit escalier mène ensuite au nouveau ***dolma-lakhang,*** abritant les 21 *taras* (bodhisattvas féminins). Suit le ***guru-lakhang,*** une autre vaste salle moderne, où trône une grande statue de Padmasambhava – représenté, côté gauche, dans 2 de ses incarnations les plus effrayantes, chevauchant un tigre pour mieux chasser les démons et affermir le bouddhisme. Sur le mur à gauche de l'entrée, les fresques, particulièrement expressives et tourmentées, dépeignent des protecteurs aux allures terrifiantes (souvent identifiés à Kali par les hindous), avec squelettes danseurs, corps entremêlés et têtes grimaçantes.

LE NORD

Le ***musée*** expose des objets quotidiens du monastère, des instruments de musique, des tenues portées par les moines lors des danses et même un vêtement mongol du XVIIe s ! Le plus précieux : des manuscrits écrits en lettres d'or et d'argent.
– ***Fête bouddhique*** *(Chemdey Wangchok)* **:** *24-25 nov 2019 ; 13-14 nov 2020.*
– Aucun hôtel ni *guesthouse* dans le secteur, juste quelques *homestays* au confort très rudimentaire.

Tak-Thok

À 9 km de Chemdey, passé Sakti, à 3 800 m d'altitude. De Leh, minibus pour Sakti (voir Chemdey), puis 1h de marche. Préférer le taxi, en combinant la visite avec Chemdey et Hemis (voir « Comment visiter la vallée de l'Indus ? »). Entrée : 50 ₹. Arrimé au flanc de la vallée, en amont de Chemdey, Tak-Thok n'est pas le plus intéressant des monastères. Mais c'est le seul, au Ladakh, d'obédience *nyingmapa.* Il a été fondé au XVIe s à l'endroit même où *Padmasambhava* s'arrêta pour méditer dans une grotte, au VIIIe s – *Tak-Thok* signifie d'ailleurs « toit en rocher »... La fameuse grotte, totalement noircie par les lampes à beurre et les fumées d'encens, se trouve à l'intérieur même du principal *dukhang,* où les visiteurs sont invités à méditer. Une 2de salle de prière des années 1980 se trouve sur la terrasse, côté gauche. Et un nouveau monastère a été édifié un peu au-dessus, dans les années 2000. Dans sa vaste salle d'assemblée aux fresques pimpantes, *Padmasambhava* s'entoure de deux de ses propres représentations sous des incarnations différentes. À gauche, le trône du *rinpotché* actuel.
– ***Fête bouddhique*** *(Tak-Thok Tsechu)* **:** *29-30 juil 2020.* C'est l'anniversaire de Padmasambhava !

LE NORD

Vers le lac Pangong

Au-delà de Tak-Thok, la route (en majorité goudronnée) grimpe vers le ***Chang-La*** (5 300 m), l'un des plus hauts cols routiers au monde (lecteurs sensibles au mal d'altitude s'abstenir !), dans des paysages austères d'une grande solitude. Au sommet : un petit temple entouré de centaines de drapeaux à prières et une cafétéria. Il faut environ 4h de voyage pour atteindre finalement le grand ***lac Pangong,*** qui s'étire sur 134 km de long au pied des montagnes du même nom, à la frontière de la Chine (à 4 250 m d'altitude). Un permis est obligatoire pour visiter la région ; l'excursion est proposée à Leh par certaines agences. *Sinon, bus juin-août lun-mar, jeu et sam vers 6h30 avec* J & K SRTC.

À ***Tangtse,*** 30 km avant d'arriver au lac, on trouve quelques petits restos et des *guesthouses* très simples avec dortoirs *(300-500 ₹/pers).* Les camps de tentes aménagés au bord du plan d'eau sont plus agréables mais souvent assez basiques : du genre, un lit et une « salle de bains » très simple avec eau tiède *(2 000-6 600 ₹ en ½ pens selon confort).*

SUR LA RIVE SUD DE L'INDUS

Notre itinéraire débute à Leh. Mais on peut très bien parcourir la rive sud en sens contraire, après la visite de Chemdey par exemple, grâce au pont qui traverse l'Indus au niveau de Karu (sur la route de Manali).

Stok

À env 15 km de Leh. Bus à 16h30, retour à 8h30. Sinon, taxi depuis Choglamsar (env 500 ₹). C'est ici, dans le palais bâti vers 1820 par le dernier roi du Ladakh, que vivent encore ses descendants – le raja Jigmed Wangchuk Namgyal, aujourd'hui sans aucun pouvoir, sa femme et ses enfants. Le fier édifice, juché sur un promontoire dominant le village, abrite un petit musée *(ouv de mai à mi-oct, tlj 9h-13h, 14h-18h, fermé l'hiver ; entrée : 70 ₹)* où sont exposés des objets de la famille : vêtements de cérémonie, bijoux d'apparat, (modeste) trône, couronne en tissu tibétaine du VIIe s et, surtout, 35 superbes *thangkas* du XVIe s. Le temple conserve de belles fresques. Le raja est à la tête du « Namgyal Institute for Research on Ladakhi Art & Culture » *(• nirlac.org •)*, dédié à l'inventaire, l'étude, la préservation et la restauration de la culture bouddhique du Ladakh.

– ***Fête bouddhique*** *(Stok Guru Tseshu)* **:** *3-4 mars 2020.*

Highland Hotel : *dans le village. 94-19-17-83-01 ou 99-06-97-53-54. • tangduhl@gmail.com • Ouv de mi-juin à fin sept ; fermé l'hiver. Double avec sdb env 3 000 ₹, avec petit déj ; 3 500 ₹ en ½ pens.* Inspiré de l'architecture ladakhie et entouré d'un jardin, l'hôtel propose une douzaine de chambres très bien tenues, avec parquet. Resto pour les résidents, dans une grande salle sur le jardin. Pour les amateurs de grand calme !

Stok Palace Heritage Hotel & Villas : *palais de Stok. ☎ 24-20-03. 90-22-46-68-18. • stokpalaceheritage.com • Ouv mai-oct ; fermé l'hiver. Doubles en ½ pens (obligatoire) env 16 600 ₹, 24 000 ₹ pour la « Royal Suite », 35 200 ₹ pour la « Queen's Room ». Repas pour les non-résidents 3 500 ₹. Villas min 21 800 ₹ pour 1-2 chambres.* Confidentielle s'il en est, l'adresse en est même émouvante : dans les murs du palais de Stok, le raja et sa femme louent 4 chambres et 2 suites, dans un décor somptueux. Chacune est unique, bien restaurée, avec une salle de bains privée bien de notre époque... La plus belle ? La « Chambre de la Reine », inchangée depuis l'origine, avec ses clairs-obscurs propices à la méditation, son énorme lit à baldaquin, ses piliers sculptés, ses meubles peints, ses fresques anciennes et tentures fines (mais une salle de bains riquiqui). Les repas, raffinés, sont servis dans une superbe salle intime, aux 4 piliers peints (chiffre porte-bonheur) et banquettes semées de coussins... Un sacré souvenir. Il y a aussi un ***petit café*** ouvert à tous à l'entrée *(ouv mai-oct, fermé l'hiver)*, avec une terrasse offrant une vue superbe. Et encore, en contrebas du palais, 3 villas récentes de 2 chambres, avec cuisine, poêles et chauffage au sol, aux intérieurs évoquant ceux d'un chalet – l'extérieur étant moins attrayant.

Matho

À 26 km de Leh. Depuis Leh, minibus à 9h, retour à 16h ; env 45 mn de trajet. Le monastère est à 20 mn à pied de l'arrêt.

Du haut de son éperon rocheux, le panorama sur la vallée de l'Indus est remarquable ! Fondé au XVIe s, Matho abrite environ 40 lamas. C'est l'un des 2 seuls du Ladakh qui appartienne à l'école Sakya, qui est (en gros !) une tentative de restauration des valeurs fondamentales du bouddhisme. Le lieu est connu pour ses oracles, qui se manifestent au moment du ***Nagrang*** *(8-9 mars 2020)*.

MOINES DU FUTUR

N'est pas prophète qui veut. Si les 2 moines-oracles de Matho sont initialement désignés par tirage au sort, il leur faut jeûner et méditer pendant au moins 9 mois la 1re année, puis 3 la suivante, pour être capables de prédire l'avenir. Au moment du festival du Nagrang on peut même les voir, en transe, se taillader les chairs à l'aide d'un couteau sans tressaillir et marcher yeux bandés sur les toits sans chuter... On dit qu'ils « voient », alors, par le masque porté sur la poitrine. Ils lisent l'avenir aussi, bien sûr : celui du monastère, du village ou de tout fidèle venu les consulter. Mais attention, ils détestent les incrédules !

Donnant sur la *chamra* (cour), la plus ancienne salle de prière (XVIe s), pas bien grande, conserve des peintures murales restaurées. Dans la partie nouvelle, au-dessus : un autre *dukhang,* avec statue du Bouddha du présent, 100 bouddhas d'or dans les vitrines et *thangkas* sur les murs latéraux. Et encore : un autre temple tout nouveau (2012), avec une belle statue dorée de *Virocana* et, derrière, au mur, les 35 Bouddhas – dont on récite doctement tous les noms pour se purifier.
– Une jeune restauratrice française, Nelly Rieuf, tente, en collaboration avec les moines, de mettre sur pied depuis des années le ***Matho Museum*** *(Facebook : • The Matho Museum Project •).* Les travaux avancent doucement et il est probable qu'il soit inauguré à l'horizon 2020. Il présentera de superbes pièces d'art ladakhi ancien, patiemment restaurées par une équipe de femmes du village formées depuis plusieurs années à ce délicat travail – notamment de rarissimes manuscrits du XIIe s et des pièces remontant pour les plus anciennes au VIIIe s. En attendant, on peut jeter un œil à l'atelier de restauration.

Stakna

À env 30 km de Leh et 8 km de Matho. De Leh, minibus à 16h30, retour à 8h45. De Choglamsar, prendre un bus pour Thiksé (voir plus haut) jusqu'au terminus, à la hauteur du pont franchissant l'Indus. Le monastère se trouve de l'autre côté (10 mn). Tlj 7h30-13h, 14h-18h. Entrée : 30 ₹. Perché sur sa colline, le « nez du tigre », bien visible depuis la route de Leh, n'est pas le plus intéressant des monastères. Appartenant à l'ordre *drukpa* (Bonnets rouges), il date du début du XVIIe s ; 40 moines lui sont attachés. Le *dukhang* abrite de magnifiques fresques colorées. Au fond à gauche, le *spakmo-lakhang* conserve une précieuse statuette en marbre blanc d'Avalokitésvara, réputée exaucer les vœux. Dans le *lama-lakhang* veillent, dans la pénombre, 6 statues du *rinpotché* du monastère dans ses différentes incarnations (l'actuel a... 8 ans !). Et dans le *chorten-lakhang :* 4 magnifiques chortens en argent et or, sertis de pierres semi-précieuses. On peut aussi voir la bibliothèque, avec sa statue de Padmasambhava.

Hemis

À env 45 km de Leh et 5 km de Karu. Depuis Leh, prendre le minibus pour Sakti (2/j., 7h-9h) et descendre à Karu ; env 1h30 de trajet. De là, taxi jusqu'au monastère. Sinon, taxi de Leh pour la journée en groupant avec d'autres visites. Tlj 8h-13h, 14h-18h. Entrée : 100 ₹, musée compris (ouv de mi-avr à mi-oct, fermé l'hiver). C'est, de loin, le plus grand et le plus riche des monastères du Ladakh (XVIIe s) – le seul, en fait, qui échappa aux razzias des Mongols grâce aux brumes dissimulant son étroite gorge. Quelque 200 moines y vivent et étudient. L'arrivée dans la grande cour, encadrée de portiques en bois peint, est épatante : les hauts bâtiments monastiques, adossés au rocher, se dressent en vis-à-vis avec leurs beaux balcons et fenêtres ouvragées. Le bâtiment principal abrite 2 salles de prière. Le ***dukhang soma,*** côté gauche, n'est utilisé que pendant les festivals.

BOUDDHISTES À PÉDALES

Un drôle d'objet trône sur le mur à l'entrée du musée de Hemis : un VTT. C'est celui du rinpotché du monastère qui, en 2016, a parcouru plus de 1 500 km depuis Katmandou jusqu'au Ladakh en compagnie de 290 moines pour célébrer le 1 000e anniversaire de la naissance de Naropa – maître du bouddhisme tantrique dont le disciple, Marpa, donna naissance à la branche kagyu du bouddhisme tibétain. C'est à cette occasion, aussi, qu'a été élevé le stupa monumental dressé à l'approche du monastère.

Superbe et presque chatoyant avec ses colonnes rouges et son plafond bleu ciel, il abrite un grand bouddha doré du XVIIe s à la robe safran, de belles fresques restaurées (1 000 Bouddhas et protecteurs), 3 stupas en argent (dont un géant !) et un mandala en sable au fond à gauche, conservé pour les touristes. Sur 3 niveaux, le ***dukhang principal,*** à droite, révèle une vraie petite forêt de colonnes rouges et ces mêmes plafonds turquoise qui enchantent. À l'intérieur : les statues des différentes incarnations du *rinpotché* et un autel où les fidèles déposent en offrande leur *kathak* (une écharpe légère de soie blanche).

Par l'escalier de droite, on atteint le ***guru-lakhang,*** avec sa statue géante (12 m !) de Padmasambhava... qui inspire un respect certain. C'est la plus haute représentation au Ladakh du gourou tibétain. Au-dessus, on peut encore voir plusieurs petits sanctuaires, pas toujours ouverts (*kali devi, kachu-lakhang,* puis *tsom-lakhang* abritant statues et livres sacrés). Plus rigolo : les vieilles ***cuisines*** aux chaudrons géants, très rustiques, utilisées seulement pour faire du thé lors des festivités.

Surtout, ne manquez pas le ***musée,*** situé à gauche en entrant dans la cour. S'il ne se distingue pas par sa présentation, il tient lieu de vrai musée national par sa richesse : objets d'art sacré tibétains et ladakhis (XIVe-XIXe s), beaux masques de danse, armes anciennes offertes en offrandes aux protecteurs, peaux de tigre et de panthère des neiges (!), vieux *thangkas,* encensoirs chinois aux dragons, instruments de musique, splendide costume de danse des XVe-XVIIIe s... Et le plus beau de tout : une petite collection de bouddhas cachemiris du VIIe au XIIe s.

– ***Fête bouddhique*** *(Hemis Tsechu)* ***:*** *30 juin-1er juil 2020.* L'événement attire beaucoup de monde pour ses nombreuses danses costumées au son des longues trompes et des cymbales. Un immense et magnifique *thangka* de Padmasambhava est alors déroulé sur la façade du monastère. La fête prend encore plus d'ampleur tous les 12 ans lors du *Narogyantuk.* Là, un autre *thangka* est déployé au niveau du nouveau stupa *(prochaine édition en... 2028).*

Hôtellerie et restaurant : *au monastère. Ouv de mi-avr à mi-oct. Doubles avec sanitaires communs 500-900 ₹.* Sommaire (prévoir un sac de couchage). Le resto, en contrebas de l'entrée, est lui aussi assez basique : on mange à l'extérieur, sous un auvent de bric et de broc.

LA VALLÉE DE L'INDUS, À L'OUEST DE LEH

En aval de Leh, les 2 versants de la vallée de l'Indus se resserrent. La route se faufile, serpente sur les hauteurs et par moments à flanc de falaise avec, toujours, pour guide, le merveilleux ruban turquoise du fleuve glissant entre des parois tantôt brunes, tantôt vertes, tantôt violettes. De loin en loin, l'Indus reprend sa respiration au sein de doux méandres frangés de discrètes plages de galets et d'écharpes de verdure. Derrière les saules et les peupliers, les paysans cultivent de modestes lopins de terre en terrasses. On en prend plein les yeux ! Là encore, plusieurs monastères méritent le détour. Ceux qui le peuvent iront au moins jusqu'à Lamayuru, atteint par une gorge splendide.

SPITUK

À 8 km de Leh. En taxi (env 15 mn), compter 375 ₹ l'aller, 490 ₹ l'A/R. Sinon, prendre un des (rares) bus partant vers l'ouest et se faire déposer à l'embranchement qui mène au monastère (300 m à pied). GRATUIT (donation appréciée).

C'est le plus ancien monastère de l'ordre des Bonnets jaunes du Ladakh (XVe s), habité par environ 60 moines. Perché sur une colline, il ne fait pourtant guère rêver : à ses pieds s'étendent l'aéroport et de nombreuses casernes de l'armée indienne...

Dans le ***jowo-dakhang,*** situé dans la cour intérieure, Padmasambhava, Shakyamuni et une *tara* blanche s'entourent de nombreux *thangkas* ; on y trouve aussi 2 stupas incrustés de pierres semi-précieuses. Juste à gauche se trouve un ***petit temple*** dédié aux 21 *taras* (divinités féminines) en bronze et or, pas toujours ouvert. Le ***dukhang*** ancien, en contrebas, ne se visite pas (le *dukhang* moderne, si : on peut souvent y voir des mandalas en sable en été). Enfin, on accède au plus important, tout au sommet de la colline : le ***gonkhang,*** un petit sanctuaire semi-rupestre aux peintures du XVe s noircies par les fumées. Beaucoup de militaires indiens en poste à Leh viennent y prier l'un des protecteurs honorés par les bouddhistes, qu'ils assimilent à Kali ! Plus terrifiant encore, Shri-Devi-Vajrabhairava arbore 36 bras, 16 jambes, 4 têtes et un collier de têtes de mort...
– ***Fête bouddhique*** *(Spituk Gustor)* **:** *22-23 janv 2020.* C'est le seul festival qui se tienne en janvier.

PHYANG

🕭🕭 *À env 17 km de Leh. 2 minibus/j. sauf dim, vers 7h35 et 16h ; retour vers 8h et 17h (env 45 mn de trajet). Sinon, on peut prendre le bus qui emmène les professeurs, les j. d'école : départ de Leh à 9h et retour de Phyang à 16h. Monastère ouv 7h-13h, 14h-18h. Entrée : 50 ₹. Photos interdites, sauf dans le nouveau bâtiment.* Niché dans une large vallée tributaire de l'Indus, le joli village de Phyang est dominé par son grand monastère, perché comme à l'accoutumée sur un promontoire. Appartenant à l'école *drikung kagyu,* il a été fondé au XVIe s par le roi Tashi Namgyal pour remercier un moine de l'avoir guéri de sa paralysie. Si le site se révèle séduisant, le monastère lui-même n'est pas parmi les plus intéressants. Dans le ***dukhang,*** le temple le plus ancien, les fresques (avec une *roue de la vie* inhabituellement représentée à l'intérieur) font notamment écho aux statues d'Avalokitésvara, du Gautama Bouddha et de Jigten Sumgön, le fondateur de l'ordre. Sur la droite, le Bouddha du futur laisse apparaître ses pieds dans une alcôve vitrée ! Levez aussi les yeux : vous y verrez un grand *thangka* emballé de 10 m de long exposé lors du Tserup annuel. Dans le petit ***gonkhang,*** des têtes d'animaux (un peu gores !) ont jadis été déposées en offrande aux protecteurs... Il y a même une grue entière desséchée ! Plus un masque et des armes. Dernier coup d'œil, enfin, au ***dukhang moderne,*** avec sa grande statue dorée (au cœur de... ciment !) du Bouddha et les fresques évoquant sa vie. Sur le mur du fond sont représentés *bodhisattvas* et *arhats* (sages).
– ***Fête bouddhique*** *(Phyang Tserup)* **:** *18-19 juil 2020.* Nombreuses danses en costumes rituels ; les étrangers y assistent depuis une tribune.

STUPAS DE GLACE

Le Ladakh aussi est touché par le réchauffement climatique. Ses glaciers fondent, menaçant les rares ressources en eau. Un ingénieur local (partiellement formé à Grenoble), Sonam Wangchuk, a eu une idée aussi simple que géniale : bâtir des miniglaciers artificiels. Les eaux automnales, inutiles aux cultures, sont canalisées vers une structure métallique en forme de stupa, où elles resurgissent en fontaine, gelant dans l'air glacé. Peu à peu se forme ainsi un « stupa de glace » de plusieurs mètres de haut, dont les eaux de fonte irrigueront les cultures jusqu'en juin. On peut en voir deux juste avant d'arriver au monastère de Phyang et un autre a récemment été aménagé dans un village voisin. Un projet récompensé en 2016 par le prestigieux Rolex Award. *• youtube.com/watch?v=FdVijr10DZ0 •*

⛺ 🏠 🍽 ***Hidden North Guesthouse :*** *env 2 km au-dessus du monastère (30 mn à pied).* ☎ *22-60-07.* 📱 *94-19-21-80-55 (Tashi) ou 99-06-99-99-50 (Cristina). • hiddennorth.com • Doubles sans ou avec sdb*

1 000-1 800 ₹, 2 400-3 200 ₹ en ½ pens. Camping : 100 ₹/pers avec sa propre tente, 150 ₹ si elle est fournie. Proprios de l'excellent tour-opérateur local *Hidden North,* spécialisé dans le trekking et l'observation des animaux, les sympathiques Tashi (ladakhi) et Cristina (italienne parlant parfaitement le français) ont bâti cette agréable maison sur les hauteurs du village. Ils y disposent de 7 chambres, dont 4 avec salle de bains privée. Simples, elles sont néanmoins confortables et impeccablement tenues. On a bien aimé les nos 5 et 8 avec balcon et vue. Petit bâtiment extérieur avec salle à manger et cuisine pour les hôtes. Une belle halte, à l'écart de la tumultueuse Leh en plein été.

NIMMU

Depuis Leh, bus tlj à 4h et 5h ; retour vers 8h-9h.

Nimmu House : *fléchée au milieu du village. ☎ 84-47-75-75-17 (à Delhi). 92-05-69-43-40 (sur place). • ladakh.nimmu-house.com • Ouv de mi-avr à mi-oct. Compter 9 500-14 500 ₹ pour 2 en ½ pens, en chambre ou tente, selon saison.* Surprise ! C'est presque en traversant l'étable ouverte des dzos (mi-vache, mi-yak) que l'on rejoint cette superbe demeure tibétaine bâtie en 1910 par un membre de la famille royale, percepteur de son état... Si ses descendants vivent encore à côté, elle a été reprise par un tour-opérateur franco-indien *(Shanti Travel),* qui s'ingénie à la restaurer dans les règles de l'art. Lovée au milieu d'un grand verger d'abricotiers et de pommiers (avec chaises longues et hamacs), à 3 100 m d'altitude, elle offre une sereine introduction au Ladakh pour s'acclimater en douceur... On choisit entre les 7 tentes très joliment arrangées *(de juin à mi-sept),* toutes avec salle de bains, et les 7 chambres de la maison, charmantes, mêlant confort actuel et touches du passé ladakhi. Il y a même le chauffage et une bouillotte glissée dans votre lit le soir ! Les repas (bio), pris dans la belle salle à manger tout en bois, changent chaque jour : ladakhi, indien, italien, japonais... la chef, douée, sait un peu tout faire. Le séjour comprend une visite de la maison, avec ses 2 temples peints de fresques où la famille vient encore chaque soir faire ses rituels... On peut aussi s'inscrire pour la séance matinale de yoga, une rando, une balade en VTT, une sortie en rafting sur le Zanskar, la visite des monastères et même des cours de cuisine ou de poterie traditionnelle ! Ou profiter d'un concert... Un bel endroit.

BASGO

À env 42 km de Leh. Minibus vers 16h30 ; retour vers 7h30. Temples ouv 7h-18h. Entrée : 30 ₹/temple. Impossible de les louper : l'escarpement de Basgo et sa vieille forteresse en ruine émergent d'un chaos rocheux stratégique dominant directement la route de la vallée de l'Indus. Sous ce carcan de murailles fatiguées se cachent 2 temples. Le ***Serzang Chamba,*** édifié par le roi Sengge Namgyal au XVIe s, abrite un tout petit temple de l'époque, où trône un Bouddha du futur en cuivre doré. On y conserve des textes sacrés précieux écrits en lettres d'or et d'argent. On lui préfère toutefois le temple voisin d'***Old Chamba,*** datant de la fin du XVIIe s et placé sous la garde des moines du ***monastère de Hemis***. Son superbe Bouddha du futur, en terre cuite peinte en rouge et or, atteint 15 m de haut ! Le sanctuaire, aux couleurs dominantes chaudes, est superbe.

LIKIR

À env 55 km de Leh. De Leh, 1 bus/j. vers 16h, retour à 7h30. Sinon, on peut prendre un autre bus allant vers l'ouest, mais le monastère est à 5,5 km de la route principale, en montée bien sûr ! D'Alchi, compter env 4h30 de marche. Ouv 8h-13h, 14h-18h. Le monastère, veillé par la 1re statue extérieure de Bouddha élevée au Ladakh en 1998 (haute de 12 m), a été fondé au XIe s et remanié au XVIIe s. Quelque 70 moines, placés sous l'autorité du frère du dalaï-lama actuel, y vivent selon l'enseignement des Bonnets jaunes *(Gelukpa).* Le joli ***dukhang,*** à l'entrée encadrée de 2 gongs, décline les habituelles statues des Bouddhas du passé, du présent et du futur, avec en vis-à-vis les trônes du *rinpotché* et de son frère le dalaï-lama. Les textes sacrés sont conservés dans les armoires latérales (*kagyur* à gauche, *tangyur* à droite). On visite ensuite la ***bibliothèque,*** aux fresques dépeignant les 35 Bouddhas de la confession et les 16 *arhats*. Au centre : Avalokitésvara. Remarquez aussi, autour de la fenêtre, les peintures illustrant le cheminement vers le nirvana. Suit le ***gonkhang*** avec sa grande fresque des protecteurs restaurée. Dernière étape, juste au-dessus : le petit musée *(entrée 20 ₹)* avec sa collection de *thangkas,* masques, livres sacrés, instruments de musique, objets du quotidien et... fusils.

– ***Fête bouddhique*** *(Dosmochey)* **:** *21-22 fév 2020.*

Ceux qui voudraient passer la nuit sur place trouveront à Likir 2 ***guesthouses*** très simples et 2 ***restos*** ouverts en été.

ALCHI *(ind. tél. : 01982)*

À 67 km de Leh. De Leh, minibus à 16h, retour à 7h30. Sinon, prendre n'importe quel bus vers l'ouest, se faire déposer à l'embranchement, traverser le pont sur l'Indus, puis essayer de faire du stop (ou 6 km à pied). Monastère ouv 8h-13h, 14h-18h. Entrée : 50 ₹. Photos interdites à l'intérieur. Alchi, c'est d'abord un village-oasis, qui se découvre subitement dans son repli rocailleux, avec ses petits champs verdoyants et, en toile de fond, les montagnes enneigées jusqu'à l'aube de l'été. Le coin tient à ses traditions : les femmes mariées sont tenues, ici, de porter le costume traditionnel. ***Mais Alchi, c'est aussi et surtout le monastère le plus ancien et le plus singulier du Ladakh***, fondé dès le XIe s ! Pas de promontoire ni d'éperon rocheux pour se percher ici : le *gompa,* qui ne craignait pas encore les incursions ennemies, se niche au cœur même du village. Il se compose de 4 temples à l'architecture évoquant des mandalas, décorés de fresques très anciennes de facture cachemirie, moins colorées mais plus fines que celles de l'école ladakhie.

Le premier, le ***Sumtsek lakhang,*** est époustouflant avec son portique en bois sculpté millénaire. Sur ses 3 niveaux, seul le rez-de-chaussée est accessible. On y découvre, au centre, un stupa contenant les livres sacrés et, sur les murs, les 1 000 Bouddhas. 4 divinités occupent les 4 points cardinaux : Mahakala au-dessus de l'entrée, la grande statue d'Avalokitésvara à gauche, le Bouddha du futur dans l'axe de l'entrée et Manjusri, le Bouddha de la sagesse, qui lui répond à droite.

On rejoint ensuite le ***temple de Vairocana,*** avec son mandala de « démonstration ». Au fond, une très belle porte sculptée peinte mène à un sanctuaire aux fresques aussi anciennes que sombres, présentées sous forme de mandalas. Et dans un réduit, à droite : une belle statue d'Avalokitésvara du XIe s, haute de 5-6 m... Superbe ! Plus avant, le ***lotsava lakhang*** mérite surtout le coup d'œil pour ses fresques. Dans le mur de droite, une lucarne lui permet de communiquer avec le ***Manjusri lakhang,*** consacré au Bouddha de la sagesse, représenté avec 4 visages, sous son baldaquin de bois. La porte sculptée est là encore superbe, comme les fresques des 1 000 Bouddhas couvrant les murs.

Ceux qui en ont le temps pourront demander à un guide de les conduire aux ***gravures rupestres*** proches de l'Indus, à environ 2h de marche. Sur la pierre, les hommes du Néolithique et de l'âge de bronze (3000-1000 av. J.-C.) ont dessiné de nombreux bouquetins. Plus récemment, des stupas ont été ajoutés.

🏠 🍽 ***Lotsava Guesthouse :*** *un peu avt d'arriver au bout de la route, sur la gauche (derrière l'Alchi Resort). 📱 94-19-34-77-29. • stanzindorjey@gmail.com • Ouv a priori tte l'année. Doubles sans ou avec sdb 800-1 000 ₹, 2 500 ₹ en ½ pens.* Ce n'est pas le *Hilton,* juste une pension modeste aux chambres basiques, avec moquette (gondolée, comme souvent) et chaises en plastique. Préférez celles d'angle à l'étage et évitez le rez-de-chaussée. Petite courette avec 3 arbres.

🏠 🍽 ***Choskor Guesthouse :*** *à l'entrée du village, sur la gauche (la maison aux chambranles de fenêtres verts). ☎ 22-70-84. 📱 94-19-82-63-63. • choskorguesthouse.wordpress.com • Ouv tte l'année en théorie. Double env 2 000 ₹ en ½ pens.* Les 12 chambres sont simples, mais avec salle de bains (eau chaude) et chauffage l'hiver. Celles sur la terrasse bénéficient d'une belle vue sur les arbres fruitiers du jardin et le village. Bonne cuisine largement tirée du potager et accueil en anglais.

🏠 🍽 ***Samdupling :*** *sur la droite un peu avt le bout de la route. ☎ 22-71-04. 📱 94-19-17-83-91. • hotelsamdumplingalchi.in • Ouv avr-sept ; fermé l'hiver. Double env 3 200 ₹.* Cet hôtel de 21 chambres ne se distingue pas par son accueil, mais il est tranquille, un peu retiré, avec un agréable petit jardin devant. Toutes ont une salle de bains (eau chaude). Les plus chouettes sont celles d'angle avec fenêtres sur 2 côtés. Propreté... correcte. Resto.

🍽 ***Alchi Kitchen :*** *juste au bout de la route, en allant vers le monastère. 📱 94-19-43-86-42. Ouv avr-fin sept ; fermé l'hiver. Plats 60-280 ₹.* Passionnée de cuisine, Nilza, l'affable patronne, a sillonné les villages du Ladakh pour recueillir les vieilles recettes de famille. Elle y a ajouté celles de ses mère et grand-mère et les a saupoudrées de quelques touches modernes, pour mitonner, avec sa brigade de filles, une jolie cuisine déclinant notamment *chhutagi* et *skuy* (sortes de ragoût à base de pâtes maison), et *khambir* (pain fermenté). Et en dessert : les succulents *momos* à la noix, avec confiture d'abricot et chocolat. Jolie salle intérieure aux tables basses ou petit balcon. Si ça vous a plu, Nilza organise des cours de cuisine pour les groupes.

🍽 ***Zimskhang Restaurant :*** *sur le chemin du monastère. ☎ 22-70-86. 📱 94-19-17-97-15. Ouv fin avr-oct ; fermé l'hiver. Plats 120-300 ₹.* On ne vous conseille pas forcément le vieil hôtel (fatigué), mais vous pouvez vous attabler au restaurant sans risque. Beaucoup de touristes indiens y font halte en saison et le service reste, malgré tout, assez efficace. Outre les classiques indiens, il y a des plats chinois. Rien de vraiment extraordinaire, mais ça tient la route.

RIDZONG (ind. tél. : 01982)

À 76 km de Leh. Pas de bus. Le monastère est à 5 km de la route principale (en forte montée). Ouv 7h-13h, 14h-17h. GRATUIT. Photos interdites. Ce monastère vaut surtout par sa situation : il se niche au creux d'un entonnoir rocheux isolé, atteint par une petite route cabossée qui se faufile le long d'un torrent, puis au flanc d'une falaise croulante. Ridzong a été fondé au début du XIXᵉ s, en même temps que le couvent de Thardot Choeling situé plus bas, par un couple de laïques devenus moine et nonne – lui en haut, elle en bas ! Ses quelque 40 moines, appartenant à l'ordre des Bonnets jaunes, y appliquent une règle très stricte : sommeil limité et pas de dîner (ni d'oignons !) ! Des 5 temples, seuls deux sont ouverts à la visite : le *dukhang* avec sa brochette de *rinpotchés* et bouddhas sous l'auvent en bois, et le *temple de Thekchen,* avec ses grandes statues de Shakyamuni et de Maitreya – voir aussi, côté gauche, les 8 petits Bouddhas de la médecine. Les lamas acceptent généralement de loger 1 ou 2 visiteurs (mâles) le temps d'une nuit.

🏠 🍽 ***Ule Ethnic Resort :*** *à env 12 km d'Alchi et 6 km de Ridzong (près de l'embranchement qui y mène). ☎ 25-36-40. 📱 94-19-17-82-75 ou 94-19-85-73-33. • uleresort.com • Ouv de mi-avr à mi-oct ; fermé l'hiver. Tente*

2 pers min 6 200 ₹, cottage 2 pers min 9 000 ₹, petit déj inclus. Ce *resort* perché sur la berge haute de l'Indus, le long de la route, propose 2 sortes d'hébergements : 30 tentes (2 catégories), dont certaines dominent le fleuve, et 15 cottages plus luxueux, dont certains ont de grandes baies sur 3 côtés, offrant, du lit, une vue panoramique sur la vallée et les eaux couleur jade. Tous peuvent accueillir 3 personnes. Le confort est globalement bon, mais le tout est un peu serré et les 2 restos sont davantage taillés pour les groupes que pour un dîner intime. Espaces aménagés de tables et de fauteuils dans le jardin arboré.

TINGMOSGANG (TEMISGAM)

À 92 km de Leh, 4 km au-dessus de la route principale (bifurcation à la sortie ouest de Nurla). De Leh, bus tlj à 13h avec LBOC*, retour vers 12h. Entrée : sur donation.* Du XVe au XVIIe s, Tingmosgang fut la capitale du Ladakh. De la forteresse d'alors, il ne reste pas grand-chose : quelques tours et fortifications sur un haut éperon rocheux perché au-dessus du village de Temisgam et de sa profonde vallée verdoyante, à l'abri des remparts rocheux naturels. Le lieu, serein, marque le terminus de l'un des plus beaux *baby-treks* du Ladakh, partant de Likir.

Le matin ou le soir, à l'heure de la prière, on se hisse jusqu'au sommet de cette acropole naturelle, où s'est depuis implanté un monastère, partagé en deux : d'un côté le bâtiment rouge du temple de Maitreya (grande statue), géré par les Bonnets jaunes ; de l'autre la salle de prière blanche de la famille royale, placée sous la bonne garde d'un moine de Chemdey (Bonnets rouges). Sur l'autel principal de ce dernier sommeille un Avalokitésvara en marbre blanc très ancien et vénéré. Et, dans le *guru-lakhang,* se cache, derrière un joli paravent en bois sculpté, une grande statue de Padmasambhava entouré de ses disciples.

Apricot Tree Hotel : *à Nurla, au pied de l'embranchement grimpant vers Tingmosgang. ☎ 22-95-25. 96-22-96-66-88. • theapricotreehotel.com • Ouv de mi-avr à mi-oct ; fermé l'hiver. Doubles env 8 900 ₹ avec petit déj, 10 000 ₹ en ½ pens. Plats 150-500 ₹.* Calé juste en retrait de la route et au-dessus de l'Indus, cet hôtel récent appartient à un ex-businessman ladakhi originaire du village, formé en Allemagne et reconverti en producteur de cinéma. Résultat : grâce à la technologie Siemens, l'eau chaude arrive en 2 secondes chrono ! Cachées derrière un élégant atrium semé de galets et planté de 3 arbres (où flambe un feu de bois le soir), les chambres, sur 2 étages, sont spacieuses, confortables, toutes tournées vers le fleuve, avec balcon ou terrasse et armoire ladakhie pour la touche colorée. Au resto, de bons plats indiens ou continentaux et quelques classiques locaux, servis avec un certain style.

Namra Hotel : *à Tingmosgang, au pied du monastère. ☎ 22-90-33. 94-69-93-61-15. • namrahotel.com • Doubles 5 900-9 900 ₹, avec petit déj.* Les chambres *standard,* plutôt confortables et avec plafond ladakhi, nous ont paru surévaluées. On vous l'indique surtout pour ses 6 chambres *heritage* de style traditionnel, avec panneaux de bois sculpté et objets de déco ladakhis – ici une poterie, là une étoffe ou une lampe de sel. Elles restent bien chères mais dégagent un vrai charme. On peut prendre le frais sur les terrasses agréablement entourées de pommiers et d'abricotiers, et grimper au monastère en 20 bonnes minutes.

LAMAYURU *(ind. tél. : 01982)*

À 115 km de Leh. De Leh, bus tlj vers 15h avec LBOC *(retour vers 14h) ou les mar, jeu et dim vers 7h30. En taxi, compter env 5 800 ₹ l'A/R ou 4 500 ₹ l'aller. Monastère ouv 7h-13h, 13h30-17h (voire 18h ou 19h en été). Entrée : 50 ₹.*

LE NORD

Un peu avant d'atteindre Lamayuru, la grande route de Srinagar quitte la vallée de l'Indus pour s'engouffrer dans une brèche étroite. Elle se tortille, se hisse sur ses flancs, pour déboucher finalement sur un étrange paysage lunaire et chaotique de cheminées de fées et d'arêtes sculptées par l'érosion dans l'argile (on parle ici de *moonlands*). En vis-à-vis, au sommet du village, le vénérable ***monastère de Tharpaling,*** conçu en forme de *swastika,* veille depuis 1 000 ans, survolé seulement, au plus près du ciel, par les maisons où les moines méditants demeurent, selon la tradition, 3 ans, 3 mois et 3 jours. Rebâti au XVIe s, le sanctuaire est attaché à l'école *kagyu,* comme Phyang.
Le *temple d'Avalokitésvara,* à gauche du portail d'entrée, n'est ouvert que lors de la prière du matin (7h-8h). Plus avant, le *lakhang* abrite une grande collection de manuscrits sacrés et, côté droit, la grotte de l'ascète Narupa, avec ses 3 statues vieilles de 500 ans : on l'observe à travers une vitre. Derrière le *lakhang,* le *gonkhang* cumule les offrandes, parmi lesquelles des petits animaux en plastique pour enfants... Moins pestilentiel et meilleur pour l'environnement que les têtes de bouquetins de jadis ! On verra encore, dans le *lama-lakhang,* 3 chortens en argent et or, incrustés de pierres semi-précieuses. Le plus beau reste cependant à voir : un ***magnifique petit temple du XIe s,*** planqué en contrebas de la colline. Il faut demander la clé au moine à l'entrée du *lakhang* (et promettre de la remonter !), dévaler l'escalier (environ 80 marches) à travers les maisons abandonnées du vieux village jusqu'au grand mât, franchir le passage voûté situé dans l'alignement, remonter 8 marches sur la droite puis quelques autres encore à droite : un vrai jeu de piste ! Là, se détachent une courette anonyme et, au fond, sans indication, le temple, que l'on reconnaît seulement à sa porte d'entrée en bois sculpté très ancienne. À l'intérieur, un trésor : la statue des 5 Bouddhas, des hauts-reliefs polychromes d'éléphants et de lions et, dans un renfoncement, à droite, 3 statues de gardiens des XVe-XVIe s faisant face à des squelettes dansant sur le mur. Ô impermanence...
– ***Fête bouddhique*** *(Yuru Kabgyat) : 18-19 juin 2020.* Les moines dansent masqués.

Hotel Dragon : *à l'entrée du village, sur la droite, au pied du monastère. ☎ 22-45-01. 06-50-94-93-47. • dragonhotellamayuru.wordpress.com • Ouv tte l'année. Doubles 600-1 800 ₹ selon confort.* Plus qu'un hôtel, c'est une *guesthouse,* partagée entre les vieilles chambres de la maison familiale (loin d'être impeccables) aux sanitaires communs ; et d'autres, plus récentes et avec salle de bains privée (eau chaude), réparties dans 2 petits bâtiments attenants au jardin(et). Préférer celles de l'étage dans l'édifice de droite, plus lumineuses et agréables. Bon accueil, avec quelques mots d'anglais. Bonne cuisine dans un cadre agréable en été.

Slachen Guesthouse : *en face de l'*Hotel Dragon. *☎ 22-45-38. 94-19-81-05-34. Ouv tte l'année. Double env 2 000 ₹, avec petit déj.* Des 7 chambres, toutes avec salle de bains, préférer sans hésiter celles de l'étage, plus lumineuses et qui offrent une belle vue sur la vallée. Repas possibles.

Hotel Moonland : *dans le village. 94-19-88-85-08. • hotelmoonland.com • Fermé nov-mars. Doubles 1 800-2 900 ₹ selon confort.* C'est le seul vrai hôtel de Lamayuru. On ne vous conseille pas forcément l'aile ancienne, datée, mais le nouveau bâtiment, dressé un peu plus haut sur la colline, abrite des chambres récentes bien plus avenantes – toutes avec salle de bains, balcon dominant la vallée, TV, bouilloire (et meilleur wifi). Celles du 1er étage ont un plafond ladakhi.

Tharpaling Guesthouse : *☎ 22-45-16. 94-19-34-39-17. Ouv tte l'année.* La patronne de cette *guesthouse* est connue pour sa capacité à convaincre les randonneurs de venir dormir chez elle. Toute sympathique qu'elle soit, on vous conseille plutôt de loger ailleurs et de venir pour goûter sa cuisine locale, servie dans le joli salon familial ladakhi.

EN ALLANT VERS SRINAGAR

En allant vers l'ouest, à environ 60 km (mais 3h de route, car il faut franchir le col de Fotu-La, à 4 094 m), le village de ***Mulbekh*** conserve une merveille : un Bouddha du futur haut de 10 m, sans doute gravé dans la paroi rocheuse vers le VIIIe s. Un petit temple masque malheureusement ses pieds.

L'HIMACHAL PRADESH

LA ROUTE ENTRE LEH ET MANALI

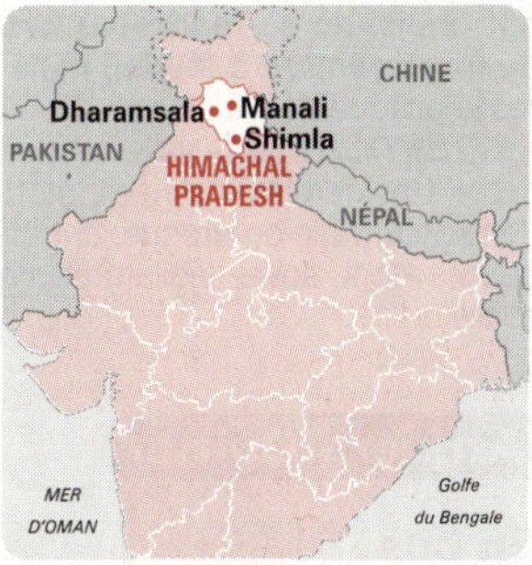

C'est la 2e route la plus haute du monde, ouverte à la fin des années 1980 (« Vous pouvez parler à Dieu », prévient un panneau ; mais que lui dire ?). Les motards l'adorent. Mais si les paysages sont grandioses, quelques précisions s'imposent !

– Longue de 473 km, la route Leh-Manali franchit 4 cols majeurs, dont le Tanglang La à 5 303 m et le Lachuglang La à 5 065 m ! Attention au mal d'altitude.

– Grosso modo, ***la route est ouverte de mi-mai ou juin à mi-octobre*** pour les taxis et les minibus. Les bus, eux, ne circulent que de mi-juin ou juillet à fin août/mi-septembre. Cela dit, la route peut être coupée quelques jours en été en raison de chutes de neige... ou ouverte au début de l'hiver s'il neige peu, comme en 2017. Elle est en grande partie goudronnée (sauf sur 150 km) et devrait l'être entièrement d'ici à 2020. Autre révolution annoncée : l'inauguration d'un tunnel sous le Rothang La, qui devrait réduire le trajet d'environ 60 km de lacets boueux...

– Il n'y a, pour ainsi dire, aucun village entre Rumtsé et Darcha (sur 250 km). Avant et après, on trouve de modestes gargotes pour se caler l'estomac ainsi que de petites échoppes où acheter biscuits et boissons. Faites des provisions avant le départ.

– Les ***taxis (collectifs) et minibus*** font généralement le trajet en 1 journée, ce qui est d'autant plus éprouvant et... dangereux. En taxi, l'idéal est de partir à 4 personnes, plus le chauffeur, mais certains essaient d'enfourner jusqu'à 8 passagers... Certes, ça revient moins cher qu'avec *HPTDC* (environ 2 000 ₹), mais bonjour le confort ! Mieux vaut le minibus (même prix).

– Les ***bus*** font habituellement le trajet en 2 jours, avec 1 nuit en route. Préférez, même si c'est plus cher, les *deluxe* de la *HPTDC* (● *booking.hptdc.in* ●), qui disposent de 2 chauffeurs pour se relayer (contrairement aux bus locaux ou privés). Ils circulent environ 1 jour sur 2, de juillet à début ou mi-septembre ; résa conseillée 2-3 jours avant. Tarif : 2 900 ₹, comprenant la nuit en dortoir et les repas à l'hôtel *Chandra Bhaga* (pas génial) à Keylong, la capitale du Lahul (120 km de Manali ; voir ci-dessous). Autre choix : le bus *J & K SRTC,* de mi-mai ou juin jusqu'à octobre en général (730 ₹ sans hébergement).

– Certaines agences affrétant des minibus en été proposent, alternativement, de ***passer la nuit sous tente*** à Sarchu (220 km de Manali), à 4 300 m. Draps et couvertures sont fournis mais, la nuit, ça caille... Si l'on arrive de Manali, la différence d'altitude est difficilement tolérable par l'organisme ; dans ce cas, on privilégiera la halte à Keylong, Sissu (avant) ou Jispa (après).

MANALI (मनाली) 5 000 hab. IND. TÉL. : 01902

Au cœur d'une vallée cernée de vergers, de forêts de pins et de cèdres, Manali est la ville la plus touristique de l'Himachal Pradesh, à la saison venue. Le nombre d'hôtels en témoigne ! Son *Mall* (la rue principale) large, entièrement piéton et bordé d'échoppes, se parcourt agréablement. L'atmosphère y est plus paisible qu'à Kullu, sa voisine à 40 km. Et en s'éloignant un peu du centre, on découvre rapidement le charme de la vallée : *Old Manali,* à environ 3 km, est le véritable cœur historique. Bien qu'il soit de plus en plus fréquenté par les touristes, l'endroit reste calme et reposant. Idem pour *Vashisht,* village également situé à 3 km de Manali, à flanc de montagne. Manali est une base idéale pour des trekkings merveilleux dans l'Himalaya et constitue une halte de 1 ou 2 jours quasi indispensable pour ceux qui ont choisi de se rendre au Ladakh par la route. La neige tombe parfois de mi-décembre à février, mais la route d'accès à Manali depuis la vallée reste praticable.

- ***ATTENTION :*** cette vallée est une plaque tournante de la production de cannabis. Ces dernières années, plusieurs disparitions d'étrangers, liées de près ou de loin au trafic de drogue, ont été rapportées. Sans compter les descentes de police. Alors, soyez vigilant et n'acceptez aucune proposition, si sympathique soit-elle !

Arriver – Quitter

En bus

Bus Stand : *en plein centre de Manali, en bordure du Mall.* Tous les bus sauf ceux de la *HPTDC* partent de là. La *HPTDC (☎ 25-35-31 ; • hptdc.in • ; bureau de résas sur le Mall, à 50 m de l'office de tourisme)* propose des bus *deluxe* ou *super deluxe* (avec semi-couchettes et clim) pour certaines destinations ; pour leur lieu de départ, se renseigner auprès du bureau de réservation ou directement dans la gare routière, auprès des chauffeurs (ça change très souvent !). Voir aussi *• hrtchp.com •* pour les liaisons en Himachal Pradesh. Il existe aussi de nombreuses compagnies privées. Liaisons avec :

➢ ***Delhi :*** 2 *super deluxe*/j. de la *HPTDC* et 2 *deluxe* de la *HRTC* en fin d'ap-m. Trajet : 15-16h. Sinon, env 3 bus locaux/j., mais plus long et éreintant.

➢ ***Dharamsala :*** 2 bus/j., le mat et le soir. Trajet : 10h. N'hésitez pas à faire le trajet de jour, la route est très belle.

➢ ***Kullu :*** ttes les 30 mn 4h-21h30. Trajet : max 1h30.

➢ ***Shimla :*** 1 bus *deluxe*/j. de la *HPTDC* le mat, et 2 *semi-deluxe* de la *HRTC* mat et soir. Sinon quelques bus locaux/j., mat et soir. Trajet : 10-11h.

➢ ***Pathankot :*** 3 bus/j., dont 2 départs tôt le mat ; le 3e, en milieu d'ap-m, rejoint aussi Jammu. Bonne route mais longue et sinueuse. Trajet : 10-11h.

➢ ***Haridwar :*** 2 bus/j., le mat et en début d'ap-m. Trajet : env 15h, éprouvant vu l'état des bus.

➢ ***Leh :*** lire « La route entre Leh et Manali », plus haut. Route ouverte seulement de mi-juin à mi-sept en principe (mais tout dépend de la météo).

➢ ***Keylong :*** en été seulement, 1-3 bus/j., le mat. Trajet : env 6h (et pourtant, à peine 115 km).

➢ ***Manikaran :*** pas de bus direct. Se rendre à Bhuntur, à 10 km au sud de Kullu (nombreux départs) ; de là, nombreux bus pour Manikaran. Trajet : 3-4h.

➢ ***Chandigarh :*** 1 bus *deluxe*/j. de la *HPTDC* en début de matinée, et 2 *semi-deluxe* avec la *HRTC* (mat et soir). Trajet : env 10h.

➢ ***Amritsar :*** 2 bus/j., dans l'ap-m. Trajet : env 15h.

En taxi

🚕 ***Him-Aanchal Taxi Operator's Union :*** *bureau sur The Mall, entre l'office de tourisme et la gare routière. ☎ 25-21-20 ou 24-50.* Taxis pour les villages de la région. Prix fixes.

Adresses utiles

La plupart sont situées sur The Mall (la rue principale piétonne) ou à proximité immédiate, dans le Manali moderne.

Services

ℹ ***Tourist Information Centre :*** *The Mall, au niveau du rond-point. ☎ 25-21-75. • himachaltourism.gov.in • hptdc.in • Lun-sam 10h-17h ; fermé dim.* Pour les treks, adressez-vous sans hésitation aux agences citées plus bas.

■ ***Rail Reservation & Information Centre :*** *The Mall, dans le même bâtiment que l'office de tourisme. ☎ 25-19-25. Lun-sam 8h-13h30 (12h30 sam) ; fermé dim.* Résas de billets de train. Gare la plus proche à Shimla (260 km).

✉ ***Poste :*** *dans une ruelle de la ville moderne, à 100 m de The Mall.*

■ ***Banques :*** ***State Bank of India,*** *à env 200 m de The Mall, en direction de Kullu. Lun-sam 10h-14h (12h sam) ; fermé dim. Également un ATM de la State Bank sur The Mall, près de l'office de tourisme (Visa et MasterCard).* ***Punjab Bank,*** *à 100 m du rond-point de The Mall, en direction d'Old Manali (horaires quasi similaires).* Distributeurs et change.

■ ***Bureaux de change :*** *plusieurs à Old Manali, Vashisht et le long de The Mall. Attention, certains n'ouvrent que avr-oct.*

@ ***Cybercafés :*** *nombreux sur The Mall. Le plus sympa :* ***Himalayan Quest Cybercafé,*** *au-dessus du resto Chopsticks. Tlj 10h-23h (21h30 hors saison).* Nombreux postes. *On en trouve aussi à Vashisht.*

En avion

✈ ***Kullu Airport :*** *à env 50 km de Manali (voir « Arriver – Quitter » à Kullu). En taxi, compter env 1 000 ₹ (pour 4 pers).*

➢ Liaisons seulement pour **Delhi** et **Chandigarh,** avec *Air India.*

Agences de voyages

Elles sont nombreuses, mais la plupart ne font que de la sous-traitance. Celles que nous citons sont les plus sérieuses et les plus fiables, elles organisent tout de A à Z et possèdent leur propre matériel. Toutes 3 travaillent avec des groupes français.

■ ***Himalayan Frontiers :*** *152/4, Model Town, au 2e étage. ☎ 25-03-84 ; en France, ☎ 01-60-46-96-03 (Delphine Gervais ou Gopi Chand). • himalayanfrontiers.com •* Treks sur l'Himachal, mais aussi le Ladakh, le Garhwal (sources du Gange), le Sikkim, le Bhoutan..., et circuits dans tout le pays. Très fiable et possibilité de partir accompagné par un guide francophone. Gopi propose également une *guesthouse*, la *Himalayan Country House* (voir « Où dormir ? »).

■ ***Himalayan Adventurers :*** *44, The Mall, en face du bureau de résa de la HPTDC, à 50 m du rond-point, au 1er étage. ☎ 25-30-50 ou 27-50. • himalayanadventurers.com •* Organise des treks de tous niveaux, un tour culturel du Spiti, du raft, etc. En fait, les circuits sont à la carte, à préparer à l'avance. Prix selon le nombre de participants. Une adresse sûre, qui connaît les besoins des Européens puisqu'elle travaille avec *Nouvelles Frontières.*

■ ***Himalayan Extreme Center :*** *bureaux à Vashisht et à Old Manali. ☎ 25-40-33. 📱 98-82-10-00-93. • himalayan-extreme-centre.com •* Tenu par un couple franco-suisse. Propose des treks, mais aussi des activités sportives variées selon les saisons (snowboard, balades à raquettes, escalade, rafting, parapente, virées à moto, etc.). Pour diversifier les plaisirs...

Où dormir ?

Dans le centre de Manali, nombreux hôtels abordables. Mais, pour poser vos valises, préférez Old Manali ou le petit village de Vashisht, beaucoup plus agréables (même si la plupart des touristes ont la même idée !). En haute saison, de mai à fin juin et en septembre-octobre, tout est archiplein. En basse saison, tout est archivide, fermé ou en travaux : on peut alors obtenir des ristournes conséquentes (15 à 50 % selon standing) par rapport aux tarifs que nous indiquons.

Entre Manali et Old Manali

À environ 1,5 km de Manali (ou un peu moins), dans un environnement boisé ou offrant de belles perspectives sur la vallée.

Très bon marché (max 600 ₹ / 8 €)

☗ ***Apple View Guesthouse :*** *prendre la route d'Old Manali, puis tourner tt de suite à droite après le pont ; l'hôtel se trouve au-dessus du club-house (monter par l'escalier en ciment). ☎ 25-38-99. 📱 98-16-88-78-44.* Dans une maison récente et construite au milieu de la verdure, chambres avec salle de bains commune (eau chaude). Jardin fleuri pour se reposer ultra-peinard, au-dessus de la vallée et de la mêlée, idéal pour prendre le petit déj. Accueil gentil comme tout. Un rapport qualité-prix qui ne souffre aucune contestation.

Très chic (min 5 400 ₹ / 72 €)

☗ ***Mayflower :*** *à env 300 m de The Mall, route d'Old Manali. ☎ 25-21-04. • mayflowermanali.in • Ouv tte l'année. Double env 7 400 ₹ en hte saison, petit déj inclus.* Un établissement de charme des plus confortable. Parmi la vingtaine de chambres spacieuses, une douzaine bénéficient d'une cheminée que l'on pourra vous allumer, moyennant un supplément, en cas de fraîcheur. La classe ! Beaux parquets cirés et boudoir qui donnent sur le parc de cèdres à l'arrière. Les chambres dans la partie ancienne ont davantage de patine.

À Old Manali

À environ 3 km de Manali. Après le pont, grimper la route sur la gauche. De la gare routière, prévoir 60-80 ₹ en rickshaw. Petit village rural accroché sur les pentes d'une colline et composé d'anciennes maisons de torchis et de bois, avec balcons sculptés et toits de pierre qui s'effritent... et de plus en plus de *guesthouses* en construction. Habité par des paysans et, en saison, par quelques touristes à la recherche d'un peu d'authenticité.

Très bon marché (max 600 ₹ / 8 €)

☗ ***Tourist Nest :*** *sur la droite quand on arrive au centre du village. ☎ 25-23-83. 📱 00-10-20-05-71. • katnakur@yahoo.com • Prix selon étage et saison.* Un établissement aux chambres correctes qui disposent de balcons donnant sur un jardin et la vallée. Simple et d'un bon rapport qualité-prix.

De prix moyens à chic (1 500-5 400 ₹ / 20-72 €)

☗ ***Himalayan Country House :*** *tt en haut d'Old Manali, à proximité du temple Manu Rishi. ☎ 25-22-94. • himalayancountryhouse.com • Fermé janv-fév.* Perché au-dessus des toits du village, un joli établissement construit de manière traditionnelle (alternance de bois et de pierre) dont le proprio, Gobi, tient l'agence *Himalayan Frontiers*. Les chambres sont assez spacieuses et confortables (salle de bains avec douche chaude). Chacune d'elles donne sur une petite terrasse d'où la vue sur Old Manali et la vallée est superbe. Parquet pour toutes. Bon accueil.

☗ ***Dragon Inn :*** *sur la droite quand on arrive au centre du village. ☎ 25-22-90. • dragoninnmanali.com • Ouv* *tte l'année (resto fermé déc-fév). Le prix grimpe d'étage en étage !* Une vingtaine de chambres donnant pour certaines sur la vallée et sur le village. Confort correct, avec douche chaude 24h/24, lits *king size,* TV, et balcons pour certaines. Fait aussi change et agence de voyages (trekkings, résas de billets). Quelques ratés dans l'entretien dernièrement.

À Vashisht

Village perché à 3 km au-dessus de Manali. Traverser la rivière et grimper en rickshaw *(prévoir 50 ₹ depuis la gare routière),* ou en taxi. Pas mal de *guesthouses* bon marché. Le centre de Vashisht est réservé aux piétons. Une atmosphère assez routarde et sympa pour dormir et s'adonner au farniente. Superbe vue et bon air frais. Pris d'assaut en saison.

Bon marché (max 1 500 ₹ / 20 €)

Amar Family House : *au cœur du village, dans un petit quartier à la fois proche et éloigné de l'animation touristique (à env 100 m des temples). 98-16-19-15-30. • amarpadma@hotmail.com •* Dans sa maison familiale, Chhape propose 5 chambres bien tenues, avec salle de bains. Certaines disposent d'une vue sur la vallée. Tranquille et d'un bon rapport qualité-prix.

De bon marché à prix moyens (800-3 000 ₹ / 10,70-40 €)

Dharma Guesthouse : *tt en haut du village, à l'écart ; accès par une sacrée volée de marches qui débute derrière le temple (pour les sportifs !). ☎ 25-23-54. • hoteldharmamanali.com • Des chambres avec sdb à ts les prix (une poignée « Bon marché ») selon vue et confort.* Les chambres les plus chères disposent d'un balcon et d'une vue imprenable sur la vallée. Les moins onéreuses conviendront parfaitement aux petits budgets. Terrasse avec vue panoramique idéale pour le petit déj ou pour bouquiner. Une adresse démocratique, reposante et vraiment agréable.

Surabhi Guesthouse : *à l'entrée du village. ☎ 25-27-96. Prix selon vue et confort ; grimpe aussi en « Chic » pour les plus chères.* Établissement sans charme particulier mais l'ensemble est propre. La plupart des chambres ont été rénovées ; les plus chères offrent une vue d'enfer sur la vallée à contempler depuis les balcons. Resto perché sur le *rooftop.*

Où manger ?

Pas mal de restos fermés de novembre à mars.

À Manali

De très bon marché à bon marché (max 450 ₹ / 6 €)

Mount View : *The Mall, en face de la station de bus.* Bonne cuisine tibétaine et chinoise dans un agréable cadre soigné.

Chopsticks : *The Mall, en face de la station de bus.* Là encore, cuisine tibétaine (mais pas uniquement) préparée avec soin par des Tibétains. Cadre propret. Les plats sont copieux et la réputation du resto n'est plus à faire.

Sa-Ba Restaurant : *en bordure d'un charmant square (Nehru Park), au niveau du rond-point, à l'extrémité nord de The Mall.* Cuisine chinoise, punjabie et de l'Inde du Sud principalement. L'endroit est très propre. Agréable aussi pour prendre un verre.

Mayur : *Mission Rd, une ruelle perpendiculaire à The Mall qui part juste en face de l'agence Yeti Travel. Bon marché.* Excellente cuisine indienne, chinoise et continentale. Ou des pizzas pour les lassés du curry. Joli décor en bois, avec poêle en hiver.

Entre Manali et Old Manali

The Johnson's Café : *à env 300 m du rond-point de The Mall, sur la route d'Old Manali (Circuit House Rd). 70-18-30-63-24. Prix moyens.*

Une salle chaleureuse et lumineuse, aux teintes indiennes, agrémentée de tableaux à tonalité contemporaine et de banquettes recouvertes de coussins, sans oublier un poêle pour combattre le frimas. À l'extérieur, terrasse au bord d'un jardin fleuri. Bref, un cadre fort plaisant qui met en confiance. Dans les assiettes, on savoure une bonne cuisine indienne que l'on peut accompagner d'un vin du pays ! Petite mention spéciale pour les truites en provenance des cours d'eau de l'Himalaya.

À Old Manali

Dragon Café : *dans l'hôtel* Dragon Inn *(voir « Où dormir ? »). Fermé janv-fév. De bon marché à prix moyens.* L'un des bons restos du coin. Cuisine internationale servie dans une sympathique salle perchée à l'étage. Ne vous privez pas d'une truite de l'Himalaya !

La Plage : *Club House Rd. 98-05-34-09-77. Ouv de mi-mai à sept ; fermé hors saison. De prix moyens à chic.* Installée dans un charmant cottage rénové au milieu des vergers de pommiers, la fameuse *Plage* de Goa prend ici ses quartiers d'été ! Même esprit mêlant déco vintage, *arty* et beaux matériaux, et dans l'assiette un swing entre cuisine méditerranéenne et produits indiens plutôt réussi. Depuis le jardin, belle vue sur les montagnes. À vos fourchettes !

À Vashisht

Rainbow Café : *au-dessus des sources chaudes. Bon marché.* On s'assoit en terrasse (vue géniale) ou sur des coussins posés à même le sol, dans une ambiance conviviale. Carte internationale, gâteaux et pâtisseries. Très prisé des routards du monde entier.

LE NORD

À voir à Manali et dans les proches environs

Hadimba Temple (ou Dhungri Temple) **:** *accessible en rickshaw (3 km de The Mall). Sinon, belle balade à pied d'env 30 mn depuis le centre, par le Nature Park, véritable poumon vert de la ville, ombragé par de magnifiques cèdres : prendre la direction Old Manali, puis, à 100 m du rond-point du Mall, entrer, sur la droite, dans le Nature Park (tlj 9h-19h ; droit d'entrée très modique) ; suivre « Nehru Parc-Club House ». Visite au passage d'un* ***arboretum*** *rassemblant les 28 espèces de pins de l'Himalaya. À la sortie du parc, prendre à gauche, puis la 1re route goudronnée à droite ; env 500 m plus loin, au niveau du tournant, bifurquer à gauche (le temple se trouve à 10 mn de grimpette).* Bâti en 1553, en forme de pagode sur 4 niveaux, tout en bois sculpté, il vaut amplement le détour. Linteau ciselé, bas-reliefs d'animaux sur la façade, intérieur sombre digne d'une caverne. On y honore Hamidan, déesse assimilée à Kali.

Museum of Himachal Culture and Folk Art : *à 100 m du Hadimba Temple. ☎ 25-38-46. Tlj 8h-18h. Entrée modique.* Agréable petit musée récent consacré à la culture de la région : vaisselle, bijoux, maquettes en bois de temples et de maisons traditionnelles, belles collections de masques et d'habits. À noter également un moulin à eau vieux de 250 ans. Mérite une petite visite.

Old Manali : *hameau à 3 km de Manali.* Beaucoup d'anciennes maisons traditionnelles en bois, pleines de charme. Aujourd'hui, il est interdit d'en construire de nouvelles afin de préserver les forêts du coin. En continuant la montée, vous tomberez sur le ***temple de Manu Rishi*** en pierre, bois clair et marbre, où seuls quelques habitués viennent se recueillir.

Vashisht : *village à 3 km de Manali.* Connu pour ses sources chaudes *(tlj 5h-21h ; GRATUIT)* dans lesquelles hommes et femmes (séparés, bien sûr) font leur toilette. Au centre du village, 3 temples dont deux en bois ciselé. Dans le *Rama Temple,* une statue de Rama (logique !) en or massif, d'où la porte aux robustes barreaux afin de la protéger d'éventuels pilleurs !

Ghosol : *entre Old Manali et Vashisht, sur la rive droite de la vallée. Possibilité d'y aller via une belle balade qui débute après le temple de Manu Rishi à Old Manali (prévoir de bonnes chaussures) ou bien en rickshaw.* Adorable petit village avec ses maisons traditionnelles et ses rues pavées.

Trekkings

Autour de Manali, nombreux treks de difficulté modérée, à faire en avril-mai et octobre-novembre. De juin à septembre, il pleut trop : autant éviter. En revanche, pour les randos plus longues et plus en altitude, là où la neige met du temps à fondre et où la mousson est arrêtée par la chaîne himalayenne (vers le Ladakh et la vallée du Spiti), il faut attendre mi-juin. Parmi les plus populaires :

➢ ***Hamta Pass*** *(4 270 m d'altitude)* **:** faisable en 3-4 jours, mais la formule classique dure 8-9 jours. Environ 25 km, assez facile. On peut continuer vers la ***vallée du Spiti*** (voir plus ci-dessous).

➢ ***Solang :*** *à 15 km au nord de Manali.* La principale station de ski de la région. Pas de remontée mécanique : tout à pied et en canard, mais une télécabine toute récente ! En été, on peut y faire du parapente et d'autres sports de montagne. À condition de choisir une agence sérieuse.

➢ ***Malana :*** *au départ de Naggar, village à mi-chemin entre Manali et Kullu. Se rendre à Naggar en bus, le reste se fait à pied (prévoir 4 j.). Possibilité aussi d'y aller depuis Jari, un village situé dans la Parvati Valley (prendre un bus depuis Kullu ou Bhuntur pour Manikaran) ; à Jari, jeep pdt env 1h, puis 3h de marche. Mai-nov.* Malana est un village situé près d'un glacier et considéré comme l'un des 1ers modèles de démocratie au monde. Coutumes tout à fait particulières (par exemple, la polygamie y est légale). Système qui fonctionne encore aujourd'hui. Attention, il est interdit de toucher les habitants ou leurs biens sous peine d'amende (on vous avait bien dit que les coutumes étaient spéciales !). Depuis l'été 2017, le dieu local, via un médium, a interdit aux villageois d'ouvrir *guesthouses* et restaurants aux touristes étrangers : renseignez-vous sur la situation avant d'y grimper !

DANS LES ENVIRONS DE MANALI

LA VALLÉE DU SPITI

L'une des plus isolées de toute l'Inde. Elle se trouve à l'est de l'Himachal Pradesh et fait la frontière avec le Tibet. Capitale : ***Kaza,*** à environ 190 km de Keylong et 200 km de Manali. Bus depuis ces 2 villes, taxis et jeeps (assez chers), mais seulement en été, et les routes sont dans un sale état. Le climat extrêmement sec (les pluies de la mousson sont arrêtées par les cimes himalayennes) rend la végétation rare et rase. À Kaza, on trouve hôtels, restos et tout ce qu'il faut avant d'entreprendre la découverte du Spiti. Sur chaque site important (Kibber, Tabo, Nako), possibilité de dormir, mais avoir son sac de couchage. Vous pouvez les visiter seul avec les bus, jeeps et taxis. Mais pour faire un trek, il est plus sûr de l'organiser avec une agence de Manali. Il y a bien quelques agences à Kaza, mais vous risquez de trouver porte close si vous arrivez à l'improviste.
Parmi les principaux centres d'intérêt : le village de ***Kibber,*** à 20 km de Kaza, l'un des plus hauts du monde, perché à 4 270 m ; sur la route, ne pas manquer le *gompa* de ***Ki,*** avec sa collection de textes anciens. Et puis le *gompa* de ***Tabo***

(50 km de Kaza), un monastère érigé en 996, vraie splendeur artistique et spirituelle, entouré de 9 temples presque aussi anciens et d'une armée de statues. Également le *gompa* de ***Domkhar,*** à 15 km de Kaza. De la région du Spiti, on peut rejoindre Manikaran et Kullu en trek.

KULLU (kullu)

16 500 hab. IND. TÉL. : 01902

À 40 km au sud de Manali, Kullu, à l'intersection de 3 vallées, est un lieu de passage. Sans charme et décousue sur une dizaine de kilomètres, la ville présente le seul intérêt d'être la capitale des *shawls* (châles) en laine et pashmina. Les prix y sont bas. Évitez d'y loger (l'offre hôtelière est bien pauvre...), et poussez plutôt jusqu'à Manali, bien plus agréable. Séjour intéressant la dernière semaine d'octobre, lors du festival folklorique de Dussehra : cérémonies très colorées, et danses tout à fait extraordinaires présidées par le *pradhan* (le chef du village).

Arriver – Quitter

En bus

Bus Stand : *au bord de la rivière, en fond de vallée, à env 1 km du centre.* Bus *deluxe* de la *HPTDC* (● *hptdc.in* ●), bureau de résas à l'office de tourisme et départs devant l'office de tourisme. Par ailleurs, les bus de la *HPTDC* au départ de Manali et en direction de Delhi, Shimla et Chandigarh s'arrêtent à la gare routière (enfin, en principe). Voir aussi ● *hrtchp.com* ● pour les liaisons en Himachal. Liaisons avec :

➢ ***Delhi :*** 1 bus *super deluxe* de la *HPTDC* en fin d'ap-m. Sinon 1 bus local/j., très tôt le mat. Trajet : env 14h.

➢ ***Manali :*** bus ttes les 30 mn 4h-21h30. Tout de même 1h30 pour 40 km !

➢ ***Dharamsala :*** 1-2 bus locaux/j., soit le mat, soit le soir. Trajet : 8-9h.

➢ ***Leh :*** voir aussi « La route entre Leh et Manali », plus haut. De mi-juin à fin août-début septembre en principe, *deluxe* de la *HPTDC* au départ de Manali seulement, résa possible au bureau de la *HPTDC* de Kullu. Sinon 1 bus/j. (bus en provenance de Delhi qui fait une halte à Kullu).

➢ ***Manikaran :*** 2 bus/j., le mat. Env 1h30 pour venir à bout des 45 km. Sinon, se rendre à Bhuntur, à 10 km au sud de Kullu ; de là, nombreux minibus pour Manikaran.

➢ ***Shimla :*** 1 bus *deluxe*/j. de la *HPTDC* le mat (en provenance de Manali). Sinon 1 bus local/j., très tôt le mat. Trajet : 9-10h.

➢ ***Chandigarh :*** 1 bus *deluxe*/j. de la *HPTDC* en début de matinée et 1 bus local/j. très tôt le mat. Trajet : env 9h.

➢ ***Pathankot :*** 2 bus/j., le mat. Trajet : 9-10h.

En taxi

Kullu Taxi Operator Union : *bureau à 150 m de l'office de tourisme.* ☎ *22-23-32.* Taxis pour les villages de la région, et même jusqu'à Delhi. Prix fixes.

En avion

✈ ***Kullu Airport :*** *à **Bhuntur,** à env 10 km au sud de la ville.* Bureau des taxis (pour Kullu, Manali...) à la sortie de l'aéroport : pour 4 pers, compter env 1 000 ₹ pour Manali, 300 ₹ pour Kullu.

➢ ***Delhi et Chandigarh :*** 6 vols/sem avec *Air India,* tte l'année. Attention, en période de mousson notamment, les vols sont parfois annulés en fonction de la météo.

Adresses utiles

Office de tourisme : *sur les hauteurs du village, près des hôtels. ☎ 22-23-49. • himachaltourism.gov.in • hptdc.in • Tlj 10h-19h (18h en hiver).*

Rail Reservation & Information Centre : *dans les locaux de l'office de tourisme. Lun-sam 10h-14h ; fermé dim.* Réservation de billets de train. Gare la plus proche à Shimla (220 km).

Post Office : *à env 400 m de l'office de tourisme. Suivre la route de Manali, bifurquer dans la 1re rue à gauche, puis 1re à droite.*

State Bank of India : *à 300 m de l'office de tourisme, en direction de Shimla, au bord de route principale. Lun-sam 10h-16h (13h sam) ; fermé dim.* ATM (*Visa* et *MasterCard*) et change.

Où dormir ? Où manger ?

Quelques adresses d'hébergements pour ceux qui tiennent absolument à loger à Kullu ou arriveraient en pleine nuit. Les prix varient du simple au double selon la saison. Nous indiquons les tarifs d'été. En hiver, demander quel type de chauffage est utilisé : les chaufferettes électriques mettent un temps fou à réchauffer une chambre en entier !

Hotel Vikrant : *à env 400 m de l'office de tourisme (suivre la route de Manali, bifurquer dans la 1re rue à gauche, puis fléché). ☎ 22-27-56. • vikramrashpa@gmail.com • Bon marché ; prix selon étage et vue. Pas de wifi.* À l'écart de l'agitation, un établissement modeste aux chambres (très) sommaires, toutes avec salle de bains et eau chaude (enfin, en principe). L'un des établissements les plus intéressants pour les petits budgets, malgré des sanitaires qui ne sont pas au top de leur forme. Éviter les chambres sans véritable fenêtre, bien sombres. Fait aussi resto.

Apple Valley Resort : *à env 5 km au sud du centre, route de Shimla. ☎ 26-00-01 à 04. • applevalleyresortskullu.com • Double min 8 400 ₹, petit déj inclus. Réduc de 30 % de mi-janv à mi-avr et de mi-juil à mi-sept.* Eh oui, c'est cher, mais l'endroit est charmant et très confortable. Des chalets avec cheminée (pour la déco et l'atmosphère uniquement !) et terrasse, répartis dans un joli jardin fleuri qui borde la rivière Beas. La différence entre les chambres *deluxe* et *super deluxe* se limite à la taille du lit. Service parfait, bon resto, et même une piscine.

Où dormir dans les environs ?

Castle of Naggar : *à env 25 km de Kullu et 20 km de Manali, et à 1 km de la route principale. ☎ 24-83-16. • hptdc.in • Bus local 3-4 fois/j. qui s'arrête au centre du village de Naggar ; puis prendre un taxi car ça grimpe dur. Doubles 2 000-5 600 ₹ selon confort, petit déj inclus ; en ½ pens seulement mai-juin (ajouter 250 ₹/pers) ; réduc de 20 % env hors saison. Wifi payant.* C'est une sorte de gros chalet bavarois édifié au début du XVIe s, à l'architecture remarquable, qui domine la vallée de Kullu. Très joliment restauré, ce vénérable *castle* se visite *(entrée payante pour les non-résidents).* Vue splendide. À l'intérieur, également un petit musée, mais franchement, il ne vaut pas tripette ! Aux alentours, 4 temples où aller faire un tour, une minigalerie d'art et un modeste musée consacré au folklore local. Fait aussi resto. Accueil très moyen.

DANS LES ENVIRONS DE KULLU

Manikaran (ind. tél. : 01902) **:** *à env 40 km à l'ouest de Kullu (voir « Arriver - Quitter » plus haut).* À 1 700 m d'altitude, un ravissant village blotti au cœur de la *Parvati Valley,* auquel on accède par 2 passerelles piétonnes. C'est un véritable labyrinthe de ruelles. Les maisons traditionnelles en bois côtoient des façades colorées et chatoyantes dans une atmosphère paisible, intime et pleine de vie en saison. Un petit bout du monde où l'on a plaisir à se poser juste pour une journée, ou bien à établir son camp de base pour préparer une balade en montagne ou un trek dans le coin (quelques agences sur place). Au sein du village, plusieurs temples, dont un temple sikh *(Manikaran Sahib Gurudwara)* qui abrite des sources chaudes réputées miraculeuses.

Guesthouse Sharma Sadan : ☎ *27-37-03. Bon marché.* Un des meilleurs rapports qualité-prix du village avec ses chambres propres dotées de salle de bains (eau chaude).

Fateh Paying Guesthouse : *98-16-89-49-68. Très bon marché.* Atmosphère plus familiale que la précédente.

The Country Charm : ☎ *27-37-03. Près du parking des taxis. Prix moyens.* Pas d'hésitation, cette adresse propose des chambres bien tenues avec balcon donnant sur la rivière.

DHARAMSALA (dharamsala)

30 000 hab. IND. TÉL. : 01892

• Plan *p. 149*

Delhi : *526 km ;* ***Pathankot :*** *90 km.*

Aller à Dharamsala, c'est un peu quitter l'Inde pour découvrir ce que les Tibétains appellent eux-mêmes « le Petit Lhassa ». Autour de la résidence du dalaï-lama, près de 15 000 réfugiés cherchent à sauvegarder leur identité culturelle et leur religion.

Accrochée à la montagne recouverte de chênes et de rhododendrons, avec en toile de fond la chaîne de Dhanla Dar dont les cimes enneigées culminent à 5 791 m, la ville s'étale entre 1 250 et 1 800 m d'altitude. En bas, *Lower Dharamsala* est une ville essentiellement commerçante, sans intérêt pour le routard. On lui préfère *McLeod Ganj* (le nom vient d'un ancien gouverneur du Pendjab), 5 km (ou 10 km, selon la route choisie !) plus haut, dans le village tibétain proche de la résidence du dalaï-lama (que tout le monde appelle ici *His Holiness*). Les bureaux de l'administration tibétaine (CTA), en fait le siège du gouvernement tibétain en exil, se trouvent à *Gangchen Kyishong,* entre Lower Dharamsala et McLeod Ganj.

McLeod Ganj est un peu la Mecque des hippies. Certains viennent apprendre la langue, la cuisine ou la musique tibétaine, l'art du massage, ou pratiquer le yoga. Bref, le business est florissant. De mars à juin, l'afflux touristique atteint son paroxysme, mais, en dehors de cette période, le voyageur peut encore trouver sérénité et fraîcheur.

– *ATTENTION :* trouver une chambre au moment des conférences données par le dalaï-lama (une poignée par an à Dharamsala ; calendrier disponible sur le site • *dalailama.com/schedule* •) est le début de l'apprentissage de la sagesse !

UN PEU D'HISTOIRE

Bien avant que Nehru ne décidât, en 1960, d'offrir cette terre d'asile aux Tibétains, le bouddhisme était déjà la religion dominante dans cette région. La vallée de Kangra comptait encore près de 50 monastères et 2 000 moines au VIIᵉ s. Ensuite, comme ailleurs en Inde, le brahmanisme reprit du terrain et la conquête

musulmane des XIIe et XIIIe s fit disparaître un bouddhisme déjà affaibli. Au milieu du XIXe s, les Anglais ont trouvé le coin plaisant et ont construit une station de villégiature chic et paisible, jusqu'au tremblement de terre de 1905 qui détruisit de nombreux édifices.
Après l'indépendance, en 1947, suivit une période un peu morne jusqu'à l'arrivée du dalaï-lama en 1959, au terme d'une longue et périlleuse marche à travers l'Himalaya. Un an plus tard, ce dernier transféra l'administration centrale tibétaine à Dharamsala, qui devint ainsi le siège du gouvernement tibétain en exil. Face à l'invasion chinoise qui a fait, depuis 1949, plus de 1 million de morts (dont un grand nombre de moines), sans compter la destruction de la quasi-totalité des monastères anciens, près de 130 000 réfugiés vivent aujourd'hui en exil. Un peu plus de 70 % résident en Inde (Himachal Pradesh, Sikkim, Ladakh). Les autres ont trouvé asile au Népal (environ 10 %), au Bhoutan, aux États-Unis, au Canada et en Europe, plus particulièrement en Suisse.
Le prix Nobel de la paix, reçu par Tenzin Gyatso, l'actuel et 14e dalaï-lama, contribua largement à faire connaître son combat acharné mais non violent pour la libération du Tibet et sa lutte pour la sauvegarde de l'héritage culturel de son peuple. En août 2011, âgé de 80 ans, il a cédé son pouvoir politique à Lobsang Sangay, un juriste, devenu ainsi 1er ministre du gouvernement tibétain en exil. Aujourd'hui, ce gouvernement – qu'aucun pays étranger n'a reconnu –, suivant la « voie moyenne » défendue par le dalaï-lama, vise l'obtention d'une « autonomie significative » du Tibet sous administration chinoise. Le Tibet où les tensions entre Tibétains et régime de Pékin sont malheureusement loin de s'apaiser.

AIDE À LA COMMUNAUTÉ TIBÉTAINE

De nombreuses possibilités, en fonction des affinités et intérêts de chacun. Cette liste est loin d'être exhaustive... vous le découvrirez rapidement !

■ **CTA** *(Central Tibetan Administration ; hors plan par A3,* ***10****) :* *à env 2 km au sud de McLeod Ganj.* • *tibet.net* • Le siège du gouvernement provisoire tibétain. Regroupe les différents départements (culture, santé, environnement, éducation, religion, etc.). Si vous souhaitez faire un don, rien de plus facile : adressez-vous au département de votre choix.

■ **TCV** *(Tibetan Children's Village ; hors plan par A1,* ***12****) :* *siège situé à 3,5 km de McLeod Ganj, à côté du lac Dal ; prendre la route sur la droite lorsqu'on arrive au lac, c'est à 100 m.* ☎ *22-13-48.* • *tcv.org.in* • Organisation qui gère une dizaine de villages d'enfants tibétains répartis dans le nord de l'Inde et regroupant crèches, écoles et centres d'apprentissage professionnel. Les enfants sont orphelins ou issus de familles pauvres. 2 villages (le *Lower TCV* et l'*Upper TCV*) se trouvent à Dharamsala et rassemblent entre 2 000 et 2 500 enfants. Dons de vêtements et aides financières toujours appréciés, système de parrainage d'enfants. En revanche, pas de bénévolat. S'occupe également de personnes âgées.

– Si votre niveau d'anglais et la durée de votre séjour vous le permettent, sachez que des bénévoles sont recherchés pour enseigner aux nouveaux migrants les rudiments d'anglais.
– Le site • *lhasocialwork.org* • répertorie les offres de mission bénévole, secteur par secteur (éducation, informatique, médecine, etc.), des ONG ou associations qui en ont besoin.

En Europe

• ***tibet-info.net*** • Toute l'actu tibétaine en brèves, ainsi qu'un agenda annonçant, en France, les conférences, projections de films, expos ou actions relatives/en faveur du Tibet, la venue du dalaï-lama, etc.

Arriver – Quitter

En bus

HRTC : • hrtchp.com • Bureau (tlj 8h-19h) au niveau de la petite pl. principale, sous McLlo Restaurant (plan A1, **5**) ; la **gare routière** elle-même se trouve 100 m en contrebas (plan A1, **1**). La plupart des bus partent de là ; certains toutefois s'ébranlent de la gare routière de *Lower Dharamsala* (hors plan par A1, **2**), à env 10 km de McLeod Ganj. Liaisons avec :

➢ ***Lower Dharamsala :*** nombreux minibus ou jeeps qui font l'A/R, 7h-18h env. Trajet : env 30 mn.

➢ ***Manali (via Kullu) :*** 3 bus/j. (1 le mat, 2 en début de soirée) depuis Lower Dharamsala. Trajet : env 9h pour Kullu, 10h pour Manali.

➢ ***Shimla :*** 6 bus/j. (4 le mat et 2 le soir), au départ de Lower Dharamsala, dont 1 *deluxe* de nuit. Env 8-9h de trajet.

➢ ***Delhi :*** 6 bus/j., dont 2 *deluxe* en début de soirée depuis McLeod Ganj. Trajet : env 12h. Sinon, certaines agences proposent des bus privés pour Delhi. Parmi elles, 2 agences sérieuses : *Potala* (Bhagsu Rd, en face de l'hôtel Tibet ; ☎ 22-13-78) et *Bedi Travel's* (à 50 m du bureau de taxis ; ☎ 22-13-59 ou 14-00).

➢ ***Pathankot :*** 5 bus/j., 10h-16h, de McLeod Ganj.

En taxi

Bhagsu Taxi Operators Union *(plan A1, **3**) :* bureau de résas à McLeod Ganj, à 100 m de la petite place principale. ☎ 22-10-34. • mcleodganjtaxiunion.com • Peuvent vous amener dans tous les villages de la région, et même jusqu'à Delhi, Agra... Tarifs fixes.

En train

La gare la plus proche et la plus utile se trouve à ***Pathankot*** (à environ 90 km). Liaisons avec :

➢ ***Delhi :*** 10 trains/j., dont la moitié arrive à *New Delhi* et l'autre à *Old Delhi*. 1 seul de jour *(New Delhi)*. Trajet : 7h30-12h.

Adresses utiles

- Tourist Information Centre (A2)
- 1 Gare routière HRTC (A1)
- 2 Gare routière de Lower Dharamsala (hors plan par A1)
- 3 Bhagsu Taxi Operators Union (A1)
- 4 Railway Booking Office (hors plan par A1)
- 5 Bureau de la HRTC (A1)
- 6 Distributeurs (ATM ; A1, A2)
- 7 Delek Hospital (hors plan par A3)
- 8 Auto Operator's Union (rickshaws ; A1)
- 9 Security Office (B1)
- 10 CTA (Central Tibetan Administration ; hors plan par A3)
- 12 TCV (Tibetan Children's Village ; hors plan par A1)
- 13 High Point Adventure (A2)

Où dormir ?

- 20 Loseling Guesthouse (B2)
- 21 Hotel Ladies Venture (B3)
- 22 Tibetan Ashoka Guesthouse (B2)
- 24 Pink House (B2)
- 25 8 Auspicious Him View Hotel (B3)
- 26 Chonor House (B3)
- 27 Norbu House (B3)
- 28 Norling House (hors plan par A1)

Où manger ?

- 25 Resto du 8 Auspicious Him View Hotel (B3)
- 40 Kunga Restaurant – Nick's Italian Kitchen (B1)
- 41 Four Season Cafe (B2)
- 42 Snow Lion Hotel (A1)
- 43 McLlo Restaurant (A1)
- 44 Resto de l'hôtel Tibet (A1)
- 45 Resto de l'Asia Health Resort (hors plan par A1)

Où prendre le petit déjeuner ? Où boire un verre ?

- 40 Kunga Restaurant – Nick's Italian Kitchen (B1)
- 42 Snow Lion Hotel (A1)
- 43 McLlo Restaurant (A1)
- 51 Café Budan (B2)
- 52 Moon Peak Espresso (A2)
- 53 Rogpa (B2)
- 54 Carpe Diem (B2)

À voir

- 10 Library & Tibetan Cultural Museum et la salle du « Parlement tibétain en exil » (hors plan par A3)

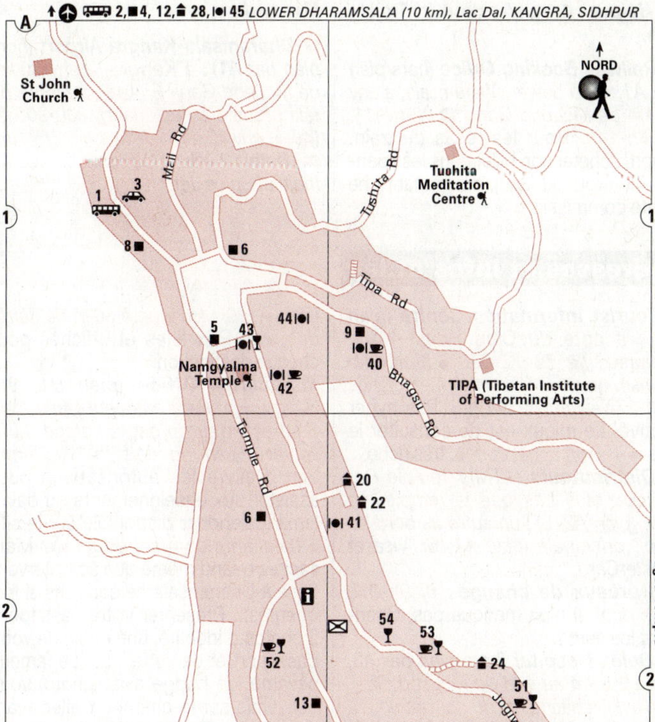

DHARAMSALA – MCLEOD GANJ

➢ ***Jaipur :*** 1 train/j., de nuit. Trajet : 14h.

■ ***Railway Booking Office*** *(hors plan par A1,* ***4****) : à Lower Dharamsala, à env 10 km de McLeod Ganj. ☎ 22-67-11. Tlj 8h-14h.* Pour les résas de train. Sinon, acheter son billet dans les agences de McLeod Ganj, moyennant une petite commission.

En avion

✈ ***Dharamsala-Kangra Airport*** *(hors plan par A1) : à* ***Kangra,*** *à env 30 km de McLeod Ganj. En taxi (comptoir de taxi prepaid à l'extérieur), 800-900 ₹ ; trajet : env 45 mn.*

➢ ***Delhi :*** 2 vols/j., tte l'année, avec *Air India* et *Spice Jet.*

Adresses et infos utiles

🅸 ***Tourist Information Centre*** *(plan A2) : à côté du Club House-Hotel Bhagsu. ☎ 22-12-05. • himachal tourism.gov.in • Tlj sauf dim et j. fériés 10h-17h, avec pause déj.* Pas hyper motivé. Le mieux est de consulter le site *• 123himachal.com •,* très riche.

■ ***Distributeurs*** *(ATM) : Temple Rd, un peu plus bas que le temple, en face (plan A2,* ***6****) ; un autre au bord de la pl. principale (plan A1,* ***6****).* *Visa* et *MasterCard.*

■ ***Bureaux de change :*** *tlj 9h-21h (18h dim).* Il n'en manque pas. Changent les euros.

🏥 ***Delek Hospital*** *(hors plan par A0,* ***7****) : à 2,5 km au sud de McLeod Ganj, peu avt les bâtiments du gouvernement provisoire tibétain (CTA).* Médecins tibétains anglophones, pour des premiers soins.

■ ***Rickshaws :*** *regroupés au sein de l'association* ***Auto Operator's Union*** *(plan A1,* ***8****) ; kiosque à 50 m de l'arrêt des bus.* Prix fixes et affichés pour chaque destination.

■ ***Security Office*** *(plan B1,* ***9****) : Bhagsu Rd. Petit bâtiment jaune clair. S'adresser au bureau à l'étage. Lun-ven et 1er sam du mois 9h-17h ; fermé dim.* Délivre les autorisations pour assister aux enseignements du dalaï-lama (calendrier disponible sur le site *• dalailama.com/schedule •*). Mais sachez quand même que ses interventions à Dharamsala ne sont pas si fréquentes... Présenter votre passeport, 2 photos d'identité, une copie de votre passeport et de votre visa. Le fameux sésame (un badge avec photo) vous est remis sur-le-champ. Y aller avant l'ouverture officielle, la file d'attente est parfois très longue...

■ ***Air India :*** *à l'aéroport. ☎ 23-33-96. • airindia.in •*

Où dormir ?

Nombreuses *guesthouses* de très bon marché à bon marché, toutes situées à McLeod Ganj, dans un mouchoir de poche.

De très bon marché à bon marché (300-1 500 ₹ / 4-20 €)

🏠 ***Loseling Guesthouse*** *(plan B2,* ***20****) : dans un passage perpendiculaire à Jogiwara Rd. ☎ 22-00-85. 📱 98-16-57-54-78. Très bon marché.* Géré par des moines. Chambres à différents prix, sans déco particulière mais vraiment propres, avec salle de bains (eau chaude le matin seulement) et ventilo. Toilettes à l'indienne pour les moins chères. Au dernier étage, 2 ou 3 chambres s'ouvrent sur une vaste terrasse et un panorama magnifique. Un rapport qualité-prix excellent. Dans le même genre, les moines tiennent aussi la ***Loling Guesthouse,*** à côté de la *Kalsang Guesthouse.*

🏠 ***Tibetan Ashoka Guesthouse*** *(plan B2,* ***22****) : à côté de la Loseling Guesthouse. ☎ 22-17-63. Fermeture des portes à 23h. Prévoir une photocopie de votre passeport.* L'une de nos préférées, pour ses prix riquiqui, sa grande propreté et la vue à couper le souffle depuis la terrasse. Chambres avec ou sans salle de bains, avec ou sans vue, avec ou sans eau chaude. En revanche, l'accueil n'est pas toujours au top.

🏠 ***Hotel Ladies Venture*** *(plan B3,* ***21****) : Jogiwara Rd. ☎ 22-15-59. Chambres pour différents budgets avec sdb ; 1 dortoir de 7 lits à prix plancher avec sanitaires extérieurs.* Un bâtiment à la façade pimpante entouré de verdure et parfaitement tenu par un couple belgo-indien. Ensemble nickel : on pose ses bagages en confiance. Seules les chambres individuelles ne bénéficient pas d'une vue sur la vallée. Eau chaude dans toutes. Plusieurs petites terrasses pour se prélasser. Un très bon rapport qualité-prix.

De prix moyens à chic (1 500-5 400 ₹ / 20-72 €)

🏠 ***8 Auspicious Him View Hotel*** *(plan B3,* ***25****) : Jogiwara Rd. ☎ 22-11-48. ● 8aushimview.com ● Doubles 2 300-4 200 ₹ selon vue et taille, petit déj compris.* Une petite structure aux chambres soigneusement aménagées, certaines avec beau parquet, toutes dotées d'un balcon. Belle vue sur la plaine depuis les chambres situées aux étages supérieurs (les autres ont un bâtiment juste devant, pas d'bol !). Également un resto de qualité (voir « Où manger ? »). Service familial charmant, efficace et discret.

🏠 ***Pink House*** *(plan B2,* ***24****) : en contrebas de Jogiwara Rd ; accès par une longue volée de marches. 📱 98-05-52-71-24. ● pinkhouse.in ● Doubles 1 600-2 700 ₹.* Les chambres, réparties dans 3 bâtiments communicants, sont colorées, et disposent, pour la plupart, d'un petit balcon. La taille et la vue justifient les différences de prix. Les moins chères, dans l'ancien bâtiment, sont déjà très bien. Petit déj sur le toit-terrasse, d'où l'on a une très belle vue.

Très chic (5 400-10 500 ₹ / 72-140 €)

🏠 🍴 ***Chonor House*** *(plan B3,* ***26****) : Temple Rd. ☎ 22-10-06. ● norbulingka.org ● Doubles 5 500-7 500 ₹ ; petit déj en sus.* Une vingtaine de chambres vraiment très bien décorées et aménagées, à mille lieues de l'aseptie d'un hôtel de chaîne. Dans chaque chambre, murs peints illustrant une région tibétaine, tissus et tapis colorés, mobilier soigné. Les plus grandes ont de nombreuses fenêtres. Une belle terrasse et un bon resto.

🏠 ***Norbu House*** *(plan B3,* ***27****) : près de Zamabala House. 📱 75-59-70-08-87. ● hotelnorbuhouse.in ● Passer devant l'office de tourisme et suivre la rue jusqu'au bout ; accès par une ruelle discrète sur la gauche. Double min 5 800 ₹, petit déj-buffet inclus.* Un hôtel récent dont le point fort est incontestablement son emplacement, au sommet du versant. Les chambres (une trentaine), très confortables et à la déco actuelle, bénéficient d'un balcon. On ne se lasse pas de la vue plongeante sur la plaine ! Les moins chères sont déjà très bien.

LE NORD

Où dormir dans les environs ?

De chic à très chic (min 4 000 ₹ / 53,30 €)

🏠 ***Norling House*** *(hors plan par A1,* ***28****) : à* ***Sidhpur,*** *sur la route de Kullu, à env 15 km de McLeod Ganj. ☎ 24-64-06. 📱 89-88-15-93-49. ● norbulingka.org ● Mieux vaut être véhiculé ; sinon, bus jusqu'à Sidhpur, puis 15 mn de marche ou bien taxi. Doubles et suites 4 000-6 000 ₹ ; petit déj en sus.* Tenu par une communauté de réfugiés, le *Norbulingka Institute* vise à faire vivre la culture tibétaine. Plusieurs dizaines d'artisans, de professeurs et d'étudiants y séjournent. À l'écart du temple bouddhique, un bâtiment circulaire abrite une dizaine de chambres spacieuses et charmantes. Le petit déj est servi au cœur d'un véritable jardin d'éden dans lequel flottent au vent des dizaines de guirlandes multicolores, le gazouillis des oiseaux en prime. Également un resto. Une adresse à l'atmosphère très zen.

Où manger ?

Tourisme oblige, les menus des restos proposent tout et rien, de la cuisine tibétaine (encore heureux !) à la cuisine israélienne, en passant par les *chow mein,* pizzas, burgers et autres délices du genre. C'est quand même la nourriture tibétaine qui nous a le plus bottés : *momos,* soupes de nouilles *(thanthuk)*... Une petite pause pour les papilles, qui pourront connaître une trêve au niveau des épices ! La plupart de ces restos bon marché ne servent pas d'alcool.

De très bon marché à bon marché (120-450 ₹ / 1,60-6 €)

|●| *Kunga Restaurant – Nick's Italian Kitchen* *(plan B1,* ***40****)* **:** *Bhagsu Rd. Tlj 7h-21h.* Le rendez-vous des routards, souvent plein comme un œuf. Le panneau d'affichage donne le ton : cours de yoga, réparation de dreadlocks... Vaste salle baignée de lumière, et grande terrasse avec une bien belle vue. Carte végétarienne longue et variée : *momos,* soupes, pâtes, pizzas, salades, bons desserts. Service efficace. Une bonne adresse pour les petits déj également.

|●| *Four Season Cafe* *(plan B2,* ***41****)* **:** *Jogiwara Rd. Tlj 8h-22h.* Un petit resto tenu par des Tibétains, chaleureux comme tout avec ses murs rouge orangé et ses étagères recouvertes de bouquins. Cuisine tibétaine fort correcte *(momos, thukpa, thanthuk),* mais aussi quelques plats plus inattendus comme le *chicken in white wine sauce.* Prisé des voyageurs !

|●| *Snow Lion Hotel* *(plan A1,* ***42****)* **:** *Jogiwara Rd. Tlj 7h-21h.* Une escale prisée des routards, et plus particulièrement des amateurs de café, à toute heure de la journée ! L'endroit est accueillant avec ses banquettes et tabourets coiffés de confortables coussins. Soupes, snacks, sandwichs, porridge, pancakes, sans oublier quelques plats végétariens et tibétains.

|●| *Resto du 8 Auspicious Him View Hotel* *(plan B3,* ***25****)* **:** *Jogiwara Rd. Tlj 11h-23h.* 5 petites tables seulement, et pour une fois la carte – exclusivement végétarienne – est courte, et les plats délicieux, notamment les *mix veg momos,* très parfumés. Quelques tables dehors dans la cour. Service familial charmant, efficace et discret.

De bon marché à prix moyens (300-900 ₹ / 4-12 €)

|●| *McLlo Restaurant* *(plan A1,* ***43****)* **:** *au bord de la petite place principale.* Resto-bar sur 2 étages, souvent blindé et bruyant (ça frôle l'usine en pleine saison !). Sur le toit, la terrasse est plus aérée, sauf en hiver lorsqu'elle est couverte. La cuisine ratisse large (indien, chinois, italien, israélien et tibétain), mais s'avère correcte, et les prix raisonnables. De plus, c'est l'un des quelques endroits où l'on peut boire une bière fraîche en soirée, et même une bouteille de vin indien ! Bien vérifier sa note, quand même.

|●| *Resto de l'hôtel Tibet* *(plan A1,* ***44****)* **:** *Bhagsu Rd, à 50 m de la petite place principale. Dans le bas de la fourchette.* Grande salle à l'atmosphère et au service assez conventionnel (serveurs en nœud pap' pas très pressés). Cuisine pour tous les goûts, tibétaine, indienne, japonaise, chinoise et occidentale, pas exclusivement végétarienne. L'endroit reste une référence à McLeod Ganj. À côté, pâtisserie proposant croissants et différents pains.

Où manger chic dans les environs ?

|●| *Resto de l'Asia Health Resort* *(hors plan par A1,* ***45****)* **:** *à env 5 km de McLeod Ganj (1,5 km après le lac Dal), en pleine nature. ☎ 22-09-09. Sert de l'alcool.* L'une des meilleures tables qu'on ait trouvées ici. Cuisine indienne et continentale. Essayez le *murgh tikka* au gingembre et au citron confit. La salle n'a pas d'intérêt particulier. Installez-vous sur la terrasse pour contempler l'époustouflante vue sur la vallée.

Où prendre le petit déjeuner ? Où boire un verre ?

Café Budan (plan B2, **51**) : *Jogiwara Rd. Tlj 8h-20h.* Salon de thé avec chaises en rotin, qui sert des pâtisseries bien tentantes. Omelette, sandwich toasté, crêpes... Quelques tables dehors, sans vue. Très bien pour le petit déj aussi.

Moon Peak Espresso (plan A2, **52**) : *Temple Rd. Tlj 7h-21h.* Quelques pâtisseries et vrai café ou thé bienvenus pour prendre un petit déj en salle tout en contemplant une expo de photos, de peintures, ou bien sur la terrasse. Apprécié des touristes pour un verre en journée. Propose également quelques plats. Prix un peu musclés tout de même...

Rogpa (plan B2, **53**) : *Jogiwara Rd. Tlj 9h-17h30.* Petit café mouchoir de poche, pour déguster quelques pâtisseries ou une boisson. On y vend aussi des vêtements d'occase et de petits souvenirs, principalement en patchwork (petites trousses, sacs), jolies cartes... Les profits vont à l'association *Rogpa,* qui mène plusieurs projets sociaux, notamment une crèche et un atelier de couture pour les femmes (d'où les produits mis en vente).

Kunga Restaurant – Nick's Italian Kitchen (plan B1, **40**) : *voir « Où manger ? ».*

Snow Lion Hotel (plan A1, **42**) : *Jogiwara Rd.* Pour les amateurs de café.

Carpe Diem (plan B2, **54**) : *Jogiwara Rd. Tlj jusqu'à 22h.* Oubliez la salle de resto au 1er étage, grimpez jusqu'au dernier étage et affalez-vous sur les coussins pour siroter une bière fraîche, au calme ! Une alternative bienvenue au *McLlo Restaurant...*

McLlo Restaurant (plan A1, **43**) : *voir « Où manger ? ».* Pour une bière fraîche.

À voir

Namgyalma Temple (plan A1) : *en plein cœur de McLeod Ganj, on ne peut pas le rater.* Construit en mémoire des Tibétains disparus dans leur lutte pour un Tibet libre. Toujours en tournant dans le sens des aiguilles d'une montre, les fidèles font rouler les gros moulins à prières colorés en récitant des mantras. Reconstruit intégralement en 2005.

Namgyal Temple (plan A3) : *à 1 km au sud de McLeod Ganj, à côté de la résidence du dalaï-lama.* Le bâtiment moderne n'a rien de spécial en soi. Il se compose d'un monastère où vivent et étudient près de 200 moines que l'on voit se balader, chahuter ou s'exercer à des joutes oratoires assez spectaculaires. Dans la salle centrale, un bouddha et, devant lui, toutes sortes d'offrandes. De part et d'autre, dans les vitrines qui grimpent jusqu'au plafond, une collection de 225 volumes de *Tangyur.* À gauche, derrière les grilles, 2 énormes statues. Celle en bronze mesure 3 m de hauteur et représente Sakyamuni ; celle en argent, Avalokiteshvara aux 11 visages – dont le dalaï-lama est supposé être l'incarnation. Lors des cérémonies, la salle regorge de moines récitant des mantras, leur *mala* égrené sous leurs doigts.

Tibet Museum (plan A3) : *à 1 km au sud de McLeod Ganj, juste avt l'entrée du Namgyal Temple. ☎ 22-25-10. • tibetmuseum.org • Ouv 9h-18h (17h oct-mars) ; lunch break 13h-14h. Fermé lun, sam (sauf 1er sam du mois) et j. fériés. GRATUIT.* Retrace la douloureuse histoire du Tibet, de l'invasion à la sinisation

LE NORD

en passant par l'exil, les tortures et le véritable génocide perpétré par le pouvoir chinois : environ 1,2 million de morts depuis 1949. Plus de 6 000 temples ont été détruits et leurs manuscrits brûlés au nom de la Révolution culturelle. L'extermination se poursuit lentement aujourd'hui, par la méthode discrète, mais ô combien efficace, de l'invasion démographique, de l'assimilation culturelle et de l'exploitation des ressources naturelles. Hommage également aux Tibétains qui, régulièrement, s'immolent par le feu comme ultime cri d'alarme. Photos poignantes, documentaire vidéo (projection en continu, en anglais) qui prend vraiment aux tripes. À 11h et 15h, projection d'un film *(10 ₹ ; durée : 1h).* On n'en ressort pas indemne.

Library & Tibetan Cultural Museum *(hors plan par A3,* ***10****) : à env 3 km de McLeod Ganj, dans la cour du gouvernement provisoire (Central Tibetan Administration). ☎ 22-24-67. Tlj sauf dim et 2e et 4e sam du mois 9h-13h, 14h-17h.* D'une richesse remarquable, le lieu est bien connu de ceux qui désirent étudier l'histoire et la culture tibétaines. Au 1er étage, un petit musée (entrée symbolique) expose des *thangkas* anciennes, de magnifiques mandalas, des dizaines de bouddhas plus beaux les uns que les autres et sauvés du pillage chinois. Possibilité de suivre les enseignements quotidiens donnés par des Occidentaux ou des lamas tibétains (traduction simultanée en anglais), et de s'initier au tibétain (à l'issue de votre apprentissage, un diplôme vous sera délivré). Différentes tranches horaires selon les niveaux.

La salle du « Parlement tibétain en exil » *(hors plan par A3,* ***10****) : à env 3 km de McLeod Ganj, dans la cour du gouvernement provisoire (Central Tibetan Administration). Tlj sauf dim et 2e, 3e et 4e sam du mois 9h-17h. GRATUIT.* Seulement 2 sessions par an d'une dizaine de jours, réunissant 44 députés venant à la fois d'Inde, du Népal, du Bhoutan, d'Europe ou des États-Unis... Le Tibet a donc tous les attributs d'un pays : un gouvernement, une assemblée, un drapeau... mais aucune reconnaissance officielle.

Tushita Meditation Centre *(plan B1) : à env 1,5 km de McLeod Ganj ; compter 20 mn de grimpette ; sinon, en rickshaw. 📱 89-88-16-09-88. • tushita.info • Tlj sauf dim 9h30-11h30, 12h30-16h. Fermé déc-janv.* Lieu de retraite perché au-dessus de la ville pour étudier le bouddhisme tibétain durant 2 à 10 jours (différents niveaux). Quiétude et sérénité, que seuls les singes semblent autorisés à troubler. Les personnes suivant les cours (en principe, au-delà de 5 jours) peuvent y séjourner. Ambiance monacale et recueillement. Également des conférences.

Saint John Church *(plan A1) : à 15 mn de marche de McLeod Ganj. En principe, tlj 9h-17h. Office dim à 11h30, en hindi.* Construite en 1852, cette église néogothique doit paraître délicieusement exotique pour les Tibétains... De part et d'autre, un cimetière où les défunts reposent vraiment en paix. Un bon prétexte de balade à travers la forêt.

Manifestations et festival

– **Représentations et festival d'opéra tibétain :** des représentations en certaines occasions, ainsi qu'au moment du festival (mars ou avril) au *TIPA (Tibetan Institute of Performing Arts ; plan B1),* voire au temple. Le TIPA est la plus ancienne institution de la communauté qui se bat pour faire vivre l'art tibétain. Sa troupe d'opéra tibétain *(Lhamo)* suit une tradition datant du XIVe s. Ses artistes, excellents, se produisent dans le monde entier.
La programmation est disponible sur le site • *tipa.asia* •

DANS LES ENVIRONS DE DHARAMSALA

Quelques ***balades*** accessibles à tous à partir de McLeod Ganj, mais ne vous aventurez pas sans guide pour des treks sérieux. Il faut impérativement faire appel à de vrais pros.

■ ***High Point Adventure*** *(plan A2, **13**) : à McLeod Ganj, au Kareri Lodge, à 100 m du Tourist Information Centre.* ☎ *22-11-32.* • *karerihl@hotmail.com* • Une agence sérieuse qui organise des treks de un à plusieurs jours.

➢ ***Bhagsu*** *(hors plan par B2) : à env 1,5 km de McLeod Ganj, une extension hôtelière de McLeod.* Petit temple hindou du XVIe s dédié à Shiva. Un peu plus loin, une cascade.

➢ ***Le lac Dal*** *(hors plan par A1) : à env 4 km de McLeod Ganj.* Oh ! un petit lac qui n'a rien d'impressionnant, mais c'est le prétexte à une petite balade, à l'abri du soleil grâce aux arbres qui jalonnent le parcours ; ça grimpe un peu.

Norbulingka Institute *: à **Sidhpur,** à env 15 km de McLeod Ganj ; voir « Où dormir dans les environs ? ». Tlj 9h-17h30. Entrée : 110 ₹.* Un centre culturel tibétain où l'on peut voir de nombreux artisans et artistes (travail du bois, couture, peinture, etc.) qui vendent leurs créations sur place, mais au prix fort...

Kangra Fort *: à **Kangra,** à env 30 km de McLeod Ganj. Accessible en bus (la gare routière de Kangra se trouve à 3 km du fort ; finir à pied ou en rickshaw). Tlj 8h30-19h (18h30 en hiver) ; musée tlj sauf ven 9h-17h. Entrée : 300 ₹. Appareil photo 50 ₹.* Les 1res traces du fort remontent à plus de 1 000 ans, ce qui en fait l'un des plus anciens de l'Inde du Nord. Le tremblement de terre de 1905 lui fut fatal. Aujourd'hui, il ne reste plus que quelques ruines qui se dressent au sommet d'un piton rocheux, à l'aplomb des rivières Manjhi et Ban Ganga. Le site vaut surtout le coup d'œil pour le point de vue, superbe. Ne pas manquer les vestiges d'un sanctuaire au mur de pierre richement ciselé. Au pied du fort, un musée rassemble quelques objets trouvés sur le site. Dans le village, voir le *Shri Bajreshwari Devi Temple.*

Baijnath Temple *: à **Baijnath,** à env 60 km de Dharamsala, sur la route de Kullu. Accessible en bus (la gare routière est à 300 m). GRATUIT.* Temple de petite taille mais d'une finesse exceptionnelle, dédié à Shiva. Certains le datent du IXe s. On peut passer des heures à inspecter les bas-reliefs. Attention, dans la cour, sur la gauche, ne pas enjamber la petite rigole perpendiculaire au temple, où coule de l'eau sacrée. À l'intérieur, sur le mur de droite, une plaque gravée dans un alphabet mystérieux. Environnement paisible, sur une pelouse digne d'un green de golf, avec les pics enneigés à l'arrière-plan.

SHIMLA (शिमला)

163 000 hab. IND. TÉL. : 0177

Capitale de l'Himachal Pradesh, Shimla est située à 250 km environ de Dharamsala, et à 120 km au nord-est de Chandigarh. La ville ressemble à une gigantesque grappe de raisin s'étirant et s'agrippant sur le flanc escarpé d'une colline, à 2 200 m d'altitude. Au XIXe s, l'été, les Britanniques venaient y prendre le frais, et l'érigèrent même « capitale d'été de l'Empire ». De son passé colonial, Shimla conserve un ensemble de maisons à l'architecture victorienne, et l'étonnant clocher jaune de la cathédrale, visible de loin. Ces belles demeures, tantôt bien conservées, tantôt tombant en décrépitude, font corps le long de la rue principale *(The Mall),* piétonne et très agréable,

qui court sur la crête de la montagne. Dès les premiers beaux jours, les familles indiennes et les couples en voyage de noces perpétuent la tradition. Le Mall prend alors des petits airs de Croisette bien léchée, la mer en moins, les montagnes – au loin – en plus. Depuis *The Ridge,* sorte de promenade en haut de la ville sur laquelle flotte le drapeau indien, la vue sur les 2 versants est splendide. Au sommet de la montagne, la silhouette orange d'Hanuman, le dieu singe, émerge de la cime des pins. On peut y grimper depuis la rue qui part à gauche de l'église (compter 45 mn environ ; un panneau indique la durée de l'ascension selon l'âge !). De décembre à février, il neige parfois.
– On accède au Mall par un ascenseur situé au pied de la ville.

Arriver – Quitter

En bus

Le ***New Bus Stand*** se trouve à 5 km de Shimla, sur la route de Chandigarh. L'***Old Bus Stand,*** situé au pied de Shimla, près de l'ascenseur, dessert uniquement les villages alentour. Des bus relient ttes les 10 mn, 5h-22h, les 2 *Bus Stand*. Bureau de résa des bus *HRTC (Himachal Road Transport Corporation)* dans le même bâtiment que le *Tourism Office* (*● hrtchp.com ● ; tlj 11h-14h, 15h-18h).* Liaisons avec :
➢ ***Delhi :*** bus ttes les 30 mn, 5h-23h, dont 7 *deluxe* (avec AC). Trajet : 10h.
➢ ***Chandigarh :*** bus ttes les 30 mn, 4h-23h, dont 7 *deluxe* (avec AC). Trajet : 3h30-4h.
➢ ***Amritsar :*** 1 bus en début de matinée. Trajet : 10h.
➢ ***Dharamsala :*** 3 bus le mat et 1 *deluxe* (avec AC) en début de nuit. Trajet : 10h.
➢ ***Manali :*** 6 bus/j., dont 3 *deluxe* (avec AC). Trajet : 10h.
➢ ***Haridwar :*** 6 bus/j. Trajet : 10h.

En train

La grande gare la plus proche est à ***Kalka,*** à 95 km au sud-ouest de Shimla. Achat des billets auprès du *Rail Reservation Centre* de Shimla (voir « Adresses et infos utiles »).
➢ ***Delhi :*** 5 trains/j. de Kalka, dont 3 qui arrivent à *New Delhi Railway Station.* Trajet : 4-6h30.
➢ ***Amritsar :*** au départ de Kalka, et avec changement à Chandigarh ou à Ambala Junction. Trajet : 5-9h selon correspondance.

Les amoureux de vieilles machines pourront emprunter un *toy train* sur la ligne Kalka-Shimla (la petite gare est à env 2,5 km de la ville, sur la route de Chandigarh), le ***Shivalik Deluxe Express*** (5 trains/j., 10h25-18h30 depuis Shimla, 3h30-12h10 depuis Kalka ; trajet : 4h30-5h45 ; selon la classe, repas inclus servi à bord) : on emprunte 103 tunnels, minuscules pour certains. Le train est classé au Patrimoine mondial par l'Unesco, au titre des « Chemins de fer de montagne ». Pour chopper le train pour New Delhi de 17h45 à Kalka, prendre le *Shivalik* de 10h25 à Shimla (arrivée Kalka à 16h10) ; sinon, départ à 23h55 de Kalka avec arrivée à Old Delhi à 6h35 – on peut donc prendre le *Shivalik* de 18h30 de Shimla (arrivée à 23h30 à Kalka). Pour rallier Amritsar : *Shivalik* à 10h25 de Shimla, arrivée Kalka à 16h10, puis train Kalka-Ambala Junction à 16h55, et arrivée à Amritsar vers 22h30.

Adresses et infos utiles

■ ***Tourism Office :*** *The Mall.* ☎ *265-25-61 ou 83-02. Tlj 9h-18h.*
✉ ***Poste :*** *The Mall, proche du* Tourism Office.
■ ***Rail Reservation Centre :*** *The Mall, dans le même bâtiment que le* Tourism Office. *Lun-sam 9h-13h, 14h-16h ; fermé dim.* Achat de billets de train.
■ ***Banques et ATM :*** un peu partout. La ***ICICI Bank*** (entre le *Tourism Office* et la poste, sur The Mall) change les devises en plus de disposer d'un *ATM.*

Possibilité également de changer euros et dollars à la ***Punjab National Bank,*** sur The Mall.

■ ***Indus Hospital :*** *Indus Dr.* ☎ *284-14-01.* Pour les petites urgences.

■ ***Captivate Adventure Travels :*** *à la* YMCA *(voir « Où dormir ? »).* ☐ *98-57-10-26-57.* • *himalayansites.com* • Organise des treks de 1 à plusieurs jours, rafting, virées à moto, etc.

Où dormir ?

D'avril à mi-juillet, c'est la *peak season* : les tarifs se musclent fortement.

De bon marché à prix moyens (600-2 000 ₹ / 8-26,70 €)

■ ***YMCA :*** *The Ridge.* ☎ *265-23-75.* • *ymcashimla@yahoo.co.in* • *Suivre la rue à droite de l'église puis accès par les escaliers à gauche du cinéma* Ritz. *Chauffage en supplément.* Une grande bâtisse écarlate inaugurée en 1930 par le vice-roi des Indes. Chambres impeccables. Les moins chères se partagent la salle de bains (propre, mais eau chaude à heures fixes). Également des dortoirs de 4 à 7 lits avec sanitaires communs. Terrasse ensoleillée d'où la vue est bien belle.

■ ***Hotel City View :*** *The Ridge.* ☎ *281-16-66.* • *jagdishthakur80@gmail.com* • *Suivre la rue à droite de l'église ; c'est 250 m plus loin.* Petit hôtel tout simple proposant 2 types de chambres : celles qui donnent à l'arrière (les moins chères), et les autres qui bénéficient d'une vue dégagée sur la plaine. Toutes avec salle de bains. Un rapport qualité-prix honnête.

De chic à très chic (3 000-10 500 ₹ / 40-140 €)

■ ***Hotel Shingar :*** *The Mall.* ☎ *265-28-81.* • *hotelshingar.com* • *En contrebas du Mall, à env 400 m de The Ridge et 200 m de l'ascenseur. Double min 4 000 ₹, petit déj inclus.* Des chambres propres et fonctionnelles (une fois passée la surprise des miroirs accrochés au plafond, au-dessus du lit !). Belle vue face au soleil couchant pour les plus chères.

■ ***Woodville Palace :*** *Raj Bhawan Rd.* ☎ *262-39-19.* • *woodvillepalacehotel.com* • *À 20 mn à pied du Ridge. Doubles 5 500-6 000 ₹, petit déj inclus (env 30 % de plus avr-oct).* Autrefois résidence du commandant de l'armée indienne britannique, puis palais d'été du raja de Jubbal, cette demeure historique et stylée propose un véritable voyage dans le temps. Un peu partout, des photos noir et blanc, et de-ci de-là de belles pièces de mobilier Art déco. Atmosphère, atmosphère !

Où manger ? Où boire un verre ?

Bon marché (180-450 ₹ / 2,40-6 €)

■ ***Ashiana :*** *The Ridge, dans l'ancien kiosque à musique.* Cuisine indienne correcte et variée. On vient surtout pour son emplacement et ses baies vitrées qui offrent une vue de choix sur l'esplanade et les montagnes.

■ ***Baljees & Fascination :*** *The Mall. Tlj jusqu'à 23h.* Une institution locale. Des plats indiens délicieux à toute heure chez *Baljees* (en bas), où l'on retrouve toute la ville, et les mêmes plats... mais plus chers à l'étage, chez *Fascination* – rien que ça... – parce que le cadre est plus chic !

■ ■ ***Wake and Bake Cafe :*** *34, The Mall, à 10 m du Gaiety Theatre. Tlj 9h30-22h. L'addition peut flirter avec la catégorie « Prix moyens ».* Avec ses murs jaunes, ses banquettes et une musique zen, l'atmosphère est plutôt anglo-saxonne. De son côté, la cuisine tend à faire l'impasse sur les saveurs indiennes (soupes, pizzas, pâtes, houmous, falafels, sandwichs, gaufres, crêpes...). Amusante terrasse sur le toit, à laquelle on accède par une petite porte, à 4 pattes ! Idéale pour prendre un café (bio), un thé ou un jus de fruits au coucher du soleil. Sert les petits déj.

À voir. À faire

Gaiety Theatre : *sur The Mall, en dessous de The Ridge. • gaiety.in • Visites guidées ttes les 45 mn, tlj sauf lun 11h-12h30, 13h45-18h15. Entrée : 25 ₹ (50 ₹ avec appareil photo).* Théâtre construit en 1887 d'inspiration gothique victorienne. On y joua du Kipling lors de la représentation inaugurale. Ingénieux système de chauffage réversible qu'on vous laisse découvrir. Une visite passionnante, avec un guide qu'on ne peut plus arrêter !

Indian Institute of Advanced Studies – The Viceregal Lodge : *Observatory Hill (à env 3 km du centre-ville). Tlj sauf lun 9h-16h50 (18h30 mai-juin). Entrée : 100 ₹ avec visite guidée obligatoire ttes les 45 mn. Photos interdites à l'intérieur.* Impressionnante, l'ancienne demeure du vice-roi ! Construite en 1888 dans le style Tudor alors en vogue dans l'Angleterre victorienne. Premier bâtiment gouvernemental à avoir été doté de l'électricité, l'imposante demeure compta jusqu'à 800 employés, dont 40 jardiniers. Au moment de l'indépendance, des négociations se tinrent ici entre Gandhi, Nehru et Mohammad Ali Jinnah. Depuis 1965, le bâtiment abrite l'Institut indien de sciences humaines et sociales.

State Museum : *à 2,5 km du centre-ville (au pied de la grande antenne de communication). ☎ 280-50-44. Tlj sauf lun 10h-17h. Entrée : 100 ₹. Appareil photo 100 ₹.* Un musée qui expose une collection assez diversifiée : statues, masques en bois, bijoux, bronzes, quelques belles peintures du XVIIIe s, etc. En revanche, aucune explication. Pourquoi pas, si vous avez du temps...

LE PENDJAB ET L'HARYANA

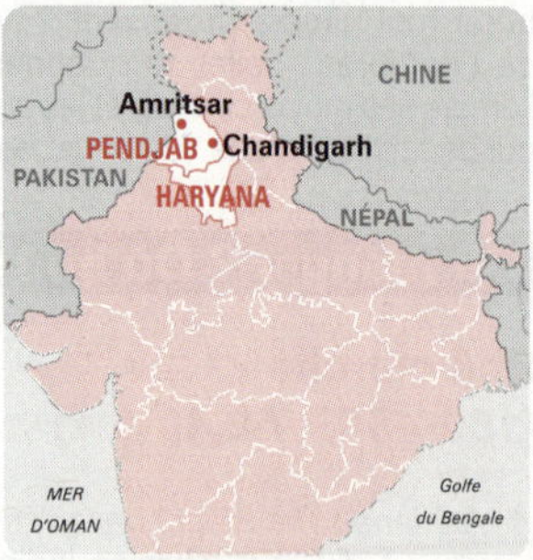

Région stratégique le long de la frontière pakistanaise et « grenier à blé » du nord de l'Inde (le plus haut revenu moyen par habitant de tout le pays), le Pendjab est avant tout la région des sikhs, qui font partie de la mosaïque culturelle et religieuse de l'Inde (lire aussi, en fin de guide, la rubrique « Religions et croyances » dans le chapitre « Hommes, culture, environnement »). Tous portent le même nom de famille : Singh, qui veut dire « lion ». Un cauchemar pour l'état civil ! Vous croiserez plusieurs types de sikh ; ainsi, ceux qui arborent un turban bleu, une barbe non taillée, un grand couteau et parfois une hallebarde sont les *Akali,* une lignée de guerriers.

À propos de guerre, le Pendjab a connu pendant 11 ans (entre 1982 et 1993) un état d'insurrection quasi permanent, après que des groupes clandestins sikhs eurent pris les armes pour réclamer l'indépendance de leur région : le Khalistan. Au prix d'une répression très dure – dont l'attaque par l'armée, en 1984, du Golden Temple d'Amritsar, principal sanctuaire des sikhs –, les autorités indiennes sont parvenues à museler la rébellion. Le commerce a

repris son cours de plus belle. Grâce au dynamisme de la population locale et à sa vocation agricole (avec le plus haut rendement du pays, 4 200 kg de grains par hectare), le Pendjab est un État qui pèse lourd dans l'économie indienne.

AMRITSAR (अमृतसर) 1 000 000 d'hab. IND. TÉL. : 0183

• Plan *p. 161*

Amritsar, ville embouteillée, ne figurerait dans aucun itinéraire touristique si l'on n'y trouvait une des grandes merveilles du pays : le *Golden Temple,* ou Temple d'or. Plus qu'un temple, c'est le cœur même du sikhisme, ainsi qu'un véritable complexe socioreligieux qui attire aussi bien les sikhs du monde entier que les hindous, les musulmans... et bon nombre de touristes. Rien que pour arpenter ses allées de marbre blanc, voir son dôme scintillant miroiter dans la « piscine de nectar » et écouter les litanies du *Granth Sahib,* un détour par Amritsar s'impose.

UN PEU D'HISTOIRE

La ville est fondée en 1577 par Ram Das, 4e *guru* des sikhs, autour d'un étang miraculeux. Au fur et à mesure que le sikhisme – fondé au début du XVIe s par *guru* Nânak – se distingue des religions déjà existantes, grandit le sentiment d'une nation sikhe. Au début du XIXe s, les sikhs étendent même leur influence sur Lahore (Pakistan actuel) et sur le Cachemire. Le massacre de 1919 par les Anglais (lire plus bas l'encadré « Massacre gratuit ») annonce des temps moins fastes. Comme un grain de sable dans le potage survient la partition de 1947, qui coupe le Pendjab en deux et donne lieu à une vraie boucherie de part et d'autre de la frontière. Au final, plus de 10 millions de personnes seront déplacées. Dans les années 1980, la revendication d'un État autonome atteint son paroxysme : des militants sikhs se retranchent dans le Golden Temple. En 1984, après l'échec des négociations, Indira Gandhi envoie l'armée investir le temple. Les fidèles sont assiégés, puis l'assaut est donné : presque 500 morts dans les rangs sikhs. Cela ne fait qu'attiser la haine, qui conduit en octobre de la même année à l'assassinat de la chef d'État par ses propres gardes du corps... des sikhs. Des massacres ont alors eu lieu dans tout le pays contre la communauté sikhe, faisant des milliers de victimes. Tout est aujourd'hui rentré dans l'ordre. Mais Amritsar porte encore les cicatrices d'un passé douloureux, qui se confond avec l'histoire mouvementée de la communauté sikhe.

Arriver – Quitter

En bus

Bus Stand *(station de bus ; plan B1)* **:** *GT Rd.* Consigne à bagages *(cloakroom ; tlj 7h-22h)*. Liaisons avec :

➢ ***Delhi :*** départs ttes les heures 4h-23h30 ; env 6 bus *deluxe.* Trajet : env 9-10h.

➢ ***Pathankot :*** bus ttes les 5-10 mn, 4h30-20h30 ; 3h de route. De Pathankot, plaque tournante des transports de la région, on rallie facilement Dharamsala, Manali...

➢ ***Dharamsala :*** 2 bus/j., en début de matinée et en fin d'ap-m. Trajet : 7h.

➢ ***Dehradun :*** 1 bus/j., en fin de matinée. Trajet : env 7h.

➢ ***Chandigarh :*** départs ttes les

10 mn, 3h30-18h, puis fréquence réduite jusqu'à 23h30. Plusieurs bus *deluxe* (avec AC). Env 5h de trajet.

➢ ***Jaipur :*** seulement 1 bus/j., dans l'ap-m. Trajet : 14-15h.

➢ Également des bus privés de nuit pour ***Jodhpur,*** via Bikaner (env 4h d'attente), mais assez long : compter env 20h en tout.

➢ ***Le Pakistan :*** bus jusqu'à Attari (ttes les 30 mn à partir de 6h ; 1h de trajet), puis en rickshaw ou à pied pour traverser la frontière, et enfin un autre bus jusqu'à Lahore (30 mn de route) ; même principe dans l'autre sens. La frontière (à Wagah) ferme vers 16h30 en hiver, 17h30 en été, mais les horaires changent chaque année : partir tôt. Formalités assez longues et visa impératif, qu'on ne peut obtenir qu'au consulat à Delhi, ou à Paris.

En train

Railway Station *(gare ferroviaire ; plan A1) : à env 2 km du Golden Temple et 500 m de l'office de tourisme.* Consigne à bagages *(cloakroom ; fermée 7h45-8h15, 15h45-16h15, 23h45-0h15).* Navette gratuite du Golden Temple vers la gare. Liaisons avec :

➢ ***Pathankot :*** env 9 trains/j., dont 4 *express.* Trajet : 2h20-3h25. Pathankot est le « nœud ferroviaire » le plus proche. De là, nombreuses correspondances possibles (dont Manali par bus, etc.).

➢ ***Delhi*** *(New Delhi Station et Delhi Nizam-ud-Din)* **:** env 10 *express*/j., dont 3 de nuit. Les plus rapides, les *Shatabdi,* partent vers 5h et 16h50. Trajet : 6-12h. Certains trains continuent sur Mumbai (*Golden Temple Mail* via Kota dans le Rajasthan), Varanasi, Kolkata via Lucknow...

En avion

✈ ***Amritsar Airport*** *(hors plan par A1) : à 15 km du centre. ☎ 259-21-56 ou 221-41-18. En taxi, env 400 ₹ et 20-30 mn de trajet. Également 2-3 navettes gratuites/j. (affrétées par le Golden Temple), vers 6h15, 9h15 et 13h15.*

➢ ***Delhi :*** 3-4 vols/j. avec *Air India* ; 1 vol/j. avec *Spice Jet.*

Adresses utiles

Tourist Information Office *(plan A1) : à 50 m de la gare ferroviaire. ☎ 240-24-52. • punjabtourism.gov.in • Lun-sam 9h-17h ; fermé dim.* Plan de la ville. Organise une visite guidée de la vieille ville en anglais (voir plus bas).

Autre bureau : *dans le Golden Temple (plan B2). Tlj 7h-20h (17h dim).* Il faut enlever ses chaussures pour y entrer.

■ ***HDFC Bank*** *(plan B2,* ***1****) : dans la rue derrière le bâtiment où on laisse ses chaussures, à l'entrée principale du Golden Temple. Lun-sam 9h30-15h30 ; fermé dim.* Distributeur acceptant les cartes *Visa* et *MasterCard*. Change les euros.

■ ***Bureaux de change*** *(plan A1,* ***2****) : Railway Link Rd, au niveau de la passerelle piétonne. Tlj env 9h ou 10h-19h (15h en moyenne dim).* Changent les euros.

Fortis Escorts Hospital *(hors plan par B1) : Majitha-Verka Bypass Rd. ☎ 301-22-22.* Le meilleur hôpital à Amritsar.

■ ***Air India :*** *à l'aéroport. ☎ 221-40-12. • airindia.in •*

Où dormir ?

Presque gratuit

Hébergement au Golden Temple *(plan B2) : face est du temple.* Beaucoup de demandes, arriver tôt ! Dortoirs (casiers individuels, prévoir un cadenas), chambres simples, doubles... bien propres et même assez confortables pour certaines (et une aile toute récente). En tout cas mieux entretenu que certains hôtels. Gratuit en théorie, mais on vous fait comprendre

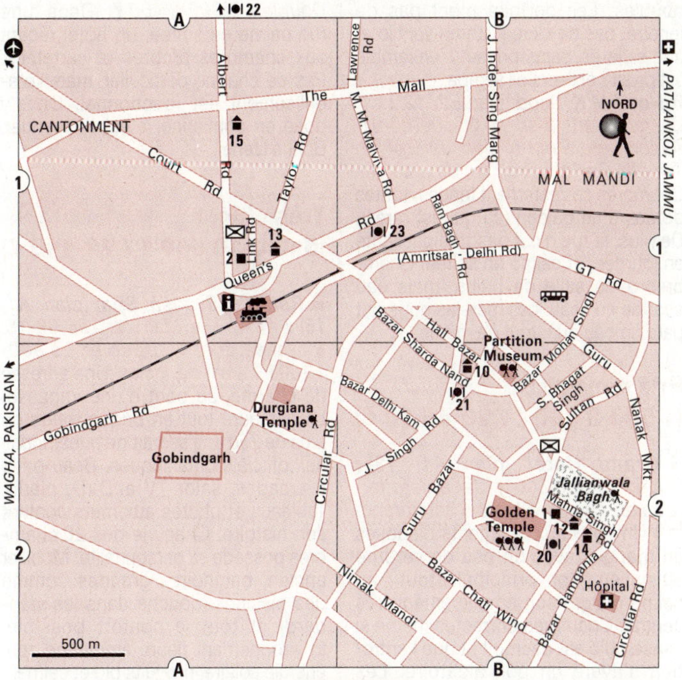

AMRITSAR

Adresses utiles Tourist Information Office (A1) Fortis Escorts Hospital (hors plan par B1) 1 HDFC Bank (B2) 2 Bureaux de change (A1) **Où dormir ?** 10 Backpacker's Nest (B2) 12 Hotel M.K. Sood (B2)	13 Grand Hotel (A1) 14 Sukhmani Hotel (B2) 15 Ranjit's Svaasá Spa (A1) **Où manger ?** 20 Cantine du Golden Temple (B2) 21 Bharawan da Dhaba et The Brothers Dhaba (B2) 22 Astoria (hors plan par A1) 23 Crystal Restaurant (B1)

qu'une donation est la moindre des choses. Ce qui est vrai.

De très bon marché à bon marché (400-1 500 ₹ / 5,30-20 €)

Autour de Mahna Singh Road, entre le Golden Temple et le superbe jardin Jallianwala Bagh, on trouve de nombreux hôtels bon marché. C'est en plein centre, proche du temple et pas cher, mais parfois bruyant. Visiter plusieurs hôtels pour en trouver un qui soit acceptable.

■ ***Backpacker's Nest*** *(plan B2,* ***10****) :* *Hall Bazar, dans la rue qui part en face de la mairie (Town Hall).* 98-88-92-04-90 ou 40. • *backpackersnest.in* • *À 10 mn à pied du Golden Temple.* Cette petite auberge de jeunesse discrète dispose de dortoirs de 4 et 6 lits avec *lockers,* et d'une poignée de chambres doubles. Les dortoirs n'ont pas de fenêtre, pas de clim, juste un ventilo et une salle de bains privée. L'ensemble est propre et l'accueil sympa.

Hotel M.K. Sood *(plan B2, **12**) : 51, Bharam Butta Market. ☎ 500-86-01. À moins de 5 mn à pied du Golden Temple. Bon marché. Pas de petit déj.* Chambres correctement tenues, toutes dotées d'un balcon (ce qui est rare !). De plus, la rue n'est pas très passante en journée, et calme en soirée. Chambres avec salle de bains, mais eau chaude au seau. Les matelas nous ont paru un peu durs tout de même.

Prix moyens (1 500-3 500 ₹ / 20-46,70 €)

Grand Hotel *(plan A1, **13**) : Queen's Rd, à 300 m de la gare ferroviaire. ☎ 256-24-24. • hotelgrand.in •* Un hôtel aux bâtiments disposés en triangle, avec un peu de verdure au milieu. Son principal atout : au calme malgré son emplacement très central. Chambres correctes même si l'ensemble est décrépit et que l'entretien s'avère un poil aléatoire. Les moins chères, sans fenêtre. Préférer celles de l'étage. Selon la formule consacrée, essayer d'en voir plusieurs. Petit resto et bar.

Sukhmani Hotel *(plan B2, **14**) : 58, Mahana Singh Rd. ☎ 509-20-70. À 5 mn à pied du Golden Temple. Doubles 2 300-3 400 ₹.* Dans une rue calme en soirée, un hôtel récent aux chambres propres et carrelées. Pas de charme particulier, mais l'établissement est fonctionnel. On s'y pose en confiance, c'est l'essentiel. Bonne literie.

Très chic (5 400-10 500 ₹ / 72-140 €)

Ranjit's Svaasá Spa *(plan A1, **15**) : 47 A, The Mall. ☎ 256-66-18. • svaasa.com • Doubles 5 900-10 300 ₹, petit déj inclus.* Une adresse de charme, au bout d'une impasse. La demeure tout en brique rouge de plus de 250 ans servait de *guesthouse* aux officiels britanniques. Beau patio à arcades, salon TV et DVD, piano. Tableaux et photos aux murs content son histoire. Chacune des 20 chambres possède sa personnalité. Mobilier ancien, baignoires grandes comme des piscines (douche dans les *standard*) et tout le confort possible. Environnement fleuri, ambiance zen, énergie solaire, produits bio et calme... Superbe salle de massage ayurvédique et sauna. Massages de qualité (spa d'ailleurs plusieurs fois primé). Cours de yoga également. En revanche, le rapport qualité-prix du buffet le soir n'a rien d'exceptionnel.

Où manger ?

Gratuit

La cantine du Golden Temple *(plan B2, **20**) : dans l'enceinte du Golden Temple. Ouv 24h/24.* Thalis végétariens pour pas un rond, mais une petite donation est souhaitée. On prend une gamelle et un gobelet à l'entrée, on s'assied par terre à côté des autres et on attend qu'on vienne nous servir. Imaginez donc : 10 000 repas chaque jour dans le vacarme des assiettes métalliques qui s'entrechoquent ! Une expérience unique. Et les plats sont fraîchement préparés.

De très bon marché à bon marché (120-450 ₹ / 1,60-6 €)

Plusieurs *dhabas* devant le Golden Temple : curry, haricots, lentilles pour une poignée de roupies.

The Brothers Dhaba *(plan B2, **21**) : à côté du Bharawan da Dhaba. Ouv jusqu'à 23h.* Dans un cadre un peu vieillot, l'adresse est connue pour sa bonne cuisine végétarienne, dont des *thalis*, burgers, pizzas et plats de l'Inde du Sud.

Bharawan da Dhaba *(plan B2, **21**) : à env 50 m de la mairie (Town Hall). Ouv* *jusqu'à 23h30. Thalis* et plats copieux servis dans une ambiance de cantine souvent bruyante. Grande salle lumineuse, ventilée et nourriture végétarienne délicieuse. Et tout cela dure depuis 1912 !

Prix moyens (450-900 ₹ / 6-12 €)

Astoria *(hors plan par A1,* ***22****) : SCO 38, D.S.C Ranjit Av. ☎ 250-57-22. À env 2 km du centre-ville. Tlj 11h-23h. Sert de l'alcool.* Un resto qui distille une atmosphère Art déco des temps modernes, gentiment classieuse, avec des serveurs efficaces en chemise blanche et nœud papillon. La cuisine est orientée vers les saveurs indiennes et chinoises, mais les amateurs de lasagnes ne seront pas déçus. Les *sizzlers* sont suffisants pour 2 appétits ! À l'étage, avec sa cuisine ouverte sur la salle, l'*Oka* propose des plats plus méditerranéens et un peu moins chers.

Crystal Restaurant *(plan B1,* ***23****) : Crystal Chowk, au bout de Queen's Rd. ☎ 222-55-55. Tlj 11h30-23h30. Sert de l'alcool.* Une institution, bastion des classes moyennes d'Amritsar. Miroirs fumés et moulures, nappes blanches, serveurs en nœud pap' et gilet noir, c'est nickel chrome. Nourriture internationale : indienne, italienne, chinoise... on en passe ! Correct, sans être extraordinaire. Essayez les tandooris, *murgh* à toutes les sauces, ou encore le curry de cervelle (nous, on n'a pas osé...). On a souvent du mal à trouver une table libre, tant l'endroit est fréquenté... Prix un peu musclés tout de même.

À voir

La vieille ville s'agglutine autour du Golden Temple. Quant à la ville moderne, 2 km au nord, derrière la gare, elle ne présente aucun intérêt.

Golden Temple *(Temple d'or ; plan B2)* **:** le lieu le plus sacré pour la communauté sikhe. Un endroit merveilleux où l'on peut passer la journée entière, fasciné par l'animation permanente et bon enfant qui règne dans le complexe et par la singularité des rites (lire à ce sujet « Les sikhs et le sikhisme » dans « Hommes, culture, environnement »).

Infos pratiques

Ouv 24h/24. GRATUIT, comme les nuitées et les repas, d'ailleurs. Y aller au lever ou au coucher du soleil, la lumière rasante embrase le dôme du sanctuaire. L'ensemble est strictement non fumeur et sans alcool. Laisser ses chaussures – et chaussettes... – à la consigne gratuite de l'entrée et se couvrir la tête (hommes et femmes) : prêt de foulard si besoin. De grâce, évitez le short-marcel et autres tenues débraillées, à moins de vouloir vous attirer le regard noir des sikhs... Avant d'entrer, bien se laver les mains. Puis tremper ses pieds dans le pédiluve pour les purifier (vu le nombre de panards qui y passent, on n'ose dire « laver »). Photo autorisée, sauf à l'intérieur du Golden Temple lui-même. Enfin, n'hésitez pas à aller y faire un tour de nuit : les éclairages sont sublimes, et l'ambiance est extraordinaire ; et vous tomberez peut-être sur la cérémonie quotidienne du transfert du livre sacré (voir plus bas le paragraphe « Harmandir Sahib »).

La visite

4 portes différentes donnent accès à ce vaste complexe ordonné autour du Golden Temple proprement dit *(Harmandir Sahib),* lui-même cerné par un bassin appelé « piscine de nectar » (en pendjabi : *Amrit Sarovar,* d'où vient le nom de la ville). Une légende raconte que l'armée des singes du *Rāmāyana* y fut anéantie puis ressuscitée par de l'ambroisie descendue du ciel dans une jarre. Tout autour du bassin peuplé de carpes, une cour carrée éclatante de blancheur, pavée de marbre, puis des jardins, des bâtiments religieux et administratifs, les lieux de vie en commun (dortoirs, cantine) et enfin, proches des portes, des distributeurs

d'argent, librairies, boutiques, etc. Toutes les religions sont les bienvenues et l'on croise ici nombre d'hindous et de musulmans.

– ***Amrit Sarovar :*** les plus pieux se livrent à des ablutions dans ce bassin d'eau sacrée. Certains gardent même leur poignard pendant la baignade. Ce sera aussi pour vous l'une des rares occasions de voir dénouée au grand jour cette longue chevelure que les sikhs cachent sous leur turban. Les femmes, elles, disposent d'un espace privé. Juste à gauche de l'entrée principale, imposant jujubier de plus de 400 ans, où l'on prie pour obtenir un fils ou réussir un mariage.

– ***Darshani Deorhi :*** ce bâtiment gouverne l'accès au pont et abrite, à l'étage, le trésor des sikhs : un dais incrusté de diamants et de pierres précieuses qui protège le livre sacré lors de ses déplacements. Vous remarquerez 2 files pour accéder au saint des saints, la file lente qui permet d'assister assez longtemps aux prières, et une *express* pour les passages rapides. Le dimanche, jour de grande affluence, la file de gauche est compacte. Pour jeter un coup d'œil et passer 10 mn dans le temple, prendre la voie rapide.

– ***Harmandir Sahib*** *(Golden Temple)* **:** ce temple date de 1764 puisque le premier, bâti fin XVIe s sous le règne d'Akbar, fut rasé par les Afghans. Le dôme doré fut achevé vers 1830. Profusion d'or et finesse des décors floraux, harmonie des proportions... Il est bien agréable à l'œil, mais c'est surtout l'ambiance que l'on retiendra. Des prêtres chantent en permanence les paroles du livre sacré (le *Granth Sahib*, rédigé en pendjabi), tout en jouant de la musique, et ce depuis plus de 400 ans ! Depuis 1996, les femmes peuvent elles aussi diriger les offices religieux. Le lecteur-chanteur change toutes les heures, mais la nuit tout le monde va dormir. Ce livre, le *guru* Arjan Dev l'a écrit vers 1604 et il devint, sous le dernier *guru*, Ginbond Singh, la référence et le seul *guru* des sikhs. Monter à l'étage : vue plongeante sur les chanteurs et les hommes en prière. Un moment unique, devant des fidèles en extase mystique. Certains sont proches de la transe. Chaque soir (vers 22h en été, 21h en hiver) et matin (4h30 et 5h), le livre sacré est transféré du temple au *Akal Takht* (siège du comité directeur) dans une procession solennelle. À voir. Belle vue sur l'enceinte et le bassin depuis la terrasse du toit.

– Passionnante, la visite de la **cantine** *(Guru Ram Das Langar)*, où l'on sert plus de 10 000 repas gratuits par jour ! On vous rappelle que tout le monde peut y manger. Il faut contempler le spectacle incroyable des dizaines de bénévoles qui font la vaisselle dans un véritable vacarme métallique ! Ne pas manquer non plus la *chapati machine*, offerte par un généreux donateur sikh ayant fait fortune à Londres.

Partition Museum (plan B2) **:** *Town Hall, Hall Rd.* • *partitionmuseum.org* • *À 5 mn pied du Golden Temple. Mar-dim 10h-18h ; fermé lun. Entrée : 250 ₹.* Un très instructif musée sur la partition entre Inde et Pakistan au moment du retrait des Anglais en 1947, ses innombrables victimes (des 2 côtés de la frontière terrestre comme religieuse), et qui se veut dépositaire de ces vies écrasées et de ces familles brisées. À la fois commémoratif, très respectueux et très vivant puisque alimenté en grande partie par les objets et témoignages (parfois glaçants) des survivants. Une plongée dans l'histoire très récente et encore en partie tabou du pays.

Jallianwala Bagh (plan B2) **:** *à 200 m du Golden Temple. Tlj*

MASSACRE GRATUIT

Le 13 avril 1919, en protestation contre une nouvelle loi permettant aux Anglais d'emprisonner et de condamner les Indiens sans aucun procès, environ 20 000 personnes se réunirent dans le Jallianwala Bagh pour manifester. Les Anglais décidèrent d'employer la manière forte pour réprimer cette démonstration pacifique. Les troupes du général Dyer débarquèrent et ordonnèrent d'évacuer les lieux, tout en bloquant la seule issue possible, puis firent feu à volonté : les soldats tirèrent dans le tas et tuèrent 379 personnes en 5 mn.

6h-19h (7h-18h en été). GRATUIT. La quiétude de ce jardin contraste avec les horreurs qui y ont été commises le 13 avril 1919 (voir encadré). À l'époque, le jardin était entouré de hauts murs : impossible d'échapper au carnage dans cette souricière. D'ailleurs, de nombreuses personnes ont été tuées lors de la manifestation en tentant cette escalade ou en se jetant dans un puits. L'enquête révéla que 1 600 balles de fusil avaient été tirées, faisant 379 morts et 1 200 blessés. Peu de balles perdues... ce dont se félicita le général. Sur une arche de pierre, les impacts ont été encadrés. Dyer fut convoqué à Londres pour comparaître devant une commission : déclaré coupable, il dut démissionner de l'armée. Cependant, le Parlement le réhabilita et le félicita pour sa détermination. Des membres de la haute société britannique firent une quête pour garantir sa retraite et lui offrirent une épée ornée de pierres précieuses portant l'inscription *Sauveur du Pendjab* ! Ce massacre compte pour beaucoup dans le succès du mouvement instigué par Gandhi ; Richard Attenborough a d'ailleurs inclus ce sanglant épisode dans son film *Gandhi*.

Durgiana Temple *(plan A2)* **:** *à 10 mn du Golden Temple. Fermé 13h-15h.* Les sikhs ont leur Golden Temple, alors les hindous se sont dit : « On va faire pareil. » Résultat, un temple consacré à Durga, recouvert à la feuille d'or et placé au milieu d'un bassin, sacré lui aussi, tant qu'à faire. Ajoutez quelques idoles, une pincée de mendiants et un cérémonial coloré qui se déroule toute la journée. Difficile d'avancer avec précision la date de construction tant on vous dit tout et n'importe quoi. Sur la passerelle d'accès au temple sont gravés les noms de généreux donateurs *(parfois de 25 ou de 50 ₹ !).*

Balade dans la vieille ville : plusieurs options s'offrent à vous. D'abord, une balade le nez en l'air dans le lacis des ruelles. Vous pouvez aussi passer à l'office de tourisme et demander la petite doc *Amritsar Heritage Walk,* un itinéraire de balade qui permet de découvrir les beaux vestiges architecturaux de la ville : façades de maison, temples, portes de la ville... ; à vrai dire, il y a pas mal de jolies choses à découvrir, mais les méandres de la vieille ville ne permettent pas de s'en sortir à l'aide du plan trop schématique. Il faudra souvent demander votre chemin. On vous recommande donc de suivre la visite – en anglais – proposée par l'office de tourisme *(env 2h et env 80 ₹/pers),* en principe tous les jours à 8h ; vérifiez en y passant la veille.

DANS LES ENVIRONS D'AMRITSAR

La cérémonie de clôture de la frontière indo-pakistanaise : *à* ***Wagah,*** *poste-frontière situé à 30 km d'Amritsar. Tlj un peu avt le coucher du soleil (vers 17h30 en été, 16h30 en hiver). Y aller en taxi : compter 1 200-1 500 ₹ A/R (ou env 800 ₹ en rickshaw), temps d'attente inclus ; 45 mn de trajet ; sinon 10 fois moins cher en rickshaw collectif. Sac interdit : munissez-vous de votre passeport (demandé) et fourrez vos petites affaires dans vos poches.* Voici un show unique au monde ! La cérémonie attire plusieurs milliers de curieux venus en famille. Arriver 1h avant pour avoir une bonne place dans les gradins (il y a du monde et la queue peut parfois être longue, contrôles de sécurité obligent). Se diriger vers la tribune réservée aux étrangers *(VIP area).*

La foule est nettement plus nombreuse et enjouée côté indien, drapeaux au vent. De part et d'autre de la frontière, les gardes défilent comme des coqs à la parade. C'est du pur Monty Python ! Coiffes amidonnées, ceinturons et baudriers astiqués, Pakistanais et Indiens se font face, frappent du pied, chantent, se répondent et bombent le torse en roulant de gros yeux, dans la liesse totale et sous les sifflets de l'adversaire. Un spectacle bon enfant joué sur fond de nationalisme exacerbé, les *chauffeurs* encouragent la foule à hurler : « Hindoustan », à quoi les autres répliquent en s'égosillant : « Pakistan ! »

Après quelques simulacres d'assaut viril au pas de charge, les soldats descendent et replient le drapeau, se serrent la main, puis ferment le portail pour la nuit.
Bon, là, on vous a résumé ça rapido, mais la cérémonie dure près de 45 mn. En fait le plus long est d'y aller, et de faire la queue pour accéder aux gradins (malheureusement les touristes sont séparés des Indiens). Le cérémonial en lui-même est un peu répétitif, mais tout ça, au milieu de nulle part, est tout à fait surréaliste ! À ne pas rater.

CHANDIGARH (chandigarh)

900 000 hab. IND. TÉL. : 0172

• Plan *p. 168-169*

Chandigarh est née de la volonté de Nehru de créer une nouvelle capitale pour le Pendjab, province mutilée et privée de sa capitale historique – Lahore – par la partition entre l'Inde et le Pakistan. Ce devait être « une ville nouvelle, symbole de la liberté de l'Inde, désentravée des traditions du passé... une expression de la confiance de la nation dans le futur ». En 1951, l'architecte français Le Corbusier se rend sur place pour étudier l'endroit choisi. Un mois plus tard, les 1ers plans et le schéma directeur de la ville sont acceptés par les autorités.
Pour la 1re fois, Le Corbusier met en œuvre ses thèses d'urbanisme et d'architecture à grande échelle (lire le texte « Petit préambule architectural » ci-dessous). Il veut – et va – créer une ville fonctionnelle, dans laquelle véhicules et piétons ne se croiseraient pas, une ville conviviale où chaque quartier abriterait un marché, un dispensaire, une école, un espace vert, etc. Tout comme Brasilia, la ville est divisée en « secteurs » rectangulaires identiques et numérotés, séparés par de grandes avenues. Chaque secteur est donc conçu comme une entité autonome, autosuffisante, avec, en son centre, un vaste espace de circulation exclusivement piéton, où les habitants se croisent ou se retrouvent.
Prévue pour 500 000 habitants, elle approche aujourd'hui 1 million, la plupart appartenant à la classe moyenne (fonctionnaires, militaires, commerçants...), qui s'enorgueillit de la propreté et de la belle organisation de sa cité.
Aujourd'hui, Chandigarh attire et intéresse avant tout les architectes. Logique ! Le *Capitol Complex*, au nord de la ville, est le site sur la planète où se concentrent le plus de bâtiments signés Le Corbusier, restés indemnes de toutes constructions parasites. Le *Capitol Complex* et le plan de la ville viennent d'ailleurs d'être classés Patrimoine mondial par l'Unesco. Ce ne fut pas sans polémique, car la ville a continué à évoluer depuis sa construction. La protection de l'œuvre semblait pourtant impérative : mobiliers et tapisseries, conçus également par Le Corbusier, ont une fâcheuse tendance à disparaître des bureaux... pour réapparaître chez des antiquaires dans le monde

CORBU, CE GRAND MÉCONNU

Le Corbusier, l'un des plus grands architectes français, est né... en Suisse. Égoïste, vaniteux, opportuniste, il adorait les idées mégalomaniaques mais s'intéressait peu au suivi de ses chantiers. Un de ses projets prévoyait la destruction de la moitié de Paris. En 1941-1942, il s'installa à Vichy, pour mieux séduire le maréchal Pétain. Il mourut en 1965, d'une noyade en Méditerranée. Corbu eut droit à des funérailles nationales orchestrées par Malraux, qui n'avait peur de rien.

entier. Un scandale ! Certaines tapisseries ont même été découpées dans le bâtiment de la High Court, pour laisser passer la clim... Quant aux bâtiments, la plupart auraient besoin d'une bonne restauration.
Il n'en demeure pas moins que Chandigarh fait un drôle d'effet après les villes traditionnelles indiennes : on y éprouve une vraie sensation d'espace (les distances sont d'ailleurs grandes), la ville est plus « ordonnée », moins bruyante, moins charmante également. Mais le béton armé utilisé pour les constructions vieillit mal sous ce climat extrême. Bref, son pouvoir de séduction ne saute pas vraiment aux yeux ! Et il n'est pas évident non plus que les Indiens les plus modestes trouvent avantageux d'habiter ici plutôt qu'à Kolkata ou dans le Chowk de Delhi...

PETIT PRÉAMBULE ARCHITECTURAL

Dans l'approche architecturale de Le Corbusier, les parallèles avec le corps humain sont omniprésents, et ce dans la conception même de la ville. Au nord, la tête pensante *(Capitol Complex)*, au centre, le cœur battant de la cité ; les espaces verts se réfèrent aux poumons, et le réseau des rues et avenues au système circulatoire. Mais ce n'est pas tout ! Pour dépasser les 2 systèmes de mesure en usage dans le monde (le pied-pouce anglo-saxon et le système métrique) qui, à différents égards, ne satisfont pas son impératif de placer les besoins de l'homme au centre de toute architecture, il conçoit le « Modulor », un système de proportions articulé autour du nombre d'or, notion mathématique qui se retrouve dans la nature, y compris dans le corps humain. Mais vous comprendrez mieux avec le schéma sous les yeux, en visitant le *Chandigarh Architecture Museum.*

Orientation

Pour mieux se repérer dans la ville, sachez que les secteurs sont numérotés d'ouest en est et du nord au sud. On trouve très facilement sur place le plan de la ville, et vous pouvez même l'imprimer depuis le site • *chandigarhtourism.gov.in* • Les plus observateurs auront remarqué que le secteur 13 n'existe pas...

Arriver – Quitter

En bus

Il existe 2 gares routières.

Old Bus Stand *(plan B2,* ***1****)* **:** *secteur 17.* Liaisons avec :

➢ ***Delhi*** *(248 km)* **:** bus env ttes les 20 mn (fréquence réduite la nuit entre 1h et 4h30). Nombreux bus *deluxe* (avec AC). Trajet : 5-6h.

➢ ***Haridwar*** *(202 km)* **:** bus env ttes les 20 mn (sans AC). Trajet : 5h.

➢ ***Jaipur*** *(535 km)* **:** 5 bus/j., dont un *deluxe* (avec AC) en début de nuit. Trajet : env 11h.

New Bus Stand *(hors plan par A3,* ***2****)* **:** *secteur 43.* Pour les destinations du Nord seulement. Consigne à bagages *(cloakroom)* ouv 24h/24 (sauf *lunch break* 13h-13h30). Liaisons avec :

➢ ***Shimla*** *(120 km)* **:** bus ttes les 10 mn en journée, ttes les 30 mn 21h-5h ; 5 *deluxe* (avec AC). Trajet : 4-5h.

➢ ***Patiala*** *(65 km)* **:** nombreux bus 4h-22h. Trajet : 1h30-2h.

➢ ***Manali*** *(320 km)* **et *Kullu*** *(270 km)* **:** mêmes bus. Nombreux bus tlj, env ttes les heures (moins fréquents en pleine nuit), certains avec clim (compagnie *HRTC*). Trajet : env 12h.

➢ ***Amritsar* :** départs ttes les 15-30 mn, 4h-21h, certains avec clim. Trajet : 5h-5h30.

➢ ***Dharamsala*** *(250 km)* **:** bus ttes les 2h, 24h/24, certains avec clim. Trajet : env 9h.

➢ Bus également pour ***Leh.***

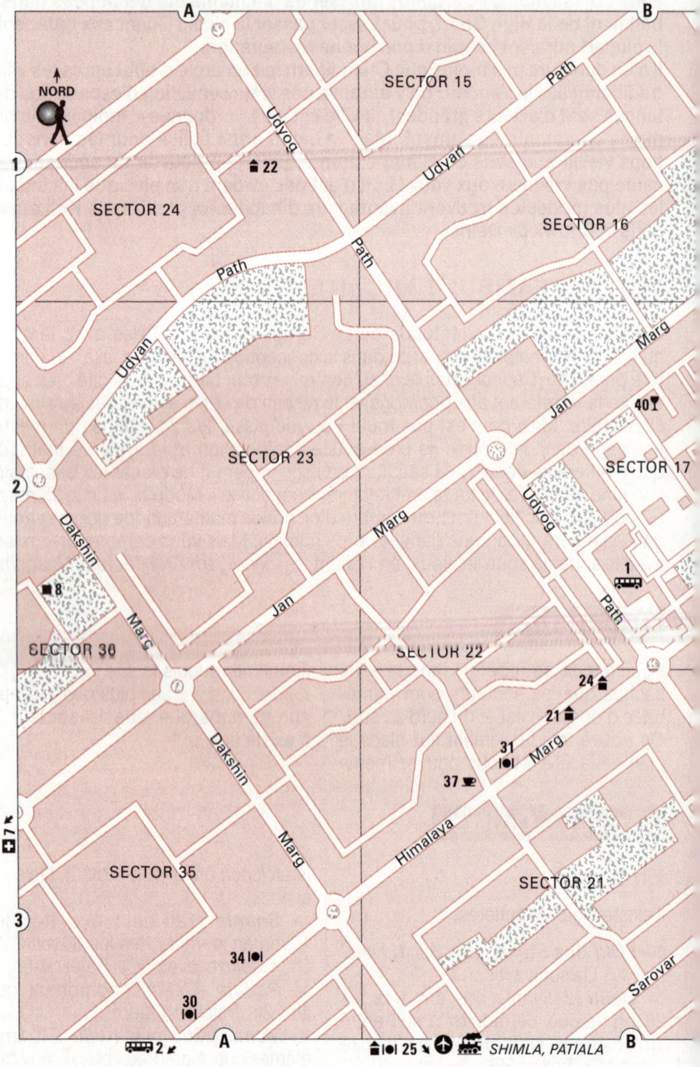

Adresses utiles	7 Max Super Speciality Hospital (hors plan par A3)
Tourist Information Centre (hors plan par D1)	8 Alliance française Le Corbusier (A2)
1 Old Bus Stand (B2)	**Où dormir ?**
2 New Bus Stand (hors plan par A3)	21 Hotel Divyadeep et Hotel Satyadeep (B3)
4 Punjab National Bank (C2)	22 Hotel Parkview (A1)
6 Consulat général du Canada (hors plan par C3)	23 Hotel Mountview (hors plan par C1)

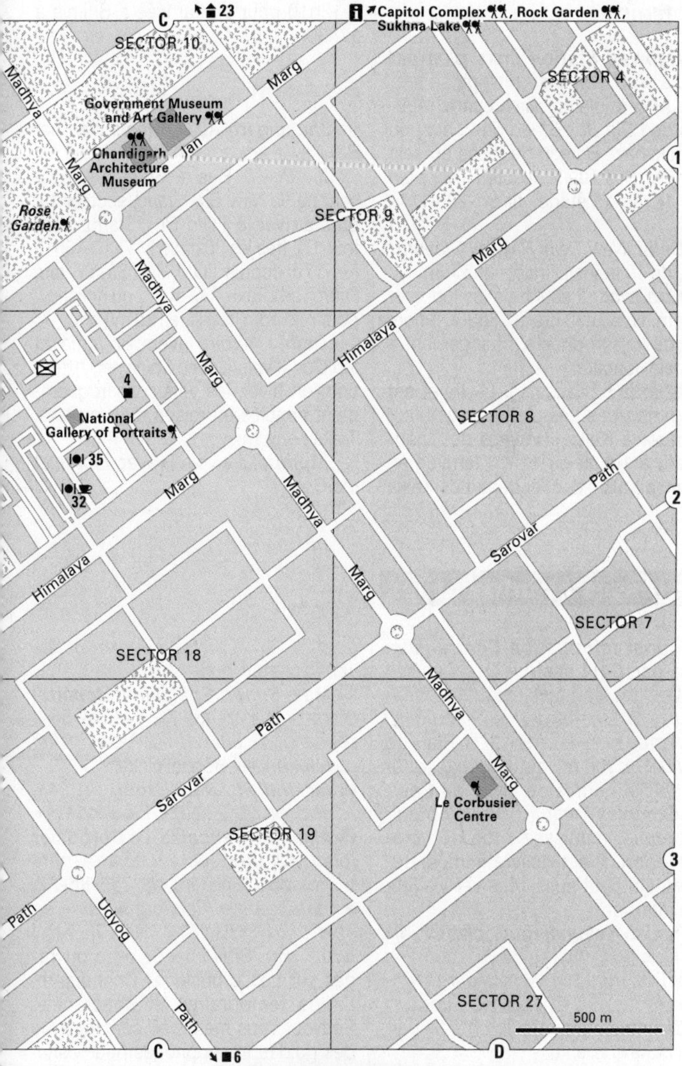

CHANDIGARH

24 Piccadily Hotel (B3)
25 Aura Vaseela (hors plan par B3)

Où manger ?

30 Shree Rathnam (A3)
31 Nagpal Pure Vegetarian (B3)
32 Sindhi's (C2)
34 Pashtun Restaurant (A3)
35 Ghazal Restaurant (C2)

Où manger une pâtisserie ou une douceur ?

32 Sindhi's Sweets (C2)
37 Nik Baker's – The Eating House (B3)

Où boire un verre ?

40 Piccadily's Blue Ice (B2)

En train

Railway Station *(hors plan par B3)* **:** *à env 8 km au sud-est du centre-ville.* Accessible en bus (départs réguliers de l'*Old Bus Stand* 5h-21h45) ou en rickshaw. Bureau de résas au sein de l'*Old Bus Stand* (secteur 17 ; *plan B2,* **1**), au 1er étage, tlj 8h-20h (14h dim).

➢ ***Delhi*** *(New Delhi Railway Station)* **:** près de 10 trains/j. Trajet : 3h30-5h.

➢ ***Haridwar* :** 1 seul train les lun, mer et sam, vers 7h30 (trajet : 6h30). Sinon, pas de liaison directe, changement à Ambala Junction.

➢ ***Shimla* :** 2 liaisons/j. Le trajet est beau mais pas très pratique car il faut changer à Kalka. Départs de Chandigarh à 10h30 ou 11h10 (arrivée en 35 mn à Kalka, dernier départ de Kalka à 12h10 pour une arrivée à Shimla à 17h30).

En avion

✈ ***Chandigarh Airport*** *(hors plan par B3)* **:** *à 12 km au sud du centre-ville.* ☎ *265-98-86.* Bus nos 38 et 38A (passent par la *New Bus Stand,* secteur 43, puis arrivée à l'*Old Bus Stand,* secteur 17), ttes les 30 mn env, 7h10-18h15 (6h-17h depuis l'*Old Bus Stand* vers l'aéroport). Taxi *(400-500 ₹)* ou rickshaw pour rejoindre la ville, en 30 mn env.

➢ ***Delhi* :** 1 vol/j. avec *Air India* et *IndiGo* ; 3 vols/j. avec *Spice Jet.* Attention, en hiver, les vols sont fréquemment annulés en raison du brouillard. Trajet : env 1h.

➢ ***Mumbai* :** 2 vols/j. avec *GoAir* et *IndiGo.*

Adresses et infos utiles

i *Tourist Information Centre* *(hors plan par D1)* **:** *secteur 1, à l'entrée du Capitol Complex, face à la High Court.* ☎ *270-02-25.* • *chandigarhtourism.gov.in* • *Tlj 9h-17h.* Plan de la ville. À 100 m, petit bureau pour obtenir le permis de visite du *Capitol Complex (gratuit).* Pour obtenir le permis, munissez-vous de votre passeport. Il est délivré immédiatement. On peut aussi réserver via leur site internet.

■ ***Punjab National Bank*** *(plan C2,* ***4****)* **:** *secteur 17B.* ☎ *270-31-67. Lun-ven 10h-14h, 15h-16h ; 1 sam sur 2 10h-16h ; fermé dim.* Change les euros.

■ ***Distributeurs*** *(ATM)* **:** *un peu partout dans la ville.*

■ ***Consulat général du Canada*** *(hors plan par C3,* ***6****)* **:** *Elante Mall, 178, Industrial Business Park, Industrial Area phase I.* ☎ *505-03-00.* • *international.gc.ca* • *Au 4e étage. Lun-ven 8h30-16h45 ; fermé w-e.*

✚ ***Max Super Speciality Hospital*** *(hors plan par A3,* ***7****)* **:** *secteur 56A, phase VI.* ☎ *665-20-00. À env 10 km du centre-ville.* Hôpital nickel.

■ ***Air India* :** ☎ *262-49-41 ou 43. À l'aéroport :* ☎ *224-22-01.* • *airindia.in* •

■ ***Alliance française Le Corbusier*** *(plan A2,* ***8****)* **:** *secteur 36A, à côté d'Hibiscus Garden.* ☎ *266-86-27.* • *chandigarh.afindia.org* • *Lun-ven 9h-14h, 14h30-18h ; sam 9h-14h ; fermé dim.* Bibliothèque avec ouvrages sur Le Corbusier et Chandigarh. Expos temporaires et spectacles. Peuvent vous mettre en contact avec des guides francophones pour visiter la ville *(résas min 1 sem à l'avance via* • *info.chandigarh@afindia.org* •*)* et le *Capitol Complex.* À l'étage, la cafétéria propose une petite restauration rapide.

Où dormir ?

La ville est plutôt chère, et il est difficile de trouver un hébergement propre à moins de 1 000 ₹.

De prix moyens à chic (1 500-5 400 ₹ / 20-72 €)

Hotel Divyadeep *(plan B3,* ***21****) : Himalaya Marg, secteur 22B. ☎ 270-51-91 ou 272-11-69. • hddeepsdeep@yahoo.com • Doubles avec sdb et eau chaude 1 500-2 200 ₹ selon taille ; pas de petit déj. Pas de wifi.* Chambres très simples, propres, et c'est déjà pas mal, toutes avec clim. Pour les moins chères, possibilité de renoncer à la clim ou au chauffage (selon la saison). Tâchez d'avoir une chambre sur l'arrière, plus calme. Accueil aimable et ensemble bien tenu. Si c'est complet, adressez-vous à son voisin, l'***Hotel Satyadeep*** *(☎ 270-31-03)* – même proprio – qui offre sensiblement les mêmes prestations, un quart de poil moins cher mais un demi-brin moins sympa.

Hotel Parkview *(plan A1,* ***22****) : secteur 24B. ☎ 464-44-95. • citcochandigarh.com • Doubles 2 600-4 200 ₹, petit déj inclus.* Dans un quartier résidentiel un peu loin de tout mais calme (ce qui est rare à Chandigarh !). C'est d'ailleurs l'atout majeur de l'adresse. 3 catégories de chambres (hors « suites ») réparties au sein de bâtiments en brique rouge, plutôt agréables. Les chambres (toutes avec clim) jouent dans un conformisme défraîchi. Rien de grave, juste une atmosphère un poil vieillissante. Les moins chères offrent le meilleur rapport qualité-prix.

Très chic (min 5 400 ₹ / 72 €)

Hotel Mountview *(hors plan par C1,* ***23****) : secteur 10. ☎ 467-11-11 ou 274-05-44. • citcochandigarh.com • Doubles 7 000-8 700 ₹, bon petit déj-buffet compris.* Dans un îlot de nature, un hôtel prisé des businessmen. Le hall spacieux et classieux donne le ton. À ce prix, pas grand-chose à dire sur les chambres, si ce n'est qu'elles sont confortables et plaisantes. Demandez-en une qui donne sur le vaste jardin paisible, à l'arrière (un des atouts de l'établissement).

Piccadily Hotel *(plan B3,* ***24****) : Himalaya Marg, secteur 22B. ☎ 270-75-71 ou 72. • thepiccadily.com • Double min 7 100 ₹, petit déj compris.* Hôtel restauré dans un esprit contemporain (tons gris et bleutés, lustres clinquants) et formaté aux critères du confort international. Accueil pro. Confortable, à condition de prendre une chambre qui donne sur l'arrière, en raison de la circulation.

Où dormir dans les environs ?

Aura Vaseela *(hors plan par B3,* ***25****) : Nadiali Village,* ***Dharamgarh.*** *☎ (01762) 28-75-75 ou 28-76-99. 📱 93-56-12-12-50. • auravaseela.com • À 12 km du centre de Chandigarh et env 3 km de l'aéroport. Pour ceux qui sont véhiculés seulement ; direction Ambala/Delhi jusqu'au rond-point de Tribune Chowk ; là, tourner à droite puis, 4 km plus loin, fléché sur la gauche. Doubles 3 800-4 800 ₹, petit déj compris.* L'intérêt de l'adresse ? Le calme, l'espace, la verdure, et la piscine ! 20 chambres réparties dans différents petits bâtiments, dans le jardin autour de la piscine pour les *cottage rooms,* nos préférées. Les *deluxe* sont, en revanche, très classiques et ne valent pas vraiment la peine. L'ensemble, très bien tenu, est charmant, tout comme l'accueil. Resto.

Où manger ?

De très bon marché à bon marché (150-450 ₹ / 2-6 €)

Nagpal Pure Vegetarian *(plan B3,* ***31****) : Himalaya Marg, SCO 1138, secteur 22B. Tlj 11h-23h (service continu).* Petit *dhaba* sans prétention où l'on déguste de délicieux *dal, biryani* ou autres plats végétariens dans des assiettes en métal à prix très doux, avec la télé au fond. Souvent plein.

LE NORD

Sindhi's *(plan C2,* ***32****) : secteur 17C, en face du Shree Rathnam. Entrer dans la pâtisserie et grimper au 1er étage. Tlj 12h30-16h, 19h-22h (10h-22h en continu pour le côté pâtisserie).* Hmm, cette pâtisserie qui met l'eau à la bouche... Allez zou, c'est pour plus tard ! Là encore, un resto 100 % *vegetarian* dans un cadre bien propret de cafétéria moderne et impersonnelle. Le midi, on mange dans un vibrant brouhaha. Choix assez large (plats de l'Inde du Nord, du Sud, chinois, et même occidentaux) présentés à la queue leu leu. Pas cher et vraiment bon !

Shree Rathnam *(plan A3,* ***30****) : SCO 405-406, secteur 35C. ☎ 270-77-70. Tlj 9h-23h.* Un resto très populaire, familial et nickel. On s'y retrouve de 7 à 77 ans. Ça débite, et les serveurs ne chôment pas ! Pas pour un moment d'intimité mais pour se sustenter d'une cuisine végétarienne d'Inde du Sud, appétissante et toujours fraîche. Quelques *thalis* également qui font honneur à la cuisine du Nord.

Prix moyens (450-900 ₹ / 6-12 €)

Pashtun Restaurant *(plan A3,* ***34****) : SCO 333-334, secteur 35B. ☎ 260-77-28. Tlj 11h-14h30, 19h30-23h.* Amis gourmets, voici un resto à ne pas manquer. Des tables disposées autour d'un gros faux arbre. Cadre un peu sombre, mais mieux vaut se concentrer sur les plats. On vous recommande 2 spécialités du nord de l'Inde, savoureuses à souhait : le *hara bhara gosht,* un gigot d'agneau parfumé aux épices du Cachemire, ou le *murgh malai tangri,* des cuisses de poulet farcies ! En sous-sol, pub qui se la joue ambiance far west, avec de la musique pop-rock occidentale.

Ghazal Restaurant *(plan C2,* ***35****) : SCO 189-191, secteur 17C. ☎ 270-44-48. Tlj 11h-23h.* Une adresse connue pour sa cuisine d'Inde du Nord (oublier les quelques plats chinois). Atmosphère d'un chic conventionnel et feutré. Service prévenant mais prix quelque peu musclés tout de même.

Où manger une pâtisserie ou une douceur ?

Sindhi's Sweets *(plan C2,* ***32****) : voir « Où manger ? ». Tlj 10h-22h.* LA pâtisserie de la ville, avec une vitrine regorgeant de douceurs indiennes aux multiples couleurs, multiples saveurs... Lancez-vous !

Nik Baker's – The Eating House *(plan B3,* ***37****) : à l'angle d'Himalaya Marg, secteur 22C. Tlj 24h/24 (pratique !).* Croissant, brownie, tartelette aux noix et plein d'autres bonnes p'tites gâteries ! En fait, l'endroit abrite les *corners* de différentes enseignes (salé et sucré), dont une qui propose des glaces. Le tout à avaler dans une ambiance de restauration rapide.

Où boire un verre ?

Piccadily's Blue Ice *(plan B2,* ***40****) : SCO 7, secteur 17E. ☎ 270-33-38. Tlj jusqu'à minuit.* Un bar-resto moderne apprécié des cols blancs pour siroter une bière ou un cocktail en fin de journée. L'ambiance reste posée en toutes circonstances, et la boule à facettes n'est là que pour la déco. Parfois des DJs.

À voir

– **Visite guidée de Chandigarh :** possibilité de visite en compagnie d'un guide francophone formé par l'Alliance française (voir « Adresses et infos utiles »). *Compter 2 400 ₹ pour 2h ; 8 500 ₹ pour la journée (en 4h, on peut aller dans des secteurs moins connus que le Capitol Complex). Réserver min 1 sem à l'avance.*

Capitol Complex *(hors plan par D1)* : *secteur 1. Possibilité de visite tlj mais permis préalable à demander à 100 m du* Tourist Information Centre *(voir « Adresses et infos utiles ») ; obtention immédiate. Visite accompagnée par un guide, en groupe ; départs depuis le* Tourist Information Centre *à 10h, 12h et 15h ; durée : 1h30. Sinon, prendre contact avec l'Alliance française (voir « Adresses et infos utiles ») ; les horaires de visite sont plus souples.* C'est là que se trouvent les assemblées *(The Legislative Assembly)*, le palais de justice *(The High Court)* et le secrétariat *(The Secretariat)* des États du Pendjab et de l'Haryana. En principe, le palais de justice et le secrétariat ne s'observent que de l'extérieur. Le bâtiment le plus intéressant (de l'intérieur !) est celui de l'Assemblée du Pendjab, avec ses remarquables volumes (ce dernier n'est accessible, en principe, qu'en semaine).

DONNE-MOI LA MAIN...

Non, la grande sculpture plate érigée verticalement le long de l'esplanade du Capitol Complex n'est pas une colombe stylisée, mais une main ouverte (The Open Hand est son nom), comme tendue aux citoyens du monde ! Pensée et dessinée par Le Corbusier en personne. Ses 26 m de haut tournent librement au gré des vents... Symbole de la ville, elle était aussi considérée par Nehru et Le Corbusier, lors de sa conception en 1955 – en pleine guerre froide – comme un symbole du non-alignement...

Rock Garden *(hors plan par D1)* : *tt près de la cour de justice, sur Uttar Morg, secteur 1. ● nekchand.com ● Tlj 9h-18h (19h30 avr-sept). Entrée : 30 ₹ (guichet bien caché, à droite de l'entrée).* Nek Chand, un ancien inspecteur de la voirie aujourd'hui décédé, a construit un véritable labyrinthe minéral et végétal, un fabuleux monde-jardin peuplé de créatures fantastiques aux allures de déesses indiennes, de guerriers, de gardiens de temple, d'animaux. Tout a été imaginé selon ses rêves et son génie. Un spectacle un peu surréaliste, dans la lignée du palais du facteur Cheval en France. Vous y verrez des soldats en tessons de céramique ou une armée de singes en galet concassé. Sur 2 ha, il a rendu vie à tous ces objets et débris qu'il ramassait chaque jour sur le bord des routes. Le *Rock Garden* reçoit chaque jour des centaines de visiteurs. Arriver à l'ouverture, la balade n'en sera que plus agréable.

Sukhna Lake *(hors plan par D1)* : *à 10 mn à pied du Rock Garden (à gauche en sortant), sur le même axe.* Un grand lac aux rives aménagées, conçu par Le Corbusier. Un chemin forestier jalonné de panneaux explicatifs en fait le tour (compter environ 1h30). Les cendres de Pierre Jeanneret, architecte et cousin de Le Corbusier qui a participé à la réalisation de Chandigarh, y ont été dispersées, conformément à sa volonté. Possibilité de se restaurer sur place ; location de vélos et d'embarcations à pédales. Balade très appréciée par les familles le week-end.

Government Museum and Art Gallery *(plan C1)* : *secteur 10C. ☎ 274-02-61. Tlj sauf lun 10h-17h. Entrée modique.* Dans un bâtiment construit par Le Corbusier, présentation d'une collection de délicates miniatures anciennes, remontant au XVIe s pour certaines. Amusant d'ailleurs de voir l'évolution de cet art au fil des siècles. Également quelques belles pièces textiles, des sculptures du Bouddha et d'intéressantes peintures indiennes contemporaines, phénomène suffisamment rare dans les musées indiens pour être signalé. Le tout est agréablement mis en valeur et on apprécie les panneaux explicatifs en anglais.

Chandigarh Architecture Museum *(plan C1)* : *secteur 10C. Juste à côté du Government Museum and Art Gallery. Tlj sauf lun 10h-16h45. GRATUIT.* Visite très intéressante pour les passionnés d'architecture. On y découvre donc l'histoire, pas banale, de la ville et de son architecture. Maquettes des principaux bâtiments, plans signés Le Corbusier (il s'agit d'originaux !), etc. Également quelques pièces de mobilier conçues par le maître, et qu'il a parfois lui-même utilisées. L'édifice est une réplique d'un bâtiment construit par... on vous le donne en mille !

Rose Garden *(plan B-C1-2)* **:** *secteur 16. GRATUIT.* Ne pas confondre avec le *Rock Garden.* Magnifique jardin regroupant près de 1 600 variétés de roses, qui ressortent d'autant mieux que l'herbe est tondue de près tout autour. Il fait bon y déambuler ou s'y poser, surtout de décembre à février.

National Gallery of Portraits *(plan C2)* **:** *secteur 17C. Tlj sauf dim-lun 10h-17h. GRATUIT.* On y découvre l'Inde à travers les personnages qui ont marqué son histoire. Pourquoi pas, si vous avez un peu de temps à tuer...

Le Corbusier Centre *(plan D3)* **:** *Madhya Marg, secteur 19B. ☎ 277-70-77. • chandigarhtourism.gov.in/lcc • Tlj sauf lun 10h-17h. GRATUIT.* L'ancien atelier des architectes de Chandigarh a été transformé en petit musée. Oh, rien de très impressionnant. Principalement des photos d'époque qui illustrent la construction de la ville, quelques lettres de Le Corbusier et de Pierre Jeanneret.

Festival

– ***The Rose Festival*** **:** *un w-e fin fév-début mars.* Concerts dans différents lieux de la ville. Régulièrement des pointures de la chanson indienne en tête d'affiche.

LA VALLÉE DU GANGE

• Carte *p. 176-177*

HARIDWAR (haridwar) 230 000 hab. IND. TÉL. : 01334

• Plan *p. 179*

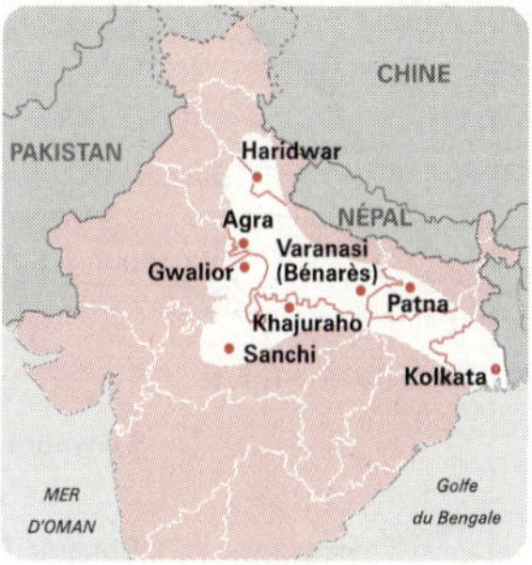

Des milliers de saints et de pèlerins hindous – aussi bien adorateurs de Shiva que de Vishnou – affluent tout au long de l'année vers la « Porte du Grand Fleuve », au débouché du Gange dans la plaine, en quête d'un bain purificateur synonyme de salut et de vie éternelle. Ville fantastique où il règne une ambiance très particulière, empreinte de religiosité, à l'heure du crépuscule autour De Har-ki-Pairi. Ici comme à Varanasi, plus que de voir, c'est de sentir qu'il s'agit. Inutile de gesticuler de tous côtés pour tout voir ou tout savoir, mieux vaut flâner et contempler la vie, simplement. Visite d'autant plus agréable que la vieille ville a été aménagée en une vaste zone piétonne *(zero zone)* accessible uniquement aux cyclo-pousses. Il faut traverser le fleuve aussi pour une balade le long des ghâts aménagés sur la rive gauche. Haridwar étant également réputée pour ses herbes médicinales récoltées dans l'Himalaya, les adeptes de la médecine douce trouveront leur bonheur dans les petites échoppes qui parsèment la ville. Enfin, que ceux qu'un séjour yoga ou méditation intéresse ne dédaignent pas de se renseigner à Haridwar ; de façon générale les enseignements y sont jugés sérieux... parfois davantage qu'à Rishikesh.

LÉGENDE... QUAND TU NOUS TIENS !

La légende raconte qu'après avoir volé le nectar d'immortalité (l'Amrita) l'Aigle royal (Garuda) en laissa échapper 4 gouttes dans le ciel, dont une finit sa chute à Haridwar. En souvenir de cet événement a lieu ici, tous les 11 ou 12 ans (à tour de rôle avec Allahabad, Nasik et Ujjain), la *Kumbh Mela,* réputée pour être la plus grande manifestation religieuse sur terre.
La prochaine est pour... 2021, l'année 2010 ayant été la dernière grande célébration. Certes, une occasion unique de vivre la ferveur religieuse de l'Inde, mais aussi celle de se retrouver un peu perdu dans l'immense afflux de pèlerins (attention, on parle là de plusieurs dizaines de millions de personnes, au bas mot)...

Arriver – Quitter

Bus Stand et Railway Station *(plan A2)* **:** *Railway Station Rd, pratiquement face à face.* Attention aux faux informateurs, très nombreux près

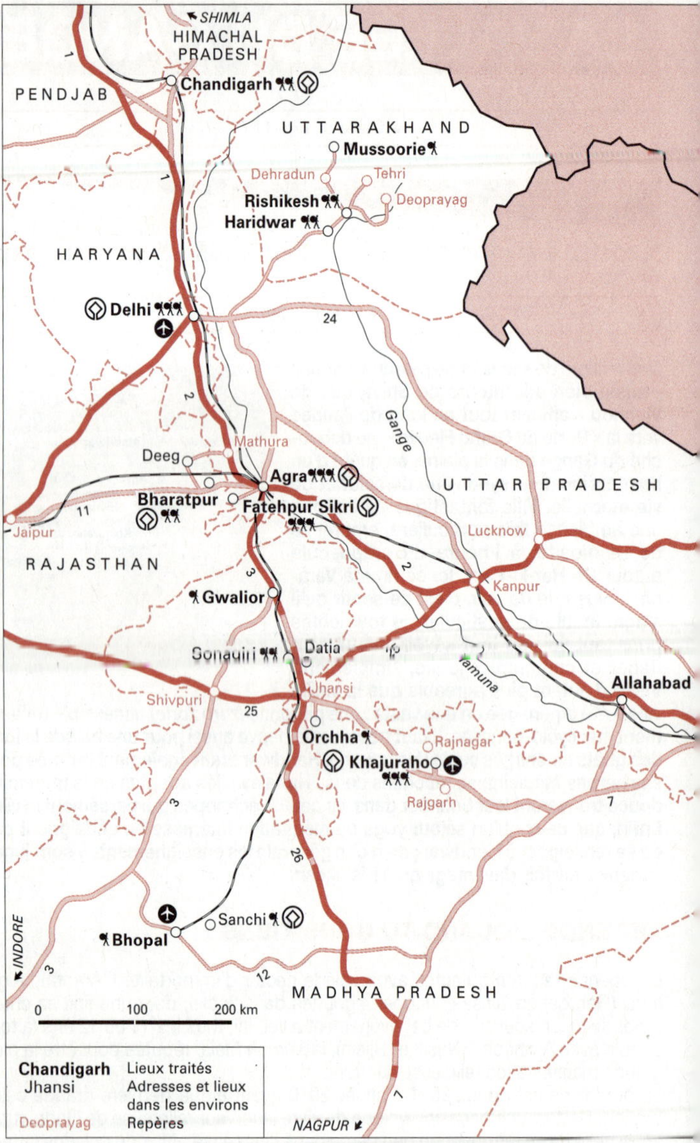
SHIMLA
HIMACHAL PRADESH
PENDJAB
Chandigarh
UTTARAKHAND
Mussoorie
Dehradun
Tehri
Deoprayag
Rishikesh
Haridwar
HARYANA
Delhi
24
Gange
Mathura
Deeg
Agra
Bharatpur
Fatehpur Sikri
UTTAR PRADESH
Lucknow
Jaipur
11
RAJASTHAN
Kanpur
Gwalior
Datia
Yamuna
Allahabad
Shivpuri
25
Jhansi
Orchha
Rajnagar
Khajuraho
Rajgarh
7
3
26
INDORE
Sanchi
Bhopal
12
MADHYA PRADESH
0
100
200 km
Chandigarh
Lieux traités
Jhansi
Adresses et lieux dans les environs
Deoprayag
Repères
NAGPUR

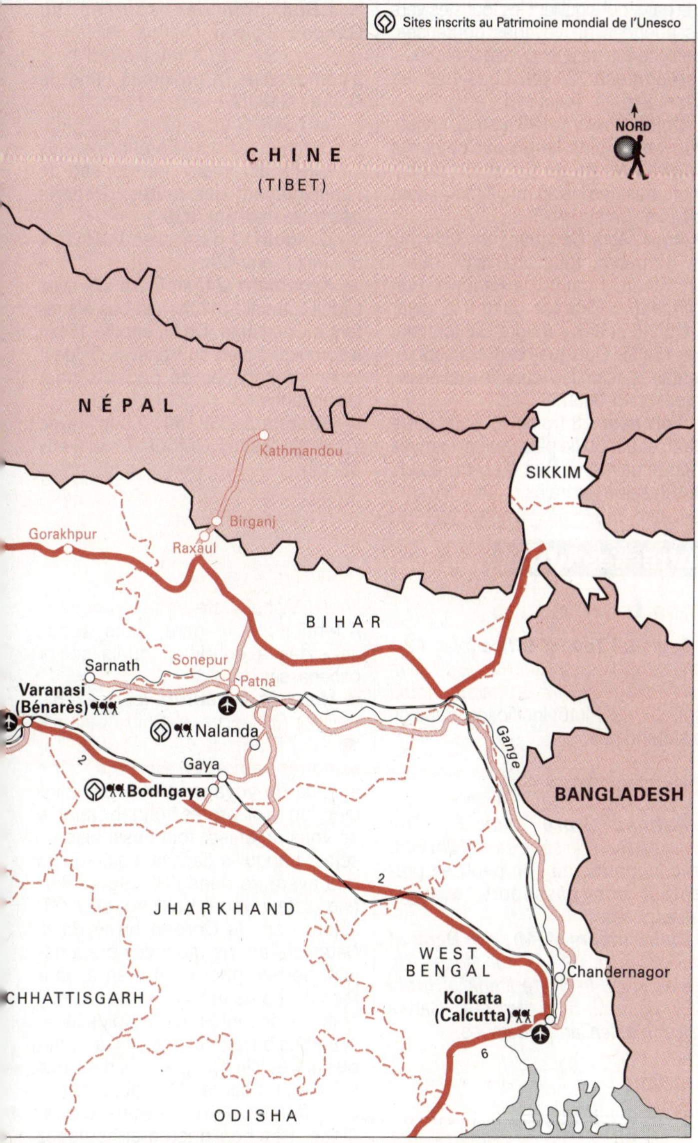

LA VALLÉE DU GANGE

de la gare, qui aiguillent les touristes vers des agences de voyages douteuses. Consigne à la gare ferroviaire (24h/24).

➢ ***Rishikesh*** *(24 km)* **:** bus ttes les 30 mn, 24h/24. Trajet : 1h.

➢ ***Delhi*** *(214 km)* **:** 8-9 trains/j. Trajet : 4h30-5h30 (plus long pour ceux qui arrivent à Nizam-ud-Din et Old Delhi). Sinon, bus ttes les 30 mn, 24h/24, dont 7 *deluxe.* Trajet : env 7-9h.

➢ ***Agra*** *(Agra Cantonment ; 386 km)* **:** env 10 bus/j., tous *ordinary.* Trajet : 10h. Sinon, 1 train/j., le *Haridwar Puri Kalingautkal Express* quitte Haridwar vers 5h45 et arrive à Agra Cantonment vers 15h15. Quelques *express* supplémentaires selon les jours, le mat aussi. Trajet : 8h45-9h30.

➢ ***Varanasi*** **:** 3 trains le soir, entre 20h25 et 23h50 (le plus rapide) ; arrivée le lendemain en début d'ap-m. Trajet : 13-19h selon les trains.

Bus pour les sources du Gange **:** *Railway Station Rd, presque en face de la gare ferroviaire.* 2 compagnies, à proximité l'une de l'autre : *GMOU (plan A2,* ***1*** *; ☎ 22-68-86)* et *TGMOC (plan A2,* ***2*** *; ☎ 26-50-08 ; • tgmoc.com •).* En principe, bus fin avr-fin oct (mais cela dépend de l'enneigement des routes). Départs très tôt le mat, 5h-7h30.

➢ ***Gangotri*** **:** 1 bus/j. avec *TGMOC,* à 5h. Trajet : env 12h.

➢ ***Kedarnath*** *(247 km)* **:** 2 bus/j. avec *GMOU.* Trajet : 9-10h. Les bus s'arrêtent à Gaurikund. De là, encore 15 km à parcourir à pied ou à cheval. On peut louer les services de porteurs pour les bagages.

➢ ***Badrinath*** *(332 km)* **:** 2 bus/j. avec *TGMOC,* 2 avec *GMOU.* Trajet : env 12-13h.

Adresses utiles

Infos touristiques

Regional Tourist Office *(plan A2)* **:** *dans l'enceinte du Rahi Hotel, à 150 m de la gare ferroviaire. • uttarakhandtourism.gov.in •* Plutôt inefficace, donc on ne s'étend pas.

Banques, change

■ ***Ashoka Store*** *(plan B1,* ***3****)* **:** *Railway Rd. Tlj sauf sam 10h-20h.* Un commerce, où l'on peut, en présentant son passeport, changer des espèces.

■ ***Distributeurs*** *(ATM)* **:** *à la* ***Bank of Baroda*** *(plan B1,* ***4****), sur Upper Rd. Également à la* ***State Bank of India*** *(SBI ; plan A2,* ***5****), Railway Rd.* Cartes *Visa* et *MasterCard* acceptées.

Santé

■ ***Dr Kailash Pandey*** *(plan A1,* ***6****)* **:** *Railway Rd, à côté de l'Hotel Trishul. ☎ 22-73-02. Lun-sam 11h30-15h, 18h-21h ; fermé dim.*

Divers

■ ***Consigne à bagages*** *(cloakroom)* **:** *à la gare ferroviaire (tlj 24h/24) ou à l'hôtel* Vishu, *juste en face (24h/24).* Attention : à la gare, sacs à dos acceptés à condition qu'ils soient cadenassés.

■ ***Mohan's Adventure*** *(plan A2,* ***5****)* **:** *Railway Rd, voisin du* Chitra Cinema. *☎ 22-77-26. 📱 98-37-10-02-15. • mohansadventure.com •* Une agence de voyages tenue par Sanjeev, un vrai professionnel capable de vous organiser tout aussi bien un séjour tranquille dans la région qu'un raid aventure dans l'Himalaya. Rafting, safari, yoga, trekking, ski, VTT, séjour dans le *Corbett* ou le *Rajaji National Park* de mi-novembre à mi-juin, sorties photo... il y en a pour tous les goûts et tous les budgets, y compris des infos sur la poignée de superbes bâtiments anciens, à l'écart du centre-ville. Sanjeev, qui dans une autre vie fut pilote automobile, est en outre formateur en médecine ayurvédique, très bon photographe (jugez vous-même dans son agence...) et réalise des bouquins, des films documentaires, rien que ça ! Bien plus efficace que l'office de tourisme, il peut aussi vous proposer de dormir dans son hôtel.

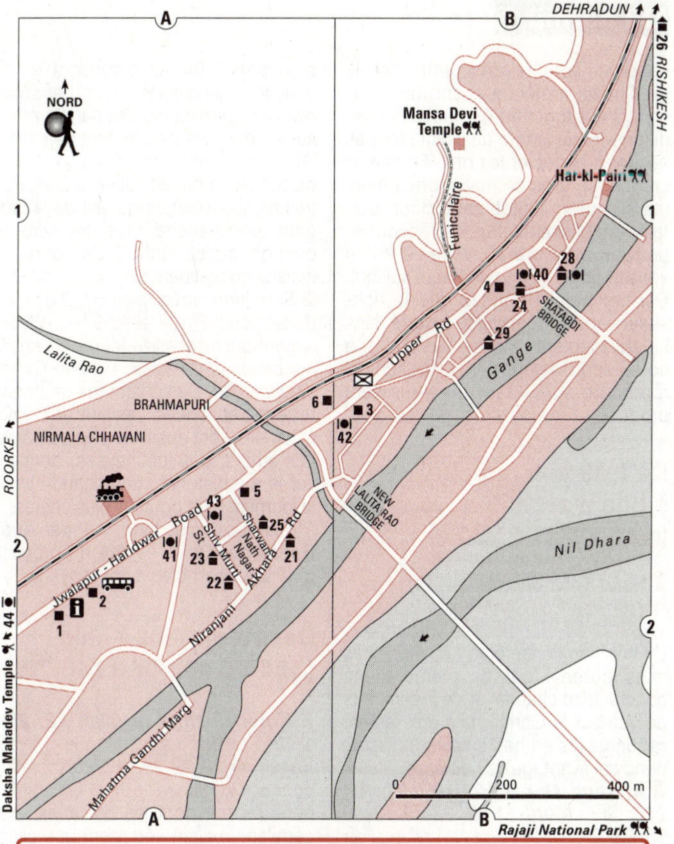

HARIDWAR

Adresses utiles

- Regional Tourist Office (A2)
- **1** GMOU Office (A2)
- **2** TGMOC Office (A2)
- **3** Ashoka Store (B1)
- **4** Bank of Baroda (B1)
- **5** State Bank of India et Mohan's Adventure (A2)
- **6** Dr Kailash Pandey (A1)

Où dormir ?

- **21** Hotel Kohinoor (A2)
- **22** Krishna Guest House (A2)
- **23** Hotel Arjun (A2)
- **24** Sunshine Hotel (B1)
- **25** Hotel Krishna Ji (A2)
- **26** Bhaj Govindam (hors plan par B1)
- **28** Ganga Lahari (B1)
- **29** The Haveli Hari Ganga (B1)

Où manger ?

- **40** Hoshiyar Puri Restaurant (B1)
- **41** Khalsa Hotel (A2)
- **42** Chottiwala Restaurant (B1-2)
- **43** Big Ben (A2)
- **44** Invitation (hors plan par A2)

Où dormir ?

La quasi-totalité des petits hôtels du Chowk n'affiche aucun tarif officiel. C'est fonction de l'affluence et, disons-le, de la tête du client ! Ne pas hésiter à négocier les prix. En saison creuse, en gros de novembre à mars (ainsi qu'en juillet-août pour certains établissements), les réductions peuvent atteindre 40, voire 50 % (on vous indique ici les prix haute saison). Dernier point : refusez que le rickshaw vous accompagne jusque dans l'établissement ; faites-vous arrêter à côté. Sinon, il négociera un bakchich, répercuté sur le tarif qui vous sera proposé.

De très bon marché à bon marché (max 1 500 ₹ / 20 €)

Hotel Kohinoor (plan A2, **21**) : *Niranjani Akhara Rd, Sharwan Nath Nagar. ☎ 32-21-31. Bon marché. Pas de wifi.* Un hôtel aux chambres très modestes mais dotées tout de même d'une douche (eau chaude) et de la clim. Pas de vue sur le Gange. Les prix restent raisonnables en haute saison, c'est le principal avantage de l'adresse.

Krishna Guest House (plan A2, **22**) : *Shiv Murti St. ☎ 22-79-18 ou 26-63-25. Très bon marché ; air cooler en supplément. Pas de wifi.* Bien entendu, à ce prix-là, ne pas demander la lune. Mais l'adresse, vraiment basique (apporter ses draps), dépannera les routards désargentés. Chambres avec salle d'eau mais sans douche (eau chaude au seau, payant). En demander une à l'étage, avec une vraie fenêtre, pour plus de luminosité et plus éloignée de l'animation de la réception.

Prix moyens (1 500-3 000 ₹ / 20-40 €)

Hotel Arjun (plan A2, **23**) : *Shiv Murti St. ☎ 22-04-09. 📱 93-19-92-15-82. • hotelarjun.com •* Une vingtaine de chambres qui s'organisent autour d'un patio. Toutes disposent d'une douche chaude et de la clim. Les *super deluxe* ont été restaurées dans un style actuel, mais les *deluxe* sont déjà bien. Celles qui donnent sur la rue ont un vrai balcon (l'endroit est calme le soir). Pas très régulier pour ce qui est de la propreté, en revanche. Mais une adresse où l'on croise autant de touristes indiens qu'occidentaux.

Sunshine Hotel (plan B1, **24**) : *Moti Bazar. ☎ 22-24-64. 📱 98-97-12-95-53. • hotelsunshineharidwar.com • Dans la rue piétonne du bazar, entre le Gange et Upper Rd.* Des chambres de bonne taille et bien tenues. Les plus au calme, à l'arrière, sont aussi les plus sombres. Les autres, très lumineuses, donnent sur la rue piétonne. Eau chaude toute la journée. Clim pour les plus chères.

Voir aussi, plus haut, la ***Inder Kutir Guesthouse*** *(plan A2, **20**)*, qui propose quelques chambres à prix moyens.

De prix moyens à chic (2 500-5 400 ₹ / 33,40-72 €)

Hotel Krishna Ji (plan A2, **25**) : *Chitra Talkies Lane, Shrawan Nath Nagar. ☎ 22-22-29. • hotelkrishnaji.com • Doubles 2 500-3 200 ₹.* Un hôtel récent, dont les boiseries et le carrelage rutilant séduisent une clientèle indienne *middle class*. Chambres confortables (déco moderne, clim), et rapport qualité-prix très honorable. En revanche, demander une chambre avec fenêtre. Terrasse sur le toit pour le petit déj.

Bhaj Govindam (hors plan par B1, **26**) : *Ganga Kinare. ☎ 26-16-82. • hotelbhajgovindam.com • Doubles 2 800-5 400 ₹, petit déj inclus.* Une quinzaine de chambres réparties sur 2 niveaux dans un bâtiment agencé en U autour d'un carré de verdure ouvert sur le Gange. À 15 mn à pied des ghâts, voilà du calme. Certaines chambres sont un peu vieillottes, d'autres ont bénéficié d'un rafraîchissement mérité. Belle terrasse face au Gange pour les plus chères. Un rapport qualité-prix honnête.

De chic à très chic (4 200-10 500 ₹ / 56-140 €)

Ganga Lahari (plan B1, **28**) : *Gau Ghât.* ☎ *22-00-17 ou 18.* • *gangalahari.com* • *Même groupe que le* Haveli Hari Ganga *(ci-dessous). Doubles 6 500-9 600 ₹, petit déj inclus. Buffet le soir 500 ₹.* Un hôtel récent d'une quinzaine de chambres à la déco contemporaine soignée. Elles sont tout de même un peu sombres. Une seule avec vraie fenêtre, en face de la réception ; les autres donnent sur un couloir doté de baies vitrées (double vitrage) sur toute sa longueur, sur le Gange. Laissez tomber les suites sans regret : les chambres sont d'un très bon rapport qualité-prix. Également un bon resto et un spa.

The Haveli Hari Ganga (plan B1, **29**) : *21, Ramghat.* ☎ *22-64-43.* • *havelihariganga.com* • *Doubles 8 300-10 900 ₹, petit déj inclus. Buffet midi et soir.* En s'enfonçant dans le cœur du bazar animé, on a du mal à imaginer que se cache, de manière presque confidentielle, cet établissement de charme ! L'ensemble a été remarquablement restauré, et l'esprit des lieux respecté. Les chambres spacieuses s'agencent sur plusieurs niveaux autour d'un patio qui abrite un petit temple. Belle déco avec photos noir et blanc, meubles anciens de caractère et objets traditionnels, rehaussés de touches de couleurs plus modernes. Les *superiors* bénéficient d'une vue sur le fleuve sacré tandis que d'autres n'ont pas de fenêtre directe sur l'extérieur. Terrasse qui surplombe le Gange. Séance de yoga sur demande, massages ayurvédiques. Personnel très aimable.

Où manger ?

Alcools et aliments non végétariens sont prohibés dans la ville sainte (difficile même de trouver des œufs pour le petit déj !). Toutefois, pour nos lecteurs en manque d'une petite bière ou d'alcool, quelques boutiques sur la route de Rishikesh pourront dépanner. Des plats à base de viande sont aussi disponibles, mais gare aux intestins ! Nombreux *dhabas* le long des ghâts où l'on trouve des *thalis* et autres spécialités végétariennes à prix tout doux.

De très bon marché à bon marché (max 450 ₹ / 6 €)

Hoshiyar Puri Restaurant (plan B1, **40**) : *Upper Rd. Tlj jusqu'à 22h30. Très bon marché.* Cette petite institution sert spécialités pendjabies et *dal* depuis 1937 ! Très populaire, il y a parfois de l'attente. Allergiques aux épices, s'abstenir !

Invitation (hors plan par A2, **44**) : *4, Govindpuri, Ranipur More.* ☎ *22-32-44. À env 2-3 km du centre sur le côté gauche (enseigne écrite en blanc sur fond rouge). Tlj midi et soir.* Un bon petit resto très prisé des familles. Spécialités de *sizzler* (servi dans des feuilles de chou sur un plat en fonte bouillant) et de *khadai paneer* (*cottage cheese,* oignons sautés et poivrons, en sauce).

Khalsa Hotel (plan A2, **41**) : *Railway Rd. Presque en face de la gare ferroviaire. Tlj jusqu'à 22h.* Un petit *dhaba* ouvert sur la rue qui réjouira les routards de passage à l'estomac déjà habitué aux rigueurs de la cuisine indienne ! Accueil très sympathique du patron et de son équipe qui se mettent en quatre pour vous satisfaire. Excellent *thali* à volonté à des prix sans concurrence !

Chottiwala Restaurant (plan B1-2, **42**) : *Upper Rd. Tlj jusqu'à 22h.* Salle sans prétention mais climatisée et propre. Bonne cuisine chinoise et d'Inde du Sud servie dans des assiettes en plastique.

Prix moyens (450-900 ₹ / 6-12 €)

Big Ben (plan A2, **43**) : *Jwalapur-Haridwar Rd.* ☎ *22-09-38 ou 39. Près de la gare, au rdc de l'hôtel* Ganga Azure. *Tlj midi et soir.* Un resto bien propre avec de confortables banquettes bleutées et une grande baie vitrée qui laisse généreusement entrevoir l'animation de la rue, sans le son ! Confortablement installé, on est prêt à bien manger. Pour une fois, pas d'abus sur les épices. Carte aussi longue que le cours du Gange... Allez, on vous aide : le *Big Ben Special,* avec du fromage, n'est pas mal.

À voir

👣👣 ***Har-ki-Pairi*** *(plan B1)* **:** *accès libre ; se déchausser à l'entrée.* Une empreinte de pieds (que l'on dit être celle de Vishnou) figée dans la pierre explique le caractère sacré de ces ghâts le long desquels se réunissent les pèlerins en quête de purification. Ambiance bon enfant ; on est loin de l'atmosphère presque tragique de Varanasi. Hommes, femmes et enfants se côtoient pour une fois sans pudeur, et d'ailleurs il n'est pas rare que l'on vous invite à faire trempette (des chaînes tendues en travers du fleuve garantissent la sécurité) !
Fascinante cérémonie du feu que celle de l'arathi, chaque soir, à la tombée de la nuit. Renseignez-vous sur l'heure : elle est courte, et on peut facilement la louper ! Elle se déroule également au lever du jour, mais il y a beaucoup moins de monde. Le meilleur endroit pour observer tout ça : au pied de la *Clock Tower.* En l'espace de quelques minutes, des centaines de lampes en terre cuite, des coupelles confectionnées à l'aide de feuilles de bananier, sur lesquelles sont disposés pétales de fleurs et flammèches, sont abandonnées au Gange en guise d'offrande. Pendant ce temps, incantations et chants religieux entrecoupés par les gongs s'élèvent dans le ciel autant pour convoquer les dieux que pour attirer les dévots. L'ambiance aux alentours est tout aussi étonnante. Ici, un *guru* donnant ses instructions à quelques disciples attentifs, là un yogi debout sur une jambe en quête du *samadhi,* et un peu partout de l'encens, des fleurs, des montagnes de poudre et des bijoux de pacotille, autant d'offrandes que les pèlerins s'attachent à réunir dans une ambiance de tête pleine de bonne humeur.
Petite précision : vous verrez certainement déambuler des Indiens récoltant des « donations volontaires » d'une manière plus ou moins brutale (tentant même parfois de vous empêcher de passer si vous ne leur donnez pas satisfaction). Sachez qu'aucune participation financière n'est obligatoire, ***l'accès aux ghâts est libre et gratuit pour tous.*** Mais si vous décidiez de vous séparer de quelques roupies, vérifiez l'authenticité des quêteurs (les vrais disposent d'une carte officielle).

👣👣 ***Mansa Devi Temple*** *(plan B1)* **:** *pour y accéder, téléphérique en bon état (env 90 ₹ l'A/R ; souvent la cohue pour les tickets, attention aux pickpockets ; conserver son ticket, redemandé à la sortie) ou chemin à gravir à pied (170 m de dénivelée, compter env 30 mn ; il débute par les escaliers à droite de l'entrée pour le téléphérique). Avr-oct, tlj 6h30-19h ; nov-mars, tlj 8h30-17h30. On fera certainement appel à votre générosité pour diverses offrandes, mais, là encore, rien d'obligatoire.* Perché sur la montagne de la rive droite du Gange, Mansa Devi est le passage obligé des pèlerins sur la route des sources du Gange. La divinité est censée conférer à ceux qui l'honorent le pouvoir d'accomplir leur pèlerinage jusqu'au bout et en toute sécurité. Curieusement – est-ce dû aux cris des enfants ou à l'excitation des hauteurs ? –, on est loin de l'habituelle ferveur religieuse, et la visite prend un air de balade familiale. De là-haut, beau point de vue sur la ville – quand elle n'est pas derrière un voile de pollution –, le Gange et les alentours. Aussi un ticket combiné pour visiter le *Chandi Devi Temple,* mais on le trouve plutôt dépourvu d'intérêt.

Festivals

– ***Kumbh Mela :*** *en... 2021 ou 2022 !* Un des plus grands rassemblements religieux et l'occasion d'une gigantesque foire. Il n'a lieu que tous les 12 ans (parfois 11 ans selon les caprices du calendrier astrologique). À défaut de pouvoir vivre la

ferveur de cette fête, vous pourrez vous faire une idée de l'importance de la manifestation en vous rendant chez *Mohan's Adventure* (voir dans « Adresses utiles ») ; Sanjeev Mehta a publié un très beau livre de photos exclusivement consacré à la Kumbh Mela, qu'il commentera avec plaisir.
– ***Ardh Kumbh Mela :*** *prochaine date en 2027...* Moins important que le précédent, se déroule tous les 5 ou 6 ans (lorsque la Kumbh Mela n'a pas lieu), mais célébré avec autant de ferveur.
(Pour une explication plus complète de ces festivals, voir « Allahabad ».)

DANS LES ENVIRONS D'HARIDWAR

Daksha Mahadev Temple *(hors plan par A2)* **:** *quartier Khankhal, à env 6 km du centre-ville, près des ghâts de crémation au bord du fleuve.* Construit sur les ruines d'un sanctuaire très ancien, ce temple moderne attire de nombreux pèlerins venus célébrer le sacrifice par le feu de Sati, à la suite de la trahison de son mari (Shiva) par son propre père. Comme la roue tourne, Sati s'est réincarnée entre-temps en Parvati, pour la plus grande joie de son divin mari. Atmosphère plus authentique qu'au *Mansa Devi Temple.* Pour accéder au ghât de crémation, depuis le parking du temple, suivre la rive du fleuve (sans le traverser) à contre-courant, sur 200 m.

Rajaji National Park *(hors plan par B2)* **:** *au nord d'Haridwar ; accès par le village de* ***Chila,*** *9 km à l'est d'Haridwar. • rajajinationalpark.co.in • Pour y aller : quelques bus peu nombreux (le mat principalement) avec* GMOU *(plan A2,* ***1****). Sinon, rens auprès de* Mohan's Adventure *(voir « Adresses utiles »), qui propose des excursions de 3-4h ; compter près de 2 500 ₹/pers tt compris (entrée, transport, visite en jeep) ; bon à savoir : c'est la seule agence habilitée à organiser des excursions lorsque le parc est fermé. Fermé 15 juin-15 nov. Entrée : 600 ₹ ; appareil photo 50 ₹. Jeep : 2 000 ₹ (disponible à l'entrée du parc) + 500 ₹ de droit d'entrée du véhicule + 600 ₹ pour le guide. 2 sessions/j. : 6h-9h, 15h-18h (horaires légèrement variables selon saison). Hébergement possible à la* Forest Rest House *de Chila : ☎ (01382) 26-66-78. Conseil : faire la balade tôt le mat ou, mieux, en fin d'ap-m, la lumière est plus belle.* Le parc est un véritable sanctuaire de biodiversité. Plus de 400 espèces d'oiseaux y ont été recensées. Sans doute aurez-vous la chance d'apercevoir éléphants sauvages, singes, sambars, sangliers, etc. Plus improbable est la rencontre de léopards, d'ours ou encore de tigres (on n'en compte que 12 !).

RISHIKESH (rishikesh) 100 000 hab. IND. TÉL. : 0135

• Plan *p. 186-187*

Plantée à 356 m d'altitude sur les premiers contreforts de l'Himalaya, dans un décor de forêts luxuriantes, la « Cité des Rishis » a acquis une certaine notoriété internationale dans les sixties en recevant John Lennon et ses acolytes, venus découvrir la méditation transcendantale. Depuis, la « capitale mondiale du yoga » – comme elle aime à le rappeler – ne cesse d'accueillir, aux côtés de milliers de sages, des Occidentaux à la recherche de leur propre identité, ou désireux de s'initier à l'exercice du yoga et de la méditation. D'ailleurs, certains pseudo-ashrams ou centres de yoga ne se privent pas d'exploiter leur crédulité... Il y règne une atmosphère un peu « baba », mais qui reste bon enfant. Le centre-ville avec ses embouteillages n'a pas d'intérêt.

En revanche, dans les quartiers de *Swargashram* et de *Lakshman Jhula*, tous les deux semi-piétons, on découvre une ambiance paisible et propice au repos de l'âme. Pour finir, Rishikesh, comme Haridwar, est une base de rafting en saison (octobre-juin), et le point de départ de pèlerinages vers les sources du Gange (de fin avril à fin octobre), le saint des saints des hindous.

Arriver – Quitter

En bus

Main Bus Stand et ***Yatra Bus Stand*** sont accolés *(plan A2)*.

– Au départ de **Main Bus Stand :**

➢ ***Haridwar :*** bus ttes les 30 mn 5h-23h, dont 3 *deluxe*. Trajet : 1h. Sinon, 3 trains, dont 1 *express*/j. vers 15h15. Trajet : env 1h.

➢ ***Delhi :*** bus ttes les 30 mn 5h-23h ; 4 *deluxe*. Trajet : 7h. 1 train en début de matinée, sinon plus de départs depuis Haridwar.

➢ ***Agra :*** 1 bus/j., tôt le mat. Trajet : 12h. Davantage de bus depuis Haridwar.

➢ ***Mussoorie :*** pas de bus direct. Il faut se rendre à ***Dehradun*** : bus ttes les 30 mn 5h-18h, 2h de trajet (puis même fréquence entre Dehradun et Mussoorie, 1h30 de trajet).

➢ ***Amritsar :*** 1 bus/j., en fin de matinée. Trajet : 11h.

➢ ***Chandigarh :*** 6 bus/j. Trajet : 8h.

– Au départ de **Yatra Bus Stand :** Dessert les proches environs. Bus en direction des ***sources du Gange***, en gros fin avr-fin oct (selon l'enneigement des routes). Départs très tôt le mat, 3h30-8h. 2 compagnies : *GMOU* *(☎ 243-00-76)* et *TGMOC* *(☎ 243-00-08 ; • tgmoc.com •)*, un poil plus chère. Hors saison, le kiosque de *GMOU* à la *Yatra Bus Stand* est généralement fermé. Se renseigner alors au *GMOU Lodge Yatra Office* *(plan B2, **7** ; tlj 8h-18h)*, dans la dernière rue perpendiculaire à Haridwar Lakshmanjula Marg, sur la gauche, avant de traverser la rivière Chandrabhaga (en venant d'Haridwar).

➢ ***Gangotri :*** 2 bus/j. avec *TGMOC* seulement. Trajet : 11-12h.

➢ ***Kedarnath :*** 4 bus/j. avec *TGMOC*, 2 avec *GMOU*. Trajet : 10h. Les bus s'arrêtent à Gaurikund. De là, 15 km à parcourir à pied ou à cheval. On peut louer les services de porteurs pour les bagages.

➢ ***Badrinath :*** 5 bus/j. avec *TGMOC*, 2 avec *GMOU*. Trajet : 12h.

En train

Railway Station *(plan A2)* **:** *Station Rd.* Très peu de trains.

➢ ***Haridwar :*** 6 trains/j., 5h55-18h30, dont 1 *express* vers 16h25. Trajet : env 1h. Depuis Haridwar, trains pour Agra.

➢ ***Delhi :*** pas de liaison directe, passer par Haridwar.

Adresses et infos utiles

Banques, change

■ ***Distributeurs :*** *plusieurs* ATM *dans le quartier de Lakshman Jhula (plan D1) ; un* ATM *à la **State Bank of India** (plan C1, **1**), à côté du bureau de poste dans le quartier de Swargashram.* Acceptent les cartes *Visa* et *MasterCard*.

■ ***Change :*** *en principe, tlj 9h-20h.* Pas de problème pour trouver un bureau de change acceptant les euros dans les quartiers de Lakshman Jhula et Swargashram.

Urgences

■ ***Police Station*** *(plan D1, **2**)* **:** *Lakshman Jhula. ☎ 243-02-28.*

■ ***GD Hospital*** *(plan A2)* **:** *Dehradun Rd. ☎ 243-04-02 ou 00-16.*

Agences d'excursions

■ ***Garhwal Himalayan Explorations*** *(plan C1, **3**)* **:** *Himalaya House, Badrinath Rd. ☎ 243-31-55 ou 244-22-67. • thegarhwalhimalayas.com • Tlj 8h30-19h30.* Agence sérieuse et dynamique pour le trekking, le ski, le rafting et bien d'autres activités. Dispose d'un campement situé à 16 km de Rishikesh avec des *tent huts* et des *cottage huts* *(compter 6 000-8 300 ₹/pers en ½ pens, raft compris)*.

■ ***De-N-Ascent Expeditions*** *(plan C1,* ***4****) : Tapovan, Lakshman Jhula Rd. ☎ 244-23-54. • kayakhimalaya.com • Tlj 9h-19h30.* Agence sérieuse, spécialisée dans le rafting. Tarifs plus élevés que la moyenne, mais l'encadrement et le matériel sont de qualité (fournissent des combinaisons adaptées). N'organise pas de trek.

■ ***Himalayan Adven Tour*** *(plan D1,* ***5****) : Neelkanth Rd, Lakshman Jhula. ☎ 244-01-92. 📱 94-12-15-41-33 ou 90-12-18-78-03. • himtrack@yahoo.com •* Un couple charmant : lui est photographe et organise des treks et du rafting, tandis que sa femme donne des cours de cuisine.

Où dormir ?

De nombreux établissements se trouvent sur la rive gauche du Gange, dans les quartiers semi-piétons (sans voiture, mais pas sans 2-roues) de *Swargashram* et *Lakshman Jhula.* On y accède par 2 passerelles (piétonnes également), *Ram Jhula Bridge* et *Lakshman Jhula Bridge.* Pas de rickshaws, donc, pour transporter vos bagages (mais les choses devraient changer car un nouveau pont, situé à quelques centaines de mètres de la passerelle de Ram Jhula et qui sera autorisé aux rickshaws, est presque achevé). De 7h à 20h (sauf pendant la mousson), un petit bateau fait la navette entre les 2 rives au niveau du *Ram Jhula Bridge* (prix modique). Si vous arrivez en pleine nuit, il peut être préférable de loger sur la rive droite, quitte à changer d'établissement par la suite. Les 2 quartiers sont sympathiques : à Lakshman Jhula, beaucoup de temples ; à Swargashram, plus calme et aéré, c'est le coin des ashrams. Enfin, noter que de mai à août et de décembre à janvier, les établissements qui proposent des chambres à prix moyens consentent souvent une ristourne intéressante.

De très bon marché à bon marché (400-1 500 ₹ / 5,30-20 €)

☗ ***Sonu Guest House*** *(plan D1,* ***20****) : Lakshman Jhula. 📱 98-37-85-05-00. • sonuguesthouse.weebly.com • Accès par la ruelle sur la gauche, env 10 m avt l'Omkarananda Dharma Samsthan, en venant de la passerelle. Pas de petit déj.* Une adresse en limite de village, sur le versant boisé, cachée derrière les autres *guesthouses* et qui se ferait presque oublier... Les chambres sont simples, mais l'endroit est aéré, calme, soigné, serein, vraiment bien (pas de vue sur le Gange). D'ailleurs, certains visiteurs ont bien du mal à en repartir...

☗ ***Bunk Stay*** *(plan D1,* ***21****) : Lakshman Jhula. 📱 99-99-22-16-33. • bunkstay.com • Accès par l'escalier qui monte en face du Trayambakeshwar Temple ; se repère facilement depuis la passerelle avec sa façade jaune et gris.* Une auberge de jeunesse récente qui a ouvert ses portes à l'écart de l'animation. Dortoirs de 4 à 6 lits impeccables (l'un est réservé aux filles), avec clim ou ventilo, *lockers* (apporter son cadenas) et salle de bains. Également des doubles. Vue sur le fleuve pour la plupart des chambres et dortoirs. Resto en terrasse sur le toit pour contempler la vue.

☗ ***Ashta Guesthouse*** *(plan D1,* ***22****) : Tapovan, Lakshman Jhula Rd. ☎ 244-21-49. Bon marché. Pas de petit déj.* Dans un bâtiment jaune, au calme, une douzaine de chambres réparties sur plusieurs niveaux, avec eau chaude et ventilo. L'ensemble est simple, bien sûr, mais bien tenu. Essayer d'avoir une chambre aux étages supérieurs qui donnent sur une terrasse pour la vue sur la vallée. Environnement calme.

☗ ***Hotel Ganga View*** *(plan D1,* ***20****) : Lakshman Jhula. ☎ 244-03-20. Accès par la ruelle sur la gauche, env 10 m avt l'Omkarananda Dharma Samsthan, en venant de la passerelle. Résa conseillée. Bon marché ; petit supplément*

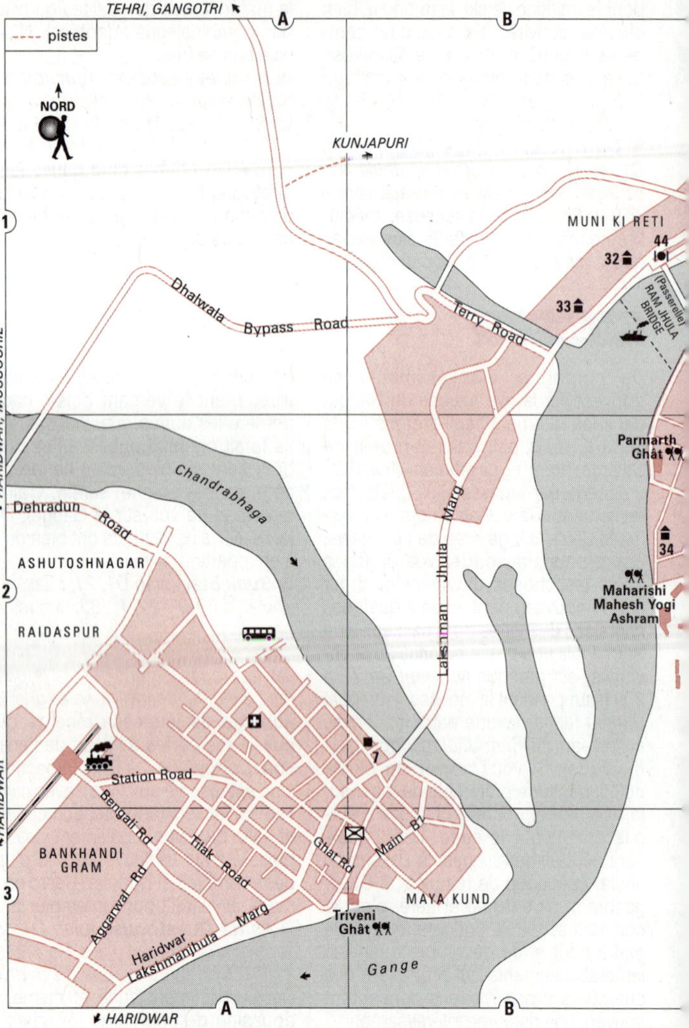

Adresses utiles

- GD Hospital (A2)
- 1 State Bank of India (ATM ; C1)
- 2 Police Station (D1)
- 3 Garhwal Himalayan Explorations (C1)
- 4 De-N-Ascent Expeditions (C1)
- 5 Himalayan Adven Tour (D1)
- 6 Jumpin Heights (C1)
- 7 GMOU Lodge Yatra Office (B2)

Où dormir ?

- 20 Sonu Guest House et Hotel Ganga View (D1)
- 21 Bunk Stay (D1)
- 22 Ashta Guesthouse (D1)
- 23 Zostel (hors plan par C1)
- 24 Bhandari Swiss Cottage (C1)
- 25 Dev Ganga Guest House (D1)
- 26 Vashishth Guesthouse (C2)
- 27 Nigah Tourist Resort (D1)
- 28 Divine Ganga Cottage (D1)

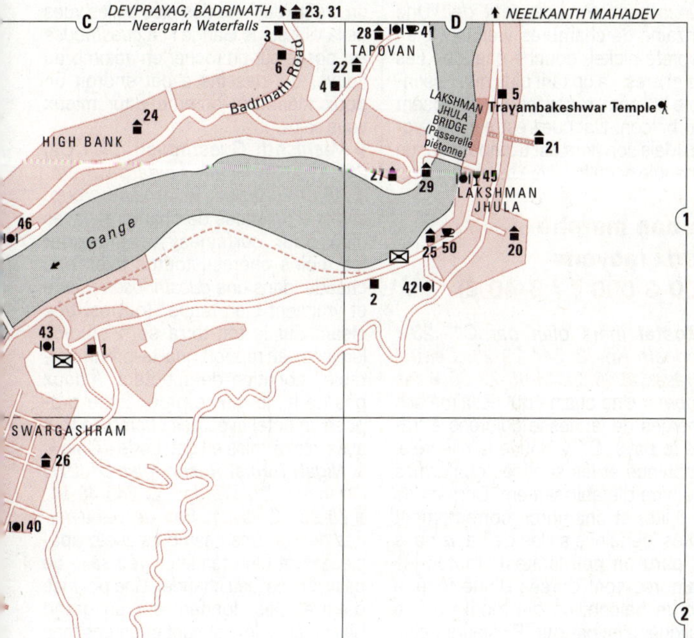

RISHIKESH

29 Ishan Hotel (D1)
31 The Hotel Narayana Palace (hors plan par C1)

Séjourner dans un ashram

32 Shivanand Ashram (B1)
33 Yoga Niketan Trust (B1)
34 Ved Niketan (B2)

Où manger ? Où boire un verre ?

40 Resto du Vanprasth Ashram (C2)
41 Ramana's Garden Organic Cafe (D1)
42 Pyramid Cafe (D1)
43 Chotiwala Restaurants (C1)
44 Madras Café (B1)
45 Ganga Beach Restaurant (D1)
46 Sanskriti Café-restaurant (B-C1)

Où manger une bonne pâtisserie ?

41 Ramana's Garden Organic Cafe (D1)
50 Babylon Restaurant – Pumpernickel German Bakery (D1)

pour la clim. Pas de petit déj. Une quinzaine de chambres vraiment bien (propreté nickel, douche chaude). Les plus chères – à un tarif plus que raisonnable ! – sont récentes et disposent d'un balcon. L'accueil est sans reproche. Mais son nom est trompeur car un immeuble occulte la vue sur le Gange...

De bon marché à prix moyens (600-3 000 ₹ / 8-40 €)

🏠 ***Zostel*** (*hors plan par C1*, **23**) **:** *Badrinath Rd. ☎ 244-29-25. Central de résa : ☎ (022) 48-96-22-65 • zostel.com* • Une chaîne qui essaime ses auberges de jeunesse colorées à travers le pays. On y trouve la clientèle, l'ambiance et les services conformes à ce type d'établissement. Dortoirs de 4 à 8 lits, et chambres correctement tenues (certaines salles de bains nous ont paru un peu limites). Toutes les chambres sont dotées d'une fenêtre et d'un balcon, ce qui mérite d'être souligné. clim partout. Plusieurs petits espaces accueillants pour se poser. Cours de yoga gratuits. Rassurez-vous, la route n'est pas très passante la nuit.

🏠 ***Bhandari Swiss Cottage*** (*plan C1*, **24**) **:** *Tapovan. ☎ 243-29-39. • bhandariswisscottagerishikesh.com* • À 15-20 mn à pied des passerelles de Ram Jhula et de Laksman Jhula, un établissement perché au sommet d'un versant boisé, entièrement tourné vers la vallée. Et quelle vue sur le Gange ! En tout, une bonne trentaine de chambres pour différents budgets, agencées le long de couloirs aérés. Les moins chères, avec ventilo, sont déjà très bien. Au bord d'un jardin ombragé, petit resto avec de bonnes viennoiseries, parfaites pour le petit déj.

🏠 ***Dev Ganga Guest House*** (*plan D1*, **25**) **:** *Lakshman Jhula, dans la rue principale, à deux pas du petit bureau de poste. ☎ 243-49-22. • devgangaguesthouse@gmail.com • Pas de petit déj.* Une *guesthouse* bien tenue. Des prix très raisonnables adaptés à différents budgets, des chambres propres avec salle de bains (eau chaude, et clim dans les plus chères), mais surtout, de la terrasse et de certaines chambres, on profite de l'une des plus belles vues de la ville sur le Gange ! La *guesthouse* est posée sur un rocher en aplomb du fleuve, qui dessine à cet endroit un doux méandre, comme pour mieux vous saluer...

🏠 ***Vashishth Guesthouse*** (*plan C2*, **26**) **:** *Mukti Dham, Swargashram. 📱 89-79-20-03-63. • vashishthgroup.com* • 2 poignées de chambres (avec clim pour certaines, ventilo pour les moins chères), toutes avec eau chaude, dans une *guesthouse* récente et vraiment bien tenue. Tout est très clean. Sur le toit-terrasse, 2 studios lumineux au rapport qualité-prix imbattable ! Location de scooters. À deux pas de là, le même propriétaire propose un hôtel avec des chambres tout aussi nickel mais en catégorie « Chic ».

🏠 ***Nigah Tourist Resort*** (*plan D1*, **27**) **:** *Lakshman Jhula Bridge. ☎ 243-48-01. 📱 78-95-42-49-01. Pas de petit déj. Pas de wifi.* Des chambres assez spacieuses et bien tenues, avec salle de bains privée (eau chaude). Une poignée d'entre elles donnent sur un grand balcon au calme et sont orientées face au fleuve. Quelques chambres récentes, plus onéreuses, avec clim. Un petit carré de verdure devant. Les moins chères se trouvent dans un bâtiment à l'arrière, sans aucune vue.

De prix moyens à chic (2 100-5 400 ₹ / 28-72 €)

🏠 ***Divine Ganga Cottage*** (*plan D1*, **28**) **:** *Tapovan, Lakshman Jhula Bridge. ☎ 244-21-75. • divinegangacottage.com • Doubles 3 500-4 100 ₹, familiale aussi, petit déj inclus.* Une adresse située à l'écart de l'animation, dans un coin bordé par quelques rizières, des potagers, sans échoppes pour touristes, ni bruit de rickshaws. Dans ce joli bâtiment en brique rouge entouré de végétation, la plupart des chambres, de bon confort, offrent une vue dégagée sur le Gange. Grande terrasse qui regarde la vallée. Petit café en contrebas, resto, massage. Équipe sympathique. Une adresse qui tourne tellement bien qu'elle ne cesse de s'agrandir.

🏠 ***Ishan Hotel*** (*plan D1*, **29**) **:** *Lakshman Jhula Bridge. ☎ 243-15-34.*

• hotelishan.com • Résa conseillée. Double min 4 600 ₹, petit déj compris. Outre les chambres donnant sur la ruelle, une vingtaine d'autres bénéficient d'une jolie vue sur le Gange, avec salle de bains privée, et petite terrasse pour certaines. Éviter celles sous la terrasse, plus bruyantes. Bon resto proposant, entre autres, d'excellents petits déj.

The Hotel Narayana Palace *(hors plan par C1, **31**) : Badrinath Rd. ☎ 244-22-90. • thenarayanapalace.com • À 100 m en retrait de la route. Double min 4 500 ₹, petit déj compris (assez moyen).* Cadre paisible pour cet établissement qui n'a rien d'un palace, mais qui propose des chambres plaisantes et confortables dans des bungalows en pierre, au bord d'une pelouse agrémentée d'une piscine. L'ensemble est mignon. En revanche, les chambres *standard* dans l'aile ancienne n'offrent pas un bon rapport qualité-prix.

Séjourner dans un ashram

Rishikesh est la ville des ashrams par excellence. Très nombreux, mais parfois fantaisistes. En Inde non plus, l'habit ne fait pas le moine ; parmi des milliers de *gurus* et *sadhus,* l'ivraie se mêle au bon grain. Quelques institutions sérieuses, aptes à transmettre un enseignement spirituel ou médical (médecine ayurvédique), côtoient des pseudo-*gurus* à la recherche de naïfs. La vigilance est donc, ici encore, vitale sur le chemin de la vérité.

Petit avertissement : débarquer dans un ashram pour y vivre une 1re expérience de retraite et de méditation s'avère souvent assez déroutant. En dehors des rares moments de rassemblement collectif, on y est en général laissé libre et ignoré, et l'on ne trouve pas toujours quelqu'un avec qui communiquer. Attention aux lendemains qui déchantent...

Voici une petite sélection d'ashrams de bonne réputation, mais la liste n'est évidemment pas exhaustive.

Shivanand Ashram *(Divine Life Society ; plan B1, **32**) : Lakshman Jhula Rd. ☎ 243-00-40. • sivanandaonline.org • Résa obligatoire (1 à 2 mois avt). Cours de méditation tte l'année. Pas de prix fixe, libre participation. Pas de wifi.* On n'y étudie pas les textes de Patanjali. Fondé en 1936 par Swami Shivananda, dit le Sage des Himalayas. Un ashram pas vraiment intimiste puisqu'il peut accueillir jusqu'à 2 000 personnes...

Yoga Niketan Trust *(plan B1, **33**) : Lakshman Jhula Rd, Muni-ki-Reti. ☎ 243-02-27. • yoganiketanashram.org • De bon marché à prix moyens. Wifi dans la bibliothèque (horaires restreints).* Réputation de sérieux, surtout pour les bons cours de yoga payants (hatha yoga), toute l'année sauf le dimanche, pour une période minimale de 3 jours. Étude des textes de Patanjali. Moins « ashram » que d'autres pour ce qui est de l'esprit, selon certains de nos lecteurs. Sinon, côté hébergement, près d'une centaine de chambres...

Ved Niketan *(plan B2, **34**) : accès depuis Ram Jhula Bridge. ☎ 243-02-79. • vedniketan@gmail.com • Cours de yoga (hatha yoga) mat et soir sauf dim (sans obligation), conférences. De très bon marché à bon marché.* Importante structure verdoyante et bien tenue.

Où dormir dans les environs ?

Dans la vallée, en amont de Rishikesh, sur la route de Badrinath ! On découvre un Gange souvent tumultueux qui dévale la montagne en toute liberté, loin des clichés que l'on peut se faire du fleuve sacré et de la ferveur religieuse de Varanasi. 2 possibilités : les plus fortunés poseront leurs valises dans un hôtel à flanc de montagne, les autres opteront pour un campement aménagé pour les amateurs de rafting en forêt ou dans un village. Pour préserver les rives du fleuve et limiter les risques en cas de crue, il est désormais interdit d'installer un campement à moins de 200 m du Gange. Ces campements sont fermés pendant la mousson. Se reporter à la rubrique « À voir. À faire. Rafting sur le Gange ».

Himalayan Hideaway : *à 18 km de Rishikesh, sur la route de Badrinath. 97-11-06-99-56 ou 97-11-69-09-55. • himalayanhideaway.in • Doubles 9 200-11 800 ₹, petit déj inclus. ½ pens possible. Repas 900-1 100 ₹.* Dans des bungalows de pierre en pleine nature et au calme parfait, une dizaine de jolies chambres spacieuses (dommage toutefois que la déco n'ait pas un parfum plus indien), de bon confort (sans TV), avec terrasse ou balcon. Belle vue sur la vallée pour certaines. Un petit chemin mène d'ailleurs aux rives du Gange. Massages possibles. Également un resto. Un lieu aussi beau que paisible...

Où manger ? Où boire un verre ?

Comme à Haridwar, la cuisine est exclusivement végétarienne et les restos ne servent pas d'alcool.

Très bon marché (max 180 ₹ / 2,40 €)

Resto du Vanprasth Ashram (plan C2, **40**) : *quartier de Swargashram (enseigne en hindi seulement : demander, tt le monde connaît). Tlj 12h-14h, 19h-21h.* C'est la cantine de l'ashram, ouverte à tous. Cadre quelconque mais propre. Une poignée de tables dehors, au calme. Pas de carte : *thali* pour tous, bon et à prix modique.

Bon marché (180-450 ₹ / 2,40-6 €)

Ramana's Garden Organic Cafe (plan D1, **41**) : *Tapovan, Lakshman Jhula Bridge. Accès par le sentier qui longe le* Divine Ganga Cottage *sur le côté gauche. Ouv oct-mars ; fermé avr-sept. Tlj sauf lun 11h-16h, plus sam 18h-21h (soirée pizzas et movie night).* Une cahute presque secrète à l'écart du village, à laquelle on accède en traversant une école montée par une ancienne star de Hollywood pour orphelins et enfants abandonnés. Excellente cuisine fraîche et végétarienne à base de produits provenant d'une ferme bio. L'endroit, enfoui sous la végétation, est paisible. Les bénéfices sont investis dans l'école. Un projet à soutenir !

Pyramid Cafe (plan D1, **42**) : *Lakshman Jhula ; prendre la ruelle qui monte en face de* Dev Ganga Guest House, *c'est 200-300 m plus loin. Tlj jusqu'à 21h30 env.* Il suffit de s'éloigner un peu de la rue principale pour rejoindre ce resto qui sert de la *healthy food.* Très bons *thalis, vegetables burgers,* salades servies dans une feuille de chou... Excellents lassis et jus de fruits. Tout est préparé à l'instant, ce qui peut demander un peu de temps. Terrasse ou salle avec tables basses et coussins. Musique zen pour déguster dans la plus grande sérénité. Cours de cuisine.

Chotiwala Restaurants (plan C1, **43**) : *à 100 m de Ram Jhula Bridge, sur la rive gauche. Tlj 7h-22h30.* Une institution connue à 50 km à la ronde. Ouvert en 1958 par un certain M. Agarwal, dont les 2 fils n'ont pas réussi à s'entendre pour prendre la suite. Résultat : 2 restos côte à côte, que rien ne différencie à l'exception d'une terrasse sous la voûte étoilée pour l'un des 2. L'effervescence est à son comble sur le coup de midi (Dieu merci, l'*air cooler* et les ventilos tournent à plein régime). Pour autant, le service ne se laisse jamais déborder et débite de savoureux petits plats indiens ou chinois. Excellentes soupes, notamment, et *thalis* à volonté... Du frais et du bon.

Madras Café (plan B1, **44**) : *Shivanand Nagar. ☎ 243-32-19 ou 243-09-34. Au rdc. Tlj 7h-21h30.* Salle de taille réduite et cadre on ne peut plus banal. Mais cette adresse qui bénéficie d'une solide p'tite réputation est prisée des touristes comme des Indiens ! Accueil et service aimables.

Sanskriti Café-restaurant (plan B-C1, **46**) : *Shivanand Nagar. ☎ 244-29-99.* Un petit café à l'étage, au cadre moderne et tout en baies vitrées, escale agréable pour s'extirper du bruit et de la foule. Bien pour n'importe quel repas de la journée, ou juste pour un verre. Quelques tables sur le balcon. À la carte, très axée sur la *health & organic food,* une poignée de salades, de pâtes, de jus de fruits et de légumes frais... Éviter de s'y faire masser en revanche, trop violent.

Ganga Beach Restaurant *(plan D1,* ***45****) : quartier de Lakshman Jhula, au pied de la passerelle. Tlj jusqu'à 23h30.* Pas de plage à l'horizon, mais une agréable terrasse partiellement ombragée pour contempler le Gange. Pour les grosses chaleurs ou pour les soirées fraîches, sympathique cahute en bambou avec tables basses et coussins. Cuisine indienne et internationale, moins extra que l'emplacement cela dit. Clientèle principalement occidentale et ambiance à la cool. Bien en journée pour prendre un verre.

Où manger une bonne pâtisserie ?

Babylon Restaurant – Pumpernickel German Bakery *(plan D1,* ***50****) : Lakshman Jhula, dans la rue principale.* Les becs sucrés seront heureux de tomber sur ces viennoiseries et pâtisseries présentées dans une petite vitrine sur la rue. Muffin, *apple crumble,* cheese-cake, *cinnamon roll,* et autres gâteaux au chocolat... Pour le petit déj, emplacement idéal depuis la terrasse donnant sur le Gange.

Ramana's Garden Organic Cafe *(plan D1,* ***41****) : voir « Où manger ? » plus haut.* Super endroit pour une pause en journée autour d'un gâteau ou d'un excellent smoothie.

À voir. À faire

Quelques temples dans le quartier de Lakshman Jhula *(plan D1).* Parmi eux, l'imposant ***Trayambakeshwar Temple,*** au pied de la passerelle, que l'on ne peut pas manquer avec sa forme pyramidale. On a un petit faible pour le ***Dharamvaj Temple,*** loin du clinquant des autres temples, dans la rue principale en allant vers la poste (pas d'inscription, demander).

Triveni Ghât *(plan A-B3)* **:** comme à Haridwar, s'y déroule la cérémonie des bougies à la tombée de la nuit. Depuis la construction de *Parmarth Ghât,* dans le quartier de Swargashram, l'affluence est moindre et, du coup, l'atmosphère plus intime.

Parmarth Ghât *(plan B2)* **:** *quartier de Swargashram.* Ces ghâts attirent nombre d'Indiens et de touristes à la tombée de la nuit pour la cérémonie des lumières.

Maharishi Mahesh Yogi Ashram *(plan B2)* **:** *à env 200-300 m au sud du quartier de Swargashram. Tlj 8h30-17h30. Entrée : 600 ₹ (ce qui fait chérot !).* C'est dans cet ancien ashram aujourd'hui désaffecté et récemment sorti des limbes du passé que les Beatles se sont initiés à la méditation transcendantale. On déambule parmi des bâtiments éventrés qui ne sont plus que l'ombre d'eux-mêmes et que des artistes ont tagués. Un lieu empreint d'une atmosphère toute particulière et d'une grande sérénité. À visiter de préférence en fin d'après-midi pour profiter de la douce lumière dorée.

➢ ***Rafting sur le Gange :*** *l'activité se pratique oct-juin (dates variables selon mousson ; et en hiver, il fait quand même frisquet) ; interdit les autres mois en raison de la mousson. De nombreuses agences proposent 3 types de descente : 9 km, 16 km et 25 km (jusqu'à 30 km pour les plus aguerris) ; compter respectivement 700 ₹, 1 200 ₹ et 2 000 ₹/pers (transfert depuis Rishikesh et équipement inclus : gilet de sauvetage, casque, et parfois même une combinaison). On peut aussi opter pour un forfait incluant la nuit dans un campement en forêt ou dans un village (on dort sous une tente ou dans un bâtiment en dur) ; compter min 1 500 ₹/*

pers en ½ pens (1 800 ₹/pers avec une descente en raft de 9 km le lendemain mat), mais dans ce cas, le transport jusqu'au campement n'est pas inclus. À faire de préférence juste après la mousson (courant un peu plus fort et baignade appréciable par les fortes chaleurs). On part le matin, pour un retour l'après-midi. Une agence sérieuse (voir « Adresses et infos utiles », plus haut) embarque sur les rafiots 8 personnes maximum, accompagnées de 2 professionnels de l'agence (le 1er sur le raft, le 2d sur un kayak). Au-delà, les conditions de sécurité vont à vau-l'eau...

➢ ***Randonnées et trekking :*** entre 2 séances de yoga, échappez-vous dans les forêts de chênes et de rhododendrons, de cèdres et de pins. Belle balade à partir de Lakshman Jhula en direction du temple shivaïste *Neelkhant Mahadev* (12 km par un sentier dans la forêt, 20 km par la route), sur les hauteurs de Rishikesh (environ 4h à pied, possible de redescendre en rickshaw – ou, au contraire, de monter en rickshaw et de redescendre à pied ; pas besoin de se faire accompagner).
Depuis Rishikesh, d'avril à mi-octobre, on peut aussi partir pour un trek de 4 à 10 jours en moyenne. Un minimum de 3 personnes est souvent requis. Tarif dégressif en fonction du nombre de participants. Pour un petit groupe (2-3 personnes), compter minimum 3 000-3 500 ₹/jour et par personne. S'adresser à une agence (voir « Adresses et infos utiles »).

– ***Saut à l'élastique :*** *s'adresser à* ***Jumpin Heights*** *(plan C1,* ***6****), Badrinath Rd. ☎ 244-21-00. • jumpinheights.com • Base sportive à env 16 km de Rishikesh (service de bus payants depuis Rishikesh). Pas d'activité en juil-août, et fermé mar. Droit d'entrée : 100 ₹. Compter 3 550 ₹ le saut ; 1 800 ₹ le* flying fox *(un genre de tyrolienne).* Les amateurs d'adrénaline ne manqueront pas de s'élancer dans le vide depuis une plate-forme perchée à 83 m de hauteur, au-dessus d'un affluent du Gange.

Festivals

– ***International Yoga Week :*** *en principe, 1 sem en fév ou début mars (1er-7 mars 2020). • internationalyogafestival.org •* Cours d'initiation ou de perfectionnement souvent gratuits.
– ***Shivaratri Mela :*** *fév-mars.* Grande fête des adorateurs de Shiva. Concentration exceptionnelle de *sadhus* venus de toute l'Inde. Impressionnant. Une grande foire est organisée à cette occasion.

MUSSOORIE (मसूरी) 34 000 hab. IND. TÉL. : 0135

Une petite ville à 76 km (2h30) de Rishikesh perchée à 2 000 m d'altitude, avec la chaîne himalayenne en toile de fond. On y accède par une très belle route en lacet. Les colons britanniques avaient l'habitude de s'y réfugier pendant les mois caniculaires. Au XIXe s, ses pentes abruptes boisées de pins et de cèdres se recouvrirent de cottages et de manoirs. La petite ville devint vite le lieu des rendez-vous galants à l'abri des regards indiscrets et d'idylles clandestines, jusqu'à acquérir une réputation sulfureuse... Plus tard, Mussoorie accueillit du beau monde et quelques têtes couronnées en exil. Le dalaï-lama y trouva refuge en 1959. Aujourd'hui, la bourgeoisie indienne et les jeunes couples en voyage de noces ont pris le relais, notamment le week-end. On y vient toujours pour prendre le frais. Il continue de flotter ici un parfum d'Angleterre victorienne que n'estompent pas les effluves de la cuisine tibétaine. La rue principale *(The Mall)*, piétonne, regorge d'une intense activité.

– ***ATTENTION :*** de mi-mai à mi-juillet, l'affluence bat tous les records (les prix aussi : les tarifs des hébergements peuvent jusqu'à tripler par rapport à janvier-février). En janvier-février justement, les chutes de neige ne sont pas rares et la ville, rafraîchie, vit au ralenti. D'ailleurs, à cette époque, renseignez-vous sur les conditions d'accès à Mussoorie, pas toujours évidentes.
– La petite ville est accrochée sur une sorte de pic rocheux, et, à part quelques rues concentriques, aucun axe transversal. Rallier un point à un autre peut prendre du temps ; selon l'endroit où vous allez, à vous de voir si vous optez pour l'option pedibus ou rickshaw.

Arriver – Quitter

En bus

Library Bus Stand et Picture Palace Bus Stand : *2 gares routières situées à chacune des extrémités du Mall.* Liaisons avec :
➢ ***Delhi :*** 1 bus/j., vers 20h depuis chacune des 2 stations, plus 1 *deluxe* en début de soirée depuis *Picture Palace Bus Stand.* Trajet : 8-9h.
➢ ***Rishikesh et Haridwar :*** 1 bus direct à 17h30 pour Rishikesh depuis *Picture Palace Bus Stand.* Trajet : 3h. Sinon, changer à ***Dehradun*** : bus ttes les 30 mn 6h30-19h de *Picture Palace Bus Stand* ; ttes les heures 7h-18h de *Library Bus Stand.* Trajet : 1h30. De Dehradun, nombreux bus pour Rishikesh et Haridwar, même fréquence. Trajet : 1h30.

En train

Assez galère car pas de gare à Mussoorie, juste un *Railway Reservation Centre* – enseigne « Northern Railway » sur le bâtiment – sur The Lower Mall, non loin de la poste *(tlj sauf dim 8h-14h).* La gare la plus proche se trouve à ***Dehradun.*** De là, liaisons tlj avec *Delhi* (trajet : 5h45-11h15) et *Haridwar* (env 1h30 de train) ; 3 trains/sem pour *Agra,* tous tôt le mat (env 11h de train).

Adresses utiles

Tourist Information Centre : *The Lower Mall, juste à gauche du funiculaire. ☎ 263-28-23 ou 263-20-63.* Propose des excursions à la journée dans les environs (Kempty Falls notamment), tout comme *Garhwal Mandal Vikas Nigam* (plus bas). Ne rien en attendre de plus.
✉ ***Post Office :*** *The Upper Mall.*
■ ***State Bank of India :*** *The Mall, à deux pas de la poste. ☎ 263-05-33 ou 25-33. Tlj sauf dim 10h-16h.* C'est un superbe bâtiment d'architecture victorienne. Change les euros. Distributeurs acceptant les cartes *Visa* et *MasterCard.*
■ ***Trek Himalaya Tours :*** *au début de The Upper Mall, en face du funiculaire. ☎ 263-04-91. 📱 87-55-15-28-65. • trekhimalaya.com •* Une agence sérieuse qui propose différents treks (3 j. minimum). Certains ne s'effectuent que de mi-mars à juin et de septembre à mi-novembre. Change les devises.
■ ***Garhwal Mandal Vikas Nigam (GMVN) :*** *à la Library Bus Stand. ☎ 263-12-81. • gmvn.gov.in •* Agence gouvernementale. Bus pour les environs de Mussoorie *(Kempty Falls...).*

Où dormir ?

Quantité d'hôtels pour tous les budgets, mais la qualité ne suit pas forcément. Certains abusent carrément ! De mi-mai à mi-juillet, c'est la *peak season* (ne pas venir sans résa !), et les prix gonflent de 60 %, voire jusqu'au triple parfois ! Les tarifs que nous indiquons sont ceux de la basse saison (les prix raisonnables quoi !).

De très bon marché à bon marché (400-1 500 ₹ / 5,30-20 €)

Bunkotel : *The Upper Mall. ☎ 263-69-58. En face du funiculaire. Très bon marché. Pas de petit déj.* Une auberge de jeunesse qui tombe à point nommé pour les petits budgets. 5 dortoirs de 4 à 6 lits, tous dotés de salle de bains privée (douches chaudes) et d'une belle vue sur la plaine. Simple, mais tout à fait correct.

Broadway Hotel : *Camel's Back Rd, Kulri. ☎ 263-22-43. À 10 mn à pied de* Picture Palace Bus Stand, *près de la mosquée. Prix abusifs en hte saison, sinon bon marché. Pas de wifi.* Un hôtel à mi-chemin entre le chalet de montagne et le cottage, à l'atmosphère *british* et au charme désuet. Une douzaine de chambres hyperbasiques (et pas toujours très propres) avec douche chaude. Certaines avec bow-windows et vue sur les sommets enneigés, d'autres sans fenêtre. Éviter les chambres à côté du salon-réception, plus bruyantes.

De chic à très chic (3 000-8 500 ₹ / 40-113,40 €)

Hotel Valley View : *The Lower Mall. ☎ 263-23-24. À 100 m du funiculaire. Chic.* Accroché au sommet du versant, cet hôtel propose une quinzaine de chambres bien tenues, accessibles après plusieurs volées de marches. Les chambres de la catégorie intermédiaire constituent le meilleur rapport qualité-prix. Les *standard* sont plus sombres. Terrasse qui offre une belle vue sur la plaine, au loin.

Hotel Padmini Nivas : *The Mall, côté* Library Bus Stand. *☎ 263-27-93 ou 10-93. • hotel-padmininivas.com • Doubles 3 900-8 800 ₹ selon confort et saison, petit déj inclus ; suites plus chères.* Une belle bâtisse du XIXe s au charme suranné, posée à flanc de colline. De-ci de-là, du mobilier ancien. Belle vue sur la vallée, assis sur un banc de la petite cour verdoyante. Mais certaines chambres (les moins chères notamment) mériteraient de retrouver une nouvelle jeunesse. Les *deluxe* offrent le meilleur rapport qualité-prix (les matelas des chambres standard sont un peu durs). Fait aussi resto.

Où manger ?

En janvier-février, la ville se languit dans la froideur de l'hiver, et certains restos sont fermés.

De bon marché à prix moyens (250-900 ₹ / 4-12 €)

Aggarwal Vegetarian : *The Mall, Kulri Bazar. ☎ 263-23-21. Tlj 8h-23h. Bon marché.* Un resto très propre à l'ambiance populaire et familiale. Honnête cuisine végétarienne. Spécialité de *dal aggarwal* et de *chille mushroom*.

Kalsang Friends Corner : *The Mall, à côté de la poste. ☎ 263-37-10. Prix moyens.* Un petit resto à l'étage tout de rouge et jaune revêtu, une enclave tibétaine qui peut être, pour les papilles, l'occasion de faire une pause au niveau des épices... Punaisées sur les murs, des paroles du dalaï-lama, à lire en dégustant un bon petit plat. Comme souvent, la carte, *veg'* ou *non veg'*, est longue comme le Gange, mais concentrez-vous sur les plats tibétains. Souvent beaucoup de monde, pour peu de tables.

Little Llama Cafe : *1, London House. 📱 81-26-38-32-73. Après la barrière à l'entrée du Mall, en direction de* Picture Palace Bus Stand, *prendre la 1re rue à gauche ; c'est 150 m plus loin. Tlj sauf mar 10h-21h. Prix moyens.* Un salon de thé et resto, monté par Tenzin et son épouse, un couple de Tibétains. Déco moderne et gentiment tendance. On s'installe au rez-de-chaussée sur des tabourets autour d'un comptoir, ou à l'étage, d'où la vue sur l'Himalaya, par temps clair, est superbe. Cuisine aux horizons très élargis (snacks, pizzas, falafels, pâtes, etc.). Les amateurs de thé trouveront leur bonheur.

De prix moyens à chic (600-1 500 ₹ / 8-20 €)

The Tavern : *au début du Mall, côté Picture Palace Bus Stand. ☎ 263-28-29. Tlj 11h-23h.* Un resto au cadre british. La cuisine est tout simplement excellente, du plat principal au dessert, en passant par les naans ! Une adresse que les carnivores apprécieront particulièrement après une petite cure *veg'* dans la vallée du Gange (mais les végétariens ne sont pas oubliés pour autant) ! *Live music* à partir de 20h la plupart des soirs.

Où boire un café ou un thé ?

Cafe by The Way : *The Mall ; accès par la ruelle qui part en face du Clark's Hotel. Tlj 10h-22h.* Un café-salon de thé qui se cache au 1er étage, derrière une rangée de boutiques. On prend place autour de tables en bois bricolées ou sur des sièges de scooter arrimés au comptoir ! Bon choix de cafés, thés et infusions. Quelques snacks et gâteaux. Très sympa.

Voir aussi le ***Little Llama Cafe,*** plus haut.

À voir. À faire

Les demeures victoriennes et les aménagements urbains : une poignée de belles bâtisses le long du Mall ou à découvrir au détour d'une ruelle. Ne pas rater la *Library* (bibliothèque) de 1843, l'un des plus beaux vestiges des fastes d'antan, située près de la statue de Gandhi, à l'une des extrémités du Mall. Et, au fil de vos pas, de belles rambardes en fer forgé, quelques kiosques délicieusement désuets... Le contraste entre ces vestiges d'un autre temps et d'une autre culture et la ville actuelle est surprenant.

Gun Hill : colline dominant Mussoorie, perchée à 2 270 m d'altitude. C'est le château d'eau de la ville, construit par les Britanniques en 1943 et alimenté par les *Kempty Falls.* On y accède par un funiculaire – s'il fonctionne – qui part à côté de l'office de tourisme *(env 100 ₹ A/R)* ou par un chemin qui part sur la droite (en venant du funiculaire) en face du *Hakman's Hotel* (30 mn de grimpette). Vaste panorama de dizaines de pics enneigés dominés par le Bandarpoonch (6 317 m) et la Nanda Devi (7 817 m)... du moins lorsqu'on contourne la cohue de magasins et de bars en tôle ondulée qui défigurent l'endroit.

DANS LES ENVIRONS DE MUSSOORIE

Happy Valley : *un village de réfugiés tibétains, à env 4 km de Mussoorie.* Plutôt que de Gun Hill, c'est d'ici qu'il faut admirer le superbe panorama sur la chaîne himalayenne. Au bout du village, prendre le chemin à droite au niveau du temple, qui grimpe sur la colline. Un endroit empreint d'une beauté mystique avec des dizaines de guirlandes de drapeaux de prière multicolores qui claquent au vent. Devant vous, le vide enivrant d'une profonde vallée cernée, au loin, par les pics enneigés.

➢ ***Agréable balade*** tranquille (très peu de véhicules) de 2 km, le long de Camel's Back Road. Accès par la petite route qui part presque en face de la poste. Beaux points de vue.

Kempty Falls : *chutes d'eau à env 15 km de Mussoorie, haut lieu de villégiature à l'époque coloniale. Pour y aller : taxi ou bus quotidiens ; rens auprès de l'office de tourisme ou de Garhwal Mandal Vikas Nigam (voir « Adresses utiles »).* On peut s'y baigner. Mais en mai-juin la trempette est limitée à 20 mn tellement il y a foule ! N'hésitez donc pas à remonter à pied la rivière sur quelques centaines de mètres.

LES SOURCES DU GANGE

• Carte *p. 197*

Déesse mère qui descend de « la région des Sages », pour apparaître au Garhwal, le Gange est au centre de la vie spirituelle des hindous qui, de tout temps, ont essayé de se rapprocher de ses sources. Il y a encore moins de un siècle, de nombreux Indiens perdaient la vie (victimes de la fatigue, des serpents et des bêtes sauvages) sur le chemin du *Yatra,* tandis que les Occidentaux en étaient tout bonnement exclus. Lanza del Vasto, le célèbre disciple italien de Gandhi, put le vérifier lui-même en 1937 alors qu'il tentait une montée vers Yamunotri. Aujourd'hui, de nouvelles routes entaillent chaque jour un peu plus profondément les versants himalayens et, du coup, le pèlerinage est désormais accessible à tous (y compris aux vieillards que l'on voit gravir les dernières pentes juchés sur des palanquins).

– ***ATTENTION :*** les pèlerinages s'étalent de la fonte des neiges au retour du froid (de fin avril à mi-octobre). Période la plus fréquentée : de mi-mai à mi-juin (mieux vaut alors s'y prendre à l'avance pour réserver un transport et un hébergement). Il est toutefois préférable d'éviter les mois de mousson de juillet et août. Septembre est certainement le mois le plus agréable pour entreprendre le voyage. Et certaines routes ferment dès le 15 octobre.

Comment y aller ?

Par tradition, c'est d'Haridwar ou de Rishikesh que tout pèlerin doit entreprendre son ascension.

➢ ***En bus ordinaire :*** fin avr-fin oct, transports en bus assurés tlj par *GMOU* (Badrinath et Kedarnath) et *TGMOC* (Badrinath, Gangotri et Kedarnath). Voir « Arriver – Quitter » à Haridwar et à Rishikesh. La patience et un cœur bien accroché sont indispensables. En effet, la route, très mauvaise et étroite, ne comporte pratiquement que des virages et les bus sont vraiment rudimentaires.

➢ ***En taxi :*** infos et résas au *Tourist Bureau* ou à *Mohan's Adventure* à Haridwar ou dans l'une des agences à Rishikesh.

Où dormir ? Où manger ?

Logement simple dans les *tourist bungalows,* les *chattris* (auberges), quelques ashrams ou chez l'habitant. Prévoir un bon sac de couchage, ainsi qu'une cape de pluie en période de mousson ; en revanche, les vivres sont superflus (nombreuses épiceries et gargotes).

À voir

👣👣 ***Badrinath*** *(301 km de Rishikesh ; alt. 3 096 m)* **:** à la source de la rivière Alaknanda, le plus populaire des pèlerinages pour les adorateurs de Vishnou. Déploiements de saris multicolores, visions étincelantes et poétiques. Les pèlerins ne vous voient pas : une seule chose compte à leurs yeux, se purifier abondamment et rapporter de l'eau sacrée pour la famille et les amis. En chemin, *Deoprayag* (km 72), accroché à flanc de montagne, marque la confluence des rivières

LES SOURCES DU GANGE

LA VALLÉE DU GANGE

Bhagirathi et Alaknanda et la naissance du Gange. Un peu plus loin, *Rudraprayag* se souvient encore des exploits du chasseur et naturaliste Jim Corbett. Ce dernier tua, le 1er mai 1926, le célèbre « léopard mangeur d'hommes » après que ce dernier eut fait, dit-on, plus de 125 victimes à lui seul, en seulement 8 ans ! Sur place, sources d'eau chaude et quantité de *tourist lodges* et de *dharamsalas.* Si vous disposez de temps, essayez de vous rendre dans la *vallée des Fleurs.* Compter 5h à dos de mule, un peu plus à pied, mais vous ne regretterez pas la balade.

Kedarnath *(209 km pour Gaurikund et 14 km de trek ; alt. 3 585 m)* **:** sanctuaire dédié à Shiva (l'un des plus sacrés de l'Inde), bâti à proximité de la source de la rivière Mandakini.

Gangotri *(248 km ; alt. 3 028 m)* **:** une route particulièrement spectaculaire mène à Gangotri à travers de belles forêts de pins. Un temple dédié à la déesse Ganga indique encore l'ancienne source de la rivière Bhagirathi. Mais, avec le recul du glacier, il vous faudra grimper (18 km de marche lente dans un décor époustouflant) jusqu'à ***Gaumukh*** *(alt. 4 225 m)* pour apercevoir le « Museau de la Vache », considéré par beaucoup comme la vraie source du Gange – alors que l'Alaknanda est à la fois plus longue et plus puissante que la Bhagirathi (rassurez-vous, la controverse ne dépasse pas Deoprayag). Spectacle complètement surréaliste que la vision de dizaines de *rishis* à moitié nus, en profonde méditation sur les rocs sculptés par l'eau, tandis que la température extérieure avoisine 0 °C. Attention si vous montez à Gaumukh ! À cette altitude, les nuits sont très froides dans les *tea houses* et les ashrams (et le soleil peut taper très fort dans la journée).

Les pèlerins le font en 2 étapes : d'abord Bhojbasa (12 km) en 6h (nuit très bon marché dans les dortoirs ou sous les tentes collectives du *tourist lodge* gouvernemental, ou à l'ashram et ses dortoirs), puis le lendemain 3h de superbe balade pour monter à Gaumukh. Pour le retour, les bons marcheurs enchaînent dans la journée les 2h de descente Gaumukh-Bhojbasa, puis les 4h jusqu'à Gangotri.

DELHI (देल्ही) 18 600 000 hab. IND. TÉL. : 011

• Delhi et New Delhi (plan d'ensemble) *p. 199* • Delhi – Centre nord (plan I) *p. 202-203* • Delhi – Autour de Connaught Place (zoom I) *p. 204-205* • Delhi – Old Delhi (zoom II) *p. 206-207* • Delhi – Centre sud (plan II) *p. 208-209* • Delhi – Pahar Ganj (zoom III) *p. 215* • Plan du métro de Delhi *p. 218-219*

Capitale de l'Inde, ville d'espace, ville d'ordre (relatif), ville de commerce et de gouvernement, Delhi est une cité aux multiples visages, ayant chacun leur rythme et issus chacun d'époques différentes. Comme à Mumbai, on y croise plus qu'ailleurs les riches, grands et petits bourgeois, l'Inde de demain, l'Inde qui s'en sortira... peut-être. Mais Delhi, c'est aussi l'histoire mouvementée de 11 cités, érigées une à une par les souverains mamelouks, turcophones – venus d'Asie centrale –, afghans, moghols et britanniques qui se sont succédé à la tête de la région, pour se fondre en une énorme métropole un peu insaisissable...

Bâtie autour de larges artères bordées de bougainvillées, de flamboyants et de frangipaniers, New Delhi fut longtemps plus réputée pour la cacophonie de ses oiseaux que pour celle de son trafic automobile. Aujourd'hui, les voitures et rickshaws pétaradants ont tout envahi, mais il reste, à l'ouest et au sud, de vastes parcs verdoyants auprès desquels se regroupent les quartiers huppés. Connaught Place, avec ses avenues concentriques, marque en quelque sorte le cœur de la ville moderne, à deux pas du quartier routard de Pahar Ganj, noyé dans un flux constant de véhicules klaxonnant, vendeurs et autres bourlingueurs. Plus au nord, Old Delhi, héritière de l'urbanisation médiévale, est encore plus bouillonnante et agitée. On s'y balade en rickshaw ou à pied au milieu d'une foule compacte (le mot est faible !) pour explorer les principaux monuments moghols.

Longtemps engourdie dans une semi-torpeur administrative, Delhi s'ébroue depuis le début des années 2000 sous l'effet de petites révolutions sporadiques. L'arrivée puis l'extension du réseau de métro, le développement de villes satellites à vocation industrielle ou de centres d'affaires (comme Gurgaon et Noida, au sud) ajoutent encore à la diversité de l'agglomération. En bref, la capitale indienne est une ville en pleine mutation qui, si elle ne séduit pas tout le monde de prime abord, se révèle une excellente introduction à l'Inde contemporaine et à ses contradictions.

Arrivée à Delhi

En avion

✈ ***Indira Gandhi International Airport*** *(hors plan d'ensemble)* **:** *à env 20 km au sud-ouest du centre de Delhi.* • *newdelhiairport.in* • Plus grand aéroport du pays, il a aussi fait son entrée en 2018 dans le *top ten* des aéroports les plus fréquentés au monde, brassant annuellement quelque 70 millions de passagers. Le ***terminal T3,*** moderne, accueille

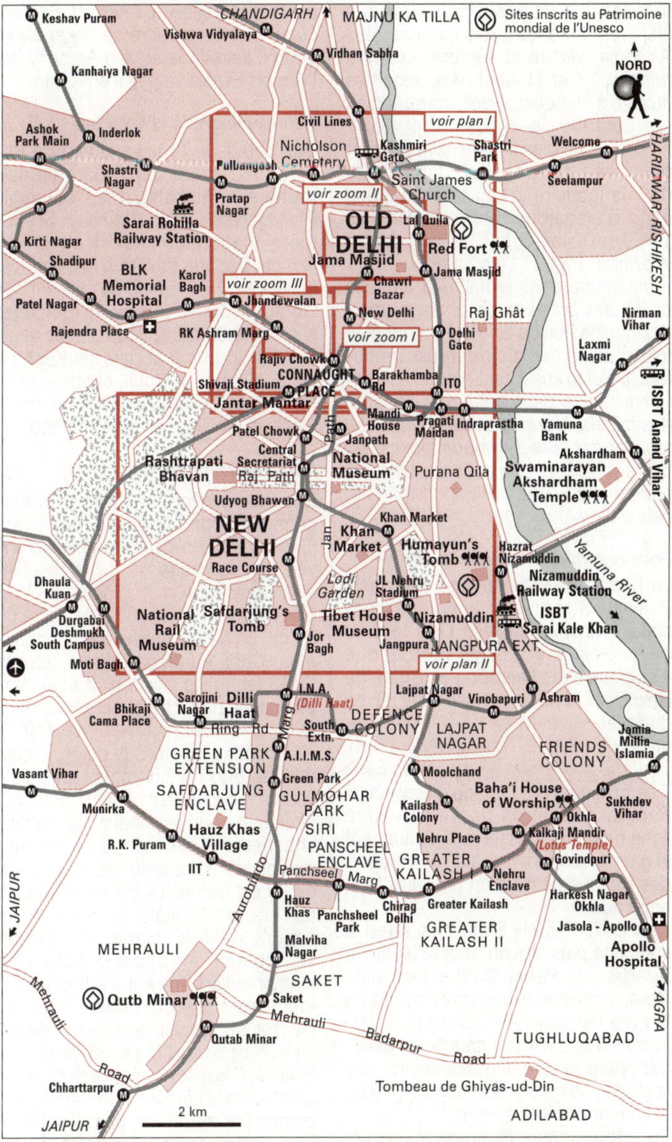

DELHI ET NEW DELHI – Plan d'ensemble

tous les vols internationaux ainsi que les vols nationaux des compagnies *Air India, Vistara* et *Air Asia*. Les ***terminaux T1 et T2*** sont, eux, réservés aux vols nationaux des compagnies *low-cost IndiGo, Spice Jet* et *GoAir* (vérifier donc bien le terminal de départ pour ces 3 compagnies). Une navette de bus (gratuite si l'on dispose d'une carte d'embarquement) relie, ttes les 10-20 mn (24h/24), le T3 (départ devant le pilier n° 10) au T1 (compter 30 mn).

– On trouve dans le hall des arrivées du T3 des ***bureaux de change*** (mais taux moins bon qu'en ville, y changer le minimum) et des ***distributeurs de billets.*** Il existe aussi, tant dans le hall des arrivées que dans celui des départs, des ***hôtels, lounges*** et autres ***cabines*** aménagées *(sleeping pods)* pour ceux qui souhaitent se reposer quelques heures entre 2 vols. Pas bon marché, cela dit.

Pour rejoindre la ville en métro

Le T3 est relié directement à New Delhi Railway Station par une ligne spéciale, l'***Airport Express Line*** *(● delhimetrorail.com ●)*. Elle ne compte que 4 stations entre l'aéroport et la gare de New Delhi, d'où sa rapidité : env 20 mn de trajet. *Tlj 4h45-23h15 de l'aéroport (4h45-23h30 de New Delhi Railway Station), ttes les 10-15 mn. Tarif : 60 ₹.* Très pratique, d'autant qu'à New Delhi Railway Station on trouve une autre ligne de métro (desservant notamment la gare routière principale) et la plupart des trains à destination du Rajasthan, entre autres.

New Delhi Railway Station est aussi la station la plus proche pour rejoindre le ***quartier de Pahar Ganj.*** Il faut juste alors, une fois arrivé, traverser toute la gare (en suivant l'indication « platforms 15 to 1 », sur la gauche en pénétrant dans la gare depuis le métro), car la station de métro se trouve du côté de la gare opposé au quartier.

Au retour, même itinéraire à l'envers (suivre « platforms 2 to 16 »). Si vous voyagez avec *Air India,* vous pourrez y enregistrer directement vos bagages (service disponible tlj 4h30-20h30) !

Enfin, si vous arrivez au T1, possibilité soit de prendre le métro de la ligne magenta (pas très pratique car elle n'est pas reliée à l'*Airport Express Line*), soit de prendre un rickshaw ou un taxi jusqu'à la station Aerocity (sur l'*Airport Express Line*), à env 2 km.

Pour rejoindre la ville en bus

Bus depuis le T3 jusqu'à la gare routière *ISBT* de *Kashmiri Gate* (la gare routière principale), via Connaught Place, New Delhi Railway Station (côté station de métro) et le Fort Rouge. Départs devant le hall d'arrivée (piliers 17-18) ttes les 30 mn, 24h/24. Compter 100 ₹ et env 1h de trajet. N'a d'intérêt que si vous prenez directement un bus à la gare de Kashmiri Gate, ou en pleine nuit, car pour rallier New Delhi Railway Station (et Pahar Ganj), mieux vaut prendre le métro.

Pour rejoindre la ville en taxi

Pas très cher et plus besoin de marchander : comptoir de *prepaid taxi (Delhi Traffic Police)* dans le hall d'arrivée, sur la droite. *Compter à peine 400 ₹ pour Connaught Place ou Pahar Ganj en journée, et 500 ₹ de 23h à 5h.* Sinon, on trouve aussi les compagnies *Meru Cabs* ou *Mega Cabs* à la sortie du T3 (entre les piliers n°s 4 et 5), mais elles sont plus chères *(comptez 600-800 ₹ en prepaid ou avec le compteur).*

– ***Conseils :*** les taxis (y compris ceux de l'aéroport !) cherchent parfois à vous emmener vers un autre hôtel que celui que vous leur indiquez. Certains chauffeurs n'hésitent pas à raconter des histoires rocambolesques (ça va de « il est complet » à « il a brûlé cette nuit »..., en passant par « il y a une émeute dans le quartier », vidéo sur smartphone à l'appui...) pour vous emmener vers une autre adresse où ils toucheront une commission. Le plus sûr est de prévoir le transfert depuis l'aéroport avec l'hôtel où vous avez réservé. C'est souvent plus cher (le prix dépend de la catégorie de l'hôtel) mais, comme ça au moins, pas d'embrouilles ! Sinon, soyez bien ferme sur la destination !

En train

Delhi compte plusieurs gares ferroviaires. La plupart des trains arrivent en plein centre, à la ***New Delhi Railway***

Station *(plan I, zoom I et zoom III, C5)* ou à l'***Old Delhi Railway Station*** *(plan I, C-D3 et zoom II, D3).* Ces 2 gares sont desservies par la ligne jaune du métro, respectivement les stations New Delhi (où passe aussi l'*Airport Express Line*) et Chandni Chowk. Certains trains en provenance du Rajasthan ont pour terminus ***Sarai Rohilla Railway Station*** *(plan d'ensemble),* à quelques km au nord-ouest de Connaught Place. Cette gare est assez proche de la station de métro Pratab Nagar (ligne rouge nº 1). Enfin, d'autres arrivent à ***Hazrat Nizamuddin Railway Station*** *(plan d'ensemble et hors plan II par J9),* à quelques km au sud-est de Connaught Place, que l'on peut rejoindre en rickshaw. Infos *Indian Railways* : *☎ 131 (ou 139 par SMS).* • *indianrail.gov.in* •
Pour le détail des liaisons ferroviaires, voir, en fin de chapitre, « Quitter Delhi ».

Avertissements

– ***Recommandation importante :*** il arrive que des rickshaws et autres rabatteurs tentent d'aiguiller les étrangers vers des ***offices de tourisme bidon,*** en fait des agences de voyages cherchant à leur vendre des services de transport, excursions ou circuits. Un seul conseil : ne PAS les écouter et poursuivre sa route. D'ailleurs, il n'existe que 2 offices de tourisme officiels : l'*India Tourism Delhi* et le *DTTDC* (voir « Adresses utiles » ci-dessous).
– Dans ces faux offices de tourisme, une autre arnaque plus ou moins répandue consiste à téléphoner à l'hôtel de votre choix en faisant répondre par un comparse que l'hôtel est complet, histoire de vous caser ailleurs, dans une adresse commissionnée... On le redit, ne PAS s'en laisser conter.

Adresses utiles

Infos touristiques

ℹ ***India Tourism Delhi*** *(zoom I, C6,* ***1****)* **:** *88, Janpath. ☎ 23-32-00-05 ou 08 et 23-32-03-42. Hot Line : ☎ 1-800-11-13-63.* • *incredibleindia.org* • *Lun-ven 9h-18h, sam et certains j. fériés 9h-14h.* C'est l'office de tourisme national. ***On le répète, il n'y en a pas d'autres !*** On y trouve surtout un bon plan de la ville avec des infos sur les principales attractions, ainsi que le *Delhi Diary,* miniguide bimensuel d'actualité culturelle (concerts, spectacles...), gratuit et en anglais. À part ça, pas grand-chose à en tirer ! Et ne vous sentez pas non plus obligé de vous laisser orienter vers les agences de tourisme qu'il recommande... Abrite également un comptoir du *DTTDC* (voir ci-dessous).

ℹ ***DTTDC*** *(Delhi Tourism and Transportation Development Corporation ; zoom I, B6,* ***2****)* **:** *Baba Kharak Singh Marg, face au Hanuman Temple. ☎ 23-36-53-58.* • *delhitourism.gov.in* • *Tlj 7h-21h.* Office de tourisme émanant du gouvernement de la ville. Peu d'infos là encore, si ce n'est quelques brochures sur Delhi et un plan de la ville. Vend surtout des visites guidées (lire plus bas).

ℹ ***Rajasthan Tourist Office*** *(plan II, I8)* **:** *Bikaner House, Pandara Rd. ☎ 23-38-95-25.* • *tourism.rajasthan.gov.in* • *Lun-ven 9h30-18h.* Un peu de doc (et quelques infos) sur le Rajasthan. Pas vraiment utile d'y venir exprès.

■ ***Foreigner Regional Registration Office*** *(FRRO ; hors plan II par G10,* ***3****)* **:** *East Block VIII, Level II, Ramakrishna Puram, Sector 1. ☎ 26-71-14-43.* • *boi.gov.in* • *Derrière l'hôtel* Hyatt Regency. *Lun-ven 9h30-15h30.* Pour les extensions de visa mais attention, celles-ci ne s'obtiennent en principe qu'en cas de force majeure (essentiellement pour raisons médicales) ! Les demandes se font obligatoirement sur le site • *indianfrro.gov.in* • (prévoir une photo d'identité numérisée ainsi qu'un scan du passeport, du visa, du billet d'avion et de l'attestation du lieu

■ Adresse utile

14 Ambassade du Népal (D7)

Où dormir ?

51 Go Stops (E5)
52 Hotel Broadway (E5)
57 Tara House et Nyingma House (hors plan par D1)

Où manger ?

52 Chor Bizarre (E5)
57 Wongdhen House Restaurant (hors plan par D1)
86 Akash Deep (E5)
88 Triveni Terrace Café (D6)
89 Nathu's Sweets (D6)

Où boire un thé ou un café ? Où manger une pâtisserie ?

57 Rigo Coffee House (hors plan par D1)
89 Nathu's Sweets (D6)

Achats

133 Aap ki Pasand (E4)

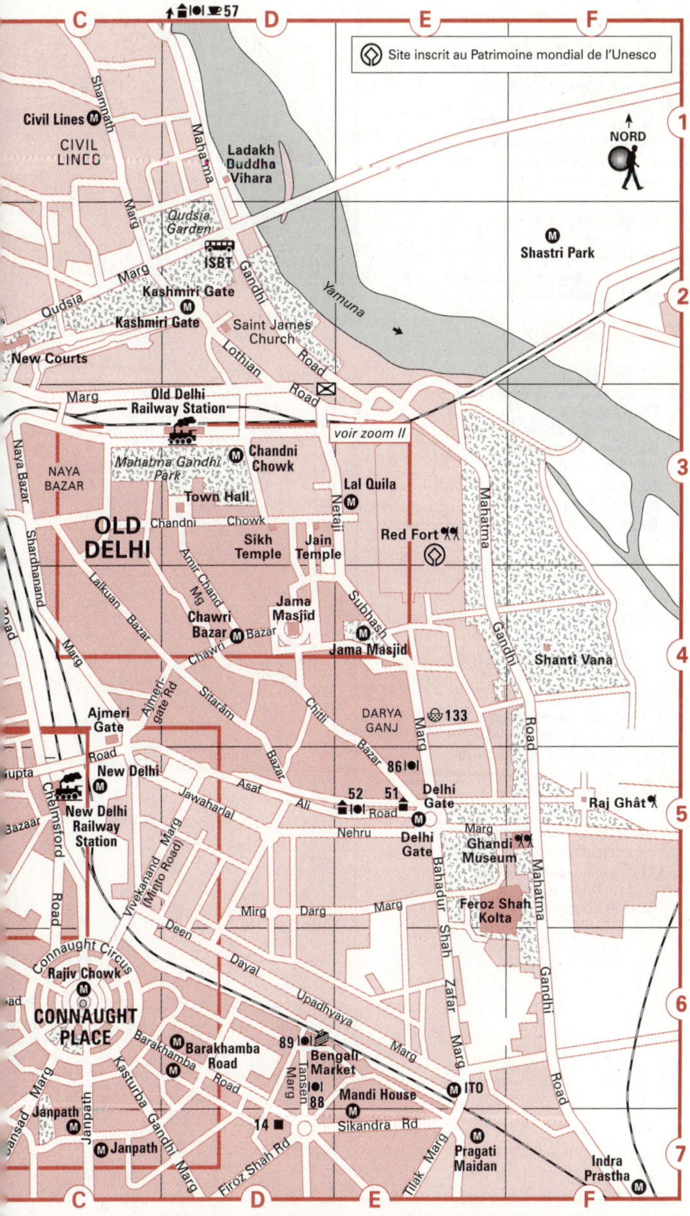

DELHI – Centre nord – Plan I

Adresses utiles

1 India Tourism Delhi (C6)
2 DTTDC (B6)
4 Bus Hop on Hop off (B6)
18 Apollo Pharmacy (C6)
21 Students Travel Information Centre (C6)
24 Paul Tours (C6)

Où dormir ?

46 Hotel Bright (C6)
47 Hotel Palace Heights (C6)
50 Imperial Hotel (C7)

Où manger ?

47 Zaffran (C6)
77 Sandoz Family Restaurant (B6)
78 Haldiram's (C6)
79 Saravana Bhavan (C7)
80 Khan Chacha (C6)
81 Mother India (C6)
82 United Coffee-House (C6)
83 Farzi Cafe (C6)
84 Veda (C6)

Où manger une pâtisserie ?

102 Wenger's (C6)
103 Oxford Bookstore & Cha Bar (C6)

Où boire un verre ? Où sortir ?

50 Bar 1911 (C7)
111 My Bar Headquarters (C6)
112 The Junkyard Cafe (C6)
113 Unplugged Courtyard (C6)

Achats

130 State Emporia Complex et Hansiba – SEWA (B6)
131 Central Cottage Industries Emporium (C7)
132 The Shop (C6)

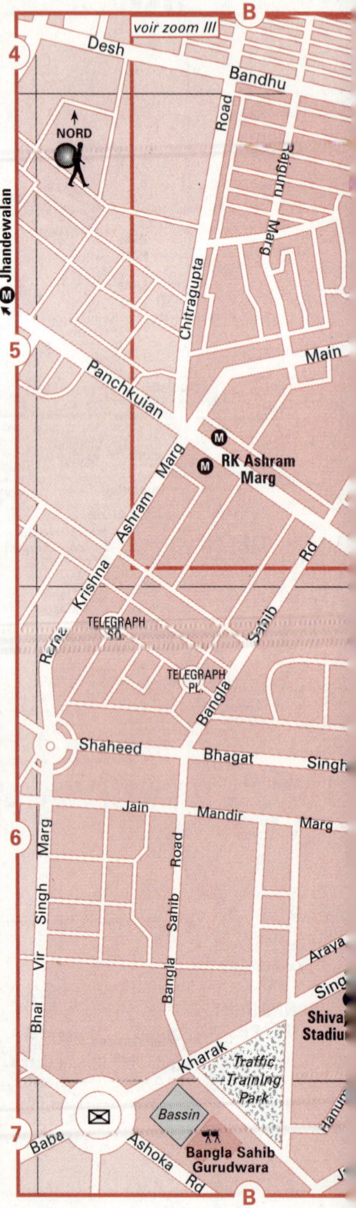

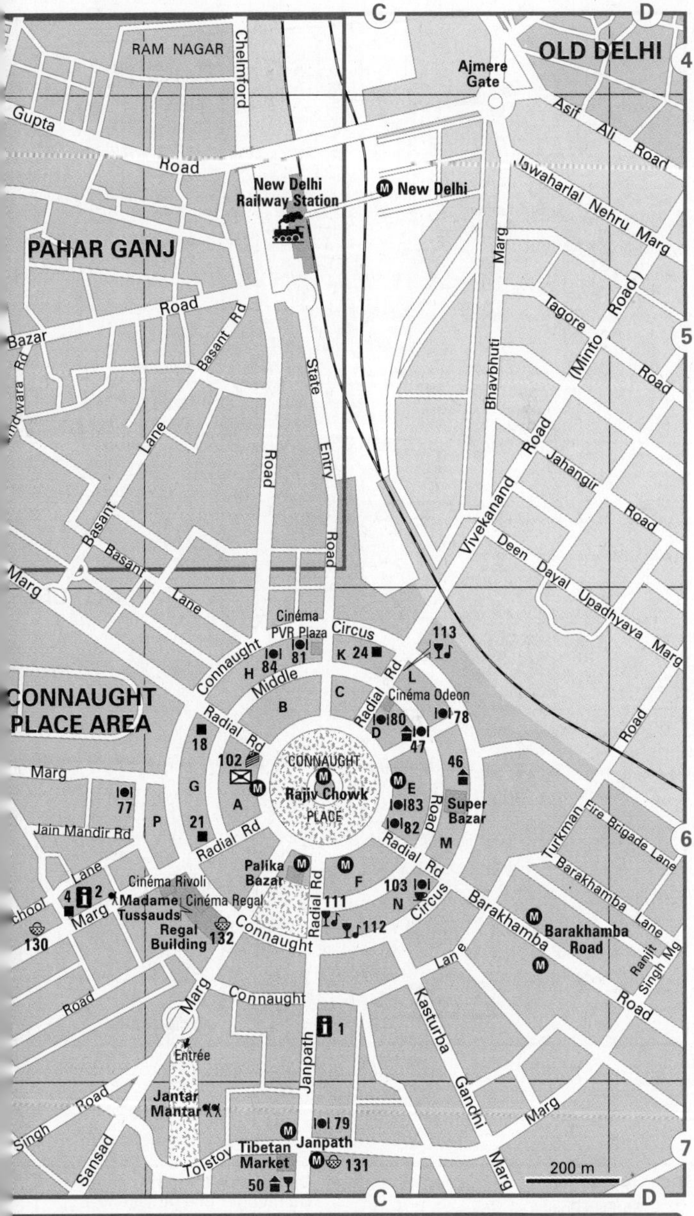

DELHI – Autour de Connaught Place – Zoom I

Où manger ?

85 Fish Point (D4)
87 Karim (D4)

Où boire un thé ou un café ? Où manger une pâtisserie ?

104 Haldiram's (D3)

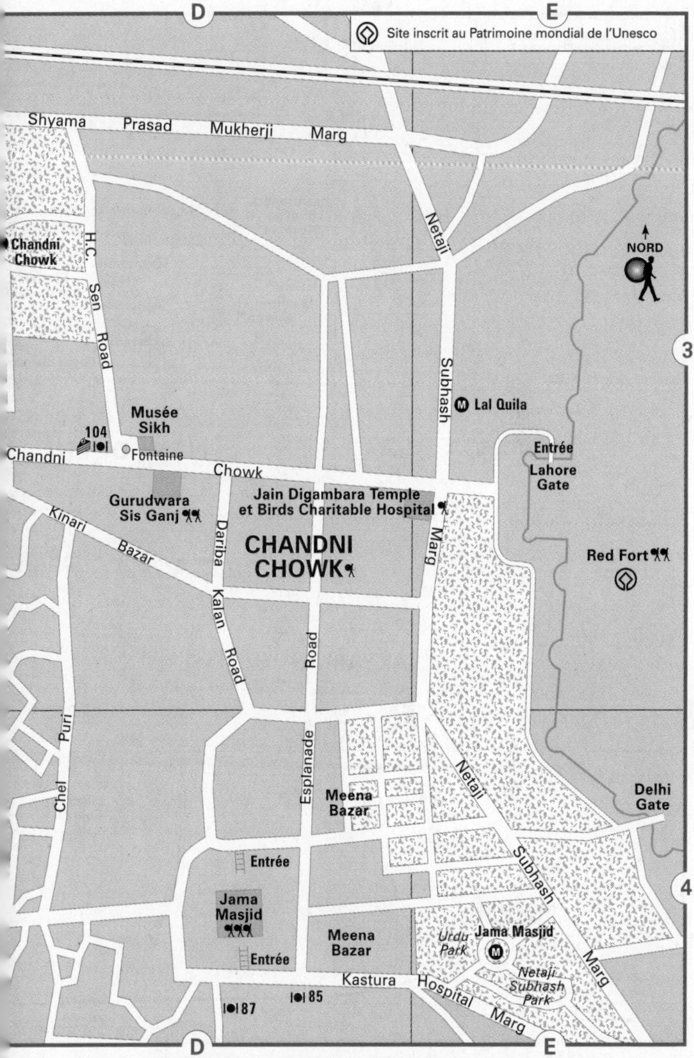

DELHI – Old Delhi – Zoom II

105 Giani's Di Hatti Faluda (C3)

106 Chaina Ram Sindhi Confectioners (C3)

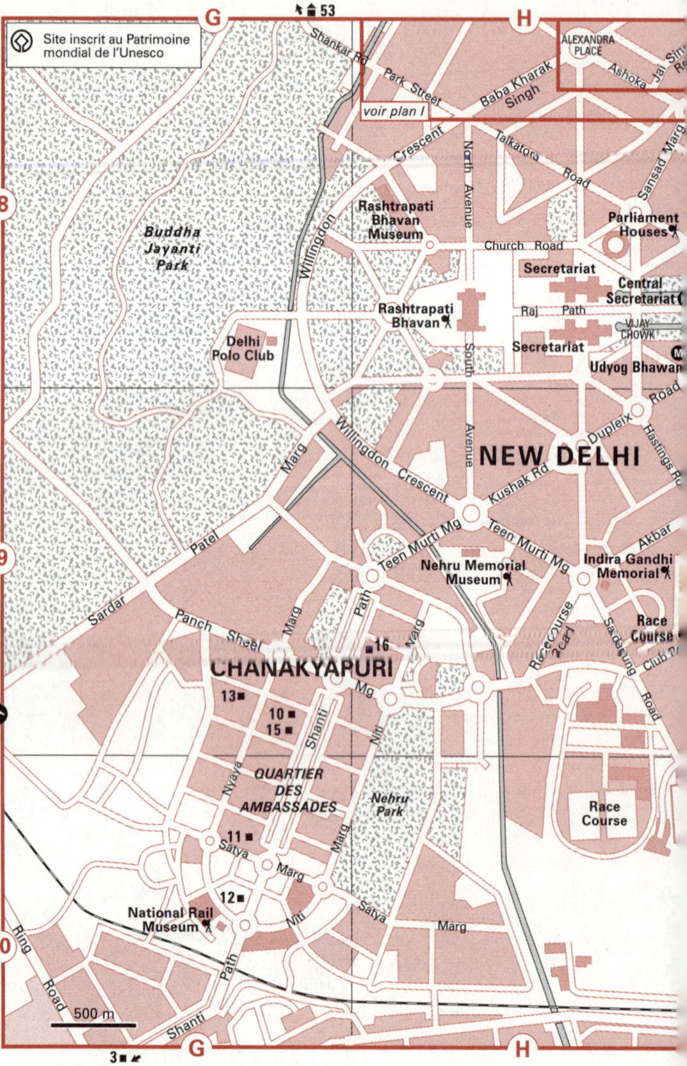

■ **Adresses utiles**

- i Rajasthan Tourist Office (I8)
- 3 Foreigner Regional Registration Office (hors plan par G10)
- 10 Ambassade et consulat de France (G9)
- 11 Haut Commissariat du Canada (G10)
- 12 Ambassade de Belgique (G10)
- 13 Ambassade de Suisse (G9)
- 15 Embassy of Myanmar (G9)
- 16 Chinese Embassy (H9)
- 23 Metropole Tourist Service (J10)
- 25 Alliance française (I9)
- 26 India Habitat Centre (I10)

Où dormir ?

- 53 Master Bed & Breakfast (hors plan par G8)
- 54 Delhi Bed & Breakfast (hors plan par J10)

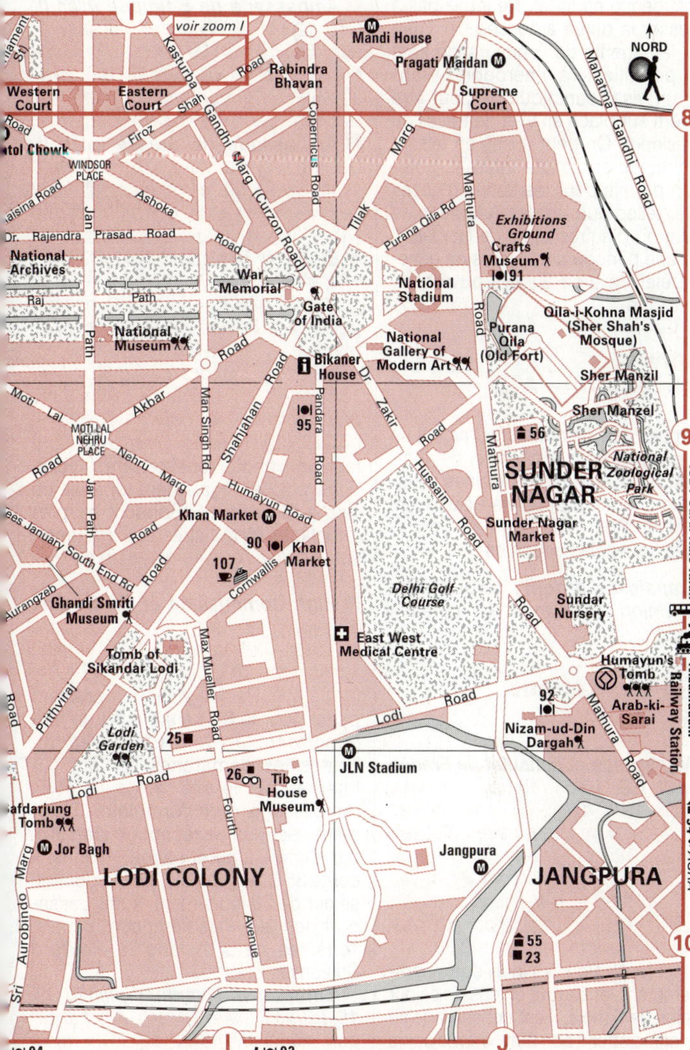

DELHI – Centre sud – Plan II

55 Bloomrooms (J10)
56 La Sagrita (J9)

Où manger ?

90 Khan Chacha (I9)
91 Lota Café (J8)
92 Karim's (J9)
93 Sagar Ratna (hors plan par I10)
94 Restos de Dilli Haat (hors plan par I10)
95 Gulati (I9)

Où prendre un petit déj ? Où boire un thé ou un café ? Où manger une pâtisserie ?

107 L'Opera (I9)

Où sortir ?

26 India Habitat Centre (I10)

de résidence en Inde). Ne jouez pas à dépasser la durée autorisée par votre visa, les agents de l'immigration sont très pointilleux à l'aéroport ! Rappel : un visa touristique ne peut être converti sur place en visa de travail ou de résident. On peut aussi, en faisant la demande sur le site Internet, obtenir un permis pour les zones d'accès limité, telles que les îles Andaman, le Sikkim ou d'autres États du Nord-Est, pour une période de 15 jours en général. Délai de 2 ou 3 jours ouvrables, en principe.

Change, distributeurs (ATM)

On trouve des distributeurs d'argent un peu partout. Pour le ***change,*** de nombreux petits agents ou officines jalonnent le quartier routard de Pahar Ganj *(zoom III)*. Bon taux, pas de commission et transactions rapides !

■ ***Transfert d'argent :*** service *Western Union* dans tous les bureaux de poste.

Représentations diplomatiques

■ ***Ambassade et consulat de France*** *(plan II, G9, **10**) : 2/50 E, Shantipath, Chanakyapuri. ☎ 43-19-61-00. En cas d'urgence, hors des horaires d'ouverture (w-e, nuit et j. fériés) : 📱 98-18-99-84-55. • in.ambafrance.org • Lun-ven 9h-12h30 ; fermé w-e, j. fériés français, 26 janv (Republic Day), 2 oct (anniversaire de Gandhi) et pour Dusserah, Diwali et Holi.* Pour les individuels particulièrement, et surtout en cas de séjour de plus de 6 mois, il est conseillé de se faire enregistrer à son arrivée avec copie du passeport et personnes à prévenir en cas de pépin.

■ ***Haut Commissariat du Canada*** *(plan II, G10, **11**) : 7/8, Shantipath, Chanakyapuri. ☎ 41-78-20-00 ou + 1-613-996-8885 (au Canada) en cas d'urgence (citoyens canadiens seulement), appel à frais virés accepté. • inde.gc.ca • Lun-ven 8h30-16h45 (section consulaire 9h-12h) ; fermé w-e.*

■ ***Ambassade de Belgique*** *(plan II, G10, **12**) : 50 N, Shantipath, Chanakyapuri. ☎ 42-42-80-00. En cas d'urgence (nuit, w-e et j. fériés) : 📱 98-10-11-79-31. • india.diplomatie.belgium.be • Lun-ven 9h-17h ; fermé w-e.*

■ ***Ambassade de Suisse*** *(plan II, G9, **13**) : Nyaya Marg, Chanakyapuri. ☎ 49-95-95-00. • eda.admin.ch/newdelhi • Lun-ven 8h30-11h30 ; fermé w-e.*

■ ***Embassy of Nepal*** *(plan I, D7, **14**) : 1, Barakhamba Rd. ☎ 23-32-73-61 ou 23-47-62-00. • in.nepalembassy.gov.np • Lun-ven 9h-13h, 14h-17h ; fermé w-e et j. fériés. Pour les visas, dépôt des demandes 9h-12h30, retrait 15h30-16h le j. même. Visa* (multiple entry) *valable 15 j. pour 1 500 ₹, 30 j. pour 2 400 ₹ et 90 j. pour 6 000 ₹.* Il faut une photo récente. Très facile. Vous pouvez également obtenir un visa à la frontière (Sonauli) ou pré-remplir le formulaire (et l'imprimer) sur *• online.nepalimmigration.gov.np/tourist-visa •*

■ ***High Commission of Sri Lanka :*** *27, Kautilya Marg, Chanakyapuri. ☎ 23 01 02 01 à 00 ou 23-01-74-98. • slhcindia.org • Lun-ven 8h45-17h ; fermé w-e.* Pas de visa à proprement parler pour le Sri Lanka mais un ETA *(Electronic Travel Authorization).* Toutes les démarches se font sur Internet, sur le site *• eta.gov.lk •* : remplissage d'un formulaire, paiement sécurisé et réception de l'ETA par e-mail. L'autorisation « Tourist » coûte 35 $, est valable 3 mois pour un séjour de 30 jours maxi. Votre passeport doit être valable encore 6 mois. Tous les détails dans le *Routard Sri Lanka.*

■ ***Embassy of Myanmar*** *(plan II, G9, **15**) : 3/50 F, Nyaya Marg, Chanakyapuri. ☎ 24-67-88-22 ou 23. • myanmedelhi.com • Lun-ven 9h30-16h30 ; fermé w-e. Dépôt des demandes 10h-11h, retrait 16h-17h (en 2 j.).* Pour le visa, passeport valable au moins 6 mois, remplir le formulaire, fournir 2 photos récentes, photocopie du passeport et du billet d'avion retour. Prix : 2 800 ₹ *(tourist visa).* Sinon, sur Internet, pour la délivrance de l'*e-Visa,* sur *• evisa.moip.gov.mm •* Compter 50 $ et 3 jours de délais (et prévoir une photo d'identité à télécharger). Plus de détails dans le *Routard Birmanie.*

■ ***Chinese Embassy*** *(plan II, H9,* ***16****) : 50 D, Shantipath, Chanakyapuri. ☎ 24-67-75-25 ou 52-59 (section consulaire). • in.china-embassy.org • Lun-ven 9h-12h30, 15h-17h30 ; fermé w-e. Pour obtenir un visa, un centre spécial (privé) :* Chinese Visa Application Service Centre *(zoom I, B6), Concourse Floor, Baba Kharak Singh Marg. ☎ 30-01-36-01 ou 03. • visaforchina.org • Ⓜ Shivaji Stadium. Dépôt et retrait des demandes tlj sauf w-e 9h-14h. Pour les Européens, env 4 400 ₹ le visa tourisme, et 4 j. de délai (env 2 500 ₹ de plus en 2 j.).* Fournir le passeport, une copie du passeport et du billet d'avion A/R, une photo d'identité, et, en principe, l'itinéraire détaillé de son séjour avec les réservations d'hôtels.

■ ***Royal Bhutanese Embassy :*** *Chandragupta Marg, Chanakyapuri. ☎ 26-88-92-30. • mfa.gov.bt/rbedelhi •* Aucun visa pour le Bhoutan n'est délivré aux individuels. Unique moyen de visiter ce petit royaume : passer par une agence de voyages qui prend tout en charge (et s'occupe du visa). Compter 200-250 $/j. selon saison. Plus d'infos sur *• tourism.gov.bt •*

■ ***High Commission of Pakistan :*** *2/50 G, Shantipath, Chanakyapuri. ☎ 26-11-06-01. • pakhcnewdelhi.org.pk • Ouv 9h-14h ; fermé ven et dim.*

Santé

Urgences

En cas d'urgence vitale, privilégier avant tout l'***Apollo Hospital.***

Hôpitaux et cliniques

✚ ***BLK Memorial Hospital*** *(plan d'ensemble) : Pusa Rd. ☎ 30-40-30-40. • blkhospital.com • Ⓜ Rajendra Place. Quartier de Karol Bagh.* Le plus central. Possède une unité pour étrangers.

✚ ***Apollo Hospital*** *(plan d'ensemble) : Sarita Vihar, Mathura Rd. ☎ 29-87-10-90 ou 91. • delhi.apollohospitals.com • À 40 mn au sud-est de Connaught Pl, direction Agra. Ouv 24h/24.* Cet immense hôpital assure tous les soins, mais il est très cher, alors vérifiez bien sa prise en charge par votre assurance de voyage. Autre inconvénient : il est loin du centre. Dans le même genre, ***Max Healthcare Hospital,*** qui dispose de plusieurs antennes en ville.

✚ ***East West Medical Centre*** *(plan II, I-J9) : 38, Golf Links. ☎ 24-69-92-29 ou 04-29 ou 88-65. • eastwestrescue.com • Au sud d'India Gate, tt près du Delhi Golf Course. Ouv 24h/24.* Tous les départements médicaux. Également compétent pour les urgences nécessitant un déplacement par la voie des airs.

Médecins généralistes

Ne pas hésiter à contacter l'ambassade de France, qui peut vous indiquer une liste de médecins.

■ ***Dr Gupta :*** *Pahar Ganj. 📱 98-11-12-81-79.* Anglophone, il reçoit dans une clinique de Pahar Ganj. Pratique pour ceux qui logent de ce côté.

■ ***Dr Dhiraj Bhatia*** *(hors plan II par H10) : L-23, Hauz Khas Enclave. ☎ 46-07-03-21 ou 26-51-31-70. 📱 98-11-18-98-28. Sur rdv.* Anglophone aussi.

Dentistes

■ ***Dr Pooman Batra :*** *Clinic Cum Residence, B 4/54, Safdarjung Enclave. ☎ 26-16-51-73. Sur rdv tlj sauf dim 9h-18h (14h sam).* Anglophone.

■ ***Dr Pravesh Miglani*** *(hors plan II par I10) : Diplomatic Dental Centre, 6, Poorvi Marg, Vasant Vihar. ☎ 26-14-70-08. 📱 98-11-02-45-08. Urgences 24h/24, sinon 9h-19h.* Anglophone.

Pharmacie

■ ***Apollo Pharmacy*** *(zoom I, C6,* ***18****) : G-8, Marina Arcade, Connaught Circus. ☎ 23-71-18-38. Ouv 24h/24. Livraison possible 10h-20h.* Vraiment centrale.

Agences de voyages

Pour toutes ces agences, mieux vaut prendre contact quelque temps avant votre arrivée à Delhi, surtout de décembre à février. Autrement, pas sûr qu'elles puissent répondre à vos demandes !

■ ***ACME Inde Voyages*** *(hors plan I par A5)* **:** *501, Kirti Mahal, 19, Rajendra Pl. ☎ 25-74-32-10 ; 📱 (WhatsApp) : +33-670-89-12-57 en France : ☎ 09-70-44-94-68. • acmetours.com •* Ceekay, son fondateur, connaissant particulièrement bien son pays, partage son temps entre la France et l'Inde. Parlant parfaitement le français, il propose, avec son équipe de professionnels, tous types de prestations : de la réservation d'hôtels à l'itinéraire à la carte (Rajasthan, Ladakh, Népal, Inde du Sud, Sri Lanka, Maldives, Bhoutan), en passant par la location de voitures avec chauffeur, billets de train et même billets d'avion internationaux. Une agence sérieuse, particulièrement réactive et serviable, et qui dispose aussi d'une antenne à Jaipur.

■ ***Shanti Travel :*** *☎ 46-07-78-00 ; en France : ☎ 09-70-40-76-17. • shantitravel.com •* Autre agence dynamique créée par un Breton, Alex, en 2005. Une équipe de professionnels français et indiens, passionnés, qui répond à tous vos projets en Inde du Nord, du trek himalayen aux palais du Rajasthan, en passant par des séjours immersifs chez l'habitant, des voyages yoga et médiation, ou photos, des treks à cheval... Le Bhoutan, le Népal, l'Inde du Sud (jusqu'aux îles Andamans) et le Sri Lanka sont aussi dans ses cordes. Très bonnes prestations sur mesure et des prix tout à fait honnêtes. Et pour les voyageurs prêts à continuer leur route en Asie, *Shanti Travel* vous emmène également en Birmanie, en Indonésie, au Vietnam et aux Philippines.

■ ***Indian Panorama :*** *(431) 422-61-22. • indianpanorama.in •* Une agence généraliste, dont le siège est à Trichy, en Inde du Sud, et qui propose aussi de bonnes prestations sur le nord du pays (Rajasthan...).

■ ***Cozy Travels*** *(zoom III, C5,* ***20****)* **:** *145, Amrit Kaur Market, Pahar Ganj. ☎ 23-58-47-68 ou 25-31. 📱 98-10-34-40-49. • cozytravels@vsnl.com • En face de la gare de New Delhi.* Petite agence tenue par Sunil Manocha, anglophone et très accueillant ! Billets de train, de bus d'État ou privés (pour Shimla, Dharamsala ou Manali), voiture avec chauffeur, voyages à la carte au Rajasthan et, en fait, dans toute l'Inde. Un pro en qui on peut avoir toute confiance.

■ ***Tour Passion :*** *C-33, Arya Nagar (appart. 2), Patparganj. 📱 97-11-19-55-52 (24h/24) ; en France : ☎ 01-82-83-60-24. • rajasthanvoyage.com •* Francophone et spécialisée sur le Rajasthan, cette agence propose aussi des voyages dans toute l'Inde. Avant de partir ou sur place, soumettez vos choix (hôtels, voiture, sites...) et votre itinéraire à Bobby, et vous n'aurez plus qu'à vous laisser conduire ! Tous leurs guides parlent le français et l'anglais.

■ ***Students Travel Information Centre*** *(STIC ; zoom I, C6,* ***21****)* **:** *G-55, Connaught Circus. ☎ 46-20-66-00. • stictravel.com • En face de la sortie du parking Palika. Tlj sauf dim 9h30-18h.* Une agence destinée aux étudiants (avoir la carte internationale), qui propose souvent des prix intéressants sur les billets d'avion, nuits d'hôtel et autres excursions.

■ ***Atithi Voyages :*** *C-7, 2d Floor, Local Shopping Complex, J Block Market, Saket. 📱 98-18-45-60-30. • atithivoyages.com •* Une équipe de professionnels qui propose depuis plus de 10 ans des formules de voyage personnalisées sur toute l'Inde bien sûr, mais aussi au Népal et au Bhoutan. Organise aussi toutes sortes d'itinéraires avec de nombreuses prestations. Contacter Shiv Raj, qui parle le français.

■ ***Kalka Travels*** *(zoom III, B5,* ***22****)* **:** *G 35/36, Palika Pl, Panchkuian Rd. ☎ 23-74-52-90 ou 86. 📱 98-18-02-03-97. • kalkatravelindia.com •* C'est d'abord une agence de location de véhicules (voir plus bas) mais Bobby, le patron indien, qui a vécu en France, offre aussi tous les services d'une agence de tourisme, notamment des réservations d'hôtels à bon prix et des circuits sur mesure dans toute l'Inde.

– En règle générale, évitez les faux *Tourist Information Centres* et autres *Incredible Tours* et leurs rabatteurs. Trop de lecteurs y ont eu des déconvenues du style ventes de séjours qui n'existent pas, infos bidon et résas dans des hôtels médiocres et chers.

Location de voitures avec chauffeur

Les agences suivantes sillonnent essentiellement le nord de l'Inde.

■ ***Kalka Travels*** *(zoom III, B5,* ***22****) : G 35/36, Palika Pl, Panchkuian Rd. ☎ 23-74-52-90 ou 86. 📱 98-18-02-03-97. • carrentaldelhi.com • À deux pas de Pahar Ganj, de l'autre côté de la station de métro Rama Krishna Ashram Marg. Passez le 1er bâtiment rond avec des briques rouges, allez tt droit ; au fond du 2d bâtiment, vous verrez un panneau sur la droite.* Bobby Thakur gère une flotte de 30 voitures bien entretenues et autant de chauffeurs sous contrat. Tarification extrêmement claire, ce qui limite les mauvaises surprises ! Ancien chauffeur lui-même, il connaît bien le métier et ses dérives (bakchichs en tout genre), qu'il combat ardemment, et accueille personnellement ses clients dans son bureau de Delhi pour tout préciser avant le départ. En plus, il se débrouille bien en français.

■ ***Metropole Tourist Service*** *(plan II, J10,* ***23****) : 224, Defence Colony Flyover Market, Jangpura Side. ☎ 24-31-03-13. 📱 98-10-27-76-99. • metrovista.co.in • À 8 km de Connaught Pl. Tlj 9h-18h.* Ashwani Bazaz, le directeur, est serviable et efficace. Bien cadrer les choses quand même avant le départ ! Tarifs assez intéressants et négociation possible.

■ ***Paul Tours*** *(zoom I, C6,* ***24****) : au York Hotel, K Block, Connaught Circus. ☎ 23-41-57-69. 📱 98-10-00-92-61. • paultours.com • Au 1er étage, à gauche de la réception. Tlj sauf dim 9h-18h, ou téléphoner, le patron viendra rapidement.* Agence sérieuse tenue par un sikh sympathique. Tarifs plutôt intéressants, notamment pour les circuits de longue durée. Comme toujours, bien cadrer les choses avec le patron avant votre départ, et aussi avec le chauffeur.

■ ***Silver Wings :*** *📱 98-71-25-69-10. • silverwingstours.com •* Sandeep, chauffeur indépendant fort sérieux, a réuni une dizaine de collègues pour monter cette petite agence qui prend soin de ses clients et évite les arnaques classiques. Propose des tours de Delhi en voiture à la journée ou la demi-journée, ou de vraies balades de plusieurs jours dans une bonne partie du nord de l'Inde.

Divers

■ ***Police :*** *☎ 100.*

■ ***Alliance française*** *(plan II, I9,* ***25****) : 72, K. K. Birla Marg, Lodi Estate. ☎ 43-50-02-00. • delhi.afindia.org • Tlj sauf dim 8h30-17h30.* Bibliothèque, spectacles, expos, projection de films français une fois par semaine (mardi ou jeudi), cafétéria. Dispose aussi d'une cellule de traduction agréée par l'ambassade (ce qui peut être utile). Une annexe en ville.

■ ***India Habitat Centre*** *(plan II, I10,* ***26****) : Max Mueller Rd, Lodi Colony. ☎ 24-68-20-01 à 05. • indiahabitat.org •* Ce centre culturel, installé dans un gigantesque bâtiment en brique rouge, propose tous les jours spectacles de danse, expos, pièces de théâtre ou conférences. Souvent gratuit et de qualité. Programme sur le site.

■ ***Consignes à bagages (cloakrooms) :*** dans toutes les gares. Fonctionnent 24h/24. Pas cher. Billet de train et cadenas exigés.

• thedelhiwalla.com • Spécialisé sur Delhi, un site (anglophone) qui ravira les flâneurs et autres amateurs de rêveries urbaines, entre impressions personnelles, photos de coins secrets de la ville et portraits.

Tours organisés de Old et New Delhi

■ ***DTTDC Sightseeing Tour*** *(Delhi Tourism and Transportation Development Corporation ; zoom I, B6,* ***2****) : résas et départs au Coffee Home-1, Baba Kharak Singh Marg, face au Hanuman Temple. ☎ 23-36-36-07 ou 53-58. • delhitourism.gov.in • Tlj 7h-21h. Résas la veille, seulement sur place (pas par tél). Autre bureau à* l'Indian Tourism Delhi. *Visite combinée de Old et New Delhi (Red Fort, Rajghat, Humayun's Tomb, Gandhi Smriti, Lakshmi Narayan Temple, Qutb Minar et Lotus Temple) 475 ₹/pers. Départ tlj*

LA VALLÉE DU GANGE

à 9h, retour à 18h. Les distances étant grandes à Delhi, ce circuit permet aux touristes pressés de voir un maximum de choses en 1 journée (attention, on n'a pas le temps de s'attarder sur les sites visités). De nombreuses agences privées proposent ce type de tour, mais cet organisme, émanant du gouvernement local, est l'un des plus fiables et ses tarifs, avantageux, comprennent le transport en véhicule et le service d'un guide anglophone ; les billets d'entrée aux monuments (et le déjeuner) restant à votre charge.

■ ***Reality Tours and Travel :*** *98-18-22-79-75 (Pradeep). • realitytoursandtravel.com • Tours 1 000-2 000 ₹/pers. Résas, achat et paiement des excursions sur leur site.* Après Mumbai, cette petite agence de tourisme « responsable » s'est installée à Delhi. Son concept, les *slumtours,* une visite guidée au bidonville de Sanjay Colony, au sud de la ville, aux abords d'une zone industrielle spécialisée dans le textile. Aucun voyeurisme ici (d'ailleurs, photos interdites), mais une volonté de faire découvrir un autre visage de l'Inde. Les groupes sont limités à 6 personnes, et 80 % des bénéfices sont reversés à la communauté pour des projets de scolarisation. Au cours de la visite (1h45), on parle religion, eau, électricité, système scolaire, santé ou encore traitement des déchets. Autres excursions possibles avec guides anglophones, le *Old Delhi Walking Tour* (3h) et le *Old Delhi Street Food Tour,* 4h à arpenter la vieille ville, ponctué de 7 arrêts dans des gargotes et pâtisseries sélectionnées pour la qualité de leurs produits (dégustation incluse). Pour tenir la route, évitez de vous goinfrer dès le début !

■ ***Delhi by Cycle :*** *98-11-72-37-20. • delhibycycle.com • Compter 1 850 ₹/pers pour une balade de 3h30.* C'est en tant que journaliste que Jack, le patron allemand, a découvert Delhi. Et c'est pour mieux faire connaissance avec sa nouvelle ville qu'il s'est mis à la parcourir à vélo, avant de proposer, désormais entouré d'une équipe de jeunes guides, différentes balades pour découvrir Old Delhi ou New Delhi à vélo, en petit groupe de 9 personnes maximum (et 2 guides anglophones ; en français sur demande, mais c'est plus cher). En général, ça commence tôt le matin (6h30), histoire d'éviter les bouchons ! Mais ça vaut la peine. Boisson et pause *chaï* incluses, voire collation selon les itinéraires.

Transports urbains

Les taxis et les auto-rickshaws

Avec la concurrence d'Uber et Ola (sa version indienne), les ***taxis,*** désormais des voitures blanches avec une bande verte sur le côté, sont moins nombreux qu'avant dans les rues de Delhi. Mais les ***auto-rickshaws,*** eux, sont toujours aussi présents et restent le mode de transport privilégié des touristes pour les petits déplacements. Ils disposent théoriquement de compteurs... mais refusent la plupart du temps de l'enclencher avec les étrangers (et souvent même avec les Indiens) ! Bref, il faut se mettre d'accord sur le prix de la course AVANT d'embarquer. Pour vous donner une idée, compter 60-80 ₹ pour aller de Connaught Place à Pahar Ganj, et 80-100 ₹ de Pahar Ganj à Old Delhi. Tout dépend de vos talents de négociateur ! Le forfait minimum, lui, est de 50 ₹.

Dans tous les cas de figure, assurez-vous que le chauffeur a bien compris la destination demandée, c'est loin d'être toujours le cas !

À noter qu'il existe aussi, dans les quartiers de Old Delhi et Pahar Ganj, des ***vélo-rickshaws,*** à utiliser uniquement pour les courtes distances... Pas tellement meilleur marché que les auto-rickshaws cela dit... et évidemment plus lents. En revanche, ils font moins de bruit et ne polluent pas.

– Pour un taxi, vous pouvez appeler les compagnies ***Easy Cabs*** *(☎ 43-43-43-43)* ou ***Meru Cabs*** *(☎ 44-22-44-22).* Elles disposent d'un répondeur en anglais spécifiant leurs tarifs (identiques).

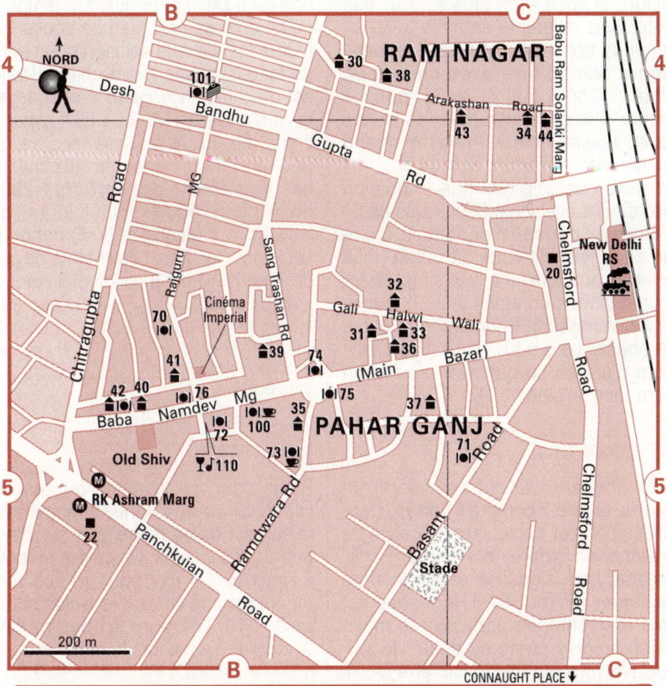

DELHI – Pahar Ganj – Zoom III

Adresses utiles

- **20** Cozy Travels (C5)
- **22** Kalka Travels (B5)

Où dormir ?

- **30** Hotel Amax Inn (B4)
- **31** Smyle Inn (B5)
- **32** Raj Mahal Inn (B5)
- **33** Cozy Inn (B5)
- **34** Zostel Delhi (C4-5)
- **35** Backpackers Heaven @ New King (B5)
- **36** Golden Oasis (B5)
- **37** Star Palace (B5)
- **38** Atlanta @ New Delhi Train Station (B4)
- **39** Cottage Ganga Inn (B5)
- **40** Himalayan Hostel (B5)
- **41** Cottage Yes Please (B5)
- **42** Natraj Yes Please (B5)
- **43** Hotel Grand Godwin et Goldwin Deluxe (C4-5)
- **44** Bloomrooms (C4-5)

Où manger ?

- **70** Sita Ram Diwan Chand (B5)
- **71** Rishi Vaishno Dhaba (C5)
- **72** Khosla Cafe (B5)
- **73** Tadka (B5)
- **74** Krishna Cafe (B5)
- **75** The Exotic Rooftop Restaurant (B5)
- **76** Leo's Restaurant (B5)

Où prendre le petit déj ? Où boire un thé ou un café ? Où manger une pâtisserie ?

- **100** Brown Bread Bakery (B5)
- **101** Bikaner Sweet Corner (B4)

Où boire un verre ? Où sortir ?

- **110** My Bar (B5)

Sinon, si vous êtes plusieurs et que vous avez différents endroits à visiter, on vous conseille carrément la ***location d'une voiture avec chauffeur.*** Pour 1 200-1 500 ₹, vous pouvez visiter Delhi une journée complète (avec 80 km inclus). Précisez quand même bien l'itinéraire désiré ! Voir nos adresses dans la rubrique « Location de voitures avec chauffeur » plus haut.

– ***Dernier conseil :*** ne jamais croire un chauffeur s'il vous dit qu'un hôtel a fermé ou brûlé : il a tout simplement intérêt à vous conduire là où il touche une commission. Pour éviter ce genre de soucis, vous pouvez aussi donner le nom d'un lieu ou bâtiment proche (un carrefour, un cinéma...).

Le métro

Très pratique, surtout pour sortir un peu du centre, il compte ***8 lignes*** (identifiées par leur couleur) et ne cesse de s'étendre ! Propre, bon marché, climatisé, bien signalisé et sûr (malgré quelques pickpockets), le réseau est très emprunté, en particulier le matin et en fin de journée ou début de soirée. Ne vous étonnez pas d'être fouillé à l'entrée, jusqu'au fond de votre gros sac à dos, voire au corps parfois ! Certaines stations, plus sensibles, sont carrément équipées d'un scanner à bagages. Toutes les rames disposent d'un ***wagon réservé aux femmes,*** en tête ou en queue selon les lignes (bien signalé en général).

Outre l'***Airport Express,*** qui relie rapidement et efficacement la New Delhi Railway Station (et Pahar Ganj) à l'aéroport, la ***ligne jaune*** (n° 2) est certainement la plus utile. Elle dessert, sur un axe nord-sud : *Kashmere Gate* (terminal des bus *ISBT*), *Chandni Chowk* (quartier de Old Delhi et sa gare), *Chawri Bazar* (Old Delhi), *New Delhi* (New Delhi Railway Station et Pahar Ganj), *Rajiv Chowk* (Connaught Place), *Central Secretariat* (National Museum) et jusqu'au *Qutab Minar* et au-delà.

– ***Horaires et tarifs :*** en gros, le métro fonctionne de 4h45 à 23h30. Vérifiez bien ! Pour l'utiliser, on achète des jetons (pour les trajets simples) ou des cartes magnétiques à recharger.

Tarifs : 10-60 ₹ selon la distance. Si l'on est à Delhi pour quelque temps et qu'on envisage de prendre souvent le métro, la meilleure solution pour éviter de faire la queue avant chaque trajet est d'acheter une ***carte à recharger,*** la *Smart Card* (100 ₹, + 50 ₹ pour la carte), aux guichets *Customer Care.* On peut ensuite la recharger aux machines. Également des ***forfaits*** : 200 ₹ pour 1 jour, 500 ₹ pour 3 jours, qui incluent la caution (de 50 ₹) remboursable pour la carte. Les enfants de plus de 3 pieds (91 cm !) paient plein tarif.

– ***Infos :*** *☎ 15-53-70 (en anglais). • delhimetrorail.com • Objets trouvés : à récupérer (sait-on jamais !) à la station Kashmere Gate, ou rens au 📱 85-27-40-55-55 (tlj 8h-20h).*

Les bus

Rares sont les touristes qui les utilisent. Si vous y tenez vraiment, le mieux est de se renseigner sur place auprès des Indiens. On paie le préposé à l'intérieur : 5-15 ₹ pour les bus verts ou orange non climatisés, selon la distance ; 10-25 ₹ pour les bus rouges, avec clim. Consultez le site : *• delhi.gov.in •, rubrique « Transports/DTC ».*

Le *Hop on Hop off*

Ce bus touristique, baptisé « Hoho », effectue une grande boucle à travers la ville, depuis les abords de Connaught Place jusqu'au Qutb Minar et retour, via le Fort Rouge, le tombeau de Humayun, le Lotus Temple, le National Museum, etc.

Le billet coûte env 1 000 ₹ pour 24h, env 1 200 ₹ pour 48h ; demi-tarif enfant (de moins de 3 pieds !). Les billets s'achètent en ligne, dans le bus ou au kiosque *Hop on Hop off* situé à 100 m du *DTTDC,* sur le même trottoir (*zoom I, B6,* ***4*** ; Baba Kharak Singh Marg ; voir les « Adresses utiles » plus haut).

Départ tous les jours sauf le lundi de 7h30 en hiver ou 8h30 en été à 12h45 en hiver et 13h45 en été, avec des passages toutes les 45 mn. On descend et monte à loisir, commentaires en anglais (au micro) dans le bus. Inconvénients : Pahar Ganj n'est pas desservi et la boucle prend à elle seule 4h de trajet, ce qui limite déjà pas mal le nombre de monuments que l'on a le temps de visiter. Et puis, à 2, cela revient moins cher de louer une voiture pour la journée !

– **Infos :** ☎ 99-58-96-65-66. • hohodelhi.com •

Où dormir ?

Vu que la ville est très vaste, nous avons classé les adresses par quartiers. On trouve évidemment de tout, du dortoir basique à la chambre de luxe.

Du côté de Pahar Ganj (zoom III)

C'est le quartier routard par excellence, desservi par 3 lignes de métro : *New Delhi* sur la ligne jaune nº 2 et l'Airport Express Line, et *Ramakrishna Ashram Marg* sur la ligne bleue nº 3. On y croise des voyageurs au long cours et des touristes fraîchement débarqués... Très central, Pahar Ganj, à deux pas de New Delhi Railway Station, fait partie de New Delhi, tout en assurant le lien entre l'Old Delhi populo au nord et la très centrale Connaught Place, plus bourgeoise et branchée mais moins chaleureuse.

Pahar Ganj est en effet un quartier grouillant (et bruyant) où se bousculent échoppes, boutiques, agences de voyages, officines de change, bouis-bouis, gargotes (mais aussi quelques restos un peu plus chics) et bien sûr des hôtels, bon marché pour beaucoup (avec le niveau de confort – et la tenue parfois aléatoire – qui vont avec). Quelques *hostels* aussi. En bref, c'est ici qu'on trouve le plus d'adresses pour les budgets modestes. La plupart de ces hôtels peuvent venir vous chercher à l'aéroport, souvent pour un peu plus cher que le taxi, mais c'est une solution qu'on conseille, surtout si vous arrivez très tôt le matin.

Bon marché (moins de 1 500 ₹ / 20 €)

Voir aussi nos adresses « Prix moyens » ci-dessous, certaines sont à peine plus chères.

☗ **Hotel Amax Inn** (zoom III, B4, **30**) : 8145/6, Arakashan Rd. ☎ 23-54-38-13 ou 43-68-57-42. • hotelamax.com • Dortoir 450 ₹/pers ; doubles 950-1 250 ₹. Au nord de Pahar Ganj, niché dans un renfoncement plutôt tranquille, voici notre hôtel préféré dans cette catégorie ! Outre 3 petits dortoirs de 4 lits, il propose des chambres impeccables, avec en prime tout le confort de base (et une bonne literie). 3 catégories, mais seule la taille varie. De plus, grand calme car il y a du double vitrage partout, un véritable luxe dans ce quartier. Sans oublier l'accueil chaleureux, tant du personnel que du patron, ni l'agréable petite terrasse décorée de végétation pour le petit déj (essayez les crêpes au chocolat !). Excellent rapport qualité-prix.

☗ **Smyle Inn** (zoom III, B5, **31**) : 916, Gali Chandi Wali. ☎ 23-58-40-76. 📱 99-99-27-65-91. • smyleinn.com • Dortoir 600-650 ₹/pers, doubles 1 000-1 500 ₹, petit déj inclus. Un des hôtels les plus sympa du quartier. Dans 2 bâtiments tout proches l'un de l'autre, une grosse trentaine de chambres de taille variable et à l'aménagement plus ou moins neuf, mais fort correctes pour le prix (salles de bains toutefois très petites). Également un dortoir de 8 lits pour mecs et un autre plus petit pour filles. Terrasse sur le toit. Un bon choix.

☗ **Raj Mahal Inn** (zoom III, B5, **32**) : 450/452, Chandi Wali Gali, Mantola. ☎ 43-56-31-38. 📱 98-71-02-69-15. • cozytravels@vsnl.com • Doubles 1 000-1 250 ₹. Sur une placette bien en retrait de l'animation de Main Bazar, cet hôtel au nom pompeux n'a rien d'un palace mais constitue un bon point de chute, avec des chambres assez modernes et équipées comme il faut. Les plus chères disposent de grandes fenêtres donnant sur la rue (les autres sont aveugles). Bonne tenue générale et accueil souriant. Une bonne affaire.

☗ **Cozy Inn** (zoom III, B5, **33**) : 920, Chandi Walan. 📱 98-71-02-69-15 (Anil). • cozytravels@vsnl.com • Doubles 700-800 ₹. À 30 m du *Raj Mahal Inn*

LA VALLÉE DU GANGE

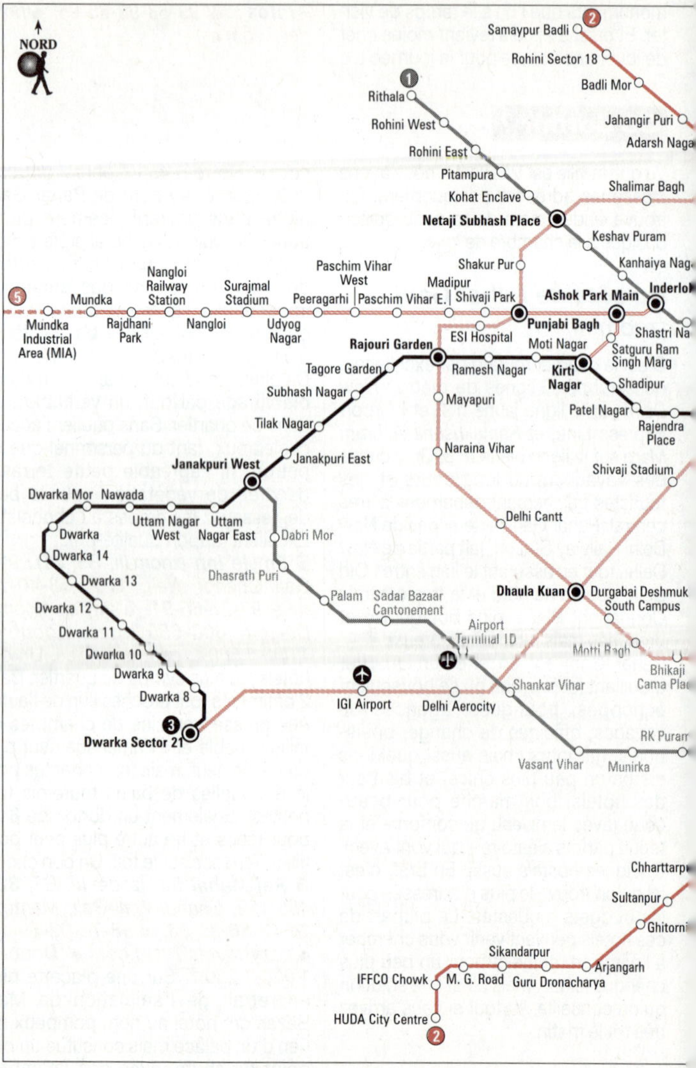

(même famille), on vous indique aussi cet hôtel pour ses petits prix, parmi les plus bas du secteur. Bien sûr, ne pas s'attendre à la lune : lieu sans caractère et chambres sommaires, avec ou sans clim (eau chaude partout). Éviter celles situées près de la réception, sans fenêtre. Pour les fauchés.

Zostel Delhi *(zoom III, C4-5,* ***34****)* **:** *5, Arakashan Rd, Ram Nagar.* ☎ *39-58-90-05.* • *zostel.com* • *Dortoir 600-650 ₹/pers ; doubles 1 700-2 800 ₹.*

LE MÉTRO DE DELHI

Une chaîne d'*hostels* bien implantée en Inde, qu'on signale ici surtout pour ses dortoirs (6-8 lits, dont 1 réservé aux filles) avec clim, bonne literie et *lockers* (eau chaude le matin et le soir seulement). Les chambres privées, elles, sont surévaluées. Agréable espace commun au rez-de-chaussée, avec TV, frigo et machine à café. On peut s'y prélasser après le *check-out* jusqu'au départ de son train (la gare ferroviaire est à côté), pratique !

Backpackers Heaven @ New King (zoom III, B5, **35**) : *15/16, Ram Dwara, Main Bazar. ☎ 23-56-24-15. 📱 99-58-44-38-44. • hotelbooking855@gmail.com • En venant de Main Bazar, prendre la ruelle avt le resto* Tadka *puis à gauche 30 m plus loin. Dortoir 450-550 ₹/pers ; doubles 1 200-1 350 ₹.* Un petit hôtel-*hostel* caché dans un dédale d'allées au cœur de Pahar Ganj. Dortoirs et chambres sur 4 étages, desservis par des escaliers un peu raides. Le tout un peu confiné mais calme, net et confortable (clim, TV et salles de bains carrelées dans la plupart des chambres). Espace commun au rez-de-chaussée, à côté de la réception.

Golden Oasis (zoom III, B5, **36**) : *901, Chandi Wali St, Main Bazar Rd. ☎ 41-89-36-10. 📱 97-17-68-67-44. • hotelgoldenoasis.com • En retrait de Main Bazar. Double env 1 350 ₹ ; familiales.* Avec sa réception presque clinquante séparée de la ruelle par une porte en verre, cet hôtel équipé d'un ascenseur affiche son intention de bien faire. Et en effet, si les chambres ne débordent pas de charme, elles sont tout à fait convenables pour le prix (clim centralisée, matelas mousse bien épais). Possibilité de petit déj et *room service* 24h/24.

Star Palace (zoom III, B5, **37**) : *4590, Main Bazar. ☎ 23-58-28-25. 📱 88-00-63-54-63. • hotelstarpalacedelhi.com • Sur Main Bazar, accès par une ruelle que l'on prend au niveau du n° 4579. Doubles 800-1 250 ₹.* Malgré son nom prétentieux, un modeste hôtel de quartier, aux chambres sans fioritures mais correctes. Les moins chères sans la clim (laquelle est un peu bruyante). Juste avant, le **Star Paradise** propose des chambres un peu similaires aux mêmes tarifs.

Voir également l'**Atlanta @ New Delhi Train Station** (ci-dessous) pour ses dortoirs.

De prix moyens à chic (1 500-5 000 ₹ / 20-67 €)

Atlanta @ New Delhi Train Station (zoom III, B4, **38**) : *7970-7971, Arakarshan Rd. ☎ 43-00-86-48 ou 23-67-65-73. • atlantatrainstation.com • Dortoir 550-650 ₹/pers, doubles 1 800-3 500 ₹, avec petit déj pour les plus chères. Petite réduc en été.* Au nord de Pahar Ganj. Ici, dès l'entrée, on sent qu'on est dans un lieu soigné ! À la fois *hostel* et hôtel, on y trouve des dortoirs nickel de 6 à 10 lits côté rue mais bien insonorisés (bon double vitrage), ou des chambres privées tout aussi impeccables, pourvues d'un équipement complet et neuf, avec de vraies belles salles de bains modernes ! Plusieurs catégories mais seule la taille des chambres varie vraiment. Petit déj-buffet (inclus ou non) servi dans une agréable salle au dernier étage, prolongée d'une petite terrasse garnie de plantes, au gazon sympathique. Bel espace au rez-de-chaussée aussi, avec des fauteuils colorés. Sans conteste l'une des meilleures adresses de ce coin de Delhi !

Himalayan Hostel (zoom III, B5, **40**) : *1663-64, Bachat Kaur St, Main Bazar. 📱 99-90-38-12-91 ou 99-99-69-44-37. • himalayanhostel.com • Dortoir 850 ₹/pers, double env 2 500 ₹, avec petit déj ET dîner.* Tout récent, cet *hostel* abrite 6 dortoirs plutôt sympa de 4-6 lits (avec petits rideaux pour plus d'intimité) et une poignée de chambres doubles ou triples, avec clim et TV (mais sans salle de bains), le tout bien tenu, dans les tons clairs. Sanitaires communs modernes à chaque étage. Les tarifs peuvent sembler élevés, mais ils incluent le petit déj et le dîner. On aime bien aussi le « lobby » avec ses fleurs en pot sur le mur, sa grande mappemonde et ses canapés colorés. Cuisine à dispo et terrasse sur le toit (pour les repas). En prime, transfert gratuit depuis l'aéroport à partir de 2 nuits.

Cottage Ganga Inn (zoom III, B5, **39**) : *1532, Bazar Sangtrashan. ☎ 23-56-15-16 ou 17. • cottagegangainn.com • De Main Bazar, prendre Sangtrashan à la hauteur de l'hôtel* Vivek, *puis la 1re ruelle à gauche. Doubles 1 300-1 800 ₹ ; petit déj en sus.* En bordure d'une placette ombragée, à l'écart du brouhaha, voici l'un des hôtels les plus calmes du quartier. Chambres spacieuses et bien équipées, donnant sur la placette ou sur l'arrière. La plupart ont été rénovées et sont assez pimpantes. Demandez la n° 302 avec son lit en forme de cœur, ou la n° 303 avec son lit rond (*glamour bed !*). Bon rapport qualité-prix et accueil agréable de Saroj, le manager.

🏠 ***Cottage Yes Please*** *(zoom III, B5,* ***41****) : 1843/44, Laxmi Narayan St, Chuna Mandi (Raj Guru Rd). ☎ 43-52-68-00 ou 43-08-13-00. • cottageyesplease.com • En face du cinéma* Imperial. *Double 1 600 ₹ ; pas de petit déj.* En léger retrait de l'agitation de Main Bazar là encore, cet hôtel offre des chambres lambrissées très bien tenues et confortables (clim, frigo...), avec ou sans fenêtre (ces dernières étant plus calmes). Également de vastes chambres familiales à la déco un peu kitsch dans le style néomoghol, avec sol en marbre.

🏠 |●| ***Natraj Yes Please*** *(zoom III, B5,* ***42****) : 1750, Chuna Mandi. ☎ 43-62-82-00. 📱 82-87-73-03-03. • natrajyesplease.com • Dans la rue qui part face au cinéma* Imperial. *Doubles 1 800-3 000 ₹ ; petit déj en sus.* Même direction que le *Cottage Yes Please* : cet hôtel plus récent (ascenseur) s'est installé un peu plus loin dans la même rue (plus tranquille que Main Bazar). Le marbre des parties communes préfigure des chambres bien arrangées (tons beiges et bois), au standing à la hauteur des tarifs. Celles côté rue sont un peu bruyantes. Fait aussi resto (l'*Olive Bistro*) pour les clients (cuisines indienne et internationale, pas d'alcool).

🏠 ***Hotel Grand Godwin*** *(zoom III, C4-5,* ***43****) : 8502/41, Arakashan Rd, Ram Nagar. ☎ 23-54-68-91 ou 98. • godwinhotels.com • Doubles 2 500-3 900 ₹, petit déj compris.* Parmi les hôtels un peu chics de la zone de Pahar Ganj, le *Grand Godwin* est une valeur sûre. Ensemble moderne proposant sur 4 étages des chambres plutôt cossues à la déco classique mais pas désagréable, avec literie douillette, minibar et bonne pression dans les douches ! Resto sur le toit-terrasse, et *coffee-shop* au rez-de-chaussée (avec vrai expresso). Transfert gratuit depuis l'aéroport. Juste à côté, le ***Goldwin Deluxe*** *(8501/15, Arakashan Rd ; ☎ 23-51-37-95)* est plus récent et un poil plus cher, avec des chambres un peu plus grandes aussi (un peu bruyantes côté rue mais la plupart sont à l'arrière). Bon choix là aussi.

🏠 ***Bloomrooms*** *(zoom III, C4-5,* ***44****) : 8591, Arakashan Rd. ☎ 41-22-56-66. • staybloom.com • Doubles 3 000-5 000 ₹ ; petit déj en sus.* Insolite apparition que cette façade blanc et jaune, que l'on verrait plus à Miami Beach qu'à un poussiéreux angle de rue de Delhi... Les chambres, qui rappellent celles des hôtels *Accor,* se répartissent autour d'une vaste cour-terrasse intérieure à ciel ouvert. Le blanc immaculé et le jaune citron – les couleurs de la maison – sont partout, de la déco aux polos du personnel. Une propreté maximale dans un style minimaliste, voici un excellent calmant dans le brouhaha de Pahar Ganj. Comme souvent, la plupart des chambres n'ont pas de fenêtre et sont même un peu étroites, jusqu'à placer des lits superposés dans certaines doubles. Éviter celles qui donnent sur la rue à cause du concert des klaxons. Café attenant pour le petit déj. Notre adresse la plus chère de la zone mais aux prestations irréprochables.

Autour de Connaught Place

Desservi par la station de métro *Rajiv Chowk* (lignes jaune et bleue), Connaught Place, bâtie sur le modèle du Piccadilly Circus à Londres, marque le centre commerçant et animé de New Delhi. Plus qu'une immense place circulaire, c'est un véritable nœud de circulation, d'où partent 8 rues radiales coupant 3 cercles concentriques.

Le cercle intérieur s'appelle *Connaught Place,* celui du milieu *Middle Circle* et le plus extérieur *Connaught Circus* (ou *Outer Circle*). C'est rationnel et géométrique ! Les immeubles des années 1930 ont retrouvé un certain éclat après des travaux de rénovation : boutiques de mode, cafés branchouilles, restos chics. C'est le terrain de chasse de nombreux rabatteurs, alors autant les éconduire avec le sourire. Lire « Avertissements » en début de chapitre. Peu d'adresses bon marché cela dit, ni même à prix moyens.

Très chic (5 400-10 500 ₹ / 72-140 €)

🏠 ***Hotel Bright*** *(zoom I, C6,* ***46****) : M-85, Connaught Circus (en face de* Super Bazar*). ☎ 43-30-22-22.*

• hotelbrightdelhi.in • Doubles 5 500-7 800 ₹, avec petit déj. Ne pas se fier à l'entrée très étroite et assez peu engageante. Situé au 1er étage de l'un de ces bâtiments coloniaux blancs de Connaught Place, cet hôtel à taille humaine rénové propose des chambres soignées et cossues, aménagées dans un style qui hésite entre le victorien et le Laura Ashley (bureau, minibar, papiers peints « Grand Siècle »). Préférer celles avec fenêtres (côté rue mais calmes), plus lumineuses. À noter : pas de salle de petit déjeuner, il est servi dans les chambres. Derrière le comptoir de la réception, admirer la photo de Connaught Place lors de sa construction, en 1917.

🏠 ***Hotel Palace Heights*** *(zoom I, C6, **47**) : D-26/28, Connaught Pl (angle Radial Rd 6). ☎ 43-58-26-10 ou 45-46-00-00. • hotelpalaceheights.com • Double env 8 500 ₹ (un peu moins l'été), petit déj-buffet (généreux) inclus.* Dans l'élégante et caractéristique architecture de la place, cet hôtel contemporain a pris le parti du luxe fonctionnel. Les 14 chambres ne sont pas très grandes, mais elles sont toutes confortables et calmes (surtout celles – sans vue – situées à l'arrière). Côté rue, elles ont une fenêtre (ou 2) et plus de lumière. Belles salles de bains en marbre avec douche vitrée, bonne literie, minibar et tout. On y trouve aussi un bon resto, le *Zaffran* (voir « Où manger ? »).

Spécial coup de folie (min 30 000 ₹ / 400 €)

🏠 ***Imperial Hotel*** *(zoom I, C7, **50**) : Janpath. ☎ 23-34-12-34 ou 41-50-12-34. • theimperialindia.com • Double min 30 000 ₹ (hors éventuelles promos).* Au bout d'une allée de palmiers, ce fabuleux palace construit dans le style Art déco à l'époque de l'empire s'enrobe d'une sérénité et d'une classe à mille lieues des réalités de la ville. Si « messieurs les Anglais » ont levé le camp, l'atmosphère toute coloniale demeure, avec grooms sikhs enturbannés et Rolls de collection à l'affût. Vous flânerez avec délice entre les galeries et salons du rez-de-chaussée, s'ouvrant sur une véritable oasis fleurie et engazonnée. Les chambres, quant à elles, sont ultra-confortables, et aménagées avec des meubles et tableaux anciens qui valent à l'*Imperial* son surnom d'« hôtel-musée » (il compte quelque 3 000 œuvres en tout !). Piscine dans le parc, réservée aux résidents. Le *coffee-shop* aurait été le lieu de prédilection des déjeuners de Marguerite Yourcenar... Sur place, un bar bien agréable pour une pause nostalgie, le *1911* (voir « Où boire un verre ? »). Service très attentionné. À réserver bien à l'avance, car souvent bondé.

Du côté de Old Delhi

On ne vous propose pas d'hôtels au cœur même de Old Delhi, qui est une véritable fourmilière active jour et nuit et, donc, vraiment pas idéale pour se loger... D'ailleurs, presque aucun étranger n'y loge. En revanche, voici 2 adresses non loin de Delhi Gate, à la limite sud de Old Delhi, pas très loin de la Jama Masjid.

De bon marché à prix moyens (max 3 000 ₹ / 40 €)

🏠 ***Go Stops*** *(plan I, E5, **51**) : 4/23 B, Asaf Ali Rd. 📱 07-42-88-82-82. • gostops.com • Ⓜ Delhi Gate. Dortoir 400-750 ₹/pers selon taille du dortoir et saison ; double min 2 000 ₹.* Il s'agit d'une chaîne d'*hostels* présente dans une dizaine de villes du pays, qu'on vous signale ici surtout pour ses dortoirs (équipés de bons matelas et de salle de bains neuve) car les chambres privées, assez fraîches mais simples, sont surévaluées. L'ensemble est coloré et bien tenu, avec un grand espace commun réunissant table, canapés, écran géant, billard et baby-foot pour socialiser. Petit déj à la carte et restauration à toute heure, pratique. Sinon, cuisine commune au rez-de-chaussée.

Chic (3 000-5 400 ₹ / 40-72 €)

🏠 ***Hotel Broadway*** *(plan I, E5, **52**) : 4/15 A, Asaf Ali Rd. ☎ 43-66-36-00. • hotelbroadwaydelhi.com • Ⓜ Delhi Gate. Doubles 4 000-5 000 ₹, petit* *déj inclus.* Un hôtel de 1956 qui fleure encore bon le charme un peu *british* de cette époque, avec ses chambres classiques (lavabos à l'ancienne) mais toujours d'excellent confort. Elles sont calmes aussi, même à l'avant. Au moment de son ouverture il y a plus de 60 ans, la nuit y coûtait 21 à 25 ₹ ! Bon resto, le *Chor Bizarre's* (voir « Où manger ? »), et un bar étonnant, le *Thug's,* où l'on boit à la santé d'Al Capone, de Butch Cassidy et des bandits indiens les plus célèbres...

À l'ouest de Connaught Place

Chic (3 000-5 400 ₹ / 40-72 €)

Master Bed & Breakfast *(hors plan II par G8, **53**) : R-500, New Rajender Nagar. ☎ 28-74-10-89 ou 19-14. • masterbedandbreakfast.com • À 4 km à l'ouest de Connaught Pl. Ⓜ Rajendra Place ou Karol Bagh (chacun à env 1 km). Résa exigée. Doubles 3 800-4 800 ₹ (hors taxes éventuelles), petit déj inclus. CB acceptées.* Une de nos meilleures adresses à Delhi dans cette catégorie de prix. Dans un quartier résidentiel calme, cette maison d'hôtes est tenue par un couple charmant. Le proprio, Avnish Puri, ex-présentateur à la radio nationale, jovial, cultivé et enthousiaste, donne aussi des cours de yoga. Avec son épouse, Ushi, ils ne demandent qu'à vous parler de l'Inde, et peuvent organiser un tour de Delhi pour montrer à leurs hôtes les petits secrets de leur ville. Les chambres sont parfaitement tenues et portent chacune le nom d'un dieu hindou. Salles de bains modernes et impeccables. Sur le toit, terrasse agréable égayée de plantes vertes. Au 1er étage, salon commun avec TV, et bibliothèque. Service de taxi pour l'aéroport.

Les « colonies » au sud de New Delhi

Nées lors de l'indépendance du pays en 1947 (puis de la partition entre l'Inde, le Pakistan et le Bangladesh dans les années 1970), les 1res « colonies » ou « extensions » de Delhi ont vu le jour dans les quartiers périphériques au sud de la ville. Face à l'afflux de réfugiés, le gouvernement distribua des terrains à bâtir, à très bas prix ou gratuitement. Aujourd'hui, hérissées de petits immeubles ou de pavillons individuels autour d'un parc public ou d'un marché, parfois grillagées ou ceintes de mur, avec des barrières fermées la nuit, ce sont des secteurs résidentiels recherchés. Ces « colonies », ironie de l'histoire, sont ainsi nées de la décolonisation. On y trouve plusieurs *bed & breakfast* confortables (et quelques hôtels assez chics), accessibles pour certains en métro. Pour nos lecteurs plutôt aisés et qui souhaitent échapper au tumulte du centre de la capitale.

De prix moyens à chic (jusqu'à 5 000 ₹ / 66,70 €)

Bed & Chai *(plan d'ensemble) : R-55, Greater Kailash 1. ☎ 46-06-60-54. 📱 85-27-88-45-55. • bedandchai.com • Ⓜ Kailash Colony (à env 10 mn à pied). À env 7 km au sud d'India Gate. Entrée discrète, n'hésitez pas à demander, et grimpez l'escalier jusqu'au dernier étage. Résa conseillée. Lit en dortoir 600-850 ₹, doubles 2 500-3 800 ₹ selon taille et saison, petit déj inclus.* Au cœur d'un quartier résidentiel vivant et commerçant, tout proche du M Block Market de Greater Kailash. Cet appartement, aménagé en maison d'hôtes par Coraline, une jeune Française, s'organise autour d'un agréable dortoir de 8 lits et de 5 chambres douillettes, quoique sobrement arrangées. Partout, salles de bains privées impeccables et literie d'exception. Salle à manger-cuisine avec meubles et objets de récup et, sur le toit, un étage au-dessus, une terrasse pleine de végétation avec quelques tables et chaises. Accueil détendu et riche en conseils. Une bonne adresse.

Delhi Bed & Breakfast *(hors plan II par J10, **54**, et plan d'ensemble) : A-6, Friends Colony East. 📱 98-11-05-71-03. • delhibedandbreakfast.com • Ⓜ Ashram (à 100 m). À 8 km* *au sud-est de Connaught Pl. Résa conseillée. Doubles 3 500-4 000 ₹ (hors taxes éventuelles), petit déj compris.* Une petite maison d'hôtes coquette tenue par Pervez et Lubna, 2 hôtes charmants, anglophones, et même un brin francophones. Intérieur soigné, déco chaleureuse, ambiance familiale et chambres un peu petites mais cosy, arrangées selon le goût indien, avec des matelas à mémoire de forme. Jolis coins terrasses pour bouquiner et coin internet. Une autre manière de découvrir Delhi.

Bloomrooms (plan II, J10, **55**) **:** *7, Link Rd, Jangpura Extension. ☎ 41-26-14-00. • staybloom.com • Ⓜ Jangpura. Doubles 4 000-5 000 ₹.* Même concept moderne et fonctionnel que son homologue de Pahar Ganj (lire plus haut), en plus tranquille (mais plus loin du centre). Chambres minimalistes et impeccables là encore, avec blancheur immaculée zébrée d'un zeste de jaune citron. Terrasse et café attenant pour le petit déj. Une valeur sûre.

Très chic (5 400-10 500 ₹ / 72-140 €)

Scarlette (plan d'ensemble) **:** *B 2/139, Safdarjung Enclave. ☎ 41-02-37-64. 📱 95-82-54-53-15. • scarlettenewdelhi.com • Ⓜ Bhikaji Cama Place GAIL (env 1,1 km) ou Green Park (3 km). Au nord de Hauz Khas Village. Résa très conseillée. Doubles 9 600-14 000 ₹, petit déj inclus. Min 2 nuits oct-avr. Repas sur demande 900-1 200 ₹.* Une belle adresse de charme dans un quartier résidentiel, plus proche de la maison d'hôtes que de l'hôtel. C'est Élisabeth, française (et pleine de bons conseils sur la ville !), qui accueille chaleureusement les hôtes. La maison offre des chambres soignées et lumineuses de taille variable, avec beaucoup de blanc, quelques tissus colorés, des portraits chinés et, dispersés çà et là, des bouquins et guides de voyages aux pages écornées. Plusieurs se prolongent d'une terrasse ou d'un balcon. Également 2 apparts tout équipés de 3 chambres chacun, pouvant être louées séparément (et pour moins cher que les chambres classiques). Sans oublier le spacieux salon qui tend ses généreux fauteuils et canapés aux convives. Nombreux services proposés sur place : massage, yoga, tailleur maison, résas de tout type et découverte de Delhi.

Thikana (plan d'ensemble) **:** *A-7, Gulmohar Park. 📱 98-11-54-33-35. • thikanadelhi.com • Ⓜ Green Park (à env 1 km). Quasi en face du park de Siri Fort. Sur le portail métallique d'accès à la rue est écrit « Gulmohar Park Journalist Colony Welfare Ass. Gate 1 » (puis 1er immeuble à droite). Résa conseillée. Double env 7 200 ₹ (4 000 ₹ en été), petit déj inclus.* Atul et Sheetal, un couple delhiite moderne de quinquas, reçoivent chaleureusement des voyageurs des 4 coins du monde. Dans un petit immeuble, ils tiennent 8 chambres vastes au mobilier contemporain cossu, réparties sur 2 étages disposant chacun d'un salon-TV. Le matin, petit déj avec café fumant, croissants frais, confiote bio et même des œufs *benedict* ! Belle terrasse (mais bruyante) sur le toit également. Une incursion sympathique dans la bourgeoisie de l'Inde contemporaine.

Tree of Life B & B (plan d'ensemble) **:** *D-193, Saket. 📱 98-10-27-76-99. • tree-of-life.in • Ⓜ Saket, puis 5 mn à pied. Double 5 800 ₹, petit déj inclus. Parking.* La plus au sud de nos adresses, dans une zone résidentielle très tranquille. Il s'agit d'un petit immeuble bien tenu par l'accueillant gérant de l'agence de location de voitures *Metropole Tourist Service* (lire plus haut « Adresses utiles »). Il abrite 6 chambres spacieuses, assez joliment meublées et disposant de belles salles de bains. Agréable espace petit déjeuner prolongé d'un petit salon. Cours de yoga et de méditation possibles.

La Sagrita (plan II, J9, **56**) **:** *14, Sunder Nagar. ☎ 41-50-70-13 ou 14. • lasagrita.com • Ⓜ Khan Market (à env 1,5 km). Proche du zoo et pas loin de Humayun's Tomb. Double min 6 900 ₹, petit déj-buffet inclus.* Dans un quartier résidentiel huppé, un genre de boutique-hôtel dans un immeuble moderne très stylé. On y trouve une vingtaine de chambres à la déco contemporaine, très bien arrangées dans des tons harmonieux, avec des panneaux en bois. Grand confort partout : salle de bains moderne en marbre, large lit douillet, douche spacieuse, parquet robuste et parfois une petite terrasse privée, sans oublier l'ascenseur. Grand calme aussi, on est déjà bien loin de Pahar Ganj...

Au Tibetan Camp de Majnu Ka Tilla *(plan d'ensemble et hors plan I par D1)*

Ⓜ *Vidhan Sabha, puis 5 mn en rickshaw.*

À 4 km au nord de l'*Interstate Bus Terminal* de Kashmiri Gate. À celui qui, dans cette ville bouillonnante et fatigante, recherche à la fois calme, sérénité et l'humanité d'un secteur populaire, nous conseillons ce quartier de réfugiés tibétains, né en 1965 le long des berges de la rivière Yamuna, et désormais un petit dédale de ruelles. Aujourd'hui, le Tibetan Camp s'est aussi développé de l'autre côté de la large 4-voies, et l'on passe d'un côté à l'autre par une passerelle verte. Voici un petit monde en vase clos (mais ce n'est pas un ghetto) qui propose aux voyageurs de passage une autre facette de Delhi, avec son monastère lamaïque – devant lequel brûlent mille lampions –, ses magasins d'artisanat tibétain, ses épiceries, librairies spécialisées, bureaux de change, hôtels, restos et agences de voyages... Bref, une atmosphère décalée et reposante !

Bon marché (jusqu'à 1 500 ₹ / 20 €)

La plupart des hôtels ne servant pas le petit déj, on pourra se rabattre sur le ***Rigo Coffee House,*** au cœur du quartier (lire plus loin « Où boire un thé ou un café ? »).

☗ ***Tara House*** *(plan d'ensemble et hors plan I par D1,* ***57****) : 3 A, New Aruna Nagar. ☎ 23-81-07-77. • tarahouse55@gmail.com • Dans une ruelle perpendiculaire à la rue principale, côté rivière, au nord du quartier. Double avec sdb env 700 ₹ (ajouter 500 ₹ en été pour la clim).* Niché au fond d'une venelle, ce modeste hôtel renferme des chambres monacales mais impeccables, toutes avec salle de bains et eau chaude. Nos préférées sont celles s'ouvrant sur un balcon, avec vue sur la rivière et les petits champs qui la bordent. Pas moins de 3 restos sur place : un italo-continental en terrasse sur le toit, un coréen et un bhoutanais. Accueil gentil, un bon petit plan routard !

☗ ***Nyingma House*** *(plan d'ensemble et hors plan I par D1,* ***57****) : 180, Old Tibetan Camp. ☎ 23-81-11-71. • nyingmatours@gmail.com • Dans la ruelle principale, côté sud du quartier. Double env 1 500 ₹.* Autre petit hôtel agréable, offrant des chambres simples mais nickel, avec salle de bains moderne et même un appréciable petit effort de déco. Derrière l'accueil au rez-de-chaussée, resto *Rigo* pour le petit déj. Accueil discret.

Où manger ?

À Pahar Ganj

Quartier routard par excellence, on y trouve de petits restos proposant des plats indiens bien sûr, mais aussi chinois, italiens, « continentaux », tibétains et même israéliens et mexicains... Bien pour les fatigués des *thalis* et des currys donc, même s'il ne faut pas s'attendre à des miracles dès qu'on quitte le sentier balisé de la cuisine indienne ! La plupart restent assez bon marché. Ceux qui cherchent des restos plus chics pousseront jusqu'à Connaught Place.

De très bon marché à bon marché (moins de 450 ₹ / 6 €)

I●I ***Sita Ram Diwan Chand*** *(zoom III, B5,* ***70****) : 2243, Rajguru Rd, Chuna Mandi. ☎ 23-58-73-80. Tlj 8h-18h.* Petite cantine de rue fondée en 1950 par des réfugiés du Pakistan et

LA VALLÉE DU GANGE

devenue très populaire. On n'y sert qu'un plat : le *chana bhatura,* une savoureuse préparation de pois chiches *(chana)*... qui fait cracher le feu mais, au moins, elle est servie avec du bon pain chaud *(bhatura)* ! On commande au comptoir et on va manger debout dans la salle à des hautes tables métalliques. Ça ne désemplit pas aux heures des repas !

|●| *Rishi Vaishno Dhaba* *(zoom III, C5,* ***71****)* **:** *5582/83, Basant Rd. À 400 m de la gare, dans Main Bazar, 1re rue en biais à gauche. Tlj 8h-23h.* À peine 20 m après l'hôtel *K. C. Plaza,* voici un vrai *dhaba* populaire, végétarien, où l'on concocte un excellent *dal makhani,* le plat vedette de la maison. Salle version formica et carrelage en contrebas de la rue et four tandoor à l'entrée pour les pains. Prix vraiment plancher, avec de grandes marmites qui tournent sans cesse à plein régime. Miam !

|●| *Khosla Cafe* *(zoom III, B5,* ***72****)* **:** *5124, Main Bazar. 97-16-36-95-14. Tlj 8h-23h.* Avec ses 5 tables dans un couloir étroit, cette gargote a vu défiler tous les routards sur la route des Indes depuis 2 générations. Carte très variée, mais la spécialité, ce sont les viandes grillées, à accompagner de purées maison. Également tout un choix de petits déj et de lassis. Service un peu amateur, on a le temps de voir passer les rickshaws...

|●| *Tadka* *(zoom III, B5,* ***73****)* **:** *4986, Ramdwara Rd, Nehru Bazar. ☎ 23-58-27-05. Tlj 9h-22h30.* Cette cantine au décor tout simple propose une cuisine strictement végétarienne, notamment sous forme de *thalis.* Pour ne pas prendre en traître les palais occidentaux, les plats les plus épicés sont signalés. Sinon pâtes, pizzas et burgers *(veg' !).* Sert également des petits déj (muesli, porridge, salade de fruits, jus frais...).

De bon marché à prix moyens (max 750 ₹ / 10 €)

Les adresses ci-dessous servent de l'alcool.

|●| *Krishna Cafe* *(zoom III, B5,* ***74****)* **:** *15/659, Six Tooti Chowk, Main Bazar. 98-18-69-36-83. Tlj 7h-23h.* À mi-hauteur de Main Bazar, perché sur une terrasse colorée et reposante (sauf pour le bruit !), avec vue sur l'animation incessante de la rue. Un peu de tout à la carte et, à vrai dire, c'est plutôt réussi (très bons *momos* tibétains). De plus, l'accueil est très courtois.

|●| *The Exotic Rooftop Restaurant* *(zoom III, B5,* ***75****)* **:** *Six Tooti Chowk, Main Bazar. 97-17-96-17-25. Tlj 8h-23h.* Pile en face du *Krishna Cafe,* en hauteur aussi, mais avec vue sur la placette et le marché cette fois. Ici non plus on n'est pas épargné par le bruit des klaxons mais, au moins, la terrasse est soignée et agréable. Ne reste plus qu'à piocher dans la carte qu'on vous tend avec le sourire : excellent *chicken butter masala* (avec des *naans* chauds), mais il y a plein d'autres choses... Bien à toute heure du jour !

|●| *Leo's Restaurant* *(zoom III, B5,* ***76****)* **:** *1645, Krishna Market, Main Bazar. 96-54-53-87-87. Tlj 11h-minuit.* Si vous cherchez un restaurant sympa pour le dîner, voici une bonne adresse ! Dans une salle agréable (visez la Vespa dans un coin) où règne une ambiance chaleureuse en soirée (seule la musique détonne un peu !), on savoure une cuisine indienne soignée et copieuse, à prix raisonnables. Clientèle mixte d'Indiens et d'étrangers. Service prévenant. Que dire d'autre ?

Autour de Connaught Place

De bon marché à prix moyens (180-600 ₹ / 2,40-8 €)

|●| *Sandoz Family Restaurant* *(zoom I, B6,* ***77****)* **:** *3/8, Dr Lanegole Market. 95-55-34-34-34. Tlj 12h-1h.* Musique sirupeuse, belles tables en bois et lustre à la Harry Potter. C'est le cadre qu'ont choisi les familles indiennes pour s'attaquer sans merci à un poulet tandoori ! Parfois, elles s'en prennent aussi au mouton car la cuisine végétarienne, bien que délicieuse ici aussi, ne brille pas par sa présence à la carte. Service gentil mais un peu approximatif... Bah, l'essentiel est dans l'ambiance... et dans l'assiette ! D'autres adresses en ville.

|●| ***Haldiram's*** *(zoom I, C6, **78**) : L-6, Outer Circle, Connaught Pl. ☎ 47-68-53-00. Tlj 9h30-22h45.* Très en vogue, ce vaste fast-food (chaîne nationale) vous sert toute l'Inde dans une assiette en plastique. *Dal makhani, dosa, tandoori platter, chilli paneer...* On choisit sur le menu à la caisse, on paie, on va chercher sa commande et on va s'asseoir avec son plateau.

|●| ***Saravana Bhavan*** *(zoom I, C7, **79**) : 46, Janpath. ☎ 23-31-77-55. Sur le même trottoir que l'office de tourisme. Tlj 12h-16h, 19h-22h30.* Une cafétéria populaire et proprette, au cadre moderne, spécialisée dans la gastronomie *(veg')* du sud de l'Inde : savoureux *fixed thali,* excellents *dosai* (grandes crêpes fines accompagnées de divers assortiments). Pas cher et très animé !

|●| ***Khan Chacha*** *(zoom I, C6, **80**) : D-3 Block, Connaught Pl (sur Radial Rd 5). Juste à droite du cinéma Odeon. Autre adresse (l'historique !) à Khan Market (voir plus bas). Tlj 10h-23h.* De la bonne cuisine de rue indienne, dans un cadre de fast-food plutôt agréable. Au menu, essentiellement carnivore, de savoureux *rolls* et des kebabs réussis, qu'il s'agisse de mouton, de poulet ou de poisson (plus cher alors). Attention, pas de toilettes.

De prix moyens à chic (450-1 500 ₹ / 6-20 €)

|●| ***Mother India*** *(zoom I, C6, **81**) : H-11, Outer Circle, Connaught Pl. ☎ 49-04-85-10. Tlj 12h-minuit (thalis et combos servis jusqu'à 19h seulement). Plats 400-600 ₹.* *Mother India* est un film indien très célèbre des années 1950, sorte d'*Autant en emporte le vent* à la sauce Bollywood. Suffisant pour affubler ce resto d'une ribambelle d'objets en relation avec le thème. Résultat : une sorte de brocante rustique-chic de la salle jusqu'en mezzanine ! Côté papilles, une succulente cuisine indienne classique. Remarquable *dal,* excellent *garlic naan,* et lassi divin dans de beaux gobelets en étain : rien à redire !

|●| ***Zaffran*** *(zoom I, C6, **47**) : D-26/28, Connaught Pl (angle Radial Rd 6). ☎ 45-46-00-01. Dans l'Hotel Palace Heights : prendre l'ascenseur. Tlj 12h-15h30, 19h-minuit. Plats 400-650 ₹.* Cadre contemporain reposant, loin des clichés de l'Inde millénaire avec son bois clair et sa grande baie vitrée donnant sur l'une des avenues circulaires de Connaught Place. La cuisine pendjabie, fidèle aux traditions mogholes, ne déçoit pas : viandes fondantes, tant dans le *raan-e-kasbah* (mouton mariné) que dans le *murgh methi malai* (poulet parfumé au fenugrec). Côté légumes, essayez le *gobi dumbar* (chou-fleur), cuit dans une terrine. Très prisé de la bourgeoisie locale.

|●| ***United Coffee-House*** *(zoom I, C6, **82**) : E-15 Block, Inner Circle. ☎ 23-41-60-75. Tlj 9h30-23h30. Plats 500-1 000 ₹ ; happy hours tlj 16h-21h.* Sous ce nom, on s'attend davantage à trouver un lieu branché qu'un cadre rétro... Et pourtant : stucs, moulures, dorures, banquettes latérales en cuir et lustres massifs évoquent un passé bourgeois, lorsque fut fondée la maison (1942) ! Le service est à l'avenant et la cuisine, « colonial British, continental & oriental », très honorable. Avec ses *fish & chips,* croque-monsieur, *dim-sum, teppanyaki...* la carte permet aussi de s'évader de la gastronomie indienne. Atmosphère jazzy, chic et détendue, où se côtoient touristes et Indiens en famille. Une petite institution.

|●| ***Farzi Cafe*** *(zoom I, C6, **83**) : E-38/39, 1st Block, Connaught Pl (au 2e étage, au-dessus de la boutique Da Milano). ☎ 43-55-10-28. Tlj 12h-1h. Repas 1 000-1 500 ₹.* La voilà, l'Inde classe et branchée, à la pointe des nouvelles tendances, tant en matière de déco qu'au niveau culinaire. On pourra trouver la musique un peu forte, mais on y goûtera surtout une cuisine élaborée par un chef talentueux et créatif, à base de saveurs indiennes et asiatiques, voire aux accents moléculaires. Essayez les *tempura fried praws* (crevettes), l'un des plats phares, le *shawarma biryani,* le *mutton irachi,* les *masala jackfruit cigars...* autant de mets insolites et succulents servis, qui plus est, dans une vaisselle des plus originale. On peut aussi se contenter de siroter un cocktail accoudé au grand comptoir en fer-à-cheval. Accueil et service pro.

Veda *(zoom I, C6,* ***84****) : H-27 Block, Outer Circle, Connaught Circus. ☎ 41-51-35-35. Tlj 12h-23h30. Plats 600-800 ₹.* À l'image de la nouvelle Inde bourgeoise, urbaine et moderniste, le décor résolument branché et chic surprend : plafonds et lumières rougeoyantes se reflètent dans les multiples jeux de miroirs, sur fond de musique électro-lounge. Côté fourneaux, on reste dans du classique indien, avec une carte courte (pour privilégier la qualité) et quelques joyeusetés telles le *veda spinach chaat,* des feuilles d'épinard croustillantes au yaourt sucré, étonnant ! Un resto animé, à fréquenter plutôt en soirée.

À Old Delhi (zoom II)

Old Delhi est réputée pour sa cuisine traditionnelle. Outre les quelques restos cités ci-dessous, n'hésitez pas – après un coup d'œil pour évaluer l'hygiène – à laisser s'aventurer vos papilles dans les pâtisseries (lire plus bas) et autres gargotes à *chaat* (snacks salés) et *paratha* (galettes) parsemant le quartier.

De très bon marché à bon marché (max 300 ₹ / 4 €)

Fish Point *(zoom II, D4,* ***85****) : 4164, Urdu Bazar, Jama Masjid. ☎ 23-25-14-42. Sur le côté sud de la mosquée Jama Masjid. Tlj 12h-minuit.* Populaire, très bon et pas cher ! C'est juste une gargote en devanture avec 2 petites salles étroites à l'arrière. On y sert du délicieux poisson ou poulet frit (avec des chapatis, de la sauce, des oignons et des épices)... D'autres restos un peu similaires à côté.

Akash Deep *(plan I, E5,* ***86****) : 3627, Golcha Cinema Corner (au 1er étage). ☎ 23-25-25-65. Sur le même trottoir que le cinéma Golcha, à 20 m. Tlj 12h-17h, 19h-23h.* Le resto se trouve à l'étage d'une gargote ouverte sur la rue *(Mehta),* dans 2 salles un peu confinées mais propres, où se serrent les Indiens. Pas vraiment pour un tête-à-tête intime donc, mais la cuisine, végétarienne, est soignée et savoureuse. En vedettes, le *dal makhani,* le *paneer butter masala* ou le *super deluxe thali*. Non loin, au n° 3614, le ***Changezi Chicken*** sert un bon poulet épicé.

De bon marché à prix moyens (180-600 ₹ / 2,40-8 €)

Karim *(zoom II, D4,* ***87****) : Matya Mahal Rd, Jama Masjid. ☎ 23-26-98-80. Situé dans la rue qui fait face à l'entrée sud de la Grande Mosquée (gate n° 1), du côté gauche, accès par une allée à côté du Jawahar Hotel. Tlj 9h-0h30 (17h-3h30 pdt le ramadan).* Ce petit resto fondé en 1913 est devenu au fil des années une véritable institution dans le quartier. Son succès populaire est si grand qu'il a fallu multiplier les salles autour de la cour et de la cuisine ouverte, et serrer les tables (pas question de tête-à-tête intime). Penchez-vous sur la carte, qui détaille l'histoire du resto ; on peut y lire comment les 1ers proprios, dont les ancêtres travaillaient dans les cuisines royales des empereurs moghols, au Fort Rouge, revinrent en 1911 après des décennies d'exil suite à l'arrivée des Britanniques en 1857... En bref, on déguste ici l'un des meilleurs kebabs de Delhi, mais aussi plein de grillades... et même du curry de cervelle !

– Plus bas dans la même rue, à 150 m de *Karim* (au n° 540), un autre haut lieu populaire, ***Aslam Chicken Corner*** (excellent poulet grillé sauce au beurre).

De prix moyens à chic (450-1 200 ₹ / 6-16 €)

Chor Bizarre *(plan I, E5,* ***52****) : 4/15, Asaf Ali Rd. ☎ 43-66-36-00. À 300 m de Delhi Gate, à l'hôtel Broadway. Tlj 12h-15h, 19h30-23h.* En hindi, un marché aux voleurs se dit « chor baazar », d'où le nom rigolo de ce resto où tous les couverts (en argent) et les tables sont censés avoir été rapatriés des marchés aux voleurs du pays ! Une idée originale, qui a accouché d'un cadre où le moindre objet a une histoire singulière. Ici, on mange sur une table de couture ancienne, ou dans un lit à baldaquin : tout est dépareillé délibérément. La tambouille, cachemirie et *mughlaie* surtout, est à l'image du décor : variée et d'excellente qualité.

Dans le New Delhi historique

Bon marché (180-450 ₹ / 2,40-6 €)

|●| ***Triveni Terrace Café*** *(plan I, D6,* ***88****) : 205, Tansen Marg. 📱 99-71-56-69-04. Ⓜ Barakhamba Road. Au bout de Barakhamba Rd, face au FICCI (Federation House). Tlj 10h (12h dim)-21h30.* Installée en plein air dans la cour intérieure d'un centre culturel, fréquentée notamment par des artistes indiens, cette petite cafétéria calme et reposante propose une cuisine qui réjouit son petit monde : *channa masala, chicken curry, biryani* de légumes... et aussi (un peu plus cher) des *thalis* (végétarien ou non).

|●| ***Nathu's Sweets*** *(plan I, D6,* ***89****) : 23-25, Bengali Market. ☎ 23-71-97-84. Ⓜ Barakhamba Road. Tlj 9h-23h.* Au cœur du Bengali Market, une épicerie-pâtisserie (la plus ancienne de ce quartier de pâtissiers), où il faut jouer des coudes pour se faire entendre. Grande variété de douceurs aux fruits secs, mais aussi des snacks salés. À l'arrière, petite cantine pour déguster des spécialités de l'Inde du Sud, comme l'*uttapam* ou le *masala dosaï,* bons et pas chers du tout. Pour un cadre plus aéré, allez voir en face la ***Bengali Sweet House,*** qui propose un peu la même chose.

|●| ***Khan Chacha*** *(plan II, I9,* ***90****) : Shop 50, Middle Lane, Khan Market. ☎ 24-63-32-42. Ⓜ Khan Market. En plein Khan Market, accès par la ruelle intérieure du marché, au 1er étage. Tlj 12h-23h.* Cet éventaire de rue, quasi une institution, est monté en grade avec cette salle de fast-food prolongée d'une terrasse à l'étage supérieur. La formule est toujours la même : des *rolls* (rouleaux fourrés) et des kebabs servis dans des coupelles en carton, emballés dans de l'alu (pratique à emporter !). Également des currys.

Prix moyens (450-900 ₹ / 6-12 €)

|●| ***Lota Café*** *(plan II, J8,* ***91****) : au Crafts Museum, Bhairon Rd, Pragati Maidan. 📱 78-38-96-07-87. Ⓜ Pragati Maidan, puis rickshaw. Tlj 8h (12h lun)-22h.* Cafétéria du musée d'Artisanat, le *Lota Café* invite à explorer la richesse culinaire des diverses régions indiennes, du Pendjab au Kerala. Carte courte : tout est frais, fait maison et bien mijoté. Succulents desserts aussi, le tout dans une ambiance ethnico-branchée fort plaisante. Pas d'alcool.

|●| ***Karim's*** *(plan II, J9,* ***92****) : 168/2, Hazrat Nizam-ud-Din West. ☎ 41-82-78-71. Ⓜ JLN Stadium ou Jangpura, puis rickshaw. Accès de Lodi Rd ou Mathura Rd ; demandez, tt le monde connaît. Tlj sauf lun 13h-23h.* Situé au cœur de Nizam-ud-Din, vieux quartier musulman au sud-est de la ville et tout proche de la tombe de Humayun. Un portier en costume cipaye vous fait entrer dans une salle propre et reposante, aux murs lambrissés. Annexe (un peu plus chic) de l'adresse originale d'Old Delhi, et légendaire cuisine *mughlaie* : plats à base de poulet, d'agneau, de mouton... À ne pas manquer lors de votre visite aux tombeaux de Nizam-ud-Din ou de Humayun.

Dans les « colonies » au sud de New Delhi

Le Delhi plus résidentiel et aéré compte quelques bonnes adresses prisées de la *middle class,* installées dans les *markets* des différents quartiers, de petites zones regroupant boutiques, restos et bars sympa où il fait bon passer une soirée... à condition d'être prêt à prendre un taxi ou un rickshaw pour rentrer. Parmi les plus cotés, Hauz Khas Village (à une dizaine de kilomètres au sud-ouest de Connaught Place, sur la route de Qutb Minar), un site historique parsemé de ruines de la dynastie des Tughlaq qui régna sur le sultanat de Delhi aux XIVe et XVe s.

Bon marché (180-450 ₹ / 2,40-6 €)

|●| ***Sagar Ratna*** *(plan d'ensemble et hors plan II par I10,* ***93****) : 18, Defence Colony Market. ☎ 24-33-36-58. Ⓜ Jangpura. Tlj 8h-23h.* « Paradis des végétariens », ce petit resto n'en

finit pas de grimper avec ses 3 étages spécialisés dans la cuisine de l'Inde du Sud. Décor de banale cafétéria, mais beaucoup d'ambiance et prix populaires. Très demandés, les *thalis* sont copieux et excellents. Vaste choix de *dosaï* (crêpes) également. Devant l'affluence, un *Sagar* « bis » a ouvert à quelques mètres à peine, spécialisé cette fois – faut bien équilibrer – dans la cuisine végétarienne de l'Inde du Nord, sans oublier quelques plats chinois.

Les restos de Dilli Haat *(plan d'ensemble et hors plan II par I10,* ***94****) : au croisement de Ring Rd et Aurobindo Marg. Ⓜ INA. Tlj 10h30-22h (11h-21h en hiver).* Il y a un droit d'entrée *(100 ₹),* car c'est un ensemble de boutiques d'artisanat, de qualité variable, provenant de tout le pays, et assez fréquenté par les gens du cru le week-end (voir « Achats. Marchés »). On y trouve aussi une série de petits restos de plein air proposant des plats de tous les États de l'Inde : Cachemire, Assam, Tamil Nadu, Goa, Rajasthan, Sikkim, Bihar... Sympa, pas très cher, et pratique si vous n'avez pas prévu de faire le tour complet du pays.

Prix moyens (450-900 ₹ / 6-12 €)

Gulati *(plan II, I9,* ***95****) : 6, Pandara Rd Market, Pandara Park. ☎ 23-38-88-36. Ⓜ Khan Market. Tlj 12h-minuit. Buffet (12h-16h) env 800 ₹ ; plats 450-800 ₹. Pas d'alcool.* Dans le petit Pandara Market au sud de la Gate of India, un resto au décor assez chic mais pas guindé, qui collectionne fièrement les *awards.* Recommandé le midi pour son excellent buffet à volonté, parfait pour goûter à tous les grands classiques indiens *(butter chicken, gosht khorma, dal makhani, yellow dal, biryani, dum aloo...)* ! Les Delhiites d'ailleurs ne s'y trompent pas et fréquentent assidûment l'endroit... Le soir, à la carte seulement.

Coast Café *(plan d'ensemble) : H2 Hauz Khas Village. Ⓜ Hauz Khas. Sur la droite juste après l'entrée du Village, à l'étage de la boutique Ogaan. Tlj 12h-minuit. Plats 300-650 ₹.* Si les bars-restos ne manquent pas à Hauz Khas Village, celui-ci est une valeur sûre ! Très apprécié de la bourgeoisie indienne, on y savoure des currys (vég' ou non) bien fumants et délicieusement épicés, mais aussi des salades fraîches (de quinoa notamment, ça change !), des en-cas succulents (ah, le *tangy chicken satay* !), et on en passe. Bonne sélection de thés bien parfumés et servis généreusement, bière et vin disponibles... le tout dans un cadre clair et sympa (tables en bois et baies vitrées) baignant dans un bon fond musical.

De chic à très chic (1 500-2 000 ₹ / 20-26,70 €)

Le Bistro du Parc *(plan d'ensemble) : A 57/58/59, Moolchand Market, Defence Colony. ☎ 46-78-00-80. Ⓜ Lajpat Nagar. Tlj 12h-minuit. Concert de jazz ven. Repas 1 500-2 000 ₹.* Ouvert en 2013 par une Franco-Indienne, ce bistrot fut vite considéré comme l'un des meilleurs restos français de Delhi. Il a entretemps été repris par un dynamique restaurateur indien, mais le chef, qui ne choisit que de bons produits frais locaux, est toujours le même. Résultat : une cuisine essentiellement française « bistronomique » et raffinée, qui change selon le marché. Pain frais délicieux et petite carte des vins (au verre ou à la bouteille). Le décor, chaleureux, est aussi celui d'un bistrot français.

Au Tibetan Camp de Majnu Ka Tilla (plan d'ensemble et hors plan I par D1)

Bon marché (180-450 ₹ / 2,40-6 €)

Wongdhen House Restaurant *(plan d'ensemble et hors plan I par D1,* ***57****) : 15 A, New Tibetan Colony. Dans une ruelle perpendiculaire à la rue principale, côté rivière, dans le nord du quartier. Tlj 8h-22h.* Les vénérables du monastère tibétain mangent ici, c'est dire si la qualité est au rendez-vous ! Les spécialités tibétaines sont bien sûr à l'honneur, et surtout les *momos* (raviolis frits ou vapeur) et *thupkas* (soupe de nouilles), végétariens ou à la viande. Les réfractaires trouveront aussi des plats indiens et même des *sizzlers*. On commande le thé selon le nombre de tasses que l'on souhaite : 2, 4 ou même 10 ! Sert aussi le petit déj.

Où prendre le petit déjeuner ? Où boire un thé ou un café ? Où manger une pâtisserie ?

À Pahar Ganj (zoom III)

Brown Bread Bakery *(ex-German Bakery ; zoom III, B5,* ***100****) :* *5084 A, Main Bazar (à l'Ajay Guesthouse). ☎ 23-58-53-14. Tlj 7h-23h. Petit déj-buffet 350 ₹.* À l'origine, c'est un Allemand bien inspiré qui fonda la *German Bakery,* puis il partit à Varanasi... mais on recommande toujours cet endroit pour ses bons produits sains, son pain intégral et ses céréales complètes au petit déj ! Il y a même du fromage européen élaboré à Auroville (sud de l'Inde), comme l'*Auroblochon* ! Conseillé pour le breakfast donc, mais on peut aussi y déjeuner et dîner (carte variée).

|●| ***Bikaner Sweet Corner*** *(zoom III, B4,* ***101****) : 9002, Chowk Multani Dhanda. Tlj 7h30-23h.* Dans cette grande boutique ouverte sur la rue, on trouve toutes sortes de douceurs et de sucreries indiennes, mais aussi du salé : samossas, snacks et petits sandwichs maison. Les gourmands auront tôt fait de repérer aussi les *faludas* (une savoureuse mixture aux amandes) et les lassis servis dans de petits ramequins.

Autour de Connaught Place

Wenger's *(zoom I, C6,* ***102****) : A-16 Block, Connaught Pl. ☎ 23-32-44-03 Tlj 11h-20h.* Cette maison réputée, fondée en 1926, propose un beau choix de pâtisseries : tartes, gâteaux (aux amandes, au miel...), éclairs, mousses à la mangue, *apple Danish,* biscuits, chocolats, macarons... Le tout vendu à la pièce et emballé dans une boîte en carton, à emporter. Également du café (à emporter), mais pas de tables pour s'asseoir.

|●| ***Oxford Bookstore & Cha Bar*** *(zoom I, C6,* ***103****) : N-81 Block, Connaught Pl (à l'étage). ☎ 33-50-32-92. Angle Barakhamba Rd. Tlj 10h-21h30.* Une formule innovante à Delhi : une sympathique librairie (avec de beaux livres sur l'Inde et quelques livres en français) couplée à un « bar à thés », qui attire en masse la jeunesse dorée de la capitale. Parfait pour un thé donc (très large sélection !) mais beau choix de cafés aussi (du sud de l'Inde), et même des chocolats chauds. Propose aussi une petite restauration bien appétissante.

Pour faire le plein de douceurs, on peut aussi pousser un peu à l'est de Connaught Place vers le ***Bengali Market,*** le marché des pâtissiers, et aller, par exemple, saliver devant les étals de ***Nathu's Sweets*** *(plan I, D6,* ***89*** ; lire plus haut « Où manger ? »).

À Old Delhi

|●| ***Haldiram's*** *(zoom II, D3,* ***104****) : 1454/2, Chandni Chowk Rd. ☎ 47-68-51-11. En venant du Fort Rouge sur la droite, 100 m après le Gurudwara. Tlj 8h30-22h30.* Même enseigne que celui cité plus haut dans « Où manger ? » à Connaught Place. Ici, dans un décor assez décalé par rapport à l'ambiance d'Old Delhi, on grignote, debout autour de tables hautes, des snacks végétariens ou de bonnes friandises, en compagnie d'une foule d'Indiens. Les douceurs s'achètent au poids, mais on peut aussi négocier gentiment à la pièce ! À l'étage, un fast-food végétarien pour se poser (même menu et mêmes prix qu'à l'*Haldiram's* de Connaught Place).

|●| ***Giani's Di Hatti Faluda*** *(zoom II, C3,* ***105****) : 651/52, Church Mission Rd, Fatehpuri. ☎ 23-93-61-74. Dans le bazar des fruits secs. Tlj 12h-23h.* Une petite institution. Les gens viennent de partout pour goûter debout sur le trottoir à cette fameuse *faluda,* épais

breuvage crémeux au sirop de rose, servi dans un verre avec une cuillère (évitez qu'on vous la serve avec de la glace). À côté, le petit resto ***Kake di Hatti*** sert de savoureux petits plats végétariens (fameux *dal makhani*)...

Chaina Ram Sindhi Confectioners *(zoom II, C3,* ***108****) : 6499, Fatehpuri Chowk. ☎ 23-95-07-47. Tlj (sauf dernier dim du mois) 8h-20h30 (18h dim).* Attenante à la mosquée Fatehpuri, cette boutique (non, ce ne sont pas des confectionneurs) propose, entre autres douceurs, les fameux *halwa* et *sevpak* du Pakistan. Pas besoin d'aller à Karachi pour découvrir ces subtiles sucreries ! La boutique a été ouverte à Lahore en 1901 puis, après la partition, la famille a choisi de s'établir à Chandni Chowk. Goûtez aussi aux *laddo besan, kesar bhog* et autres *pinni...* Les tarifs fluctuent en fonction du prix du *ghee* (beurre clarifié). C'est tout bonnement délicieux !

Dans les « colonies » au sud de New Delhi

L'Opera *(plan II, I9,* ***107****) : 5-B, Khan Market. ☎ 43-53-89-00. Ⓜ Khan Market. Tlj 8h-minuit.* THE *French patisseeuury* de Delhi (d'autres adresses dans les quartiers sud, notamment à Hauz Khas Village), qui affiche des prix hauts en couleur. Boutique qui enchantera les amateurs de café-croissant, de viennoiseries, de macarons et de petits fours à la française. Quelques hauts tabourets pour savourer sa douceur, mais il s'agit surtout d'un comptoir de vente.

Au Tibetan Camp de Majnu Ka Tilla *(plan d'ensemble et hors plan I par D1)*

Rigo Coffee House *(plan d'ensemble et hors plan I par D1,* ***57****) : house n° 17, Majnu Ka Tilla. Dans la ruelle principale, on le repère vite. Tlj 7h-22h.* Un café cosy avec d'agréables fauteuils et canapés et une atmosphère tranquille. Parfait pour le petit déj *(all day breakfasts)* si vous logez au *Tibetan Camp...* mais on peut s'y poser à toute heure, devant un excellent café. Possibilité aussi d'y manger normalement (*thali* bhoutanais !).

Où boire un verre ? Où sortir ?

À l'instar d'autres grandes villes indiennes, il y a une vie nocturne naissante à Delhi, même si elle reste timide. Hormis certaines discothèques de grands hôtels, les lieux de sortie, des ***bars*** surtout, se concentrent dans quelques zones (Connaught Place notamment) et ferment tous entre minuit et 1h. Vous pouvez aussi vous procurer le miniguide bimensuel *Delhi Diary* (voir « Infos touristiques » dans « Adresses utiles »), qui présente l'actualité culturelle de la ville (spectacles de musique et de danse, entre autres).

À Pahar Ganj

My Bar *(zoom III, B5,* ***110****) : 5136, Main Bazar, Pahar Ganj. 📱 98-73-77-37-47. Au rdc du Cottage Crown Plaza. Tlj 11h-minuit.* Ce bar, plutôt bruyant et sombre, s'anime surtout en soirée quand les jeunes déboulent pour profiter des décibels lancés par le DJ au rez-de-chaussée... ou par de petits groupes en sous-sol. Bière à gogo et quelques snacks pour éponger.

Autour de Connaught Place

My Bar Headquarters *(zoom I, C6,* ***111****) : 49, N-block, Connaught Pl (au 2e étage). 📱 99-99-93-85-71. Tlj 11h-1h.* Malgré les apparences, cette grande salle n'est pas une boîte mais un bar-resto à l'ambiance survoltée, animé par une scène où se produisent groupes (Bollywood music) et DJs. Bout de terrasse pour prendre l'air. L'un des lieux phares du Connaught nocturne !

The Junkyard Cafe *(zoom I, C6,* ***112****) : 91, N-block, Connaught Pl (au 2e étage). 📱 93-12-32-41-48.*

Tlj 12h-0h30. Autre vaste bar animé, tout en bois et matériaux de récup, comme ces colonnes de pneus ou de barils et ces vieilles valises, radios et télés derrière le bar. Mobilier dépareillé et clientèle affalée dans des canapés, face à des carafes (ou colonnes !) de bière. DJ ou live tous les soirs. Bien sûr, on peut aussi y grignoter.

Unplugged Courtyard *(zoom I, C6,* ***113****) : 23/7, L-block, Connaught Pl (au 2e étage). 99-99-39-66-61. Tlj 12h-minuit.* Ici, on viendra surtout pour profiter de la grande terrasse intérieure, l'une des seules du secteur. Ambiance tonitruante en fin de semaine, au rythme de la musique Bollywood live (à partir de 22h). C'est aussi un resto.

Bar 1911 *(zoom I, C7,* ***50****) : à l'Imperial Hotel, Janpath. ☎ 23-34-12-34. Tlj 11h30-0h45. Bières min 500 ₹ ; cocktail env 1 000 ₹.* Si vos moyens vous le permettent, voici un lieu à ne pas rater. À l'intérieur de ce sublime palace (voir « Où dormir ? »), le *Bar 1911* vous plonge dans une atmosphère coloniale feutrée très *british*, avec petits salons confortables, bois sombres, cuirs bleus molletonnés, éléments Art déco, vieilles gravures à gogo et médailles d'*imperator.* Pourquoi 1911, au fait ? Parce que c'est l'année où George V fit de Delhi la capitale de l'Inde, scellant sa destinée. La brasserie du même nom, qui jouxte le bar, est superbe aussi avec sa longue véranda aux colonnes turquoise épousant le flanc d'un jardin au gazon impeccablement tondu.

Dans les « colonies » au sud de New Delhi

Les bars d'Hauz Khas Village *(plan d'ensemble) : Ⓜ Green Park, puis rickshaw.* La rue principale de ce « village », spot branchouille de New Delhi, aligne sur 200 m bars et restos, collés les uns aux autres dans de petits bâtiments. Les enseignes changent vite, mais on trouvera toujours de quoi siroter une bière ou un cocktail dans une ambiance musicale. Un incontournable cependant : le ***Hauz Khas Social*** *(à mi-hauteur de la rue, sur la droite ; 78-38-65-28-14 ; tlj 11h-0h30),* vaste bar-resto sur 2 étages, à la déco postindustrielle de bon goût, plein d'espaces et de recoins (y compris en terrasse face au lac). Cuisine fusion variée et originale (servie sur planche, dans des poêlons...), et cocktail maison répondant au doux nom de *Loaded Goti Soda*. Soirées DJ après 21h30.

Spectacles

■ ***Cinémas :*** plusieurs salles sur Connaught Place, qui passent les derniers succès de Bollywood : l'*Odeon* ou *Carnival* (D Block), le *PvR Plaza* (H Block) et le *Rivoli* (sur Kharak Singh Marg). *Compter 350-550 ₹ la place.* Sinon, l'Alliance française projette un film français par semaine (voir « Divers » dans « Adresses utiles »).

Également des ***spectacles*** réguliers (concerts, danses...) à l'***India Habitat Centre*** *(plan II, I10,* ***26****)* et à l'Alliance française (voir « Divers » dans « Adresses utiles »).

Achats

Inutile de dévaliser les boutiques dès votre arrivée à Delhi : vous trouverez sans doute de meilleurs prix et plus de choix en visitant les différentes régions du pays. Si vous ne quittez pas la capitale, préférez les marchés.

Marchés

Pahar Ganj *(zoom III, B5) : dans Main Bazar, la rue principale du quartier routard.* Nombreuses boutiques vendant à peu près tout l'artisanat indien : tissus, sacs, *bindis* à se coller au milieu du front, bijoux, instruments de musique, sandales de cuir, tampons à henné... la liste n'est pas exhaustive.

Dilli Haat *(plan d'ensemble) : angle de Ring Rd et Aurobindo Marg, dans le sud de New Delhi. Ⓜ INA. Tlj 10h30-22h (11h-21h en hiver). Entrée : 100 ₹.* Boutiques d'artisanat de tous les États de l'Inde.

Beaucoup de choix, les stocks tout comme les artisans changent régulièrement, et les prix sont généralement négociables. L'occasion d'une balade intéressante et de faire ses emplettes avant le retour. Au fond, on peut aussi jeter un coup d'œil au mémorial consacré à A.P.J. Abdul Kalam, président du pays entre 2002 et 2007 (et ingénieur en science de l'espace). On peut également goûter à toutes les cuisines du pays (voir « Où manger ? »).

Tibetan Market *(zoom I, C7)* **:** *Janpath, entre Tolstoy Marg et l'Imperial Hotel. Tlj sauf dim 11h-20h.* Quelque 25 magasins en rang d'oignons proposant bronzes, bijoux, masques en bois, tissus, statuettes et autres bricoles bon marché. Assez touristique. Plus sympa, le ***Tibetan Camp de Majnu Ka Tilla*** (lire plus haut « Où dormir ? ») regorge lui aussi d'échoppes d'artisanat... et de contrefaçons !

Hauz Khas Village *(plan d'ensemble)* **:** Ⓜ *Green Park, puis rickshaw.* Moins connu des touristes, car plus loin du centre, ce village est pour le moins surprenant. Un ensemble de boutiques de créateurs, de galeries, d'ateliers, d'antiquaires, de restos, de bars... Bref, un fourre-tout branché en diable, essentiellement piéton, où il fait bon flâner. Au bout de la rue, ne manquez pas d'aller faire un tour sur le site historique (entrée libre) de la dynastie Tughlaq, qui régna sur le Sultanat de Delhi aux XIVe et XVe s.

Khan Market *(plan II, I9)* **:** Ⓜ *Khan Market.* Un autre marché-centre commercial très en vogue, avec ses boutiques de fringues (mais pas que...), de créateurs indiens notamment. Parmi celles-ci, 2 boutiques spécialisées dans les cotonnades légères et stylées : *Fabindia* et *Anokhi.* Également la boutique *Good Earth,* enseigne nationale qui propose surtout de la vaisselle et des vêtements féminins.

Lajpat Nagar *(plan d'ensemble)* **:** Ⓜ *Lajpat Nagar. Fermé lun.* L'un des plus vieux et des plus populaires marchés de Delhi. Vêtements traditionnels indiens, marchands de tissus, vaisselle, bijoux, etc. Sans oublier les échoppes de nourriture.

Emporiums et magasins spécialisés

À Delhi, tous les États de l'Union indienne ont leur emporium (attention cependant aux faux emporiums prétendument approuvés par le gouvernement !). Vous pouvez y trouver de l'artisanat de qualité, à prix fixes et relativement modérés. Idéal pour ceux qui manquent de temps ou répugnent à marchander. Le ***State Emporia Complex,*** sur Baba Kharak Singh Marg *(zoom I, B6,* ***130****),* en regroupe de nombreux. Ils sont en général ouverts du lundi au samedi de 10h à 18h (avec parfois une pause déjeuner de 13h à 14h). Dans un tout autre registre, pour trouver des vêtements de marque internationale (un peu) moins chers qu'en France, rendez-vous sur Connaught Place.

Central Cottage Industries Emporium *(zoom I, C7,* ***131****)* **:** *Jawahar Vyapar Bhawan, angle Janpath et Tolstoy Marg. ☎ 23-32-04-39. • cottageemporium.in •* Ⓜ *Janpath. Tlj 10h-19h.* De l'artisanat de qualité à prix fixes (mais assez cher) en provenance de toute l'Inde, présenté dans un vaste centre commercial : tissus, meubles, papier mâché, marqueterie de marbre, poterie, bijoux, beaux tapis, etc. Un bon endroit pour se faire une idée des produits que l'on peut rencontrer à travers le pays.

Hansiba – SEWA *(zoom I, B6,* ***130****)* **:** *5, Rajiv Gandhi Handicraft Bhavan, Baba Kharak Singh Marg. ☎ 32-48-93-74. Après le bâtiment des emporiums gouvernementaux. Tlj sauf dim 10h-19h.* On trouve ici des produits textiles, venant pour l'essentiel du Gujarat, depuis les housses de coussins, nappes et autres tentures jusqu'aux saris, *kurtas, dupattas* et pyjamas. Un peu cher, mais de bonne qualité ; en plus, vous faites une bonne action, car le *SEWA* est une assoc' regroupant 3 500 femmes, qui soutient des projets de développement locaux.

The Shop *(zoom I, C6,* ***132****)* **:** *10, Regal Building. ☎ 23-34-09-71. Sur le flanc de Regal Building, en allant vers Sansad Marg, Connaught Pl. Lun-sam 9h30-19h30, dim 11h-18h.* Derrière la jolie devanture en bois sculpté, vous trouverez de belles étoffes pour habiller les tables ou la literie, de la céramique, des ustensiles et à l'étage des vêtements (dont un rayon enfants, avec jouets). Ici, c'est le style « ethnique-chic » qui prédomine.

Aap ki Pasand *(plan I, E4, **133**) : Sterling House, 15, Netaji Subhash Marg, Darya Ganj. ☎ 23-26-03-73. • sanchatea.com • Face au Golcha Cinema. Tlj sauf dim 10h-19h. CB acceptées (certains thés sont chers !).* Le nom du magasin *Aap Ki Pasand* signifie « Votre choix ». Testeur professionnel de thé, M. Sanjay Kapur a ouvert en 1981 cette boutique de thés issus des 5 grandes régions productrices du pays : Darjeeling, Assam, Sikkim, Kangra et Nilgiri. On peut tout goûter avant d'acheter. Il commercialise ce thé sous la marque « San-cha », élu un temps « meilleur thé au monde » par certains experts.

À voir

Attention, de nombreux sites sont fermés le lundi. Pour les monuments principaux, un guichet à part estampillé « Foreigners » est réservé aux touristes étrangers (moins d'attente).

Old Delhi *(zoom II)*

Ⓜ Chawri Bazar (au sud) ou Chandni Chowk (au nord) ; ligne jaune n° 2.
Le contraste avec New Delhi est saisissant et la séparation entre les 2 villes très nette. C'est le berceau de la capitale ; là où, durant près de 3 siècles, a battu le cœur de l'Empire moghol. Hormis les klaxons et les enseignes lumineuses, on a l'impression que cette vaste enclave urbaine n'a guère changé : c'est toujours un invraisemblable dédale de rues, ruelles et allées tumultueuses arpentées en permanence par une foule compacte et bruyante, à travers laquelle tentent de se frayer un passage vélo- et auto-rickshaws klaxonnant... Si Delhi est votre 1re étape en Inde, vous vous y sentirez peut-être un peu oppressé. Mais, peu à peu, vous apprécierez cette ambiance de souk avec ses bousculades, ses bruits, ses odeurs... et cette sensation de remonter le temps.
Connue autrefois sous le nom de *Shahjahanabad* (car construite par l'empereur moghol Shah Jahan en 1639, celui-là même qui fit ériger le Taj Mahal), Old Delhi aurait été une splendeur selon les chroniqueurs, un « jardin d'éden » où, autour du Fort Rouge et de la grande mosquée Jama Masjid, princes et princesses, nababs et bégums, femmes de harems, serviteurs, esclaves et eunuques vivaient dans le luxe de somptueuses demeures, entourées de jardins rafraîchis par des fontaines glougloutantes.
La majorité des habitants sont musulmans (outre la grande mosquée, Old Delhi compte plus de 50 petites mosquées) ; mais on y trouve aussi le *Gurudwara Sis Ganj* (un des 6 temples sikhs de Delhi), quelques temples hindouistes, bouddhiques, un temple jaïn et 2 églises. De nombreuses familles vivent encore dans les *havelis* et se refusent à déménager, même pour des habitations plus luxueuses. Ces maisons traditionnelles répondent toutes à la même architecture : une vaste cour intérieure ceinturée de pièces et de terrasses sur différents niveaux. Les habitants du vieux Delhi racontent que le labyrinthe de rues fut spécialement conçu pour arrêter les ennemis ou les bandes de *dacoit* (bandits de grand chemin)... Le quartier est aussi réputé pour sa cuisine.

Red Fort *(Fort Rouge ; plan I, E3-4, et zoom II, E3-4) : entrée par Lahore Gate, à l'extrémité est de l'av. Chandni Chowk. Ⓜ Lal Quila. Tlj sauf lun 7h-17h30 en hiver, 6h-18h30 en été. Fermé les 2 ou 3 j. précédant Republic Day (26 janv) et Independance Day (15 août). Entrée : 600 ₹ (550 ₹ avec CB) ; gratuit - de 15 ans. Audioguide (en anglais) : 120 ₹. Également des guides à l'entrée (prix à négocier mais compter bien 500 ₹ pour 1-5 pers). Consigne. Souvent des zones fermées pour restauration.* Dissimulée derrière de hauts remparts, *Lal Quila*

(le nom indien du Fort Rouge) est une énorme forteresse en pierre rouge, une couleur qui lui donne un caractère imposant et théâtral. Ses dimensions sont impressionnantes : 900 m de long sur 550 m de large, soit un périmètre de 2,41 km de remparts s'élevant sur 33 m de haut côté ville et 18 m côté rivière Yamuna. L'empereur moghol Shah Jahan la fit construire vers 1640, après avoir transféré ici la capitale depuis Agra. Son fils, Aurangzeb, qui l'emprisonna à Agra, s'empressa d'ajouter la chicane de la Lahore Gate pour cacher la vue du palais aux habitants de la ville. Le luxe et la déco de certaines salles suggèrent qu'on ne devait pas s'y ennuyer... Dispersés dans un grand parc, les bâtiments qui subsistent témoignent avec force de la puissance et de la décadence de la dynastie des empereurs moghols.
Le fort fut ensuite occupé par les Britanniques à partir de 1857, lorsque ceux-ci parvinrent à mater la révolte des Cipayes. Ils achevèrent alors de piller l'intérieur des différents bâtiments et construisirent dans l'enceinte des baraquements en brique...

La visite

– À l'intérieur, on passe d'abord le ***Chatta Chowk,*** longue galerie couverte bordée de boutiques, qui était déjà utilisée comme allée commerçante à l'époque (pour les habitants du complexe royal).
– Au 1er croisement après la galerie se trouve, sur la gauche, le ***musée des Combattants de l'indépendance.*** La résistance indienne face à la mainmise anglaise (1857-1947) y est illustrée à travers des peintures, gravures, dessins, photos et reconstitutions très suggestives. Le parcours commence par un panorama des différents leaders des révoltes aux quatre coins du pays et s'achève avec Gandhi et les leaders de l'indépendance au 1er étage.
– Après la 1re grande porte *(Naubat Khana),* blanche d'un côté et rouge de l'autre (des batteurs de tambours y annonçaient la prière 5 fois par jour depuis les fenêtres), on découvre le ***Diwan-i-Am.*** C'était le hall des audiences publiques, superbe édifice en grès rouge à colonnades, avec de belles arcades. Tâchez de distinguer le remarquable travail d'incrustation de pierres précieuses dans le marbre du dais, au fond (Orphée jouant du luth). C'est dans ce Diwan-i-Am que le souverain recevait assis sur le somptueux *trône du Paon.* Notez aussi le syncrétisme des colonnes : la forme générale est grecque, mais elles sont ornées de flammes perses au niveau des chapiteaux, de fleurs de lotus (sacrées pour les hindous) juste en dessous et de motifs assyriens à la base.
– Derrière le *Diwan-i-Am* se dressent 3 superbes édifices blancs en grande partie dépouillés de leurs richesses (toutes les pierres précieuses incrustées ont été volées), mais qui conservent une certaine grandeur : le ***Rang Mahal,*** pavillon à colonnes avec un beau bassin central en marbre sculpté ; plus à gauche, le ***Khas Mahal,*** ancien appartement de l'empereur (notez sur le côté gauche la balance de la justice, influence occidentale) et surtout, plus à gauche encore, le ***Diwan-i-Khas,*** le hall des audiences privées. Admirez les piliers carrés tout ornés de motifs floraux et les 4 élégantes tourelles d'angle, et imaginez les dorures de l'époque, les incrustations et les jeux d'eau qui magnifiaient les 3 édifices.

LA REINE DES CIPAYES

Dans le musée des Combattants de l'indépendance trône un mannequin équestre de Rani Lakshmi, une femme combattant les Anglais, un bébé accroché dans le dos. Héroïne légendaire de la révolte des Cipayes, cette veuve du maharaja de Jhansi, dépossédée de son royaume par le gouverneur britannique, prit en 1858 la tête d'une armée de 14 000 hommes, perdit sa ville mais conquit peu après la forteresse de Gwalior, avant d'être finalement tuée au combat. Élevée, depuis, au rang d'icône nationaliste, elle est représentée en statue un peu partout dans le pays, et a donné son nom au 1er contingent féminin de l'armée indienne.

– Dans leur prolongement, à gauche, la mosquée de la Perle, ***Moti Masjid,*** aux 3 dômes, tout en marbre blanc, édifiée par Aurangzeb en 1699. Très fine architecture. En face, l'*ancien hammam.* Ces 2 édifices s'ouvrent sur un beau ***jardin*** à la moghole semé d'élégants pavillons, dont on peut deviner les splendeurs d'antan avec ses canaux aujourd'hui asséchés qui drainaient les jets des fontaines et appliquaient une fine pellicule humide sur les myriades de fleurs... Plus de la moitié des jardins est maintenant occupée par de tristes bâtiments militaires, ajoutés par les Anglais à l'époque coloniale. Heureusement la majesté des banians, des *neems* (margousiers) et des arbres ashoka compense l'herbe impériale et pelée.
– Tout au fond du jardin, côté fleuve, s'élève le ***Shah Burj,*** tour en marbre d'où l'empereur suivait les combats d'éléphants qui se déroulaient au pied des remparts. De cette tourelle également, les empereurs moghols, même malades, saluaient chaque matin le soleil tout en recevant les salutations de leurs sujets massés entre la Yamuna et le Fort Rouge. La tradition s'est poursuivie jusqu'en 1911 avec Leurs Majestés le roi George V et la reine Mary...
– À l'opposé du Shah Burj, dans l'autre coin du fort, côté fleuve, petit ***Musée archéologique*** (en fait plutôt ethnographique). À l'époque fastueuse, les princesses y avaient leurs appartements avant que le pavillon ne devienne une prison militaire après les événements de 1857. Miniatures et documents manuscrits des XVe-XVIIe s, astrolabes, armes, porcelaines de Chine, tissus, informations sur les dynasties mogholes, etc.

Chandni Chowk *(zoom II, D3)* **:** *Ⓜ Chandni Chowk ; ligne jaune n° 2.* Bondée et bouillonnante, avec ses invraisemblables embouteillages de rickshaws et charrettes, c'est la principale artère commerciale du vieux Delhi. Avec ses rues et allées adjacentes, elle constitue un immense bazar plein de magasins divers. Tout au bout de Chandni Chowk, *Fatehpuri Masjid (zoom II, C3),* une mosquée du XVIIIe s. Chaque zone se spécialise dans une marchandise. Le *Silver Market,* situé entre Chandni Chowk et la Jama Masjid, le long de Darika Kalan Road, fait par exemple dans le travail de l'argent, comme son nom l'indique. Autres spécialités : *Kari Baoli* (après la *Fatehpuri Masjid,* tout au bout de Chandni Chowk) pour les épices et les fruits secs, *Naya Bazaar* (derrière Church Mission Marg) pour les graines, ou encore *Nai Sadak* (grande rue à gauche, au milieu de Chandni Chowk) pour les livres.

Jain Digambara Temple et Birds Charitable Hospital *(zoom II, D-E3)* **:** *au début de Chandni Chowk, en face du Fort Rouge. Ⓜ Lal Quila. Temple jaïn accessible au public 6h-12h, 18h-21h. Se déchausser. GRATUIT, mais boîtes magiques de donation.* Religion méconnue, le jaïnisme met en avant des principes qui peuvent faire parfois sourire en Occident, comme celui de protéger tout être vivant (fourmis incluses). Vous pouvez découvrir davantage cette religion à travers l'***hôpital pour oiseaux*** *(tlj 9h-17h),* dans l'enceinte du temple sur la gauche de celui-ci, financé par les jaïns et les donations. Le vétérinaire est prêt à répondre à toutes vos questions.

Gurudwara Sis Ganj *(zoom II, D3)* **:** *au milieu de Chandni Chowk. Ⓜ Chandni Chowk ; ligne jaune. Attention : si vous venez en rickshaw d'un autre quartier, précisez bien que vous souhaitez vous rendre au Gurudwara d'Old Delhi (Gurudwara est le terme générique désignant ts les temples sikhs !). Avt d'entrer, laisser ses chaussures (et chaussettes) au vestiaire et se couvrir la tête (matériel fourni). GRATUIT mais donation bienvenue. Bureau d'infos, tlj 8h-16h, à gauche de l'entrée principale du temple, où l'on trouve parfois un guide qui peut faire visiter gratuitement les bâtiments.* Cet impressionnant complexe religieux aux dômes luisants, en constante activité, est l'un des plus révérés par la communauté sikhe de Delhi. Un peu d'histoire, d'abord. Au XVIIe s, l'empereur Aurangzeb décide de convertir les brahmanes du Cachemire à l'islam ; les rois rajpoutes étant incapables de les aider, les 5 000 brahmanes se tournent alors vers le 9e *guru* Tegh Bahadur (1621-1675) pour trouver protection. Le *guru* se rend auprès d'Aurangzeb et lui déclare que s'il réussit à le convertir, alors les autres hindous le suivront. L'empereur n'y parvient pas et fait décapiter le *guru*. Le tronc de ce dernier est incinéré en secret,

puis vénéré dans ce temple, tandis que sa tête est conservée à Amritsar au Pendjab et le corps près du Parlement à Delhi.
Hormis le côté historique, le plus impressionnant reste l'activité intense et vibrionnante de l'endroit. En effet, le temple n'est que la face la plus visible de la communauté ; ajoutez-y d'énormes cuisines avec l'immense *Langor Hall* où mangent quotidiennement (et gratuitement) environ 30 000 personnes de tous horizons, et environ 150 chambres et dortoirs ouverts à tous. Rajoutez encore un parking, un dispensaire, une bibliothèque, un musée... Une formidable organisation, qui tourne avec plus de 1 000 volontaires par jour... Impressionnant de voir (dans le vestiaire à chaussures) de riches sikhs cirer les pompes de chacun : cette religion monothéiste vénère l'égalité et refuse le système des castes (voir la rubrique « Religions et croyances » dans « Hommes, culture, environnement » en fin de guide).
– Juste en face, sur le flanc de la drôle de fontaine, ***petit musée sikh*** *(Bhaï Mati Dass Museum ; tlj 7h-19h ; GRATUIT ; on laisse ses chaussures à l'entrée et on se couvre la tête).* De grands panneaux peints content la fondation du sikhisme au Pendjab par le *guru* Nanak (1469-1539) jusqu'à l'extinction des *gurus* (XVIIIe s), avec commentaires en anglais. On apprend ainsi que la drôle de fontaine à l'entrée commémore le martyre des disciples du *guru* Nanak, qui eut lieu à cet emplacement (pour tester la foi du *guru*). Des supplices tout ce qu'il y a de plus classique : l'un des disciples fut coupé en deux dans le sens de la longueur, un autre brûlé vif, un 3e bouilli vivant...

LA VALLÉE DU GANGE

★★★ ***Jama Masjid*** *(Grande Mosquée ; zoom II, D4)* **:** *au sud d'Old Delhi. Ⓜ Jama Masjid ou Chawri Bazar. Tlj 8h-12h30, 13h30-30 mn avt le coucher du soleil. Il faut se déchausser avt d'entrer (mais on peut garder ses chaussures avec soi). En théorie, c'est GRATUIT (seul l'accès au minaret sud coûte 100 ₹). Mais on considère que les touristes possèdent ts un smartphone, alors on leur demande 300 ₹ ! Vous pouvez toujours vous présenter sans rien (attention, pas de consigne sur place) mais comme il n'y a pas de fouille corporelle, on risque de vous demander 300 ₹ quand même !*
Édifiée entre 1644 et 1656 par l'empereur Shah Jahan au cœur du vieux Delhi, sur une éminence rocheuse appelée Juajapahar non loin du Fort Rouge, cette magnifique mosquée, ***la plus grande de l'Inde*** (autour de 25 000 fidèles), se compose d'une immense cour entourée de galeries bruissant de pigeons. Sa sobriété musulmane décevra les amateurs de temples hindous, mais il en faut pour tous les goûts !
– Au centre de la cour est creusé un bassin destiné aux ablutions des fidèles. Au-dessus de la salle de prière, ***3 dômes*** de marbre blanc strié de noir contrastent sobrement avec le grès rouge de l'édifice. L'imam se positionne au milieu du dôme central. L'appel à la prière se fait aujourd'hui avec des haut-parleurs alors que, autrefois, l'imam s'époumonait du sommet du minaret tout en étant relayé par d'autres imams sur des piédestaux. Les hommes se regroupaient dans la cour et les femmes sous les portiques entre les portes. De la ***porte est*** (plus massive que les autres), par laquelle entrait la famille royale, courait un canal jusqu'au Fort Rouge, dont la silhouette se détache à travers les arcades. Plus intéressant, un souterrain reliait jadis la Jama Masjid au Fort Rouge, toujours sur le flan est, pour permettre aux femmes de la famille royale de rejoindre la mosquée, en respectant la tradition du *purdah* : elles devaient rester invisibles aux autres hommes. Un escalier en marbre les conduisait jusqu'au balcon, que vous pouvez apercevoir au centre de la porte royale. On peut monter sur le ***minaret sud*** (40 m de haut, 130 marches), d'où l'on a une vue fabuleuse (mais grillagée) sur Old Delhi et le Fort Rouge. Attention, ça bouchonne parfois pas mal là-haut car l'escalier et le sommet de la tour sont très étroits.

Au sud-est d'Old Delhi, près de Delhi Gate

★★ ***National Gandhi Museum*** *(plan I, F5)* **:** *Rajghat Rd. ☎ 23-31-01-68. • gandhimuseum.org • Ⓜ Delhi Gate. Tlj sauf lun 9h30-17h30. GRATUIT.* Des 3 lieux sur Ghandi que compte Delhi, celui-ci est le principal et le plus intéressant, avec une expo permanente situé à l'étage du bâtiment : 2 grandes salles couvertes de photos du Mahatma, depuis son enfance jusqu'à ses derniers jours, mais aussi

un tas de souvenirs et objets personnels tels ce moulage de mâchoire portant ses 2 dernières dents, ses sandales, etc. Dans la salle de droite est exposé son *dhoti* ensanglanté et l'une des balles qui transperça son corps, ainsi que les urnes qui ont contenu ses cendres avant leur dispersion. En revenant vers les escaliers, décrocher l'un des téléphones placés sur le palier. On entend la voix de Gandhi grâce à des enregistrements d'époque. Au 1er étage toujours, un ensemble de rouets et de métiers à tisser. Rappelons que Gandhi incita son peuple à produire lui-même sa propre étoffe afin de ne plus dépendre des Anglais (il fit même brûler les vêtements d'origine anglaise dans tout le pays !).
Enfin, au rez-de-chaussée, on trouve la bibliothèque du musée, qui renferme de très nombreux ouvrages (plutôt anciens) sur Ghandi, ainsi qu'un espace accueillant des expos temporaires (en rapport avec Ghandi).

Raj Ghât *(plan I, F5)* **:** *à 10 mn à pied du Gandhi Museum.* Ⓜ *Delhi Gate. Tlj 5h-19h30 avr-sept, 5h30-19h oct-mars. Accès libre.* C'est ici que fut inciné le Mahatma, le 31 janvier 1948. Le monument commémoratif en lui-même (accès sans chaussures) est sans grand intérêt (plaque de marbre noir), mais les Indiens y défilent sans discontinuer pour rendre hommage au Père de la Nation. Sur le mémorial on peut lire l'inscription « He Ram » (Oh, mon Dieu), dernière parole murmurée par Ghandi en mourant. Atmosphère de recueillement particulièrement touchante à la tombée du jour.
– En face de l'entrée sud du *Raj Ghât,* de l'autre côté de la route, se trouve un ***centre d'interprétation*** *(tlj 10h-17h ; accès libre)* avec film en continu sur Ghandi. Également une petite librairie particulièrement bien fournie en livres écrits sur – ou par – le Mahatma.

Autour de Connaught Place

Jantar Mantar *(zoom I, C6-7)* **:** *face à l'hôtel* The Park, *près de Connaught Pl.* Ⓜ *Patel Chowk ou Jan Path. Tlj 7h-17h30. Entrée : 300 ₹ (250 ₹ avec CB) ; gratuit - de 15 ans.* Un observatoire à ciel ouvert, constitué de grosses structures servant d'instruments de mesure. C'est le maharaja Jai Singh de Jaipur, astronome érudit, qui le conçut, de 1724 à 1731, soit avant l'observatoire de Jaipur (voir ce chapitre). Sa fonction était de rationaliser le calendrier indien et d'actualiser les connaissances astronomiques. Il montre aussi l'importance de cette science en Inde au XVIIIe s. Des panneaux d'explication plutôt bien faits, avec schéma, mettent en lumière la fonction de chaque structure.

Bangla Sahib Gurudwara *(zoom I, B7)* **:** *Bangla Sahib Rd, à 1 km au sud-ouest de Connaught Pl.* Ⓜ *Shivaji Stadium, puis 5 mn à pied. Ouv en permanence. Bureau d'infos (tlj 8h-20h) à gauche de la consigne à chaussures, elle-même située à gauche de l'entrée du temple. Vous y trouverez, outre des toilettes, des brochures et même un(e) guide qui pourra vous faire visiter (gratuitement) l'ensemble du site. Avt de pénétrer dans le temple, laisser ses chaussures et se couvrir la tête (matériel fourni).* C'est le plus grand temple sikh de Delhi, et celui qui attire le plus de fidèles. Il est dédié à Har Krishan, le 8e des 10 *gurus* sikhs, qui mourut à l'âge de 8 ans, en 1664, probablement de la variole, en tout cas de la maladie dont il guérissait les victimes d'une épidémie qui sévissait alors dans la région, en leur donnant à boire l'eau sacrée d'un puits qui se trouvait ici même. Le complexe, avec son temple blanc surmonté de 3 bulbes dorés et son énorme bassin rempli d'eau à sa droite, est impressionnant. À l'intérieur, au milieu de la salle des prières, repose une copie du livre sacré, avec un prêcheur flanqué de 3 hommes qui chantent des passages du livre. Grande ferveur religieuse, à toute heure. Et comme au Gurudwara Sis Ganj d'Old Delhi, on y trouve de vastes cuisines (sur la gauche en regardant le temple) avec leurs grands chaudrons en cuivre, et un réfectoire où l'on peut manger gratis.

– Ne pas manquer non plus, du côté gauche du temple, le ***musée sur le sikhisme*** *(GRATUIT, y compris l'audioguide en anglais).* Bien fait, sur l'histoire (mouvementée) du sikhisme, sa doctrine, ses cérémonies... au travers de tableaux et peintures notamment. Portraits de saints sikhs. Explications en anglais.

Madame Tussauds *(zoom I, C6)* **:** *44, Regal Building, Connaught Pl. ☎ 47-02-47-00. • madametussauds.com • Ⓜ Rajiv Chowk ou Shivaji Stadium. Tlj 10h-18h (19h30 w-e). Entrée : 900 ₹ (625 ₹ sur Internet) ; réduc - de 12 ans.* Madame Tussauds, du nom de cette sculptrice sur cire française née en 1761, qui finit par ouvrir un musée à Londres en 1835, a égrainé un peu partout dans le monde, y compris, depuis peu, à Delhi. Bon, l'entrée est trop chère, mais si vous êtes fan, sachez qu'on y trouve une quarantaine de personnages de cire, la plupart indiens, dont bien sûr les grandes figures de la politique (Ghandi, Narendra Modi...) et des célébrités de Bollywood. On y apprend aussi comment sont fabriqués les mannequins, dont le moulage du visage seul demande pas moins de 170h de travail. Possibilité également d'y faire mouler sa propre main, pour à peine 450 ₹.

Au sud du centre

National Museum *(plan II, I8)* **:** *11, Janpath. ☎ 23-01-92-72. • nationalmuseumindia.gov.in • Ⓜ Central Secretariat ou Udyog Bhawan. Tlj sauf lun 10h-18h. Fermé les 23, 26 et 29 janv. Entrée : 650 ₹ (audioguide en français inclus). Plan gratuit (s'il en reste).* L'un des principaux musées de la ville, avec des collections d'objets allant de la préhistoire et de la civilisation de l'Indus jusqu'au XIXe s surtout ; en clair de nombreuses richesses, hélas assez mal mises en valeur (présentation en général vieillotte, et les explications en anglais font souvent défaut). Certaines salles sont fermées aussi pour restauration.

Rez-de-chaussée
La 1re salle à gauche en entrant est dédiée, au travers de figurines et ustensiles en terre cuite, sceaux et outils, à la ***civilisation Harappan,*** qui s'épanouit dans la vallée de l'Indus il y a plus de 5 000 ans. S'ensuit une ***section archéologique*** (chronologique) avec de nombreuses statues et sculptures du VIIIe au XVe s. Puis une magnifique collection de bronzes représentant le panthéon des ***dieux hindous.*** La position de leurs mains révèle autant de significations différentes. Dans la partie consacrée à l'***art bouddhique,*** voir le pavillon en or fin offert par la Thaïlande, censé contenir une relique du Bouddha. On admire ensuite une grande et superbe collection de ***miniatures*** du nord de l'Inde (XVIIe-XIXe s), illustrant la vie des rois et des dieux. Dans la section suivante, les ***arts décoratifs*** sont à l'honneur avec, en vrac, une superbe défense d'éléphant très finement ciselée, un paravent en ivoire incrusté de portraits d'empereurs moghols, un trône orné de 2 lions, etc. Si elle est accessible, jetez un coup d'œil à la section consacrée aux ***bijoux.*** Enfin, au fond à droite de la section arts décoratifs, des panneaux retracent l'évolution de l'***alphabet hindi.***

1er étage
Collection de ***peintures d'Inde du Sud*** (Tanjore et Mysore) du XIXe s (reproduisant notamment un dieu Krishna grassouillet !). Cette technique de peinture en semi relief, utilisant l'émail, l'or et les couleurs vives, est expliquée par quelques panneaux. Ailleurs, collections d'antiquités d'***Asie centrale,*** de ***monnaies*** (dioramas) et des ***expos temporaires.*** Puis, pour les amateurs de maquettes de bateaux, salle sur la ***marine indienne.***

2e étage
Intéressante ***section anthropologique*** consacrée aux tribus du Nord-Est, avec parures et objets traditionnels, puis une foule d'***instruments de musique*** (sitars et instruments à cordes). Suit une section de ***sculptures sur bois*** et d'ébénisterie.

Observer de près le détail des portes ornementales ; la précision du ciseau est impressionnante. Pour finir, une salle d'***armes et armures,*** où l'on peut contempler l'une des épées d'Aurangzeb.

🚶🚶 ***National Gallery of Modern Art*** *(plan II, J8)* **:** *Jaipur House, India Gate. ☎ 23-38-28-35. • ngmaindia.gov.in • Ⓜ Central Secretariat. Tlj sauf lun 11h-18h30. Visites guidées à 11h, 13h30 et 15h30. Entrée : 500 ₹ ; réduc.* Installé dans l'ancienne résidence delhiite du maharaja de Jaipur (années 1930), voici l'un de nos musées préférés à Delhi. Sur 3 étages, il offre un beau panorama de la peinture moderne et contemporaine indienne de 1857 à nos jours, avec en vedette, peut-être, l'œuvre d'***Amrita Sher-Gil*** (1913-1941), l'une des plus grandes artistes peintres du sous-continent. Étonnante femme, née à Budapest d'un aristocrate sikh et d'une mère juive hongroise chanteuse d'opéra. Après un passage remarqué aux Beaux-Arts à Paris (1930-1934), empreinte du romantisme et des couleurs d'un Gauguin, Amrita rentre en Inde pour y peindre, sans sentimentalisme facile et avec la rigueur et l'organisation formelle de son maître Cézanne, le modeste tableau de la vie quotidienne de l'Inde... À voir aussi : des peintures et pastels du célèbre prix Nobel de littérature ***Rabindranath Tagore*** (1861-1941), qui commença à peindre à 60 ans. Ce dernier se distingua surtout par un rejet de l'esthétique coloniale, s'éloignant de la peinture à l'huile et des sujets qui plaisaient aux Anglais et à l'intelligentsia indienne, cherchant un art moderne indigène du côté des miniatures et des peintures murales anciennes.

🚶 ***Rashtrapati Bhavan*** *(President's House ; plan II, H8)* **:** *Rajpath Ave. • rashtrapatisachivalaya.gov.in • Ⓜ Central Secretariat. Visite du bâtiment principal et de la pelouse centrale jeu-dim 9h-16h, à réserver obligatoirement sur le site internet (la visite est gratuite mais il y a des frais de résa de 50 ₹/pers).* C'est le Delhi monumental qui se tient au bout de la longue avenue Rajpath (environ 3,5 km), ancienne voie royale. Sous le dôme qui couronne le vaste palais bâti en 1929 par les Anglais (architecte Edwin Lutyens), les présidents de la République ont remplacé les vice-rois des Indes. Des historiens de l'art prétendent que Lutyens n'aimait ni l'Inde ni les Indiens, mais seulement la grandeur de l'Empire britannique. On dit aussi que l'architecture colossale de cet ensemble inspira Albert Speer, architecte de Hitler... Vrai ou pas, les dimensions du *Rashtrapati Bhavan* sont quelque peu disproportionnées, l'individu se sent écrasé par le gigantisme des monuments.
Dans le livre *Cette nuit la liberté,* Lapierre et Collins révèlent que les serviteurs avaient l'habitude d'arpenter les sous-sols à vélo. En bref, l'ensemble est gigantesque (130 ha, 340 pièces), mais la visite reste décevante, l'intérieur étant assez triste et banal.
– Le palais recèle aussi un ***complexe muséal,*** installé dans les anciennes écuries et garages *(visite tlj sauf lun 9h-16h ; à réserver sur le site).* Riche collection d'objets offerts aux dirigeants indiens ou ayant une valeur historique, mobilier, armes, documents, portraits, peintures, gravures, photos et dioramas grandeur nature illustrant les moments forts de l'histoire du pays, et même une expo multimédia permettant, entre autres, de marcher virtuellement avec Ghandi !

🚶 Au bout de Rajpath, du côté est, se dresse la ***Gate of India*** *(Porte de l'Inde ; plan II, I8),* entourée d'un immense parc. Cette grande arche fait un peu figure d'Arc de Triomphe sur ces Champs-Élysées à l'indienne. L'arche, autrefois nommée *All India War Memorial,* porte encore aujourd'hui les noms des 82 000 soldats de l'armée des Indes morts durant la Première Guerre mondiale et la Troisième Guerre anglo-afghane (1919).

🚶 ***Parliament Houses*** *(Parlement ; plan II, H8)* **:** *Ⓜ Central Secretariat.* Énorme bâtisse circulaire de 171 m de diamètre entourée de 144 colonnes. Le Parlement fut inauguré par lord Irwin, vice-roi des Indes, en 1927. À voir seulement de loin.

🚶 ***Crafts Museum*** *(musée de l'Artisanat ; plan II, J8)* **:** *Bhairon Rd, Pragati Maidan. ☎ 23-37-16-41. • nationalcraftsmuseum.nic.in • Ⓜ Pragati Maidan. Tlj sauf lun 10h-17h. Entrée : 200 ₹.*

Conservatoire des arts traditionnels indiens, ce modeste musée expose, dans 2-3 grandes salles, des collections de bijoux, textiles, sculptures, figurines ou énormes statues, objets de culte, masques, poupées, marionnettes, etc., certains anciens, d'autres plus récents, issus de tout le pays.
Le site abrite également le *Village Complex* *(fermé juil-sept)*, vestige d'une expo temporaire remontant à 1972, qui regroupe une quinzaine de demeures et autels rappelant les diverses architectures traditionnelles du pays.
Également des boutiques-ateliers derrière le musée, où travaillent des artisans venus de toute l'Inde. L'occasion de vous initier aux techniques du tissage, à la peinture sur bois, etc. Enfin, très bon resto sur place, le *Lota Café* (lire plus haut « Où manger ? »).

SINGES PAS SAGES

Le gouvernement a embauché 40 personnes pour chasser les macaques qui vivent librement autour du Parlement. Pour les faire fuir, ces hommes imitent les cris des langurs, singes plus gros que ces petits macaques chapardeurs et parfois agressifs. De fait, incarnations du dieu Hanuman pour les hindous, donc sacrés, ces singes ne subissent aucune violence.

Humayun's Tomb (plan II, J9) : *M Khan Market ou JLN Stadium. Tlj du lever au coucher du soleil. Entrée : 600 ₹ (550 ₹ avec CB) ; gratuit - de 15 ans. À visiter de préférence en fin d'ap-m, quand le soleil couchant fait rougeoyer les vieilles pierres.* Le mausolée de Humayun est l'un des 1ers exemples de l'architecture moghole, et le plus ancien mausolée entouré d'un jardin du sous-continent indien. ***Il aurait d'ailleurs inspiré les architectes du Taj Mahal, rien que ça !*** Fils de Babur, Humayun fut le 2e empereur moghol. Il accéda au trône en 1530 et fonda la ville de Dinpanah au bord de la rivière Yamuna, avant d'être renversé par Sher Shah en 1539. Après 15 ans d'exil, revenu au pouvoir en 1555, il fit une chute mortelle dans sa bibliothèque en 1556, laissant place à son fils Akbar.
Érigé en 1570 sur ordre de sa veuve, le tombeau de Humayun s'inspire directement des mausolées persans. Au centre se trouve *l'iwan* principal (porche monumental et profond) flanqué de 2 *iwans* secondaires. Mais là s'arrête la ressemblance. Les proportions sont ici gigantesques, en rapport avec l'étendue du territoire indien que les Moghols avaient entrepris de conquérir. En comparaison, le ***cénotaphe de Humayun,*** au cœur du mausolée, paraît riquiqui.
Le décor, très sobre, n'est pas composé de mosaïques mais de grès rouge et marbre blanc. Enfin, construit suivant la technique dite « de la double coupole », le dôme approche la perfection. Noter les colonnes en façade surmontées de fleurs de lotus épanouies. Il faut admirer aussi la finesse des portails, des baies ajourées et les délicates colonnettes ciselées en angles. Au-dessus, une galerie et 3 étages de « fenêtres-écrans »...
Jetez ensuite un œil au petit ***musée*** installé à l'entrée, sous la grande porte : intéressant, en particulier pour ses explications sur les techniques de construction et de restauration. Notamment, la technique de fabrication d'un écran ajouré de fenêtre. Maquette du site et carte des voyages de Humayun.
Tout autour, agréable ***jardin*** avec bassins, canaux, arbres touffus et parterres fleuris... loin de l'enfer du trafic routier environnant. En sortant du mausolée de Humayun, vous pouvez prolonger la balade en visitant d'***autres séduisants monuments.*** Au nord-ouest, la *tombe du Barbier* datant de 1590. Élégant petit édifice dont, à l'intérieur, le *mihrab* est joliment ciselé. Puis, à gauche de la grande porte en sortant, le tombeau et la *mosquée d'Afsarwala.*
Pour finir apparaît le *mausolée d'Isa Khan* (1547). De forme octogonale, finement sculpté et surmonté d'un dôme central et de 8 petites coupoles, il abrite la dépouille de ce fidèle de l'éphémère empereur Sher Shah (qui renversa Humayun)...

Nizam-ud-Din *(plan II, J9)* : *accès par Lodi Rd ou Mathura Rd.* Vieux quartier musulman pittoresque, voire miséreux, où l'on découvre un ensemble de tombeaux en marbre et de mosquées. Voir d'abord le *Chausath Khamba,* vaste tombeau à colonnes, entouré de tombes très anciennes. En sortant, se diriger vers le *Dargah* (mausolée) de *Nizam-ud-Din Aulia,* qui est le tombeau de Hazrat Nizamuddin (1238-1325), l'un des grands saints du soufisme indien. Ce *dargah* a la particularité de se trouver parmi les habitations, le village ayant « avalé » le lieu saint, sans qu'on distingue de frontière. Les cours sont encombrées de tombes, les enfants piaillent et jouent entre les stèles... Vous serez, bien entendu, obligé de demander votre chemin dans le dédale de ruelles, et risquez d'être sollicité pour faire une offrande aux divers lieux de culte musulmans...

Safdarjung Tomb *(plan II, H-I10)* : Ⓜ *Jor Bagh ; ligne jaune. Tlj du lever au coucher du soleil. Entrée : 300 ₹.* Encore un tombeau moghol, l'un des derniers mausolées grandioses de l'époque (1754). Avec sa belle coupole (et son petit air de Taj Mahal), la vue qu'on en a depuis la porte principale est assez saisissante ! Il abrite la dépouille d'un nabab du royaume de Oudh, Safdarjung, contemporain d'Aurangzeb, qui gouvernait une province allant du Bengale et des plaines du nord de l'Inde (Agra et Delhi inclus) jusqu'au Doab (les confins de l'Himalaya). Soit un territoire de 800 km de long sur une centaine de large. À sa mort, l'invasion du conquérant perse Nadir Shah marqua la fin de l'âge d'or de Delhi.

Lodi Gardens *(plan II, I9-10)* : Ⓜ *Jor Bagh. Avr-sept, tlj 5h-20h ; oct-mars, tlj 6h-20h. Accès libre.* Situés entre le Khan Market et la tombe de Safdarjung, ces vastes (36 ha) et jolis jardins constituent un havre de paix dans le vacarme urbain. Ils apportent une bouffée d'air frais avec leurs bosquets de fleurs, leurs bassins, leurs écureuils. Disséminés entre les arbres touffus émergent, ici encore, des tombeaux défraîchis édifiés sous les dynasties précédant l'Empire moghol (particulièrement les Sayyid et les Lodi). Le plus ancien tombeau date de 1444 (et le moins vieux de 1517). Les couples flânent le long des allées, beaucoup d'habitants de Delhi viennent y faire du yoga, du jogging, pique-niquer sur les grasses pelouses.

Gandhi Smriti Museum *(Birla House ; plan II, I9)* : *5, Tees January Rd. ☎ 23-01-28-43.M.* Ⓜ *Race Course. Tlj sauf lun 10h-17h. GRATUIT.* C'est dans cette belle demeure d'époque coloniale (construite par la famille Birla en 1927), entourée d'un petit jardin, que le Mahatma vécut ses 144 derniers jours, avant d'être assassiné le 30 janvier 1948 par un hindou fanatique. Photos, coupures de journaux et quelques objets personnels (natte, rouet...) évoquent sa vie. Au 1er étage, section multimédia. Derrière la maison, les Indiens viennent en nombre s'incliner devant la stèle indiquant l'endroit exact où Gandhi fut blessé à mort. Surtout une valeur symbolique, car le musée en lui-même n'est pas passionnant.

Nehru Memorial Museum *(plan II, H9)* : *Teen Murti Bhawan. ☎ 23-01-75-99. • nehrumemorial.nic.in •* Ⓜ *Race Course. Tlj sauf lun 9h-17h30. GRATUIT.* Ancienne résidence du Premier ministre après l'indépendance en 1947. Impressionnante exposition de photographies d'époque, coupures de journaux, objets personnels et présents offerts dans l'exercice de ses fonctions. Notez un exemplaire d'un bouquin de Sartre en anglais et le bureau « où il avait l'habitude de travailler très tard », dixit le panonceau ! Derrière la résidence, 3 flammes continuent de brûler à la mémoire du Pandit Nehru, de sa fille Indira Gandhi et de son petit-fils Rajiv. Planétarium à l'entrée de la résidence (sans grand intérêt).

Indira Gandhi Memorial *(plan II, H9)* : *1, Safdarjang Rd.* Ⓜ *Race Course. Tlj sauf lun 9h30-17h. GRATUIT.* La maison du 1er ministre (de 1966 à 1977 puis de 1980 à 1984), Indira Gandhi, assassinée par ses gardes du corps sikhs le 31 octobre 1984. Expo de photos sur sa vie. On peut voir son bureau de travail, sa bibliothèque et la pièce où vécut Rajiv, son fils, lui aussi assassiné (décidément). Plein de souvenirs du fiston avec une impressionnante vitrine où est exposé l'habit qu'il portait le jour où il fut tué, déchiqueté par une bombe. Dans le jardin, stèle en hommage à sa mère. À notre avis, ne présente d'intérêt que pour les passionnés de l'Inde politique.

Tibet House Museum *(plan II, I10)* : *1, Institutional Area, Lodhi Rd. ☎ 24-61-15-15. • tibethouse.in • Ⓜ Jor Bagh. Lun-ven 10h-17h30 ; fermé w-e. Entrée : 20 ₹.* Ce petit musée fondé en 1965 par le dalaï-lama est tenu par des réfugiés tibétains. Il expose au 3e étage une collection d'artisanat, d'objets religieux, *thangkas* des XVIIe et XVIIIe s, bronzes, orfèvrerie, bijoux khams, etc. Également une petite librairie assez émouvante au-dessus, avec de beaux manuscrits religieux tibétains enveloppés dans des tissus. Intéressera ceux qui veulent avoir une petite idée du Tibet. Sinon, le billet d'entrée est déjà un très joli souvenir (un mantra !).

National Rail Museum *(plan II, G10)* : *Chanakyapuri. ☎ 26-88-08-04 ou 26-88-18-26. • nrmindia.com • Tlj sauf lun 10h-17h. Entrée : 50 ₹ (100 ₹ w-e) ; réduc - de 13 ans.* Installé dans un grand jardin au cœur du quartier des ambassades, cet étonnant musée en plein air ravira passionnés et enfants : pas moins de 90 locomotives et wagons s'offrent au visiteur, dont la plus vieille loco construite en Inde (1895), la seule loco à vapeur monorail du monde en état de fonctionnement, un luxueux wagon privé (1899) du maharaja de Mysore, etc. Toute l'histoire des chemins de fer indiens s'y trouve ici réunie, histoire qu'on peut aussi explorer plus en détail dans le bâtiment qui abrite une belle expo sur le sujet, à grands renforts de maquettes et de panneaux explicatifs. L'avenir du réseau y est également abordé, avec les projets de TGV en cours, dont la première ligne devrait relier Mumbai et Ahmedabad à l'horizon 2023. Balades en train miniature ou à vapeur possibles *(20 ₹ pour le Joy Train, 100 ₹ pour le Toy Train).*

Plus au sud

Qutb Minar *(plan d'ensemble)* : *à 15 km au sud de Delhi. Ⓜ Qutab Minar, puis 10 mn à pied (ou 10 ₹ en rickshaw collectif). Tlj du lever au coucher du soleil. Entrée : 600 ₹ (550 ₹ avec CB) ; gratuit - de 15 ans. Un conseil : le w-e, y aller tôt le mat, avt que le site ne soit noir de monde !* Mirage ou miracle ? L'étonnante silhouette de ce minaret n'évoque-t-elle pas un télescope géant posé à l'envers, une fusée de grès rouge, un empilement de tuyaux d'orgue ou de troncs de palmiers en pierre ornés de très fines inscriptions de l'Islam ? C'est ***le plus vieux minaret de ce type dans le monde*** (plus de 800 ans) !
Haut de plus de 72 m pour un diamètre de 14 m à la base et 3 m au sommet, le Qutb Minar fut édifié en 1199 par Qutbuddin Aibak, ancien esclave du Turkestan promu chef militaire musulman et devenu 1er sultan de Delhi. Il marqua son ascension en imposant l'islam sur les territoires conquis. Cette haute tour en est l'illustration vivante, mais elle devait également servir de minaret à la ***mosquée adjacente*** *Quwwat-ul-Islam,* la plus ancienne qui ait subsisté en Inde. Par sa conception, Qutb Minar doit tout à l'architecture musulmane (il rappelle les constructions afghanes de même type), mais ce sont des mains hindoues, rompues depuis des siècles au travail de la pierre, qui accomplirent la tâche.
Sur chacun des 3 premiers étages de la tour, bâtis en grès rouge et cannelés, sont reproduites des sourates du Coran dans des bandeaux d'arabesques fleuries, magnifiquement ciselées dans la pierre. Les 2 étages suivants ont été construits en marbre avec des anneaux de grès rouge. ***Il n'est plus possible de monter en haut du minaret*** depuis qu'une bousculade dans l'escalier fit 40 morts en 1981...
Au nord de Qutb Minar, un autre sultan tenta de faire mieux que son prédécesseur en entreprenant la construction d'un minaret qui devait être 2 fois plus haut que celui-ci. Mais ce projet mégalomane fut abandonné au 1er étage, et il n'en reste aujourd'hui que la base en pierre d'une hauteur de 25 m.
– Au pied de Qutb Minar, en entrant dans la mosquée en ruine, on est saisi par la beauté des colonnes magnifiquement ciselées qui entourent la cour, dominée par un splendide portail, rappelant par son ogive les monuments seldjoukides de

Perse et de Turquie. Ce portail est décoré d'inscriptions, d'arabesques et de panneaux à thèmes géométriques d'une grande délicatesse, avec emploi de marbres veinés blanc et noir et de schiste bleu.

– Dans la cour de la mosquée se dresse une ***colonne de fer*** *(Iron Pillar)* de 7 m de haut pour plus de 6 t. C'est que, dès le Ve s de notre ère, les Hindous étaient aussi capables de forger du fer pur, un exploit que la technologie occidentale n'est parvenue à réitérer qu'au XIXe s ! La colonne est en effet composée de 99,7 % de fer. Les 0,3 % restant seraient un savant mélange de carbone, de silice, de manganèse et de phosphore : ce secret de fabrication évita au fer de rouiller. Elle était dédiée à Garuda, divinité de l'hindouisme, oiseau sacré cher à Vishnou. Son image était fixée au sommet de la colonne (il y a un trou). On dit qu'en se tenant dos au pilier, si vos mains arrivent à se toucher en en faisant le tour, vos vœux seront exaucés... Mais une barrière installée autour de la colonne empêche de tenter l'expérience...

UN VIEUX FER TOUJOURS JEUNE

La colonne de fer dans l'enceinte du Qutb Minar aurait près de 1 300 ans d'âge ! Ni les Grecs, ni les Romains, ni les Chinois, ni même les Incas n'ont laissé une telle œuvre en fer. Voici donc la pièce en fer de cette dimension la plus ancienne que l'on connaisse. À regarder comme une pièce unique dans l'histoire de l'humanité !

– Au sud du Qutb Minar, on peut encore visiter l'***Alai Darwaza,*** une élégante extension de la mosquée datant du XIIIe s, due au sultan Alauddin Khalji. Ce superbe monument cubique surmonté d'une coupole et percé d'une haute arche présente des porches de grès rouge et de marbre, avec sculptures de fleurs de lotus et inscriptions coraniques. En passant sous l'arche, on accède à un petit parc verdoyant au gazon bien tondu, agréable à arpenter au milieu de la cacophonie urbaine.

Baha'i House of Worship *(Lotus Temple ; plan d'ensemble)* **:** *Bahapur, près de Nehru Pl. Ⓜ Kalkaji Mandir ou Nehru Place. Tlj sauf lun 9h-17h15 (10h-18h15 en été). GRATUIT. Lieu de recueillement très fréquenté (éviter le w-e !) : le silence est de rigueur. Se déchausser avt d'entrer ; photos interdites.* Autre édifice surprenant, qui rappelle étrangement l'opéra de Sydney ! Mais il s'agit ici d'un temple du bahaïsme, posé dans un vaste parc. Née en Perse au XIXe s, la doctrine baha'ie préconise un syncrétisme religieux qui vénère tous les prophètes des grandes religions et met en avant, entre autres, des principes de vérité, d'unité et de paix universelle. Durement persécutés par l'Iran des mollahs, ses disciples ont essaimé dans le monde entier, de l'Amérique à l'Extrême-Orient, installant finalement leur siège à Haïfa, en Israël. En guise de réflexion, une citation de Baha'u'llah, une des figures emblématiques du bahaïsme : « Ce n'est point d'aimer son propre pays qu'il convient de glorifier, c'est d'aimer le monde tout entier. La Terre n'est qu'un seul pays et tous les hommes en sont les citoyens. » Comme les 9 autres lieux de culte baha'is construits dans le monde, celui de Delhi comporte 9 côtés et un dôme central figurant ensemble les 27 pétales d'une fleur de lotus. Des prières sont dites 4 fois par jour entre 10h et 17h. À l'intérieur, rien, sauf des chaises. Autour s'étend un immense parc soigné et semé de bosquets de fleurs, mais il est interdit d'en fouler les pelouses. La gestion du public est d'ailleurs très stricte (faut dire qu'il y a du monde), pas question de s'écarter d'un pouce des files ! On dit que ce temple recevrait chaque année plus de visiteurs que le Taj Mahal !

De l'autre côté de la rivière Yamuna

Swaminarayan Akshardham Temple *(plan d'ensemble)* **:** *Akshar-dham Setu, N.H. 24. ☎ 22-01-66-88. • akshardham.com • Ⓜ Akshardham. Tlj sauf lun 9h30-18h30. Fontaine musicale à 19h (80 ₹ ; réduc enfants). GRATUIT (demander* *le livret en français à l'entrée). Attention, cigarettes, nourriture, sacs, appareils photo et même smartphones interdits !* Passez les contrôles de sécurité (ça pousse derrière !), puis franchissez les 10 portes drainant l'énergie positive, pour déboucher sur la grande esplanade par le splendide portail des Paons. Face à vous, dans son enceinte de grès rouge soutenue par 1 152 piliers, se dresse le colossal Akshardham Temple, inauguré en 2005 : 43 m de haut, 108 m de long, 96 m de large pour 234 colonnes finement ciselées, 9 dômes, 20 flèches et... plus de 2 000 personnages sculptés ! En quel honneur, tout cela ? Oh, tout simplement pour rendre un fervent hommage à ***Bhagwan Swaminarayan,*** un *guru* hindouiste (1781-1830) considéré comme l'incarnation du dieu suprême. Il eut 6 successeurs jusqu'à aujourd'hui, dont le *guru* Pramukh Swami Maharaj (décédé en 2016, initiateur de ce temple), l'actuel étant Mahant Swami Maharaj. Ne manquez pas de faire le tour du sanctuaire par l'extérieur : vous découvrirez alors la splendide terrasse aux 148 éléphants. Déposez vos chaussures au *boot store* et gravissez les marches menant au saint des saints : là, sous un auvent entièrement incrusté de pierres précieuses, se dresse une représentation de 3 m de haut dudit Bhagwan Swaminarayan, plaquée or. Une folie, et la sensation de replonger au temps des cathédrales ! Ce n'est pas un temple qui vous entoure, mais une véritable symphonie hindouiste sculptée dans la pierre, réalisée en moins de 5 ans par une armée de 7 000 artisans. Les 9 salles rayonnantes, tout en marbre, révèlent une profusion de motifs d'une incroyable finesse et de sculptures contant... la vie de Swami, bien sûr.

Fêtes et manifestation importantes

– ***Telshakarat :*** *le 13 janv.* Fête de l'Hiver. Les enfants allument des feux de joie et poussent la chansonnette.
– ***Republic Day :*** *le 26 janv.* Anniversaire de la proclamation de la République. Défilé militaire très coloré sur Raj Path, avec notamment le « Camel Corps » (corps d'armée à dos de chameaux). Et, pour fermer la marche, chaque État envoie un char décoré, chevauché d'artistes et de danseurs. Vraiment sympa.
– ***Surajkund Mela :*** *1re quinzaine de fév, au sud-est de la ville.* Une manifestation haute en couleur consacrée chaque année à la culture traditionnelle d'un État de l'Inde : artisanat, danses, musique, etc. Petite entrée payante.
– ***Raksha Bandhan :*** *en août.* Dans les bazars du vieux Delhi, vous remarquerez les *rakhis,* ces bracelets symboliques que les jeunes filles attachent au poignet de leurs frères en témoignage d'affection.
– ***Janmashtami :*** *en sept.* Pour commémorer la naissance de Krishna. Cette fête est célébrée pendant 3 jours à *Mehrauli* (au sud de Delhi, près de Qutb Minar), près d'un petit sanctuaire islamique, et dans un temple hindou pour illustrer l'harmonie entre les 2 communautés (offrandes et danses). Grande fête aussi à Pahar Ganj pendant 2 jours, avec d'impressionnants défilés de chars et de fanfares.
Ces fêtes sont les plus importantes à Delhi, mais il y en a d'autres (voir la rubrique « Fêtes et jours fériés » dans « Inde du Nord utile »).

QUITTER DELHI

En train

La plupart des trains partent de ***New Delhi Railway Station*** *(plan I, zoom I et zoom III, C5)* ou d'***Old Delhi Railway Station*** *(plan I et zoom II, D3).* Quelques trains pour le Sud (et Mumbai) se prennent à ***Nizamuddin Railway Station*** *(plan d'ensemble et hors plan II par J9),* et d'autres vers le Rajasthan à ***Sarai Rohilla Railway Station*** *(plan d'ensemble).*

Pour toute réservation, achat de billets (et de l'*Indrail Pass*), rendez-vous au bureau réservé aux étrangers : l'***International Tourist Bureau,*** situé dans *New Delhi Railway Station*

Building, côté Pahar Ganj, au 1er étage, à gauche en entrant dans la gare (panneaux). ☎ *42-62-51-56.* • *indianrail.gov.in* • *Ouv 6h-23h.*
Réservé aux étrangers, l'*International Tourist Bureau* est, à Delhi, le seul habilité à délivrer des billets de train selon le système des *tourist quotas.* Munissez-vous de votre passeport.
Si vous devez acheter des billets pour vos amis, demandez-leur une copie de leur passeport ET de leur visa.
– ***Pour faire une réservation,*** remplir la feuille « *Requisition for reservation* », en inscrivant le numéro du train souhaité, la date de voyage, la gare de départ, la classe et les renseignements perso demandés. Attention, ce bureau pour étrangers ne délivre de billets que pour les trains partant au moins 6h après la résa. Prévoyez éventuellement des trains différents au cas où il n'y aurait pas de place dans celui souhaité.
– Le ***paiement*** se fait obligatoirement en roupies.
Sinon, on vous rappelle que vous pouvez confier l'achat de vos billets de train à une agence (comme la proche *Cozy Travels* ; voir « Adresses utiles. Agences de voyages » en début de chapitre), moyennant une petite commission (qui vaut bien le service rendu). Celle-ci n'aura toutefois pas accès aux *tourist quotas,* qui jouent à plein lorsque les trains sont complets. Pour en bénéficier, il faut venir sur place (et éventuellement prendre son mal en patience).
– ***AVERTISSEMENT :*** la gare est fréquentée par des rabatteurs et autres gugusses qui font croire aux touristes que le bureau de résa pour étrangers se trouve en dehors de la gare, qu'il est fermé ou que le train qu'ils souhaitent prendre a été annulé... tout cela pour leur vendre d'autres billets (plus chers évidemment) ou, pire, leur faire prendre un autre moyen de transport (là, carrément plus cher !) pour les acheminer là où ils souhaitent se rendre... Un seul conseil : ***n'écoutez personne,*** même si le personnage en question semble sérieux et très sympathique ! Ce sont les pires...
Voici ***quelques horaires*** à titre indicatif mais, comme toujours, mieux vaut les vérifier avant l'achat ou la réservation des billets (sur le site • *erail.in* •, le plus simple d'utilisation).
➢ ***Agra :*** nombreux trains (4h30-23h) pour Agra Cantonment, au départ de New Delhi Railway Station (le mat et en fin d'ap-m et soirée surtout) ou de Nizamuddin Railway Station (le mat et l'ap-m surtout). Trajet : 2-4h.
➢ ***Varanasi :*** 5-6 trains/j. au départ de New Delhi Railway Station. Durée : 12-17h. Le plus pratique (et rapide) est sans conteste le *Swatantrta Exp* de 20h40, qui arrive le lendemain à 8h25. Sinon, davantage de trains desservent la gare D. D. upadhyaya Junction, à 20 km de Varanasi.
➢ ***Mumbai :*** env 6 trains/j. au départ de New Delhi Railway Station et 4/j. depuis Nizamuddin Railway Station. Trajet : 16-31h (choisissez bien !). Tous arrivent à Mumbai Central (BCT). Les plus rapides (16-17h de trajet) partent de New Delhi à 16h25 et de Nizamuddin à 16h50.
➢ ***Kolkata :*** 3-4 trains/j. de New Delhi Railway Station pour Howrah, la gare principale. On conseille le *Kolkata Rajdhani* de 16h55 (tlj sauf ven), qui ne met que 17h.
➢ ***Haridwar :*** env 3 trains/j. (le 1er à 6h45) au départ de New Delhi Railway Station (plus rapides) et 2-3 trains/j. depuis Nizamuddin, pour 4-6h de trajet.
➢ ***Chandigarh :*** env 5 trains/j. de New Delhi Railway Station pour 3h30-5h de voyage. Ceux de 7h40 et 17h15 sont les plus rapides.
➢ ***Ahmedabad :*** 1 train/j. de New Delhi Railway Station, à 19h55 (13h45 de trajet), et 2 d'Old Delhi (mais plus lents).
➢ ***Gorakpur (près de la frontière népalaise) :*** 3 trains/j. de New Delhi Railway Station (env 13h de trajet). Une fois à Gorakpur, prendre un bus jusqu'à la frontière (2h de trajet) et Katmandou (10h).
➢ ***Jaipur :*** seulement 2 trains/j. de New Delhi Railway Station, à 6h05 et 19h55. Env 4h30 de trajet. Sinon, l'*Ashram Express* part d'Old Delhi Railway Station à 15h20 et arrive à Jaipur à 20h25. Tous continuent jusqu'à ***Ajmer*** (2h-2h30 de trajet en plus).
➢ ***Jodhpur :*** seulement de l'Old Delhi Railway Station. Le *Mandor Express*

part tlj à 21h15 et arrive à 8h le lendemain. Les autres trains ne sont pas pratiques.

➢ ***Jaisalmer :*** seulement de l'Old Delhi Railway Station. Le *DLI JSM Express* part tlj à 17h35 et arrive à 11h45 le lendemain. L'autre train part très tôt le mat et arrive tard le soir.

➢ ***Udaipur :*** 1 train/j., à 19h, de Nizamuddin Railway Station *(Mewar Express)*, et 1 de Sarai Rohilla Railway Station, à 19h40 *(Chetak Express)*. Un peu plus de 12h de trajet.

➢ ***Bikaner :*** 3 trains/j. de Sarai Rohilla Railway Station. Préférer ceux de 8h40 et 23h35, plus courts (7h30-8h de trajet). Également 1 train/j. d'Old Delhi à 16h10, plus lent (13h30).

➢ ***Kota :*** env 10 trains/j., surtout dans l'ap-m et en soirée, de New Delhi Railway Station ou Nizamuddin Railway Station (ligne Delhi-Mumbai). Durée : 4h40-9h40.

➢ ***Gwalior :*** nombreux trains, 4h30-23h, de New Delhi Railway Station ou Nizamuddin Railway Station. Durée : 3-6h.

En bus

La plupart des voyageurs quittent Delhi en train, solution souvent plus rapide et facile que le bus. Le bus peut toutefois être utile pour certaines destinations ou si les trains sont pleins. Quoi qu'il en soit, on vous conseille plutôt de ***réserver votre billet par une agence*** ; vous gagnerez en temps et en énergie ! Elle pourra aussi mieux vous informer des différentes options, entre les bus privés et les bus d'État.

Sinon, n'hésitez pas à consulter le site ● *makemytrip.com* ● (en anglais), qui donne une partie des fréquences, horaires et tarifs des bus privés.

ISBT Kashmiri Gate *(plan I, D2)* **:** ☎ *23-86-02-90.* Ⓜ *Kashmiri Gate.* Installée dans un grand bâtiment moderne, c'est la gare routière principale, d'où partent les bus d'État pour le Pendjab, l'Himachal Pradesh, l'Haryana, l'Uttarakand, Jammu & Kashmir et le Rajasthan. Guichets au 1er niveau, départs au rez-de-chaussée. On y trouve les compagnies d'États suivantes : *Haryana Roadways (☎ 23-86-12-62 ; ● hartrans.gov.in ●)* ; *Himachal Roadways (☎ 23-86-86-94 ; ● hrtchp.com ●)* ; *Punjab Roadways (☎ 23-86-78-42 ; ● punjabroadways.punjab.gov.in ●)* ; *Uttrakhand Transport Corp. (☎ 23-86-05-60 ; ● utc.uk.gov.in ●)* ; *Jammu & Kashmir Transport Corp. (☎ 23-93-42-32 ; ● jksrtc.co.in ●)* ; *Rajasthan Transportation Corp. (☎ 23-86-44-70 ; ● transport.rajasthan.gov.in ●).*

➢ ***Chandigarh :*** bus 24h/24, ttes les 30 mn env pour le bus climatisé. Durée : 5h-5h30.

➢ ***Dharamsala :*** env 10 bus/j. (6h30 et 8h30 puis 17h30-23h). Durée : env 12h.

➢ ***Manali :*** 3 bus le mat (6h40-11h30) puis ttes les 40 mn 14h30-23h. Durée : env 15h.

➢ ***Amritsar :*** 3 bus le mat (6h-8h) puis 4 bus 16h-20h30. Durée : env 11h.

➢ ***Haridwar :*** bus ttes les 30 mn env, 4h-minuit. Durée : 6h.

➢ ***Srinagar :*** seulement 1 bus... 1 jour sur 2, à 16h. Durée : min 20h.

➢ ***Jaipur :*** bus ttes les heures env (5h-minuit). Durée : 6h.

➢ ***Jodhpur (via Ajmer) :*** 2 bus/j. (17h et 0h30). Durée : 12-13h.

➢ ***Udaipur :*** 1 bus à 16h. Durée : 12h. Préférer le train !

Bus pour Katmandou : uniquement des bus privés depuis le quartier de Majnu Ka Tilla (ou *Tibetan Camp*), à 4 km au nord de la gare routière *ISBT Kashmiri Gate.* Départ tlj vers 7h30, arrivée entre 12h et 14h le lendemain (soit près de 30h de route). Compter 2 300-2 600 ₹ selon le bus (pas le même tlj). Tous les hôtels et les petites agences de voyages de ce quartier servent d'intermédiaires. Par exemple, *India Tibet Tours & Travels (House nº 39, sur la rue principale côté nord ; 📱 98-18-76-97-42 ; tlj 9h-21h).* On peut aussi réserver sa place dans certaines agences de Pahar Ganj (avec transfert vers Majnu Ka Tilla inclus ou non).

En avion

– ***Pour se rendre à l'aéroport :*** voir nos infos dans la rubrique « Arrivée à Delhi » en début de chapitre. Veillez à arriver au moins 3h à l'avance pour les vols internationaux. Pour les vols intérieurs, 2h suffisent. Il faut présenter son

passeport ET le billet d'avion pour pouvoir pénétrer dans l'aéroport (et interdit ensuite d'en ressortir).
➢ De Delhi, vols *Air India, Spice Jet, IndiGo, GoAir...* pour quasi ***toutes les villes du pays.*** Consultez par exemple le site • *yatra.com* • qui recense l'ensemble des vols intérieurs, toutes compagnies confondues (y compris les *low-cost*).

AGRA (आगरा)

1 700 000 hab. IND. TÉL. : 0562

• Plan d'ensemble *p. 252-253* • Zoom *p. 255*

« Ils vécurent ici, ces souverains magnifiques, maîtres du plus vaste empire qui ait existé au monde, et un de leurs écrasants palais domine cette ville d'Agra... » (Pierre Loti, 1899). Plus d'un siècle après le passage du génial voyageur-écrivain, Agra est l'une des 1res destinations touristiques du pays, avec plus de 6 millions de visiteurs par an (la grande majorité indiens). Leur objectif : le célébrissime *Taj Mahal* bien sûr, chef-d'œuvre de l'architecture moghole devenu, un peu paradoxalement, l'emblème de l'Inde. Beaucoup de touristes ne viennent que pour lui. Il est magnifique, c'est vrai, mais la ville révèle d'autres trésors, dont un Fort Rouge, encore plus impressionnant que celui de Delhi, et, le long des berges de la Yamuna, un Baby Taj trop souvent ignoré, enveloppé d'un charme ineffable... Aux portes d'Agra, d'autres tombeaux, encore, soulignent l'importance passée de la cité, capitale impériale moghole durant plus d'un siècle.
Agra est aujourd'hui une grande ville, où l'on se déplace plus volontiers en rickshaw qu'à pied. Peu attachante dans sa partie moderne, elle est surnommée par les habitants de Delhi « 4D City ». D comme *dirty* (sale) ; D comme *dust* (poussière) ; D comme *donkey* (âne) ; D comme *doctor* (en souvenir d'un institut psychiatrique renommé)...
Côté hébergement, la plupart des voyageurs choisissent de s'installer dans le voisinage du Taj Mahal. Les terrasses de certains petits hôtels y offrent, il est vrai, une vue splendide sur le monument mais, à part ça, ne pas toujours s'attendre à des miracles – ni à des contacts extraordinaires. Le tourisme est ici une industrie, et chacun y va de son appel à l'obole des visiteurs... Le Taj Mahal lui-même participe du mouvement, avec un prix d'entrée particulièrement élevé. Reste que vous pourrez passer ici 2 journées entières sans vous ennuyer, et plus encore si vous faites d'Agra une base pour partir à la découverte de *Fatehpur Sikri,* de *Bharatpur* ou de *Deeg.* L'Inde simple et sans détour se niche par là.
– ***ATTENTION : le Taj Mahal est fermé le vendredi !*** Sachez aussi qu'il y a encore plus de visiteurs le week-end qu'en semaine.

UN PEU D'HISTOIRE

Ce sont les musulmans qui donnèrent à Agra sa grandeur, et plus précisément les empereurs moghols. Le 1er d'entre eux, ***Babur le Conquérant,*** descendu de ses montagnes afghanes, arrêta sa course victorieuse sur les rives de la Yamuna en 1526 après avoir défait les sultans de Delhi. Aussitôt, il entreprit la construction de jardins à la persane. Si son fils Humayun préféra s'établir à Delhi, ***Akbar,*** son petit-fils, guerrier infatigable et souverain puissant, choisit Agra au début de son règne et y fonda l'impressionnant Fort Rouge – que ses fils et petit-fils, ***Jahangir*** et ***Shah Jahan,*** devaient embellir par la suite de jardins et de somptueux palais. Une anecdote : Shah Jahan portait un manteau

impérial si lourd de gemmes et de pierres précieuses qu'il fallait 2 esclaves pour le porter !
En 1571, Akbar délaissa Agra pour la ville nouvelle de Fatehpur Sikri. 27 longues années s'écoulèrent avant que Shah Jahan, le dernier des grands empereurs moghols, ne redonne vie à la cité. C'est alors que le Taj Mahal (« cette larme sur la joue du temps », de l'expression du grand poète Rabindranath Tagore) vit le jour, en hommage à son épouse décédée, Mumtaz Mahal. On raconte que le deuil de l'impératrice dura 2 ans ! Mais le temps de la splendeur était révolu, les pas des Anglais résonnaient déjà au loin et Agra allait reprendre peu à peu le rythme feutré d'une bonne grosse ville de province.

L'EMPEREUR NE PREND QUE LES MEILLEURS

Shah Jahan embaucha Augustin de Bordeaux, un orfèvre français spécialisé dans l'ornement des trônes. Il les incrusta des plus belles pierreries d'Inde (saphirs, rubis, émeraudes, topazes) pour en faire des pièces uniques. D'ailleurs, l'empereur le surnomma « l'expert amant du marbre incrusté ». Le Vénitien Geronimo Veroneo fut aussi employé à la cour pour des travaux hautement raffinés. Beaucoup d'autres artisans vinrent de Perse, d'Asie centrale, et même de Chine.

UN GRAND RÉFORMATEUR

Descendant de Gengis Khan, l'empereur Akbar (1542-1605) ne marqua pas l'histoire seulement sur les champs de bataille, mais également par son ouverture d'esprit. Doté d'une grande intelligence politique, bien que quasiment illettré (et même dyslexique), il entreprit de profondes réformes, tant administratives (division du royaume en provinces, assouplissement juridique) que culturelles. En 1563, Akbar le musulman abolit la taxe que devaient payer les pèlerins hindous, mesure révolutionnaire pour l'époque.
Il leva les restrictions liées à la construction des temples hindous et rendit illégale la pratique du *sati* (sacrifice rituel des veuves). Questionnant l'origine divine du Coran, il invita des représentants des grandes religions à débattre devant lui – dont des jésuites de Goa. De leurs échanges, il tira sa propre « ***religion de la lumière*** », syncrétisme empruntant à l'islam, au christianisme et surtout au jaïnisme.
Sa tentative de promouvoir cette philosophie comme facteur d'unité de l'empire échoua. Parallèlement, il resta toujours très proche de son héritage chamanique préislamiste et eut toute sa vie des transes et des visions qui firent parfois douter de sa santé mentale. ***Son mausolée*** se trouve à Sikandra (à 12 km au nord d'Agra ; voir « Dans les environs d'Agra »).

PETITS AVERTISSEMENTS

Voir aussi, dans « Inde du Nord utile. Achats », et plus bas, dans « Achats », nos informations sur les arnaques aux pierres précieuses...
– ***Les rickshaws :*** à Agra, plus qu'ailleurs peut-être, les rickshaws essaient d'imposer des détours shopping, que cela vous plaise... ou non. À la clé, pour eux, une commission sur le montant de vos éventuelles emplettes – et même parfois si vous ressortez les mains vides ! Certains, du coup, annoncent même une course à prix dérisoire (genre 20-30 ₹...), prêts à se rembourser sur votre dos dans les magasins... Bon, cela n'arrive certes pas à tous les touristes, mais on tenait à vous prévenir.
Concernant les ***tarifs*** des rickshaws d'ailleurs, sachez que le trajet entre la gare de Cantonment et le Taj Mahal (une assez longue course) coûte 120-140 ₹. Et du « centre » d'Agra jusqu'à la gare routière ISBT, comptez 150-200 ₹ (étant donné que les rickshaws font un détour pour s'y rendre, car ils ne peuvent emprunter Mahatma Gandhi Road).

– ***Arrivée en train :*** si vous arrivez à Agra en train, on vous incitera peut-être à descendre trop tôt, en criant « Agra Centre », alors que le train n'est encore qu'à la station de Raja-ki-Mandi... Restez bien assis, ce sont encore des chauffeurs de rickshaws qui cherchent à vous débarquer dans la banlieue afin de vous faire payer une longue course... Les 2 gares principales d'Agra sont ***Agra Cantonment*** (la plus grande) et ***Agra Fort.***

Arriver – Quitter

En train

Important nœud ferroviaire, Agra compte pas moins de 5 gares ! La plus grande est ***Agra Cantonment Railway Station*** *(plan A7),* au bout de Station Rd, au sud-ouest de la ville. De là, taxis et rickshaws *prepaid* vers le centre. Le *Reserved Ticket Window* se trouve à gauche du bâtiment principal *(tlj 8h-20h – 14h dim).* Guichet n° 1 pour les *foreign tourists.* Autre gare importante, l'***Agra Fort Railway Station,*** qui se trouve au pied du Fort Rouge *(plan C4).* La ***gare de Raja-ki-Mandi*** *(plan A2-3),* à 7 km au nord-ouest de la ville, ne présente aucun intérêt.

– Attention, comme à Delhi, ne vous fiez pas aux faux employés qui prétendent que le guichet des réservations est fermé pour vous attirer dans une agence ! Certains essaient aussi de revendre des billets plus chers en affirmant que les trains sont complets. On le répète, n'écoutez personne !

➢ ***Delhi :*** nombreux trains, surtout entre 5h et 11h puis 15h20 et 19h, au départ d'Agra Cantonment. Trajet : 1h40-4h. Vérifier bien la gare d'arrivée, certains arrivent à New Delhi Railway Station, d'autres à Nizamuddin. Le plus rapide est le *Gatimaan Express,* qui part tlj sauf ven à 17h50. Quoi qu'il en soit, préférer le train au bus, nettement plus long.

➢ ***Mumbai :*** 3 trains/j. au départ d'Agra Cantonment. Le plus rapide (21h15 de trajet tout de même) part à 12h10 et arrive le lendemain à 9h25 à Panvel.

➢ ***Gwalior (et Bhopal) :*** train ttes les 15 mn-1h 7h-minuit env, au départ d'Agra Cantonment. Trajet : 1h20-2h30 (5h30-10h30 pour Bhopal). Le plus rapide, le *Shatabdi Express,* part tlj vers 8h.

➢ ***Khajuraho :*** l'*Udaipur Khajuraho* quitte Agra Cantonment tlj à 11h05, pour arriver vers 19h50. Autre train à 23h10, arrivée vers 6h35. Autrement, passer par Jhansi (train ttes les 30 mn-1h), d'où l'on prend le bus (depuis la gare routière, proche de la gare des trains). Vu les horaires des bus entre Jhansi et Khajuraho (dernier départ vers 15h), ne pas quitter Agra plus tard que 10h.

➢ ***Orchha :*** train pour Jhansi (d'Agra Cantonment, ttes les 30 mn-1h, 7h15-23h50), situé à 15 km d'Orchha. De là, le plus simple est de prendre un *prepaid* rickshaw (250 ₹) depuis la gare jusqu'à Orchha. Sinon, il y a aussi des bus.

➢ ***Le Rajasthan :*** pour ***Jaipur*** et ***Bharatpur,*** 6-7 trains/j. d'Agra Fort (ou Cantonment), 5h05-22h10 (trajet : 4h-5h45 jusqu'à Jaipur). 4 d'entre eux (tôt le mat et l'ap-m) continuent vers ***Ajmer.*** Pour ***Jodhpur,*** le *Howrah-Jodhpur Express* part d'Agra Fort vers 20h10, arrivée à Jodhpur vers 6h50. Autre option, le *Marudhar Express,* départ à 6h20, arrivée à Jodhpur à 18h40. Enfin, pour ***Udaipur,*** départ vers 18h d'Agra Cantonment, arrivée vers 6h35.

➢ ***Varanasi :*** 4 trains/j. (6h20-20h15). On conseille celui de 20h15 (départ d'Agra Fort), arrivée le lendemain à 8h45 à Varanasi Jn. Les autres arrivent à la gare de D. D. upadhyaya Junction, à 20 km de Varanasi.

➢ ***Haridwar :*** 1 train/j., le *Utkal Express.* Départ d'Agra Cantonment vers 10h50, arrivée à 21h. Un autre en soirée mais très lent.

➢ ***Goa (Madgaon et Vasco da Gama) :*** le *Mangala Lakshadweep Express* part tlj d'Agra Cantonment vers 12h10 ; arrivée le lendemain vers 19h30 à Madgaon (31h de voyage). Il ne dessert pas Vasco mais continue sa course vers le Kerala. Plus lent, le *Goa Express* part tlj d'Agra Cantonment

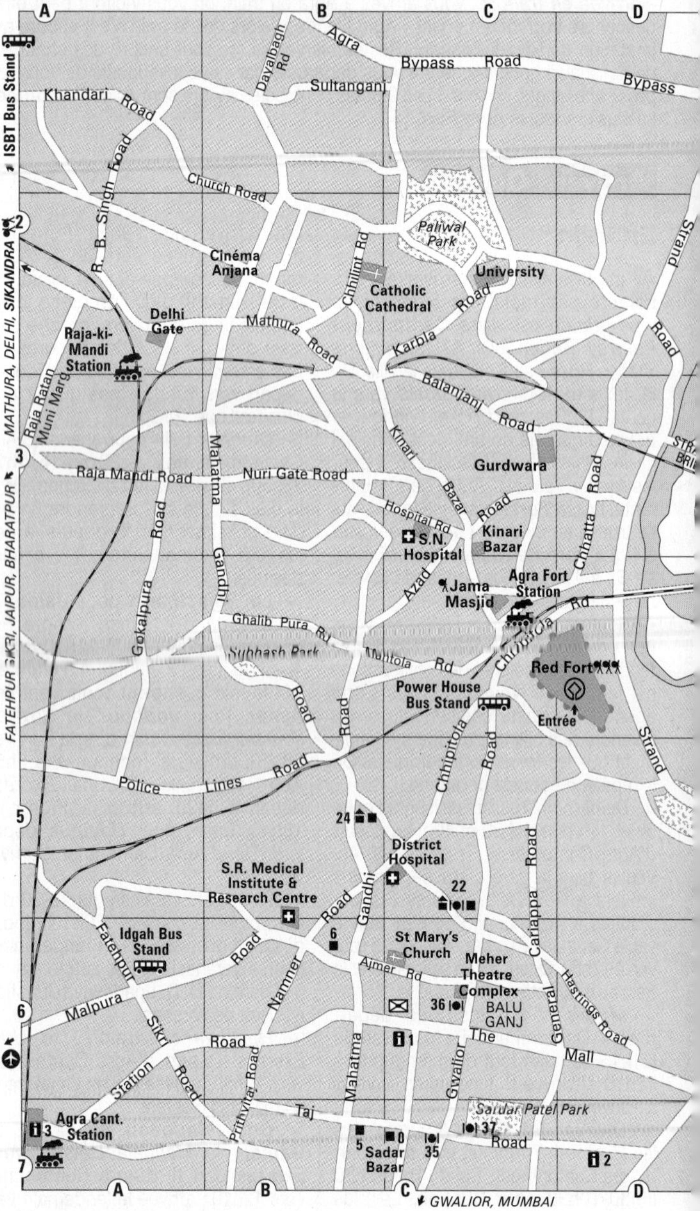

ISBT Bus Stand
MATHURA, DELHI, SIKANDRA
FATEHPUR SIKRI, JAIPUR, BHARATPUR
GWALIOR, MUMBAI
Agra Bypass Road
Bypass
Dayalbagh Rd
Sultanganj
Khandari Road
R. B. Singh Road
Church Road
Paliwal Park
University
Strand Road
Cinéma Anjana
Chilint Rd
Catholic Cathedral
Karbla Road
Delhi Gate
Raja-ki-Mandi Station
Mathura Road
Raja Ratan Muni Marg
Balanjanj Road
Mahatma Gandhi Road
Kinari Bazar Road
Gurdwara
Raja Mandi Road
Nuri Gate Road
Hospital Rd
S.N. Hospital
Kinari Bazar
Chhatta Road
Gokalpura Road
Azad Road
Jama Masjid
Agra Fort Station
Ghalib Pura Rd
Subhash Park
Mantola Rd
Chhipitola Rd
Red Fort
Power House Bus Stand
Entrée
Police Lines Road
Chhipitola Road
24
District Hospital
S.R. Medical Institute & Research Centre
22
Cariappa Road
Fatehpur Sikri Road
Idgah Bus Stand
Malpura Road
6
St Mary's Church
Ajmer Rd
Meher Theatre Complex
Namner Road
Hastings Road
36
BALU GANJ
1
The Mall
General
Station Road
Prithvitaj Road
Mahatma Gandhi
Gwalior
Taj Road
Sardar Patel Park
37
3
Agra Cant. Station
5
0
35
Sadar Bazar
2
A
B
C
D

AGRA – Plan d'ensemble

■ Adresses utiles

- 1 India Tourism Agra (C6)
- 2 UP Tourism (D7)
- 3 Tourist Facilitation Centre (A7)
- 4 Bureau de change (E6)
- 5 Distributeur ATM (G6 et B7)
- 6 Pharmacie (B6)
- 7 Piscine de l'hôtel Amar (E6)
- 8 Librairie Modern Book Depot (C7)
- 22 Bag Packer Travels (C5)
- 24 Piscine de l'hôtel Grand Imperial (B5)

Où dormir ?

- 14 Zostel Agra (G6)
- 15 Moustache Hostel (G6)
- 16 Friends Paying Guest House (G6)
- 17 Coral Tree Homestay (G6)
- 18 Aman Homestay (G6)
- 19 Coral Court (G6)
- 20 Hotel Parador (G7)
- 21 Trident Hotel (H7)
- 22 Tourists Resthouse (C5)
- 23 Bansi Homestay (E6)
- 24 Grand Imperial Hotel (B5)

Où manger ?

- 20 Bon Barbecue (G7)
- 22 Restaurant de la Tourists Resthouse (C5)
- 31 Dostea (F-G5)
- 32 Sheroes Hangout (G6-7)
- 33 Culinary Junction (H7)
- 34 Pinch of Spice (F7)
- 35 Lakshmi Vilas (C7)
- 36 Dasaprakash Restaurant (C6)
- 37 Sai Khandelaa (C7)

vers 17h35 et arrive le surlendemain vers 5h40 à Madgaon et 6h30 à Vasco (plus de 36h de trajet !).

En bus

Idgah Bus Stand *(plan A6)* **:** *dans le même coin que la Cantonment Railway Station, avt celle-ci en venant du centre.* ☎ *242-03-24.* Départs des bus gouvernementaux pour les destinations pas trop lointaines.

➢ ***Delhi :*** départs env ttes les heures, 5h-23h30. Trajet : 4h30-5h. Le train est préférable, car plus rapide. Si vous tenez à faire le trajet en bus, privilégiez *UPSRTC* (départ depuis *ISBT Bus Stand,* voir plus bas).

➢ ***Gwalior :*** départs env ttes les 30 mn, 5h-21h. Trajet : env 3h (plus long que le train).

➢ ***Fatehpur Sikri :*** bus ttes les 30 mn, 7h-18h. Trajet : env 1h15.

➢ ***Jaipur :*** bus ordinaires assez longs (trajet min 6h). Préférez ceux de la *RSRTC (● transport.rajasthan.gov.in ●)* qui partent (ttes les 60-90 mn, 6h30-minuit) de l'*Hotel Sakura,* à 200 m de l'*Idgah Bus Stand.* Durée : 6h.

ISBT Bus Stand *(hors plan par A1)* **:** *à quelques km au nord du centre.* ☎ *260-35-36.* Plus grande que l'Igdah Bus Stand, c'est la gare de départ des bus longue distance (principalement avec UPSRTC).

➢ ***Delhi :*** 6 *Volvo*/j. (7h-18h30), confortables. Trajet : 3-4h.

➢ ***Jaipur :*** avec *Goldline Express,* départ à 7h40, arrivée à 13h25.

➢ ***Rishikesh et Haridwar :*** 9 bus/j. 5h-22h. *Volvo* climatisé à 20h. Trajet : 11-12h.

Bus privés

➢ ***Jaipur :*** avec *Nandu Travels (☎ 226-32-98 ; 📱 93-58-46-41-44 ; ● shrinathnandutravels.com ●),* départ à 18h de *Namner Rd (en face de S.R. Hospital, Netaj Nagar ; plan B5),* arrivée à 23h30.

➢ ***Ajmer, Jodhpur et Udaipur :*** *Nandu Travels* (voir ci-dessus) dessert Jodhpur (départ à 17h, arrivée à 7h), Udaipur (départ à 19h, arrivée à 8h30) et Ajmer (départ à 18h ; 9h de trajet). *Radhika Travels (☎ 246-32-32 ou 654-40-89)* dessert aussi Ajmer (départs de *Chhipitola Chouraha – plan B5* - à 20h30 et 21h30).

➢ ***Varanasi :*** avec l'*Aman Travels (☎ 400-12-39 ; 📱 95-57-70-88-47).* Départ à 22h15, en face du *Grand Imperial Hotel (plan B5),* arrivée à 9h15. Bus avec sièges couchettes ou semi-couchettes. Également 2 bus avec *Radhika Travels,* à 21h30 et 23h30.

En avion

✈ Aux dernières nouvelles, *Air India* assurait des vols depuis Agra vers Khajuraho-Varanasi 2 fois/sem et vers Jaipur 4 fois/sem, mais renseignez-vous car ça change parfois.

Tours organisés

➢ ***Depuis Delhi :*** de nombreuses agences à Delhi proposent plusieurs fois par semaine la visite d'Agra dans la journée, comme le *DTTDC (● delhitourism.gov.in ●).* Compter 1 525 ₹/pers, repas et surtout prix d'entrée des monuments non compris, en bus *AC.* Départ à 7h et retour vers 22h30-23h. Visite « à la japonaise » du Taj Mahal et d'Agra Fort (le Fort Rouge). Surtout intéressant si vous disposez de peu de temps.

➢ ***Depuis Agra :*** pour ceux qui aiment se faire prendre par la main, *UP Tourism (plan D7,* **2** *; ☎ 285-01-20 ; ● uptourism.gov.in ●),* l'office de tourisme de l'Uttar Pradesh, organise une visite combinée de Fatehpur Sikri (à 38 km d'Agra), du Taj Mahal et du Fort Rouge sur la journée (un peu speed donc !). Compter 3 600 ₹/pers (550 ₹ – de 15 ans). Les entrées aux sites sont comprises, pas les repas. Départ à 10h30 de la Cantonment Railway Station *(plan A7),* retour vers 18h30, au même endroit (pratique pour ceux qui prennent le *Taj Express* pour Delhi, à 18h55, arrivée à 22h25). On peut choisir de ne faire que la visite de Fatehpur Sikri (1 500 ₹/pers, retour à 15h).

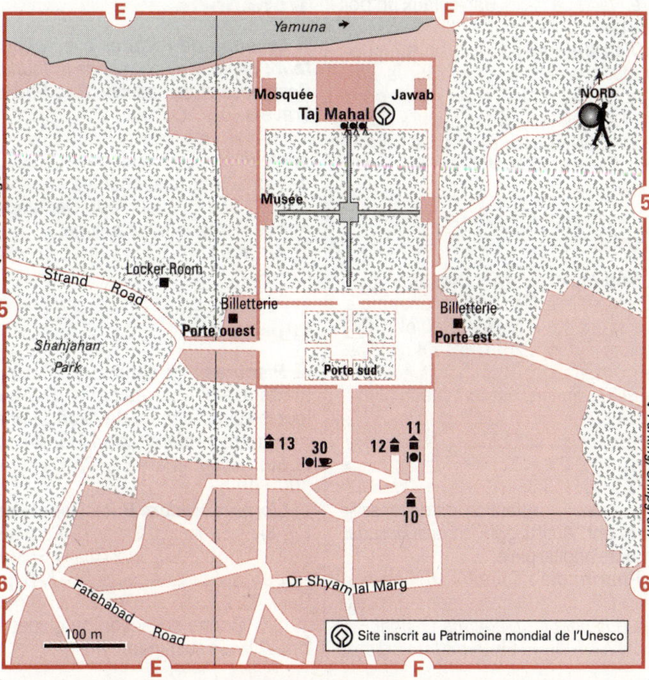

AGRA – Zoom

Où dormir ?

10 Sai Palace (F5)
11 Saniya Palace (F5)
12 Joey's Hostel (F5)
13 Sidharta Hotel (F5)

Où manger ?

11 Resto du Saniya Palace (F5)
30 Joney's (F5)

Adresses utiles

Infos touristiques

India Tourism Agra (plan C6, **1**) **:** *191, The Mall Rd. ☎ 222-63-78. • indiatourismagra@gmail.com • Tlj sauf dim 9h-17h30 (14h sam et j. fériés).* Plan d'Agra et brochures sur différentes villes et régions du pays. On peut aussi y glaner quelques infos.

UP Tourism (plan D7, **2**) **:** *64, Taj Rd. ☎ 222-64-31. • uptourism.gov.in • Tlj sauf dim et j. fériés 10h-17h.* C'est ici qu'il faut venir si vous souhaitez faire le tour guidé de la ville et des environs (voir plus haut). Quelques infos aussi sur l'Uttar Pradesh.

Tourist Facilitation Centre (plan A7, **3**) **:** *à la Cantonment Railway Station, sur le quai nº 1. ☎ 242-12-04. En principe, tlj 7h30-20h.* Comme ailleurs, un peu de doc, dont un plan de la ville. Si vous avez une plainte à adresser, ils peuvent également vous accompagner à la police touristique.

Change, distributeurs

Bureaux de change : *plusieurs dans le quartier routard de Taj Ganj (zoom), juste au sud du Taj Mahal.* Ils changent à un bon taux et sans commission. *Également sur Fatehabad Rd (plan E6,*

*4), en face de l'*Axis Bank. Taux un poil plus bas.

■ ***Distributeurs :*** *on en trouve un peu partout en ville, notamment sur Taj East Gate Rd (plan G6,* ***5****) et près de la porte est du Taj Mahal. Également à Sadar Bazar, sur Taj Rd, près du carrefour avec Mahatma Gandhi Rd (Yes Bank ; plan B7,* ***5****).*

Santé

■ ***Hôpitaux :*** ***District Hospital*** *(plan C5), Mahatma Gandhi Rd, Chepetola. ☎ 236-30-43.* ***S.N. Hospital*** *(plan C3), Hospital Rd. ☎ 226-03-53. En principe, les consultations y sont gratuites (pas les médicaments). Le* ***S.R. Medical Institute & Research Centre*** *(plan B5-6) est privé : Lauries Complex, Namner Rd. ☎ 402-52-00 à 02. ● srhospital.org ● Près du Sai Ki Takiya Crossing. Consultations payantes.* Attention, on déconseille fortement l'*Amit Jaggi Memorial Hospital*, un autre hôpital privé.

■ ***Pharmacie :*** ***Chacha Ji Chemist*** *(plan B6,* ***6****), 108A, Pratappura, presque à l'angle de Mahatma Gandhi Rd. ☎ 242-14-83. Tlj 9h-21h30 (14h dim).*

Transports

■ ***Location de voitures avec chauffeur :*** on vous recommande la *Tourists Resthouse* et son agence **Bag Packer Travels** *(plan C5,* ***22*** *; voir « Où dormir ? » ; ● bagpackertravels.com ●)*, qui possède plusieurs véhicules et pratique des prix très raisonnables *(compter 1 200-1 500 ₹ la journée).* Demandez Anil ou Ramesh (francophone).

■ ***Air India :*** *à l'aéroport, ☎ 240-04-87 ou 97.*

Divers

■ ***Piscines :*** quelques hôtels permettent aux non-résidents d'utiliser leur piscine, comme le *Grand Imperial* (notre préféré ; *plan B5,* **24**) ou l'hôtel *Amar (plan E7,* **7**). *Compter 500-600 ₹.*

■ ***Librairie Modern Book Depot*** *(plan C7,* ***8****) : à Sadar Bazar, sur Taj Rd (presque à l'angle avec Gopi Chand Shivare Rd), au rdc, juste à gauche de l'Andhra Bank. ☎ 222-56-95. Tlj sauf jeu 10h30-21h30.* Bonne collection de guides et beaux livres sur l'Indo.

Où dormir ?

La plupart des routards logent dans le quartier de Taj Ganj, situé juste au sud du Taj Mahal, et dans la zone Shilpgram, à 1 km au sud-est du Taj. On y trouve les adresses les moins chères de la ville, mais aussi, côté Shilpgram, des hôtels plus chics et même des *homestay* de charme.

Comme ailleurs, ne vous laissez pas conduire, par un rickshaw, à une adresse que vous n'avez pas choisie. Au besoin, faites-vous déposer à distance de l'endroit où vous comptez vous rendre.

Dans Taj Ganj (la vieille ville), au sud du Taj Mahal

De très bon marché à bon marché (max 1 500 ₹ / 20 €)

⌂ ***Sai Palace*** *(zoom F5,* ***10****) : Chowk Kagzi, à proximité de la South Gate. 📱 99-17-60-33-67 ou 84-76-93-66-66. ● saipalaceagra.com ● Doubles 400-1 000 ₹ ; familiales aussi.* Malgré son nom, ce n'est pas un palace mais un petit hôtel aux chambres simples mais propres, avec ventilo ou clim. Certaines, rénovées (comme les familiales), sont même plutôt bien pour le prix ! Autre attrait : le *rooftop* aménagé avec quelques tables offrant une belle vue sur le Taj Mahal.

⌂ ***Saniya Palace*** *(zoom F5,* ***11****) : Chowk Kagziyan, à proximité de la South Gate. ☎ 223-04-05. 📱 88-81-27-01-99. ● saniyapalace.in ● Doubles sans ou avec AC 600-1 200 ₹.* L'atout majeur de ce petit hôtel, c'est sa grande terrasse avec resto sur le toit, d'où le regard embrasse superbement le site du Taj ! Quant aux chambres, les moins chères (sans clim) sont très simples mais les *deluxe* sont déjà mieux, avec même un lit à baldaquins pour certaines. En optant pour la *Taj View Room* (la plus chère), vous aurez même droit à la vue sur le fameux monument. Transport gratuit depuis la gare. Attention, mosquée juste à côté de l'hôtel (s'attendre à être réveillé tôt).

🏠 ***Joey's Hostel*** *(zoom F5,* ***12****) : Chowk Kagziyan, à proximité de la South Gate. 📱 98-18-64-28-24. • joeyshostel.com • Dortoir 400-450 ₹/pers, doubles 1 000-1 500 ₹, petit déj inclus.* Au fond d'une allée, mais on le repère vite depuis la rue. Un *hostel* récent dans le quartier, qui propose 4 dortoirs de 4-8 lits et une dizaine de chambres très convenables, avec TV, clim et salle de bains privée, le tout sur 3 niveaux autour d'un patio couvert avec canapé et table. On a un gros faible pour les chambres nos 16 et 17 au 2e étage, qui donne sur le Taj Mahal. Sinon, vue tout aussi plaisante depuis la terrasse aménagée sur le toit. Bien aussi pour faire des rencontres (pas mal de *backpackers*).

🏠 ***Sidharta Hotel*** *(zoom F5,* ***13****) : en allant vers la Western Gate. ☎ 223-09-01. 📱 97-19-45-69-98. • hotelsidhartha.com • Doubles 950-1 500 ₹ selon étage, confort et saison.* La porte ouest du Taj Mahal est à 100 m. Disposées autour d'une cour, les chambres carrelées n'ont pas de charme particulier mais elles sont nettes et équipées du confort de base, avec en prime de bons matelas. Accueil sympa et atmosphère reposante le soir dans la cour, qui accueille un resto sous un grand auvent. On aperçoit le Taj Mahal du petit *rooftop* – parfois fermé... et aussi fréquenté par les singes (gare à vos affaires !). Un honnête rapport qualité-prix.

Du côté de Shilpgram, au sud-est du Taj Mahal

De très bon marché à bon marché (max 1 500 ₹ / 20 €)

🏠 ***Zostel Agra*** *(plan G6,* ***14****) : Taj East Gate Rd, en face du 132 KV Subplant. ☎ (011) 39-58-90-05 à Delhi. 📱 98-37-05-04-42. • zostel.com • Dortoir 350-450 ₹ ; double env 1 500 ₹.* La pelouse du jardin où les hôtes se détendent, l'impression d'espace et de calme, l'accueil chaleureux et les prix économiques font de cet *hostel* une bonne adresse non loin du Taj Mahal. Les dortoirs (mixtes ou non) sont propres et bien équipés (clim, salle de bains, *lockers,* prise et lampe à chaque lit). Bonnes chambres privées aussi, simples mais bien nettes, aux murs colorés. Cuisine pour les hôtes et petite annexe dans le jardin faisant office de salon-salle à manger (petit déj et petits plats à toutes heures). Cerise sur le gâteau, l'AJ propose aussi des activités gratuites tous les jours (balade en bateau derrière le Taj au crépuscule, *street food tour,* etc.). Location de vélos.

🏠 ***Moustache Hostel*** *(plan G6,* ***15****) : Shilpgram Rd. ☎ 233-01-03. • moustachehostel.com • Dortoir 250-400 ₹ ; doubles 1 000-1 600 ₹.* Non, cet *hostel* n'est pas réservé aux moustachus ! Derrière ce nom curieux (en fait, une petite chaîne d'*hostels*) se cache une sorte d'hôtel-AJ ouvert à tous, installé dans une maison de 3 étages, avec une terrasse lumineuse (et bar à *mocktails*) sur le toit. Les chambres, rénovées, sont assez charmantes, avec clim, mobilier sobre, petit rideau à la fenêtre et salle de bains neuve. Les plus calmes sont les nos 102, 103, 202 et 203 (car à l'arrière). Dortoirs (4-6 lits) bien tenus. Fait également resto. Une bonne adresse.

🏠 ***Friends Paying Guest House*** *(plan G6,* ***16****) : Shilpgram Rd. 📱 99-17-88-52-78. • friendspayingguesthouse.com • Dortoir 150-350 ₹ ; doubles 600-1 000 ₹.* Dans la même rue (bruyante...) que le *Moustache Hostel,* une auberge-hôtel abritant 2 dortoirs à prix plancher et des chambres (1-4 personnes) pas chères non plus, le tout avec ou sans clim. C'est correct... vu les tarifs, même si certaines chambres et dortoirs sont un peu confinés. Excellents matelas partout, et des espaces où s'asseoir à chaque étage, avec un café-resto au 1er étage (le *Bob*

Marley, 20 % de réduc pour les clients de la *guesthouse*) et terrasse jouissant d'une vue panoramique. Organise aussi des activités (cours de henné, virée au marché...). Accueil sympa.

De prix moyens à chic (2 000-4 000 ₹ / 26,70-53,30 €)

Coral Tree Homestay *(plan G6,* ***17****) : 4, Amarlok Colony, proche du parking* Shilpgram. *98-37-60-90-88 ou 89-38-99-99-20. • thecoraltreehomestay.com • Fermé en juin. Doubles 2 250-2 500 ₹, avec petit déj. Repas sur demande.* Enfin une vraie maison d'hôtes de charme, dans un secteur résidentiel tranquille. Cette belle demeure se cache derrière un mur bleu et un jardin bien aménagé avec tables, balancelles et des buissons fleuris et parfumés (jasmins, bougainvillées). On est reçu par des serviteurs un peu timides ou par la charmante et distinguée maîtresse de maison. Les chambres, aux 1er et 2e étages, sont toutes nickel, colorées et bien agréables, garnies de mobilier indien. Juste à côté, la **Coral House** (même famille ; *96-27-20-84-81*), avec ses beaux espaces communs aux tonalités chatoyantes et ses terrasses fleuries, offre des chambres de même qualité à prix similaires. N'hésitez pas !

Aman Homestay *(plan G6,* ***18****) : P-18, M.I.G Colony, Taj Nagri Phase 1, Shilpgram Rd. ☎ 233-12-34. 95-36-44-09-15. • amanhomestayagra.com • Petite rue calme, derrière le* Moustache Hostel *et la* Friends Paying Guest House. *Doubles 2 000-3 700 ₹.* Grande maison moderne habitée par la famille Aman, des gens très accueillants. Dès l'entrée, on sent que l'endroit est classe ! Et, en effet, passé la salle à manger du rez-de-chaussée qui donne sur une jolie cuisine, on découvre aux étages des chambres cossues, impeccables et très bien équipées, avec frigo, bouilloire, salle de bains étincelante et tout ! De plus, elles donnent sur une rue quasi sans circulation. Super toit-terrasse, avec vue sur le Taj Mahal. Repas sur demande (cuisine maison) et services de transport. Une de nos adresses préférées à Agra.

Coral Court *(plan G6,* ***19****) : 9, Amarlok Colony, proche du parking Shilpgram. 97-60-01-96-60. • coralcourthomestay.com • Doubles 2 800-4 000 ₹, petit déj inclus.* Encore une maison d'hôtes de charme, aménagée avec soin par les Talan, un couple moderne et accueillant. Ils ont du goût et de l'imagination, comme le prouve la déco intérieure de la demeure. Une maison à la tenue parfaite, abritant des chambres très confortables (mais sans TV), arrangées et décorées de couleurs vives, au mobilier sobre et bien choisi. Belle attention aux détails, on se croirait presque dans un magazine de déco new-look. La suite *Maharajah* est la plus belle des chambres. Jolie terrasse sur le toit (petite vue sur le Taj).

Hotel Parador *(plan G7,* ***20****) : 3A, 3B, Fatehabad Rd, Taj Nagari Phase 1, Basai Khurd, Tajganj. 70-88-10-07-68. • paradorhotel.in • Double 3 000 ₹ (2 500 ₹ en été), petit déj compris.* Retour à une hôtellerie plus classique... mais non moins recommandable avec cet hôtel récent qui propose des chambres d'un excellent niveau pour le prix ! Réalisées dans les tons brun clair, elles sont coquettes et tout confort, avec literie douillette, coffre, minibar, bouilloire, etc. Demandez une *luxury,* elles sont au même tarif que les *premium* mais plus grandes et garnies d'un sofa, certaines partageant même un grand balcon. Agréable salle de petit déj, accueil pro. Et, en prime, un excellent resto en sous-sol, le *Bon Barbecue* (voir plus loin « Où manger ? »).

Très chic (5 400-10 500 ₹ / 72-140 €)

Trident Hotel *(plan H7,* ***21****) : Tajnagri Scheme, Fatehabad Rd. ☎ 223-50-00. • tridenthotels.com • Doubles 8 800-10 000 ₹ en hte saison ; réduc hors saison et selon fréquentation.*

Un des hôtels chics les plus agréables dans cette catégorie, avec son grand hall design aux tons clairs. Il s'organise sur 2 niveaux autour d'un vaste jardin au gazon impeccable planté de palmiers, et une belle piscine. Service stylé et chambres modernes, mais pas immenses, à l'excellent niveau de confort, avec vue sur le jardin (les moins chères) ou la piscine. Très bon buffet *(env 1 400 ₹)* au resto. Sans oublier le très joli bar, le spa...

Ailleurs en ville

Bon marché (600-1 500 ₹ / 8-20 €)

■ ***Tourists Resthouse*** *(plan C5,* ***22****) : 4/62, Kutchery Rd, près du* Meher Theatre Complex. *☎ 246-39-61 ou 226-50-18. • dontworrychickencurry.com • Doubles 550-1 500 ₹ ; single dès 350 ₹.* Derrière une façade imitant un palais du Rajasthan, voici notre meilleure adresse bon marché de la ville. Elle est tenue par Ramesh, qui se débrouille bien en français, et son fils Anil, tous 2 très accueillants et prodigues en infos. Les chambres entourent sur 2 niveaux une agréable cour-jardin, où il fait bon prendre le frais le soir. Fraîches, modernes et bien nettes, elles possèdent douche chaude (avec serviette et savon) et, selon la catégorie, ventilo, *air cooler* ou clim, et frigo. Plus simples, bien sûr, pour les 1ers prix. Le resto végétarien est aussi de bonne tenue (voir « Où manger ? »). Également une agence de voyages au rez-de-chaussée, gérée par Anil *(📱 99-97-11-32-28 ; • bagpackertravels.com •)* : résas de train et bus pour une faible commission, rickshaws et voiture à la journée à bon prix, transfert vers l'aéroport de Delhi (à bon prix aussi !) et, plus généralement, tout type de tours dans le pays. *Attention :* certains rickshaws tentent de vous emmener dans un hôtel au nom similaire, comme la *Tourist Guesthouse* ou l'hôtel *Resthouse.* Fiez-vous, une fois n'est pas coutume, au *Routard* dessiné par le patron à l'entrée de l'authentique *Tourists Resthouse* !

Chic (3 000-5 400 ₹ / 40-72 €)

■ ***Bansi Homestay*** *(plan E6,* ***23****) : 18, Handicraft Nagar, 150 m après l'hôtel* Atithi. *☎ 233-30-33. • bansihomestayagra.com • Double env 3 500 ₹, petit déj inclus.* Dans une impasse calme (hormis la mosquée à proximité) d'un quartier central, cette demeure moderne abrite seulement 5 chambres bien équipées. Carrelées, vastes et confortables (belles salles de bains, chauffage solaire, frigo), elles bénéficient en outre d'une petite terrasse avec un brin de pelouse. Repas sur demande, bonne cuisine végétarienne. Accueil très courtois.

Très chic (plus de 5 400 ₹ / 72 €)

■ ***Grand Imperial Hotel*** *(plan B5,* ***24****) : Mahatma Ghandi Rd, Chhipitola. ☎ 400-27-81. • hotelgrandimperial.com • Doubles 8 500-11 000 ₹, petit déj inclus. Réduc de 20 % hors saison.* C'est le typique vieux palace d'époque coloniale (1900), 2 bâtiments à arcades surmontées de galeries à véranda à l'étage. Les chambres et les suites spacieuses se répartissent autour d'une grande pelouse intérieure (et d'une agréable piscine à l'arrière dans un 2d patio). Décorées à l'ancienne, elles ont peu d'inconvénients et beaucoup de qualités. À commencer par le charme dû à la patine du temps. Mobilier, carrelage au sol, murs de brique peinte (la fameuse brique dite « de Lahori » qui servit pour le Taj Mahal et le Fort Rouge), tomettes, lits à baldaquin et robinetterie sont d'époque mais bien entretenus. Des célébrités y ont dormi : Nehru, Ali Jinnah, l'Aga Khan et autres têtes couronnées. Fait aussi bar et resto (plutôt chic), ce qui est bien pratique. Spa et même des spectacles de danse et de marionnettes.

Où manger ?

Dans Taj Ganj

De très bon marché à bon marché (max 300 ₹ / 4 €)

🍴 ☕ ***Joney's*** *(zoom F5,* ***30****) : South Gate, Kutta Park, sur la placette centrale. 📱 98-37-33-96-86. Tlj 5h-22h30.* Le resto est ouvert depuis 1978, et le patron vous montrera ses vieux livres d'or... La salle, petite (6 tables !) mais bien ventilée, est envahie par les routards à l'heure du petit déj et à midi. La maison est très connue pour son excellent *banana lassi* saupoudré de coco râpée (hmm !) que l'on déguste à toute heure. Mais on vient aussi pour les omelettes, pancakes et *jayffles* (sortes de croques) vraiment bon marché, ainsi que pour la carte indienne (currys, *biryanis,* et surtout *malai kofta...*). Tout est frais et sain, cuisiné presque sous vos yeux.

🍴 La plupart des hôtels du quartier cités plus haut dans « Où dormir ? » disposent d'une terrasse sur le toit avec vue sur le Taj. Notre préférence va à celle du ***Saniya Palace*** *(zoom F5,* ***11****),* qui donne superbement sur le mausolée. Plats indiens, continentaux et chinois classiques.

Au sud et à l'est de Taj Ganj

De très bon marché à bon marché (max 450 ₹ / 6 €)

🍴 ☕ ***Dostea*** *(plan F-G5,* ***31****) : Taj East Gate Rd. À 500 m de la porte est du Taj. Tlj sauf ven 7h-19h30.* Un petit jardin baignant dans une douce musique, c'est déjà une bonne raison de faire une pause dans ce café en plein air ! La courte carte propose les fameux *chaat* (snacks) d'Agra, comme le *mung dal cheela* (*dosa* – crêpe roulée – à base de lentilles et non de riz), *aloo tikki* (galette de pomme de terre)... mais aussi des sandwichs, soupes, nouilles, *thalis* et même des brownies et muffins, à accompagner d'un bon café. Parfait pour se poser au calme après la visite du Taj !

🍴 🍸 ***Sheroes Hangout*** *(plan G6-7,* ***32****) : Phase 1, MMIG, Fatehabad Rd, Taj Nagari, Basai Khurd, Tajganj. ☎ 400-04-01. • sheroeshangout.com • À 5-10 mn max du Taj Mahal en rickshaw. Tlj 10h-22h.* Dans cette grande salle colorée un peu bohème, on vient manger, outres des plats indiens et chinois, des sandwichs, soupes, pâtes et salades. Particularité du lieu : le service, assuré par des jeunes femmes victimes d'une barbarie d'un autre temps, le vitriol. Une pratique qui est aujourd'hui encore un véritable fléau en Inde. Brûlées, défigurées, ces femmes sont condamnées à une vie de paria, en marge de la société. Ce café a été créé par une association qui leur vient en aide et tente de sensibiliser le public au phénomène. Les prix sont libres et, grâce à cette participation, les clients aident plusieurs de ces victimes à vivre au quotidien. Une initiative à soutenir sans réserve !

De bon marché à prix moyens (300-900 ₹ / 4-12 €)

🍴 ***Culinary Junction*** *(plan H7,* ***33****) : en face de l'hôtel* Trident *sur Fatehabad Rd, à l'étage d'un concessionnaire automobile. 📱 70-17-79-98-32. Tlj 11h-23h.* Que l'environnement cela ne vous décourage pas : la salle, quoique sans fenêtre, est pimpante et joliment arrangée avec son sol en marbre, ses sièges et banquettes confortables et son éclairage subtil. On y déguste une cuisine végétarienne succulente et particulièrement soignée : *kaju khoya kofta* (boulettes sauce noix de cajou), délicieuses *dal tadka* (lentilles), *kadhai paneer* (fromage en curry), *navratna korma* (curry de fruits et légumes) ou encore les excellents *thai spring rolls* et le *smoked tomato shorba* (soupe savoureuse mais très piquante). De quoi vous changer des traditionnels *thalis* et currys de poulet ! Hygiène au top et accueil itou.

Bon Barbecue *(plan G7,* ***20****) : à l'hôtel* Parador *(voir « Où dormir ? »). 70-88-10-07-64. Tlj 12h-15h30, 18h30-23h. Buffet env 750 ₹.* On recommande l'hôtel *Parador* plus haut, mais le resto, au sous-sol, est vraiment bien aussi ! D'abord, on vous apporte à table de savoureuses viandes et poissons grillés au barbecue, puis on passe au buffet, qui offre tous les classiques de la gastronomie indienne (ainsi que quelques plats chinois), ici particulièrement réussis. Clientèle mixte d'Indiens et d'étrangers. Service attentif et souriant, le tout dans une grande salle soignée et confortable avec vue sur les cuisines. L'un de nos restos préférés à Agra.

Pinch of Spice *(plan F7,* ***34****) : 1076/2, Fatehabad Rd, en face de l'*ITC Hotel. *☎ 404-53-53. Tlj 12h-23h30. Plats 300-500 ₹, buffets midi et soir 575-750 ₹.* Cette « pincée d'épices » est un restaurant très en vogue dans la bourgeoise urbaine locale. Déco contemporaine assez soignée et tirée au cordeau, lustres modernes et miroirs, service aux petits soins. 2 options : à la carte au rez-de-chaussée (ambiance plus sympa !) ou buffet – *veg'* ou non – à l'étage. Cuisine indienne bien élaborée et variée : délicieux *tandoori mushrooms, Sikandari Raan* (spécialité du chef à base d'agneau), poulet, mouton, poisson au curry. Il y a aussi des plats chinois, mais qui ne vaudront pas les délices de l'Inde.

Dans le Cantonment

Quelques bonnes adresses (plutôt végétariennes) de ce côté aussi, pour ceux qui logent dans le coin ou qui voudraient essayer autre chose.
Les amateurs de bonbons goûteront à la spécialité locale, les *Panchhi Petha,* confectionnés avec de la citrouille bouillie dans du sirop de sucre puis aromatisée. On en trouve notamment au *Sadar Bazar (plan B-C7).*

De très bon marché à bon marché (max 450 ₹ / 6 €)

Restaurant de la Tourists Resthouse *(plan C5,* ***22****) : voir « Où dormir ? ». Tlj 6h30-22h30.* Bonne cuisine végétarienne à déguster dans la paisible cour verdoyante de l'hôtel. Très agréable les soirs d'été, à la lueur des bougies et des lampions multicolores, dans le glouglou des fontaines. Au menu : soupes, *vegetable spring rolls, malai kofta* et délicieux *custard* à la banane en dessert. Un fond de musique indienne berce les convives et une agréable petite salle bien ventilée offre un refuge si la chaleur s'en mêle.

Lakshmi Vilas *(plan C7,* ***35****) : 50 A, Taj Rd, Sadar Bazar. ☎ 222-56-16. Tlj 11h-22h30.* Épouse de Vishnu, Lakshmi est la déesse de l'abondance et du bonheur ! Même si le cadre est un peu sombre, les bienfaits de la déesse se font sentir dans les assiettes : la cuisine végétarienne d'Inde du Sud est très réussie, notamment une belle carte d'énormes *dosaï* ! Et aussi des *Kerala specials, uttapam, thalis* ou, pour goûter un peu à tout, des *South Indian platters...* Pour finir, glaces, milk-shakes et gâteaux.

De bon marché à prix moyens (300-900 ₹ / 4-12 €)

Dasaprakash Restaurant *(plan C6,* ***36****) : 1, Gwalior Rd. ☎ 246-35-35. Juste à côté du* Meher Theatre Complex, *un peu en retrait de la route au 1er étage. Tlj 11h30-22h45.* Ce resto réputé pour sa qualité fait partie d'une chaîne recommandable. Il est fréquenté par les familles aisées du coin. Tout y est très propre et la salle est agréable avec ses box cloisonnés par des panneaux en bois et éclairés par des lampes Tiffany. Cuisine exclusivement végétarienne : bons *dosaï* (spécialité) et autres plats d'Inde du Sud, sans oublier les copieux *thalis.* Le moins cher *(South Indian Thali)* suffit largement pour un appétit normal, le *Dasaprakash Thali* nourrissant plutôt

2 personnes... En dessert, banana split et autres *super sundae*. Prix raisonnables et service pro.

Sai Khandelaa *(plan C7,* ***37****)* *: 2 A, Manick Mansion, Taj Rd, Sadar Bazar. ☎ 222-70-03. Tlj 11h-15h, 19h-23h.* Une autre valeur sûre, même si son emplacement n'est guère glamour, au bord d'une artère poussiéreuse. Passé la porte insérée dans une galerie à arcades, on découvre une belle salle cossue dans les tons bleus, animée par des serveurs attentionnés et très pros. On y sert surtout une cuisine traditionnelle d'Inde du Nord, mitonnée avec soin et savoir-faire. Excellents *murgh tandoori* (poulet tendre à souhait) et *kakori kabab* (mouton cuit doucement au charbon de bois). Également des options continentales, chinoises, et même des burgers ou des shawarmas. Sert de l'alcool.

Achats

La grande spécialité de la ville, c'est le ***marbre incrusté*** de pierres semi-précieuses, à l'imitation des décorations du Taj Mahal. Lors des visites d'ateliers, vous assisterez, dans le meilleur des cas, à une version express des différents stades de travail (taille, ripage, meulage et polissage), avant de vous faire gentiment conduire vers la boutique. Chez la plupart des vendeurs, les incrustations sont en verre coloré et non en pierre ! Sachez aussi reconnaître le marbre de l'albâtre (nettement plus tendre, ce dernier se raye si on le gratte avec une pièce de monnaie). On trouve aussi à Agra des ***pierres colorées*** qu'on ne vend qu'en Inde (on les monte en bagues) : *Black Star Sapphires* et *Star Rubys* aux reflets en forme de croix.

Petits conseils pour faire ses achats

Faire des achats à Agra relève un peu du parcours du combattant, et on résiste mal à l'envie de partager modestement ces quelques remarques.

– ***La plupart des pierres précieuses*** et semi-précieuses sur le marché d'Agra ***sont fausses.*** À moins d'être un spécialiste, il est très facile de se faire avoir. Bref, à Agra, on achète des objets de marbre incrusté de pierres, en sachant simplement qu'elles ont une chance certaine d'être fausses. Mais c'est joli quand même, non ?

– ***Autre arnaque :*** pour vous inciter à acheter des pierres, on vous soutient mordicus que vous pourrez les revendre dans votre pays 5... ou 10 fois plus cher (lettres de faux témoins à l'appui !). Ne prêtez aucune attention à ces bonimenteurs et charlatans...

– Rappel : les ***chauffeurs de rickshaw*** (ou tout autre rabatteur) touchent des commissions partout, qui peuvent atteindre jusqu'à 40 % du prix de vos achats. Donc, ne vous faites pas conduire dans les boutiques. Le pourcentage qui ne sera pas donné à un tiers, vous pourrez le marchander.

– Après tout cela, la seule façon d'être sûr de ne pas se faire rouler, c'est évidemment de ne rien acheter. Tous les vendeurs ne sont pas des filous, mais beaucoup sont de beaux arnaqueurs...

À voir

On rappelle aux voyageurs à petit budget que le ***Taj Mahal*** est le site le plus cher du pays. Le billet d'entrée *(1 300 ₹)* comprend une taxe de l'*Agra Development Authority (ADA)*, de 500 ₹ (censée servir, entre autres, à restaurer le quartier tout autour du Taj...), que vous n'aurez donc pas à payer à nouveau si vous visitez un autre des monuments concernés le même jour.

Le Taj Mahal *(plan et zoom F5)* **:** *• tajmahal.gov.in • Tlj* ***sauf ven*** *du lever au coucher du soleil. On y accède par la porte ouest (West Gate) ou la porte est (East Gate). Pour cette dernière, accès possible en voiturette électrique depuis le parking Shilpgram (plan G6). La porte sud (South Gate) ne permet que la sortie, pas l'entrée (pas la peine de tenter !). Dans ts les cas, se rendre au guichet « Foreigners » (réservé* *aux étrangers). Entrée : 1 100 ₹ pour l'accès aux jardins qui bordent le mausolée et 200 ₹ de plus pour accéder au mausolée même ; gratuit - de 15 ans. Le billet n'est valable que pour 1 seule entrée. On peut acheter son billet sur Internet (pratique, on évite la file) : ● asi.payumoney.com ● ; réservez aussi pour les moins de 15 ans, même si l'entrée reste gratuite.*

MESURES ANTISISMIQUES AVANT L'HEURE

Regardez bien : le monument central du tombeau est entouré de 4 minarets identiques. Ils sont très légèrement inclinés vers l'extérieur, de sorte qu'en cas de séisme ils s'écrouleraient du côté opposé au tombeau. Pas bête !

*– **Appareil photo et smartphone** autorisés sans supplément mais pas de photo à l'intérieur du tombeau.*

*– **Objets interdits :** tte nourriture et boisson autres que l'eau sont interdites, de même que couteaux, cigarettes, briquets, stylos et feutres de couleur, pieds pour appareils photo et appareils électriques... et la liste n'est pas exhaustive ! Le contrôle à l'entrée est double : portique électronique + fouille corporelle. Du coup, il vous faudra probablement **laisser votre sac à la consigne** du parking* Shilpgram *(à 1 km de la porte est) ou à la* locker room *de la porte ouest (à 200 m des guichets), en ne prenant avec vous que ce qui est autorisé.*

*– Pas d'audioguide mais pléthore de **guides** sur place. Comme ailleurs, ils sont plus ou moins compétents (en choisir un avec carte et photo) et les prix se négocient (compter min 500 ₹ mais beaucoup vous demanderont plus).*

*– Le site ouvre aussi pour les **soirées Moonlight,** qui permettent (5 j./mois) d'admirer le Taj à la pleine lune... depuis le parvis de la* Main Gate, *et seulement 30 mn (entre 20h30 et 0h30). Procédure compliquée : il faut se rendre au bureau de l'*Archeological Survey of India *(22 Mall Rd, dans le Cantonment) pour acheter son ticket, min 24h à l'avance. Coût du billet : 750 ₹. L'accès se fait depuis la porte est uniquement.*

MONUMENT EN PÉRIL

Lord Bentinck, gouverneur général des Indes en 1828, avait un tel mépris de la culture indienne qu'il envisagea de démonter le Taj Mahal pour vendre les marbres en Angleterre.

« Je pense décidément que ce monument mérite bien plus d'être compté au nombre des Merveilles du monde que les pyramides d'Égypte. » Tels sont les propos du médecin-philosophe François Bernier, qui fut le 1er voyageur français à admirer le Taj en 1670 sous le règne d'Aurangzeb. L'emblématique Taj Mahal est toujours aujourd'hui l'une des Merveilles du monde et, bien logiquement, le ***monument le plus visité d'Inde.*** Plus de 20 000 personnes s'y pressent chaque jour en pleine saison.

Pour en profiter au mieux, venez ***de préférence tôt le matin,*** au lever du jour (vérifier l'heure auprès de votre hôtel), c'est vraiment le moment où il y a le moins de monde et, en hiver, on a parfois droit, en prime, à de très belles brumes matinales ! À partir de 9-10h, les visiteurs commencent à affluer et le site se remplit jusqu'au soir.

Les architectes, qui avaient compris la magie du théâtre, choisirent de dissimuler le mausolée derrière un immense portail de grès rouge, de sorte qu'on le découvre brutalement avec tout le suspense d'un rideau qui se lève. La vision est éblouissante et presque irréelle : élevé au fond d'un long jardin, le mausolée de marbre blanc se mire, en outre, dans le long bassin qui mène jusqu'à lui. Il se dresse au centre d'une vaste plate-forme, colossal et en même temps si gracieux et léger, semblant presque flotter dans les airs...

Un peu d'histoire

La légende prétend que le Taj Mahal n'a pas été érigé pour célébrer une ferveur religieuse, ni pour l'orgueil d'un monarque vieillissant. Construit de 1631 à 1648, le Taj Mahal serait ***dédié à l'amour*** – l'amour perdu de l'empereur Shah Jahan.

La disparition de Mumtaz Mahal, sa 3e épouse, muse et compagne de tous les instants, d'une beauté légendaire, morte en donnant naissance à leur 14e enfant, laissa le cœur du monarque dévasté. Fou de chagrin, il fit vœu de construire un monument à sa mémoire qui n'ait pas son pareil au monde. Comme aucun architecte du royaume n'était capable de concevoir un projet à la dimension de la douleur de l'empereur, il aurait convoqué l'***architecte perse*** Ustad Ahmad Lahauri et tué sa fiancée. Comprenant alors la terrible douleur du sultan, l'architecte fut capable d'imaginer le Taj Mahal... S'ensuivirent 17 années de dur labeur pour plus de 20 000 travailleurs et artisans, venus, dit encore la légende, des quatre coins du monde connu.

LA VIE EN ROSE OU UNE VIE DE ROSSE ?

L'empereur Shah Jahan accablé par le chagrin ? Oui, mais il n'empêche que sa femme adorée vécut un véritable calvaire. En effet, l'épouse eut 14 enfants en 19 ans de mariage (elle mourut d'ailleurs en accouchant). Elle devait aussi suivre son mari sur les champs de bataille. L'empereur avait 2 autres épouses et un gigantesque harem. Le rêve ?

La légende, toujours, assure que l'empereur aurait fait couper les mains de l'architecte et lui aurait ôté la vue, afin qu'il ne soit jamais capable de reproduire un monument comme le Taj Mahal...

Visite du Taj Mahal

Combinant éléments architecturaux perses, islamiques et d'Asie centrale, le fastueux ***mausolée*** est coiffé d'un puissant dôme en bulbe et encadré par 4 minarets graciles détachés, d'une splendeur inouïe. L'ensemble a été bâti dans un magnifique marbre blanc du Rajasthan et enluminé de mille et une inscriptions calligraphiques, motifs végétaux et bandeaux décoratifs en pierre polychrome marquetée. Tout l'édifice est absolument symétrique par rapport à la tombe de Mumtaz Mahal. Seule celle de Shah Jahan fait exception. En effet, peu désireux d'assumer le coût d'un mausolée pour Shah Jahan dont celui-ci avait entrepris la construction de l'autre côté de la Yamuna, Aurangzeb fit placer le cénotaphe de son père à côté de celui de Mumtaz Mahal (35 ans après), déséquilibrant la symétrie de l'intérieur.

Les ***2 tombeaux*** des souverains, voilés par une délicate dentelle de marbre, sont vides. Les époux reposent en fait dans la crypte en sous-sol. Malheureusement, celle-ci n'est plus visitable (sauf 3 jours par an en avril-mai – dates variables –, pour l'anniversaire de Shah Jahan, mais il y a alors un monde fou...).

En ressortant du mausolée, ne manquez pas de faire le tour du monument, jusqu'à la vaste terrasse dominant la ***rivière Yamuna*** – en partie asséchée. Côté gauche (vers l'ouest donc) se dresse une ***mosquée*** en grès rouge, construite afin de sanctifier l'endroit et de fournir un lieu de culte aux pèlerins (se déchausser). Côté droit, une réplique exacte, connue sous le nom de *jawab* (réponse), est destinée à maintenir l'harmonie architecturale de l'ensemble, mais ne peut être utilisée comme mosquée car elle n'est pas orientée vers La Mecque.

Dans le ***parc,*** de nombreux bancs s'offrent aux âmes romantiques. Le traditionnel *charbâgh* persan (les 4 jardins) planté d'arbres, où poussaient des fleurs en abondance, a été remplacé par des pelouses typiquement britanniques à l'instigation du vice-roi britannique, lord Curzon.

Côté ouest toujours, vous pourrez encore jeter un coup d'œil au ***Taj Museum*** *(ouv 9h-17h ; entrée libre).* Ses 4 petites pièces exposent quelques miniatures, enluminures du XVIIe s et peintures délicates sur ivoire représentant Shah Jahan et Mumtaz Mahal, des scènes de bataille, des plans anciens (notamment une carte montrant l'origine de tous les matériaux qui servirent à édifier le Taj Mahal, assez impressionnant !), des croquis préparatoires, de belles calligraphies, des actes de vente de terrains, quelques armes. À noter, ces assiettes royales vertes (céladon), dont la couleur était censée changer (ou qui se brisaient) si du poison était versé dans la nourriture !

Le Taj Mahal vu de la rive gauche de la rivière Yamuna : pour une autre vision du mausolée, de dos cette fois-ci, direction **Mehtab Bagh** *(plan E-F4 ; ouv du lever au coucher du soleil ; entrée : 300 ₹).* Situé sur la rive opposée de la Yamuna River, ce paisible jardin a été aménagé à l'origine par l'empereur Babur (vers 1530). C'est dans cet espace vert de 10 ha que Shah Jahan voulait se faire construire un mausolée (on peut en voir les fondations) afin d'être en face de celui de son épouse bien-aimée. Il ne parvint pas à l'achever, car il fut emprisonné par son fils Aurangzeb. Beau point de vue pour une photo dans les brumes du petit matin ou dans la douceur du soir, entre chant du muezzin et piaillement des oiseaux. Un peu cher payé toutefois, et ne rivalise pas avec la vision que l'on a du Taj de l'autre côté...

OPÉRATION CAMOUFLAGE

Avez-vous remarqué les crochets qui courent le long du dôme du Taj ? Ils furent installés au début du XXe s pour faciliter l'entretien de l'édifice mais, ce qu'on sait moins, c'est qu'ils servirent aussi pour couvrir le dôme d'une toile sombre lors de la guerre indo-pakistanaise de 1971... Une façon de rendre le monument moins visible depuis le ciel, et de lui éviter un bombardement aérien par les aviateurs ennemis !

Le Fort Rouge (Red Fort, ou encore Agra Fort ; plan C-D4) **:** *tlj du lever au coucher du soleil. Entrée : 500 ₹ (450 ₹ avec CB) + 50 ₹ de taxe perçue par l'ADA (sauf si vous avez visité le Taj Mahal le même j. ; avoir votre billet sur vous) ; gratuit - de 15 ans.* ***Son et lumière*** *à 18h (en hindi) et 19h (en anglais), durée : 1h ; tarif : 200 ₹. Achat du billet à droite du guichet principal. Guides sur place : env 500 ₹ pour 2h (tarif à négocier).* ***Venir de préférence tôt le mat*** *ou en fin de journée pour éviter la foule.*
Si le Taj chante l'amour, le Fort Rouge donne un aperçu de la puissance et de la richesse de cet Empire moghol qui domina presque toute l'Inde au XVIIe s. Mieux préservé et plus intéressant que celui de Delhi, il est contenu dans de puissants remparts de grès rouge, hauts de 21 m et longs de 2,5 km, qui dominent de haut la Yamuna (vue extra sur le Taj Mahal au loin). Dans l'enceinte : une enfilade de superbes palais de marbre, environnés de jardins scrupuleusement entretenus.
4 générations d'empereurs ont régné ici sur près d'un siècle : Akbar, Jahangir, Shah Jahan et Aurangzeb. C'est le 1er d'entre eux qui fonda la forteresse en 1565, sur le site d'un bastion antérieur, après avoir fait d'Agra sa capitale. Son père, déjà, s'y était fait couronner en 1530. Quelque 4 000 ouvriers y travaillèrent durant 8 ans. Plus tard, Shah Jahan fit détruire le palais d'Akbar pour le remplacer par ceux que l'on voit aujourd'hui. Usurpant le pouvoir, son fils, Aurangzeb, l'y emprisonna en 1658, pour régner à sa place. Pendant 8 ans, jusqu'à sa mort, le vieil homme put contempler, de sa fenêtre, l'admirable Taj Mahal, où reposait sa bien-aimée...
– L'entrée s'effectue par l'***Amar Singh Pol,*** jadis réservée au seul empereur Akbar. Ses successeurs lui préférèrent la Hathi Pol (Delhi Gate), à l'ouest, du côté du fort encore occupé par l'armée indienne. On marche aussi sur les pas du général Lake qui, en 1803, conduisit par ce chemin l'armée britannique victorieuse... Passé le guichet, une 3e porte, aux 2 tours rondes ornées de vestiges de mosaïques, débouche sur une

LA RÉVOLTE DES CIPAYES

Au milieu du XIXe s, on appelait Cipayes les supplétifs des forces britanniques engagés au service de la Compagnie des Indes orientales. En 1857, une insurrection éclata. L'obligation de déchirer avec la bouche les cartouches de poudre lubrifiées à la graisse de porc ou de bœuf, donc sacrilège pour les musulmans comme pour les hindous, en serait une des causes. Leur révolte mobilisa près de 300 000 combattants et ne fut matée qu'au bout de 14 mois de combats et de terribles massacres. À Agra, une garnison britannique retranchée dans le Fort Rouge résista 4 mois jusqu'à l'arrivée de renforts.

longue rampe à éléphants (testez-y l'écho !). Lors des attaques, eau et huile bouillantes étaient déversées sur les ennemis parvenus jusque-là...
– En haut, prenez à droite vers le ***Jehangiri Mahal,*** le palais de l'empereur Jahangir. Bâti en grès rouge en 1565-1569, il mêle typiquement styles hindou et musulman – un hommage, dit-on, aux religions différentes des femmes de l'empereur. Des motifs géométriques, éternellement renouvelés, s'entremêlent sur la pierre. Une cour carrée aux arcades et piliers finement sculptés s'ouvre. Perdez-vous dans le dédale de passages, de salles et de corridors, et découvrez avec quelle retenue ou quel épanchement les sculpteurs ont laissé jouer leurs ciseaux. Ici d'autres motifs géométriques, là une exubérance de fleurs, des oiseaux...
– On est alors conduit, sur la gauche, vers le ***Khas Mahal*** (1631-1640), un somptueux palais de marbre et de grès rouge recouvert de stuc, édifié sur ordre de Shah Jahan pour ses 2 filles préférées. Dans son prolongement se dresse le ***Muthamman Burj*** (ou *Shah Burj*), un bastion octogonal reconstruit à la même époque par l'empereur pour son épouse Mumtaz Mahal. Ce fut plus tard la prison de Shah Jahan lui-même, lorsque son fils Aurangzeb le fit embastiller... Au moins avait-il, de la plate-forme d'observation, vue sur le tombeau de sa bien-aimée... Avec son bassin et ses murs de marbre ornés de motifs floraux et creusés de niches, ***c'est l'un des beaux ensembles sculptés du fort.*** Shah Jahan mourut ici en 1666, et son corps fut alors transféré au Taj en bateau.
– Prenez ensuite un petit escalier intérieur qui monte face au *Muthamman Burj,* pour accéder, un étage plus haut, au ***Diwan-i-Khas*** (1635), une sorte de loge haut perchée surplombant d'un côté la rivière Yamuna et de l'autre une cour couverte d'une pelouse. C'est ici que Shah Jahan recevait rois, ambassadeurs et autres ministres. Les colonnes de marbre sont incrustées de pierres semi-précieuses dessinant des fleurs. Le plafond était à l'origine couvert de feuilles d'or et d'argent en relief imitant les rayons du soleil... Une inscription persane compare d'ailleurs l'empereur à l'astre du jour !
– De l'autre côté de la pelouse, en diagonale, on peut voir la petite mosquée privée de Shah Jahan, ***Nagina Masjid,*** bâtie entièrement en marbre blanc. Elle est surmontée de 3 coupoles à bulbes terminés par des lotus inversés.
– Puis, en redescendant par un petit escalier, on arrive au ***Diwan-i-Am,*** la salle des audiences publiques, avec une très belle loge surélevée aux multiples arcades, qui domine un vaste jardin aux pelouses impeccables. C'est là que l'empereur recevait ses hôtes de marque, et de là qu'il s'adressait à la noblesse et au peuple. On croirait la loge en marbre, mais elle est en grès rouge, plaqué de plâtre ! De part et d'autre, des fenêtres ajourées, d'où les femmes assistaient aux audiences sans être vues. Imaginez, environ 400 concubines !

Jama Masjid *(plan C4)* **:** *face à Agra Fort Railway Station.* Malgré sa vaste cour et son imposante salle de prière, la grande mosquée du vendredi n'égale en rien celle de Delhi.

Le mausolée d'Itimad-ud-Daulah ou « Baby Taj » *(plan E2-3)* **:** ☎ *228-00-30. Tlj du lever au coucher du soleil. Entrée : 300 ₹ (250 ₹ avec CB) + 10 ₹ de taxe (sauf si vous avez visité le Taj Mahal le même j.) ; gratuit - de 15 ans.* Situé sur la rive gauche de la Yamuna, cet attachant petit mausolée peu fréquenté est une sorte de précurseur du Taj Mahal. Il s'élève au centre d'un jardin entouré d'un mur de brique. 1er bâtiment moghol bâti entièrement en marbre, il fut commandé en 1622 par Nur Jahan, l'épouse persane de l'empereur Jahangir, pour son père, Mirza Ghiyas Beg, qui avait pris le titre de vizir Itimad-ud-Daulah. Son cénotaphe en jaspe se trouve à côté de celui de son épouse, dans une chambre funéraire très richement peinte et décorée. C'est l'intérêt principal du monument, la ressemblance de ce dernier avec le Taj Mahal étant toute relative. Sinon, à l'arrière de l'accueil se trouve un petit musée gratuit et très bien fait, avec écrans tactiles, permettant de faire une véritable visite virtuelle du site.

Chini-ka-Rauza *(plan E2)* **:** *à moins de 1 km au nord du mausolée d'Itimad-ud-Daulah. Tlj du lever au coucher du soleil. GRATUIT.* Dominant la Yamuna, isolé au bout d'une ruelle débouchant sur de rafraîchissants jardins, ce tombeau en ruine, est la sépulture d'Afzal Khan, ancien ministre de Shah Jahan. C'est le 1er tombeau d'Inde à avoir été entièrement recouvert de faïences émaillées, sur le modèle persan. Son nom signifie d'ailleurs « mausolée de faïence », et il est aussi surnommé le « tombeau chinois ». Malgré un état de dégradation très avancé, les façades nord et ouest valent encore le coup d'œil, de même que le plafond de la coupole pour ses peintures et ses calligraphies en partie restaurées.

Ram Bagh *(plan E-F1)* **:** *tlj du lever au coucher du soleil. Entrée : 300 ₹ ; gratuit - de 15 ans.* Imaginé par l'empereur Babur le Conquérant à l'imitation du « jardin des Huit Paradis » de Tabriz, en Perse, ce jardin moghol, le tout 1er aménagé en Inde dès le début du XVIe s, servit de modèle à tous les autres. Longtemps à l'abandon, il bénéficie aujourd'hui des soins des jardiniers de la ville. Pour autant, il ne laisse rien deviner de sa splendeur d'antan.

DANS LES PROCHES ENVIRONS D'AGRA

Sikandra *(Akbar's Tomb ; hors plan par A2)* **:** *à 12 km au nord d'Agra. Pour y aller : prendre un rickshaw partagé jusqu'au* Bagwan Cinema, *puis un autre pour Sikandra (20 ₹). Également des bus locaux directs au départ du Power House Bus Stand, direction Mathura, ttes les 10 mn à partir de 7h. Tlj du lever au coucher du soleil. Entrée : 300 ₹ (+ 10 ₹ de taxe) ; gratuit - de 15 ans.* C'est ici que se dresse le ***colossal mausolée de l'empereur Akbar*** (1556-1605), entouré d'un parc de près de 50 ha. Sa porte de grès rouge *(iwan)* est pour le moins monumentale, flanquée de 4 minarets blancs imposants. Sacrée silhouette au loin ! Ses vastes pelouses sont peuplées de biches, de gazelles et de paons. En toile de fond, la façade pyramidale du mausolée se détache, plus compliquée dans ses formes que celle du Taj, avec ses étages à arcades. Évidemment, le style n'atteint pas la perfection et la légèreté du Taj... mais on trouve sur les façades un audacieux ***mélange de motifs décoratifs*** hindous, islamiques, bouddhiques, jaïns, chrétiens et même juifs. Pas étonnant pour un empereur qui voulait instaurer dans son royaume la tolérance religieuse, et même une nouvelle religion, fruit de toutes les autres (voir « Fatehpur Sikri », plus loin). Le résultat paraît assez hétéroclite, avec une base massive quasi nue, en grès, et une partie supérieure de plus en plus travaillée, en marbre blanc, aux arcades et tourelles enchevêtrées. C'est de l'extérieur qu'on se rend le mieux compte de la finesse de l'architecture.
On accède uniquement à la ***chambre funéraire*** proprement dite, dans la partie basse de l'édifice. Dans l'entrée, de très belles fresques, malheureusement en partie dégradées, couvrent les murs. Au bout d'un long corridor, le mausolée, d'une simplicité extrême. L'***écho*** (à tester absolument) y est stupéfiant. Dans les salles voisines, ouvertes sur le devant de l'édifice, les tombes de la femme musulmane et des 2 filles de l'empereur.
On peut se balader tranquillement tout autour du mausolée et dans les allées du parc menant aux autres portes d'accès, paradis des perroquets verts et autres bébêtes flâneuses. Une excursion apaisante après le tourbillon d'Agra.

Mariam uz Zamani Tomb *(hors plan par A2)* **:** *à* ***Sikandra,*** *à 1 km après le tombeau d'Akbar, en continuant sur la route de Delhi. Tlj du lever au coucher du soleil. Entrée : 300 ₹.* Rajkumari, d'origine rajpoute, épousa Akbar en 1562 ; elle fut alors rebaptisée Mariam uz Zamani, « Mariam pleine de compassion ». 7 ans plus tard, elle donna naissance à l'héritier du trône, le futur empereur Jahangir. C'est lui qui, à la mort de sa mère en 1623, fit élever ce tombeau, dans un grand jardin peu fréquenté – refuge des amoureux indiens. En assez mauvais état de conservation, il est en grès rouge, avec de jolies coupoles sur colonnettes ciselées aux 4 angles et, en façade, des consoles, corniches et panneaux finement sculptés. L'intérieur, refuge de nombreux pigeons et chauves-souris, n'est qu'un bizarre enchevêtrement de couloirs aux murs nus, ornés de peintures dégradées. La tombe, dans la crypte, est toute simple.

FATEHPUR SIKRI (fatehpur sikri)

30 000 hab. IND. TÉL. : 05613

• Plan p. 269

À une quarantaine de kilomètres à l'ouest d'Agra, voici l'un des plus beaux sites de l'Uttar Pradesh. Un immense palais abandonné, encore bien conservé, perché sur une colline dominant un paysage digne de l'Inde éternelle ! Une beauté sans pareille inscrite, d'ailleurs, au Patrimoine mondial de l'Unesco. Bâtie par l'empereur Akbar (le 3e dans la lignée des empereurs moghols) à partir de 1571 pour y installer sa cour, la citadelle de Fatehpur Sikri tient du Fort Rouge d'Agra, mais s'en distingue par une architecture plus baroque. Cette étrange fantaisie architecturale en grès rouge est le fruit de son inspiration spirituelle et religieuse très variée. On y trouve des éléments provenant de l'hindouisme, de l'islam et du christianisme. Ce merveilleux palais est à l'image d'un souverain remarquable à l'esprit curieux et universaliste (bien qu'illettré, dit-on) et à la joie quasi enfantine.

UN PEU D'HISTOIRE

Outre des vestiges jaïns de plus de 1 000 ans retrouvés ici, le site semblait déjà convoité par Babur (le fondateur de la dynastie moghole en 1526), qui cherchait à fuir le chaos d'Agra. Mais c'est Akbar, son petit-fils, qui érigea la ville dès 1571, en hommage du Sheikh Salim Chishti (voir encadré).

Toute impériale qu'elle fut, la cité fut pourtant abandonnée 14 ans à peine après le début de sa construction. Pourquoi ? Peut-être à cause d'un manque de ressources en eau, consécutif à plusieurs années de sécheresse qui auraient vidé les 52 réservoirs d'eau de pluie et le lac artificiel créés par Akbar. Ou, plus probablement peut-être, parce qu'Akbar, dès 1585, entreprit une campagne militaire au Pendjab, délaissant donc Fatehpur Sikri qu'il avait de toute façon bâtie un peu par caprice... Il installa alors sa nouvelle capitale à Lahore (au Pakistan aujourd'hui). Fatehpur Sikri tomba ensuite dans l'oubli et, aujourd'hui encore, les 10 km de remparts semblent enserrer une ville un peu fantôme, à l'intérieur de laquelle seuls les palais et la mosquée ont résisté aux altérations du temps.

ABRACAD... AKBAR

À 26 ans, Akbar avait tout ce qu'un monarque pouvait désirer : pouvoir absolu, bonne santé, harem... Mais il n'avait pas d'héritier. Tourmenté par cette idée, l'empereur vint sur la colline de Sikri consulter l'ermite soufi Sheikh Salim Chishti. Celui-ci lui prédit la venue d'un fils et successeur, ce qui se réalisa avec Jahangir. Empli de gratitude, Akbar décida alors de transférer sa capitale d'Agra vers cette sainte colline de Sikri où eut lieu la prédiction.

FATEHPUR LA GRANDE

Des historiens estiment que la population de Fatehpur Sikri en 1580 avoisinait le quart du million d'habitants, soit près de 10 fois plus qu'aujourd'hui ! Un voyageur britannique, Ralph Fitch, qui y passa en 1585, affirme même que la ville était plus grande que Londres à cette époque, tout comme Agra.

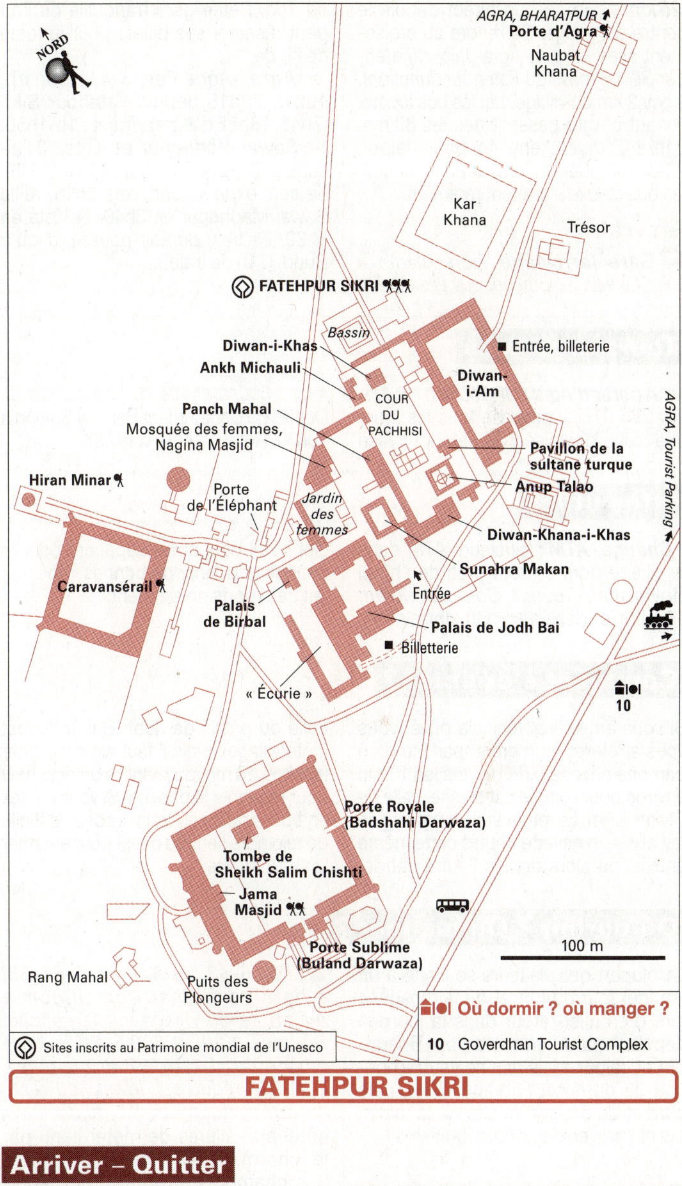

FATEHPUR SIKRI

Arriver – Quitter

En bus

La minuscule ***gare routière*** dans le centre ne dessert qu'***Agra*** (Idgah Bus Stand ; 38 km). Bus ttes les 30 mn 7h-18h. Trajet : 1h. Sinon, se rendre au croisement avec la route Agra-Jaipur (lire ci-dessous), et de là attraper un bus venant de Jaipur.

➢ ***Pour Jaipur*** *(250 km)* ***via Bharatpur***

(25 km) **:** pas de bus direct depuis le centre du village. Se rendre au croisement avec la route Agra-Jaipur (*Fatehpur Sikri Bypass* ou *Fatehpur Junction*), à env 2 km du village. Là, les bus locaux venant d'Agra passent ttes les 30 mn, 24h/24. Trajet : env 4h pour Jaipur, 20-30 mn pour Bharatpur. En revanche, les bus *deluxe* s'arrêtent rarement.

En train

Gare ferroviaire *(hors plan)* **:** *à 1 km du village. Guichet ouv tlj sauf dim 8h-16h.* Petite gare tranquille où l'on peut réserver ses billets pour le reste de l'Inde.

➢ ***Agra*** *(Agra Fort)* **:** 4 liaisons/j., 10h15-20h15 depuis Fatehpur Sikri (7h45-18h55 d'Agra). Trajet : 1h-1h50.

➢ ***Sawai Madhopur et Kota :*** 3 liaisons/j. (2 départs le mat et 1 vers 20h). Le seul *express* part vers 5h15, rallie Sawai Madhopur en 3h40, et Kota en 5h20. Le train du soir pousse jusqu'à Bundi (11h de trajet).

Tours organisés

➢ ***À partir d'Agra :*** *UP Tourism (☎ (05-62) 285-01-20)* propose tous les jours une visite organisée de Fatehpur Sikri *(env 1 500 ₹, entrée du site comprise).* Départ de Cantonment Railway Station à 10h30. Retour à Agra vers 15h.

Infos utiles

– ***Change, ATM :*** plusieurs *ATM* dans le village dont un tout près de l'hôtel *Goverdhan Tourist Complex* (*plan,* ***10*** ; lire ci-dessous « Où dormir ? »). Cet hôtel peut aussi dépanner pour le change et donner de bonnes infos, sur les transports notamment.

Comment s'orienter ?

Si vous arrivez en véhicule privé, vous vous arrêterez à un grand parking d'où part une navette *(10 ₹)* toutes les 10 mn environ pour l'entrée est du site, celle de Diwan-i-Am. Le retour vers le parking se fait aussi en navette depuis cette même entrée, ou alors depuis l'autre entrée, celle du palais de Jodh Bai, à l'ouest (côté village), mais il faut alors marcher (environ 20 mn) ou prendre un rickshaw pour regagner le parking. Si vous arrivez en bus local ou en train, il est plus facile de rejoindre l'entrée ouest pour entamer la visite du site.

Où dormir ? Où manger ?

La plupart des visiteurs se limite à un (rapide) tour du fort et de la mosquée lors d'un aller-retour dans la journée depuis Agra ou en route pour Bharatpur et Jaipur. Mais rien ne vous empêche de dormir à Fatehpur Sikri, cela permet de profiter du site tôt le matin, avant l'arrivée des excursionnistes !

De bon marché à prix moyens (env 1 500 ₹ / 20 €)

Goverdhan Tourist Complex *(plan,* ***10****)* **:** *Buland Gate Rd Crossing. ☎ 28-26-43. 📱 94-12-52-65-85. • hotelgoverdhau@gmail.com • À l'entrée du village sur la gauche. Doubles 1 200-1 600 ₹ selon taille et confort. Resto « Bon marché ». 10 % de réduc sur le prix du resto sur présentation de ce guide.* Petit hôtel aux allures de motel, tenu par le charmant et serviable Sourav. Ses chambres, propres, sont réparties autour d'un jardin à la pelouse bien verte ; elles sont sans clim au rez-de-chaussée, avec au 1er étage (les *deluxe*). Confort suffisant (eau chaude), bonne literie, carrelage frais et nuits calmes. Fait aussi resto, cuisine familiale sans triche, à prix doux (et bière servie). Sourav n'est pas avare non plus en infos (visites, bus, trains...) et il peut recommander un bon guide local.

À voir

🏵 ⚲⚲⚲ ***Le palais :*** *tlj du lever au coucher du soleil. Entrée : 600 ₹ (550 ₹ avec CB) + 10 ₹ de taxe ADA (sauf ven) ; gratuit - de 15 ans. On vous conseille de commencer la visite par l'entrée est (celle où vous dépose la navette depuis le parking), ce qui permet d'enchaîner naturellement sur la visite de la mosquée. Si vous arrivez à pied par l'autre accès, côté ouest, vous trouverez d'abord à votre gauche la Grande Mosquée (gratuite) puis, à votre droite, le site payant. Guides en principe disponibles sur place (env 450 ₹ pour 1-5 pers).* Fatehpur Sikri, la « ville de la Victoire », offre de superbes vestiges, même si certains pavillons n'ont jamais été achevés en raison du départ précipité de l'empereur et de la cour moins de 15 ans après sa création.

– ***Diwan-i-Am :*** la salle des audiences publiques, à l'entrée est du site. C'est dans cette vaste cour rectangulaire que les pétitions étaient présentées, les ambassades reçues et la justice rendue. La loge royale, entourée d'écrans ajourés, se trouve sur le front ouest. La population prenait place sur les grandes pelouses. En haut des murs, des anneaux en pierre permettaient d'accrocher une gigantesque toile qui protégeait du soleil.

– ***La cour du Pachhisi :*** c'est la grande cour. Au centre, un trône en pierre qui ressemble à une sorte de grosse table basse. Il est posé au milieu d'une sorte de grand échiquier cruciforme, inscrit dans le sol, composé de beaux pavements croisés. Là, l'empereur se plaisait à jouer au *pachhisi,* un jeu dont les pions étaient des personnages vivants. Les esclaves et les femmes (nues ou vêtues) du harem se déplaçaient ainsi au gré des fantasmes du souverain. Ben voyons ! C'est dans cette cour que se trouvent le Diwan-i-Khas, l'Ankh Michauli, le pavillon de la sultane turque, l'Anup Talao, le Diwan-Khana-i-Khas, et enfin le Panch Mahal (voir ci-après).

– ***Diwan-i-Khas :*** la salle des audiences privées avec, au centre du vestibule, une grosse colonne magnifiquement sculptée. Elle reprend des éléments d'arts jaïn, moghol, hindou, persan, turc et bouddhique. Les spécialistes s'amuseront à essayer d'attribuer tel style à telle forme sculptée. Ce pilier supporte l'emplacement où l'empereur siégeait. Ses 9 ministres se plaçaient sur le balcon circulaire de 6 m de haut d'où rayonnent 4 passerelles. C'est ici qu'Akbar traitait les affaires du royaume... et qu'il aurait déclaré la naissance de sa nouvelle religion syncrétique (qui n'aura eu, dit-on, que 17 adeptes). La structure est ornée de kiosques à chaque angle, d'une grande variété d'ornementation dans leur sobriété : toutes les rosaces sont différentes.

– ***Ankh Michauli :*** petite salle sans architecture notable, qui servait à entreposer les bijoux, l'or et l'argent dans des cavités encore visibles. On dit que l'empereur y jouait à cache-cache avec ses épouses. Dans un coin de l'édifice, une petite structure, appelée kiosque de l'Astrologue. Le plus intéressant est ici la sculpture des linteaux qui ondulent gracieusement comme la trompe d'un éléphant. Une fois encore s'exprime avec vigueur l'exubérance de l'art hindo-musulman.

– ***Le pavillon de la sultane turque*** *(Hujra-i-Anuptalao)* ***:*** dominant légèrement le bassin, petite structure délicatement travaillée

UN SI PROPRE SIRE

L'empereur Akbar était un maniaque de la propreté. Il passait près de 3h par jour dans son hammam. Il avait aussi une baignoire portative fixée sur un éléphant qu'il utilisait en voyageant. Par ailleurs, on dit qu'il ne buvait que de l'eau du Gange, comme tend à le montrer une inscription trouvée sur une grosse jarre. Ironie de l'histoire, il mourut d'une dysenterie... peut-être contractée après avoir bu de cette même eau sacrée du Gange !

qui servait de chambre à l'une des femmes d'Akbar, la musulmane (la 2e était hindoue, la 3e chrétienne). Les niches à l'intérieur accueillaient moult miroirs. Exemple de travail sur pierre d'une finesse extrême, tapissant intégralement l'intérieur en véritables tableaux de bas-reliefs : oiseaux, bêtes sauvages, fleurs et feuillages témoignent de l'habileté extraordinaire du sculpteur et de sa capacité à mêler les influences et symboles hindou, musulman, chrétien et même juif.

– ***Anup Talao :*** sur cette plate-forme entourée d'un bassin, face aux appartements de l'empereur, le célébrissime Tansen chantait et jouait. À certaines grandes occasions, Akbar faisait remplir le bassin d'eau de rose.

– ***Diwan-Khana-i-Khas :*** au sud du bassin, les appartements privés d'Akbar, assez dépouillés, attestent de la personnalité de l'empereur. Une plate-forme en pierre surélevée en guise de lit royal, quelques vestiges de fresques et des niches où l'empereur conservait sans doute ses manuscrits précieux (bien qu'illettré, il avait la passion des livres... qu'il se faisait lire), voilà tout ce qu'il en reste. Piliers sculptés de fleurs et de fruits. Par une petite fenêtre, Akbar se montrait à ses sujets. Noter qu'il n'y avait pas de marches pour accéder au lit : Akbar était porté par ses hommes. Il était corpulent : oh... hisse !

– ***Panch Mahal :*** côté ouest de la cour du Pachhisi, accès fermé, visible uniquement de l'extérieur. Ce pavillon aux formes pyramidales, ouvert aux quatre vents, se termine par un kiosque unique surmonté d'un dôme. En tout, 176 piliers sur 5 niveaux. Pas un mur ! L'architecte s'en est donné à cœur joie. Ici, aucun arc ni dôme islamique, l'empereur a préféré un style indien traditionnel. C'est sans doute là que les demoiselles du harem (il y avait jusqu'à 350 concubines) prenaient l'air et admiraient la vue splendide sur le palais et ses fortifications. Des écrans ajourés, aujourd'hui disparus, les préservaient des regards indiscrets. Akbar, lui, venait y contempler la lune. Détailler les balcons du 2e étage, décorés d'une frise de petites arches (influence musulmane), avec au centre une fleur (symbole hindou), surmontant une petite croix (chrétienne). On remarque ici encore la fusion artistique des religions. Derrière, petit jardin agréable avec, dans un coin, l'ancienne mosquée des femmes.

– ***Sunahra Makan :*** c'est le palais de Maryam, la femme chrétienne d'Akbar, d'origine portugaise dit-on. Structure sans fioritures, rappelant une croix chrétienne. En observant bien, on trouve, sous les corniches et sur certains murs, de nombreux restes de polychromie. Dans la chambre (la plus grande pièce), en s'habituant à l'obscurité, apparaissent des œuvres peintes sur les murs, comme cette fresque figurant une femme jouant de la flûte.

– ***Le palais de Jodh Bai :*** cette grande cour entourée de plusieurs bâtiments, surélevés pour certains, est l'un des plus vastes ensembles de la forteresse. Noter l'architecture symétrique autour de la cour. Les sculptures des piliers présentent encore des motifs témoignant du syncrétisme religieux. Les principaux édifices constituaient les résidences d'été et d'hiver de la femme hindoue d'Akbar et de sa mère, ainsi que de quelques-unes de ses odalisques. On les reconnaît à leurs toits bleus. Par un viaduc, Akbar pouvait y accéder directement du Diwan-Khana-i-Khas. Sur le flanc ouest, le temple. Sous l'un des halls est projetée (sur demande) une vidéo sur le site.

– ***Le palais de Birbal :*** résidence de Birbal, l'un des importants ministres d'Akbar. On y trouve un des pavillons les plus finement ciselés de Fatehpur Sikri.

Jama Masjid *(Grande Mosquée)* **:** *se déchausser avt d'entrer. Accès libre.* L'une des plus grandes mosquées du pays ! On aborde la cour soit par la Porte Sublime *(Buland Darwaza),* soit par la Porte Royale *(Badshahi Darwaza),* celle que l'empereur franchissait en venant de son palais. 1er bâtiment à être mis en œuvre dès 1571, l'extérieur semble modeste (hormis ses portes), mais l'intérieur se révèle grandiose et d'une grande richesse d'ornementation, avec des arabesques florales et dessins géométriques complexes sur les arcades qui confèrent à l'ensemble un charme majestueux.

Plusieurs monuments ponctuent la mosquée.

– ***La tombe de Sheikh Salim Chishti :*** *se couvrir la tête... avec un panier en plastique (disponible).* C'est ici qu'est inhumé Sheikh Salim Chishti, le

conseiller personnel et devin d'Akbar, qui lui prédit qu'il aurait un descendant (voir l'histoire de la ville au début du chapitre).
La magnificence des panneaux ajourés dans un seul bloc de marbre entourant le tombeau témoigne d'un grand savoir-faire. Chaque ouverture présente un décor floral ou géométrique différent. Les corbeaux serpentins, soutenant les auvents tout autour, sont d'une élégance étonnante. À l'intérieur, le baldaquin en ébène, au-dessus du cénotaphe, est richement décoré de nacre. Le véritable tombeau, qui repose dans la crypte, est fermé au public. Les fils de laine noués aux lacis de marbre sont autant d'offrandes déposées par les dévotes désireuses d'avoir un enfant.
- ***Buland Darwaza*** *(Porte Sublime)* **:** cette porte colossale de 52 m de haut fut érigée en 1575 pour commémorer la conquête du Gujarat par Akbar. À l'extérieur, la grande arche ornée de décors incrustés fait figure de chef-d'œuvre de l'architecture moghole. Des calligraphies rappellent non seulement quelques principes de la foi divine, mais aussi la célèbre formule : « Le monde n'est qu'une passerelle, traverse-le sans bâtir ta maison. »

Quelques sites intéressants (et gratuits) hors de l'enceinte du palais et de la mosquée.
- ***Le caravansérail* :** en sortant du fort par l'impressionnante porte de l'Éléphant (ou en le contournant), vaste cour entourée de ce qu'il reste des chambres et écuries des marchands de passage.
- ***Hiran Minar* :** derrière le caravansérail. Cette tour étonnante n'était rien moins qu'une sorte de borne kilométrique, telles qu'elles étaient érigées tous les *kos* (environ 3 km), et devrait donc s'appeler *kos minar*. Si on trouve trace de ce système dès l'époque Maurya, les empereurs moghols reprirent le principe et en érigèrent sur leurs principales routes (on en comptait environ 600 sous le règne d'Akbar, il n'en reste plus qu'une petite centaine). Pendant longtemps on pensa qu'Akbar avait dressé cette tour sur la tombe de son éléphant favori, car d'une hauteur de 21 m, elle est recouverte de défenses d'éléphants en pierres sculptées !
- ***L'enceinte et la porte d'Agra*** *(hors plan)* **:** 2 km environ avant le village, la route principale franchit la porte d'Agra, la mieux conservée, qui s'ouvre entre 2 puissantes tours. En empruntant aussitôt la route sur la droite apparaît un peu plus loin (toujours sur la droite) la ***résidence de Tansen,*** le plus célèbre musicien de la cour d'Akbar, puis celle de Naubat Khana, où se tenaient jadis les musiciens à l'arrivée de l'empereur.

BHARATPUR (bharatpur) ET LE KEOLADEO GHANA NATIONAL PARK

IND. TÉL. : 05644

Ancienne capitale d'un royaume formé au début du XVIIIe s lors du déclin de l'Empire moghol, Bharatpur est aujourd'hui une grosse bourgade poussiéreuse. Elle conserve quelques vestiges de l'éphémère, mais ô combien fantastique aventure des Jats, la caste d'agriculteurs qui osa prendre Delhi et le Fort Rouge d'Agra avant d'abdiquer face aux Britanniques. Aujourd'hui, Bharatpur est connue pour la richesse de son avifaune dans le fameux parc national de Keoladeo, inscrit au Patrimoine mondial par l'Unesco.

LE PARC NATIONAL ET LA RÉSERVE D'OISEAUX DE BHARATPUR

- La meilleure période : de novembre à février-mars (voir détails plus bas).
La réserve a été aménagée dans les années 1850 sur quelque 30 km² d'étangs et de forêts pour les parties de chasse au canard du maharaja de Bharatpur.

Ces zones humides ne sont pas d'origine naturelle : 2 fois l'an, les eaux de la mousson y sont canalisées pour inonder la plaine... Tout le long des XIXe et XXe s, des dizaines de têtes couronnées sont venues ici faire un carton sur les oiseaux. Heureusement, en 1964, la chasse fut interdite et la réserve devint parc national. Quelque 364 espèces sédentaires ou migratrices, dont environ 150 originaires d'Europe, de Chine, de Russie et d'Asie centrale, fréquentent les lieux, en particulier l'hiver. Parmi elles, la grue antigone et le timide pélican frisé, sans oublier les nombreux hérons, cigognes, chevaliers, spatules blanches et, parmi les résidents à l'année, les calaos peu farouches au gros bec, des aigles, les ibis à tête noire, les marabouts et les drôles de *snakebirds* (anhinga), cousins des cormorans (aussi présents. Ajoutez à cela les singes (macaques et langurs), les sangliers, les antilopes (chitals, sambars, nilgauts), et, plus discrets, les hyènes, chats sauvages, chacals et autres loutres à pelage lisse. Un paradis sauvage qu'ornithologues et naturalistes, vêtus de leurs plus belles tenues de camouflage, viennent chaque hiver mitrailler de leurs énormes objectifs. Ce qui donne pour les néophytes une atmosphère assez particulière dans les halls d'hôtel, lorsque treillis gris et treillis verts se croisent ! La réserve se situe aux portes mêmes de la ville.

LA RÉSERVE AUJOURD'HUI

Un déficit de pluie sévit dans le nord de l'Inde depuis le début des années 2000 et la compétition accrue pour l'eau entre populations, cultivateurs et zones naturelles touche de plein fouet le parc. Résultat : la population des oiseaux de milieux humides a connu une forte réduction, malgré la mise en place d'infrastructures supplémentaires pour alimenter la réserve en eau. Cela dit, il suffit que la pluviométrie soit relativement bonne pour que les étangs et les arbres se couvrent à nouveau de milliers de volatiles. Si vous venez essentiellement pour voir les espèces migratrices, la meilleure période s'étend, à priori, de novembre à mi-février.

Arriver – Quitter

Railway Station : *à 4 km au nord de la ville, sur la route de Mathura, et à 5 km au nord du parc.* Consigne ouv 24h/24. Pratique, bureau de réservation sur le flanc du *Tourist Reception Centre (lun-sam 8h-14h, fermé dim).*

Main Bus Stand : *à 4 km à l'ouest de la ville, sur la route de Jaipur.* Demandez à descendre au **Saras Circle,** tout proche de l'entrée du parc, le grand carrefour où se trouvent l'office de tourisme et, pas loin, la majorité des *guesthouses.* Ne pas descendre en ville même, 4 km plus loin (rares hôtels peu pratiques).

➢ **Agra** *(56 km)* **:** bus direct ttes les 30 mn-1h env, 4h45-22h30 de l'Idgah Bus Stand d'Agra, plus 5 bus de nuit, 4h-21h de Bharatpur. Trajet : 1h-1h15. Sinon, min 4 trains/j., dont l'*Intercity Express* : départ tlj vers 20h, arrivée vers 21h40 à Agra Fort.

➢ **Fatehpur Sikri** *(23 km)* **:** bus directs ttes les 30 mn-1h, 5h-minuit, et quelques-uns de nuit. Trajet : 20-30 mn. Autre arrêt au croisement de *Fatehpur Sikri Bypass* (ou *Fatehpur Junction*), où passent les bus Jaipur-Agra via Bharatpur (ttes les 30 mn env).

➢ **Delhi** *(186 km)* **:** le train est préférable mais souvent bondé (min 9 trains/j.). Le plus pratique : le *Nizamuddin Jan Shatabdi Express,* départ tlj vers 9h30, arrivée à la gare de Nizamuddin vers 12h30. Autre option, le *Golden Temple Mail* : départ à 15h, arrivée à 18h45. Sinon, bus ttes les heures (ttes les 30 mn aux heures de pointe) 4h-21h env, dont 6 *deluxe.* Trajet : env 5h.

➢ **Jaipur** *(178 km)* **:** bus directs à 5h et 6h (en 3h) puis ttes les 30 mn env, 7h30-15h30, puis 19h, 21h30 et 23h. Trajet : env 4h. Sinon, min 6 trains/j. Préférer le *Marudhar Express* (départ vers 8h, arrivée vers 12h) et le *Khajuraho Udaipur Express* (départ vers 19h, arrivée 22h50). Pour les lève-tôt, l'*Intercity* de 6h, rapide : arrivée à Jaipur à 9h30.

➢ **Deeg** *(35 km, par la SH14)* **:** bus ttes les 30 mn-1h, 5h30-19h30. Trajet : env 1h.

Quand y aller ?

Ces indications sont données pour une année où la pluviométrie est dite « normale ».
– ***De novembre à février-mars :*** la meilleure période. Les oiseaux migrateurs arrivent en octobre puis repartent vers le nord entre mi-février et début mars. C'est à cette époque que la densité est la plus forte et que l'on a le plus de chance de voir des espèces rares.
– ***Mars-avril :*** il peut faire très chaud. Pour autant, moyennant certaines précautions (chapeau, eau et crème solaire), la visite reste envisageable au lever du jour ou au coucher du soleil. Les nombreuses espèces se regroupent autour des points d'eau.
– ***Mai-juin :*** parc fermé.
– ***De juillet à septembre*** *(mousson)* **:** les pluies, qui viennent réalimenter les marais, poussent certaines espèces à rejoindre des terres moins humides (champs), tandis que d'autres reviennent nidifier. Le spectacle est plus que jamais en haut des arbres. Ni l'humidité ni la chaleur ne constituent de réels obstacles à la visite.
– Le ***Braj Festival*** se déroule chaque année théoriquement les 25-26 ***février*** à Bharatpur et le 26 à Deeg. Le festival commémore l'amour éternel de Krishna pour Radha. Musique et danses traditionnelles, concours sportifs, de moustaches, de costumes rajasthanis et feu d'artifice pour conclure. Beaucoup de monde.

Adresses utiles

ℹ ***Tourist Reception Centre :*** *Saras Circle, en face du Saras Hotel. ☎ 22-25-42. • rajasthantourism.gov.in • Lun-ven 9h30-18h, w-e 10h-16h.* Carte gratuite de Bharatpur. Bon accueil. Sur le flanc du bâtiment, ***Railway Reservation Centre.***

■ ***Banques, change, distributeurs :*** ***State Bank of Bikaner and Jaipur,*** *Binarayan Gate, dans la ville, à 2 km du parc. ☎ 22-24-41. Lun-sam 10h-14h (12h sam) ; fermé dim.* Change les devises, et *ATM. Voir également* ***The Perch Forex,*** *dans la rue perpendiculaire aux guesthouses.* Changent euros et service *Western Union. Sinon,* ATM *à la* ***State Bank of India,*** *sur Civil Line, en face de Circuit House, à env 1 km de Saras Circle, sur la route vers le centre-ville.*

■ ***Soins :*** ***Singhal Nursing Home,*** *Binarayan Gate. ☎ 22-56-67.* Privé, donc plutôt cher.

■ ***Location de vélos :*** *à l'entrée du parc, derrière la billetterie à côté des toilettes ! Compter 50-60 ₹ selon modèle (plus ou moins ancien) pour une durée max de 4h.* Le week-end, arriver tôt pour être sûr de trouver encore pédale à votre pied. Certains hôtels et *guesthouses* louent aussi des vélos, désormais autorisés dans le parc ! Et si on prétend le contraire à l'entrée du parc, allez protester au *Tourist Reception Centre.*

Où dormir ? Où manger ?

Les pensions sont toutes situées au sud-est de la ville (à 3-4 km du centre-ville), aux alentours du Saras Circle.

De très bon marché à bon marché (600-1 500 ₹ / 8-20 €)

🏠 🍽 ***Iora Guest House :*** *54, Gori Shankar Colony. 📱 94-61-64-34-12. • ioraguesthouse.com • À deux pas de Saras Circle, dans la rue à droite, après le Jungle Lodge. Doubles sans ou avec clim 1 100-1 400 ₹.* Tenu par Devendra, guide naturaliste de son état, un petit hôtel de 7 chambres sur 2 niveaux, simples mais nettes. La réception fait aussi office de resto, pour une cuisine pas compliquée, plutôt bonne. Accueil plein de gentillesse.

🏠 🍽 ***Falcon Guesthouse :*** *Gori Shankar Colony. ☎ 22-38-15. • falconguesthouse@hotmail.com • À deux pas de Saras Circle. Doubles 900-1 500 ₹.* On dirait une maison, malgré ses étages, mais c'est bien une *guesthouse,* tenue (et bien tenue d'ailleurs) en famille. Chambres de taille variable (comme les prix, toutes avec eau chaude), plutôt agréables et colorées dans l'ensemble, certaines avec balcon. À l'arrière, une pelouse accueillante, et une petite dépendance qui fait office de resto (cuisine appréciée de nos lecteurs). Un bon rapport qualité-prix-accueil.

🏠 🍽 ***Royal Guest House :*** *B-15, Civil Line. 📱 94-14-31-54-57. • royalguesthousebharatpur.com • Doubles avec sdb 600-800 ₹ selon taille.* Aménagée dans une maison particulière, cette *guesthouse* familiale dispose de 5 petites chambres propres (aveugles pour la plupart), un peu vieillissantes. Son propriétaire, dont le frère est guide dans le parc, offre un accueil chaleureux. Terrasse agréable pour les repas végétariens préparés par madame. Autre adresse tenue par la même famille, au vert : *Bharatpur Royal Farm,* plus bas.

🏠 🍽 ***Kiran Guest House :*** *364, Rajendra Nagar. ☎ 22-38-45. 📱 94-60-91-26-41. • kiranguesthouse.com • Au carrefour de Saras Circle, prendre la direction du centre, puis la 2e rue à gauche ; c'est à 300 m sur la droite. Doubles 400-1 200 ₹. Petit déj et dîner à la carte.* La maison se trouve dans une calme rue résidentielle, à 5 mn à pied de l'entrée du parc, et est tenue en famille par Arun et son frère Tarun, guide naturaliste. Les 6 chambres, au rez-de-chaussée ou à l'étage, ne sont pas très gaies, mais nettes, et toutes avec eau chaude (théoriquement). Quelques-unes avec balcon et *air cooler,* et une grande avec clim. Terrasse où se restaurer d'une bonne cuisine familiale.

🏠 🍽 ***Jungle Lodge :*** *Gori Shankar Colony. ☎ 22-56-22. 📱 94-14-02-31-52. • ms.ashok198@rediffmail.com • Doubles avec ventilo 500-1 200 ₹ selon taille, avec clim 1 400 ₹.* Dans une ruelle au calme, 8 chambres, très basiques pour les moins chères, avec eau chaude tout de même, organisées autour d'un jardin fleuri et d'une véranda un peu foutraque. Accueil tout sourire d'Ashok, naturaliste, qui loue des jumelles. Repas à petits prix. Une adresse pour routards indifférents au confort.

Prix moyens (1 500-3 000 ₹ / 20-40 €)

🏠 🍽 ***Bharatpur Royal Farm :*** *à Barso, à 3,5 km de Saras Circle, à gauche en retrait de la nationale, en direction de Fatehpur Sikri. 📱 94-14-31-54-57. • royalfarmbharatpur.com • Double 2 000 ₹, avec petit déj. Repas 350 ₹.* Néoferme dans un grand jardin donnant sur les champs. Le long de la galerie d'un bâtiment blanc, voici 7 chambres spacieuses et agréables, avec salle de bains nickel et déco maison, le tout très confortable. Votre hôte, écologiste convaincu (panneaux solaires aussi), vous dévoilera les secrets du lombricompost. Il alimente ainsi son potager biologique, dont vous retrouverez légumes et fruits dans vos assiettes. Lait chaud de la vache le matin. Accueil familial plein de chaleur. Pick-up à la gare des bus et pour la réserve.

Chic (3 000-5 400 ₹ / 40-72 €)

🏠 🍽 ***The Birder's Inn :*** *Bird Sanctuary Rd. ☎ 22-73-46. 📱 94-14-02-33-40. • birdersinn.com • Sur la gauche de la route pour Jaipur et près de l'entrée du parc. Doubles 3 300-3 700 ₹, petit déj inclus. Buffet-dîner 550 ₹.* Si l'entrée est située au bord d'une route bruyante, les 24 chambres, tout confort (avec clim, ventilo et TV), se répartissent de part et d'autre d'un jardin fleuri et calme. Les plus chères, plus récentes, offrent un confort douillet (douches vitrées). Les plus anciennes, plus sombres, au rez-de-chaussée, sont moins agréables mais acceptables. Piscine à l'abri des regards. Resto, à la cuisine banale mais correcte. Les groupes profitent des services des 3 naturalistes résidents.

Très chic (5 400-10 500 ₹ / 72-140 €)

Laxmi Vilas Palace : *Kakaji Ki Kothi. ☎ 23-11-99 ou 22-35-23. • laxmivilas.com • À env 2 km au sud-est du Saras Circle. Doubles 6 500-7 500 ₹ au* Laxmi Vilas, *7 500-8 500 ₹ au* Laxmi Niwas *(négociables). Buffet 700-900 ₹. Wifi dans les parties communes.* Un palais, comme on peut l'imaginer, construit en 1887 par le frère du maharaja de l'époque, dans une superbe architecture marquée par les influences rajpoute et moghole. Le duc d'Édimbourg, les shahs d'Iran et d'Afghanistan, le roi du Népal y ont résidé lorsqu'ils venaient faire leurs cartons sur les oiseaux... D'un côté, l'aile ancienne *(Laxmi Vilas)*, aux chambres patinées, un peu exiguës, plutôt classe malgré leurs imperfections ; de l'autre l'aile récente, imitant un palais du XVIIIe s *(Laxmi Niwas)*, avec des chambres immenses pour la plupart, mais un peu froides. Grande piscine côté *Laxmi Vilas*. Étape classique des groupes pour le buffet (banal) de midi.

À voir

Keoladeo Ghana National Park : *tlj du lever au coucher du soleil ; dernier accès 1h30 avt. Entrée : 700 ₹ (valable pour 1 seule entrée) ; 600 ₹ caméras (appareils photo gratuits). Loc de jumelles à l'entrée (100 ₹ pour 3h), dans certains hôtels ou auprès des conducteurs de rickshaws. Guides officiels à l'entrée : 250 ₹/h jusqu'à 4 pers. Formés par des spécialistes, ils connaissent la plupart des espèces et sauront vous indiquer les meilleurs endroits ; l'un d'eux, Arvind, peut même assurer la visite en français (📱 94-13-83-88-13). Et puis, si vous voulez aussi arpenter le parc en solo, rien ne vous oblige à prendre le guide pour tte la durée de votre balade. Beaucoup de monde le w-e.*

– ***Moyens de transport pour la visite :*** impossible de rentrer en voiture ; en rickshaw, on ne peut faire que 2 km, jusqu'à Shantikutir Barrier. L'idéal, c'est le vélo, à louer à l'extérieur (à votre hébergement, par exemple) ou sur place, à l'entrée du parc *(derrière le kiosque des tickets ; 50 ₹ les 4h)*. On peut aussi parcourir les lieux avec un vélo-rickshaw assermenté *(150 ₹/h)* ou en *tonga*, une carriole à cheval *(300 ₹/h)*. Le vélo présente l'avantage de laisser une complète autonomie, de pouvoir accéder à des coins où vous serez seul et d'être silencieux, ce qui n'est pas inutile pour observer les oiseaux. Les vélos-rickshaws et les *tongas* sont interdits sur les pistes latérales. Bien sûr, on peut aller partout à pied.

– ***Visitor Interpretation Centre :*** *situé à quelques centaines de mètres après l'entrée, à droite. Tlj 8h-12h, 14h-18h. Inclus dans le ticket d'entrée du parc.* Expo intéressante sur le thème de l'eau et de la sécheresse, d'importance vitale pour Bharatpur. Et puis l'indispensable planche des oiseaux de la réserve, à étudier pour mieux les identifier.

– ***La visite du parc :*** le parc couvre 29 km^2, dont 9 sont occupés par les marais en période de pluies. Il est traversé par une petite route goudronnée de laquelle partent plusieurs sentiers qu'on ne peut emprunter qu'à vélo ou à pied. Camouflages, attentes fébriles après un hypothétique envol, rien de tout ça ici, du moins les années où la pluviométrie est abondante : les oiseaux sont là par milliers. Lorsque la mousson n'a pas été bonne, les oiseaux des milieux humides sont moins nombreux, mais les autres sont toujours là, et votre balade sera vite récompensée par une belle surprise : une tortue qui glisse silencieusement dans l'eau, une antilope ou un sambar qui franchit soudain le sentier sur lequel vous pédalez avec insouciance...

En poursuivant le long de la petite route qui traverse le parc, près du point appelé *Keoladeo Temple,* sur la gauche, une plaque énumère les performances des personnalités venues ici depuis 1902. En 1938, en une journée, lord Linlithgow (accompagné de 38 autres chasseurs), gouverneur général de l'Inde, abattit 4 273 canards ! C'est du joli. Le plus nul est le roi du Népal qui, en demi-journée et accompagné de 25 comparses, ne fit que 76 victimes.

Lohagarh Fort : *au centre-ville.* Entouré d'une douve profonde et large, la vieille forteresse, défendue par des murs aussi hauts que puissants, est bien majestueuse. C'est le maharaja Suraj Mal, fils du fondateur du royaume de Bharatpur, qui entreprit son édification en 1732, dans son combat pour affirmer l'indépendance des Jats face aux Moghols. Les murailles, jadis entrecoupées de 34 bastions, s'étirent sur près de 3 km. Elles résistèrent tant et si bien aux attaques anglaises en 1805 qu'après 6 semaines d'assauts infructueux (et 3 000 morts) les assaillants durent trouver un compromis avec les Jats...

➢ Du centre-ville on pénètre dans le fort par la ***Chowburja Gate,*** pour découvrir tout un quartier d'habitation pas touristique pour un sou, et les vestiges de plusieurs palais. L'un d'eux (1re à gauche après la *Karatians School*) est devenu le ***Bharatpur Museum*** *(tlj sauf lun 12h-20h ; entrée : 100 ₹),* récemment restauré : même le jardin a repris des couleurs ! Plusieurs galeries, au rez-de-chaussée et à l'étage, mettent bien en valeur une collection façon cabinet de curiosités, depuis les armes et les objets usuels jusqu'aux monnaies, sculptures et souvenirs du Raj britannique. Reconstitution également d'un vaste salon XIXe s et d'une salle à manger. Hammam aux fresques florales pour finir la visite (pas toujours ouvert). Et depuis le toit-terrasse, vue splendide. Une halte agréable.

DANS LES ENVIRONS DE BHARATPUR

DEEG

Peu de voyageurs s'aventurent jusqu'à cette petite bourgade, jadis capitale d'été des Jats de Bharatpur, à 35 km au nord-ouest de la célèbre réserve. Le maharaja Suraj Mal (1707-1763), le « Platon des Jats », y tint une cour éclairée malgré l'instabilité d'alors. Les délicats palais de marbre, en relatif bon état, et leurs jardins méritent un crochet depuis Bharatpur. Quant au fort voisin, il ne se visite pas.
➢ ***De Bharatpur :*** départs du *Central Bus Stand* ttes les 30 mn, 5h30-19h30. Trajet : env 1h.

À voir

Deeg Palace : *tlj du lever au coucher du soleil. Musée : tlj sauf ven 9h-17h. Entrée : 300 ₹ ; gratuit - de 15 ans. Appareil photo gratuit, caméra 25 ₹ (mais interdits à l'intérieur du musée, allez savoir pourquoi !). Compter 1h30 de visite.* Ce complexe de plusieurs palais, édifiés au XVIIIe s par le maharaja Suraj Mal, s'organise dans un vaste jardin aux travées axées sur une grande fontaine centrale. Jadis, quelque 500 jets d'eau agrémentaient les lieux ! De part et d'autre de l'ensemble, 2 grands bassins se creusent, ***Gopal Sagar*** d'un côté, ***Rup Sagar*** de l'autre. Leurs eaux, très sales, sont néanmoins utilisées par les lavandières. Et entre les deux, les vestiges des canaux qui parcouraient les jardins et alimentaient les jeux d'eau.
Premier édifice notable, sur la droite, l'élégant ***Gopal Bhavan*** (en surplomb du Gopal Sagar, bien sûr), fusion des styles rajpoute et moghol, en grès jaune, flanqué de 2 charmants *chatri* (pavillons coiffés de dôme) utilisés pour les audiences, abritait la résidence du maharaja et de son épouse. Resté en l'état après l'acquisition du palais par l'État en 1951, il abrite un ***musée*** informel, qui se prolonge dans le Kishan Bhavan. On y découvre mobilier ancien, gravures, incontournable tigre empaillé, et, sur les tables, 2 abominables « bars » en pied d'éléphant ! Au plafond, système de ventilation à cordons pour aérer les hôtes. Un autre était actionné depuis le rez-de-chaussée, façon Shadocks, pour aérer la chambre du maharaja à l'étage ! À l'étage justement, 2 salles à manger, l'une européenne, l'autre indienne, avec son ovale de marbre autour duquel s'installaient les convives. Remarquez, aussi, le lit géant de Suraj Mal.

Juste à gauche, le ***Kishan Bhavan*** servait aux réunions avec les ministres. Salle à colonnades, tapis pelés et... les 2 tigreaux naturalisés de la tigresse du salon. Jolie décoration ciselée entre les arches.
Dans l'axe du Gopal Bhavan se dresse le ***Suraj Bhavan,*** un palais initialement en grès rouge, mais entièrement couvert de marbre incrusté de pierres semi-précieuses, volé au fort de Delhi en 1768 et reconstruit ici par Jawar Singh. Étonnant réseau de petites pièces basses séparées par des arcades. Juste devant, un kiosque grillagé accueillait le tigre du maharaja...
À gauche du Suraj Bhavan, et précédé d'un kiosque grillagé qui accueillait le tigre du maharaja, le ***Keshav Bhavan*** surplombe le bassin de Rup Sagar. S'y déroulaient autrefois des spectacles de son et lumière, avec jets d'eau colorés et billes de fer reproduisant astucieusement les bruits de la pluie et du tonnerre.
Et derrière, le ***Hardev Bhavan,*** encore un élégant petit palais dont les 3 ailes, un peu décaties, entourent un jardin qui dut être charmant... Jolie galerie à arche.
À droite en retournant vers l'entrée, on peut voir (s'il n'est pas fermé) le ***Nand Bhavan,*** consacré à la lutte indienne, sport de combat apprécié par le maharaja et par le peuple qui était convié au spectacle.
– Tous les ans, le 26 février, le Deeg Palace accueille la dernière journée du ***Braj Festival*** de Bharatpur. Danses folkloriques, musiques, expo-vente d'artisanat et, le soir, jeux de lumière redonnant vie aux 500 fontaines de jadis.

SUR LA ROUTE DE JAIPUR

Abhaneri Chand Baori : *à peu près à mi-chemin entre Bharatpur et Jaipur (95 km) : quitter la NH21 à Sikandra Junction, c'est encore à 8 km vers le nord. Ouv tlj du lever au coucher du soleil. GRATUIT.* Un spectaculaire et magnifique *baori* (puits citerne) construit aux VIIIe et IXe s, à ne pas rater si vous êtes en voiture. Parfaitement conservé, avec une profondeur de 20 m et échelonné sur 13 degrés ouvragés, c'est l'un des plus profonds, des plus anciens et des plus grands du Rajasthan. Construit pour récolter les eaux de pluie et subvenir aux besoins pendant les périodes arides, il était aussi d'usage d'y faire ses ablutions avant d'aller au *Harshad Mata,* le temple voisin, aujourd'hui à l'état de presque ruine (il a des excuses, il daterait du Xe s). Une fois l'an, le *baori* est ouvert lors d'une grande fête où tout le monde peut s'ébattre dans l'eau, qui, au mieux, atteint le 4e niveau.

GWALIOR (gwalior)

900 000 hab. IND. TÉL. : 0751

• Plan *p. 281*

En guise d'introduction, laissons l'écrivain voyageur Pierre Loti nous conter celle que les Moghols appelaient jadis la « Perle de l'Hindoustan » : « une de ces citadelles de Titans comme on en construisait dans ces pays aux âges héroïques [...]. Par-dessus la forteresse naturelle, des dynasties de rois dont nous n'imaginons plus l'existence ont fait pendant plus de 1 000 ans entasser les blocs sur les blocs pour se créer là-haut d'imprenables repaires. [...] Elle a vu d'étonnantes batailles dont l'histoire emplirait des volumes [...] et n'est plus aujourd'hui qu'une haute solitude couverte de palais, de tombeaux, de temples et d'idoles de toutes

les civilisations et de tous les âges. Nulle part dans notre Europe on ne trouverait un lieu qui puisse lui être comparé, un si magique musée des grandeurs disparues. »
Sans doute écrasée par le poids de cette histoire, au cœur des sagas mouvementées de la chevalerie rajpoute, et dernier bastion de la révolte des Cipayes, Gwalior est restée bizarrement en dehors des circuits touristiques classiques. Il règne ici une atmosphère bon enfant. Une ville pas désagréable en somme, surtout pour ceux qui souhaitent se retirer 1 ou 2 jours du harcèlement incessant de ses voisines Agra ou Varanasi.

UN PEU D'HISTOIRE

La ville de Gwalior devint, au cours des siècles, le berceau de grandes dynasties rajpoutes avant de tomber successivement entre les mains des Moghols (en 1526), des Marathes (dont est issue la famille Scindia), puis des Anglais (en 1780) pour finalement revenir, en douceur cette fois, aux Scindia, qui régnèrent en maîtres jusqu'à l'indépendance. C'est aussi le berceau du plus grand chanteur de l'histoire de l'Inde, Tansen, qui fut un des joyaux de la cour du grand Akbar.

UNE EAU DE VIE !

Une légende fascinante retrace l'origine de Gwalior. Au VIIIe s, un grand chef du nom de Suraj Sen fut frappé par la lèpre. Parti à la chasse, il trouva pour se désaltérer un puits gardé par un saint homme, l'ermite Gwalipa. L'eau guérit ses plaies. En reconnaissance, il fonda une ville qu'il baptisa Gwalior, en hommage à celui qui lui offrit une vie nouvelle.

Arriver – Quitter

En train

Railway Station *(gare ferroviaire ; plan B1)* **:** à l'est de la ville, à env 2 km du fort. Beaucoup de rabatteurs pour les hôtels de la ville : restez ferme !

➢ ***Delhi :*** plusieurs dizaines de trains tlj. Bref, l'embarras du choix ! Trajet : env 4h50-5h40 (sauf le *Shackland SF Express,* plus long). Arrivée à New Delhi Railway Station ou à Nizamuddin selon les trains.

➢ ***Agra :*** sensiblement les mêmes horaires que pour Delhi. Plus quelques trains du soir arrivant tard dans la nuit. Trajet : 1h30-2h30 en moyenne. Attention, les 6 derniers trains du soir arrivent tous dans la nuit, entre 23h40 et 1h50. Le *New Delhi Shatabdi* est pas mal : départ vers 19h40, arrivée à 21h10.

➢ ***Jhansi :*** min 25 trains/j., dont 7 de nuit. Trajet : 1h10-2h20.

➢ ***Pour le Rajasthan (Udaipur, via Agra, Bharatpur, Jaipur, Ajmer et Chittorgarh) :*** le *Khajuraho Udaipur Express,* arrivant de Khajuraho, quitte Gwalior tlj vers 15h45 et arrive à Udaipur le lendemain vers 6h35.

➢ ***Khajuraho :*** 1 train/j., l'*Udaipur Khajuraho Express,* qui part de Gwalior vers 13h40 et arrive à Khajuraho vers 19h50.

➢ ***Orchha :*** de Gwalior, trains jusqu'à Jhansi (très nombreux, 1h10-2h20 de trajet) puis train (min 3 *passengers*/j. entre Jhansi et Orchha, vers 7h10, 12h30 et 17h25 depuis Jhansi ; trajet en 15 mn ; vers 9h15, 17h et 21h30 depuis Orchha, trajet en 40 mn-1h15), sinon bus, rickshaw ou taxi pour les 20 km restants. Les bus vers Orchha partent régulièrement de la gare routière de Jhansi, située à env 2 km de la gare ferroviaire.

En bus

Bus Stand *(plan B1)* **:** à deux pas de la gare ferroviaire, de l'autre côté de Station Rd.

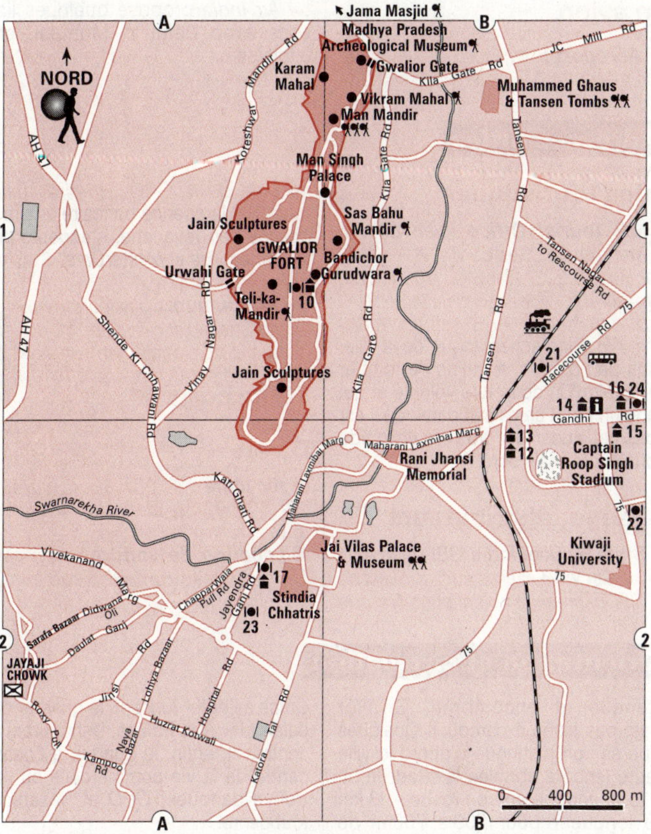

GWALIOR

■ **Adresse utile**	**16** Hotel Gwalior Regency (B1)
ℹ MP Tourist Office (B1)	**17** Usha Kiran Palace (A2)

■ **Adresse utile**

- ℹ MP Tourist Office (B1)

Où dormir ?

- **10** Banchidor Gurdwara (A1)
- **12** Hotel Grace (B2)
- **13** Hotel Landmark (B2)
- **14** Tansen Residency (B1)
- **15** The Central Park (B2)
- **16** Hotel Gwalior Regency (B1)
- **17** Usha Kiran Palace (A2)

Où manger ?

- **10** Bandichor Gurdwara (A1)
- **17** Silver Saloon (A2)
- **21** Indian Coffee House (B1)
- **22** Kwality Restaurant (B2)
- **23** Volga Restaurant (A2)
- **24** Moti Mahal (B1)

➢ Liaisons avec ***Agra*** et ***Jhansi*** ttes les 30-45 mn env, 6h-22h. Pour ces 2 destinations cependant, le train est plus rapide (3h en bus pour Jhansi). Côté bus privés, *Hans Travel Indore* (*☎ 232-19-59 ; ● hanstravel.in ●*) est la compagnie la plus importante. Pour ***Jaipur,*** départ à 19h30 et 21h, arrivée à 4h30 et 6h30.

➢ Pour ***Delhi,*** nombreux départs aussi, surtout le mat, 4h-8h. Compter 5h30-6h de trajet. Là encore, préférer le train.

En avion

✈ ***Aéroport :*** *au nord de la ville.* ☎ *247-01-24.*

➢ *Air India* propose quelques liaisons avec Delhi et Mumbai, env 3 fois/sem.

Adresses utiles

Infos touristiques

ℹ ***MP Tourist Office*** *(plan B1) : à l'hôtel* Tansen Residency, *6 A, Gandhi Rd.* ☎ *223-45-57 ou 405-67-26.* • *mptourism.com* • *Officiellement, tlj sauf dim (sauf 2e et 3e sam du mois) 11h-17h.* Plan schématique de la ville, mais peu d'infos, à moins de tomber sur quelqu'un de bonne volonté et qui parle un peu l'anglais. Il paraît qu'il est possible aussi d'y trouver un guide pour le fort, mais bon...

Change, distributeurs

■ ***State Bank of India*** *(SBI ; plan A2) : Jayaji Chowk, Lashkar, au sud-ouest de la ville, bâtiment à colonnades presque en face de la* GPO. *Horaires habituels.* Seule agence bancaire à faire le change ; en revanche, n'accepte pas les cartes *Visa* et *MasterCard.* **Succursale** *sur Tansen Rd.*

■ ***Distributeurs :*** *plusieurs autour de l'hôtel* Shelter, *sur Tansen Rd, dont un juste à côté ; également un* ATM *de la* ***SBI*** *à la sortie de la gare ferroviaire, côté Racecourse Rd.*

Divers

■ ***Air India :*** ☎ *237-68-72 ou 401-13-11.* 📱 *97-55-51-05-22.* • *airindia.in* •

■ ***Location de voitures :*** *à l'hôtel* Tansen Residency *(voir « Où dormir ? »).*

Orientation et circulation

Étendue et encombrée, Gwalior n'est pas aisée à parcourir. Quelques repères : on distingue d'abord la ville haute (encore appelée la citadelle ou le fort), énorme éperon rocheux (3 km de longueur pour 200 à 700 m de largeur et 100 m de hauteur, orienté vers le nord) qui domine la ville basse. Cette dernière se divise elle-même entre la vieille ville, au nord-est du fort, au pied des murailles (Jama Masjid, Tansen Tomb), et la ville moderne, au sud, avec pour principaux repères le quartier des gares côté est (Railway Station, State Bus Stand, *Tourist Office* à l'hôtel *Tansen*), le quartier des palais (Jai Vilas Palace, Usha Kiran) au centre, et, enfin, le quartier à l'ouest, centre de la vie commerciale où l'on trouve banques, *GPO* et bazars en tout genre.

Pour accéder à la citadelle depuis la ville basse, prendre un auto-rickshaw jusqu'à la porte ouest (Urwahi Gate ; *plan A1*) et continuer à pied, ou se rendre à pied à la porte nord-est (Alamgiri Gate ; *plan B1*) depuis la vieille ville et entreprendre la grimpette.

Où dormir ?

Bon à savoir : tous les hôtels sont pris d'assaut en période d'examens d'entrée à l'université (mars-avril). Impossible de trouver une chambre libre. Prenez vos précautions. À signaler, nombreuses plaintes concernant l'hôtel *DM* (accueil, propreté, sécurité)... À éviter, donc !

Très bon marché (max 600 ₹ / 8 €)

🏠 ***Bandichor Gurdwara*** *(plan A1,* ***10****) : c'est le temple sikh situé dans l'enceinte du fort, non loin d'Urwahi Gate (la porte ouest), à env 6 km de*

LA VALLÉE DU GANGE

la gare (lire « À voir »). ☎ 248-00-40. Réception au fond à droite, juste avt le réfectoire. Vous rencontrerez probablement Joginder Singh, le très sympathique guide qui assure l'accueil. Comme dans la plupart des temples sikhs, on peut y dormir, dans de petites chambres genre cellules, avec salle d'eau attenante. Pas le grand confort mais bien tenu, calme, et situation idéale à côté des principaux monuments de Gwalior ! De plus, atmosphère reposante et on ne vous demandera qu'une donation minime. Une aile récente complète l'offre. Seul hic, on ne peut savoir s'il y a de la place qu'en s'y rendant, et comme c'est assez éloigné de la gare, vous risquez de faire de la route pour rien. Possibilité de se restaurer (voir « Où manger ? »). Une soirée ici, du point de vue contacts, se révélera une enrichissante expérience. De plus, service de navette 3 fois par jour vers la gare.

Prix moyens (1 500-3 000 ₹ / 20-40 €)

🏠 ***Hotel Grace*** *(plan B2, **12**) : 40, Manik Vilas Colony. ☎ 234-01-10 ou 11. • hotelgrace.in • Doubles 2 000-2 500 ₹.* Petite structure de pierre blanc et gris, de 3 étages, style moderne plaisant. Une vingtaine de chambres de bon confort, dans des tons reposants, avec clim, ventilo, TV (chaînes indiennes), frigo, certaines avec balcon.

Chic (3 000-5 400 ₹ / 40-72 €)

🏠 ***Hotel Landmark*** *(plan B2, **13**) : 47, Manik Vilas Colony. ☎ 401-12-71 ou 73. • hotellandmarkgwalior.com • À env 500 m au sud de la gare. Double min 4 500 ₹.* Hôtel de style contemporain plutôt correct : agréable réception et, réparties sur 4 niveaux, une quarantaine de chambres carrelées (lits *king size* ou lits jumeaux), avec AC, grande TV, minibar et sanitaires nickel ! Ascenseur. Terrasse et jardin. En prime, un bon resto. Un bon rapport qualité-prix dans cette catégorie.

🏠 ***Tansen Residency*** *(plan B1, **14**) : 6 A, Gandhi Rd. ☎ 234-03-70. • tansen@mpstdc.com • À moins de 1 km de la gare, dans un faubourg assez paisible. Doubles 3 500-5 400 ₹, petit déj inclus.* Hôtel gouvernemental. Chambres à différents tarifs (plus ou moins grandes, avec ou sans AC) mais, au bout du compte, surévaluées. Clim parfois bruyante. Vous y trouverez aussi l'« office de tourisme », bien gentil et faisant ce qu'il peut. Resto fréquentable.

Très chic (5 400-10 500 ₹ / 72-140 €)

🏠 ***Hotel Gwalior Regency*** *(plan B1, **16**) : Link Rd, à 150 m de la gare routière. ☎ 234-06-70 à 74. • hotelregencygroup.com • Double min 6 700 ₹, petit déj inclus.* Des allures d'hôtel moderne et fonctionnel avec resto (cuisine cependant très passable), agence de voyages, ascenseurs et services divers. Une cinquantaine de chambres et une douzaine de suites. Tout en étant de bonne taille, certaines peuvent pécher par une usure prématurée, d'autres ont été rénovées. Confort très correct dans l'ensemble : clim, coffre, frigo, quelques salles de bains d'une « totale transparence »... Bruits de circulation en front de rue.

🏠 ***The Central Park*** *(plan B2, **15**) : Madhav Rao Scindia Marg. ☎ 407-24-40 ou 406-04-40. • thecentralpark.org • À 500 m de la gare. Double min 6 000 ₹, petit déj inclus.* Ancien hôtel de petit luxe qui connut son heure de gloire. Aujourd'hui, assez fatigué, mais reste faisable. Chambres assez spacieuses, mobilier cossu datant quelque peu, TV satellite à écran plat, clim, piscinette... Accueil courtois et bon resto.

Beaucoup plus chic (min 10 000 ₹ / 133,40 €)

🏠 🍽 ***Usha Kiran Palace*** *(plan A2, **17**) : Jayendraganj, Lashkar. ☎ 244-40-00 à 05. • tajhotels.com • À mi-chemin de la gare et de Jayaji Chowk. Double min 6 500 ₹, petit déj inclus.*

Une résidence posée dans un vaste et paisible jardin à l'anglaise, à l'arrière du palais Jai Vilas. Plein d'oiseaux, petits bassins avec naja cracheur d'eau... Elle servait jadis de lieu d'accueil aux hôtes européens des maharajas de la dynastie Scindia, parmi lesquels Pierre Loti. Splendide façade à claire-voie tout en moucharabiehs, que l'écrivain juge « presque trop jolie, trop travaillée, trop ajourée ». Le reste est à l'avenant, du hall d'entrée décoré de ravissantes fresques aux chambres, superbes et très spacieuses. Piscine, lit de repos, spa, massage, etc. Si vous n'y logez pas, vous pourrez toujours vous offrir le super resto, beaucoup plus abordable que l'hôtel... mais déjà onéreux.

Où manger ?

Très bon marché (max 180 ₹ / 2,40 €)

Bandichor Gurdwara (*plan A1*, **10**) : *oui, c'est à nouveau le temple sikh situé dans l'enceinte du fort (voir « Où dormir ? »). Tt au fond des cours, sur la droite.* Figurez-vous qu'en plus d'y dormir presque gratuitement on peut aussi y manger pour rien du tout, assis par terre sous l'immense préau de pierre où se recueillent les fidèles. Nourriture très simple (généralement des lentilles – *dal* – accompagnées de chapatis, qu'il faut recevoir en ouvrant les 2 mains), mais c'est bon, sain, et cela permet de faire une expérience culinaire un peu différente. Il est de bon ton de laisser une obole à la sortie. Accueil particulièrement courtois.

Bon marché (180-450 ₹ / 2,40-6 €)

Indian Coffee House (*ICH ; plan B1*, **21**) : *l'un dans Jayaji Chowk, à deux pas de la grande poste, l'autre sur Station Rd, dans l'hôtel* India, *tt près de la gare (en face du Chandralok Hotel).* 2 succursales de cette chaîne très répandue dans le sud de l'Inde. La 1re est plus calme et plus aérée mais exclusivement végétarienne. Vous l'avez compris, l'autre (assez mal indiquée, à l'étage) sert aussi de la viande, mais est assez étouffante. Où que vous alliez, serveurs en habits traditionnels et coiffes rajpoutes ! Un des établissements les moins chers de Gwalior.

Kwality Restaurant (*plan B2*, **22**) : *Green Garden Rd, près de SP Office. ☎ 241-04-56. Tlj 12h-16h, 19h-22h45. Repas 350-400 ₹.* Cuisine indienne surtout : soupes très parfumées, bon *chicken tandoori* et, en prime, délicieux *dal yellow* (lentilles) assorti de tomates, petits oignons, piments et fines herbes, et savoureux *mutton shahi korma.* Salle comme d'habitude un poil tamisée, climatisée et nette. Service rapide. Un de nos meilleurs rapports qualité-prix et une vraie bonne adresse !

Volga Restaurant (*plan A2*, **23**) : *Jayendra Ganj, Lashkar. ☎ 237-10-92 ou 408-71-00. Entre MLB Rd et Jai Vilas Palace, au-dessous de l'hôtel Surya. Tlj jusqu'à 23h.* Encore une fois, il faut aimer la pénombre, mais c'est en Inde un gage de distinction. Large choix de spécialités indiennes et bons desserts, mais rien, sinon le frais de l'atmosphère climatisée, qui rapproche de près ou de loin de la Russie. Grande spécialité : le *chicken 50,* poulet entier, et une bonne dizaine de recettes de gallinacés. En revanche peu de mouton et pas mal de plats *veg'*. Propre et relativement bon marché.

Prix moyens (450-900 ₹ / 6-12 €)

Moti Mahal (*plan B1*, **24**) : *New Bus Stand, Link Rd, à côté de l'hôtel Gwalior Regency. ☎ 405-08-88. Tlj midi et soir jusqu'à 22h30.* Existe depuis 1920. Cadre plutôt confortable (bien qu'un poil austère), tables bien séparées pour une cuisine *mughlaie* authentique de grande qualité. Collectionne les *awards* (meilleur *biryani* en 2012). À la carte, beaucoup de choix y compris quelques plats chinois et thaïs, etc.

Très chic (min 1 800 ₹ / 24 €)

|●| ***Silver Saloon*** *(resto du Usha Kiran Palace ; plan A2,* ***17****)* : *Jayendraganj, Lashkar.* ☎ *244-40-00 à 05. À mi-chemin de la gare et de Jayaji Chowk. En surfant habilement sur la carte, on peut s'en tirer pour 1 800-2 000 ₹ !* Dans le cadre somptueux de cet hôtel de charme (voir « Où dormir ? »). Cependant, salle d'une certaine sobriété et, pour les romantiques, quelques tables dehors entre les colonnes sculptées. Cuisine raffinée à partir de beaux produits. Pour tous les goûts également, puisqu'elle manifeste un réjouissant éclectisme : *fusilli* à la provençale, *penne al pesto, fish & chips,* savoureux *lamb barbat* et risotto tomates séchées et champignons, *blueberry cheesecake...* Service jeune et souriant. Le soir, quelques musiciens traditionnels jouent discrètement.

À voir

Les principaux lieux d'intérêt étant assez éloignés les uns des autres, y compris à l'intérieur du fort, on conseille la location d'un taxi ou d'un rickshaw à la journée.

La citadelle (plan A-B1)

Accès tlj du lever au coucher du soleil. 2 entrées : l'une côté ouest (Urwahi Gate ; plan A1), à env 6 km de la gare, accessible en rickshaw ou en taxi jusqu'au parking, puis 300 m de marche jusqu'à la forteresse ; l'autre côté nord-est (Alamgiri Gate ; plan A1), accessible à pied depuis la vieille ville (1 km de bonne montée pour atteindre le palais principal, ou Man Mandir). Le plus simple étant de se rendre à la porte ouest en rickshaw, de visiter le plateau de la citadelle à pied (il fait tt de même 3 km de long) et de ressortir par la vieille ville. Compter largement 3h de visite pour avoir un bon aperçu des richesses du site : 6 palais, 4 temples et 2 musées. En arrivant par l'ouest, on peut longer de part et d'autre de la gorge étroite les nombreuses statues jaïnes taillées entre 1440 et 1480 à même le roc, tels des géants de pierre ! On en compte pas moins de 127, avec autant de grottes sculptées. Après le *Man Mandir,* on peut voir ensuite le *Sas Bahu* et le *Teli-ka-Mandir,* et repartir ; mais allez tout de même jeter un rapide coup d'œil du rebord nord de l'acropole (au-delà de Jahangir Mahal). Superbe panorama sur la vieille ville et le Gujari Mahal. On aperçoit même la tombe de Tansen sur la droite.

🚶🚶🚶 ***Man Mandir Palace*** *(plan B1)* : *le palais principal occupe la partie nord du plateau, et est accessible en taxi jusqu'au parking de la porte ouest. À pied, depuis l'est, compter 15-20 mn (de grimpette). Entrée : 300 ₹, Sas-Bahu et Teli-ka-Mandir inclus ; supplément caméra ; gratuit - de 15 ans. Son et lumière (très bien) tlj : séance en anglais (avec la voix d'Amitabh Bachchan !) à 19h30 nov-fév, à 20h30 mars-oct. Coût : 250 ₹ ; réduc. Durée : 45 mn. Prévoir de la lotion antimoustiques en saison... et une petite laine en hiver.* Construit par le raja Man Singh entre 1486 et 1516 pour lui servir à la fois de forteresse et de résidence. Ses façades sud et est ont conservé les vestiges de faïence, en émail bleu, vert et or, de ce qui devait être une éblouissante frise représentant canards, paons, éléphants, crocodiles, phénix... La façade côté est, surplombant le vide, semble prolonger la montagne de ses 6 tourelles circulaires.

On recommande de venir le soir pour le ***son et lumière*** qui retrace l'histoire du fort depuis sa création jusqu'à l'indépendance du pays. Pas trop de commentaires, on est plutôt plongé dans une ambiance, celle de l'Inde des sultans et des maharajas, grâce aux remarquables sonorisations et aux chants des différentes époques évoquées, ainsi qu'aux spectaculaires effets de lumière mettant superbement en valeur l'édifice !

Mais retour à la visite proprement dite. Les pièces du palais sont vides, mais riches d'histoire.

– La 1re pièce est la ***salle de musique*** où les épouses royales (au nombre de 8) pouvaient écouter la musique des plus grands maîtres de l'époque. Les musiciens étaient en bas, les femmes à l'étage, cachées par des rideaux derrière une dentelle de pierre. Remarquez également la balustrade ajourée et ornée d'élégantes danseuses, ainsi que les gros chapiteaux ronds décorés de figures géométriques. Les anneaux servaient à tendre sur les murs rideaux et draperies. 1re cour intérieure abondamment ciselée, grosses consoles de pierre et murs à claire-voie.

– Visitez aussi la ***chambre d'hiver*** (à droite en entrant), dont les murs étaient à l'origine incrustés de diamants et de pierres précieuses. Notez le couloir qui l'entoure, où couraient tous les matins des danseuses arborant des clochettes aux chevilles pour réveiller le raja en douceur. Le soir, dans la cour, les miroirs éclairés par des lampes à huile reflétaient à l'infini leur grâce.

– Dans la ***chambre d'été*** du raja (au fond), jolies portes sculptées. Faites-vous expliquer le système d'*air cooler* de l'époque, pas bête !

– ***2e grande cour*** tout aussi somptueusement ciselée. Importants restes de polychromie. Par le treillis des fenêtres, belle vue sur la ville. Dans l'alcôve, plafond de style flamboyant.

– Lors de l'occupation moghole, les ***sous-sols*** de ce palais furent transformés en cachots, et l'empereur Aurangzeb y emprisonna notamment son frère, avant de l'y pendre. Dédale des étages inférieurs assez sombre et déroutant (lampe de poche pas inutile). Un autre étage souterrain servit de piscine, puis de citerne. Très grande salle ronde soutenue par d'énormes piliers et bien fraîche par grande chaleur. C'est également ici que furent immolées les épouses du raja à sa mort, selon la coutume du *sati.* À noter encore : l'ingénieux système de « téléphone » situé dans les murs pour appeler les favorites.

Vikram Mahal : le palais suivant se révèle très délabré. Peu de décor. Son seul intérêt : les consoles sculptées de la façade du 1er édifice. Vaste cour livrant un beau panorama des remparts et la vieille ville.

Jahangir Mahal, Chhatri Bhimsinghrana et Karan Mahal : *entrée (billet groupé pour les 3) 320 ₹.* Au-delà du Man Mandir, vers le nord, gisent les restes assez délabrés d'autres palais. En l'absence de touristes (ça arrive souvent hors saison), atmosphère assez magique, impression d'évoluer dans un mystérieux décor de théâtre ; l'imaginaire prend le dessus.

Dans le *Jahangir Mahal,* le 1er palais, immense cour bordée d'arcades et, au centre, un *baradari* (citerne à escaliers). Dans un coin, élégant petit observatoire à fines colonnettes, refuge des amoureux indiens. Puis accès à une 2e cour à colonnades livrant cette fois-ci une vue exceptionnelle sur mosquée et petit palais en contrebas...

C'est là qu'en 1232, à la prise du fort par les sultans de Delhi, les femmes rajpoutes s'immolèrent par le feu (ça s'appelle un *johar,* ce genre de suicide collectif rajpoute) pour ne pas tomber vivantes entre les mains des assaillants.

Sortie au fond à gauche par un poste de garde à double porte en accolade. Noter les 2 longs bancs de pierre polis par les postérieurs des gardes. Accès à un autre *baradari,* une citerne à escaliers encore plus grande, bordée du *Chhatri Bhimsinghrana* (cénotaphe). Côté rempart, long bâtiment à arcades et fronton triangulaire de style curieusement néoclassique. Pour finir, vers la sortie, on longe le *Karan Mahal,* lui de style hindou et datant de 1480.

Gwalior Archeological Museum : *en face du Man Mandir. Tlj sauf ven 10h-17h. Entrée : 5 ₹. Photos interdites.* Dans un ancien hôpital britannique. Muséologie attrayante, pas mal de textes de présentation en anglais. Belle collection de statues hindoues et jaïnes (Ier s av. J.-C.-XVIIe s apr. J.-C.) retrouvées dans les environs de Gwalior. Parmi les plus belles, la « Naissance de Krishna » et une tête de Vishnou au délicat ciselage. Dans une vitrine, Shiva flattant l'opulente poitrine d'Uma (élégance, équilibre, harmonie des postures). Intéressante collection de sceaux en terre cuite. Dans la grande salle, nombreux bas-reliefs des Xe-XIe s. Superbe *Ganesh dansant* du IXe s dans la 2e salle. Dans la galerie extérieure, ravissante porte sculptée provenant d'un temple du XIe s (avec nombreux personnages batifolant).

Sas Bahu Mandir (plan B1) **:** *à env 800 m au sud du Man Mandir, côté est de la citadelle, non loin de l'antenne de TV. Entrée incluse dans le ticket du Man Mandir Palace.* Abondamment ornés de sculptures, ces 2 temples vishnouites du XIe s, le premier « de la belle-mère » *(sas)* et l'autre « de la belle-fille » *(bahu)* ressemblent étrangement, à plus petite échelle, aux temples jaïns de Mount Abu et de Ranakpur au Rajasthan. De nombreuses représentations de divinités, endommagées lors de la prise du fort par les sultans de Delhi, sont malheureusement manquantes. Les grosses poutres en béton ont été ajoutées par les Anglais car le 1er temple menaçait de s'effondrer. Le plus proche de la falaise faisait partie d'un ensemble plus grand.

Bandichor Gurudwara (plan A-B1) **:** *entre Sas Bahu et Teli-ka-Mandir.* Ce temple sikh fut édifié en 1970 pour célébrer le courage du *guru* Har Govind, emprisonné par Jahangir dans le fort de Gwalior. À l'intérieur, des lecteurs se relaient pour psalmodier leur Livre saint. On peut y manger et y dormir à peu de frais (voir les rubriques en question).

➢ Revenir sur ses pas et tourner à gauche en longeant un grand bassin *(Suraj Kund)* au milieu duquel un lingam noir orné d'un *swastika* se dresse sous un dais, puis remonter la route à gauche sur 250 m.

Teli-ka-Mandir (plan A1) **:** *au sud du Sas Bahu, pas loin de la porte ouest. Entrée incluse dans le ticket du Man Mandir Palace.* C'est le temple des marchands d'huile. Ce monument en pierre sculptée de 32 m de hauteur, dont l'architecture rappelle les *gopurams* de l'Inde du Sud, est encore un mystère aujourd'hui pour les spécialistes qui n'ont pas réussi à déterminer s'il s'agit d'un sanctuaire jaïn ou vishnouite. Selon la légende, il aurait été élevé au IXe s par un empereur à l'occasion de son mariage. La tradition voulait que les nouveaux époux passent dans ce temple 3 jours en compagnie d'un instructeur chargé de les éveiller aux plaisirs de l'amour. Le 1er jour, il leur expliquait des positions ; le 2e jour, il leur apprenait comment le mari donne du plaisir à la femme ; le dernier jour, c'était au tour de la femme d'apprendre comment donner du plaisir à son époux. Vous comprenez mieux maintenant la présence des statues érotiques, bonne introduction à celles de Khajuraho (celles de Gwalior sont d'ailleurs antérieures). Après ces 3 jours (ô combien instructifs !), nos tourtereaux étaient fin prêts à s'aimer !

La vieille ville

Madhya Pradesh Archeological Museum (plan B1) **:** *en contrebas du Man Mandir, à l'entrée nord-est de la citadelle (Gwalior Gate). Tlj sauf lun 10h-17h. Entrée : 100 ₹ + supplément appareil photo ou caméra.* Ce musée (en rénovation) occupe le ***Gujri Mahal,*** l'ancienne demeure (XVe s) de l'épouse favorite de Man Singh, Mrignayani, qui, du fait de sa basse condition de Gujar, ne put jamais s'installer aux côtés du maharaja. Sculptures hindoues et bouddhiques d'époque gupta, stèles, miniatures mogholes et rajpoutes, pièces de monnaie.

Agréable présentation, pour partie dans la cour du palais, mais les petites salles obscures qui l'entourent sont plus décevantes.

Jama Masjid *(Grande Mosquée ; hors plan par B1)* **:** la visite ne présente qu'un intérêt limité. En revanche, allez sillonner les ruelles commerçantes alentour, peu touristiques, pleines d'animation et d'odeurs : c'est le quartier des drapiers, dinandiers et bijoutiers. Également de nombreux étalages de fruits et légumes. Un plongeon dans l'Indo.

Muhammad Ghaus et Tansen Tombs *(plan B1)* **:** *situés à l'intérieur de la nécropole musulmane.* Le mausolée central abrite le corps d'un vieux prince afghan, haut conseiller d'Akbar (superbe édifice d'époque moghole en marbre ajouré) ; celui sur la droite les restes de Tansen, le « 9e Joyau de la cour d'Akbar », considéré aujourd'hui encore comme le plus grand musicien que l'Inde ait jamais produit. Près de sa sépulture se dresse un vieux tamarinier bien connu des chanteurs de la région, qui viennent mâcher ses feuilles pour adoucir leur voix... Bien plus qu'un simple monument, cette tombe fait partie de l'héritage culturel de Gwalior qui accueille chaque année, en novembre-décembre, un festival renommé de musique classique indienne à l'échelle nationale.

Jai Vilas Palace *(plan A-B2)* **:** *☎ 237-23-90 ou 12-30. • jaivilasmuseum.org • Tlj sauf fêtes nationales 10h-16h30 ; parfois des nocturnes sam avr-sept. Entrée : 800 ₹, ce qui est trop cher ! Supplément appareil photo et caméra (100 et 300 ₹). Guides professionnels à l'entrée.* Encore occupé de temps à autre par le maharaja Jyotiraditya Scindia, qui, au passage, est à la fois un politicien influent (parlementaire – il fut le plus jeune élu de la chambre basse – et un temps ministre d'État du Commerce et de l'Industrie pour le parti du Congrès) et un homme d'affaires (ben, tiens !). C'est un immense palais au style italianisant de quelque 300 ou 400 pièces, bâti au XIXe s.

Quelques ailes ont été transformées en un *musée* extraordinaire, rassemblant authentiques antiquités issues de fouilles archéologiques et véritables objets d'art, à côté desquels s'accumulent, pêle-mêle, toutes sortes de babioles de toutes provenances, souvent d'un kitsch affolant ! Suivant l'ordre de la visite (qui varie), vous découvrirez en vrac : une salle avec moult photographies de la dynastie des Scindia ; somptueuse salle des vêtements d'apparat et de cérémonie... Noter le *pagdi,* ce tissu ourlé d'or, faisant... 100 m de long, destiné à entourer la coiffe du maharaja. Dans la salle circulaire, un carrosse en argent. Puis salles d'armes, collections numismatiques, meubles anciens, lithographies, miroirs (notamment un curieux miroir double laissant deviner alternativement, en fonction de son orientation, le roi George V et la reine Victoria), et encore bien d'autres curiosités... Les appartements privés ont des salles de bains de la taille d'une salle de bal. Au hasard des salles, étonnante statue de Leda et du cygne dans une attitude sans équivoque ! D'autres curiosités telle la tapisserie datant de 1910 représentant les grands de ce monde : le shah d'Iran, Napoléon, Jésus... Puis un incroyable et monstrueux buffet sculpté en ébène, puis un piano anglais géant et, dans la *Puja room,* une insolite et luxueuse balancelle entièrement constituée de morceaux de miroirs...

Terminons par les 3 pièces les plus extravagantes : dans l'immense salle à manger à colonnes, un étonnant chemin de fer miniature destiné à convoyer brandy et cigares aux convives à la fin des repas d'apparat. Un jour de grande réception, le petit train s'emballa et dérailla, renversant le contenu de ses précieux flacons sur les costumes et les saris chamarrés. Scandale au palais !

Dans la grande salle de réception, le tapis le plus grand d'Asie (33 m x 23 m), tissé de 560 kg d'or et entièrement fabriqué par les prisonniers de Gwalior en 12 années de labeur, et enfin, palmes d'or, les 2 lustres les plus lourds du monde (3,5 t et 248 ampoules chacun), si lourds que les architectes firent grimper 10 éléphants à l'étage pour tester le plafond (véridique !). Comment ont-ils fait ? On s'est posé la même question, vous pensez bien. La réponse, c'est qu'il a fallu construire une rampe d'accès de 1 km pour faire monter les bébêtes ! Suffisait d'y penser...

ORCHHA (orchha) 9 000 hab. IND. TÉL. : 07680

• Plan p. 291

Le « joyau du Madhya Pradesh », l'« âme de l'Inde », les qualificatifs ne manquent pas pour désigner cette ancienne capitale de la province du Bundelkhand, posée sur les rives de la Betwa, un affluent de la Yamuna, dans un décor de verdure propice à la sérénité. Vous pourrez errer quasiment seul dans son fort médiéval hors du temps et, à chaque instant, vous ne cesserez de vous sentir entouré d'histoire.
Situé à une vingtaine de kilomètres de Jhansi, en retrait de la route de Khajuraho, au sortir d'un surprenant paysage de chaos rocheux et loin du harcèlement incessant qui caractérise les villes touristiques, le village fait figure de havre de tranquillité (si vous disposez d'un peu de temps), un lieu paisible où il fait bon ne rien faire... Surtout, il vous permet de sortir des sentiers battus sans peine ni galère.

UN PEU D'HISTOIRE

Fondée au XVIe s par les souverains rajpoutes de la dynastie Bundela, Orchha devint au siècle suivant, sous la protection de Jahangir, la capitale d'un puissant royaume dirigé par le maharaja Bir Singh Deo (1605-1627). Mais Shah Jahan, une fois au pouvoir, chassa le maharaja à la faveur d'un prince tout à sa dévotion, dont les successeurs régnèrent jusqu'en 1948, après s'être placés sous la protection des Britanniques à partir de 1812.

Arriver – Quitter

Jhansi (la grosse ville à 19 km) est un point de transit quasi obligé entre Orchha et le reste du pays, même si Orchha est dotée d'une petite gare. Entre Jhansi et Orchha, au choix (outre les trains) : *tempo* *(sorte de rickshaw collectif, 30 mn de trajet pour env 20 ₹)*, rickshaw *(env 100-150 ₹)* et taxi *(env 200-250 ₹)*. Les *tempos* partent du *Bus Stand* de Jhansi (à env 5 km de la *Railway Station* ; prendre un *tempo* ou un rickshaw pour s'y rendre) et s'arrêtent dans la rue principale d'Orchha, d'où ils repartent vers Jhansi. En cas d'arrivée tardive à Jhansi, les seuls moyens de transport sont le rickshaw et le taxi.

En bus

Depuis Jhansi

➢ ***Agra :*** 5 bus directs/j., 6h10-17h30. Trajet : 6h... avec une route assez pourrie entre Datia et Gwalior.

➢ ***Gwalior :*** 1 bus/h, 24h/24. Trajet : 2h30-3h. Route assez épouvantable à partir de Datia (oui, c'est la même !).

➢ ***Khajuraho :*** 1 bus/j., vers 14h-14h30. Trajet : 5h.

➢ ***Delhi :*** 3 bus directs/j., vers 15h, 17h30 et 18h30. Trajet : 8h... préférer le train !

En train

Depuis Jhansi

➢ ***Orchha :*** 3 *passengers*/j., vers 7h10, 12h30 et 17h25 depuis Jhansi ; vers 9h15, 17h30 et 21h35 de Orchha. Trajet en 15 mn depuis Jhansi, 40 mn depuis Orchha.

➢ ***Agra*** *(Agra Cantonment)* ***via Gwalior :*** min 15 trains/j., 7-8 le mat entre 4h et 8h, puis l'ap-m. Parmi les plus rapides, le *Shatabdi Express* part vers 18h40 et arrive à 21h10 à Agra (à 19h40 à Gwalior). Horaire plus pratique : le *Khajuraho Udaipur Express* de

13h40 qui arrive à Agra vers 18h (15h40 à Gwalior).
➢ **Khajuraho :** l'*Udaipur Khajuraho Express* part tlj de Jhansi vers 15h30 pour arriver à Khajuraho vers 19h50.
➢ **Delhi :** min 15 trains/j., le plus rapide est le *Shatabdi Express* de 18h40 (arrivée à New Delhi vers 23h30). Sinon, des Rajdhani vers 1h du mat et 5h30, qui rallient Delhi en 5h. Min 6h de trajet pour les autres, dont beaucoup arrivent à Delhi-Nizamuddin.
➢ **Bhopal :** nombreux trains, groupés soit le mat soit en fin d'ap-m. Le plus rapide : le *Bhopal Shatabdi Express*, départ vers 10h50, arrivée à 13h50.

Depuis Orchha

Gare d'Orchha : *à env 5 km au nord du village (env 100 ₹ en richshaw, 10-20 ₹ en tempo).*
➢ 3 trains *passengers*/j. pour **Jhansi.**

Adresses et infos utiles

À Jhansi (ind. tél. : 0510)

■ **State Bank of India :** *Iliti Cross. Au centre de la ville, à droite de la gare ferroviaire. Tlj sauf dim 10h30-14h30 (12h30 sam).* Change espèces.
■ Plusieurs **ATM** à Jhansi, dont un à la gare ferroviaire.

À Orchha

■ **ATM State Bank of India** (plan A2, **2**) : *à proximité de la gare des bus et de l'entrée du Palais. Et ATM de la* **Canana Bank** *dans la rue principale (plan A1, 2).*
– **Baignade :** vous verrez probablement pas mal d'habitants se baigner dans la rivière Betwa. Tous vous diront que l'eau est propre et, en effet, elle est claire... mais toutes les pollutions ne se détectent pas à l'œil nu !
– **Coupures d'électricité :** elles sont fréquentes en soirée. Le village est alors plongé dans le noir complet.

Où dormir ? Où manger ?

Peu d'hébergements à Orchha, les prix des établissements bon marché s'en trouvent du coup nettement surestimés. Côté resto, ce n'est pas terrible non plus... et globalement, ils ne savent pas cuisiner la viande, interdite dans le village quoiqu'on en trouve sur certaines cartes.

De très bon marché à bon marché (200-1 500 ₹ / 2,70-20 € pour dormir ; max 300 ₹ / 4 € pour manger)

Retiring rooms de la gare ferroviaire de Jhansi : si vous arrivez tard, ou dans la nuit à Jhansi, c'est la meilleure solution. Chambres et dortoirs.
Friends of Orchha (hors plan par A2, **20**) : *Lakshmi Mandir Rd, Ganj Mohalla. 99-81-74-96-60 ou 81-09-88-23-35. • orchha.org • Bureau à env 1 km du centre, sur la route du Lakshmi Narayan Temple. Résa impérative. Hébergement 2 pers env 1 000 ₹ ; petit déj et repas en sus bon marché.* Cette petite ONG organise des hébergements chez l'habitant, chez des familles modestes d'agriculteurs ou d'artisans désireuses de partager leur quotidien. Elle les aide à aménager chambre et sanitaires, et les accompagne tout au long du projet. D'une part, c'est vraiment une porte d'entrée dans l'Inde rurale traditionnelle, et, d'autre part, une manière intéressante de redistribuer directement la manne touristique. Ne pas s'attendre au grand luxe, mais c'est toujours bien tenu, l'occasion de véritables échanges même lorsque les hôtes parlent peu l'anglais, et nos lecteurs en sortent en général enthousiastes ! L'association organise aussi des visites guidées et propose dans une petite boutique de

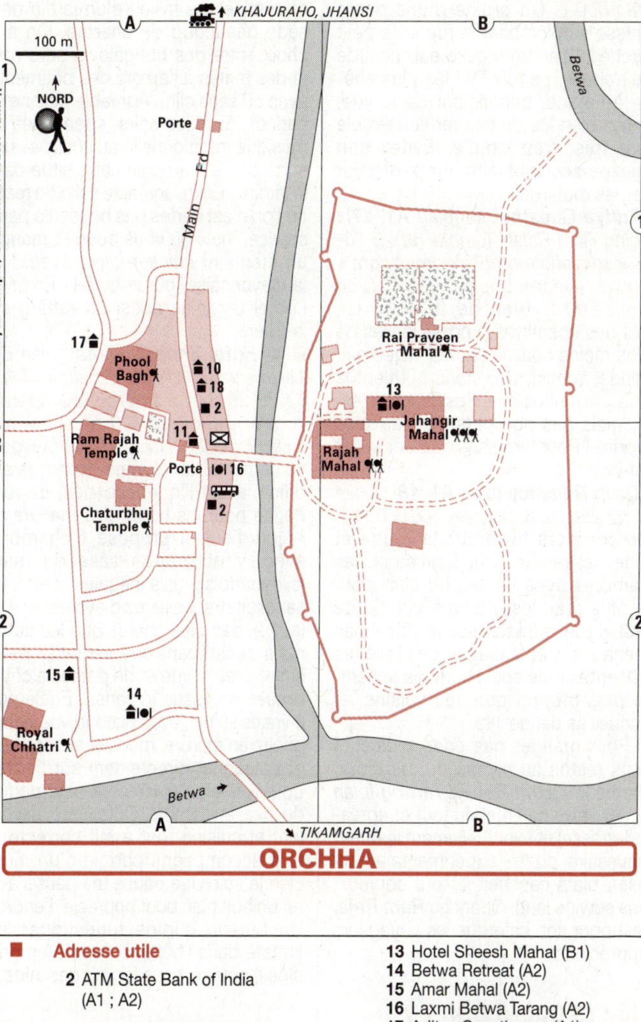

ORCHHA

Adresse utile **2** ATM State Bank of India (A1 ; A2) **Où dormir ? Où manger ?** **10** Hotel Ganpati (A1) **11** Shri Mahant Guesthouse (A2)	**13** Hotel Sheesh Mahal (B1) **14** Betwa Retreat (A2) **15** Amar Mahal (A2) **16** Laxmi Betwa Tarang (A2) **17** Aditya Guesthouse (A1) **18** Deep Regency (A1) **20** Friends of Orchha (hors plan par A2)

l'artisanat local, toujours dans le même esprit d'écotourisme.

Hotel Ganpati *(plan A1, **10**)* : *Main Rd, bien signalé.* 📱 *94-25-34-25-02. Doubles 450-1 200 ₹ en hte saison (du ventilo à la clim en passant par l'air cooler).* Préférer celles de l'étage, pour la vue sur la rivière et les palais et parce que les espaces communs sont moins négligés. Mobilier et entretien sommaires de toute façon, mais espace généreux. Accueil empressé du proprio, Vinod.

Shri Mahant Guesthouse *(plan A2, **11**)* : *Ram Raja Temple Rd.* ☎ *25-27-15.* 📱 *97-13-26-51-48. Doubles*

700-1 000 ₹. On profite d'une petite terrasse surplombant la rue et le petit marché ! Chambres avec eau chaude et *air cooler,* parfois TV : les plus chères, à l'étage, bénéficient de la vue. Vérifiez bien les draps, car l'ensemble reste très, très simple. Évitez son annexe : accueil limite, en particulier avec les routardes.

Aditya Guesthouse *(plan A1,* ***17****) : Behind Ram Rajah Temple. ☎ 25-20-27. • adityahotelorchha@gmail.com • Doubles avec sdb env 1 000 ₹, avec clim 1 500 ₹.* Rien de folichon ici, mais des chambres propres (salles de bains moins convaincantes), avec eau chaude, ventilo, une literie qui tient la route... le tout carrelé. Pas de vue, c'est sûr, mais pas non plus de mauvaise surprise ! Petit terrasse-resto sur le toit (bof-bof).

Deep Regency *(plan A1,* ***18****) : Main Rd. ☎ 25-20-76. Doubles 400-1 000 ₹.* Des corridors hyperétroits rouge et jaune desservent, sur 2 niveaux, les chambres avec ventilo ou clim pour les plus grandes. Aucune vue, si ce n'est de la terrasse sur le toit – pas aménagée –, et la plupart des fenêtres donnent sur les couloirs. Mais ensemble plus propret que ses voisins, et l'accueil se déride vite.

Pour manger pas cher, plusieurs petits restos au niveau du carrefour, comme le ***Laxmi Betwa Tarang*** *(plan A2,* ***16*** ; *thali* pas mal du tout et agréable terrasse) et éventuellement le ***Milan*** (moussaka, pizza – expérimentale ! – et *pasta,* plats cascher, le tout copieux, mais service lent). Quant au ***Ram Raja,*** c'est pour son café que les voyageurs l'apprécient.

Chic (3 000-5 500 ₹ / 40-73,30 € pour dormir ; max 900 ₹ / 12 € pour manger)

Betwa Retreat *(plan A2,* ***14****) : ☎ 25-26-18. • betwa@mpstdc.com • Tentes et doubles 3 500-3 800 ₹, petit déj inclus ; réduc l'été. Wifi au resto.* Presque en bordure de la rivière Betwa, proche des cénotaphes royaux, cet ensemble de petits cottages disséminés au milieu d'un jardin possède beaucoup de charme. On a le choix entre des bungalows ocre-rose et des tentes à l'arrière des bâtiments, avec ou sans clim. Agréable piscine en haricot. Tous les soirs, spectacles de musique traditionnelle au *chaupal,* une sorte de petit amphithéâtre situé dans le jardin... Enfin, agréable salle de resto, où l'on n'est certes pas bousculé par le service, mais où vous pourrez manger un étonnant *chicken tikka* avec... de la mayonnaise, ou un buffet ! En hiver, l'hôtel organise aussi du rafting sur la rivière.

Hotel Sheesh Mahal *(plan B1,* ***13****) : dans une aile du Jahangir Mahal. ☎ 25-26-24. • smorchha@mpstdc.com • Double 3 100 ₹, suite min 5 500 ₹, petit déj inclus.* Cet hôtel gouvernemental au charme certain faisait office, avant l'indépendance, de résidence pour les hôtes des maharajas. Aujourd'hui, il propose 6 chambres avec TV et grande salle de bains (clim parfois), mais inégales : certaines sans fenêtre. Essayez d'avoir la n° 4 ou la n° 9, pas plus chères que les autres mais constituant une véritable petite suite, avec la vue et de petites alcôves ornées de tissus indiens... Également 2 vraies suites, avec plafond voûté, baignoire en marbre, mobilier au diapason et balconnet directement sur l'arrière du palais et la rivière. Un petit parfum de luxe, en somme. Côté resto, service lent et cuisine tout à fait correcte, le tout accompagné parfois d'un musicien le soir. Une pause thé peut s'avérer un bon plan pour apprécier l'endroit. Un bureau d'infos touristiques est installé dans l'hôtel, il devrait (en principe !) pouvoir vous fournir des infos.

Très chic (min 5 400 ₹ / 72 €)

Amar Mahal *(plan A2,* ***15****) : à 10 mn à pied du centre, en allant vers les cénotaphes royaux. ☎ 25-22-02. • amarmahal.com • Double min 7 100 ₹, négociable selon saison.* La seule adresse chic du village qui justifie ses tarifs ! Il se présente comme un vrai petit palais de maharaja, de plain-pied, avec son jardin intérieur de style moghol entouré de galeries. Les chambres, carrelées, sont vastes et décorées avec élégance : des tissus raffinés, toutes ont un mobilier choisi et, pour certaines, un lit à baldaquin ; grandes salles de bains de bon confort, même si quelques robinetteries fatiguent. Bon resto (préférer la carte au buffet) mais petit déj-buffet un peu maigre. Piscine agréable et correctement entretenue dans la 2e cour. Petits concerts avec danseuse le soir. Accueil empressé.

À voir

– Horaires : forteresse tlj 7h30-18h, de même que les Royal Chhatri. Pour les autres monuments, voir horaires ci-après.
– Guichet à l'entrée de la forteresse, juste après le pont. Entrée : 250 ₹. Inclut les palais et autres édifices dans l'enceinte de la forteresse, ainsi que les Royal Chhatri (ou cénotaphes), Chaturbhuj Temple, Ram Rajah Temple et Laxminarain Temple. Les autres sites sont en accès libre. Appareil photo 25 ₹ ; caméra 50 ₹. Compter 470 ₹ pour un guide (jusqu'à 5 pers).
– Son et lumière le soir en anglais (env 1h), à 18h30 nov-fév, 19h30 mars-oct : 250 ₹ ; réduc. Toute l'histoire d'Orchha dans ce spectacle réussi.

Dans l'enceinte de la forteresse

Sur la rive est du bras de la rivière Betwa, par le pont qui part du carrefour central. En s'y rendant dès l'ouverture, on profite seul de la belle lumière sans être sollicité par les gardiens quémandeurs de bakchich sous prétexte d'ouvrir des portes qu'ils viennent, comme par hasard, de fermer...

Rajah Mahal *(plan A-B2)* **:** une fois grimpée la rampe d'accès ou les escaliers (à gauche du guichet des billets), c'est le 1er palais sur votre droite, précédé d'un majestueux *diwan* (hall des audiences) à 5 arches. Passer le templion et la volée de marches en contournant l'édifice par la droite pour en atteindre la porte nord-est, la seule ouverte en général. Enchantement et romantisme assurés, si vous pouvez visiter ce palais au soleil couchant. Imaginez qu'à l'origine cette construction était entièrement recouverte de faïences turquoise et émeraude. Un pur joyau reflétant les rayons du soleil.
Bâti entre 1531 et 1538, ce palais couronné de *chhatri* (dômes en forme de parapluie) a une allure extérieure simple et massive. On pénètre dans une 1re cour intérieure assez délabrée, puis, via une galerie à colonnades et arcades (aux plafonds déjà décorés), dans une 2de, rectangulaire, dominée par 2 ailes de 5 étages. Remarquez les délicates claires-voies en filigrane de pierre qui protègent le palais de la lumière brutale tout en laissant passer la brise. C'est sur cette cour que donnent les salles encore décorées de peintures murales nous contant, entre autres, la légende du *Rāmāyana* (barattage de la mer de lait sur un linteau) ou des scènes de la vie quotidienne (chasse, lutte, gynécée, etc.). Ne pas hésiter à pousser les portes entrouvertes pour y accéder, ou se les faire ouvrir en désespoir de cause moyennant un petit billet... Grrr ! La chambre de la reine en est un bon exemple, où murs et plafonds sont ornés de superbes représentations religieuses (Krishna et les vachères, le Bien et le Mal, Krishna face à l'un de ses dévots, Vishnou couché sur un serpent à 7 têtes, Ganesh, etc. ; au plafond, les 10 avatars de Vishnou). La chambre du roi ainsi que la salle de maquillage ne sont pas mal non plus. Enfin, avant de quitter le palais, grimpez donc sur les plates-formes pour accéder aux remparts : assez délabrés, mais déjà un beau point de vue sur le site.

Jahangir Mahal *(plan B1-2)* **:** érigé au début du XVIIe s par le maharaja Bir Singh Deo pour son ami Salim, alias Jahangir, l'empereur moghol de l'époque. Il devait héberger le souverain (et sa petite escorte) lors de ses passages dans le coin mais, en définitive, celui-ci n'y passa jamais qu'une seule nuit. Dommage

car, par la suite, le palais ne fut plus jamais utilisé... Bref, il n'a jamais servi à rien ! Ce qui ne dispense pas de l'admirer car il combine bien les styles hindou et moghol, tant au niveau architectural que pictural par l'association symbolique du bleu turquoise et du vert cobalt.
Il s'organise autour d'une cour carrée que dominent 4 pavillons d'angle à clochetons. On ne le dirait pas mais, en plus des 136 chambres du rez-de-chaussée et des étages supérieurs, il y a 100 chambres (à usage militaire) en sous-sol ! Un véritable labyrinthe. Au rez-de-chaussée, un musée archéologique d'un intérêt limité malgré quelques jolies sculptures. Deux éléphants encadrent la porte d'apparat à l'est. Enfin, on découvre aussi depuis ce côté, en contrebas, les restes d'anciennes étables pour les chameaux, de l'aire de repos des éléphants du raja, d'un hammam, ainsi que le *Rai Praveen Mahal.* Pour découvrir le site dans toute son ampleur, grimper là encore les escaliers bien raides cachés dans les coins pour accéder au chemin de ronde.
– Les curieux qui ont du temps, en ressortant du Jahangir Mahal par l'entrée principale, descendront la rampe sur leur gauche pour explorer plus avant le site. Le long d'une piste en terre qui contourne le Jahangir Mahal par l'est puis le nord, divers édifices plus ou moins délabrés : la *haveli* d'un notable bien introduit en cour, à la structure représentative des nobles demeures de l'époque, puis l'***Uth Khana,*** une aile autrefois réservée au fils du maharaja. Celui-ci avait l'habitude d'inviter régulièrement des danseuses pour des spectacles libertins suivis de nuits endiablées. Afin de calmer ses ardeurs, un ingénieux système de refroidissement par eau fut construit. Et un passage secret (aujourd'hui muré) reliait cette aile de tous les vices au palais lui-même, ce qui évitait de devoir demander une permission parentale qui, sûrement, aurait été refusée.

Rai Praveen Mahal *(plan B1)* **:** dernier complexe, le plus au nord, un élégant pavillon (quelques restes de fresque au 1er étage) ceint d'un jardin tout aussi abandonné. Il ne reste plus grand-chose de l'ensemble mais, pour la petite histoire, c'est dans ce palais que vécut la poétesse et musicienne Rai Praveen, maîtresse du maharaja Indramani. On dit qu'Akbar, le Grand Moghol, était tellement sous le charme de cette artiste qu'il lui ordonna de venir à Delhi. Lors de sa 1re audience avec Akbar, elle lui récita un poème signifiant en substance que seuls chiens et éboueurs pouvaient prétendre à de la chair flétrie. Pas rebuté par tant de franchise et impressionné par sa fidélité à son amant, il la renvoya dans son palais d'Orchha.

Dans le village

Ram Rajah Temple *(plan A2)* **:** *au bout du bazar. Tlj 8h-12h30, 20h-22h30 en été ; 9h-13h, 19h-21h30 en hiver. Célébrations 2 fois/j. : en été, à 8h et 20h ; en hiver, à 9h et 19h (mais demander car cela change régulièrement). Ni cuir ni appareil photo à l'intérieur.* Essayez d'assister à l'une des 2 célébrations quotidiennes, pleines de ferveur religieuse ; sinon, le temple au style guimauve ne vaut pas tripette. Pour obéir à Rāma qui lui était apparu en songe, un pieux maharaja d'Orchha rapporta d'Ayodhya une statue du dieu, qu'il installa dans son palais en attendant la construction d'un nouveau temple. Malheureusement, le roi avait oublié une partie de la parole divine, qui précisait que la statue resterait au 1er endroit où elle serait déposée ! Quand il s'en souvint, il était évidemment trop tard : il dut faire de son palais un lieu voué au culte de Rāma, l'actuel Ram Rajah Temple... Tous les ans en décembre, on y célèbre en grande pompe le mariage de Rāma et de Sītā. Si vous êtes dans le coin à cette époque, ne manquez surtout pas cette fête qui attire en masse les hindous.

Chaturbhuj Temple *(plan A2)* **:** *le monument le plus haut d'Orchha, à gauche du Ram Rajah Temple lorsqu'on lui fait face. Tlj 9h-13h, 16h-19h.* Malgré sa majestueuse tour aux arêtes curvilignes, ce temple très vide emprunte quelque peu sa forme inhabituelle aux sanctuaires musulmans. Élevé spécialement pour recevoir la fameuse statue de Rāma, il accueille à la place des figurines de Laksmi, Krishna et Vishnou. Du 4e étage, accessible par une série d'escaliers très abrupts, on jouit d'un joli panorama sur le village et ses environs. Les plus téméraires grimperont même jusque sur les toits, pour une vue encore plus spectaculaire. Pas mal de singes ici.

Phool Bagh *(plan A1)* **:** *à droite du Ram Rajah Temple. Tlj 9h-17h.* Agréable jardin qui servait de retraite aux souverains pendant les chaleurs canlculaires. Parfois même, quand la chaleur devenait par trop insupportable, ils se réfugiaient dans les souterrains du jardin. Accès sur la droite en entrant. À l'intérieur du parc, un *chhatri* perpétue la mémoire du jeune prince Hardaul qui, suspecté d'adultère, se suicida dans ces murs pour montrer son innocence. Aujourd'hui encore, les jeunes femmes du village continuent de lui vouer un culte ; et le lieu est très fréquenté par les hindous.

Royal Chhatri *(plan A2)* **:** *à côté de la rivière.* Une rangée de 14 mausolées (certains en bien mauvais état, d'autres cernés de belles pelouses) abrite les cénotaphes des maharajas qui se sont succédé à la tête de la province du Bundelkhand. À voir en fin d'après-midi, quand dômes et flèches se mirent dans les eaux calmes de la rivière.

Laksmi Narayan Temple *(hors plan par A2)* **:** *à 1 km à l'ouest du village. Tlj 9h-17h.* Élevé en 1622, protégé par des bastions aux 4 coins de la façade et au fronton, telle une forteresse, le temple se dresse sur une éminence dominée par un ancien camp militaire. Les intérieurs sont décorés à profusion de fresques singulières, mettant en scène notamment les paroles de la *Bhagavad-Gīta,* grand texte sacré des hindous, mais illustrant aussi des combats contre les Anglais. Jolie vue sur le village en contrebas (ne grimpez pas tout en haut de la tour, les escaliers sont dangereux). Un bel endroit qui mériterait une restauration !

Chardhwari Water Tank *(hors plan par A2)* **:** *à 5 km à l'ouest du village. Pour y aller de Laksmi Narayan Temple, suivre le chemin en direction de la porte ouest d'Orchha sur 1 km ; puis panneau indicateur rouge sur fond blanc, immédiatement suivi d'une bifurcation ; en prenant celle de droite surgit, au loin, la silhouette d'un temple shivaïte tt blanc au sommet d'une montagne ; encore 1 km de marche et vous arrivez enfin à un temple dédié à Hanuman ; juste à côté se trouve le réservoir attendu.* Ce bassin servait autrefois à approvisionner le village en eau de pluie. Rien d'exceptionnel, mais c'est un excellent prétexte pour s'évader dans la campagne (quand le temps s'y prête) à la rencontre des paysans du coin. En chemin, vous verrez des quantités de champs de blé, sorgho, haricots, etc.

DANS LES ENVIRONS D'ORCHHA

Si vous recherchez l'insolite et que vous disposez d'un peu de temps, partez alors à la découverte des villages voisins, Datia et Sonagiri, à moins de 2h de route. Dépaysement garanti !

DATIA

À 30 km au nord de Jhansi et 73 km au sud de Gwalior. La 1re impression ressentie à l'approche du village (est-ce la présence de ces 2 lacs au milieu d'une plaine aride et désolée ?) est celle d'une oasis au milieu de nulle part, tandis que la vision des 2 superbes palais et du fort nous plonge dans le glorieux passé de cette bourgade qui fut, au XVIIe s, la capitale d'une principauté rajpoute. Enfin, dernier bonheur, peu de touristes en vue, et accueil très gentil des habitants !

➢ ***Pour s'y rendre :*** presque en bordure de la route nationale, l'accès en est aisé. Bus ttes les 30 mn de la gare routière de Jhansi, et env 10 trains/j. (env 20 mn de trajet). Également quelques liaisons depuis Khajuraho et Gwalior.

Govind Palace : *au nord-ouest du village se dresse une colline couronnée d'un palais. Tlj du lever au coucher du soleil. GRATUIT. Ne pas hésiter à prendre un guide de la société d'archéologie locale, lui seul connaît ts les secrets de ce labyrinthe de quelque 440 pièces et 16 cours ! Mais, attention, beaucoup ne parlent pas l'anglais. À défaut, se munir d'une lampe de poche pour franchir les 1ers escaliers dans la pénombre.* Entouré d'un rempart de pierre, cet imposant palais de 5 étages (plus 2 étages souterrains) fut élevé en 1620 par le raja Bir Singh Deo, le maître d'Orchha. Il a hébergé longtemps des réfugiés de la partition de 1947. De style moghol, il se présente comme une extraordinaire pièce montée de plan carré surmontée de dômes et de kiosques parfaitement symétriques et dominée en son centre par un élégant pavillon à 4 étages. Tout comme le palais voisin d'Orchha, celui-ci était recouvert de peintures vernissées chatoyant au soleil. Après la traversée des salles inférieures toutes sombres, on débouche, au terme d'une ascension, sur une vaste cour coupée de galeries croisées. C'est aux étages supérieurs du pavillon central que se trouvent les pièces les plus pittoresques : le salon de musique, la salle de jeux de la maharani, la chambre du raja décorée de peintures en émail vernissé (en restauration depuis des années) et enfin les cabinets d'aisance de Son Altesse... Malheureusement, lors de notre passage, le 5e étage était fermé : risques de chutes de pierres. Des chemins de ronde, on découvre l'ensemble du village en contrebas.

Rajgarh Palace : *à deux pas de la gare des bus. Tlj 10h-16h.* Le moins imposant des 2 palais de Datia abrite aujourd'hui un musée d'un intérêt mineur. Néanmoins, on trouve quelques sculptures bouddhiques et quelques miniatures intéressantes, dont un portrait de la maharani de Jhansi.

Datia Tourist Motel : *indiqué par un panneau depuis la route principale. ☎ (07522) 23-81-25. • datia@mptourism.com • Doubles 2 300-2 600 ₹, petit déj inclus.* 8 chambres nettes et fraîches (clim). Petit resto acceptable aussi (mais pas beaucoup de passage) et jardin donnant, avec une très belle vue, sur le fort et le palais.

SONAGIRI

À 45 km de Jhansi, 65 km de Gwalior et 15 km de Datia.

➢ ***Pour s'y rendre :*** de Datia, liaisons en *tempo* ou rickshaw. De Jhansi, 4-5 trains/j. ; trajet en 30 mn, 1er départ vers 7h30, dernier retour vers 18h50 (très long : 1h20 !), donc possibilité de faire l'A/R dans la journée. Idem de Gwalior, mais trajet en 1h. Arrivé à la gare de Sonagiri, il vous reste 4 km pour atteindre le village. Minibus et *tempos* à chaque arrivée de train.

Le site : *ouv tlj du lever au coucher du soleil ; fermé 12h-16h. GRATUIT. Attention, pas de cuir, et la visite se fait pieds nus, sur un chemin carrelé. Prévoir 2 bonnes heures de visite car l'ensemble est très étendu. En cas de fatigue, chaises à porteurs (payantes, bien entendu) à disposition.* Littéralement la « montagne dorée », Sonagiri a fière allure du haut de sa colline, avec ses 77 temples élevés en l'honneur des *Tirthankaras* du jaïnisme (« les passeurs de gué » en quelque sorte, comparables aux *bodhisattvas* du bouddhisme mahayana). Le site constitue l'un des tout premiers lieux saints pour la communauté jaïne digambara. C'est au sommet de la colline que se trouvent les temples de facture récente, les plus vénérés, visiblement influencés par les différents courants architecturaux qui ont traversé l'Inde au fil des siècles (styles dravidien, bouddhique, brahmanique, et même moghol...), ainsi que les statues

des 24 *Tirthankaras* parmi lesquels Adinath (le 1er), Parsanath (le 23e) et surtout Mahavira, le *Tirthankara* historique (le 24e), que vous reconnaîtrez à son symbole, le lion. Ne pas manquer non plus l'énorme pièce montée de couleur rose, véritable chef-d'œuvre du kitsch, crémeux à souhait !
De là-haut, superbe panorama sur la plaine.
– À l'occasion de la ***fête annuelle*** de Sonagiri (courant mars) affluent de nombreux moines jaïns de tout le nord de l'Inde. Avec, pour tout bagage, un pot d'eau et une balayette en plumes de paon (qu'ils agitent à chacun de leurs pas, de crainte de commettre l'irréparable en écrasant une créature vivante), ils vaquent à leurs occupations, juste « avec l'air qui les entoure comme seule vêture », à poil, quoi ! On ne vous découragera pas trop, en vous disant qu'au village il reste 26 temples à visiter...

KHAJURAHO (khajuraho)

10 000 hab. IND. TÉL. : 07686

• Plan *p. 299*

Ce site archéologique, célèbre pour ses sculptures érotiques, a l'avantage d'être situé dans un petit patelin, certes touristique mais au beau milieu de la cambrousse. On n'a pas si souvent l'occasion de voir la campagne de si près, et comme les temples valent vraiment le coup d'œil, ce détour est tout à fait justifié. On précise quand même que les sculptures coquines, si elles ne sont pas piquées des vers, ne représentent que 5 % de l'ensemble de la surface sculptée. Les voyeurs seront déçus par la quantité, pas par la qualité.
Ce groupe de temples édifiés entre les IXe et XIIe s constitue un ensemble absolument unique par sa cohérence et sa pureté, par la finesse de ses représentations. Son excellent état de conservation en fait l'un des sites les plus visités en Inde. 2 jours suffisent pour visiter le site et disposer d'un peu de temps pour se reposer.

UN PEU D'HISTOIRE

Khajuraho est l'antique capitale de la dynastie rajpoute des Chandela, qui créa ce royaume vers le VIIe s. Bien qu'assez peu puissante, cette lignée eut son heure de gloire entre les Xe et XIIIe s. C'est pendant cette période que fleurirent les temples. Ils représentent un bel exemple de l'art indo-aryen (nagara). La pierre témoigne ici de l'histoire et des mœurs de l'Inde à cette époque, avec un style d'une grande pureté. Autrefois, 85 temples se dressaient sur cette plaine aride. Il en reste 22, répartis en 3 groupes. Ils furent redécouverts par les Anglais au milieu du XIXe s, et relèvent de 2 religions, l'hindouisme et le jaïnisme.
Plus que l'architecture des temples, c'est le travail de sculpture qui est ici admirable. Tous les sujets sont passés en revue : la vie des rois, des reines, des divinités, aussi bien que celle des guerriers. La luxure, la toilette, les réceptions, toutes les cérémonies intimes ou publiques sont évoquées, toujours avec une pointe d'humour, d'ironie et de dérision. Le symbolisme animal ou végétal y tient une bonne place (monstres ou créatures célestes), mais les scènes de la vie ne sont pas en reste (femme se coiffant ou s'enlevant une épine du pied...).
Quant aux scènes classées « X », que votre guide, si vous en prenez un, ne manquera pas de vous signaler, on ne connaît pas exactement leurs significations, bien que, vous vous en doutez, moult spécialistes se soient penchés sur la question. Évidemment, on pense au *Kama-Sutra,* ce célèbre traité d'érotologie

composé entre les IVe et VIIe s, mais si certaines scènes ou positions entrent dans sa définition, d'autres sont classées « super hard », et personne ne semble en saisir le sens.
Selon la culture tantrique, les scènes d'amour figurent l'oubli de soi-même, l'abolition du temps et donc le meilleur moyen de méditer. L'individu entre alors dans une phase de négation de son ego, par laquelle il est à même de sentir la puissance divine. La théorie tourne bien rond, certes. Mais nous, on penche plutôt pour une explication plus orgasmique que cosmique.

« UN PEU PLUS OSÉES QU'IL N'EST ABSOLUMENT NÉCESSAIRE... »

C'est par cet euphémisme bien victorien que le capitaine T. S. Burt, ingénieur militaire de Sa Gracieuse Majesté, qualifia en 1838 certaines sculptures érotiques, qu'il venait de découvrir sur des temples ignorés des Occidentaux. Il fallut attendre le début du XXe s pour que ce haut lieu du tantrisme révèle toute l'imagination et le talent d'un peuple qui préférait les jeux amoureux au fracas des armes.

Arriver – Quitter

En train ou en bus

Railway Station *(hors plan par A3)* **:** *tte récente, à 8 km au sud de la bourgade. Guichet ouv lun-sam 8h-12h, 13h-16h ; dim 8h-14h. Consignes.* Attention si vous faites vos résas de train sur un site internet, Khajuraho est parfois orthographié « Khajauraho ». Rickshaw pour ou depuis la gare : 150-200 ₹.

➢ Le *Nizamuddin Khajuraho Superfast* relie **Delhi** (Nizamuddin Railway Station) à Khajuraho en passant par **Agra** et **Jhansi.** Départ de Delhi tlj vers 20h10, arrivée à 6h30. Retour vers 18h20 tlj, arrivée à Delhi vers 5h30.

➢ ***Varanasi :*** 3 trains/sem (mar, ven et dim), de nuit. Départ vers 23h50, arrivée vers 11h.

➢ ***Orchha :*** passer par Jhansi, avec changement – 1 train/j. pour Jhansi vers 9h30 (arrivée 4h plus tard).

➢ ***Gwalior :*** 1 train/j. dans les 2 sens ; le *Khajuraho Udaipur Express* quitte Khajuraho vers 9h20 pour atteindre Gwalior vers 15h40, Agra (Cantonment) vers 18h, puis poursuit vers Jaipur, Ajmer et Udaipur.

Bus Stand *(plan A2)* **:** *à 5-10 mn à pied du centre du village. Guichet tlj 8h-18h.* Sur place, les infos sur les horaires de bus sont souvent contradictoires, à se demander si tout ce petit monde n'essaierait pas de vendre aux voyageurs des trajets en taxi ! Insister fermement ! Un numéro d'appel pour dépanner : *Bus Info,* ☎ *27-41-63.*

➢ Liaisons en bus par des compagnies privées avec ***Jhansi*** (6 bus/j. ; pas toujours directs, bien vérifier ; souvent changement à Chhatarpua : préférer le train) ou ***Satna*** (3 bus/j.), situées respectivement à 175 et 120 km (5h et 3h30 de route).

➢ ***Agra :*** bus directs à 7h et 9h, arrivée à Agra 10-12h plus tard.

➢ ***Ajanta-Ellora en bus + train :*** 3 bus/j. Khajuraho-Satna. Puis train Satna-Jalgaon (5-6/j., bien répartis). Compter min 12h30 de trajet. Pour finir, bus pour Ajanta. Ouf ! Possibilité d'y aller aussi par Jhansi, mais c'est encore plus compliqué.

➢ ***Orchha en bus :*** prendre un bus, train, *tempo,* rickshaw ou taxi jusqu'à Jhansi, puis un bus (env 8 liaisons/j.) pour Khajuraho (ou l'inverse). Mais rappelons aussi la solution du train entre Jhansi et Khajuraho, et même le train *passenger* direct tlj entre Khajuraho et Orchha.

➢ ***Bhopal :*** bus directs à 5h30 et 19h. Trajet : 12h.

En avion

✈ ***Aéroport*** *(hors plan par A3)* **:** *à 5 km au sud du village.* ☎ *27-28-05. En*

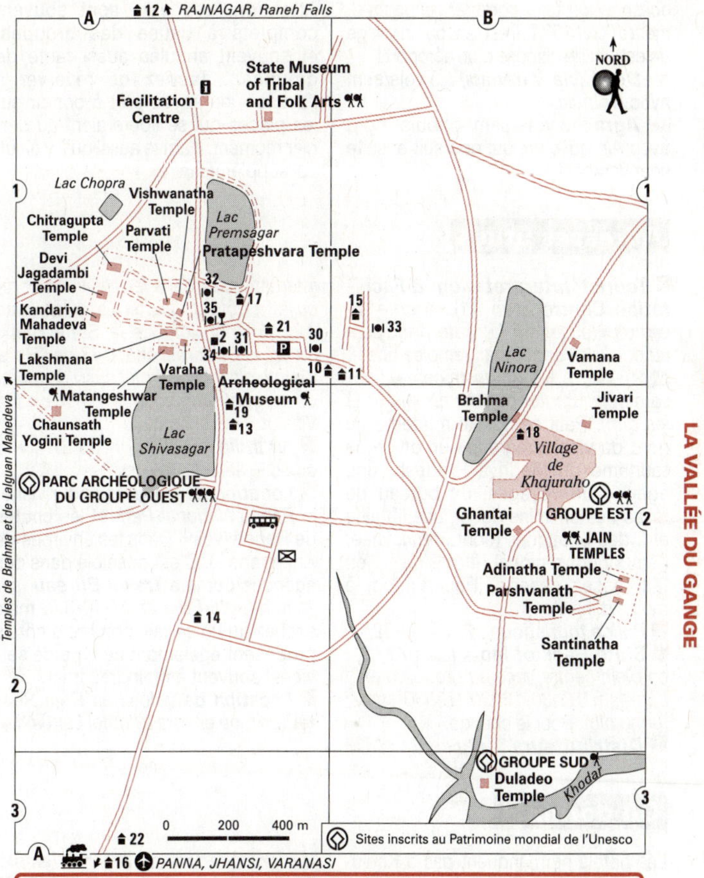

KHAJURAHO

Adresses utiles

- Tourist Interpretation & Facilitation Centre (A1)
- **2** State Bank of India (A1)

Où dormir ?

- **10** Hotel Surya (A-B1)
- **11** Hotel Harmony (B1)
- **12** Yogi Ashram Guesthouse (hors plan par A1)
- **13** Hotel Lakeside (A2)
- **14** MP Hotel Jhankar (A2)
- **15** Osaka Guesthouse (B1)
- **16** Hotel Isabel Palace (hors plan par A3)
- **17** Hotel Yogi Lodge (A1)
- **18** Friends in Khajuraho (B2)
- **19** Headquarter Khajuraho (A2)
- **21** Hotel Marble Palace (A1)
- **22** Ramada Khajuraho (A3)

Où manger ?

- **30** Agrasen Restaurant et Mediterraneo (A1)
- **31** Safari Canteen (A1)
- **32** Bamboori Treat (A1)
- **33** Kolkata Restaurant Food Zone (B1)
- **34** Maharaja Restaurant (A1)
- **35** Raja Café (A1)

rickshaw ou taxi, compter respectivement 100 et 150 ₹. Il est rare qu'un village de cette taille dispose d'un aéroport !

➢ ***Delhi (via Varanasi) :*** 3 vols/sem avec *Air India.*

➢ ***Agra :*** 3 vols/sem depuis Agra avec *Air India,* vol qui poursuit ensuite vers Varanasi.

Attention, ces vols sont souvent complets à cause des groupes, et souvent annulés aussi faute de groupes... Tâchez de réserver à l'avance, ou soyez prêt à bondir sur les places qui se libéreraient au dernier moment. Il arrive aussi qu'il y ait un vol supplémentaire.

Adresses utiles

ℹ ***Tourist Interpretation & Facilitation Centre*** (plan A1) : *à côté de Circuit House, sur la route principale au nord de l'entrée des temples ouest. ☎ 27-40-51. • mptourism.com • Lun-sam 10h-18h (fermé 2 sam/mois et ts les dim).* Petit complexe moderne au nord du village regroupe un office de tourisme du Madhya Pradesh, une agence de voyages, un bureau de résas des chemins de fer, une librairie et... des boutiques (dont *Mrignaynee,* l'emporium régional, *fermé mar*) ; en fait, assez déserté. Peu d'infos, à moins d'insister.

■ ***Police touristique :*** *☎ 27-40-32.*

■ ***State Bank of India*** (plan A1, **2**) : *en plein centre, face au groupe ouest. Lun-sam 10h30-16h30 (13h30 sam) ; fermé dim.* Pour le change.

■ ***Distributeurs :*** *plusieurs ATM internationaux dans le village, en particulier à côté de l'hôtel* Lakeside *(plan A2,* **13***), non loin de la* State Bank. *Sinon, la* **Canara Bank,** *près de l'*Hotel Shanti *(plan A2), permet aussi de retirer de l'argent au guichet avec une carte Visa ou MasterCard.*

■ ***Air India :*** *à l'aéroport. ☎ 27-40-35 ou 36. • airindia.in •*

■ ***Location de voitures :*** pour visiter le *Panna National Park* et les chutes de Raneh (voir « Dans les environs de Khajuraho »). C'est possible dans des agences comme ***Travel Bureau*** *(sur Jain Temple Rd ; ☎ 27-40-37),* mais sachez qu'un certain nombre d'hôtels proposent également ce type de services, souvent à moindres frais.

■ ***Location de vélos :*** *au* **Raja Restaurant,** *ou encore à l'hôtel* **Lakeside.**

Où dormir ?

Les hôtels ne manquent pas à Khajuraho. Il y en a pour absolument toutes les bourses, du plus sommaire à l'établissement de chaîne internationale comme le *Ramada Khajuraho* ou le *Taj Chandela.* À noter qu'en mai et juin, la période la plus creuse, les tarifs peuvent baisser de 20, 30 ou même 50 %. De toute façon, n'hésitez pas à faire jouer la concurrence toute l'année, surtout si vous voyez que l'affluence touristique n'est pas au beau fixe.

De très bon marché à bon marché (300-1 500 ₹ / 4-20 €)

⌂ ***Friends in Khajuraho*** (plan B2, **18**) : *dans le vieux village, au bord du lac, presque face au Brahma Temple. ☎ 27-40-87. 📱 98-93-45-43-90 (Vijay) ou 75-66-72-86-34 (Violette). • friends-in-khajuraho.com • Doubles sans ou avec clim 700-1 000 ₹.* À peine 2 chambres dans cette sympathique petite adresse, tenue en famille par un couple franco-indien, Vijay et Violette. Cela reste très simple (salle de bains commune, eau chaude) mais l'accueil est vraiment agréable, et c'est l'occasion de découvrir un peu plus le quotidien d'une famille. Repas sur demande, ainsi que leçon d'hindi ou de violon.

⌂ ***Hotel Yogi Lodge*** (plan A1, **17**) : *dans une impasse. ☎ 27-41-58. 📱 94-25-14-36-73. • yogilodgekhajuraho.com • Résa conseillée. Doubles avec sdb 300-800 ₹.* Petite pension avec dépendances. Organisées sur plusieurs bâtiments et courettes, des chambres aux couleurs pastel, petites et sommaires mais propres, toutes avec eau chaude (salle de bains en fin de vie !). Celles du rez-de-chaussée sont un peu sombres. Jolie terrasse. Location de vélos. Cours de yoga (parfois à la *Yogi Ashram Guesthouse*, voir plus loin). De plus, resto servant une cuisine très simple, bonne, à prix plancher (mais service d'une lenteur...). Comme tous les endroits sympa et pas chers, c'est souvent complet.

Osaka Guesthouse *(plan B1,* ***15****) : Jain Temple Rd, à l'écart de la rue. ☎ 27-28-39. 88-02-77-39-11. Doubles avec sdb 800 ₹, avec clim 1 200 ₹.* Dans un coin calme et résidentiel, une *guesthouse* vraiment familiale dans une maison moderne : un salon en bas, et 4 chambres à l'étage, avec eau chaude (clim en option), de taille variable et bien tenues. Rien d'extraordinaire, mais les matelas ne sont pas trop fins et l'accueil est vraiment gentil. Repas sur demande, sur l'agréable toit-terrasse par exemple.

Headquarter Khajuraho *(plan A2,* ***19****) : face au Shivsagar Lake. 91-11-95-65-73. Résas à Delhi : ☎ (011) 39-58-90-04. • headquarter-khajuraho.business.site • Lit en dortoir 300-500 ₹ selon confort (clim ou non) et taille ; doubles 1 500-1 700 ₹.* Super bien placé, voici un beau spécimen de cette chaîne de nouvelles auberges privées. C'est vaste, plutôt lumineux et confortable. Une trentaine de places en dortoirs de 6 et 8 lits (dont l'un spécial filles) bien aménagés, aux salles de bains communes bien entretenues, et 2 chambres doubles avec leur propre salle de bains (et vue sur le lac pour la plus grande – la plus chère, sans mystère). Laverie, location de vélos, etc. Le toit-terrasse ? devenu un bar-resto à prix serrés, avec une vue extra sur les temples ! Et partout, des coins salons où les coussins n'attendent que vous. Relax !

Hotel Marble Palace *(plan A1,* ***21****) : face au Gole Market. ☎ 27-43-53. • hotelmarblepalace.com • Double min 1 000 ₹.* Comme promis, du marbre un peu partout, jusque dans les chambres, avec coin salon et salle de bains d'un blanc presque immaculé (baignoire et eau chaude 24h/24). Ensemble assez austère, limite lugubre pour les chambres les plus sombres (les plus chères, avec clim, au rez-de-chaussée, déjà en « Prix moyens »). Évitez aussi la chambre sur rue, bruyante. Nombreux services : massages, location de vélos et de voitures, etc. Le patron, très organisé et à cheval sur les détails, dirige la maison en vrai pro.

Yogi Ashram Guesthouse *(hors plan par A1,* ***12****) : sur la route principale, à env 2 km au nord du village, côté gauche. ☎ 27-22-73. • yogiashramguesthouse.webs.com • Doubles 500-1 500 ₹.* Tenu par le même proprio que le *Yogi Lodge*, un petit havre de paix à l'écart du village, avant tout dédié à la pratique du yoga *(min 150 ₹/le cours, forfaits possibles),* d'où une atmosphère qui ne plaira pas à tous. Maison blanche entourée de manguiers au bout d'une allée abritant des chambres carrelées, spacieuses et impeccables. Celles du rez-de-chaussée sont moins pimpantes, mais meilleur marché et tout aussi propres. Le matin, possibilité de méditer. Resto *veg'* attenant. Prêt de vélos.

De bon marché à prix moyens (600-3 000 ₹ / 8-40 €)

Hotel Surya *(plan A-B1,* ***10****) : Jain Temple Rd, à 3 mn de la Bus Station. ☎ 27-41-43 à 45. 94-25-14-62-03. • hotelsuryakhajuraho.com • Doubles 800-2 100 ₹ selon confort.* Impossible, depuis la modeste façade, de deviner le vaste et joli jardin intérieur, entouré d'un large éventail de chambres pour la plupart spacieuses et coquettes, équipées de ventilo, *air cooler* ou clim. Les moins chères sont vraiment une affaire ! En payant plus, vous aurez une belle salle de bains avec baignoire. Attention, eau chaude uniquement matin et soir, à horaires fixes. Superbe jardin avec petites tables, lotus et bouddhas. Classe de yoga tous les matins, massages, et vélos à louer. Vue panoramique de la terrasse au 2ᵉ étage. La meilleure adresse de cette catégorie.

Hotel Harmony *(plan B1,* ***11****) : Jain Temple Rd. ☎ 27-41-35 ou 42-38.*

• *hotelharmonyonline.com* • *Doubles 1 400-2 100 ₹.* Une bonne trentaine de chambres nickel. Sommaires mais claires au rez-de-chaussée, cela s'améliore dans les catégories supérieures. Celles du 1er étage ont un balcon et des matelas moelleux. À l'arrière, elles donnent sur un jardinet avec tables et chaises en fer forgé, agréable et très fleuri, et de nouvelles chambres sont desservies par une grande cour tout aussi fleurie et bien aménagée. Le patron parle bien le français et peut s'avérer un guide passionnant pour visiter les temples. Resto *Zorba the Buddha,* de bonne tenue, qui sert de la viande et des plats chinois, y compris sur le toit-terrasse. Massages ayurvédiques, yoga, méditation. Pick-up à l'aéroport ou à la gare. Attention, vite complet quand des groupes squattent l'hôtel. Une excellente adresse.

Hotel Lakeside *(plan A2,* ***13****) : en face du lac Shivasagar.* ☎ *27-41-20.* • *avinashkhr@gmail.com* • *Doubles 700-1 500 ₹.* Un petit hôtel bien sympa ! Chambres pour tous budgets, réparties sur 3 niveaux. Plus on monte, plus elles sont claires, mais l'ensemble n'est plus de première jeunesse. Sur le toit, vaste terrasse avec vue splendide sur le lac et les temples d'un côté et le verger du patron de l'autre. Snacks et petit déj sur commande. Bon accueil, le patron a bien compris les attentes de ses hôtes. Le livre d'or regorge d'ailleurs d'anecdotes savoureuses. Cours de yoga et de méditation, réservation de bus, location de vélos, etc.

De prix moyens à presque chic (2 500-3 500 ₹ / 33,40-46,70 €)

Hotel Isabel Palace *(hors plan par A3,* ***16****) : Temple Rd.* ☎ *27-47-70.* *98-93-16-32-87.* • *hotelisabelpalace.com* • *Doubles 1 800-3 500 ₹, petit déj inclus. Négociable.* Un poil en retrait de la route, un petit hôtel récent tout blanc sur 2 niveaux, aux chambres assez grandes flanquées de balconnets, et des salles de bains carrelées nickel. Ameublement standardisé un peu terne quoique confortable (nettement plus cosy dans les nouvelles chambres, plus chères), et l'ensemble, entouré d'un jardinet aménagé, s'avère agréable. Resto « multicuisine » sans éclat, et accueil plutôt attentionné, parfois francophone. Vélos à disposition.

MP Hotel Jhankar *(plan A2,* ***14****) : un peu au sud du centre par la route principale, presque à côté de l'hôtel Radisson.* ☎ *27-40-63.* • *jhankar@mpstdc.com* • *Double env 2 800 ₹, petit déj inclus.* Une fois n'est pas coutume, voici un hôtel d'État plaisant ! Vrai effort de déco dans les couloirs et les parties communes. La petite vingtaine de chambres, un poil en dessous côté ambiance, avec salle de bains et clim, constitue un ensemble agréable. De plus, petit déj servi dans une salle claire. En un mot, donc, hormis l'ambiance, on recommande ! Bureau d'infos touristiques en dépannage.

Très chic (60-100 $)

Ramada Khajuraho *(plan A3,* ***22****) : Airport Rd.* ☎ *29-70-00 ou 01.* • *ramadakhajuraho.com* • *Situé à 1,5 km au sud du village, sur la route principale en direction de la gare. Doubles 65-90 $ selon confort.* Plus de 80 chambres disposées en losange autour d'une agréable piscine. Prenez une *deluxe,* à peine plus chère que les *superior,* mais avec un coin salon doté d'une baie vitrée, du beau mobilier et une belle salle de bains aux faïences vertes. Également quelques suites, et une nouvelle aile aux chambres modernes et tout confort. En fin d'après-midi, vous pourrez même aller faire une balade dans la roseraie, une petite partie de tennis ou de badminton, un jogging ou un peu de muscu... Bon séjour ! Enfin, tous les soirs, petits concerts de musique classique indienne dans le majestueux lobby, et night-club appelé *Downing Street* (!). L'excellent buffet du resto est copieux, et les légumes viennent du potager de l'hôtel. Accueil pro digne de sa réputation.

Où manger ?

On ne mange pas extraordinairement bien, à Khajuraho... Les quelques restos à proximité de l'entrée des temples du groupe ouest se disputent les visiteurs à grands coups de rabatteurs plutôt qu'à force de saveurs...

Très bon marché (max 250 ₹ / 3,40 €)

Agrasen Restaurant *(plan A1,* ***30****) : Jain Temple Rd, à côté du Mediterraneo. Tlj 7h-22h30.* Le resto se trouve sur une petite terrasse surplombant la rue et son animation. S'il fait froid, on vous apportera un brasero. Et qu'y mange-t-on ? Oh, un peu de tout : des plats indiens (copieux et excellents *thalis,* par exemple), végétariens, des salades, des pâtes et des pizzas... Si vous avez du mal à faire votre choix (pas moins de 223 articles à la carte), essayez l'aubergine *nigsmi* (une des spécialités) et un *dal makhani,* c'est tout simplement succulent et très copieux ! Accueil charmant.

Kolkata Restaurant Food Zone *(plan B1,* ***33****) : Jain Temple Rd, fléché après l'Agrasen et le Mediterraneo sur la gauche, en retrait.* Toute petite cantine en rez-de-chaussée aux tables en plastoc, où plats *veg'* et *non veg'* se disputent une carte assez restreinte. Tout est vraiment préparé à la commande (attente à prévoir), et tient de la cuisine familiale. Bons plats de légumes et de *paneer* (*palak,* entre autres), naan, riz variés : enfin de la cuisine indienne populaire qui ressemble à quelque chose !

Safari Canteen *(plan A1,* ***31****) : tt près de l'Archeological Museum. Tlj 8h-22h.* Beau *thali veg'* bon marché, et c'est surtout pour cela qu'on vient s'attabler sous cette paillotte bâchée. Sinon, classiques indiens, toujours à bon prix (et quelques plats de poulet, mais beaucoup d'attente : les carnivores choisiront une autre adresse). Juste à côté, *Lassi Corner* qui fait le délice des petits déj.

De bon marché à prix moyens (200-900 ₹ / 2,70-12 €)

Raja Café *(plan A1,* ***35****) : face aux temples du groupe ouest. ☎ 27-23-07. Prix moyens.* Endroit relax, l'un des plus vieux restos du village. Que ce soit pour y boire un rafraîchissement, un bon expresso, ou y manger, l'endroit est recommandable quoique irrégulier ! Courette ombragée agréable ou grande terrasse abritée avec vue directe sur les temples : situation idéale ! Lieu de rendez-vous des guides pour la visite des temples.

Mediterraneo *(plan A1,* ***30****) : Jain Temple Rd. ☎ 27-22-46. Prix moyens.* Bon accueil, sur une terrasse en hauteur. Le seul vrai resto italien de la ville car, ici, non seulement le patron est italien (formé à Rome !), mais en plus on ne sert que de la cuisine transalpine : spaghettis *all'arrabbiata,* lasagnes *boscaiola,* raviolis, et bien sûr pizzas croustillantes cuites dans un four en argile, mais ingrédients peu variés. Une bonne adresse, mais chère quand même. S'armer de patience, et gaffe aux moustiques !

Maharaja Restaurant *(plan A1,* ***34****) : au-dessus de la State Bank of India ; accès discret par un escalier métallique en colimaçon à l'angle de l'édifice. Bon marché.* Installé face à l'entrée du temple de Shiva, et plus ou moins sur le toit-terrasse d'un autre temple, en fait. Abrité sous un dais, un alignement de tables en pur plastique d'époque offre une vue imprenable sur l'animation de la rue. Dans l'assiette, un peu de tout, avec une préférence pour les viandes tandoori (four en action tous les soirs), plutôt réussies. Service un poil amateur mais arrangeant.

Bamboori Treat *(plan A1,* ***32****) : face aux temples. De bon marché à prix moyens.* Dans cette espèce de grande cahute couverte de bambou, au rez-de-chaussée ou à l'étage pour la vue, choix de *thali* tout à fait honnêtes, et également de bons tandooris (de poulet en particulier). Accueil gentil comme tout, mais prévoir de l'attente... Une idée si vous assistez au son et lumière voisin : passez avant pour commander, ce sera prêt à votre sortie du show !

À voir

Le village moderne est situé en bordure des temples dits du ***groupe ouest.*** Ce sont de loin les plus remarquables. Ils sont très anciens (Xe et XIe s). Les temples les plus intéressants du groupe ouest sont les temples de Lakshmana et de Kandariya avec leurs sculptures à profusion où l'on voit, entre autres, Shiva flirter avec les nymphes célestes. Un ***son et lumière*** poussif tente de les mettre en valeur le soir, narrant au passage, à grands coups de projecteurs, l'histoire de Khajuraho.
Il ne reste aujourd'hui que 22 des 85 temples construits à l'origine. Le site a été bien restauré, et ça continue. Ne pas oublier non plus de visiter le vieux village, très sympa aussi, qui donne un bon aperçu de l'organisation traditionnelle des villages.
On peut faire la visite seul, en errant au gré de son humeur et en laissant ses yeux flâner et s'étonner des scènes sculptées. On peut aussi prendre un guide. Il y en a toujours qui attendent devant les temples. On en trouve également au *Raja Café.* Prix fixes affichés dans la cour du resto *(en gros, compter 1 000 ₹ la ½ journée en français, ou 750 ₹ en anglais).* En principe, il y a quelques guides (plus ou moins) francophones. Bien sûr, comme souvent avec les guides, c'est un peu la loterie. Soit le type est mortellement ennuyeux, soit c'est le pied total... soit, encore, il se situe entre les deux. Et si vous optez pour une balade à vélo, attention aux crevaisons dès que l'on quitte la route ! Une petite paire de jumelles peut aussi s'avérer utile pour scruter tous les détails.

À propos du tantrisme

Puisqu'on ne peut manquer de l'évoquer au cours de la visite des temples, autant tenter d'apporter un éclairage sur ce que recouvre une discipline qui fait pas mal fantasmer : il ne s'agit pas d'une simple pratique sexuelle, mais d'une conception philosophique indo-tibétaine qui, associée au sexe, est source d'extase spirituelle. Le sexe n'est, dans ce cas, qu'un instrument de la spiritualité, un outil permettant de créer un état de fusion entre la conscience (de l'être) et l'énergie vitale. Bien : dit comme ça, on pourrait penser qu'il s'agit d'une secte aux pratiques douteuses. Il n'en est rien. Pour les maîtres du tantrisme, c'est une discipline spirituelle hautement respectable. Si l'on pense y trouver un manuel érotique du coït classique, on fait fausse route. Ici, l'extase digne de ce nom n'est que l'aboutissement d'un processus de méditation où le sexe est utilisé comme vecteur pour arriver à la jouissance de l'esprit. Les adeptes élèvent le sexe au rang du divin, du sacré. Dès lors, l'union sexuelle devient une sorte de processus destiné à produire de l'énergie vitale et à favoriser l'épanouissement et la connaissance de soi.

Architecture et sculpture

Grosso modo, les temples répondent presque tous aux mêmes critères architecturaux de ce style qualifié d'hindo-aryen ou nagara : un porche d'entrée *(ardha-mandapa),* une salle hypostyle, un grand hall *(maha-mandapa),* un vestibule *(antaralla)* et une sorte de cellule *(cella).* À l'extérieur, les tours à arêtes, les *sikhara,* qui s'élèvent à différentes hauteurs et sont imbriqués les unes dans les autres, évoquant un ensemble de montagnes. De fait, tous les temples cherchent à figurer le mont Meru, résidence de Shiva et centre de l'univers.
Toute la surface extérieure des temples est recouverte de panneaux ou de niches sculptés, un peu comme des nids d'abeille. On retrouve 5 thèmes principaux :

les scènes de chasse et de guerre avec les animaux fabuleux (les *vyalas,* sortes de corps de lions coiffés de têtes d'autres animaux : sanglier, vache, etc.) ; les incarnations de Vishnou, les manifestations de Shiva, les différentes formes de Parvati, les représentations de Ganesh ; puis les beautés célestes – belles femmes *(sursundari)* ; les scènes érotiques (classiques du *Kama-Sutra,* plus étranges avec la zoophilie et différentes scènes tantriques). Le 5e thème recoupe le 2e avec des représentations des divinités les plus importantes : Brahma, Vishnou, Shiva, Parvati, Laksmi... Les bases des temples sont généralement occupées par de longues et divertissantes frises. À l'intérieur, ce sont surtout les piliers, les linteaux et les plafonds qui ont reçu les coups de ciseaux des sculpteurs.
Il y a 3 groupes de temples : ouest, est et sud, situés à 1 et 2 km d'écart. Compter 2-3h de visite pour l'ensemble le plus important, les temples du groupe ouest. Allez, on attaque !

Les temples du groupe ouest *(plan A1)*

Tlj du lever au coucher du soleil. Entrée du site : 600 ₹ ; gratuit - de 15 ans. Consigne gratuite à clé juste après le contrôle (pour laisser les pieds photo, par exemple, refusés sur le site). Son et lumière tlj à 18h30 (19h30 l'été) pour la version anglaise ; accès par une entrée différente de celle qui conduit aux temples... et droit d'entrée différent lui aussi : 550 ₹ (réduc enfants ; vraiment cher vu le manque d'intérêt du spectacle !). Durée : 50 mn. En hiver, ne pas oublier sa petite laine, et de manière générale une lotion antimoustiques. Dans un environnement bien propret – merci l'Unesco ! –, les temples se détachent de façon fascinante. Ce groupe possède de loin les plus beaux temples.
– ***Varaha Temple :*** le 1er à gauche, au bout de l'allée. Construit entre 900 et 925. Il contient une magnifique statue de Varaha, 3e avatar de Vishnou, un sanglier. Autrefois apparaissait également la déesse de la Terre dont on ne voit plus que les pieds. Votre œil perspicace aura sans nul doute noté que la Terre est située sur la tête du cobra, tenue par la déesse qui pouvait ainsi éviter les tremblements de terre. Rappelons encore que le méchant démon enterra la déesse de la Terre. Vishnou se transforma alors en sanglier pour aller renifler de son groin puissant où le démon malintentionné avait enfoui la déesse. Il la trouva et tua le démon. Sur la sculpture, le sanglier est recouvert de plus de 664 divinités délicatement ciselées, parmi lesquelles vous reconnaîtrez Brahma ou encore Shiva, qui donnèrent à Vishnou la puissance de se transformer en animal.
– ***Lakshmana Temple :*** construit en 954, le plus intéressant et le mieux préservé, dédié à Vishnou et précédé par un griffon chimérique, emblème de la dynastie Chandela. Ce n'est pas notre habitude, mais on va s'amuser à décrire la frise qui court sur le côté gauche, à hauteur des yeux. En partant donc vers la gauche : quelques scènes de guerre puis, après la guerre, le repos, la détente (c'est normal), d'où des scènes érotiques très gracieuses. Noter l'hypocrisie de 2 spectateurs qui se voilent la face. Puis parade militaire, des scènes de chasse (sangliers, cerfs) et la guerre à nouveau. Dure oppression sexuelle des guerriers, d'où une scène de zoophilie avec une jument (détail amusant, là aussi un spectateur se voile la face, mais que d'un œil !). À la moitié de la frise, une partie très rythmée : éléphants qui se suivent dans une belle harmonie de mouvements, cavaliers déséquilibrés, musiciens, etc.
Sur la plate-forme (à découvrir dans le sens des aiguilles d'une montre), les moins myopes peuvent découvrir les sculptures les plus touchantes. Dans le 1er angle gauche avant le 1er balcon (figures du haut), femme s'étirant au réveil en bâillant, probablement l'une des plus fines. Non loin, une autre se coiffe après le bain, tandis qu'une 3e s'enlève une épine du pied ou se teint la plante dudit pied au henné, les spécialistes ne sont pas d'accord sur l'interprétation. Puis entre les 2 balcons, profusion de scènes : au centre du panneau, frise du bas, un couple au 7e ciel malgré sa position acrobatique, secondé par 2 assistantes bien peu pudiques...

Juste au-dessus, plus soft, un couple au beau regard amoureux. En bas à gauche, une jeune femme exhibe sur son dos de discrètes « griffures d'amour », fruits d'ébats animés. À sa gauche, Shiva et sa conque. En poursuivant à la gauche de Shiva, un couple en pleine extase : l'homme en a perdu la tête... et les jambes. Encoignure suivante, juste avant le balcon arrière du temple, un couple en pleine intimité, dans un profond échange de regards (de regards, on a dit !). Encore 3 statues plus à gauche, une demoiselle, armée de son miroir, teinte au henné sa chevelure, symbolisant ainsi son statut de femme mariée. Noter la délicatesse de ses formes, jusqu'à la fossette de son nombril ! Juste au-dessus, une femme peine à lancer une balle, le dos bien musclé, dessiné sous l'effort.
Puis, toujours au même niveau, sur le flanc droit du temple, quelques-unes des plus célèbres scènes érotiques de Khajuraho. Juste au milieu, dans un renfoncement à gauche, cette scène amusante : représentation d'une figure amoureuse classique (la pose du singe), sous l'œil rigolard d'un éléphant, le seul à ne pas regarder droit devant lui. Nous n'en finirions pas de décrire tous ces clins d'œil qui montrent à quel point l'art en ce temps-là n'était pas triste. Tenez, dans le panneau de face, 1re frise à droite, noter ce singe ludique qui interrompt 2 amants en pleins préliminaires. Ils sourient de façon compréhensive à cette petite farce, sans le prendre mal.
Sur ce temple, Ganesh apparaît aussi à de nombreuses reprises. Son physique ingrat est là pour montrer que la sagesse et la connaissance importent plus que l'apparence physique.
L'intérieur offre encore quelques perles architecturales ; levez la tête avant d'entrer, vous découvrirez un plafond très finement ciselé et magnifiquement conservé. Bon, cette fois vous pouvez continuer tout seul, on vous montrera certainement à l'aide de la lueur d'une bougie tenue derrière sa tête l'aura de Lakshmi.
– ***Kandariya Mahadeva Temple :*** à 100 m du temple de Lakshmana. Dédié à Shiva, c'est le plus imposant de tous. Construit autour de 1025, son sikhara mesure plus de 35 m de hauteur. Là aussi, débauche de sculptures fascinantes. La plus célèbre est sur le côté gauche, sur le panneau inférieur. On y voit un homme à l'envers pénétrant une partenaire assise entre ses jambes tout en caressant 2 autres de ses mains libres. Quelle souplesse ! En fait, c'est impraticable, vu que, lorsque l'individu a la tête renversée, le sang lui descend à la tête et l'érection devient problématique. Plus loin, un singe ôte le sari d'une femme. Là encore, une magnifique entrée ornée de sculptures alambiquées faites d'une seule pièce. Déambulatoire autour de la *cella,* occupée, elle, par un lingam tout simple.
– ***Devi Jagadambi Temple :*** sur la même esplanade que le précédent ; construit vers l'an 1000 et dédié à Parvati, épouse de Shiva. Encore des dizaines de sculptures passionnantes, narrant avec humour et précision la vie de l'époque. Par exemple (sur la droite de l'entrée), une femme avec, sur sa jambe, un scorpion, symbole de la passion. Beaucoup de dieux et de déesses ciselés avec grâce et délicatesse.
– ***Chitragupta Temple :*** dédié à Surya, le dieu du Soleil, malheureusement mal restauré avec des briques cimentées. À l'intérieur de la *cella* un char à 7 chevaux minuscules (représentant les 7 jours de la semaine), mené par le Soleil. On y retrouve des dieux à tête d'animal (vache, chevaux, etc.), des couples divins, ainsi que des *vyalas.* Brahma, le dieu créateur, est avec son épouse dans une élégante position assise (sur le flanc gauche, vers l'arrière du temple) et, au-dessus, 5 personnages amusants qui discutent au balcon. Plus en hauteur, tout autour du temple à l'extérieur, encore quelques personnages qui, discrètement, se tripotent...
– ***Vishwanatha Temple :*** dédié à Shiva, le moins spectaculaire du groupe par sa taille. Cela dit, il est bien conservé : on y découvre notamment une femme jouant de la flûte, une mère cajolant son enfant, ou encore des *sursundaris* en train de danser, un éléphant presque aérien (si, si, c'est possible !). Encore quelques scènes érotiques sur la plate-forme, autour des balcons. À l'intérieur, dans la *cella* principale, superbe porche en grès rouge, tout en contrastes avec la pierre blanche, et au centre, beau lingam *(shivalingam)* en pierre. Il aurait été flanqué d'un

2d lingam en émeraude (rien que ça !), disparu par la suite. En face, jeter un œil au pavillon du taureau Nandi, monture de Shiva.
– ***Pratapeshvara Temple :*** pas particulièrement remarquable pour son architecture car il date du XIXe s mais symbolique. Trois dômes évoquent les 3 principales architectures et religions du pays : hindoue (à l'arrière), bouddhique et musulmane devant.

Matangeshwar Temple *(Shiva Temple) :* *en dehors du site classé, à gauche de l'entrée.* À défaut d'être le plus intéressant, c'est l'un des plus anciens et surtout le seul à rester actif. Chaque soir, vers 19h, une poignée de fidèles se réunit autour de l'énorme lingam (un des plus gros d'Inde) pour une célébration en l'honneur de Shiva. Les touristes y sont bien accueillis. C'est ici que se déroulent les spectaculaires cérémonies et processions lors du festival de Shivaratri.

Archeological Museum *(plan A1-2) :* *en plein centre, tt près de la* State Bank of India. *Tlj sauf ven et j. fériés 10h-17h. Inclus dans l'entrée des temples du groupe ouest. Photos interdites.* Ce petit musée tente d'éclairer l'histoire du site depuis le XIe s, à travers sculptures et bas-reliefs issus des temples. À droite du hall d'entrée, une salle illustre toute l'étendue des sujets principaux : nymphes célestes, couples en pleins ébats, frises de chasse ou de guerre, etc. La suivante, *Shiva Gallery,* outre Shiva, abrite aussi son entourage : superbe Parvati – noter le magnifique travail de ciselage de ses ornements et drapés, ainsi que l'espèce de lézard à ses pieds. Et encore un beau Ganesh dansant, puis un autre en charmante compagnie... Beaucoup de belles pièces ! Dans le hall principal, un Surya (dieu du Soleil) resplendissant, un Ganesh dodu accompagné de sa monture le rat, et Parvati flanquée de ses 2 bambins divins (Ganesh et Kartikeya). Sur la gauche, la *Jain Gallery* : le 1er *Tirthankara,* entre autres. Et votre œil avisé ne manquera pas de remarquer qu'à la base de la plupart des sculptures jaïnes se trouvent des lions. Enfin, tout au fond, la bien nommée *Vishnou Gallery* : Vishnou en majesté couché sur son cobra, un très beau *Vahara* à 4 bras, et côté gauche toute une série de Brama. Sur un linteau très délicat, tous les avatars de Vishnou. Quant à Surya, le matin il est souriant, mais plus le soir : logique, il disparaît jusqu'au lendemain !

State Museum of Tribal and Folk Arts *(Adivart ; plan A1) :* *un peu au nord du village, par la route principale ; bien fléché après le lac. Tlj sauf lun et j. fériés 10h-17h. GRATUIT.* Consacré à l'habitat et aux traditions du Madhya Pradesh. C'est un musée vraiment intéressant, avec une présentation qui met bien en valeur la culture populaire de la région. Dès la façade, les fresques murales valent le coup d'œil. Puis, à l'intérieur, on découvre la reconstitution d'une cuisine typique, des peintures naïves sur toile, des murs en pisé décorés de papiers colorés, des instruments de musique (étonnantes flûtes à vent que l'on fait tourner), des sculptures animées, des bijoux, des objets en fer forgé ou en bronze plus originaux les uns que les autres. Section de terres cuites aussi (dont un avion !). Seul regret : les étiquettes sont succinctes, mais en général la visite est guidée (penser au pourboire du guide !).

Les temples du groupe est et du groupe sud *(plan B1-2-3)*

Temples ouv du lever au coucher du soleil, sauf les temples jaïns (ouv à 9h).

Le groupe est *(plan B1-2) :* *à 2 km par la route qui passe devant le* Bus Stand, *au bout du vieux village de Khajuraho après l'étang. GRATUIT.* Il n'a qu'un intérêt secondaire, mais donne l'occasion d'une balade agréable à travers le vieux village, déjà en pleine campagne. 2 temples principaux, et 1 petit au bord du lac. Tous ouvrent leur porche principal à l'est, face au soleil levant. Le plus éloigné du village, ***Vamana Temple*** (XIe s), est dédié au nain Vamana, 5e avatar de Vishnou, et relève d'une architecture assez proche de celle du *Vishwanatha Temple.* Mêmes thèmes et motifs de sculptures, en plus répétitifs ici : les créatures célestes, les étonnants *vyalas,* ainsi que divers avatars de Vishnou. Chacun des balcons extérieurs est surmonté de 4 éléphants. À 200 m à peine du Vamana Temple, le ***Jivari Temple*** (Xe-XIe s, consacré à Vishnou), tout petit. Sa particularité ? Ses flancs et son sikhara sont plus ornés de sculptures que de rondes-bosses, tant les figures sont détachées du fond. Au-dessus des 2 niveaux de niches sculptées, une frise de *sarsundaris* groupées par trois ou quatre, presque suspendues dans le vide. Juste avant la niche arrière, une discrète scène érotique : madame prend son pied et monsieur tient les pieds de madame... joli ciselé... Très beau linteau d'entrée du vestibule, mais à l'intérieur de la *cella,* statue très abîmée. Quant au minuscule ***Brahma Temple*** (IXe s), au bord de l'étang, il n'en reste plus grand-chose, et garde porte close.

Jain Temples *(plan B2)* **:** *légèrement au sud-est du vieux village.* Au nombre de quatre, et précédés d'un petit musée sans grand intérêt (quelques sculptures issues des temples). Le plus intéressant, le ***Parshvanath Temple*** (construit vers 960), était hindou mais est aujourd'hui dédié à un *Tirthankara,* d'où le mélange des styles. Les jaïns retirèrent les sculptures érotiques, sans signification pour eux, et les remplacèrent par les leurs, pas érotiques pour 2 roupies. Sur le flanc gauche de ce temple sont réunis les meilleurs travaux : gracieuse danseuse, ainsi que des scènes de l'histoire de Krishna. 5 têtes d'hommes figurent les 5 sens. Sur le côté droit, jolie danseuse qui se pare de bijoux. Dans la même enceinte, l'***Adinatha Temple,*** du XIe s, avec une statue d'Adinath, noir et en position couchée, à l'intérieur. Juste avant, le ***Shri Santinatha Temple,*** rénové à grands coups de béton et moult fois agrandi, toujours en activité, n'intéressera que les curieux des rites jaïns (bon accueil), bien qu'il abrite également quelques belles sculptures anciennes de *Tirthankaras*.

Les ***temples du groupe sud*** *(plan B3),* ou du moins ce qu'il en reste, 2 km plus loin, n'ont rien de bien folichon. Et puis, à ce stade-là de la visite, vous devriez être exténué. Si vous y allez, jetez un coup d'œil aux temples de *Chaturbhuj* et de *Duladeo* (apsara dansante et scènes érotiques), tous deux dédiés à Shiva et les mieux conservés du lot.

Festivals

– ***Khajuraho Dance Festival*** **:** *1 sem en fév ou mars.* Festival grandiose en bordure des temples, réunissant tout ce que l'Inde compte d'artistes renommés. Attention, penser à réserver son logement au moins 1 mois à l'avance car cette manifestation est de renommée.
– ***Shivaratri*** **:** *fin fév ou début mars.* Festival haut en couleur, qui réunit les adeptes de Shiva pour célébrer le mariage de celui-ci avec Parvati. Rendez-vous annuel de très nombreux *sadhus,* tous plus extravagants les uns que les autres. Place particulièrement vénérée, le *Matangeshwar Temple,* où le lingam est la cible de toutes les attentions. À cette occasion, une grande foire est organisée 7 jours durant. Étonnant mélange de marchands, bohémiens venus des quatre coins de l'Inde, marionnettes, cirque, etc. Là encore, réservez à l'avance votre logement.

DANS LES ENVIRONS DE KHAJURAHO

Raneh Falls **:** *à 20 km de Khajuraho. Prendre d'abord la route de Rajnagar ; après 3 km, tourner à droite puis continuer pdt 14 km jusqu'à une barrière, qui marque l'entrée du site (payant : 200 ₹/pers + véhicule) ; les chutes se trouvent*

2 km plus loin (tt droit). Vérifier avt s'il y a de l'eau car peu d'intérêt à sec. La balade est belle et agréable puisque, si vous y allez à vélo, vous aurez l'occasion de rencontrer les paysans qui labourent, font tourner les norias qui distribuent l'eau dans les différents canaux. Comptez 4h aller-retour. En période de mousson et jusqu'au mois de décembre, ces chutes sont grandioses. Le reste de l'année, il n'y a qu'un filet d'eau. Outre que c'est interdit, évitez absolument de vous y baigner : la roche est glissante, les courants particulièrement forts et les risques d'accident permanents.

BHOPAL (भोपाल)

2 360 000 hab. IND. TÉL. : 0755

• Plan *p. 310-311*

Vous allez nous dire : Bhopal n'est pas du tout dans la vallée du Gange... certes ! Mais la capitale du Madhya Pradesh, au sud-ouest de Khajuraho, est aisément accessible ainsi. Bhopal reste tristement célèbre pour la catastrophe industrielle de décembre 1984 qui fit 25 000 morts et des centaines de victimes... et forcément on arrive à Bhopal avec quelques a priori... Vite balayés lorsque l'on découvre cette cité installée autour de ses 7 lacs (elle leur doit son surnom, « la Ville des lacs »), vallonnée de collines, très verte et aérée. Contrairement à nombre de grandes villes indiennes, la circulation y reste modérée... très plaisant, finalement !

D'autant que le vieux centre-ville, autour de son *chowk* (marché) très animé, permet aussi d'admirer l'une des plus grandes mosquées d'Inde et quelques superbes palais décadents. Et surtout, ne quittez pas la ville sans avoir visité le *Tribal Museum,* l'un des musées les plus intéressants et les plus originaux du pays, rien que ça ! À compléter par le *musée de l'Homme* et le *musée d'Archéologie.* Et Bhopal est aussi la meilleure porte d'accès à Sanchi, site bouddhique classé au Patrimoine mondial de l'Unesco, qui vaut le détour. Une destination hautement culturelle, donc.

Arriver – Quitter

En train

Railway Station *(plan C1) : sur place, Reservation Center à l'extérieur (à gauche en sortant, flanqué de 2 ATM, plan C1, **1**), dans un bâtiment différent. Consigne (au bout du quai n° 1).*

➢ ***Satna*** (ville à 4h de bus de Khajuraho) **:** 2 trains de nuit/j. dans les 2 sens. Trajet : 8-9h.

➢ ***Delhi :*** min 20 trains/j. Trajet : env 11h. Plus rapide avec les *Rajdhani* (de nuit) ou le *Shatabdi* dans l'ap-m (env 8h de trajet). Pour la plupart, arrivée à Nizamuddin ou à New Delhi Railway Station.

➢ ***Mumbai :*** 7 trains/j., 6h-19h45. Trajet : 13h40-16h50.

➢ ***Jalgaon et Bussawhal :*** 8 trains/j. Trajet : 6h30-8h.

➢ ***Sanchi :*** 5 trains/j., 8h-22h55. Trajet : 35 mn-1h25.

En bus et taxi

2 *bus stand* principaux, l'un en plein centre, le *Hamidia Bus Stand*, dessert les proches environs. Pour les longues distances, c'est le *New ISBT Bus Stand,* plus excentré *(plan D3).*

Hamidia Bus Stand *(Old Bus Stand ; plan C1)* **:** les bus pour les environs et les taxis se font face sur Chhola Rd, à env 15 mn à pied de la gare ferroviaire.

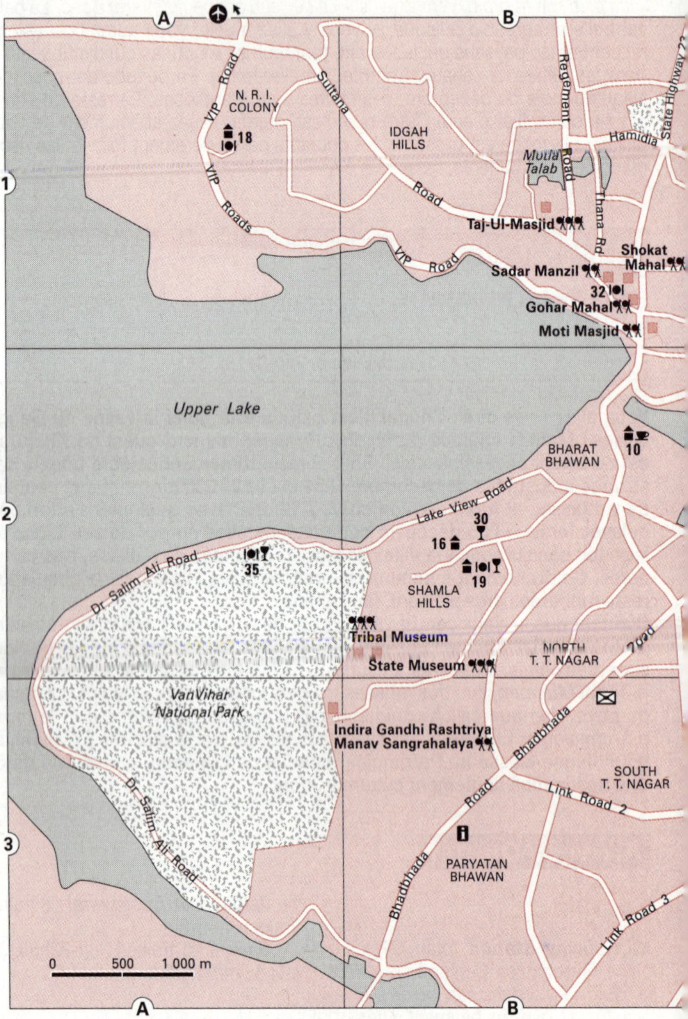

Adresses utiles

- Madhya Pradesh Tourism (B3)
- 1 ATM (C1)
- 2 Alliance française (hors plan par C3)
- 3 Emporium d'État Mrignany Nee (C1)

Où dormir ?

- 10 The Ten Suites (B2)
- 11 Hotel Sonali (C1)
- 12 Hotel Atishay (D2)
- 13 Jain's Hotel Rajhans (D3)
- 16 Ivy Suites (B2)
- 18 Noor-Us-Sabah Palace (A1)

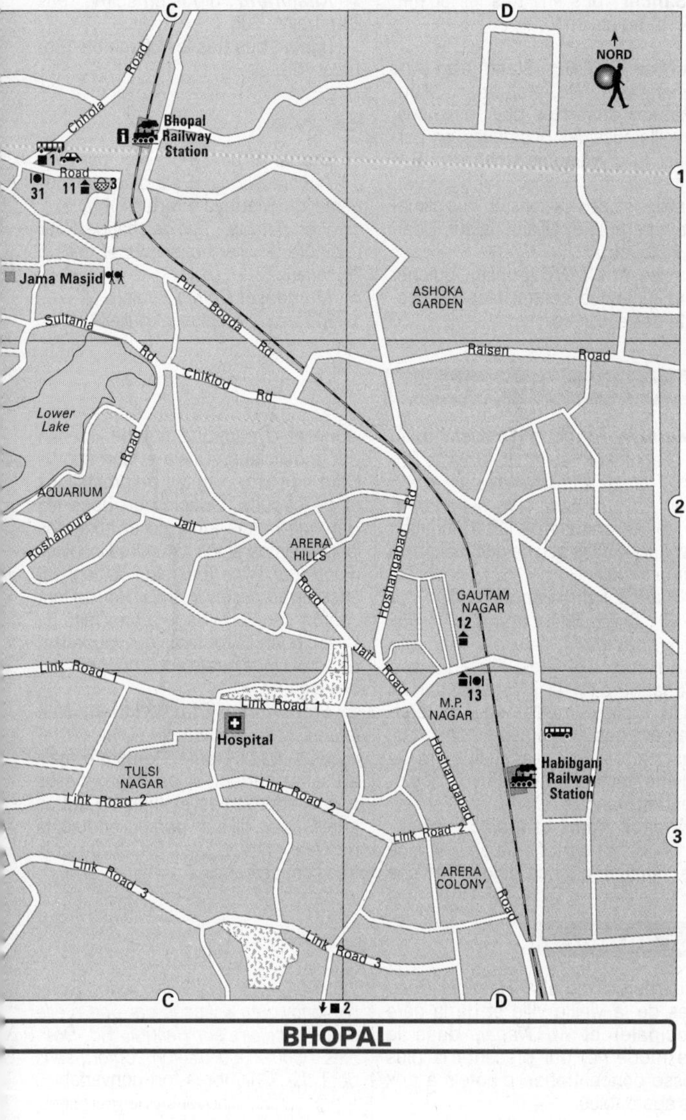

BHOPAL

19 Jehan Numa Palace (B2)

Où manger ? Où boire un verre ?

10 Sugar Side Up (B2)
13 Jain's Hotel Rajhans – Bhojnalaya (D3)
19 Les restos du Jehan Numa Palace (B2)
30 Bhopal Express (B2)
31 Restaurant Manohar (C1)
32 Hot Spot (B1)
35 Wind & Waves (A2)

➢ ***Sanchi :*** bus env ttes les 30 mn, 5h-21h. Trajet : 1h30.

🚌 ***New ISBT Bus Stand*** *(plan D3) : Hoshangabad Rd, Habibganj.* Pour toutes les dessertes plus lointaines. Accueille aussi les bus privés, en particulier la compagnie *Chartered Bus* *(☎ 428-88-88 ; • charteredbus.in •)*, qui propose des liaisons en bus climatisés vers Indore, Ujjain, Jaipur, Udaipur, Kota, etc.
Pour les bus *ISBT* (public), guichet d'info sur le quai central, face à la descente des escaliers.

➢ ***Khajuraho :*** 3 bus en soirée 19h-23h. Trajet : 10h.
➢ ***Ujjain :*** bus ttes les 30 mn 6h-18h. Trajet : 5h.

En avion

✈ ***Bhopal Airport*** *(hors plan par A1) : à 10 km de Bhopal.* Petit office de tourisme du Madhya Pradesh *(ouv aux horaires des vols).* Pas de change. Pour rejoindre la ville, rickshaws et taxis à l'extérieur.
➢ ***Mumbai et Delhi :*** 2 vols/j.
➢ ***Indore :*** 1 vol plus irrégulier.

Adresses et infos utiles

ℹ ***Madhya Pradesh Tourism*** *(plan B3) : Paryatan Bhavan, Bhadbhada Rd. ☎ 402-71-00. • mptourism.com • Très excentré. Lun-sam 10h-17h ; fermé dim.* Carte gratuite de l'État, location de voitures, mais peu de doc malgré un bâtiment rutilant.
■ ***Alliance française*** *(hors plan par C3, **2**) : B-75, Shahpura. ☎ 246-65-95. • bhopal.afindia.org • Pas loin du Amaltas Complex, juste au sud de Shahpura Lake. Tlj sauf dim 10h-19h30.* Biblio et médiathèque, et régulièrement des événements : concerts, films, expos. Et un accueil extra de l'équipe, toujours ravie de voir débarquer des Français.
■ ***Agence Heart of India :*** *📱 88-89-32-19-28. • heartofindia.co.in •* Une très sérieuse agence dirigée par une jeune et dynamique équipe, menée par la délicieuse Divya et son époux. Offre un vaste éventail de prestations et de circuits. Spécialisée dans les *Heritage hotels* (charme et luxe), les *jungle camps* et les itinéraires insolites (*Food Tour, Wine Tour,* etc.). Ils tiennent aussi un *homestay (Narwar House)* tout confort dans un village à proximité de Ujjain, pour les routards qui voudraient explorer l'Inde rurale accompagnés par des experts.
🧺 ***Emporium d'État Mrignany Nee*** *(plan C1, **3**) : Hamidia et Railway Station Rd. ☎ 267-69-35.* Austère mais artisanat correct et de beaux tissus à prix abordables et fixes. D'autres adresses en ville, en particulier du côté de *New Market (plan B-C2),* un coin très commerçant.

Où dormir ?

2 quartiers à hôtels : *Hamidia Road* (près de la vieille ville et de la gare principale) et *MP Nagar,* dans la ville moderne, qui présente la plus grosse concentration d'hôtels à prix très abordables.

De bon marché à prix moyens (1 000-3 000 ₹ / 13,30-40 €)

🏠 ***Hotel Sonali*** *(plan C1, **11**) : 3, Hamidia Rd, près de Radha Talkies Rd. ☎ 274-08-80 ou 09-90. • hotelsonaliregency.com • Accès par une ruelle perpendiculaire sur Hamidia Rd. Doubles 1 000-2 300 ₹ selon confort, sans petit déj.* Chambres fort convenables à prix variés, rénovées pour certaines, avec TV et salle de bains bien propres. Du toit, belle vue sur les minarets et les temples de la ville. Le meilleur rapport qualité-prix-accueil du quartier, sans conteste. Voir aussi, à proximité, l'***Hotel Sangam*** *(près du Sangam Cineplex, Hamidia Rd ; ☎ 274-16-00 ; • hotelsangambhopal.com • ; double* *min 1 800 ₹)*, d'un confort correct pour les tarifs, mais dont la plupart des chambres sont aveugles.

Jain's Hotel Rajhans *(plan D3, **13**) : 268, M. P. Nagar Zone II. ☎ 403-34-00. • jainsrajhans@gmail.com • Double min 2 900 ₹, petit déj inclus.* Comme son nom l'indique, un hôtel jain, donc le buffet du petit déj est pur *veg'* ! C'est pour la ribambelle de chambres bien nettes sur plusieurs étages (pas d'ascenseur), claires pour la plupart, et l'accueil pro, que l'endroit vaut le coup. Et plusieurs restos de la même maisons, tous *veg'*, dans le pâté de maisons (voir « Où manger ? »).

Chic (3 000-5 400 ₹ / 40-72 €)

The Ten Suites *(plan B2, **10**) : 10, Civil Lines, Professors Colony. ☎ 266-55-88. 📱 76-11-11-09-71. • thetensuites.com • Dans un quartier résidentiel, central. Double min 4 500 ₹, petit déj inclus.* Entre la maison d'hôtes pour la taille modeste (10 chambres à peine) et l'accueil personnalisé, et l'hôtel pour le confort, l'entretien irréprochable et la qualité du service ! Cette belle villa moderne ceinte d'un jardin accueillant a vraiment tout pour devenir votre 2de maison. Vastes salons communs, cuisine à disposition, des terrasses pour se prélasser... On aime bien, aussi, la profusion de plantes vertes dans les salles de bains, pour des petits matins frais ! Bon petit déj varié, repas sur commande, et surtout l'accueil de Varun et de ses collaborateurs, vraiment aux petits soins pour découvrir la ville. Et sur place, joli salon de thé, le *Sugar Side Up*.

Hotel Atishay *(plan D2, **12**) : R-55, M. P. Nagar Zone I. ☎ 255-88-81. • hotelatishay.com • Double min 4 000 ₹, petit déj-buffet inclus.* Un hôtel moderne et bien conçu, aux équipements bien entretenus : chambres plutôt vastes en général (certaines aveugles, dommage), matelas douillets et belles salles de bains contemporaines. Pas de mauvaise surprise ! Et sur le toit, bar-resto ouvert en soirée, bien agréable pour prendre le frais. Resto apprécié, en particulier pour son buffet végétarien au déjeuner.

Très chic (5 400-10 500 ₹ / 72-140 €)

Ivy Suites *(plan B2, **16**) : 26-A, Nadir Colony, Shamla Hills. ☎ 423-47-53. 📱 98-26-05-86-80. • ivysuites.in • Doubles 5 300-7 500 ₹, petit déj compris.* Dans un quartier résidentiel, immense villa sur 4 étages surplombant le lac. Façade recouverte de lierre (d'où son nom) et abondante végétation à l'intérieur. Une dizaine de chambres et suites, la plupart avec vue sur le lac, certaines avec terrasse. Chambres personnalisées avec tout le confort souhaité (frigo sur demande). Possibilité de table d'hôtes le soir.

Beaucoup plus chic (min 10 200 ₹ / 136 €)

Jehan Numa Palace *(plan B2, **19**) : 157, Shamla Hills. ☎ 266-11-00. • jehannuma.com • À 5 km de la gare et 12 km de l'aéroport. Double min 10 200 ₹ ; suites plus chères.* Palais construit en 1890 pour un général, le 2e fils de la bégum Shah Jehan, Sultan Nawab de Bhopal. Sur une colline, au milieu de la verdure et des bougainvillées. Chambres *Regal* dans l'aile moderne, déjà très correctes. Assez spacieuses, mobilier cossu en bois sombre et verni, coin salon, minibar, clim, etc. Les *Palace,* dans le bâtiment historique, possèdent énormément de charme (mais éviter tout de même celles situées juste derrière le parking). Quant aux chambres *Imperial,* avec vue sur la piscine... elles se défendent encore mieux ! L'ensemble conserve un petit côté intime et chaleureux, d'autant que le service s'avère extrêmement attentionné. Restos et café réputés (voir « Où manger ? »), qui attirent toute la *middle class* de la ville.

Noor-Us-Sabah Palace *(plan A1, **18**) : V.I.P. Rd, Koh-e-Fiza. ☎ 422-33-33 ou 423-99-96.*

• noorussabahpalace.com • À 4 km de la vieille ville, pas loin du lac. Doubles 10 200-18 600 ₹. Côté resto (sans alcool), repas min 1 000 ₹ ; résa conseillée. Ancien palais blanc, rouge et ocre des années 1920, dont les jardins suspendus dominent le lac. Ce *Palace* (son nom signifie « La lumière de l'Aube », excusez du peu !) propose, entre dédales d'escaliers et de galeries, des chambres à la décoration soignée et confortable, mais l'ensemble dégage une atmosphère surannée, voire vieillissante dans les chambres *standard.* Beaucoup de charme cependant, et les suites, avec leur terrasse privée, sont de vraies petits musées (pour l'anecdote, l'acteur Amitabh Bachchan fit rallonger le lit de la suite présidentielle lorsqu'il l'occupa !). L'important étant d'avoir une chambre avec vue sur le lac, quelle que soit sa catégorie, finalement ! Service à la hauteur du lieu et resto d'une belle finesse. Piscine.

Où manger ? Où boire un verre ?

Bon marché (max 450 ₹ / 6 €)

Restaurant Manohar *(plan C1,* ***31****) : 6, Hamidia Rd. ☎ 274-04-65. Tlj 7h-23h.* Lieu de rendez-vous familial et populaire de la vieille ville, à l'ambiance conviviale. Ce bon snack au cadre banal propose d'excellents *dosaï,* de savoureuses pâtisseries colorées et des jus de fruits ; le tout pour une addition douce. Ne surtout pas rater le *kulfi* maison, exquise glace à la pistache, l'une des meilleures à mille lieues à la ronde, dit-on !

Jain's Hotel Rajhans – Bhojnalaya *(plan D3,* ***13****) : 268, M. P. Nagar Zone II. ☎ 403-34-00. Juste à gauche de l'entrée de l'hôtel. Tlj 11h-15h30, 18h30-22h30.* Là aussi, cadre quelconque de cantine-formica, mais vous y dégusterez le meilleur *thali* de Bhopal, à bon prix. C'est son truc, il ne fait que ça, d'ailleurs !

Hot Spot *(plan B1,* ***32****) : Shaukat Mahal Sultania Rd. Tlj 11h-23h.* Coincé entre de vieux murs et une véranda vitrée, une sorte de fast-food à l'indienne, plutôt propret, qui décline des sandwichs et *wraps* fourrés de tandooris variés (mouton, poulet, etc.), quelques salades et même des burgers (revus et corrigés) à déguster sur place ou à emporter. Petit comptoir extérieur pour les desserts. Sympa, rapide.

Wind & Waves *(plan A2,* ***35****) : au bord de l'Upper Lake, après la résidence officielle du Chief Minister. Excentré. Tlj 10h-22h. Repas env 250 ₹.* Ce resto d'État propose une cuisine indienne sans prétention (tandooris tout à fait honnêtes), et surtout une très belle vue sur le lac depuis ses 4 terrasses étagées à flanc de colline. Carte de snacks aussi, appréciable lorsque l'on se contente d'y boire un verre : un petit air balnéaire loin du tumulte de la cité. Et vous remarquerez certainement que la promenade qui borde le lac est une balade prisée des familles en soirée, avec stands de nourriture, glaciers, etc.

Bhopal Express *(plan B2,* ***30****) : Hotel Lake View, Ashok Campus, Shamla Hills. ☎ 266-08-02. Tlj 12h-15h, 19h-23h (bar et snacks 15h-18h).* Un authentique wagon de chemin de fer transformé en bar-restaurant. Sur les parois, quelques maximes et anecdotes de voyage amusantes, tandis que de beaux paysages défilent devant vos yeux (quand les écrans fonctionnent !). Cela dit, la cuisine n'est pas extra, et a parfois des ratés côté hygiène... du coup on préfère se contenter d'y boire une bière ! Excellentes conditions de voyage, personnel attentif !

Les amateurs de douceurs iront aussi faire un tour au ***Sugar Side Up,*** la jolie et bonne pâtisserie-salon de thé du ***The Ten Suite*** *(plan B2,* ***10****),* avec un jardin intime et agréable.

De prix moyens à chic (min 450 ₹ / 6 €)

Les restos du Jehan Numa Palace *(plan B2,* ***19****) : 157, Shamla Hills. ☎ 266-11-00.* Pas moins de 3 restos aux spécialités variées : le

Kuchina (cuisine italienne), le *Shahnama* (probablement le meilleur buffet de la ville, alliant fraîcheur, saveurs et couleurs), le *Cafechino* (*coffee-shop* et sa pâtisserie, installés sous un auvent). Mais notre préféré, c'est le *Under the Mango,* au cœur du bâtiment historique : belle salle-véranda sur colonnes et vue sur la fontaine et la cour-jardin, sous les frondaisons d'un vénérable manguier vieux de 250 ans. Cuisine absolument exquise et atmosphère relax. Côté bar, le *Shergar,* typique du vieux pub colonial anglais, et, plus branché, le *Tattenham Corner* *(tlj 11h-23h)* qui, avec sa déco postindustrielle et sa terrasse, attire toute la jeunesse de la ville, et accueille parfois des DJs ou des concerts.

À voir

*** **Tribal Museum** *(plan B2)* **:** *Banganga Marg, Shyama Hills.* ☎ *266-16-40.* • *mptribalmuseum.com* • *(en hindi...). Juste à côté du State Museum (même parking). Tlj sauf lun 12h-19h (20h fév-oct). Entrée : 100 ₹ ; gratuit - de 10 ans. Photos 50 ₹. Compter min 2h de visite.* L'un des musées les plus étonnants du pays, à ne louper sous aucun prétexte si vous passez par Bhopal. Rien que sa conception fut déjà une aventure : 2 tribus vinrent sur place pendant près de 2 ans concevoir avec l'architecte ce superbe bâtiment, sorte de spirale enroulée autour d'un musée de sculpture en plein air, et également élaborer selon leur savoir-faire ancestral et leurs techniques artisanales nombre des objets et des univers qui traversent le musée... Car il s'agit ici vraiment de pénétrer dans l'univers culturel, mystique, mythologique, cosmogonique, artistique (et on en oublie !) d'un large éventail de tribus toujours bien vivaces du centre de l'Inde. Bien loin de l'Inde hypertechnologique, un monde où les arbres sont sacrés, les forêts vénérées, la nature érigée en divinité... On erre ainsi de maisons traditionnelles en bois, en pierre ou en argile jusqu'au cœur de temples clairement mâtinés d'animisme, on grimpe sur des mezzanines pour approcher les planètes... On se perd, on se retrouve, et c'est un vrai voyage en soi, tout à fait exceptionnel par la qualité des réalisations et la richesse du fond. On en sort des étoiles plein les yeux ! Pour se remettre de ses émotions, petite cafète, et balade entre les sculptures en extérieur.

*** **State Museum** *(Musée archéologique ; plan B2)* **:** *Banganga Marg. Tlj sauf lun 10h30-17h30. Entrée : 100 ₹.* La quintessence de l'art du Madhya Pradesh en 18 salles. Galerie des sculptures : entre autres, un souple et harmonieux *Mithun* du XIIe s (style de Khajuraho), un beau *Nravaraha* et un *Birth of Krishna* du XIe s, plein de volupté et de tendresse. À l'entresol, collection de troncs fossilisés et minisection préhistorique. Monnaies, petits bronzes, quelques armes, objets d'art, enluminures. Section instruments de musique : sitars en forme de paon et, surtout, de magnifiques *veena* (genre de sitars, mais horizontaux, reposant sur 2 bases). Salle des petits bronzes offrant un superbe « lion volant » du Cambodge. Galerie des inscriptions avec de remarquables exemples d'écriture sur cuivre, pierre et terre cuite. Dans celle des archives et documents, une vraie « pièce » : la proclamation originale de l'Angleterre prenant en charge l'administration de l'Inde (1858). Nombreux manuscrits, traités, photos et estampes... Pour finir, petites galeries d'armes et d'enluminures.

** **Indira Gandhi Rashtriya Manav Sangrahalaya** *(musée de l'Homme et de l'Habitat ; plan B3)* **:** *Irwin Rd, à 3 km au sud de l'Upper Lake.* • *igrms.gov.in* • *Tlj sauf lun et j. fériés 11h-18h30 (10h-17h30 sept-fév). Entrée : 500 ₹. Compter min 2h de visite.* Parc ethnographique (le plus important d'Inde) en plein air sur une colline, où ont été remontées les maisons traditionnelles des grandes minorités ethniques du pays (tribales et himalayennes), démontrant la grande variété architecturale de l'habitat indien malgré un entretien un peu léger. Quelques points forts : après une présentation détaillée des zones tribales indiennes, on passe le porche d'entrée d'un village du Nagaland, puis on détaille une demeure paysanne classique *Warli* du Maharashtra décorée de délicates peintures évoquant la vie quotidienne (mariage, moissons, cérémonies diverses...). Chez les *Toda* du Tamil Nadu, on remarque les ouvertures étroites : il fait froid la nuit dans les collines. Belle architecture des *Gadba* de l'Orissa. Encore de ravissantes fresques aux pigments végétaux chez les *Ratwa* du Gujarat, quant aux *Garo* du Nord-Est, ils sont passés maîtres dans l'utilisation du bambou... Noter la porte de village sculptée de têtes coupées, avertissement aux ennemis potentiels. Devant certaines maisons, rassemblements des dieux protecteurs de village en terre cuite. Présentation du matériel agricole et objets domestiques de chaque ethnie, comme les planches à battre le riz, les hautes panières où stocker nourriture et grain, les barriques à *chang* (la bière locale). Le bâtiment principal, baptisé ***Haman Odissey,*** abrite une collection ethnographique très riche mais très fatiguée dans certaines sections : on peut s'en passer.

Taj-Ul-Masajid *(plan B1)* **:** *en principe, fermé aux non-musulmans le ven.* Cette mosquée est le fruit de la fascination de la Shah Jahan Begum (Sultan Nawab de Bhopal, c'est-à-dire reine de la ville, descendante du célèbre empereur moghol et architecte) pour la Grande Mosquée de Delhi (œuvre de Shah Jahan). C'est une réplique à peu près exacte, mais un poil plus grande (grâce à sa cour), ce qui en fait la plus grande mosquée d'Inde et la troisième au monde (elle peut contenir 10 000 fidèles). Sa construction débuta en 1887. Un monumental escalier de 51 marches mène à l'imposante porte est. L'esplanade intérieure de 10 000 m² (entourée de 120 pièces) permet d'appréhender l'ampleur et la majesté de cette architecture de schiste rose dominée par 3 dômes de marbre blanc et 2 hauts minarets octogonaux (70 m). Façade particulièrement travaillée et rythmée de dizaines d'ouvertures et arcades. À l'intérieur, festival de colonnes finement sculptées en forme de pétales et d'arches artistiquement découpées.

Balade dans le vieux centre *(plan B-C1)* **:** d'abord les frénétiques ruelles du *Chowk,* le quartier commerçant de la ville. On y découvre quelques remarquables monuments comme la ***Jama Masjid*** *(plan C1),* la mosquée la plus populaire de la ville, édifiée entre 1832 et 1857. Tout autour, le quartier des bijoutiers.
Un peu plus bas, entre les 2 lacs, la ***Moti Masjid*** (la Perle ; *plan B1*), modèle d'élégance, d'équilibre et d'harmonie. Son monumental escalier mène à un majestueux portail tout en arcades avec fronton ajouré. Alliance de la pierre pourpre et du marbre blanc, bulbes d'une blancheur lumineuse, à découvrir dans la lumière rasante d'une fin d'après-midi. À deux pas, dans la grande rue qui part de la mosquée, on remarque vite ce long bâtiment en équerre avec une haute arche au bout. Extravagante façade offrant une débauche luxuriante de pinacles, clochetons, lucarnes...
En face, le ***Gohar Mahal*** *(plan B1)* dominant le lac. 1er palais d'une des bégums qui gouverna la ville, édifié de 1819 à 1837. Superbe entrée et cours intérieures livrant de belles fontaines et l'ombre bienveillante de leurs arbres fruitiers. Tout autour des galeries à arcades. Les parties communes livrent leur lot de portes en bois sculpté, balcons, piliers, linteaux et chapiteaux ouvragés.
Dans le même coin, le ***Shokat Mahal*** *(plan B1),* intéressant ensemble architectural dit de style « bourbon », à cause de ses influences françaises (réminiscences vaguement gothiques et Renaissance, l'architecte était d'ailleurs français). Là aussi, imposant porche d'entrée. Lieu de résidence de la bégum Nawad Shah Jahan. Dans la cour intérieure, jolie fontaine ornée de pampres sculptés.
Enfin, à côté s'élève l'élégant ***Sadar Manzil*** *(plan B1).* Construit en même temps que la Grande Mosquée en 1898, il servait de salle d'audience à la bégum lorsqu'elle recevait dignitaires et édiles de la ville. Aujourd'hui, il abrite les services municipaux.

DANS LES ENVIRONS DE BHOPAL

SANCHI (*ind. tél. : 07482*)

Au sommet d'une colline, le site de Sanchi rassemble une série de constructions très inégalement conservées (certaines à l'état de ruines). Parmi elles, le stupa nº 1 a été habilement et magnifiquement restauré. Ce chef-d'œuvre de sculpture et d'architecture date du IIIe s av. J.-C., ce qui en fait l'un des monuments bouddhiques les plus anciens du pays. Beaucoup de pèlerins bouddhistes !

Arriver – Quitter

D'où que vous arriviez en transport en commun, vous passerez forcément par **Bhopal,** le nœud ferroviaire de la région, avant de rejoindre Sanchi.

Liaisons Bhopal-Sanchi

Railway Station : *à 15 mn à pied du site et des hôtels (tt droit en sortant). Inutile donc d'avoir recours à un rickshaw.*

➢ La station a beau se situer sur l'importante ***ligne Delhi-Mumbai*** *(Mumbai CST),* seulement 5-6 trains/j. s'y arrêtent, dont 2 *express*. Trajet : env 35 mn (possibilité de faire l'A/R avec Bhopal dans la journée).

➢ ***Sanchi :*** bus env ttes les 30 mn, 5h-21h. Trajet : 1h30.

Où dormir ? Où manger ?

Gateway Cafeteria : *tt droit en sortant de la gare, à gauche avt le musée. ☎ 26-67-43. • gcsanchi@mptourism.com • Résa conseillée. Double avec sdb 1 200 ₹.* 2 chambres seulement, et ensemble très simple. Idéal pour se restaurer : carte nettement moins chère qu'à la version *Retreat*.

Gateway Retreat : *à 500 m du musée. ☎ 26-67-23. • grsanchi@mpstdc.com • Double min 3 000 ₹, petit déj inclus. CB acceptées.* Bungalows autour d'un arbre centenaire. Établissement bien tenu et agréable. Idéal en famille. Chambres *standard* sans éclat style motel, en revanche les plus chères sont d'un bon rapport qualité-prix. Côté resto, un poil plus cher qu'à la *Gateway Cafeteria.* Piscine en été. Un *ATM* juste à côté.

À voir

Les monuments bouddhiques de Sanchi : *tlj de l'aube au crépuscule. Entrée : 600 ₹.* On doit la construction de ce site à l'empereur Ashoka (273-236 av. J.-C.). Du XIVe s apr. J.-C. au début du XIXe s, il fut totalement abandonné. C'est un général anglais qui le redécouvrit en 1818. Les stupas étaient quasiment intacts. C'est surtout le ***stupa nº 1*** qui vaut le détour. Il mesure 37 m de diamètre sur plus de 16 m de haut. Et ce sont bien sûr les 4 admirables *toranas* (portails) très richement sculptés qui séduisent d'emblée. Édifiés à peu près sur le même principe : 2 piliers carrés et 3 architraves se terminant par des spirales. Mon tout soutenu par des éléphants et des nains obèses. Tout en haut, 4 lions vigilants. Ces toranas furent un support d'enseignement bouddhique durant les 13 siècles où cette « colline inspirée » demeura un haut lieu monastique. Les pèlerins venaient y chercher la voie qui délivre du désir et de la volonté... tout un programme ! Ces toranas sont un véritable livre de pierre, illustré des allégories des quelque 547 existences antérieures de l'Éveillé Bouddha, plus les 4 grandes étapes de sa vie : la naissance, l'Illumination, le Premier Sermon, la mort... plus les rêves et les miracles... Enfin, des événements historiques,

comme la visite d'Ashoka au *Bodhi Tree.* Avec la brochure qui décrit en détail les *jakatas* (riches épisodes de certaines naissances) et beaucoup de scènes qui purent être identifiées, c'est vraiment passionnant. Vous aurez peut-être la chance de croiser des moines de Thaïlande, du Ladakh ou du Japon qui viennent arpenter le chemin processionnel autour du stupa vieux de plus de 20 siècles. Ce monument symbolise la coupole céleste, et son pilier invisible évoque l'axe de l'univers. Au sommet, remarquer les *harmikas,* sortes de parasols de pierre protégeant les reliques.
Le ***stupa nº 3,*** beaucoup plus petit (15 m de diamètre et 8,23 m de haut) ne possède qu'un seul torana. On y retrouve certains thèmes déjà évoqués sur les toranas du stupa nº 1, mais les sculptures y apparaissent bien moins élaborées. En revanche, c'est dans ce stupa que l'on découvrit les reliques de *Sariputra* et *Maudgalyayana,* les 2 plus célèbres disciples du Bouddha.
Même si le reste du site n'est pas aussi spectaculaire que le stupa nº 1, on peut y voir les ruines d'anciens monastères et de temples.
Notamment, les bases d'autres ministupas, les colonnades du ***temple nº 18*** (VIIᵉ s apr. J.-C.) et le ***temple nº 17.*** Ce dernier, dans un remarquable état, dit de la période gupta, présente un élégant portique de 4 colonnes au décor à la relative sobriété, mais soigné. Sur les chapiteaux des colonnes, 4 lions et un arbre pour les séparer. À l'est du site, les plates-formes d'anciens monastères édifiés au XIᵉ s. Quelques intéressantes représentations du Bouddha dans le ***temple nº 45,*** ainsi que des montants de portes richement ciselés.
Mais on peut surtout flemmarder sur ce site inspiré, à l'ombre d'arbres centenaires ou bien se laisser aller à la méditation, le regard perdu dans la lumière rasante baignant les gracieux paysages alentour.

👁👁 ***Archeological Museum :*** *en bas du site.* ☎ *26-66-11.* ● *museumsanchiasi.mp.gov.in* ● *Tlj sauf ven 9h-17h. Entrée : 10 ₹.* 5 salles toutes simples présentant de nombreux vestiges et témoignages. Certes, présentation vieillotte, mais certaines pièces valent le déplacement, comme le chapiteau original d'Ashoka avec les 3 lions (IIIᵉ s av. J.-C.), ainsi qu'une abondante statuaire. Petite section préhistorique, objets usuels, pointes de flèches et de lances, outils agricoles, poteries, terres cuites votives... Salle avec panorama de tous les sites de Sanchi et étonnantes photos de l'ensemble avant restauration.

ALLAHABAD (इलाहाबाद)

1 000 000 d'hab. IND. TÉL. : 0532

C'est l'une des plus anciennes villes du pays. Elle se situe au confluent du Gange et des rivières Yamuna et Sangam ; la croyance populaire ajoute un autre cours d'eau, imaginaire et souterrain, la Saraswati.
Ville universitaire majeure, sa renommée dépasse largement les frontières de l'État. Mais elle reste très peu fréquentée des touristes, sauf entre mi-janvier et mars, quand se déroule le grand rassemblement hindou, la *Kumbh Mela,* lié à une légende (lire plus bas), qui se tient sur les rives des fleuves.

UN PEU D'HISTOIRE...

Vu l'importance stratégique du lieu, l'empereur moghol Akbar y fonda une nouvelle ville en 1575. Il y bâtit un fort et c'est à cette occasion que la ville reçut son nom musulman : la « cité de Dieu ». C'est ici que la Compagnie des Indes remit son pouvoir sur le pays au gouvernement britannique en 1858, après la révolte des Cipayes. Et, en 1920, le Mahatma Gandhi y prononça son premier discours sur sa stratégie de non-violence. Allahabad est aussi le berceau de la famille Nehru et un foyer du mouvement nationaliste.

... ET BEAUCOUP DE MYTHOLOGIE

Alors que l'homme n'était pas encore né et que les dieux régnaient sur la Terre, naviguait un vaisseau transportant un *kumbh* (vase) contenant l'élixir d'immortalité *(Amrita).* Garuda, la monture de Vishnou, le déroba afin de sauver sa mère, prisonnière de Naga. Indra tenta en vain de le combattre. Et dans sa fuite éperdue à travers le ciel, Garuda perdit 4 gouttes de l'élixir. Elles donnèrent naissance à 4 villes, consacrées par la suite : Haridwar, Nasik, Ujjain et Allahabad. Un festival, la *Kumbh Mela,* a lieu alternativement tous les 3 ans dans chacune de ces villes, et donc tous les 12 ans à Allahabad (c'est une *Mela* plus importante, la *Purna Kumbh Mela*). Les pèlerins y affluent alors par millions, et les rives de la Yamuna et du Gange se transforment en une fascinante ville de fortune, véritable marée humaine, évaluée à 100 millions de personnes en 2013, lors de la *Maha Kumbh Mela.* Allahabad connaîtra sa prochaine *Kumbh Mela* en 2025. Il y aura entre-temps, en 2019, une *Ardh Kumbh Mela,* c'est-à-dire une fête de mi-parcours. Et chaque année, à la même époque, a lieu une mini-Kumbh Mela, qui rassemble quand même entre 1 et 2 millions de pèlerins ! Bref, la *mini* (tous les ans), la *Kumbh Mela* (tous les 3 ans, mais dans une ville différente), la *Ardh Kumbh Mela* (entre 2 *Purna Kumbh Mela* à Allahabad et à Haridwar, soit 6 ans après une *Purna Kumbh Mela*), la *Purna Kumbh Mela* (tous les 12 ans à Allahabad !), et la *Maha Kumbh Mela* (tous les 144 ans, soit au bout de 12 *Purna Kumbh Mela*).

Quand venir à Allahabad ?

Hormis à l'occasion de la *Mela* (tous les ans, de mi-janvier à fin février) ou lors de la *Purna Kumbh Mela,* on ne voit guère de raison de venir par ici (la ville en elle-même ne présente pas grand intérêt). Lors des festivités, les hôtels sont archipleins et hors de prix. On conseille alors de faire l'excursion à la journée depuis Varanasi, et de passer par une agence. Ainsi on délègue l'intendance (acheminement, transports, logement...), et l'on sait où l'on va. Ou de s'y prendre très, très, très à l'avance.

Arriver – Quitter

Si la *Kumbh Mela* vous intéresse, le mieux est de passer par une agence, depuis Varanasi ou Delhi. Sinon, 3 trains/j. depuis Varanasi (compter 3h).

Où dormir ? Où manger ?

Hébergement pas folichon à Allahabad. Il faut piocher dans la rubrique « Chic » pour avoir quelque chose de correct. Les hôtels autour de la gare sont minables. 2 bonnes adresses cependant.

Chic (env 4 000 ₹ / 53,30 € pour dormir ; 450-900 ₹ / 6-12 € pour manger)

🏠 ***Kanchan Villa Homestay :*** *64, Luker Ganj. 📱 78-00-16-10-00 (Ivan) ou 98-38-63-11-11 (Purnima).* • *kanchanvilla.com* • *Double min 4 000 ₹, beau petit déj compris. Pick-up de la gare gratuit.* Si vous devez séjourner en ville, privilégiez cette demeure des années 1930, à la déco pleine de cachet, directement chez l'habitant. Du chic, du charme, tant dans les superbes chambres (salle de bains, clim) que dans le grand salon chaleureux, aux beaux meubles coloniaux, où l'on partage d'agréables moments avec l'adorable famille qui vous accueille. Possibilité de repas.

🏠 ***Hotel Allahabad Regency :*** *16, Tashkent Marg. ☎ 240-78-35.* • *hotelallahabadregency.in* • *Double min*

4 500 ₹. Dans un bâtiment datant de la colonisation britannique, à l'écart de l'agitation. Également un bon rapport qualité-prix dans cette catégorie. Une douzaine de chambres et suites rénovées avec clim, frigo, TV, literie moelleuse et jolie salle de bains. Entretien pas forcément à la hauteur cependant, et service mou.

El Chico Restaurant : *24, Mahatma Gandhi Marg, Civil Lines. ☎ 242-00-75. Tlj 9h-22h30.* Comme son nom l'indique, l'un des restos classe de la ville. Cadre moderne et atmosphère distinguée. Pâtisserie-snack au rez-de-chaussée et resto à l'étage. Tous les classiques indiens, réalisés avec savoir-faire.

The Oval : *4/2, Strachy Rd. ☎ 242-15-05.* Resto de l'*Hotel Milan.* Cadre élégant et carte éclectique qui répond à toutes les envies. Sert de l'alcool.

À voir

Sangam et Tribeni Ghât : lieu où se rencontrent les eaux du Gange et de la Yamuna. Le mélange des couleurs est saisissant lorsque le niveau des eaux est assez haut. C'est ici que furent dispersées une partie des cendres de Gandhi en 1948 et qu'a lieu la célèbre *Kumbh Mela,* de mi-janvier à mars. L'atmosphère autour du fort et au bord du fleuve est assez particulière. Il faut imaginer que des millions de personnes (si, si, des millions !) se réunissent ici, sur de vastes bancs de sable, occupant des centaines d'hectares sur les rives laissées libres par le fleuve. Tout le monde dort dans des campements temporaires, plus ou moins bien aménagés, souvent bricolés et plus ou moins onéreux. Une ville dans la ville naît là en quelques semaines. Une sorte de miracle, doublé d'une cour des miracles. Impressionnant. Si la *Kumbh Mela* a lieu tous les 12 ans, chaque année se tient une « mini-*Kumbh Mela* ». Le spectacle des ablutions est certes le même que dans les autres villes saintes hors festival, mais ici vous verrez les personnages les plus extravagants du monde, notamment des dizaines de *sadhus* dans le plus simple appareil. Tour en bateau possible depuis le *Tribeni Ghât,* pour aller au point de rencontre des eaux *(pour un bateau partagé, compter env 30 ₹/pers ; pour un bateau privatisé, env 250 ₹/max 6 pers, pour 1h).* On vous amène en fait au confluent (supplément pour vous asperger d'eau sacrée et lâcher une petite barquette-offrande fleurie garnie d'une bougie dans le fleuve).

Akbar Fort et Patal Puri Temple : *tt près de Sangam et Tribeni Ghât.* On ne peut admirer ce fort du XIe s que de l'extérieur. Une rampe donne toutefois l'accès au temple souterrain **Patal Puri.** Pieds nus, on descend au sous-sol dans une sorte de labyrinthe de piliers qui passe devant moult divinités multicolores (obole réclamée). Puis on remonte jusqu'au ***banian immortel,*** réputé imputrescible, et déjà mentionné par un pèlerin chinois au VIIe s. Un prêtre vous bénit, vous donnez la pièce et l'affaire est faite. Le plus étonnant, c'est l'animation qui règne autour de cet arbre.

Anand Bhawan : *University Rd. Tlj sauf lun 9h30-17h. Seule la visite du 1er étage est payante (100 ₹).* La maison de famille des Nehru, transformée en musée, avec mobilier d'époque. Demeure élégante, vaste et aérée, tout en coursives et colonnades, entourée d'un parc. À travers des vitres, au rez-de-chaussée et à l'étage, on verra le bureau de Nehru, sa chambre, les pièces à vivre, mais aussi la salle où avaient lieu les réunions officielles *(Congress Committee Room),* souvenirs de l'emprisonnement de Nehru après la violation de la loi sur le sel en 1930. Et encore la pièce où séjournait le Mahatma (son lit, tout simple, et son légendaire rouet), la chambre d'Indira (fille de Nehru) très dépouillée également. Dans la salle des souvenirs (à l'étage), urne funéraire ayant contenu les cendres de Nehru et celle de sa femme (urne minuscule, elle devait être toute petite !). Voir la rotative sur laquelle étaient imprimés les tracts antibritanniques.

VARANASI (वाराणसी ; BÉNARÈS)

4 100 000 hab. IND. TÉL. : 0542

• Plan d'ensemble *p. 324-325* • La vieille ville (zoom I) *p. 327*
• Assi Ghât (zoom II) *p. 329*

« Il est des villes - telle Bénarès - encore tellement imprégnées de prière, malgré l'invasion du doute moderne, que l'on y est plus qu'ailleurs libéré d'entraves charnelles, et plus près de l'infini. »

Pierre Loti

Delhi : 780 km ; Patna : 260 km ; Khajuraho : 391 km.

DE LA VARUNA À L'ASSI

Le nom de Varanasi provient du lieu de la rencontre de 2 rivières : au nord, la Varuna, au sud, l'Assi. Bénarès (l'autre nom de la ville) viendrait, lui, de la déformation anglaise de Varanasi, que les colonisateurs avaient du mal à prononcer.

Bienvenue dans l'une des plus anciennes villes du monde, où brûlent depuis des millénaires les foyers des défunts au bord du Gange sacré. Ici, peu de temples ou mausolées, pas de forteresse spectaculaire, mais une ambiance à nulle autre pareille. Malgré les destructions remontant à l'empereur Aurangzeb, qui rebaptisa la cité Mohammadabad (Mohamedville), Varanasi reste le plus saint des lieux saints de l'hindouisme, point de rencontre des mondes physique et spirituel. Pour la petite histoire, le nom initial de la ville était Kashi, provenant des *Véda,* le tout 1er livre sacré des hindous, signifiant « le lieu qui attire tout le monde ».

Pour beaucoup de voyageurs, Varanasi est une révélation, une ville inspirée, porte ouverte sur la mentalité indienne, la puissance de la religion et de la spiritualité – modelant les modes de vie et de pensée. On y perçoit l'essence même de l'Inde. Chaque année, 5 ou 6 millions de pèlerins viennent effectuer leurs ablutions rituelles dans le Gange pour se décrasser l'âme, les eaux du fleuve étant censées laver de toutes les fautes accumulées au cours des vies passées. Un *sacré* pouvoir de purification ! Ici plus qu'ailleurs la mort fait partie de la vie. Les hindous viennent y mourir en nombre, car rendre son dernier soupir à Varanasi, c'est en finir avec le cycle (infernal !) des réincarnations (le *samsara*) et atteindre sur-le-champ la *moksha* (la libération). Vous voilà donc dans le cœur palpitant de l'hindouisme, là où s'expriment avec la plus grande ferveur les croyances de près de 1 milliard 150 millions d'individus !

Ceux qui ne peuvent laisser de côté les codes occidentaux râleront contre les vaches sacrées (et leurs bouses), contre le bruit et les incroyables embouteillages, contre les suceurs de fric (éventail ici au grand complet) et les mendiants omniprésents... Mais, le 1er choc absorbé, comment ne pas être happé par le pouls bruissant des ghâts, au bord du Gange, enveloppés matin et soir par la ferveur sacrée des ablutions et des cérémonies. Immergez-vous dans ce flux humain, laissez-vous happer par les venelles sombres et étroites où l'on se perd forcément, discutez avec les diseurs de bonne aventure, ou octroyez-vous tout simplement un temps de pause, l'âme contemplative, dans une parenthèse salutaire. On ne repart jamais intact de Varanasi, mais en ayant perdu ou gagné une parcelle d'âme.

LE GANGE ET LA POLLUTION

« **Aucun microbe qui se respecte ne saurait vivre dans une eau pareille.** »
Mark Twain

Sorti de l'orteil de Vishnou, arrêté dans sa course impétueuse par le sourcil de Shiva, qui l'emprisonna dans sa chevelure avant de le laisser descendre sur la terre purifier les cendres des 60 000 fils du roi Sagara brûlés par un éclair de colère du sage Kapila... Tel apparaît le plus sacré des fleuves de l'Inde dans l'imbroglio des fabuleuses légendes hindoues – que l'on retrouve pour quelques roupies dans les kiosques de gare, illustrées en B.D. !

LES MOTS POUR LE DIRE

Il y a quelques années, un ministre français de l'Industrie avait créé un incident diplomatique en déclarant au 1er ministre indien que le Gange était impur. Attention à votre vocabulaire : dire que le Gange est sale est acceptable, dire que son eau est impure l'est beaucoup moins.

Pendant longtemps, un mythe circula en Inde, attribuant au Gange une pureté légendaire. Mais des études réalisées à partir de 1981 ont révélé que le fleuve sacré foisonne de bactéries et de produits chimiques, provenant notamment des engrais utilisés en masse dans les champs depuis les années 1960 et des déchets industriels des grands centres urbains en amont (tanneries, papeteries, usines pharmaceutiques et de fertilisants, etc.). Ajoutons à cela les quelque 40 000 cadavres que l'on y jette annuellement, parfois mal incinérés en raison de la cherté du bois, et des dizaines de tonnes d'excréments non traités... Le Gange est devenu un grand égout à ciel ouvert – une situation pire encore pendant les mois d'été lorsque le débit, déjà bien réduit par les pompages, ralentit encore. Devant l'ampleur du désastre, le gouvernement a lancé en 1986 un « plan d'action pour la prévention de la pollution du Gange », qui a donné lieu à la création d'usines de traitement des eaux et à l'aménagement de systèmes d'égouts dans les plus grandes villes riveraines. Mais, 35 ans plus tard, détournements d'argent, stations d'épuration en mauvais état, w-c inutilisé(able)s et explosion démographique n'ont pas vraiment permis d'améliorer la situation : quelque 1,3 milliard de litres d'eaux usées se déversent encore quotidiennement dans le fleuve. Certaines ont été déviées vers la rivière Varuna, affluent du Gange, ce qui n'a fait que déplacer le problème... Résultat : aujourd'hui comme hier, la concentration en coliformes fécaux et pesticides reste plusieurs centaines de fois supérieure à la limite admise...

MOURIR À VARANASI

En principe, tout hindou qui meurt à Varanasi a l'assurance de voir son âme monter au ciel – puis d'y rester –, sans passer par le cycle sans fin des renaissances. Pour mieux profiter de ce raccourci, les maharajas se faisaient jadis bâtir de fastueux palais sur les berges du fleuve pour y passer leurs dernières années. La classe moyenne fervente favorise les pensions longue durée, se fait muter ou ouvre un business en ville, tandis que les plus pauvres campent encore parfois directement sur les ghâts en attendant leur dernier soupir...

L'HINDOUISME POUR LES NULS

Les adorateurs de Shiva portent 3 traits blancs horizontaux sur le front. Les sectateurs de Vishnou arborent, eux, un « U » jaune entre les sourcils et une ligne rouge au centre. Entre fervents de Krishna, on se salue avec le célèbre « Hare Krishna ». Le symbole de Shiva, enfermé dans le saint des saints du grand temple, est le lingam (mâle) enfoncé dans une yoni (femelle). Au sommet : un emblématique étendard rouge. S'il est blanc, c'est que l'on vénère plutôt Vishnou. Mais cela peut varier...

Il n'y a pas si longtemps, on y transportait les malades jugés incurables, afin de les laisser mourir dans de petites huttes de branchages. Malheur à ceux qui survivaient ! Considéré comme un refus des dieux de les accepter, cela entraînait leur rejet parmi les hors-castes.

VARANASI ET LES VACHES

Si Varanasi est la ville du Gange, elle est aussi celle des vaches. Elles sont partout : dans la gare, sur les ghâts, encombrant les ruelles étroites de la vieille ville, sous votre oreiller (non, on blague !)... Être vache à Varanasi, c'est le pied (mais attention où vous mettez les vôtres !), d'autant qu'y est installé un des plus beaux *goshalas* de l'Inde, une maison de retraite pour bovidés ! À sa mort, la vache est enterrée, ou jetée dans le Gange (sans crémation). Pour les hindous, la vache sacrée symbolise la vie. Elle est celle que Krishna protège. Les vaches de Varanasi mangent le peu de végétaux non consommés par l'homme et se contentent des déchets impropres à la consommation, mais on en voit parfois qui se servent impunément aux étalages de fruits et légumes... Si elles déambulent en toute liberté dans la ville, elles appartiennent néanmoins à quelqu'un, la plupart du temps à un quartier ; à la nuit tombée, elles sont rassemblées et traites. Le lait est vendu dans la foulée au pittoresque *milk market* près du Chowk.

CONSEILS

- Éminemment touristique, la ville comprend l'éventail complet des escrocs et arnaqueurs de tout poil : boutiquiers, hôteliers ou conducteurs de rickshaws à leur solde.
- La circulation entre la gare et la vieille ville est infernale et, aux heures de pointe, les rues sont totalement bouchées. Il faut parfois plus d'1h pour faire les 3 km (et 2h jusqu'à l'aéroport).
- Si vous avez choisi de loger dans la vieille ville, près du Gange (nous vous le conseillons), ***téléphonez à l'hôtel choisi*** en arrivant à la gare. On viendra vous y chercher en auto-rickshaw, avec votre nom sur une pancarte, ce qui vous évitera les diverses entourloupes des chauffeurs... Vous ne devriez pas payer plus de 150 ₹ en auto-rickshaw (laissez tomber les vélos-rickshaws, cela vous prendrait bien trop de temps). Et n'oubliez pas que les adresses du Chowk, au bord des ghâts ou perdues dans les ruelles, ne ***sont accessibles qu'à pied*** : rickshaw ou autre véhicule ne pourront que vous en approcher, il restera toujours une partie du chemin à faire *ad pedibus,* en vous perdant dans les ruelles. D'où l'intérêt de demander un transfert à votre hôtel. Pour Assi Ghât, c'est plus simple (180-250 ₹ en rickshaw).
- On nous a signalé de rares cas d'agression le soir dans le Chowk. Inutile d'y traîner seul(e) après, disons, 23h.
- Dans la vieille ville, les singes sont nombreux et chapardent tout ce qu'ils trouvent, vêtements en train de sécher compris.
- Pendant la mousson, le Gange peut être suffisamment haut (en juillet ou surtout août) pour submerger les ghâts et empêcher toute navigation et même toute balade à pied.

Arriver – Quitter

En train

La plupart des trains arrivent à la ***Varanasi Cantonment Railway Station*** *(plan B2),* appelée également *Varanasi Junction,* à 3 km au nord-ouest du Gange. Récemment, certains ont toutefois été détournés vers la plus petite gare de ***Manduadih,*** à une distance à peu près similaire de

■ Adresses utiles

- 1 Police touristique (B2)
- 2 India Tourism (A2)
- 5 Air India (A2)
- 6 BHU Hospital (hors plan par C6)
- 33 Varanasi Walking Tours (B4)

Où dormir ?

- 28 Suryauday Haveli (D5)
- 32 International Travellers' Hostel (B3)
- 33 Homestay (Paraslaksmi Exports) (B4)
- 35 Taj Ganges (B2)
- 36 Hotel Surya (B1)

Où manger ?

- 36 Canton Royale (B1)
- 73 Ashiyana Restaurant (B1)

Achats

- 33 Paraslaksmi Exports (B4)
- 80 Mehrotra Silk Factory (E3)
- 81 Haji Mohd, Farooque & Co (E3)
- 82 Radhey Shyam Sharma (C4)

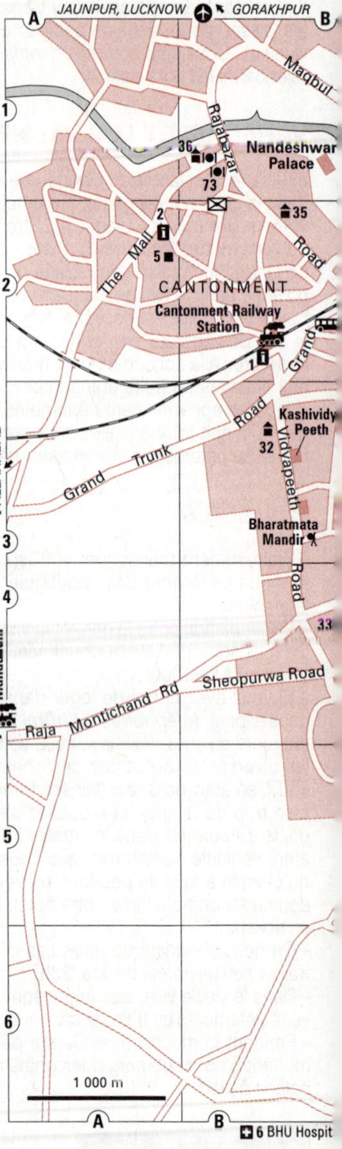

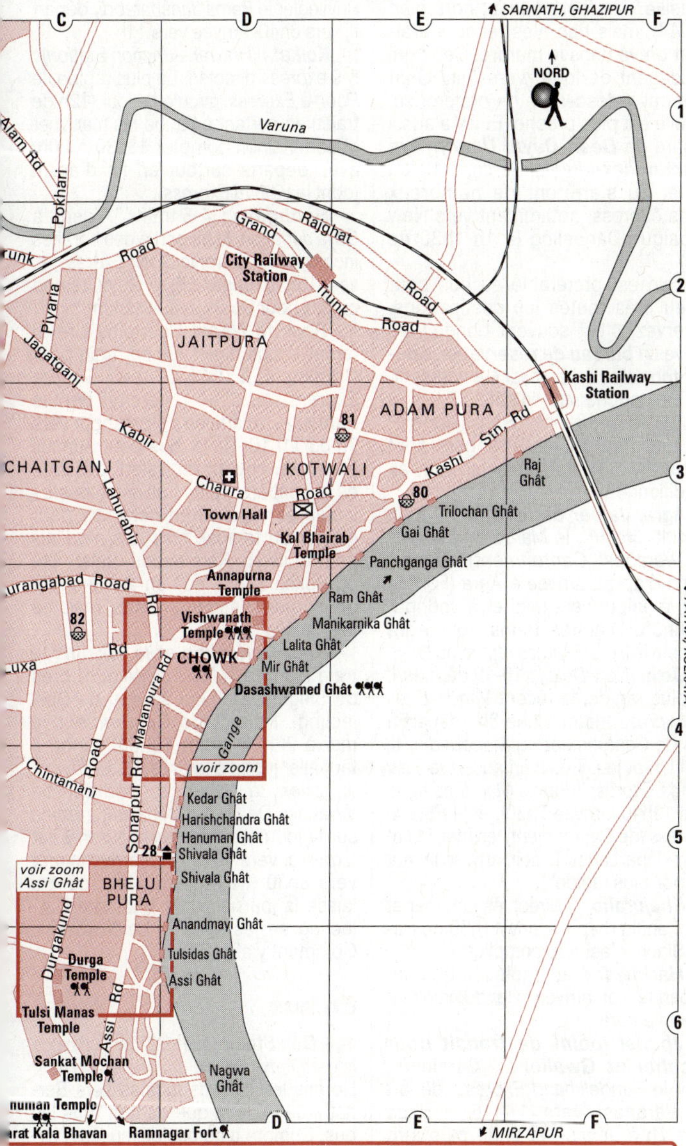

VARANASI – Plan d'ensemble

LA VALLÉE DU GANGE

la vieille ville (côté ouest ; *hors plan par A4*), mais rien n'est encore vraiment gravé dans le marbre. Ceux qui envisagent de loger vers Assi Ghât pourront y descendre de préférence, car elle est plus proche. Et il y a aussi la gare de ***Deen Dayal Upadhyaya Junction*** (ex-*Mughal Sarai*), à 18 km de là, où s'arrêtent de nombreux trains express, notamment vers New Jalpaiguri/Darjeeling (à 1h-1h30 de bus).

Le train est préférable au bus pour à peu près toutes les destinations. Réservez, c'est souvent bondé ! On trouve un ***bureau de réservation spécial touristes*** à *Varanasi Cantonment,* sur la gauche en entrant *(lun-sam 8h-20h, dim 8h-14h).* Son salon VIP est tout neuf et les étrangers sont invités à y profiter des bienfaits de l'air conditionné...

➢ ***Agra, Jaipur et Jodhpur :*** 1 train de nuit direct/j., le *Marudhar Express* (de *Varanasi Cantonment*). Départ en fin d'ap-m, arrivée à Agra (Fort) le mat, à Jaipur vers midi et à Jodhpur à 18h35. D'autres trains pour Agra comme le *Kota Express* (tlj, de nuit).

➢ ***Delhi*** *(New Delhi)* **:** 10-12 départs/j. Le plus rapide, le récent *Vande Bharat Express,* ne met que 8h ; départ à 15h de *Cantonment* ou *Manduadih,* tlj sauf lun et jeu. Très bien aussi : le *Shiv Ganga Express* (depuis *Manduadih),* tlj vers 19h40 (arrivée 7h30), et le *Poorva Express* (de *Cantonment*) les mer, jeu et dim ; départ aussi le soir, arrivée le mat (un poil plus rapide).

➢ ***Khajuraho :*** 1 direct les lun, mer et sam, en fin d'ap-m ; env 11h30 de trajet. Sinon, c'est trop compliqué.

➢ ***Haridwar :*** au moins 2 trains/j. Départ le mat, arrivée le lendemain mat avant l'aurore.

➢ ***Jhansi (point de transit pour Orchha) et Gwalior :*** 1-2 trains/j., dont le *Bundelkhand Express* (départ de Varanasi vers 17h45, arrivée vers 7h à Jhansi, et 2h30 plus tard à Gwalior).

➢ ***Mumbai*** *(CST)* **:** 5 trains/j., mais 1 seul pour Mumbai CST (les autres arrivent en grande banlieue) : le *Mahanagari Express,* en fin de matinée. Durée : env 27h, quand même...

➢ ***Patna :*** env 7-10 trains directs/j. Privilégier le *Patna Janshatabdi,* départ tlj vers 6h40, arrivée vers 11h.

➢ ***Kolkata*** *(Howrah Junction Station)* **:** 5-9 *express* directs/j. Le plus rapide, le *Poorva Express*, circule de jour (12h de trajet) en partant à l'aube les mar, mer et sam ; sinon compter 13h30 à 20h, avec départs surtout en fin d'ap-m (dont le *Vibhuti Express*).

➢ ***Bodhgaya :*** 4-5 trains/j. jusqu'à *Gaya Junction,* la plupart à des horaires incongrus. Préférer le *Doon Express,* tlj vers 16h15 (trajet : 5h). À Gaya, *tempo* ou taxi pour Bodhgaya, à 12 km.

➢ ***Pour le Népal :*** certains préféreront le bus direct. Sinon, train pour Gorakhpur à 0h35 *(Chauri Chaura Express)* ou 5h40 *(Intercity)* depuis *Cantonment*, arrivée à Gorakhpur vers 7h ou 11h10. De là, bus pour Sunauli (frontière, env 3h de trajet), passage de la frontière à pied (rallier les postes indien et népalais en rickshaw pour gagner du temps), puis bus népalais pour Chitwan, Katmandou (trajet : 8h) ou Pokhara (6h), où l'on arrive en fin de journée. Fatigant, certes, mais se fait dans la journée !

➢ ***Pour Darjeeling et le Sikkim :*** le train s'arrête à *New Jalpaiguri*, près de Siliguri, à 88 km au sud de Darjeeling. 1 direct de *Cantonment* le mar à 22h25 (trajet 13h30), sinon il faut aller jusqu'à la gare d'*Upadhyaya Junction,* à 18 km au sud-est de Varanasi. De là, 4-5 départs/j., étalés sur la journée. Préférer le *North-East Express,* vers 18h20, qui arrive le mat vers 8h30 (trajet : env 14h), ce qui laisse la journée pour rejoindre Darjeeling en jeep (voir « Le Nord-Est. Comment y aller ? »).

En bus

Bus Stand *(plan B2)* **:** *à 500 m de la gare ferroviaire, à gauche en sortant.* Hormis les liaisons locales vers Sarnath, c'est de là que partent tous les bus. Compte tenu des difficultés à circuler, le train est préférable, quelle que soit la destination.

➢ ***Pour le Népal :*** 1 bus AC direct le soir (vers 19h), pour Katmandou. Autre option, bus pour Sunauli (fréquents), d'où l'on change au choix, pour Katmandou, Pokhara ou Chitwan.

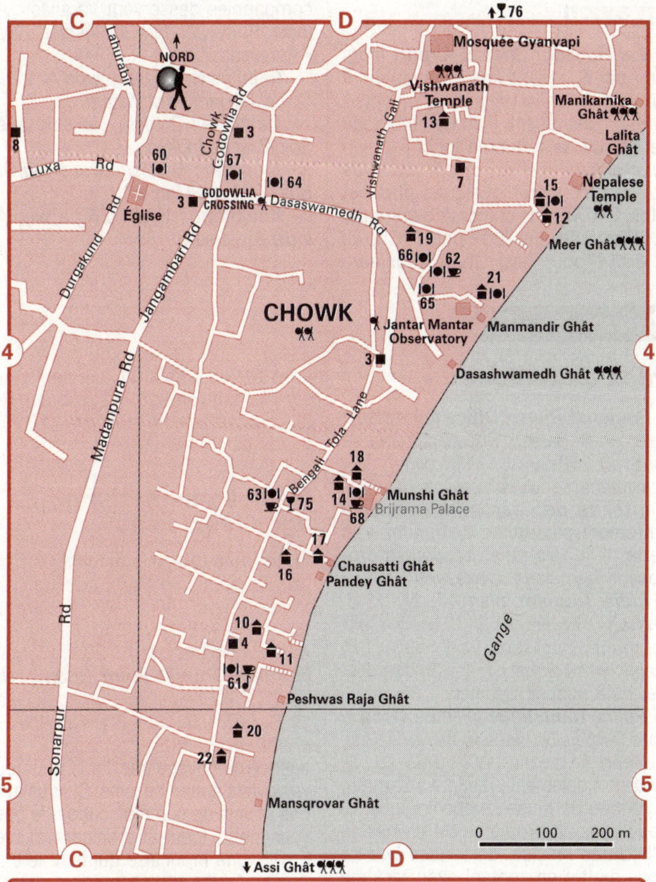

VARANASI – La vieille ville (zoom I)

Adresses utiles

- **3** Distributeurs (D4)
- **4** Indica Tourist Point (D4)
- **7** Yoga Training Centre (D4)
- **8** Ganpati Travels (C4)

Où dormir ?

- **10** Bunked Up Hostel (D4)
- **11** Vishnu Rest House (D4)
- **12** Sun Rise Lodge (D4)
- **13** Monu Family Paying Guesthouse (D4)
- **14** Marigold Guest House et Shiva Guest House (D4)
- **15** Ganpati Guesthouse et Alka Hotel (D4)
- **16** Shivakashi Guest House (D4)
- **17** Hotel Sita (D4)
- **18** Ram Bhavan Guest House (D4)
- **19** Sri Venkateshwar Lodge (D4)
- **20** Leela Guesthouse (D5)
- **21** Rashmi Guesthouse (D4)
- **22** Shiva Ganges View (D5)

Où manger ?

- **60** Kachi Chat Bhandar (D4)
- **61** Brown Bread Bakery (D4)
- **62** Niyati Café (D4)
- **63** Spicy Bites (D4)
- **64** Koshari Restaurant (D4)
- **65** Shree Café (D4)
- **66** Dosa Café (D4)
- **67** Phulwari Restaurant & Sami Café (D4)
- **68** Aadha-Aadha Café (D4)

Où boire un bon lassi ?

- **75** Baba Lassi (D4)
- **76** Blue Lassi Shop (hors zoom par D4)

En avion

✈ ***Lal Bahadur Shastri Airport*** *(hors plan par B1)* **:** *à 22 km au nord-ouest (1h30-2h de trajet en voiture, prévoyez large !).* Tout récent, il abrite un bureau de l'office de tourisme local *(ouv du lever au coucher du soleil),* où vous pourrez récupérer quelques plans et infos, 2 *ATM* et un comptoir de *prepaid taxis* (compter env 700 ₹ pour le Chowk et 800 ₹ pour Assi Ghât). Plusieurs compagnies desservent Varanasi : *Air India, Spice Jet, IndiGo, Vistara...* (voir « Adresses utiles »).

➢ ***Delhi* :** env 10 vols/j. avec *Air India, Spice Jet, IndiGo* et *Vistara.*

➢ ***Calcutta* :** 2 vols/j., le soir, avec *Spice Jet* ou *IndiGo.*

➢ ***Mumbai* :** 6 vols/j. avec *IndiGo, Spice Jet* et *Air India.*

➢ ***Khajuraho* :** 1 vol via Agra avec *Air India* 3 fois/sem.

Adresses utiles

Infos touristiques

🛈 ***Regional Tourist Office*** *(hors plan)* **:** *Saanskratik Sankul, Chaukagat (loin de tout).* ☎ *250-50-33.* • *uptourism.gov.in* • *varanasi.gov.in* • *Lun-ven 10h-17h.* L'***antenne de l'aéroport*** vous sera autrement plus utile : demandez-y la carte de la ville et les brochures proposant des balades pédestres.

🛈 ***India Tourism*** *(plan A2,* ***2****)* **:** *15 B, The Mall.* ☎ *250-17-84. Dans le Cantonment. Lun-sam 9h-17h30 (14h sam), fermé dim et j. fériés.* Excentré et peu utile, accueil routinier...

■ ***Police touristique*** *(plan B2,* ***1****)* **:** *à la gare ferroviaire, dans le hall principal, au fond à gauche.* ☎ *250-66-70. Tlj 5h-21h.* Également présente à Sarnath, à l'entrée du Musée archéologique. Si vous avez un problème ou un besoin d'info très précise, demandez-leur de vous mettre en contact avec Mr Uma Shankar, ex-employé de ce bureau désormais à la retraite, qui connaît la ville comme sa poche et fait des heures sup' pour le plaisir !

Change, distributeurs

■ ***Money changers* :** la plupart des *guesthouses* pratiquent le change, au même taux partout.

■ ***Ganpati Travels*** *(zoom I, C4,* ***8****)* **:** *Misir Pokhra, Godowlia, dans la ruelle du* Mazda Cinema. ☎ *239-01-16. Lun-sam 10h-21h, dim 12h-18h.* Change les espèces et fait *Western Union.*

■ ***Distributeurs* :** *on en trouve partout, notamment à la* ***SBI*** *du carrefour de Godowlia Crossing (zoom I, D4,* ***3****), avec plein d'autres dans le secteur et sur Dasashwamedh Rd (zoom I, D4,* ***3****). D'autres encore sur Luxa Rd, vers l'ouest (zoom I, C-D4).*

Compagnie aérienne, agences, loisirs

■ ***Air India*** *(plan A2,* ***5****)* **:** *Airlines Bhavan 52, Yadunath Marg, dans le Cantonment.* ☎ *250-25-27. N° Gratuit* ☎ *1-860-233-14-07.* • *airindia.in* • *À l'aéroport :* ☎ *282-20-90.*

■ ***Indica Tourist Point*** *(zoom I, D4,* ***4****)* **:** *D 24/4 Bangali Tola, Pandey Ghât.* ☎ *245-05-07.* 📱 *94-15-30-24-56.* • *visitvaranasi@yahoo.com* • Une agence de voyage très fiable pour tous vos billets autres besoins. Si vous avez des soucis de communication, le boss vous mettra (peut-être) en contact avec Émilie, une Française qui tient le café *Aadha-Aadha* et est toujours prête à dépanner si elle a le temps.

■ ***Varanasi Walking Tours*** *(plan B4,* ***33****)* **:** *D 61/16, Sidhgiri Bagh, entre le Chowk et la gare.* ☎ *241-14-96.* 📱 *94-15-44-93-48.* • *varanasiwalkingtour.com* • Fabriquant et vendeur de soie traditionnelle, propriétaire d'un *homestay* que nous conseillons vivement (voir « Où dormir ? »), Harish propose aussi désormais des balades guidées à la découverte de la ville : ses incontournables, ses venelles, ses meilleurs stands de nourriture, mais aussi des *boat tours* et une découverte de village.

■ ***Ganga Boat Ride & Cruise* :** *contacter Laurige,* 📱 *98-99-02-02-27, ou Deepak,* 📱 *98-39-87-36-64.*

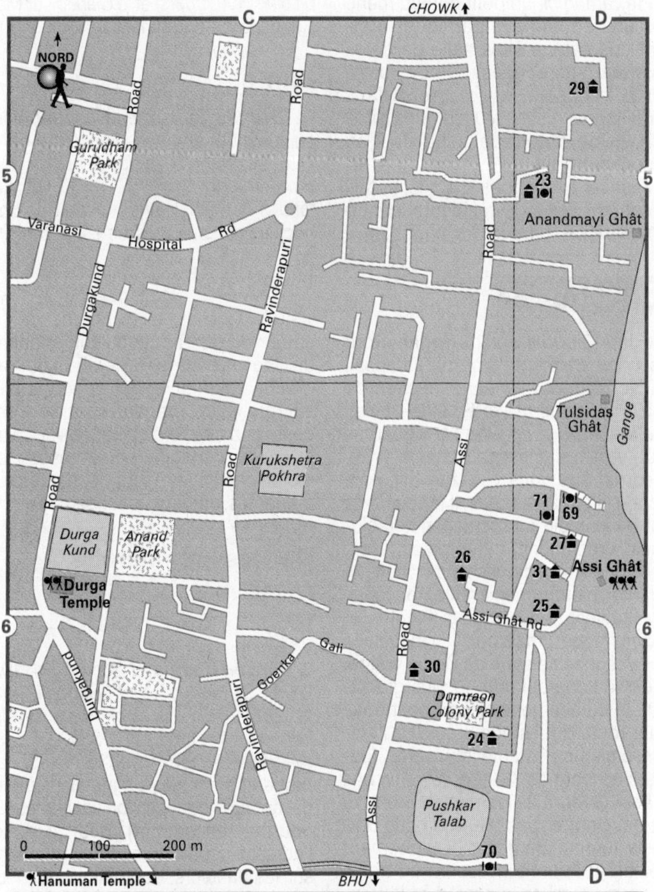

VARANASI – Assi Ghât (zoom II)

Où dormir ? **23** Singh Guesthouse (D5) **24** Moustache Hostel (C6) **25** Palace on Ganges (D6) **26** Banaras Guest House (C6) **27** Hotel Ganges View (D6) **29** Hostel LaVie (D5)	**30** Hostale (C6) **31** Sahi River View Guest House (D6) **Où manger ?** **69** Ashish Café (D6) **70** Terracotta Cafe (C6) **71** Aum Café (D6)

• *gangacruisevaranasi.com* • Laurige, un Français amoureux de l'Inde, et Deepak, issu d'une lignée de bateliers, proposent des balades au fil du Gange : les classiques sorties aux aurores ou au coucher du soleil, mais aussi des croisières de 1 à 6 jours, par exemple au départ de Bathauli (3 j.) ou de Chunar (2 j.), avec arrivée à Varanasi. On navigue sur le *Tarangini*, un petit bateau mené par une équipe sympathique, abritant une cabine avec salle de bains (jusqu'à 4 personnes). L'Inde rurale est à l'honneur, avec arrêts dans les villages, visite de quelques sites et cuisine mitonnée à bord. 2 ou 3 jours suffisent.

■ ***Piscine :*** quelques grands hôtels acceptent les non-résidents contre rémunération, dont le *Surya (très belle piscine, 400 ₹/pers)* et le *Clarks*, sur Mall Rd, dans le Cantonment *(500 ₹/pers)*.

Santé

✚ ***BHU (Sir Sunderlal) Hospital*** *(hors plan par C6,* ***6****) : dans l'enceinte de la Banaras Hindu University, au sud du centre.* ☎ *230-92-01 ou 230-75-50. Consultations très bon marché.* Plutôt un bon hôpital pour un établissement public.

Où dormir ?

Il existe ***3 quartiers où loger.*** Pour « sentir » vraiment l'âme de Varanasi, on vous conseille sans hésiter de séjourner dans ***la vieille ville et ses ruelles, autour du Chowk,*** car après tout, Varanasi, c'est ça et rien d'autre. C'est ici que vous vivrez le mieux le Gange et profiterez de tout le spectacle qui s'y déroule en permanence (ablutions, crémations, cérémonies, etc.), dans une vraie effervescence. C'est un quartier piéton (même si les bécanes s'y faufilent !), aux ruelles étroites et labyrinthiques, mais on s'y habitue vite et il y règne une sorte de vie de village. C'est la zone qui offre la plus grande variété d'hébergements, du petit hôtel pour routard (très nombreux !) à l'établissement de charme (plus rare). Toujours au bord du Gange, les environs d'***Assi Ghât,*** à 2-3 km au sud, ont vu se développer pas mal d'AJ ces derniers temps. Bémols : l'éloignement (relatif) et le bruit incessant du trafic. Si vous cherchez le confort et la tranquillité – et si votre bourse est bien pleine –, reste le ***Cantonment,*** à 3 km du Gange, QG des Britanniques de 1794 à 1947. C'est aujourd'hui un quartier résidentiel chic, où se regroupent la plupart des grands hôtels, mais les bouchons incroyables pour rallier le fleuve rendent le secteur difficile à conseiller. On vous suggère aussi une super *homestay* entre la vieille ville et le Cantonment.

Dans la vieille ville et le Chowk (zoom I)

La majorité de nos adresses est située à proximité du Gange et de ses ghâts, autour du quartier populeux et animé du Chowk, dans la vieille ville. Les plus proches du fleuve, bâties en hauteur sur plusieurs étages, sont souvent coiffées d'une terrasse avec vue, plus ou moins dégagée. Les adresses les moins chères sont tout de même bien modestes, vétustes pour certaines.

De très bon marché à bon marché (300-1 200 ₹ / 4-16 €)

☗ ***Bunked Up Hostel*** *(zoom I, D4,* ***10****) : D 24/12 Pandey Ghât, Bangali Tola.* ☎ *245-05-08. • bunkeduphostels.com • Lit en dortoir 300-350 ₹, double env 1 300 ₹, petit déj inclus.* Si les parties communes gagneraient à être davantage nettoyées (on se déchausse pourtant en entrant), pour le reste, l'adresse est à conseiller. Les dortoirs, sur les hauteurs, sont assez lumineux et plutôt aérés, avec prise et casier pour chaque lit. Au sommet : 2 chambres d'un bon rapport qualité-prix, avec salle de bains privée, frigo dans l'une et petite vue sur le Gange (idem pour le *dorm* de 6 !). Les matelas sont très corrects. En prime : l'incontournable *rooftop* pour prendre son petit déjeuner avec vue.

☗ ***Sun Rise Lodge*** *(zoom I, D4,* ***12****) : D 3/21 Meer Ghât.* ☎ *240-03-34.* 📱 *93-35-23-11-60. • sunrise lodge_ganga@yahoo.com • Doubles 600-1 200 ₹.* La situation est excellente, avec le Gange juste en contrebas et le temple népalais pas bien loin. Le boss, Vikas (alias Manu) et son neveu Santos veillent avec attention sur ce bout de *guesthouse* alignant 8 chambres assez différentes : de la simple avec douche commune à la double avec salle de bains privée (mais riquiqui), balcon et clim, toutes d'un bon rapport qualité-prix. L'ambiance familiale est réjouissante et la vue sur les ghâts imprenable depuis la terrasse du resto (plutôt bon et pas très cher).

Vishnu Rest House *(zoom I, D4,* **11**) **:** *Pandey Ghât, juste en contrebas du* Bunked Up Hostel. ☎ *245-52-38 ou 02-06. Pas de résa par tél ; y aller tôt le mat car souvent complet. Lit en dortoir env 400 ₹ (trop cher) ; doubles env 500-1 000 ₹.* On y va avant tout pour la vue géniale sur le Gange depuis la petite terrasse tout en longueur, face au soleil levant et au spectacle des lavandiers qui tapent le linge en contrebas. Les chambres, une vingtaine, sont très modestes, petites, inégales et pas hyper propres, quoique toutes avec douche (eau chaude en hiver), ventilo ou *air cooler*. Certaines ont une petite fenêtre sur le fleuve, d'autres... rien du tout ! Préférer celles du 1er étage (moins de passage). On y sert des repas si on y tient. Ne pas confondre avec la *Vishnu Guesthouse* ou la *New Vishnu Guesthouse*...

Marigold Guest House *(zoom I, D4,* **14**) **:** *D 20/10 Munshi Ghât, Dasashwamedh Ghât.* 📱 *95-59-81-12-40.* • *marigoldhouse@hotmail.com* • *Planqué dans une ruelle partant de Bengali Tola, en direction des ghâts (suivre Aadha-Aadha Café, c'est avt sur la droite). Doubles 700-1 000 ₹.* Si l'accueil est un peu taciturne, la plupart des chambres sont, elles, étonnamment bien pour le prix : les plus chères ne sont pas trop petites, avec salle de bains, assez propres et récemment repeintes ! Les plus modestes partagent les sanitaires.

Sri Venkateshwar Lodge *(zoom I, D4,* **19**) **:** *D 5/64, Dasashwamedh Ghât.* ☎ *239-23-57. Pas au bord du Gange et sans vue ; à 3 mn à pied des ghâts. Double avec sdb env 850 ₹.* Les 22 chambres de cet édifice de béton tout en hauteur sont sobres, carrelées, toutes avec salle de bains et ventilo (pas de clim), plutôt grandes et propres (notamment les draps). Pas si mal, à condition d'en demander une avec une vraie fenêtre et de survivre aux matelas très fins ! Eau chaude par panneaux solaires et même un ascenseur. Petit bémol, le gérant, quoique très sérieux, est en pleine crise de foi : il possède son propre temple au rez-de-chaussée et sonne les cloche(tte)s comme un fou !

De bon marché à prix moyens (600-2 000 ₹ / 8-26,70 €)

Shiva Guest House *(zoom I, D4,* **14**) **:** *D 20/14 Munshi Ghât, Dasashwamedh Ghât.* ☎ *245-21-08.* 📱 *94-51-12-27-03. Fermé en mai. Lit en dortoir 300 ₹ ; doubles avec sdb commune ou privée 800-2 000 ₹.* Notre adresse préférée pour les petits budgets à Varanasi ! Vous voilà chez Shiva, qui veille amoureusement sur sa *guesthouse* de 12 chambres, occupant une très ancienne maison revisitée au goût du jour. Il y a d'abord la situation très calme, le resto en *rooftop* (fermé) avec vue sur le Gange et, cerise sur le gâteau, des chambres carrelées étonnamment bien arrangées et mises en lumière, avec couleurs pétulantes, mobilier mi-ancien, mi-moderne et éléments de déco (tous différents) aux relents de Bollywood. Certaines salles de bains sont très (très !) petites, mais bien conçues et le tout est fort propre. Les tout petits budgets apprécieront le dortoir étroit de 4 lits (avec lumière, casier et ventilo individuels), lui aussi très bien tenu et avec une minifenêtre donnant sur le fleuve !

Shivakashi Guest House *(zoom I, D4,* **16**) **:** *D 22/4 Chausatti Ghât.* ☎ *245-01-66.* • *shivakashiguesthouse@gmail.com* • *Doubles avec sdb commune ou privée 600-1 800 ₹.* Plus petit hôtel que *guesthouse*, le *Shivakashi* cumule plusieurs avantages : au calme, il propose des chambres spacieuses pour le prix et plus propres que la plupart, y compris du côté des sanitaires communs (on n'a pas dit « parfaits » !). Certes, il n'y a pas de clim et les matelas sont un peu fins. Accueil pro de Sanju, le manager, qui se révèle au fil du temps fort serviable.

Monu Family Paying Guesthouse *(zoom I, D4,* **13***)* **:** *D 8/4, Kalika Gali, près du grand temple. ☎ 240-09-08. 📱 93-07-21-91-98. • monuguesthouse.com • Doubles avec sdb 1 200-1 800 ₹.* Voilà une gentille adresse familiale. Le dynamique fiston, Monu, parle l'anglais et un peu de français. Les 4 chambres (2 doubles dont 1 avec clim, 1 familiale et 1 *single* avec salle de bains commune) ne sont pas très grandes et à l'équipement simple, mais raisonnablement propres, avec une déco gaie de coussins et de tissus chamarrés. Bon, les lits sont durs... Au final, on se sent comme chez soi. Petite terrasse, pas aménagée. Petit déj et repas *veg'* sur demande. Massages ayurvédiques, cours de musique et cours d'hindi ou de cuisine. Visite guidée de la ville moins convaincante. Transfert depuis les gares *(payant).*

De bon marché à chic, et même très chic (600-8 260 ₹ / 8-110 €) !

Ici, il s'agit plutôt d'hôtels dont le prix des chambres peut varier énormément, selon le confort et l'orientation, du simple au sextuple, voire plus ! Nous privilégions la proximité du Gange.

Ram Bhavan Guest House (zoom I, D4, **18**) **:** *D 20/21 Munshi Ghât. ☎ 245-21-79. • vdar@vsnl.com • Doubles 1 100-3 500 ₹, petit déj et déjeuner inclus.* Bon point : on se déchausse en entrant. En grimpant au-dessus du modeste *Filo Café,* on tombe sur cette *guesthouse* bien tenue, dont les 2 dortoirs et les 7 chambres (3 avec clim, 2 avec salle de bains privée) encadrent un patio central assez sombre. On apprécie les grands lits, les bons matelas et l'accueil de la boss, qui dirige en parallèle une asso d'échanges culturels entre locaux et voyageurs – la raison d'être originelle de la structure. En prime : un *rooftop café,* une petite cuisine et une balançoire sur le toit ! Cours de yoga.

Leela Guesthouse *(zoom I, D5,* **20***)* **:** *B 14/34, Mansarovar Ghât. ☎ 245-20-27. Au bord du Gange ; accès depuis les ghâts par un escalier en fer assez raide. Pick-up payant depuis la gare. Doubles avec sdb 600-3 500 ₹.* Une poignée de chambres raisonnablement propres, petiotes, situées dans un bâtiment bleu moderne de 3 étages. Les moins chères, plutôt agréables, sont d'un rapport qualité-prix correct (certaines avec salle de bains à partager pour 2 chambres), mais celles avec clim sont surévaluées. Terrasse aménagée avec vue sur le Gange et resto honnête. Cours de yoga. Bon accueil.

Hotel Sita *(zoom I, D4,* **17***)* **:** *D 22/16, Chausatti Ghât, Bengali Tola. ☎ 245-00-61. • sitaguesthouse.in • En bordure du Gange. Doubles avec sdb 1 500-2 500 ₹, petit déj inclus... ou pas.* Désormais plus hôtel que pension (avec ascenseur), l'ensemble, au calme, est correct, composé d'une grosse vingtaine de chambres à prix variables et au confort inégal. Évitez celles qui donnent sur l'arrière, façon placards à balais, et privilégiez les plus chères, mieux équipées (clim, bons matelas, bouilloire...), côté fleuve. Dommage que l'entretien soit un peu aléatoire. La terrasse du petit resto offre une vue plongeante sur les ghâts.

Alka Hotel (zoom I, D4, **15**) **:** *D 3/23, Meer Ghât, au bord du Gange. ☎ 239-84-45. 📱 76-19-00-99-95. • hotelalkavns.com • Doubles 990-8 260 ₹.* Cet hôtel en béton de belle taille dessine un U autour d'une terrasse panoramique (restaurant) s'ouvrant superbement sur le Gange. On a l'embarras du choix, ici : des chambres à tous les prix, de la plus simple, sans salle d'eau, à la plus chic, spacieuse, avec clim, vue sur le fleuve, frigo et salle de bains (certaines douches à l'italienne mal foutues). Si toutes sont bien tenues, certaines sont sans fenêtre. En voir plusieurs car le niveau est très inégal (même à prix identique). La cuisine végétarienne, abordable, est de qualité (notamment les *thalis*). Transfert possible depuis la gare *(payant).*

Rashmi Guesthouse *(zoom I, D4,* **21***)* **:** *D 16/28 A, Man Mandir Ghât. ☎ 240-27-78 ou 28-56. • rashmiguesthouse.in • Doubles 2 250-8 000 ₹, petit déj (et collier de fleurs à l'arrivée !) inclus.* Idéalement situé en surplomb des ghâts, l'établissement, taille petit hôtel, connaît une cure de jouvence : certaines des 16 chambres ont été rénovées, d'autres demandent encore (sérieusement) à l'être. Privilégiez les *deluxe*, avec vue sur le fleuve, jolie déco, bonne literie, clim et frigo, même si elles sont assez chères. Les autres peuvent s'avérer vieillottes et très peu lumineuses. Le resto *Dolphin* *(tlj 7h-23h)* occupe un bâtiment attenant s'avançant vers le Gange, avec salle climatisée chic au rez-de-chaussée et belle terrasse face au fleuve à l'étage. On y sert de bons tandooris et on y sirote l'apéro au coucher du soleil, aux premières loges pour la cérémonie du feu.

☗ ***Ganpati Guest House*** *(zoom I, D4,* ***15****)* **:** *D 3/24, Meer Ghât. ☎ 239-00-57. • ganpatiguesthouse.com • Entrée en retrait de la ruelle. Résa impérative. Doubles 2 250-7 100 ₹.* En bordure du Gange (avec accès direct), l'endroit est plaisant, coloré jusque dans les chambres (régulièrement repeintes). C'est l'une des adresses les plus propres du secteur, où entretien et bonne tenue sont des denrées finalement assez rares... Les chambres, à tous les prix, sont très différentes, avec ou sans vue, mais toutes avec salle de bains et clim. On préfère celles en hauteur, autour du petit balcon, dominant le fleuve, ou carrément les plus chères, avec terrasses privées joliment aménagées. Point de vue tout aussi spectaculaire depuis la terrasse du resto vég' (pas terrible), où il fait bon bouquiner. Côté services : massages, laverie, *travel desk*, tours en bateau, transferts *(payants)* et change.

De chic à très chic (3 500-6 500 ₹ / env 47-87 €)

☗ ***Shiva Ganges View*** *(zoom I, D5,* ***22****)* **:** *B 14/24, Mansarovar Ghât. ☎ 245-00-63. • varanasiguesthouse.com • Transferts payants. Doubles 3 500-6 500 ₹, thé-café compris.* Si ses prix sont un peu surestimés, cette superbe maison rouge aux volets bleus, dominant un ghât presque calme, ne manque pas de charme avec ses beaux balcons en fer forgé, sa terrasse supérieure crénelée et ses couleurs douces, vert tendre, jaune pâle, ses portes gris-bleu... On y trouve une poignée de chambres spacieuses, sur 3 niveaux, avec vue sur le Gange pour les plus chères. Si ces dernières ont de belles salles de bains, les autres sont plutôt riquiqui (mais propres). Lit (un peu dur) avec moustiquaire au milieu de la pièce. Cours de yoga et méditation sur le toit et massages ayurvédiques. Résas de train et de bus.

Du côté d'Assi Ghât (zoom II)

Autour de ce ghât, à 2-3 km au sud du Chowk, s'étend un quartier vivant, voire bruyant côté rues intérieures, qui se développe touristiquement. Pas mal d'AJ (inégales) ont ouvert dans le coin. Au mieux, on profite des bords du Gange, entre les vieilles bâtisses usées par le temps et la dynamique séance de yoga matinal au-dessus du quai (toute la ville y vient). Attention, les tarifs des bateliers sont souvent abusifs, ici.

De très bon marché à bon marché (150-1 600 ₹ / 2-21,30 €)

☗ ***Moustache Hostel*** *(zoom II, C6,* ***24****)* **:** *B 1/128, Dumrao Bagh. 📱 91-61-46-52-03. • moustachehostel.com • Lits en dortoir 200-600 ₹ ; doubles env 800-1 500 ₹.* Planquée au fond d'un square d'un quartier résidentiel, cette belle AJ dirigée par une jeune boss dynamique (elle-même voyageuse) n'a pas grand-chose à envier à celles des capitales occidentales. Les dortoirs (mixtes ou pour femmes) sont aveugles mais bien faits, avec clim (ou non), rideaux protégeant chaque lit, lumière, prise, ventilo et casiers individuels. Certains ont leur propre salle de bains, d'autres en partagent une. Surprenant : des *dorms* avec lits doubles pour les couples ! Il y a aussi une chambre privée. En prime : cuisine, salon cosy, *rooftop*, jeux et bouquins, cours de yoga, musique live épisodique, *food* et *market tours*, etc.

Singh Guesthouse (zoom II, D5, **23**) : *B 3/22 B, Shivala Rd, mais situé dans une petite perpendiculaire. 98-38-54-24-04. Suivre panneaux « Rivera Palace » (c'est en face). Doubles au confort très variable 350-1 400 ₹.* Étonnant de trouver une telle adresse ! Les chambres s'ordonnent sur les flancs d'une grande cour-jardin avec fontaine (à sec), plutôt soignée, dans 2 édifices jaunes de 2 étages. Même les moins chères, basiques (salle de bains commune, draps à louer, PQ non fourni), sont globalement propres. Mieux vaut cependant demander à choisir : parfois les murs pèlent, parfois pas. Les chambres avec clim sont elles aussi d'un bon rapport qualité-prix. On apprécie le calme, l'espace autour de la terrasse, l'accueil de Dani. Cuisine végétarienne assez voyageuse (*special thali* pas cher). Cours de yoga et *boat tour* matin et soir.

Banaras Guest House (zoom II, C6, **26**) : *B1/240 Sathibada. 98-89-11-16-73. Lit en dortoir 300-450 ₹ ; doubles 750-1 300 ₹.* Planquée dans une ruelle tortueuse, cette gentille *guesthouse* est tenue par 2 frères fort sympathiques, Naveen et Krishna, toujours pleins de bons conseils. L'endroit est calme et surtout bien propre, une rareté à ce prix ! On choisit entre le petit dortoir du rez-de-chaussée (aveugle mais avec douche) et les 6 chambres des étages (dont 2 partagent une salle de bains), aux w-c à l'occidentale tout récents. Petite cuisine assez simple et *rooftop* pour méditer (sur un bout de toit) ou pour rencontrer les autres voyageurs. Naveen et Krishna peuvent vous acheter vos billets à l'avance et même vous les envoyer par mail.

Hostel LaVie (zoom II, D5, **29**) : *B 3/97, Shivala Ghât. ☎ 99-35-41-66-44. • hostelavie.com • Lits en dortoir 4-6 pers 250-450 ₹, doubles 1 000-1 600 ₹, petit déj inclus.* Voici une ancienne *guesthouse* ripolinée en *hostel* nouvelle génération : un mix de dortoirs plus ou moins étroits (mixtes ou pour femmes) et de doubles colorées, avec ou sans clim, avec ou sans salle de bains privée. Également une cuisine et une machine à laver en libre accès, et, pour partager sa bonne humeur, une grande cour intérieure gravillonnée aux tables accueillantes et un toit-terrasse avec vue sur le Gange (qui gagnerait à être davantage aménagée). Gros points forts : le calme et la propreté.

Hostale (zoom II, C6, **30**) : *B-1/122 Dumrao Bagh. 70-68-01-86-55. Lits en dortoir 6-10 pers 150-500 ₹.* On est là dans un format d'AJ plus compact, avec 4 dortoirs (2 avec salle de bains) et 2 chambres privées (eau chaude en hiver). Leur point fort : la propreté. Abhi, le jeune boss, est sympa mais pas toujours présent : on ne sait alors pas toujours à qui s'adresser... Cuisine basique avec frigo. L'ambiance manque parfois.

De bon marché à prix moyens (900-2 000 ₹ / 12-27 €)

Sahi River View Guest House (zoom II, D6, **31**) : *B-1/158 A2, Assi Ghât. ☎ 236-67-30. 93-07-44-85-01. • sahiriverview.co.in • Sur le flanc d'un escalier partant d'Assi Ghat, à l'étage (panneau). Doubles 900-2 000 ₹.* Il règne une sympathique ambiance de pension de famille ici. Peut-être est-ce dû aux bibelots dans les vitrines ? Ou au calme qui règne dans les 10 chambres avec salle de bains (8 avec clim) ? Certaines sont intérieures et peu lumineuses, d'autres tournées vers le Gange. Ainsi les nos 4 et 5, pas géantes mais d'un bon rapport qualité-prix, qui donnent sur une petite véranda (fermée) aux fauteuils regardant le fleuve. Toutes sont propres.

De chic à très chic (3 500-7 000 ₹ / 46,70-93,30 €)

Hotel Ganges View (zoom II, D6, **27**) : *Assi Ghât. ☎ 231-32-18. 98-38-83-13-53. • hotelgangesview.co.in • Résa impérative. Doubles avec sdb 3 500-7 000 ₹, petit déj inclus.* Amarrée juste en retrait du fleuve, à portée de mégaphone des cours de yoga d'Assi Ghât, cette villa d'un autre temps a été transformée en un hôtel plein de charme, surfant sur les nostalgies coloniales. Petits salons et salle à manger (à colonnes) déclinent mobilier d'époque, marbre, photos et objets anciens, à la manière d'une sorte de musée vivant familial. Les 15 chambres sont coquettes, du même tonneau, quoiqu'un peu petites et sombres pour certaines – avec des climatiseurs parfois anciens et bruyants (et parfois récents et silencieux). La plus belle offre une vue directe sur le Gange. Une grande terrasse envahie de plantes en pots permet de prendre le frais. Seuls bémols : une propreté qui pourrait être un peu plus poussée, un petit déj léger, et la carte du resto assez banale, au choix restreint.

De très chic à beaucoup plus chic (min 9 000 ₹ / 120 €)

Palace on Ganges *(zoom II, D6, **25**) : B 1/158, Assi Ghât. ☎ 231-50-50. • palaceonganges.com • Doubles 9 000-12 000 ₹, petit déj inclus (dès 4 700 ₹ sur Internet).* Juste en retrait du Gange et du ghât, cet *Heritage Hotel* aligne 24 chambres au décor soigné et personnalisé, portant le nom des États de l'Union. Évitez juste les plus petites et celles dont la fenêtre, au fond, donne directement sur un mur... Le confort est plutôt bon : mobilier ancien, clim (bruyante) et frigo. Pour la couleur locale : gravures et jolies photos dans les couloirs. À choisir, cependant, on lui préfère l'*Hotel Ganges View.* Resto correct en terrasse sur le toit et un autre dans une salle climatisée aveugle en bas.

Suryauday Haveli *(plan D5, **28**) : B 4/25, Shivala Ghât. ☎ 227-68-11. • suryaudayhaveli.com • Doubles et suites 12 800-25 000 ₹, petit déj-buffet inclus.* Directement au bord du Gange, en surplomb des ghâts (on peut y accéder en bateau de 7h à 17h), ce petit palais, ex-pied-à-terre de la famille royale du Népal, est devenu un bel hôtel d'un très bon niveau de confort. Quitte à dépenser autant, évitez les *standard* donnant sur l'arrière et privilégiez les *riverviews,* d'où l'on admire le fleuve depuis son lit ! Les chambres sont carrelées, les murs très épais, le mobilier, en bois, inspiré par la tradition. Le *rooftop,* avec transats et fauteuils, domine les ghâts : on y fait son yoga à l'aube en entendant le battement des lavandiers. Si les prix sont élevés, ils incluent aussi une promenade vespérale et un tour en bateau. La courette a été aménagée en restaurant (il y a aussi une salle climatisée).

Entre la gare et le Chowk (plan B-C-D2-3-4)

De prix moyens à chic (1 500-5 400 ₹ / 20-72 €)

Homestay *(Paraslaksmi Exports ; plan B4, **33**) : D 61/16, Sidhgiri Bagh, entre Luxa Rd et Aurangabad Rd. ☎ 241-14-96. 📱 94-15-44-93-48. • homestayvaranasi.in • Téléphoner pour qu'on vienne vous chercher (gratuit). Doubles 2 500-3 500 ₹, petit déj veg' très complet inclus.* Voilà une adresse unique en son genre en ville. Harish, producteur et marchand de soie de son état (très investi dans la préservation des traditions), et sa femme Malika ont ouvert une vraie maison d'hôtes, comme on l'entend en Europe. Sérieux, attentionnés, ils proposent 6 chambres confortables, immaculées et aménagées avec grand soin, dans leur jolie demeure parfaitement au calme précédée d'un bout de pelouse. Les 4 doubles ne sont pas géantes, contrairement aux 2 familiales (un poil caverneuses). On partage les (excellents) repas dans le salon familial et on peut même prendre des cours de cuisine (végétarienne) auprès de Malika ! On adore.

Autour de la gare et dans le Cantonment (plan A-B1-2)

Si vous arrivez en ville par le train, plutôt que de sortir de la gare par-devant, sortez par l'arrière. Les rickshaws vous y attendent. Vous êtes alors à quelques minutes des hôtels du Cantonment. Les cartes de paiement y sont en usage courant.

De très bon marché à prix moyens (500-2 600 ₹ / env 6,70-35 €)

International Travellers' Hostel (*plan B3,* ***32***) **:** *C-32/4 Vidyapeeth Rd.* ☎ *222-00-58.* • *itravellershostel.com* • *À env 300 m de la gare (pas de panneau) ; descendre Vidyapeeth Rd, puis prendre à droite la ruelle face au portail de l'université* Mahatma Gandhi Kasti Vidyapith. *Dortoir 500-600 ₹ ; doubles 1 600-2 600 ₹.* Si vous arrivez tard ou prenez le train à l'aube, l'adresse est parfaite. Cette AJ, appartenant à un couple indo-allemand, est certes un peu chère, mais fait office de vraie oasis dans le brouhaha du secteur : un carré de gazon impeccable, un salon, une cuisine moderne et 3 dortoirs mixtes ou pour filles (4-6 personnes) – avec, au choix, lits en bois, en fer, ou non superposés ! Il y a aussi 2 chambres privées avec salle de bains. Celle donnant sur le salon (moins chère) n'a qu'un lit bas au matelas fin et parfois quelques odeurs d'égouts ; l'autre, sur le flanc de la courette gazonnée, est beaucoup mieux.

De chic à beaucoup plus chic (min 4 500 ₹ / 60 €)

Hotel Surya (*plan B1,* ***36***) **:** *S 20-51, A5, The Mall.* ☎ *250-84-65 ou 66.* • *hotelsuryavns.com* • *Doubles 4 500-7 080 ₹.* Au centre des attentions, le *Kaiser Palace,* ancienne résidence du roi du Népal, bâtie il y a 200 ans, abrite le restaurant et les salles de réunion et de bal, très appréciées des jeunes mariés (mieux vaut venir en semaine pour dormir sur ses 2 oreilles). Les chambres, offrant l'un des meilleurs rapports qualité-prix de la ville dans cette catégorie, occupent 2 ailes plus récentes. L'une abrite les *standard,* pas trop petites, avec grand lit, frigo et jolie salle de bains vitrée donnant sur la chambre (rideau pour les pudiques). Les *luxury,* un peu plus spacieuses, disposent d'un vrai balcon avec table et chaises donnant sur le jardin intérieur. Également une superbe piscine, une agence de voyages, un spa, 2 boutiques, un bar et un bon resto (voir « Où manger ? »).

Taj Ganges (*plan B2,* ***35***) **:** *Nadesar Palace Grounds.* ☎ *666-00-01.* • *tajhotels.com* • *Doubles 8 800-11 400 ₹.* La prestigieuse chaîne *Taj* donne un coup de jeune à ce grand hôtel de luxe international, qui offre le meilleur des 2 mondes : décoration à l'indienne, confort à l'occidentale. Le majestueux lobby, avec ses hautes colonnes, ses objets d'art et ses ascenseurs aux portes dorées, donne le ton ! Les chambres déjà rénovées (tout devrait être fini fin 2019) et les suites sont du même niveau, splendides et équipées à la perfection, dans des tonalités grège. Elles donnent toutes plus ou moins sur les 5 ha de jardin qui entourent l'hôtel. Jolie piscinette, bar, boutiques de luxe. Petit déj grandiose, servi dans une superbe salle...

Où manger ?

Du côté des ghâts et du Chowk (zoom I)

De très bon marché à bon marché (max 450 ₹ / 6 €)

Kachi Chat Bhandar (*zoom I, D4,* ***60***) **:** *Luxa Rd, à l'ouest de Godowlia Crossing (presque en face de l'église).* ☎ *241-21-16. Tlj 15h-21h. Tt à 35 ₹.* Le *chaat,* c'est un peu l'en-cas de référence de l'Uttar Pradesh, qui a peu à peu conquis tout le subcontinent : des hors-d'œuvre servis dans de petits pots de terre cuite que l'on jette après (comme pour le lassi). La maison propose une douzaine de choix, dont l'iconique *tamatar chaat,* à la tomate, bien relevé (avec pommes de terre, aubergine, etc.).

Niyati Café (*zoom I, D4,* ***62***) **:** *D 15/5 Manmandir, Chowk.* 📱 *94-15-69-70-81. Tlj env 9h-21h.* Ce resto de poche n'a que 4 tables, alors mieux vaut s'y prendre tôt (ou tard) ! Végétarien, il mitonne une excellente cuisine indienne pas trop épicée et vraiment bon marché, à l'instar de ce succulent *paneer massala* très parfumé. Vous n'en laisserez pas une miette dans votre assiette, c'est une promesse ! Propose aussi céréales et muesli au petit déj, pâtes et plats chinois, mais on ne vient pas ici pour ça. Soyez patient, tout est fait à la commande.

Dosa Café (zoom I, D4, **66**) : *D 15/49 Manmandir, Chowk. 97-93-43-08-84. Tlj sauf mer 10h-21h.* On ne peut être plus clair : la spécialité, ici, ce sont les *dosa* (galettes de riz du Sud de l'Inde), servis pliés en triangle, dans une minisalle sans chichis. Il y a les salées (*massala*, épinards, fromage, etc.) et les sucrées (chocolat, banane, mangue entre mai et août, etc.). Inutile, par contre, de tâter des pizzas (lourdaudes)...

Brown Bread Bakery (zoom I, D4, **61**) : *D 25/42 Bangali Tola, Pandey Ghât. ☎ 245-04-72. 98-38-88-88-23. Tlj 7h-22h (cuisine fermée 16h-18h30).* Il y a d'abord la microsalle du rez-de-chaussée, où l'on prend le petit déj : soit le petit buffet avec pains maison, soit à la carte, avec pas mal de choix pour les Occidentaux. Il y a aussi un chouette *rooftop* (escalier raide) avec quelques tables colorées, éclairées aux lampes à pétrole le soir, dans une ambiance agréable. Le long menu fait un grand tour du monde : il y a des tas de fromages (beaucoup népalais ou du Sikkim) et même des plats allemands. Normal, c'est un Allemand qui a fondé ce lieu, pour financer une fondation, « Learn for life », qui aide aujourd'hui quelque 130 enfants dans la misère. Musique live 19h30-21h.

Aadha-Aadha Café (zoom I, D4, **68**) : *D 20-15 Munshi Ghât. 88-87-13-45-07. Au sommet de la Baba Guesthouse. Tlj 8h-21h (16h dim). Fermé mai-juin.* C'est une Bretonne, Émilie, qui a fondé ce lieu convivial, avec son mari Raju. Un couple entre 2 continents, donc, *aadha-aadha* (50-50)... L'établissement est en *rooftop*, fermé pour se protéger des singes mais aéré, lumineux, serein et offrant une vue superbe sur le Gange. On s'y affale sur la longue banquette turquoise semée de coussins pour déguster une crêpe (forcément !), une salade de fruits, une bonne mousse au choco, voire un clafoutis aux physalis. Il y a même de la quiche Lorraine, et aussi des *thalis*, classiques indiens et *fried rices* pour ceux qui tiennent à rester locaux ! Une pause idéale, avec des bouquins à dispo, et des profits en partie reversés à leur ONG qui scolarise les enfants défavorisés.

Spicy Bites (zoom I, D4, **63**) : *D 32/16 A, Bengali Tola. 99-35-51-65-30. Tlj 7h-22h.* La petite salle style cantine, égayée de fresques colorées et naïves, est inhabituellement propre. La carte, longue comme le Gange, va du coréen au japonais en passant par les pizzas et le mexicain. Rassurez-vous : il y a aussi de bons petits plats indiens ! Et des nouilles chinoises faites maison... Sans oublier de super petits déj. Étonnamment, tout cela se tient. Un peu d'attente, car tout est préparé à la commande. Excellent accueil.

Keshari Restaurant (zoom I, D4, **64**) : *D-14/8 Dasashwamedh Rd, dans une ruelle étroite qui part sur la gauche en allant vers les ghâts. ☎ 240-14-72. Tlj 9h30-22h30.* Ce végétarien pur jus, apprécié des locaux depuis 2 générations, est un des rares restos du Chowk qui ne mériterait pas une fermeture pour manque d'hygiène ! La salle d'une certaine élégance, toute de bois revêtue, est ouverte sur la rue. Au menu : de délicieux *thalis* pas très chers et de non moins succulents *vegetable cutlets*. Évitez le chinois, par contre.

Shree Café (zoom I, D4, **65**) : *D 15/2 Manmandir, à l'orée d'une ruelle qui donne sur Dasashwamedh Rd. 98-39-19-88-66. Tlj 8h30-22h.* N'hésitez pas à vous arrêter dans cette adresse miniature, on y avale aussi de bons *thalis* végétariens. Également des plats d'Inde du Sud, chinois, soupes, etc.

Phulwari Restaurant & Sami Café (zoom I, D4, **67**) : *D 37/33 Godowlia. 99-84-71-20-31. Tlj 8h30 (11h hors saison)-22h30.* Un havre de paix dans la cour ombragée d'un temple, au milieu de la frénésie du

Chowk. Quelques coussins, tables basses et fauteuils en osier. Bonne cuisine moyen-orientale (moussaka) ou indienne *(veg' only)* servie avec générosité, pas très chère. On peut aussi se contenter d'y prendre un thé ou un expresso. Éviter résolument les toilettes...

Certains restos de *guesthouses* et hôtels sont bons, abordables et, surtout, agréables côté cadre, comme le ***Dolphin*** de la *Rashmi Guesthouse* (Manmandir Ghât), et ceux de la ***Ganpati Guesthouse*** et de l'***Alka Hotel*** (voir « Où dormir ? »).

Du côté d'Assi Ghât (zoom II)

De très bon marché à bon marché (max 450 ₹ / 6 €)

Ashish Café *(zoom II, D6,* ***69****) : B-1/185 Assi Ghât. 93-36-93-20-56. Tlj 7h30-21h30. Fermé juin (et parfois juil).* C'est à la fois une *guesthouse* bon marché (plus qu'honorable) et un resto sans chichis. On s'installe sur l'une des 3 tables de la petite véranda (avec un brin de vue sur le Gange) ou dans la salle aux tables basses, pour déguster un bon *thali* à prix canon (la sauce citron-tomate est excellente). Pour le petit déj : pancakes, salade de fruits au miel et *curd*. Accueil gentil.

Terracotta Cafe *(zoom II, C6,* ***70****) : B-1/126 Pushkar Talab, Assi Rd. 99-99-43-80-06. Tlj 7h-23h30. Au fond d'une ruelle étroite, sur le flanc sud du bassin de Pushkar.* Tenue par un Australien et un jeune cuistot du Kerala fort sympathique, l'adresse est appréciée des routards pour son ambiance *chillout*. On y sirote en terrasse (couverte) un café glacé ou un smoothie affalé sur les coussins entourant les tables basses, ou on y grignote un petit déj, une salade, un burger au *paneer* ou un crumble au chai. En fond musical : Freddie Mercury – de son vrai nom Farrokh Bulsara (le saviez-vous ?).

Aum Café *(zoom II, D6,* ***71****) : B-1/201 Assi Ghât. 93-35-36-11-22. Tlj (sauf lun mai-juin) 7h-15h30.* On grimpe jusqu'à la terrasse bien au calme, au-dessus de la petite boutique, pour un petit déj sain : granola et fruits frais, pancakes, omelette sans œufs (!)... Pour les accompagner, maintenant ou plus tard : plats de légumes, houmous, pita, thés et tisanes détox bio, notamment au curcuma et au gingembre. Vous l'aurez compris : ici, on se soucie de sa santé. Accueil vraiment gentil.

Signalons aussi le resto de la ***Singh Guesthouse,*** sympathique, pas cher et dans un jardin tranquille.

Dans le Cantonment (plan B1)

De bon marché à prix moyens (150-700 ₹ / 2-9,30 €)

Ashiyana Restaurant *(plan B1,* ***73****) : à 100 m du Radisson Hotel, à l'angle de Ltd Rohan Marg. ☎ 250-37-64. Tlj 10h-23h.* Planté à un carrefour, dont le séparent haie et bande de gazon, ce resto sans prétention (à la salle un peu morose) décline les classiques de la cuisine indienne, enrichis de nombreuses recettes hindoustanies. Notons un excellent *chicken tandoori* et, si vous êtes plusieurs, le *murgh mussalam,* un poulet entier, mariné au gingembre et à l'ail, puis farci aux œufs et au mouton (45 mn de préparation) ! Ne sert pas d'alcool.

Canton Royale *(plan B1,* ***36****) : à l'hôtel Surya (voir « Où dormir ? »). Tlj 11h-23h. Plats 350-650 ₹ (crevettes plus chères).* Le resto est installé dans 3 salles hautes de plafond séparées par des fenêtres à carreaux, au rez-de-chaussée du vieux *Kaiser Palace* (bicentenaire) : un cadre chic et agréable, avec tables bien dressées, banquettes, chaises en bois confortables et photos anciennes. Au menu : un large éventail de cuisine indienne (végétarienne ou non), excellente mais... très épicée ! Demandez au cuistot de moduler en fonction de vos goûts. Sinon, il y a divers classiques occidentaux. Service attentionné.

Où boire un bon lassi ?

Baba Lassi (zoom I, D4, **75**) : *D 21/27 Bangali Tola. Tlj 10h (9h jeu-ven)-22h.* Petits bancs ou coussins invitent à s'asseoir le temps de déguster certains des meilleurs lassis de la ville, préparés sous vos yeux. Le choix est grand, mais dépend de la saisonnalité des fruits, bien sûr. Petite originalité : Baba recouvrira votre lassi d'une pile de morceaux de fruits frais.

Blue Lassi Shop *(hors zoom I par D4,* ***76****) :* *CK 12/1, Kachowri Gali Chowk, non loin du Manikarnika Ghât. Bien fléché de partout ! Tlj 9h-22h.* Grand comme un abribus et plein comme... un abribus un jour de pluie, l'endroit propose pas moins de 77 sortes de lassis bien épais, à tous les fruits, et ce depuis plusieurs générations. Blindé de touristes qui adddooorrrent ça ! Aux murs : les photomatons des clients satisfaits.

Achats

La soie à Varanasi

La tradition de la soie ne date pas d'hier à Varanasi : l'étoffe, qui bénéficie ici d'une image de grande qualité depuis des temps immémoriaux, est de toutes les devantures. Liée aux grands événements de la vie, elle accompagne la naissance, le mariage (pour le sari), puis le décès (les morts sur les bûchers de crémation sont drapés dans un linceul de soie). À Varanasi, traditionnellement, ce sont les hindous qui dessinent les motifs, mais les musulmans, surtout, qui la filent et la tissent, notamment dans le quartier de Kotwali (à environ 1 km au nord du Chowk), où vous pouvez aller faire un tour (se faire déposer devant le *Yamuna Cinema*). Au fil des étroites ruelles, on entend encore les cliquetis des métiers à tisser, électriques ou manuels.

Pas ou peu de production locale : la soie brute est importée d'autres régions d'Inde ou de Chine pour être travaillée ici, en ville ou dans les villages proches (surtout). Elle subit d'abord un *degumming,* trempage qui permet de lui retirer une sorte de colle naturelle. Elle perd alors 30-35 % de son poids. Elle est ensuite teintée (avec des couleurs en majorité chimiques – mais non toxiques), puis tissée. Aujourd'hui, plus de 90 % de ce tissage est mécanique, alors qu'au milieu des années 1990, les proportions étaient inverses : 90 % se faisait à la main ! L'aspect artistique a certainement diminué avec cette mécanisation, car le tissage à la main permet une plus grande complexité des motifs. Par ailleurs, aux dires des spécialistes, le toucher du « fait main » n'est pas le même. Pire encore : les petits ateliers à domicile disparaissent rapidement, concurrencés par le rouleau compresseur chinois, qui exporte à tour de bras et à moindre coût... Nous vous conseillons quelques rares vendeurs qui ne proposent que des soieries tissées localement à la main.

Les principaux types de soie

Les soies naturelles sont d'une jolie couleur champagne. Il en existe plusieurs types.

– *La soie fine (fine silk) :* fine (si, si !) et très douce au toucher.

– *La soie sauvage (raw silk) :* plus rude, plus épaisse et mate. C'est un style, et elle possède un vrai charme.

– *Le crêpe de soie (ou crêpe de Chine) :* une mixture de soie naturelle et de soie dite « georgette ». C'est une soie dont la fibre est hautement vrillée (et tissée par Georgette et ses copines, ça bas de soie !). Un peu rugueuse au toucher.

– *La soie mousseline :* c'est une soie filée différemment. Ici, on l'appelle en anglais la *chiffon silk* (ou « soie chiffon ») car, en effet, tout en étant extrêmement fine et légère (on l'utilise pour des tissus presque transparents), elle reste un peu chiffonnée (et de ce fait rugueuse). Le *degumming* se fait après le tissage.

– *Banana silk :* c'est le nom qu'on donne à la fausse soie, 100 % polyester, largement majoritaire (pas de banane là-d'dans !). Pour vous consoler, sachez que même les Indiennes se font parfois refourguer de la fausse pour de la vraie !

– *Les brocarts :* une des spécialités traditionnelles de la ville. À l'origine, il s'agissait d'un mélange de soie et de fibres métalliques, le plus souvent de fils d'or et d'argent. Aujourd'hui, ce sont en général de simples fils colorés (synthétiques ou pas). Ce qui n'empêche pas certains brocarts de se révéler absolument somptueux. C'est d'ailleurs le type de soie le plus cher.

– Il existe encore bien des soies différentes, notamment des mélanges coton et soie, fort beaux et particulièrement abordables. Mais bon, là, on vous sent fatigué !

Le prix de la soie

La belle soie se paie. Trois fois moins chère qu'en Europe, certes, mais une pièce de qualité n'est pas donnée ! Cela dit, le plus difficile est de faire sa sélection... Si les soies traditionnelles de Varanasi sont superbes, la mauvaise qualité, la fausse soie et les étoffes chinoises prédominent. Les magasins abondent dans la vieille ville, notamment sur Dasashwamedh Road, et dans une moindre mesure dans le Cantonment. Les prix y varient de 1 à 5... Pour bien acheter, il faut prendre son temps, comparer, visiter plusieurs magasins et revenir au besoin. Plus simple : fréquenter de préférence les adresses que nous vous indiquons.

Comment éviter les arnaques ?

– Toute 1re règle : ne vous laissez pas embarquer dans une fabrique ou une boutique par un guide, quel qu'il soit. Tout achat que vous y feriez serait augmenté de sa commission de 20-30 %... D'ailleurs, les 9/10 des « *silk factories* » sont bidon : ce sont juste des ateliers d'exposition à but hautement commercial.

– Si vous allez en rickshaw chez un marchand précis, ne donnez pas son nom, mais un point de repère proche, et finissez le trajet à pied. Ça évitera les embrouilles...

– Même si les vendeurs vous pressent d'acheter (mauvais signe), prenez votre temps et comparez les prix dans plusieurs boutiques avant de vous décider. En revanche, ne leur faites pas perdre leur temps si vous n'avez aucune réelle intention d'achat.

– Pour vous assurer que la soie est pure, dégagez, au bord de l'étoffe, quelques fils horizontaux et verticaux, et brûlez-les avec un briquet (les commerçants accepteront que vous le fassiez ; s'ils ne veulent pas, ils ont quelque chose à cacher !). Si cela sent le cheveu brûlé et qu'il vous reste un peu de cendre sur les doigts, c'est de la soie. En revanche, si cela sent le pétrole et forme une boulette noirâtre, c'est de la fibre synthétique.

– Enfin, ne croyez pas ceux qui vous affirment que vous pourrez revendre vos pièces de soie 2 ou 3 fois le prix ailleurs...

Chez qui acheter ?

Voici 3 adresses à notre avis fiables (encore que ça change vite dans la profession) proposant des soies de bonne qualité (foulards, brocarts, saris...) à prix fixes et justes. Avantage : on n'y pousse pas à la consommation. Que cela ne vous empêche pas de visiter d'autres boutiques et de comparer les prix.

Paraslaksmi Exports *(plan B4, 33) : D 61/16, Sidhgiri Bagh, entre Luxa Rd (à 250 m au sud) et Sigra Rd (à 80 m au nord). ☎ 241-14-96. 94-15-44-93-48. • paraslakshmiexports@gmail.com • Le mieux est de téléphoner pour qu'on vienne vous chercher (gratuitement). Tlj 10h-19h (14h dim). CB acceptées.* Nous recommandons Harish depuis de nombreuses années. Vendeur d'étoffes, proprio d'un super *homestay* (voir « Où dormir ? »), il achète désormais lui-même soie et laine brutes pour les faire tisser selon des méthodes traditionnelles en perdition, sur un éventail de métiers de diverses largeurs. La qualité est là. Les prix sont fixes, les explications claires et aucune pression n'est exercée. Tissus superbes, couvre-lits, châles, écharpes et pashminas... d'une couleur d'un côté et de toutes les couleurs de l'autre côté.

Mehrotra Silk Factory *(plan E3, **80**) : K 4/8 A, Lal Ghât, Raj Mandir. ☎ 243-58-92. 📱 99-84-41-41-51. • mehrotrasilk.in • À 5 mn à pied de Gai Ghât, dans le dédale de ruelles (accès fléché depuis le ghât). On peut venir vous chercher (ce qui évite de tomber sur un « faux » Mehrotra...). Tlj 10h-20h. CB acceptées.* Bon accueil, on vous offrira le thé, et on prendra le temps de tout vous montrer... sans (trop) vous presser. Beau choix d'étoffes en soie, qu'on vous taillera sur mesure pour pas trop cher. Pas de marchandage, prix compétitifs. Possibilité de visiter l'atelier (une vitrine, le vrai se situe dans les villages environnants). Une maison réputée et très sérieuse.

Haji Mohd, Farooque & Co *(plan E3, **81**) : J 3/54, Katehar. 📱 98-39-06-22-87. Se faire déposer devant le Yamuna Cinema et prendre la ruelle juste sur la droite du cinéma, puis c'est fléché. Tlj 8h-20h.* Dans la boutique, avant de voir les produits, on vous proposera de faire un tour du pâté de maisons pour vous montrer et vous expliquer les étapes du processus de fabrication de la soie en vous faisant visiter les différents ateliers (lavage, teinture, filage, tissage manuel ou mécanique...), puis on vous montrera les produits finis : brocarts, soies diverses... Intéressant. Ici encore, on ne pousse pas à l'achat.

Autres achats

– **Les lingams,** symboles de la continuité et de Shiva, qui se portent beaucoup en pendentifs.

– **Les sitars : *Radhey Shyam Sharma*** *(plan C4, **82**), D 52/73, Luxmi Kund, Luxa Rd. 📱 94-15-81-83-35. • radheymusic.com • À env 400 m à l'ouest de Godowlia Crossing, dans une ruelle qui part de Luxa Rd, à la hauteur d'une sorte de petit carrefour (50 m après un minitemple) ; ne vous arrêtez pas à l'atelier, généralement fermé, c'est 3 maisons plus loin. Lun-sam 11h-20h30 ; fermé dim.* Ici, on joue du sitar et on en fabrique depuis 5 générations, et la maison a la réputation d'être parmi les meilleurs luthiers du pays ! Un instrument demande environ 1 mois de travail. Prix fixes, pas de pression pour acheter. Vend aussi des tablas, des harmoniums et des *surbahar.*

À voir

En fait, il n'y a pas grand-chose à voir à Varanasi, au sens habituel du terme : monuments, musées, sanctuaires... Le *Golden Temple,* où les pèlerins vénèrent le lingam de Shiva, n'est accessible aux non-hindous qu'au compte-gouttes et les mosquées ne sont ouvertes que pour la prière du vendredi, à cause des tensions religieuses toujours vivaces. Flânez plutôt le long du fleuve sur les ghâts, slalomez dans l'imbroglio des venelles, attendez l'événement – il arrive toujours. Ablutions des pèlerins dans le Gange à l'aube, cortèges funéraires et crémations, cérémonies du crépuscule... L'après-midi, méditez sur la terrasse de votre *guesthouse* ou allez vous perdre dans le bazar, à fureter au milieu des petits commerces, ou, tout simplement, à la recherche de l'insolite.

Le Gange et le quartier du Chowk

Godowlia Crossing *(zoom I, D4) :* ce carrefour et la rue qui le prolonge vers les ghâts (Dasaswamedh Rd) concentrent, sur moins de 500 m, une bonne partie de l'énergie commerçante de la ville. Des dizaines d'échoppes de saris et d'étoffes en tout genre s'y alignent. C'est dans ces petits commerces que viennent s'approvisionner les femmes de Varanasi, même si on y trouve aujourd'hui essentiellement du *banana silk* (synthétique)...

Le Chowk *(plan et zoom I, D4) :* vieux quartier dominant les ghâts, le Chowk dessine un inextricable dédale de ruelles tortueuses, de venelles

sombres et d'escaliers, encombrés de vaches, de détritus divers, de boutiques, de petits restos et de *guesthouses* en pagaille. C'est le seul que l'on connaisse où il est impossible de se diriger sans demander son chemin ! Les passages sont si étroits que seuls les quatre-pattes et les deux-roues s'y risquent, pétaradant et klaxonnant dans ce joyeux cloaque... Généreux en odeurs, en bruits, en bouses (attention aux glissades !) et en animation, le Chowk est le cœur et l'âme de Varanasi. Il cache son grand temple de Shiva, surplombe les ghâts et leurs palais fatigués. « Le lotus éclot sur la pourriture, mais sa robe n'est pas souillée », affirme-t-on ici. Le dimanche, contraste : le Chowk est pratiquement désert.
Côté nord, entre le grand temple et le ghât des bûchers (Manikarnika Ghât), le quartier est en train de connaître une 1re révolution : tout le secteur a été rasé pour mettre au jour d'anciens petits temples et tracer les 1ers arpents de la « cité du futur » voulue par le 1er ministre, Narendra Modi. Un sacré bouleversement. Les destructions devraient s'étendre vers le sud, tout au long des ghâts, dans les années à venir.

★★★ ***Vishwanath Temple*** *(Golden Temple ; zoom I, D4)* **:** *accès théoriquement possible 4h-23h, par Chhatta Dwar, sur Tripura Bhairvi Rd (côté est). Les étrangers doivent s'enregistrer auprès de la police (avoir son passeport) et déposer leurs affaires, chaussures et chaussettes dans les casiers sur place. Photos interdites. Donation (très) fortement suggérée ; ne pas venir avec plus de 300-500 ₹/pers pour ne pas se retrouver plumé... Si vous voulez voir le lingam, il vous en coûtera plutôt 1 000-2 000 ₹ !* C'est le temple le plus sacré de la ville et du monde hindou. Datant de 1780, c'est une copie de l'original qui a été rasé de près par Aurangzeb pour y construire la mosquée voisine... Jalousement caché au plus inextricable entrecroisement des ruelles sombres du Chowk, il ne se laisse voir, de l'extérieur, que depuis le côté est, là où les bulldozers ont commencé à raser le vieux quartier. De là, on découvre ses 2 dômes fabuleux, recouverts de 800 kg d'or offerts par un maharajah sikh en 1839. Le sanctuaire abrite le très vénéré lingam de Shiva. Les fidèles patientent souvent des heures, en file indienne, avant de pouvoir le contempler 10 secondes au plus (le temps de verser dessus lait ou fleurs)... Si vous avez de la chance, un des gardiens vous proposera peut-être d'y pénétrer, mais attendez-vous à payer cher ce privilège. L'enceinte du temple est percée de petites fenêtres afin que les intouchables, qui, il y a encore quelques années, n'étaient pas autorisés à y accéder, puissent faire leur prière.

★★ ***Nepalese Temple*** *(zoom I, D4)* **:** *juste au-dessus du Gange, Meer Ghât. GRATUIT.* Ne le négligez pas, il est splendide ! Posé sur une terrasse sereine dominant royalement le fleuve, il est entièrement orné de panneaux de bois finement ciselé, dont certains (en bas) représentent des scènes érotiques. D'autres, plus anciens, sont exposés tout autour. On peut y pénétrer sans problème et on vous offrira peut-être même le thé !

★ ***Jantar Mantar Observatory*** *(zoom I, D4) : Dasashwamedh Ghât. Ouv du lever au coucher du soleil. Entrée : 300 ₹. CB acceptées.* On visite d'abord le musée, aménagé au rez-de-chaussée : une grande coquille un peu vide, où est contée l'histoire de Kashi (Varanasi) à travers un film (15 mn) un peu difficile à comprendre et une succession de thèmes plus ou moins pertinents (textiles, musique, artisanats, voyageurs venus à Bénarès, recréation d'une ruelle expurgée de ses mouches et odeurs...), etc. L'essentiel se trouve cependant sur le toit : un ensemble d'instruments de mesures astronomiques appartenant à l'observatoire construit en 1737 par le maharajah de Jaipur, Jai Singh II.

★★★ ***Les ablutions dans le Gange*** **:** suivant sur plusieurs kilomètres la courbe du fleuve, au croissant aussi parfait que celui du sourcil de Shiva, les ***ghâts*** (escaliers) de granit, surplombés de vieux palais et de quelques forts semi-abandonnés, forment un interminable piédestal que descendent chaque matin des dizaines de milliers de pèlerins. Au bout de la rue du même nom (axe principal du Chowk), le ***Dasashwamedh Ghât*** *(zoom I, D4)* se trouve alors au cœur de l'animation. Comme sur les autres ghâts, les ablutions s'y font au soleil levant, par tous les temps (il y a tout de même bien plus de monde quand il fait chaud !). Stoïques, les fidèles se sont habitués aux cohortes de touristes aux aguets, sur la terre ferme ou en barque, appareil photo en bandoulière... Un peu de retenue ne nuit pas. Après tout, que diriez-vous si un car d'Indiens déboulait au petit matin dans votre salle de bains pour vous regarder vous shampouiner ? Notez, d'ailleurs, que certains ghâts sont réservés aux musulmans et d'autres aux femmes qui y font leur toilette, bien que la plupart soient mixtes.

GANGE À TOUT FAIRE

Chaque matin, le rite pour atteindre l'état de pureté et la moksha (la « délivrance ») est immuable : prononcer le mantra sacré, s'immerger complètement 3 fois de suite et boire une gorgée d'eau du Gange dans sa main. Après, libre à lui, ou à elle, de se brosser les dents, de se laver les cheveux, de se savonner un bon coup, de nager, de faire sa lessive...

Après les ablutions, prenez le temps d'observer l'animation débordante des ghâts. Sous de grands parasols se développe toute une vie sociale, religieuse et commerciale. On assiste au bain des buffles qui descendent maladroitement les escaliers. Il y a là des masseurs, des vendeurs de fleurs. Les barbiers veulent toujours vous raser de plus près, et les nettoyeurs d'oreilles sont toujours prêts à vous enlever la moitié du cerveau (on déconseille vivement !). On y voit aussi des astrologues autour desquels s'agglutine une population toujours avide de bonnes paroles. Les *gurus,* quant à eux, interprètent les textes sacrés des heures durant. Sans doute vous arrivera-t-il de voir aussi de vrais sages faisant leur yoga, et de faux sages faisant la manche en vous extorquant des centaines de roupies pour une photo, et plus rarement, des yogis debout sur un pied, comme Shiva qui passa une longue période de sa vie dans cette posture.

Le Pujav *(Ganga Aarti)* **:** on vous conseille de revenir au bord du fleuve en fin de journée, au coucher du soleil (vers 18h l'hiver, 19h l'été), pour assister à cette cérémonie qui se déroule dans toute l'Inde, au cours de laquelle s'élèvent les chants sacrés et a lieu l'offrande de la lumière au Gange *(Ganga Aarti).* ***Dasashwamedh Ghât, Meer Ghât, Assi Ghât*** : le rituel est partout le même. Des prêtres (de beaux jeunes brahmanes) parés de tuniques orangées chatoyantes officient, tournés vers le fleuve. On assiste à une chorégraphie immuable de braseros à tête de cobra enflammés tenus à bout de bras qui décrivent à l'unisson des arabesques harmonieuses au milieu des volutes d'encens. Chaque geste a une signification symbolique précise. Les mélopées enregistrées, ponctuées de tintements de clochettes, du son rauque des conques et de percussions de tambourins, sont diffusées en accompagnement. Après, chacun s'en va remettre son lumignon aux eaux sacrées... Un temps fort tandis que, en toile de fond, les cérémonies de crémation (qui ont lieu 24h/24) sont plus impressionnantes que jamais, dans la nuit désormais noire.

➢ Matin ou soir, beaucoup de visiteurs préfèrent assister aux ablutions ou à la Ganga Aarti depuis les eaux. La plupart des *guesthouses* et agences proposent ces excursions, à des tarifs qui varient très largement *(300-800 ₹/pers en général).* On vous conseille plutôt de négocier une barque vous-même, en venant au moins 30 mn avant le lever ou le coucher du soleil, de préférence entre Dasashwamedh Ghât et Meer Ghât – mais on en trouve en fait sur la plupart des ghâts. Choisissez une embarcation à rames, silencieuse et moins chère ! Les tarifs les plus fous circulent : certains demandent 1 000 ₹ par personne pour 1h, d'autres 300 ₹/h pour 2 ou 4 personnes...

À vous de faire votre marché et de marchander, sans oublier de préciser vos souhaits : un simple tour au long des berges proches, ou une longue descente ou remontée de/vers Assi Ghât (2h !) ? Nous, on vous conseille de ne pas trop en faire : mieux vaut bien se positionner et observer sereinement que de courir... À choisir, mieux vaut louer les services d'un batelier le matin : le soir, au moment de la Ganga Aarti, la plupart des barques s'empilent les unes contre les autres juste au pied d'un ghât sans plus bouger en attendant la fin de la cérémonie... D'ailleurs, on ne voit pas forcément mieux que depuis les berges. Le point de vue est juste un peu différent. Et souvenez-vous : au moment de la mousson, lorsque le Gange est à son plus haut, la navigation est interdite pour plusieurs semaines.

Les crémations : seuls 2 ghâts sont dévolus aux crémations, le plus important étant ***Manikarnika Ghât*** *(zoom I, D4),* près duquel se trouve le puits sacré de Shiva, où l'on jette des tonnes de fruits, de fleurs... L'autre est le ***Harishchandra Ghât*** *(plan D5),* où trône le crématorium électrique. Une certaine tension règne toujours sur les lieux. ***Attention, il est ABSOLUMENT INTERDIT d'y prendre des photos.*** Non seulement il s'agit là d'un savoir-vivre (si l'on peut dire !) élémentaire, mais en plus vous risqueriez d'être victime d'un racket bien organisé. N'écoutez jamais ceux qui vous disent, sur place, que c'est possible : c'est un piège. Vous verriez alors débarquer des gros bras armés de bâtons qui exigeraient la suppression immédiate de la photo/vidéo, tout en vous extorquant une somme plus ou moins exorbitante pour avoir commis ce « sacrilège ». Le mieux est encore de ranger son appareil photo bien avant d'arriver au ghât. Un guide peut vous aider à vous sentir plus à l'aise pour approcher des lieux, mais sachez que vous avez 2 chances sur 3 d'atterrir chez un marchand de soie... Quant aux quémandeurs qui vous sollicitent pour financer de prétendus hospices, ou qui vous convient à assister aux crémations depuis une terrasse d'observation, moyennant une contribution (élevée) à la crémation des indigents... ce n'est qu'une façon de s'en mettre plein les poches.

Quelques précisions pour comprendre ce à quoi vous allez assister

L'arrivée au ***Manikarnika Ghât,*** lieu de crémation principal de la ville, au bord du fleuve sacré, a de quoi surprendre. Avant même d'y parvenir, vous serez sans doute dépassé par un ou plusieurs cortèges funèbres : des hommes, rien que des hommes, famille et amis, dévalent les ruelles en soutenant le corps du défunt revêtu d'un linceul, sur une civière de bambou, scandant des prières. Simple politesse : écartez-vous pour les laisser passer.

L'arrivée sur le crématoire est vraiment indescriptible, surtout de nuit. Sur une plate-forme brûlent une dizaine de bûchers. Ici, on dit que le feu ne s'est jamais arrêté depuis plusieurs milliers d'années. Ce n'est pas une simple phrase, c'est une réalité. Certains Indiens ne connaissent d'ailleurs la ville que sous le surnom de *Maha Shmashan Puri,* « le feu qui ne s'arrête jamais ». Mourir à Varanasi est le vœu le plus cher pour qui a la foi. Quand un corps brûle, affirment les *Véda* (écritures sacrées), les 5 éléments dont il est composé retournent à leur place.

SATIS

Au Manikarnika Ghât, pas de femmes : ce sont les hommes qui accompagnent les défunts vers l'au-delà. Il semble qu'il n'en a pas toujours été ainsi. Il se pourrait même que les femmes aient été interdites de ghât pour mettre fin à la pratique des satis, qui s'immolaient, plus ou moins contraintes et forcées par leur belle-famille, sur le bûcher de leur défunt mari – un acte contraire aux prescriptions des Véda (écritures sacrées). Des stèles, en nombre, y évoquent leurs sacrifices passés. Les autorités britanniques interdirent cette pratique en 1829, mais des cas surviennent encore sporadiquement (au Rajasthan surtout).

La cérémonie obéit à un rituel précis. Arrivé au bord du fleuve, on y plonge d'abord rapidement le corps. Les membres de la famille versent dans sa bouche de l'eau sacrée du Gange, avant qu'il ne soit installé sur le bûcher. Puis le fils aîné (ou le frère), qui se sera fait raser la tête en gardant seulement un petit toupet de cheveux, y met le feu en tournant 5 fois autour. Souvent, en arrière-plan, une rangée de défunts attend un bûcher disponible.
Plus la caste est basse, plus le défunt se retrouve près du Gange. Pour un brahmane, la plus haute caste, on utilise l'estrade... Le bois, livré par de grosses barques surchargées de rondins, s'achète à proximité immédiate, ce qui permet à la police d'exercer un contrôle sur les crémations – à Varanasi comme ailleurs, il n'est pas si facile de faire disparaître un cadavre... C'est la caste des *yadaw* qui gère ce business lucratif. Pour les amateurs de statistiques, il faut jusqu'à 200 kg de bois pour une combustion parfaite (en 3-4h), ce qui revient en moyenne à 2 500 ₹. Mais tout dépend du bois utilisé. Les essences les moins appréciées (et les moins sèches) ne coûtent pas plus de 6-7 ₹ le kilo, mais elles brûlent beaucoup moins bien (le cadavre ne se consume pas entièrement !). La plus recherchée, le bois de santal, atteint les 3 000 ₹ le kilo : la plupart des familles n'en achètent que quelques petits morceaux, ajoutés au bûcher.
Les membres de la puissante caste des *doms,* ces intouchables seuls autorisés à manipuler les cadavres et organiser les crémations, attisent le brasier à l'aide de grandes cannes de bambou – qui servent aussi bien à écraser les membres fumants qu'à repousser les chiens... Les cendres, plutôt que d'être confiées aux eaux du fleuve, sont ensuite regroupées sur la berge. C'est alors que surgissent les orpailleurs : dans l'eau jusqu'aux genoux, ils tamisent les gros tas dans l'espoir d'y découvrir dents et bijoux en or... Rien n'est perdu, en Inde.
Seuls les *sadhus,* les nouveau-nés, les victimes de cobras (serpents sacrés) et les vaches, considérés comme purs, peuvent être dispensés de cette purification par le feu. Ils sont directement immergés dans le Gange... ou parfois enterrés. Si la famille, trop pauvre, ne peut acheter suffisamment de bois pour une incinération complète, c'est un cadavre à demi consumé qui est remis aux bons soins du fleuve, où corbeaux et vautours fermeront la chaîne alimentaire. Pour les hindous, le corps n'est qu'un vêtement qui part, comme une cage, dont on vient se libérer à Varanasi pour ne pas se réincarner...
Plus au sud, au ***Harishchandra Ghât*** *(plan D5),* trône le *crématorium électrique,* avec ses 4 piliers solidement plantés dans le Gange. C'est le lieu d'incinération des plus pauvres, réservé aux familles n'ayant pas les moyens d'acheter du bois. L'âme du défunt déshérité s'échappe vers le ciel par 2 fines cheminées : une éternité qui n'attire que fort peu de volontaires...

Vers le sud et Assi Ghât

Au confluent du Gange avec la petite rivière Assi, à environ 3 km au sud du Chowk, le quartier d'Assi Ghât connaît un certain essor touristique. Si les rues intérieures sont baignées par une vraie cacophonie de klaxons, le ghât lui-même offre une parenthèse de sérénité, notamment à l'aube, lorsque les adeptes du yoga viennent y suivre un grand cours collectif quotidien (yoga dynamique, soyez prévenus !). Un lingam de Shiva est honoré à proximité sous un banian.

Durga Temple *(plan C6 et zoom II C6)* **:** *Sankat Mochan Rd. Ouv tte la journée.* Rouge sang, c'est un des temples les plus anciens et impressionnants de la ville (XVIIIe s), avec ses arcades ceinturant le temple central à colonnes dorées. On peut y pénétrer (pas de photos) à condition de rester discret. Les hommes y brisent des noix de coco en offrande – et, aussi, un peu, pour avoir de la chance... Juste à côté : un *kund* (étang) jadis connecté au Gange et un agréable petit parc où se dresse un joli pavillon.

Sankat Mochan – Hanuman Temple (plan C6) : *au sud de la ville, accès par Durgakund Rd. Tlj 5h-12h, 15h-23h. Attention aux singes dans l'allée qui mène au temple, pas farouches pour un sou. Pas de photos ni de sacs (à déposer à l'entrée).* Victime d'un attentat terroriste en 2006 (des policiers le surveillent depuis), ce temple très vénéré date de la fin du XIXe s, mais aurait été fondé au XVIe s par un saint homme et grand poète, Tulsidas, fervent disciple de Rama. À côté du beau double banian, un grand comptoir vend des sucreries aux fidèles pour les offrandes à Hanuman (ce n'est pas pour votre 4-heures !). Notez les piliers rougis par les « peintures » de bénédiction.

Au sud, dans le quartier de l'université (hors plan par C6)

Bharat Kala Bhavan (Musée d'art et d'archéologique) : *dans l'enceinte de la Banaras Hindu University, à env 3 km d'Assi Ghât. ☎ 236-92-27. • bhu.ac.in/kala/ginfo.htm • Lun-sam 10h30-16h30. Entrée : 250 ₹.* Au sein de l'une des plus grandes universités d'Asie (plus de 27 000 étudiants !), dispersée sur plus de 5 km² d'un campus vert et tranquille, ce musée mérite le détour pour sa superbe galerie de sculptures sur pierre sacrées. Le reste est plus disparate et plus ou moins bien fichu.
Autant aller à l'essentiel, à savoir, à droite de la 1re salle, l'excellente ***Sculpture Gallery*** : une centaine de bas et hauts-reliefs ciselés entre les Ier et XIIe s, représentant essentiellement des scènes tirées des textes sacrés hindous, plus quelques superbes bouddhas des 1ers temps. Parmi eux, de nombreux chefs-d'œuvre, pour une fois bien éclairés, comme ce *Mariage de Shiva et Parvati* et un splendide *Ganesh dansant*. En mezzanine : quelques textiles. Au fond : la ***Nidhi Gallery***, petite salle du trésor aux portes blindées où sont réunies des pièces rares. Dans l'autre aile du rez-de-chaussée, on notera 2 salles de peinture, la première exposant notamment de belles scènes religieuses hindoues, la seconde dédiée au peintre russe **Nicholas Roerich,** explorateur, philosophe et archéologue, décédé en Inde en 1947.
Les sections de l'étage sont d'un intérêt variable : archéologie et arts décoratifs, *Banaras Gallery* dédiée à la ville (belles gravures anciennes et énorme carte de la ville en 1822), galerie ***Alice Boner*** consacrée à cette peintre et sculptrice suisse des années 1920, qui fut largement influencée par l'art indien.

Sur la rive est du Gange (hors plan par C6)

Ramnagar Fort : *à env 10 km au sud-est du Chowk, sur la rive est du Gange, par le quartier de l'Université et le nouveau Ramnagar Bridge (hors plan par C6). On peut y accéder en auto-rickshaw depuis Assi Ghât ou Lanka (temple d'Hanuman). Palais ouv en théorie tlj 10h-17h. Entrée : 200 ₹.* Cet immense palais malheureusement très mal entretenu est la résidence du maharaja de Varanasi, qui n'a plus de pouvoir politique mais conserve une importante fonction religieuse (il préside notamment les cérémonies de *Dussehra*). Dominant le fleuve de ses balcons et pavillons, il abrite ses collections personnelles. Hétéroclites et poussiéreuses mais plutôt sympathiques, elles s'organisent autour de la grande cour : voitures anciennes, chaises à porteurs (dont une en argent martelé) et *howdah* (palanquins d'éléphant, dont un en ivoire sculpté), galeries d'armes des XVIIIe-XXe s, dont une étonnante épée-pistolet et des fusils à éléphant (calibre ad hoc), et, plus loin, une remarquable horloge astronomique de 1872. Les costumes du maharaja sont exposés dans la salle du trône. En contrebas, sur la berge du Gange, le tout petit *Vyas Temple,* cubique et rouge, est ornementé de belles fresques florales.

Vers l'ouest (plan B3)

Bharatmata Mandir (plan B3) : *tlj 7h-17h. GRATUIT.* Élevé à l'apogée du nationalisme indien en 1918, ce sanctuaire fut inauguré par le Mahatma Gandhi, encore peu connu. Consacré à la mère patrie, l'Inde, ce temple rappelant la lutte pour l'indépendance abrite une gigantesque carte du pays, exécutée en marbre et en relief. Bon, pas incontournable non plus...

Fêtes

La ville est fréquentée en permanence par les pèlerins, mais ça se bouscule un peu plus à certaines occasions.

- ***Buddha Purnima :*** *en mai.* Anniversaire de la naissance du Bouddha (au VIe s avant notre ère). Grande foire à Sarnath. Procession des reliques.
- ***Dussehra :*** *fin sept ou oct (25 oct 2020).* Célèbre la victoire de Rāma sur le démon Rāvana. On joue le *Rāmāyana* partout en ville, tous les jours durant 1 mois. Le 10e jour, procession qui se termine par un feu d'artifice, procession durant laquelle on brûle des effigies de Rāvana.
- ***Puja Durga :*** *5 j. fin sept-début oct.* On adore les représentations de la déesse pendant 4 jours puis, le dernier jour, elles sont immergées dans les étangs cernant la ville – jadis, cela se faisait dans le Gange, mais la pratique a été interdite.
- ***Diwali :*** *fin oct-début nov (14 nov 2020).* 2d épisode... On fête cette fois-ci le retour de Rāma. Feu d'artifice, illumination de la ville.

Cours de musique

Varanasi a une longue tradition musicale. Si vous souhaitez vous initier à la musique d'ici, on vous conseille l'***International Institute of Indian Music*** *(plan E3),* dans le dédale de ruelles de Gai Ghât : *K 6/20, Gai Ghât, à deux pas du ghât lui-même. ☎ 84-00-71-00-75.* Cours sur mesure, le matin ou en fin de journée, donnés par les 2 fils de *Shri Ashok Pandey,* célèbre joueur de tabla.

Où faire du yoga ?

À Assi Ghât, à l'aube, avec tous les habitants de Varanasi ! C'est gratuit. Et aussi, par exemple :

■ ***Yoga Training Centre*** *(zoom I, D4, 7) : D 5/15, Shakarland Gali, à deux pas du Meer Ghât. ☎ 99-19-85-78-95. Dans une courette, au 2e étage. 3 cours de yoga, tlj à 8h, 10h et 16h (durée : 1h30 ; compter 300 ₹/h).* Plébiscité par nos lecteurs, on y pratique 7 types de yoga, en particulier la tradition *swami satyananda*.

DANS LES ENVIRONS DE VARANASI (BÉNARÈS)

SARNATH

S'il ne reste que de maigres vestiges des splendeurs évoquées au VIIe s par le moine voyageur chinois Xuanzang (Hiuen Tsang), la balade dans cette bourgade se révèle fort intéressante. Des bouddhistes de tous les pays viennent s'y recueillir sur le site où le Bouddha prononça son 1er prêche après avoir reçu l'Illumination à

Bodhgaya. Après la mort de son fondateur, le bouddhisme continua à s'épanouir à Sarnath, où il atteignit son apogée sous le règne du grand empereur Ashoka (IIIe s av. J.-C.). Le musée archéologique local, parmi les plus beaux de tout le pays, expose nombre de chefs-d'œuvre datant (notamment) de son règne.

Arriver – Quitter

➢ ***Varanasi :*** aux dernières nouvelles, il n'y avait plus de bus entre Varanasi et Sarnath. Solution : prendre un taxi partagé via Asapur *(25 ₹ + 5 ₹),* ou négocier un auto-rickshaw (max 5 pers). Comptez min 250 ₹ le trajet simple, 600-800 ₹ l'A/R avec le temps d'attente sur place (compter env 1h30 avec le musée).

Où dormir ? Où manger ?

Vu la proximité de Varanasi, peu de gens séjournent ici, mais quelques monastères (dont le tibétain) proposent des chambres et on trouve aussi un hôtel de l'*UP Tourism* tout à fait abordable, ainsi que des restos et gargotes.

Sarnath Café & Guesthouse : *SA 15/129, K1, Mawaiya Rd, près du Central Institute of Higher Tibetan Studies, face à Baba Motors. 99-35-78-38-38. • sarnathcafe.com • buddhas-smile-school.org • Doubles avec sdb 1 000-1 500 ₹, tea et toasts inclus. Repas max 200 ₹.* Derrière ce petit resto banal et en demi-sous-sol se cache la *Buddha's Smile School,* une école qui accueille bénévolement 220 enfants de la caste des intouchables. Ils y reçoivent gratuitement nourriture quotidienne et enseignement. Plus important encore : ils apprennent à sortir de la prison des castes. Shukdev et Rajan, les fondateurs (un mariage d'amour !), mènent pour cette école un combat contre les préjugés tenaces de la société indienne, financé par une partie des revenus du resto et de la *guesthouse.* La table est recommandable (très bons *coconut vegetables* et *paneer chili*) et les 4 chambres, modestes mais propres, s'avèrent confortables (eau chaude, clim) bien que deux n'aient pas de vraie fenêtre. L'occasion pour les visiteurs de soutenir leur action et, pourquoi pas, de se porter volontaire auprès des enfants. Et pour changer de ton, on peut même prendre des cours de cuisine !

À voir

Le site de Sarnath : *tlj du lever au coucher du soleil. Entrée : 300 ₹.* C'est un ensemble de ruines arasées, maigres vestiges d'un vaste monastère et de stupas, qui s'étend sur plusieurs hectares. Même s'il n'en reste pas grand-chose, la balade se révèle agréable. Parmi les éléments intéressants, vous verrez la base de l'*Ashoka Pillar,* la fameuse colonne exposée aujourd'hui au musée (voir plus loin) et, tout au fond du site, l'énorme *Dhamek stupa*, dressé vers l'an 500. On pense que c'est à cet emplacement précis que le Bouddha délivra son 1er sermon devant ses 5 disciples. Particulièrement imposant, l'édifice, circulaire, mesure 28 m de diamètre à la base et 43 m de hauteur. Sur ses flancs se trouvent encore des niches dans les 8 directions qui, jadis, abritaient des statues de l'Éveillé. Remarquez, en dessous, les fines décorations florales et géométriques, d'époque gupta. Les pèlerins apposaient autrefois sur les murs quelques fragments de feuilles d'or ; c'est aujourd'hui interdit.

Bodhi Tree : *accès fermé 11h30-12h30 (déc-janv) ou 11h30-13h30 (reste de l'année).* Il faut ressortir de l'enceinte du site et longer la grande rue qui part sur la gauche sur environ 300 m pour rejoindre le temple moderne de *Mulagandha Kuty*

Vihara, qui abrite la réplique en or d'une statue du Bouddha du Ve s aujourd'hui conservée au musée. Sur sa droite se dresse le mythique arbre de la Bodhi *(Bodhi Tree),* un figuier des pagodes planté en 1931. Objet de toutes les dévotions, il proviendrait d'un rameau prélevé sur un arbre du Sri Lanka (à Anuradhapura) qui, lui-même, passe pour un rejeton de l'arbre sacré de Bodhgaya sous lequel le Bouddha aurait reçu l'Illumination. À son pied : une reproduction du Bouddha et de ses 5 premiers disciples.

Sarnath Archeological Museum : *☎ 259-50-95. • sarnathmuseumasi.org • Tlj sauf ven 9h-17h. Achat des billets –* booking office *– de l'autre côté de la rue : 5 ₹ ; gratuit - de 15 ans. Photos interdites. Consigne obligatoire. Bornes interactives qu'on peut consulter en français (si, si !).* Sa magnifique collection justifie à elle seule le déplacement : c'est l'une des plus belles d'Inde. 1ers pas, 1ers émois : face à l'entrée se dresse le splendide *Couronnement de la colonne d'Ashoka,* édifiée par cet empereur au IIIe s av. J.-C. sur le site voisin. Ce chapiteau en grès poli d'une rare finesse (de 2,15 m), taillé dans un bloc unique, est orné de 4 grands lions dos à dos (avec moustaches de sikhs), appuyés sur un abaque (piédestal) circulaire gravé des représentations des 4 « grands » animaux (lion, éléphant, cheval et taureau). Représentant le 1er sermon de l'ordre bouddhique, il est devenu l'emblème de l'Inde ; il orne son drapeau et ses billets de banque. Les vestiges de la *roue de la loi,* qui surmontait les félins, sont exposés derrière. À côté : un admirable parasol de grès, ciselé de motifs floraux.

La galerie de gauche est dédiée au bouddhisme. Parmi les nombreuses têtes du Bouddha et frises délicates, s'impose un bas-relief de grès exceptionnel, composé de 8 panneaux illustrant sa vie, de sa naissance à sa mort (dans le désordre). Voyez aussi le superbe *Riding on a leogryph* (V^e s), ainsi que le très bel éléphant de pierre du XIIe s. La galerie du fond collectionne les statues du Bouddha et des bodhisattvas avec, dans l'axe, le plus remarquable : un Bouddha prêchant, assis, d'une invraisemblable finesse, son halo ciselé de motifs floraux. Passez ensuite derrière, vous y verrez quelques objets en or des IIe-Ier s av. J.-C. mis au jour dans un proche temple birman. Pourquoi birman ? Parce que, comme jadis les cités grecques à Delphes, les bouddhistes de tous les pays sont venus bâtir en ce lieu sacré entre tous des temples pour accueillir leurs fidèles (ne manquez pas, à cet égard, le Wat Thai Sarnath et son Bouddha de 26,2 m !).

La galerie de droite présente d'abord surtout des éléments lapidaires et des terres cuites, puis un très bel ensemble de sculpture sacrée hindoue. Parmi elle, 2 superbes linteaux sculptés représentant symboliquement les 9 planètes du système solaire et, au fond, un grand Shiva barbu victorieux d'un démon. Impressionnant même s'il n'a pas été totalement achevé.

BODHGAYA (bodhgaya) 3 000 hab. IND. TÉL. : 0631

• Plan *p. 351*

Haut lieu de la foi bouddhiste par excellence. C'est ici en effet, au VIe s avant notre ère, que le prince népalais Siddharta Gautama connut l'Illumination sous le figuier (banian) sacré, après 7 semaines de méditation. Il était devenu un *bouddha,* enfin libéré du cycle infernal des réincarnations. Entre octobre et mars, des dizaines de milliers de moines bouddhistes et de pèlerins de tous pays, escortés de quelques voyageurs, affluent de toutes parts, donnant à Bodhgaya son vrai visage de capitale religieuse. L'occasion, pour ceux qui s'intéressent de près à la « Voie du Milieu », d'en savoir

un peu plus... Sinon, c'est un petit village accueillant, où il fait bon respirer, loin de l'agitation des grandes villes. Attention cependant à l'envolée des prix en période de festival (jusqu'à quintupler...). De 3 000 habitants, le village passe alors à 100 000 visiteurs lors de la fameuse *Mela.* Le dalaï-lama y séjourne de temps en temps.

Arriver – Quitter

Gaya Junction *(hors plan par A2)* **:** gare ferroviaire la plus proche, à ***Gaya,*** à 12 km de Bodhgaya. Pas de bus public. Prendre un *tempo* à partager (jusqu'en début de soirée) devant Gaya Junction (ou dans le village de Bodhgaya) pour env 20 ₹/pers. Sinon, taxis (min 500 ₹ pour la voiture entière, jusqu'à 4 pers). En cas d'arrivée tardive à Gaya, évitez d'y passer la nuit.

➢ ***Varanasi* :** de Varanasi, 1 seul train pratique, le *Kokata Express.* Départ dans la nuit, arrivée aux aurores. Durée : env 4h30. Dans l'autre sens, le *Doon Express* (départ vers 5h de Gaya Junction). De D. D. upadhyaya Junction (18 km de Varanasi), 4-6 trains/j. Durée : 2h30 pour les plus rapides. Idem dans l'autre sens. Évitez le bus, trop long.

➢ ***Delhi*** *(New Delhi)* **:** 6-7 trains/j. dans les 2 sens. Le *Rajdhani Express* est le meilleur (plus rapide, plus régulier). Départ en fin d'ap-m de Delhi. Durée : env 11h. Dans l'autre sens, départ le soir.

➢ ***Kolkata*** *(Howrah Junction Station)* **:** env 5 trains/j. Le meilleur est le *Rajdhani Express.* Depuis Kolkata, départ l'ap-m. Durée : env 6h. Sinon, le *Doon Express,* train de nuit. Dans l'autre sens, on conseille également ce dernier, toujours de nuit.

Adresses utiles

Tourist Office (plan A2) **:** *dans la rue principale, non loin du centre du village.* • *bstdc.bih.nic.in* • *bihartourism.gov.in* • *Lun-sam 10h-17h (horaires aléatoires) ; fermé dim.* Pas grand-chose à en tirer !

■ ***State Bank of India*** *(plan B1,* ***1****)* **:** *dans le centre, pas loin du temple de Mahabodhi. Lun-sam 10h30-16h (13h30 sam) ; fermé dim.* Change l'argent liquide. *ATM* (parfois à court de billets !) acceptant *Visa* et *MasterCard* à côté.

■ ***Distributeurs* :** ATM *de l'****Axis Bank*** *sur Bodgaya Rd (plan A2,* ***2****) et de la* ***ICICI*** *(plan A-B1,* ***3****), ainsi qu'à l'angle du* Railways Booking Office *(plan A2,* ***4****).*

■ ***Railways Booking Office*** (plan A2, **4**) **:** *dans le bâtiment du Tourist Office, sur le flanc gauche. Lun-sam 8h-14h ; fermé dim.* Tout petit kiosque informatisé. Fonctionnaires peu arrangeants.

■ ***Middle Way Travels*** (plan B1, **5**) **:** *Pedestrian Mall.* 📱 *99-73-65-26-41.* • *middleway-2006@yahoo.com* • *Presque face à la sortie du Mahabodhi Temple. Ne pas confondre avec la* Middle Path Agency. *Tlj 9h-21h.* Bureau de change, échange et vente de livres, et billets de train et d'avion (commission raisonnable). Efficacité et accueil gentil. Le patron n'est pas avare de conseils. Il possède par ailleurs une *guesthouse* (lui demander des infos).

Où dormir ?

MONASTÈRES ET PETITS HÔTELS

Une des particularités de Bodhgaya, ce sont ses monastères de différentes nationalités, chacun représentant un pays bouddhiste. Certains offrent le gîte à tous, pèlerins et voyageurs, moyennant une modeste contribution. D'autres réservent ce service à leurs ressortissants. Pour ceux ouverts à tous, pas nécessaire d'être à 100 % dans leur trip, chacun peut y séjourner à condition de respecter quelques

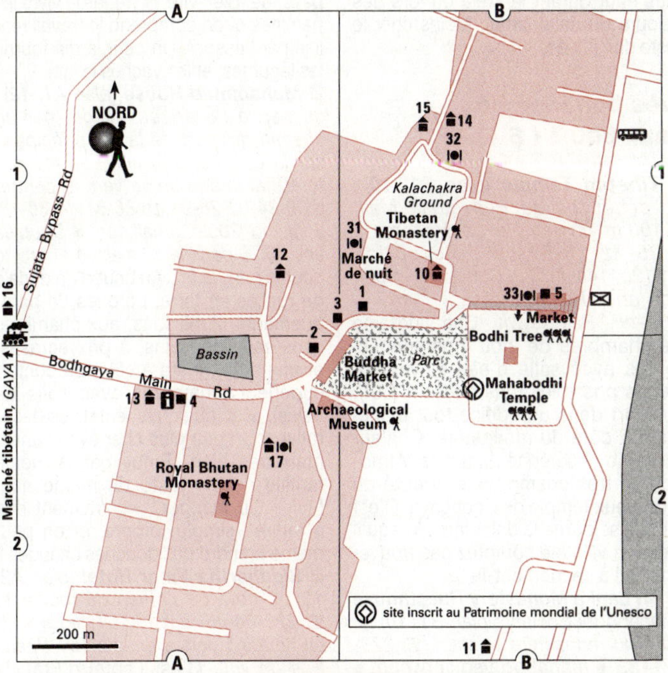

BODHGAYA

Adresses utiles

- Tourist Office (A2)
- 1 State Bank of India (B1)
- 2 Axis Bank (A2)
- 3 ICICI Bank (A-B1)
- 4 Railways Booking Office et distributeur (A2)
- 5 Middle Way Travels (B1)

Où dormir ?

- 10 Tibetan Temple et Sri Lanka Monastery Guesthouse (B1)
- 11 La Deedi's Guest House (B2)
- 12 Mohammad House (A1)
- 13 Siddartha Vihar Hotel (A2)
- 14 Rahul Guesthouse (B1)
- 15 Harsh & Yash Guesthouse (B1)
- 16 Root Institute for Wisdom Culture (hors plan par A2)
- 17 Hotel Sujata (A2)

Où manger ?

- 17 Sujata Restaurant (A2)
- 31 Mohammad Restaurant et Fujiya Green Restaurant (B1)
- 32 Harri Om Café (B1)
- 33 Shiva Restaurant (B1)

règles élémentaires, comme garder le silence dans certains espaces, abstinence sexuelle et aucune consommation de viande, d'alcool ou de tabac (mais qu'est-ce qui va nous rester ?!). Attention, en raison du nombre de pèlerins et des prix relativement élevés des chambres d'hôtel, les places sont prises d'assaut lors des grandes manifestations (voire tout simplement réservées aux pèlerins des pays concernés).
Contrairement aux monastères, les hôtels sont plutôt chers, vu la qualité. Nous listons les meilleurs rapports qualité-prix en indiquant les tarifs haute saison (novembre-février, mais, on vous le rappelle, cela s'envole encore

plus haut durant la *Mela* ou lors des séjours du dalaï-lama). Moins cher le reste de l'année.

Très bon marché (max 600 ₹ / 8 €)

Tibetan Temple *(plan B1,* ***10****) : au débouché du Pedestrian Mall, à 100 m du temple de Mahabodi. 95-72-38-57-59. Réception 9h-12h, 14h-17h30. Souvent complet oct-janv. Pas de résa, 1er arrivé, 1er servi ! Pas de wifi.* Une vingtaine de chambres de 2 ou 4 personnes, toutes avec salle d'eau et ventilo. Repas possibles (pas cher du tout). On dort dans un édifice tout blanc, juste à côté du monastère. Chaleur humaine et sérénité garanties. Atmosphère très cosmopolite, à côté du plus vieux temple de Bodhgaya. C'est ici que séjourne le dalaï-lama lorsqu'il vient en ville (ne comptez pas trouver un lit ici à ce moment-là !).

Sri Lanka Monastery Guesthouse *(Mahabodhi Society ; plan B1,* ***10****) : à côté du monastère tibétain. ☎ 220-07-42. • mahabodhisociety.com • Réception tlj 8h-19h. Résa possible par e-mail. Prix sur donation. Pas de wifi.* 15 chambres assez récentes de 2 ou 4 personnes, avec balcon et salle de bains privée (eau chaude). Un peu plus cher que les autres monastères mais plus net aussi. Également des dortoirs non mixtes, sur donation également. Structure un peu austère quand même.

La Deedi's Guest House *(plan B2,* ***11****) : au sud du centre, dans le village de Tikabigha, à 1,5 km du temple (15 mn à pied). 97-08-47-74-52. • ladeedischool-chuma.org • Prix sur donation.* Excellente initiative ! Ce lieu est bien plus qu'une *guesthouse.* Il s'agit avant tout d'une association, tenue par Vikash et Céline (plus les bénévoles), qui permet à 30 fillettes d'être scolarisées et soignées. Dans cette grosse maison posée au milieu des champs (tranquille, donc), on trouve les petites salles de classe, la cuisine, la cour mais aussi, à l'étage, 4 chambres spacieuses, avec sanitaires et ventilo, pour les touristes de passage. Bien vite, on regarde vivre les gamines et on comprend le travail réalisé par l'assoc'. Un petit jardin fournit les légumes, et les vaches le lait.

Mohammad House *(plan A1,* ***12****) : un peu à l'écart du village, par un chemin qui part de la rue principale, sur la gauche, peu après le monastère thaï lorsqu'on va vers le centre. 99-34-02-26-91 ou 86-51-44-80-18. • yasmd_2002@gmail.com • Doubles env 300 ₹ dans la 1re maison et env le double dans la 2de.* Au bout d'un dédale de ruelles en terre, bordées de baraquements, 2 maisons, aux chambres sans salle de bains, à prix écrasés, et une autre, juste à côté, au confort supérieur (chambres avec salle de bains), avec quelques tentatives décoratives. Un peu plus cher évidemment mais très bien. Tenue par la même famille que le resto du même nom (voir « Où manger ? »). Vraiment rien à redire : simple, propre, et on peut même prendre des douches chaudes !

Siddhartha Vihar Hotel *(plan A2,* ***13****) : à côté de l'office de tourisme. ☎ 220-04-45. • bstdc.bih.nic.in • Lit en dortoir 5 pers avec sdb 150 ₹/pers. Pas de wifi.* C'est l'hôtel d'État de Bodhgaya (voir « Prix moyens »). Il propose dans un édifice voisin quelques dortoirs de 5 lits propres et spacieux. Matelas durs.

Bon marché (600-1 500 ₹ / 8-20 €)

Rahul Guesthouse *(plan B1,* ***14****) : juste en face de la Harsh & Yash Guesthouse. ☎ 220-07-09. 98-73-65-49-50. • rahulguesthouse.com • Doubles avec sdb 600-1 000 ₹.* Une jolie bâtisse dans une ruelle qui compte plusieurs adresses de qualité. Parties communes impeccables (même les murs sont propres) et chambres immaculées. Tenue avec fermeté par Kum-Kum, qui ne supporte pas la saleté. Tant mieux. Quelques-unes avec clim (les plus chères).

Root Institute for Wisdom Culture *(hors plan par A2,* ***16****) : à 15-20 mn à pied du centre du village, sur la route de Gaya. ☎ 220-07-14. • rootinstitute.com • Réception 8h-11h30,*

13h30-16h30. Résa conseillée. Lit en dortoir 6-12 pers 220 ₹ ; doubles sans ou avec sdb 800-1 300 ₹. Repas possibles (et bons). Cette association sans but lucratif, gérée par une équipe sympa de bénévoles occidentaux, met à la disposition des visiteurs un environnement propice à la méditation, grâce à son cadre verdoyant et aéré, et son atmosphère de recueillement. Pas un monastère au sens strict, il est néanmoins possible de s'isoler complètement. Grande cour avec statue du Bouddha et moulin à prières. Chambres dans des petits pavillons tranquilles, avec ou sans salle d'eau, toutes absolument impeccables. On n'a pas trouvé mieux. On peut y prendre ses repas : cuisine (végétarienne) excellente. Salle de méditation, bibliothèque et vélos à louer. L'association, qui a reçu la visite du dalaï-lama, mène un projet de développement local dans les secteurs de la santé et de l'enseignement. Volontaires bienvenus.

Harsh & Yash Guesthouse *(plan B1,* ***15****) : derrière le Kalachakra Ground. 94-30-83-97-12. Au calme et à 5 mn à pied du Mahabodi Temple. Doubles avec sdb 600-800 ₹.* Une grosse poignée de chambres doubles dans cette maison familiale fort bien tenue à l'accueil attentif. Confort simple (matelas un peu raides, ventilo), mais petit balcon pour certaines et salles de bains bien briquées.

HÔTELS

Prix moyens (1 500-3 000 ₹ / 20-40 €)

Siddhartha Vihar Hotel *(plan A2,* ***13****) : à côté de l'office de tourisme. ☎ 220-04-45. • bstdc.bih.nic.in •* C'est l'hôtel d'État de Bodhgaya. Comme d'hab', ni charme ni ambiance – surtout dans les parties communes – mais les chambres, avec balcon, et pour certaines la clim, sont bien tenues, très vastes pour les *deluxe* et bénéficient d'une touche de déco. Remarquez, à ce tarif, heureusement ! Annexe proposant plusieurs dortoirs pas chers (voir « Très bon marché »).

Très chic (5 400-10 500 ₹ / 72-140 €)

Hotel Sujata *(plan A2,* ***17****) : non loin du centre. ☎ 220-04-81 ou 07-61. • sujatahotel.com • Double env 7 100 ₹ (négociable).* Une des structures hôtelières les plus chic du village, qui reçoit pas mal de groupes. Résultat, c'est toujours impeccable et les chambres, fort bien équipées, sont bien entretenues. Boiseries, murs rose pâle, salles de bains modernes. Encore mieux dans la nouvelle aile. Bon service et resto de qualité.

Où manger ?

De très bon marché à bon marché (max 180 ₹ / 2,40 €)

Nombreux petits restos le long de la route principale, ouverts pour la plupart en saison uniquement (de novembre à janvier). Plutôt réservés aux petits budgets à l'estomac pas trop fragile...

Mohammad Restaurant *(plan B1,* ***31****) : à quelques centaines de mètres du temple, sur l'arrière (pas d'adresse). Prendre la petite allée à gauche du* Fujiya Green *(voir ci-après). Ouv seulement oct-mars ; fermé avr-sept.* Même proprio que la *Mohammad House.* C'est le rendez-vous des routards et des pèlerins ! Une grande salle un peu tristoune, au toit en tôle, avec de grandes tables de bois et une petite terrasse agréable juste devant. Excellente cuisine népalaise, chinoise et indienne, préparée sous la houlette de Mohammad.

Fujiya Green Restaurant *(plan B1,* ***31****) : derrière le temple tibétain.* Sorte de taverne à la déco un peu kitschouille. 5 horloges vert et orange vous donnent l'heure de New York, Lhassa, Bangkok, Tokyo et New Delhi, pays dont on retrouve la cuisine à la carte. Ce n'est pas de la grande cuisine, mais on en a amplement pour son argent. Possibilité de commander de la bière... Atmosphère cool, service un peu nonchalant.

Harri Om Café (plan B1, **32**) : *derrière Kalachakra Ground. Tte l'année, tlj 7h-23h.* Sympathique rancard des routards de toutes nationalités comme des habitants du village. Quelques tables dehors, au calme, et une salle dans une sorte de cahute un peu bricolée, traversée par un arbre. Pas mal de spécialités tibétaines *veg'*, mais aussi de bons petits plats japonais. Goûtez le *Hariom special* ou les *momos*. Très bien aussi pour une boisson chaude à toute heure.

Shiva Restaurant (plan B1, **33**) : *à l'entrée de la rue piétonne qui mène au temple, sur la droite.* Surplombant légèrement le petit marché, une terrasse agréable et une cuisine éclectique de bon aloi, à prix doux.

Bon marché (180-450 ₹ / 2,40-6 €)

Sujata Restaurant (plan A2, **17**) : *dans le centre, pas très loin du Siddhartha Vihar Hotel. ☎ 220-04-81. Au rdc de l'hôtel chic du même nom.* Pour les lassés des bouis-bouis, salle climatisée, belles nappes et tout et tout. Cuisines indienne, chinoise, tibétaine et continentale. Buffet à volonté le soir (lorsqu'il y a des groupes).

À voir

Mahabodhi Temple (plan B2) : *• bodhgayatemple.com • Tlj 5h-21h. GRATUIT. Appareil photo 100 ₹, caméra 300 ₹. Consigne téléphone obligatoire à gauche de l'entrée.*
Le plus sacré des lieux saints à la gloire du Bouddha. Il y règne, tout au long de l'année, une atmosphère de grand recueillement. Unique par sa forme pyramidale et ses 4 petites tours en coin, ce temple, d'une hauteur de 52 m, est entouré d'une énorme aire enclose d'une balustrade de grès rose à l'intérieur de laquelle les milliers de pèlerins prient. Dans sa forme actuelle, il semblerait qu'il ait gardé les traits essentiels de la structure bâtie au VIIe s sur les ruines du temple de l'empereur Ashoka.
À l'intérieur, une statue entièrement dorée et aux cheveux bleus figure ***Sakyamuni*** effleurant le sol de sa main droite, dans l'attitude traditionnelle de la prise de la Terre à témoin. On lui change sa tenue très régulièrement. Tout autour, des quantités de stèles et stupas votifs, pour la plupart millénaires, et l'empreinte de pied du Bouddha.
Côté ouest se tient l'Arbre sacré, ou ***Bodhi Tree,*** superbe et épanoui, aux longues branches soutenues par des étais, où le Bouddha aurait reçu l'Éveil, autour duquel bonzes et pèlerins s'allongent inlassablement en signe de reconnaissance. Une plate-forme surélevée, surmontée d'un dais doré, marque l'endroit exact où Siddhartha connut l'Illumination.
N'hésitez pas à errer dans l'enceinte du temple où grouille une vie d'une grande richesse.

Archaeological Museum (plan B2) : *tlj sauf ven 9h-17h. Entrée : 100 ₹.* La 1re salle abrite les colonnes, et linteaux de grès sculpté, ainsi que des reliques de la balustrade de Mahabodhi du IIe s av. J.-C. Sur les chapiteaux, scènes de vie, danses et motifs floraux. Au centre, colonne aux 4 bouddhas. La 2de salle présente des sculptures de divinités (IXe-Xe s) dont certaines pleines de grâce, et quelques vitrines de petites poteries et objets (Ve-IXe s).

Les monastères : *une dizaine, disséminés à travers le village. Ouv en général 5h-12h, 14h-18h ; célébrations peu après l'ouverture du mat.* Très instructif, ne serait-ce que par les diversités culturelles qu'ils représentent. Parmi les plus intéressants, le ***monastère du Bhoutan,*** dont l'intérieur est couvert de fresques en relief narrant les faits marquants de la vie du Bouddha, ou ***celui du Tibet*** et son immense moulin à prières censé libérer de ses péchés quiconque en fait 3 fois le tour. Le temple présente des murs couverts de belles laques.

À côté, ***celui du Sri Lanka,*** aux fresques illustrant la vie du Bouddha. À noter aussi un impressionnant bouddha de 26 m, élevé par les Japonais dans les années 1970 à la lisière du village.

Fêtes

– ***Visite du dalaï-lama :*** *ts les 2-3 ans.* Son séjour dure de 4 jours à 2 semaines, cela dépend des activités prévues (cérémonies, séminaires, etc.). Difficile, évidemment, de trouver un lit à ce moment-là.
– ***Buddha Jayanti*** *(ou Buddha Purnima)* ***:*** *en mai.* La grande fête de commémoration de l'anniversaire de naissance du Bouddha.
– ***Pitrapaksh Tarpan :*** *en sept-oct, à Gaya.* À l'occasion de la grande fête hindoue de Gaya, des milliers de pèlerins affluent pour honorer la mémoire des ancêtres.

DANS LES ENVIRONS DE BODHGAYA

Un site important de l'histoire du bouddhisme, à voir sur la route si vous poussez jusqu'à Patna (drôle d'idée !), ou en excursion à la journée depuis Bodhgaya (ce qu'on vous conseille !). En bus, partir tôt pour pouvoir prendre le temps de visiter Nalanda. Ou louer une voiture avec chauffeur, en vous groupant.

Nalanda : *à env 80 km au nord de Bodhgaya. Liaisons avec Rajgir en bus ou tempo, puis continuation sur Patna ou retour à Gaya.* L'université de Nalanda fut du Ve au IXe s un centre majeur de l'enseignement de la doctrine du Grand Véhicule, le Mahāyāna, qui naquit en Inde au début de notre ère, et l'incendie de sa bibliothèque reste une perte irréparable pour la transmission de la tradition bouddhiste indienne. Aujourd'hui, en dépit du passage des musulmans au XIIe s (eh oui !), l'étendue des vestiges laisse imaginer l'importance de ce brillant foyer qui compta jusqu'à 10 000 moines et étudiants à son apogée. Ruines archéologiques assez spectaculaires avec nombreux monastères, sanctuaires et stupas *(ouv 9h-17h30 ; entrée : 600 ₹, gratuit - de 15 ans)* et intéressant musée *(tlj sauf ven 10h-16h)* abritant, entre autres, une maquette de l'université reconstituée en 3D, un sceau d'époque (en pali) ainsi qu'une coupelle de riz calcinée par l'incendie qui dévasta un des monastères en 1199. On regrette juste, vu le prix de l'entrée, l'absence presque totale d'explication sur le site même.

Environ 500 m au-delà du musée, sur la droite, une grande bâtisse vert et ocre abrite l'unique ***resthouse*** de Nalanda. Tarifs ridiculement bas, les chambres sont pourtant impeccables.

KOLKATA (কলকাতা ; CALCUTTA)

15 000 000 d'hab. IND. TÉL. : 033

• Kolkata – Nord (plan I) *p. 357* • Kolkata – Sud (plan II) *p. 359*
• Kolkata – Centre (zoom) *p. 361*

Varanasi : *695 km ;* ***Darjeeling :*** *731 km ;* ***Delhi :*** *1 460 km ;* ***Bhubaneswar :*** *490 km ;* ***Chennai (Madras) :*** *1 710 km.*

« La Cité de la joie » pour Dominique Lapierre, « la Cité de l'épouvantable nuit » selon Rudyard Kipling... Et aujourd'hui, qu'est donc Kolkata ?

Assurément, parmi les plus indescriptibles ! Son extravagante démesure, sa pauvreté et sa grande richesse (tant de population que de patrimoine) s'imbriquent en permanence. La population serait d'environ 7 millions pour le cœur de la cité et de 15 millions d'individus pour toute l'agglomération, difficile de savoir exactement. Ce qui est sûr, c'est que la densité est la plus forte du pays, avec environ 24 200 habitants/km² (!) dans Kolkata, contre environ 1 029 habitants/km² dans l'État du West Bengal, dont Kolkata est la capitale. Officiellement, on aime dire qu'il ne reste plus beaucoup de sans-logis à Kolkata... Mais, la nuit venue, comme dans toutes les mégalopoles d'Inde, certains quartiers se transforment en gigantesques dortoirs... Combien sont-ils, à attendre le jour sous des chiffons sales ou un bout de bâche ? 1 à 2 millions ? Impossible à évaluer.

Qui dit grande ville dit trafic hallucinant et pollution à couper au couteau. Pour une démonstration édifiante, il suffit de se trouver sur Park Street à 14h, au moment du changement de sens de la circulation, ou pire, aux abords de Howrah Bridge, l'un des quartiers les plus animés de Kolkata...

Et pourtant c'est une ville aérée, possédant de grands parcs. Son patrimoine architectural, plutôt riche, se compose de hautes maisons coloniales, de quelques monuments élégants et d'immeubles officiels prétentieux. Mais tous ont un point commun : ils s'effritent ! Manque d'entretien, pollution...

Calcutta-Kolkata a toujours été le berceau de l'intelligentsia indienne, dans un État – dirigé par le parti marxiste de 1977 à 2011 – où la scolarité est gratuite jusqu'à 18 ans, toutes castes mélangées (en théorie, comme d'habitude !). Les fiers Bengalis vous citeront Sri Aurobindo et Rabindranath Tagore (prix Nobel de littérature), d'illustres cinéastes comme Satyajit Ray, Mrinal Sen et Goutam Ghose, les *gurus* Ramakrishna et Vivekananda, ou encore des auteurs plus contemporains comme Amitav Ghosh, Vikram Seth ou Suketu Mehta. Et il est vrai que si la ville respire la pauvreté dans certains quartiers, il est incontestable qu'elle dégage aussi une énergie vivace et une vraie passion du débat et de la discussion. Sachez par ailleurs que les 2/3 des habitants de Kolkata sont originaires du Bihar, de l'Odisha, ou encore du Bangladesh voisin. Un creuset culturel unique, diront certains, mais surtout une masse de travailleurs acharnés, corvéables à merci.

Enfin, tordons le cou à cette sale réputation qui colle à la peau de Kolkata : non, ce n'est pas une ville dangereuse, au contraire, on s'y sent plutôt à l'aise (y compris les femmes), à défaut de s'y sentir comme chez soi !

UN PEU D'HISTOIRE

Les Anglais, attirés au Bengale comme les Portugais, les Hollandais et les Français, créèrent de toutes pièces Calcutta en 1690 au bord de la rivière Hooghly, un bras du Gange, à 130 km de l'embouchure. À l'époque, les pêcheurs du petit village de Kalikata étaient loin d'imaginer que leur patelin allait devenir le 1er comptoir de la Compagnie des Indes orientales (2e ville après Londres), puis la capitale de l'Inde britannique et enfin la ville la plus peuplée du continent. Son rôle politique s'accrut à mesure de la progression des conquêtes jusqu'en 1912, date du transfert du siège du gouvernement à Delhi. Mais l'État du West Bengal aura surtout souffert de la partition de 1947 : séparé du Pakistan-Oriental (futur Bangladesh), où se trouvaient les champs de jute qui faisaient la fortune de la ville, Calcutta s'est réveillée dans la peau d'une ville frontalière, provinciale, sans arrière-pays. Ajoutez-y des heurts entre hindous et musulmans, plusieurs millions de réfugiés venus grossir les rangs des miséreux en 1947 puis en 1971 (lors de la création du Bangladesh), et vous comprendrez que si Calcutta, rebaptisée Kolkata en 2000, est restée une ville aussi dynamique, elle le doit à la vitalité et l'extraordinaire capacité d'adaptation permanente de ses habitants.

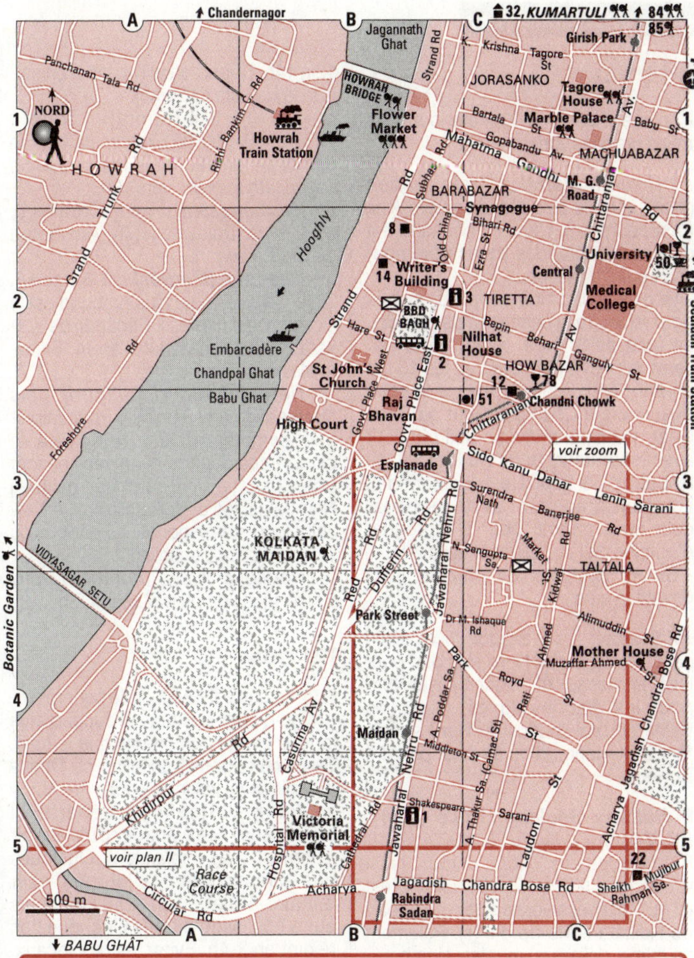

KOLKATA – Nord – Plan I

Adresses utiles

- 1 India Tourism (B5)
- 2 West Bengal Tourist Office (B2)
- 3 Regional Departement of Tourism (B-C2)
- 8 Consulat honoraire du Canada (B2)
- 12 Calcutta Walks (C2-3)
- 14 Railway Booking Office (B2)
- 22 Consulat du Bangladesh (C5)

Où dormir ?

- 32 Calcutta Bungalow (hors plan par C1)

Où manger ?

- 51 New Aliah (B-C3)

Où boire un café ?

- 50 Indian Coffee House (C2)

Où boire un verre ?

- 78 Broadway (C2-3)

À voir

- 84 Sital Nathji Temple (hors plan par C1)
- 85 Dakshineswar Kali Temple (hors plan par C1)

Arriver - Quitter

En train

Il existe 2 gares à Kolkata pour les trains grandes lignes.

Howrah Junction Train Station *(plan I, B1)* **:** la plus grande gare d'Asie (bon courage !). L'ancien bâtiment est destiné aux grandes lignes et le nouveau aux trains locaux.
– Le plus économique et le plus sympa pour rejoindre le centre est de prendre, en face de la gare, un ferry qui traverse le fleuve (départs ttes les 15 mn 8h-20h ; 5 ₹). Superbe vue sur le pont. Descendre à Chandpal Ghât ou Babu Ghât. De là, prendre un taxi (40-50 ₹ avec compteur, pour Sudder St) ou le bus nº 39 (s'arrête à Esplanade). Longuet et épuisant avec les bagages, mais radical pour s'imprégner d'emblée de l'atmosphère de la ville.
– Sinon, comptoir de *prepaid taxis* devant la gare.

Sealdah Train Station *(hors plan I par C2)* **:** dessert le Nord et le Sud pour les trains locaux et uniquement le Nord pour les grandes lignes. Quelques trains en provenance du Nord s'arrêtent à Dumdum, d'où on peut prendre le métro.

■ **Railway Booking Office** *(plan I, B2,* ***14****)* **:** *6, Fairlie Pl.* ☎ *22-20-68-11. Bureau de résa « spécial touristes » informatisé, tlj 10h-17h (14h dim).* C'est ici qu'il faut réserver son train au départ de Kolkata (salle de droite). Paiement en euros, dollars ou roupies. Nombreuses petites agences sur Marquis St qui revendent des billets, mais il est préférable de se rendre au *Railway Booking Office.*

Liaisons

➢ **New Delhi :** env 4 trains/j. Le plus rapide (17h de trajet) est le *Rajdhani Express,* départ en fin d'ap-m (sauf dim).
➢ **Varanasi :** min 8 trains/j. Durée du voyage très variable. Les plus rapides (*Upasana Express, Vibhuti Express, Amritsar Mail* et *Doon Express*) mettent 12 à 14h. Départ dans l'ap-m et en soirée de Kolkata (Howrah).
➢ **Puri :** 3-4 trains/j. Trajet : 7h30-9h30. Le *Puri Express* part en fin de soirée (arrivée tôt le mat), et le *Sri Jagannath Express* vers 19h.
➢ **Bhubaneswar :** min 10 trains/j., 6h-23h45. Trajet : env 7h. Arrivée ou départ à Howrah.
➢ **Chennai (Madras) :** 2-3 trains/j. Trajet : env 28h. Le plus pratique est le *Coromandal Express.* Départ tlj de Kolkata Howrah en début d'ap-m. Sinon, le *Mas mail.*
➢ **New Jalpaiguri (Siliguri) puis Darjeeling :** env 9 trains/j. Pour Jalpaiguri, compter 10-12h. De Kolkata, la plupart des départs et arrivées se font à Sealdah. Le *Darjeeling Mail* quitte tlj New Jalpaiguri et Kolkata le soir. À New Jalpaiguri, correspondance par bus ou *Toy Train* pour Darjeeling.
➢ **Bodgaya (Gaya Junction) :** env 6 trains/j., ts de nuit. Durée : 7-8h.

En bus

Le bus est déconseillé pour rejoindre ou quitter Kolkata : beaucoup plus long et moins confortable que le train. Seuls ceux pour Darjeeling ou Dhaka (Bangladesh) valent le coup.
➢ **Pour Darjeeling :** départs et arrivées à l'*Esplanade Bus Stand* *(zoom B3 ; Ⓜ Esplanade).* Quelques bus directs dans la journée pour Siliguri. Trajet : 12h (256 km), puis autre bus jusqu'à Darjeeling, que l'on rejoint en 3-4h. Éviter les bus locaux, trop longs.
➢ **Pour Dhaka (Bangladesh) :** la compagnie *Shohagh Paribahan* *(zoom C4,* ***20*** *; 23, Marquis St ;* ☎ *22-52-07-57)* propose 4 ou 5 départs/j. pour Dhaka (avec changement au poste-frontière *Benapol*), la plupart tôt le mat. Trajet : 12-14h *(900-1 500 ₹, sans ou avec AC).* Départ des bus directement dans Marquis St.

En avion

✈ **Aéroport** *(hors plan I par C1)* **:** *à env 17 km au nord-est du centre.* Terminal

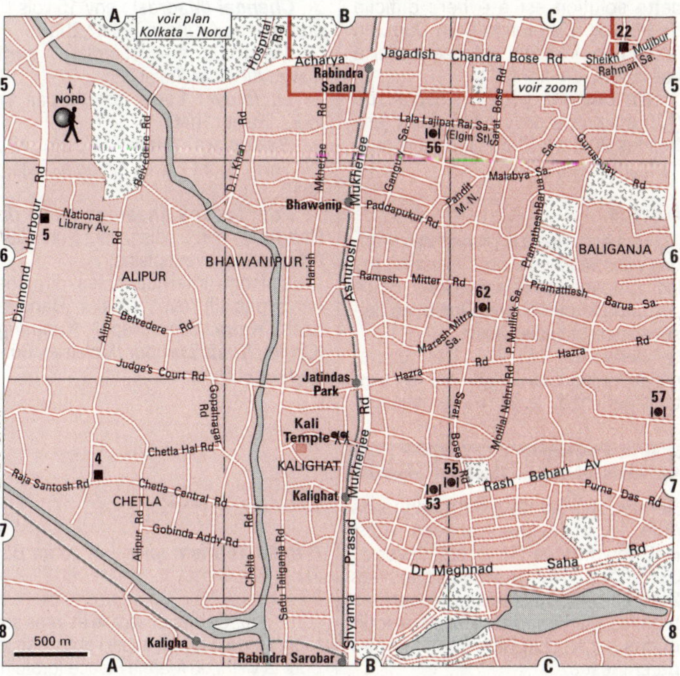

KOLKATA – Sud – Plan II

Adresses utiles

4 Consulat général de France (A7)
5 Consulat du Népal (A6)
22 Consulat du Bangladesh (C5)

Où manger ?

53 Banana Leaf (B7)
55 Tamarind (B-C7)
56 Kewpie's (B5)
57 Bhojohori Manna (C7)
62 The Corner Courtyard (C6)

récent. On y trouve un *West Bengal Information* (ouv tlj), un *India Tourist Information Centre* (pas toujours ouvert), des distributeurs, un kiosque de *prepaid taxis* (à droite dans le hall) et un *Railway Reservation Centre* (tlj 8h-20h) très pratique, qui permet de réserver ses billets de trains pour tout le pays.

Pour rejoindre le centre-ville

➢ ***En taxi prepaid :*** le plus pratique, d'autant que c'est bon marché (env 320 ₹ pour le centre). Compter 40 mn, 1h aux heures de pointe (17h30-20h)

➢ ***En métro :*** la ligne rejoint la banlieue de Dum-Dum (mais ne dessert pas encore l'aéroport), à environ 6 km de là. Possibilité de prendre un taxi jusqu'à la station Dum-Dum ; 60-80 ₹ la course (exigez que le chauffeur mette son compteur !) ; ticket de métro : 10 ₹. Descendre aux stations Esplanade ou Park Street pour gagner le quartier des hôtels. L'avantage du métro (outre son coût réduit) : on échappe aux bouchons sur env 10 km. Inconvénient : trajet fatigant car il faut changer et les rames sont souvent bondées. Attention, dans l'autre sens, cette solution est à éviter : difficile de trouver, à la station Dum-Dum, un taxi ou un rickshaw autorisé à aller à l'aéroport.

➢ ***En bus :*** bus *Airport-Esplanade* (AC) qui passe devant l'aéroport (env ttes les 20 mn ; 40-50 ₹). Fonctionnement irrégulier.

Liaisons

Kolkata est reliée à la plupart des grandes villes indiennes, ***sauf Varanasi,*** par les compagnies *Air India, GoAir, Spice Jet, IndiGo* ou *Vistara.* Quelques liaisons internationales aussi.

➢ ***Delhi :*** env 15 vols/j., ttes compagnies confondues. Trajet : env 2h. Certains partent du terminal international.

➢ ***Chennai (Madras) :*** env 15 vols/j., dont 1 avec *Air India.* Trajet : 2h.

➢ ***Mumbai :*** env 15 vols/j., dont 4 avec *Air India.* Trajet : 2h.

➢ ***Lucknow :*** 1 vol/j. assuré par *Air India.* Trajet : 1h40.

➢ ***Badgogra (New Jalpaiguri) :*** 2-3 vols/j., dont 2 avec *Air India.* Trajet : 1h10.

➢ ***Pour les îles Andaman (golfe du Bengale) :*** min 2 vols/j. vers Port Blair. Attention, souvent pleins.

➢ Liaisons internationales directes (mais pas tlj), avec ***Dhaka*** (Bangladesh), ***Katmandou*** (Népal), ***Kunming*** (Chine), ***Kuala Lumpur*** (Malaisie), ***Singapour*** et ***Dubaï.***

Adresses et infos utiles

Remarque : les rues ont changé de nom il y a quelques années. Ainsi la Chowringhee Road est devenue Jawaharlal Nehru Road, mais les 2 noms restent utilisés. Pour les rues les plus importantes, nous indiquons sur le plan l'ancien nom entre parenthèses.

Infos touristiques

🛈 ***India Tourism*** *(plan I et zoom B5,* ***1) :*** *4, Shakespeare Sarani.* ☎ *22-82-58-13 ou 77-31. Tlj sauf dim 9h-18h (13h sam).* Cartes de la ville et infos sur toute l'Inde. Fournit aussi l'autorisation pour la visite du *Marble Palace* (gratuit),

Adresses utiles

- 🛈 **1** India Tourism (B5)
- **6** Consulat honoraire de Belgique (B-C5)
- **7** Sikkim House (B5)
- **10** Backpackers – Sundarbans Tours (C4)
- **15** Alliance française du Bengale (C4)
- **16** Oxford Book Store (B-C4)
- **19** Earthcare Books (B4)
- **20** Bus Shohagh Paribahan (C4)

Où dormir ?

- **30** Hotel Galaxy et The Modern Lodge (C4)
- **31** Sunflower Guesthouse (C4)
- **35** YWCA (C4)
- **36** Hotel Neelam (C4)
- **39** Elgin Fairlawn Hotel (C3-4)
- **41** The Harrington Street Arts Center (C5)
- **42** Lytton Hotel (C3)
- **43** Hotel Kempton (C4)

Où manger ?

- **7** The Blue Poppy (B5)
- **52** Blue Sky Café (C4)
- **54** Raj Spanish Café (C4)
- **58** Golden Spoon (C4)
- **59** Mocambo Restaurant (C4)
- **60** Bhojohori Manna (B3)
- **61** Aaheli (B-C3)
- **63** SpiceKlub (C4)
- **64** Peter Cat (C4)

Où boire un café ? Où déguster une pâtisserie ?

- **60** K. C. Das (B3)
- **70** Nahoum (C3)
- **71** Flurys (C4)
- **73** Ganguram (B5)

Où boire un verre ? Où sortir ?

- **74** Blue and Beyond Restaurant & Bar (C3)
- **75** Some Place Else (B4)
- **76** Scrapyard (B5)
- **77** Monkey Bar (C5)

Achats

- **61** Kashmir Government Arts Emporium (B-C3)
- **72** Ashalayam Shop (C4)
- **90** Nagaland Sales Emporium (B5)
- **91** Central Cottage Industries Emporium (C3)

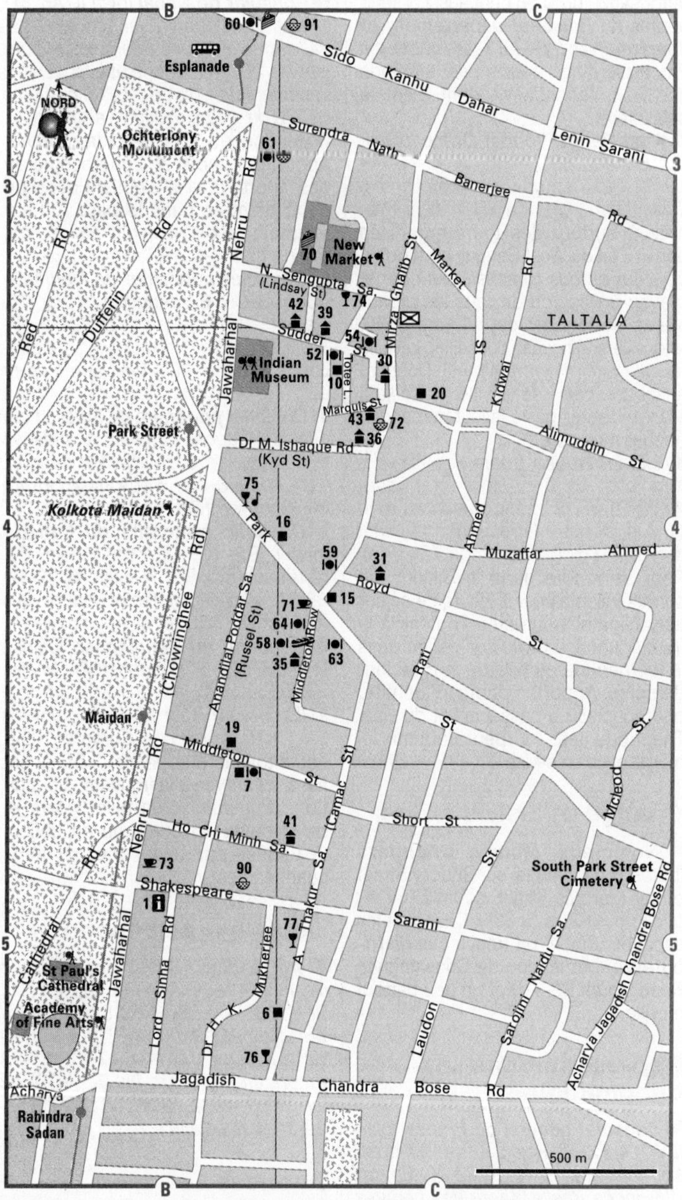

KOLKATA – Centre – Zoom

LA VALLÉE DU GANGE

autorisation que l'on peut aussi obtenir auprès du ***Regional Departement of Tourism*** *(plan I, B-C2, **3** ; 2, Brabourne Rd, au 4e étage – ascenseur ; lun-ven 10h-17h, fermé w-e),* dont c'est le seul intérêt.

West Bengal Tourist Office *(plan I, B2, **2**) : 3/2, BBD Bagh. ☎ 22-43-64-40. • wbtourism.gov.in • wbtdcl.com • Tlj sauf dim 10h-17h15 (13h sam).* Proposent surtout des tours organisés dans l'État du West Bengal, ainsi qu'un *city tour* en bus climatisé, qui permet d'avoir un aperçu de tous les monuments de la ville ; départ vers 8h30, retour vers 17h ; résa conseillée la veille *(tlj sauf lun ; env 450 ₹/pers).* Donnent aussi une carte de la ville, la *Kolkata Map,* n'hésitez pas à la leur demander. Accueil médiocre.

■ ***Sikkim House*** *(zoom B5, **7**) : 4/1, Middleton St (tt au fond de la cour). ☎ 22-81-79-05. Petit bureau au fond du rdc, derrière la réception. Tlj sauf dim 10h-17h (pause lunch 13h-14h).* Pour se rendre dans le Sikkim, un permis valable pour 15 jours de séjour est obligatoire. On peut l'obtenir à la frontière ou ici. Gratuit et délivré dans la journée (ou au pire du jour au lendemain). Apporter photo d'identité, photocopies du passeport et du visa. Théoriquement, on peut l'obtenir ici même avec un e-visa...

Change et distributeurs

■ Nombreux ***Money Changers*** (bureaux de change) sur Sudder Street et sur Marquis Street *(zoom B-C3-4 ; tlj 8h ou 9h-21h ou 22h).* Changent les espèces. Sinon, on trouve des ***distributeurs*** tout le long de Chowringhee Road *(zoom B3-4-5)* et un peu partout en ville.

Représentations diplomatiques

■ ***Consulat général de France*** *(plan II, A7, **4**) : 21 C, Raja Santosh Rd (quartier d'Alipur). ☎ 40-16-32-00. En cas d'urgence (réelle !) hors des horaires d'ouverture : 📱 97-48-01-11-18. • ambafrance-in.org/-Calcutta • Lun-ven 9h-13h, 14h-17h30 (16h15 ven) ; fermé w-e et j. fériés.*

■ ***Consulat du Népal*** *(plan II, A6, **5**) : 1, National Library Ave. ☎ 24-56-12-24. • ccu.nepalconsulate.gov.np • Lun-ven 9h-17h ; fermé w-e et j. fériés. Prix variable selon durée (15, 30 ou 90 j. : 25, 40 ou 100 $, à régler en roupies).* Obtention du visa dans la journée. Apporter 1 photo et 1 photocopie du passeport ; le visa s'obtient aussi au point d'entrée dans le pays, ou sur Internet : *• online.nepalimmigration.gov.np/tourist-visa •*

■ ***Consulat honoraire de Belgique*** *(zoom B-C5, **6**) : Industry House, 10, Camac St ; 15e étage. ☎ 22-82-75-31. • consubel_kolkata@jayshreetea.com • Lun-ven 10h-13h ; fermé ap-m et w-e.*

■ ***Consulat honoraire de Suisse :*** *c/o Titagarh Wagons Ltd, 756, Anandapur, E. M. Bypass (opp. Manovikas Kendra). ☎ 40-19-08-00. • kolkata@honrep.ch • Lun-ven 12h-16h ; fermé w-e.*

■ ***Consulat honoraire du Canada*** *(plan I, B2, **8**) : Duncan House, 31, Netaji Subhash Rd ; 3e étage. ☎ 22-42-68-20. • kolkata@international.gc.ca • Lun-ven 9h-12h ; fermé ap-m et w-e.*

■ ***Consulat du Bangladesh*** *(plans I et II, C5, **22**) : 9, Bangabandhu Sheikh Mujib Sarani. ☎ 40-12-75-00. • bdhc-kolkata.org • Pour les visas, lun-ven 9h-11h15 ; fermé w-e. Compter 100 $.* Les citoyens européens l'obtiennent aussi à l'arrivée à la frontière, à condition de justifier d'un billet retour et de le payer en euros ou en dollars (à vérifier par téléphone car infos changeantes).

Compagnie aérienne

■ ***Air India :*** *lignes intérieures : ☎ 1-800-180-14-07 (n° gratuit ; tlj 9h-18h30) ou 22-11-68-69 ; à l'aéroport : ☎ 25-11-98-46. Lignes internationales : ☎ 1-800-22-77-22 (n° gratuit ; lun-sam 9h30-17h30) ou 22-11-69-44 ; à l'aéroport : ☎ 25-11-98 64. • airindia.in •*

Agences

■ ***Backpackers – Sundarbans Tours*** *(zoom C4, **10**) : face au n° 4, Tottee Lane. 📱 98-36-17-71-40. • tourdesundarbans.com • Tlj 7h30-22h.*

Débrouillards et sympathiques, Rajesh, Ajay et Mowgli organisent des excursions dans la réserve des Sundarbans, à cheval sur le West Bengal et le Bangladesh. Surtout intéressant pour la richesse de la faune et de la flore de sa mangrove, à 3h de route de Kolkata (en voiture ou en van) + 1h30 de bateau. La balade combine voiture, bateau, marche, etc. Possible à la journée (mais trop fatigant), 2 jours et 1 nuit, c'est l'idéal (ou 3 jours et 2 nuits pour les accros), avec logement dans un écovillage. Compter environ 4 200 ₹/personne. Également une visite de Kolkata à moto (parfois en Enfield) vraiment intéressante. Sur 6 ou 7h, on explore la ville avec un chauffeur expérimenté (et prudent), avec halte aux sites touristiques les plus importants, dont l'immense *garbage moutain* (la montagne aux ordures) et le marché aux fleurs. Compter 2 200 ₹, déjeuner et entrées des sites inclus (sauf jardin botanique). Également excursion à la journée en voiture en remontant l'Hoogly, pour découvrir les anciens comptoirs portugais (Bandel) et français (Chandernagor).

■ ***Calcutta Walks*** *(plan I, C2-3, **12**) : 9 A, Khairu Pl. ☎ 40-05-25-73. 📱 98-30-18-40-30. • calcuttawalks.com • Tlj 10h-18h. À partir de 2 000 ₹/pers, quand même, pour un tour de 3h !* Propose des balades accompagnées avec un guide, en anglais, dans différents quartiers de la ville et autour de divers thèmes.

■ ***Heritage Walks Calcutta :*** *flat 1, 238 Satin Sen Sarani. 📱 87-77-47-85-29 (tlj sauf dim 9h-19h). • heritagewalkcalcutta.com •* Une asso qui propose des balades guidées sur les traces de l'histoire de la ville, autour de thématiques parfois originales. En anglais et en petit groupe (max 17 pers), à partir de 650 ₹/pers, ou privatisé à partir de 1 000 ₹/pers. Inscription et paiement sur leur site.

Santé

■ ***Dr Santanu Chaterjee :*** *Pulse Diagnostic Privat Ltd, 75, Sarat Bose Rd (près de Hazra Rd Crossing). ☎ 24-54-61-42. 📱 98-30-16-67-40 ou 98-30-97-12-00.* Formé en Angleterre, c'est le médecin recommandé par le consulat de France. Il pourra également vous fournir une liste de spécialistes fiables.

✚ ***Apollo Gleneagles Hospitals :*** *58, Canal Rd, à l'est de la ville. ☎ 23-20-30-40. • apollogleneagles.in •* Hôpital privé jouissant d'une excellente réputation. Toutes les spécialités.

■ ***Pharmacies :*** *de préférence celles des hôpitaux, sinon nombreuses sur Lindsay St (zoom B-C4), la rue parallèle à Sudder St, le long de New Market. La plupart sont ouv jusqu'en soirée.*

Culture, librairies

■ ***Alliance française du Bengale*** *(zoom C4, **15**) : 57 A, Park St (Park Mansion, 2e étage). ☎ 40-06-48-01. • bengale.afindia.org/fr • Entrée par la cour intérieure du bâtiment. Tlj 9h-19h.* Une programmation culturelle régulière : conférences, ciné-club, concerts, rencontres. Cours d'hindi et de bengali à la demande, et le samedi, des crêpes au chocolat ou au caramel ! Et si vous voulez délester votre sac de 1 ou 2 bouquins, leur bibliothèque sera ravie.

■ ***Oxford Book Store*** *(zoom B-C4, **16**) : 17, Park St. ☎ 22-17-26-80. Tlj 11h-21h.* Grosse librairie bien fournie (romans en anglais, guides, etc.). Et on peut même siroter un verre en mezzanine dans l'agréable salon de thé (plus de 100 thés proposés !) en feuilletant un bouquin.

■ ***Earthcare Books*** *(zoom B4, **19**) : 10, Middleton St. ☎ 22-29-65-51. • earthcarebooks.com • Au fond d'une cour, suivre fléchage* Drive Inn Restaurant*. Tlj sauf dim 11h-19h (17h sam).* Petite librairie proposant une sélection exigeante, très orientée écologie, condition féminine, développement durable, questions politiques et sociales, patrimoine local... Un peu d'artisanat aussi, et un marché bio les vendredi et samedi.

– ***Agenda culturel :*** pour se tenir au courant des manifestations et événements culturels, se procurer la revue *CalCalling,* mensuel en vente en librairie. Parfois absent des présentoirs, il faut la demander à la caisse.

Les différents quartiers de la ville

Kolkata est une ville fascinante qui se découvre lentement. Elle s'étire dans le sens nord-sud, sur la rive est de l'Hooghly, pendant que la rive ouest s'étend jusqu'à Howrah, où se trouve la principale gare de la ville. Reliant les 2, ***Howrah Bridge.***

À Kolkata même, plusieurs quartiers bien distincts. Vers le centre, à l'est d'un grand parc (le *Maidan*) abritant l'hippodrome et une poignée de bâtiments coloniaux (Victoria Memorial, notamment), se trouve ***Sudder Street,*** la rue où logent presque tous les touristes. Voisin, ***New Market,*** un vaste marché couvert où l'on vend de tout. En allant vers le nord, le quartier administratif de ***BBD Bagh*** qui aligne ses buildings coloniaux, puis un peu plus au nord, ***Barabazar,*** zone de marchés traditionnels hyperencombrée à 2 pas du majestueux pont métallique de ***Howrah.*** À l'est de ce quartier se situe l'***université*** (College Street et Mahatma Gandi Road), ainsi que la ***gare de Sealdah*** (la 2e plus importante de Kolkata). Enfin, au sud de Sudder Street, s'étirent ***Park Street*** (qui change de sens de circulation en cours de journée !) et une zone rassemblant pas mal d'hôtels, de restos et de boutiques chics. Quant aux quartiers au sud du Maidan (Alipur, Baliganja, Jodhpur Park, etc.), plus résidentiels, ils abritent de plus en plus de restos cosy et quelques B&B bien sympathiques, mais s'avèrent quand même chronophages à atteindre : à privilégier uniquement en cas de séjour prolongé à Kolkata.

Transports urbains

– ***Les taxis :*** des voitures jaunes, souvent encore des *Ambassador.* C'est le moyen de transport le plus pratique, très bon marché. Exigez que le chauffeur mette le compteur. Si votre voiture est une vieille *Ambassador* (ancien compteur), multiplier le montant indiqué par 2 et ajouter 2 ₹ pour obtenir le prix à payer. Si c'est une voiture moderne (compteur récent), le prix affiché est celui à payer.

– ***Les bus :*** pas vraiment engageants (vieilles carcasses toutes cabossées) et pleins à craquer. Même remarque pour les quelques ***tramways*** (d'avant-guerre !) qui sillonnent encore certains quartiers.

– ***Les minibus :*** ils partent tous de BBD Bagh (Dalhousie Square). Ils affichent leur destination, mais là aussi, difficile quand même de s'y retrouver !

– ***Le métro :*** *• mtp.indianrailways.gov.in • Tlj 7h (9h dim)-22h30. Billet 5-25 ₹ selon distance.* Ce fut le 1er d'Inde, construit entre 1972 et 1995. Une seule ligne, de la station Kavi Subash, au sud, à Noapara (via Dum-Dum), au nord, mais comme elle traverse la ville dans toute sa hauteur, il se révèle assez utile et plus rapide que la voiture. En revanche, souvent bondé, ce qui rend le trajet peu agréable : éviter les heures de pointe (9h-11h, 17h-19h). 5 nouvelles lignes sont en construction, avec des ouvertures progressives à partir de fin 2019. Pour infos : *• kmrc.in •* À noter que, théoriquement, il est interdit de prendre des photos dans le métro (des questions de sécurité...) : soyez donc discret.

– ***Les rickshaws-pullers :*** impossible de parler de cette ville sans évoquer ces « hommes-chevaux » associés à l'image de Kolkata, transportant leurs clients à la seule force de leurs membres, parfois pieds nus, sous des chaleurs torrides. Bien qu'interdits depuis 1997, pour « assainir le trafic et supprimer cette pratique servile qui offre une image miséreuse de la ville » (dixit un ministre des Transports), plusieurs milliers d'entre eux disposent encore d'une licence officielle, non renouvelable. Vous en verrez donc encore, surtout dans les quartiers touristiques et autour de New Market (prix de la course à négocier ferme). Les autorités, appuyées par les organisations de Droits de l'homme, souhaitent les voir disparaître. Mais pour les *pullers,* c'est leur activité nourricière qui disparaîtra...

– ***Les auto-rickshaws :*** interdits dans une partie du centre-ville, on les rotrouve donc ailleurs, dans les rues et quartiers adjacents ou les banlieues. À Kolkata, ils fonctionnent plus comme des bus que comme des taxis, car ils ont un itinéraire fixe.

– ***Le bateau :*** pratique et pas cher (comme tous les transports publics) pour se rendre du centre à la gare de Howrah. Départs ttes les 10-15 mn 8h-20h de l'embarcadère situé à côté de la gare de Howrah *(plan I, B1)* ou de Babu Gâth *(plan I, B2).*

Où dormir ?

La scène hôtelière est peu reluisante : des tarifs assez élevés pour un standing souvent médiocre. En saison (d'octobre à avril), beaucoup d'adresses « Bon marché » et « Prix moyens » affichent complet. Se présenter tôt le matin pour espérer trouver une chambre ou un lit.

Bon marché (600-1 500 ₹ / 8-20 €)

C'est autour de Sudder Street, quartier routard et commerçant, qu'on trouve les hôtels bon marché ou pas trop chers, de même que quelques adresses un peu plus chic. C'est logiquement là que la majorité des voyageurs se concentrent, dans une ambiance touristique sans excès. Attention, la plupart de ces adresses pour petits budgets sont vraiment sommaires, certaines même en piteux état ! Voici ce qu'on a trouvé de mieux.

☗ ***Hotel Galaxy*** *(zoom C4,* ***30****) : 3, Stuart Lane (perpendiculaire à Sudder St). ☎ 22-52-45-65. • hotelgalaxy.kol@gmail.com • Double 990 ₹.* Surprise ! Voici une petite adresse presque agréable, aux chambres proprettes, certaines assez lumineuses. Même les moins chères sont franchement très correctes. Clim et salle de bains pour les plus chères. Globalement un très bon plan comparé aux gourbis voisins, et un bon accueil.

☗ ***The Modern Lodge*** *(zoom C4,* ***30****) : 1, Stuart Lane. ☎ 22-52-49-60. Pas de résa, arriver tôt. Doubles 400-700 ₹.* On ne sait pas d'où (ni de quand) il tient son nom, mais si vous cherchez une chambre à prix plancher, ce peut être une solution. Ne s'attendre à aucun luxe : chambres aux matelas usés, fins et raides, ventilos, sanitaires (privés ou non, avec eau froide) particulièrement rudimentaires... Petite courette en guise d'accueil. Pour les ratiboisés du portefeuille, on vous dit !

☗ ***YWCA*** *(zoom C4,* ***35****) : 1, Middleton Row. ☎ 22-29-70-33 ou 24-94. • ywcacalcutta.org • Doubles avec sdb commune ou privée 800-1 700 ₹, petit déj inclus. Pas de wifi.* Central mais dans une rue un peu à l'écart du brouhaha. Bâtisse assez étonnante : le rez-de-chaussée, avec son long couloir, son espèce de cloître et son Christ en croix rappellent un monastère... sauf que le cloître abrite des courts de tennis ! Chambres avec salle d'eau (au rez-de-chaussée, vieillottes) ou sans (au 1er étage). Ensemble globalement simple (matelas raides et déco inexistante) mais plutôt propre. Petit déj servi dans un modeste réfectoire, orné d'une cène, à l'atmosphère austère, comme il se doit. Bon, pas notre 1er choix, sauf pour les moins chères.

Prix moyens (1 500-3 000 ₹ / 20-40 €)

☗ ***Sunflower Guesthouse*** *(zoom C4,* ***31****) : 7, Royd St. ☎ 22-29-94-01. • sunflowerguesthouse.com • À 5 mn à pied de Sudder St. Réception... au dernier étage (ascenseur). Doubles avec sdb 1 000-2 000 ₹.* Finalement, au gré des étages, l'endroit compte une bonne trentaine de chambres, de taille et de prix très variables, mais plutôt nettes, toutes avec salle de bains (eau chaude) et clim pour les plus chères. Le charme de ce bâtiment rose suranné s'y retrouve parfois, d'autres sont carrément vieillottes. Accueil plein de caractère, et toit-terrasse pour profiter de la fraîcheur du soir.

Hotel Neelam (zoom C4, **36**) : *11, Dr M. Ishaque Rd (Kyd St). ☎ 22-26-91-98. • hotelneelam@gmail.com • Doubles avec sdb 2 200-2 500 ₹.* Un peu en retrait de la rue, grande maison blanche semi-coloniale qui a dû être superbe... Les chambres, dont quelques-unes de belle taille, sont vraiment inégales (avec ou sans clim). Demandez à en voir plusieurs. Certaines refaites (les choisir), d'autres vraiment vieillottes (les moins chères, encore en « Bon marché » à condition de bien négocier).

Très chic (5 400-10 500 ₹ / 72-140 €)

Elgin Fairlawn Hotel (zoom C3-4, **39**) : *13/A, Sudder St. ☎ 22-52-15-10. • elginhotels.com • Résa impérative. Doubles 5 600-7 700 ₹, petit déj inclus.* Notre adresse préférée en ville, et de loin. Cet incroyable hôtel, caché derrière une belle terrasse fleurie, fut racheté à 2 vieilles demoiselles anglaises en 1936 par une famille arménienne qui le bichonna 3 générations durant. Aujourd'hui gérée par une petite chaîne hôtelière spécialisée dans les établissements au charme « *heritage* », cette superbe maison vieille de plus de 2 siècles ne peut que séduire, avec ses vasques fleuries, son mobilier, ses bibelots dans tous les recoins, ses coupures de presse, photos de la famille royale et autres clichés sépia de la ville amoncelés depuis des lustres. Pas mal de célébrités sont d'ailleurs passées par ici, dont Dominique Lapierre ou Sting. Les chambres, sobres et de style plutôt colonial, aux beaux volumes, sont très bien tenues et offrent un bon confort (salle de bains impeccable – et rénovées dans les *deluxe* –, clim, TV, frigo), mais sans ostentation. Agréable jardin à l'arrière, et cour-terrasse devant, où se trouve un coffee-shop agréable à l'heure du thé.

Calcutta Bungalow (hors plan I par C1, **32**) : *5 Radha Kanta Jew St. 📱 98-30-18-40-30. • calcuttabungalow.com • Un peu excentré à côté de Deshbandhu Park, à 5-10 mn à pied du métro Shyambazar. Double 5 900 ₹, petit déj inclus.* Assez rare à Kolkata, une belle bâtisse de marchand des années 1920 entièrement rénovée et réaménagée par le fondateur de Calcutta Walks. Inutile de préciser que la préservation du patrimoine est son cheval de bataille ! Dans un esprit *bed & breakfast,* les 6 belles chambres agencées autour de 2 courettes respectent les vieux murs, et les mettent en valeur avec la réutilisation originale de vieux objets usuels, ici une machine à écrire, là de vieux ciseaux de tailleur. La déco est soignée dans les moindres détails ! Seul bémol, les salles de bains, quoique tout confort, sont un peu riquiqui. Table d'hôtes pour partager les petits déj, et toit-terrasse aménagé pour boire un rafraîchissement. Une belle réalisation, dans un quartier résidentiel tranquille.

Lytton Hotel (zoom C3, **42**) : *14, Sudder St. ☎ 39-84-19-00. • lyttonhotelindia.com • Double min 7 000 ₹, petit déj compris.* Voici un hôtel qui « tranche », question standing, avec ses voisins de Sudder Street. Réparti sur 3 bâtiments, il propose 80 chambres, bien arrangées, vastes et plutôt confortables, avec parquet et meubles en bois massif, tons crème, tentures assorties, clim... Du classique ! Salles de bains nickel, et à moins de vouloir absolument un balcon, éviter les chambres sur rue, plus bruyantes.

Hotel Kempton (zoom C4, **43**) : *3, Marquis St. ☎ 40-17-78-88. • hotelkempton.in • Doubles 4 100-6 500 ₹, petit déj inclus.* Un hôtel de petit luxe, très propre et au bon confort. Équipement moderne, de qualité, et ensemble bien entretenu. C'est essentiellement la taille des chambres qui justifie leurs différences de tarif. Personnel efficace et toujours prêt à aider. Choisir une chambre sur l'arrière. À 2 pas du quartier routard bien vivant. Un bon choix.

The Harrington Street Arts Center (zoom C5, **41**) : *Harrington Mansions, 8, Ho Chi Minh Sarani. 📱 90-51-61-48-58. • theharringtonresidency@gmail.com •*

Entrée centrale du bâtiment, 2e étage (ascenseur). Doubles 5 900-7 100 ₹, petit déj inclus. On a vraiment hésité à garder secrète cette adresse à l'esprit maison d'hôtes, qui ne compte que 3 chambres... mais comment ne pas partager leur belle taille, leur confort, leur style vintage soigné et la large galerie coloniale qui les dessert, idéale pour prendre le frais en soirée ? Accueil chaleureux et personnalisé, et, comme son nom l'indique, l'endroit est aussi une galerie d'art assez pointue, aux expos intéressantes.

Où manger ?

De très bon marché à bon marché (max 450 ₹ / 6 €)

🍽 ***Blue Sky Café*** *(zoom C4,* ***52****) : 3, Sudder St ; à l'angle de Chowringhee Lane. ☎ 22-52-29-58. Tlj 8h-23h.* Petite salle de cafète colorée pas trop tristoune pour une fois. C'est le rendez-vous des routards occidentaux qui logent dans le voisinage et se serrent sur les banquettes. Un peu de cuisine indienne (bonne d'ailleurs), mais on y vient aussi pour le petit déj : excellent cappuccino, grand choix de lassis, milk-shakes, jus de fruits frais, mais aussi omelettes goûteuses, généreux mueslis. Sinon, succulents sandwichs, pâtes, et bonnes nouilles thaïes. Pas d'alcool et, autant le savoir, pas de toilettes !

🍽 ***Raj Spanish Café*** *(zoom C4,* ***54****) : Sudder St, face à l'hôtel Maria, en retrait dans une courette (discret). Tlj 8h-21h30.* La courette et ses 5 tables sont appréciées autant des étudiants de la ville que des jeunes voyageurs, comme en témoignent tous les petits mots laissés sur les murs de la longue salle (un peu tristoune, elle). Quelques plats inspirés de la cuisine méditerranéenne, de bons expressos, et surtout une belle sélection de bonnes pizzas, à partager vu leur taille !

🍽 ***New Aliah*** *(plan I, B-C3,* ***51****) : 31, Bentinck St (à l'angle de Waterloo St). Tlj 10h-23h.* Sur une ardoise, la liste des plats disponibles. Ce resto musulman propose l'un des plus populaires *biryanis* de la ville, au riz parfumé et au mouton fondant *(mutton qorma).* Une cantine comme on les aime, bon marché, populaire en diable, mais propre et aérée.

🍽 ***The Blue Poppy*** *(zoom B5,* ***7****) : Sikkim House, 4/1, Middleton St (immeuble au fond de la cour). 📱 97-35-03-61-17. Tlj (sauf dernier dim du mois) 12h-15h30, 17h-21h30. Thali 120-170 ₹, plats env 140 ₹.* Au 1er étage de la *Sikkim House,* une petite cantine un peu plus chaleureuse que le bâtiment, discrète et réputée. Excellente cuisine du Sikkim, népalaise et tibétaine (super *thupka*), avec une mention spéciale pour les *momos,* mais aussi de copieux plats de nouilles et des *thalis veg'* ou non. Accueil et service souriants.

🥖 🍽 ***Golden Spoon*** *(zoom C4,* ***58****) : 1 A, Middleton Row. ☎ 22-29-35-02. Tlj 12h-23h.* Dans la vitrine sur rue, les cuistots s'agitent pour préparer les copieux *rolls* à emporter. Sur la gauche, un petit escalier mène à une salle de poche, très basse de plafond et cernée de miroirs, où l'on déguste une cuisine *mughlaie* de qualité pour pas cher. La providence des carnivores fauchés.

🍽 ***Banana Leaf*** *(plan II, B7,* ***53****) : 73/75, Rash Behari Ave (dans une petite allée). ☎ 24-64-19-60. Tlj 8h-22h.* Assez excentré, mais si vous passez par là (le temple de Kali n'est pas très loin), n'hésitez pas à faire une halte pour déjeuner. Salle climatisée, verte et nette, quoique sans charme ni fenêtre, où l'on sert une cuisine exclusivement végétarienne goûteuse du sud de l'Inde. Nombreux plats de *dosa* et *uttapam.* Très apprécié des familles.

Bon marché (180-450 ₹ / 2,40-6 €)

🍽 ***Peter Cat*** *(zoom C4,* ***64****) : 18, Park St (entrée sur Middleton Row). ☎ 22-29-88-41. Tlj 11h-23h. Résa conseillée. Repas 600-800 ₹.* Salle agrémentée d'une mezzanine, à l'atmosphère intimiste, avec lumières tamisées. Très apprécié des familles indiennes *middle class.* Déco agréable et soignée, et serveurs en tenue. Cuisine du nord de l'Inde avec notamment les *aphrodisiacs for Harem,* que nous avons évidemment testés par pure conscience professionnelle. Pas probant pour l'effet mais savoureux, tout comme le *nawabi* (poulet mariné) ou encore le *dum ki raan* (gigot de mouton).

Bhojohori Manna *(zoom B3,* ***60****) : 11A Esplanade (East). ☎ 22-31-29-65. Juste derrière* K. C. Das. *Tlj 12h-22h.* Plusieurs adresses de cette enseigne en ville, la plupart un peu excentrées, à l'exception de celle-ci, qui a en revanche le défaut d'une salle basse de plafond, pas très avenante. Mais on voulait quand même vous en parler car la cuisine (*veg'* et *non veg'*), exclusivement bengalie, est vraiment fine. Essayez, par exemple, le *jumbo dab chingri,* une grosse crevette (presque une petite langouste) servie avec une sauce très subtile, à la fois douce et épicée. Un délice, surtout si vous l'accompagnez d'un *mocktail* (pas d'alcool à la carte). Sinon, autre adresse nettement plus cosy pour la déco et tout aussi savoureuse et appréciée, dans les quartiers résidentiels sud *(plan II, C7,* ***57*** *; 18/1 A, Hindustan Rd ; ☎ 24-66-39-41 ; tlj 12h-23h, fermé 17h-18h).*

Prix moyens (450-900 ₹ / 6-12 €)

Kewpie's *(plan II, B5,* ***56****) : 2, Elgin Lane. ☎ 24-86-16-00. Sur Elgin Rd, prendre la ruelle piétonne en face du centre commercial-cinéma* Forum, *à l'angle de Netaji Bhawan (à 100 m, sur la gauche). Tlj sauf lun 12h30-15h, 19h30-22h30. Résa conseillée.* Des 2 salles, préférer la plus grande, fraîche et bien arrangée, avec des murs blancs ornés de bibelots et des vitrines d'angle en bois chargées de vaisselle. On vient ici pour les excellentes spécialités bengalies, servies en *thali* (appelés ici *thalas*). Papilles sensibles au feu des épices, réjouissez-vous : cette cuisine est peu piquante et, pourtant, très parfumée. Un vrai régal ! Les plats ou les *thalis* (moins copieux que les *thalis* habituels) sont à ce point délicieux que l'on oublie le service intrusif. Pas d'alcool.

The Corner Courtyard *(plan II, C6,* ***62****) : 92B, Sarat Bose Road, Ballygunge. 📱 99-03-99-95-67. • thecornercourtyard.com •* Bien installé dans une bâtisse coloniale totalement remodelée, voici l'un des endroits prisés de ce quartier résidentiel, et même au-delà. Dans la salle coquette ou sur le toit-terrasse qui couronne les 3 étages, on sert une cuisine indienne mâtinée de pointes coréenne, thaïlandaise ou méditerranéenne (salades !) plutôt réussie. Et à toute heure, beaux jus de fruits frais, cocktails et pâtisseries.

Mocambo Restaurant *(zoom C4,* ***59****) : 25 B, Park St ; mais entrée sur Mirza Galib St. ☎ 22-29-00-95. Tlj 11h30-23h30. Plats 300-450 ₹ ; repas 800 ₹.* Grande salle blanche, orange et rouge façon brasserie des 70's, plutôt chic avec ses sièges en moleskine et ses lumières tamisées. Depuis plus d'un demi-siècle, on y sert l'une des cuisines les plus éclectiques de Kolkata : poulet tandoori, *tikka, kiev,* milanaise, *mixed grill, ham steak Singapore,* spaghettis carbonara, *fish tuna crepe,* crevettes *Thermidor...* et des steaks qui raviront les nostalgiques du bœuf ! Très apprécié des habitants de la ville (surtout le soir). Bonne atmosphère.

Tamarind *(plan II, B-C7,* ***55****) : 177, Sarat Bose Rd, à l'étage. ☎ 24-63-87-99 ou 24-65-01-15. Tlj 12h-15h30, 19h-23h. Thali à midi env 400 ₹, sinon repas env 800 ₹.* Salle élégante, toute boisée, un peu sombre, et service stylé. La cuisine, essentiellement du Sud de l'Inde (mais petite carte d'Inde du Nord également), se révèle raffinée et épicée juste comme il faut, copieuse et bien présentée.

De prix moyens à chic (600-1 500 ₹ / 8-20 €)

SpiceKlub *(zoom C4,* ***63****) : 24, Park St. ☎ 40-60-83-74. Entrée par la cour intérieure, puis au 1er étage.*

Tlj midi et soir. Pour découvrir la cuisine végétarienne autrement, voici le lieu à ne pas manquer ! Ici, le lassi ne se boit pas, mais se gobe pour éclater en bouche, le *vada pav* en version mini est proposé en *do-it-yourself,* le *cheese papad* devient un bol croustillant et savoureux... on frôle la cuisine moléculaire ! Plus sérieusement, toutes les entrées se déclinent sur un mode très créatif, et on vous conseillerait presque de vous contenter d'en partager 3 ou 4 à 2 car les plats sont d'élaboration nettement plus classique (quoique tout aussi délicieux). Et n'hésitez pas à vous laisser guider dans votre choix par les serveurs, aux petits soins. Une adresse vraiment différente (mais exclusivement vég, donc sans alcool, toute chic soit-elle).

Aaheli *(zoom B-C3,* ***61****)* **:** *12, Jawaharlal Nehru Rd ; au 1er étage de l'hôtel* Peerless Inn. ☎ *22-28-03-01. Tlj 12h30-15h, 19h30-23h.* Déco soignée et chic dans les tons doux, rehaussée de fresques villageoises, service en *kurta* et *dhoti,* et surtout cuisine bengalie savoureuse. On vient avant tout pour les *thalis,* végétariens ou non (ces derniers bien plus chers !), plusieurs excellents *veg' curries* différents joliment présentés. Côté spécialités : *bhalo laagabhetki paatoori* (poisson mariné cuit à la vapeur dans une feuille de bananier), *kadoli puspo ghonto* (fleurs de bananier et patates cuites au cumin frais). Pas d'alcool.

Où boire un café ? Où déguster une pâtisserie ?

Indian Coffee House *(plan I, C2,* ***50****)* **:** *15, Bankim Chatterjee St ; 1er étage. Presque en face du* Sanskrit College, *dans le quartier universitaire. Tlj 9h-21h (fermé 12h30-17h dim). Plat max 140 ₹.* Le QG des intellos et étudiant(e)s de la ville depuis un siècle, une institution. Dans cette grande salle un peu vétuste aux allures de hall de gare, ou depuis la mezzanine un peu plus calme, on refait le monde autour d'un café (peu d'autres boissons !) ou d'un plat – à prix plancher – de nouilles, poulet, mouton. Belles rencontres possibles sous le portrait de Rabindranath Tagore, fierté des têtes pensantes de Kolkata, sous lequel bruissent les conversations. Serveurs en costume blanc (élimé) et couvre-chef traditionnel. On y vient davantage pour l'ambiance (qui sera bientôt vintage sans même l'avoir cherché !) que pour la nourriture.

Flurys *(zoom C4,* ***71****)* **:** *18, Park St.* ☎ *40-00-74-53. Tlj 7h30-22h.* Salon de thé chicos avec baies vitrées, carrelage à damier, lustres imposants et jolies tables de café. Ouvert depuis 1927 : on y cultive l'ambiance Art déco. Connu pour ses bons gâteaux occidentaux (genre forêt-noire et autres petits monstres crémeux), que l'on peut accompagner de thé ou de café.

Nahoum *(zoom C3,* ***70****)* **:** *boutique F 20 du New Market. Tlj 10h-20h (19h sam, 13h dim).* À dénicher dans le dédale du marché ! Rare vestige de la communauté juive qui vivait à Kolkata jusqu'au milieu du XXe s, voici une des plus anciennes pâtisseries de la ville (fondée en 1902), au cadre adorablement vieillot de boiseries patinées et stucs au plafond. Réputé pour son riche et délicieux *fruitcake,* son *garlic bread* et son *fudge.* Juste un comptoir, sans tables ni service de boissons.

Ganguram *(zoom B5,* ***73****)* **:** *46 C, Chowringhee Rd, Everest House.* ☎ *22-88-34-20. Tlj 8h30-20h30.* C'est dans cette pâtisserie, dont il existe une trentaine d'adresses en ville, qu'on peut trouver les *sandesh,* ou douceurs typiques de Kolkata, à base de fromage. *Choco pai, Indrani, kesar para...* que du bon. Petite salle à l'arrière.

K. C. Das *(zoom B3,* ***60****)* **:** *11 A & B Esplanade East.* ☎ *22-48-52-20. Tlj 8h-19h30.* Voici l'adresse la plus centrale de la famille qui inventa mi-XIXe s, dit-on, l'une des plus fameuses douceurs de la ville, le *rasogolla* : une boule de *cottage cheese* baignée dans un sirop de sucre. Vaguement écœurant mais tellement bon !

Où boire un verre ? Où sortir ?

Pas mal de bars et boîtes, assez semblables les uns aux autres (décor moderne sans grande originalité), plutôt chers et fermant tôt (plus tard en fin de semaine). Comme souvent en Inde, les mecs seuls sont rarement les bienvenus. Bon, vous avez compris, on n'a pas été emballés par la vie nocturne de Kolkata !

Blue and Beyond Restaurant & Bar *(zoom C3,* ***74****)* **:** *8, Lindsay St. Tlj 12h-23h.* Sur le toit de l'hôtel *Lindsay,* au 9e étage, d'où l'on a une vue intéressante sur la ville et *New Market.* Agréable pour une bière en soirée. On peut aussi y manger un morceau *(plats 300-400 ₹),* mais rien de renversant.

La mode des toits-terrasses fait des émules à Kolkata aussi, et les trentenaires bien dans leur portefeuille se retrouvent au ***Scrapyard*** *(zoom B5,* ***76*** *; Usha Kiran Building, 12A, Camac St ; tlj 12h-minuit ; au 10e étage, entrée – un peu sur prenante – par le parking),* pour les 2 grandes salles très animées (concerts réguliers) et sa vaste terrasse à la vue extra sur la ville, ou au ***Monkey Bar*** *(zoom C5,* ***77*** *; 6, Camac St ; au 9e étage ; tlj 12h-minuit),* à la vue plongeante aussi mais à la petite terrasse vite saturée.

Some Place Else *(zoom B4,* ***75****)* **:** *dans le Park Hotel, 17, Park St (accès par le café The Street). Tlj 16h-minuit (2h w-e).* Bonne ambiance dans cette sorte de pub anglais pourvu d'un long bar (bois et carrelage), tout en longueur, de confortables canapés en cuir, et orné de vitraux au plafond. Au bar, tabourets tournants, comme dans les westerns. On y vient notamment pour les concerts (tous les soirs à partir de 21h30-22h), principalement de reprises de rock, mais aussi de salsa ou de blues. Clientèle d'Indiens friqués surtout, saupoudrée de quelques étrangers.

Broadway *(plan I, C2-3,* ***78****)* **:** *27A, Ganesh Chandra Av.* ☎ *22-36-39-30. Au rdc du Broadway Hotel. Tlj jusqu'à 23h.* Une grande salle tout droit sortie des films de Satyajit Ray des années 1970. Sous les ventilos qui brassent large, c'est une ambiance de brasserie qui s'anime autour des nappes rouges, un service rapide et des bières bon marché, dans un brouhaha sympathique typique de la ville.

Achats

Central Cottage Industries Emporium *(zoom C3,* ***91****)* **:** *7, Jawahanal Nehru Rd, à l'angle de Sido Kanhu Dahar. Tlj sauf dim 10h-19h (14h sam).* Grand emporium proposant une vaste palette de produits de toute l'Inde.

Nagaland Sales Emporium *(zoom B5,* ***90****)* **:** *11, Skakespeare Sarani. Tlj sauf dim 10h30-18h.* On y vend de beaux tissus originaux et quelques meubles... certes durs à caser dans une valise !

Kashmir Government Arts Emporium *(zoom B-C3,* ***61****)* **:** *12, Jawaharal Nehru Rd. Tlj sauf dim 10h30-20h.* Belle sélection de textiles (pashminas, notamment) et autres objets d'artisanat (animaux et boîtes en bois ou papier mâché) du Cachemire.

Ashalayam Shop *(zoom C4,* ***72****)* **:** *44, Mirza Ghalib St.* • *dbashakolkata.org* • *Au 1er étage. Tlj sauf dim 10h30-19h (14h sam).* C'est la boutique-café d'une ONG, *Ashalayam,* qui s'occupe d'enfants des rues. Objets fabriqués par des mômes ou des adolescents dans des ateliers de formation professionnelle (menuiserie, reliure, broderie, etc.). Ces jeunes gens acquièrent un métier et touchent un pourcentage sur les ventes.

– Le Bengale a une riche tradition musicale et Kolkata compte un grand nombre de fabricants de sitars et de *sarod.* Vous en trouverez plusieurs sur Rabindra Sarani *(plan I, C1).*

À voir

Autour de Sudder Street et du côté de BBD Bagh (plan I et zoom)

⁂ ***New Market*** (zoom C3) : *Lindsay St, la rue parallèle à Sudder St.* Ⓜ *Esplanade.* Le marché se divise en 2 édifices voisins l'un de l'autre. On y trouve absolument tout : bijoux, CD, parfums, jouets, perruques, souvenirs kitsch, oiseaux vivants, verres en cristal, jeans, fleurs... Tout, on vous dit, dans un dédale d'allées encombrées. La « halle » aux viandes, comme souvent, offre un spectacle fellinien (d'autant qu'elle fait aussi abattoir) ! C'est le coin à touristes de la ville, mieux vaut donc se préparer aux récurrents « *Hello, my friend ! What do you want ?* » et autres techniques grossières de rabattage.

⁂⁂ ***Indian Museum*** (zoom B4) : *27, Jawaharlal Nehru Rd.* ● *indianmuseumkolkata.org* ● Ⓜ *Park St. Tlj sauf lun 10h-16h30 (20h sam-dim). Entrée : 500 ₹. Photos 50 ₹. Attention, sac interdit (même les petits, venir léger ou les laisser à la consigne).* Dans un grand bâtiment de style Renaissance italienne construit en 1875, ce musée un peu défraîchi (mais peu à peu rénové) présente de larges collections géologique, préhistorique, archéologique et zoologique, ainsi qu'une galerie de textiles. Certaines sections sont vraiment poussiéreuses, d'autres sont mieux arrangées, mais ce n'en est pas moins l'un des plus riches de l'Inde.

Au ***rez-de-chaussée,*** dans la galerie à gauche, est la bien poussiéreuse section paléontologie et géologie avec, dans de grandes vitrines très XIXe s, des tonnes de fossiles de différentes bestioles (mâchoires de mastodontes, défenses de mammouths...). Au niveau du jardin, vous trouverez l'*Archeology Gallery,* où est présentée une bonne sélection de sculptures issues des fouilles des principaux sites du pays. Sculptures de dieux en pied, bas- et hauts-reliefs de belle facture et scènes de vie... Ici, les pièces sont très bien mises en valeur : une salle accueille la ***belle reconstitution du temple bouddhique de Bharhut,*** des IIe-Ier s av. J.-C. ; à gauche, sculptures de l'école de Mathura (IIe-IIIe s), bouddhas sereins de l'époque gupta (Ve s) et autres bas-reliefs et fragments de monuments datant du Ier au XIIe s. Ne ratez pas non plus les 3 séduisantes *apsaras* de Gondwana (Madhya Pradesh). Celle de droite écrit une lettre amoureuse, nous exposant son dos griffé... Les artistes de l'époque avaient le souci du détail érotique ! Juste avant, beau Garuda du XIIe s, plein de majesté. Tout au bout, la salle des bronzes, dont un Shiva dansant *(Nataraja).* Intéressante section *coins* (monnaies anciennes), bien présentée et assez complète (depuis le Ve s av. J.-C.).

Au ***1er étage,*** plusieurs vastes salles accueillent des galeries très différentes, à l'intérêt variable. Galerie égyptienne (une momie), préhistorique et, surtout, zoologique, dont la ***section 19*** est la plus impressionnante : plein d'animaux naturalisés sous vitrines et des squelettes des plus gros mammifères (même une baleine). À gauche en entrant, notez aussi les fœtus humains arrivés à terme et conservés dans le formol, ainsi que des chevreaux malformés (cyclopes, à 8 pattes, etc.). Brrr ! Une section *plants* (plantes) répertorie toutes les graines et tous les légumes du pays. Édifiant. Toujours à l'étage, la galerie de textiles (section ethno-anthropologie), avec des châles jamewars du Cachemire et des brocarts de Varanasi. Voir la façade d'un palais du Gujarat et une porte de monastère birman. Au fond, maquette d'un mini-Taj en ivoire.

⁂ ***Mother House – Missionaries of Charity*** (plan I, C4) : *54 A, AJC Bose Rd ; prendre la ruelle et c'est à 30 m.* ☎ *22-49-71-15 ou 22-17-22-77 (pour les infos). Tlj sauf jeu 9h-12h, 15h-17h30.* C'est le quartier général des Missionnaires de la Charité, maison où vécut Mère Teresa. C'est également sa dernière demeure. On peut se recueillir sur sa tombe (toujours couverte de fleurs et de bougies), et visiter le petit musée juste à côté, qui rassemble quelques objets personnels et surtout de belles photos en noir et blanc évoquant son incroyable parcours et son message. La Congrégation accepte les bénévoles, quelle que soit la durée (d'une semaine à plusieurs mois) et sans besoin de qualification particulière. Il suffit de se présenter à la *Nirmala Shishu Bhavan* (c'est l'orphelinat), à deux pas de la *Mother House* *(78, AJC Bose Rd ; • motherteresa.org/07_family/Volunteering/v_cal.html • ; réception des demandes lun, mer et ven 15h-17h).* Attention, pas d'hébergement en contrepartie.

★ ***BBD Bagh*** *(plan I, B2)* **:** *entre le parc de Maidan et Howrah Bridge.* Ⓜ *Chandni Chawk.* Tout ce quartier était le siège de l'administration britannique, et conserve une architecture assez grandiloquente. À commencer par le Raj Bhavan, dont on n'aperçoit les colonnades que de loin : initialement construit au début du XIXe s comme siège du gouvernement britannique, il a conservé son rôle puisqu'il accueille le gouverneur du West Bengal. Le *Writers' Building,* grand bâtiment rouge vaguement baroque construit en 1880, est aujourd'hui un bâtiment administratif. Un peu plus loin, la *GPO (General Post Office)* se situe sur l'ancien emplacement du fort William (le premier, pris d'assaut en 1757 par les forces du nabab du Bengale). On peut encore voir les marques en bronze indiquant l'ancienne forteresse. Ce bâtiment blanc à colonnes fut construit dans le seul dessein d'y faire une prestigieuse salle de danse, fierté de la Couronne.

★★ **Howrah Bridge** *(plan I, B1)* **:** symbole de Kolkata, ce célèbre monstre métallique de 450 m de longueur, reposant sur des piliers de 90 m de haut, vibre quotidiennement sous les pas de 1 million de personnes, charrettes, vélos, rickshaws, etc. Malgré le nouveau pont - payant, donc moins emprunté - de Vidyasagar Setu, inauguré en 1992 (à 2 km en aval), le trafic reste hallucinant. C'est un peu la tour Eiffel (horizontale) de la ville. La meilleure vue sur le pont de Howrah, vous l'aurez depuis les ghâts du marché aux fleurs ; une occasion également d'assister aux ablutions. Attention, il est en théorie interdit de photographier ce capharnaüm permanent. À l'origine, le pont, qui fut construit en 1943, en pleine Seconde Guerre mondiale, était considéré comme site stratégique et militaire. Cette interdiction de photographier pouvait alors se justifier. Aujourd'hui, elle semble absurde !

★★★ **Flower Market** *(marché aux fleurs ; plan I, B1)* **:** *sous le pont de Howrah. Entrer par le Ghât Jagannath, toujours très animé.* Le marché fonctionne jour et nuit, des tonnes de fleurs y sont vendues quotidiennement et partent pour tout le pays. Pourquoi ici ? Parce que les environs de la ville offrent des terres très propices à la culture des fleurs. Un lieu absolument incroyable. On peut y venir tôt le matin pour l'arrivée des fleurs fraîches, ou à la tombée du soir, pour l'ambiance irréelle qui y règne et la vue sur le pont éclairé. Parmi les guirlandes multicolores qui jonchent le sol, on se fraie un chemin tant bien que mal en se faisant copieusement bousculer... C'est de la folie ! Déconseillé pendant la mousson, où ça devient un sport extrême.

– Du marché aux fleurs, partir vers l'est, à la découverte des ***autres rues-marchés*** du coin (celui de la banane, des noix de coco, des oranges), entre le fleuve et l'université et au sud du *Marble Palace.* Accès par le métro M. G. Road également. L'occasion de découvrir une extraordinaire vie de quartier, industrieuse, colorée, hyperanimée. Au passage, de nombreux télescopages architecturaux comme ces temples soutenus par d'énormes arbres (et sans lesquels ils s'écrouleraient immanquablement !) ou ces façades coloniales encore pleines de noblesse malgré l'humidité qui les ronge...

★★ **Marble Palace** *(plan I, C1)* **:** *près de Burman St.* Ⓜ *M. G. Road. Pour y accéder, permis gratuit à demander au bureau d'India Tourism. Tlj sauf lun et jeu 10h-16h. GRATUIT (mais pourboire de 50 ₹ demandé par le gardien à l'entrée, auquel rien ne vous oblige). En revanche, prévoir 100 ₹ pour le guide (ce qui est normal puisque la visite est guidée). Laisser ses chaussures à l'entrée. Photos* *interdites.* L'une des surprises de la ville. Un vaste palais planté au cœur d'un beau jardin. Édifié en 1835, il est le produit des fantasmes d'un raja – dont les descendants occupent toujours les lieux –, fou d'italianisme et de culture européenne. Dans ce décor très viscontien, les stucs s'écaillent à cause de l'humidité, les dorures des tableaux et meubles s'en vont, mais la collection de peintures et sculptures provenant du monde entier est toujours en place, et quelques œuvres sont de grande qualité. Atmosphère assez étonnante, vaguement décadente. Dans les différents salons, salle à manger, salle de bal et autres pièces, on trouve des reproductions de tableaux (Murillo, Titien, Rubens), statues romaines (et de Bonaparte), lustres en cristal de Venise, grands vases chinois..., sans oublier, à l'étage, les spectaculaires salles de réunion et de bal, avec des miroirs belges monumentaux et d'énormes *shisha*... ou la collection de volières (et de leurs perroquets) dans la grande cour. On peut aussi faire un petit tour dans le parc.

Tagore House *(plan I, C1)* **:** *Dwarkanath Tagore Lane, dans l'enceinte d'une université, au fond à gauche. Ⓜ Girish Park. Tlj sauf lun 10h30-16h30. Entrée : 150 ₹ ; réduc étudiants. Photos interdites.* Si l'on ne devait retenir qu'une seule figure emblématique de la ville, ce serait Sri Rabindranath Tagore (voir la rubrique « Personnages » dans « Hommes, culture, environnement »). Il vécut plus de la moitié de sa vie, naissance et mort incluses, dans cette belle demeure rouge adossée à une université. Les différentes pièces de cette vaste habitation assez dépouillée, organisée autour d'une cour, accueillent les souvenirs personnels du poète-artiste-enseignant (objets et vêtements). De nombreuses photos noir et blanc jalonnent le parcours : pièce à vivre, salle à manger, chambre où il rendit son dernier souffle... Dans le prolongement, une petite expo sur le Japon, pays avec lequel Tagore et son père avaient d'importants liens. Enfin, peintures du maître et quelques manuscrits.

Dans le parc de Maidan *(plan I, A-B3-4-5, et zoom B3-4-5)* et alentour

Le ***parc de Maidan*** est l'immense poumon de Kolkata, où se déroulent la plupart des foires. Utilisé naguère comme champ de manœuvre autour du fort William (aujourd'hui base militaire, ne se visite pas), il abrite des hectares de pelouse... assez sèche, et quelques bâtiments remarquables, héritage pour la plupart de l'époque britannique. Plutôt agréable d'y traîner ses guêtres, parmi les joueurs de cricket, les cerfs-volistes et pique-niqueurs en famille.

UNE STATUE PARLANTE

Entre le mémorial et le parc de Maidan, une statue de Sri Aurobindo, considéré par les Bengalis comme l'un des plus grands révolutionnaires indiens. Debout et bien droit, il tourne le dos à la couronne britannique... Pas besoin de sous-titre. Il se réfugia d'ailleurs à Pondichéry sous la protection française.

Victoria Memorial Hall *(plan I, B5)* **:** *Queen's Way, dans le Maidan. ● victoriamemorial-cal.org ● Ⓜ Rabindra Sadan ou Maidan. Tlj sauf lun et j. fériés 10h-18h (dernière entrée 17h30). Parc tlj 5h30-18h30 (5h15-18h sept-fév). Entrée : 500 ₹ ; jardin seul : 10 ₹.* Impressionnante pièce montée de marbre blanc. Érigé de 1906 à 1921 par lord Curzon en hommage appuyé à la reine Victoria, ce bâtiment prétentieux rappelle la cathédrale Saint-Paul de Londres, notamment par son dôme à galeries extérieures. Symbole parfait de la grandeur de l'Empire britannique, la statue massive de l'impératrice Victoria vous accueille dans le jardin. Les salles d'exposition (au rez-de-chaussée, au fond) s'avèrent intéressantes : histoire de la fondation de la ville, collection de gravures, estampes, cartes et

objets d'époque, avec pas mal d'explications. Section sur les personnages qui marquèrent Kolkata, la littérature bengalie et sur la naissance d'une conscience politique bengalie.
– Devant le monument, sur Queen's Way, des calèches proposent de faire un tour dans le Maidan.

Saint Paul's Cathedral (zoom B5) : *Cathedral Rd, dans le Maidan.* Ⓜ *Rabindra Sadan ou Maidan. Tlj 10h-18h.* Une des plus importantes cathédrales construites en Inde, édifice anglican du XIXe s. Les amoureux du peintre préraphaélite Burne-Jones apprécieront le vitrail qu'il a réalisé sur le flanc ouest... Et puis ce n'est pas en Angleterre que vous verrez tous ces ventilos tombant du « ciel ».

Academy of Fine Arts (zoom B5) : *2, Cathedral Rd, dans le Maidan.* ☎ *22-23-43-02.* • *academyoffinearts.in* • Ⓜ *Rabindra Sadan. Tlj sauf lun 12h (15h dim)-19h. Entrée : 25 ₹.* Au rez-de-chaussée, petites expos temporaires au travers de 6 galeries. À l'étage, quelques aquarelles et dessins de Rabindranath Tagore. Pour les fans seulement.

South Park Street Cemetery *(cimetière colonial ; zoom C5)* : *South Park St, à l'extrémité est de l'avenue. Tlj 8h-17h.* Pour les amateurs de vieux cimetières et d'endroits hors du temps. Ouvert en 1767, il abrite les tombes et mausolées des fondateurs de la ville et de leurs successeurs, souvent victimes des fièvres et maladies tropicales qui ravagèrent la colonie jusqu'à l'arrivée des antipaludéens et des antibiotiques. Nombre d'officiers et de soldats de l'armée impériale également, morts au combat lors des révoltes qui éclataient régulièrement au XIXe s. Les dernières inhumations eurent lieu dans les années 1830. La grandiloquence des tombeaux (réhabilités en 1978) rappelle celle des grands cimetières londoniens du XIXe s (pyramides, obélisques, urnes, coupoles et frontons néogrecs, etc.). Une petite balade bucolique et poétique, nimbée d'une atmosphère paisible.

Le sud de la ville

Kalighat Kali Temple (plan II, B7) : *au sud du centre.* • *kalighattemple.com* • Ⓜ *Kalighat. Fermé aux non-hindous 13h30-16h. Photos interdites.* Le temple, recouvert de carreaux de faïence, est assez kitsch (avec tout le respect que l'on doit à Kali). Mais il faut y aller pour l'ambiance de dévotion extrême (il est visité par des milliers de personnes chaque jour !), et parce que c'est une occasion rare de pénétrer dans un temple dédié à Kali, habituellement réservé aux hindous. Quand Shiva dansa avec le cadavre de Sati et que Vishnou coupa celui-ci en morceaux pour arrêter la danse cosmique, un des orteils de Sati tomba ici... Il n'en fallait pas plus pour rendre le lieu hautement vénérable.
Dans l'enceinte du temple, derrière des grilles, un arbre sacré, tout rabougri, où les couples désireux d'avoir un enfant viennent prier et attacher un petit caillou tenu par une ficelle et un de leurs cheveux. Le vœu exaucé, ils reviendront le détacher et offrir des guirlandes d'hibiscus (fleur de Kali). À l'arrière, une courette pour les sacrifices de chèvres et de moutons. La viande sert ensuite à nourrir les indigents. Au cœur du temple, un étroit passage permet de jeter un œil au sanctuaire où trône la statue de Kali, noire, avec 3 yeux orange vif en amande au centre du visage ! C'est aussi à cet endroit que l'on se rend compte de l'extrême ferveur qui règne ici !

Nirmal Hriday *(ou Kalighat-mouroir de Mère Teresa)* : *à côté du temple de Kali, sur la droite, à l'angle de la rue.* Ⓜ *Kalighat. Ouv 8h-11h30, 15h-18h.* Pour info, c'est l'un des centres de la Congrégation de la Charité, où les religieuses accueillent les mourants. Ne se visite pas, mais c'est notamment ici que s'activent les bénévoles (voir le texte plus haut sur la *Mother House*).

Botanic Garden *(jardin botanique ; hors plan I par A3)* **:** *à Howrah, donc sur la rive droite du fleuve. Y aller en rickshaw (galère en bus). Tlj 8h-17h. Entrée : 400 ₹. Appareil photo (dont téléphone mobile) : 20 ₹.* Parc de 110 ha, mais entretien vraiment médiocre. Bref, si vous avez beaucoup de temps. L'arbre le plus spectaculaire est un banian vieux de 250 ans, dont les 650 racines aériennes occupent un périmètre de 420 m de circonférence, véritable petite forêt. Voir aussi la *Large Palm House,* une serre qui contient des dizaines de variétés de palmiers, bambous et fleurs exotiques.

Au nord du centre

Sital Nathji Temple *(temple jaïn ; hors plan I par C1,* ***84****)* **:** *Badri Das Temple Rd, Raja Dinendra St.* Ⓜ *Girish Park ou Shyambazar, puis 10-15 mn à pied. Fermé 11h-15h. GRATUIT (mais on vous demandera probablement une petite donation).* Le plus beau temple jaïn du Bengale (il y aurait près de 500 000 jaïns dans la région de Kolkata, dont beaucoup de businessmen). Composé du temple principal, de la *guesthouse,* d'un étonnant jardin et du bassin où s'ébattent les carpes sacrées. Noter les superbes vases de Chine, ainsi que les socles des statues ornés de délicates faïences persanes. Devant le temple, la barrière se compose de balustres superbement décorés de céramiques chinoises.
Quant au temple, édifié en 1867 par un riche joaillier, il atteint le summum du kitsch, avec sa profusion de stucs, marbres, céramiques italiennes, glaces de Murano et lustres de Belgique. Intéressant de se faire expliquer les rituels. Une statue et une lampe sacrées furent découvertes dans une grotte, il y a quelque 150 ans, et rapportées ici. Depuis, la lampe brûle dans le temple, mais curieusement ne laisse aucune trace de noir de fumée sur la soucoupe blanche placée au-dessus ! En face, des écrits en sanskrit vieux de 2 siècles racontant les relations entre l'hindouisme et la religion jaïne. Dans la niche du fond, les dévots viennent déposer chaque jour une fleur et du santal. Continuer en suivant le corridor dans le sens des aiguilles d'une montre. Au passage, noter le billot humide sur lequel tous les fidèles râpent le santal (dans les rituels hindous, seuls les brahmanes le font) avant de se rendre à l'autel en cuivre devant une réplique de la statue du fond. Elle sert de substitut et permet de recevoir les offrandes, le santal, et d'être lavée le soir, tandis que le prêtre souffle de temps à autre dans une conque.

Les autres temples jaïns : *en sortant, tourner à gauche.* On tombe sur un temple vieux d'un siècle et demi, entièrement en marbre, surmonté d'un dôme et orné de colonnettes géminées sculptées. Puis revenir devant le Sital Nathji pour la visite (juste en face) d'un 3e temple, de style très différent. Décoré plus simplement de céramiques et carreaux de faïence anglaise. Noter cependant la richesse de l'ornementation peinte des coupoles.

Kumartuli *(quartier des sculpteurs ; hors plan I par C1)* **:** *au nord de la ville.* Ⓜ *Shobhaa Bazar, puis marcher env 10 mn ou prendre un rickshaw.* Un de nos quartiers préférés, en dehors du circuit classique. Près de 250 familles de modeleurs y vivent depuis 2 siècles. Les ateliers se succèdent dans un entrelacs de ruelles ; là prennent forme des milliers de divinités, statues pour le gouvernement, bustes pour particuliers, décors, etc. Les statues sont d'abord grossièrement formées de paille, puis recouvertes de plusieurs couches successives d'argile très meuble, avant de sécher, puis d'être peintes. L'effervescence atteint son paroxysme au moment des préparatifs de la fête de Durga (*Durga Puja,* en septembre ou octobre), la plus spectaculaire des manifestations religieuses de Kolkata. Les gigantesques déesses seront peintes de couleurs vives, richement habillées, puis portées en cortège jusqu'au fleuve, jusqu'à la mer où elles seront immergées.

Dakshineswar Kali Temple *(hors plan I par C1,* ***85****)* **:** *tt au nord de la ville.* Ⓜ *Shyambazar et continuer en taxi (sur env 8 km), pour env 100 ₹. On peut aussi* *l'atteindre en ferry depuis Bagbazar. Tlj 6h30-12h, 15h-20h. GRATUIT.* Encore un lieu d'où se dégage une grande ferveur. C'est ici que vécut Ramakrisna, un mystique indien du XIXe s, qui déclara avoir atteint l'absolu non seulement au travers de l'hindouisme (c'était un adorateur de Kali), mais aussi de l'islam, et même du christianisme (il aurait vu Jésus). On voit sa chambre, au fond à droite en entrant dans l'enceinte du temple, garni de portraits de *guru* hindou et où méditent pas mal de visiteurs. Au centre dans la cour, sur la gauche, le temple dédié à Kali, dont on apercevoit la statue en se joignant aux dévots qui font la queue. Comme souvent, ce dernier ne brille pas par la finesse de son architecture.

Balade sur le fleuve

La compagnie *Vivada* (● *vivadacruises.com* ●) propose des ***evening cruises*** de 3h reliant Millenium Park, sur Strand Road *(plan I, B3)*, au Dakshineswar Kali Temple (*hors plan I par C1*, **85** ; voir plus haut) : *horaires variables selon les saisons, voir sur leur site. Compter 1 500 ₹/pers, apéro compris.* Également, 1 à 2 fois/mois, des *breakfast cruise* et des *lunch cruise.* Voguer sur l'Hooghly permet de découvrir lentement la vie de ce fleuve, considéré comme sacré (car il n'est autre qu'un bras du Gange). Sur fond de bâtiments coloniaux, vieux entrepôts, jetées délabrées, on découvre les ghâts où les gens effectuent leurs ablutions, lavent leurs vêtements. Quelques temples, mais aussi des crématoriums qui fonctionnent à l'électricité. Au milieu du fleuve, les « pêcheurs de sable ». D'autres déchargent inlassablement des péniches, à l'aide de paniers d'osier. Passionnant à observer.

Fêtes et manifestations

– ***Dover Lane Music Conference :*** *6 j. en déc ou janv.* ● *doverlanemusicconference.org* ● Un des plus grands festivals en Inde consacrés à la musique classique indienne et rassemblant les plus grands maestros du pays ainsi que la génération montante.
– ***Kolkata Boi Mela*** *(foire du livre)* **:** *15 j. de fin janv à mi-fév, sur le site de Milon Mela, à 6-7 km à l'est du centre.* ● *kolkatabookfair.net* ● Gigantesque manifestation livresque (la plus grande d'Asie !) qui vaut le détour si vous êtes dans le coin. La tonicité culturelle et intellectuelle de Kolkata s'exprime ici avec une puissance incontestable.
– ***Durga Puja :*** *4 j. fin sept-début oct (4-8 oct 2019 et 22-26 oct 2020).* La plus grosse manifestation religieuse de la ville, dédiée à la déesse Durga (lire « Kumartuli » dans « À voir »).
– ***Kolkata Film Festival :*** *1 sem en nov.* ● *kff.in* ● Propose une sélection indienne et internationale, mêlant longs et courts métrages, documentaires, cinéma d'auteur ou populaire.

DANS LES ENVIRONS DE KOLKATA

Chandernagor *(Chandannagar)* ***et les comptoirs européens :*** *à 48 km au nord de Kolkata ; compter 1h30 min en voiture ; trains depuis Howrah très fréquents, env 1h de trajet (gare ferroviaire à env 1,5 km des rives de la Hoogly). On vous conseille vivement de faire cette balade toute une journée en voiture avec un guide : sites peu indiqués et pas simples à trouver par soi-même.* Comptoir français important dès 1673, considérablement développé par Dupleix dans les années 1730 : Chandernagor était alors le comptoir européen le plus actif des rives de la Hooghly (loin devant Calcutta), avec des échanges commerciaux vers tout le

Sud-Est asiatique. Prise de guerre des Anglais en 1757, la cité changea plusieurs fois de mains au gré des guerres franco-anglaises. Redevenue française en 1816, éclipsée alors par le dynamisme économique de Calcutta, elle vivotera jusqu'à sa rétrocession à l'Inde en 1951. C'est le long de la rivière, sur le strand arboré réaménagé en gradins, que les bâtisses coloniales sont les plus faciles à repérer : la cathédrale, l'ancien commissariat bleu et blanc (aujourd'hui la police indienne !), le siège de l'administration devenu musée (fermé mer), l'ancien grand hôtel devenu cour de justice... Et, encore récemment traversé de part en part par de superbes arbres, le Registry Building, dont la restauration devrait bientôt commencer. Également un riche patrimoine de belles demeures de négociants un peu éparpillées dans la ville (une centaine ont été recensée), mais là, impossible de s'y retrouver sans guide. Sinon, la ville actuelle n'offre que peu d'intérêt, excepté pendant la Durga Puja, qui a lieu ici 2 à 4 semaines après celle de Kolkata lors de la Kali Puja en fait (voir plus haut pour les dates). À l'occasion de cette grande fête, animation exceptionnelle.

– Profiter de votre virée pour passer par **Serampore**, ancien comptoir danois de 1755 à 1845 : pause déjeuner possible à la Denmark Tavern (N. N. Roy St, tlj 11h-21h), bâtiment colonial bien restauré, et par l'ancien comptoir portugais de **Bandel,** qui conserve une belle basilique (fondée en 1599 mais reconstruite après plusieurs saccages vers 1660).

LE NORD-EST

• Carte *p. 379*

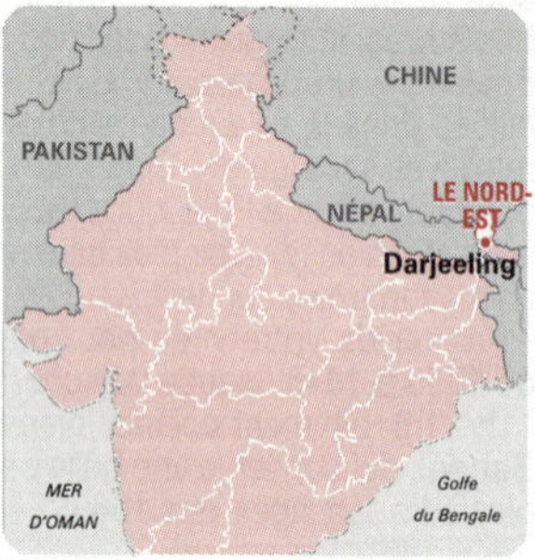

Cette région confinée au nord-est de l'Inde offre des paysages uniques. Plus d'horizontalité, tout ici est verticalité. Les montagnes abruptes, où même les arbres ont parfois du mal à s'accrocher, dessinent des espaces grimpant vers le ciel, creusent des vallées profondes, souvent noyées dans des brumes épaisses. À la période la plus sèche (octobre-novembre et avril-mai), les nuées s'entrouvrent et peignent une indicible toile de fond : aux 1res lueurs du matin, on découvre la chaîne himalayenne, toute de rose vêtue, avec – en invité-vedette – le *Kangchenjunga,* 3e sommet du monde (8 586 m). On se dit alors que les heures à se faire secouer en bus ou en jeep sur d'improbables chemins n'ont pas été vaines. Mais soyons clairs : la région séduira essentiellement ceux qui rêvent de plantations de thé et qui veulent aller à la rencontre de l'Himalaya – et, à défaut d'en tutoyer les sommets, de s'en approcher un peu. Les treks possibles depuis Darjeeling ou à partir de Yuksom, au Sikkim, permettent, même pour les marcheurs modestes, d'assouvir ce désir. Culturellement parlant, la région est habitée principalement par les Gurkhas, de langue népalaise, et plusieurs peuples des montagnes partageant beaucoup avec la culture tibétaine – bouddhisme en 1er lieu. N'espérez pas, cependant, de monastères exceptionnels, comme au Ladakh ou au Bhoutan : globalement plus modestes ils ont en plus, ici, souffert de 2 séismes, en 2011 et 2015.

– ***Note :*** nous traitons dans cette partie Darjeeling, située dans la partie nord du Bengale-Occidental, ainsi que l'ex-royaume du Sikkim, avec Gangtok, Pelling et ses environs.

ARGENT

On trouve désormais des distributeurs presque partout, même si tous ne marchent pas toujours (privilégiez ceux de la *SBI*). Pour le change, par contre, c'est plus ardu ; n'espérez pas changer vos euros ou dollars en dehors de Darjeeling ou Gangtok.

CLIMAT

La mousson peut survenir dès le mois de mai et s'étendre jusqu'en septembre (avec un pic en juillet). Évitez absolument de visiter la région à cette période : les petites routes vertigineuses et cabossées deviennent alors encore plus dangereuses, et sont régulièrement sujettes à des glissements de terrain, qui peuvent couper certains axes pendant plusieurs semaines. Les accidents sont fréquents. En plus, vous ne verriez pas les sommets himalayens, raison première d'un séjour ici !

LA RÉGION DE DARJEELING ET LE SIKKIM

– ***Meilleures périodes :*** de fin septembre à mi-novembre et d'avril à mi-mai (voire juin certaines années).
– En hiver (décembre à février), il pleut aussi, et le froid tombe vite... Le mercure peut descendre très bas. Il est alors indispensable de venir avec gants, bonnets et bonnes chaussettes, même si vous n'effectuez pas de trek.
– Au Sikkim, au printemps (mars-avril), les rhododendrons géants sont en fleur : superbe !

Comment y aller ?

Que l'on rejoigne Darjeeling ou le Sikkim, la porte d'entrée depuis le reste de l'Inde est la même : la ville (sans intérêt) de Siliguri ou la gare de New Jalpaiguri, la plus grande de la région, à 6 km de là. Quelques rares trains poursuivent jusqu'à la gare de *Siliguri Junction,* plus centrale et plus pratique pour sauter ensuite dans un bus ou une jeep (plus de choix, un peu moins cher et moins d'attente). Siliguri est située à 84 km de Darjeeling par la route et à 115 km de Gangtok (la capitale du Sikkim).

En bus de Kolkata et de Katmandou vers Siliguri

➢ ***De Kolkata à Siliguri :*** nombreux bus de nuit, très pratiques, dans les 2 sens (départ 16h-20h, arrivée le mat) ; ceux avec clim sont 2 fois plus chers (env 1 000 ₹). Outre les bus d'État, de nombreuses compagnies privées arrivent à Siliguri sur Hill Cart Rd, près de la *Tenzing Norgay Central Bus Station*.

➢ ***De Katmandou à Siliguri :*** prendre un bus de nuit jusqu'à Kakarbhitta, le poste-frontière népalais (12h-15h de route), traversée à pied ou en rickshaw jusqu'au poste indien (1 km) de Panitanki, puis jeep ou bus pour Siliguri (1h) dans la foulée. Ceux qui en ont les moyens peuvent aussi voler de Katmandou à Bhadrapur, l'aéroport le plus proche de la frontière, avec *Yeti Airlines*... Sinon, on peut aussi passer par le poste-frontière de Pashupati, à env 30 km à l'ouest de **Darjeeling**. De Katmandou, 2 bus/j. (clim) vers 12h30-13h (17h-18h de trajet...), puis terminer avec un taxi collectif après les formalités.

En bus ou en taxi collectif depuis Siliguri

Tenzing Norgay (Junction) Central Bus Terminus : *Hill Cart Rd, à côté de la gare ferroviaire de Siliguri Junction.*

➢ ***Calcutta :*** 5 bus/j., 13h30-19h.

➢ ***Darjeeling :*** 6-7 bus le mat, 6h30-11h.

➢ ***Gangtok :*** à 6h et 8h30 env (180 ₹). Trajet : env 5h.

➢ ***Joygaon (frontière du Bhoutan) :*** à 11h50. Pour entrer au Bhoutan, il faut avoir au préalable acheté un forfait auprès d'un tour opérateur du pays, seul habilité à faire émettre le visa.

– Pas de bus pour **Peeling** : le prendre à la *SNT* (voir ci-dessous).

Sikkim National Transport** (SNT)* ***de Siliguri : *gare routière gouvernementale située à 5 mn de la gare Siliguri Junction, sur Hill Cart Rd.* ***Elle ne dessert que le Sikkim.***

➢ ***Gangtok :*** ttes les 30 mn-1h, 6h30-15h, dont 3 avec clim à 8h, 10h30 et 13h30 (150-250 ₹). Trajet : 5h.

➢ ***Pelling :*** 1 seul bus/j., vers 10h30 (180 ₹). Trajet : 6-7h.

➢ Également de ***nombreux shared taxis*** tout autour de ces gares routières, qui partent lorsqu'ils sont pleins (6-10 places) : départs fréquents tte la journée ***pour Darjeeling*** (ttes les 10-30 mn env, 6h-18h – 16h30 en hiver), ***Gangtok*** (6h-16h env, selon demande) et ***Pelling*** (moins fréquents).

En train de Kolkata et de Delhi vers Siliguri ou New Jalpaiguri

➢ ***De Kolkata et de Delhi à New Jalpaiguri (NJP) :*** min 7-8 trains/j. au départ de Calcutta (Howrah Station ou Sealdah) et 5-6 trains/j. de Delhi. Trajet : 8-13h et 21-34h respectivement. Ensuite, ceux qui veulent faire de petites économies prendront un *shared taxi* jusqu'à Siliguri Junction (20 ₹), d'où les taxis collectifs sont un peu moins chers. Sinon, depuis New Jalpaiguri (départ au fond du parking à droite en sortant) :

➢ ***Darjeeling :*** 24h/24 (250 ₹). Trajet : env 3h30.

➢ ***Gangtok :*** 4h-18h ou 19h. Trajet : env 4h30.

➢ ***Pelling :*** quelques départs seulement entre 7h et 16h-17h.

En train de Siliguri vers Darjeeling

➢ ***De New Jalpaiguri (NJP) et de Siliguri Junction :*** le célèbre ***Toy Train,*** petit train à locomotive Diesel tirant seulement 3 wagons, inscrit au Patrimoine mondial par l'Unesco, relie New Jalpaiguri à Darjeeling (soit 88,48 km) via Siliguri en 7-8h d'expédition inoubliable (à peine plus de 10 km/h de moyenne !). Mieux vaut être passionné et patient, d'autant que les soucis techniques ne sont pas rares ! Pour une balade avec la loco à vapeur, c'est seulement entre Darjeeling et Ghoom.

En avion vers l'aéroport de Bagdogra

✈ L'aéroport de ***Bagdogra,*** à 12 km à l'ouest de Siliguri, est la principale porte d'entrée de la région et le point d'accès le plus pratique vers Darjeeling. Dans le hall d'arrivée, petit bureau du *Sikkim Tourism Information Centre,* où l'on peut obtenir le permis pour le Sikkim. Également des bureaux touristiques du Bengale-Occidental et du Gorkhaland, plus un comptoir de *prepaid taxis* bien pratique. Compter 460 ₹ pour la gare routière de Siliguri et 960 ₹ pour la gare ferroviaire de New Jalpaiguri. Également des *shared taxis* avec **Wizzride** (*74-78-49-38-74 ; • wizzride.com •*) pour Darjeeling (600 ₹), Gangtok (750 ₹) et Phuntsholing à la frontière du Bhoutan (700 ₹). Pour rejoindre l'aéroport depuis Siliguri, on peut prendre un bus local (10 ₹), puis terminer en rickshaw (70-100 ₹). Comptoir de change seulement du côté départs (taux corrects).

➢ ***Kolkata*** *(1h de vol)* **:** env 10 vols directs/j. avec *AirAsia, IndiGo, Go Air, Spice Jet* et *Air India.*

➢ ***Delhi*** *(2h)* **:** env 10 vols directs/j. avec *AirAsia, IndiGo, Go Air, Spice Jet, Vistara* et *Air India,* presque ts l'ap-m.

➢ ***Bangkok*** *(3h)* **:** 2 vols/sem (lun et ven) avec *Drukair,* la compagnie bhoutanaise. Pratique pour ceux qui continuent vers l'Asie du Sud-Est. Par extension, ceux qui sont blindés peuvent gagner Paro, au ***Bhoutan,*** mais sachez que le séjour coûte minimum 250 US$/j.

➢ ***Gangtok*** *(30 mn)* **:** de l'aéroport de Bagdogra, on peut tenter de rallier ***Gangtok*** en hélicoptère pour 3 500 ₹/pers. Il y a théoriquement 1 vol/j. à 14h30 (retour à 11h), mais il est souvent squatté par les officiels, qui ont la priorité absolue. Réserver au moins 1 à 2 semaines à l'avance, tout en sachant que votre siège peut être réquisitionné au dernier moment ! Bureau dans l'aéroport, en face du comptoir de l'office de tourisme du Sikkim. ☎ *(03592) 20-39-60 ou 20-90-31.*

En avion vers l'aéroport de Pakyong

✈ Ceux qui voudraient gagner directement le Sikkim prendront le risque d'atterrir à ***Pakyong,*** à 1h de (petite) route (31 km) au sud de Gangtok. Ce nouvel aéroport, inauguré à l'automne 2018, permet d'économiser bien des heures de route, mais il a un inconvénient : situé sur une crête, il est en plein vent et les vols sont fréquemment annulés... Si cela devait arriver, on vous redirigerait vers Bagdogra et les *shared taxis* jusqu'à Gangtok... en vous laissant vous dépatouiller tout seul ! On peut obtenir son permis pour le Sikkim à l'arrivée. Pas d'*ATM* à l'aéroport, mais on en trouve le long de la route vers Gangtok. Comptoir de *prepaid taxis* (compter 1 500 ₹ jusqu'à Gangtok).

LE NORD-EST

DARJEELING (darjeeling)

130 400 hab. IND. TÉL. : 0354

• Plan *p. 385*

Darjeeling, nom mythique ! Quand on plonge son regard au fond d'une tasse de thé, on découvre de vastes plantations, moutonnant sur les pentes (très) escarpées des montagnes préhimalayennes. La région est un vrai jardin. Abrupt. Fleuri. Planté de grands et splendides cèdres du Japon. Le nom de la ville, si fortement associé à l'histoire coloniale anglaise, vient en fait du tibétain *Dorjee-Ling* (« Le lieu de la Foudre »). Étrange ville que Darjeeling. On ne peut être que déçu, d'abord, en découvrant cet empilement de béton coiffant une énième colline, baignant dans un air qualifié de « malsain » par tous les appareils de mesure, tant la circulation y est dense et chaotique...

Il faut dire que la topographie n'aide pas : étirée en altitude, entre 1 800 et 2 400 m, la ville est parcourue de rues en épingle à cheveux et de gigantesques escaliers (un excellent entraînement pour les trekkeurs !). Si elle n'est pas d'emblée charmante, si elle est brouillonne et souvent encapuchonnée de nuages et de brume, elle ne manque certainement pas de caractère. Et il est rare, finalement, de ne pas succomber à son aura, entre vieilles bicoques et cottages anglais prenant l'air des hauteurs, visite des plantations de thé, *tea time* dans un hôtel follement colonial, panoramas (distants) sur l'Himalaya et... balade à bord du célébrissime train à vapeur du *Darjeeling Himalayan Railway*, entre 2 gares si délicieusement rétro...

UN PEU D'HISTOIRE

La région de Darjeeling fit longtemps partie du royaume du Sikkim. Envahie à la fin du XVIIIe s par des armées gurkhas (népalaises), elle demeura disputée jusqu'à ce que, en 1829, 2 officiers britanniques y soient dépêchés en émissaires. Réalisant les avantages qu'offrait l'endroit en termes stratégiques (sur la route du Tibet), ils y imaginèrent aussi très vite un sanatorium, lieu de repos et de villégiature pour les colons souffrant du climat des plaines. Le *chogyal* (roi) du Sikkim en signa l'acte de cession en 1835, avant que le territoire ne soit purement et simplement annexé aux Indes anglaises dans les années 1850.
Déjà, on avait remarqué que le climat était particulièrement favorable aux théiers. Des centaines d'hectares de forêt furent défrichés, des experts chinois réquisitionnés et des milliers de Népalais engagés pour la culture et la récolte. Sur les marchés internationaux, le thé de Darjeeling, fameux, fut bientôt surnommé le « champagne de l'Est »... Tandis que d'autres planteurs se mirent à cultiver le quinquina (dont l'écorce donne la quinine, utilisée dans le traitement de la malaria), le *Darjeeling Himalayan Railway*, inauguré en 1881 au prix de quelques prouesses technologiques, favorisa grandement les exportations.
Dans la foulée arrivèrent les inévitables missionnaires, pour beaucoup écossais. Ils ont légué à la région une importance minorité chrétienne (8 % de la population dans le district de Darjeeling et jusqu'à 40 % à Kurseong) et de multiples écoles fort réputées – où étudia notamment le grand écrivain Lawrence Durrell (né en Inde). *Hill station* réputée, où venait prendre le frais toute la bonne société du Raj, Darjeeling en vint à être connue sous le surnom de « Queen of the Hills », avant de sombrer dans un relatif oubli au lendemain de l'indépendance.
Depuis plus d'un siècle, et plus encore depuis les années 1980, la région est régulièrement agitée par des tensions politiques : les Gurkhas, majoritaires (80 %), de langue népalaise, exigent la création d'un État séparé du Bengale-Occidental. En 2017, une grève générale a paralysé Darjeeling pendant 104 jours !

Topographie de la ville

La ville, extrêmement pentue, est étirée et concentrée à la fois, avec de longues rues presque parallèles, qui semblent grimper inlassablement – et tout un réseau d'escaliers plus ou moins cachés pour les relier. Habitations, hôtels, restos sont presque les uns sur les autres ! La circulation est ici un cauchemar : dans certaines rues, les chauffeurs doivent faire une manœuvre pour réussir à tourner ! Autant dire qu'il est préférable de tout faire à pied, malgré les émanations des gaz d'échappement rendant l'air malsain...
Toute l'animation se concentre entre le carrefour de *Club Side* (marqué par l'ancien hôtel de ville de 1850 et sa *Clock Tower* carillonnant joliment les heures) et la grande place piétonne de *Chowrasta*, au pied d'Observatory Hill. Une rue piétonne très commerçante les relie : *Nehru Road*.
En contrebas, *Hill Cart Road* réunit à la fois le marché *(Chauk Bazar)* et le terminus des bus et jeeps collectives.

Adresses et infos utiles

Infos touristiques

– En l'absence (espérons temporaire) du ***Gorkhaland Territorial Administration (GTA) Tourism Conter,*** incendié, vous pouvez consulter ce site, très complet : ● *darjeeling-tourism.com* ●
West Bengal Tourism *(plan B1,* ***1****) : Chowrasta, planqué à l'étage du* Main Old Bellevue Hotel. *Lun-ven 10h-16h (mais souvent 11h-15h...).* N'en attendez pas grand-chose.
Tourist Help Desk *(plan B1,* ***2****) : Chowrasta, côté droit de la place.* ☎ *225-63-56 ou 100 (urgences).* Police touristique.

Banques, change

Attention, les possibilités de change au Sikkim sont très limitées ; si besoin, débarrassez-vous de vos euros et dollars ici. Par contre, vous trouverez partout des distributeurs.

■ ***State Bank of India*** *(SBI ; plan B2,* ***4****) : Ladenla Rd. Lun-ven 10h-16h ; fermé w-e.* Bureau de change à l'étage, sur la gauche en entrant, acceptant euros et dollars (petite commission). *ATM* 24h/24 au rez-de-chaussée (accepte la carte *Visa*).
■ ***ICICI Bank*** *(plan B2,* ***5****) : 49, Ladenla Rd. Change lun-ven 9h30-16h30, plus les 1er et 3e sam du mois.* Aussi un *ATM* 24h/24 acceptant la carte *Visa. Autre distributeur sur Chowrasta.*
■ ***Ridhi-Sidhi*** *(plan B2,* ***5****) : 11, Ladenla Rd.* ☎ *225-25-54. Tlj 9h-13h, 14h-20h30.* Change les euros et les dollars à des taux... qui se discutent (il suffit de faire mine de partir...).

Santé

■ ***Pharmacie Frank Ross LTD*** *(plan B2,* ***7****) : 14, Nehru Rd.* ☎ *225-40-29. Tlj (sauf 1 dim sur 2) 8h30-20h.*
Hôpital *(D&DMA Planter's Hospital ; plan B2,* ***8****) : 7, Nehru Rd.* ☎ *225-32-19 ou 249-02-62. Urgences 24h/24.* Hygiène particulièrement approximative (euphémisme). Faites un effort, que diable, essayez de ne pas tomber malade !

Agences de trekking

Pour la grande majorité des treks, un guide est obligatoire. On trouve de nombreuses agences à Darjeeling, qui vous proposeront toutes le *Singalila Trek,* une rando assez facile, réalisable à partir de 4-5 jours. Comparez prestations et prix.
– ***Conseils divers :*** organisez-vous avec votre hôtel pour y laisser vos excédents de bagages (la plupart acceptent). Mieux vaut venir avec ses propres duvet, doudoune et vêtements chauds, mais sachez que l'on trouve pas mal de (plus ou moins) bon matériel sur place (voir plus bas). Et n'oubliez pas : redescendez tous vos déchets, même si vos guides et porteurs ne le font pas.

■ ***Himalayan Travels*** *(plan B3,* ***11****) : 18, Gandhi Rd.* ☎ *225-22-54.* 📱 *96-47-12-81-94.* ● *himalayan travel.co.in* ● *Tlj 10h-18h.* Cette agence sérieuse, fondée dans les années 1970 par le très renommé K. K. Gurung (tout le monde l'appelle Kéké), organise des voyages classiques et des treks pour tous les niveaux et toutes les bourses. Aujourd'hui, son fils Avishake prend le relais mais leur agence reste une des meilleures pour le Sikkim et la région de Darjeeling. Guides parlant l'anglais.
■ ***Trek Mate*** *(plan B2,* ***14****) : Nehru Rd, à gauche en montant.* 📱 *62-96-11-20-04. À côté de la* House of Tea, *entrer dans la petite galerie, c'est au 2e sous-sol. Lun-sam 9h-18h, parfois aussi le dim en hte saison.* Cette minuscule agence, sérieuse et passionnée, loue des duvets et anoraks, et organise surtout de super treks *(compter env 2 800 ₹/j. pour le Singalila et 4 500 ₹/j. pour le Dzongri, au Sikkim, tt compris).*
■ ***Clubside Tours & Travels*** *(plan B1,* ***12****) : H. D. Lama Rd, dans le même bâtiment que le* Summit Hotel *; descendre la rampe d'accès au parking, à droite de l'entrée de l'hôtel.* ☎ *225-46-46.* 📱 *98-32-06-09-80.* ● *clubside.in* ● Organise des treks dans tout le West Bengal et le Sikkim et, plus largement, des voyages jusqu'au Bhoutan,

dans l'Assam et même aux îles Andamans ! Assez chic et assez cher mais sérieux.

Matériel de trek, documentation et cartes

Si vous comptez effectuer un trek, mieux vaut apporter votre duvet et votre doudoune (ceux proposés par les agences sont souvent trop fins ou usés), vos gants et de bonnes chaussures. En cas de besoin, on peut toutefois acheter du bon matériel sur place, à des prix inférieurs à la France.

■ ***The Rope*** *(plan B2, **13**)* **:** *dans la rue qui descend de Club Side, vers Chauk Bazar, à 50 m sur la gauche. ☎ 80-16-10-41-23. Ouv tlj en saison env 10h-18h ; fermé jeu hors saison.* Excellent magasin de matériel de trekking où l'on trouve de quoi s'équiper pour pas cher et de très bonne qualité (pas de contrefaçon comme c'est fréquemment le cas à Darjeeling).

■ ***Oxford Book & Stationery*** *(plan B1, **15**)* **:** *Chowrasta. Lun-sam 9h30-19h30 ; fermé dim sauf de mi-avr à mi-juin et de mi-sept à mi-nov.* Vous y trouverez tout ce que vous avez toujours voulu savoir sur l'Himalaya, notamment de beaux livres (en anglais), ainsi que des guides et cartes (pas très à jour). Vendeurs compétents.

Permis pour le Sikkim

Pour les détails, voir « Le Sikkim. Permis pour le Sikkim ». Malheureusement, plus de *Sikkim Tourist Centre* ici, il faut donc obligatoirement s'adresser au *FRO*, puis au *DM*.

■ ***Foreigner's Registration Office*** *(FRO ; plan B2, **16**)* **:** *Ladenla Rd. Tlj 10h30-16h30.* On y retire un formulaire qu'on remplit et qu'on vous tamponne. On le présente ensuite avec son passeport au ***Deputy Commissioner's Office,*** alias ***DM*** *– District Magistrate (hors plan par A1 ; en contrebas d'Hill Cart Rd, à env 1 km vers le nord, juste après le jardin botanique ; au 1er étage à droite, bureau nº 4 ; lun-ven 11h-13h, 14h30-16h, fermé w-e et j. fériés),* pour obtenir le permis définitif.

■ Adresses utiles

- **1** West Bengal Tourism (B1)
- **2** Tourist Help Desk (B1)
- **4** State Bank of India (B2)
- **5** ICICI Bank et Ridhi-Sidhi (B2)
- **7** Pharmacie Frank Ross LTD (B2)
- **8** Hôpital (B2)
- **11** Himalayan Travels (B3)
- **12** Clubside Tours & Travels (B1)
- **13** The Rope (B2)
- **14** Trek Mate (B2)
- **15** Oxford Book & Stationery (B1)
- **16** Foreigner's Registration Office (B2)

Où dormir ?

- **20** Hideout Backpackers Hostel (B2)
- **21** Hotel Shamrock (A3)
- **22** Hotel Long Island (B3)
- **23** Joshi's Homestay (B2)
- **24** Magnolia Residency (B2)
- **25** Classic Guest House (B1)
- **26** Tibet Home (B3)
- **27** Dekeling Hotel (B2)
- **28** Hotel Villa Everest (hors plan par A3)
- **30** Mount Himalayan Resort (B3)
- **32** The Elgin Darjeeling (B1)
- **34** Windamere Hotel (B1)

Où manger ?

- **27** Dekevas Restaurant, Kunga Restaurant et Lunar Restaurant (B2)
- **40** Penang (A3)
- **41** Nawangs Restaurant (B2)
- **42** Kathmandu Kitchen (B3)
- **43** Hasty Tasty (B2)
- **44** Keventer's (B2)
- **45** The Park (A2)
- **46** Mamta Pizza Place (B1)
- **47** Sonam's Kitchen (B2)
- **48** Glenary's (B2)

Où prendre le thé ?

- **32** The Elgin (B1)
- **34** Windamere Hotel (B1)
- **50** Sunset Lounge (B1)

Où boire une bonne bière ? Où écouter de la musique ?

- **48** The Buzz (B2)
- **51** Joey's Pub (A3)
- **52** Gatty's Cafe (B3)

Achats

- **70** Nathmulls (A2)
- **71** Nathmulls Rink Mall (A3)
- **72** Golden Tips Chowrasta (B1)
- **73** Golden Tips Nehru Rd (B1)
- **74** Dorjee (A3)
- **75** Habeeb, Mulich & Son (B1)
- **76** Hayden Hall (B2)

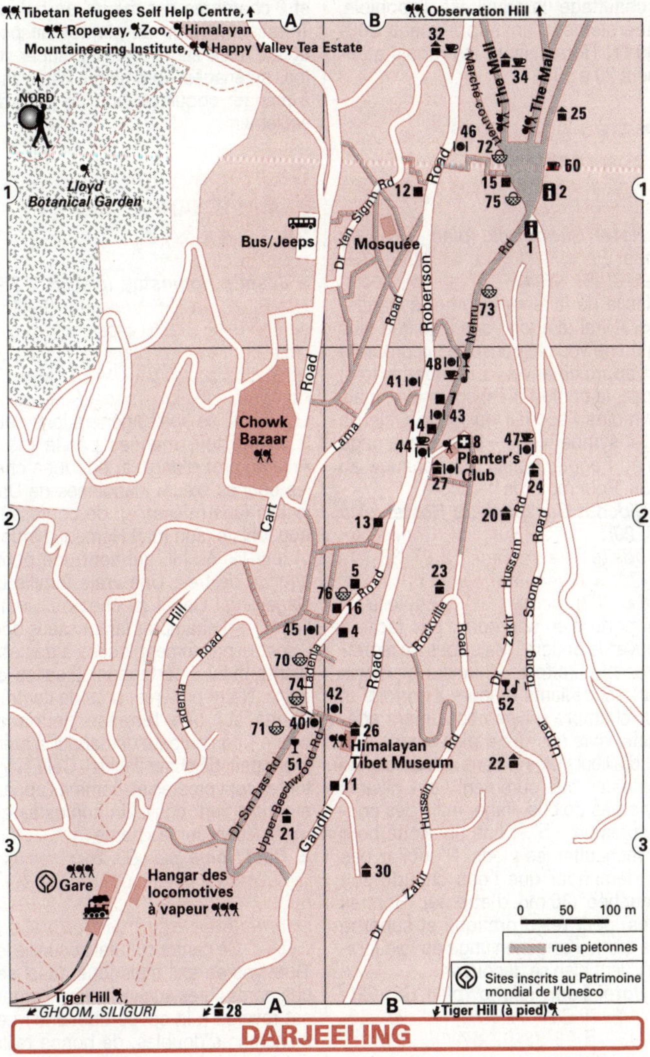

DARJEELING

Où dormir ?

Même s'il vous faudra commencer par grimper, on vous suggère de résider plutôt sur les hauteurs de la ville, moins polluées et moins bruyantes. De toutes les façons, peu d'hôtels sont accessibles en voiture... Ne soyez pas surpris : les prix de l'hébergement sont assez élevés à Darjeeling, toutes catégories confondues – et cela ne signifie pas forcément que vous aurez le chauffage (lorsqu'il est disponible, généralement en supplément 200-500 ₹) ! Hors saison, les rabais atteignent 20 à 50 % !

De très bon marché à bon marché (600-1 600 ₹ / 8-21,30 €)

Hotel Shamrock *(plan A3,* ***21****) : Upper Beechwood Rd. ☎ 225-32-97. 📱 95-60-36-96-44. Double env 600 ₹.* Difficile de faire moins cher à Darjeeling. À vrai dire, on vous l'indique plus qu'on ne vous le conseille : la propreté est approximative, la moquette (très) râpée, le confort (très) sommaire, mais au moins l'accueil du jeune Dhlerba est-il sympathique – bien d'avantage qu'au *Pagoda* voisin. Eau chaude au seau. Pour routards hardcore.

Hideout Backpackers Hostel *(plan B2,* ***20****) : near SP Bunglow, Chowrasta, opposite Water Tank. 📱 97-33-11-85-21. • hideoutdarjeeling.business.site • Lit en dortoir 700 ₹.* En voilà un qui porte bien son nom : pas facile à trouver, le bougre ! Mais vous ne regretterez pas l'effort : Bhumika et Aswin sont accueillants et leurs 2 dortoirs et leur chambre privée absolument adéquats, voire cosy à certains égards – on est d'ailleurs plus là dans une ambiance *homestay* que purement AJ. L'hiver, il n'y a pas de chauffage, mais des couvertures en rab' et une bouillotte pour se réchauffer les pieds. N'oubliez pas de demander que l'eau chaude soit branchée (30 mn d'attente). Bonnes infos, petit resto pratique et superbe vue sur le Kangchenjunga au loin lorsqu'il veut bien se découvrir.

Hotel Long Island *(plan B3,* ***22****) : 11/A/2, Dr Zakir Hussain Rd. ☎ 225-20-43. 📱 98-32-07-67-14. • pritu.chhetri@hotmail.com • Doubles 1 400-1 600 ₹.* Une gentille adresse familiale alliant propreté, calme et vue. Les 12 chambres, toutes différentes, sont pas mal rénovées, toutes avec leur propre salle de bains (eau chaude). Vous n'aimerez pas forcément les couleurs virulentes (orange, mauve...) et les dessus-de-lit mais, au moins, vous ne risquez pas d'oublier que vous êtes en Inde ! L'ensemble est propre et 3 chambres ont même un balcon. Terrasse envahie de plantes en pots et une autre sur le toit avec super vue (pas aménagée, dommage). Petite salle à manger coquette, pour le petit déj seulement.

De prix moyens à chic (2 000-4 000 ₹ / 26,70-53,30 €)

Joshi's Homestay *(plan B2,* ***23****) : 12a Rockville Rd. 📱 99-32-20-77-72 ou 86-70-21-27-76. • joshihomestay@gmail.com • Au-dessus de l'hôtel* Dil, *par les marches à gauche du vestibule. Compter 1 000 ₹/pers, petit déj inclus.* Les Joshi, ce sont 3 générations sous le même toit, menées par la mère, Anjana, prof d'anglais, éduquée chez les bonnes sœurs irlandaises de Darjeeling (une référence), de confession bouddhiste, son mari Hemaul, hindou, et leur fils Nikhil, qui tient une petite agence de trek. Une vraie famille de Darjeeling ! On vit ici chez eux, dans l'une des 4 chambres lambrissées dont 2 sont généralement louées à des étudiants thaïs – partageant 2 salles de bains. Notre préférée, près de l'entrée, donne sur une terrasse fleurie au calme – où l'on peut demander à prendre le petit déjeuner (inclus). Cela étant, toutes sont propres et, comme l'appart, étonnamment cosy. Un *homestay* qui met l'accent sur le « home » !

Tibet Home *(plan B3,* ***26****) : Manjushree Centre of Tibetan Culture, 12, Gandhi Rd. ☎ 225-29-77 ou 67-14. • manjushreetibcentre.org • Double env 2 500 ₹.* Ce centre culturel accueille les Tibétains en exil mais loue aussi ses chambres libres aux visiteurs – l'argent est reversé à la cause tibétaine ! Les 8 chambres doubles, de bonne taille, ont toutes leur salle de bains (propre) et des moquettes pas trop usées. La n° 4 a la plus belle vue. Depuis la terrasse sur le toit, on peut apercevoir le Kangchenjunga. Très central. Pas de petit déj... ni de chauffage en hiver (les Tibétains n'ont jamais froid !).

Magnolia Residency *(plan B2,* ***24****) : Dr Zakir Hussain Rd, below SP Cottage. ☎ 225-25-32. 📱 94-34-12-16-54. • magnoliaresidency.com • Doubles*

2 800-4 000 ₹, petit déj inclus. Géré par une sympathique famille tibétaine, ce petit hôtel, idéalement posé à deux pas de Chowrasta, dispose de 2 grandes chambres avec grand lit et 9 plus petites. Elles sont fort bien tenues et même personnalisées : ici un lion des montagnes, là un dragon ou des fleurs... Du coup, on est presque étonné que 3 n'aient l'eau chaude qu'au seau (la rançon des vieilles bâtisses...). *Rooftop* pour un petit déj panoramique et mini-boulangerie-pâtisserie au rez-de-chaussée. En basse saison, les tarifs baissent facilement de 20, voire 30 %.

Classic Guest House *(plan B1,* ***25****) : CR Das Rd, juste en contrebas de Chowrasta. ☎ 225-70-25. 97-33-43-09-80. • classicguesthouse.in • Doubles avec sdb 3 000-3 500 ₹, petit déj inclus.* Jolie position : la vieille maison, qui dégage un certain charme rétro, se perche au-dessus des collines, côté Tiger Hill. Bien entretenue, façon petit hôtel, elle abrite juste 5 chambres (dont une suite très spacieuse à peine plus chère), toutes avec balcon panoramique – attention cependant, l'eau chaude n'est branchée que de 8h à 10h. Couverture électrique fournie, chauffage en supplément.

De chic à plus chic (3 200-8 000 ₹ / env 42,70-106,70 €)

Dekeling Hotel *(plan B2,* ***27****) : 51, Gandhi Rd. ☎ 225-32-98. • dekeling.com • Doubles 3 200-7 800 ₹.* Dominant le rond-point de la Clock Tower, le *Dekeling* se perche au-dessus d'un autre hôtel. Résultat : pour rejoindre la réception, il faut déjà se taper 4 étages de marches ! Et rien ne dit qu'on ne va pas encore monter ensuite... Hardos en débarquant à Darjeeling. Cela dit, l'hôtel, tenu par une sympathique famille tibétaine, est plutôt agréable, et d'un bon rapport qualité-prix pour les 1res chambres (demandez-en une à l'arrière, plus calme). Certes, tout n'est pas impeccable, mais les parquets et murs lambrissés donnent un air de chalet pas désagréable à l'ensemble (sans oublier le vieux poêle du salon-salle de petit déj !). Excellent resto au rez-de-chaussée, le *Dekevas* (voir plus loin « Où manger ? »).

Hotel Villa Everest *(hors plan par A3,* ***28****) : AJC Bose Rd. ☎ 225-72-02. 98-51-02-50-98. • hotelvillaeverest.com • Doubles 5 900-8 000 ₹.* L'adresse est un peu excentrée, mais charmante. Perchée à flanc de colline, un peu au sud de la gare, elle occupe une authentique villa coloniale (1904) revisitée au goût du jour. Là où résidait jadis le propriétaire du 1er journal anglophone de la ville, on trouve aujourd'hui 11 chambres accueillantes et confortables. La plupart ont conservé leurs parquets et disposent d'une alcôve (banquette) côté fenêtre pour profiter de la vue et le grand escalier en bois est encore là. Un petit chauffage permet de combattre les 1ers frimas. Ça tombe bien : les tarifs de basse saison sont à -50 % !

Mount Himalayan Resort *(plan B3,* ***30****) : 26, Gandhi Rd, mais en fait au fond d'une impasse. ☎ (0353) 304-01-00. 99-32-43-33-39. • mounthotels.in • Double 5 900 ₹, avec petit déj.* Cet excellent établissement, de taille raisonnable (19 chambres), allie un bon confort, des espaces généreux, un certain luxe et un calme total (on est dans une impasse). Les chambres, lambrissées et avec parquet pour la plupart, sont impeccables, et les salles de bains fonctionnelle. Plusieurs ont une vue sur la montagne. Une petite préférence pour les nos 201 (en priorité), 202, 203 et 208, au dernier étage. Sur le toit, vaste terrasse abritée, aménagée avec de grandes tables, parfaites à l'heure du thé ou aux 1res lueurs du matin. Service pro. La touche rigolote : le bobby en fibre de verre à l'entrée !

Beaucoup plus chic (min 10 500 ₹ / 140 €)

La plupart des hôtels de cette catégorie imposent un *American Plan* ou *Modified America Plan,* c'est-à-dire la pension complète ou demi-pension. Peu acceptent de déroger à cette règle, sauf en basse saison. Les taxes (28 %) ne sont généralement pas incluses dans les prix annoncés (nous, nous les avons intégrées, et indiquons comme toujours les prix pour 2 personnes).

The Elgin Darjeeling *(plan B1,* ***32****) : en contrebas de Chowrasta.*

☎ 225-72-26 ou 27. • elginhotels.com • ½ pens obligatoire 15 500-16 900 ₹ tte l'année. Ancienne demeure du raja de Cooch Behar, cet écrin de luxe et de calme *so british*, où le feu crépite encore dans l'élégant salon, séduira tous ceux qui ont en tête une image idéalisée de l'Inde de jadis. Certes, l'hôtel est un peu coincé entre la route et ses voisins, mais on les oublie sitôt le portail franchi. Les chambres de l'aile ancienne, aménagées dans un esprit moderno-colonial assez classe, sont dotées d'un petit salon et d'une cheminée (feu à la demande). Dans le petit jardin, agréable pergola pour prendre le thé (pas cher). Service stylé. N'oubliez pas de poster vos cartes postales dans la vénérable boîte aux lettres rouge 100 % *british* !

Windamere Hotel *(plan B1,* ***34****) : Observatory Hill, juste derrière Chowrasta. ☎ 225-40-41 ou 42. • windamerehotel.com • Pens complète obligatoire 15 500-22 500 ₹.* De tous les hôtels coloniaux indiens, celui-ci est peut-être le plus loyaliste de tous : quasi inchangée depuis sa fondation en 1841, l'*Ada Villa* abrite toujours 6 suites victoriennes jadis fréquentées par les têtes couronnées et un *dining room* réservé aux résidents de l'hôtel – tant pis pour ceux qui rêvaient d'y prendre le thé, ils n'auront droit qu'au *parlour* sans fenêtre... Service en gants blancs et tablier, petit air snob et accent *british* de rigueur, salon-biblio comme figé dans le temps, on rejoue ici les grandes heures de l'*East India Company* et du Raj, un soupçon de vétusté en plus. 2 ailes plus récentes, à distance, abritent des chambres plus modernes (mais dans le style classique) et plusieurs bungalows s'accrochent du côté opposé du vaste jardin fleuri, sur le flanc d'Observatory Hill. Bonne nouvelle : tous ont leur propre cheminée et une baignoire à pattes. Bon voyage dans le temps.

Où dormir très chic au milieu des plantations de thé ?

Singtom Tea Estate : *à env 7 km au nord-ouest de Darjeeling. 📱 90-07-17-32-98 (manager Paul Gautam) ou 84-20-19-30-56 (managing director à Calcutta, Aditya Chirimar). • singtomresort.com • De Darjeeling, faire env 3,5 km vers le nord et, un peu avt la St Joseph's School, prendre une tte petite route goudronnée très raide qui dévale à travers les plantations de thé (fléché) ; c'est à 3,5 km. Mieux vaut prévoir un transfert : l'accès est très difficile sans 4x4 s'il a plu. Doubles 7 800-9 800 ₹ ; petit déj 500 ₹. Repas 600 ₹ (cuisine assez simple).* Tout d'abord, ne vous fiez pas au nom du site Internet : Singtom n'est pas un grand complexe, mais une jolie maison en pierre et bois de 1862 à la délicieuse façade de cottage anglais, bâtie par un curé allemand qui fonda l'une des 1res plantations de thé de Darjeeling en 1854. Utilisée encore comme lieu de résidence du manager jusqu'en 2014, elle a été convertie en un petit hôtel de charme abritant tout juste 4 suites ultraspacieuses avec cheminée. Le confort est excellent, mais on est nécessairement isolé, d'autant que le jardin n'est pas grand. Toutes sortes d'activités (500-1 000 ₹) sont proposées : visite de l'usine de thé aux machines datant de la fin de l'époque coloniale, initiation au *tea plucking* (pour cueillir vous-même), balades à travers les plantations, sans oublier l'incontournable *tea tasting* à l'hôtel (voir plus loin « Où déguster un bon thé ? »). Et puis, pour les amateurs, il y a le terrain de badminton sur gazon.

Où manger ?

Comme l'hébergement, les restaurants sont un peu chers à Darjeeling. Par contre, ils sont bons et offrent une grande variété de cuisines et d'influences : tibétaine, népalaise, chinoise (pas le plus réussi) et, évidemment, indienne.

Très bon marché (max 180 ₹ / 2,40 €)

|●| ***Nawangs Restaurant*** *(plan B2, **41**) : 7, Robertson Rd.* 📱 *97-33-00-53-38. Tlj 8h-22h. Plats 50-150 ₹.* Cette gargote pleine de locaux est si étroite qu'on peine à y entrer ! On vient ici pour un en-cas rapide, notamment pour ses très bons *momos* frits, bien croustillants, à prix canon. L'endroit est tenu par un couple fort sympathique. Très causant, lui accompagne des treks (il parle très bien l'anglais) et, elle, dans sa microcuisine semi-ouverte, mitonne et donne des cours de *momos* (250 ₹ les 3h), avec dégustation incluse ! Et aussi *thukpas,* riz avec dal, etc.

|●| ***Kathmandu Kitchen*** *(plan B3, **42**) : Ladenla Rd. Dans les escaliers étroits grimpant à gauche de la boutique* Dorjee *(juste au-dessus du resto* Penang*). Tlj.* Bien planqué, ce petit resto propret propose une cuisine népalaise de qualité, avec des spécialités classiques de la vallée de Katmandou, façon *bara* (crêpes de lentilles), *sekwa* (mouton fumé), *thalis* népalais et autres *chhoila* (viandes épicées). Les boissons et certains plats (copieux) sont servis dans de la vaisselle en cuivre !

|●| ☕ ***Keventer's*** *(plan B2, **44**) : au bas de Nehru Rd, sur Club Side, au 1er étage du magasin. Tlj 8h-18h45. Keventer's*, c'est avant tout un producteur de saucisses de porc, vendues à l'épicerie du rez-de-chaussée. On peut goûter les produits maison façon petit déj *british* (plus ou moins revu et corrigé) dans la petite salle étroite de l'étage, qui s'épanche sur une agréable terrasse triangulaire dominant le carrefour. Oh, rien d'inoubliable, mais l'endroit est central, pratique et pas bien cher. Carte snack avec une grande variété de sandwichs, aussi. Accueil moyen.

|●| ☕ ***Sonam's Kitchen*** *(plan B2, **47**) : 142, Dr Zakir Hussain Rd.* 📱 *92-32-56-36-54. Tlj 8h-14h30, 17h30-21h, sauf dim soir.* À 10 pas de Chowrasta, l'endroit, très apprécié des routards du monde entier, est parfait pour un petit déj à l'occidentale pas ruineux, dans une ambiance refuge de montagne (murs lambrissés, poster du Kangchenjunga). La spécialité de l'accueillante Sonam : les *hashbrowns* (galettes de pommes de terre). Le soir, une bonne soupe vous réchauffera.

Bon marché (180-450 ₹ / 2,40-6 €)

|●| ***Hasty Tasty*** *(plan B2, **43**) : Nehru Rd. Tlj 8h30-20h30. Plats 90-240 ₹.* Ambiance de cantine indienne garantie pour ce resto végétarien aux cuisines ouvertes, où l'on commande (et paye) au comptoir. On vous y donne un numéro et vous attendez qu'on vous appelle. Laissez tomber la carte, longue comme un menu chinois (sic), et optez plutôt pour l'un des 3 *thalis* : celui du Nord, du Sud ou le *special.*

|●| ***Dekevas Restaurant*** *(plan B2, **27**) : au-dessus de Club Side, Gandhi Rd. Tlj 8h30-20h30. Plats 100-210 ₹.* Attaché au *Dekeling Hotel,* ce petit resto de 5 tables est un de nos préférés à Darjeeling, mais l'endroit est vite plein (venez tôt !). Le chef prépare une bonne cuisine tibétaine, notamment un excellent *gyathuk* (soupe de nouilles pas épicée, parfumée au gingembre) et divers plats chinois. On peut aussi goûter les pains tibétains. La famille, au service, est attentionnée et souriante – tout comme la salle, avec son papier peint et son dragon au plafond. Au petit déj : *tsampa* au fromage pour les aventuriers (une soupe de farine et de lait) ! Dommage que la salle soit un peu enfumée.

|●| ***Kunga Restaurant*** *(plan B2, **27**) : 51, Gandhi Rd. Tlj 10h30-18h30 (fermé 16h-17h en hte saison). Plats 100-220 ₹.* Grand comme un Abribus (6 tables seulement), dans un intérieur tout de bois vêtu, ce petit resto très recommandable sert une cuisine tibétaine et chinoise d'excellente tenue pour un prix modeste. Les *momos,* ici servis par 10 (et non 8), sont à l'honneur, avec aussi de bons *phing* (nouilles transparentes), les *bhagthuk soup, thentuk* et currys à la mode tibétaine.

|●| ***Lunar Restaurant*** *(plan B2, **27**) : Hotel Lunar, 51, Gandhi Rd.* ☎ *225-41-94. Au 1er étage. Tlj 8h-21h. Plats 100-300 ₹.* Décidément, le carrefour est riche en bonnes adresses... Perché au-dessus du *Dekevas* et du *Kunga Restaurant,* ce resto d'hôtel n'a pas de

quoi rougir. Au contraire. Sa carte, longue comme le Gange, voit se côtoyer des spécialités d'Inde du Sud et du Nord, jusqu'au *pulao* cachemiri. Une autre envie ? Il y a aussi du chinois (un peu épicé...), des pâtes, des légumes au gratin, un énorme choix de pains... bref, de tout, très copieux, mais uniquement végétarien. Cadre de bistrot clean, petite musique douce et service prévenant.

Mamta Pizza Place (plan B1, **46**) : *H. D. Lama Rd. 77-97-81-80-54. Tlj 9h-19h (théoriquement). Plats et pizzas 130-380 ₹.* Tenue par Laurent et sa femme indienne, ce minuscule fast-food (avec 2 comptoirs) propose des pizzas goûteuses, évidemment, mais aussi des paninis, des burgers, des saucisses-frites (bio) et une salade niçoise !

De bon marché à prix moyens (300-600 ₹ / 4-8 €)

Glenary's (plan B2, **40**) : *Nehru Rd. ☎ 225-84-08. Tlj 7h30-21h30 ou 22h. Snacks et plats 80-460 ₹.* Incontournable à Darjeeling, fondé en 1907, *Glenary's* est un lieu multifonction. Au rez-de-chaussée, on trouve une pâtisserie-salon de thé cosy (jusqu'à 19h30), résolument *Western style,* où le (bon) chocolat est très présent ! Sans oublier muffins, *banana bread,* cookies et *donuts* pour le petit déj ou pour la route, plus des sandwichs, hot dogs et burgers. Au 1er étage, le resto, assez chicos, occupe une grande salle panoramique lumineuse, avec plafond *british* en étain (même les w-c hommes ont une vue !). On y dévore de bons plats indiens ou continentaux, façon *shepherd's pie* (un hachis Parmentier, quoi !). En prime, au sous-sol : *The Buzz,* pour les plus jeunes, dans une ambiance typiquement pub (voir « Où boire une bonne bière ? »).

The Park (plan A2, **45**) : *41, Ladenla Rd. ☎ 225-49-89. Tlj 11h-21h. Plats 140-370 ₹.* Malgré la belle façade à la déco chinoise flamboyante, on vient avant tout ici pour manger thaï ! Si la carte est assez courte, la cuisine est très bonne (et copieuse), avec aussi des options indiennes et végétariennes. On apprécie particulièrement la belle salle de l'étage, avec ses mudras dorées aux murs (le rez-de-chaussée est sombre) et le service pro et agréable. Allez, tout cela vaut bien un petit pourboire !

Penang (plan A3, **40**) : *11, Ladenla Rd. ☎ 225-30-44. Prendre l'escalier sur la gauche dans le virage, juste avt la boutique Dorjee. Tlj 11h30-20h. Plats 150-400 ₹.* On s'attend à une gargote et on découvre une sorte de brasserie-chalet contemporaine aux banquettes profondes et recoins intimes. Côté carte : certains des meilleurs *momos* de la ville, mais aussi *thukpas,* bons *thalis* népalais, plats chinois, poissons et 1 001 autres options tirées d'une carte longue comme le bras.

Où prendre le thé à Darjeeling et dans les environs ?

Sunset Lounge (plan B1, **50**) : *Chowrasta. ☎ 225-65-86.* Un salon de thé à Darjeeling, ça s'imposait ! D'abord, il y a la boutique *Nathmulls* (référence locale du thé) et, derrière, quelques tables rondes pour déguster ledit breuvage. Lequel, exactement ? Tout dépend de vos goûts et budget : il vous en coutera entre 25 et 400 ₹ la tasse (transparente pour mieux apprécier la robe) pour le « rarest of the rare »... Rien n'interdit d'y adjoindre une pâtisserie du jour, voire même un risotto, des pâtes ou une pizza. Mais là, on part sous d'autres latitudes... 2de salle à l'étage inférieur, bénéficiant du même panorama imprenable sur les collines couvertes de thé.

Les très chics hôtels **The Elgin** (plan B1, **32**) et **Windamere** (plan B1, **34**) semblent tout désignés pour prendre le thé. Le 2d ne fait pas les choses à moitié : service avec napperon et gants blancs ! Gros bémol toutefois : seuls les résidents de l'hôtel ont droit à la belle salle donnant sur le jardin ; les autres sont relégués dans un petit salon quasi aveugle et doivent se verser le thé eux-mêmes – tout ça pour la modique somme de 900 ₹ par personne, sandwichs et cookies inclus, avec résa préalable la veille *(16h-18h)...* On préfère largement le salon ou, mieux encore, la pergola de l'*Elgin,* où thé et petits gâteaux vous reviendront au prix d'une boîte de petit salé-lentilles !

Les amateurs de thé ne manqueront pas de s'offrir (aussi) une dégustation dans une des plantations de la région. Au ***Singtom Tea Estate & Resort*** (voir « Où dormir ? ») par exemple, où, dans le cadre du joli salon de cette maison de 1862, le manager vous apprendra à apprécier les subtiles différences de 8 des thés du domaine, servis en 2 temps – d'abord infusés 3 mn, puis 5 mn. Il y a du thé noir, du thé vert, un mélange blanc-vert, du massala, de l'Earl Grey... Ne demandez ni lait ni sucre, au risque de lui faire piquer une crise d'urticaire ! Et sachez qu'il vaut mieux, là encore, réserver : il faut souvent 45 mn pour tout mettre en place et 45 mn de plus pour la dégustation proprement dite. Parmi nos préférés : le *1st flush*, la 1re récolte de printemps, un thé léger et très floral, à boire idéalement en avril-mai.

Où boire une bonne bière ? Où écouter de la musique ?

Joey's Pub *(plan A3, **51**) : Ladenla Rd, face à Rink Mall. Tlj 16h-22h.* Au programme : une petite maison en bois, quelques canapés défoncés, des rideaux et abat-jour pour faire intime, de la musique anglo-saxonne et de la bière pour attirer les gosiers à secs qui n'ont pas vu un bar depuis des lustres.

The Buzz *(plan B2, **48**) : Nehru Rd. Voir « Où manger ? Glenary's ». Cuisine jusqu'à 21h30.* En plus d'être un resto incontournable, *Glenary's* abrite un bar en sous-sol, aux banquettes en skaï rouge, décor d'affiches, instruments de musique et ... maquettes de bateaux. On y boit, on y mange, on y écoute parfois des groupes mais, vers 22h, tout le monde au lit !

Gatty's Cafe *(plan B3, **52**) : Dr Zakir Hussain Rd. À partir de 18h.* Inutile de venir trop tôt : les routards débarquent plutôt après le dîner pour s'enfiler un gorgeon, sur fond de zik occidentale. Il y a parfois des musicos, le week-end, en haute saison (et parfois pas). Dans tous les cas, l'ambiance n'est jamais délirante, plutôt conviviale s'il y a assez de monde.

Achats

Thé

Certains affirment que le meilleur de la production est exporté. Reste que l'on trouve sur place des thés fort intéressants, pas toujours disponibles par chez nous. La région de Darjeeling compte 87 domaines de production (certains immenses), dont 20 % sont bio. Ces derniers sont faciles à reconnaître : au printemps, des colchiques poussent entre les théiers ! Les thés noirs traditionnels se divisent en 3 ou 4 types, correspondant aux différentes saisons : *first flush* (le thé de printemps, délicat et floral, où seules les jeunes feuilles sont récoltées), *second flush* (the d'été, le classique, plus corsé), éventuel *moonsoon flush* (thé de la période de la mousson, au goût très peu prononcé, souvent utilisé en mélange avec d'autres thés) et *autumn flush* (le dernier, le plus corsé et âpre). Face à l'engouement planétaire, les producteurs de Darjeeling se sont aussi mis à proposer du thé vert (peu oxydé) et du thé blanc (encore moins oxydé et non roulé), le plus cher de tous, à la saveur la plus subtile. Ne parlez pas de *chai* aux producteurs de Darjeeling : s'ils en vendent (un peu) pour contenter la demande, ils n'ont aucun respect pour ce breuvage épicé au massala et coupé de lait... Ici, traditionnellement, on ne met ni lait ni sucre dans le thé, qu'on se le dise ! Les tarifs des thés oscillent entre 400 et 50 000 ₹/kg : ils dépendent non seulement de la récolte et du domaine mais aussi, bien sûr, de la qualité – feuilles entières, feuilles brisées, feuilles broyées ou poussière de thé (celle des sachets). Plus c'est fin (en taille), moins c'est fin (au goût) et plus ça infuse vite !

Nathmulls (plan A2, **70**) : *Ladenla Rd.* ☎ *225-64-37* • *nathmulltea.com* • *Tlj 9h30-20h.* Le magasin de référence de la ville. Fondée en 1931, l'entreprise s'approvisionne directement auprès d'une vingtaine de domaines de la région, en fonction de la qualité de leurs productions. Les 3 grandes familles de thés y sont vendues : *Black, Green* et *White Tea,* conditionnés en 50, 100, 150 et 250 g. Excellents conseils. On peut même se faire envoyer du thé depuis chez soi en commandant par e-mail. Également théières, tasses et tout ce qui va avec... Une autre boutique dans le proche *Rink Mall (plan A3, 71 ; tlj 10h-20h30 ; dégustation possible)* et une autre encore sur Chowrasta, au *Sunset Lounge,* que nous vous conseillons (voir « Où prendre le thé... ? »).

Golden Tips (plan B1, **72**) : *Chowrasta.* ☎ *225-32-51.* • *goldentipstea.in* • Cadet de *Nathmulls* de seulement 2 ans (1933), *Golden Tips* dispose de son propre réseau de boutiques à travers l'Inde. Ici aussi, vous pourrez déguster afin d'arrêter votre choix. Autre boutique sur Nehru Rd *(plan B1, 73).*

Objets tibétains

Beaucoup de boutiques en proposent sur Ladenla Road, Nehru Rd et la place Chowrasta. De l'ancien, du récent surtout...

Dorjee (plan A3, **74**) : *Ladenla Rd, au pied du resto Penang. Tlj 9h-20h, sauf si le boss est parti en expédition...* On adore cette microscopique caverne d'Ali Baba, remplie d'objets tibétains plus ou moins anciens, que le patron, collectionneur passionné, va acheter lui-même au Tibet, en faisant le porte-à-porte de village en village. Certains sont carrément chers mais, si vous vous y connaissez, vous y trouverez votre bonheur.

Habeeb, Mulich & Son (plan B1, **75**) : *Chowrasta. À côté d'Oxford Book & Stationery. Lun-sam 10h-20h.* Un vrai capharnaüm que cette double boutique fondée en 1890, où s'empilent 1 001 objets tibétains (et autres), de la pure babiole à l'authentique œuvre d'art. Même si on n'achète rien, on prend plaisir à y fouiner. Beaucoup de bijoux, notamment.

Hayden Hall (plan B2, **76**) : *42, Ladenla Rd.* ☎ *225-32-28.* • *haydenhall.org* • *Sur la droite en descendant de Club Side, à côté du FRO. Tlj sauf dim 9h-17h.* C'est une coopérative dont le bénéfice des ventes est réinvesti dans des programmes d'éducation et de développement pour les femmes et les enfants défavorisés. Choix restreint de tapis, travaux de couture, tissage, sacs en toile de jute... Plus de 60 femmes participent à ce programme depuis 1969.

À voir

Proche du centre

Planter's Club (plan B2) : *Club Side, contre l'hôpital.* Fondé en 1892, le lieu a vu défiler tous les planteurs de thé de la région. Tombé en désuétude, il est actuellement en cours de reconstruction. Devant, la salle de réunion, « *strictly for members only* », a été conservée dans son jus, avec son canapé et ses 2 fauteuils en cuir, son canon, son piano et ses trophées de léopard, ours et ibex. On peut y jeter un coup d'œil à travers la porte.

Observation Hill et Shree Mahakal Mandir (hors plan par B1) : *sur la colline la plus élevée de la ville. À moins de 10 mn à pied de Chowrasta : prendre le* *chemin goudronné à droite, vers le nord, puis, après 200 m, les escaliers sur la gauche, qui longent le parc du très chic et très* british *hôtel* Windamere. En haut, au milieu de superbes pins, se déploient des centaines de drapeaux de prière multicolores qui convergent vers un temple lui aussi extrêmement coloré. On y pénètre en franchissant un portique gardé par des lions, auquel s'accrochent 6 cloches, que les fidèles font tintinnabuler. Ce temple possède la particularité – rare – d'être à la fois bouddhique et hindou. Les adeptes des 2 religions y viennent ainsi sans distinction, dans un esprit de tolérance ouverte, entre bouquets d'encens qui fument, dieux et déesses colorés, prêtre et bonze assis en face à face. Tout autour, quelques templions et des singes chapardeurs.

The Mall *(plan B1)* **:** bien que le nom de « Mall » soit parfois donné à Nehru Rd, il désigne en fait une agréable promenade qui fait le tour d'Observation Hill (en 20-30 mn), depuis la place de Chowrasta. Elle passe au pied du vénérable hôtel *Windamere* entouré de ses jardins, rejoint l'étrange auditorium de *Bhanu Bhawan*, est survolée par l'église St Andrew's, puis glisse devant le *Raj Bhavan*, la résidence d'été du gouverneur de l'État. Dans le secteur, le matin, tôt, le panorama sur l'Himalaya, à distance, peut être magnifique lorsque le temps est au beau.

Himalayan Tibet Museum *(plan B3)* **:** *12, Gandhi Rd, au rdc du Tibet Home. • manjushreetibcentre.org • Tlj sauf mer 10h-18h avr-oct, 9h-17h nov-mars. Entrée : 50 ₹ (l'argent est versé à la cause tibétaine).* Ce musée récent présente avec efficacité et concision la culture tibétaine au travers de ses principaux aspects : histoire, écriture, religion, quotidien, instruments de musique, médecine, etc. On y découvre l'importance du pèlerinage au mont Kailash, mais aussi de beaux *thangkas,* de superbes objets religieux offerts par le dalaï-lama (dont un manuscrit aux lettres d'or), des sculptures en beurre coloré et un très beau mandala en sable. Rigolo : le moulin à prière dont la vitrine est ouverte pour permettre de le faire tourner ! Théoriquement, dispense aussi des cours de tibétain.

Chauk Bazar *(marché ; plan A2)* **:** *à l'ouest de Hill Cart Rd. Tlj sauf jeu.* Très coloré et animé, ce marché se compose d'un dense réseau de venelles, au fil desquelles s'empilent fruits et légumes, ballots de poisson séché, épices et autres panières croulant sous les piments. Les aventuriers y trouveront aussi des pâtisseries (très) locales.

Lloyd's Botanical Garden *(plan A1)* **:** *prendre la 1re rue qui descend à gauche après la station de jeeps, puis à nouveau à gauche. Ouv 7h30-16h30 (7h-17h théoriquement en été). Entrée : 20 ₹.* Bon, ce n'est pas le Jardin des plantes... Mais ce parc fondé en 1878 a le mérite d'ouvrir une petite parenthèse de verdure, avec quelques allées à flanc de colline, de grands arbres centenaires (avec leur nom) et une serre à orchidées.

Un peu à l'extérieur de la ville

Ropeway : *à Singamari, à 3,5 km de Darjeeling. Accès en* shared taxi *depuis le marché. Tlj 10h-14h (16h en hiver et durant la mousson) ; fermé le 19 du mois. Venir tôt de préférence (nombre de tickets limité). Compter 200 ₹ l'A/R (100 ₹ jusqu'à 7 ans), ou 1 200 ₹ la cabine entière (6 places).* Conçue en 1968 pour desservir les nombreuses plantations de thé situées au nord de Darjeeling, très difficiles d'accès, cette vieille télécabine (la 1re du pays !) descendait à l'origine sur 8 km de Singamari (2 134 m) jusqu'à Singla Bazar (244 m), dans la vallée de la rivière Ramman – qui marque la frontière entre le Bengale-Occidental et le Sikkim. Fermée suite à un accident, rouverte en 2012, elle n'atteint plus désormais que Tukvar (1 600 m), à 15 mn en aval (2,3 km). Une jolie balade au-dessus du thé, à faire de préférence par beau temps pour le panorama sur l'Himalaya en toile de fond. Attention, la queue est souvent longue en saison (1-2h) ! Au départ, vous verrez l'énorme et prestigieuse école Saint-Joseph.

Tibetan Refugee Self-Help Centre *(hors plan par A1)* **:** *West Lebong Cart Rd, Hill Side. ☎ 225-25-52. ● tibetancentre darjeeling.com ● De Chowrasta, descendre par CR Das Rd, puis prendre à gauche à l'embranchement ; c'est à env 25 mn. Tlj sauf dim 9h-16h30.* Autour d'une grande cour se déploient plusieurs ateliers d'artisans, des habitations, une école, un petit orphelinat, un centre d'accueil pour les anciens. Bref, un lieu de vie.

Ce centre pour réfugiés tibétains a été créé en 1959, après l'invasion du Tibet par l'armée chinoise, pour aider à l'insertion des populations. Près de 650 Tibétains vivent ici, dont près de 300 travaillent directement pour le centre. On conseille de commencer la visite par le *Photographic Exhibition Hall.* Belle série de photos en noir et blanc, très didactiques, qui témoignent de la construction du centre au fil des décennies.

Tout autour, visitez les petits ateliers de couture, tissage, menuiserie... Toute la production est vendue au *showroom* et la recette des ventes alimente la vie du centre. Partout des références à la situation du panchen-lama, haut dignitaire tibétain reconnu par le dalaï-lama, kidnappé par les Chinois (voir encadré). Cette visite permet de toucher un peu du doigt les réalités de ce pays qui se bat avec les armes de la non-violence, mais qui ne baisse pas les bras. Une manière modeste, certes, mais bien réelle de soutenir leur combat.

LE PLUS JEUNE PRISONNIER POLITIQUE AU MONDE !

En mai 1995, au Tibet, un enfant de 6 ans était enlevé avec ses parents par les militaires chinois. Depuis, plus aucune nouvelle. L'enfant est aujourd'hui un adulte et personne ne sait où il est. Mais qui est-il ? Le 11e panchen-lama, 2e dirigeant spirituel le plus élevé du Tibet, reconnu comme tel par le dalaï-lama. En 1996, la Chine a admis « que l'enfant avait été placé sous la protection du gouvernement à la demande de ses parents » (sic) !

Bhutia Busty Gompa : *accès depuis Chowrasta (sur CR Das Rd, prendre la branche de droite en descendant) ou depuis le* Tibetan Refugee Self-Help Centre. *Pour cela, au fond de la cour, gravir l'escalier en longeant les habitations (gauche, droite et gauche), passer la petite porte, ensuite c'est tt droit puis à gauche après les maisons du haut ; c'est à env 15 mn à pied par un sentier sans ombre.* C'est dans ce temple élevé en 1878, tout simple, que fut découvert et traduit par un Suédois le fameux *Bardo Thödol* ou *Livre des morts tibétain.* Vaut surtout pour la balade qui y mène, à travers un quartier mi-champêtre, mi-citadin.

Himalayan Zoological Park, Himalayan Mountaineering Institute et Bengal Natural History Museum *(hors plan par A1)* **:** *Birch Hill Park ; à 2 km au nord du centre-ville (30 mn à pied), en partant par The Mall. Entrée du zoo sur Jawahar Rd West. Tlj sauf jeu 8h30-16h. Entrée : 100 ₹. Plan du zoo à l'entrée.* Les familles indiennes sont nombreuses à venir rencontrer ici les animaux du Sikkim. Tigre, panthère noire, ours, loups... tout *Le Livre de la jungle* est là (Mowgli excepté), dans des enclos plus ou moins étroits, sans oublier les adorables petits pandas et pas mal d'oiseaux encagés. Tout au bout du zoo, le ***musée de l'Institut d'alpinisme himalayen*** donne l'occasion aux Indiens des plaines de se familiariser avec la facette montagneuse de leur pays. Si la salle du bas et les *adventure film shows* laisseront les habitués des Alpes plutôt froids (exception faite de quelques objets culturels), l'étage mérite

UN GRAND HOMME

Le saviez-vous ? L'Everest (8 848 m) doit son nom à un homme : sir George Everest (1790-1866), arpenteur général des Indes de 1830 à 1843. Ce sont ses calculs de triangulation qui ont permis, post mortem, de déterminer que la montagne qui porte aujourd'hui son nom était la plus haute du monde.

le détour pour son exposition consacrée à la conquête de l'Everest, en 1953, par le Néo-Zélandais Edmund Hillary (1919-2008) et le Népalais Tensing Norgay (1914-1986). Plusieurs vitrines présentent leur matériel et celui d'autres cordées – notamment les chaussures courtes de Raymond Lambert, qui avait perdu tous ses orteils dans les Alpes et s'attaqua néanmoins au toit du monde en 1952, et d'étonnantes chaussettes chauffantes sur batteries indiennes ! Hommage est rendu, également, aux pionniers qui tentèrent et échouèrent avant eux. Devant le musée se dressent la pierre tombale et la statue de Tensing Norgay, élevée par son ami Edmund Hillary.

– Juste derrière, le ***Bengal Natural History Museum*** regroupe des dioramas de la faune de la région, assez mal naturalisée. Les têtes de buffles sauvages sont co-los-sa-les !

À faire

Juste au pied de la ville *(plan A3),* la **gare de Darjeeling** mérite vraiment le coup d'œil. Super rétro, tout en bois, elle voit toujours se côtoyer petits trains à vapeur et wagons d'autrefois – dont le très luxueux *Himalayan Princess* (réservé aux groupes). Juste en face se trouve le dépôt des locomotives à vapeur : sept sont encore en activité sur la ligne historique du *Darjeeling Himalayan Railway,* lancée en 1881 pour permettre d'exporter le thé des plantations de la région et désormais classée au Patrimoine mondial par l'Unesco. 2 trains l'empruntent tous les jours : le ***Toy Train,*** une locomotive Diesel qui relie Darjeeling à Siliguri, et la ***Joy Ride,*** une loco à vapeur qui assure un trajet touristique aller-retour entre Darjeeling et Ghoom (8 km).

UN VRAI TORTILLARD

Lorsqu'ils entreprirent la construction du Darjeeling Himalayan Railway *au XIXe s, les ingénieurs britanniques ne savaient pas vraiment ce à quoi ils s'attaquaient. Confrontés à un terrain aux pentes vertigineuses, ils durent innover au fil de la construction : c'est ainsi qu'ils aménagèrent 4 boucles sur 360° (ou hélicoïdales), pour que les trains puissent gagner en altitude en tournant sur eux-mêmes ! On n'en trouve qu'ici et en Suisse.*

Toy Train : *env 1 500 ₹.* Désormais tiré par une locomotive Diesel, ce petit train de 3 wagons raisonnablement confortables relie chaque jour Darjeeling à Siliguri, soit environ 80 km, en 6h30 (minimum...) ! Bon, ça peut paraître un peu long ! Départ à 8h, retour de New Jalpaiguri à 15h35. Réservez !

Joy Ride : *réserver à l'avance en hte saison. Résas en gare de Darjeeling ouv 8h-17h (14h dim). • irctc.co.in • Prix : env 1 300-1 400 ₹ avec train à vapeur, env 800 ₹ avec train diesel (cash seulement). Min 3 départs/j. à 10h, 12h20 et 16h05 (et jusqu'à 6/j.). Venir 30 mn avt et demander au* train master *qu'il vous attribue un siège si ça n'a pas été fait au guichet.* Si vous avez toujours rêvé de prendre un petit train à vapeur... La balade jusqu'à Ghoom et retour prend 2h, arrêt inclus au parc de Batasia Loop (10 mn), une ancienne boucle à 360° (désaffectée) de la voie, puis en gare de Ghoom (20 mn) le temps de visiter son sympathique petit ***Railway Museum*** (histoire de la ligne, photos et quelques vieux objets) – ouvert seulement à l'arrivée du train. L'essentiel du trajet se fait à fleur de maisons et le long de la route, que l'on traverse à plusieurs reprises ! Essayez de choisir votre place pour ne pas vous retrouver coincé contre le talus : les wagons ne faisant pas demi-tour (contrairement à la loco), on fait le trajet retour du même côté, mais assis dans le mauvais sens... Sachez aussi que le trajet est bruyant : le train siffle fréquemment et des bouchons d'oreille peuvent être utiles. En fait, on voit mieux le train en venant le voir entrer en gare qu'en circulant dedans !

DANS LES ENVIRONS DE DARJEELING

À voir

Yiga Choeling Monastery (hors plan par A3) **:** à **Ghoom,** à 8 km au sud de la ville. À env 1 km de la gare de Ghoom, par une rue étroite partant de la route principale, sur la droite en venant de Darjeeling. Tlj 6h-17h. Le temple de ce monastère gelukpa (ordre des bonnets jaunes) date de 1850. Fondé par un moine mongol, c'est le plus ancien de la région. On aime bien les lions de montagne en bronze qui en gardent l'entrée et sa grande statue de *Maitreya,* le Bouddha du futur, doré et coloré. Noter les 2 gros moulins à prières de chaque côté du vestibule.

Tiger Hill : *à 15 km au sud-est de Darjeeling. Accès depuis Club Side (au centre) en jeep privée (1 000-1 200 ₹) ou partagée (200 ₹), à réserver théoriquement la veille. L'intérêt du point de vue dépendant de la météo, nous vous conseillons plutôt de venir au point de rdv 1h avt le lever du soleil seulement si le temps semble clair.* On se rend à Tiger Hill, au lever du soleil, pour contempler les géants de l'Himalaya, et notamment le célèbre Kangchenjunga, le 3e plus haut sommet du monde. Pourquoi à cette heure-là ? Parce que, après, ils ont vite fait de se cacher... Cela dit, une énorme tour en construction défigure le site, envahi, et le panorama depuis la promenade de The Mall (voir plus haut), en ville, est nettement plus accessible. Si le retour de Tiger Hill se fait normalement avec la même jeep, on peut aussi décider de rentrer à pied (environ 8 km et 2h30 de marche).

Les plantations de thé : *y aller plutôt mar-sam, le mat.* On compte 87 plantations de thé dans la région de Darjeeling. La plus proche de la ville est la ***Happy Valley Tea Estate.*** On peut y aller à pied ; c'est à moins de 2 km du marché, en contrebas de la route principale, bien indiqué *(lun-sam 9h-16h30, fermé dim ; entrée : 100 ₹),* mais la remontée est sacrément raide ! On vous expliquera rapidement comment le thé est récolté, préparé et classifié en fonction de ses qualités, en vous laissant jeter un coup d'œil aux diverses opérations (il ne se passe rien le lundi, le dimanche étant jour de repos). Microdégustation, puis direction la boutique. Plus au nord, à 40 mn (9 km...) de route de Darjeeling, le ***Tukvar (Puttabong) Tea Estate*** *(entrée : 30 ₹),* parmi les plus intéressants et les plus vastes (437 ha !), peut être rejoint en taxi *(env 600 ₹ pour le véhicule)* ou en prenant une excursion d'une demi-journée auprès d'une agence, qui inclut aussi en général la visite du zoo et du centre de réfugiés tibétains. On survole ses plantations avec le *ropeway* (télécabine).

CUEILLEUSE DE THÉ : UN DUR MÉTIER

Savez-vous combien sont payées les cueilleuses de thé dans les plantations de Darjeeling ? 4 € (300 ₹) par jour à condition de ramasser au minimum 8 kg de thé. Théoriquement, bottes et ombrelle sont censées être fournies par la compagnie, mais toutes n'appliquent pas la règle. Les meilleures offrent une assurance santé ou disposent d'un hôpital in situ, notamment pour traiter les morsures de serpents. Mais les logements ouvriers, courants aux temps coloniaux, ont presque partout disparu.

Treks

➢ ***Le trek dans le parc national de Singalila :*** cette chaîne montagneuse à cheval sur le Bengale-Occidental, le Népal et le Sikkim offre plusieurs possibilités de treks. Pour les petits marcheurs, le parcours minimum peut se faire en 3 jours et 2 nuits, mais on peut aller jusqu'à 7 jours et 6 nuits. Le secteur le plus

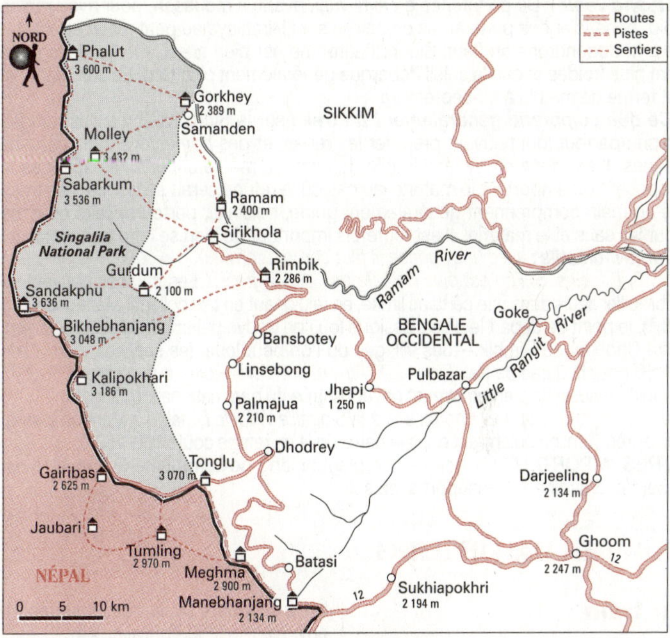

SINGALILA TREK

spectaculaire est celui de Sandakphu, à 3 636 m d'altitude, et de Phalut (3 600 m), d'où se révèle une vue extraordinaire sur les plus beaux sommets de l'Himalaya. Si vous avez de la chance, vous verrez peut-être de petits pandas. Un bémol : les routes gagnent chaque année du terrain. Désormais, le goudron va jusqu'à Gairibas, entre Tonglu et Sandakphu, et les 4x4 poursuivent par la piste jusqu'à Sandakphu... Les itinéraires de treks l'empruntent sur certaines sections.

– ***Exemple de parcours 6 jours/5 nuits :*** départ à *Manebhanjang* (2 134 m), à 28 km de Darjeeling (trajet en jeep). 1er jour : grimpette Manebhanjang-Tumling (2 970 m), soit 12 km, et nuit dans un *homestay,* ou Manebhanjang-Tonglu (3 070 m) en 12 km aussi (6-7h de marche), avec nuit en refuge gouvernemental (de moins en moins utilisé par les agences). Attention : Tumling est côté népalais de la frontière ! 2e jour : Tumling ou Tonglu-Sandakphu (3 636 m), soit 19 ou 21 km (environ 8h), à travers bambouseraies et forêts de rhododendrons (en fleur ici de mi-avril à mai). À l'arrivée : une vue panoramique superbe sur l'Himalaya. 3e jour : Sandakphu-Phalut (3 600 m), une étape de 21 km, mais avec peu de dénivelé et beaucoup de panoramas. Phalut est le point du trek le plus proche du Kangchenjunga (à 48 km). Certains choisissent de couper l'étape en 2 à Molley (3 432 m). 4e jour : Phalut-Gorkhey (2 389 m) en descente vers la Ramam River en 14 km, avec baignade sympa s'il fait chaud avant de remonter vers le plateau. 5e jour : Gorkhey-Sirikhola (23 km) ou grosse étape Gorhkey-Gurdum (28 km). Dernière nuit avant le retour par la route le lendemain depuis Sirikhola.

– ***Variantes :*** en 3 jours et 2 nuits, on peut faire le même parcours les 2 premiers jours, puis « couper le fromage » directement entre Sandakphu et Gurdum, puis Sirikhola. Inconvénient : on rate les meilleurs panoramas sur l'Himalaya. Différentes autres variantes sont possibles en fonction du temps dont vous disposez.

– ***Quand venir ?*** De préférence en avril-mai, avant la mousson, pour avoir moins froid, bénéficier des panoramas cristallins sur l'Himalaya au petit matin et profiter des rhododendrons en fleur. Sinon, l'automne est bien aussi, même si les nuits sont plus froides et que le soleil débarque généralement plus tard. Le parc national est fermé de mi-juin à mi-septembre.
– ***Ce que comprend généralement un trek :*** sur le Singalila, il y a des refuges un peu partout (qui peuvent préparer les repas) et des *homestays* dans certains villages. Il est donc en général inutile de camper, même si certaines agences le proposent ou emportent le matériel au cas où le refuge serait surbooké. Les treks clé en main comprennent généralement guide, cuisinier, porteurs, yaks ou dzos pour les sacs et le matériel. Il est toutefois important de bien se faire tout préciser !
– ***Tarifs indicatifs :*** *avec une agence, il faut compter env 3 000-4 000 ₹/j. et par pers, pour 2, tt inclus. Si l'on est plus de 2, le tarif est dégressif.* Les fauchés peuvent se débrouiller seuls dans une certaine limite, en rejoignant en taxi collectif Manebhanjang (50 ₹), le point de départ le plus classique (où l'on trouve petits hôtels et *homestays*), voire Dhodrey ou Rimbik – tous villages où l'on peut louer les services d'un guide officiel pour la durée du trek *(env 1 200 ₹/j. ; max 7 pers),* voire d'un porteur *(800 ₹/j.).* Il convient aussi de s'enregistrer et payer l'entrée du parc national du Singalila *(200 ₹, plus 100 ₹ pour l'appareil photo),* soit à la *Singalila Wildlife Division* à Manebhanjang, soit après Tumling en entrant dans le parc. Un lit en refuge coûte 150-250 ₹.
– ***TRÈS IMPORTANT :*** le trek se déroulant le long de la frontière du Népal, il est essentiel d'avoir son passeport avec soi.

LE NORD-EST

QUITTER DARJEELING

En train

La petite ***gare des trains*** *(hors plan par A3)* se trouve un peu au sud du centre-ville. Voir plus haut « À faire ». De Siliguri, on peut poursuivre vers Calcutta (notamment).

En bus et *shared taxi*

Station principale *(plan A1) : sur Hill Cart Rd, près du Chauk Bazar, à 10 mn à pied de Chowrasta.*
➢ ***Siliguri :*** taxis ttes les 30-45 mn env, 8h-17h env (150 ₹). Certains vont jusqu'à la gare de New Jalpaiguri. Trajet : env 3h. Il y a aussi 6-7 bus/j., 7h30-15h30. Le guichet est planqué à côté du *Leisure Café* (repérez les panneaux bus bleus).
➢ ***Gangtok*** *(Sikkim)* **:** pas de bus, taxis collectifs seulement, ttes les 1h env, 7h-15h (250 ₹). Trajet : 4h.
➢ ***Pelling*** *(Sikkim)* **:** taxi jusqu'au poste-frontière de Melli (route de Gangtok), puis rejoindre Jorethang et, là, prendre une jeep jusqu'à Pelling. Un peu fastidieux car, malheureusement, le poste-frontière de Jorethang est fermé aux étrangers.:.

En avion

Reportez-vous à la rubrique « Comment y aller ? En avion vers l'aéroport de Bagdogra » en tête de chapitre. Pour rejoindre l'aéroport depuis Darjeeling : taxi privé (env 2 200 ₹), taxi partagé (600 ₹) avec *Wizzride (• wizzride.com •),* ou *shared taxi*/bus jusqu'à Siliguri, puis taxi, ou bus et rickshaw.

LE SIKKIM

• Carte La région de Darjeeling et le Sikkim *p. 379*

Confetti territorial hautement stratégique, pris en tenaille entre le Népal à l'ouest, le Bhoutan à l'est et le Tibet au nord, le Sikkim n'est indien que depuis

peu : c'est en 1975 que l'ex-royaume bouddhiste a officiellement intégré le giron indien. Fermement attaché à la figure emblématique de Guru Rinpoché (Padmasambhava), vénéré ici comme un 2d Bouddha (voire davantage que le 1er !), le Sikkim est un État plus que montagneux : rien ici n'est plat, tout est pente, déclivités, à-pics et pics ! À l'extrême nord-ouest du territoire se dresse le Kangchenjunga (8 586 m), le 3e plus haut sommet de la planète, qui offre sa toile de fond à la plupart des paysages. Partout ailleurs, la nature est en majuscule : dénivelées étourdissantes, profondes vallées griffées de cascades, splendides cultures en terrasses, forêts humides semi-tropicales, routes affreusement tortueuses et défoncées... Et une population très métissée où les influences népalaises, tibétaines, chinoises et bhoutanaises se mélangent sur le sourire des enfants. C'est une autre Inde que cette région vous invite à rencontrer.

UN PEU D'HISTOIRE

L'histoire officielle du Sikkim débute en 1642. Avant cela, les Lepchas, habitants originels, dont on ne sait pas trop d'où ils ont bien pu venir, vivaient dans des villages dispersés dans les montagnes, aux côtés des Bhutias, d'origine tibétaine, prédominants au nord. En 1642, donc, est consacré le ***1er chogyal*** (roi) ***du Sikkim, Phuntsog Namgyal,*** qui fonde sa capitale à Yuksom, dans l'Ouest. Il permet au bouddhisme de s'épanouir et étend son territoire sur une partie du Népal, du Bhoutan et le district de Darjeeling. Cette expansion n'est certes pas appréciée de ses voisins : aux XVIIe et XVIIIe s, le royaume est confronté à une succession d'invasions népalaises (Gorkhas) et bhoutanaises. L'aide des Britanniques à partir de la 2de moitié du XIXe s est donc la bienvenue... jusqu'à ce qu'ils imposent un protectorat sur le royaume ! Depuis longtemps, les Anglais cherchaient une voie pour commercer avec le Tibet.
La perspective de l'indépendance indienne rebat les cartes. Au Sikkim, 2 partis s'affrontent : d'un côté, le *Sikkim National Party* des Lepchas et Bhutias, royaliste ; de l'autre le *Sikkim State Congress,* représentant les intérêts de la majorité népalaise, antimonarchiste et favorable au rattachement à l'Inde. C'est ce dernier, cheval de Troie indien, qui l'emporte peu à peu, avec d'abord l'établissement d'un protectorat indien en 1950, la création d'un conseil d'État en 1953, puis, 2 ans après des émeutes antiroyalistes, l'annexion à l'Inde en 1975, sanctionnée par un référendum sans appel (97,5 % en faveur du rattachement).

UN ÉTAT ASSURÉMENT VERT

Avec 650 000 habitants (une goutte d'eau dans le milliard indien), le Sikkim tente aujourd'hui d'imposer sa voix sur un tout autre plan : il est le 1er État indien à s'être fait le chantre de l'écologie, en interdisant les sacs plastique jetables dès 1998. « *Beat plastic pollution* », « *Keep this area clean and green* » disent les panneaux. En 2016, ce sont les assiettes en polystyrène et les couverts en plastique qui sont passés à la trappe. Les bouteilles en plastique à usage unique sont déjà interdites dans les bureaux officiels et devraient bientôt l'être sur tout le territoire. Autre axe majeur de la politique verte du Sikkim : une agriculture qui tend au 100 % bio. La plantation d'arbres est parallèlement encouragée au niveau gouvernemental avec une campagne annuelle de 2 semaines, dans la 2de quinzaine de juin. Le 25 du mois a même lieu un « Plantation Drive » : en 10 mn, dans tout l'État, on plante autant que possible

NO SMOKING, PLEASE

Attention, le Sikkim est un État non fumeur ! Amis accros, faites gaffe, car fumer dans la rue est théoriquement passible d'amende. On peut également se faire confisquer ses réserves !

(record de 2009 : 610 694 arbres plantés) ! Résultat : aujourd'hui, 48 % du territoire est boisé, 2,5 fois la moyenne indienne.
Plus prosaïque : le Sikkim est le 1er État indien à avoir interdit de faire ses besoins en public (« *Do not defecate in the open* »)... amendes sévères à la clef. D'ailleurs, il est désormais obligatoire d'avoir des toilettes chez soi pour avoir droit à la moindre aide sociale ou, même, pour pouvoir se présenter à une élection !
L'idée, en toile de fond : faire du Sikkim une destination phare de l'écotourisme. Il y a de quoi faire : le Kangchenjunga National Park, déclaré réserve de la biosphère par l'Unesco en 2016, couvre à lui seul plus de 10 % du territoire (849,5 km²), alors même que 81 % du Sikkim est placé sous la tutelle éclairée du *Forest Department*.

FAUNE ET FLORE

Bénéficiant d'une grande amplitude climatique, entre terres basses tropicales et sommets himalayens, le Sikkim s'enorgueillit d'une biodiversité remarquable : on y dénombre en particulier quelque 4 500 plantes à fleurs, dont 515 variétés d'orchidées et 36 sortes de rhododendrons (les arbustifs atteignent 7-8 m !). Présents jusqu'à plus de 3 000 m d'altitude, ces derniers, emblématiques de la région, fleurissent entre mars et mai, en gros bouquets rouges, tandis que le pic de floraison des orchidées a plutôt lieu en septembre-octobre. La forêt, touffue, voit aussi se côtoyer, au fil de la montée, fougères arborescentes, bambous géants, bois de tecks, magnolias, chênes et *sals* de plus de 30 m de hauteur, sapins de l'Himalaya (jusqu'à 50 m), etc. Sur les terrasses arrachées à la montagne, les petits agriculteurs cultivent du riz, mais aussi beaucoup de cardamome, du maïs, du millet, de l'orge, du gingembre et des pommes de terre (notamment).
La faune est elle aussi très riche, mais fort discrète. Pas facile de repérer une bestiole dans cette marée verte ! Peut-être, en rando, aurez-vous la chance de croiser l'animal mascotte du Sikkim : le très mignon petit panda (*red panda* en anglais), qui vit entre 1 800 et 3 600 m d'altitude. On peut aussi espérer voir daims musqués et mouflons, et bien sûr des yaks dans les villages d'altitude – ne les confondez pas avec les *dzos,* des hybrides de yak et zébu ou yak et vache domestique, les plus utilisés pour les travaux des champs (attention, la femelle s'appelle une *dzomo* !).
Pour les léopards des neiges et ours noirs, ne rêvez pas trop... Par contre, le Sikkim abrite quelque 552 espèces d'oiseaux, dont pas mal de faisans aux plumages particulièrement colorés.

FÊTES

Essentiellement bouddhistes, comme la population de l'État (voir aussi la rubrique « Religion. Bouddhisme » dans le chapitre « Hommes, culture, environnement » pour plus de détails sur les monastères et rites).
– ***Loosong :*** *en déc-janv.* Sorte de Nouvel An sikkimais, marquant la fin des récoltes. Danses des masques dans certains monastères, notamment les *Kagyed Dance,* les 28e et 29e jours du 10e mois du calendrier tibétain.
– ***Kagyat Chaams :*** *en fév-mars.* À Rumtek, Pemayangtsé et Phodang, danses des lamas célébrant la victoire des forces du Bien sur le Mal (juste avant le Lossar).
– ***Lossar :*** *en fév-mars.* À Rumtek et Pemayangtsé. Nouvel An tibétain.
– ***Bhumchu :*** *en fév-mars.* Au monastère de Tashiding.
– ***Saga Dawa :*** *en juin.* À Gangtok principalement. Fête de la naissance du Bouddha.
– ***Tse Chhu Chaams :*** *en juin-juil (le 10e j. du 5e mois du calendrier tibétain).* À Rumtek. Danses masquées des lamas décrivant les 8 incarnations de Padmasambhava.
– ***Phang Labsol :*** *fin août-sept (le 15e j. du 7e mois du calendrier tibétain), à Gangtok, Rabong et Lachung.* C'est la célébration du dieu Kangchenjunga. Danses très spectaculaires.

POPULATION

Le Sikkim comptait 610 577 habitants au dernier recensement (2011). Ils sont sans doute environ 650 000 aujourd'hui, divisés en 3 groupes bien distincts : les Lepchas (15 %), les Bhutias (10 %) et les Népalais, de loin les plus nombreux (75 %). S'ajoutent quelques petites communautés indiennes (dont une musulmane) et des réfugiés tibétains. Si le bouddhisme est ici religion officielle, elle est minoritaire en nombre (28 %), la majorité étant hindouiste (61 %) ; à cela s'ajoute une minorité chrétienne (7 %), essentiellement composée de Lepchas convertis par les missionnaires britanniques. Malgré leurs diversités, toutes ces communautés vivent en assez bonne harmonie.

– ***Les Lepchas :*** considérés comme les 1ers habitants du Sikkim, ils ne représentent plus qu'environ 15 % de la population. L'un des derniers rois leur donna la réserve de Dzongu, un sanctuaire pour cette ethnie en majorité bouddhiste mais aux croyances présentant de forts relents animistes, qui aime la solitude de la forêt. Leurs folklore, danses, chants et légendes reflètent parfaitement cette symbiose, tout comme, d'ailleurs, leur organisation sociale : la population lepcha est divisée en clans, chacun attaché à une montagne et un lac sacrés différents. Experts dans l'art du tissage, ils travaillent aussi le bois et le bambou de manière remarquable. Ils possèdent leurs propres langue et écriture, d'un style particulièrement élégant. Beaucoup ont été convertis au christianisme par les missionnaires.

YÉTI, Y ES-TU ?

Si l'histoire populaire veut que le yéti soit tibétain ou népalais, une légende lepcha le situe aussi dans les contreforts du Sikkim. Appelé ici « migou », comme dans Tintin au Tibet, *cet être de 3 m de haut serait capable de briser le cou des enfants et de les dévorer... Doté de pouvoirs surnaturels, c'est un esprit que l'on ne peut que ressentir ou entendre. Ça tombe bien car, désormais, les scientifiques (qui ont eu recours à l'ADN) en sont convaincus : le yéti n'est autre que l'ours Isabelle, un ours brun endémique à l'Himalaya, capable de marcher sur ses 2 pattes arrière.*

– ***Les Bhutias :*** cette ethnie, fortement implantée au nord du Sikkim (zone contrôlée), est issue de la province du *Kham,* au Tibet oriental. Elle parle d'ailleurs une langue proche du tibétain. Traditionnellement nomades et bouddhistes des branches nyingmapa et kagyu (Bonnets rouges), les Bhutias ont la particularité d'être une société matriarcale. Les femmes, économiquement et sexuellement libres, y occupent une position importante. Elles raffolent de bijoux en or, argent ou corail reflétant leur statut social. La polyandrie était traditionnellement très répandue. Musiciens et artistes, les Bhutias organisent des joutes poétiques et sont aussi de redoutables archers. Filage, tissage et méthodes naturelles de teinture n'ont pas de secrets pour eux. Lors de fêtes comme le Nouvel An tibétain, ils arborent des soies chinoises brodées et de somptueux brocarts.

– ***Les Népalais :*** largement majoritaires au Sikkim, comme dans les environs de Darjeeling d'ailleurs, ils sont pour l'essentiel venus travailler illégalement dans les plantations de thé britanniques, puis après l'indépendance. Des lois édictées par le *chogyal* (roi) tentèrent jadis de réglementer de façon très stricte ces flux migratoires, mais rien n'y fit. Aujourd'hui, ils dictent l'essentiel de la politique régionale. Excellents agriculteurs, ils cultivent en terrasses sur les terrains difficiles, notamment la cardamome et le riz. À l'exception d'une minorité bouddhiste, les Népalais du Sikkim sont hindouistes et conservent une organisation sociale marquée par de nombreuses castes et sous-castes.

TREKKER AU SIKKIM

Une des principales raisons de venir jusqu'ici consiste à entreprendre un trek. Sur place, les agences vous diront que c'est à la portée de tous, mais ces équipées ne

s'improvisent pas : une bonne condition physique et du bon matériel sont nécessaires pour profiter pleinement des sublimes paysages de la région. La météo joue aussi un rôle déterminant : inutile de venir entre juin et septembre, lorsque sévit la mousson... L'hiver est rude, neigeux, glacial en altitude. Restent le printemps (mars-mai) et l'automne (mi-septembre à novembre). En termes de durée, tout est possible, de la rando de 2-3 jours à l'expédition de 2 ou 3 semaines ; tout est question de volonté, de temps disponible et de budget.
La plupart des circuits se font dans les zones nord et ouest de la région, et nécessitent des permis spéciaux (*Protected Area Permit,* ou *PAP*), que les agences se chargent de vous obtenir. De manière générale, compter 2 jours pour que tous les papiers soient réunis (sauf pour le *Green Lake Trek,* voir ci-dessous).

➢ ***Les treks possibles avec agence :*** le plus connu ? Le ***Dzongri Trek,*** relativement abordable, que l'on peut prolonger par le ***Goechela Trek,*** plus ardu, en direction du camp de base du Kangchenjunga (voir nos informations dans la partie « Dans les environs de Pelling. Treks et randonnées dans la région »). On peut aussi explorer le ***massif du Singalila*** depuis le Sikkim (il s'agit là d'un trek différent de celui décrit à partir de Darjeeling). Et, pour les durs à cuire, s'attaquer au ***Green Lake Trek,*** qui s'enfonce très loin dans le nord, à haute altitude (là, prévoir 3 mois de délai pour permettre aux agences locales d'obtenir les permis spéciaux que seules les autorités de Delhi délivrent).
Attention, d'une agence à l'autre, les noms peuvent varier pour un même parcours. Les prestations aussi. Certaines vous feront dormir en refuge (modeste) et/ou en *homestays,* d'autres sous tente. Certaines fourniront le matériel, d'autres pas. Un bon cuisinier, ou des repas frugaux insuffisants en calories pour avoir assez d'énergie... Un guide parfaitement anglophone ou un jeune qui ne sait trop quoi faire et bafouille à peine quelques mots... Définissez bien toutes les conditions avant votre départ et souscrivez une assurance adaptée (rappelons l'existence de *Routard Assurance,* qui a fait ses preuves depuis longtemps). Contactez de préférence les agences par e-mail au préalable, mais n'envoyez jamais d'arrhes. Pour le Dzongri, il faut compter environ 4 000-4 500 ₹ par jour et par personne, sur la base de deux, tout inclus. Tarif dégressif si l'on est davantage.

➢ ***Quelques balades faisables sans agence et sans guide :*** près de ***Pelling,*** un certain nombre de chemins et sentiers de montagne pas trop ardus permettent de relier à pied le lac de *Khecheopalri,* le village de *Yuksom* et le monastère de *Tashiding,* sur 1 à 3 jours (voir « Dans les environs de Pelling »). Une alternative sympa pour les marcheurs occasionnels qui n'ont pas forcément envie de crapahuter comme des bêtes.

Permis pour le Sikkim

Pour vous rendre au Sikkim, il faut, en plus du visa indien, un ***Restricted Area Permit*** (***RAP,*** anciennement *Inner Line Permit – ILP*), qui est gratuit mais ***absolument obligatoire.***
– Informations (à peu près à jour) sur ● *sikkimtourism.gov.in* ●
– ***Important :*** une fois que vous aurez quitté le Sikkim, vous ne pourrez y revenir avant 3 mois.

Comment obtenir le *RAP* ?

Si vous savez, avant de partir, que vous allez visiter le Sikkim, mieux vaut demander un ***regular visa*** à l'ambassade d'Inde en faisant une demande spéciale pour le Sikkim. Votre visa portera alors la mention « *Valid for 15 days in all open areas in Sikkim* ». Cela ne vous dispensera pas, à l'arrivée sur le territoire, de devoir obtenir le ***Restricted Area Permit,*** mais la procédure en sera nettement accélérée (10-15 mn et ce sera réglé).
Si vous êtes déjà en Inde et que vous décidez finalement d'aller au Sikkim, pas de panique, ***il est possible d'obtenir le* RAP *sur place,*** soit auprès des bureaux de *Sikkim Tourism* dans certaines grandes villes du pays (dont Siliguri) – le plus simple et rapide –, soit aux postes-frontières de Rangpo et Melli, soit

dans certains *Foreigner Registration Offices (FRO)*, comme à Darjeeling – sachant que, dans ce cas, il faut ensuite faire émettre le permis au *DM (District Magistrate)*, ce qui est enquiquinant. Dans tous les cas, le *RAP* est valide 30 jours. Venir impérativement avec : 1 photo d'identité, votre passeport, 1 copie de votre passeport (page avec la photo) et 1 copie de votre visa indien.

Jusqu'à récemment, il était obligatoire d'être en possession d'un *regular visa* pour obtenir le *RAP*, mais certains bureaux de *Sikkim Tourism* nous ont affirmé que c'était aussi désormais possible avec un *e-visa* (notamment à l'aéroport de Bagdogra et à Kolkata). À terme, il devrait aussi être possible de demander le *RAP* sur Internet, mais on n'en est encore actuellement qu'au stade de projet.

Où obtenir le *RAP* ?

– ***À Delhi :*** **Sikkim Tourist Information Centre,** *New Sikkim House, 14, Panch Sheel Marg, Chanakya Puri. ☎ (011) 26-11-53-46 ou 26-11-51-71.*

– ***À Kolkata :*** **Sikkim Tourist Information Centre,** *New Sikkim House, 4/1, Middleton St. ☎ (033) 22-81-79-05. Lun-ven 10h-17h. Également au* **Sikkim Tourist Information Centre,** *Sikkim House, LA-4, Sector III, Salt Lake City. ☎ (033) 23-35-87-57.*

– ***À l'aéroport de Bagdogra :*** *au* **Sikkim Tourist Information Centre.** *☎ 269-80-30. Tlj 10h-16h.*

– ***À l'aéroport de Pakyong :*** *au bureau de* **Sikkim Tourism,** *dans le terminal, à l'arrivée des vols.* Ici, en général, la photo n'est pas exigée (mais prévoyez quand même au cas où...).

– ***À Siliguri :*** **Sikkim Tourist Information Centre,** *SNT Colony, Hill Cart Rd, dans les locaux du Bus Stand (SNT). ☎ 220-90-90. 📱 99-33-13-38-19. C'est le bâtiment à gauche, à l'intérieur de la cour. Lun-sam 10h-16h.*

– ***À Darjeeling :*** *via le* **Foreigner's Registration Office** *puis le* **District Magistrate (DM).** *Voir « Adresses utiles » à Darjeeling.*

– ***Au poste-frontière de Rangpo :*** **Sikkim Tourist Information Centre,** *à 100 m du poste-frontière, sur la gauche, à côté du* Rangpo Tourist Lodge, *au bureau du Gouvernement du Sikkim (☎ 24-08-18 ; au fond du hall d'entrée ; tlj 8h-19h).* Si vous avez déjà votre permis, il suffit de le faire viser au *FRO*. Si vous êtes coincé à *Rangpo*, le *Rangpo Tourist Lodge (☎ 24-08-18 ; 📱 94-74-84-16-29 ; double avec sdb 800 ₹)* est très convenable, avec des chambres simples, propres, spacieuses et calmes, qui donnent sur une cour.

– ***Au poste-frontière de Melli :*** **Sikkim Tourist Information Centre,** *bureau juste en face du check-point. ☎ 24-85-36. Tlj 8h-19h.* Très important : ***Melli et Rangpo sont les seuls bureaux où vous pourrez obtenir le* RAP *le dimanche.*** Cela étant, si vous êtes en *shared taxi*, mieux vaut l'avoir avant, pour ne pas perdre de temps ; généralement, les chauffeurs attendent et, parfois même, aident leurs passagers étrangers pour accélérer le mouvement, mais il y a toujours quelques impatients... Il serait ennuyeux de se retrouver coincé là en espérant dégoter un taxi qui a de la place pour poursuivre votre chemin...

– Le *RAP* peut aussi être obtenu pour vous à Darjeeling par l'agence qui organisera votre trek ou voyage au Sikkim, sauf bien sûr si vous ne restez qu'un dimanche.

Prolongation de permis

Au-delà des 30 premiers jours, vous pourrez faire renouveler 2 fois votre permis de 15 jours, auprès du *FRO* de Tadong (Gangtok) ou des bureaux du *Superintendent* de la Police (on dit « SP ») des 4 régions administratives du Sikkim (s'y prendre 1-2 jours ouvrables avant la date d'expiration). Dans ce dernier cas, le renouvellement n'est possible que pour 1 semaine.

– ***À Tadong :*** *à env 6 km de Gangtok, au* **Foreigner's Registration Office**, *près du* Tourism Department. *☎ 28-44-16. Lun-sam 10h-16h ; fermé dim.*

– ***À Geyzing :*** *au bureau du* **Superintendent of Police of West District**, *à 5 km de Geyzing et à 4 km de Pelling (les taxis connaissent). ☎ 25-07-63 ou 25-08-44. En théorie, lun-sam 10h-16h ; fermé dim.*

Permis spéciaux

Proximité de la frontière chinoise oblige, il vous faudra en plus un *Protected Area Permit (PAP)* pour vous rendre au lac Tsomgo (à l'est de Gangtok), ainsi que dans les zones de trek du West Sikkim ou dans l'essentiel du North Sikkim. Il est obligatoire de passer par les agences, qui s'occuperont du permis pour vous. En revanche, il faut leur fournir les mêmes documents que pour l'obtention du permis général (voir plus haut).

Comment aller au Sikkim ?

➢ Toutes les liaisons possibles et imaginables sont décrites dans la partie « Comment y aller ? » au début du chapitre « Le Nord-Est » et dans la partie « Quitter Darjeeling ».

Passage des frontières

Actuellement, à partir de Gangtok, toutes les frontières extérieures du Sikkim sont fermées aux étrangers : Tibet (Chine), Népal, Bhoutan. Les 2 derniers peuvent cependant être rejoints depuis le Bengale-Occidental (Siliguri, plus Darjeeling pour le Népal).

L'EST DU SIKKIM

GANTOK (gangtok) 100 000 hab. IND. TÉL. : 03592

• Plan *p. 407*

La route en provenance de Darjeeling est extraordinaire. Elle glisse entre forêts de pins géants, tecks, magnolias, jacarandas couverts de fleurs violettes... La découverte de la capitale du Sikkim, perchée à flanc de collines, à 1 700 m d'altitude, peut en revanche se révéler décevante. Voilà une cacophonie d'immeubles poussés à la va-vite, moches comme tout, se volant la vue les uns les autres. Un réseau de routes gravit inlassablement ces pentes abruptes, dans un capharnaüm insensé. Non, la ville n'est pas bien belle, malgré la beauté des paysages qui l'entoure.

Topographie de la ville

Cœur de la cité, l'artère principale, Mahatma Gandhi Marg (alias M. G. Road), est en partie piétonne ; on s'y promène à toute heure. On y trouve l'office de tourisme et, de là, on descend vers le marché *(Lall Bazar)*. D'autres artères plus ou moins parallèles courent à flanc de colline, au-dessus ou en dessous.

Adresses utiles

Infos générales

🅸 ***Sikkim Tourism*** (zoom B4) : *Mahatma Gandhi Marg, près de la passerelle. ☎ 20-90-90. • sikkimtourism.gov.in • Tlj 9h-20h (19h hors saison).* Renseignements utiles et même un peu de documentation. C'est juste à côté, à la *Travel Division,* que l'on peut réserver son vol en hélicoptère pour Bagdogra, voire un survol touristique *(fermé 13h-14h).*

■ ***Distributeurs*** *(ATM ; zoom B4,* ***2****) : on en trouve un peu partout en ville, les plus pratiques sur Mahatma Gandhi Marg, dans la partie piétonne (accessibles 24h/24). Celui de la* ***State Bank of India,*** *fiable, est juste à gauche du* Sikkim Tourism.

■ ***State Bank of India*** *(zoom B4,* ***1****) : Mahatma Gandhi Marg, presque face au bureau du* Sikkim Tourism, *au niveau de la passerelle, à l'étage. Lun-ven 10h-16h, plus 1er et 3e sam du mois.* Change euros et dollars. Mieux vaut être patient !

■ ***Laxmi Forex*** *(zoom B4,* ***3****) : Mahatma Gandhi Marg, Alfa Building. Minuscule bureau 3 portes à gauche de* l'Axis Bank, *planqué derrière une pâtisserie ! Lun-ven 9h30-19h, sam 12h-18h.* Taux attractif, sans commission.

✚ ***STNM Hospital*** *(zoom B4) : à 300 m de M. G. Marg.* ☎ *22-29-94. Ouv 24h/24 pour les urgences ; sinon 8h-16h.* Hôpital d'État.

✚ ***Sikkim Manipal Central Referral Hospital :*** *5th mile, sur la 31A Hwy, à Upper Tadong, à 4 km au sud du centre.* ☎ *23-11-38 ou 27-03-89. Ouv 24h/24 pour les urgences ; sinon 8h-16h.* Hôpital universitaire privé.

■ ***Pharmacies :*** *nombreuses petites officines sur Mahatma Gandhi Marg.* Certaines proposent les services d'un médecin, c'est en général marqué en façade.

■ ***Réservation de trains*** *(plan B1,* ***5****) : au Bus Stand SNT* (Sikkim Nationalised Transport), *sur Paljor Stadium Rd.* ☎ *20-20-16 ou 20-27-73. Tlj 8h-14h.*

■ ***Foreigner's Registration Office*** *(hors plan par A4,* ***9****) : à Tadong, 5 km au sud du centre de Gangtok (20 ₹ en* shared taxi*). Lun-sam 9h-17h.* Pour la prolongation de votre permis pour le Sikkim.

Agences de trekking et matériel

Les dizaines d'agences de trek de Gangtok proposent toutes à peu près les mêmes itinéraires, au nord et dans l'ouest de l'État (voir plus haut « Trekker au Sikkim »). On peut parfaitement attendre d'être à Pelling pour réserver, vu qu'on part le plus souvent de là-bas...

■ ***Khangri Tours & Treks*** *(plan B2,* ***11****) : sur Tibet Rd, presque en face de* l'Hotel Sonam Delek. ☎ *20-60-50.* 📱 *98-32-04-68-20.* • *khangrii.com* • Agence sérieuse et sympathique.

■ ***Adarsh Tours, Treks & Expedition*** *(zoom B4,* ***10****) : Denzong Agricultural Cooperative Society Bldg (4e étage), Deorali Girls School Rd.* ☎ *20-50-53.* 📱 *98-32-07-93-05.* • *adarshtours.com* • *trekkingsikkim.com* • Une agence sérieuse, qui vous emmènera aussi au Népal et au Bhoutan.

■ ***Blue Sky Tours & Travels*** *(zoom B4,* ***12****) : sur Mahatma Gandhi Marg, à côté du* Sikkim Tourism. ☎ *20-51-13.* 📱 *87-98-30-49-33.* • *blueskysikkim.com* • *En saison, tlj 7h-20h30 ; en basse saison, 8h-20h et fermé certains j. pdt la mousson.*

■ ***Sonam Gears*** *(zoom B4,* ***4****) : Tibet Rd.* 📱 *70-01-87-43-55. Tlj sauf mar 10h (10h30)-20h.* C'est la 1re boutique indienne de la marque de matériel de trekking népalais *Sonam,* pas mal utilisée par les sherpas pour son bon rapport qualité-prix – sacs, vestes, doudounes, pantalons de rando, *dry bags,* etc. Le couple qui tient le magasin est particulièrement gentil. Autres magasins de matériel de rando à proximité immédiate sur Tibet Rd, dont ***Climate Zone Trekking et Black Yak.***

Transports en ville

À force de monter et descendre sans cesse, on fatigue... Une course en taxi collectif (petits minibus) vous coutera 10-60 ₹ selon la distance ; pour un taxi privé, prévoyez plutôt 50-300 ₹ (100-150 ₹ en général). Pour les plus grandes distances, consultez les panneaux (bleus) des tarifs officiels affichés aux abords des différentes stations de bus et taxis. Récemment, il fallait prévoir 280 ₹ pour le Tashi View Point et 750 ₹ A/R pour le monastère de Rumtek (avec 1h sur place). Il existe aussi un tarif combiné pour 7 sites du coin à visiter, à 1 200 ₹ (*Tashi View Point* exclus).

Où dormir ?

L'hébergement est cher, ici, comparé au reste de l'Inde... Essayez de rester près du centre, car les déplacements sont assez fatigants avec toutes ces pentes. Et sachez que, dans les adresses les plus modestes, les draps sont souvent un peu douteux... le sac à viande peut donc être utile !

Bon marché (max 1 500 ₹ / 20 €)

Difficile de se loger à bon marché à Gangtok, surtout en saison. Pas d'AJ ici. Si vous n'avez pas froid aux yeux, essayez le ***Sunshine Lodge*** *(plan A3, **20**)*, sur M. G. Marg, face à l'hôtel *Tashi Delek* *(pas de réception, téléphoner à Asok au 62-95-51-52-78 ou 90-02-99-96-54)*. Difficile de faire moins cher : 150 ₹ dans un dortoir basique et froid de 3-4 lits. Mais au moins les draps sont (théoriquement) changés entre chaque client ! Filles s'abstenir.

Gangtok Lodge *(zoom B4, **23**) : Mahatma Gandhi Marg. ☎ 20-65-62. Lit en dortoir env 1 000 ₹ ; doubles 1 200-1 500 ₹.* Situées en étage dans un bâtiment vert clair tout en hauteur, les chambres sont assez décaties et peu accueillantes, surtout celles sans fenêtre. Mais au moins y a-t-il l'eau chaude dans les salles de bains communes. Assez bruyant vu l'emplacement.

Vous pouvez aussi essayer les petits hôtels alignés à touche-touche de P. S. Road, la rue qui descend vers le stade. Pas très reluisants et bruyants, ils demandent 1 500-2 000 ₹ la double aux étrangers, alors que les locaux payent plutôt la moitié...

Adresses utiles

- Sikkim Tourism (zoom B4)
- **1** State Bank of India (zoom B4)
- **2** Distributeur (zoom B4)
- **3** Laxmi Forex (zoom B4)
- **4** Sonam Gears (zoom B4)
- **5** Agence SNT et Bus Stand (B1)
- **6** North Sikkim Taxi Stand (hors plan par B1)
- **7** South-West Sikkim Taxi & Jeep Stand (zoom B4)
- **8** Private Deorali Bus Stand et South Main Line Jeep & Taxi Stand (A4)
- **9** Foreigner's Registration Office (hors plan par A4)
- **10** Adarsh Tours, Treks & Expedition (zoom B4)
- **11** Khangri Tours & Treks (B2)
- **12** Blue Sky Tours & Travels (zoom B4)

Où dormir ?

- **20** Sunshine Lodge (A3)
- **21** Hotel Sonam Delek (B2)
- **22** Mintokling Guest House (B2)
- **23** Gangtok Lodge (zoom B4)
- **24** Netuk House (B2)
- **25** Hotel Hidden Forest Retreat (hors plan par A1)
- **26** The Shire Guest House (A2)
- **27** Hotel Tibet (B2)
- **30** Hotel Elgin Nor Khill (A-B1)

Où manger ? Où faire une pause sucrée ? Où déguster un bon thé ?

- **40** Roll House (zoom B4)
- **41** Baker's Café (zoom B4)
- **42** Rasoi (zoom B4)
- **43** Parivar (zoom B4)
- **44** Dolphin Restaurant (A4)
- **45** Osm Restro & Lounge (zoom B4)
- **46** The Coffee Shop (A3)
- **47** Golden Tips (zoom B4)

Où boire un verre ? Où écouter de la musique ?

- **30** Hotel Elgin Nor Khill (A-B1)
- **50** Cafe Live & Loud (zoom B4)

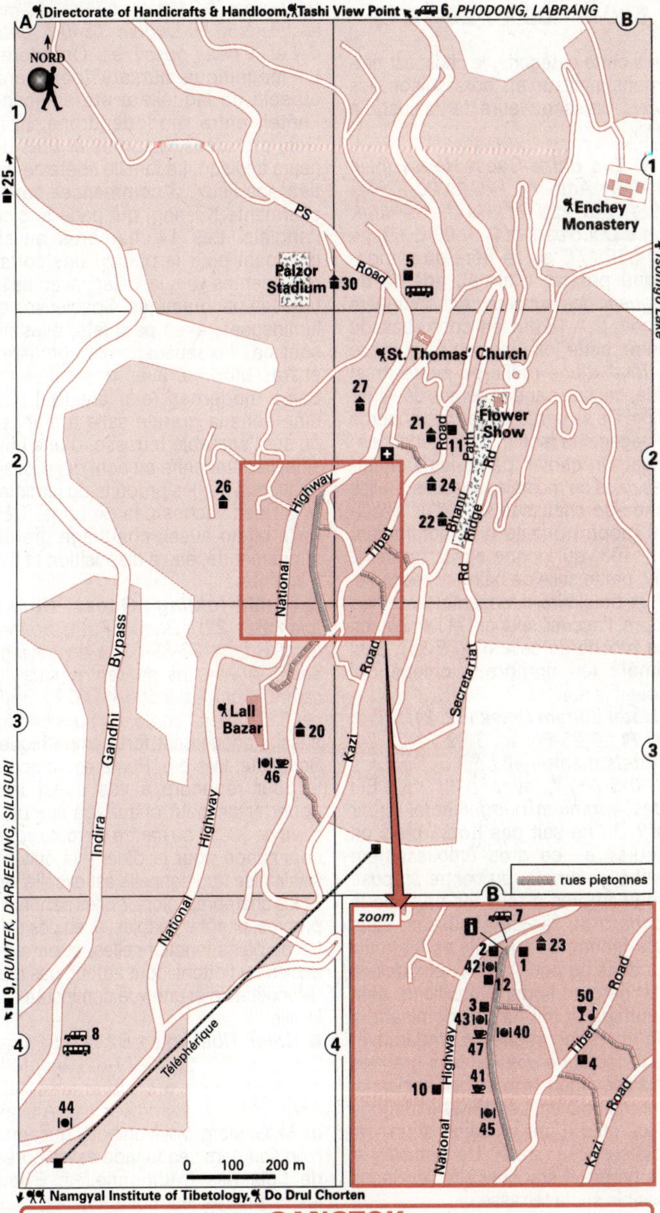
Directorate of Handicrafts & Handloom, Tashi View Point
6, PHODONG, LABRANG
NORD
25
Enchey Monastery
Tsomgo Lake
PS Road
5
Palzor Stadium
30
St. Thomas' Church
27
21
Road
11
Flower Show
Path
Rd
Bhanu
Ridge
Rd
24
22
26
Highway
National
Tibet
Road
Kazi
Secretariat
Lall Bazar
20
46
Indira Gandhi Bypass
National Highway
9, RUMTEK, DARJEELING, SILIGURI
8
44
Téléphérique
0 100 200 m
rues pietonnes
zoom
7
2
23
1
42
12
3
43
40
47
50
Tibet Road
4
41
10
45
Kazi Road
National Highway
Namgyal Institute of Tibetology, Do Drul Chorten

GANGTOK

De prix moyens à chic (1 500-5 400 ₹ / 20-72 €)

Dans cette catégorie, le choix est nettement meilleur et, hors saison, les hôtels baissent leurs tarifs jusqu'à 50 %.

The Shire Guest House (plan A2, **26**) : Arithang Rd. ☎ 20-22-17. 96-47-87-23-71. • shiresikkim.com • Doubles 2 000-3 800 ₹. Repas 250-350 ₹. C'est le frère du sympathique proprio (Karma), adepte du *Seigneur des anneaux*, qui a suggéré le nom... À 10 mn en contrebas du centre, cette jolie maison se planque au fond d'une ruelle en pente (très) raide, cachée par des écrans de végétation. De sa terrasse, une vue superbe se dégage, le matin, sur le Kangchenjunga. On choisit parmi les 7 chambres, plus ou moins spacieuses. Celles du rez-de-chaussée sont d'un excellent rapport qualité-prix, notamment la n° 103, qui donne sur la terrasse, avec petite salle de bains impeccable, TV et bouilloire. L'ensemble est très propre, l'accueil souriant et l'ambiance très proche de celle d'un *B & B*. Seul bémol : les nombreux chiens qui aboient la nuit.

Hotel Sonam Delek (B2, **21**) : Tibet Rd. ☎ 20-25-66. 76-02-72-22-34. • hotelsonamdelek.com • Doubles 2 100-5 700 ₹, avec petit déj. Élu « *best premium budget hotel* » (par qui ? On ne sait pas trop... mais on acquiesce), ce gros établissement perché au-dessus du centre propose des chambres à tous les prix : de la *standard* au rez-de-chaussée, sans vraie fenêtre et au matelas fin (mais très décente pour le prix), aux *deluxe* avec parquet flottant, bouilloire, petit chauffage et joli balcon dominant la ville et les montagnes. Comparativement, les *superdeluxe*, plus grandes mais avec moquette un peu ancienne, sont moins bien. Les suites (catégorie « Plus chic ») ont un salon et un vrai radiateur (une rareté). L'ensemble est très propre. Personnel affable. Snack possible sur la terrasse.

The Hidden Forest Retreat (hors plan par A1, **25**) : Middle Sichey, below District Court. ☎ 20-51-97. 94-74-98-13-67. • hiddenforestretreat.org • À 3 km du centre, 10 mn en taxi (150 ₹). Double 3 540 ₹, petit déj et ½ pens possibles. On adore ! La magnifique *nursery* (pépinière) au sein de laquelle a été aménagé l'hôtel, entre rhododendrons, azalées, orchidées, agrumes et pots de fleurs à foison. La famille tibétaine qui tient les lieux, à commencer par la charmante Kesang, qui parle si bien l'anglais. Les 14 chambres aussi, occupant pour la plupart des cottages orientés vers la vallée, avec belle terrasse panoramique. Spacieuses et lumineuses, avec parquets, elles ne sont pas luxueuses, mais agréables et très propres, avec des salles de bains modernes (eau chaude). On dîne dans la grande salle à manger ou sur l'agréable terrasse, d'une cuisine, végétarienne ou non, qui repose beaucoup sur les produits du jardin et le lait des vaches des proprios. Très belle biblio aussi, chauffage gratuit sur demande, eau à disposition et thé à volonté...

Mintokling Guest House (plan D2, **22**) : Bhanu Path, Secretariat Rd. ☎ 20-85-53. • mintokling.com • Au-dessus du centre, plus au calme. Doubles 3 500-4 100 ₹ ; petit déj 300 ₹. Pens complète possible. Ici aussi, l'accueil est fort sympathique. Souriante, très pro, Pema est toujours là pour répondre à vos questions, apporter un petit chauffage (supplément de 200 ₹) ou mettre en route votre commande pour le dîner – la cuisine sikkimaise traditionnelle est excellente. Et les chambres, alors ? Elles sont bien propres, plutôt agréables, avec des salles de bains fonctionnelles, et parquet ancien ou flottant. Tout autour, pas mal de végétation et une vue dominante sur la ville.

Hotel Tibet (plan B2, **27**) : Paljor Stadium Rd. ☎ 20-49-62. • hoteltibetgangtok.com • Doubles avec sdb 2 600-3 400 ₹, avec petit déj. À 5 mn de M. G. Marg, voilà un hôtel qui porte bien son nom : sa façade est décorée de boiseries traditionnelles. Éviter les chambres les moins chères, plus petites et donnant sur la rue, et privilégiez les *deluxe*, pas tellement plus chères, avec salles de bains récentes,

LE NORD-EST

parquet, TV et vue sur la vallée. Accueil et personnel attentionnés. Bar et resto.

De plus chic à beaucoup plus chic (min 5 500 ₹ / 73 €)

Netuk House *(plan B2, **24**) : Tibet Rd. ☎ 20-67-78 ou 47-66. 📱 89-72-46-38-94. • netukhouse.com • Double 5 500 ₹, avec petit déj.* À l'origine, il y avait une jolie maison particulière, construite en 1950 par le grand-père de Sunam, propriétaire actuel, conseiller du gouverneur du Sikkim. Aménagée depuis en hôtel, elle possède tout le charme des bâtisses anciennes, sur des notes de décoration mettant en valeur l'héritage culturel du Sikkim. On peut aussi loger dans le bâtiment à l'arrière, moderne mais de style sikkimais, tout coloré, avec balcon commun face aux montagnes, également fort agréable. Les chambres y sont un peu moins grandes mais jolies, presque cosy, avec parquet et tapis. De-ci, de-là, des plafonds peints, des parquets cirés, des photos anciennes... Resto (recettes locales).

Hotel Elgin Nor Khill *(plan A-B1, **30**) : à la périphérie de la ville. ☎ 20-56-37. • elginhotels.com • Ne pratique que la ½ pens au min, à partir de 16 400 ₹.* Le plus bel établissement de la ville occupe une ancienne demeure royale, bâtie en 1942 : le *chogyal* y accueillit ses hôtes étrangers jusqu'à sa déposition. Le grand salon avec piano et canapés turquoise ne manque pas d'allure, à l'égal du *Dragon Bar* aux colonnes rouge sang et de la belle salle de resto aux hauts plafonds. Les chambres sont spacieuses et naturellement (très) confortables, quoiqu'un peu inégales : certaines ont pas mal de charme, d'autres moins. Une chose est sûre : la literie est excellente. Le grand jardin-terrasse a un inconvénient : il surplombe désormais le stade et, les soirs de match, les projecteurs ne sont pas du meilleur effet ! Venez au moins y boire un verre, faute d'y dormir. Excellent accueil.

Où manger ?

Très bon marché (max 200 ₹ / 2,70 €)

Roll House *(zoom B4, **40**) : Mahatma Gandhi Marg. ☎ 20-00-06. Tlj 9h-21h30.* *Come hungry, leave happy,* dit leur slogan. Au cœur de l'animation de la rue piétonne, ce comptoir se planque dans une allée latérale. Impossible de s'y asseoir. On y joue des coudes pour commander un *roll* (sandwich) ou d'excellents *momos* préparés à la commande, sous vos yeux, puis on file s'asseoir sur un banc pour déguster le tout. Les *momos* aux légumes sont tout simplement excellents.

Parmi les nombreux restos de M. G. Marg, 2 indiens conviendront aux petits budgets peu exigeants. Le ***Rasoi*** *(zoom B4, **42** ; juste à gauche du* Sikkim Tourism *; tlj jusqu'à 21h),* façon cafétéria en étage, balaye large avec ses plats du Nord et du Sud de l'Inde ; le service y est inhabituellement rapide et beaucoup de touristes indiens y font escale. Et à 100 m de là, le ***Parivar*** *(zoom B4, **43**),* 100 % végétarien, sert ses *thalis* sur des plateaux en plastique à compartiments... Rien d'extraordinaire, mais des prix plancher.

Ceux qui en ont leur claque des escaliers et des rues en pente apprécieront de se faire livrer (gratuitement) à leur hôtel par ***Shuffle Momos*** *(☎ 28-01-80 ; 📱 90-83-03-51-26 ; tlj sauf mar 11h-22h).* On choisit parmi 17 variétés, dont les très locaux *choorpi ghew momos,* avec *cottage cheese* et beurre... Pas à mettre entre toutes les dents ! Misez plutôt sur les champignons (frais), le poulet ou le porc, juteux à souhait.

De bon marché à prix moyens (150-600 ₹ / 2-8 €)

Dolphin Restaurant (*plan A4*, ***44***) : *resto du* New Castle Hotel, *Deorali Bazar. ☎ 20-07-02. Tlj 7h30-21h. Plats 135-370 ₹.* Vous n'y descendrez pas exprès mais, si vous allez ou revenez du *Namgyal Institute of Tibetology,* ce resto offre une bonne pause, avec sa grande salle lambrissée ouverte sur la vallée et son caoutchouc qui passe au-dessus de la tête des convives. La carte est comme d'hab trop longue, alors misez de préférence sur les produits frais de la ferme, le porc en particulier. Les aventuriers termineront par un milk-shake XXL au popcorn ou au KitKat ! Pour revenir au centre, prenez donc le téléphérique.

Osm Restro & Lounge (*zoom B4*, ***45***) : *M. G. Marg (1er étage). ☎ 20-22-58. Tlj 11h45-22h20. Plats 150-600 ₹. CB refusées.* Cadre de bistro chic à l'occidentale, avec grandes tables familiales et baies vitrées dominant l'artère piétonne, carte à rallonge, service pro et efficace, plats (indiens, occidentaux ou thaïs) joliment présentés et copieux, musique actuelle, propreté impeccable... on est là dans l'Inde du XXIe s. Il n'est pas désagréable de se rappeler qu'elle existe aussi !

LE NORD-EST

Où faire une pause sucrée ? Où déguster un bon thé ?

Les habitants de Gangtok sont récemment tombés dans le café... Résultat : on trouve en ville pas mal de *coffee-shops* fréquentés aussi bien par les touristes indiens que par les jeunes du coin.

The Coffee Shop (*plan A3*, ***46***) : *M. G. Marg, à l'étage (entrer par le passage). ☎ 20-13-00. Tlj 9h-22h.* Dans le genre, c'est notre préféré : un coffee shop à l'occidentale qui fait un excellent cappuccino, parfait pour se requinquer. Il y a aussi des pancakes, des gaufres et un petit déj à l'anglaise le matin, des sandwichs, burgers et pizzas le reste du temps. Derrière le comptoir : le dalaï-lama, une tasse de café à la main !

Baker's Café (*zoom B4*, ***41***) : *M. G. Marg. ☎ 22-01-95. Tlj 9h-20h30.* Au centre de la rue piétonne, grimpez l'escalier jusqu'à cet autre café-salon de thé étonnamment cosy et populaire (très *Western style*) pour une pause sucrée. Donuts, cheesecake, forêt noire, bons cappuccinos ou lattes, journaux en prêt, on s'offre ici une pause en dehors de l'Inde... toilettes exceptées ! Il y a aussi pas mal de choix salés.

Golden Tips (*zoom B4*, ***47***) : *M. G. Marg. ☎ 20-81-11. Tlj 9h30-20h30.* Darjeeling vous manque déjà ? L'antenne locale du marchand de thé *Golden Tips* occupe une belle boutique-*tea room* en étage. On y déguste (gratuitement) le thé que l'on va acheter, ou l'on s'y offre une tasse de *first flush* ou de *second flush* (50-500 ₹ en fonction de la qualité), bio pour certains domaines. Il y a même des thés du Sikkim.

Où boire un verre ? Où écouter de la musique ?

Cafe Live & Loud (*zoom B4*, ***50***) : *Tibet Rd. Au 1er étage. Tlj 11h-23h30 (théoriquement).* En quête d'un lieu un peu animé ? Ce grand resto-lounge branché, cumulant bar intérieur et grande terrasse aux banquettes confortables sous voiles blancs (plus intimes), jongle avec cocktails, mocktails (sans alcool), *hookah,* musique live du mercredi au vendredi et DJ le samedi. Bon, parfois c'est fermé sans qu'on sache pourquoi...

Sympa aussi, dans un tout autre genre : un verre au superbe ***Dragon Bar*** ou un thé dans le jardin de l'hôtel ***Elgin Nor Khill*** (*plan A-B1*, ***30*** ; voir « Où dormir ? »).

À voir

Lall Bazar (marché couvert ; plan A3) : *tlj à partir de 7h-8h, mais plus animé dim.* Il fait bon y flâner entre piles de fruits et légumes, sacs de légumes secs, fromages et quincaillerie.

St Thomas' Church (plan B2) : outre son rôle de témoin de l'importance de la communauté chrétienne au Sikkim, cette église mérite le coup d'œil pour son autel extérieur, où la Vierge se planque dans un Himalaya en pierres peintes – vert au pied, blanc au sommet, rivière bleu ciel s'écoulant de la grotte...

Namgyal Institute of Tibetology (hors plan par A4) : *au sud de la ville, par la National Hwy, puis à gauche après Deorali Bazar. • tibetology.net • Tlj sauf dim et j. fériés 10h-16h. Entrée : 20 ₹.* C'est un des plus grands centres d'études de tibétologie d'Inde. Le bâtiment central aux airs de temple, bâti en 1958 dans un style traditionnel, abrite un intéressant musée exposant de beaux objets provenant de l'aire culturelle tibétaine : *thangkas*, statues du Bouddha et de Guru Rinpoché, instruments rituels et de musique (dont un luth bhoutanais en peau de cobra), etc. Le clou de la visite : des rouleaux sur feuilles de palmes du XIe s, en chinois et sanskrit. La collection, constituée à l'initiative du roi du Sikkim après l'invasion chinoise du Tibet, doit aussi beaucoup aux exilés. Au 2e étage, jetez un œil à la très belle bibliothèque ; ses vitrines en bois à l'ancienne regroupent livres et manuscrits bouddhistes enveloppés de tissu.

L'IMPERMANENCE DES CHOSES

Les bouddhistes ne sont pas attachés à la vie terrestre. La preuve : au musée du Namgyal Institute of Tibetology, on peut voir des kapâla, des coupes confectionnées dans des crânes humains, et des kangling, des trompettes taillées dans des fémurs... Censées éloigner les fantômes et les mauvais esprits, ces dernières sont d'autant plus efficaces qu'elles proviennent d'un moine vénéré, d'un meurtrier ou de l'une de ses victimes ! Le must : le fémur d'une jeune brahmane de 16 ans.

Do Drul Chorten (hors plan par A4) : *à env 300 m de l'Institut de tibétologie, en remontant la rue. Ouv tt le temps.* Une école monastique sous « influence » bhoutanaise s'est développée autour de ce grand *chorten* construit dans les années 1940 pour chasser les esprits démoniaques qui hantaient ces lieux et demander aux dieux une paix durable dans la région himalayenne... Il est entouré de 209 moulins à prières.

Un **téléphérique** (plan A4-B3) relie le bas de la ville (à deux pas de l'Institut de tibétologie) à la partie haute de Gangtok. Pratique pour éviter la rude grimpette du retour à pied !

Directorate of Handicrafts and Handloom (hors plan par B1) : *à 1 km au nord du centre, en direction de Tashi View Point. Tlj sauf dim 10h-15h30. Musée : 15 ₹.* Il s'agit d'un centre de formation artisanale, dont on peut visiter les ateliers, à l'étage. Les étudiants y suivent des formations de 7 mois dans divers domaines : tissage, peinture bouddhiste, menuiserie, couture, etc. Les objets fabriqués sur place sont vendus au *Sales Emporium* et les bénéfices consacrés à la promotion de l'artisanat traditionnel et à la formation des jeunes. Également un petit musée.

DANS LES ENVIRONS DE GANGTOK

Enchey Monastery (plan B1) : *à env 30 mn à pied au-dessus du centre (à côté de la tour de TV), par Ridge Rd, puis VIP Colony Rd. Tlj 3h-16h env. GRATUIT.*

Ce monastère de 1840 aurait, si l'on en croit la légende, été fondé par un moine volant, incarnation de Guru Rinpoché... Appartenant à l'ordre Nyingmapa (Bonnets rouges), il a pas mal souffert des séismes qui ont frappé le Sikkim en 2011 et 2015, et reste en (re)construction. À voir surtout en décembre-janvier, pour le festival de danses religieuses *(Chaam)*, représentant les 8 incarnations de Guru Rinpoché.

Tashi View Point *(hors plan par B1)* **:** *à 8 km au nord de Gangtok (taxi : 280 ₹).* On y va à l'aube, si le temps est clair, pour admirer la vue sur le Kangchenjunga. Inutile d'y aller entre juin et août ; par contre en octobre-novembre, c'est top ! Si vous êtes en taxi ou avec chauffeur, faites halte, au retour, au ***Ganesh Tok,*** un petit temple hindou bardé de drapeaux de prière bouddhistes, d'où se révèle un panorama plongeant sur la ville.

RUMTEK *(ind. tél. : 03592)*

À 24 km de Gangtok (env 45 mn-1h).
L'aller-retour depuis Gangtok constitue une agréable excursion à la journée (ou à la demi-journée pour les plus pressés). Le monastère, perché sur une colline de l'autre côté de la vallée de Gangtok, est fermé par une large enceinte. L'intérieur s'organise comme un vrai petit village, sans véhicule. À l'entrée, il vous faudra montrer patte blanche aux militaires en poste : passeport et permis pour le Sikkim exigés. Dernière entrée à 17h.

Arriver – Quitter

➢ ***De/vers Gangtok :*** pas de bus ni de *shared taxi* direct. En prendre un jusqu'à la bifurcation de la route de Rumtek (50 ₹), en direction de Siliguri, puis un autre jusqu'au village (50 ₹). En taxi privé, depuis le *Rumtek Taxi Stand,* compter 750 ₹ ; si vous voulez passer la nuit sur place, réservez votre retour à Gangtok avant d'y aller, au risque, sinon, de rester coincé.

Où dormir ? Où manger ?

De très bon marché à bon marché (max 1 500 ₹ / 20 €)

Sungay Guesthouse : *☎ 25-22-21. 86-70-62-04-25. • pemadoma@icloud.com • Dans l'enceinte du monastère, sur la droite de la route d'accès. Doubles 800-1 000 ₹.* Notre meilleure adresse à Rumtek ! Derrière la maison des proprios – une très accueillante famille tibétaine –, un édifice moderne de 3 étages abrite une grosse poignée de chambres avec ou sans vue sur la vallée. Elles sont très simples, mais propres, avec salle de bains privée et couette, parmi les mieux du genre au Sikkim à ce prix ! La cuisine de Pema est un régal. Elle vous mitonnera, à condition que vous ne soyez pas pressé, d'excellents petits plats locaux (*momos* et *thukpas...*) à petits prix. Notez qu'elle éteint ses fourneaux à 19h30.

Waterfall Homestay : *env 3 km avt Rumtek en venant de Gangtok, sur la droite, un peu à l'écart de la route. 94-34-11-71-80. • rumtekhomestay.com • Lit en dortoir 300 ₹ ; double 1 200 ₹.* La grande maison en bois à la façade convexe, bardée de baies vitrées et entourée de verdure, fait son petit effet. Le long salon lumineux qui s'y niche aussi. Les chambres et dortoir sont plus basiques. De toutes façons, on ne vient pas ici pour le confort, mais pour méditer, pratiquer le yoga, parler longuement avec les proprios très (très) cool, bref, s'oublier. On peut même loger sur place gratuitement contre quelques heures de travail. Mieux vaut ne pas être trop à cheval sur l'hygiène.

Très chic (min 7 100 ₹ / 95 €)

Bamboo Retreat : *env 4 km avt Rumtek, à* ***Sajong Village.*** *☎ 25-25-16. 99-33-43-82-58. • bambooretreathotel.com • Double avec sdb min 7 100 ₹, petit déj inclus.* Ce bel endroit en pleine nature, précédé d'un petit jardin de simples, abrite juste 12 chambres (chauffées en hiver). Toutes sont différentes, chacune dotée d'un p'tit nom sympathique reflétant des couleurs parfois... intenses : *Bamboo, Coral, Turquoise...* La proprio, Helen, est suisse, mais la gestion quotidienne est assurée par un manager indien. En prime : salon télé, petit salon-bibliothèque, salle de méditation (et yoga), sans oublier la traditionnelle baignoire thérapeutique du Sikkim, en plein air ! Resto dans une grande salle chaleureuse au rez-de-chaussée, avec cheminée. D'ici, le monastère de Rumtek est à une bonne heure de marche soutenue (en montée).

À voir

Le monastère : *• rumtek.org • Tlj 6h-17h. Entrée : 10 ₹.* Ce monastère, réédifié en 1960 dans le plus pur style tibétain, abrite quelque 500 moines et étudiants venus de tout l'arc himalayen. C'est le plus grand du Sikkim. Au centre de son immense cour trône une haute colonne très ancienne apportée du Tibet : elle conte l'histoire des *karmapas*. Le beau vestibule du ***grand temple*** est veillé par les traditionnels 4 gardiens et une jolie brochette de 5 lions des montagnes – plus discret, un Ganesh s'est même invité depuis le panthéon hindou ! L'intérieur n'est pas en reste avec son sol en marbre, son haut plafond à dominante jaune orné de nombreux dragons, ses vitrines contenant 1 000 petits bouddhas et, derrière, au fond, un grand bouddha doré caché à l'œil. Au centre trône la photo du 17e *karmapa,* en attente de sa venue. Remarquez aussi la belle porte noire ornée d'un visage féroce, côté droit : c'est l'entrée du *lakhang,* dépôt d'objets sacrés – ici interdit aux profanes (classique au Sikkim) –, particulièrement liés aux cérémonies tantriques secrètes. Pour assister aux prières, accompagnées de chants aux sons graves et ponctuées par trompettes et tambours, venez un peu avant la fermeture (à condition de loger dans l'enceinte).
Au-dessus du temple, en faisant le tour par l'extérieur (côté droit), on accède au ***Golden Stupa,*** qui abrite les cendres du 16e *karmapa* et les représentations de tous ses prédécesseurs. Juste derrière se dresse le *Karma Shri Nalanda Institute for Higher Buddhist Studies,* l'université monastique.

ET POUR LA PLACE DE 17e KARMAPA, *THE WINNER IS...*

Un karmapa, késéksa ? Rien de moins que le chef spirituel de l'école karma-kagyu (Bonnets rouges), l'une des 4 grandes écoles du bouddhisme tibétain, dont Rumtek est devenu le siège. Après la mort du 16e karmapa en 1981, il fallut trouver sa réincarnation. Problème : on en trouva deux ! Ou disons plutôt que les lamas se divisèrent en 2 camps opposés... Une fois n'est pas coutume, l'un des 2 candidats a été reconnu à la fois par le dalaï-lama (auprès de qui il vit à Dharamsala) et par les autorités chinoises ! Pas suffisant, apparemment, pour éteindre la controverse.

Fête

– ***Célébrations du Chaam :*** Guthor Chaam *en fév-mars, 2 j. avt le Nouvel An tibétain (Lossar) ;* Tsechu *en juin-juil, les 9e et 10e j. du 5e mois du calendrier tibétain.* Danses rituelles masquées exécutées par les lamas 2 jours durant, pour rendre hommage à Guru Rinpoché, protecteur de l'humanité qui est censé chasser les démons. Le *Chaam* de Rumtek est le plus réputé.

TSOMGO (CHANGU) LAKE

À 38 km à l'est de Gangtok (2h de route).

Le lac se situant à moins de 20 km de la frontière chinoise, seules les agences sont autorisées à y conduire les visiteurs étrangers, après obtention d'un permis spécial *(résa au moins la veille ; min 2 pers).* Le trajet est éprouvant : la route est en mauvais état, les glissements de terrain, la pluie, le brouillard et la neige fréquents. Et, pour ne rien arranger, l'altitude peut jouer des tours à certains : le lac, sacré, se trouve à 3 753 m. Long de 1 km, gelé jusqu'en avril-mai, il voit ensuite ses pentes se couvrir de fleurs. Mais si les familles indiennes viennent jusque-là, c'est avant tout dans l'espoir de toucher de la neige – et de se prendre en photo sur le dos d'un yak ! Autre motivation : emprunter la télécabine *(ropeway)* qui se hisse sur ses flancs, jusqu'à 4 420 m d'altitude, offrant un panorama sur le plan d'eau, les montagnes... et les contorsions de la route *(8h-15h ; compter 475 ₹).*
Au-delà, elle rejoint le col de Nathu-La (interdit aux étrangers), unique point de passage entre l'Inde et la Chine, ouvert uniquement, entre juin et septembre (en pleine mousson !), aux pèlerins hindous ou bouddhistes se rendant au mont Kailash (6 638 m) – incarnation probable du mythique mont Meru.

QUITTER GANGTOK

En bus

2 points de départ : la ***Sikkim Nationalised Transport*** *(SNT ; plan A1, **5**),* sur la route du stade *(PNG Rd),* au centre, et la ***Private Deorali Bus Stand*** *(plan A3, **8**),* sur la National Hwy, à plusieurs kilomètres vers le sud.

➢ ***Siliguri :*** bus de la *SNT* ttes les 30 mn à 1h, 6h-14h. Trajet : env 5h. Ils passent ensuite à la *Private Deorali Bus Stand.* Le bus de 7h15 dessert la gare de New Jalpaiguri.

➢ ***Geyzing :*** 1 bus/j. à 7h de la *SNT*. De Geyzing, on rejoint aisément Pelling en taxi collectif (fréquents).

En jeep ou en taxi collectif

Plusieurs points de départ, en fonction des destinations. Pour rejoindre l'aéroport de Bagdogra, il peut être préférable de louer les services d'un taxi privé (2 200-2 300 ₹), ou d'emprunter les navettes de *Wizzride* (600 ₹ ; • wizzride.com •). Pour Kakarbhitta, à la frontière du Népal, compter 2 600 ₹.

South Main Line Jeep & Taxi Stand *(plan A3, **8**) : sur la National Hwy, au sud du centre.*

➢ ***Siliguri :*** ttes les 30 mn env, 6h-16h30.

➢ ***Darjeeling :*** ttes les 30-45 mn env, 7h-14h. Trajet : 4h.

➢ ***Panitanki/Kakarbhitta (frontière népalaise) :*** à 5h30 avec *Bhumpa Transport* et 7h avec *Green Sikkim Travels*. Également avec *Deorali Transport* et *Lakshya Deorali*.

➢ Également des départs vers ***Jaigaon*** (frontière du Bhoutan).

North Sikkim Taxi Stand *(hors plan par B1, **6**) : au nord de la ville, à 1,5 km du centre.*

➢ ***Phodang et Labrang :*** *shared taxis* vers 7h-9h (et jusqu'à 11h-12h en hte saison) ; retours vers 14h-15h, 16h parfois. Trajet : 2h. Attention, les taxis déposent leurs passagers au village ; de là, Phodang est à 1,5 km en montée (rude) et Labrang encore 3,5 km plus avant (à faire à pied).

South-West Sikkim Taxi & Jeep Stand *(zoom B4, **7**) : sur la National Hwy, à côté du Police Headquarters.*

➢ ***Pelling (par Geyzing) :*** 3-4 jeeps collectives/j., 7h-13h. Trajet : env 4h30.

➢ ***Yuksom :*** quelques jeeps le matin.

– ***Tarifs des jeeps et taxis collectifs au départ de Gangtok :*** *vers Pelling et Darjeeling, 250 ₹/pers ; vers Siliguri, 250-300 ₹ selon la période (exceptionnellement jusqu'à 400 ₹).*

Trains

Il n'y a pas de gare à Gangtok, mais (rappel !) on peut acheter ses billets à la *Sikkim Nationalised Transport (SNT ; plan A1,* ***5****).* Voir plus haut « Adresses utiles ».

LE NORD DU SIKKIM

LES MONASTÈRES DE PHODONG (~~phodang~~) ET DE LABRANG (~~labrang~~)

IND. TÉL. : 03592

À 40 km au nord de Gangtok (env 1h30-2h).

Ces 2 monastères, connus pour avoir accueilli Alexandra David-Néel avant son long périple au Tibet, font partie des rares sites du North Sikkim accessibles sans permis spécial. On s'y rend par une route vertigineuse et contorsionniste, à voie unique, régulièrement coupée par des glissements de terrain et traversée de cascades au moment des pluies ! Le trajet, quoique très beau, est éprouvant, surtout en saison, lorsque des dizaines de taxis de touristes indiens y foncent en même temps... Rassurez-vous : ils ne viennent pas visiter les monastères, mais voir les chutes d'eau (dont celles des 7 Sisters, en chemin). Loin de la richesse de Rumtek, les 2 sanctuaires baignent dans une atmosphère simple et champêtre. L'excursion se fait à la demi-journée avec une agence en partant tôt le matin, ou à la journée en taxi.

➢ ***Pour s'y rendre :*** voir « Quitter Gangtok ». Emportez *Sikkim permit* et passeport, des contrôles ont parfois lieu.

Où dormir ? Où manger ?

Les options sont limitées dans le secteur. Si vous n'êtes pas contre une certaine ascèse, vous pourrez loger et vous restaurer au ***monastère de Phodong,*** voire à ***Labrang.*** Les moines ne vous demanderont rien, mais prévoyez une petite obole (minimum 150-200 ₹). Sinon, on trouve 2 ***homestays*** juste au pied de Labrang (rien ne les indique, demandez), dont 1 dans une petite maison en béton jaune attenante à la demeure (traditionnelle) des proprios, avec orchidées au balcon et épis de maïs au fronton *(700-800 ₹ en pens complète)*. Il y a aussi un « dortoir » dans une sorte de salon.

À voir

Le monastère de Phodong : *à 1,5 km au-dessus du hameau.* Ce paisible monastère possède un temple principal assez massif, avec un toit en saillie et de belles fenêtres et portes en bois ciselé et peint. Tout autour s'alignent les petites maisons en bois des moines. Dans la cour : un étonnant poirier à 2 têtes. Comme toujours, les murs intérieurs sont couverts de fresques murales, aux scènes animées et parfois cruelles (comme ces démons aux airs bien humains piétinés par les divinités !). Les offrandes en beurre coloré sont ici remarquables de complexité. Exception, on peut voir la *lakhang,* située derrière l'autel principal, avec fresques noires et dorées.

Le monastère de Labrang : *3,5 km au-dessus de Phodong.* Ce petit monastère nyingmapa (Bonnets rouges), perdu sur un replat serein cerné de drapeaux blancs volant au vent, a été très endommagé par les séismes de 2011 et 2015. L'édifice a été entièrement rénové côté extérieur (il a l'air bien moderne), mais l'intérieur, lui, reste inchangé : il date de 1680 et ça se voit ! Colonnes et plafond peints sont superbes. Les murs sont recouverts de 2 044 représentations de Guru Rinpoché (1 022 de chaque côté), toutes identiques, dans la position du lotus – le saint homme est célébré chaque année, le 10e jour du 11e mois du calendrier tibétain. Au centre de l'autel : un bouddha doré. Demandez ensuite à voir, à l'étage, la bibliothèque aux fresques ésotériques très abimées et, dans le couloir, les vitrines contenant des souvenirs du passage d'Alexandra David-Néel (photos anciennes de et avec l'exploratrice).
En contrebas du monastère, on distingue les maigres ruines de la 3e capitale du Sikkim...

L'OUEST DU SIKKIM

PELLING (pelling) — 5 000 hab. — IND. TÉL. : 03595

• Plan *p. 418-419*

Base idéale pour visiter l'ouest du Sikkim, à environ 140 km de Gangtok, Pelling est une grosse bourgade immergée dans des paysages grandioses, en train de se muer en véritable station d'altitude (2 150 m). Au lever du soleil, quand le ciel est dégagé, la vue sur le Kangchenjunga (8 586 m), le 3e plus haut sommet de la planète, y est exceptionnelle : c'est d'ici qu'on le voit le mieux si l'on ne randonne pas – l'activité phare dans la région. La plupart des hôtels, dont le nombre de cesse de grandir, ont d'ailleurs tourné leurs balcons dans sa direction... Si Upper Pelling, perché sur les crêtes, conserve un semblant d'âme villageoise malgré ses quelques gros immeubles, Middle et Lower Pelling, au fil de la pente, n'ont aucun charme : évitez d'y séjourner. C'est de toutes façons à Upper Pelling que se concentrent les quelques hôtels pour routards et les agences de trek.

➢ ***Pour s'y rendre :*** voir « Quitter Gangtok » et « Quitter Darjeeling », mais également les informations dans « Comment y aller ? » au début du chapitre « Le Nord-Est ». La plupart des bus et des jeeps s'arrêtent à *Geyzing,* 9 km avant, et il faut prendre une autre jeep pour se rendre à Pelling.

Adresses utiles

Tourist Information Centre *(zoom)* **:** *Upper Pelling, à 150 m de l'héliport, sur la droite en allant vers l'hôtel* Norbu Ghang. *Tlj env 9h-17h.* Un monsieur gentil et de bon conseil tient ce modeste bureau, il vit juste au-dessus.

■ ***Railway Booking Counter SNT :*** *à Geyzing, à côté du Taxi and Jeep Stand. Tlj 8h-14h (11h j. fériés).*

■ ***Superintendant of Police – Geyzing Police Station :*** *à Tikchuk, entre Pelling (5 km) et Geyzing (4 km).* ☎ *25-08-44.* Vous pourrez y faire renouveler votre permis Sikkim 1 semaine (seulement).

■ ***Change :*** pas de change officiel à Pelling. L'*Hotel Kabur (zoom)* peut vous dépanner, mais mieux vaut prendre vos précautions.

■ ***Distributeurs :*** *à Upper Pelling, sur la petite pl., distributeur de la* ***State Bank of India*** *(24h/24) planqué au rdc du bâtiment* Yangthang Dzimkha Resorts *(zoom,* ***1****). Un autre* ATM *de la* ***State Bank of India*** *à Lower Pelling (plan B2,* ***2****).*

■ ***Pharmacie :*** pas de pharmacie à Pelling, les plus proches sont à Geyzing.

■ ***Volontariat :*** la *St Xavier's English Medium School,* à Tikchuk (entre Pelling et Geyzing), accueille une quarantaine d'enfants défavorisés pour un enseignement tout en anglais. Ils cherchent des volontaires maîtrisant bien cette langue (qui, en échange, sont logés et nourris). Contactez Chandra Yonzen, la directrice (*📱 97-33-21-21-87).*

Agences de trekking

Même si beaucoup d'agences se situent à Gangtok, nombre de treks partent de la région de Pelling – et plus précisément de Yuksom. On trouve aussi des agences ici et rien n'interdit d'y organiser sa rando directement sans passer par Gangtok (voir plus loin la rubrique « Treks et randonnées dans la région ».)

■ ***Himalayan Ranges Adventure Tours & Treks*** (zoom, **3**) **:** *Upper Pelling, à l'Hotel Kabur (voir « Où dormir ? »). ☎ 25-85-04. 📱 96-47-65-48-04 ou 97-75-97-21-12. • deepesh83@yahoo.co.in •* Deepesh, le patron de l'hôtel *Kabur,* tient une petite agence sérieuse et propose transferts, forfaits et treks vers Dzongri et le Goechela, sans oublier le *Monastery Trek* et le *Singalila Trek* version sikkimaise. On peut lui faire confiance pour les infos et pour réserver (gratuitement) une place dans une *shared jeep* ou un *homestay*. Attention, en revanche, lorsqu'il sous-traite les treks à d'autres agences, la qualité peut s'en ressentir.

■ ***Himali Tours & Treks*** (zoom, **4**) **:** *à Upper Pelling, dans une tte petite cabane à l'orée de la placette centrale. 📱 90-83-18-31-80. • himalitoursandtreks.com •* Bonne agence familiale, sérieuse et présente depuis de longues années.

LE NORD-EST

Où dormir ?

Par pure gentillesse (si, si !), certains hôteliers ont la fâcheuse habitude de sortir leurs clients du plumard au lever du soleil (entre 4h et 5h30 selon la saison)... Mais vous ne pourrez plus leur en vouloir quand vous contemplerez l'époustouflante majesté du Kangchenjunga se teinter des lueurs roses de l'aube.

De bon marché à prix moyens (600-3 000 ₹ / 8-40 €)

🏠 🍽 ***Hotel Kabur*** (zoom, **3**) **:** *Upper Pelling, le 1er hôtel à droite en arrivant (quand on vient de Gangtok). ☎ 25-85-04. 📱 97-75-97-21-12. • deepesh83@yahoo.co.in • Doubles 600-1 000 ₹.* Le *Kabur,* c'est *le* rendez-vous des routards à Pelling. Toujours prêt à filer un coup de main et un conseil, Deepesh, le patron, possède aussi une agence de trek compétente, *Himalayan Ranges Adventure Tours & Treks* (voir « Adresses utiles »), que nous vous recommandons. Les chambres sont très honorables pour le prix (avec eau chaude à heure fixe, serviettes et savon), quoique pas toujours impeccables. Certaines doubles donnent sur la vallée. Pas de chauffage, mais on vous donnera une bouillotte ! Mais le mieux, c'est encore le poêle à bois du chaleureux resto, où règne une sympathique ambiance routarde. Aux beaux jours, la terrasse qui le prolonge a ses atouts. On pourra aussi vous dépanner pour le change, ou la prolongation de votre permis Sikkim.

🏠 🍽 ***Hotel Green Valley*** (zoom, **10**) **:** *Upper Pelling. 📱 96-47-18-55-59 ou 97-75-40-38-23. • burathokirohan@*

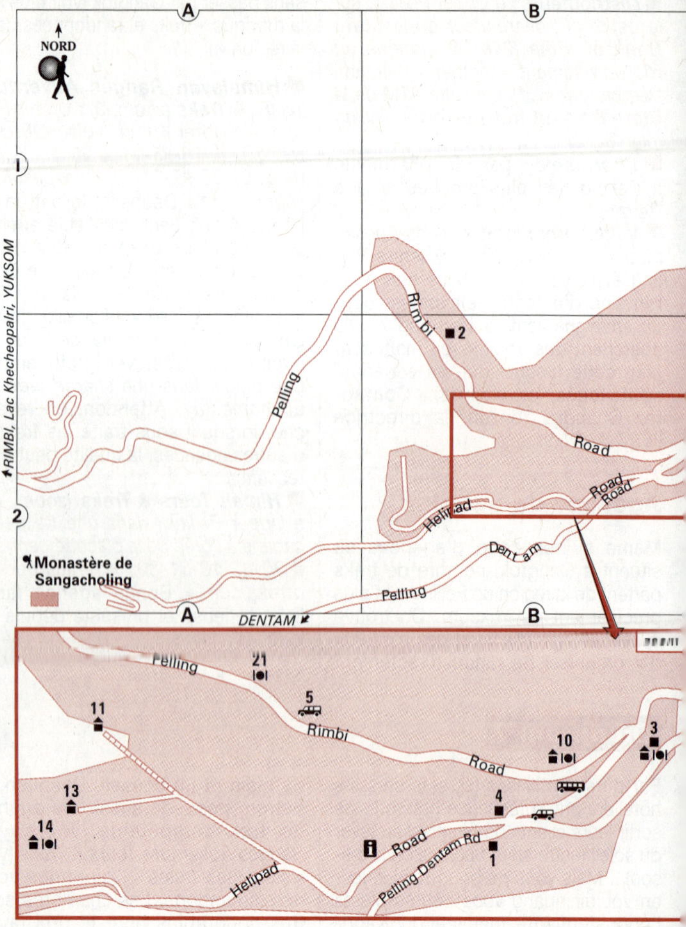

Adresses utiles	4 Himali Tours & Treks (zoom)
Tourist Information Centre (zoom)	5 Fathers Tours & Travels (zoom)
1 State Bank of India (zoom)	**Où dormir ?**
2 Distributeur (B2)	3 Hotel Kabur (zoom)
3 Himalayan Ranges Adventure Tours & Treks (zoom)	10 Hotel Green Valley (zoom)
	11 Hidden House Fairview (zoom)

gmail.com • À 3 mn à pied en contrebas de la placette centrale, sur la route de Rimbi. Resto tlj 6h-21h. Doubles 1 200-3 000 ₹, avec petit déj.

La moitié des 12 chambres de cet hôtel récent donne face au Kangchenjunga, l'autre sur la route, faites votre choix ! Les *deluxe* (catégorie

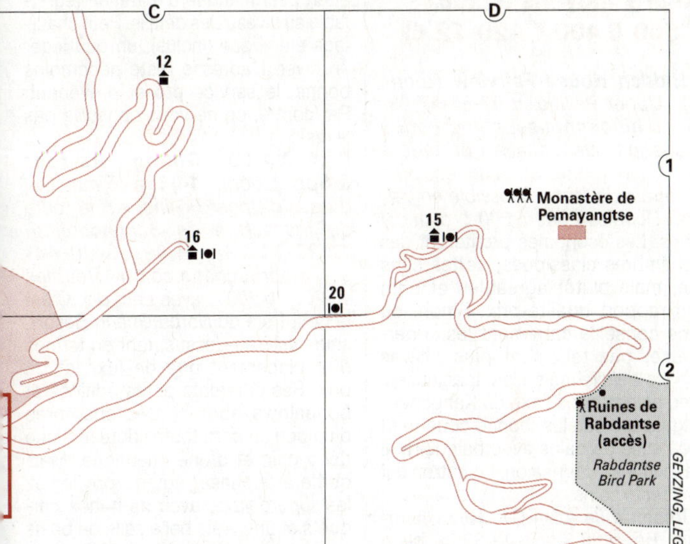

PELLING

12 Ifseen Villa (C1)
13 Norbu Ghang Resort (zoom)
14 Norbu Ghang Retreat & Spa (zoom)
15 The Elgin Mount Pandim (D1)
16 The Chumbi Mountain Retreat & Spa (C1)

Où manger ?

3 Hotel Kabur (zoom)
20 Lotus Bakery (C-D1-2)
21 Melting Point Restaurant (zoom)

intermédiaire) sont déjà bien, assez spacieuses, avec bouilloire, TV et douche à l'italienne. L'ensemble est propre, l'accueil agréable malgré une certaine difficulté à communiquer en anglais. Le resto *Cloves* (cuisine indienne) est de qualité.

De prix moyens à chic (1 500-5 400 ₹ / 20-72 €)

Hidden House Fairview (zoom, **11**) : *Upper Pelling.* *97-35-97-03-85.* • *hiddenhousepelling.com* • *Accès par un escalier partant à gauche de l'hôtel* Sonamchen, *près du terrain de foot (impossible en voiture). Doubles 1 500-5 000 ₹, petit déj inclus.* Les économes profiteront des 3 chambres classiques, certes sans vue, mais plutôt agréables et d'un bon rapport qualité-prix. Sinon, on vous conseille carrément les *superdeluxe,* pas tellement plus chères que les *deluxe* mais plus spacieuses, avec balcon dans l'axe du Kangchenjunga, bon matelas, bonne couette et belle salle de bains avec baignoire. Il y a même un coin-salon. Le patron est aux petits soins.

Ifseen Villa (plan C1, **12**) : *Chumbung Rd.* *99-32-51-43-33.* • *ifseenvilla@gmail.com* • *Prendre la route de Rimbi, puis à droite dans la 1re épingle à cheveux, sur 1,5 km. Transfert gratuit de/vers Upper Pelling. Double 3 200 ₹, petit déj inclus.* On est là davantage dans l'esprit *bed & breakfast.* L'accueil (en anglais) de Vivek Pradhan est fort avenant, la propreté du lieu impeccable et les 6 chambres, spacieuses, sont résolument agréables, avec parquet et bouilloire. Dîner sur résa (cuisine indienne).

De très chic à beaucoup plus chic (5 400-10 500 ₹ / 72-140 €)

Norbu Ghang Resort (zoom, **13**) : *à 5 mn au-dessus d'Upper Pelling, sur la route du monastère de Sangacholing.* ☎ *25-01-73.* *99-33-00-44-92.* • *norbughang.com* • *Doubles 6 800-8 000 ₹, avec petit déj.* Disséminés au milieu d'un beau jardin fleuri en terrasses, plusieurs cottages blancs abritent de vastes chambres plaisantes, tournées comme un aimant vers le Kangchenjunga. Vous devriez le voir de votre lit (ou presque) à l'aube ! Le confort est bon, avec un bémol pour certaines salles de bains et un petit manque d'entretien regrettable au niveau des détails. Petit chauffage électrique (inclus), un peu léger en hiver. L'adresse reste néanmoins bonne, le service pro et prévenant. Par contre, on ne vous conseille pas le resto.

Norbu Ghang Retreat & Spa (zoom, **14**) : *à 5 mn au-dessus d'Upper Pelling, sur la route du monastère de Sangacholing.* ☎ *25-01-73.* *99-33-00-44-91.* • *norbughang.com* • *Doubles 10 200-10 900 ₹, avec petit déj.* C'est le petit frère du *Norbu Ghang Resort*, situé juste au-dessus, tant en termes d'emplacement que de luxe et de prix. Ses différents petits édifices et bungalows abritent des chambres d'un bon confort, toutes dotées d'une déco chic et d'une cheminée. Mais quitte à dépenser autant, privilégiez les *superdeluxe,* avec de beaux parquets et une vraie belle salle de bains (celles des *deluxe* sont médiocres). Ou carrément l'une des 2 suites de la maison principale, *Cherry* et *Magnolia,* avec énoooorme balcon et vue sur le Kangchenjunga depuis le jacuzzi ! Il y a aussi un beau spa, un *dhotto* (bain traditionnel extérieur aux pierres chaudes) et un resto (essayez le repas traditionnel sikkimais).

The Elgin Mount Pandim (plan D1, **15**) : *à deux pas du monastère de Pemayangtse, à 2 km à l'est de Pelling.* ☎ *25-07-56 ou 05-73.* • *elginhotels.com* • *Doubles 15 500-16 900 ₹, avec petit déj. Plats 380-660 ₹.* Posée sur un terre-plein naturel tutoyant le ciel et le Kangchenjunga, en retrait du village, cette ancienne propriété du roi du Sikkim a été fort joliment transformée en un hôtel de luxe fleurant bon les nostalgies coloniales. On aime beaucoup les photos en noir et blanc dans les couloirs, le mobilier rétro et les 27 chambres à la moquette moelleuse, donnant pour la plupart sur la montagne. On aime moins, par contre, les 4 chambres avec cheminée du bâtiment moderne situé en contrebas, au style assez « faux vieux » (6 autres sont en construction à côté). Le resto est, lui, bien agréable, surtout sa grande terrasse panoramique tout en longueur, idéale pour déjeuner (cuisine correcte sans génie) ou prendre le thé, les pieds dans l'herbe. Service attentionné.

Spécial coup de folie !

The Chumbi Mountain Retreat & Spa (plan C1, **16**) : *sur la route de Chumbong, à 5 mn en contrebas de Pelling. ☎ 25-82-41. 99-33-12-66-19. • thechumbimountainretreat.com • Doubles env 11 000-25 000 ₹. Wifi dans les parties communes.* Surprenant de trouver un établissement d'un tel luxe ici ! Le *Chumbi* comprend une cinquantaine de chambres réparties dans 5 bâtiments – élégantes, spacieuses, confortables (très grands lits), à la déco sobre de bon goût et aux grandes et très belles salles de bains avec douche à l'italienne. Vous avez gagné au loto ? Craquez pour la *Yuksom Suite* ou la *Raj Suite,* immenses et splendides, au mobilier peint provenant de chez le roi du Sikkim... L'hôtel dispose d'un spa avec un superbe *dhotto* (très cher), de 3 restos dont le très beau *Dyenkhang* servant une cuisine sikkimaise fine (ouverts sur demande) et même... d'une salle de cinéma de 40 places ! Le proprio, cinéaste, a le sens de l'image : sur la terrasse, on ne s'assied pas face à face, mais côte à côte, pour que chacun profite du panorama imprenable sur l'Himalaya.

Où dormir dans les environs de Pelling ?

Très chic (5 400-10 500 ₹ / 72-140 €)

Yangsum Heritage Farm : *à env 38 km au sud de Pelling. Prendre à droite après Legship en direction de Soreng ; c'est 2 km avt Rinchenpong. 94-34-17-90-29. • yangsumheritagefarm.com • Doubles en pens complète (obligatoire) 5 500-7 000 ₹.* Cette ferme familiale, toujours en activité, a été construite en 1833 et restaurée pour accueillir des hôtes. Les 5 chambres sont spacieuses et joliment décorées, tout en bois, avec tout le confort nécessaire. On prend le petit déjeuner sur les terrasses, avec vue sur les montagnes de Pelling et le Kangchenjunga. Repas traditionnels de qualité, tout est cuisiné au feu de bois avec les produits bio du potager. On y cultive : cardamome, avocats, oranges, bananes, poires, gingembre, curcuma, légumes... Les cuisiniers sont ravis d'accueillir les hôtes devant leurs fourneaux pour leur montrer leurs préparations, et on peut mettre la main à la pâte, pour apprendre. Le maître des lieux, Thendup, organise aussi treks et balades avec un guide local. Un beau havre de paix en pleine nature.

Où manger ?

Pour manger, le choix est limité en dehors des hôtels. Tous, ou presque, proposent la demi-pension ou la pension complète. À noter que la ***Lotus Bakery*** *(plan C-D1-2, **20** ; ouv 8h-17h),* à 1,5 km à l'est, en direction du monastère de Pemayangtse, propose de bons gâteaux, de petites pizzas, des viennoiseries et du pain. On peut y boire un thé et grignoter (bon marché), tout en faisant une bonne action : ses profits financent la scolarisation d'enfants pauvres.

Hotel Kabur (zoom, **3**) : *Upper Pelling (voir « Où dormir ? »). ☎ 25-85-04. 97-75-97-21-12. Plats 60-280 ₹.* C'est non seulement la seule vraie adresse pour routards de Pelling, mais aussi son resto de référence, où l'on dîne agréablement dans une ambiance tamisée, entre poêle à bois et bougie sur chaque table. À midi, il y a la terrasse. La cuisine est très honnête et on peut vraiment y manger sans se ruiner.

Melting Point Restaurant (zoom, **21**) : *Upper Pelling, sur la*

LE NORD-EST

route de Rimbi, à l'hôtel The Horizon, *env 500 m en contrebas de la place.* 📱 *97-33-40-13-79. Tlj 7h-21h.* L'adresse est un poil excentrée mais on est récompensé, le midi, par la vue sur les montagnes depuis la petite terrasse du fond. Sinon, il y a la salle intérieure bien mise, bien propre. Côté cuisine, on recommande le très bon *thukpa* (soupe de nouilles) au poulet, mais il y a aussi des plats indiens et chinois. Petit choix de desserts.

À voir autour de Pelling

🚶🚶🚶 ***Le monastère de Pemayangtse*** *(plan D1)* **:** *à env 2,5 km de Pelling. On peut y aller à pied sans problème en suivant la route. Tlj 7h30-16h30 (8h-16h en hiver). Entrée : 50 ₹.*

« Lotus sublime » : en voilà un bien beau nom ! Bâti en 1705, Pemayangtse est le 2e monastère du Sikkim en ancienneté et en importance... et le plus intéressant de tous, à notre avis. Attaché à l'ordre des Nyingmapa, il n'accueille que des moines de pure lignée.

Vous verrez d'abord, à l'entrée, à gauche, un très grand moulin à prière : pas facile à faire tourner ! Le vestibule du sanctuaire est intéressant : à côté des 4 gardiens habituels, figurent les Quatre Amis, éléphant, singe, lapin et oiseau assis les uns sur les autres – un symbole de coopération que l'on voit surtout habituellement au Bhoutan. À l'intérieur, les fresques, assez dégradées, représentent pour beaucoup des personnages liés à l'exercice tantrique du bouddhisme tibétain. Parmi eux, Mahakala et Mahakali (voir encadré), que l'on retrouve en taille XXL à gauche de l'autel, précédant un bouddha, Padmasambhava, reconnaissable à sa fine moustache de dandy et, tout à droite, une incarnation du dalaï-lama. Devant, les offrandes en beurre sculpté, refaites tous les ans, sont impressionnantes de finesse.

Au 1er étage, on est accueilli dans le *Guru Lakhang* par Mahakali et 2 squelettes dansant. Les statues, elles, représentent les 8 incarnations de Padmasambhava, dont une ressemble furieusement au Bouddha ! Juste à droite, une intéressante fresque montre les offrandes faites au roi du Sikkim. Derrière, le *Kangyur Lakhang,* sorte de bibliothèque, est le dépositaire des 108 Kangyur (paroles du Bouddha) et des 210 Tengyur (exégèse par les érudits), enveloppés de tissus, qui constituent le fondement des croyances du bouddhisme tibétain.

Au dernier étage, dans une grande vitrine, le *Zhangtho (Zangdok) Palri,* un gigantesque *chorten* en forme de pagode, haut de 5 m, décrit avec un luxe invraisemblable de détails les « visions paradisiaques et symboliques » de Padmasambhava. Il a été exécuté par un moine durant de longues années. Un travail de fou ! Tout autour, dans les combles, un petit musée mal éclairé, mais où l'on peut voir de fort beaux objets : éléments architecturaux, armes, masques, vêtements de cérémonie (dont 2 costumes-squelettes des danses du Chaam), sans oublier de grandes trompes tibétaines du XVIIe s.

CRÂNEURS

De nombreuses fresques, dans les monastères bouddhistes himalayens (notamment à Pemayangtse), représentent Mahakala et Mahakali, 2 personnages respectivement noir et bleu, à l'air fort courroucé. Lui est affublé d'une couronne de 5 crânes, symbolisant les 5 afflictions que tout bouddhiste doit réussir à terrasser au cours de sa vie pour atteindre le nirvana (ignorance, égoïsme, désirs, aversion et peur de la mort). Elle porte un collier de 108 crânes (chiffre sacré), façon de signaler la quantité astronomique de démons tués grâce à ses interventions... On en conclura que Mahakala et Mahakali sont, en fait, des divinités protectrices, qui permettent au message sacré d'être diffusé. Pas évident au 1er regard.

LE NORD-EST

Les ruines de Rabdantse (plan D2) **:** *à 3 km de Pelling, sur la route de Geyzing, à gauche, après Pemayangtse. Tlj 10h-16h. Entrée : 50 ₹.* Un chemin mène en 15-20 mn de marche aux ruines de la 2e capitale du Sikkim (1670-1780), joliment perchées sur une crête entourée de forêt (attention aux sangsues durant la mousson). Restent surtout des vestiges des fortifications et des bases de murs, bien restaurés – et des pierres gravées exposées au *Sculpture Shed* (demandez au gardien qu'il ouvre). La balade est agrémentée d'une grande serre à oiseaux... sans oiseaux ! Attention, pas de sentier entre le monastère de Pemayangtse et Rabdantse : il faut emprunter la route.

Le monastère de Sangacholing (Sang-ngag Choeling ; plan A2-3) **:** *sur une colline dominant Pelling, à 1h à pied (3,5 km) ; accessible en voiture quand la route, vertigineuse et très raide, n'est pas mouillée ! Tlj 8h-18h. Entrée : 50 ₹.* On tombe d'abord sur une immonde passerelle panoramique en béton et, au fond, couronnant une volée de marches digne de la place Tienanmen, une statue gigantesque représentant une incarnation du dalaï-lama à 4 bras, haute de 100 m (on exagère à peine). Le monastère, modeste, est planqué en retrait, sur la gauche. C'est le plus ancien du Sikkim encore debout : 1642 (rebâti en 1714). Les fresques, trop abîmées, ont été récemment repeintes. Mais on aime bien les lions des montagnes montant la garde aux angles du temple, le terre-plein sur lequel s'élèvent les vieux *chortens* et la vue panoramique sur les vallées de l'ouest du Sikkim.

DANS LES ENVIRONS DE PELLING

Des jeeps collectives relient directement Pelling au lac Khecheopalri et au village de Yuksom, mais pas à Tashiding (il faut changer à Legship). Impossible donc de tout voir en une seule journée. Pour ça, il faut un véhicule privé, et encore, les routes sont éreintantes ! On peut, en revanche, passer une nuit à Yuksom et/ou Tashiding, ou s'offrir quelques heures ou jours de trek facile sur le circuit des monastères.

Treks et randonnées dans la région

Pelling est la capitale sikkimaise du trek avec, en point d'orgue, le *Dzongri Trek* et le *Goechela Trek,* en direction du camp de base du Kangchenjunga, proposés par toutes les agences. Ils peuvent être raccourcis (mais on le déconseille) ou rallongés, selon les diverses variantes. Ils nécessitent un *Protected Area Permit,* que votre agence vous obtiendra en 2 jours.
– ***Tarifs :*** *compter 30-70 US$/j. par pers selon nombre de pers.* Cela inclut les porteurs (avec yak), le cuisinier et les repas, le logement (refuges ou tente), le guide et éventuellement les sacs de couchage et autres vêtements (mieux vaut venir avec les siens). Bien tout préciser avant de partir.
– ***Saisons idéales :*** octobre-novembre (éventuellement jusqu'à mi-décembre si le temps est stable) et de fin mars à mai.

➢ ***Le Dzongri Trek :*** compter 5 jours et 4 nuits. Le plus prisé de la région, ce trek est à faire obligatoirement avec une agence (2 personnes minimum). Jeep de Pelling à Yuksom. Nuit à Yuksom. Le lendemain, montée à travers la forêt, traversée de la rivière Ramthan par des ponts suspendus pour rejoindre Tshoka, à 3 049 m (16 km, 8h de marche). Nuit puis journée d'acclimatation à Tshoka (selon les agences). Le jour suivant, montée vers la vallée isolée de Dzongri (9 km, 5-6h) à travers une belle forêt, les rhododendrons et les pins nains. Arrivée à... 4 030 m. Le lendemain, lever dès potron-minet pour admirer le Kangchenjunga depuis le sommet du mont Dzongri (4 269 m) et balade dans les environs. Nouvelle nuit à Dzongri. Redescente en 2 jours par Tshoka (9 km), puis Yuksom (16 km).

➢ ***Le Goechela Trek :*** compter 8 jours et 7 nuits. Le début du trek est le même jusqu'à Dzongri. On rejoint ensuite Thangshing à 3 842 m (env 4h) puis, le lendemain, Lhamunay (4 164 m), un hameau entouré de toutes parts par les montagnes, où l'on passe la nuit (4h). Montée le lendemain au Goechela, à 4 955 m, pour le meilleur point de vue possible sur le Kangchenjunga (impossible de s'en approcher davantage sans grimper dessus !). Redescente en 3 jours par Thangshing, Tshoka et Yuksom.

➢ ***Le « Monastery Trek » :*** ce sympathique trek (pas de permis nécessaire) est parfait pour ceux qui ne souhaitent pas affronter la haute altitude, d'autant qu'on peut décider d'en parcourir seulement une ou plusieurs étapes. Il s'agit d'un circuit de 3 à 6 (voire 8) jours qui débute à Pelling et dessine une boucle via le lac de Khecheopalri, Yuksom, les monastères de Hongri et Sinon, puis Tashiding (retour à Pelling en jeep). On peut s'adresser à une agence ou essayer de se débrouiller par soi-même, au risque de se perdre sur certaines sections peu ou pas balisées (on déconseille, en fait...). On peut aussi emprunter des jeeps collectives d'un village à l'autre. Revers de la médaille : on doit parfois marcher sur des portions de pistes ou routes, entre les sections de sentiers. Pour une rando courte, privilégiez le parcours entre Yuksom et Tashiding (env 9h), le seul entièrement dans la nature. En plus, on peut dormir en chemin au *homestay* du monastère du Hongri, qui coupe bien l'étape, ou au *Lataa Homestay,* à Nasa.
Pour un autre avant-goût, on peut rejoindre Khecheopalri en jeep, randonner autour (grotte) en passant la nuit au très sympathique *LakeView Homestay* et, le lendemain, descendre à Yuksom à pied (4-5h). Puis poursuivre, ou rentrer à Pelling.

TASHIDING

À 30 km au nord-est de Pelling.
Cette gentille bourgade rurale à flanc de montagne est dominée par son monastère, auquel on accède par une route encadrée de hauts drapeaux de prière blancs amarrés à des bambous.
➢ ***Pour s'y rendre :*** pas de jeeps directes depuis *Pelling.* Les horaires des jeeps imposent de passer 1 nuit sur place (à moins d'avoir une voiture privée) : de *Geyzing,* 2-3 jeeps vers 13h-14h ; retour vers 7h ; trajet : 1h30.

Où dormir ?

Sanu Homestay : *Dodham Busty (fléché sur la droite depuis la route d'accès au monastère, puis 10 mn à pied). ☎ 96-35-06-00-62. Double env 2 400 ₹ en ½ pens.* Cette maison traditionnelle rose bonbon abrite 8 chambres simples mais impeccables, avec eau chaude courante dans certaines et au seau pour les autres. Très bon accueil de toute la famille.

À voir

Le monastère de Tashiding : *au-dessus du village, à 45 mn à pied ; accessible en partie par la route, puis à pied en 10 mn par un escalier. Tlj 7h-16h. GRATUIT.* Cet ensemble monastique de l'ordre nyingmapa (Bonnets rouges) date de 1641, ce qui en fait l'un des plus anciens du Sikkim. C'est aussi l'un des plus vénérés : Guru Rinpoché aurait sélectionné lui-même son emplacement, à l'endroit où la flèche de son arc tomba. Le lieu attire de nombreux pèlerins au moment du Bhumchu, le 15e jour du 1er mois du calendrier tibétain. À cette occasion, un vase est rempli d'eau et scellé. L'année suivante, les lamas le rouvrent pour observer le niveau de l'eau. Si le récipient est rempli à moitié ou en entier, c'est un signe d'abondance, mais si celui-ci est trop bas, les calamités s'acharneront sur le pays...

Le groupe monastique est composé de plusieurs édifices de différentes tailles, dispersés sur une sorte de clairière, au sommet d'une colline dominant le fatras de montagnes de l'ouest du Sikkim. Le site est séduisant, avec ici les maisonnettes des moines et moniales, là un énorme moulin à prières. Le sanctuaire principal, lui, a malheureusement dû être largement remanié après le séisme de 2011. On y verra néanmoins le (vrai) Bouddha trônant sur l'autel et les fresques aux multiples divinités tantriques effrayantes. Jetez aussi un œil au *kagyur lakhang* (bibliothèque) à l'étage, aux beaux plafond et colonnes sculptés et peints.

Derrière, se dresse un ensemble de *chortens* blancs et dorés. Le pouvoir du plus grand, le *Thongwa Rangdrol,* où reposent les cendres d'un moine très révéré (dont on cherche toujours la réincarnation !), est censé guérir de tous ses péchés celui qui le contemple. Jetez-y un œil, ça ne peut pas faire de mal !

YUKSOM

À 38 km au nord de Pelling (6,5 km à vol d'oiseau !).

Ce village tranquille, niché dans une vallée d'altitude, a conservé un aspect rural assez authentique, entre collines boisées et lacs. On y séjourne avec plaisir avant de s'attaquer aux treks de Dzongri et du Goechela, au cœur du *Kangchenjunga National Park* (voir plus haut « Treks et randonnées dans la région »). On ne le dirait pas, mais Yuksom est aussi un site historique : c'est ici que fut couronné le 1er roi du Sikkim en 1642. Le nom même du village le rappelle : il désigne « l'endroit où se réunirent les 3 moines érudits » pour choisir la personne du roi. Au centre, voir l'édifice abritant 16 énormes moulins à prières !

Arriver – Quitter

Les horaires des jeeps imposent de passer 1 nuit sur place (à moins d'avoir une voiture privée) :

➢ ***De/vers Geyzing :*** jeep de Geyzing tlj sauf dim et j. fériés vers 8h, puis à nouveau 4 véhicules vers 12h-13h. Toutes passent par Pelling ; réservez une place (en demandant à Deepesh à l'hôtel *Kabur* par exemple), cela vous évitera de descendre à Geyzing pour remonter par la même route ! Trajet : 2h. Pour le retour, 4-5 jeeps depuis Yuksom (qui passent par Pelling) vers 6h30-7h.

➢ ***Pour Gangtok :*** 2 jeeps/j., vers 6h30 et 12h.

Où dormir ? Où manger ?

De très bon marché à bon marché (max 1 500 ₹ / 20 €)

🏠 |●| ***Limboo Homestay :*** *près du centre de santé. 📱 83-48-16-77-63. • hotelinyuksom.com • Double 1 000 ₹.* On apprécie la jolie maison en bois à la balustrade soulignée de pots de fleurs et entourée de verdure, l'accueil plein de générosité de Mr Limboo (directeur d'école et ex-guide) et de son épouse (cuisinière accomplie), la grande propreté de leurs chambres (eau chaude) et les dîners mitonnés à partir des produits du potager. Mr Limboo adore les oiseaux : il les connaît tous sur le bout des doigts.

Hotel Yak : *sur la droite en arrivant. 99-33-01-99-78. Doubles 700-1 000 ₹ avec petit déj, 1 200 ₹ en pens complète. Pas de wifi.* La patronne, sympa, aime discuter et rigoler. Elle propose 4 chambres nickel avec douche (eau chaude) d'un bon rapport qualité-prix, pouvant accueillir 2-3 personnes. Sa fille, installée à Gangtok, tient une petite agence de trek. Les repas sont à base de légumes bio et il y a du *chang* aussi !

Au centre, face à l'hôtel *Him Sagar* et à côté de la *Yuksum Residency,* une **cahute en bambou** sert de très bons *momos* à prix canon. Ne nous demandez pas son nom, elle n'en a pas.

Au centre toujours, on trouve une brochette de 3 petits restos très abordables. Le moins cher, le **Gupta,** avec table dans la rue sous paillote, sert une cuisine indienne correcte et copieuse *(plats 50-150 ₹).* On lui préfère toutefois un peu le **Traditional Inn,** tenu par une dame discrète *(plats 50-300 ₹).* Elle sert petits déj à l'occidentale, *momos, fried rice*, plats sikkimais et bhoutanais (attention : très relevés), sans oublier d'excellents *thukpas* aux légumes frais (demandez à moduler les épices). Pour faire glisser le tout, essayez un vin de fleurs de rhododendron ! Ce n'est pas très fort, assez sucré, presque doucereux. Et encore, à côté : le **Norling,** à la carte similaire, avec un *emadachi* (bhoutanais) qui décoiffe et plus de choix pour le petit déj *(plats 80-220 ₹).*

LE NORD-EST

Prix moyens (1 500-3 500 ₹ / 20-46,70 €)

Red Palace Hotel & Resort : *sur les hauteurs ; à 400 m du centre, sur la gauche en arrivant, en montée (prévoir une torche pour la nuit). 99-33-07-70-13. • hotelredpalace.com • Resto 12h-14h, 19h-21h. Doubles 2 200-3 500 ₹, petit déj inclus.* Perché au-dessus d'un joli petit monastère, cette belle et grande demeure moderne entourée de drapeaux de prière jaunes appartient à des membres de la famille royale du Sikkim. Oh, rien d'extravagant, juste un hôtel agréable de 17 chambres très bien tenues, réparties en 4 catégories. Si les *deluxe* (les moins chères) ont de la moquette, toutes les autres ont des parquets. Les plus agréables : les *attic rooms,* lambrissées (les plus chères). En prime : coin biblio aux canapés cosy, cuisine sikkimaise au resto, chauffage (gratuit) sur demande et... vue imprenable sur les montagnes depuis la terrasse.

Hotel Tashi Gang : *sur les hauteurs de Yuksom, à 500 m du centre. 99-33-00-77-20 ou 97-34-90-20-96. • hoteltashigang@gmail.com • Doubles 2 750-3 000 ₹, sans petit déj.* La demeure, très fleurie et entourée d'un jardin, a un certain charme. C'est sa qualité première. Les *deluxe* sont de bonne taille mais un peu vieillottes, les suites avec salon plus agréables, mais le tout manque d'un bon ménage. Quant à l'accueil, on l'a trouvé rustre. Resto.

À voir

Coronation Throne Norbugang : *à 20 mn de marche au-dessus du village, en passant devant l'hôtel* Tashi Gang *; le chemin est juste après sur la gauche (panneau). Entrée : 20 ₹.* Le lieu, organisé comme un petit parc, commémore le couronnement en 1642 du 1er *chogyal* (roi du Sikkim) – l'occasion d'une grande fête vers la mi-février. Derrière le grand chorten blanc : le trône en pierre du roi (ou supposé tel), adossé à un énorme pin vieux de plusieurs siècles, couvert de plantes épiphytes. Juste devant, une marque dans une pierre encastrée dans le sol est censée évoquer l'empreinte d'un important dignitaire bouddhiste... Un monument commémoratif a aussi été élevé en son honneur, près d'un templion abritant un énorme moulin à prières (lourdingue). Tout autour : plein de drapeaux de prières des 5 couleurs.

KHECHEOPALRI LAKE

À 30 km au nord-ouest de Pelling, au sud-ouest de Yuksom. Accès au site : 100 ₹. À l'origine, il n'y avait là qu'un lac entouré de hautes collines verdoyantes. Un lac sacré, où tant bouddhistes qu'hindous viennent faire un vœu (son nom signifie « lac des Souhaits »). La légende dit que les oiseaux veillent à ce qu'aucune feuille ou brindille ne vienne souiller ses eaux... Voilà en tout cas un lieu paisible, troublé seulement par le chant des oiseaux et les stridulations des insectes. Émergeant d'une forêt de drapeaux de prières, un ponton en bois couvert, bordé tout du long de moulins à prières, mène jusqu'au rivage. Pour y accéder, on enlève ses chaussures : eh oui, le lac est sacré ! On peut agréablement séjourner ici 1 ou 2 jours et explorer le secteur avec un guide (demandez au *LakeView* et comptez 800-1 000 ₹/j.)

Arriver – Quitter

➢ ***Geyzing :*** 4-5 jeeps partent de Geyzing vers 12h-13h et passent par Pelling. Essayez d'y grimper à ce moment-là ou de réserver votre place (par le biais de votre hôtel). Trajet : 1h. Dans l'autre sens, 1 jeep pour *Gangtok* vers 5h30, qui passe par *Pelling, Geyzing* et *Rabongla* ; 2 autres pour Geyzing vers 7h (toujours via Pelling) et 1 dernière pour Jorethang vers 6h30.

Où dormir ? Où manger ?

Un petit village s'est développé autour du monastère (moderne) de Khecheopalri et du parking, d'où l'on rejoint le lac à pied en 5 mn. Mais on vous conseille 2 adresses plus éloignée, perchées à env 20 mn de marche, près du *Khecheopalri Gompa*.

🏠 🍽 ***Lake View Nest Homestay :*** *📱 97-35-94-55-98 ou 95-93-97-66-35. • lakeviewnest@gmail.com • Du parking, prendre le petit chemin partant à droite du poste de police, puis à gauche à la fourche (15-20 mn env en pente raide, accessible seulement à pied, dur avec un gros sac !). Ouv tte l'année. Compter 800 ₹/pers en dortoir, 1 500 ₹/pers en chambre, en pens complète (obligatoire).* Deepen, le propriétaire, est le frère jumeau de Deepesh de l'*Hotel Kabur* de Pelling. On aime beaucoup sa jolie maison traditionnelle dominant de haut le lac (mais dissimulé par des arbres). Les 5 chambres (dont 2 familiales) sont simples mais bien tenues, avec tapis au sol et grosses couvertures, plus chauffage à pétrole sur demande en hiver. Il y a aussi un dortoir de 6 lits. Tout le monde partage 2 salles de bains. Chumden, la sympathique femme de Deepen, s'occupe de la cuisine (très bonne). Excellent accueil.

🏠 🍽 Autre option : le ***Sonam Homestay*** *(📱 97-35-58-96-78)*, plus basique mais très recommandable. Lui aussi est perché sur les hauteurs. Pour s'y rendre, prendre une branche à gauche sur le chemin montant au *LakeView* (fléché).

QUITTER PELLING

Si certains transports en commun partent de Pelling, ils sont bien plus nombreux à Geyzing (à 9 km). Notez que 2 jeeps font, toute la journée, la navette entre Pelling et Geyzing, de 7h à 17h environ (20 mn de trajet ; départ de la place). Pour ***Tashiding, Yuksom*** et ***Khecheopalri Lake,*** voir à ces rubriques.

En bus de Pelling

🚌 ***Bus Stand*** (zoom) ***:*** *à 80 m de la place, sur la route de Lower Pelling.*

➢ ***Siliguri :*** 1 bus direct vers 7h. Trajet : 6-7h.

➢ ***Gangtok :*** idem. Trajet : 6h.

➢ ***Darjeeling :*** prendre le bus de Siliguri à 7h et descendre à Teesta Bridge, 5 km après le poste-frontière de Melli, puis rejoindre à pied Teesta Bazar (10-15 mn), d'où partent les jeeps pour Darjeeling.

En jeep de Pelling

Pour réserver, se rendre à *Fathers Tours & Travels (zoom, **5** ; Sandeep 📱 97-33-61-11-29),* au début de la route de Rimbi, env 300 m en contrebas de la place, ou demander à Deepesh de s'en occuper, à l'hôtel *Kabur*. Départs vers 7h15 pour Siliguri, 7h pour Gangtok (2-3 jeeps en général) et pour Jorethang (changement vers le poste-frontière de Melli, puis Darjeeling).

En bus et jeep de Geyzing

Le bureau *SNT* est situé en face du *Jeep and Taxi Stand,* dans le virage. Prendre le couloir à droite : porte du fond pour les résas de bus, porte de gauche pour les résas de train.

➢ ***Siliguri :*** env 6 jeeps autour de 6h-7h et 2 vers 12h (compter 300 ₹). Bus *SNT* à 7h45 aussi.

➢ ***Gangtok :*** env 4 jeeps 7h-9h et 3 vers 12h30-13h (compter 250 ₹). Trajet : 5h. Bus *SNT* à 7h.

➢ ***Darjeeling :*** jeeps ttes les 30 mn-1h jusqu'à Jorethang, 8h-16h. Le poste-frontière de Jorethang étant fermé aux étrangers, vous devrez trouver un autre taxi/jeep pour Melli ou Teesta Bridge, puis remonter vers Darjeeling (plus long, mais pas le choix !).

L'ODISHA (L'ORISSA)

• Carte *p. 431*

À l'évidence, l'Orissa (Odisha de son nouveau nom) ne fait pas partie des circuits touristiques prioritaires... Pourtant, un tout petit triangle sur la carte (Bhubaneswar-Puri-Konârak) regroupe les principales curiosités, dont des musées très soignés ! On parle de triangle d'or, c'est dire ! Et, pour une fois, les distances ne sont pas interminables. On y découvre quelques-uns des plus beaux temples de l'Inde, des plages immenses bordant le golfe du Bengale, des paysages variés de plaines fertiles, de lagunes et de collines escarpées.
C'est à la fois l'Inde séculaire qui semble figée dans le temps, avec 25 % de population tribale (essentiellement dans les ghâts du sud-ouest, région frontalière avec l'Andhra Pradesh et le Telangana), et l'Inde des smartcities : Bhubaneshwar, sa capitale, tente plein d'expérimentations numériques appliquées à l'urbanisme.
Et puis, est-ce le balancement des palmiers, la gentillesse de l'accueil, la proximité de la mer ? En tout cas, il souffle déjà sur ces terres du nord comme un air du sud, un certain art de vivre tout à fait singulier, plus doux. Même si derrière ces clichés photogéniques se cache une population majoritairement rurale et paysanne d'une grande pauvreté, et surtout impuissante face aux intempéries aussi fréquentes que dévastatrices.

BHUBANESWAR (bhubaneswar)

840 000 hab. IND. TÉL. : 0674

• Plan *p. 433*

***Puri :** 62 km ; **Konârak :** 66 km ; **Kolkata :** 490 km.*
Capitale de l'Orissa depuis 1950, Bhubaneswar est peu fréquentée par les touristes. Hormis un superbe ensemble de temples dans sa partie ancienne, où règne une intense activité religieuse, la ville moderne, avouons-le, sans charme et traversée par une énorme artère routière, ne vous laissera que peu de souvenirs.
Dotée d'un aéroport flambant neuf, la ville tend à se développer en qualité de centre d'affaires et vit au rythme des congrès. Ces dernières années de grosses structures hôtelières ont poussé comme des champignons avec des prix qui s'en ressentent forcément.
Cela dit, on y compte quelques belles et bonnes adresses ; et les sites culturels n'étant jamais trop loin, certains préfèrent rayonner depuis Bhubaneswar.

Arriver - Quitter

En train

Railway Station (plan B1) : *au cœur de la ville moderne, à env 3 km au nord des temples. Bureau Booking, résa lun-sam 8h-22h, fermé dim (ne pas confondre avec le* booking counter, *pour les tickets courte distance) : les 2 sont dans un bâtiment à gauche en sortant de la gare, bien fléché. Petit office de tourisme quai 1, lun-sam 9h-17h, fermé dim. Consigne quai 1,* retiring room *(dortoirs sans ou avec clim 150-250 ₹, doubles 450-800 ₹). Plusieurs* ATM *à la sortie de la gare, avt le passage couvert. Kiosque de* prepaid rickshaws *et* prepaid taxi *sur le parking de la gare.*

➢ **Kolkata** (Howrah Junction Station) : min 10 liaisons/j. Choisir plutôt le *Srijagannath Express* (départ vers minuit, arrivée vers 8h10) ou, en journée, l'*East Coast Express* (départ vers 8h, arrivée vers 16h à Howrah).

➢ **Chennai** (Madras ; Chennai Central Station) : 2 *express*/j. Le mieux est de prendre le *Coromandel Express* : départ de Bhubaneswar vers 21h30, arrivée à Chennai vers 17h le lendemain.

➢ **Delhi** : 2-3 trains/j. Attention, le trajet est long ! Le *Pursuhottam Express* quitte Bhubaneswar tlj vers 23h et arrive le surlendemain vers 4h30. Sinon, il y a le *Bhubaneswar Rajdhani Express,* qui ne met que 25h mais circule à des heures différentes selon les jours (départ vers 11h30 mer et dim ; vers 9h30 lun-mar et jeu-ven ; vers 7h10 sam ; arrivée de toute façon à New Delhi vers 10h45 le lendemain).

➢ **Varanasi** : seulement 3 trains/sem, avec le *Neelachal Express* (départ de Bhubaneswar vers 12h15, arrivée à Varanasi vers 7h30). Sinon, env 2 trains/j. de et pour D. D. upadhyaya Junction, à 18 km de Varanasi.

➢ **Mumbai** : 1 train/j., le *Mumbai Konark Express* (départ vers 15h10-15h25 de Bhubaneswar comme de Mumbai CST). Trajet : 36-37h.

➢ **Puri** : nombreuses liaisons tlj. Quelques *express* en début de matinée, vers 7h30, 11h20, 13h ou après 18h30 ; trajet en 1h30 env. En *passenger* (plus nombreux), trajet en 2h30-4h. Préférer le bus.

En bus

Master Canteen Bus Stand (plan B1, **2**) : *à 100 m de la gare ferroviaire.* Pour les bus urbains et les liaisons moyennes distances, tout récent développement du réseau, avec les *Mo Bus* (et une application smartphone). Tous ces bus fonctionnent, en gros, tlj 6h-21h. Voici les plus intéressants.

– Pour l'***aéroport*** : bus n° 21, ttes les 10 mn, 20-30 mn de trajet.

– Pour l'***Odisha State Museum*** : bus n° 11, ttes les 30 mn, qui dessert aussi, en ville, les ***Rajarani Temple*** et ***Jogi Temple,*** et pousse dans un sens jusqu'à ***Cuttack*** (en 1h de trajet) et dans l'autre jusqu'à ***Konark*** (1h30 de trajet).

– Autre bus pratique : le 171, qui dessert ***Puri*** toutes les heures 6h-17h30, en 1h10, via Pipili ; à noter que ce bus passe aussi par Kalpana Square, juste en face de *l'Odisha State Museum.* Et les bus n°s 20, 21, 27 et 28 desservent le ***Baramunda Bus Stand*** ttes les 10 mn.

Baramunda Bus Stand (hors plan par A1, **1**) : *à env 6 km à l'ouest du centre, sur la route des grottes de Khandagiri.* La gare routière longues distances, pour les bus gouvernementaux comme pour les bus privés. Depuis *Master Canteen Bus Stand,* desservi par les bus n°s 20, 21, 27 et 28. Sinon compter env 100 ₹ en rickshaw depuis la gare ferroviaire. Bureau d'info très discret, panneau seulement en oriya... Pas de consigne sur place.

➢ Dessert ***Kolkata*** (1 bus/j., vers 8h30 ; trajet : 12h) ainsi que ttes les villes importantes de l'Odisha. Pour Puri, vous pouvez aussi attraper les bus sur Kalpana Square, en face de *l'Odisha State Museum (plan B2).*

➢ Pour ***Chilika Lake*** (ttes les 30 mn ; trajet : 2h). Descendre à Balugaon, puis 10 mn de marche.

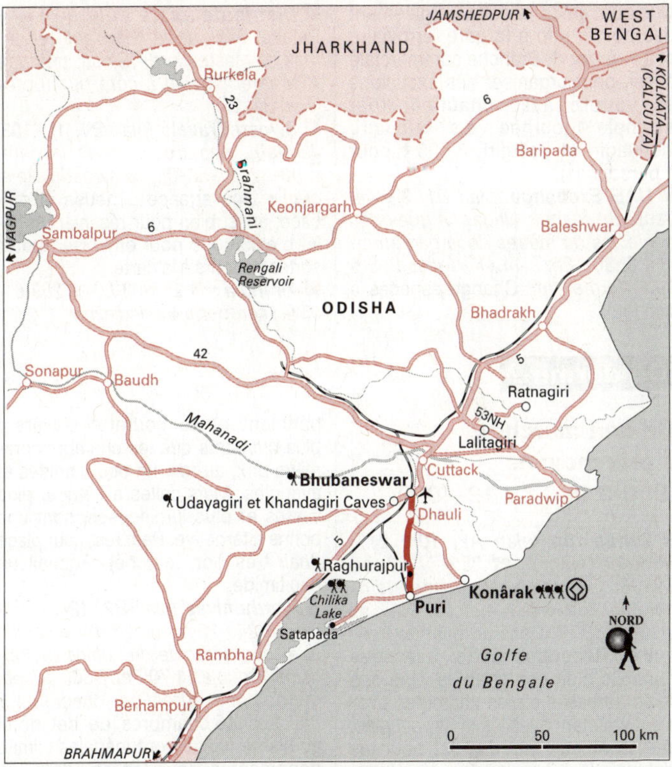

L'ODISHA

En avion

✈ ***Biju Patnaik Airport*** *(plan A2)* **:** *à 3 km au sud-ouest du centre.* 2 terminaux tout neufs (on passe de l'un à l'autre à pied). Un bureau d'info *Odisha Tourism* dans chacun (ouv 6h-22h). Bus nº 21 depuis/vers Master Canteen Bus Stand, via Raj Mahal Square et A. G. Square, ttes les 10 mn, 20-30 mn de trajet. Sinon, compter 120 ₹ (20 mn) en rickshaw depuis la gare ferroviaire ou env 350 ₹ en *prepaid taxi.*

➢ ***Delhi :*** vols tlj avec *Air India* et *IndiGo.*

➢ ***Mumbai :*** vols tlj avec *Air India* et *IndiGo.*

➢ ***Bangalore :*** 2 vols/j. avec *IndiGo* (via Hyderabad).

➢ ***Kolkata :*** 2 vols/j. avec *IndiGo.*

➢ ***Chennai :*** 1 vol/j. avec *IndiGo* (via Visakhapatnam).

Adresses utiles

i ***Orissa Tourism*** *(plan B2)* **:** *Lewis Rd, Paryatan Bhawan Building.* ☎ *243-12-99 ou 1-800-208-14-14 (nº gratuit).* ● *odishatourism.gov.in* ● *Au 1er étage. Tlj sauf dim (et 2e sam de chaque mois) 10h-17h.*

Quelques infos et cartes. Également des points info à la gare ferroviaire et à l'aéroport. Branche commerciale aussi, peut organiser des excusions en voiture avec chauffeur (par exemple 1 journée vers Ratnagiri, Udayagiri et Lalitgiri, 3 500 ₹ pour 4 personnes).

■ ***UAE Exchange*** *(plan B1,* ***2****) : 44, Janpath, Ashok Nagar. À quelques centaines de mètres de la gare. Lun-ven 9h30-18h, sam et j. fériés 9h30-14h ; fermé dim.* Change espèces à bon taux.

■ ***Distributeurs :*** *à côté de l'*Arya Palace, ATM *de la* **Citybank** *(cartes* Visa *et* MasterCard*). Sinon, un autre* ATM *international à côté du* Truptee *(plan B2,* ***20****).*

■ ***Swosti Travels*** *(plan B1,* ***1****) : 103, Janpath, pas très loin de la gare. ☐ 93-37-11-59-32. • swostitravels.com •* Une agence sérieuse et efficace, aussi bien pour réserver un billet d'avion que pour organiser toutes sortes de tours à la carte.

■ ***Air India :*** *☎ 253-03-80 ou 259-61-05 (à l'aéroport). • airindia.in •*

Où dormir ?

De bon marché à prix moyens (900-3 000 ₹ / 12-40 €)

⌂ ***Venus Inn*** *(plan A2,* ***10****) : 217, Bapujee Nagar. ☎ 259-77-38 ou 79-08. • reservations@venusinngroups.com • Bon marché. Doubles 1 100-1 800 ₹.* Dans un quartier tranquille. Réception nette, avec des fauteuils bien confortables. Une des rares adresses où les chambres évoluent vraiment avec les tarifs : simples, vastes et pas mal du tout pour les *deluxe* clim. À vous de voir, donc, selon votre budget. Aussi un excellent resto (voir « Où manger ? ») et une bonne pâtisserie juste à côté.

⌂ ***Odisha Homestay*** *(plan A-B2,* ***11****) : A/7, Ashok Nagar. ☎ 259-70-38. ☐ 94-39-48-72-30. • odishahomestay@gmail.com • Doubles avec sdb, et ventilo ou clim, 1 800-2 400 ₹, petit déj inclus.* Un *homestay* familial (les parents et leur fille), où les 8 chambres, au rdc (un peu sombre) ou à l'étage (plus grandes), donnent l'impression d'être comme à la maison. La déco n'est pas du dernier cri, mais le confort est honnête, l'emplacement pratique, et on peut s'y faire servir des repas. Bien vérifier sa réservation quand même !

⌂ ***Radhika Resort*** *(plan A1,* ***17****) : A/17, Bhauma Nagar, Unit-4 Market. ☐ 99-37-26-68-70. Doubles 1 000-1 800 ₹.* Dans un coin résidentiel, nettement en retrait, ce petit bâtiment et sa courette s'avèrent plus pimpants que les chambres premiers prix, au rdc, un peu humides et aveugles. Mais celles à l'étage, plus vastes et plus lumineuses, sont une bonne alternative. Petit resto sur place (*thali* très bon marché). Accueil un peu timide.

⌂ ***Panthanivas*** *(plan B2,* ***12****) : Lewis Rd. ☎ 243-25-15 ou 23-14. • panthanivas.com • À côté de l'office de tourisme. Doubles 1 700 et 2 600 ₹, petit déj compris. Attention, check-out à 8h !* Les 45 chambres de cet hôtel gouvernemental sont inégales : limite déprimantes pour les *standard,* un peu mieux pour les plus chères. Cela dit, literie correcte et confort honnête partout (bouilloire, clim en option, etc.). Accueil aimable et attentionné qui plus est. Comme c'est la branche commerciale du tourisme de l'Odisha qui gère le bidule, c'est d'ici que partent les tours vers Puri, Konârak, Chilika Lake, etc.

Chic (3 000-5 400 ₹ / 40-72 €)

⌂ ***Hotel Grand Central*** *(plan B1,* ***13****) : Old Station Rd. ☎ 231-34-11 et 12. • hotelgrandcentral.com • Doubles 3 700-4 600 ₹, petit déj inclus.* On ne peut plus central, à trois pas de la gare (accès rapide en sortant par l'arrière de ladite gare) et de Kalpana Square, desservi par les bus, cet hôtel n'a pas volé son nom. Ni sa bonne

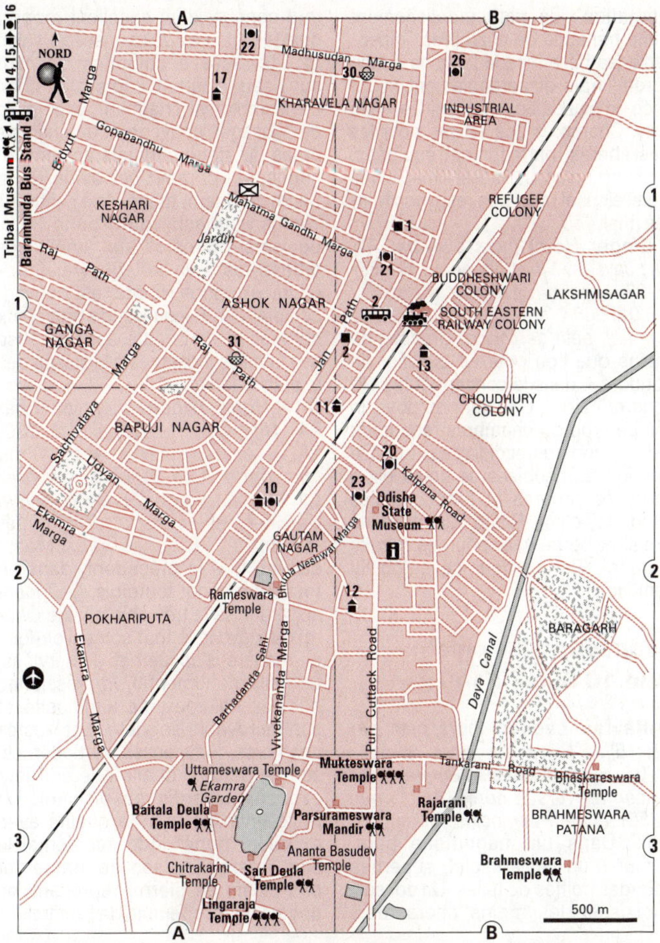

BHUBANESWAR

Adresses utiles

- Orissa Tourism (B2)
- 1 Baramunda Bus Stand (hors plan par A1)
- 2 Master Canteen Bus Stand (B1)
- 1 Swosti Travels (B1)
- 2 UAE Exchange (B1)

Où dormir ?

- **10** Venus Inn (A2)
- **11** Odisha Homestay (A-B2)
- **12** Panthanivas (B2)
- **13** Hotel Grand Central (B1)
- **14** Ginger Hotel (hors plan par A1)
- **15** Mayfair Lagoon (hors plan par A1)
- **16** Hotel Trident (hors plan par A1)
- **17** Radhika Resort (A1)

Où manger ?

- **10** Venus Inn et Keyar's (A2)
- **20** Truptee (B2)
- **21** Hare Krishna Restaurant et Tangerine 9 (B1)
- **22** Truptee et Dalma (A1)
- **23** Hotel Samrat (B2)
- **26** Mirch Masala (B1)

Achats

- **30** Ekamra Haat (B1)
- **31** Utkalika (A1)

réputation : un petit établissement d'une trentaine de chambres, impeccable (sa belle façade blanche donne le ton), frais et agréablement fleuri. Déco un peu datée mais soignée, voire cosy. Chambres spacieuses pour les plus chères, parfaitement équipées. Pour finir, un accueil aussi aimable que professionnel et un bon resto bon marché (thali 180 ₹).

Ginger Hotel *(hors plan par A1, **14**) : Jayadev Vihar, Nayapalli. ☎ 666-33-33. ● gingerhotels.com ● Doubles 3 500-5 000 ₹ (env 3 000 ₹ sur leur site internet), petit déj inclus.* Un hôtel de chaîne que l'on pourrait qualifier de « budget », dans le concept et la politique tarifaire... Un seul prix pour un unique type de chambres répondant à des standards occidentaux : toutes identiques, meublées de bois clair, à peu près propres et fonctionnelles (frigo, TV, clim). Resto. Cafète dans le hall et borne *ATM* pour les retraits d'argent. Parfait pour ce qu'on lui demande !

Beaucoup plus chic (min 10 500 ₹ / 140 €)

Mayfair Lagoon *(hors plan par A1, **15**) : 8 B, Jaydev Vihar. ☎ 666-01-01. ● mayfairhotels.com ● À 7 km du centre, vers le nord. Double min 12 500 ₹, petit déj inclus. CB acceptées.* Dans un magnifique parc, autour d'un lac artificiel, superbes cottages coiffés de tuiles. Un conseil, choisissez les moins chers, déjà tout confort, d'un excellent rapport qualité-prix. Les *deluxe,* avec 1 salon et 1 terrasse à colonnes donnant sur l'eau, coûtent 2 fois plus cher. L'ensemble est charmant, avec plein de passages couverts et de chemins ornés de statues, objets anciens ou curiosités, comme cet avion de la Seconde Guerre mondiale à l'entrée... Tennis, squash, ping-pong, etc. Également 3 restos aux ambiances différentes , en fait un vrai *food-court.* Attention, l'hôtel est souvent complet car il accueille de nombreux congrès et son cadre est très prisé des familles indiennes à la saison des mariages (en hiver).

Hotel Trident *(hors plan par A1, **16**) : CB-1, Nayapalli. ☎ 230-10-10 et 301-00-00. ● tridenthotels.com ● À quelques encablures du Mayfair Lagoon. Double min 14 000 ₹ ; selon dispo, promo intéressante. CB acceptées.* Même gamme que le précédent, dans un tout autre décor toutefois. Le *Trident* appartient à la très chic chaîne *Oberoi* qui dévoile là tout son savoir-faire en matière d'accueil et de services. Le hall, monumental, impressionne par ses volumes, sa luminosité et son incroyable sobriété. Les vastes chambres, lumineuses et modernes, sont superbes, quelle que soit leur exposition (jardin ou piscine). Un resto enfin de grande qualité avec excellent buffet indo-occidental le soir. Très belle déco de statues et bas-reliefs en pierre, reprenant les décors du Sun Temple de Konârak.

Où manger ?

Très bon marché (max 180 ₹ / 2,40 €)

Truptee *(plan B2, **20**) : 67, Budha Nagar, Kalpana Sq. 📱 93-37-01-36-71. À côté de l'hôtel* Pushpak. *Tlj 7h-22h30.* Coup de cœur pour cette cantoche végétarienne proprette installée en sous-sol, aux murs bien blancs. Un cadre bien frais pour une cuisine qui l'est tout autant, largement plébiscitée par les employés et habitants du quartier. Excellents *paneer,* fondants et servis à toutes les sauces, et surtout un grand choix de *dosaï* et autres spécialités du Sud de l'Inde. Service adorable et diligent. Autre adresse tout aussi fréquentable, et à l'ameublement plus cossu, juste à côté de *Dalma* (voir ci-dessous ; *plan A1,* **22**).

Hotel Samrat *(plan B2, **23**) : Lewis Rd, presque en face de l'Odisha State Museum.* Presque une cantine de rue (ça ne paie vraiment pas de mine !), mais excellent *dal, butter naan* délicieux et *biriyani* honnête, le tout d'un excellent rapport qualité-prix. Pour routard endurci !

Venus Inn (plan A2, **10**) : 217, Bapuji Nagar. Au 2e étage de l'hôtel (voir « Où dormir ? »). Tlj 7h-22h30. Très populaire, et souvent bondé le midi. Cadre plutôt plaisant : une enfilade de salles avec tables en marbre, statues, et tableaux accrochés aux murs colorés. Cuisine strictement végétarienne, bon marché et goûteuse. Excellents *thalis* d'Inde du Sud (servis le midi seulement) et au moins une vingtaine de façons de préparer les *dosaï*. Également des pâtisseries et jus de fruits prisés. Une valeur sûre, comme on dit.

Bon marché (180-450 ₹ / 2,40-6 €)

Dalma (plan A1, **22**) : 157, Madhusudan Nagar, Sachivalaya Marg, Unit-4. 92-38-45-92-37. Ne pas confondre avec le Dalema voisin. À l'étage, au-dessus du Truptee. Tlj 11h30-15h30, 19h-22h30. Buffet midi 400 ₹, thali 140-350 ₹, ou carte. Tous les bons produits ont leur contrefaçon, c'est bien connu ! Celui-ci ne déroge pas à la règle car c'est LE resto à ne pas manquer en ville. 2 salles, l'une façon cantoche où le service dépote (pas question de s'attarder à refaire le monde !), l'autre un peu plus classe avec un buffet au déjeuner. On sert dans les 2 salles une excellente cuisine purement oriya : spécialités régionales végétariennes ou non, qui ont la particularité d'être servies dans des sauces généreuses, souvent très épicées (en particulier à la moutarde) et agrémentées d'herbes fraîches. N'hésitez pas à tenter un *thali,* copieux, pour expérimenter plusieurs spécialités. Délicieux *rotis* variés pour accompagner. Rapport qualité-prix extra.

Keyar's (plan A2, **10**) : 219, Bapuji Nagar. ☎ 259-74-11. Resto de l'hôtel Swagat Inn, voisin du Venus Inn. Tlj 11h-23h. Salle assez banale, animée par un bataillon de serveurs. À part ça, la longue carte propose une kyrielle de plats indiens (et même chinois) tous plus goûteux et parfumés les uns que les autres, qui raviront aussi les carnivores, une fois n'est pas coutume. En particulier des spécialités tandooris parfaitement cuites ! Miam, le poulet !

Hare Krishna Restaurant (plan B1, **21**) : Lalchand Market Complex, Master Canteen Sq. 97-77-20-28-34. Accès par la galerie commerciale à gauche de Lalchand Jewellers sur Janpath, puis au 2e étage. Tlj 11h30-15h30, 19h-22h30. En haut d'une bonne volée de marches, grande salle vraiment sombre et réfrigérée. On peut quand même distinguer aux murs des reproductions de miniatures indiennes, et surtout déguster une cuisine végétarienne variée qui couvre tout le registre du pays. Accueil couci-couça.

Prix moyens (450-900 ₹ / 6-12 €)

Tangerine 9 (plan B1, **21**) : 108/A, Lotus House, Janpath. ☎ 253-30-09. Attention, pancarte en hauteur ; resto au 3e étage (ascenseur). Tlj 12h-15h30, 19h-22h30. Salle lumineuse avec sa grande baie vitrée, moderne, dans des tons orangés gais et chaleureux, tables nappées et chaises recouvertes de tapisseries. Cuisine indienne de très bonne facture qui fait la part belle aux herbes et produits frais avec des spécialités végétariennes ou non, des tandooris, des poissons de rivière, et quelques plats chinois. Pas vraiment donné, mais la qualité constante et les quantités servies le valent bien !

Mirch Masala (plan B1, **26**) : 6, Janpath. ☎ 238-08-50. Resto de l'hôtel New Marrion. Tlj 11h-15h, 19h-23h. Parquet, lumières tamisées, vastes espaces semi-cloisonnés et service stylé : ce resto chic vaut autant pour son décor élégant que pour le raffinement de l'assiette ! Cuisine généreuse, et qui pioche dans tout le subcontinent : *masala, biryani,* tandooris... végétariens ou non. Ambiance romantique avec (bonne) musique live certains soirs, et bar attenant.

Achats

Ekamra Haat (plan B1, **30**) : *Madhusudan Marg, Kharvel Nagar. Tlj 10h-22h.* Réparties dans un parc arboré, une quarantaine d'échoppes exposent textiles traditionnels (fameuse technique du *tie and dye*) et objets d'artisanat régional : sculptures en pierre, peintures sur feuille de palme, terres cuites, *dokra* (figurines en bronze)... Une sorte de vitrine cautionnée par le gouvernement régional, où (presque) tout est négociable ! Intéressant pour avoir un aperçu des créations artisanales de l'Odisha, échanger avec les exposants souvent prompts à expliquer leur travail. Quelques petits restos sur place. Assez touristique aussi.

Utkalika (plan A1, **31**) : *Market Building, Ashok Nagar (Local Market n° 1). Tlj 10h-21h.* Voici l'emporium gouvernemental de l'Odisha, avec tout l'éventail de l'artisanat local, mais à prix fixe cette fois-ci. La boutique se situe au cœur du *Local Market n° 1*, presque indécelable depuis Ashok Nagar. Mais l'endroit, une vaste zone piétonne, reste très animé jusqu'en soirée, avec un chapelet de boutique assidûment fréquentées par les familles indiennes. Depuis les saris traditionnels jusqu'aux bijoux (les vrais et les fantaisie), en passant par les jeans et les oreillers ! Et les marchands de glace ont bien du succès ! Une tranche de vie locale.

À voir

Bhubaneswar est une ***ville de temples,*** et c'est eux que l'on vient découvrir ici. La plupart sont regroupés au sud de la ville, dans sa partie ancienne autour de *Bindu Sagar,* le bassin sacré. On vous parlera de 100, 300, 500, voire 5 000 temples... Pas de panique, le chiffre de 30 semble plus réaliste, et celui de 10 tout à fait raisonnable pour le bourlingueur de base. Évidemment, des rickshaws vous proposeront des forfaits de 2 ou 3h pour en effectuer le tour. Mais, à moins d'être vraiment très pressé, mieux vaut tout découvrir à pied en vous faisant déposer au Ligaraja Temple, d'autant que l'atmosphère de la rue et les scènes de la vie quotidienne, dans ce secteur ancien, invitent à une flânerie tranquille.

Un drapeau qui flotte au sommet d'un temple signifie qu'il est ***encore consacré au culte.*** À l'entrée de chacun, une petite pancarte vous indiquera souvent l'essentiel de ce qu'il faut savoir. S'il y a un prêtre, il pourra aussi vous donner quelques infos. Libre à vous de laisser un petit quelque chose.

Attention au temple de *Lingaraja* (voir ci-après) : pour accéder à la terrasse sur son flanc (le temple ne se visite pas), on vous demandera une participation et on vous fera signer un grand cahier où figurent les dons précédents. Et les gardiens ont malicieusement ajouté 1 ou 2 zéros... pour vous faire croire que tous les visiteurs précédents ont donné 500 ou 1 000 ₹, chose grotesque au regard du temps passé sur la terrasse ! Bref, ne soyez pas dupe, ne rien donner ou 10-20 ₹ (maximum 50 ₹) et remerciez-les avec le sourire.

Ekamravan Garden (plan A3) : *sur la rive ouest de Bindu Sagar. Tlj 8h-13h, 15h-18h. Entrée : 5 ₹.* Cette rive du bassin est aménagée en jardin médicinal, et abrite aussi les fondations de quelques temples. Arboré et bien tenu, une halte agréable.

Lingaraja Temple (plan A3) : le plus grand, le plus impressionnant, le plus vénéré de tous... ***mais entrée interdite aux non-hindous.*** D'une terrasse construite par les Anglais contre le mur d'enceinte nord (ne pas donner plus de 10-20 ₹ pour y accéder ; voir ci-dessus l'avertissement), on découvre ce que Fergusson appelait « ***le plus bel exemple d'un temple hindou*** ». Attention, pour la traditionnelle photo, on a le soleil de face le soir. En revanche, la lumière de bonne heure le matin est sublime.

Bâti essentiellement aux XIe-XIIe s, ce sanctuaire dédié à Shiva est dominé par une superbe tour de 42 m de hauteur, finement sculptée. Au pied, une multitude de petits sanctuaires votifs (plus de 200, dit-on) abritent différentes divinités liées à Shiva, comme Parvati (sa femme) et Ganesh (le gros fiston à tête d'éléphant). Ne manquez pas d'aller jeter un œil furtif à l'étonnante porte principale (à l'est), d'où l'on aperçoit une colonne surmontée des 2 montures respectives de Shiva et de Vishnou : *Nandi* (le taureau) et *Garuda* (l'aigle blanc à corps d'homme). Tous les ans, avant la *Ratha Yatra* (fête des Chars) de Puri, le temple est fermé pendant 15 jours pour permettre aux dieux de prendre quelques vacances...

Sari Deula Temple *(plan A3)* **:** *Sanskrit College Lane ; ruelle en face de l'entrée du Lingaraja, c'est sur la droite, juste avt Bindu Sagar.* On trouve non pas un, mais 2 temples dans cette petite enceinte, à gauche le Sari Deula, à droite le Suka Sari, plus abîmé par le temps. L'ensemble est d'autant plus discret qu'à cause de la surélévation du sol au fil des siècles il paraît au tiers enterré. Sur chaque face de la tour-sanctuaire du Sari Deula, 7 larges bandes filant vers le chapeau et un animal chimérique ou *makara* (mi-lion !) en décrochement. Tout autour, toujours d'intéressantes figures dont une tout en verticalité, genre de dragon, le pied posé sur la tête d'un éléphant placide. Sur l'autre flanc, un Shiva de pierre noire très honoré par les fidèles. De part et d'autre, encore de délicates figures. Entre le sikhara et le *jagamohan,* une gracieuse Parvati dans le renfoncement. Et en frise basse, une belle sériée de *naga* (serpents) dont les écailles vous feront de l'œil. Juste au-dessus, 5 danseuses, mais bien abîmées.

Parsurameswara Mandir *(plan A-B3)* **:** *à l'est du lac, un peu en retrait (accès par Kedar Gouri Lane).* L'un des plus anciens (VIIe s). Son intérêt réside surtout dans l'extérieur. Tour-sanctuaire abondamment sculptée. À son sommet, le *kalasa,* symbolisant le pot de parfum sacré. Sur la face principale, mariage de Shiva et de Parvati entourés des invités. Sur le flanc, les 7 mères de Vishnou honorées par les fidèles (à côté, un lingam datant du XIe s). À l'arrière, au-dessus de la porte, procession d'éléphants. À droite, beaux groupes de musiciens et danseurs. À l'intérieur, salle du fond au toit plat et basse de plafond dénuée de tout décor (à part le lingam). 1re salle peu ornementée également, ce qui permet de porter son attention sur le lingam. Quelques couples langoureusement enlacés quand même.

Mukteswara Temple *(plan B3)* **:** *à l'autre bout du jardin, à 2 mn du Parsurameswara Temple.* Peut-être **le plus élégant** de tous, de proportions vraiment harmonieuses, précédé d'un porche monumental. Superbe illustration de l'architecture de l'Odisha du Xe s. Sur le magnifique porche *(torana),* de délicates sculptures, dont des nymphes célestes *(nakiya)* nonchalamment allongées. Sur les piliers, les lions symbolisent l'hindouisme, les éléphants le bouddhisme (écrasés par les lions !). L'encadrement de la porte du sanctuaire présente également un riche décor végétal, ainsi que de petits personnages finement sculptés. Sur les murs du temple, un foisonnement de sculptures, des graciles danseuses aux divinités, en passant par des singes s'épouillant gaiement en narguant les crocodiles. Dans un renfoncement, trouver cette femme chevauchant un animal composé à partir des parties de 9 autres animaux (trompe de l'éléphant, patte du lion, croupe du cheval... à vous de découvrir les autres). Les représentations féminines sont souvent installées sous un arbre, symbole de fertilité. À l'intérieur, dôme richement sculpté, avec des serpents *(naga)* soutenant les angles. Dans le jardin, à droite en arrivant du Parsurameswara, ne pas rater le cadran solaire, d'une précision helvétique. À côté, le traditionnel ghât pour les ablutions.

Baitala Deula Temple *(plan A3)* **:** encore une petite merveille architecturale, assez différente des autres temples. Datant du VIIIe s, on y célébrait des cultes tantriques. Ce temple est l'élégante petite résidence de l'effrayante déesse Chamunda aux colliers de crânes, mais l'entrée est souvent fermée. *Jagamohan* peu élevé et tour-sanctuaire abondamment ciselée. Sur le flanc gauche (le dos à la rue), Parvati entourée de scènes délicates (femmes chevauchant des lions). Au-dessus, dans le fronton au raffinement extrême, Vishnou. Sur l'autre flanc, Durga et son trident, assise sur un taureau. Traits déliés, mouvements souples. À partir de là, longue série de figures féminines dans des positions langoureuses, et une frise en hauteur où tout plein de petits personnages fort délicats se font des câlins ! Fort belle lumière le matin.

Rajarani Temple (plan B3) : *Tankapani Rd, à moins de 1 km du lac. Tlj 6h-18h. Entrée : 300 ₹ ; gratuit - de 15 ans.* Ceint d'un agréable jardin, un temple désacralisé, dont le style rappellera quelque chose à ceux qui ont visité Khajuraho. Sikhara abondamment sculpté contrastant avec le corps de l'édifice plus sobre. Orné de tourelles dotées également d'un chapeau côtelé. Festival de dentelles, sculptures, nymphes célestes dans des poses sublimes, arborant bijoux et coiffures d'une finesse exceptionnelle. Sur les flancs, encore la sympathique association lion-éléphant. Entre autres, à droite, 3 lions montés sur 3 éléphants à la base des grosses colonnes. À l'opposé de la tour-sanctuaire, portail monumental où l'on notera les traditionnelles planètes et les ravissantes *nagini* (*naga* féminin) sculptées sur les colonnes.

Brahmeswara Temple (plan B3) : *poursuivre Tankapani Rd vers l'est sur env 800 m, puis à droite (fléché), à 500 m.* Le plus éloigné de tous (mais pas le plus inintéressant !). Date du XIe s et dédié à Shiva. 2 caractéristiques assez inhabituelles : temple entouré de tours aux 4 coins et corps *(jagamohan)* entièrement sculpté qui ressemble pas mal au Lingaraja Temple (en plus petit, certes). Arrivée par la face nord. Au milieu, Shiva assis sur un taureau et, à sa droite, le gardien du Nord assis sur une fleur de lotus. Au coin, le gardien de l'Air assis sur un cerf. Au milieu, du côté droit, le gardien de l'Eau assis sur un crocodile (cela dit, on dirait plutôt un éléphant !). À l'angle suivant, le gardien du Sud-Ouest assis sur un fantôme, puis le gardien du Sud assis sur un buffle, le gardien du Sud-Est sur un mouton et enfin Indra, celui de l'Est, sur un éléphant. Porche, quant à lui, encadré de 3 bandes verticales sculptées de roses, de chérubins à l'indienne et de fleurs. Sur le linteau, Laksmi. À l'intérieur, le classique lingam.

Odisha State Museum (plan B2) : *Lewis Rd, à 200 m de Kalpana Sq ; en face de l'hôtel* Kalinga Ashok. • *odishamuseum.nic.in* • *Tlj sauf lun 10h-16h. Entrée : 200 ₹ (+ 100 ₹ appareil photo).* Dédié au riche patrimoine archéologique, culturel et artistique de l'État. On est accueilli, dans le hall, par des bas-reliefs modernes qui narrent les riches heures de l'histoire de l'Odisha.

– *Salles d'archéologie :* statues de toutes les périodes. On commence par le bouddhisme, avec des Tara aux beaux déhanchés (VIIIe et X^{e} s), puis l'apport des jaïns avec de hiératiques mais souriants *Tirthankara*, comme ce Rishabhanath du IXe s. Puis sculptures en pierre de la ***période vaishnavite*** où l'on honorait Narayana, Krishna, Vishnou. De ce dernier, une statue sans tête aux beaux bijoux ciselés, trouvée à Cuttack (XIIIe s), ou son avatar à tête de sanglier, Varaha. Sculptures de la ***culture saivite*** dont un Uma Mahesvar du IXe s assis sur le dos d'une vache, et quelques Nataraja – Shiva dansant – bien vigoureux. Juste avant la salle suivante, une série de 4 intéressants Ganesh.

– *Dernière salle :* quelques belles pièces comme ce portail ciselé, un pilier sculpté, des bas-reliefs. Joli « transport d'éléphant », en fait une procession royale très dynamique dans son mouvement. Vers la porte, d'autres transports... amoureux. Pour finir, une scène du *Kumar Sambhav* où un prince « s'épanche » (!) dans les mains d'une belle dame.

– *Natural History Gallery :* assez riche mais vieillotte, avec des dioramas où les martins-pêcheurs et les petits singes semblent si gentils.

– *Ivory Gallery :* une spécialité de la région, car l'armée comptait de nombreux éléphants. De très jolies pièces de toutes tailles : délicatesse des figurines, boîtes et coffres incrustés, et des éventails aussi fins que du papier bible.

Au 1er étage

– *Bronze Gallery :* **assez fascinante** (lorsqu'elle est ouverte). D'abord, un somptueux Ganesh du XIXe s (qui se prendrait pour Vishnou) et un taureau joliment harnaché. Dans la vitrine du milieu, délicats petits bronzes. Curieux Kamadhenu (genre de centaure hindou) et une incongrue reine Victoria. Voir aussi la *Mask Gallery* voisine, essentiellement des pièces en bois (mais manque d'explication).

– *Art & Craft Gallery :* tout le panorama de l'artisanat de la région, en bois, en pierre, polychrome ou non. Vannerie, textiles brodés, cuir et coquillage, terracota, petits bronzes ou objets en feuille de palmier, rien ne manque ! Pas même la reconstitution d'un salon.

– *Patta Painting Gallery :* assez spectaculaire, œuvres des Chitrakara, illustration du Ramayana et du culte à Jagannath, entre autre.

– *Handloom & Textile Gallery et Ornament Gallery :* tissus traditionnels, costumes, bijoux et intéressantes photos en noir et blanc des tribus de l'Orissa. Également des dioramas avec des mannequins grandeur nature. Puis *Musical Instrument Gallery,* pour les amateurs de sarangi, drum et autres bansi (flûtes).

– *Manuscript Gallery :* **à ne pas louper !** Vous y verrez de très subtiles représentations de poèmes du XVIIIe s illustrées de figures d'une finesse extrême. Légendes entièrement écrites à la main comme le *Bhagavata.* À côté, le *Vishnou Sakaranama* (sûrement rédigé avec une loupe !) sur une seule feuille de palme.

Odisha State Tribal Museum *(musée tribal ethnographique ; hors plan par A1) : à env 5 km au nord-ouest de la gare, sur la route de Chennai. • scstrti.in • Tlj sauf lun et j. fériés 10h-17h. GRATUIT. Vidéoguide en anglais gratuit. Compter min 2h de visite.* On ne saurait trop vous recommander une visite à ce passionnant musée, à la très riche collection issue des nombreuses tribus que comptait (et compte toujours) l'Odisha, en particulier dans ses confins montagneux du sud-ouest. Vidéoguide vraiment complémentaire de l'expo permanente, puisqu'il permet de visionner de nombreuses vidéos qui mettent en situation les objets (présentés, eux, dans des vitrines un peu vieillottes) ou suivent leur fabrication.

Organisée par thèmes dans 5 grandes salles claires et ventilées, la collection aborde ainsi les différents ornements et bijoux de chaque tribu, leur art du textile et de la broderie (tissus *khonds* rappelant les ikats indonésiens), tous les styles de fresques et peintures murales qui embellissent les maisons (très colorés et stylisés pour les *gond,* blanc sur fond ocre pour les *lanjia saora,* etc.), toute leur panoplie de chasse, pêche ou agriculture, et enfin une belle galerie dédiée à la musique (rares instruments, comme ce violon à une corde), à la danse (très joli costume *koya*) ou à la fabrication des *dokra,* ces figurines de bronze, à l'origine chargées de sens votif et devenues l'un des artisanats les plus connus de la région. À noter aussi que des artisans des tribus font régulièrement des démonstrations de leur art et savoir-faire dans les salles.

On peut compléter la visite par un tour, à l'arrière, au bâtiment dédié aux *PVTG (Particularly Vulnerable Tribal Groups),* avec des dioramas de leurs habitats, ou aux huttes et maisons traditionnelles reconstituées à l'arrière du musée dans le parc, et même casser la croûte à la cafète (bon marché, *vég* et *non vég*) pour compléter l'immersion.

DANS LES ENVIRONS DE BHUBANESWAR

Udayagiri et Khandagiri Caves : *à env 10 km du centre et à 2,5 km de la* Barmunda Bus Station. *Tlj 6h-18h. Entrée Udayagiri : 300 ₹ (Khandagiri est gratuit). Beaucoup de monde.*

Sur 2 collines jumelles couvertes de ficus et peuplées de singes, une trentaine de grottes datant, pour les plus anciennes, du Ier s avant notre ère, probablement sous le règne de Kharavela. Elles furent creusées pour servir de retraite aux ascètes jaïns.
Les bas-reliefs les plus intéressants se trouvent sur ***Udayagiri.*** À droite par quelques escaliers, ***Rani-gumpha (grotte n° 1),*** sur 2 étages, fut occupée par une reine venue faire pénitence, visiblement encore attachée à son petit confort. Dans les grottes (certaines sont alignées telles des cellules), notez la partie surélevée au fond, qui servait de traversin aux ascètes (on est ascète ou on ne l'est pas !). La plupart des grottes sont encadrées de frises et panneaux sculptés à motifs floraux (mieux conservés dans les angles), des scènes de processions et de danses, tout un petit monde d'éléphants, certaines en parfait état de conservation. Voir aussi la grotte nº 3 pour sa belle frise de pachydermes au-dessus de la porte, ou la nº 10, ***Ganesh-gumpha,*** pour ses 2 éléphants qui montent la garde et ses frises bien conservées sous la galerie.
Sur ***Khandagiri*** *(accès gratuit),* ambiance totalement différente, puisque de nombreuses grottes sont occupées par des sadhus... qui demandent volontiers une obole pour leur ascèse ! Pas grand intérêt... sinon, du sommet, une superbe vue sur la campagne environnante (avec Bhubaneswar au loin), et au coucher de soleil, couleurs magnifiques sur la voisine Udayagiri.

PURI (पुरी)

200 000 hab. IND. TÉL. : 06752

• Plan *p. 442-443*

Bhubaneswar : *60 km ;* ***Konârak :*** *37 km ;* ***Kolkata :*** *550 km ;* ***Chennai (Madras) :*** *1 290 km.*

Puri est l'une des 4 villes saintes les plus importantes de l'Inde. Au moment de *Ratha Yatra* (la fête des Chars), en juin ou juillet, les pèlerins investissent la ville, la frénésie bat son plein et les hôtels sont pris d'assaut.
En dehors de cette période délirante et passionnante, Puri est surtout une station balnéaire où touristes indiens et occidentaux profitent de plages étirées. Remarquez que ceux-ci se mélangent peu : il y a la partie où séjournent les vacanciers indiens (côté sud, un front de mer hyperbétonné), et celle, plus près du centre, plus rustique et plus agréable, où se retrouvent les étrangers. L'accueil ici est globalement sympa et relax. Enfin, il y a aussi des pêcheurs qui, fidèles à leurs frêles esquifs, n'ont pas l'air fort concernés par l'irruption des temps modernes.

Arriver – Quitter

En bus

Bus Stand *(hors plan par C1) :* *dans le centre, un peu au nord de la gare ferroviaire.*
➢ ***Bhubaneswar :*** bus ttes les 15 mn, dans les 2 sens, 6h30-20h. Trajet : env 1h30.
➢ ***Konârak (Konark ;*** *35 km)* ***:*** ttes les 20 mn, 6h-20h, dans les 2 sens, souvent bondé. Route impeccable. Trajet : env 1h. On peut aussi faire la route en taxi ou en rickshaw.
➢ ***Chilika Lake (Satapada) :*** bus ttes les 30 mn, dans les 2 sens, 6h30-18h. Trajet : 1h30-2h.

En train

Railway Station *(plan C2) : en plein centre.* Tous les horaires sont affichés au bureau des réservations *(ouv 8h-22h – 14h dim).* Sur place, petit bureau d'*Odisha Tourism* *(tlj 7h-21h),* consigne, *retiring rooms,* et à la sortie comptoir de *prepaid rickshaw*.

➢ ***Bhubaneswar :*** nombreux trains quotidiens.

➢ ***Kolkata :*** 1 train de nuit, dans les 2 sens (le *Puri Howrah Duranto Express*). Trajet : env 8h30. Plus rapide, un *Shatabdi* pour les lève-tôt, vers 5h45, en moins de 8h.

➢ ***Delhi :*** 2 trains/j. Ainsi, le *Purushottam Express* part de Puri vers 21h45 et arrive le surlendemain vers 4h30 (soit 33h de trajet).

➢ ***Chennai (Madras) :*** 1 train/sem. Le *Chennai Express* part ts les dim de Puri à 17h30. Trajet : 21-22h.

➢ ***Varanasi :*** 3 trains/sem. Départ de Puri à 10h50, de Varanasi à 20h10. Trajet : env 21h.

Adresses et infos utiles

Orissa Tourist Office *(plan B3) : sur Chakra Tirtha Rd (C. T. Rd), angle V. I. P. Rd. ☎ 22-26-64. • odisha tourism.gov.in • Lun-sam 10h-17h ; fermé dim et 2e sam du mois.* Vend une carte de Puri... vieille de plus de 10 ans. Organise aussi des excursions à Bhubaneswar, Konârak ou Chilika Lake. Annexe à la gare ferroviaire.

■ ***Change :*** *au **Samikshya Forex** (plan D2, **1**), sur C. T. Rd, au cœur du quartier routard. Tlj 7h-21h30.* Change les espèces à très bon taux. *Sinon, **State Bank of India** avec* ATM *(plan C3, **2**), sur C. T. Rd.*

■ ***Distributeurs :*** ATM *sur Station Rd, à l'angle de V. I. P. Rd (pas loin de la gare), sur C. T. Rd, au cœur du quartier routard, ainsi qu'à l'angle Kutchery Rd-C. T. Rd (sur Hari Hara Sq).*

■ ***Location de vélos :*** *de petites boutiques un peu partout sur C. T. Rd.* Vraiment pas cher et très utile pour circuler en ville. Possibilité aussi de louer des scooters (et des motos) pour quelques euros par jour. Vérifiez bien l'état du matos !

■ ***Rickshaws :*** la ville étant l'air de rien assez étendue, les rickshaws ont tendance à forcer sur les prix... négocier fermement, ou, comme les touristes indiens, privilégier les rickshaws collectifs électriques à parcours fixe (bien pratique, celui qui remonte tout C. T. Rd depuis l'angle avec V. I. P. Rd).

Où dormir ?

Comme on l'a dit, il y a à Puri une zone essentiellement fréquentée par les Indiens et une autre par les touristes étrangers. Ça tombe bien, c'est cette dernière qui est la plus sympa ! Elle se situe au sud-est de la gare, le long de Chakra Tirtha Road (C. T. Rd), près du village de pêcheurs. Là, beaucoup d'hôtels pas chers du tout. Mais il faut savoir aussi que les prix augmentent en octobre, pour le *Durga Puja,* et en décembre, mois de grande affluence à Puri. Dernières infos, peu réjouissante : dans la plupart des hôtels, il faut libérer la chambre vers 8h, parfois même dès 7h !

De très bon marché à bon marché (max 1 500 ₹ / 20 €)

Bay La Lodge *(plan D2, **10**) : Chakra Tirtha Rd (C. T. Rd, quoi !), presque à la limite du village de pêcheurs. ☎ 22-04-60. 📱 98-61-08-63-48. Double 600-700 ₹.* Une petite maison aux murs bleus, tenue par une adorable famille. La maman mitonne de délicieux petits plats tandis que la fille, Moon-Moon, qui parle bien l'anglais, est aux petits soins. Dans la cour-jardin, 4 chambrettes, dont une avec sa propre salle

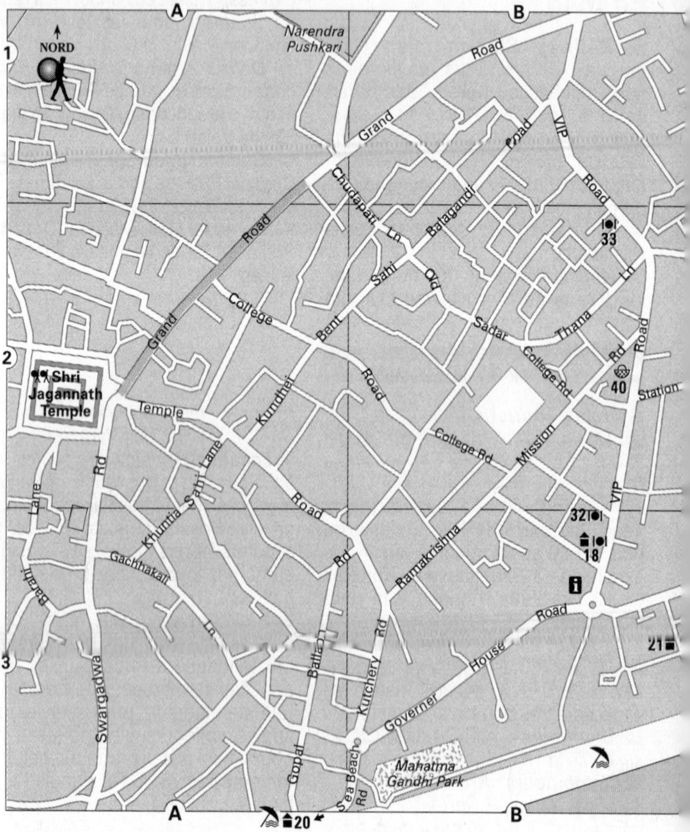

■ **Adresses utiles**	
🛈 Orissa Tourist Office (B3)	**11** Hotel Derby (D2)
1 Samikshya Forex (D2)	**12** Hotel Nilambu (D2)
2 State Bank of India ATM (C3)	**14** Hotel Pink House (D3)
	15 Z Hotel (D2)
Où dormir ?	**16** Chanakya BNR Hotel (C3)
	17 Hotel Santana (D2)
10 Bay La Lodge (D2)	**18** Hotel Lee Garden (B3)

de bains et une familiale, certes très spartiates (ventilo quand même) mais propres, et voilà bien l'un des accueils les plus chaleureux du coin ! Comme les rickshaws réclament une commission, mieux vaut arriver par ses propres moyens et se faire déposer plus loin.

Hotel Derby *(plan D2, **11**) : C. T. Rd. ☎ 22-39-61, 📱 98-53-53-28-14. • hotelderbypuri@gmail.com • Derrière le Z Hotel. Doubles 500-1 500 ₹.* Une dizaine de chambres avec moustiquaire et salle d'eau (sommaire, mais eau chaude) autour d'un petit jardin. Petite terrasse avec vue sur la plage, en bas de la rue. Rien à redire pour le prix !

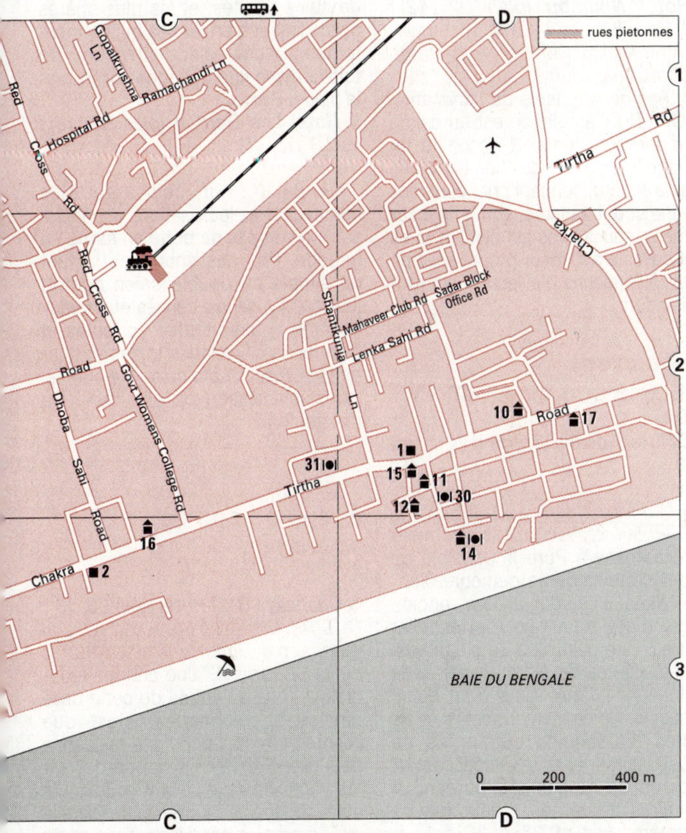

PURI

20 The Hans Coco Palm (hors plan par A3) **21** Mayfair Heritage (B3) **Où manger ?** **14** Resto de l'Hotel Pink House (D3) **18** Chung Wah (B3)	**30** Peace Restaurant (D2) **31** Honey Bee Bakery & Pizzeria (C-D2) **32** Wild Grass (B2-3) **33** Dalma (B2) **Achats** **40** Priyadarshini (B2)

Hotel Pink House *(plan D3,* ***14****) : face à la mer, au bout d'un chemin perpendiculaire à C. T. Rd. ☎ 222-22-53. Proche de l'hôtel Sapphire International. Doubles avec ventilo 700-1 000 ₹, jusqu'à 2 000 ₹ avec AC. Pas de wifi.* Un petit bâtiment de couleur rose (comme son nom le suggère), abritant des chambres rudimentaires (eau froide) avec barreaux aux fenêtres, genre cellules à Cayenne, mais donnant directement sur la plage. Éviter celles qui donnent à l'arrière, sinistres. Resto franchement agréable avec ses tables sur le sable, installées sous des paillotes. Accueil très cool.

Hotel Nilambu (plan D2, **12**) : *C. T. Rd. 82-49-78-58-30. Facebook : nilambu.rocks. Derrière le Z Hotel. Doubles max 500 ₹, avec ou sans sdb. Pas de wifi.* Isolé de l'animation de C. T. Rd, l'ambiance est au calme (sauf lorsque l'endroit accueille un mariage !). Cela dit, les chambres, une dizaine en tout, donnant pour certaines sur une cour intérieure, sont impeccablement tenues. Très simples, et rares sont celles à avoir leur propre salle de bains, à l'indienne d'ailleurs. Pour routard endurci.

Prix moyens (1 500-3 000 ₹ / 20-40 €)

Z Hotel (plan D2, **15**) : *C. T. Rd. ☎ 22-25-54, 97-77-00-04-49. • zhotelindia.com • Lit en dortoir env 300 ₹, doubles sans sdb dès 700 ₹, 2 000-2 500 ₹ avec sdb.* Notre meilleure adresse à Puri. Impossible de louper cette élégante demeure blanche, dans un jardin arboré, ancien palais d'été d'un raja (bel escalier central). Une quinzaine de chambres, vastes, hautes de plafond, baignées de lumière et aux murs d'un blanc immaculé. Aménagement sobre, mais literies (baldaquins surmontés de moustiquaires) et draps impeccables, placards de rangement, bureau, et sanitaires modernes. Beaucoup de caractère. Les n°s 25 et 26 ont un balcon. Dortoir pour filles aussi, et immense terrasse-solarium. Salons avec livres et DVD et un espace commun en terrasse, avec grande table d'hôtes où sont servis les repas (bonne cuisine, excellents petits déj). L'adresse la plus conviviale pour jouer les prolongations.

Hotel Santana (plan D2, **17**) : *C.T. Rd. ☎ 22-71-91. 99-37-17-66-19. • indiasantana.com • Doubles 1 000-1 500 ₹. Wifi seulement à la réception.* Immanquable avec son architecture totalement mégalo, construite à la façon d'un palais en U autour d'un jardin fleuri ! Esprit convivial, comme dans l'ancien Santana Lodge que tenait la famille. Chambres pas très grandes, tout à fait correctes (pas mal de salles de bains refaites, et les plus chères avec clim) et bien tenues qui donnent toutes sur une galerie intérieure. Du toit-terrasse vue dégagée sur Puri et la plage. Resto.

Hotel Lee Garden (plan B3, **18**) : *V. I. P. Rd. ☎ 25-56-88. • loc_garden@rediffmail.com • Doubles 1 500-3 000 ₹.* Un petit hôtel plus urbain dans sa localisation, reconnaissable à son pas de porte en forme de pagode. Prix des chambres variant du simple au double selon confort (balcon, TV, *deluxe* censée être mieux décorée...) mais toutes correctes et bien tenues. Quelques triples et quadruples aussi. Resto chinois réputé au rez-de-chaussée (voir plus bas « Où manger ? »).

Très chic (5 400-10 500 ₹ / 72-140 €)

Chanakya BNR Hotel (plan C3, **16**) : *C. T. Rd. ☎ 22-30-06. • chanakyabnrpuri.com • Doubles 5 300-5 900 ₹, petit déj inclus.* Si une antique locomotive trône à l'entrée de cette belle bâtisse à colonnades, c'est que l'endroit fut longtemps une résidence de *Indian Railways*, avant de devenir le 1er hôtel *heritage* de la ville. Toujours autour du thème du chemin de fer, cela dit, comme en témoignent les nombreuses photos noir et blanc. Un petit air rétro jusque dans les chambres, qui donnent toutes côté mer (même si on ne l'aperçoit pas vraiment). Confort moderne quoi qu'il en soit, piscine à l'arrière, resto sur place, et une âme, dans tout ça !

The Hans Coco Palm (hors plan par A3, **20**) : *au sud de Marine Dr. 90-40-03-09-52 ou 53. • hanshotels.com • Double min 8 800 ₹, petit déj inclus.* Cette ancienne bâtisse royale à l'architecture coloniale et au cœur d'un parc arboré fait face à la plage. Les chambres, 36 en tout, en étage ou rez-de-jardin, donnent toutes côté mer et piscine. Confort tout ce qu'il y a de plus moderne, déco personnalisée superbe avec mobilier de qualité, inspiré de l'époque

L'ODISHA

coloniale. Service au top. Resto et snacks servis en journée au bord de la piscine. Bref, un lieu idéal pour une pause balnéaire.

Beaucoup plus chic (min 10 500 ₹ / 140 €)

Mayfair Heritage *(plan B3,* ***21****) : C. T. Rd.* ☎ *66-06-60.* • *mayfairhotels.com* • *Doubles min 14 500 ₹, suite aussi, petit déj inclus.* Cottages disséminés dans le jardin tropical magnifique, piscine et vue sur la mer. Le *Mayfair* est un incontournable du tourisme chic ! Chambres très agréables et tout confort (lit *king size,* clim, TV câblée, frigo), cela va sans dire. Également 4 suites étonnantes pour le prix. *Health club* avec jacuzzi, resto, accès direct à la plage, et service aux petits soins.

Où manger ?

De très bon marché à bon marché (max 450 ₹ / 6 €)

Peace Restaurant *(plan D2,* ***30****) : dans une ruelle perpendiculaire à C. T. Rd, entre le* Z Hotel *et la mer.* Terrasse dans une minicour-jardin, protégée par un auvent, ou salle sans charme. Populaire rendez-vous des routards et des Indiens en vacances. Cuisine correcte, spécialité de fruits de mer, bon *thali vég'* ou non. Sinon, pâtes, salades, soupe maison, poulets divers, milk-shakes... Mais on vient surtout là pour l'ambiance, *so peaceful !*

Honey Bee Bakery & Pizzeria *(plan C-D2,* ***31****) : C. T. Rd. Tlj 8h30-14h, 18h-22h.* En quête d'un endroit pour le petit déj ? Stop, posez-vous dans ce mouchoir de poche, ils font tous les jours d'excellents muffins, cakes (hmm, celui à la banane) et *apple pies* à tremper dans de vrais bons expressos et cappuccinos ! Midi et soir, place aux sandwichs, pâtes et pizzas. Une chouette adresse, idéale pour sortir un peu de la gastronomie ambiante. Agréable aussi pour sa clim et, en soirée, pour son petit toit-terrasse où on *chille* volontiers vautré sur les coussins !

Wild Grass *(plan B2-3,* ***32****) : V. I. P. Rd.* ☎ *22-92-93. Tlj 7h30-21h30.* Resto à sensibilité écolo. On y mange aussi bien sur une terrasse abritée d'un toit de chaume que dans une coquette salle bien ventilée ou sous les arbres, dans le luxuriant jardin plein de palmiers, de statues et de... moustiques ! Les grosses faims commenceront par les *vegetarian pakora,* qui calent bien. Puis, au choix, *fish tikka, tandoor pomfret,* moult riz, etc., ainsi qu'un excellent *orissan thali* (à commander la veille). Pas mal de monde. Accueil dynamique et sympa, et à l'entrée sur rue, un stand de brochettes vite fait.

Dalma *(plan B2,* ***33****) : V.I.P. Rd.* *Dalma* est une chaîne de restos régionaux. Ici, même décor, mêmes uniformes, mêmes plats typiquement oriyanais qu'à Bhubaneswar. Cuisine fraîche et locale, à base de fruits de mer notamment, souvent très parfumée et particulièrement épicée. Et une prédilection pour les plats en sauce. Délicieux *rotis.* Un incontournable au rapport qualité-prix remarquable.

Chung Wah *(plan B3,* ***18****) : V.I.P. Rd, à deux pas du* Wild Grass. ☎ *22-36-47. Le resto de l'*Hotel Lee Garden *(voir « Où dormir ? »). Tlj 11h30-15h30, 19h-21h30.* Pour ceux qui font une overdose de curry, un resto chinois tenu par un vrai Chinois. Passé le choc du cadre – une grande plongée dans la pénombre –, appréciez la cuisine pas des plus raffinée mais incontestablement fraîche (bonnes spécialités de poisson) et généreuse (partagez les plats !)... Pratique, les (quelques) plats épicés sont signalés d'un piment. Une adresse très fréquentée par les locaux, à juste titre.

Voir aussi le resto de l'***Hotel Pink House*** *(plan D3,* ***14****),* avec ses paillotes éparpillées sur le sable, bien agréable pour boire une bière en soirée en grignotant.

Achats

Priyadarshini *(plan B2,* ***40****) : V.I.P. Rd. ☎ 22-99-82. Tlj 10h-21h.* Textiles et artisanat de l'Odisha sur les 3 étages de cet emporium d'État à prix fixe. Étoles, saris, tissus, vêtements pour enfants, peintures sur palme ou toile, masques en bois, poteries, lampions... Vaste choix d'artisanat régional, bon accueil.

À voir

La plage : davantage un lieu de balade et de spectacle que de baignade (les courants forts la rendent dangereuse). Les Indiens en vacances font toutefois trempette sur le bord, tout habillés. Les Occidentaux fréquentent la plage près du village de pêcheurs, en contrebas de C. T. Rd, mais n'attendez ni cocotiers, ni propreté, ni tranquillité ! Pas vraiment le lieu pour se mettre en maillot, en particulier pour les filles, qui sont d'emblée soumises à des regards insistants. Pour trouver des coins un peu mieux tenus, pousser jusqu'aux abords du *Mayfair Hotel* : le personnel prend soin de la langue de plage située juste devant. Par ailleurs, des histoires de racket, de vols voire de viols circulent et, sans sombrer dans la psychose sécuritaire, mieux vaut ne pas traîner après le coucher de soleil. Pour autant, cette longue plage qui borde le golfe du Bengale est un fabuleux lieu d'animation (vaches, chameaux, pique-niques familiaux, et même crémations – lieu dédié dans la partie sud...) du matin jusqu'au soir, avec des pics de fréquentation insensés les week-ends.

Sri Jagannath Temple *(plan A2) : Grand Rd, au nord-ouest de la gare. Les derniers 500 m de cette large artère sont strictement piétons, ne pas compter atteindre le temple dans un quelconque véhicule à moteur.* Un des 4 temples les plus vénérés de l'Inde, où tout hindou pieux souhaite venir au moins une fois dans sa vie. ***Inaccessible aux non-hindous,*** il n'est visible pour les touristes étrangers que de la *Raghunandan Library,* bibliothèque installée dans un édifice (discret) en face de l'entrée du temple *(lun-sam 9h-13h, 16h-18h, fermé dim ; donation fermement exigée... restez raisonnable, max 50 ₹/pers, même si le « cahier » de don affiche des sommes bien supérieures !).* Si la bibliothèque est fermée, il se trouvera toujours quelqu'un pour vous conduire sur une autre terrasse, moyennant un pourboire... Du toit en terrasse, vue sur ce temple immense reconstruit en 1198, dominé par une tour de 60 m de hauteur. À gauche, peut-être la plus grande cuisine du monde avec ses 752 fours qui n'ont jamais été éteints depuis le XIIe s. Pendant le festival de *Ratha Yatra,* on y prépare jusqu'à 200 000 repas par jour ! Et puisque l'on parle chiffres, sachez qu'un tiers de la population de Puri a une activité liée au temple et que 6 000 personnes y travaillent en permanence. Tout autour de l'enceinte, animation démente de gens qui prient, de vendeurs de bondieuseries et d'offrandes, de *sadhus* superbes... Du grand spectacle à l'indienne !

Fêtes

– ***Chandan Yatra :*** *en avr-mai.* Fête vishnouite. Une manifestation extraordinaire de la ferveur religieuse en Inde. Vishnou est transporté en bateau sur le lac sacré de Narendra, après un bain dans de l'eau parfumée au santal. Les réjouissances durent 3 semaines, dans l'allégresse la plus folle, évidemment.

– ***Ratha Yatra*** *(ou fête des Chars)* **:** *en juin ou juil (23 juin 2020).* Une foule considérable de pèlerins assiste au transfert du dieu Jagannath à sa résidence d'été. Il est accompagné de sa sœur et de son frère, tous trois installés sur des chariots gigantesques tirés par des milliers de dévots. Inutile de dire que ces chars de près de 100 m et de 13 m de hauteur ne se manient pas comme des poussettes ! La procession va du temple de Jagannath à Gundicha Mandir, 3 km de spectacle hallucinant. Après une semaine de repos, les divinités sont ramenées à la case départ dans une même liesse.

VACANCES SACRÉES

Pour un hindou, le fait d'assister au départ en vacances de son dieu lui assure d'échapper au cycle infernal des réincarnations. Comme tout le monde ne peut pas voir les chars, il suffit de les entendre pour atteindre directement le nirvana le jour venu. C'est dire si l'événement mérite le déplacement.

DANS LES ENVIRONS DE PURI

Raghurajpur : *à env 12 km de Puri, sur la route de Bhubaneswar. Le bus s'arrête à Chandanpur ; de là, il faut marcher env 2,5 km, mais la balade est jubilatoire.* Petit village dans un coin enchanteur, où plusieurs centaines d'artistes vivent de leurs créations. Toute la famille travaille, de la grand-mère qui peint des noix de coco à la petite-fille qui façonne des figurines en bouse de vache, en passant par le cousin qui alpague le passant vers la boutique... Possibilité d'y acheter de fines gravures sur feuilles de palme, des sculptures sur bois, marbre ou pierre, et de belles peintures colorées appelées *patachitra.* Bon, très, très touristique quand même...

Chilika Lake : **Satapada,** *l'accès principal au lac, sur sa rive sud, est à env 48 km de Puri. Route en excellent état, dans des paysages champêtres. Compter 1h en voiture (1h30 en rickshaw). Sinon, accès en bus de Puri, où de petites agences proposent aussi la balade « tt compris ». Autour de Satapada, de nombreuses coopératives de pêcheurs proposent tours collectifs (sans grand intérêt) ou individuels (sur de tous petits bateaux, mais avec gilets de sauvetage !). Privilégiez* Mirjapur Naukavihar Association *si vous avez votre propre véhicule (à Mirjapur, un peu avt Satapada ; 94-37-93-12-67 ou 98-61-25-25-21), ou carrément au terminus du bus, à Satapada même. Au choix, des balades de 1h30 ou 3-4h, avec 1 ou 2 arrêts sur des îles, et pause pour déguster des crevettes pour les balades les plus longues. • chilika.com •* ***La plus grande lagune naturelle d'Asie,*** mélange d'eaux saumâtre (rivière) et salée (mer) d'une surface de 1 100 km^2, forme un écosystème d'une incroyable diversité. Des centaines d'oiseaux migrateurs y élisent domicile de novembre à février, période idéale pour leur observation : hérons pourpres, martins-pêcheurs, pélicans (dont le pélican dalmatien, espèce menacée)... Cette mer intérieure ponctuée d'îles (habitées pour certaines, et desservies par tout un système de ferries), aux eaux si riches, s'avère en fait une zone poissonneuse précieuse qui alimente l'économie locale de la pêche. Destination touristique majeure, elle accueille des flots de touristes indiens tous les week-ends ! Alors 2 conseils d'ami : préférez la semaine, arrivez tôt le matin et ne vous laissez pas aguicher par ceux qui vous proposent de voir les dauphins *(Irrawady Dolphins),* plutôt rares. Certains pêcheurs nous ont assuré n'en avoir jamais vu. Et en outre, cette espèce ne sort jamais de l'eau contrairement à son cousin le dauphin siffleur ! Vous voilà prévenu.

– Sinon, si vraiment l'immersion entre ciel et mer vous tente, on trouve à Satapada un hôtel gouvernemental bien fatigué (*Yatrinivas,* bon marché), un petit centre d'interprétation consacré à la lagune (pas toujours ouvert) et quelques gargotes pour casser la croûte.

KONÂRAK (konarak ; konark)

IND. TÉL. : 06758

Un tout petit village à 3 km d'une immense plage, une poignée d'hôtels et surtout un temple fabuleux... Pourtant, les touristes n'y viennent que pour la journée, clic-clac photo, et repartent aussi sec. Une bénédiction pour ceux qui restent, tranquillité délectable pour profiter des plus belles lumières.
Konârak ne connaît de nuits agitées qu'au moment du *Festival de danse* (un des plus célèbres de l'Inde), qui se tient tous les ans en 2 sessions, début décembre puis vers le 20 février, ainsi que lors du *Sun Festival* (fin janvier) où, pendant 3 jours, des centaines de milliers de personnes campent sur la plage et honorent le Soleil (le jour) et la Lune (la nuit).

Arriver – Quitter

Bus Stop : *à quelques mn à pied du temple.*
➢ ***Puri :*** bus assez fréquents dans les 2 sens (min 1 bus/h) mais souvent bondés. Trajet : à peine 1h. Préférable de faire la route en taxi ou en rickshaw (pas bien cher). Route impeccable.
➢ ***Bhubaneswar :*** même fréquence que pour Puri. Trajet : 2h10.

Adresse utile

Odisha Tourist Office : *en face de l'Archeological Museum. ☎ 23-68-21. Lun-sam 10h-17h ; fermé dim et 2e sam du mois.* Même vieille doc sur la région que partout ailleurs, mais bon accueil.

Où dormir ?

De très bon marché à bon marché (300-1 500 ₹ / 4-20 €)

Labanya Lodge : *à l'entrée de Konârak (en venant de Puri), sur la gauche. 📱 99-37-07-35-59. • labanya.eodisha.com • Petit déj sur demande.* Maison multicolore entourée d'un jardin calme. Chambres avec salle de bains, simples mais propres, et, au choix, ventilo ou clim. Terrasse devant chacune. Eau chaude au seau, w-c à l'orissienne pour les moins chères. Certainement l'adresse la plus routarde et la plus conviviale du coin. Le patron est adorable. Location de vélos et resto sur place.

Prix moyens (1 400-3 000 ₹ / 18,70-40 €)

Yatri Nivas : *à 2 mn du temple, sur la route de Bhubaneswar, presque face à l'office de tourisme. ☎ 23-68-20. • otdc@panthanivas.com • Doubles 1 400-3 000 ₹, petit déj inclus ; suites aussi. Wifi à la réception seulement.* Hôtel gouvernemental qui s'étale le long de la route sur plusieurs bâtiments, façon bungalows tout autour d'un jardin aux pelouses très britanniques. Chambres de différentes catégories, elles aussi bien entretenues, claires et spacieuses, mais vieillissantes. Un peu tristounet tout ça, mais bon accueil.

Très chic (5 400-10 500 ₹ / 72-140 €)

🏠 |●| ***Lotus Eco Resorts :*** *Ramchandi Beach ; depuis Puri, 7 km avt le village, en front de mer. 📱 90-90-09-34-64. • lotusresorthotels.com • Doubles 7 100-9 000 ₹, petit déj compris. Wifi seulement au resto et dans le lobby.* À quelques encablures du Sun Temple et de son flot quotidien de touristes, cet écovillage semble bien loin de tout. Il faut d'ailleurs terminer la petite route qui y mène à pied, le long de la mer, et en charrette pour les sacs ! Dans un environnement boisé, un petit complexe de 19 bungalows avec terrasse, tout en bois, cosy et parfaitement équipés : eau chaude, clim, sèche-cheveux, minibar... Plus qu'il n'en faut ! Tous sont bien placés, mais une partie d'entre eux se trouve en 1re ligne, sur le front de mer. Également une chambre panoramique dans les arbres (rigolote mais le soleil tape fort à travers les vitres). Diverses activités de plage y sont proposées. Bon resto. Accueil sincèrement adorable.

Où manger ?

|●| ***Wooden Restaurant :*** *à l'entrée de Konârak en venant de Puri, en lisière de Chandrabhaga Beach. Tlj 7h-18h.* Salle immense ouverte de tous côtés sur l'extérieur, route et jardin. Chaises colorées, nappes pimpantes, lampions, l'endroit est plaisant, d'autant qu'il est bien aéré. Cuisine classique, toute simple : snacks divers, sandwichs ; *biryanis,* currys, riz sautés. Plus que convenable, frais et pas trop épicé, une fois n'est pas coutume. De la terrasse, vous observerez peut-être l'étonnant spectacle de ces femmes qui étalent leurs saris colorés dans l'herbe pour les faire sécher, avant de remonter dans le bus ! C'est aussi un spot de choix pour assister au lever du soleil !

|●| ***Geetanjali :*** *le resto gourvernemental, dans l'allée du Suu Temple.* Tout vitré, donnant sur un jardin. Grande salle aérée pour une cuisine simple et correcte, sans fantaisie. Même carte au Yatri Nivas, avec un peu plus de choix.

|●| ***Sun Temple Hotel :*** *pl. des bus. Ouv non-stop.* Bien tenu et populaire, c'est le rancard des chauffeurs de bus depuis plus d'un demi-siècle ! On y trouve tous les classiques : *fish,* poulet, *mutton curries.* Bon et copieux mais, un conseil : demandez que le riz soit chaud ! À noter qu'ils proposent aussi des chambres « Prix moyens » correctes, si tout est plein.

L'ODISHA

À voir

◎ ★★★ **Sun Temple** (temple du Soleil) **:** *tlj du lever au coucher du soleil ; ferme à 19h mars-oct. Entrée : 600 ₹ ; gratuit - de 15 ans. CB acceptées. Son et lumière de 40 mn tlj sauf lun à 18h30 et 19h30 (19h30 et 20h30 mars-oct) : 50 ₹.* Face à l'entrée du temple, tout nouveau *Visitors center* (même horaires que le temple) qui offre un éclairage sur l'architecture. On préfère cependant le petit *Archeological Museum* (voir plus bas).

Parmi les plus beaux joyaux de l'Inde. De ce temple du XIIIe s édifié par le roi Narasimhadeva, le dernier construit dans le style kalinga (typique de cette région de l'est), Rabindranath Tagore disait : « Ici, le langage des pierres est plus puissant que celui des hommes. » Joli, non ?

En passant l'entrée, remarquez déjà le symbolisme sans détour : 2 lions de part et d'autre (pouvoir de l'hindouisme) sur 2 éléphants (symbole du bouddhisme) tenant dans leur trompe des hommes. Sans doute une représentation de la prééminence de l'hindouisme, mais, bien sûr, il y a d'autres interprétations.

Mais ce que vous êtes surtout venu voir, c'est ce ***gigantesque char de pierre*** édifié pour le dieu du Soleil, *Surya,* au XIIIe s. À sa base, 24 roues de 3 m de diamètre, égayées de sculptures de femmes aux postures magnifiques, de guerriers, de musiciens... On vous recommande vivement de ne pas faire l'économie d'un guide, qui pointera pour vous les détails les plus significatifs. Toutes les scènes de la vie sont visibles y compris les épisodes érotiques, qui n'ont franchement rien à envier aux célèbres temples de Khajuraho, ni même à certains films un peu hard ! C'est clair, pas de tabous à l'époque, et une souplesse morale et corporelle qui laisse rêveur. Il aura fallu 12 années et plus de 1 200 artistes pour transformer, alors, la pierre en dentelle, pure merveille aujourd'hui inscrite au Patrimoine mondial de l'Unesco.

Tout ce que vous avez toujours voulu savoir sur le sexe... Les scènes érotiques du temple étant à juste titre célèbres, il convient de tenter de donner un brin d'explication à leur genèse. Plusieurs hypothèses : d'abord, face à trop de guerres, beaucoup de gens se firent moines ou *sadhus.* Problème : comment, dès lors, assurer un renouvellement suffisant de la population ? Les scènes sexuelles, en émoustillant tous ces dévots, avaient pour objectif de les troubler et de les ramener sur le droit chemin... de la procréation... Autre explication, certes contradictoire (mais peut-être venant plus tard dans le temps) : ces scènes, à l'inverse, servaient à tester les convictions et la solidité morale des *sadhus.* N'excluons pas non plus que les sculpteurs et tailleurs de pierre, longtemps éloignés de chez eux, trouvaient là un exutoire à leurs frustrations. Enfin, pourquoi pas, des manuels d'éducation sexuelle pour les jeunes. Bon, allez, on y va !

TANTRISME OU PORNOGRAPHIE ?

On suppose aussi que les statues en pleine acrobatie sexuelle, sur les façades des temples, illustraient ce qui se passait à l'intérieur. Les temples étaient des lieux de rencontres peuplés de devadasis. Ces danseuses, belles, cultivées, dévouées au dieu (deva), étaient aussi de vraies expertes en art amoureux. Tout hindou venu se satisfaire ici devait s'acquitter d'un don auprès du brahmane, lequel reversait une taxe au maharaja. Un vrai bordel, en somme, doublé d'une forme d'(im) position bien rodée. À l'époque, les hommes rataient rarement la messe.

La visite

– Pour celles et ceux qui feraient la visite sans guide, voici quelques points forts (pas tous, ça prendrait 3 pages). Le temple est divisé grosso modo en 2 parties : le ***Nata Mandir*** (salle de danse) et le ***Jagamohana*** (bâtiment principal). De part et d'autre, les cuisines, puis 2 groupes de statues : les éléphants (face nord) et les chevaux (face sud). Ces chevaux sont aujourd'hui l'emblème de la région.

– Monter sur la plate-forme. C'est la *salle de danse (Nata Mandir)* qui possédait autrefois un toit. Entrée orientée à l'est. On peut imaginer la lumière du soleil pénétrant par la fenêtre au-dessus des lions et parvenant jusqu'au temple du Soleil. 3 portes en fait, pour que le soleil, selon les saisons, nimbe tout le temps le sanctuaire. Du centre, on peut voir les 4 points cardinaux. Ses nombreuses colonnes sont sculptées de danseurs en position typique des danses classiques de l'Odisha. Assez similaires du reste au *Barata natyam,* danse ancestrale originaire du sud de l'Inde : postures accentuées, gestuelle des mains, position des pieds. Certaines, mieux conservées (ou réalisées par des artistes plus talentueux, qui sait ?) que d'autres, sont d'une finesse et d'une beauté inégalées.

– Le ***socle du Nata Mandir*** est consacré aux 8 dieux gardiens du temple, les *dikpala,* qui chevauchent tous un animal à l'exception de Nirrita. On les distingue sculptés en médaillon sur les faces extérieures des colonnes en direction des points cardinaux : *Agni,* dieu du Feu, assis sur un mouton (face sud-est) ; *Indra,* dieu de la Pluie ou de la Foudre, assis sur un éléphant (est) ; *Shiva,* dieu des Dieux, assis sur un taureau (nord-est) ; *Kubera,* dieu des Richesses, assis sur un tas de pierres précieuses (nord) ; *Vayu,* dieu du Vent, assis sur une antilope (nord-ouest) ; *Varuna,* dieu de l'Eau, assis sur un capricorne (ouest) ; *Nirrita,* dieu de la Discorde et de la Mort, assis sur un être humain (sud-ouest) ; enfin, *Yama,* dieu des Morts, assis sur un buffle (sud).

– Juste après du *Nata Mandir* se dresse le bâtiment principal, ou ***Jagamohana.*** En fait, il ne s'agit que de la plate-forme de la grande tour du temple, que vous ne voyez pas car elle s'est effondrée, dit-on, au XVIIe s sous l'effet d'un cyclone (encore un !). Peu à peu, celle-ci s'est ensablée et l'ensemble de l'édifice ne fut redécouvert qu'au XIXe s, pour finalement commencer à être restauré au début du XXe s (il fallut notamment remplir le *Jagamohana* de pierres, de peur qu'il ne s'éboule à son tour). Mais retour à la visite : devant le bâtiment principal, le monumental char de grès rouge tiré par 7 chevaux, symbolisant les 7 jours et les couleurs de l'arc-en-ciel. Tout autour, 24 roues représentant les quinzaines du calendrier (24 quinzaines dans une année), chaque roue divisée par 8 rayons (division d'une journée, les trois-huit en quelque sorte !). Le moyeu, quant à lui, servait de cadran solaire et donnait l'heure à 1 mn près !

– On tourne autour du char par la gauche. Après les 2 premières roues, sur le mur qui leur est perpendiculaire, on peut distinguer à hauteur du regard, dans la petite niche, 1 homme, 2 femmes, dont l'une en pleine action. De l'autre côté, après la 3e roue, un beau cunnilingus, puis une scène de masturbation. Et encore d'autres scènes, mais tendance zoophile, cette fois ! Curieuse représentation de femme aussi, les jambes écartées, au-dessus d'un feu. Il s'agirait d'un geste antiseptique après un accouchement.

– ***4e roue complète.*** En profiter pour la détailler. Observer la moitié droite : c'est l'emploi du temps habituel d'une femme de l'époque. De haut en bas, le réveil tout d'abord, puis la toilette. Ensuite, séance de maquillage et, sur la moitié gauche (symbolisant la nuit), du sexe tout le temps. Heureuse époque !

– Derrière le *Jagamohana,* les vestiges de la tour principale. Dans une niche, en haut, on a placé 3 représentations du dieu Surya en chlorite verte, chaque face le représentant à un stade de la vie : enfant (face sud), jeune homme portant une couronne et âgé (face nord) chevauchant un canasson. Entre et sur les roues, les scènes se poursuivent : une allumeuse tentant de séduire un *sadhu* (le type avec un turban et une barbe), scènes d'homosexualité et scènes d'un homme d'âge mûr cajolé (le mot est faible) par des nymphettes. En bas à droite de la 10e roue, on a droit à une copulation d'éléphants...

Bon, il reste une douzaine de roues, de l'autre côté ; on pourrait continuer la description, mais on craint de vous lasser. Et puis vous possédez la technique maintenant !

👁👁 ***Archeological Museum :*** *tlj sauf ven 9h-17h. Entrée : 20 ₹.* On y trouve essentiellement des sculptures issues du temple, présentées dans 4 grandes salles claires et bien rénovées, avec une muséographie aérée. Idéal pour admirer (de près !) tous ces personnages plus ou moins divins que l'on retrouve sur le temple (mais de loin), d'autant que l'on a droit à quelques explications. Les amateurs de sculpture apprécieront.

LE RAJASTHAN

• Carte *p. 454-455*

Pourquoi le Rajasthan fascine-t-il autant ? Les réponses sont aussi multiples que ce qu'il a à offrir... On entre ici dans un univers à part, d'une richesse époustouflante et d'une étonnante diversité. Le désert y façonne les hommes depuis toujours, le passé s'exprime avec force dans un patrimoine architectural hors normes, les croyances ancestrales et la religion se mêlent encore, comme indifférentes au reste du monde. Les principales villes – Jodhpur la bleue, Jaipur la rose, Udaipur la blanche et Jaisalmer la jaune – s'égrènent dans des paysages de plus en plus arides en direction de l'ouest, vers le désert du Thar. Bien sûr, comme ailleurs en Inde, la pauvreté existe... Puis, en visitant l'incroyable chapelet de palais somptueux et de forteresses imprenables, on démêle peu à peu l'écheveau des siècles qui se superposent...
Découvrir le Rajasthan, c'est parcourir son histoire : querelles et rivalités entre maharajas, mariages, trahisons, guerres vengeresses. C'est aussi se laisser porter par sa magie et sa poésie... Où, ailleurs dans le monde, est-il possible de dormir dans une demeure royale sans être millionnaire ni maharaja ? Et puis les Rajasthanis possèdent une élégance et un sens esthétique troublant de naturel, sublimés par leurs costumes colorés qui illuminent le sable du désert. Autant d'images superbes auxquelles se mêlent poussière, dromadaires, vaches sacrées, villages en torchis, temples merveilleux, et demeures aux murs ciselés de mille enluminures de pierre.

UN PEU D'HISTOIRE

Vers 3400 av. J.-C. au nord-ouest de l'Inde, sur l'actuel Pakistan et même au-delà, s'épanouit la civilisation de l'Indus, contemporaine de la Mésopotamie et de l'Égypte ancienne, et l'une des 1res grandes épopées urbaines humaines. On en connaît peu de chose, son écriture restant indéchiffrée, mais on sait qu'à l'âge de bronze son savoir était déjà avancé. Les archéologues ont mis au jour des villes planifiées, ceintes de hautes murailles et bénéficiant des 1ers systèmes d'égouts au monde. Ingénieurs compétents, commerçants avisés, cette société avait normalisé poids et mesures et peut-être été la 1re à faire usage de la roue ; et ses dentistes posaient déjà des couronnes !
Venus d'Asie centrale, les Aryens atteignent l'Inde vers 1500 av. J.-C., suivi d'autres populations. Après le retrait des armées d'Alexandre le Grand au IVe s av. J.-C., l'Empire maurya s'impose pendant 150 ans sur l'ensemble de l'Inde, du Pakistan et de l'Afghanistan – un territoire immense : 5 millions de kilomètres carrés. Au IIIe s apr. J.-C., c'est l'Empire gupta qui émerge, 1re dynastie à fédérer toute l'Inde du Nord. Les sciences et les arts se développent. Les chiffres décimaux et le zéro sont inventés, l'hypothèse de la rotation de la Terre et de l'origine des éclipses émise, la médecine progresse à pas de géant tandis qu'apparaissent le jeu d'échecs et le *Kama-Sutra*.

Les Rajpoutes

Les envahisseurs Huns et les tribus locales fusionnent, donnant naissance, vers le VIe s, aux clans de guerriers rajpoutes. Au fil du temps, ils vont dominer tout le nord-ouest du Rajasthan, chaque clan exerçant, à force de guerres incessantes, son pouvoir sur une région donnée.
Les Rajpoutes s'intègrent non sans mal au système des castes, à travers des rituels de purification par le feu. Leur code de l'honneur est digne de celui des chevaliers de l'Occident médiéval : leurs guerriers n'hésitent pas à livrer des attaques suicides lorsqu'un combat est perdu d'avance, tandis que leurs femmes et leurs enfants accomplissent le *johar,* un suicide collectif, en s'immolant sur un bûcher vêtus de leurs plus beaux atours ! Les légendes enjolivent le passé, en attribuant aux clans des ascendances divines, avec des généalogies mythiques remontant à Rāma, à Krishna ou à... la Lune.

L'arrivée des musulmans

Les Rajpoutes dominent la région du VIIe au XIIe s. Mais leurs conflits internes ouvrent la voie aux armées musulmanes commandées par l'Afghan Mohamed de Ghor. Après 17 attaques infructueuses, il parvient, en 1192, à défaire les troupes rajpoutes de Phritviraj Chauhan, roi de Delhi et Ajmer. Fait prisonnier, celui-ci est envoyé à Ghor, où, selon les récits, il a les yeux brûlés pour avoir refusé de baisser le regard. Les sultans musulmans imposent leur pouvoir à Delhi, Nagaur et Ajmer durant plus de 3 siècles. Pour trouver un débouché sur la mer à travers le Gujarat, ils poussent leurs armées au cœur du Rajasthan. Certains Rajpoutes leur prêtent allégeance, d'autres, autour du maharaja de Mewar (un royaume qui s'étend de Chittorgarh à Udaipur), combattent jusqu'à l'épuisement. Une guerre sans vainqueur ni vaincu qui s'éternise, jusqu'à l'arrivée des Moghols, venus du Turkestan et de l'actuel Pakistan. Le sultanat afghan de Delhi est renversé en 1526 ; l'Inde entre dans l'ère moghole. Du XIVe au XVIe s, le Rajasthan se couvre de palais et d'édifices majestueux.

L'épopée moghole

Le règne d'Akbar débute en 1556 et s'achève en 1604. Il ouvre une ère nouvelle. Tolérant à l'égard des religions, grand diplomate, ***Akbar est le 1er souverain à comprendre qu'il vaut mieux traiter avec les Rajpoutes que les combattre.*** Il noue des alliances, militaires et politiques, et épouse une princesse rajpoute. Tout en conservant le pouvoir absolu, il offre à ses nouveaux alliés des postes à responsabilité. Ceux qui résistent, à contrario, sont éliminés sans scrupule. À la fin du XVIe s, quasiment tout le Rajasthan (et une bonne partie de l'Inde actuelle d'ailleurs) est sous contrôle moghol – même si les Rajpoutes en tiennent toujours les rênes. Mais au milieu du XVIIe s s'impose le nouvel empereur, Aurangzeb. Contrairement à son grand-père (Akbar), il rompt les alliances, à la colère des Rajpoutes qui lui font une guerre sans répit. Au début du XVIIIe s, c'en est fini des Moghols. Les Marathes, originaires du Maharashtra, en profitent pour s'imposer à leur tour. Ils s'appuient sur les *pindaris,* des bandes organisées chargées de mettre en place la conscription, et qui se paient par le pillage ! Pour leur échapper, les Rajpoutes se tournent vers les Britanniques, qui rôdaient déjà dans les parages et n'attendaient rien d'autre que pareille aubaine...

La présence britannique

Par « les traités de 1818 », où Anglais et Rajpoutes se promettent une aide mutuelle en cas d'agression, les Britanniques exercent de fait une forme de suzeraineté, mais ils vont aller plus loin en accaparant subtilement le pouvoir. Les Britanniques parviennent astucieusement à ficeler les princes sans jamais livrer bataille, en les reléguant dans leurs palais remplis de femmes et d'opium. Lors de la révolte des Cipayes en 1857, les Rajpoutes aident même à mater le soulèvement... Le pouvoir colonial réussit, en moins de un siècle, à transformer les princes guerriers en parfaits buveurs de thé et joueurs de cricket... Cette loyauté se traduit pleinement lors de la Première Guerre mondiale.

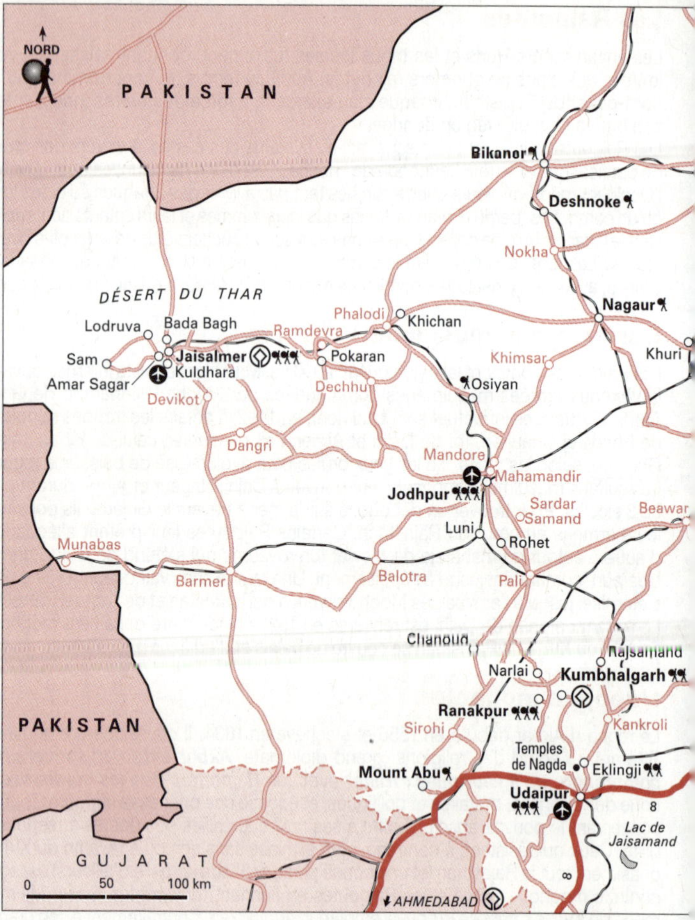

Vers l'indépendance

Le Rajasthan reste en marge des grands élans nationalistes. Les maharajas, peu soucieux du bien-être de leur population, craignent avant tout de perdre leurs privilèges. Lord Mountbatten, grand négociateur de l'indépendance, peine d'ailleurs à les convaincre de se rallier à l'Union indienne... Quelques privilèges (abolis depuis) leur sont concédés pour

PÉRIL EN LA DEMEURE ?

Depuis qu'ils ont perdu leurs titres et privilèges dans les années 1970, grand nombre de maharajas et thakurs ont converti leurs somptueuses demeures en hôtels. Une belle manière de tirer leur épingle du jeu, tout en sauvant un patrimoine hors normes. Et une aubaine pour les touristes en quête d'exotisme et de magie...

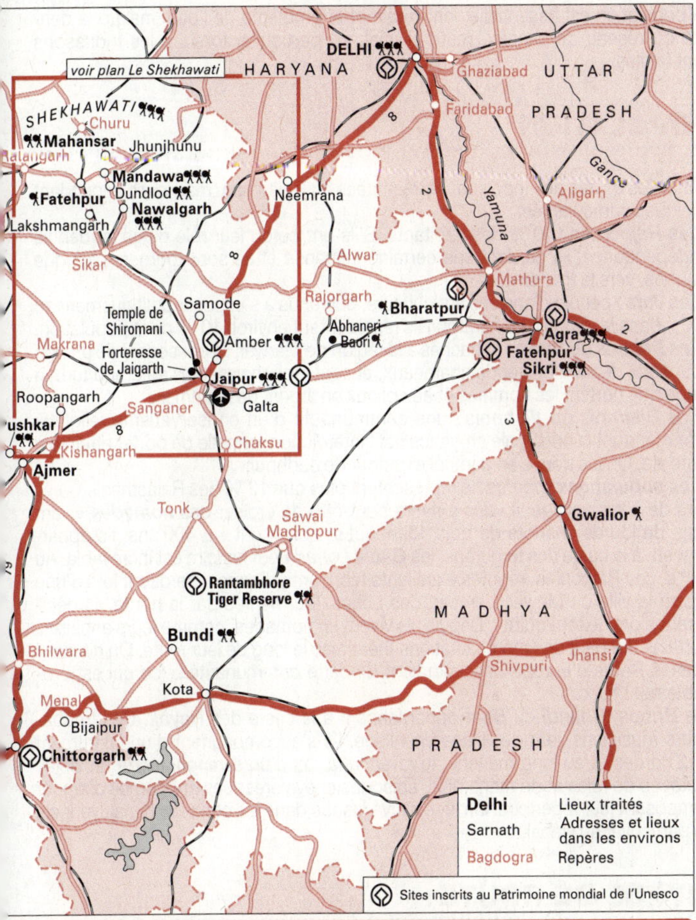

LE RAJASTHAN

leur faire avaler cette amère pilule. En 1947, tous les royaumes sont réunis pour constituer l'État du Rajasthan. Le revenu par habitant y est alors l'un des plus bas du pays.

GÉOGRAPHIE

Sur ce territoire grand comme les 2/3 de la France résident plus de 75 millions d'habitants (estimation). Le Rajasthan est pourtant une région largement aride, possédant même un vrai désert, le Thar, qui s'étend jusqu'à la frontière du Pakistan. Les monts Aravalli, situés au centre de la province, bloquent en effet les pluies de mousson poussées vers le nord-ouest.

La population est essentiellement rurale et le problème de l'eau, malgré la densité du réseau de canaux, reste crucial, en particulier lorsque les moussons sont faibles.

POPULATION

Toutes les castes de l'Inde sont représentées au Rajasthan, mais avec cependant quelques particularités.
- ***Les Rajpoutes :*** 10 % des habitants. S'ils ont perdu leur rôle dirigeant depuis l'indépendance, ils gardent une certaine influence et se sont tournés, plus que d'autres, vers le tourisme.
- ***Les Jats :*** peuple d'anciens agriculteurs, parvenus à s'imposer politiquement au XIXe s dans la région de Bharatpur, ils représentent environ 10 % de la population.
- ***Les Rebaris ou Raikas :*** attachés à la région de Marwar, ils possèdent de grands troupeaux de moutons et de chameaux, et sont reconnaissables au grand turban rouge que portent les hommes et aux bijoux en argent des femmes.
- ***Les Bishnoïs ou Vishnoïs :*** une communauté d'un conservatisme religieux extrême, dont la principale croyance est l'interdiction formelle de porter atteinte à toute vie. On les trouve en particulier autour de Jodhpur.
- ***Les populations tribales*** ne représentent plus que 12 % des Rajasthanis.

Lors de votre voyage, il vous arrivera peut-être de croiser des ***nomades*** vivant dans de lourds chariots de bois, identiques à ceux d'il y a 400 ans. Ils appartiennent à la caste des forgerons, les ***Gadia Lohar.*** Leur histoire est incroyable. Au XVIe s, ces Rajpoutes, réputés excellents fabricants d'armes, perdirent lors d'une guerre la ville de Mewar, berceau des Lohar. Tourmentés par la honte, ils décidèrent alors de tout quitter. Depuis, ils vivent en nomades, comme leurs ancêtres. Certains donnent des représentations théâtrales le long de leur route. On dit aussi que les Roms d'Europe descendraient de cette communauté... (ce qui est probablement faux).

Les ***Bhopa, Bhandi*** ou ***Bhat*** appartiennent à la caste des ***Nayak.*** Ces troubadours-musiciens vont de village en village. Ils s'accompagnent d'un instrument à 12 cordes et au long manche, le *ravanhatta,* ou d'un *saranghi* (sorte de viole). Histoires de rajas et de maharanis, épisodes chevaleresques et poèmes d'amour composent leur répertoire. On le retrouve jusque dans les contrées himalayennes, en particulier au Népal.

LIVRES DE ROUTE

- ***Une princesse se souvient,*** de Gayatri Devi (Éd. Kailash, 1996). Née princesse de Cooch Behar, petit État situé au nord de l'Inde, Gayatri Devi fit, contre l'avis de ses parents, un mariage d'amour avec Sawai Man Singh II, le puissant maharaja de Jaipur. Belle comme une déesse de la *Bhagavad-gīta,* intelligente, éprise de liberté, elle forma, avec son époux, un couple très glamour. Elle parvint à s'émanciper du *purdah,* la règle implacable qui faisait des épouses des recluses. La guerre et l'indépendance mirent un terme à ces années dorées. Femme active et moderne, Gayatri Devi employa alors toute son énergie à construire l'Inde nouvelle.
- ***À l'ombre du haveli,*** de Rama Mehta (Éd. Kailash, 1998). Écrit par une journaliste et romancière indienne, ce récit se déroule dans le monde clos des *havelis* de la ville d'Udaipur. De nos jours encore, la coutume ancienne du *purdah* y survit. Ce système impose aux femmes une vie cloîtrée oppressante. Gita, l'héroïne, élevée à Bombay dans une famille libérale et moderne, doit s'installer chez sa belle-famille. Les murs de la résidence se referment sur elle comme un piège.

– ***Les Petits Palais du Rajasthan,*** d'Éliane Georges et Érica Lennard (Éd. du Chêne, 1996). Beau livre illustré de reportage conçu comme un récit de voyage. Il ouvre les grandes et les petites portes des palais du Rajasthan.
– ***Les Cavaliers du Shekhawati,*** de Hans Silvester (La Martinière, 2001). Ce livre porte un regard particulier sur les fresques des *havelis* côté cavaliers et chevaux. Les photos sont de qualité, et on y entre par un texte poétique qui illustre la vie et l'histoire de ces belles demeures.
– ***Rajasthan – Shekhawati. Puits et réservoirs,*** sous la direction de Christine Estève (Mon Cher Watson éditeur, 2014) : un joli petit livre qui déplie en accordéon ses croquis à l'aquarelle et ses photos pour dévoiler les secrets de l'eau (architecture des puits, rôle social, etc.) au Rajasthan. Pour les mordus d'architecture et de curiosités.

COMMENT VISITER LE RAJASTHAN ?

En voiture

N'hésitez pas à ***louer une voiture avec chauffeur.*** Au gré du voyage, on quitte lentement l'Inde « moderne » pour s'immerger dans l'Inde rurale et traditionnelle. Les chameaux apparaissent plus nombreux au fur et à mesure que le paysage se fait plus rude. On croise des camions surchargés de ballots, des tertres de bouse de vache décorés de motifs géométriques et, le long des routes, des hommes à la fière moustache coiffés de turbans colorés et des femmes drapées dans des saris multicolores incrustés de minuscules miroirs étincelant au soleil.
Les agences que nous indiquons à New Delhi louent toutes des voitures avec chauffeur parcourant le Rajasthan. Compter grosso modo entre 2 000 et 3 200 ₹ par jour selon le type de voiture, le confort (avec ou sans la clim) et la distance. Souvent, le chauffeur s'arrêtera de préférence dans les boutiques ou hôtels lui accordant une commission. Mettez les choses au point dès le départ et promettez un bon pourboire pour qu'il respecte vos demandes.

En bus et/ou en train

Plus long, plus fatigant, mais beaucoup moins cher aussi. Selon les parcours, il est parfois préférable de prendre le train, d'autres fois le bus. Parfois c'est kif-kif. Pour le bus, préférer les bus privés (quand il y en a) ou alors les bus gouvernementaux récents, *Volvo Mercedes,* plus chers, plus confortables et plus rapides. Les anciens, eux, sont souvent de vieilles carcasses bringuebalantes, omnibus, sans climatisation évidemment. À ne choisir qu'en dernier recours, ou pour les trajets courts. On peut généralement acheter les billets de bus auprès de petites agences (ou même de sa *guesthouse*), qui prennent une (plus ou moins petite) commission. En train, ne pas hésiter pour les longs trajets à choisir une classe confortable.
– *Bon à savoir :* dans tout le Rajasthan, un numéro permet d'être mis en relation avec l'office de tourisme de la ville la plus proche : ☎ *13-64.*

AVERTISSEMENTS

– Dans le train Jodhpur-Jaisalmer, on vous proposera à coup sûr des hôtels à des prix très alléchants, brochures séduisantes à l'appui. Méfiance ! Les photos ont parfois été piquées sur le site d'un autre hôtel !
– Évitez de voyager en bus ou en voiture le jour du festival de Holi. Les véhicules peuvent être arrêtés, parfois longuement, par la foule qui s'asperge de poudre et d'eau colorée.

JAIPUR (jaipur)

3 700 000 hab. IND. TÉL. : 0141

• Plan *p. 460-461*

***Delhi :** 259 km ; **Agra :** 230 km ; **Udaipur :** 407 km.*

La capitale du Rajasthan est peut-être la seule ville indienne ancienne conçue par un urbaniste. La décision de créer Jaipur, à quelques kilomètres de l'ancienne capitale-forteresse d'Amber, fut prise par le maharaja Sawai Jai Singh II au début du XVIIIe s. La ville a grandi à l'intérieur de hauts remparts, encore intacts, et s'est organisée en grandes avenues rectilignes coupées à angle droit par des ruelles. Bordées de bazars et de superbes édifices, ces artères regorgent de vie. Certains ont été construits en grès rose, les autres ont été peints de la même couleur en 1875, pour la venue du prince de Galles ! Tout cela est du meilleur effet, surtout au petit matin ou le soir, lorsque le soleil nimbe la pierre de reflets ocre et dorés. Toute la vieille ville vient d'ailleurs d'être classée au Patrimoine mondial de l'Unesco.

Jaipur s'enorgueillit de monuments de prestige : une grandiloquente résidence princière, un observatoire astronomique étonnant, un palais flottant et, un peu plus loin, l'époustouflante citadelle d'Amber. Cela draine des cohortes de touristes, tant indiens qu'étrangers. Reste que dès que l'on quitte le sérail de la cité ancienne, la ville moderne reprend ses droits, avec ses kilomètres d'avenues interminables, sa pollution, son trafic assourdissant et ses encombrements dus à la construction du métro.

UN PEU D'HISTOIRE

Les Moghols en déclin, Sawai Jai Singh II, maharaja de son état, décide de redescendre de sa forteresse d'Amber pour créer, en 1733, sa propre ville en contrebas : la « ville rose » est née.

Jai Singh II a imaginé lui-même cette cité aux rues tirées au cordeau, à l'architecture proprette, favorisant les flux et les reflux humains. Un véritable Haussmann indien, ce maharaja ! Les architectes ont donné des perspectives aérées aux grandes artères en décalant le 1er étage des habitations par rapport au rez-de-chaussée, créant ainsi des terrasses.

Urbaniste averti, fin stratège, Sawai Jai Singh II est un habile politicien, à l'image de ses ancêtres qui avaient su consolider des alliances avec les Moghols. Intellectuel éclairé, il s'ouvre aux sciences et aux techniques modernes. Passionné par l'astronomie, il envoie des émissaires dans le monde entier pour se tenir au courant des recherches. Comme il s'est aperçu que les calendriers hindou et musulman ne tiennent pas compte de la position réelle des planètes, il fait bâtir le ***Jantar Mantar.***

MESURES ET DÉMESURE

Instruit des travaux de Ptolémée, Copernic, Galilée et Kepler, le maharaja Jai Singh II (1699-1744), « le Newton de l'Orient » comme on le surnomme, fit construire 5 observatoires. Celui de Jaipur est le plus colossal. Pourquoi ce gigantisme ? En démultipliant la taille des appareils de mesure, il est tout simplement possible d'obtenir une plus grande précision dans les résultats des observations. Le plus imposant des cadrans solaires peut ainsi déterminer l'heure à 2 secondes près !

AVERTISSEMENT

Comme souvent en Inde, les arnaques, petites et grandes, piègent les touristes naïfs. Méfiez-vous des vendeurs de bijoux et de pierres précieuses ou semi-précieuses (ce sont souvent de simples imitations, des pierres synthétiques ou de grossiers morceaux de verre) ! En cas de doute, vous pouvez faire appel au centre d'expertise de la Chambre de commerce et d'industrie pour obtenir un certificat d'origine *(**Rajasthan Chamber Bhawan,** 3rd floor, M. I. Rd ; ☎ 256-20-29).*
Certains proposent aussi de livrer en France, en vue de revente avec bénéfice, des objets « de valeur », dont ils assurent qu'ils valent 10 fois ce qu'ils en demandent, ce qui, bien entendu, est faux. Les moyens d'approche sont particulièrement pervers : on joue sur un rapport d'amitié et de confiance patiemment et habilement construit... et on se retrouve plumé.

Arriver – Quitter

En train

Railway Station *(plan A2)* **:** *Station Rd. Infos : ☎ 139. Résas : ☎ 135. Reservation Office* tout de suite à gauche en entrant dans l'enceinte de la gare *(bureau n° 769 ou n° 1 pour les touristes ; tlj 8h-22h).* Dans la gare, sur le 1er quai, *Tourist Information Bureau (infos : ☎ 231-57-14 ou 220-07-78 ; tlj 10h-18h).* Accès aux *retiring rooms* juste à côté (quai n° 1 également).

➢ ***Nawalgarh :*** préférer le bus, plus pratique !

➢ ***Bikaner :*** 3 trains/j. Trajet : 6h30-8h. Le plus rapide et le plus pratique est le *Leelan Express* de 16h15 (arrivée à 22h55). Sinon, le *Kota Super Fast* ; départ à 21h45, arrivée à 4h30.

➢ ***Ajmer :*** 13-18 trains/j., très nombreux le mat. Les plus rapides mettent env 2h.

➢ ***Udaipur :*** 2-3 trains/j., dont le *Jaipur Udaipur City Express,* départ à 14h et arrivée vers 21h30, et le *Khajuraho Udaipur Super Express,* qui part à 23h pour arriver vers 6h35. Préférer le bus, plus rapide.

➢ ***Jodhpur :*** 5-8 trains/j. Trajet : 5h à... 10h, choisissez bien ! Le *superfast* de 6h est le plus rapide (arrivée à 11h), sinon le *Ranthambore Express* est pas mal : départ à 17h tlj, arrivée à 22h15. Le *Marudhar Express,* départ vers 12h20, arrive vers 18h40. Les autres partent ou arrivent de nuit.

➢ ***Jaisalmer :*** tlj ; 1 départ vers 11h10, 1 autre à 16h15, et le *JSM Express,* départ à 23h45, arrivée vers 11h45. Trajet : 12h (souvent du retard).

➢ ***Ahmedabad :*** près de 7 trains/j. Le plus rapide est le *Rajdhani Express,* départ vers 0h30, arrivée vers 9h40. Sinon, trajet 11-12h, comme avec l'*Ashram Express,* partant vers 20h30 et arrivant à 7h40.

➢ ***Agra :*** 4-6 trains/j. Trajet : 3h30-6h15. Les 2 plus pratiques sont l'*Ajmer Sealdah Express* (départ 14h55, arrivée 18h50) et l'*Ajmer Agra Intercity* (départ 17h10, arrivée 21h40). Tous les trains gagnent la gare d'Agra Fort, sauf l'*Udaipur Khajuraho Express,* qui part à 6h15 pour arriver à Agra Cantonment vers 11h.

➢ ***Sawai Madhopur*** *(Ranthambore Park)* **:** 6-10 trains/j. Les plus rapides mettent moins de 2h.

➢ ***Delhi :*** 12-15 trains/j. Trajet : 4h10-6h40. Le plus rapide, le n° 12985, part à 6h du mat pour arriver à 10h30 en gare de Sarai Rohilla. Pas mal d'options dans l'ap-m, comme avec l'*Ajmer Shatabdi,* qui part à 17h50 et met moins de 5h pour rejoindre New Delhi Railway Station.

En bus

Sindhi Camp Bus Station *(plan A1)* **:** *Station Rd.* Sur place, consigne, *ATM* à la sortie.

■ ***Rajasthan State Road Transport Corporation*** *(RSRTC)* **:** *☎ 1-800-200-01-03 (n° gratuit). Pour les horaires (timetable) : ● rsrtc.rajasthan.gov.in ●* Résa possible en ligne jusqu'à 30 j. à l'avance.

– ***Plate-forme n° 1*** *(infos : ☎ 220-*

LE RAJASTHAN

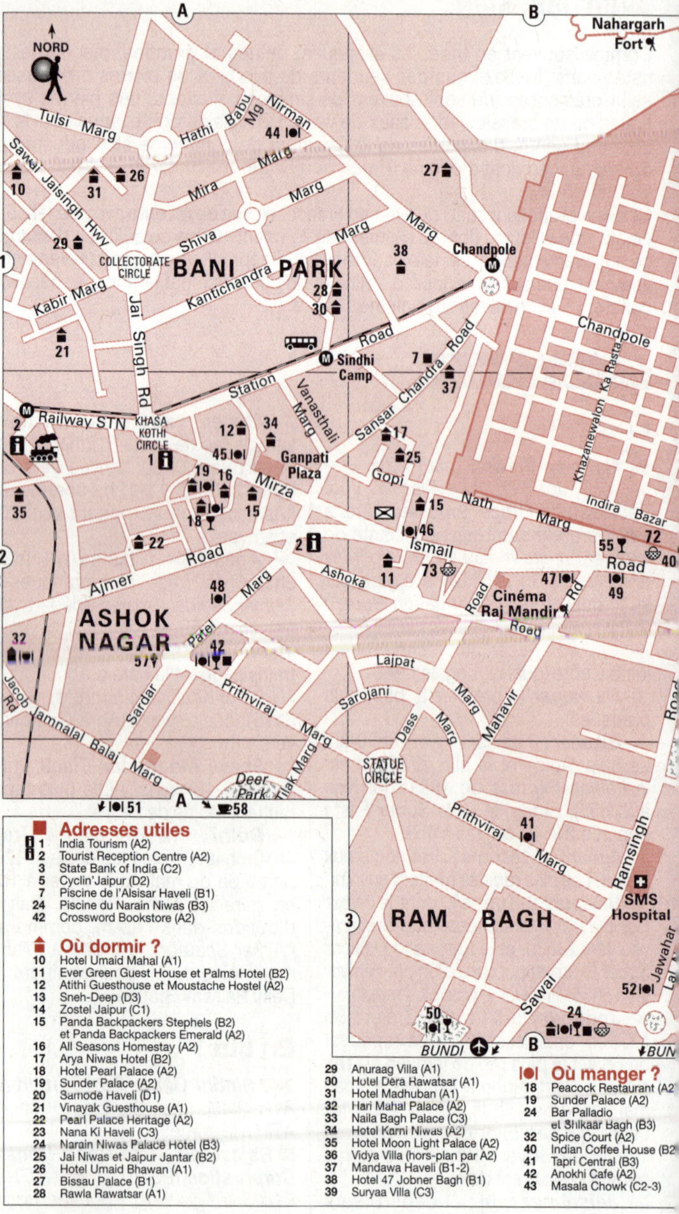

Adresses utiles

1 India Tourism (A2)
2 Tourist Reception Centre (A2)
3 State Bank of India (C2)
5 Cyclin'Jaipur (D2)
7 Piscine de l'Alsisar Haveli (B1)
24 Piscine du Narain Niwas (B3)
42 Crossword Bookstore (A2)

Où dormir ?

10 Hotel Umaid Mahal (A1)
11 Ever Green Guest House et Palms Hotel (B2)
12 Atithi Guesthouse et Moustache Hostel (A2)
13 Sneh-Deep (D3)
14 Zostel Jaipur (C1)
15 Panda Backpackers Stephels (B2) et Panda Backpackers Emerald (A2)
16 All Seasons Homestay (A2)
17 Arya Niwas Hotel (B2)
18 Hotel Pearl Palace (A2)
19 Sunder Palace (A2)
20 Samode Haveli (D1)
21 Vinayak Guesthouse (A1)
22 Pearl Palace Heritage (A2)
23 Nana Ki Haveli (C3)
24 Narain Niwas Palace Hotel (B3)
25 Jai Niwas et Jaipur Jantar (B2)
26 Hotel Umaid Bhawan (A1)
27 Bissau Palace (B1)
28 Rawla Rawatsar (A1)
29 Anuraag Villa (A1)
30 Hotel Dera Rawatsar (A1)
31 Hotel Madhuban (A1)
32 Hari Mahal Palace (A2)
33 Naila Bagh Palace (C3)
34 Hotel Karni Niwas (A2)
35 Hotel Moon Light Palace (A2)
36 Vidya Villa (hors-plan par A2)
37 Mandawa Haveli (B1-2)
38 Hotel 47 Jobner Bagh (B1)
39 Suryaa Villa (C3)

Où manger ?

18 Peacock Restaurant (A2
19 Sunder Palace (A2)
24 Bar Palladio et Shikaar Bagh (B3)
32 Spice Court (A2)
40 Indian Coffee House (B2
41 Tapri Central (B3)
42 Anokhi Cafe (A2)
43 Masala Chowk (C2-3)

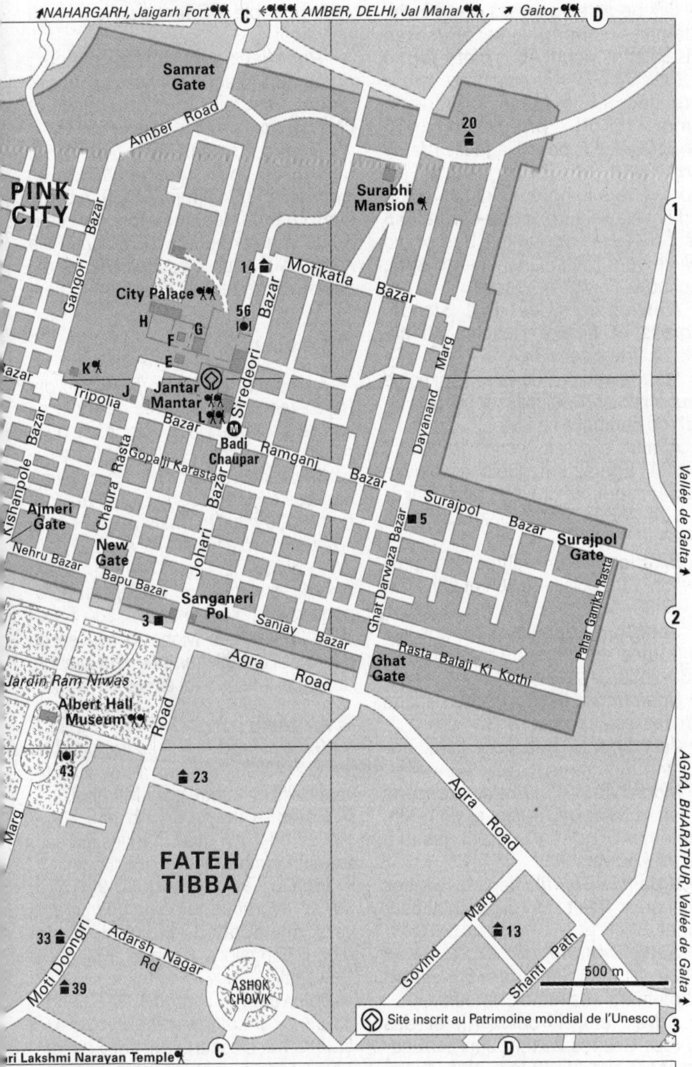

- 44 Doodh Misthan Bhandar (A1)
- 45 Mohan (A2)
- 46 [illegible]
- 47 Natraj (B2)
- 48 Jaipur Modern (A2)
- 49 Niro's (B2)
- 50 Restos du Rambagh Palace (B3)
- 51 OTH Bakers & Bistro (hors-plan par A3)
- 52 Caffé Palladio (B3)

Où boire un bon lassi ? Où s'offrir une douceur ?

- 55 Lassiwala (B2)
- 56 Pandit Kulfi (C1)
- 57 Natural Ice Cream (A2)
- 58 Curious Life (hors-plan par A2)

Achats

- 24 Hot Pink (B3)
- 72 Manglam Kurta (B2)
- 73 Concept French Jewellery Boutique (B2)

À voir. À faire

- E Mubarak Mahal (C1)
- F Hall des Audiences (C1)
- G Diwan-i-Am (C1)
- H Palais de la Lune (C1)
- J Tripolia Gate (C2)
- K Tour Ishwar Lat (C1)
- L Palais des Vents – Hawa Mahal (C2)

JAIPUR

79-06) pour les *express* vers Delhi, Udaipur, Jodhpur, Ajmer, Pushkar, Jaisalmer et Mount Abu ; ***plate-forme n° 2*** (☎ 220-79-12) pour les *express* vers l'est et le Madhya Pradesh, Bundi et Kota ; ***plate-forme n° 3*** (☎ 220-44-45) pour Nagaur ; ***plate-forme n° 4*** (☎ 220-79-14) pour les *express* vers le nord : Bikaner, Jhunjhunu et Nawalgarh ; ***plate-forme n° 5*** (☎ 220-44-45) pour les bus *Volvo deluxe* vers Delhi, Chandigarh, Agra, Lucknow.

➢ ***Nawalgarh*** *(Main Bus Stand)* **:** *express* et *deluxe* ttes les 30 mn, 24h/24. Trajet : env 3h.

➢ ***Mandawa :*** pas de liaisons directes (sauf en bus privés), passer par Nawalgarh ou Fatehpur.

➢ ***Ajmer :*** *express* ttes les 10-15 mn, 24h/24. Également quelques *deluxe* et *semi-deluxe* (avec clim). Trajet : 2h-2h30. Certains vont jusqu'à Pushkar.

➢ ***Bikaner :*** 1 *express* ttes les heures env, 5h-14h, puis vers 16h et 22h. Trajet : 5h30-7h.

➢ ***Jodhpur :*** départs min ttes les 2h (toutes les 30 mn le mat). Trajet : 6h30-7h30.

➢ ***Udaipur (via Chittorgarh) :*** départs min ttes les 2h. Trajet : 8h30-10h.

➢ ***Jaisalmer :*** 1 bus, vers 4h45. Trajet : 14h.

➢ ***Mount Abu (Abu Road) :*** 4 départs le mat et 3 l'ap-m. Trajet : env 11-13h. Également 1 départ direct jusqu'à Mount Abu vers 20h.

➢ ***Kota (via Bundi) :*** départs min ttes les heures. Trajet : env 5-6h (4h30 pour Bundi).

➢ ***Sawai Madhopur :*** *express* vers 13h30 et 17h30. Trajet : env 6h. Le train est préférable (la route est pourrie !).

➢ ***Agra :*** env 11 *deluxe*/j., et des *express* ttes les 30 mn, 24h/24. Également 2 bus *AC* (2 fois plus chers) vers 13h et 22h30. Trajet : 5h-5h30. Arrêt possible à ***Bharatpur*** (env 4h30 de trajet).

➢ ***Pushkar :*** bus privés directs ; durée : 3h (s'adresser aux agences). Sinon, prendre un bus pour Ajmer et changer (ou terminer en taxi, 300 ₹).

➢ ***Delhi :*** ttes les 30 mn à 1h en *deluxe,* 6h-0h30 ; ttes les 10 mn en *express,* 24h/24. Trajet : 5h30. À Delhi, l'arrivée et le départ se font en général de la gare routière *ISBT Sarai Kale Khan,* sauf pour les *super deluxe,* qui arrivent et partent de Kashmere Gate.

En avion

✈ ***Aéroport de Jaipur*** *(hors plan par B3)* **:** *2 terminaux, séparés de 2 km, au sud de la ville. Le vieux T1 où ne se pose plus qu'Air India, et le T2, tt neuf, regroupant l'essentiel de l'activité. Pour s'y rendre, bus direction Sanganer (n° 8 local, ttes les 30 mn-1h), mais pas très pratique, surtout si vous allez au T2 (il vous laisse à 800 m). Sinon, taxi (env 500 ₹) ou rickshaw (150-250 ₹). Depuis l'aéroport, les prepaid demandent 280 ₹ pour le centre-ville.* Les avions ont souvent du retard et l'enregistrement peut prendre du temps. Mieux vaut arriver en avance.

■ ***Air India :*** *☎ 272-51-97 ou 272-59-97. • airindia.in • À l'aéroport (T1) : ☎ 272-13-33.* Assure 1 vol direct/j. vers Delhi et 1 autre pour Mumbai.

■ ***GoAir :*** *à l'aéroport. ☎ 650-08-03 ou 272-53-18. • goair.in •* Dessert seulement Mumbai, avec 1 vol direct/j.

■ ***IndiGo :*** *à l'aéroport. ☎ 921-278-38-38 (n° gratuit). • goindigo.in •* Vols vers Ahmedabad, Mumbai, Hyderabad, Bangalore, Chennai, Kolkata et Guwahati.

■ ***Spice Jet :*** *à l'aéroport. ☎ 987-180-33-33 (n° gratuit). • spicejet.com • Tlj 5h30-21h.* Dessert, en vols directs, Ahmedabad, Hyderabad, Jammu et Mumbai.

Adresses et infos utiles

Infos touristiques

ℹ ***Tourist Reception Centre*** *(plan A2,* ***2****)* **:** *Govt Hostel Campus, M. I. Rd, derrière le Police Comissionerate. ☎ 511-05-98. • tourism.rajasthan.gov.in • Tlj sauf dim 9h30-18h.* Infos sur la ville (plan gratuit) et le Rajasthan. Efficace. Demander le *Jaipur City Guide,* mensuel publié à titre privé, qui comporte pas mal d'infos utiles à peu près à jour. Les *TRC* vous aideront aussi si vous avez un problème avec un commerçant indélicat. Autre bureau à la gare ferroviaire (voir plus haut).

India Tourism *(plan A2,* ***1****) : dans l'enceinte du* Khasa Kothi Hotel, *au bout de Mirza Ismail Rd (M. I. Rd).* ☎ *237-22-00.* • *indiatourism.com* • *Tlj sauf dim et j. fériés 9h30-18h (14h sam).* Peu d'info. Plan de la ville gratuit.

Banques, change

■ Nombreuses banques en ville, sur M. I. Road, autour de **Ganpati Plaza** *(plan A2),* mais aussi dans la *Pink City,* en particulier autour de **New Gate** *(plan C2).* Elles font pour la plupart du change et disposent de **distributeurs** de billets.

■ **State Bank of India** *(plan C2,* ***3****) : M. I. Rd, Sanganeri Gate.* ☎ *257-44-92. Adressez-vous à l'*International Banking, *à droite au rdc. Lun-sam 10h-16h (13h sam) ; pause déj 14h30-15h ; fermé dim.* Change les devises.

Agences de voyages

■ **ACME Rajputana Voyages :** *207, Ganesham Tower, Amrapali Circle, Amrapali Marg, Vaishali Nagar.* 📱 *98-99-88-70-13 (M. Sanjay) ou (WhatsApp) +33-670-89-12-57. En France :* ☎ *09-75-22-36-24.* • *acmetours.com* • Sanjay, francophone, dirige cette agence dépendant d'*ACME Voyages* dont le siège est à Delhi, en appliquant les mêmes critères de sérieux, serviabilité et réactivité. Lui aussi passionné par son pays et sa région, il sera très attentif à votre demande.

■ **Carnet de Voyages :** 📱 *77-28-06-09-56.* • *lecarnetdevoyages.com* • Éléonore, une trentenaire française installée à Jaipur depuis plus de 5 ans, propose des voyages sur mesure en mettant l'accent sur les détails, les activités en immersion (cours de cuisine, nuits chez l'habitant, etc.) et la vie locale, dans une démarche de tourisme responsable. Évidemment pointue sur le tout le Rajasthan, elle peut aussi guider vos pas dans une bonne partie du nord de l'Inde, et même du sud.

Visites guidées

■ **Cyclin'Jaipur :** 📱 *77-28-06-09-56 (Éléonore).* • *cyclinjaipur.com* • *Tte l'année sauf mai-juin.* Éléonore et Ophélie, 2 sympathiques jeunes Françaises, proposent des balades (2-8 personnes) à vélo pour découvrir la ville. Itinéraires thématiques variés *(2 000 ₹/pers),* dont un alliant la vieille ville et les temples, et d'autres qui mènent jusqu'à Amber. Départs de Ramganj Chaupar (proche de *SBBJ Bank, Karnot Mahal Hotel ; plan D2,* **5**). C'est l'occasion de découvrir aussi bien le côté culturel (temples, sites, histoire) de la ville, que le côté populaire (marchés et artisans, « vrai » lassi des *street food*). Le départ tôt le matin permet de saisir les atmosphères en évitant embouteillage et chaleur. Le tout dans une ambiance vraiment cool, encadré par une jeune équipe franco-indienne pleine d'énergie. Après l'effort, repas en famille. Aussi des découvertes à pied de Jaipur et Amber *(à partir de 1 150 ₹/pers),* des cours de cuisine indienne, une approche des éléphants à Amber ou une initiation au *block printing* traditionnel.

■ **Jaipur Virasat Foundation :** *G-15, Krishna Marg, Krishna Niwas, C Sheme.* ☎ *270-45-75.* • *jaipurvirasatfoundation.org* • *Tlj sauf dim 10h-18h (14h sam).* Cette association a essentiellement pour vocation de garder vivantes les cultures traditionnelles du Rajasthan et d'éviter leur « folklorisation ». Propose aussi, via *Virasat Experiences (• virasatexperiences.com •),* des « parcours du patrimoine » de 2h30 *(min 1 700 ₹/pers selon nombre de pers)* dans la vieille ville, en compagnie d'un guide, pour y découvrir certains métiers traditionnels (chaudronniers, bijoutiers...).

Santé

■ **Médecin : Dr Chandra Sen,** *Galundia Clinic.* ☎ *236-10-40.* 📱 *98-29-06-10-40.* En cas de besoin, l'efficace docteur Chandra Sen (anglophone) se déplace à l'hôtel et établit une facture pour les soins et les médicaments, recevable par les assurances. Tarifs corrects.

Hôpitaux : en cas de souci, s'adresser de préférence au **Fortis Escort Hospital** *(à 6-7 km au sud du centre, Jawahar Lal Nehru Marg, en direction* *de l'aéroport ; ☎ 254-70-00),* un hôpital moderne privé de bonne réputation. Pharmacie 24h/24. Sinon, le ***SMS Hospital and Blood Bank*** *(plan B3 ; Ram Singh Rd ; ☎ 256-02-91),* public, regroupe toutes les spécialités. Bon service d'urgence traumatique, et a l'habitude de traiter les touristes étrangers... mais les pires rumeurs circulent sur son état ! Nombreuses pharmacies à proximité, dont *Life Line (24h/24).*

Divers

■ ***Crossword Bookstore*** *(plan A2, **42**) : K. K. Sq, C-11, Prithvi Raj Marg, 1er étage. ☎ 237-94-00. ● crossword.in ● Tlj 10h30-21h.* La plus grande librairie de Jaipur, avec de beaux livres sur l'Inde, des CD de musique traditionnelle ou moderne, et même *Astérix* en hindi !

■ ***Piscines :*** certains hôtels permettent aux non-résidents d'utiliser leur piscine, comme le ***Narain Niwas Palace Hotel*** *(plan B3, **24** ; voir « Où dormir ? » ; ouv aux non-résidents 8h-16h ; compter env 500 ₹/pers).* Très jolie piscine entourée de verdure. Celle de la magnifique ***Alsisar Haveli*** *(plan B1, **7** ; ouv 10h-18h),* véritable oasis entourée de jolies arcades de style moghol, coûte 250 ₹/h.

Transports en ville

La grande révolution des transports à Jaipur est la construction du ***métro.*** Le 1er axe construit a été le métro aérien du centre vers l'ouest avec la *Pink Line,* qui aboutit à *Chand Pol (plan B1)* à l'entrée de la vieille ville. Les travaux de son prolongement en souterrain par un axe ouest-est vers *Badi Chaupar (plan C2*, aux portes du City Palace) vont bon train... et créent pour l'heure des embouteillages dantesques dans le vieux centre.

Fonctionne de 6h25 à 21h45. Selon les heures (de pointe ou non) et le trajet, billet 6-17 ₹ en heures creuses, 11-23 ₹ en heures de pointe (17h-21h45). Paiement possible en *token* (jeton) au trajet ou cartes rechargeables (*smart card* 50 ₹ et recharge de 50 à 100 ₹). Il existe des cartes pour touristes pour 1 j. ou 3 j. consécutifs (100-200 ₹), mais pour l'instant, si vous logez dans le centre, le métro ne vous servira guère. L'autre ligne en construction reliera, à terme, la gare ferroviaire à l'aéroport, via la station Sindhi Camp. Toutes infos récentes sur *● transport.rajasthan.gov.in/jmrc ● jaipurmetrorail.in ●*

De fait, pour le moment, Jaipur se visite très bien tout seul, en rickshaw et avec le *Routard.* Sinon, on peut prendre contact avec *Cyclin' Jaipur* ou *Virasat Experiences* (voir « Adresses et infos utiles »), qui proposent différents itinéraires guidés. Ou s'inscrire pour un grand tour d'horizon auprès de *RTDC (☎ 220-05-64 ou 10-45 ; résas à l'office de tourisme de la gare ou de la station de bus ou sur ● rtdc.tourism.rajasthan.gov.in ●).* Plusieurs options en bus avec clim : pour la ½ journée (3 horaires possibles ; 400 ₹ sans les billets d'entrée des sites), avec le City Palace, Jantar Mantar, Hawa Mahal, Lakhsmi Narayan Temple, cénotaphes de Gaitor, Jal Mahal et forteresse d'Amber ; pour la journée complète (500 ₹) s'ajoutent les forts de Nahargarh et de Jaigarh ; ou la visite *by night* (700 ₹), avec dîner *veg'* inclus au fort de Nahargarh (n'en attendez pas des miracles).

Concernant les ***rickshaws,*** si vous logez dans le quartier de *Bani Park,* comptez environ 50 ₹ pour rejoindre la *Pink City,* autant pour la gare routière et 500 ₹ pour l'aéroport. Si vous voulez un rickshaw à la journée, prévoir 500-600 ₹ selon la distance (300-350 ₹ la ½ journée).

Il existe des services de ***radio-taxis*** *(**Metro Cabs,** ☎ 333-40-00 ; ● metrocabs.in ●).* Compter environ 35 ₹ pour la prise en charge, puis 12-15 ₹/km, sans ou avec clim ; supplément de 25 % entre 22h et 5h. Mieux vaut les appeler largement à l'avance. On en trouve aussi stationnés au niveau des portes de la *Pink City,* sur Agra Road. Et les applis *Uber* et *Ola* fonctionnent assez bien à Jaipur.

Enfin, sur M. I. Road en particulier, on trouve des ***rickshaws électriques collectifs*** (mais que l'on peut privatiser – c'est alors plus cher) qui permettent de remonter la rue dans les 2 sens sur un parcours fixe, pour 10 ₹.

Où dormir ?

À noter que nombre d'hôtels et *guesthouses* proposent un pick-up gratuit aux gares (routière et ferroviaire) sur demande. Pour l'aéroport, c'est en général payant.

De très bon marché à bon marché (600-1 800 ₹ / 8-24 €)

☗ ***Moustache Hostel*** *(plan A2,* ***12****) : 7, Park House, M. I. Rd.* ☎ *403-44-19.* • *moustachehostel.com* • *Derrière le* Ganpati Plaza *et tt proche de l'*Atithi Guesthouse. *Lit en dortoir sans ou avec clim 300-400 ₹, double 1 700 ₹ (moins cher en ligne), petit déj copieux inclus.* Le petit frère du *Moustache* de Delhi offre le même genre de prestations, dans la gamme AJ privée cool, idéale pour rencontrer d'autres voyageurs. Dortoirs (plusieurs réservés aux filles) de 4 à 6 lits (36 en tout), bien équipés avec coffre individuel et salle de bains attenante (avec clim ou non), quelques doubles, et des parties communes gaies, colorées et bien pensées : cuisine, salon, toit-terrasse aménagé... Jeux et bouquins à dispo. Équipe jeune et dynamique à l'image du lieu, qui vous convie, le soir, à une partie de cricket, un *food tour* ou à un film.

☗ ***Jaipur Jantar*** *(plan B2,* ***25****) : 3, Gopinath Marg.* 📱 *98-29-04-08-97.* • *jaipurjantarhostel.com* • *Juste à côté du* Jai Niwas, *et d'ailleurs même proprio. Lit en dortoir 550-750 ₹, petit déj léger inclus.* Une AJ toute récente, aménagée dans une grande maison des années 1950-1960 très stylée, et rénovée de fond en comble avec goût. Franchement, les 6 dortoirs (6 à 12 lits, dont l'un exclusivement féminin) sont parmi les mieux aménagés, les plus spacieux et les plus confortables que l'on ait vus en Inde ! Avec une déco fraîche et contemporaine en prime, soulignée de bleu. Et la plupart des dortoirs disposent de leur propre salle de bains... Le tout d'une propreté rare ! Quant à la cuisine commune, à la jolie cour ou aux salons, mezzanines et autres recoins, là encore confort, aménagement et déco *chill out* sont au rendez-vous, entre coussins et baby-foot. Excellent accueil, et régulièrement des activités en option (y compris des spectacles dans le petit amphithéâtre en plein air du jardin... ben oui, il y a même un jardin !). Un excellent rapport qualité-prix.

☗ ***Zostel Jaipur*** *(plan C1,* ***14****) : 85-A, Rajamal Ka Talab, Chandi ki Taksal.* ☎ *(022) 48-96-22-67.* • *zostel.com* • *Au 1er étage, au-dessus d'une banque* ICICI. *En dortoir 400-550 ₹ ; double env 1 700 ₹.* Encore un beau spécimen d'AJ-*hostel* privé, qui mêle dortoirs (4-8 lits, dont certains réservés aux filles), accueillants salons et terrasses colorés et bien aménagés, cuisine à se partager, et quelques chambres doubles. Entretien impeccable, et la plupart des dortoirs profitent de la clim (sauf 1) et d'une salle de bains attenante. Certains ne sont cependant pas très lumineux... voire aveugles. Les doubles, elles, sont nettement plus vastes (et toutes avec une fenêtre), mais on paie clairement l'emplacement. Car le gros avantage, ici, est la situation : carrément dans la 2e enceinte du City Palace, à 5 mn à pied à peine ! Et puis, dans cette ruelle, à l'abri des remparts, c'est nettement au calme... Visite de la ville et autres activités proposées. Accueil jeune et enjoué.

☗ 🍽 ***Sunder Palace*** *(plan A2,* ***19****) : 46, Sanjay Marg, Hathroi Fort, Ajmer Rd.* ☎ *236-01-78.* 📱 *80-58-95-15-14.* • *sunderpalace.com* • *Doubles 600-1 750 ₹, avec petit déj.* Dans le même quartier tranquille que le *Pearl Palace*, cet hôtel moderne offre un vaste éventail de chambres à tous les prix, mais toutes avec sanitaires. C'est le neveu de Ramesh du *Tourist*

Resthouse d'Agra qui a pris en main ses destinées. Toutes les chambres sont différentes, calmes, confortables et propres, avec même quelques touches de déco. Copieux petit déj et savoureuse cuisine végétarienne. Belle ambiance pour le repas du soir sur la terrasse pleine de plantes, avec vue sur le vieux fort. Petit jardin. Excellent rapport qualité-prix et résa impérative.

Vinayak Guesthouse (*plan A1*, **21**) : *4, Kabir Marg, Bani Park. ☎ 324-99-63. 📱 98-29-86-72-97. • vinayak guestthouse@yahoo.co.in • Dans une ruelle parallèle à Kabir Marg. Dortoir 400 ₹ ; doubles 500-1 100 ₹.* Cette *guesthouse* abrite une grosse poignée de chambres simples et bien tenues, avec *air cooler* ou clim, et TV pour la plupart. Également un dortoir de 8 lits bien équipé et bien net. Éviter celles en façade. Comme les murs extérieurs, elles sont décorées de peintures illustrant l'histoire rajpoute. Accueil familial adorable. Repas sur demande, servi sur l'agréable toit-terrasse ou sur le bout de pelouse. Un très bon rapport qualité-prix, apprécié de nos lecteurs.

Panda Backpackers Stephels (*plan B2*, **15**) : *Link Jalupura Rd, off M. I. Rd. ☎ 237-84-66. • backpackerpanda.com • Lit en dortoir dès 400 ₹.* Une petite AJ située dans un quartier très animé (et très bruyant à certaines heures), mais qui s'en protège relativement par son jardin. Dortoirs de 4 à 10 lits (dont 1 réservé aux filles) et chambres doubles avec salle de bains, le tout avec les caractéristiques et services de ce genre d'hébergement. Chambres colorées, entretien correct, machine à laver, cuisine, coffres individuels, espaces communs agréables (le jardin) ! Infos sur les visites. En dépannage, pour pouvez aussi tenter le **Panda Backpackers Emerald** (*plan A2*, **15** ; *angle Church Rd et M. I. Rd*) : plus de dortoirs, mais des parties communes plus tristounes.

Hotel Karni Niwas (*plan A2*, **34**) : *C-5, Motilal Atal Rd. ☎ 236-54-33. 📱 99-29-77-74-88. • hotelkarniniwas.com • Une ruelle derrière le* Neelam Hotel. *Doubles 850-1 650 ₹.* La cage d'escalier mauve et les effluves d'encens montent vers une vingtaine de chambres distribuées dans un agencement biscornu. Parties communes un brin brouillonnes, chambres sans fantaisie mais au confort honnête, toutes avec balcon ou terrasse à partager. Il manque bien un carreau par-ci, il y a quelques sparadraps par-là et parfois une clim bruyante, mais rien à redire sur la propreté. Calme surtout. Bonne ambiance conviviale entretenue par une famille souriante.

Ever Green Guest House (*plan B2*, **11**) : *Keshaw Path, Ashok Marg. ☎ 236-12-84. • evergreenguesthouse.com • De M. I. Rd, prendre la ruelle à côté de la station* HP *(attention, il y en a 2 !), puis la 2e ruelle à droite et, enfin, à gauche ; réception au fond, dans une galerie marchande. Double env 1 000 ₹.* Fréquenté par des routards du monde entier, en particulier les amateurs de pierre semi-précieuses, car il est au cœur du *Chameli Wala Market*, le fameux marché aux bijoux de Jaipur... L'hôtel, au cœur d'un dédale de ruelles et de boutiques, pourrait être sympa si son jardin était mieux tenu. Les chambres sont basiques et d'une propreté acceptable... si l'on ferme très fort les yeux ! À l'étage, même maison mais 2 entrées, le **Palms Hotel** (*☎ 510-70-07 ; doubles 1 400-2 900 ₹*) : autour d'un carré de pelouse pelée, des chambres, très simples, plus agréables et mieux tenues, avec clim et eau chaude. En dépannage seulement.

Prix moyens (1 500-3 000 ₹ / 20-40 €)

Hotel Pearl Palace (*plan A2*, **18**) : *51, Hari Kishan, Somani Marg, Hathroi Fort, Ajmer Rd. ☎ 237-37-00. • hotelpearlpalace.com • À 1 km de la gare ferroviaire, dans un quartier tranquille ; prendre Station Rd, puis à droite à la station de police dans Sanjay Marg ; c'est dans une rue résidentielle sur la gauche. Résa impérative ! Doubles 1 550-1 750 ₹ selon taille et confort.* Cet hôtel peint tout en rose, géré de main de maître par une famille sikh, propose des chambres impeccables avec salle de bains et ventilo, clim et frigo pour les plus chères. Décorées dans des tonalités très indiennes, les plus belles naviguent entre *Mille et Une Nuits* et magazines de déco. Dans un couloir, Mona Lisa en sari ! Nombreux services : laverie, boutique, et le resto *Peacock* (voir « Où manger ? ») perché sur la terrasse. Demandez le *Jaipur for Aliens,* un petit guide réalisé par le patron, truffé d'infos pratiques et culturelles. Apprécié de nos lecteurs pour son atmosphère et son bon rapport qualité-prix.

Atithi Guesthouse *(plan A2,* ***12****) : 1, Park House Scheme. ☎ 237-86-79 ou 94-96. • atithijaipur.com • À 5 mn à pied de la gare routière (et de son animation). Doubles avec sdb 1 500-1 800 ₹ selon confort, petit déj inclus.* Cet hôtel moderne et régulièrement entretenu, à l'écart du bruit, compte une vingtaine de chambres bien équipées, avec ventilo ou clim selon les prix. Lumineuses, dans un style sobre et contemporain, limite austère. Au resto *veg'* privilégiant les produits bio, agréable terrasse avec plantes et mobilier en fer forgé. Laverie. Résolument écolo, avec la récupération des eaux de pluie pour les douches, chauffées à l'énergie solaire. Accueil cordial. Une bonne affaire, appréciée de nos lecteurs depuis des années.

Sneh-Deep *(plan D3,* ***13****) : B-33, Sethi Colony, Govind Marg. ☎ 260-45-70. 📱 93-14-88-08-87. • snehdeep.com • Pas de panneau ! Repérer le grand portail double en bois, encadré de fresques façon* haveli. *Doubles avec sdb 990-1 650 ₹ selon taille et confort.* Dans ce quartier résidentiel, vous ne regretterez pas le calme et l'accueil familial de cette maison d'hôtes. Les chambres sont simples (et les matelas un peu fermes pour certains), mais la plupart sont spacieuses et toutes sont nickel, avec eau chaude, *air cooler* (clim pour les plus chères). Charmant balcon pour le petit déj, et appréciable toit-terrasse, sur lequel donne d'ailleurs une des chambres les plus agréables. M. Manoj est un parfait ornithologue tandis que son épouse, professeur de nutrition, est experte en cuisine végétarienne. Ça tombe bien, peu de restos dans le coin... Et si vous le souhaitez, elle vous donnera même des cours !

All Seasons Homestay *(plan A2,* ***16****) : 63, Hathroi Fort, Hari Kishan Somani Marg. 📱 98-29-16-13-69 (Bina) ou 94-60-38-70-55 (Ranjana). • allseasonshomestayjaipur.com • À deux pas du* Pearl Palace *(voir plus haut), à l'arrière. Doubles 1 500-2 600 ₹.* Cette villa moderne et charmante, avec son jardinet, propose une quinzaine de chambres propres et vastes (seules les *standard,* plus anciennes, sont plus étroites). Cuisine à disposition à chaque étage, mais on peut aussi commander ses repas (un poil chers mais très bons). Accueil sympathique et serviable de cette famille aisée. Dans la journée il n'y a que le personnel, qui parle peu l'anglais. Une bonne adresse, tranquille et intime.

Anuraag Villa *(plan A1,* ***29****) : D-249, Devi Marg, Bani Park. ☎ 220-16-79. • anuraagvilla.com • Doubles 1 350-2 500 ₹.* Sous ses airs de villa néoclassique, ce petit hôtel situé dans un quartier résidentiel calme se distingue avant tout par son grand jardin, où médite un bouddha impassible pendant que picorent des paons. Les chambres, bien tenues, restent d'un assez bon rapport qualité-prix. Certaines sont spacieuses, d'autres plus petites et assez sombres, les unes ont une clim, les autres juste un ventilo. Les plus onéreuses disposent d'un coin salon et d'un frigo. Excellent accueil.

Hotel Moon Light Palace *(plan A2,* ***35****) : S-34, Shanti Nagar. ☎ 245-10-38. 📱 98-28-01-78-14. • hotelmoonlightpalace.com • Près de Labour Court : prendre la rue face à l'entrée du parking de* NBC, *puis 2e à droite. Bien indiqué. Lit en dortoir 150 ₹ ; doubles 1 000 ₹* (economy), *puis 1 600-2 500 ₹ sans ou avec clim.* Un petit hôtel récent construit dans le style des *havelis,* d'un kitsch absolu, hautement coloré, sur ses 4 étages. À l'intérieur, déco fleurie bariolée, mais les chambres à prix divers sont propres et fonctionnelles, la plupart avec balcon. Resto sur le toit-terrasse très correct et cours de cuisine. Pick-up gratuit à la gare. Patron sympa.

De prix moyens à chic (2 200-5 400 ₹ / 29,30-72 €)

Pearl Palace Heritage (plan A2, **22**) : *54, Gopal Bari, Lane Number 2, Ajmer Rd.* ☎ *237-52-42.* • *pearlpalaceheritage.com* • *Doubles 3 000-4 000 ₹. Réduc de mi-avr à juil.* Voici la dernière création du patron du *Pearl Palace* (voir plus haut). Un hôtel assez incroyable qui révèle un remarquable travail d'artisanat : les murs du hall d'accueil et des couloirs se couvrent de reproductions de bas-reliefs anciens taillés dans la pierre. Chaque chambre, impeccable, sur la thématique d'une région indienne, se cache derrière une porte en bois ancienne et offre un confort étonnant pour le prix : ordi, frigo, sèche-cheveux, literie confortable, peignoirs... Excellent rapport prix-qualité. Organise des tours de ville en minibus.

Hotel Dera Rawatsar (plan A1, **30**) : *D-194/C, Vijay Path, Bani Park, derrière la gare routière de Sindhi Camp.* ☎ *220-65-59.* • *derarawatsar.com* • *À deux pas du Rawala Rawatsar. Doubles 4 500-5 500 ₹ (négociable), petit déj compris.* Ce joli petit hôtel, tout jaune derrière sa grille, dispose de 3 catégories de chambres : les moins chères avec clim sont assez petites quoique très confortables – et en général en rez-de-chaussée, les plus chères ont des salles de bains géantes, avec douche vitrée ET baignoire (façon jacuzzi). Quelques jolies touches de déco, sans excès, et tout plein de recoins aménagés pour bouquiner tranquille. Bonne cuisine servie dans le charmant petit resto, ou dans une courette tranquille. Piscine bien cachée et bien appréciable.

Nana Ki Haveli (plan C3, **23**) : *Fateh Tiba, Moti Doongri Rd.* ☎ *261-55-02.* • *nanakihaveli.com* • *Prendre la rue en face de la station-service MAK. Double env 3 000 ₹ selon taille, confort et saison. Repas env 400 ₹.* Dans un coin tranquille, cette jolie résidence secondaire du maharaja Madho Singh II abrite un hôtel géré dans un esprit « chambres d'hôtes ». Les photos de famille rappellent le temps passé. Une dizaine de chambres climatisées (2 avec ventilo) aux salles de bains bien nettes, et décorées plutôt sobrement – façon rajpoute. Bonne cuisine *veg'*, servie sous forme de buffet dans le salon-salle à manger familial. Accueil très attentionné, discret et vraiment gentil, et le fiston, qui reprend peu à peu l'affaire, garde intact l'hospitalité familiale. Une belle adresse.

Jai Niwas (plan B2, **25**) : *B-15, Gopinath Marg.* ☎ *236-39-64.* 📱 *98-29-04-08-97.* • *jainiwas.com* • *Près de LIC. Doubles 2 200-4 600 ₹, petit déj inclus selon confort.* Au fond d'une ruelle, bien situé en bordure des remparts de la vieille ville et à l'abri de sa circulation infernale, ce sympathique petit hôtel bien au calme et au vert propose des chambres confortables et d'une rare propreté, de plain-pied sur 2 jardins qu'apprécient les oiseaux. Les plus agréables, à l'arrière, dans un petit bâtiment séparé, ont frigo, bouilloire, coffre-fort et clim. Une adresse au top. Accueil sympa.

Arya Niwas Hotel (plan B2, **17**) : *Sansar Chandra Rd.* ☎ *237-24-56.* • *aryaniwas.com* • *Doubles 2 800-3 250 ₹, avec petit déj.* Du même groupe que le *Jai Niwas*, ce grand bâtiment flanqué d'une nouvelle aile et bordé d'une pelouse abrite, sur plusieurs étages, des chambres de tailles et de confort différents (en voir plusieurs), avec *air cooler* ou clim. Les plus chères disposent d'un agréable balcon et d'une douche à l'italienne. De cette ancienne *haveli* subsistent les différentes cours et certains carrelages anciens. Resto végétarien très correct (salle à manger de belle allure). Accueil efficace. Une bonne adresse régulière, également courue par des tour-opérateurs.

Rawla Rawatsar (plan A1, **28**) : *D-194-A, Jagdish Marg, juste derrière la gare routière de Sindhi Camp.* ☎ *402-55-68.* 📱 *94-61-20-37-00.* • *rawlarawatsar.com* • *Doubles 2 600-3 900 ₹ selon taille, petit déj inclus ou non.* Dans une villa moderne précédée d'un calme jardin, un *B & B* tenu en famille ! Des 9 chambres avec clim, on préfère les 2 plus chères installées dans la partie la plus récente, particulièrement celle disposant de sa propre terrasse. Mais les autres sont très bien aussi. De certaines, vue sur le fort de Nahargarh au loin. Sur demande, repas maison en terrasse sous le regard des paons.

🏠 ***Hotel Madhuban*** *(plan A1,* ***31****) : D-237, Behari Marg, Bani Park. ☎ 220-00-33 ou 54-27. • madhuban.net • Doubles 2 900-3 700 ₹ (négociable), petit déj inclus.* Une villa cossue, maison de la famille régnante du Patan, un petit État à 100 km de Jaipur. Aménagée dans le style rajpoute, avec fresques, meubles et tissus traditionnels, elle offre déjà un niveau de confort certain. La plupart des 20 chambres disposent d'un lit à baldaquin. Inégales, les meilleures sont à l'étage. Éviter celle à côté des cuisines. Au calme à l'arrière, jardin fleuri de bougainvillées où le thé est rituellement offert de 16h à 18h, et piscinette coincée entre 3 murs. Personnel aux petits soins, dans un esprit maison de famille.

🏠 ***Vidya Villa*** *(hors plan par A2,* ***36****) : H-14, Gautam Marg, Shayam Nagar. 📱 94-14-05-22-75. • vidyavilla.com • À env 20 mn du centre en rickshaw et 5 mn à pied des stations de métro Vivek Nagar ou Shayam Nagar. Double 4 000 ₹. Pens complète 8 000 ₹, boissons comprises (avec cours de cuisine et visite de la ville).* Une adresse assez excentrée, certes, mais qui présente l'avantage d'être dans un quartier tranquille et facile d'accès en métro. Deepak, qui parle parfaitement le français, vous accueille dans sa maison, où il vit au rez-de-chaussée en famille. Les 4 chambres sont à l'étage, distribuées autour d'un salon-bar avec TV, bouquins et même une petite cuisine à disposition. Chambres impeccables, décorées avec goût, équipées de lits à baldaquin et salles de bains nickel. Grande terrasse accueillante sur le toit pour l'apéro ou le dîner. Deepak propose aussi un concept de pension complète malin, avec visite personnalisée de Jaipur, déjeuner dans un bon petit resto et dîner en famille : une immersion dans la vie indienne.

🏠 ***Suryaa Villa*** *(plan C3,* ***39****) : C-2, Peelwa Garden, Moti Doongri Rd. 📱 97-99-93-68-88. • suryaavilla.com • Doubles 3 400-4 600 ₹, petit déj inclus. Quelques doubles économiques autour de 1 500-2 000 ₹.* En retrait et au calme dans une sorte de résidence-jardin, derrière une façade inspirée des *havelis* traditionnels, une grande bâtisse aux chambres claires, plutôt nettes et bien équipées (salles de bains confortables). Les *deluxe* sont déjà bien, pas la peine de se ruiner. Toute petite piscine pour se rafraîchir, resto (pas extraordinaire) sur place, et accueil plutôt attentif. Seul inconvénient dans ce coin : on dépend des rickshaws.

Chic (5 400-10 500 ₹ / 72-140 €)

Dans cette catégorie, vous trouverez aussi d'anciennes *havelis* ou un authentique palais de maharaja. Si le cadre est souvent impressionnant, ces hôtels ont parfois pas mal vieilli.

🏠 ***Hotel Umaid Mahal*** *(plan A1,* ***10****) : C-20/B-2, Behari Marg, Jai Sing Rd, Bani Park. ☎ 220-19-52. 📱 93-14-50-34-23. • umaidmahal.com • Double 5 900 ₹, petit déj inclus.* Un vrai palais d'opérette ! Voilà l'impression, dès l'entrée par la porte dorée, enchâssée dans une copie de la Ganesh Pol de la forteresse d'Amber. Couloirs peints de fresques, mobilier doré ou argenté, rien n'est trop clinquant ici. Reste une impression rigolote, des chambres confortables, climatisées et bien tenues, avec belle salle de bains en marbre et balcon pour la plupart. Resto sur le toit-terrasse, animé certains soirs par des musiciens et des danseurs, bar lounge tout doré, et petite piscine en contrebas, alimentée par 2 gros jets d'eau. Accueil pro et sympathique.

🏠 ***Hotel Umaid Bhawan*** *(plan A1,* ***26****) : D-1/2-A, Behari Marg, via Bank Rd, Bani Park. ☎ 220-64-26. 📱 93-14-50-34-23. • umaidbhawan.com • Derrière le Collectorate Circle. Double 6 500 ₹ (négociable) selon taille et confort, petit déj inclus.* Cette grande bâtisse de 1915 à la décoration chatoyante appartient au même proprio que l'*Umaid Mahal*. Elle propose une quarantaine de chambres spacieuses et confortables (clim, chauffage), toutes différentes. Mention spéciale pour la plus chère, au plafond magnifique. Dédale de terrasses et balcons intimes pour se poser, jardin pour se relaxer, jolie piscine pour lézarder (accessible aux non-résidents). Bar clinquant et resto, dans les tons bleu et doré, avec danses et musique (19h-21h). Une adresse d'un très honorable rapport qualité-prix, mais à l'accueil plus blasé que son petit frère.

Mandawa Haveli *(plan B1-2, **37**) : Sansar Chandra Rd. ☎ 236-42-00. • mandawahotels.com • Double min 7 800 ₹.* Une élégante *haveli* du XIXe s abritant 70 chambres (quand même !), dont l'agencement, en coins et recoins, ailes et patios, permet à chacun de trouver son intimité. Les moins chères, bien que très confortables (clim, chauffage, bouilloire...), manquent un peu de charme. Les autres, toutes différentes, sont nettement plus séduisantes. Quant aux suites, certaines sont superbement réussies ! Éviter celles sous le resto, bruyantes. Jolie piscinette dans un recoin discret et quelques tables dans le jardin. Resto-buffet correct mais sans éclat. Beaucoup de groupes. Service pro et souriant. Seule ombre au tableau : l'appel à la prière de la mosquée voisine qui vous tire du sommeil dès potron-minet...

Naila Bagh Palace *(plan C3, **33**) : Moti Doongri Rd. ☎ 403-59-37. 📱 99-83-61-00-01. • nailabaghpalace.com • À 1 km du centre. Doubles 4 400-7 600 ₹, petit déj inclus.* Cette *haveli* datant de 1872 fut habitée par le 1er ministre de l'État de Jaipur. Ses descendants vivent encore à l'étage. Les 2 plus belles chambres, donnant sur le salon, ont conservé un décor intact, avec mobilier de famille, peintures et arcade au milieu de la pièce. Elles sont immenses, kitsch comme il faut, avec mobilier ancien, moyennement confortables pour le prix mais pleines de cachet. Les 8 autres, dans des dépendances à l'arrière, bien moins chères mais sans caractère, disposent de belles salles de bains. Piscine en marbre... Jardin et cours où errent des paons. Billard. Spectacle de marionnettes le soir. Resto correct, sans plus. Bref, un lieu chargé d'histoire, hélas moyennement entretenu.

Bissau Palace *(plan B1, **27**) : outside Chand Pole Gate. ☎ 230-43-71 ou 91. 📱 98-87-46-04-91. • bissaupalace.com • Doubles 3 600-7 100 ₹, petit déj inclus ; réduc de 30 % en basse saison.* Enclos derrière ses murs, ce palais du début du XXe s du plus pur style rajasthani semble presque une ville dans la ville. De vénérables automobiles trônent dans la cour, tandis que le superbe patio de réception décoré de fresques, la bibliothèque aux boiseries très *british* et la somptueuse salle à manger font remonter le temps. Idem pour la *Tiger Room* (no 10), avec sa tête de fauve empaillée... Les chambres « historiques », ornées de fresques et meublées d'ancien, sont 2 fois plus chères que celles des annexes. Le tout aurait bien besoin de modernisation. Reste que vous pourrez profiter des parties communes, particulièrement soignées : resto en terrasse, petits salons cosy, piscine et jacuzzi. Et le charme opère, pour peu qu'on fasse abstraction des outrages du temps (et du petit déj décevant).

Hari Mahal Palace *(plan A2, **32**) : Jacob Rd, Civil Lines. ☎ 222-13-99. • harimahalpalace.com • Double env 7 100 ₹ dans le bâtiment ancien (jusqu'à 10 000 ₹ selon saison), petit déj parfois inclus.* Dans un quartier tendance, cette villa anglo-rajpoute, construite en 1930 par les descendants du maharaja d'Achrol, se dresse fièrement au-dessus d'un vaste gazon où sont disposées tables et chaises en fer forgé. Éviter les chambres de l'aile moderne, à l'arrière, intéressantes uniquement pour les longs séjours (cuisine commune à partager). La famille habitant le rez-de-chaussée, les 11 chambres de la villa sont aux étages. Spacieuses, elles mêlent, avec plus ou moins de réussite, dans un esprit un peu foutraque de vieille maison de famille, mobilier ancien (un peu kitsch argenté), lit à baldaquin, photos nostalgiques et éléments de confort moderne (frigo, bouilloire, chauffage). L'entretien pourrait être plus régulier. Resto (marionnettes et danses le soir), spa et piscine couverte à défaut d'être toujours nette.

Beaucoup plus chic (min 10 500 ₹ / 140 €)

Hotel 47 Jobner Bagh *(plan B1, **38**) : 47, Jobner Bagh (près de Chandpol Gate). ☎ 402-21-87. • jobnerbagh.com • Résa bien à l'avance* *recommandée. Double env 12 000 ₹, avec petit déj.* Une adresse de charme et au calme, pour voyageurs à l'aise aimant se faire chouchouter. Dans une maison de style Art déco, 11 chambres et 1 suite d'excellent confort et d'une grande élégance, aménagées avec une simplicité raffinée. Certaines disposent d'une petite terrasse donnant sur le jardin qui embaume le jasmin. On apprécie particulièrement le toit-terrasse pour profiter de l'*afternoon tea* ou de la soirée sous les étoiles, avec vue sur le fort de Nahalgarh. Le succulent dîner (à la demande), préparé par la maîtresse des lieux, est servi dans le jardin. La boutique propose bijoux et objets choisis. Massages et spa. Accueil chaleureux et conseils avisés. Un coup de cœur.

🏠 |●| ***Narain Niwas Palace Hotel*** *(plan B3,* ***24****) : Kanota Bagh, Narain Singh Rd. ☎ 256-34-48 ou 12-91. • hotelnarainniwas.com • Doubles 9 500-15 000 ₹, petit déj-buffet compris. Repas env 1 000 ₹.* Au cœur d'un îlot de verdure, ce palais fut construit en 1929 dans le style rajpoute par le *thakur* de Kanota, confident de Man Singh. À l'époque, la jungle s'étendait tout autour ! L'édifice abrite aujourd'hui des chambres charmantes, hautes de plafond, confortables et aménagées avec goût (lit à baldaquin). Le mobilier est d'époque et certains décors vraiment raffinés, même si une petite modernisation serait bienvenue en particulier dans les *standard,* en rez-de-jardin. Jardin fleuri où se pavanent des paons. Salon et salle de resto grandioses ; superbe piscine entourée de grands arbres, accessible aux non-résidents 8h-16h *(300 ₹ pour 2h, ou 500 ₹ sans limite).* Accueil blasé, dommage.

Spécial coup de folie

🏠 ***Samode Haveli*** *(plan D1,* ***20****) : Gangapole. ☎ 263-24-07 ou 23-70. • samode.com • Double min 20 000 ₹ en hte saison (30-40 % moins cher l'été), petit déj inclus.* Située au nord-est de la vieille ville, l'immense et magnifique résidence du maharaja de Samode remonte au début du XIXe s. La rampe d'accès, initialement destinée aux éléphants, mène à une superbe entrée peinte, puis à un patio où glougloutent de rafraîchissants bassins. Si une partie de la *haveli* est encore utilisée par la famille royale, l'essentiel du *zenana* (le quartier des femmes) est aménagé en hôtel, avec une quarantaine de chambres spacieuses et confortables (DVD, minibar, clim). Nos préférées ? Les nos 114 et 115, au décor inchangé depuis un siècle et demi, avec leurs murs et plafonds peints, rehaussés d'or et d'argent, et incrustés de miroirs. La véranda aux gracieuses arcades et la salle à manger au riche décor sont aussi magnifiques, mais on préfère dîner aux chandelles, sous les étoiles dans la cour, accompagné de musiciens. Très belle piscine entourée de gazon, jacuzzi, salle de gym, sauna, spa... Bien qu'étant fort chère, cette adresse reste un coup de cœur, pour son atmosphère. Service un brin approximatif cependant.

Où manger ? Où boire un verre ?

Outre les spécialités locales que vous verrez systématiquement sur les menus, vous remarquerez bien vite que la majorité des restos ne sert pas d'alcool (officiellement du moins).

Très bon marché (max 180 ₹/ 2,40 €)

|●| ***Masala Chowk*** *(plan C3,* ***43****) : Ram Niwas Garden, presque en face du Albert Hall Museum. Tlj 11h-23h.* Un *food court* à l'indienne, avec sa quinzaine de stand de *street food,* et des tables et banc en dur (en béton, même !) pour se régaler. Tout récent et très apprécié !

|●| ***Old Take Away*** *(plan B2,* ***46****) : M. I. Rd, en face du Golden Tulip Hotel. 2 annexes plus à l'est sur M. I. Rd. Tlj 12h-23h.* Certes, on y trouve quelques tables, façon cantine glauque, mais c'est surtout pour emporter un *kebab*

rool ou tout autre grillade (poulet ou mouton), à prix serrés, que l'on vient ici. De la cuisine de rue pour carnivore fauché, et ça débite, gage de fraîcheur !

De très bon marché à bon marché (180-450 ₹ / 2,40-6 €)

🍽 ***Sunder Palace*** *(plan A2,* ***19****) : Hathroi Fort, Ajmer Rd. ☎ 236-01-78. Tlj 7h30-22h30.* Le resto du *Sunder Palace* (voir « Où dormir ? ») propose une succulente cuisine végétarienne à prix doux, goûteuse, et légère en huile et en *ghee* (c'est suffisamment rare pour être signalé !). On s'installe, au choix, sur la terrasse couverte du 1er étage, avec coins canapés où lézarder, ou sur le vaste toit-terrasse, avec vue sur le fort voisin. Fauteuils en osier, mobilier en fer forgé, petite fontaine, plantes à foison et voûte étoilée composent un cadre très romantique. La carte, déjà bien fournie, se complète de quelques plats du jour. Excellent rapport qualité-prix.

🍽 ***Mohan*** *(plan A2,* ***45****) : 14, Motilal Atal Rd, juste en face du Neelam Hotel. ☎ 510-40-99. Tlj 8h-22h30. Thalis très bon marché.* Petit resto végétarien populaire vite rempli dès l'heure du petit déj. Rien d'étonnant, il offre l'un des meilleurs *thalis* de la ville au meilleur prix. Certes, le cadre n'est pas très sexy, mais il est propre et le service est rapide. Bon choix de currys, *veg' of course,* simples et goûteux, proposés en 3 tailles. Autre adresse au 145, Nehru Bazar *(☎ 231-29-63).*

🍽 🍸 ***Indian Coffee House*** *(plan B2,* ***40****) : M. I. Rd. ☎ 236-20-24. À 150 m à l'ouest d'Ajmeri Gate, au fond d'une courette. Tlj 8h-21h.* La maison fait partie de la célèbre *Indian Coffee Workers Cooperative,* présente dans toute l'Inde. Ce n'est sans doute pas la plus gaie, mais c'est l'une des plus pittoresques : rien n'a bougé depuis des lustres ! Murs décrépits verts, chaises en skaï années 1960, clientèle plutôt masculine (petite salle réservée aux « *ladies and families* »), serveurs en tenue et calot, vieux portraits de Gandhi et de Nehru... un vrai décor de film et une institution ! Carte aussi courte que bon marché. Commandez un bon café à l'indienne, raison d'être du lieu.

🍽 ***Doodh Misthan Bhandar*** *(plan A1,* ***44****) : Mira Marg, Jhotwara Rd. ☎ 220-37-27. Tlj 11h-23h.* Un snack populaire, où l'on mange à longueur de journée samoussas divers, beignets de légumes, *dosaï, idli,* petits gâteaux à la pâte d'amandes et autres *bengali sweets.* À l'étage, un vrai resto feutré, avec de petits coins banquettes, pour une cuisine végétarienne de qualité.

Prix moyens (450-900 ₹ / 6-12 €)

🍽 🍸 ***Peacock Restaurant*** *(plan A2,* ***18****) : Hari Kishan Somani Marg, Hathroi Fort, Ajmer Rd. ☎ 237-37-00. Sur le toit du Pearl Palace (voir « Où dormir ? »). Ouv jusqu'à 23h. Résa conseillée le soir.* Plantes vertes à profusion, mobilier en fer forgé, petit salon et vue imprenable sur le fort d'à côté... Installé sur 2 étages de terrasse, bercé 1 soir sur 2 par du jazz indien, ce resto est parmi les plus agréables de la ville. Des diffuseurs répandent une bruine rafraîchissante en été et des braseros (ou des couvertures) réchauffent en hiver. Dans l'assiette, plats indiens, chinois et continentaux, dont la qualité varie de l'excellent au à peine correct, tout comme le service : la rançon du succès ? Bien sinon pour prendre un verre. Une adresse qui reste très appréciée des touristes comme de la *middle class* indienne, mais aux prix surévalués...

🍽 🍸 ***Anokhi Café*** *(plan A2,* ***42****) : K. K. Sq, C-11, Prithvi Raj Marg, 2e étage, au-dessus de Crosswords Bookstore. ☎ 400-72-45. Tlj 10h-19h30.* Une adresse prisée des expats et des jeunes Indien(ne)s. Salle pas très grande, sous une paillote, mobilier en rotin sous housses. Comptoir au fond où passer sa commande, qu'on vous livre à table. Mets salés-sucrés, sandwichs, salades, crudités, tourtes avec des produits frais venus de leur ferme bio, pain maison. Tarte au citron, jus de fruits frais, et soda citron-gingembre très désaltérant. Microterrasse. Un poil chérot tout de même.

🍽 ***Tapri Central*** *(plan B3,* ***41****) : B4 E, 3rd Floor, Surana Jewellers,* *opposite Central Park, Prithviraj Marg, C Scheme.* ☎ *236-02-45. Au 3e étage (ascenseur). Tlj 7h30 (12h mar)-22h.* Un café-resto nouvelle génération prisé de la classe moyenne, dans une version (très) modernisée de la traditionnelle échoppe de thé (c'est ce que signifie *tapri*). Donc essentiellement des petits plats végétariens inspirés de la cuisine de rue : *pani puris, vada pav,* etc. Grande salle agréable ou terrasse très courue (mais non-fumeur !).

I●I ***OTH Bakers & Bistro – On The House*** *(hors plan par A3,* ***51****) : E-145, Ramesh Marg, Behind Talwalkars, C Scheme.* 📱 *97-99-39-74-79. Tlj 8h30-23h.* Légèrement excentré, c'est vrai (mais ça ne le sera plus dès que le métro arrivera !), mais voici encore un endroit bien dans l'air du temps apprécié de la classe moyenne indienne et des jeunes pour ses pains, ses viennoiseries et pâtisseries très honorables et ses plats inspirés de la cuisine internationale, végétarienne (même des salades !) ou non. Jus de fruits, thé, lassi et café variés... Service parfois longuet, ce qui permet de profiter de la terrasse tranquille, sur le flanc de la grande salle claire.

🍸 ***Bar Palladio*** *(plan B3,* ***24****) : dans l'enceinte du* Narain Niwas Palace Hotel, *à gauche après le 1er porche.* ☎ *256-55-56. Tlj 18h-23h.* Très agréable bar aux bleus vibrants, à moins de préférer la pelouse, ses minitonnelles et ses braseros l'hiver, à la lueur des bougies le soir *(so romantic !).* On y vient plus pour siroter une bière ou un cocktail que pour y manger (cuisine méditerranéenne). Même topo pour son voisin de jardin, le ***Shikaar Bagh*** *(tlj 18h-1h)* : cette fois-ci l'ambiance est au *jungle lodge,* nuancée selon les espaces : le jardin, ses braseros et ses charrettes à bras, la belle salle d'inspiration Art déco, ou le grand toit-terrasse pour les grandes tablées. Côté cuisine, mix de pizza et de tandoori, pas forcément convaincant... mais c'est l'endroit qui reste ouvert le plus tard !

I●I ***Caffé Palladio*** *(plan B3,* ***52****) : 100, JLN Marg, Santha Bagh.* ☎ *256-35-33. Ne pas confondre avec le* Bar Palladio. *Tlj sauf mar 12h30-22h30.* Un ravissant pavillon dans une cour arborée, et une cuisine italo-méditerranéenne au sens large (*mezze* libanais, etc.), fraîche et respectueuse des produits locaux. Certes un peu chic, mais bien agréable pour une pause loin des épices et du brouhaha de la ville.

I●I ***Natraj*** *(plan B2,* ***47****) : M. I. Rd.* ☎ *237-58-04. Tlj 9h30-22h45. Thalis 270-550 ₹ ; repas 400-600 ₹.* On découvre une des bonnes tables végétariennes de la ville. Petite mezzanine aux allures de décor d'opérette, déco blanche et dorée, et éclairage blafard. On pioche parmi les bons *thalis* (surtout le *rajasthani*), les *dosaï,* les snacks, les *sundaes* et... 47 plats de légumes ! Service pro et attentionné. Réputé aussi pour ses bons desserts exposés en vitrine.

De prix moyens à chic (450-1 800 ₹ / 6-24 €)

I●I ***Niro's*** *(plan B2,* ***49****) : M. I. Rd.* ☎ *237-44-93. Tlj 10h-23h.* Créé en 1949, *Niro's* tient de l'institution. On s'installe dans une grande salle climatisée plongée dans la pénombre. Banquettes, miroirs, petits box et joli panneau en céramique en guise de décor. Carte traditionnelle bien fournie : cuisine indienne, *veg'* ou *non veg',* chinoise et continentale, d'une belle constance. Clientèle *middle class* indienne décontractée, pas mal de touristes aussi. Excellents naan, *roti,* et autres pains locaux plus rares (au millet, etc.). Service stylé.

I●I ***Spice Court*** *(plan A2,* ***32****) : Jacob Rd, Civil Lines.* ☎ *222-02-02. À l'entrée du* Hari Mahal Palace. *Tlj 12h-16h, 19h-22h45 ; snacks 16h-18h.* C'est l'ancien club-house du tennis du *Hari Mahal Palace* voisin, avec sa pelouse taillée à la pince à ongle où l'on s'installe le soir. Ambiance un brin coloniale, donc, pour déguster une cuisine classique et soignée, indienne évidemment, mais aussi chinoise et continentale. Excellente réputation, et quelques choix de vins.

I●I ***Jaipur Modern*** *(plan A2,* ***48****) : 51, Sardar Patel Marg.* ☎ *411-20-00. En léger retrait de la rue, à côté d'une boutique de vêtements et accessoires branchés. À 20 mn à pied du centre à peine. Tlj 10h30-23h.* Encore une adresse prisée des rejetons de la bourgeoisie locale. Déco chic minimaliste et soignée. Pour ceux qui frisent l'overdose de cuisine indienne, des plats d'inspiration méditerranéenne : couscous aux légumes, lasagnes, raviolis, pâte et pizzas... Jus de fruits frais. Musique d'ambiance. Prix somme toute raisonnables.

Spécial coup de folie

Restos du Rambagh Palace *(plan B3,* ***50****) : Bhawani Singh Rd.* ☎ *238-57-00. Tlj 19h-23h45.* C'est dans ce vaste palace que la Metro Goldwyn Mayer tourna en 1949 des scènes de *Kim,* adapté du roman de Rudyard Kipling... Si vous en avez les moyens, offrez-vous un repas au ***Suvarna Mahal,*** dans cette étonnante salle à manger au décor grandiose, très chargé (c'est ici le rapport décor-prix qui l'emporte sur le qualité-prix !). Bien aussi pour prendre un verre dans le bar feutré, ou sous les arcades, face à la pelouse, où se produisent chaque soir musiciens et danseuses traditionnels. Autre option plus abordable : près de l'entrée, le ***Steam Train*** offre un cadre original, avec son *pub-coffee-shop* installé dans un ancien train ! Petite carte sans chichis émaillée de plats méditerranéens, façon salade grecque ou niçoise, et de bonnes pizzas. Ambiance relax, entre écran géant pour le cricket, wagons, tables à l'extérieur et musique au diapason.

Où boire un bon lassi ? Où s'offrir une douceur ?

Lassiwala *(plan B2,* ***55****) : 312, M. I. Rd. En face de Niro's. Tlj 8h-16h.* Voici le plus ancien (1944) et le meilleur producteur de lassi de la ville ! À ne pas confondre avec ses concurrents et voisins : c'est écrit *Kishan lal Govind Narian Agarwal* sur l'enseigne. Onctueux et délicieux lassi servi dans un petit pot en terre cuite *(20 ou 40 ₹ selon taille)* qu'on jette après. Venir tôt, le stock quotidien part vite ! Les voisins proposent plus de diversité mais ils sont plus chers, et votre estomac ne s'en remettra peut-être pas.

Pandit Kulfi *(plan C1,* ***56****) : Siredeori Bazar. En quittant le City Palace, prendre à gauche sur Siredeori Bazar au niveau de la porte, c'est à 50 m. Tlj 10h-minuit.* Une toute petite boutique à l'enseigne blanche, où déguster les meilleurs *kulfi* à la pistache (ces sortes de glaces) de Jaipur. Délicieux et très sucré.

Naturel Ice Cream *(plan A2,* ***57****) : A-5, Suryavanshi Pearl, Sardar Patel Rd, C Scheme. Au niveau de Chomu House Circle. Tlj 11h-23h.* Rare au Rajasthan, de vraies glaces élaborées à partir de produits de saison pour une bonne part, ni trop sucrées ni saturées d'affreux arômes artificiels, comme c'est souvent le cas. Plus à emporter que sur place... aussi milk-shakes, etc.

Curious Life *(hors plan par A2,* ***58****) : P-25, Yudhisthir Marg, C Scheme.* ☎ *222-98-77. En bordure de Deer Park. Tlj 9h-22h.* Probablement le meilleur café de la ville, torréfié à Jaipur même par un expert passionné. Agréable salle dans l'air du temps (est-on vraiment à Jaipur ? Oui, la clientèle en témoigne !) et petite terrasse. Quelques muffins et autres tartes pour un vrai goûter.

Achats

Énormément de choses tentantes à Jaipur, notamment les pierres semi-précieuses. Ici, les vraies pierres sont plus courantes qu'à Agra (ce qui ne veut pas dire qu'il n'y a pas de faux...). L'arnaque consiste plutôt à faire payer un rubis de piètre qualité au tarif du 1er choix. Impossible, sauf pour un spécialiste, de voir la différence... On trouve aussi de belles nappes colorées en coton, pas chères du tout, ainsi que des bijoux en argent. Pour ces derniers, difficile de vérifier le véritable pourcentage de l'alliage. Globalement, beaucoup d'objets pour touristes sont chers et de mauvaise facture. ***Jacob***

Road *(plan A2)* est devenu la rue la plus intéressante pour dénicher de bonnes affaires.

Tissus

De nombreux bazars occupent le vieux Jaipur, chacun possédant sa spécialité. On trouve saris en soie ou en coton, dessus-de-lit, nappes, tissus aux motifs *tie and dye* (technique de « nouer-teindre »), ou imprimés au pochoir, mais aussi tailleurs, prêt-à-porter, babouches et autres chaussures en cuir, à prix intéressants, au niveau de ***Bapu Bazar*** *(plan C2)*, tout le long de ***Johari Bazar*** *(plan C2)*, pas loin du palais des Vents, de chaque côté de la grande avenue, ainsi qu'à l'angle de ***Ramganj Bazar*** *(plan C2)*.

Manglam Kurta *(plan B2,* ***72****)* **:** *Shop 353, Khetan Bhawan, M. I. Rd. ☎ 237-92-96. Tlj sauf dim 10h-20h.* Étroite boutique spécialisée, logique, dans les *kurtas* et les pyjamas en pur coton. Richement brodés ou sobres et de toutes les couleurs, ils sont vendus empesés, mais la raideur disparaît au 1er lavage...

Hot Pink *(plan B3,* ***24****)* **:** *Kanota Bagh, Narain Singh Rd. ☎ 510-89-32. • hotpinkindia.com • À l'entrée à gauche du* Narain Niwas Palace Hotel, *juste avt Shikaar Bagh. Tlj 10h-20h (18h dim).* Le 1er *concept store* du Rajasthan, fruit d'une collaboration entre une créatrice de bijoux française et un gemmologue indien. On s'éloigne de l'image traditionnelle pour aller vers une mode puisant ses matières dans le meilleur des techniques ancestrales, mais attention, les prix peuvent devenir astronomiques !

Bijoux en argent et pierres

La plus grande concentration d'échoppes pour les pierres semi-précieuses se situe sur ***Gopalji Karasta*** *(plan C2)*, rue perpendiculaire à Johari Bazar ; on en trouve aussi sur cette dernière, près du carrefour. De Sanganeri Pol, descendre Johari Bazar ; c'est la dernière rue sur la gauche avant d'atteindre la Tripolia Bazar Rd. Prendre le temps de comparer les prix. On y trouve toutes sortes d'agates, Moon Stone, Black Star, lapis-lazuli, quartz rose... et aussi de nombreuses imitations ! Également quelques articles en argent, mais vous les trouverez surtout sur ***Ramganj Bazar.***

Concept French Jewellery Boutique *(plan B2,* ***73****)* **:** *3, Vinobha Marg, C Scheme. ☎ 490-17-28. Une ruelle perpendiculaire à MI Rd. En demi-sous-sol, pousser la porte ! Tlj sauf dim 12h-19h30.* Dans cette petite boutique, Diane, une jeune joaillière française installée, sous sa propre marque, à Jaipur, marie la tradition indienne à sa créativité. Des bijoux en argent ou plaqués or sertis de pierres fines (semi-précieuses), de style ethnique comme de facture contemporaine, pour toutes les bourses. Et propose aussi des sacs, vêtements et autres textiles, tous issus du savoir-faire de créateurs, et souvent issus de programme de développement d'ONG locales. Pour ceux qui seraient intéressés, son mari organise des *Bike Tours* dans toute l'Inde en *Royal Enfield* (*• freedomriderss.com •*).

Divers

– ***Cuivre et vaisselle :*** sur ***Tripolia Bazar*** *(plan C2)*, côté gauche quand on va vers Chand Pol Gate.

À voir

Si vous comptez visiter Jaipur de fond en comble, pensez au *Composite Entry Ticket (1 000 ₹/pers ; étudiants 200 ₹)*, un *pass* valable 2 jours, qui comprend 8 monuments : Jantar Mantar, Hawa Mahal (palais des Vents), Albert Hall Museum, Ishwar Lat, Sisodia Rani Garden, Vidhyadhar Garden ainsi que, au nord de la ville, Amber Fort et Nahargarh Fort. S'achète dans chacun des 5 sites concernés. Et ne pas confondre le *Composite Entry Ticket* avec le *Composite Ticket* du City Palace, qui n'inclut que le *Jaigarth Fort*. À noter que les étudiants bénéficient d'une vraie réduc sur les sites !

City Palace (plan C1) : ☎ 408-88-88. • royaljaipur.in • Tlj 9h30-17h. Entrée : 700 ₹ (visite de Jaigarth Fort dans les 2 j. inclus, ainsi que petite caméra), auxquels il faut ajouter 100 ₹ pour l'audioguide en français ; réduc. Guides à prix fixe : 300 ₹ pour 4 pers max. Royal Grandeur Tour (appartements privés, 2 versions) : 2 000 et 3 500 ₹. Bâti entre 1729 et 1732 par Sawai Jai Singh II au cœur de la ville rose, le City Palace est à la fois plus récent et moins spectaculaire que ceux d'Udaipur ou de Jodhpur. Composé d'un vaste ensemble de palais, bâtiments annexes, pavillons et jardins, il est toujours en partie occupé par le maharaja et sa famille. On ne visite donc que certains édifices aménagés en musée à travers une succession de cours.

– Une entrée réservée au maharaja *(Tripolia Gate ; plan C2,* ***J****)* et 2 entrées publiques permettent d'accéder au City Palace : *Udai Pol* et *Virendra Pol,* la principale. Cette dernière débouche sur une 1re grande cour, au centre de laquelle s'élève le ***Mubarak Mahal*** *(plan C1,* ***E****),* un très élégant pavillon fin XIXe s, mêlant style rajpoute et influences britannique ou islamique. Bâti par Madho Singh II pour accueillir ses réceptions, il abrite aujourd'hui un intéressant *musée de Costumes.* On y voit les vêtements d'apparat des maharajas et des maharanis, brodés d'or et d'argent, parfois sertis de pierres précieuses. Ne manquez pas l'impressionnant costume du maharaja Sawai Madho Singh I : beau gabarit ! Un peu après, tenues de polo et de cricket... Sportifs, les maharajas ? Parfois oui, comme Man Singh par exemple, mort d'un accident de polo en Angleterre, en 1970. En sortant, ne ratez pas la jolie véranda en marbre sculpté.

NON, PAS LE MISSIONNAIRE !

Sawai Madho Singh I (1728-1768) mesurait près de 2 m et pesait 250 kg (son impressionnant costume conservé au Mubarak Mahal en témoigne). Tous les matins au petit déjeuner, il avalait 5 l de lait et 5 kg de sucre ; bref, le régime fast-food avant l'heure ! Le malheureux est mort à 40 ans...

– ***Le musée d'Armes*** *(Sileh Khana)* **:** un escalier, à droite au fond de cette même grande cour, y mène. Cette riche collection d'armes du Rajasthan, installée dans les anciens quartiers de la maharani, est mise en valeur avec humour – jetez donc un œil au « Welcome » en couteaux surmontant la porte de la 1re salle... Dans les vitrines se côtoient arcs, carquois et flèches comme sur les miniatures, poignards aux manches de jade ou d'ivoire sculpté, sabre moghol long de 1,07 m (soyons précis !), poire à poudre confectionnée dans une défense d'éléphant et autres boucliers en peau de croco ! Bref, la panoplie du parfait petit tonton flingueur moghol. Ne ratez pas non plus le « gratte-armure ». Ben oui, comment faisaient-ils pour se gratter une fois qu'ils étaient là-dedans ? Et levez la tête, les plafonds peints sont superbes...

– Côté droit de l'entrée, la ***Rajendra Pol,*** alias *Sarhad-ki-Deorhi,* une fort belle porte de marbre encadrée d'éléphants, débouche sur une seconde cour *(Sarvatobhadra Chowk).*

– En son centre se dresse le ***hall des Audiences*** *(Diwan-i-Khas ; plan C1,* ***F****).* Vous y verrez 2 immenses jarres de 345 kg, d'une contenance de 4 091 litres chacune. Il a fallu fondre 14 000 pièces de monnaie en argent pour les confectionner ! Inscrites au *Guinness Book* comme les plus grandes pièces en argent au monde, elles servirent à transporter l'eau du Gange nécessaire aux ablutions du maharaja Sawai Madho Singh II... lorsqu'il se rendit en Angleterre en 1901 pour le couronnement d'Édouard VII (devant lequel, pour la petite histoire, il refusa de s'incliner).

– Côté gauche du hall des Audiences, un passage mène à la petite cour ***Pitam Niwas Chowk,*** ornée de 4 portes à dominante verte, représentant les 4 saisons. Celle par laquelle vous êtes entré, la *porte des Paons,* splendide, représente l'automne et est dédiée à Vishnou. La porte aux Fleurs, à gauche, symbolise l'été et est dédiée à Shiva ; la porte Verte en face, est attachée au printemps et à Ganesh, et la porte Rose à l'hiver et à la déesse Devi, forme féminine du Tout-Puissant.

– Le *Pitam Niwas Chowk* est l'accès traditionnel au ***palais de la Lune*** *(Chandra Mahal ; plan C1,* ***H****)*, la résidence privée de l'actuel maharaja, qui s'élève majestueusement sur 7 étages. Si un drapeau y flotte, c'est que Sa Seigneurie ou son épouse sont dans la place (à chacun sa bannière).
– De retour dans le *Sarvatobhadra Chowk,* accès, côté droit du Diwan-i-Khas, au ***Diwan-i-Am,*** où se trouve la salle des audiences publiques *(Sabha Niwas ; plan C1,* ***G****)*, encadrée de colonnes et des portraits de tous les maharajas. Notez l'immense lustre : les 4 anneaux qui l'entourent ont servi à tester la solidité du plafond avant d'y installer le fameux lustre, en y accrochant un... éléphant ! Au centre, les trônes de la famille royale. Celui du maharaja était juché sur une chaise à porteurs ou sur un éléphant lors de ses sorties. Vice-rois britanniques, ambassadeurs et dignitaires de tout poil étaient reçus ici. Les femmes observaient à travers les balustrades ajourées de l'étage, sans être vues. La dernière audience s'est tenue en mars 1949.
– La visite se termine dans la cour connue sous le nom de ***Bagghi Khana,*** où se trouvent quelques boutiques et une petite collection de voitures à cheval.
– ***Royal Grandeur Tour :*** ceux qui ont du cash en pagaille et rêvent de voir briller l'or des palais s'inscriront pour la visite. Elle permet de pénétrer dans le *Chandra Mahal,* autrement inaccessible, de voir le *Sukh Niwas,* doré à l'or fin, avec son paon de chez Lalique, de parcourir le *Shobha Niwas* et le *Sri Niwas (Shish Mahal)* à la déco moghole mêlant ors et miroirs, et encore le *Chhavi Niwas,* aux fresques florales bleues.

◎ ✦✦ ***Jantar Mantar*** *(observatoire astronomique ; plan C1-2)* **:** *juste à côté de la Virendra Pol du City Palace. ☎ 261-04-94. • jantarmantar.org • Tlj 9h-16h30 (fermeture à 17h). Entrée : 200 ₹, ou inclus dans le* Composite Entry Ticket. *Audioguide en français : 200 ₹. Guides : 200 ₹ en anglais pour 1-4 pers, 350 ₹ en français (mieux que l'audioguide).* Construits au XVIIIe s sous la houlette d'une vingtaine d'astronomes, les instruments de cet observatoire unique en son genre ont été inscrits au Patrimoine mondial par l'Unesco en 2010. Ils démontrent l'incroyable passion du maharaja Sawai Jai Singh II pour l'astronomie, et la foi absolue des Indiens dans cette science.
Ressemblant à des sculptures abstraites, dont l'usage est heureusement précisé par des panneaux, les instruments – une vingtaine – se distinguent avant tout par leur taille exceptionnelle : le maharaja souhaitait ainsi permettre une observation plus précise à l'œil nu. C'est tout particulièrement le cas du Vrihat Samrat Yantra, réputé être le plus grand cadran solaire du monde. Haut de 27 m, il donne l'heure à 2 secondes près ! Les résultats étaient communiqués à la population par roulements de tambour et coups de canon interposés. Vous verrez aussi les 12 « cuves » du Rasivalaya Yantra, associées chacune à un signe du zodiaque, qui servaient à réaliser les horoscopes. Des disques solaires et autres instruments sophistiqués, pour certains mis au point par le maharaja lui-même, permettent de déterminer avec précision la date des éclipses, l'azimut des planètes, leur mouvement, etc.

✦✦ ***Le palais des Vents – Hawa Mahal*** *(plan C2,* ***L****)* **:** *en plein centre-ville, entrée par Tripolia Bazar. ☎ 261-88-62. Tlj 9h-18h. Entrée : 200 ₹, ou inclus dans le* Composite Entry Ticket. *Audioguide (pas extra) : 170 ₹. Sinon, guides officiels : 200 ₹ en anglais pour 4 pers max, 350 ₹ en français.* C'est le monument le plus célèbre de Jaipur. Il ne s'agit pas tant d'un palais que d'une façade, puisque, à son point le plus haut, l'édifice n'est large que de 2 ou 3 m ! Il fut bâti de telle sorte que le vent puisse y circuler et rafraîchir l'atmosphère. Annexe reliée par un tunnel au *zenana* du City Palace, construit en 1799, il permettait aux femmes du harem d'observer la rue sans être vues.
Sur le plan architectural, seule la façade pyramidale, haute de 5 étages, est intéressante. Elle ressemble à une grosse pièce montée avec ses alvéoles et ses innombrables fenêtres en saillie, dont les motifs sont autant de variations sur des thèmes géométriques. Tous les décorateurs de théâtre en rêvent ! Le maharaja était si content du résultat qu'il donna tout un ensemble de villages à l'architecte pour le remercier. À voir tôt le matin, depuis Siredeori Bazar, lorsque l'éclairage est optimal.

Ishwar Lat *(ou Isarlat, ou Sargasuli ; plan C1, **K**)* **:** *en sortant du palais des Vents, sur la droite. Tlj 9h-16h30. Entrée : 200 ₹, ou inclus dans le* Composite Entry Ticket. Cette tour, haute de 60 m, fut construite en 1749 pour commémorer la victoire de Madho Singh sur son frère... une sombre histoire de rivalité amoureuse et de succession compliquée. La grimpette vaut la peine, de là-haut la vue est superbe ! Allez hop, courage !

Surabhi Mansion *(musée des Turbans ; plan D1)* **:** *Old Amer Rd. ☎ 263-39-31. À côté du resto du même nom (à éviter, lui). Facile à repérer, panneaux en français ! Tlj 11h-22h. GRATUIT (c'est aussi une boutique !).* Ce petit musée (une salle, en fait) est plutôt poussiéreux, mais il apporte une clé pour comprendre le Rajasthan. En effet, le turban (appelé *pecha, pagri* ou *safa*) est bien plus qu'un couvre-chef... Sa couleur, sa taille, la technique de son drapé et son volume représentent une véritable « carte de visite » (à l'instar des saris pour les femmes) et renseignent sur la caste, l'ethnie, le métier, un événement survenu récemment (décès par exemple), une appartenance religieuse, une région... Certaines couleurs sont portées en fonction des saisons : plus claires l'été, plus chaudes l'hiver. Bref, on en perd son hindi !
La longueur des turbans exposés varie de 8 à 44 m. Elle est souvent révélatrice de l'aridité de la région car le turban sert aussi à tirer l'eau du puits ! Le drapé, parfois très complexes, représente un art en lui-même, et là encore varient d'un lieu ou d'un groupe à l'autre. Remarquez les turbans de mariages, particulièrement élaborés. Enfin, traditionnellement, les hommes l'utilisaient souvent comme un sac à main, y glissant pipe, miroir et argent.

Albert Hall Museum *(plan C2)* **:** *Ram Niwas Gardens. ☎ 257-00-99. • alberthalljaipur.gov.in • Tlj 9h-17h, 19h-22h ; fermé dernier mar du mois et j. fériés. Entrée : 300 ₹, ou inclus dans le* Composite Entry Ticket *; tarif réduit 100 ₹ en soirée ; réduc. Audioguide (en anglais) : 177 ₹.* Rare témoignage subsistant de l'époque coloniale, le musée occupe une bâtisse imposante et hybride, produit des amours architecturales de Shah Jahan et de la reine Victoria qui voulait en faire le pendant du *Albert & Victoria Museum* de Londres. Sa construction fut lancée en 1876 à l'occasion de la visite du prince de Galles... sans savoir à quoi elle allait servir, d'ailleurs ! On y créa finalement un musée qui attira vite un grand nombre de visiteurs par sa qualité. Rudyard Kipling y vit même « une insulte à tous les autres musées indiens ».
Après des galeries extérieures et un vestibule entouré de fresques monumentales évoquant les grandes civilisations du monde, on pénètre dans le musée par les tourniquets d'époque, fondus en Angleterre. Salle après salle se déploie un magnifique éventail de l'art et de l'artisanat indiens, dans de vénérables vitrines en bois. Les collections regroupent essentiellement des objets du XIXe s, sans oublier quelques salles plus « encyclopédiques », avec quelques objets européens et égyptiens (momie) !
Au rez-de-chaussée, un bel ensemble de dinanderie, des armes et des armures (collection de *tiger knifes*), un ensemble lapidaire avec des bas-reliefs du VIIIe au XIe s, des sculptures gréco-bouddhiques du Gandhara, des étalages de poterie (superbes, celles de Bahawalpur au Punjab !), tapis précieux. À l'étage se succèdent livres sacrés et miniatures, bijoux, instruments de musique (dont un gigantesque *rabab* issu de la cour d'Amber), monnaies et sceaux, section textile et délicates figurines en argile (une tradition bengalie). Mais le plus impressionnant reste la section consacrée à la sculpture sur bois, avec porte ciselée et fauteuil aux accoudoirs najas reposant sur des éléphants.

Shri Lakshmi Narayan Temple *(Birla Mandir ; hors plan par B3)* **:** *env 2 km au sud de l'Albert Hall, par Jawahar Nehru Marg.* De la tête (du *gopuram*) au pied (du parvis), ce temple tout en marbre blanc étincelle sous le soleil, en contrebas de la colline coiffée par le fort de Moti Doongri – une drôle de copie d'un château écossais (pas d'accès). Bâti en 1985, le temple est consacré à Lakshmi, la déesse de la

Fortune, et à Vishnou. Il est orné d'innombrables sculptures, figures religieuses et penseurs de ce monde. Confucius, Zarathoustra, le Christ, Moïse et saint Antoine sont tous là, à l'exception de Mahomet, que l'islam, naturellement, interdit de représenter. L'intérieur, tout en marbre blanc lui aussi, est très vide, avec des plafonds sculptés – on lui préfère les attachants éléphants sur lesquels s'appuient les frises au bas des murs. Cérémonies au lever et au coucher du soleil.

Jal Mahal *(hors plan par D1)* **:** *sur la route d'Amber, sur la droite. Desservi par le bus n° 29.* Abandonné, le Jal Mahal ne se visite pas, mais c'est une carte postale incontournable de Jaipur : celle d'un petit palais flottant sur les eaux du lac Man Sagar, dominé au loin par les monts Aravalli. Le plan d'eau est né à la toute fin du XVIe s, lorsque le maharaja Man Singh I fit construire un barrage à la suite d'une grave sécheresse. Le palais, lui, date de 1799.

Gaitor *(hors plan par D1)* **:** *près du lac Man Sagar, au pied de la colline de Nahargarh et à 4 km du centre-ville ; accessible en rickshaw. Tlj 9h-17h. Entrée : 30 ₹. Interdiction de filmer.* C'est le site des cénotaphes *(chhatris)* des maharajas de Jaipur, érigés sur le lieu où ils ont été incinérés. À l'arrière, dans un 2d enclos, celui de Sawai Jai Singh II, le fondateur de Jaipur, est supporté par une vingtaine de colonnes délicatement sculptées et entouré de bas-reliefs de toute beauté, représentant scènes de chasse au tigre et batailles d'éléphants. Derrière, presque identique, le cénotaphe de Ram Singh II (1835-1880) mérite qu'on s'y attarde. Sa coupole offre de superbes scènes mythologiques et des représentations de danseuses ou musiciens. Les tombeaux des maharanis sont regroupés à proximité, plus près du lac.
Du parking de Gaitor, une longue rampe entrecoupée de 280 (hautes) marches (glissantes à la descente) se hisse péniblement jusqu'à un *temple de Ganesh (tlj 7h-12h, 16h-coucher du soleil).* S'il ne présente d'intérêt en lui-même, il offre, depuis son toit-terrasse (encore 35 marches !), un panorama imprenable, à 360°, sur Jaipur, le Jal Mahal, les remparts d'Amber au loin et le fort de Nahargarh à l'ouest. Pas mal de monde le mercredi, jour traditionnellement consacré au dieu à la tête d'éléphant.

À faire

■ ***Cinéma Raj Mandir*** *(plan B2)* **:** *C-16, Bhagwant Das Rd, à deux pas de M. I. Rd. • therajmandir.com • Séances vers 12h30, 15h30, 18h30 et 21h30. Acheter les places en ligne ou sur place à l'avance (10h-14h, 15h-18h), ou venir 45 mn avt le film ; compter 120-400 ₹.* C'était le plus beau cinéma d'Inde, construit par les fils du plus grand bijoutier de Jaipur, fanas de cinéma. La salle est gigantesque, mais le faste d'antan se dégrade hélas peu à peu. Une expérience dépaysante, où le spectacle se joue autant sur l'écran que dans la salle, particulièrement le week-end. Pour être au cœur de la salle (et de l'ambiance), choisir les places « Ruby », car à partir d'« Emerald », c'est au balcon, plus calme. Si le film de la semaine est un blockbuster américain (et c'est souvent le cas), repliez-vous sur le ***Golcha Cinema,*** à l'entrée de *Bapu Bazar,* sur Chaura Rasta Rd *(plan C2)* : moins réussi pour l'architecture, mais on y joue toujours un Bollywood.

Festivals

– ***Kite Festival :*** *le 14 janv, j. de la fête du Vent.* Le ciel de la cité rose se colore de centaines de cerfs-volants qui virevoltent au milieu des cris de joie de la foule, au rythme des tambours. Certains portent des messages publicitaires. Les fabricants de cerfs-volants en profitent pour exposer leurs produits en un superbe patchwork et un concours des plus beaux cerfs-volants est organisé.

– ***Literature Festival :*** *en janv (23-27 janv 2020).* • *jaipurliteraturefestival.org* • Ce festival de littérature, qui se tient dans le Diggi Palace, est une rencontre d'écrivains indiens et étrangers très courue, le festival le plus prestigieux d'Inde, et parmi les plus célèbres d'Asie, régulièrement animé par des polémiques.
– ***Gangaur Festival :*** *fin mars ou avr (27 mars 2020).* Fête la plus célèbre du Rajasthan, dédiée à la déesse Parvati, célébrant la fin de l'hiver. Les jeunes filles célibataires se rendent au temple de Gauri, affublées de pots en cuivre *(lota),* et prient la déesse de leur accorder un mari. Les femmes mariées, elles, demandent longue vie et prospérité pour leurs époux. La légende dit que les femmes qui ne psalmodient pas avec sincérité et une réelle joie épouseront un mari grincheux et acariâtre. 2 jours de suite, une procession mène du City Palace jusqu'à Talkatora, via les bazars de Tripolia et Gangauri.
– ***Teej Festival :*** *fin juil ou début août (23-24 juil 2020).* Coïncidant avec le début de la mousson, le Teej rend également hommage au couple Shiva-Parvati. Ce sont surtout les femmes qui le célèbrent, jeûnant généralement ce jour-là pour témoigner leur dévotion envers leur mari... Là encore, éléphants, dromadaires, chevaux et chars tirés par des bœufs, danseurs et fanfares en font un festival des plus coloré.

DANS LES ENVIRONS DE JAIPUR

AMBER (AMER) ET SES ALENTOURS *(ind. tél. : 0141)*

À 11 km au nord-est de Jaipur, la bourgade d'Amber, ancienne capitale des maharajas de Jaipur, est dominée par une extraordinaire forteresse, rebâtie à la fin du XVIe s par Man Singh I. Elle commande une gorge étroite et stratégique sur la route de Delhi et fut, bien avant déjà, le siège de nombreuses dynasties dont on vous épargne l'histoire embrouillée... Ce bastion d'apparence inexpugnable est accessible à pied, en jeep, à dos d'éléphant (voir plus loin) ou en voiture par une route qui passe par le village et le *Shiromani Temple* et grimpe vers des parkings à l'arrière (tous les chauffeurs connaissent bien le chemin). Amarré sur son piton, il s'entoure d'une longue corolle de remparts, courant sur 9 km au long des crêtes, et cache en son sein un vrai palais des merveilles. Plus haut encore, comme une réplique, un autre fort tout aussi puissant : Jaigarth – refuge ultime des maharajas si Amber avait jamais flanché. De châteaux perchés en temple sculpté, Amber mérite bien une journée complète de visite.

LE RAJASTHAN

Comment y aller ?

➢ ***En bus :*** bus n° 29 (10 ₹) depuis Jaipur, très fréquent à partir de la grande place de Badi Chanpar, au pied du palais des Vents *(plan C2,* ***L****),* ou le n° 5 (20 ₹), un bus *AC,* depuis Ajmeri Gate, ttes les 5 mn env. Depuis Bani Park, le n° 5 au Khasa Kothi Circle (angle avec M. I Rd ; *plan A2*) ou au Collectorate Circle *(plan A2).* Retour depuis la place au pied de la forteresse. Trajet : 30-40 mn.

➢ ***En rickshaw :*** compter env 350 ₹ pour une virée de 3-4h, avec l'attente. Pratique, le rickshaw vous permettra de faire halte sur les rives du Man Sagar le temps d'immortaliser le Jal Mahal, le palais sur l'eau. Avec une petite rallonge, vous devriez pouvoir inclure les cénotaphes de Galtor.

Où dormir ?

Environ 1,5 km après Amber, au bout du village de Kunda et avant l'embranchement pour l'autoroute vers Delhi, au lieu-dit Siyaram Ki Doongri, un discret panneau bleu indique « Mosaics », sur la droite, au niveau d'un square (avec pavillon). Notre 1re adresse se trouve environ 800 m plus loin, passé la Patel Public School. Depuis Jaipur, mêmes bus que pour Amber. Autrement, en rickshaw, compter environ 60 ₹ depuis la forteresse et 250 ₹ depuis Jaipur.

Mosaics Guesthouse : *Siyaram Ki Doongri. ☎ 253-00-31. 99-50-45-72-18. • mosaicsguesthouse.com • Double avec sdb et clim 3 800 ₹, petit déj compris. Repas veg' ou non veg' sur demande 800-1 000 ₹.* Cette maison récente, entourée d'un charmant jardin, abrite à l'étage 4 chambres accueillantes, organisées autour d'une terrasse fleurie. Toutes différentes, décorées avec sobriété d'un mobilier ancien chiné dans les bazars, et de volets et portes en bois sculpté. Salles de bains tout confort. Au-dessus, une 2de terrasse avec chaises longues, hamac, et panorama sur la campagne et le fort. Hervé, un mosaïste-décorateur français, passe autant de temps que possible sur place (son atelier est au rez-de-chaussée) et ne lésine ni sur l'accueil ni sur les conseils pour bien vous faire profiter du coin. Cuisinier sur place qui prépare des repas *veg'* ou *non veg'*.

Kawa Guesthouse : *77-42-00-66-16. • kawaguesthouse.com • Doubles avec sdb et clim 2 500-3 000 ₹, petit déj compris. Dîner veg' 500 ₹.* Il s'agit, cette fois, d'une maison plus traditionnelle, propriété d'une famille de musiciens franco-indiens. Ils ont aménagé une salle de spectacle-répétitions à l'arrière de leur demeure et accueillent régulièrement des rencontres, des concerts ou des stages. Ils proposent aussi 3-4 chambres coquettes, confortables et climatisées, décorées de quelques meubles anciens et de belles portes en bois sculpté de récupération. On peut aussi y prendre des cours de musique indienne (tablas, chant, ou votre instrument préféré si vous voyagez avec !).

À voir à Amber et alentour

À Amber

Amber Palace : *☎ 253-02-93. Tlj 8h-18h, nocturne 19h-21h30 (18h30-21h oct-mars). Entrée : 500 ₹ (100 ₹ en soirée) ; inclus dans le* Composite Entry Ticket. *Audioguide en français : 200 ₹ (conseillé), à récupérer au guichet situé en haut des marches, après le contrôle des tickets. Son et lumière tlj (sauf pdt la mousson) à 19h30 en anglais et 20h en hindi (200 ₹/pers ; gratuit - de 8 ans) ; accès au spectacle depuis les jardins moghols au pied de la forteresse.*

Depuis le village, on peut grimper jusqu'à la forteresse à dos d'éléphant *(1 000 ₹ pour 2 pers max sur l'animal ; 7h-10h30, 15h-17h30 ; mai-juin 7h-10h, 15h30-17h30).* Pas banal et un brin « exotique », certes, mais on ne le recommande pas, car les éléphants sont des grosses bébêtes imprévisibles, et ici plutôt mal traitées. On conseille donc la marche *(env 10 mn à pied),* les jeeps *(env 350 ₹ A/R, 5 pers max)* ou les voiturettes électriques qui vous attendent sur le parking en contrebas de la forteresse.

– En montant à pied, on pénètre (en compagnie des éléphants) à l'intérieur de la forteresse par la « porte du Soleil » *(Suraj Pol),* tournée vers le levant, pour déboucher sur l'immense place basse baptisée ***Jaleb Chowk.*** C'est ici que se tenaient, jadis, les parades de la garde personnelle du maharaja. Le *ticket office* se trouve de l'autre côté de la cour, au fond à gauche.

– À côté, sur la droite, des marches mènent au ***temple de Sila Devi*** *(fermé 12h-16h),* avatar de Kali, la déesse représentant le pouvoir destructeur du Temps. Portes en argent en relief avec encadrement en marbre sculpté et Ganesh en corail rouge. Enlever chaussures, chaussettes et déposer les appareils photo. Jusqu'en 1980, taureau et chèvres y étaient sacrifiés 2 fois l'an pour le festival Navrathri.

– Un escalier monumental conduit au palais proprement dit. Vous voici devant le ***Diwan-i-Am,*** hall des audiences publiques. Imaginez le maharaja trônant, dans un fauteuil en argent. Au sol s'étalaient les tapis qu'on voit aujourd'hui exposés au City Palace de Jaipur. Les piliers, en grès rouge sur l'extérieur, contrastent avec les colonnes en marbre blanc de l'intérieur, surmontées de chapiteaux en forme de têtes d'éléphant. À gauche, vue sur les jardins en contrebas.
– Au fond de la cour, ***Ganesh Pol,*** une porte massive couverte de motifs floraux, donne accès aux appartements privés du palais. Le débonnaire Ganesh y figure en bonne place. Les femmes du harem, postées au sommet, jetaient des fleurs sur le maharaja quand il rentrait à la maison...
– Vous voilà dans le ***Zenana Bagh*** *(jardin des Femmes),* inspiré de la tradition moghole, où reines et servantes étaient tenues à résidence. Une fontaine se dresse au centre.
– À droite, la ***Sukh Niwas*** *(chambre de la Mousson)* possédait un étonnant système de refroidissement de l'air : de l'eau parfumée à la rose s'écoulait à travers les murs en marbre, apportant un doux souffle de fraîcheur. Elle tombait poétiquement sur des bouteilles en reproduisant le son des tambours, et s'écoulait vers le jardin, avec un bruit de sitar, pour alimenter la fontaine... La drôle de chaise à porteurs exposée à côté était réservée à la maharani, dont les vêtements si lourds, dit-on, l'empêchaient de marcher !
– À gauche du jardin, le ***Jai Mandir*** (ou *Shish Mahal*), tapissé de verre, abrite le ***Diwan-i-Khas*** *(hall des audiences privées),* au plafond magnifiquement ouvragé. On y allumait des lampes à huile qui se reflétaient sur une foule de miroirs convexes et de verre coloré... un style décoratif emprunté à la Perse par les Moghols. Au pied d'une des colonnes, le bas-relief en marbre de la « fleur magique », au-dessus de laquelle volettent 2 papillons. De drôles d'appendices y poussent : lotus, tête de cobra, queues de lion et de poisson, scorpion et épi de maïs. Sur le toit, le palais d'Été.
– Au fond du jardin, un couloir, zigzaguant pour tromper l'ennemi, mène au ***Man Singh Palace*** *(le gynécée).* Le plus ancien de la forteresse, achevé en 1599, conserve ses portes vieilles de 400 ans. Au centre, un élégant pavillon à colonnes, jadis tendu de draperies, accueillait les conciliabules des 12 favorites du maharaja – 3 reines en titre, 3 reines de cœur, 3 « reines du milieu » et 3 « petites reines » qui attendaient longuement sa visite... Leurs appartements privés, véritable labyrinthe à l'ambiance carcérale, s'étendent tout autour. L'ensemble était jadis couvert de fresques représentant dieux et déesses. Les quelque 300 concubines de Sa Majesté vivaient, elles, à l'extérieur.
– À l'étage, dans le ***Jasha Mandir*** *(hall de Gloire),* le maharaja écoutait de la musique, jouait aux échecs ou contemplait le splendide panorama sur la vallée, le lac Maota bordé de jardins bien géométriques, les fortifications et la vieille ville. Superbe écran en marbre et plafond datant de 1622 recouvert d'une marqueterie de miroirs et feuilles d'or. Juste devant, le balcon de la première favorite, dominant le jardin où se déroulaient des danses.
|●| À la sortie, le *Cafe Coffee Day* offre un havre climatisé pour une pause rafraîchissante. Cher, bien sûr...
– Juste après, à droite, le *Modern Art Museum Gallery* : même si c'est gratuit, on fera l'impasse !

Le vieux village d'Amber : *au lieu de ressortir par la porte du Soleil, sortir du côté opposé par Chand Pole (la porte de la Lune), par la route pavée qu'empruntent les voitures. En 10-15 mn à pied, on déboule dans le vieil Amber, un ensemble de temples et de petits palais ou havelis assez délabrés. 1er arrêt au temple principal,* Shiromani Temple *(côté droit ; ouv 6h-3h, 16h-20h ; caméra 25 ₹).* L'endroit est empreint de calme et de silence. On y accède par un escalier court mais raide, grimpant vers un élégant portique encadré de 2 éléphants. Datant des XVIe-XVIIe s et construit par l'épouse de Man Singh Ier en mémoire de son fils Jagat Singh, le sanctuaire, dédié à Krishna, rappelle un peu Khajuraho avec son foisonnement de sculptures couvrant le *sikhara* et le templion latéral. Sur celui-ci courent d'intéressantes frises aux chevaux et éléphants batailleurs. À l'intérieur, d'autres sculptures donnent vie au grès rouge, mais un grillage masque les fresques du plafond. Le jeune prêtre, Abhay Sharma, prend plaisir à parler le français avec les visiteurs de passage *(📱 97-99-11-00-85).*

– En sortant du temple, poursuivre la descente puis 50 m plus loin prendre à gauche (en direction de Kheri Gate), pour atteindre, après 200 m, le ***Panna Meena ka Kund,*** un superbe puits à 8 degrés du XVIe s récemment nettoyé et restauré : parfaite géométrie des escaliers comme entrecroisés ! Encore 5 mn de balade entre les *havelis* décrépits, et voici Kheri Gate, et le...

Anokhi Museum of Hand Printing : *Kheri Gate. ☎ 253-02-26. • anokhi.com/museum • Mar-sam 10h30-17h, dim 11h-16h30. Fermé lun et 15 mai-15 juil. Entrée : 80 ₹ ; réduc. Caméra : 100 ₹. Tip-box à l'entrée pour les démonstrations.*
Créé par une entreprise de textiles réputée, le musée, hébergé dans une superbe *haveli* du XVIe s restaurée (la Chanwar Palkiwalon Ki Haveli pour les intimes !), se consacre aux tissus imprimés à la main – selon la technique du *block printing,* à l'aide de tampons en bois, une technique vieille de 4 500 ans. L'expo permanente tourne régulièrement et met à l'honneur les différentes traditions et styles. Pour les patients-passionnés, nombreuses explications sur les nuances entre les différentes techniques. Vous pourrez assister à des démonstrations, faire vos emplettes et imprimer votre propre T-shirt !

Autour d'Amber

Jaigarth Fort (forteresse de Jaigarth) **:** *à env 5 km d'Amber par la route (voiture indispensable) ou 1,5 km à pied par un sentier de pierre longeant les remparts du fort d'Amber (indiqué par un panneau sur la gauche en montant au fort par le chemin des éléphants) ; ça vous évitera le racket des rickshaws et taxis. Compter env 30 mn de marche (c'est raide !). ATTENTION, si vous êtes une fille, attendez pour vous mêler à un petit groupe, c'est préférable pour votre sécurité. Tlj 9h-16h30. Entrée, appareil photo et petite caméra inclus : 100 ₹ ; réduc ; gratuit si vous avez visité le City Palace avec le supplément dans les 2 j. précédents avec le* Composite Ticket. *Visite guidée (bien utile) : 300 ₹ (1-4 pers). Possibilité de visiter partiellement en voiture (+ 100 ₹, jusqu'au canon Jaivan), mais les distances ne sont pas si grandes que ça. Compter 1h30 pour tt parcourir.*
– Conseil : si vous souhaitez visiter les 2 forts (Amber et Jaigarth), commencez par vous faire déposer à Jaigarth, puis descendez tranquillement à pied par l'allée empierrée vers Amber (20 mn en descente) ; la plupart des gens faisant le contraire, vous éviterez les files d'attentes et profiterez des sites avec plus de tranquillité. Compter la matinée complète pour visiter les 2.
Cette très impressionnante forteresse, rebâtie en 1726 par Sawai Jai Singh, veille avec autorité sur Amber. Second verrou du dispositif défensif, elle se partage pour moitié entre une section purement militaire et la partie résidentielle privée du maharaja. Si vous n'avez que peu de temps, foncez jusque-là, pour la vue panoramique sur le fort d'Amber et les remparts qui se découvre depuis les bastions du Garden Palace.
– Arrivé par la route, après l'entrée, prenez à droite dans la cour principale pour grimper sur un bastion et atteindre l'impressionnant ***canon Jaivan,*** fondu ici en 1720. Pesant 54 t, il est doté d'un fût de 6 m de long et couvrait la partie sud de la forteresse.

UN CANON BIEN INUTILE

Quatre éléphants étaient nécessaires pour faire pivoter l'engin monstrueux qui devait expédier son projectile à 35 km, mais il ne servit qu'une fois, lors du coup d'essai pour tester sa fiabilité. L'onde de choc tua 8 soldats ainsi qu'un éléphant...

Belle vue sur la vallée, le lac Man Sagar et son palais flottant, sans oublier le canal de 5 km qui acheminait l'eau dans les énormes citernes de la forteresse à la saison des pluies.

– Retour vers la cour principale pour ensuite se diriger vers le fond. Juste avant l'arche de la porte, petit *Jaigarth Restaurant,* pour un rafraîchissement ou un snack *(mêmes horaires que le fort ; bon marché mais rien d'extraordinaire).* On débouche alors dans la ***cour résidentielle*** *(Jaleb Chowk)* et ses collections ethnographiques. Côté gauche, passer rapidement le ***musée d'Armes*** *(Armoury),* où sont exposés fusils incrustés d'os et d'ivoire, canons avec leur pedigree et la liste des victoires auxquelles ils ont contribué, fusils de 3 m de long et autres bombes de glaise, ancêtres du cocktail Molotov. Dans le bâtiment d'en face (à droite), une exposition sur les souverains de Jaipur : photos en compagnie de figures de l'histoire, souvenirs et uniformes. Rien d'inoubliable, à vrai dire. Près de la sortie de l'*Armoury* se cache un petit temple sculpté en marbre blanc avec, à l'intérieur, Rāma et Vishnou (offrande attendue si vous sacrifiez au rituel...).

– Ceux qui montent à pied du fort d'Amber débouchent dans cette cour par Awani Gate, plus ou moins au niveau du temple, en tournant à gauche à l'arrivée (donc à droite si on veut y descendre !).

– La visite se poursuit par les quartiers résidentiels, après une nouvelle porte. C'est ici qu'un guide s'avère utile, car c'est un véritable dédale, tout est vide, et il est difficile d'imaginer à quoi étaient utilisés tous ces volumes... Le 1er bâtiment sur la gauche de l'esplanade, ***Subhat Niwas*** (qui abrite aujourd'hui des véhicules militaires), servait à l'assemblée des guerriers avant les batailles (des tambours que l'on entendait à 8 km à la ronde), et le suivant à celle des officiers et commandants. On accède ensuite au ***Lakshmi Vilas,*** salon d'audience du XVIIe s, avec colonnes en marbre. Chaque jour, au ***théâtre des marionnettes*** voisin, se jouent des spectacles sur fond de musique locale.

– Suit une pittoresque ***salle à manger,*** où hommes et femmes étaient séparés, avec véranda et colonnes sculptées. Les cuisines sont attenantes : *veg'* d'un côté, *non veg'* de l'autre ! On passe ensuite devant l'appartement principal d'été, protégé du soleil mais pas de la lumière, et précédé d'une terrasse d'où la vue, superbe, porte sur la vallée, les remparts courant sur les collines et le lac Maota, qui alimentait en eau le fort.

– On atteint finalement le ***Garden Palace*** (XVIe s), construit autour d'un jardin ombragé par 2 manguiers. S'avançant au-dessus du vide, les tourelles, où le maharaja et sa cour venaient se rafraîchir, offrent un panorama époustouflant sur le village et le fort d'Amber. On distingue la *route des Femmes,* une allée pavée encadrée de hauts murs par laquelle favorites et concubines montaient se réfugier au fort en cas d'attaque ennemie.

– De retour dans la cour résidentielle *(Jaleb Chowk),* suivre le fléchage vers Amber mais laisser sur votre droite la porte (Awani Gate) qui y descend, passer les w-c (que l'on ne conseille pas !) et prendre à gauche pour accéder à la ***fonderie des canons.*** En activité de la fin du XVIe s (lorsque les Moghols introduisirent la poudre) jusqu'au XIXe s, elle fut l'une des plus importantes d'Inde. C'est ici qu'a été fondu le *Jaivan,* qui a un petit frère, le *Bajrang Nan* (1691), moins colossal. Il est assez rare, aujourd'hui, de découvrir un tel atelier de fabrication, dans un état quasi intact. Outre quelques armes et boulets, on voit en particulier l'impressionnant système pour couler le métal puis celui pour percer les fûts de canons, qui était actionné par 4 bœufs tirant une grande roue en bois.

Nahargarh Fort *(Tiger Fort)* **:** *à env 10 km d'Amber et 6 km du fort de Jaigarth (même route, sans ombre). Visite tlj 10h-17h30, mais on peut accéder au site à tte heure (voiture indispensable). Entrée : 200 ₹, ou inclus dans le* Composite Entry Ticket *; supplément voiture 40 ₹.* Dominant Jaipur, ce fort ne présente pas le même intérêt architectural que les précédents. Ce site, peu fréquenté, écrase de sa superbe la ville lovée autour de la colline rocheuse. À l'heure où le soleil décline, le lieu séduira les âmes contemplatives. Le palais Madhavendra (XVIIIe-XIXe s)

LE RAJASTHAN

conserve un certain nombre de salles peintes et une multitude de petites pièces. À cette époque, les femmes habitaient au rez-de-chaussée en hiver et passaient à l'étage en été. Dans la cour, jolies peintures du maharaja à dos d'éléphant.
Padao, une cafète dans la cour intérieure du fort *(☎ 514-80-44 ; tlj 10h-22h).*

À voir encore dans les environs de Jaipur

La vallée de Galta (*Galtaji, ou Monkey Temple*) **:** *à env 2,5 km à pied de Suraj Pol (hors plan par D2) ou env 10 km par la route (env 700 ₹ A/R en taxi). Appareil photo 50 ₹, caméra 150 ₹.* Au creux d'une vallée encaissée, dans le moutonnement des monts Aravalli, un étonnant ensemble de temples de style moghol des XVIIe et XVIIIe s. Ce lieu de pèlerinage populaire, né autour de l'ermitage d'un *sadhu,* est très connu pour la multitude de singes sacrés qui y vit – d'où le surnom de *Hanuman Temple* du lieu. Ils sont nourris par les fidèles (en particulier le mardi), de même que les vaches. Rigolo de les voir se disputer les bananes ! Au fond, un escalier grimpe vers le temple principal, dédié au dieu solaire et précédé de 2 *kunds* (bassins d'ablutions). Les eaux, jaillissant de la montagne, sont sacrées, elles aussi. D'en haut, pittoresque panorama, et coucher de soleil enchanteur sur Jaipur.

Chokhi Dhani : *Tonk Rd, Via Vatika. ☎ 516-50-00. Infos et résas hébergement : ☎ 516-50-15. • chokhidhani.com • À 20 km au sud de Jaipur. Bus à l'aller depuis Ajmeri Gate puis compter 500 ₹ pour le taxi du retour. Ouv seulement le soir 17h-23h. Entrée : 750 ₹, repas compris (réduc enfants) ; formules également à 950 et 1 200 ₹ (buffet).* Ce « parc d'attractions ethnographique », très majoritairement fréquenté par les familles indiennes, dresse un panorama complet de la culture du Rajasthan. Reconstitution en carton-pâte de rues de village et de scènes de la vie rurale avec leurs artisans et boutiques traditionnelles. Tous les acteurs de la vie sociale et culturelle sont là, en plein travail, jusqu'à l'astrologue palmiste consulté par les visiteurs ou le prêtre plongé dans une lecture pieuse devant un temple. Entre ces personnages emblématiques, des plates-formes avec danses tribales, musiciens, magiciens, tourbillons de chants et couleurs (où l'on sollicite la participation des spectateurs), des balades à dos de chameau ou d'éléphant, des jeux de foire, tir à l'arc... Nombreuses sollicitations de pourboire, hélas...

Dîner plutôt consistant, servi à l'extérieur ou dans de grandes cases décorées, avec tables basses et tapis. Large choix de plats végétariens rajasthanis. Service rapide et efficace.

Nombreuses boutiques de souvenirs avec le meilleur de l'artisanat.
Juste à côté, un *Village Resort* où l'on peut dormir : différentes formules suivant standing et confort.

UN PEU PLUS LOIN DE JAIPUR

Samode et son palais : *au milieu des collines, à env 45 km au nord de Jaipur. Pour y accéder, nombreux bus directs chaque mat de la* Bus Station de Jaipur, *plate-forme n° 4 (1h30 de trajet). Sinon, taxi pour 4-5h (A/R) env 700 ₹ (attention à bien prévoir le retour !). Entrée : 1 000 ₹ si l'on se contente d'une visite sans loger ou prendre un repas (compter 1 500 ₹ dans ce cas).* Situé sur la frontière du Shekhawati, Samode est un vieux village pittoresque avec quelques *havelis* à fresques, surtout célèbre pour son impressionnant palais, l'une des perles du Rajasthan.
Enserré dans une muraille, le palais édifié au XVIIIe s fusionne harmonieusement les styles moghol et rajpoute. Certaines parties ont 400 ans, d'autres « seulement » 250... Décoration vraiment splendide et raffinée : subtilité et jeux inattendus de couleurs, harmonie des tons, finesse des fresques et des incrustations. Certaines pièces au plafond constellé de petits morceaux de miroirs annoncent la

décoration grandiose de la grande salle de réception *(Dharbar Hall)* dans de chatoyants tons rouges d'un faste et d'une finesse extrêmes. Dans l'une d'elles (la salle jaune), belles scènes de chasse... Voir aussi le *Sultan Palace* au 1er étage, superbe avec ses fauteuils en argent ciselé, ses colonnes de marbre, ses jeux de miroirs et ses peintures murales. Le soir, une balade dans le village restera un souvenir mémorable. On peut passer la nuit dans le palais... à condition d'avoir gagné au Loto !

Samode Palace : *☎ 263-23-70. Résas à Jaipur à la Samode Haveli : ☎ (0141) 263-24-07 ou 10-68. • samode.com • Double 270 € ; suite 335 € ; près de 40 % moins cher hors saison. Repas-buffet 1 900-2 700 ₹. Wifi dans les parties communes.* Un palais des *Mille et Une Nuits* pour concrétiser un rêve. Une quarantaine de chambres, plus que très confortables. Chacune possède sa personnalité. Les plus belles donnent dans le 2e patio, nos favorites étant les nos 200 et suivants. Fontaine intérieure (!) dans certaines suites *deluxe* ou royales, comme la no 209, où séjournaient le maharaja et la maharani... Les chambres les moins chères se situent autour du 1er patio. Elles sont déjà superbes et spacieuses, mais n'atteignent pas le faste des précédentes. Magnifique piscine, réservée aux résidents, et cuisine délicieuse. À quelques kilomètres de là, ils possèdent aussi ***Samode Bagh,*** un village de tentes de luxe *(env 200 € la nuit pour 2)* au cœur d'un magnifique jardin avec fontaines, piscine et d'antiques petits pavillons en marbre bien frais.

NEEMRANA

Neemrana Fort Palace : *sur les hauteurs du village de Neemrana, à mi-distance (122d milestone) entre Delhi et Jaipur, et à env 3 km de la Hwy no 8. 95-87-88-50-01. Résas à Delhi : ☎ (011) 46-66-16-66. • neemranahotels.com • Doubles 5 000-11 000 ₹ selon confort, petit déj inclus ; bien plus cher pour les suites... Buffet midi et soir 1 200 ₹.* Cette colossale forteresse du XVe s, accrochée à flanc de rocher, surplombe fièrement le village et offre une vue magnifique sur la campagne environnante. On se promène dans un labyrinthe de terrasses, de jardins, de couloirs, d'escaliers et de patios menant aux 40 chambres, toutes différentes. Du charme, du raffinement. Superbe piscine. Quelques concerts de musique classique et de danse, généralement le samedi soir (buffet alors majoré). Les buffets sont servis dans la très jolie salle en hauteur, et, si le temps le permet, dans les jardins en terrasses le soir. Pour les téméraires, parcours en tyrolienne. En journée, entrée payante si vous n'y résidez pas *(9h-14h30 en sem, 12h-14h30 w-e ; entrée : 1 700 ₹ en sem, 2 000 ₹ w-e – réduc enfants – pour 2h de visite, déjeuner-buffet inclus).* Une étape idéale où s'arrêter entre Jaipur et Delhi, à 100 km de la capitale.

AJMER (अजमेर)

545 000 hab. IND. TÉL. : 0145

• Plan *p. 489*

Au cœur du Rajasthan hindou, à 130 km à l'ouest de Jaipur, et à seulement 12 km de Pushkar, Ajmer est un bastion de l'islam en terre rajpoute. Les pèlerins affluent vers le tombeau d'un saint musulman révéré au sein du *Dargah,* une cité religieuse en soi. Baignant dans une atmosphère de ferveur intense, le sanctuaire est enclavé dans un vieux centre foisonnant d'activité. Une demi-journée suffit à faire le tour de cette cité bruyante et bien moins agréable pour séjourner que Pushkar.

- ***Conseil :*** éviter le vendredi, jour de prière des musulmans ; les conditions ne sont alors pas idéales pour visiter le *Dargah,* au demeurant seul vrai centre d'intérêt de cette ville sans charme.
- L'hébergement à Ajmer est particulièrement médiocre et carrément désastreux dans les catégories « Bon marché » et « Prix moyens ». Il vaut mieux loger à Pushkar, distant d'à peine 12 km. De plus, pendant la foire de Pushkar, certains hôteliers n'hésitent pas à décupler leurs prix, comme leurs collègues de Pushkar !

Arriver – Quitter

En bus

Main Bus Stand *(plan B1) : à l'entrée est d'Ajmer, sur la route de Jaipur. Infos : ☎ 242-53-98. Consigne à l'entrée à gauche.*

➢ ***Pushkar :*** ttes les 15-30 mn, 5h-21h45 (env 30 mn de trajet). Tarif : 16 ₹ seulement ! Théoriquement, d'Ajmer, les bus partent du *Main Bus Stand,* mais assurez-vous-en. À Pushkar, ils se prennent au *Ajmer Bus Stand.* Certains stoppent devant la gare ferroviaire d'Ajmer (demander l'arrêt au chauffeur).

➢ ***Jodhpur :*** bus ttes les heures, 5h30-22h. Trajet : 5h.

➢ ***Jaipur :*** *express* ttes les 10 mn, 24h/24 (ttes les heures 22h-5h). Également des *deluxe* ttes les 30 mn à 2h, mais arrivent souvent de nuit (entre 2h et 5h du mat !). Trajet : 2h45.

➢ ***Delhi, via Agra :*** *express* ttes les 30 mn-1h, 5h-23h, dont 1 *deluxe* Volvo/h. Trajet : 9h.

➢ ***Udaipur :*** bus ttes les 1-2h, 24h/24, et aussi 1 *deluxe* à 13h30. Trajet : 7h.

➢ ***Agra :*** 6 directs de nuit/j. ; départs 20h30-22h15. Trajet : 8-9h.

➢ ***Chittorgarh :*** *express* ttes les heures, 6h-2h15. Trajet : 5h.

➢ ***Kota :*** ttes les 25 mn, 4h45-minuit. Trajet : 5h30.

➢ ***Sawai Madhopur :*** 1 bus/j., à 9h30. Trajet : 7h.

En train

Railway Station *(plan B2) : en plein centre. Infos : ☎ 131.* Résa au comptoir n° 9, tlj 9h30-17h30. Consigne 24h/24 (16 ₹/24h). *Retiring rooms* à gauche des escaliers, après la *waiting room.*

➢ ***Delhi :*** 7-10 trains/j. Le plus rapide et pratique : l'*Ajmer Shatabdi Express* part tlj à 15h45 pour arriver à New Delhi Railway Station vers 22h40. Ou le *Chetak Express,* départ vers 22h45, arrivée vers 4h40 à la gare de Sarai Rohilla.

➢ ***Jaipur :*** très nombreux trains. Env 2h de trajet.

➢ ***Ahmedabad :*** nombreux trains. Trajet : 7h30-17h30. L'*Ashram Express* (départ à 22h50, arrivée vers 7h40) est le plus pratique, avec l'*Ajmer Ahmedabad Intercity* (départ vers 6h25, arrivée à 15h35).

➢ ***Udaipur :*** 3 trains/j. Le *Jaipur Udaipur Express* est le seul à afficher un horaire raisonnable : départ vers 16h10, arrivée à 21h30.

➢ ***Jodhpur :*** 2 trains/j., à 13h35 et 14h25 ; 4-5h de trajet. Autrement, changement à Marwar. Préférer le bus, plus rapide.

➢ ***Abu Road :*** env 7 trains/j. Trajet : 3h30-8h. Malheureusement, les plus rapides partent ou arrivent en pleine nuit... Sinon le *Haridwar Ahmedabad Mail (Yoga Express),* partant à 6h50 (5h de trajet), ou l'*Aravali Express,* à 11h10 (5h30 trajet).

➢ ***Chittorgarh :*** env 8 trains/j. Trajet : 2h35-3h25. Parmi les plus pratiques et rapides, l'*Ali Udz Express* part tlj vers 16h10 pour arriver vers 19h et l'*Ajmer Ratlam Express* (n° 19654) tlj vers 13h, arrivée 16h45.

Adresses utiles

Tourist Office *(plan B1) : hôtel* RTDC Khadim, *Savitri Girls College Rd. ☎ 262-74-26. À 200 m de la station de bus. Lun-ven 9h30-18h, sam 10h-16h ; fermé dim.* Efficace. Cartes de la ville.

■ ***State Bank of India*** *(plan B1,* ***3****) :*

non loin du Tourist Office. Lun-ven 8h-20h. Change les devises. ATM.

■ **Bank of Baroda** (plan B2, **4**) **:** Prithviraj Marg, face à la HPO. Lun-ven 8h-20h.

■ **Distributeur : ATM** (plan B1, **7**) 24h/24 à la **IDBI Bank,** à côté de l'hôtel Shankar Palace.

Où manger ? Où déguster une glace ?

De bon marché à prix moyens (180-900 ₹ / 2,40-12 €)

Madeena (plan B2, **22**) **:** juste en face de la gare, près de la Clock Tower. Tlj 8h-minuit. Cadre tout vert et grosses tables face aux fourneaux, pour une bonne cuisine indienne carnivore pas chère. Atmosphère populaire en diable !

Jai Hind (plan B2, **20**) **:** tt près du Madeena, dans la petite allée au pied de la Clock Tower. Tlj 8h-23h. Excellente cuisine *veg'* préparée par des réfugiés hindous du Sind. Savoureux *thalis,* proposés en 2 tailles, et profusion de légumes, de *dal,* de *paneer* et de lassis. On peut aussi se contenter d'une glace.

Rasoi (plan B1, **24**) **:** Swami Complex, Suchna Kendra Rd, Hathi Bhata. ☎ 262-25-90. Tlj 9h-22h. Thali env 200 ₹. Au 3e étage d'un petit complexe commercial (ascenseur), un resto divisé en 2 salles. Celle de gauche est plutôt réservée aux snacks, glaces et pâtisseries. Mais l'originalité se trouve dans la salle de droite. Un wagon reconstitué, avec ses banquettes de part et d'autre des tables, et surtout des écrans plats tout du long en guise de fenêtres, diffusant un travelling en boucle de... Dubaï (quand il fonctionne) ! Surréaliste... Mais on savoure ici la meilleure cuisine végétarienne d'Ajmer. Service pro.

Mango Masala Restaurant (plan B1, **21**) **:** Kutchery Rd, India Motors Circle. ☎ 323-93-33 ou 91-11. Tlj 9h-23h. Thali env 200 ₹. À l'entrée, comptoir proposant glaces *Baskin Robbins,* cookies, cakes, milk-shakes et bons cafés, glacés ou non. À droite, version snack végétarien dans une salle colorée. À gauche, une autre salle climatisée sans charme, pour les amateurs de produits carnés. À la carte, on trouve un peu de tout : du continental au chinois en passant par l'indien. Nombreux plats de *paneer,* gratin de légumes, cannellonis, pizzas (à éviter...) et quelques spécialités de l'Inde du Sud.

À voir

Dargah (plan A2) **:** à l'extrémité ouest de Dargah Bazar (piétonne depuis Delhi Gate). Tlj 5h-15h, 16h-21h. Laissez vos chaussures au pied de l'escalier et déposez votre appareil photo à la consigne. Évitez la visite le ven, j. de la prière. Ce sera le clou de votre balade à Ajmer. Cette « petite cité » très animée s'est développée autour du mausolée de Khwaja-Muin-ud-din-Chishti, l'un des saints musulmans les plus vénérés d'Inde, fondateur d'un ordre mystique (soufi) et qui vécut à Ajmer au XIIe s. Contrairement à bien d'autres lieux sacrés, les non-musulmans peuvent y accéder, à condition d'être vêtus modestement : jupe longue et tête couverte pour les femmes, pantalon et calotte à acheter dans la rue avant l'entrée principale (env 50 ₹) pour les hommes. Si vous êtes en short, location d'un *dhoti* possible. Précisons qu'il n'y a que pour entrer dans le mausolée du saint qu'il faut avoir la tête couverte.

C'est le matin vers 8h que la visite est la plus agréable, avant que ce quartier très commerçant ne se remplisse de monde. Passé la monumentale porte colorée blanc et vert avec ses 2 minarets, on plonge dans l'animation d'un vrai village avec ses boutiques d'articles religieux et les étals de pétales de rose, ses cours, refuges pour les pèlerins, et mosquées... Un lieu vraiment étonnant où la ferveur des croyants est communicative au milieu des mélopées soufies. Très vite, sur la

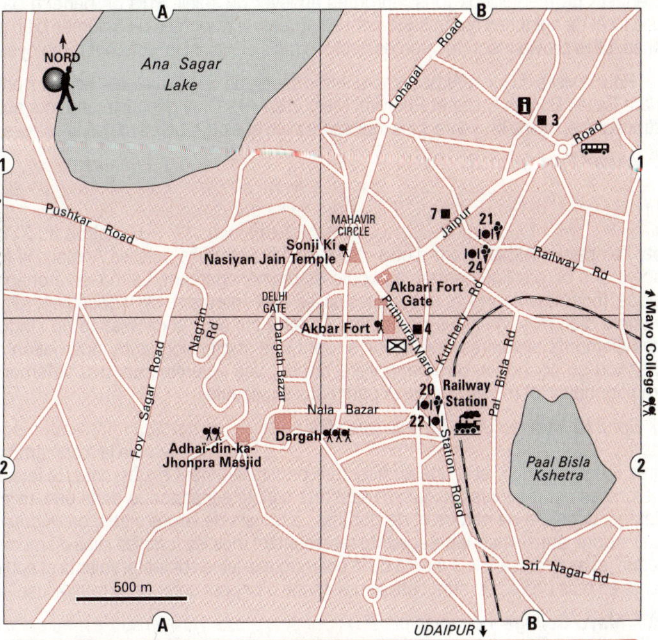

AJMER

Adresses utiles

- Tourist Office (B1)
- 3 State Bank of India (B1)
- 4 Bank of Baroda (B2)
- 7 IDBI Bank (ATM) (B1)

Où manger ? Où déguster une glace ?

- **20** Jai Hind (B2)
- **21** Mango Masala Restaurant (B1)
- **22** Madeena (B2)
- **24** Rasoi (B1)

gauche, vous verrez 2 immenses chaudrons, destinés à recueillir les offrandes et où, lors de la fête de l'***Urs Mela*** (en mars ou avril), on fait cuire plus de 2 t de riz à distribuer aux nécessiteux. Jetez aussi un œil aux mosquées construites par les empereurs Akbar et Shah Jahan, puis au bassin aux ablutions, surmonté de petites arcades et parsemé de pétales de roses.
Ensuite, couvrez-vous la tête pour pénétrer dans le mausolée du saint, au dôme de marbre blanc piqué d'une flèche dorée. À l'entrée, les assistants saisissent les plateaux de pétales de roses, qui retombent en une pluie continue. À l'intérieur, on se presse pour toucher tous en même temps le linge vert recouvrant le tombeau d'argent. Un moment d'éternité. En sortant (ouf !), évitez de signer un registre qui vous contraint à faire un don : il n'y a aucune obligation.

Adhaï-din-ka-Jhonpra Masjid *(plan A2)* **:** *à 5 mn à pied du Dargah ; en sortant, prendre à gauche jusqu'à la porte de la ville, l'entrée est à 200 m env, sur la droite (fléché) ; un escalier mène à la mosquée. Ouv du lever au coucher du soleil. GRATUIT.* Perchée à flanc de colline, cette mosquée du XIIIe s, en ruine, ne conserve qu'une salle de prière ouverte aux quatre vents. Mais sa façade est une vraie dentelle sculptée ! Les arabesques calligraphiées et ciselées dans la pierre prennent de merveilleux tons mordorés au lever du soleil. Puis on pénètre dans une forêt de colonnes magnifiquement sculptées, surmontées de 5 dômes bien alignés. Elles proviennent de temples hindous qui s'élevaient ici et furent remployées.

➢ Pour la visite du fort d'Akbar, empruntez le dédale de vieilles ruelles s'insinuant entre Nalla Bazar, Dargah Bazar et Prithviraj Marg *(plan A1)*. On y découvre une tout autre atmosphère, moins bruyante, plus reposante avec quelques belles maisons colorées.

Akbar Fort (plan B1-2) **:** *☎ 262-06-37. Y accéder par Prithviraj Marg, par l'Akbari Fort Gate (c'est fléché, et ainsi à peine à 10 mn à pied du temple jaïn). Tlj sauf lun 12h-18h. Entrée : 100 ₹. Appareils photo interdits à l'intérieur. Le soir à 18h30, son et lumière en anglais (à 19h30 en hindi) : 50 ₹.* Construit au XVIe s par l'empereur Akbar avant d'être utilisé par les Marathes puis les Anglais, le fort comprend un pavillon central, en cours de réaménagement. Le musée archéologique, récemment rénové, occupe les salles qui l'entourent. On y découvre, relativement bien mis en valeur, des objets en terre cuite de la civilisation de l'Indus, des éléments lapidaires des Xe-XIIe s (dont une impressionnante incarnation de Vishnou en cochon !), une panoplie d'armes, des enluminures, des vêtements traditionnels... et même quelques panneaux explicatifs !

Sonji Ki Nasiyan Jain Temple (plan B1) **:** *à 100 m au nord du fort ; entrée, pour les non-jaïns, côté Prithviraj Marg. Tlj 9h-17h. Entrée : 10 ₹.* Temple jaïn construit en grès rouge en 1865, et d'une architecture particulièrement exubérante. Si la salle de prières est réservée aux jaïns, reste une curiosité inattendue dans une salle à l'étage, couverte de miroirs et de dorures : à travers de larges vitres, on découvre une surprenante « maquette » géante représentant tous les temples jaïns en modèle réduit, et reproduisant le schéma de la cosmogonie jaïne : bateaux volants et sculptures en bois doré... On aurait utilisé une tonne d'or pour créer cette œuvre insolite !

Mayo College (hors plan par B1) **:** *Srinagar Rd, à 4 km au sud-est du centre-ville ; env 50 ₹ en rickshaw. Visite possible dim 9h30-13h30, 14h30-17h30, et sur rdv en sem seulement (sauf période d'exams) après avoir demandé l'autorisation du proviseur (« principal », en anglais) : ☎ 266-11-54. ● mayocollege.com ● À défaut de rdv préalable, essayez de convaincre le garde, à l'entrée, de vous laisser accéder à l'office, pour faire la demande. Vous aurez peut-être la chance d'être accompagné par le prof de français !* Ce lycée, réservé au départ aux fils de maharajas, fut créé par lord Mayo, vice-roi des Indes, pour mieux assurer la promotion de la couronne britannique. Il fut inauguré en 1875 pour un seul élève : le fils du maharaja d'Alwar, qui arriva sur un éléphant, escorté de ses 200 serviteurs ! Surnommé « l'Eton de l'Inde » et d'excellente réputation, il applique toujours une discipline stricte pour dispenser une éducation « combinant à la perfection l'excellence académique, le sport, l'art, l'artisanat, la musique et le théâtre ». Le but : « faire des élèves des leaders dans tous les domaines, armés d'un sens des valeurs et de principes solides ». Il est clair que l'argent aide aussi, les frais de scolarité dépassent les 300 000 ₹ (environ 4 500 €). Tous les rejetons de l'élite du pays y poursuivent leurs études.
Le campus, de 70 ha, forme une vraie petite ville, avec son hôtel, son temple, son golf, ses terrains de sport, ses 2 piscines et ses écuries (50 pur-sang !). Quelque 900 pensionnaires, âgés de 9 à 18 ans, y reçoivent des 80 professeurs un enseignement en anglais. De l'autre côté de la route, 800 filles étudient aussi dans un établissement similaire, ouvert pour elles en 1985 (120 ans après les garçons...). Le majestueux bâtiment mêle à merveille esprit anglo-saxon et architecture moghole. Marbre, teck birman et verres belges lui confèrent beaucoup d'allure. Voir la salle de l'assemblée, où élèves et professeurs se réunissent chaque matin pour les annonces, la prière et le chant. Le *Danmal Mathur Museum* regroupe pléthore d'objets collectés au fil du temps : artisanat, objets usuels, monnaies, animaux empaillés, poulet à 4 pattes dans le formol, photos anciennes, armes et mille autres choses encore, nimbées d'une aura de poussière. Une plongée dans un monde habituellement insaisissable.

PUSHKAR (pushkar)

21 000 hab. IND. TÉL. : 0145

• Plan *p. 493*

Située à 12 km au nord d'Ajmer, entre des collines arides, Pushkar est une toute petite ville blanche lovée autour de son lac. Son nom signifie « étang aux lotus ». Qu'il est agréable de se promener dans cet espace, un brin nonchalant, réservé aux piétons à l'écart des klaxons ! Cela a séduit les babas de tout poil, qui fréquentent les lieux avec assiduité depuis les sixties. Autrefois rendez-vous des hippies du monde entier, beaucoup de nostalgiques y reviennent en compagnie d'une génération nouvelle cherchant à communier avec l'Inde éternelle. Mais avant tout, pour les hindous, Pushkar est une ville sainte. Y venir une fois dans sa vie vaut 100 pèlerinages n'importe où ailleurs ! Les eaux de son lac, entouré de 52 ghâts, sont réputées laver de tous les péchés, et même guérir les maladies de peau ! Les croyants s'y immergent, avant de cheminer vers le grand temple de Brahma (le seul au monde dédié au créateur), 1er dieu de la trinité hindoue. Aux alentours, quelque 500 autres sanctuaires se répartissent sur les rives du plan d'eau et dans les rues de la ville. Un long chemin vers le nirvana...

JALOUSIE DIVINE

Selon la légende, Brahma se préparait à une puja (offrande), mais sa femme Savitri le fit attendre. Or, cette offrande spéciale ne pouvait s'accomplir qu'en présence d'une femme. Las de patienter, Brahma épousa une fille de Pushkar. Furieuse, son épouse légitime le rejeta et jura qu'on ne célébrerait le culte de son époux nulle part ailleurs en Inde. Non mais !

LA PLUS GRANDE FOIRE AUX DROMADAIRES D'INDE

C'est ici qu'a lieu, pendant la pleine lune du mois d'octobre-novembre, l'une des plus grandes foires aux dromadaires dans le monde. Un événement tout à fait extraordinaire, à ne pas manquer si vous êtes dans le Rajasthan à cette période, à condition de réserver un hébergement longtemps à l'avance. Elle se tient à l'occasion de l'un des 5 grands pèlerinages hindous. Les nomades du désert du Thar et les paysans de la région débarquent alors dans leurs plus beaux atours pour vendre et acheter des dromadaires. Au plus fort du rassemblement, quelque 300 000 personnes et 20 000 animaux se retrouvent ici ! Durant 5 jours, Pushkar est envahie par une marée humaine ! De grandes courses de dromadaires sont organisées. Une immense fête foraine se déroule. Le jour de la pleine lune, tout le monde prend son bain rituel dans le lac, tôt le matin, avant d'entreprendre d'en faire le tour. Les femmes vont au temple pour que soient exaucés leurs vœux de bonheur, mariage, fécondité... À la fin de la foire, des milliers de bestiaux ont changé de main après d'âpres marchandages. Les caravanes de nomades s'en retournent alors dans le désert, image éternelle et à nouveau paisible.

Calendrier de la foire aux dromadaires

2019	2020	2021
4-12 novembre	22-30 novembre	11-19 novembre (à confirmer)

Arriver – Quitter

La gare ferroviaire la plus proche de Pushkar se trouve à Ajmer. Voir les connexions au départ de cette gare. Sinon, Pushkar compte 3 *Bus Stands*.

Ligne de bus Pushkar-Ajmer : ttes les 15 mn, 6h30-20h (env 30 mn de trajet). À Pushkar, départ du ***New Bus Stand*** *(plan B1,* ***5****).* Certains marquent un arrêt à la gare ferroviaire d'Ajmer. À Ajmer, les bus partent du *Main Bus Stand.*

New Bus Stand *(plan B1,* ***5****) :* À noter que les bus les plus matinaux partent du *Marwar Bus Stand.*

➢ ***Jaipur :*** bus ttes les 15 mn 7h30-9h30, puis 4 bus entre 14h et 16h30. Trajet : 3h30.
➢ ***Delhi :*** 1 bus/j., vers 15h. Trajet : env 8h.
➢ ***Jaisalmer :*** 1 bus/j., vers 7h20. Trajet : 7h. À prendre devant le *Marwar Bus Stand.*
➢ ***Bikaner :*** départs à 5h30 et 7h30 du *Marwar Bus Stand,* puis ttes les 30 mn-1h 8h-22h du *New Bus Stand.* Trajet : env 7h.
➢ ***Jodhpur :*** 3 bus/j., 8h-12h15. Trajet : env 4h30.
➢ ***Bundi :*** 2 bus/j., à 11h et 12h30. Trajet : env 5h30.

Marwar Bus Stand *(plan B1,* ***4****) :* pour les bus gouvernementaux très matinaux, et surtout les bus privés. Peu de bus directs, il faut souvent changer à Ajmer. Pour tout renseignement ou ticket de bus privé, s'adresser à une véritable agence et non à votre hébergement pour éviter les mauvaises surprises (voir « Adresses utiles »). Attention, la route Pushkar-Ajmer-Jaipur est assez dangereuse de nuit.

➢ ***Jaipur :*** 1 bus privé le mat (vers 8h) et 1 autre vers 17h.
➢ ***Delhi :*** 2 bus privés *deluxe,* clim et sans clim, en soirée (vers 20h et 20h30).
➢ ***Jaisalmer :*** 2 bus privés/j., en soirée (20h30 et 22h30). Trajet : 11h.
➢ ***Bikaner :*** 3 bus privés/j., à 18h, 20h30 et 22h.
➢ ***Jodhpur :*** 1 bus privé/j., à 7h. Trajet : env 5h30.

Quelques conseils utiles

– ***Quand y aller ?*** Si vous y allez pour la foire, arrivez si possible 4 ou 5 jours avant la pleine lune d'octobre-novembre. Le spectacle de l'arrivée des éleveurs et nomades et de leurs bêtes avec les marchandages dans la plaine de sable se révèle vraiment captivant. Les hordes de curieux débarquent 2 jours avant le bain rituel, les nomades partent déjà... et l'atmosphère perd de sa magie. Ceux qui ne supportent pas le côté trop touristique ne regretteront pas de partir avant la fin ; ils auront vécu le meilleur !

– ***Le bruit :*** pendant la foire, les bouchons d'oreilles s'imposent car, tout au long de la nuit, les haut-parleurs crachent, jusqu'à saturation, des chants pas toujours très mélodieux. Le reste de l'année, ils se calment... un peu. Mais ne rêvez pas au silence absolu, particulièrement autour du lac, où les temples ne lésinent pas sur les mélopées, de l'aube à tard le soir. En fait, les bouchons d'oreilles sont utiles toute l'année !

– ***Taxe :*** en arrivant, taxe 20 ₹ par voiture (à la charge de l'agence si vous en avez une).

– ***RÈGLE ABSOLUE :*** il est interdit de marcher chaussé sur les ghâts du lac. Évitez également de porter du cuir (sandales, ceinture, etc.) à moins de 1 m de celui-ci. Amusant de constater la profusion d'articles de cuir dans les boutiques quelques mètres plus loin...

– ***Pratique détestable :*** on viendra sans doute, à un moment de votre visite (y compris pendant la visite du temple de Brahma), vous fourrer des pétales de fleurs dans la main. Puis on vous invitera (parfois très gentiment) à aller les jeter dans le lac pour suivre un prétendu rituel. Refusez ! C'est de la pure arnaque qui peut vous coûter très cher. Une fois sur la rive, on ne vous laissera plus partir sans une offrande forcée qui peut grimper au-dessus de 1 000 ₹ ! Il en est de même lorsque l'on tente

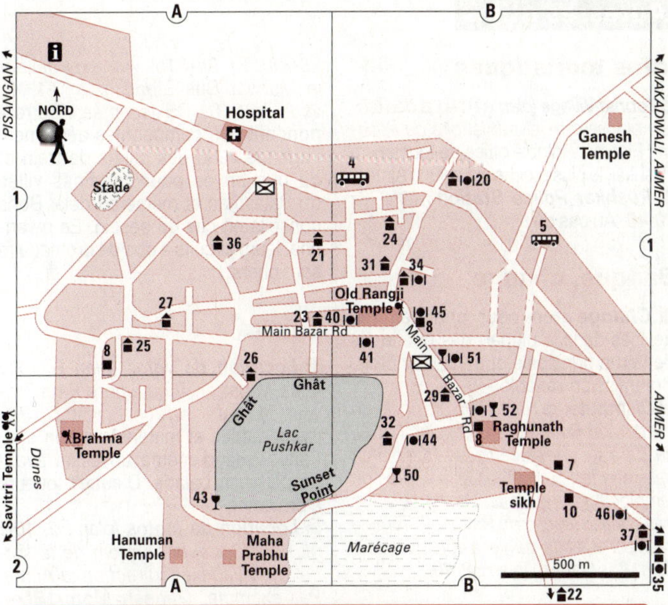

PUSHKAR

Adresses utiles

- Tourist Village (A1)
- 4 Marwar Bus Stand (B1)
- 5 New Bus Stand (B1)
- 7 Ekta Travels et Malakar (B2)
- 8 Distributeurs (ATM ; A1, B1 et B2)
- 10 Ganesh Motor Bike (location de motos et ATM ; B2)

Où dormir ?

- **20** Atithi Guest House (B1)
- **21** Rajguru Guesthouse (A1)
- **22** The Pineapple Express (hors plan par B2)
- **23** Moustache Hostel (A1)
- **24** Hotel Rising Star et The White House (B1)
- **25** Akash Hotel (A1)
- **26** Bharatpur Palace (A1-2)
- **27** Paramount Palace (A1)
- **29** Shriya Guest House (B2)
- **31** Kanhaia Haveli (B1)
- **32** Hotel Pushkar Palace (B2)
- **34** Inn Seventh Heaven (B1)
- **35** Dia Bed & Breakfast, Shannu's Ranch Inn et Zostel (hors plan par B2)
- **36** Hotel Everest (A1)
- **37** Kamal Villas (B2)

Où manger ?

- **34** Sixth Sense (B1)
- **40** Honey & Spice (B1)
- **41** Pawan Restaurant (B1)
- **44** OM Shiva Garden Restaurant (B2)
- **45** La Pizzeria Restaurant (B1)
- **46** A Blue Star (B2)

Où boire un verre ?

- **43** Doctor Alone (A2)
- **50** Sunset Café (B2)
- **51** Funky Monkey (B1)
- **52** Heart Rock Roof Top (B2)

À faire

- **35** Shannu's Riding School (hors plan par B2)

de vous imposer au prix fort de prétendus « bracelets de protection ».
– ***Photos :*** il est interdit de photographier les ghâts et les bains rituels. De grandes pancartes rappellent les règles de conduite à respecter en toutes circonstances. On trouve ça normal.

Adresses utiles

Infos touristiques

Tourist Village (plan A1) : *sous des tentes, ouv seulement pdt la foire de Pushkar.* Plus de véritable office de tourisme à Pushkar, le plus proche est celui d'Ajmer.

■ ***Pushkar Police Station*** : ☎ *277-20-46.* Au cas où !

Banque, change

■ ***Change*** : on peut changer ses devises dans la plupart des boutiques de la rue principale et dans les hôtels. Commission variable.

■ ***Distributeurs*** : *un ATM à proximité de l'entrée du Brahma Temple (plan B1, **8**), un autre sur une placette de la rue principale, au pied du* Koffee Culture, *près du temple Old Rangji (plan B1, **8**), un autre très central proche du Ragunath Temple (plan B2, **8**) et un dernier à côté du loueur de motos* Ganesh *(plan B2, **10**).*

Agence de voyages

■ ***Ekta Travels*** (plan B2, **7**) : *à deux pas du Ajmer Bus Stand.* ☎ *277-28-88. Tlj 9h-21h. Annexe devant le Marwar Bus Stand (plan A1, **4** ; ☎ 277-21-31). CB acceptées.* Correspondant des compagnies aériennes, l'agence vend des billets de train et de bus privés pour certaines villes du Rajasthan et même au-delà. Bons conseils en cas de besoin. En revanche, leurs circuits à dos de dromadaire sont chers.

Loisirs

■ ***Location de vélos*** (plan B2, **7**) : *chez **Malakar,** à gauche d'*Ekta Travels. *Tlj 9h-19h ou 20h. Env 50 ₹/j.* Prix raisonnables et matériel en bon état. Faites quand même un essai avant de partir en balade. D'autres loueurs à proximité.

■ ***Location de motos*** (plan B2, **10**) : *plusieurs loueurs non loin de la sortie du village en direction d'Ajmer. Par exemple, **Ganesh Motor Bike.** 98-28-78-63-32. Tlj 8h30-20h30. Env 100-200 ₹/h selon modèle.* Une adresse sérieuse et du matériel en bon état.

Où dormir ?

Le prix des hébergements, même très bon marché durant l'année, se met à délirer quelques jours avant la foire aux dromadaires. Une chambre à 200 ₹ peut grimper jusqu'à 2 000 ₹ ! Mais on peut aussi planter sa tente dans les jardins. Certains hôtels en montent eux-mêmes et y installent 50 paillasses... C'est souvent moins cher qu'une chambre, mais pas toujours ! Le reste de l'année, vous n'aurez que l'embarras du choix : les hôtels et *guesthouses* abondent. Vous trouverez généralement le meilleur rapport qualité-prix en vous éloignant un peu du centre.

Auberges de jeunesse

Moustache Hostel (plan A1, **23**) : *Main Market, Badi Basil. 70-73-17-77-61. • moustachehostel.com • Lit en dortoir min 350 ₹ ; doubles 1 100-1 500 ₹.* Difficile de faire plus central ! Comme les autres *hostels* de cette minichaîne dans l'esprit AJ, on y trouve aussi bien des dortoirs que des chambres doubles (un peu chères pour ces dernières), le tout plutôt bien équipé et confortable. Et surtout, autour d'une superbe pelouse, avec un coin snack vraiment convivial. Un vrai bon plan !

Zostel (hors plan par B2, **35**) : *Choti Basti, au bout de Panchkund Rd.* ☎ *70-73-68-66-76. • zostel.com • Lit en dortoir min env 450 ₹ ; double 1 500 ₹ ; petit déj en sus.* « *The place to be* » à Pushskar pour tous ceux qui aiment le style AJ, jeune et festive. La chaîne *Zostel* se développe à toute allure et attire de plus en plus de *backpackers.* Déco fun, tons acidulés, dortoirs de 4 ou 8 lits superposés (certains réservés aux filles), chambres doubles gaies, espaces communs avec coussins pour se vautrer, salon sur le toit, cuisine, café, piscine extérieure pour la bronzette et location de vélos. Pas de doute, avec ce rapport prix-qualité-ambiance, il faudra impérativement réserver son bout de matelas.

The Pineapple Express *(hors plan par B2, **22**) : Vamdem Rd. 73-00-57-57-22. • pushkarpineapple@gmail.com • Presque en pleine campagne, par la route derrière le temple sikh (gurudwara). Lit en dortoir env 400 ₹ ; hutte 2 pers 1 400 ₹.* Probablement l'adresse la plus cool de Pushkar, lorsque cool évoque dreadlocks, voyage au long cours et longues soirées chaleureuses. Au bout d'un grand jardin, une maisonnette abrite 2 dortoirs, bien remplis mais aux bons matelas, pendant que 3 huttes rondes bordent la pelouse. Sanitaires communs pour tous. Tout ça se fait à la bonne franquette, au coin du feu en soirée si le temps s'y prête, à grignoter des snacks bon marché. Un lieu où le temps suspend son vol...

Atithi Guest House *(plan B1, **20**) : près du collège des garçons (Senior Secondary Boy High School). ☎ 277-25-03. 98-29-09-79-73. • atithiguesthouse.com • Doubles 500-650 ₹.* La maison, sur le côté d'une petite route, abrite au calme 14 chambres très propres mais sans superflu, embaumant le Paic citron (enfin !). Elles donnent sur une courette pleine de verdure. Un peu plus chères à l'étage, mais toutes disposent d'une salle de bains (refaites pour certaines) et d'un ventilo. Pappu et sa famille vous accueillent avec gentillesse et préparent de bons repas (à la commande), servis sur la terrasse où on profite du coucher du soleil. Certains ne viennent même ici que pour cela ! Soyez patient, le service est un peu lent... À propos de lenteur, dites bonjour à la tortue Pillou pour nous.

Rajguru Guesthouse *(plan A1, **21**) : Holi Ka Chowk. ☎ 277-39-25. 99-82-15-91-20. • rajguruguesthouse@gmail.com • S'adresser à la boutique AR Agencies & Telecom, au pied de l'hôtel. Doubles 200-950 ₹.* On aime bien le carré de pelouse soignée encadré de 2 hauts pendulas et d'un mur couvert de bougainvillées. La vieille maison, proprette, abrite 8 chambres basiques, avec sanitaires privés ou communs, et de taille variable. Les 2 plus chères, perchées sur le toit, disposent même de leur propre terrasse. Grand calme et bien pour le prix. Éviter leurs services annexes (réservation de bus, etc.), peu fiables.

Shriya Guest House *(plan B2, **29**) : dans la rue principale, près du temple de Raghunath. ☎ 277-39-74. Doubles sans ou avec sdb 400-500 ₹.* Dans une maison ancienne et bleutée, des chambres avec salle de bains entourent une cour-jardin intérieure ceinte d'arcades. Avec salle de bains partagée (très correcte) ou privée au 1er étage, pas de jaloux, c'est quasi le même prix. La propreté est encore acceptable et la compagnie des routards du monde entier plutôt sympa.

Akash Hotel *(plan A1, **25**) : Badi Basti, près du temple de Brahma. ☎ 277-24-98. • filterboy21@yahoo.com • Double 600 ₹.* Cette vieille maison peinte en bleu a bien du charme, avec sa courette intérieure et son bon resto sur le *rooftop*. Elle est animée par une jeune équipe sympa et baigne dans une bonne ambiance, très *chill out* comme disent les Anglais. Confort très basique, chambres étriquées, rien de bien nickel, mais les douches sont chaudes !

Bon marché (600-1 500 ₹ / 8-20 €)

The White House *(plan B1, **24**) : dans une ruelle tranquille de Mali Mohalla. ☎ 277-21-47. • hotelwhitehouse@hotmail.com • Doubles avec sdb 650-1 500 ₹ selon taille et équipement.* Un des plus anciens hébergements de Pushkar, tenu par une famille brahmane. La maison, toute blanche, offre des chambres correctes (matelas pas terribles quand même), avec ventilo ou clim pour les plus chères. Vue superbe sur la ville depuis le toit, où se trouve un resto *veg'* sympa et goûtu. Tous les légumes viennent de la ferme familiale, le cuistot aime ce qu'il fait et ça se sent. « Jus de pomme » (à bulles !) disponible, on a le sens du commerce ! Massages ayurvédiques. Excellent et adorable accueil.

Paramount Palace (plan A1, **27**) : *Badi Basti. ☎ 277-24-28. 94-14-66-65-27. • pushkarparamount.com • Doubles avec sdb 500-1 200 ₹.* À l'arrière d'une superbe *haveli*, un hôtel bleu pastel, qui domine joliment la ville et le lac. Toutes les chambres colorées disposent d'un ventilo, certaines, près de la réception, sont microscopiques, d'autres plutôt spacieuses. Les plus agréables dotées d'un minibalcon s'ouvrent sur le vieux temple en contrebas. Petit jardin intérieur agréable dans lequel se prélassent 3 tortues, et terrasse sur le toit. Entretien un peu aléatoire, toutefois compensé par l'atmosphère sereine et l'accueil chaleureux.

Hotel Everest (plan A1, **36**) : *en retrait du Gandhi Ghât. ☎ 277-34-17. 94-14-66-69-58. • pushkarhoteleverest.com • Proche de la poste ; suivre le fléchage. Doubles avec sdb et sans ou avec clim 600-1 300 ₹.* Un bâtiment vert pâle tout en hauteur, un patron attentif, des chambres bien entretenues, plus ou moins grandes et lumineuses, avec un effort de déco, et tout en haut un agréable toit-terrasse aménagé en resto, avec une vue extra sur la ville... Voilà donc une bonne petite adresse, simple et proprette. Les prix grimpent avec les étages !

Hotel Rising Star (plan B1, **24**) : *Mali Mohalla. ☎ 277-23-28. 92-52-17-73-57. • risingstarpushkar@hotmail.com • Doubles avec sdb 600-1 200 ₹.* Plus discret et plus intime que son voisin *The White House*, l'hôtel dispose de chambres simples et propres. Les moins chères n'ont qu'un ventilo, la plus chère la clim et un balcon. Petit resto servant une cuisine familiale pas trop grasse. Accueil sympa.

Bharatpur Palace (plan A1-2, **26**) : *au bord du lac, env 300 m avt le Brahma Temple. ☎ 277-23-20. 94-14-00-61-20. • bharatpurpalace_pushkar@yahoo.co.in • Doubles sans ou avec sdb et sans ou avec clim ou vue 1 200-1 500 ₹ selon confort et vue.* Une pension pour routards plantée au bord du lac ! Fresques murales dans la cour d'accueil. Certes, l'entretien global est aléatoire et les prix surestimés, mais certaines chambres sont assez particulières, comme la *Maharaja Room* (sanitaires communs), sur la vaste terrasse dans une sorte de bastion carré, avec 4 fenêtres et surplombant carrément les ghâts. Sinon, la n° 5 juste au-dessus, avec ses 3 fenêtres, un poil moins chère. Les chambres avec douche privée sont plus en retrait. Bon accueil.

De bon marché à prix moyens (600-3 000 ₹ / 8-40 €)

Inn Seventh Heaven (plan B1, **34**) : *Choti Basti, à 5 mn de la rue principale. ☎ 297-19-05. • inn-seventh-heaven.com • Résa impérative. Doubles avec sdb 1 500-3 800 ₹ selon confort ; réduc de 10 % en mai-juin.* Derrière la lourde porte, on découvre un plaisant patio et sa fontaine semée de pétales de roses. Tout autour, des plantes grimpantes s'attaquent aux étages. Dans sa belle demeure centenaire, Anoop a aménagé une quinzaine de chambres nickel (avec ou sans clim et chauffage selon le tarif, qui grimpe aussi avec les étages), qui ont en commun déco soignée et atmosphère apaisante. Sur le toit : belle vue, resto un brin branchouille (voir « Où manger ? »), et puis, partout, des espaces en terrasse pour se relaxer (balancelles, hamacs, banquettes avec coussins). Ambiance zen et bio. Essentiel : pensez à confirmer votre résa 48h avant !

Kanhaia Haveli (plan B1, **31**) : *près du Mali Mandir et proche du lac, Choti Basti. 94-14-36-40-46. • pushkarhotelkanhaia.com • Doubles 600-2 500 ₹.* Derrière sa lourde porte dorée, un hôtel à double visage... Au fond, les chambres les moins chères, basiques et sombres. Devant, dans une nouvelle aile plaquée sur l'ancienne façade, des sols en marbre, de larges couloirs et des chambres bien plus spacieuses, plaisantes et modernes (clim). Eau chaude 24h/24 (en principe). Resto familial sur le toit, avec vue plongeante sur le temple voisin.

Shannu's Ranch Inn (hors plan par B2, **35**) : *Panch Kund Rd, à 300 m du carrefour. ☎ 277-20-43. • shannus.weebly.com • Double 1 600 ₹ ;*

familiales 4-5 pers aussi. Le triple seulement durant la foire ! Dîner env 350 ₹. On est accueilli dans cette oasis tranquille par une adorable famille indo-québécoise, amoureuse des chevaux (voir la rubrique « À faire »). Elle propose, face à un grand jardin arboré, 7 bungalows simples et plaisants en brique rouge et toit de tuiles doublé de chaume à l'intérieur. Équipés de moustiquaire et salle de bains avec eau chaude (vieillissantes tout de même, les salles de bains), ils bénéficient d'une déco ethnique avec, souvent, des lits ronds sur terrassons surélevés... Idéal pour faire son yoga. Délicieux dîner familial bio sur réservation. Petit café sympa pour siroter, au son d'une bonne musique, un expresso avec un croissant, un cookie ou un *carrot cake*.

Kamal Villas *(plan B2,* ***37****) : Jamni Kund Rd, pas loin du terminal des bus d'Ajmer. ☎ 277-30-19. 98-29-15-89-36. • pushkarkamalvillas.com • Doubles 1 200-2 000 ₹.* Dans un quartier calme et encore un peu verdoyant, un petit hôtel familial disposant de chambres basiques pour le 1er prix, avec clim ou non et douches chaudes. Celles de l'étage, plus chères, sont plus lumineuses. Repas particulièrement recommandés pour la fraîcheur des produits (ah, le 1er yaourt du petit déj !).

Chic (3 000-5 400 ₹ / 40-72 €)

Dia Bed & Breakfast *(hors plan par B2,* ***35****) : Panch Kund Rd. ☎ 510-54-55 ou 277-25-85. • inn-seventh-heaven.com • Résa impérative. Double 3 600 ₹ (4 400 ₹ pour la plus grande, « Savera »), bon petit déj compris (avec muesli au miel et fruits frais).* Ce *B & B*, excentré mais fort plaisant, c'est la résidence privée du proprio du *Seventh Heaven* : une grande maison blanche entourée de terrains où broutent des dromadaires. À l'étage, il a aménagé 5 très belles chambres, dont 3 avec balcon. Aérées et spacieuses, elles sont joliment décorées, avec bouquins et moult coussins, sur des tonalités roses de l'Inde éternelle. Terrasses avec moelleux canapés pour buller. Dîner à la carte sur demande. Seul regret : le ménage des chambres n'est pas fait tous les jours (ne pas hésiter à le réclamer !).

Très chic (5 400-10 500 ₹ / 72-140 €)

Hotel Pushkar Palace *(plan B2,* ***32****) : au bord du lac. ☎ 277-30-01. Résas : ☎ 277-20-01 ou 24-01. • hotelpushkarpalace.com • Double min 8 000 ₹, petit déj (bof) inclus ; suite aussi. CB acceptées.* Cette vénérable demeure de maharaja rénovée s'élève fièrement au bord du lac, face aux ghâts. Avec ses inconvénients, car les haut-parleurs des temples voisins démarrent tôt et finissent tard... Les 50 chambres sont à la fois assez charmantes et vieillottes. Équipements d'époque (coloniale !). Éviter les chambres du rez-de-chaussée, moins chères, mais petites et sans vue. Préférer celles des étages, pour profiter au mieux, depuis la galerie, du coucher de soleil sur le lac et du rituel des ablutions le matin. Resto à fuir. Durant la foire, pas une chambre à moins de 20 000 ₹ (hors taxe !). En revanche, en basse saison, ça se négocie. On peut profiter de la piscine du *Jagat Palace*, à 15 mn de marche, appartenant au même groupe. Accueil au lance-pierre.

Royal Desert Camp : *seulement durant la foire de Pushkar. 98-28-06-06-01. • hotelpushkarpalace.com • Résa possible aussi auprès du* Pushkar Palace *ou du* Jagat Palace. *Min 14 000 ₹ la nuit sous une (belle) tente de luxe avec sdb (repas en sus).*

LE RAJASTHAN

Où manger ?

Pushkar étant une ville sainte hindoue, la nourriture proposée est strictement végétarienne : même pas d'œuf ! Ne rêvez pas, pas de bière non plus, sauf, parfois, sous l'appellation « jus de pomme », mais chut...

Très bon marché (max 180 ₹ / 2,40 €)

|●| ***Pawan Restaurant*** (plan B1, **41**) : *Lakhsmi Bazar. Tlj 8h-22h.* « Restaurant » n'est pas vraiment le mot… Juste quelques chaises en plastique au bord de la rue, prises d'assaut à toute heure. Normal, on y mange pour 3 fois rien de délicieux falafels, tacos, nouilles et riz sautés, muesli, burgers, pancakes… tout ça d'une fraîcheur sans faille, tout en profitant du spectacle ininterrompu de cette rue complètement dingue. Attention aux vaches, elles aiment autant que nous cette adresse !

|●| ***Honey & Spice*** (plan B1, **40**) : *Lakhsmi Bazar, à l'entrée du temple Old Rangji. ☎ 510-55-05. 📱 94-13-24-71-56. Tlj 8h-18h.* Le meilleur muesli de Pushkar, nappé de yaourt au safran avec raisins, figues séchées, noix, graines de millet et grenade. Miam ! La cuisine, fraîche, copieuse et parfumée, n'est pas en reste : plats indiens, sandwichs et desserts, avant de terminer par un café à la cardamome ou un lassi au safran ou à la rose !

De bon marché à prix moyens (max 900 ₹ / 12 €)

|●| ***Sixth Sense*** (plan B1, **34**) : *c'est le resto de l'hôtel* Inn Seventh Heaven *(voir « Où dormir ? »). ☎ 510-54-55. Tlj 8h30-22h30 (dernière commande 21h30).* Confortablement installé sur le toit, sur une banquette moelleuse, appuyé sur un coussin, on se régale d'une cuisine végétarienne panindienne honnête. Au menu, des petits déj servis toute la journée, des sandwichs, des plats de légumes, *paneer, dal* et *thali* copieux, sans oublier les pâtes et les pizzas cuites au feu de bois. La déco, les loupiotes, la bonne musique rendent l'atmosphère intime et chaleureuse. Service pro et souriant.

|●| ***La Pizzeria Restaurant*** (plan B1, **45**) : *Varah Heritage St, Choti Basti. 📱 99-82-47-56-01. Tlj 11h-23h.* La petite salle donnant sur la rue est sans intérêt. Il faut s'installer dans le patio à l'arrière, sans vue, certes, mais plus plaisant. La cuisine navigue logiquement sous pavillon italien, avec un vrai bonheur : grande variété de pâtes, et des pizzas cuites au feu de bois, fines comme on aime. Ambiance baba-chic, équipe chaleureuse, musique un peu forte diront certains, parfaite pour se mettre dans le *mood* diront les autres… Prix raisonnables.

|●| ***OM Shiva Garden Restaurant*** (plan B2, **44**) : *dans la ruelle menant à l'hôtel* Pushkar Palace, *sur la gauche. ☎ 277-23-05. Tlj 7h-23h.* La terrasse, abritée sous une grande paillote, s'ouvre sur un paisible jardin, une oasis bien agréable en dehors du chaos de la rue. Musique lounge relaxante. La carte déborde d'options en tout genre, sur des notes méditerranéennes : pizzas au feu de bois, plats grecs et italiens en particulier. Grand choix de bons petits déj et toutes sortes de cafés, sandwichs et crêpes. Propose aussi des *mocktails* (sans alcool, donc).

|●| ***A Blue Star*** (plan B2, **46**) : *Jamni Kund Rd, à côté du* Little Italy. *📱 98-28-35-52-63. Ouv 9h-23h.* Ganesh et Durga, en version hautement psychédélique, ornent les murs de l'entrée pour donner le ton. Suit un long jardin cerné de murs tagués. Les tables accueillent les routards prêts à partager leurs bonnes adresses et leurs derniers tuyaux. Propositions indo-israéliennes (bio, annonce la carte) plutôt alléchantes, particulièrement les différents sandwichs *(malawach, ziva, fatut),* mais aussi quelques salades, mueslis, pancakes et pizzas (moyennes en revanche). Service et ambiance… très détendus.

Où boire un verre ?

🍷 ***Sunset Café*** (plan B2, **50**) : *après le* Pushkar Palace, *face au lac. ☎ 277-27-25. Tlj de 7h jusque tard.* L'endroit stratégique pour prendre un verre le soir en contemplant le coucher de soleil. C'est l'un des points de chute des babas du monde entier qui viennent y boire un thé vespéral en écoutant les musiciens locaux. Sinon, resto moyen.

🍷 |●| ***Funky Monkey*** (plan B1, **51**) : *à l'orée d'une ruelle faisant l'angle avec la* *rue principale, face au OM Shiva Buffet Restaurant.* Les 3 petites tables posées dans la ruelle, entre les vaches qui circulent et les motos qui déambulent, ont un côté mutin. On vient surtout y prendre un café ou un petit déj *(6 options 100-150 ₹),* en papotant avec le jeune patron volubile, ou les autres voyageurs. Pâtes et pizzas aussi.

Doctor Alone *(plan A2,* ***43****)* **:** *au fond d'une ruelle sur la droite, côté lac ; affiches sur le mur, pousser la porte verte en tôle. 98-28-24-97-32. Tlj 9h-23h env.* Bob Marley dirige le lieu, la musique plane, la clientèle aussi... entre les chaises cannées dans la cour et le recoin couvert de matelas jetés au sol juste en surplomb du lac. On commence la journée par un bon muesli, avant d'enchaîner par une noria de petits plats indiens, italiens ou israéliens (pas extra dans l'ensemble). Ou plutôt des jus frais et des lassis pour les pauses ou le coucher du soleil, en compagnie de 2 tortues débonnaires, parfaitement raccord avec la nonchalance ambiante...

Heart Rock Roof Top *(plan B2,* ***52****)* **:** *très central, dans la rue principale. 98-28-64-18-94. Tlj jusque tard.* Terrasse couverte et point de ralliement des baroudeurs cosmopolites qui ont posé leurs sacs à Pushkar depuis... un certain temps. Large choix de cuisines : indienne bien sûr, mais aussi chinoise, italienne, israélienne, thaïe, et même « *maxican* » ! Cela dit, mieux vaut se contenter d'y boire un verre.

Achats

Dans la rue centrale (Main Bazar Road), succession de petites ***échoppes*** proposant un large choix de sacs, étoffes, tapis, patchworks, coussins, vêtements, bijoux, encens, cassettes et CD de musique indienne... Vu la concurrence, les prix sont globalement plus bas que dans les autres villes du Rajasthan. Profitez-en !

À voir. À faire

Les ghâts : dès les 1res lueurs du jour, c'est le rituel des ablutions tout autour du lac. Villageois et pèlerins investissent peu à peu les lieux et pratiquent leur *puja.* Des instants à savourer, pleins de naturel et de ferveur, dans la douce lumière du matin. Soyez discret dans vos attitudes... On n'est ni dans une salle de spectacle ni au zoo ! Lire quand même en début de chapitre « Quelques conseils utiles ».

Les temples : très nombreux, pour la plupart relativement récents, et souvent interdits d'accès aux non-hindous. Précédé d'un portail gardé par des oies sacrées, le plus ancien (XIVe s), le ***Brahma Temple*** *(plan A2),* ouvert à tous *(tlj 5h30-13h30, 15h-20h30 ; consigne chaussures),* est l'un des seuls au monde consacrés à cette divinité. Accès parfois compliqué, vu la foule de pèlerins ! Un vrai festival coloré avec son *gopuram* orange et ses colonnes bleu ciel, vertes et jaunes. Face au bazar, le ***Old Rangji Temple*** *(plan B1)* a été construit en 1844 au milieu d'une vaste cour, autour de laquelle se sont installées écoles de danse et de yoga. L'architecture mêle styles moghols du Rajasthan et du sud de l'Inde. L'accès au sanctuaire est réservé aux hindous.

Savitri Temple (hors plan par A2) **:** *c'est le petit temple qui coiffe le sommet de la colline pyramidale dressée au sud-ouest de Pushkar. Contourner le temple de Brahma par le nord, puis suivre la route, jusqu'au début de l'escalier montant au sanctuaire, à droite. Grimpette en 40 mn env, de préférence aux heures fraîches. On peut aussi emprunter le téléphérique* (ropeway) *pour 104 ₹ l'A/R (tlj 7h-19h30).* Le chemin est composé de 580 marches et les 250 dernières sont particulièrement raides ! Mais la récompense est à la hauteur, une vue panoramique remarquable. Singes à l'arrivée. Le temple, lui, est sans grand intérêt.

➢ ***Balades à cheval :*** *avec* ***Shannu's Riding School*** *(hors plan par B2,* ***35****). ☎ 277-20-43. • shannus.weebly.com • Compter env 1 200 ₹/h, max 2h.* Vanyu, indo-québécois, propose des balades nonchalantes dans la campagne alentour.

SUR LA ROUTE DU SHEKHAWATI

Roopangarh (Rupnagar) : *à 60 km de Pushkar. Gares les plus proches : Kishangarh (25 km) et Ajmer (50 km). En bus, départs ttes les heures depuis Ajmer. On peut également y aller depuis Jaipur en changeant de bus à Kishangarh.* Ne manquez pas de vous y arrêter pour quelques heures, ou pour une nuit. Après avoir franchi la 1re porte 3 fois centenaire, vous serez plongé dans un charmant petit village, encore oublié des circuits touristiques. Balade dans ces ruelles paisibles, bordées de petites échoppes et de façades aux teintes bleutées témoignant d'un riche passé.

Roopangarh Fort : *☎ (01497) 22-52-17 ou 54-44. 📱 94-14-67-01-93. • royalkishangarh.com • Doubles avec clim ou air cooler 5 500-7 500 ₹ ; petit déj en sus.* Perle du village, le fort du XVIIe s a été converti en hôtel par son maharaja actuel, Brajray Singh. Délicieusement décorées par la maharani, les 23 chambres sont immenses, toutes différentes, chacune révélant ce que fut la splendeur du lieu, avec quelques touches de modernité. Le sommet est atteint avec la *Queen's Suite,* entourée de sa propre galerie à arcades. Resto à la hauteur du lieu, sans oublier l'accueil et un service irréprochables. Quelle belle atmosphère, pour ceux qui ne sont pas rebutés par la solitude !

SUR LA ROUTE D'UDAIPUR

Deogarh Mahal : *Deogarh Madaria,* ***Rajsamand.*** *☎ (02904) 25-27-77 ou 33-33. • deogarhmahal.com • Double min 7 100 ₹. Repas 600-1 000 ₹.* Excellente halte pour déjeuner sur la route entre Ajmer et Udaipur, voire pour dormir. Repas délicieux, servis, si le temps le permet, sur le toit-terrasse avec une vue magnifique sur la campagne environnante, sinon dans l'immense salle à manger avec sa multitude de colonnes. On peut également visiter le palais *(250 ₹),* avec un audioguide très intéressant. Ce grand palais construit au XVIIe s a été transformé en hôtel en 1991 par Rawat Nahar Singh, son actuel propriétaire. Une partie de la famille vit encore sur place. Les 50 chambres et suites, toutes différentes, possèdent chacune un charme particulier lié à l'histoire de la famille. On découvre également un dédale d'escaliers, terrasses, couloirs et pièces superbes. À noter l'ascenseur d'époque, couvert de feuilles de laiton et de frises en céramique. Piscine, jacuzzi, salle de massages, et une ribambelle d'activités intéressantes pour découvrir la campagne environnante.

RANTHAMBORE TIGER RESERVE

IND. TÉL. : 07462

Jaipur : *150 km ;* ***Bharatpur :*** *230 km.*

À environ 150 km au sud de Jaipur et à 10 km de la paisible ville de Sawai Madhopur, ce superbe parc doit sa renommée à un hôte prestigieux, le tigre. Car s'il est bien une réserve ou un parc en Inde où le visiteur a des chances de croiser le bel animal, c'est ici. Forte de ses 70 (voire 80) spécimens,

la Ranthambore Tiger Reserve draine chaque année nombre de curieux, simples visiteurs, photographes ou naturalistes avertis. Évidemment, rien n'est garanti... et, à vrai dire, pour mettre toutes les chances de votre côté, il vous faudra peut-être prévoir 2 ou 3 safaris, sur 2 jours. Les paysages ne manquent pas de charme et le parc abrite de nombreuses autres espèces. Les gorges aux falaises abruptes côtoient des collines sèches et des recoins luxuriants, de majestueux banians se suspendent au-dessus des pistes et les rivières et les lacs miroitent entre ombre et lumière... Une belle découverte en perspective !

– ***Attention :*** la réserve est fermée du 1er juillet au 30 septembre.

BIEN PLUS QUE DES TIGRES...

Avec ses quelque 1 300 km² et ses innombrables pistes, la réserve offre un sanctuaire à une faune riche et variée. Outre le fameux fauve rayé, vous croiserez peut-être aussi des chats sauvages (voire un léopard...), des hyènes, des ours ou des pythons ! Plus probablement, vous verrez de nombreux oiseaux, comme ces scintillants martins-pêcheurs aux couleurs irisées et ces familles de paons aux aigrettes surnageant entre les herbes folles, des singes (*langurs* en hindi) en pagaille et différentes espèces d'ongulés – essentiellement des *sambhars* (sortes de cerfs), des *chitals* à la robe tachetée (plus petits), des *nilgauts* (grosses antilopes) et des *chinkaras,* jolies gazelles, emblème du Rajasthan. Tout cela dans un environnement sauvage qui ne vous fera pas regretter les 3h ou 3h30 à cahoter sur les pistes.

Arriver – Quitter

Gares ferroviaire et routière à ***Sawai Madhopur,*** à un peu plus de 1 km l'une de l'autre. Vu l'état des routes dans le coin, on vous conseille plutôt le train, mais sachez que les liaisons en bus sont fréquentes entre Jaipur et Sawai Madhopur, et qu'il y a aussi 1-2 bus/j. pour Bundi (tôt le mat). Rens bus à Sawai Madhopur : *☎ 22-37-00.*

Gare de Sawai Madhopur : *en plein centre-ville, sur la ligne Delhi-Mumbai.* Consigne (tout au bout du quai nº 1, à droite depuis le hall principal), office de tourisme (quai nº 1, à 50 m du hall, sur la droite) et *ATM* (à l'extérieur).

➢ ***Delhi :*** 9 trains/j., la plupart en soirée, dans la nuit ou tôt le mat. Trajet : 4h30 à... 9h30. Même fréquence vers ***Mumbai*** ; min 13h de trajet.

➢ ***Jaipur :*** min 7 trains, bien répartis dans la journée. Trajet : 2-3h.

➢ ***Bundi :*** 3 trains/j., à des heures pas géniales du tout. Celui de 5h25 a toutefois le mérite d'arriver à Bundi vers 9h et d'éviter de devoir trouver une chambre en pleine nuit.

➢ ***Agra :*** 3-4 trains/j., mat, ap-m et soir. Durée très variable : 3h30-7h45. Ils passent par ***Fatehpur Sikri.***

Adresses utiles

Tourist Reception Centre : *à la gare ferroviaire de Sawai Madhopur, quai nº 1. ☎ 22-08-08. Tlj 9h30-18h.* Carte de la ville et du coin mais, à part ça, infos pas très fiables... Renseignez-vous plutôt auprès de votre hôtel.

Project Tiger RNP Safari Booking Office : *à 5-6 km de Sawai Madhopur, par la Ranthambore Rd (la route des hôtels) ; puis petite route sur la gauche. • fmdss.forest.rajasthan.gov.in • Tlj à partir de 10h.* C'est ici qu'il faut venir retirer son ticket d'entrée au parc... ***préalablement réservé sur Internet*** (inutile d'y aller si vous n'avez pas réservé). Dans la pratique néanmoins, ce sont plutôt les hôtels qui se chargent de ce déplacement (moyennant une petite commission) tandis que les touristes n'ont qu'à attendre que le véhicule avec lequel ils visiteront le parc vienne les chercher à leur hôtel.

Voir plus loin toutes nos infos à ce sujet.

■ **ATM :** *à la gare ferroviaire. 2 autres près du rond-point avec la statue, à 300 m.*

Où dormir ? Où manger ?

La plupart des hôtels sont alignés sur 10 km le long de Ranthambore Road, la route qui va du centre de Sawai Madhopur jusqu'à l'entrée principale de la réserve. Les plus chers sont en général à l'écart de la route, un peu au milieu de nulle part, d'où les nombreux forfaits pension complète proposés... Il faut dire qu'il n'y a guère de restos en dehors de ceux des hôtels.

De très bon marché à bon marché (moins de 1 000 ₹ / 13,30 €)

Aditya Resort : *Ranthambore Rd, à env 2,5 km de la gare, côté gauche, 300 m après le Tiger Safari Resort. 94-14-72-84-68. • hoteladityaresort.com • Doubles 400-900 ₹.* Dans une petite bâtisse sans prétention, des chambres aveugles ou non, avec sanitaires communs (eau chaude au seau) ou privés, au confort simple et au mobilier minimal... mais bien tenues (et les plus chères ont la clim). Le jeune et sympathique patron pratique des tarifs on ne peut plus raisonnables ! Petit toit aménagé en resto, pour une cuisine végétarienne très correcte et bon marché. La meilleure affaire dans cette gamme de prix.

Prix moyens (1 500-3 000 ₹ / 20-40 €)

Tiger Safari Resort : *Ranthambore Rd, à un peu plus de 2 km de la gare, côté gauche. ☎ 22-11-37. 94-14-03-06-35. • tigersafariresort.com • Doubles 1 800-2 200 ₹, petit déj inclus.* 2 pimpants bâtiments rouge et blanc, l'un en bord de route (pour les *deluxe*) et l'autre en retrait (les « cottages »). Pour la différence de prix, on recommande les « cottages » à l'arrière, non seulement bien calmes mais plus grands et plus agréables ! Toutes ont la clim et une bonne literie, cela dit. Entre les 2 bâtiments, une piscine sympa pour se rafraîchir et des tables et chaises pour se prélasser ou se sustenter (bonne cuisine indienne). Accueil pro. L'un des meilleurs rapports qualité-prix du coin.

Ranthambore Vatika Resort : *Ranthambore Rd, à un peu moins de 4 km de la gare, côté gauche. ☎ 22-24-57. • ranthambhorevatikaresort.com • Doubles 1 900 ₹ avec petit déj ou 2 500 ₹ en ½ pens.* Un peu en retrait de la route, agréable ensemble de maisonnettes vertes, de part et d'autre d'une petite allée fleurie. Chambres bien équipées (matelas moelleux ou bien fermes) et très bien tenues. Resto *veg'* sur place, et accueil de bon conseil. Un bon choix là aussi.

Très chic (5 400-10 500 ₹ / 40-72 €)

Ranthambhore Heritage Haveli : *à 8 km de la gare, par la Ranthambore Rd sur 6,5 km puis une piste sur la gauche sur 1,5 km. 96-80-15-00-45. • rhhaveli.com • Doubles env 5 500 ₹ avec petit déj et 6 500 ₹ en ½ pens.* Grande *haveli* dans les tons crème, bien à l'écart de la route, qui séduit dès l'abord ! Elle abrite une quarantaine de chambres impeccables et neuves, sur 2 niveaux autour de galeries à arcades donnant sur 2 longs patios intérieurs. Les *deluxe rooms* étant au même tarif que les standards, autant prendre celles-là : en plus d'être très vastes (pour beaucoup), elles profitent d'un beau mobilier en bois et même d'une photo géante du parc (ou de tigres) ! Sinon, toutes sont bien équipées, avec une literie douillette et une belle salle de bains. Piscine sur le côté avec transats, salon accueillant et resto. On adore aussi, à l'étage, le très beau coin terrasse avec vue sur la campagne. De quoi passer un moment très romantique au point ou à la fin du jour !

Beaucoup plus chic (plus de 10 500 ₹ / 140 €)

Sawai Madhopur Lodge (Taj) : *Ranthambore Rd, à env 1,5 km de la gare, côté droit. ☎ 22-51-55. • tajhotels.com • Double en pens complète env 19 000 ₹ (hors taxe) oct-mars, moitié moins le reste de l'année.* Cet ancien *lodge* de chasse bâti dans les années 1930, par et pour le maharaja de Jaipur, forme une superbe oasis avec ses quelque 5 ha de jardins aux pelouses immaculées (où volettent des perroquets verts), sa jolie piscine et ses chambres cossues et tout confort (à la déco un peu safari) ou ses suites spacieuses équipées, pour certaines, de 2 salles de bains. Le tout nickel bien sûr, avec personnel aux petits soins et thé servi dans l'après-midi. Spa et fitness. Attention, les services en plus (transfert depuis la gare, réservations des safaris...) sont chers.

Comment visiter le parc ?

– Réserve ouv 1er oct-30 juin.

– Les excursions, nommées un peu pompeusement « safaris », durent 3h-3h30 et se font soit le matin, entre 6h-7h et 9h30-10h30, soit l'après-midi, entre 14h-15h30 et 17h30-19h, selon la saison. Prévoir une bonne doudoune et un bonnet pour la balade du matin en hiver, il peut faire très froid, d'autant que jeep comme camion sont largement ouverts ; mais même à l'approche de l'été, un petit pull ne sera pas de trop.

– La visite se fait à bord des véhicules du *Forest Office,* à raison de plusieurs dizaines de véhicules à chaque sortie, conduits par un chauffeur du parc et accompagnés (du moins dans les zones 1 à 6, voir plus loin) d'un guide naturaliste. On choisit entre les jeeps (les *gypsies,* jusqu'à 6 personnes) et les camions-bus découverts (les *canters,* environ 20 places). Vu la petite différence de prix, préférez les *gypsies* : pas vraiment plus confortables, mais plus discrètes et maniables ! Dans une jeep, en plus, on profite mieux des explications du guide.

– Pour visiter le parc, ***la réservation préalable en ligne est obligatoire,*** sur le site *• fmdss.forest.rajasthan.gov.in •* Mais cela ne dispense pas de devoir aller chercher son ticket (avec son coupon de réservation) la veille ou le jour même (au moins 45 mn avant le départ) au *Project Tiger RNP Safari Booking Office* (voir plus haut dans « Adresses utiles »)... Plus simple : charger son hôtel d'y aller et demander que le véhicule du parc passe vous prendre à l'hôtel, comme le font la plupart des touristes. Il vous en coûtera une petite commission, mais ça vaut la peine ! Plus simple encore mais un peu plus coûteux : l'hôtel (ou une agence – locale ou non) s'occupe de toute la réservation à l'avance (et du retrait des tickets au *booking office* la veille ou le jour même) : il faudra alors compter au moins 400-500 ₹ par personne en plus, mais vous n'aurez à vous soucier de rien...

Si vous souhaitez faire la réservation vous-même, la procédure est un peu tortueuse mais, en principe, on y arrive. D'abord vous devrez, en entrant dans le site internet indiqué plus haut, cliquer sur « SSO Login » (dans la barre tout en haut) et y créer un compte. Dans la page qui apparaît ensuite, sélectionnez « Wildlife Ticket Booking Service » puis « Advanced Wildlife Ticket Booking ». Remplir le formulaire (en choisissant la zone du parc que vous souhaitez visiter, on vous conseille les zones de 1 à 6 !) puis procédez au paiement, en cliquant sur « pay now », « aggregate » puis « RAZOR PAY » (l'option pour les CB internationales). Vous n'aurez alors plus qu'à imprimer votre coupon de résa, lequel vous permettra d'obtenir le fameux ticket d'entrée au parc en vous rendant au *booking office* (ou en chargeant votre hôtel de le faire pour vous)... Ouf !

– ***Tarifs :*** *en résa directe, il vous en coûtera env 1 350 ₹/pers si visite en camion et env 1 700 ₹/pers si vous optez pour la jeep, tt compris (entrée, véhicule, guide et taxes).* À cela, bien sûr, il faudra ajouter les éventuelles commissions prises par l'hôtel ou une agence si vous recourez à leurs services.
– Si vous optez pour la visite en jeep, on vous conseille de réserver le plus longtemps possible à l'avance. Pour les camions en revanche, on trouve en général de la place même en réservant la veille.
– La réserve est divisée en ***10 zones*** réparties à travers le parc et ses zones « tampons ». Un conseil, choisissez les zones 1 à 6 (le choix est proposé en faisant la réservation), ce sont les plus belles et celles où vous aurez le plus de chances d'apercevoir un tigre (vous venez pour ça, pas vrai ?). De plus, les guides y sont plus pro (dans les zones 7 à 10, il s'agit surtout de guides amateurs).
– Si le ***guide*** s'est montré compétent (et sympa), il est d'usage de lui laisser un petit pourboire (sans oublier le chauffeur !)... en particulier si vous tombez nez à nez avec le grand félin !
– À quelle époque de l'année a-t-on ***le plus de chance de croiser un tigre*** ? La réponse est sans conteste en avril-juin, lorsqu'il fait plus chaud (les tigres sont alors souvent autour des points d'eau) et que les herbes sont plus sèches et rases. À cette période, la probabilité de voir un fauve est assez élevée. Avant (sachant que ***le parc est fermé de juillet à septembre),*** les chances sont de l'ordre de 50 %... en moyenne. Quant au moment de la journée (matin ou fin d'après-midi), c'est un peu kif-kif bourricot !

BUNDI (बूंदी)

105 000 hab. IND. TÉL. : 0747

• Plan *p. 505*

Kota : *41 km ;* ***Chittorgarh :*** *150 km.*

Plus ou moins à mi-chemin entre Jaipur et Udaipur (et à environ 165 km au sud-est d'Ajmer), la petite cité de Bundi ne figure guère sur la liste des tour-opérateurs. En revanche, un certain nombre de routards, en quête d'authenticité et de tranquillité, y font étape. Et ils ont bien raison. Si l'on y voit peu de boutiques pour touristes, les petites *guesthouses* familiales, elles, ont fleuri. L'atmosphère est celle d'une bourgade plutôt tranquille, où l'on vous reconnaît vite dans la rue. La Cité des Sources, comme on la surnommait autrefois, apparaît au détour de la route comme une vision un peu irréelle, blottie au pied de son majestueux palais accroché au flanc d'une haute colline, puis s'étalant jusqu'à son marché, au creux d'une vallée. L'effet est encore plus marqué quand on vient des plaines arides et monotones qui s'étendent au nord, vers Jaipur. Fraîcheur des collines, bleu des maisons (ça rappelle d'autres villes), ocre du palais, murailles qui grimpent, bassins (hélas parfois à sec). Après avoir franchi l'une des monumentales portes de la ville, on est plongé dans l'Inde profonde. L'effervescence du bazar et les scènes de rue procurent alors un vrai plaisir.
Ici, personne ne viendra vous déranger et si, malgré tout, un étudiant en quête de quelques roupies essaie de vous guider, un refus courtois suffira. Si vous avez lu Kipling, ses récits hautement imagés vous accompagneront partout. On dit que son âme se serait échappée d'Angleterre pour revenir ici...
Cité des Sources, disions-nous, Bundi est la ville des bassins et des puits. On est allé chercher l'eau au plus profond de la terre et c'est ce qui a longtemps donné à la ville son aspect verdoyant. Il y eut jusqu'à 65 puits à escaliers (ou *baori*) dans et autour de la ville. Ces énormes cavités, lors des mois de mousson, se remplissaient automatiquement et permettaient d'abreuver les êtres et d'irriguer les terres. Chacun était dédié à une divinité différente.

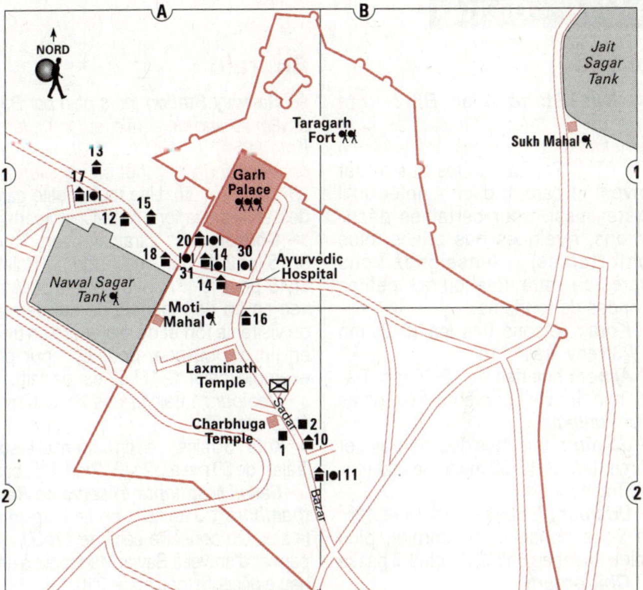

BUNDI

Adresses utiles

- Tourist Information Bureau (B3)
- **1** Distributeurs ATM (A2 et B3)
- **2** G.M. Cycle Repaires (A2)

Où dormir ?

- **10** Bhavyam Homestay (A-B2)
- **11** Hadee Rani Haveli Heritage (A-B2)
- **12** Haveli Uma Megh (A1)
- **13** Shivam Tourist Guesthouse (A1)
- **14** Kasera Heritage View et Kasera Paradise (A1)
- **15** Haveli Katkoun (A1)
- **16** Bundi Inn (A2)
- **17** Bundi Haveli Hotel (A1)
- **18** Nawal Sagar Palace (A1)
- **20** Bundi Vilas (A1)

Où manger ?

- **11** Restaurant du Hadee Rani Haveli Heritage (A-B2)
- **14** Morgan's Place (A1)
- **17** Restaurant du Bundi Haveli Hotel (A1)
- **20** Restaurant du Bundi Vilas (A1)
- **30** Sawan Café (A1)
- **31** Rainbow Heritage Restaurant (A1)

Arriver – Quitter

En bus

Bus Stand *(plan B3)* **:** *Kota Rd. Env 50 ₹ (un peu plus la nuit) en rickshaw pour rejoindre la vieille ville. ATM.* Presque ts les bus d'État arrivent et partent d'ici. À noter qu'il existe aussi, pour certaines destinations, quelques bus privés (plus confortables). Renseignez-vous auprès de votre hôtel ou des petites agences de tourisme.

➢ ***Kota :*** liaisons ttes les 15-20 mn 4h-23h env. Trajet : 1h.

➢ ***Ajmer :*** bus ttes les 15-30 mn. Trajet : min 4h. De là, liaisons fréquentes pour ***Pushkar.***

➢ ***Jaipur :*** bus ttes les heures, et même ttes les 15-30 mn tôt le mat (4h-8h). Trajet : 4-6h.

➢ ***Udaipur :*** 2 bus/j., vers 7h et 13h. On vous conseille ce dernier, plus rapide (trajet en 6h30). De plus, il passe par ***Chittorgarh.***

➢ ***Jodhpur :*** 3 bus/j., 6h30-11h30. Trajet : env 8h.

➢ ***Bikaner :*** 2 bus/j., le mat, via Jaipur ou Ajmer. Trajet : env 10h.

➢ ***Sawai Madhopur (réserve de Ranthambore) :*** 2 bus/j., vers 7h45 et 12h15. Trajet : 4h.

➢ ***Delhi :*** 2 bus/j., l'ap-m et le soir. Trajet : 10h. Préférer le train (le *Mewar Express* vers 22h30), plus rapide et moins fatigant.

En train

Railway Station *(hors plan par B3)* **:** *à 5 km au sud de la ville, sur la route de Kota (compter 100-150 ₹ en rickshaw depuis Bundi). Guichet ouv tlj sauf dim 8h-13h, 14h-15h.* Une toute petite gare, desservie par la ligne Kota-Chittorgarh.

➢ ***Chittorgarh :*** 2 trains/j., vers 7h et 9h15 (et 2 de nuit, mais bon...). Trajet : 3h45 pour le 1er, 2h20 pour le 2d. Arrivée en fin de matinée, ce qui permet de visiter le fort et de reprendre un train en fin de journée, pour Udaipur par exemple (celui de 16h50 est parfait).

➢ ***Udaipur :*** 1 train/j., vers 2h... du mat. Trajet : env 5h.

➢ ***Kota :*** 3 trains/j., en fin d'ap-m et le soir. Trajet : de 50 mn à... 2h40 ! Préférer le bus.

➢ ***Sawai Madhopur (réserve de Ranthambore) :*** 3 trains/j., en fin d'ap-m et le soir. On conseille celui de 17h50, qui permet d'arriver à Sawai Madhopur à une heure décente (peu après 21h).

➢ ***Agra*** *(Cantonment ou Fort)* **:** 1 *passenger train*/j., de nuit ; départ fin d'ap-m, arrivée vers 6h du mat, sans couchette : bonne nuit !

➢ ***Delhi :*** 1 train de nuit – le *Mewar Express* (départ vers 22h30 pour une arrivée vers 6h35).

➢ Pour les ***longues distances,*** on peut aussi aller jusqu'à Kota (sur la ligne Delhi-Mumbai), d'où partent et arrivent de nombreux trains.

Topographie

Bundi se divise en 3 secteurs : le quartier touristique au pied de la forteresse, près du *Nawal Sagar Tank.* C'est là que se trouvent les *guesthouses* familiales et *havelis* transformées en petits hôtels de charme. Puis, à un petit kilomètre de là mais dans sa continuité, c'est le cœur de la vieille ville, trépidante avec son marché (et, au-delà, la ville plus moderne, sans intérêt).

Adresses et infos utiles

Tourist Information Bureau *(plan B3)* **:** *Kota Rd. ☎ 244-36-97. Tlj 9h30-18h (horaires très théoriques).* Inutile d'y venir exprès, vous trouverez plus d'infos (de tout type) dans votre *guesthouse* ou certaines petites agences de tourisme du côté de la forteresse.

■ ***Change :*** les seuls endroits où changer de l'argent à Bundi sont certains hébergements, comme la *Shivam Tourist Guesthouse (plan A1,* ***13****)* ou l'hôtel *Kasera Heritage View (plan A1,* ***14****).*

■ ***Distributeurs :*** *un ATM (SBI) sur Sadar Bazar (plan A2 et B3,* ***1****).* C'est le plus pratique. *Un autre aussi près de la gare routière (à droite en sortant).*

■ ***Location de vélos :*** ***G.M. Cycle Repaires*** *(plan A2, **2**), Palace Rd, à deux pas de la petite poste de la vieille ville. Tlj 7h-20h. À peine 100 ₹/j.*

– ***Transports :*** compter 50 ₹ en rickshaw entre la gare des bus et la forteresse (près de laquelle se trouvent la plupart des hôtels). Depuis la gare ferroviaire, 100-150 ₹.

Où dormir ?

De très bon marché à bon marché (max 1 500 ₹ / 20 €)

Bhavyam Homestay *(plan A-B2, **10**) : Sadar Bazar. 📱 94-62-34-71-19. • bhavyamhomestay@gmail.com • Double env 300 ₹.* Dans une maison un peu labyrinthique, une huitaine de chambres pour la plupart aveugles (les claustrophobes passeront leur chemin) et sans clim, mais fraîches car derrière de gros murs et, surtout, bien tenues. Pour ce prix, c'est presque inespéré ! De plus, bonne literie et salle de bains communes étonnamment propres et modernes au regard de la simplicité des lieux. Petit resto et coin canapés sur le toit. Accueil souriant de Vaibhav.

Hadee Rani Haveli Heritage *(plan A-B2, **11**) : Sadar Bazar. ☎ 244-29-03. 📱 98-29-38-80-86. • hadeeranipg@yahoo.com • Doubles 350-950 ₹ ; familiale aussi. Wifi dans les zones communes.* Une adresse familiale dans un dédale de courettes bleu lavande joliment décorées. Chambres plus que convenables, là encore, pour le prix. Comme partout, celles à l'étage sont plus lumineuses. Calme, malgré la proximité de la rue. On ne manquera pas de monter sur les petites terrasses pour admirer la vue sur la ville, le palais et le fort... ni de goûter à l'excellente cuisine de la maîtresse de maison (qui donne aussi des cours). Massages.

Haveli Uma Megh *(plan A1, **12**) : dans la rue principale. ☎ 244-21-91. • havelimamegh@yahoo.com • Doubles 450-850 ₹.* Agencée autour d'un patio, une petite *guesthouse* qu'on signale surtout pour ses chambres du 2e étage, qui bénéficient de la vue sur le bassin. Les autres, au rez-de-chaussée, sont sommaires (et sans salle de bains). Agréable jardin à l'arrière, aménagé en *garden café* : bien pour profiter du coucher du soleil autour d'un verre, ou grignoter. Tenu par une famille accueillante.

Shivam Tourist Guesthouse *(plan A1, **13**) : dans la rue principale. ☎ 244-78-92. 📱 70-14-81-77-08. • shivambundi.co.in • Doubles 600-1 200 ₹.* Cette *guesthouse* familiale, dont s'occupent 2 frangins dynamiques, propose une poignée de chambres simples et propres, de taille variable (les plus chères avec clim), se répartissant autour d'un intérieur de couleur bleue. Service de change (l'un des seuls endroits à Bundi) et réservation de tickets de transport (commission), pratique ! Resto sur le toit-terrasse (très bon curry d'aubergine à la tomate). Une adresse appréciée de nos lecteurs.

De bon marché à prix moyens (1 000-3 000 ₹ / 13,30-40 €)

Kasera Heritage View *(plan A1, **14**) : dans la rue principale, à côté de l'Ayurvedic Hospital. ☎ 244-46-79. • kaseraheritageview.com • Doubles 1 200-2 200 ₹.* On aime bien cette bonne grosse auberge aux chambres très bien tenues et à la déco un peu hétéroclite mais locale, les moins chères sans clim ni TV. Plutôt lumineuses, certaines donnent sur le lac et le fort, une vue que l'on retrouve du resto *(veg')* installé sur le toit-terrasse. Accueil attentionné et nombreux services : réservation de bus ou train (commission), change, boutique et massages. De l'autre côté de la rue, au fond d'une ruelle, le ***Kasera Paradise*** *(📱 96-53-97-08-09 ; • kaseraparadise.com • ; prix similaires),* vieille *haveli* du XVIe s tenue par la même famille, offre des chambres de même qualité, un peu plus décorées (frises et fresques

LE RAJASTHAN

colorées) mais un brin plus sombres. Une bonne option dans les 2 cas !

Haveli Katkoun *(plan A1, **15**) : dans la rue principale. ☎ 244-43-11. 📱 94-26-95-54-78. • katkounhavelibundi.com • Doubles 1 000-2 500 ₹.* Au cœur de la « zone touristique », une ancienne *haveli* abritant des chambres dont le prix varie selon le confort (pas de clim pour les moins chères), l'aménagement et la vue. Mais elles sont toutes très convenables, assez spacieuses et plutôt bien arrangées, avec de bons matelas. Notre préférence va aux chambres n°s 5, 6 et 201 (ne cherchez pas à comprendre la numérotation !), pour leur belle perspective sur le fort. Fait également resto, sur une terrasse fort plaisante (re-vue sur le fort).

Bundi Inn *(plan A2, **16**) : Palace Rd. 📱 96-10-63-99-33. • info@bundiinn.com • Accès par un petit escalier sur la gauche. Doubles 1 000-3 000 ₹.* Tenu par Kamal, qui se débrouille bien en français (il est guide aussi au palais). Il propose 8 chambres très agréables et bien décorées à l'indienne, dans de jolis tons, avec petite alcôve vitrée garnie de coussins. Les moins chères, plus petites, n'ont pas la clim mais restent fraîches car situées au rez-de-chaussée. On peut prendre son petit déj ou son dîner sur la terrasse d'où la vue sur le palais, à 200 m, est imprenable. Ensemble charmant.

De prix moyens à chic (2 000-5 000 ₹ / 27-67 €)

Bundi Haveli Hotel *(plan A1, **17**) : 107, Balchand Parra, tt près du Nawal Sagar Tank. ☎ 244-67-16. 📱 99-29-29-15-52. • hotelbundihaveli.com • Doubles 2 000-5 000 ₹, petit déj inclus.* Un édifice blanc s'inspirant des *havelis* traditionnelles. La douzaine de chambres et suites, impeccables et rénovées, à la déco sobrement indienne et de bon goût, s'agence autour d'un patio intérieur qui laisse généreusement pénétrer la lumière. Resto au rez-de-chaussée : bonne cuisine locale à prix raisonnables, servie promptement dans un agréable espace aux banquettes moelleuses. Atmosphère tranquille. Une belle adresse dans cette catégorie.

Nawal Sagar Palace *(plan A1, **18**) : dans la rue principale. 📱 98-29-24-65-41. • nawalsagarpalace.com • Doubles env 2 200-4 000 ₹.* L'avantage de cette *haveli* ocre avec créneaux est son caractère très ouvert, avec un beau carré de pelouse au centre et un horizon dégagé sur le lac. Le prix des chambres varie selon leur taille (uniquement), et certaines ont été rénovées alors que d'autres sont plus anciennes... Demandez donc les 1res (comme la n° 108), plus sympa ! Resto dans l'ancienne chambre du père du dernier maharaja, au décor agréable, avec fenêtres donnant sur le grand bassin.

Très chic (env 6 000 ₹ / 80 €)

Bundi Vilas *(plan A1, **20**) : Balchand Para. ☎ 244-46-14. • bundivilas.com • Double env 6 000 ₹, petit déj inclus ; grosse réduc en été.* Notre adresse la plus chic mais aussi la plus belle. *Haveli* vieille de 3 siècles, accrochée au flanc de la colline du palais et accessible par une ruelle étroite et pentue (ne restent alors plus que quelques volées d'escaliers à monter pour atteindre la réception !). Les 7 chambres, de taille un peu modeste, sont coquettes, douillettes et pleines de cachet, avec sanitaires tout aussi stylés. La vieille pierre ciselée donne beaucoup de charme à l'ensemble. Également un resto sur le toit-terrasse, accolé aux remparts et offrant une vue en contre-plongée remarquable sur la forteresse. Bonne cuisine, souvent sous la forme d'un buffet le soir *(compter 1 100 ₹/pers).*

Où manger ?

Outre les *guesthouses* et hôtels qui possèdent tous un restaurant, Bundi compte, dans sa partie touristique, plusieurs petits restos perchés sur des terrasses, destinés surtout aux voyageurs. On y mange plutôt bien et à bon prix. Tourisme oblige, on sert de la bière partout.

De bon marché à prix moyens (max 600 ₹ / 8 €)

Sawan Café *(plan A1, **30**) : dans la rue qui monte vers le palais. ☎ 96-94-83-17-78.* Si le cadre ne paie pas de mine (quelques vieilles tables en terrasse à l'étage d'une maison), le contenu de l'assiette est, lui, très sérieux : une délicieuse cuisine végétarienne familiale pas chère du tout ! Prenez par exemple le curry de noix de cajou à la tomate ou le *began bharta* (sorte de purée d'aubergine), vous vous en lècherez les doigts ! Également des *Rajasthani thalis.* Prévoir un peu d'attente car rien n'est fait à l'avance. Accueil gentil.

Rainbow Heritage Restaurant *(plan A1, **31**) : dans la rue principale. ☎ 98-87-21-03-34.* Sur une terrasse reposante et ombragée (encadrée de claustras antisinges), au niveau du mur d'enceinte de la vieille ville. Cuisine végétarienne bien tournée ici aussi, avec, outre les plats indiens (et *thalis*), des pâtes, pizzas, quelques options continentales et même des *momos* tibétains. Excellents jus aussi. Un bon rendez-vous routard.

Morgan's Place *(plan A1, **14**) : dans la rue principale, sur la terrasse du Kasera Paradise (voir « Où dormir ? »). ☎ 78-33-86-34-47.* Belle vue de là-haut. Le cuistot ayant longtemps officié à Madras dans un resto italien, la carte est essentiellement transalpine : gnocchis, lasagnes, pâtes et pizzas (au feu de bois !) fort honorables, et même des salades fraîches bien agréables. De quoi s'extraire un peu de la gastronomie locale. Bons desserts et excellent expresso : ça change ! Tout est assez réussi, il faut en convenir.

On recommande aussi la cuisine du **Hadee Rani Haveli Heritage** *(plan A-B2, **11**)*, le resto du **Bundi Haveli Hotel** *(plan A1, **17**)*, ou encore l'agréable terrasse du **Bundi Vilas** *(plan A1, **20**)*.

À voir

Garh Palace *(plan A1) : tlj 8h-18h avr-sept, 8h-17h en hiver (dernier ticket). Entrée : 500 ₹, fort Taragarh inclus. Parfois un guide sur place (env 500 ₹ pour 1h30) mais rien de systématique.* Cette étonnante construction à flanc de colline, édifiée sous le fort de Taragarh à partir du XVIe s, domine toute la ville. On l'atteint par une rampe pavée (un peu glissante) depuis l'entrée principale. Commencez d'abord par la partie de gauche, à laquelle on accède par la **Hathi-Pol** (la porte des Éléphants, levez le nez et vous comprendrez pourquoi). Cette porte franchie, prendre l'escalier de droite entre les mini-éléphants, jusqu'au **Ratan Daulat,** une belle galerie où se tenaient les audiences publiques (le *Diwan-e-Aam,* toujours flanqué de son trône), qui communique un peu plus loin avec une petite terrasse percée d'un bassin en marbre. Sur la gauche de cette terrasse, à hauteur de tibia, notez les petites ouvertures carrées : on y plaçait des pigeons voyageurs ! Puis, toujours sur la gauche du bassin, une petite salle au fond à droite (souvent fermée – demandez au gardien qu'il vous l'ouvre) renferme des fresques dorées illustrant la vie de Krishna. ***Le clou du palais*** se situe toutefois aux étages de la terrasse, accessibles par des escaliers : le ***Phool Mahal*** et surtout, encore un étage plus haut (jeter un coup d'œil aux latrines au pied de l'escalier), le ***Badal Mahal*** (appelé également *palais des Nuages,* car lors de la mousson, cette partie – la plus élevée du palais – a le nez dans les nuages), qui abrite des fresques incroyables couvrant les murs et le plafond voûté : au plafond, Khrishna dansant entouré de ses *gopis,* pendant que sur les murs se succèdent scènes de chasse, combats d'éléphants, procession d'apparat... Superbe !

Ressortez par la porte des Éléphants et rejoignez ensuite l'autre partie du palais (au lieu de reprendre à droite pour retourner vers l'entrée principale, continuez tout droit), dont l'accès se situe sur le chemin du fort. On y découvre un superbe jardin en terrasses autour d'un bassin central. De là-haut, la vue sur la ville est vraiment belle. Au fond, le ***Chitrashala*** (ou *Umaid Mahal,* c'est-à-dire l'appartement de la reine) abrite d'admirables peintures des XVIIIe et XIXe s, réalisées sous le règne d'Ummed Singh et Bisen Singh, avec des scènes de chasse et plusieurs épisodes de la vie de Krishna et de Radha, son épouse. Ces peintures sont d'une grande finesse. Scènes de processions dans le plus pur style de l'école de Bundi, avec des couleurs vives (dominantes de bleu et de vert avec des personnages en noir et blanc). Mais aussi des scènes de bain (où Krishna surveille les activités de chacun, perché dans un arbre), une rencontre entre les maharajas de Bundi et de Kota, des festivals, des jeux, la femme du maharaja (la maharani) apprenant à fumer de l'opium... Sur une autre, Krishna pointe son doigt vers les nuages pour faire tomber la pluie. Plus loin, le même danse avec sa femme, Radha.

Fort Taragarh *(plan A-B1)* **:** *au-delà du palais, par le même chemin. Même ticket que le Garh Palace. Pas de guide sur place ; suivez les flèches blanches sur les murs et munissez-vous d'un bâton (on en trouve au début du chemin) pour éloigner les singes. On atteint le fort après 10-15 mn de marche, par un sentier qui débute en haut de la rampe d'accès au palais, à droite du Chitrashala. N'oubliez pas le couvre-chef (et de prendre de l'eau), le soleil tape dur !* Appelé aussi le « fort de l'Étoile » en raison de sa conception, c'est le fort qui surplombe le palais. Malgré un état d'abandon certain (le coin est envahi par les arbustes, les hautes herbes et toute une colonie de singes – pas bien méchants mais mieux vaut tout de même avoir un bâton), cette forteresse donne un aperçu de la vie qui y régnait jadis. Édifiée au XIVe s, elle est particulièrement représentative de l'architecture rajpoute avec sa double enceinte fortifiée. On y pénètre par une ouverture carrée (en se baissant un peu), qui donne accès à un espace flanqué de petits bâtiments de garnison, au bout duquel un chemin conduit jusqu'aux ruines du ***palais.*** En piteux état, ce dernier vaut surtout pour son atmosphère. Le temps semble arrêté, la nature a repris ses droits... À côté, une ***citerne*** (il y en a d'autres dans l'enceinte) et, plus loin, vers la tour relais radio-TV, d'autres bâtiments en ruine et leurs terrasses offrent une vue imprenable sur Bundi. À ne pas manquer !

En revenant vers l'entrée du fort, un autre chemin sur la gauche mène, en longeant la muraille, vers un ***temple dédié à Shiva :*** dominé par un cénotaphe à 20 piliers, il est orné d'éléphants sculptés sur les arcs-boutants. Derrière s'élève un ***gros bastion*** *(Bheem Burj),* du sommet duquel la vue est particulièrement belle. Il était équipé d'un énorme canon, célèbre pour ses terrifiantes détonations. Un fossé avait même été creusé tout près pour que ses utilisateurs puissent s'y réfugier au moment du tir.

Au pied du palais s'étend toute la ***vieille ville*** avec, sur la gauche (en faisant face au palais), le ***Nawal Sagar Tank*** *(plan A1-2),* un bassin artificiel (hélas parfois à sec) au centre duquel s'élève un templion. En bordure est du bassin, on trouve la résidence du dernier maharaja de Bundi, le ***Moti Mahal*** (XVIIIe s), qui devrait abriter les collections du maharaja dans un musée dès 2019-2020 (se renseigner). Tout autour, quelques belles fresques sur les façades, certaines anciennes, d'autres plus récentes, mais toujours très

LE GRAND FOSSÉ

Le vieux maharaja de Bundi est mort en 2010, sans descendance directe. Son testament, dont personne ne soupçonnait l'existence, laissa tout son héritage à l'un de ses vieux et fidèles amis. Mais son neveu, pensant naturellement rafler la mise, dénonça le testament et engagea un procès. Depuis, Bundi est coupé en deux. Le vieil ami ou le neveu ? La ligne du cœur ou celle du sang ? Le suspense demeure.

colorées : chevaux, éléphants, costumes de fête, rien ne manque ! Beaucoup de peintres miniaturistes perpétuent ici le style de l'école de Bundi.
En continuant sur ***Sadar Bazar,*** on va vers le cœur de la vieille ville avec son activité intense, ses petits métiers typiques et tous ses vendeurs... À propos, Bundi est un bon endroit pour faire le plein d'***épices*** indiennes, et notamment de ***safran*** (en capsules scellées, de la marque *Baby Saffron*). En poursuivant, on arrive à ***Chogan Gate,*** l'ancienne porte, de l'autre côté de laquelle se trouve ***Nagar Sagar Kund,*** l'un des nombreux puits que compte la ville (et à la différence d'autres, on peut l'admirer gratuitement). Juste à côté, le ***marché aux légumes,*** hyperanimé, offre une vision de l'Inde millénaire.

🏛🏛 ***Raniji-ki-Baori*** *(plan A2)* **:** *en plein centre-ville, juste face au marché. Tlj 9h30-17h. Entrée : 200 ₹ (cher !) ; ou ticket (2 j.) incluant le 84 Pillared Cenotaph et le Sukh Mahal : 350 ₹ ; réduc.* Certainement l'un des puits les plus importants construits à Bundi. Il fut commandé par une reine, à la fin du XVIIe s, qui combattit notamment le vilain Aurangzeb. Elle en fit creuser une vingtaine en ville. Votre œil averti n'aura pas manqué de noter qu'à l'époque de sa construction, en 1699, il se situait juste en dehors de l'enceinte de la ville. En plus d'approvisionner les habitants en eau, il avait des fonctions hygiéniques, sociales et religieuses. Il est orné de superbes sculptures. Remarquer les *toranas,* qui sont les portes d'accès merveilleusement ouvragées. Profond d'au moins 20 m, il est dédié à Vishnou et sculpté sur une bonne partie de ses flancs de motifs animaliers et de formes géométriques. L'eau montait autrefois jusqu'aux éléphants (sur les côtés). Aujourd'hui, il se remplit (par le sol) à chaque saison des pluies, avant de se vider peu à peu.

🏛🏛 ***Dhabhai Ka Kund*** *(plan A3)* **:** *à 400 m derrière le Raniji-ki-Baori (à droite). Ouv en permanence. GRATUIT.* Aussi connu sous le nom de *Kund Near Jail,* à savoir le « bassin près de la prison ». Il doit son existence à un maharaja du XVIIIe s, qui le fit creuser en mémoire de sa nourrice. Attendrissant, non ? Surtout quand on connaît les mœurs de l'époque... Sur le plan esthétique, on reste sans voix devant la complexité de cette architecture d'escaliers à la géométrie symétrique qui permettait d'accéder à l'eau à toutes les périodes de l'année. Beau temple finement sculpté à côté.

🏛 ***84 Pillared Cenotaph ou Chaurasi Khambon Ki Chhatri*** *(hors plan par B3)* **:** *sur la vieille route de Kota, env 1 km sur la droite après la gare routière. Pas visible de la route. Env 80 ₹ l'A/R en rickshaw avec petit temps d'attente. Tlj 9h45-17h. Entrée : 200 ₹ (cher !) ; ou ticket (2 j.) incluant le Raniji-ki-Baori et le Sukh Mahal : 350 ₹.* Ce cénotaphe aux 84 piliers s'élève majestueusement au bord d'une grande place quasi déserte. Il fut érigé en 1683 en mémoire de Deva, frère d'adoption du maharaja Anirudha Singh. Au centre, un lingam. Possibilité d'accéder tout en haut, mais n'oubliez pas de vous déchausser dans la 2de partie.

🏛 ***Sukh Mahal*** *(plan B1)* **:** *à 2,5 km de la ville, sur la route de Taragarh. Prendre un rickshaw (100 ₹ l'A/R et 20 mn sur place). Tlj 9h45-17h. Entrée : 200 ₹ (trop cher !) ; ou ticket (2 j.) incluant le Raniji-ki-Baori et le 84 Pillared Cenotaph : 350 ₹. Le ticket permet d'accéder au site, mais l'édifice lui-même ne se visite pas.* Au bord du *Jait Sagar Tank* (bassin de Jait Sagar) se dresse ce petit palais romantique et plutôt photogénique, le *Sukh Mahal,* ou « palais des Plaisirs ». Utilisé comme résidence d'été par le *rao* (variante de « raja »), il fut édifié en 1773. On raconte qu'un tunnel souterrain reliait la résidence au vieux palais et permettait la venue en toute discrétion des courtisanes. C'est ici que Kipling mit la dernière touche à son fameux roman *Kim* (sur la terrasse, à gauche). Bon, il n'y séjourna que 3 nuits !
– Sur les lieux, un nouveau petit ***musée*** *(entrée : 100 ₹)* présente des miniatures, armes et sculptures. On peut s'en passer.

DANS LES ENVIRONS DE BUNDI

KOTA

Kota, ville de plus de 1 million d'habitants (la 3e du Rajasthan), est avant tout réputée pour ses saris tissés de coton et de soie. Elle l'est également pour son ancienne école de miniatures. La *Kota Kalaam,* de son véritable nom, rivalisait de finesse avec celles de Bundi et du Shekhawati aux XVIIe et XVIIIe s. Toutefois, si l'on vous parle de Kota, c'est pour son City Palace, car la ville en elle-même ne dégage aucun charme. C'est une grosse cité industrielle et universitaire, et avant tout un nœud ferroviaire important sur la ligne Mumbai-Delhi. D'ailleurs, on y voit très peu de touristes. On y passe 2h, donc, pour visiter le City Palace et c'est tout.

Arriver – Quitter

Pour y aller de ***Bundi,*** le plus simple est de prendre le bus (voir « Arriver – Quitter » en début de chapitre) jusqu'à la gare routière de Kota, à env 5 km du palais et autant de la gare ferroviaire. De là, sauter dans un rickshaw jusqu'au City Palace (compter 250 ₹ A/R avec attente au palais). Également de nombreuses liaisons en bus avec ***Jaipur*** (ttes les 30 mn 4h-minuit, 5h de trajet).

Kota est aussi sur la ***ligne ferroviaire Delhi-Mumbai,*** et est donc mieux desservie par le train que Bundi depuis ces 2 villes. La gare se situe à 5-6 km au nord du centre-ville, et à env 8 km du City Palace. On y trouve *ATM* et consigne *(ouv 24h/24, quai no 1, tt au bout à droite).*

À voir

Garh Palace et Rao Madho Singh Museum *(City Palace Museum)* **:** *à 5 km au sud-ouest de la gare routière (80-100 ₹ en rickshaw), au bord du fleuve. Tlj 10h-16h30. Entrée : 300 ₹.* Ce palais-forteresse, construit à partir de 1625 et embelli au cours des siècles, ne se visite pas entièrement, certaines parties ayant été converties en ailes administratives, écoles, etc. Le mélange des styles rajpoute et moghol est étonnant. On y accède par ***Hattian Pol,*** la porte des Éléphants, du XVIIe s.
La visite commence par la grande salle de l'***Akhadeka Mahal*** (XVIIIe s) au fond de la cour, qui recèle un tas de curiosités : une série de *howdah* (nacelle que l'on pose sur l'éléphant) en or et argent, des palanquins en ivoire, une balancelle pour rejetons royaux et, sous vitrines tout autour de la salle, des jeux d'échecs en ivoire et argent, une collection de sceaux, des instruments de musique, des objets en cuivre, des manuscrits...
En sortant, sur la gauche, entrer dans l'***Armory & Wildlife Gallery,*** qui déploie une impressionnante collection d'armes d'époque : épée avec pistolet intégré, lances, piques, massues (à pointes ou à bords tranchants), vieilles arquebuses, étrange boîte à outils... et une espèce d'astrolabe. Au fond de la galerie, photos et portraits des maharajas de la ville de 1890 au dernier en date, Brijraj Singh ; et petit ensemble de miniatures de l'école de Bundi et de Kota, reconnaissable à ses traits de peinture dorée. Au sous-sol, poussiéreuse collection d'animaux naturalisés.
Demi-tour... pour sortir de la galerie et passer, à gauche, dans le ***Raj Mahal,*** tapissé de miniatures foisonnantes de personnages, avec ses colonnades en miroirs en pointes de diamant. Derrière, dans le ***Dari Khana*** (salle d'audience) et son plafond en mosaïque de miroirs, fresques magnifiques sur la vie de Krishna, représentation peinte de Kota à 360°.

Grimper ensuite à l'étage, où s'étend le ***Barah Dari,*** une terrasse plantée de piliers rouges avec une vue dégagée sur Kota et la rivière Chambal. Puis, passé une antichambre aux murs incrustés de miniatures, s'ouvrent les portes (couvertes de miroirs et de décors d'ivoire) de la remarquable ***chambre royale,*** entièrement recouverte de fresques narratives, et son balcon tout incrusté de miroirs, là aussi. Si le lit semble étonnamment petit pour un maharaja, il s'agit tout de même d'un *charpoy...* en argent !

SUR LA ROUTE ENTRE BUNDI ET CHITTORGARH

BIJAIPUR *(ind. tél. : 01472)*

À environ 40 km de Chittorgarh et à 15 km de la route principale Bundi-Chittorgarh, Bijaipur, petit village perdu en pleine nature, abrite une adresse (pas pour toutes les bourses, certes) qui peut constituer une étape agréable. L'étroite route menant au village se faufile joliment entre les palmiers, entre étendues semi-désertiques et champs verdoyants. Possibilité d'excursions nature ou vers les villages *bhil* dans les environs avec le *Castle Bijaipur.*

Hotel Castle Bijaipur : *à Bijaipur même. ☎ 27-63-51. • castlebijaipur.co.in • Doubles 3 500-8 000 ₹ (hors taxes, à ajouter si paiement par CB) selon confort et taille, suite aussi, petit déj compris. Réduc avr-juil. Repas 650-800 ₹. Wifi à la réception seulement.* Au fond du village, un très beau palais vieux de 350 ans appartenant au descendant du grand rajpoute Shakti Singh. Au programme, volées d'escaliers, fenêtres en avancée, niches à coupoles, patio verdoyant, petits coins pour se poser au calme... et chambres plus charmantes que luxueuses, certaines prolongées d'adorables alcôves offrant une vue plongeante sur la vallée ou le village. Dans l'aile moderne, c'est plus spacieux et plus confortable, mais ça a moins d'âme... À vrai dire, on paie en partie le cadre général et le charme désuet des lieux. Belle piscine sur le côté du jardin, agréable pour prendre un verre en fin de journée. Massages, cours de yoga, location de vélos, balades à cheval ou en jeep.

CHITTORGARH (chittorgarh)

200 000 hab. IND. TÉL. : 01472

Bundi : *150 km ;* ***Udaipur :*** *110 km.*

Pour celles et ceux qui n'effectuent pas une course contre la montre, étape intéressante. La ville moderne (orthographiée aussi Chittaurgarh) est sans attrait (usines de zinc, ciment et marbre), mais l'ancienne capitale du Mewar possède, perchée sur sa falaise, une des forteresses les plus impressionnantes du Rajasthan. Rien que ça ! Une véritable merveille architecturale !

UN PEU D'HISTOIRE

La forteresse concentre toute l'histoire du Mewar, un petit royaume rajpoute qui symbolise la résistance légendaire de ce peuple contre tous les envahisseurs.

3 fois la forteresse fut prise par les Moghols, à l'issue de batailles épiques. La 1re fois en 1303, lors du règne de Ratan Singh et de son épouse Padmini, superbe reine originaire du Cachemire. Sur le point d'être battus, les Rajpoutes revêtirent la robe safran du sacrifice suprême et résistèrent jusqu'au dernier. La reine Padmini inaugura, quant à elle, le *johar* (le suicide de masse par immolation). Des milliers de femmes revêtirent à nouveau leur tenue de jeunes mariées et se jetèrent dans un immense brasier.
Puis le royaume du Mewar connut son apogée sous le règne de Khumbha (1433-1468) à qui Chittorgarh doit ses plus beaux monuments. Le 2e sac de la forteresse eut lieu en 1535 après la victoire du sultan du Gujarat, Bahadu Shah. Là encore, la reine et 13 000 femmes pratiquèrent le *johar.*
Enfin, le grand empereur moghol Akbar fut responsable, en 1568, de la 3e et dernière invasion de Chittorgarh. Après un siège de plusieurs mois, les 10 000 derniers guerriers rajpoutes revêtirent une ultime fois la robe safran et tentèrent une sortie offensive, tandis qu'à nouveau des milliers de femmes se jetaient dans les flammes. Le *maharana* (dans la hiérarchie de la noblesse indienne, ce titre est supérieur à celui de maharaja) réussit à s'enfuir et partit fonder une nouvelle capitale à Udaipur. Akbar fut à ce point impressionné par la bravoure des Rajpoutes qu'il érigea en leur honneur un monument à la porte principale du fort d'Agra (détruit par la suite par ce sectaire d'Aurangzeb !).
Toutefois, les *lohars,* une caste de forgerons, choisirent le salut par la fuite. On peut voir leurs descendants, toujours forgerons mais condamnés à la honte et à l'errance perpétuelle pour la faute de leurs ancêtres, à la périphérie des villes (voir l'introduction du Rajasthan). Personne ne s'est posé de question au sujet du *maharana.*

Arriver – Quitter

En train

Railway Station : *dans la rue centrale. Computerised Reservation Office* sur la droite en sortant du hall de la gare. Consigne sur le quai n° 1.
➢ ***Udaipur :*** 7-8 trains/j., 5h30-21h. Trajet : 2h-2h30.
➢ ***Bundi :*** 4 trains/j. On conseille ceux de 15h45 ou de 20h45 (les plus rapides, env 2h de trajet).
➢ ***Ajmer :*** 8 trains/j., dont 3 de nuit. Ceux de 8h20 et de 17h sont les plus rapides (3h) et vont jusqu'à ***Jaipur*** (compter 2h de plus).
➢ ***Delhi :*** 2 *express*/j., en soirée. Arrivée au petit matin à Delhi (gare de Sarai Rohilla pour l'un, de Nizamuddin pour l'autre).
➢ ***Agra** (Cantonment et Fort)* **:** 1 seul *express*/j., vers 0h30. Durée : 10h30.

En bus

Central Bus Station : *sur Fort Rd, à env 2 km de la gare ferroviaire en allant vers la forteresse.*
➢ ***Udaipur :*** bus ttes les 30 mn. Trajet : env 2h-2h30.
➢ ***Bundi :*** 1 bus direct/j., vers 8h. Trajet : 3h30.

Adresse utile

■ **Distributeurs :** *pas de change à Chittorgarh mais plusieurs ATM, notamment à gauche en sortant de la gare* (Axis Bank) *et presque en face de la gare routière* (SBI).

Où dormir ? Où manger dans la ville moderne ?

En fait, peu de touristes séjournent ici. Ils font halte pour visiter la forteresse puis filent.

De bon marché à prix moyens (1 000-3 000 ₹ / 13,30-40 €)

Shalimar Hotel : *sur la place de la gare, à droite en sortant de celle-ci. 83-06-03-38-09. Doubles 1 000-2 000 ₹.* Des petits hôtels situés aux abords de la gare, celui-ci sort du lot. Clinquant (mais pour combien de temps ?), il offre sur 4 étages une petite vingtaine de chambres de bon confort (salle de bains, clim...) et rutilantes, à l'image de la réception et des couloirs en marbre. Un peu bruyant en revanche, comme tous les hôtels avoisinants.

Hotel Meera : *Neemuch Rd, à env 200 m de la gare ferroviaire, à gauche en sortant. ☎ 24-02-66 ou 04-66. 98-29-84-88-88. • hotelmeerachittaurgarh.com • Doubles 1 000-3 000 ₹ ; également des suites. Réduc de 20 % sur le prix de la chambre sur présentation de ce guide.* Plusieurs catégories de chambres dans cet immeuble de taille moyenne, la plupart bien nettes, avec clim et tout le confort de base (et équipement neuf). Une belle option dans cette gamme de prix ! De plus, on y trouve un très bon resto (goûtez le *thali* spécial !), et même un bar (le seul de la ville). Service de taxi pour le fort *(1 000 ₹ pour 5h).*

Où dormir ? Où manger dans la forteresse ?

The Padmini Haveli : *dans le petit village situé au cœur de la forteresse. ☎ 24-12-51 ou 52. 94-14-11-00-90 (Sudhir) ou 94-14-73-44-97 (Parvati). • thepadminihaveli.com • Compter 200-250 ₹ pour s'y rendre en rickshaw depuis la gare. Congés : mai-juin. Doubles ou suites 4 200-5 200 ₹ ; petit déj ou small lunch 300 ₹ ; dîner 600 ₹. CB refusées.* Si vous en avez les moyens, c'est ici qu'il faut dormir, au cœur de l'adorable petit village de la forteresse, tout tranquille. Une jolie adresse familiale agencée autour de la cour-patio d'une belle *haveli* traditionnelle, entièrement restaurée avec le savoir-faire des habitants du village (jeter un œil au livre relatant les travaux). Propose 8 chambres (pour 2 ou 3 personnes) coquettes, agréables et parfaitement au calme, avec des murs blancs rehaussés de voilages de couleur, de portes en bois, d'armoires peintes et de jolis collages-photos. Belle ardoise dans les salles de bains. Bien bonne cuisine aussi, entièrement *veg'* (et sans alcool). Le couple de brahmanes qui vous accueille, Parvati et Sudhir, se débrouille bien en français, et c'est un vrai plus. Ils sont d'ailleurs tous les 2 guides dans la forteresse et nous vous conseillons de faire la visite avec eux *(env 1 000 ₹).* Propose aussi pas mal d'activités : cours de cuisine, visite de fermes et de villages aux environs (avec pique-nique), balade à cheval dans la forteresse ou alentour, location de vélos.

À voir

La forteresse : *située à env 4 km de la gare routière et 6 km de la gare ferroviaire. Tlj du lever au coucher du soleil. Entrée : 600 ₹ ; gratuit - de 15 ans. Gardez bien le ticket, demandé pour visiter la tour de la Victoire et le palais de Padmini. Une fois à l'intérieur, seul le Musée archéologique (tlj sauf lun 12h-20h) est encore payant (100 ₹). Droit d'entrée par véhicule (indispensable pour parcourir le site) : 10 ₹ (rickshaw) et 20 ₹ (voiture). Guide sur place (min 800 ₹ pour 2h), mais on vous conseille plutôt de faire la visite avec Sudhir et Parvati (de la* Padmini Haveli, *voir « Où dormir dans la forteresse ? »), un poil plus chère mais plus longue et (en partie) en français. Son et lumière (en anglais) au Khumbha Palace ven vers 18h-19h (selon saison ; pas de spectacle juil-sept) : 200 ₹.*
La forteresse est perchée sur un promontoire (de près de 5 km de long et 600 m de large), dont elle occupe presque toute la surface. ***Il est vivement conseillé de louer un rickshaw pour y grimper et pour faire la visite,*** car les monuments sont

très éparpillés sur le site. Par ailleurs, l'absence totale d'indications rend le service des rickshaws précieux car ils connaissent les principaux monuments (compter alors environ 500 ₹ depuis la gare – bus ou train – pour une visite de 2-3h ; retour à la gare à négocier).

Fascinante, cette forteresse, inscrite au Patrimoine de l'Unesco en 2013, surtout lorsqu'on s'approche et qu'on découvre cet ensemble de murailles impressionnantes avec ses créneaux en ogives et ses meurtrières. L'enceinte englobe plusieurs palais et pas moins de 113 temples et 84 bassins... elle enserrait en fait toute la ville, à l'époque ! La construction s'est étalée sur plusieurs siècles, mais les principaux monuments datent du XVe s. Les palais sont globalement ruinés, seuls subsistent les temples, quelques tours et tout de même 3 rangées d'épaisses murailles. Ce qui surprend surtout, c'est le côté démesuré de la construction. Et puis ce panorama sur la ville et sur la vallée ! Impressionnante également est l'arrivée par une route qui zigzague à travers 7 portes monumentales construites par Khumbha au XVe s. La *Ram Pol,* la dernière, est la plus belle.

UN PALAIS SANS MOUCHARABIEH

Sur la façade extérieure du palais de Khumbhat, les balcons, fenêtres et alcôves sont ouverts, sans moucharabieh. C'est assez rare pour être souligné. En effet, Chittorgarh n'a jamais subi l'influence moghole et une certaine « liberté » y avait cours, notamment pour les femmes. Celle de pouvoir observer ce qui se passe au-dehors, mais surtout de pouvoir... se montrer.

Nous ne parlons ici que des principaux édifices, mais il y en a d'autres, la plupart en ruine. Entre les sites, quelques arbres, des chèvres, des vaches et, près des temples, souvent des singes chapardeurs.

Près de la tour de la Victoire, une cafétéria *RTDC* (avec des toilettes) pour boire un coup.

– ***Ranakhumbha's Palace*** *(palais de Khumbhat)* **:** c'est celui que vous verrez en premier en arrivant. Il a énormément souffert des différents sacs de la ville. Certaines parties ont été restaurées. On peut encore admirer de beaux pavillons à dômes avec leurs balcons ciselés en avancée. Au bout, ***remarquable vue sur la ville basse...*** qui apparaît bleue comme Jodhpur. Ce palais était à lui seul une véritable ville dans la forteresse. C'est ici aussi que la maharani Padmini commit le 1er *johar* et que naquit le fondateur d'Udaipur. Au XVe s, le palais prit le nom de Ranakhumbha, qui en poursuivit la construction. On trouvait à l'intérieur les espaces habituels : salle d'audience, espace d'offrandes au Soleil, temple dédié à Shiva... Aujourd'hui, on déambule dans les ruines, un peu au hasard.

– ***Sringar Chauri* :** *en face du palais de Ranakhumbha, accolé aux fortifications.* C'est un superbe petit temple jaïn du XVe s, dédié à Shanti Nath et couvert de divinités. Autour de la porte, fines sculptures. Danseuses à très forte poitrine de part et d'autre (sans doute le travail d'un chirurgien brésilien !). Prendre le temps de faire le tour du temple, riche de mille personnages.

– ***Archaeological Museum* :** *dans le Fateh Prakash Palace. Tlj sauf lun 12h-20h. Entrée : 100 ₹ ; réduc étudiants.* Aménagé dans le palais tout blanc d'un *maharana* du début du XXe s, il présente à l'entrée un intéressant plan-relief du site. Panneaux illustrés sur les 3 invasions mogholes (et *johars* correspondants), nombreuses armes, certaines étonnantes comme les coutelas à 2 manches ou ces bombardes et arquebuses qui, vu leurs dimensions, devaient être manœuvrées par 2 hommes. Quelques sculptures aussi et, à l'étage, une reconstitution de la salle d'audience du *maharana.*

– ***Satbis Deveri Temple*** *(temple jaïn)* **:** *juste sur la droite du musée.* Temple du XIe s surplombé d'une grande coupole ciselée de divinités et entouré de 26 *Tirthankaras.* Au fond, sur l'arrière, 2 autres temples. L'un des deux présente un Shiva entièrement nu (et bien pourvu !), tenant une tête de démon à la main.

– ***Khumbhat Shyam Temple et Meera Bai Temple :*** à 100 m du temple précédent, à côté du palais de Ranakhumbha. Datant du VIIe s, restauré par Khumba au XVe s, beau temple (dédié à Vishnou) au centre de la plate-forme dans un style « mi-Khajuraho, mi-Bhubaneswar », autrement dit avec un sikhara (tour) richement sculpté. Devant, *Garuda* sous un kiosque à colonnes. Dans un coin, à gauche, adorable petit *temple Meera Bai,* arborant aussi un élégant *sikhara.*
– ***Victory Tower – Vijaya Stambha*** *(tour de la Victoire)* **:** le plus prestigieux des monuments de Chittorgarh, élevé entre 1433 et 1448 par Khumbha pour commémorer l'un de ses grands et nombreux triomphes militaires. C'est en fait la copie de la *Kirti Stambha* (autre tour du site édifiée au XIIe s, voir plus loin), dédiée à Vishnou, comme le montrent de nombreuses scènes sur la façade. Une vraie encyclopédie sur pierre de l'histoire de la religion et de la culture hindoues. Elle servait de tour de guet et, accessoirement, de paratonnerre ! Sa construction dura 10 ans (37 m de haut pour 9 étages). En 2019, des travaux de rénovation empêchaient malheureusement d'y monter mais, si l'on peut à nouveau y grimper lors de votre passage, ne vous en privez pas : l'intérieur est remarquable, une vraie tour dans la tour, avec des portes finement ciselées, donnant accès à chaque palier. C'est devant cette tour qu'eut lieu le 2e *johar* en 1535. Une double porte monumentale fut érigée en cet honneur.
– ***Samadhisvara Temple :*** juste en contrebas de la tour de la Victoire s'étalent plusieurs monuments dont cet intéressant temple du XIe s (sur la gauche en venant de la tour de la Victoire), dédié à Shiva et toujours en activité. Même type d'architecture que sur le site de Khajuraho. Il fut restauré au XIVe s par un *maharana.* Dans un coin, histoire du fort en sanskrit. À l'intérieur, un *Shiva* à 3 visages *(Trimurti)* : à gauche il est en paix, au centre (avec les grands yeux) il est sérieux et à droite il est en colère. Devant, un beau taureau Nandi sous un templion à colonnes très finement ciselées. Là encore, tous les fins visages ont été effacés par les Moghols.

PRINCE CHARMANT

Au XVIe s, la mère d'une princesse de la région racontait à sa fille que, plus grande, elle se marierait avec Krishna. Histoire pour endormir les enfants. Naïve et déterminée, la petite crut à l'histoire. Mais, devenue grande, elle fut mariée de force à un prince (et non à Krishna), à qui elle se refusa (normal). Peu de temps après, le prince mourut à la guerre, et elle n'accepta pas de pratiquer le johar (suicide collectif pour les veuves). On tenta alors de l'empoisonner mais elle but le breuvage sans périr ! On glissa un cobra dans son lit : il se changea en fleur ! Aux dernières nouvelles, elle attend toujours une demande en mariage de Krishna.

– ***Kalika Mata Temple :*** en continuant la route, on longe plusieurs réservoirs d'eau dont certains étaient des piscines à éléphants (aujourd'hui à sec pour certains). À droite, temple de *Kalika Mata* du VIIIe-IXe s, d'abord dédié au soleil *(Surya)* puis, à partir du XVe s, à Kali, la déesse du pouvoir destructeur du Temps. Ne pas se fier à l'aspect grossier et massif de l'entrée : l'intérieur est un petit bijou ! Très grande qualité de sculpture des colonnes et du déambulatoire (bas-relief de Surya, le soleil avec 7 chevaux en bas symbolisant les 7 portes du fort). Il est encore en fonction, et des cérémonies s'y déroulent tous les jours (d'où le nombre de singes à l'entrée en quête d'offrandes à chaparder).
– ***Padmini Palace*** *(palais d'été de la reine Padmini)* **:** au milieu d'un bassin envahi par la végétation s'élève le petit palais de la maharani *(Jal Mahal).* Entrée modeste, puis allée de rosiers très rafraîchissante, jardins et quelques balcons en encorbellement dominant le bassin où trône le mignon *Jal Mahal,* voilà ce qui reste de ce palais. En fait, ce *Jal Mahal* n'est qu'une copie qui date de 1905, le vrai est en ruine.
– ***Kirti Stambha*** *(tour de la Renommée)* **:** en continuant à tourner autour du rocher, on parvient à cette tour après avoir passé la *Suraj Pol* (la porte de l'est, face au

lever de soleil, qui fut la porte principale de la forteresse jusqu'au XVe s). Elle fut élevée au XIIe s par un riche marchand jaïn et dédiée à Adinath, le 1er des 24 *Tirthankaras.* Intéressantes sculptures sur 5 de ses 7 étages, mais ne se visite pas. De cette partie du site, très belle vue sur la plaine, côté est.

UDAIPUR (उदaipur) env 600 000 hab. IND. TÉL. : 0294

• Plan d'ensemble *p. 521* • La vieille ville (zoom I) *p. 523*
• Le centre (zoom II) *p. 525*

***Mount Abu :** 182 km ;* ***Jaipur :** 400 km ;* ***Jodhpur :** 290 km ;* ***Delhi :** 660 km ;* ***Agra :** 640 km ;* ***Mumbai :** 850 km ;* ***Chittorgarh :** 110 km.*

Maisons blanchies à la chaux ornées de balcons aux fenêtres minuscules, *havelis* baroques dominées par un imposant palais posé au bord d'un lac sur lequel trône un autre palais tout en marbre blanc... Udaipur est sans doute l'une des villes les plus envoûtantes de l'Inde. Un vrai décor pour film à grand spectacle ! Car si cette métropole moderne tire aujourd'hui sa subsistance des mines de zinc et des carrières de marbre qui l'entourent, elle a su conserver les strates des siècles accumulés. Aussi bien dans l'architecture et dans les arts que dans ses traditions. En cela, le City Palace en est le meilleur exemple. Il témoigne encore aujourd'hui de cet étrange amalgame qui assigne l'art à la pierre et les caprices des rois au gigantisme. Et si l'art est bien inscrit dans la pierre, il l'est aussi dans l'artisanat. Car Udaipur est sans doute l'une des villes indiennes les plus riches en la matière : écoles de miniatures, travail sur bois, tissage... Vous ne saurez plus où donner de la tête (et du porte-monnaie). Dernière chose et non des moindres : la ville reçoit un petit million de visiteurs par an, dont 80 % d'Indiens. Dans les 20 % d'étrangers qui restent, 50 % sont français. Alors pas étonnant que les chasse-touristes vous adressent la parole dans la langue de Molière !

UN PEU D'HISTOIRE

Création d'un site indépendant et fier

S'il faut retenir quelque chose de l'histoire d'Udaipur, c'est sa capacité à résister à l'envahisseur. En effet, ni les musulmans ni même les Anglais ne réussirent à s'en emparer. Cette fierté rebelle se ressent encore aujourd'hui. C'est au milieu du XVIe s qu'Udai Singh II, 53e souverain de la dynastie du Mewar, chassé de Chittorgarh, sa terre natale, par Akbar et ses Moghols, fonde Udaipur.

Il faut imaginer le site à l'époque, sans le lac mais couvert de forêts. Certainement l'un des lieux les plus romantiques du Rajasthan. Udai commence alors la construction de son incroyable palais, une œuvre colossale que son fils achèvera. Les *maharanas* d'Udaipur furent toujours les plus prestigieux des maharajas, les seuls, d'ailleurs, à porter ce titre de noblesse, qui équivaut en quelque sorte à la différence qui existe en Europe entre le titre de duc et celui de baron.

La légende affirme qu'ils sont les descendants du Soleil. C'est peut-être cette filiation solaire qui leur permit de résister aux Moghols. Quoi qu'il en soit, durant tout le XVIIe s, Udaipur et sa région connaissent la paix, et une prospérité sans équivalent. Une paix toute relative quand même, mais qui leur permet de se distinguer des autres dynasties guerrières. Car plutôt que de croiser les armes avec les Moghols, les *maharanas* qui se succéderont aux commandes de la ville préféreront passer des accords, notamment sur le plan artistique. C'est pourquoi le City Palace conserve encore aujourd'hui sur ses murs les traces éloquentes de la présence de ces derniers.

Période anglaise

La présence anglaise permit de conserver une paix relative... toujours en toute indépendance.
À noter encore à la fin du XIXe s, la personnalité du *maharana* Sajjan Singhji, qui fit beaucoup pour sa ville : création d'écoles, d'une bibliothèque, ouverture d'hôpitaux, participation à des associations caritatives, proximité – relative – avec ses concitoyens, prise en compte réelle des problèmes du Mewar...

THIERRY LA FRONDE

Voici un témoignage de l'esprit sympathiquement frondeur du chef du Mewar : au début du XXe s, le roi George V invita à Delhi tous les maharajas (manière d'affirmer le pouvoir britannique). Seul celui d'Udaipur refusa de se rendre à cette invitation et sa chaise resta vide. Ce coup de fierté resta gravé dans les annales (la chaise vide demeure visible dans le City Palace).

Aujourd'hui, mésententes au sommet

Après l'indépendance, le *maharana* fut dépossédé d'une partie de ses richesses mais conserva quand même une Rolls, 2 vieilles Cadillac somptueuses, une splendide MG décapotable à faire pâlir d'envie, 150 serviteurs et... un éléphant.
Aujourd'hui cependant, les 2 fils de Bhagwat Singh (décédé en 1984) se chamaillent toujours autour de la succession des biens de leur père et pour le titre de *maharana* d'Udaipur, car si l'aîné (Mahendra) a été déshérité au profit d'Arvind (le cadet, qui gère le patrimoine familial), il demeure officiellement l'actuel *maharana* d'Udaipur, titre vivement contesté par le petit frère...

Arriver – Quitter

Pour l'achat des tickets de bus ou des billets de train, n'hésitez pas à passer par une agence qui prendra une petite (ou grosse) commission. Il y en a un certain nombre dans les ruelles de la vieille ville (on vous en conseille une plus bas dans « Adresses utiles »). Vous éviterez ainsi le déplacement et l'attente souvent longue dans les gares. Bien se faire préciser quelle commission sera perçue et vérifiez vos billets. Pour cela, allez en voir plusieurs et comparez les tarifs pour un trajet donné, avec un bus ou un train de même confort, évidemment. *Ces commissions peuvent aller de 50 ₹ à plus de 150 ₹ par billet.*

En train

Railway Station *(plan d'ensemble, D5) : au sud-est de la ville ancienne.* ☎ *252-73-90.* Vous y trouverez une *consigne (ouv 24h/24 ; prendre à droite sur le quai no 1, c'est le local surmonté du panneau « Ticket Collector »).*

➢ ***Delhi :*** 2 trains de nuit/j. (départ en fin d'ap-m), l'un jusqu'à la gare de Nizamuddin, l'autre jusqu'à celle de Rohilla. Pour cette dernière, si vous comptez prendre l'avion, descendez une station avant à Delhi Cantt. Vous y trouverez des rickshaws pour l'aéroport. Trajet : env 12h.

➢ ***Chittorgarh :*** env 10 trains/j., 6h-1h15. Trajet : 2h. Celui de 6h permet de faire l'A/R dans la journée (retour par le train de 16h50).

➢ ***Jodhpur :*** pas de train, prendre le bus.

➢ ***Jaipur :*** min 3 trains/j., 1 tôt le mat, 1-2 en début d'ap-m et 1 le soir. Trajet : 7h-7h30.

➢ ***Agra :*** 1 train de nuit (via Jaipur). Trajet : 12h40. Pour info, il dessert ***Bharatpur*** en chemin et poursuit jusqu'à ***Gwalior*** et ***Khajuraho.***

➢ ***Ajmer :*** 4 trains/j. (dont 3 seulement sont réservables), mais le plus pratique quitte Udaipur vers 17h15. Trajet : 5h20.
➢ ***Bundi (et Kota) :*** 1 train/j., vers 18h15 (celui de Delhi, via Sawai Madhopur – ***réserve de Ranthambore***). Trajet : 4h20.
➢ ***Ahmedabad :*** pas de train, prendre le bus.
➢ ***Mumbai :*** 1 train/j. sauf lun, mer et ven. Départ le soir à 21h35, arrivée le lendemain ap-m.

En bus

Bus Stand *(plan d'ensemble, D4) : au nord de la gare ferroviaire.* ☎ *248-41-91.* Le terminal des bus gouvernementaux. Sur place, *ATM* et consigne *(tlj 5h-22h).* Dessert les grandes destinations touristiques. Par ailleurs, nombreux ***bus privés,*** dont les compagnies sont installées pour la plupart à l'extérieur de la gare routière. Voici, à titre indicatif, les fréquences des bus. Horaires à vérifier sur place. Pour rallier le centre-ville en rickshaw, compter 100-150 ₹.
➢ ***Delhi :*** 6-7 bus/j., dont 2 *Volvo Mercedes* (l'ap-m et tard le soir). Également env 12 bus privés en fin d'ap-m et le soir (on conseille celui de 18h, climatisé). Trajet : 12h en *Volvo,* 15h en *express.*
➢ ***Jodhpur :*** 9 bus/j., dont 2 *Volvo Mercedes* (tôt le mat et l'ap-m). Également 10-12 bus privés, dont 1 de nuit avec clim. Les plus rapides sont ceux de 6h et 18h. Trajet : 4h30-7h.
➢ ***Ranakpur :*** prendre un bus gouvernemental pour Jodhpur et s'arrêter à Ranakpur (les bus privés, eux, empruntent une autre route). Attention, tous ne s'y arrêtent pas, vérifier avant. Trajet : 2h30. Attention bis, dernier départ de Ranakpur pour Jodhpur à 15h30.
➢ ***Jaipur :*** bus ttes les heures 24h/24 dont 4 *Volvo Mercedes,* et env 20 bus privés (le soir surtout). Trajet : 7-9h.
➢ ***Chittorgarh :*** bus locaux ttes les heures env 5h-20h. Trajet : env 2h30.
➢ ***Bundi :*** 1 bus/j., tôt le mat, passant par Bhilwara (et non Chittorgarh). Trajet : 8-9h. Préférer le train.
➢ ***Mount Abu (Abu Road) :*** 4 bus/j. 5h-15h30 ainsi que 2 bus privés à 8h30 et 9h. Trajet : env 3h15.
➢ ***Ahmedabad :*** bus ttes les heures 24h/24, dont au moins 1 *Volvo Mercedes* tôt le mat. Nombreux bus privés aussi, du mat jusqu'au soir. Trajet : env 5h30.
➢ ***Agra :*** 2 bus/j. (mat et ap-m) et 2 bus privés de nuit (départ en fin d'ap-m). Trajet : env 14h.
➢ ***Bikaner :*** 2 bus/j. (mat et fin de journée) et 5 bus privés de nuit. Trajet : env 13h.
➢ ***Jaisalmer :*** d'Udaipur, si vous comptez voyager dans tout le Rajasthan, gagnez tout de suite Jaisalmer. Les étapes seront plus faciles à gérer ensuite (plus courtes). Sinon on conseille de prendre un bus en fin de mat ou début d'ap-m vers Jodhpur. Cela permet de prendre le train de nuit pour Jaisalmer qui part vers 23h45 (trajet : env 6h). C'est le moins fatigant. Autrement 3 bus privés directs partent à 20h, 20h30 et 21h, et ne mettent que 11h. Sinon dans tous les cas c'est 15h.

En avion

✈ ***Aéroport*** *(hors plan d'ensemble par D4) : à 25 km à l'ouest de la ville, sur la route de Chittorgarh.* ☎ *265-59-50.* Compter env 750 ₹ de l'aéroport à Udaipur en *taxi prepaid* et 600 ₹ dans l'autre sens. *ATM* et resto-snack sur place. Attention : les fréquences varient en fonction des saisons. En gros, en haute saison :
➢ ***Delhi :*** 6 vols/j. avec *Air India, IndiGo* ou *Spice Jet.*
➢ ***Mumbai :*** 6 vols/j. avec les mêmes compagnies.

Adresses et infos utiles

Infos touristiques

Un ***Tourist Reception Centre*** *(plan d'ensemble, D4)* est situé non loin de la gare routière, mais vous n'en tirerez rien. Pour les transports, par exemple, mieux vaut s'adresser à l'une des agences privées de la vieille ville, comme *Lakecity Holidays* (voir plus bas).

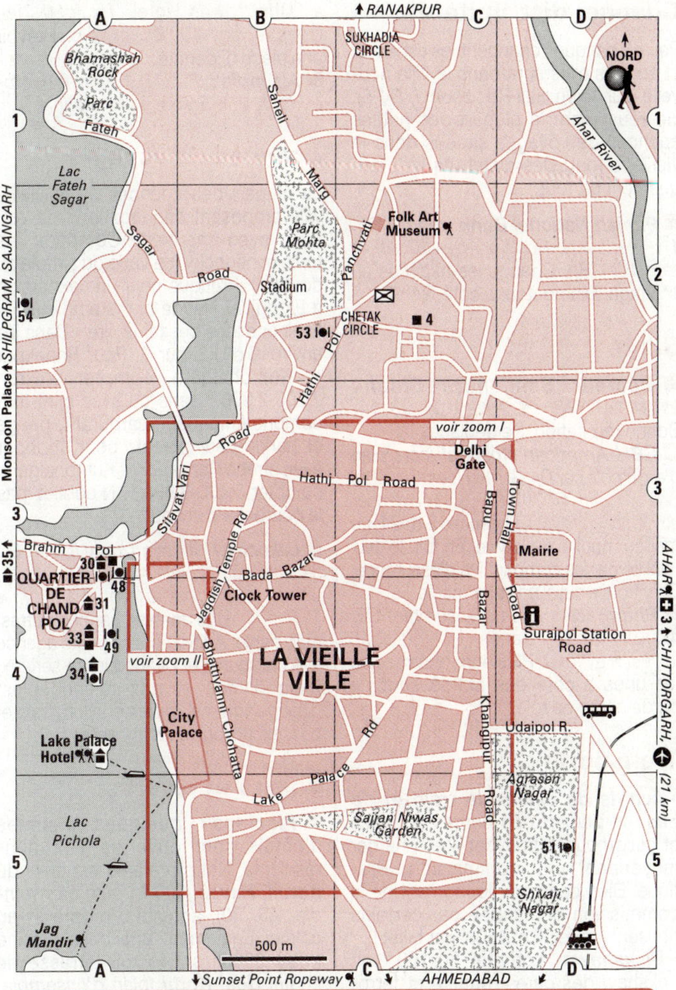

UDAIPUR – Plan d'ensemble

■ **Adresses utiles**

- i Tourist Reception Centre (D4)
- ✚ **3** GBH-American Hospital (hors plan par D4)
- **4** Pharmacies (C2)
- **30** Piscine de Karohi Haveli (A3)
- **33** Piscine de l'Hotel Udai Kothi (A4)

Où dormir ?

- **30** Dream Heaven et Karohi Haveli (A3)
- **31** Panorama Guesthouse (A4)
- **33** Hotel Udai Kothi (A4)
- **34** Amet Haveli (A4)
- **35** The Royal Country Retreat (hors plan par A3)

Où manger ?

- **30** Millets of Mewar (A3)
- **34** Ambrai Restaurant (A4)
- **48** Jasmine Restaurant (A3)
- **49** Hari Garh (A4)
- **51** Natraj Dinning Hall (D5)
- **53** Royal Repast (B2)
- **54** Jhumar Restaurant (A2)

Change, distributeurs

Peu de banques changent les espèces, et en plus elles sont dans la ville nouvelle (sur Town Hall Rd ; *zoom I, D4-5*). Heureusement la plupart des petites agences de voyages situées dans la vieille le font. Des distributeurs pratiquement partout.

■ ***Punjab National Bank*** *(zoom I, D3,* ***1****)* **:** *Town Hall Rd. Lun-ven 10h-16h, sam 10h-13h.* Change les espèces au 1er étage. Distributeur à côté, 24h/24.

Santé

■ ***Docteur Shailendra Singh :*** *☎ 241-02-12. 📱 98-29-04-03-12.* Bonne réputation. Se déplace.

✚ ***GBH-American Hospital*** *(hors plan d'ensemble par D4,* ***3****)* **:** *101, Khoti Baugh, Bhattjiki Bari. ☎ 305-60-00. À l'extérieur du centre, vers l'est.* Urgences 24h/24. Le meilleur hôpital de la ville. En fait, le seul habilité par les compagnies d'assurance. On y trouve aussi une pharmacie.

■ ***Pharmacies*** *(plan d'ensemble, C2,* ***4****)* **:** *juste face au General Hospital (qui, lui, est à éviter !).* Plusieurs pharmacies les unes à côté des autres sont de garde à tour de rôle.

Transports

– ***Achats de billets de train et de bus :*** la plupart des petites agences et *guesthouses* peuvent s'en charger moyennant une commission. Pratique. Bien comparer le montant de la commission demandée car certains abusent (entre 50 et 150 ₹ par billet !).

– ***Rickshaws :*** compter 80-100 ₹ en rickshaw des gares routière et ferroviaire à la vieille ville (où se trouvent tous les hôtels), et autant de la vieille ville à la télécabine du *Sunset Point*.

■ ***Location de vélos :*** ***Heera Cycle Store*** *(zoom II, A4,* ***17****), Gangaur Ghât Rd. 📱 76-65-82-83-24. Derrière le Jagdish Temple, dans la courette qui mène à l'Udai Niwas Hotel. Tlj 7h30-20h. Compter env 100 ₹/j. le vélo.* Prévoir une pièce d'identité.

■ ***Air India :*** *☎ 241-09-99. À l'aéroport : ☎ 265-54-53. ● airindia.in ●*

Agences de voyages

La plupart des agences de la vieille ville proposent des locations de voitures avec chauffeur. Comparer les tarifs et négocier (ça varie du simple au double !). Pratique pour une excursion à Eklingji et Nagda par exemple (pour avoir une idée des tarifs, lire « Dans les environs d'Udaipur »). Pour Ranakpur et Kumbhalgarh, compter environ 2 200-2 300 ₹ sans ou avec clim tout compris (chauffeur, carburant, péage et parking sur place) ; pour Jodhpur avec arrêt à Ranakpur et Kumbhalgarh, compter 3 400-3 900 ₹. N'oubliez pas le pourboire du chauffeur !

■ ***Lakecity Holidays*** *(zoom II, A4,* ***6****)* **:** *32, Lal Ghât. ☎ 252-14-85. 📱 99-50-00-09-52. ● lakecity2801@hotmail.com ● Tlj 9h-22h.* Une adresse parmi d'autres, mais fiable. Aditya tient sa petite agence avec le sourire et beaucoup de sérieux. Plein d'infos et prix raisonnables. Change, Internet, billets d'avion, train et bus, excursions en tout genre.

Loisirs et divers

■ ***Piscines :*** quelques piscines d'hôtels sont ouvertes aux non-résidents. Notre préférée est celle du ***Karohi Haveli*** (300 ₹ ; *plan d'ensemble, A3,* ***30***), agréable, propre et au calme. Également une belle piscine (mais 300 ₹) sur le toit-terrasse de l'hôtel ***Udai Kothi*** *(plan d'ensemble, A4,* ***33****)*. Et une, moins chère (150 ₹), au ***Rang Niwas Palace*** *(zoom I, B5,* ***23****)*, mais moins sympa.

■ ***Consignes :*** *à la gare ferroviaire (plan D5). Tlj 24h/24.* Attention, les bagages doivent être fermés à clé sous peine d'être refusés.

Où dormir ?

Un peu tout et n'importe quoi. Du *homestay* sordide qui racole par Internet (parfois sous plusieurs noms différents) avec des faux avis et des photos bidons, aux suites princières des anciens palais qui

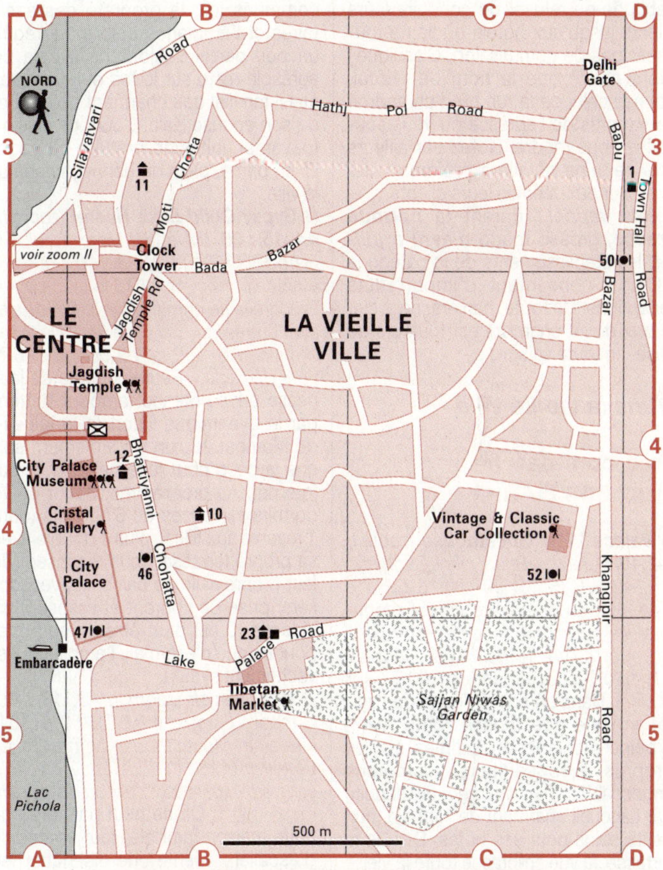

UDAIPUR – Vieille ville – Zoom I

Adresses utiles

1 Punjab National Bank (D3)
23 Piscine de Rang Niwas Palace Hotel (B5)

Où dormir ?

10 Palace View Guesthouse (B4)
11 Mewargarh Palace (B3)
12 Little Garden Guesthouse (B4)
23 Rang Niwas Palace Hotel (B5)

Où manger ?

46 Courtyard Restaurant & Café (B4)
47 Paantya Restaurant (B5)
50 Natraj Hotel (C-D3)
52 Garden Restaurant (C4)

vous assécheront le porte-monnaie. Rassurez-vous, entre les 2, on trouve quand même son bonheur. À Udaipur, presque tous les hébergements dignes de ce nom possèdent une terrasse. On ne le redit pas à chaque fois.

– *Mise en garde :* les chauffeurs de rickshaws qui vous mettent le grappin dessus dès votre arrivée ont la fâcheuse habitude de refuser de conduire leurs clients jusqu'aux hôtels où ils ne touchent pas de commission. Classique ! Alors plutôt que le nom de l'hôtel, donnez celui de la rue ou d'un endroit connu près de l'adresse où vous souhaitez vous rendre. Notez par ailleurs que certains hôteliers préfèrent aller chercher eux-mêmes leurs clients.

– *Petit rappel :* durant la ***période creuse,*** grosso modo ***d'avril à juillet,*** les établissements de la catégorie « Chic » consentent d'importantes réductions. De toute manière, négocier le prix de sa chambre est toujours de mise, en toute saison.

Dans la vieille ville

Très bon marché (max 600 ₹ / 8 €)

Palace View Guesthouse *(zoom I, B4,* ***10****) : près de Bhattiyanni Chohatta. ☎ 242-39-35. 94-14-16-59-35. • palaceview.atspace.com • Prendre la ruelle qui monte face au* Raj Palace Hotel *et suivre le fléchage. Doubles 300-600 ₹ (supplément de 200 ₹ pour la clim).* Dans un coin à l'écart de l'agitation, une *guesthouse* toute mimi. À peine 4 chambres, simples et très propres avec sanitaires communs impeccables. On a vraiment été séduits par l'accueil charmant de Nirmala, aux petits soins pour ses hôtes. Depuis la terrasse, la vue embrasse toute la vieille ville et le City Palace. Vu le prix, c'est une excellente adresse. Fort de son succès, elle devrait bientôt s'agrandir.

Bon marché (600-1 500 ₹ / 8-20 €)

Nukkad Guesthouse *(zoom II, A4,* ***14****) : 56, Ganesh Ghati. ☎ 241-14-03. 94-60-57-23-41. Doubles 600-1 500 ₹.* Aménagée dans une ancienne *haveli,* cette *guesthouse,* qui vous promet des mollets en béton à la fin de votre séjour, est tenue par la même famille depuis 6 générations ! En tout, une quinzaine de chambres modestes pour la plupart et toutes de confort différent. Seuls dénominateurs communs ici : la propreté des sanitaires et l'ambiance coloré qui règne un peu partout. Ajoutons à cela un agréable resto sur le toit et un accueil aussi familial que charmant de Raju et de son épouse Kala. Cours de cuisine (payants), initiation gratuite au yoga. Et en prime, plein de bonnes infos sur la ville.

Gypsy Child Lake Hostel *(zoom II, A4,* ***15****) : 26, Navghaat Marg, Badipole Gate (Pipli Ghat). 98-11-60-48-48. • hiudaipur@gypsychildhostels.com • Prendre la tte dernière rue à droite juste avt l'entrée du City Palace et descendre jusqu'au lac. Lit en dortoir 800 ₹, petit déj inclus.* Petite auberge de jeunesse privée menée tambour battant par la dynamique Ruchika, originaire de Mumbai. Ici, on a visiblement soigné la déco pour faire belle figure sur Internet. Au programme, 3 tout petits dortoirs climatisés de 6 ou 8 lits (dont 1 réservé aux filles), plus 1 double avec sa propre terrasse. Tous disposent de leur propre salle de bains, lit avec *lockers,* prise de courant et liseuse individuelle. C'est peut-être un peu cher pour ce que c'est, mais l'ambiance est vachement sympa.

Udai Haveli *(zoom II, A3,* ***13****) : 40, Ganesh Ghati. 93-52-50-67-01. • udaihaveliguesthouse.com • Lit en dortoir 170-250 ₹ ; doubles avec ventilo sans sdb 400-600 ₹, avec sdb et clim min 1 000 ₹.* On ne peut pas dire que cette maison familiale, tout en dédale d'escaliers, mérite une distinction en matière de propreté. Mais sa douzaine de chambres (et dortoirs) avec ou sans salle de bains ou clim tient malgré tout bien la route pour le prix proposé.

Shri Udai Palace *(zoom II, A4,* ***16****) : 23, Gangaur Ghat. 94-14-23-35-73. • shriudaipalace.com • À côté du* Bagore Ki Haveli. *Doubles avec sdb 800-1 300 ₹, avec clim 1 500-1 800 ₹.* Dans ce petit hôtel dont la terrasse est certainement l'une des plus sympa de la ville au couchant, les 6 chambres (2 seulement avec la clim) ne sont pas bien grandes. En revanche, toutes ont l'eau chaude 24h/24 et des matelas en coton bien fermes (paraît que c'est bon pour la santé). Sinon quelques effets de peinture pour adoucir votre séjour et un accueil gentil de Pritam, le patron.

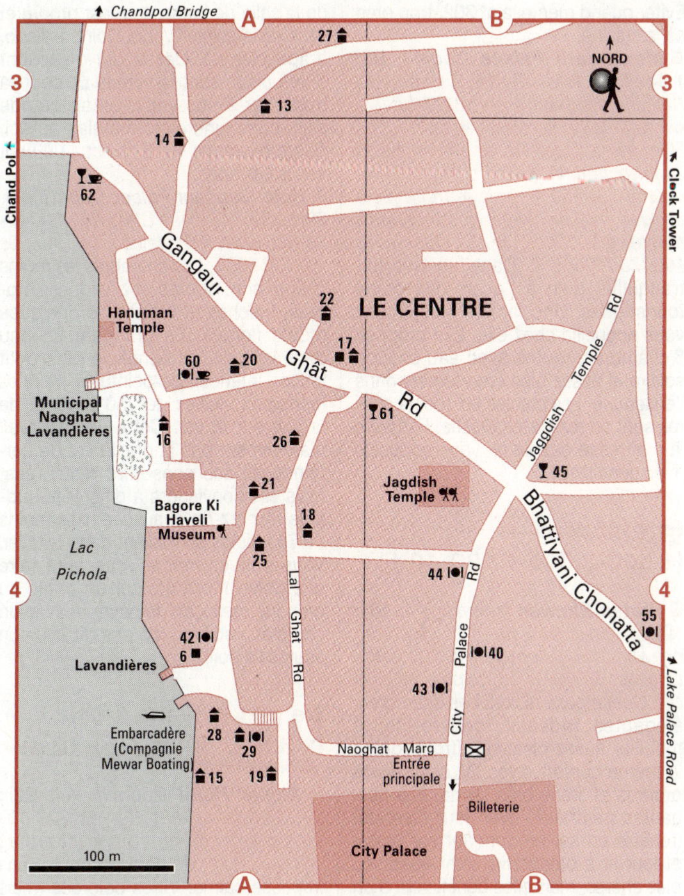

UDAIPUR – Centre – Zoom II

■ **Adresses utiles**

- **6** Lakecity Holidays (A4)
- **17** Heera Cycle Store (location de vélos ; A4)
- **20** Hotel Gangaur Palace (cours de miniature ; A4)

Où dormir ?

- **13** Udai Haveli (A3)
- **14** Nukkad Guesthouse (A4)
- **15** Gypsy Child Lake Hostel (A4)
- **16** Shri Udai Palace (A4)
- **17** Udai Niwas Hotel (A4)
- **18** Pratap Bhawan (A4)
- **19** Vara Guesthouse (A4)
- **20** Hotel Gangaur Palace (A4)
- **21** Mewar Haveli (A4)
- **22** Anjani Hotel (A4)
- **25** Jaiwana Haveli (A4)
- **26** Poonam Haveli (A4)
- **27** Madri Haveli Boutique Hotel (A3)
- **28** Kankarwa Haveli (A4)
- **29** Jagat Niwas Palace (A4)

Où manger ?

- **29** Resto du Jagat Niwas Palace (A4)
- **40** Govinda's Cafeteria (B4)
- **42** Natural View Restaurant (A4)
- **43** Gateway Restaurant (B4)
- **44** O'zen Restaurant (B4)
- **55** Lotus Café & Restaurant (B4)

Où manger une pâtisserie ? Où boire un bon café ou un jus frais ?

- **45** Mayur Café (B4)
- **60** Café Edelweiss (A4)
- **61** Vyom Juice Corner (B4)
- **62** Pap's Juices (A4)

LE RAJASTHAN

Éviter quand même la n° 302, trop près de la cuisine.

Mewargarh Palace *(zoom I, B3, **11**) : 733, Near Bade Purohitji Ki Haveli, Imlighat. 80-58-77-56-76. • mewargarhpalace@gmail.com • Env 50 m avt la Clock Tower en venant du Jagdish Temple, prendre à gauche et monter sur 250 m, puis à droite juste avt une maison bleue et continuer à monter (c'est indiqué). Doubles avec sdb 700-1 500 ₹.* Dans un quartier tranquille, bien à l'écart des coins touristiques. Une famille musulmane vous accueille chez elle. Elle propose 8 chambres, toutes avec eau chaude solaire et assez bien entretenues dans l'ensemble. Les piaules les moins chères sont au rez-de-chaussée. Farheen, la maîtresse des lieux, vous accueille avec gentillesse.

Prix moyens (1 500-3 000 ₹ / 20-40 €)

Pratap Bhawan *(zoom II, A4, **18**) : 12, Lal Ghât. ☎ 256-05-66. • pratapbhawanudaipur.com • En plein centre. Doubles 2 000-3 000 ₹ ; pas de petit déj. Guesthouse* nickel. Les chambres, élégantes (rideaux, couvre-lits et mobilier assez classe), offrent toutes le même confort, avec TV, clim, draps propres et literie bien ferme. Les plus hautes perchées, avec leur *jharokhâ* (fenêtre en saillie) donnant sur la rue et leur lit à baldaquin, sont aussi les plus chères, mais elles bénéficient d'un beau panorama. Celles du bas n'en ont pas. Tenue générale impeccable mais l'accueil pourrait être amélioré, dommage. Un bon rapport qualité-prix cependant !

Udai Niwas Hotel *(zoom II, A4, **17**) : Gangaur Ghât Rd. ☎ 241-43-03. 80-94-88-88-69. • hoteludainiwas.com • Entrée par une ruelle à droite du temple Jagdish. Doubles 1 700-2 800 ₹, petit déj compris ; familiales.* Dans le genre « on fait des merveilles avec de la peinture », cet hôtel aux tarifs très élastiques tient le haut du pavé. Ses chambres, de taille et de vue différentes suivant le prix, sont assez joliment décorées de couleurs vives. Et si la déco n'a pas franchi la porte de la salle de bains, tout est propre et sans faille (clim, TV, bouilloire à dispo, draps blancs). Celles qui disposent d'un balcon sont facturées un chouya trop cher à nos yeux. Sinon grande salle commune avec matelas au sol. *Rooftop terrace* sur 3 niveaux où sont servis les repas.

Hotel Gangaur Palace *(zoom II, A4, **20**) : 339, Gangaur Ghât Rd. ☎ 242-23-03. • ashokahaveli.com • Doubles 2 240-2 800 ₹.* Les chambres les moins chères sont sobres et basiques, propres, fraîches et ornées de quelques motifs floraux. En grimpant un peu dans les prix, on bénéficie d'un petit balcon intérieur, de peintures murales (certaines vieilles de 250 ans !) et de la vue sur le lac. Cette vieille *haveli* n'a vraiment pas la prestance de certaines de ses consœurs restaurées, mais elle conviendra à différents budgets. Au rez-de-chaussée, pas moins de 75 artistes se relaient dans l'atelier. Vous pouvez même vous faire faire une petite miniature sur un ongle ou prendre une leçon de peinture avec un poil d'écureuil (on n'a pas dit avec un écureuil à poil).

De prix moyens à chic (1 500-5 400 ₹ / 20-72 €)

Anjani Hotel *(zoom II, A4, **22**) : 77, Gangaur Ghât Rd. ☎ 242-17-70. • anjanihotel.com • Doubles 1 700-3 600 ₹.* Un hôtel au bout d'une impasse calme. Vitres colorées (mais pas de vue directe sur le lac), teintes harmonieuses, voilages, lit à baldaquin et salon avec TV pour les plus chères. L'ensemble est presque luxueux par endroit, et un vrai effort de déco a été réalisé, même si les chambres les moins chères s'avèrent plus foutraques. Toutes avec clim évidemment. Resto sur le toit et terrasse couverte. Également une piscinette toute bleue pour se rafraîchir, un vrai luxe en plein Udaipur.

Mewar Haveli *(zoom II, A4, **21**) : 34-35, Lal Ghât. ☎ 252-11-40. • mewarhaveli.com • Doubles 2 400-3 500 ₹.* Imposante *haveli* blanche aux fenêtres colorées dominant le lac. Parties communes impeccables avec beaucoup de peintures aux murs. Les chambres, assez petites mais tout aussi décorées, avec clim, offrent un certain confort, mais pour bénéficier de la superbe vue, il faut en demander une côté lac et au 3e étage (ascenseur). La n° 203 offre une vue à 180° que l'on peut apprécier de l'alcôve garnie de coussins. Terrasse et salle de resto au dernier étage. Bonne tenue générale.

Rang Niwas Palace Hotel *(zoom I, B5,* ***23****) : Lake Palace Rd. ☎ 252-38-90 ou 91. • rangniwaspalace.com • Doubles 1 800-3 600 ₹, avec supplément clim (200 ₹/j.) pour les moins chères.* Grande bâtisse construite par un *maharana,* au milieu du XIXe s. L'avantage, c'est qu'on y trouve des chambres pour presque toutes les bourses (depuis les 4 *standard* dont 2 n'ont pas la clim, déjà très correctes, à la *little suite,* pleine de cachet), toutes sympa dans leur genre, avec une déco soignée, même si dans les salles de bains la guerre contre le calcaire semble perdue d'avance... L'une des 3 suites possède même une balancelle et... un urinoir ! L'autre bon point, c'est que les chambres les moins chères profitent quand même du jardin et de la piscine.

Chic (3 000-5 400 ₹ / 40-72 €)

Little Garden Guesthouse *(zoom I, B4,* ***12****) : 121, Bhattayani Chotta. 📱 98-28-27-65-35. • littlegardenguesthouse.com • Double min 3 000 ₹, petit déj inclus.* Cachée dans une impasse en contrebas du City Palace, une *haveli* du XIXe s admirablement bien restaurée et décorée dans un style mêlant avec harmonie le caractère local à des touches plus contemporaines. Ici, tout a été étudié dans les moindres détails afin de conférer au lieu une atmosphère à la fois dépaysante et reposante. Le standing augmente avec les étages mais toutes sont de bon confort. La taille modeste de l'ensemble (8 chambres seulement) permet de pleinement apprécier l'accueil d'Akshay, francophone à ses heures. Une adresse coup de cœur.

Vara Guesthouse *(zoom II, A4,* ***19****) : 53, Naughat. 📱 98-28-14-17-65. • mary_thomas55@yahoo.com • Doubles 2 700-4 000 ₹ ; apparts 3 000-5 000 ₹. CB refusées.* Dans l'intimité d'une maison bourgeoise appartenant à un couple aussi charmant que cultivé. 2 chambres nickel chrome, pratiquement identiques dans leur déco rajpoutisante, bénéficiant chacune d'une literie impeccable et d'une salle de bains dont la propreté est digne des pubs pour les produits d'entretien. Balancelle sur le toit-terrasse avec vue exceptionnelle sur le quartier de Chandpol et au loin le palais de la Mousson. Seul bémol, pas de petit déj, mais Mary donne des cours de cuisine. La famille loue aussi un appart juste à côté. Excellent accueil.

Jaiwana Haveli *(zoom II, A4,* ***25****) : 14, Lal Ghât Rd. ☎ 241-11-03. 📱 98-29-00-58-59. • jaiwanahaveli.com • Double min 5 300 ₹, petit déj inclus.* Une grande et belle *haveli* gérée par Yash, qui parle bien le français. L'endroit respire le propre, la sobriété et l'élégance. Chambres confortables et salles de bains étincelantes, les plus chères s'ouvrant sur le lac. D'autres chambres, aussi, en face, dans un autre bâtiment, grandes, joliment meublées et nickel là encore car bénéficiant d'une super literie et d'une vue pour la plupart. Tout le monde se retrouve sur la terrasse sur le toit (ou dans la salle vitrée du resto, avec vue panoramique) pour de copieux petits déj et de très bons plats. Cerise sur le gâteau, il y a un grand salon qui permet d'attendre tranquillou un bus ou un train quand on a laissé sa chambre.

Poonam Haveli *(zoom II, A4,* ***26****) : 39, Lal Ghât Rd. ☎ 241-03-03. • hotelpoonamhaveli.com • Doubles 3 300-4 700 ₹, petit déj-buffet compris.* Au cœur de la vieille ville, un hôtel « à l'ancienne » d'une quinzaine de chambres, aux lits *twin* ou carrément *king size.* C'est la taille des chambres qui fait la différence. Le sol est en marbre et la déco plutôt sobre. Ceux qui aiment les salles de bains proprement carrelées vont être servis ! La n° 17, au 2e étage, est une vraie salle de bal, avec balcon et voilages orange aux fenêtres. Bon resto et accueil francophone par un sympathique couple franco-indien.

Madri Haveli Boutique Hotel *(zoom II, A3, **27**) : 70, Ganesh Ghati. ☎ 241-33-77. 📱 98-29-03-45-59. En France : 📱 + 33-687-29-01-11. • madrihaveli.com • Doubles 3 000-4 700 ₹, petit déj compris.* Une vieille demeure de 3 siècles, très joliment restaurée et récemment convertie en hôtel. Entre ses vieux murs, une quinzaine de chambres et suites bien aménagées, avec des équipements neufs dans les salles d'eau. C'est propre, mais l'ensemble est dominé par un ton gris souris qui peut sembler un peu tristoune à force. On aime ou on n'aime pas. En revanche, le personnel est sympa et disponible, dans un esprit plus chambre d'hôtes qu'hôtel. À découvrir, donc !

De chic à très chic (3 000-10 500 ₹ / 40-140 €)

Kankarwa Haveli *(zoom II, A4, **28**) : 26, Lal Ghât Rd. ☎ 241-14-57. 📱 99-29-19-99-29. • kankarwahaveli.com • Doubles env 3 800-6 800 ₹, petit déj compris.* Vénérable *haveli* couleur crème, plantée au bord du lac qui vient parfois lécher les pieds du bâtiment. Aux commandes la même famille depuis 200 ans ! Ici, 3 catégories de prix selon la taille et surtout la vue. Déco de magazine d'une grande sobriété, avec mobilier d'époque. Celles dominant le lac sont particulièrement charmantes. Sur le toit, 2 suites spacieuses en verrière et structure en bois. Simplicité presque monacale mais pleine de charme. Terrasse idéale pour un dîner en amoureux (*thalis* végétariens surtout). Accueil variable, en revanche.

Jagat Niwas Palace *(zoom II, A4, **29**) : 23-25, Lal Ghât Rd. ☎ 242-01-33 et 28-60. 📱 70-73-00-03-78. • jagatniwaspalace.com • Résa conseillée le plus tôt possible ! Doubles 5 400-8 800 ₹.* Le *Jagat Niwas* fut l'un des 1ers hôtels chics de la vieille ville. 2 patios tout blancs autour desquels s'élève la structure classique d'une *haveli* impeccable et soigneusement décorée. Les moins chères n'ont pas de vue en revanche. Celles avec vue sur le lac (la plupart) dégagent vraiment beaucoup de charme, toutes avec un coin alcôve et des petites fenêtres colorées. Super terrasse couverte pour le petit déj, ouverte sur le lac et une autre pour l'apéro et le dîner, vraiment extra. Belle adresse aux tarifs encore acceptables compte tenu des prestations (nappes, personnel en tenue...). Seul bémol : l'accueil, parfois routinier.

Spécial gros coup de folie (min 400 €)

Lake Palace Hotel *(plan d'ensemble, A4) : Pichola Lake. ☎ 242-88-00. • tajhotels.com •* L'un des hôtels les plus célèbres d'Inde, géré par la chaîne du *Taj*. Ce rêve flottant fut édifié au XVIIIe s par un *maharana* pour y recevoir ses hôtes de marque. Tout de marbre blanc, il semble avoir été posé là comme par miracle. L'arrivée en bateau le soir est un moment digne des *Mille et Une Nuits* ! Hélas, les prix sont délirants ! Les chambres les moins chères... hors saison et sans vue sur le lac, vous coûteront le prix de votre billet d'avion pour l'Inde. Pour ce qui est des suites avec vue, ne rêvez pas !

Dans le quartier d'Outside Chand Pol (plan A3-4)

De bon marché à prix moyens (600-1 500 ₹ / 8-40 €)

Panorama Guesthouse *(plan d'ensemble, A4, **31**) : Hanuman Ghât, au bord d'une placette, sur la droite. ☎ 243-10-27. 📱 94-14-35-25-23. • panoramaguesthouse.in • Résa conseillée. Doubles avec sdb 700-3 000 ₹.* Une petite vingtaine de chambres agréables pour le prix, très propres, avec ventilo ou clim. On ne profite du panorama sur le lac ou le City Palace que depuis 3 d'entre elles (les plus confortables et aussi les plus chères). Réservez-les en priorité car les autres sont vraiment ultrabasiques. Ceux dont la chambre ne bénéficie d'aucune vue monteront au resto, perché sur le toit-terrasse, où l'on sert de délicieux *thalis.* Parties communes accueillantes. Accueil sympa et bonne ambiance.

Dream Heaven (*plan d'ensemble, A3, 30*) : *Hanuman Ghât. ☎ 243-10-38. ● dreamheaven.co.in ● Doubles avec sdb 600 2 000 ₹.* Dans le quartier le plus sympa d'Udaipur, passé le pont piéton, un bâtiment tout en hauteur (réception au dernier étage), prisé des routards du monde entier. Il faut dire que ce petit labyrinthe de marbre, tout en coins et recoins, propose des chambres avec ou sans clim pour différents budgets et que le resto perché sur le toit offre l'une des terrasses les plus attractives d'Udaipur. Ambiance gentiment baba cool. Deep, le patron, adore la Haute-Savoie et parle un peu le français.

De chic à très chic (3 000-10 500 ₹ / 40-140 €)

Amet Haveli (*plan d'ensemble, A4, 34*) : *en bout de presqu'île, face au City Palace. ☎ 243-10-85. ● amethaveliudaipur.com ● Doubles 4 720-8 900 ₹.* Idéalement situé au bout de la presqu'île. Toutes les chambres profitent de la même vue que les meilleures du *Lake Palace*... mais à un tarif beaucoup plus raisonnable ! Beaucoup de confort et d'espace. Les suites sont plus vastes encore, avec une alcôve douillette. Lit bien moelleux, déco soignée et stylée, on peut juste regretter que les salles de bains ne soient pas tout à fait à la hauteur. Dans un bout du jardin, on trouve aussi un petit bassin (entre la piscine et la grande baignoire, dirons-nous). L'endroit est calme et propice à la méditation. À côté, la terrasse du resto *Ambrai* et sa vue imprenable (voir « Où manger ? »). Dommage que l'accueil soit si décevant.

Karohi Haveli (*plan d'ensemble, A3, 30*) : *dans le quartier d'Outside Chand Pol. ☎ 243-00-26. 📱 96-80-18-11-11. ● karohihaveli.com ● Doubles 5 900-10 300 ₹ ; suites plus chères.* Un hôtel moderne qui a su, avec intelligence, restituer le charme des anciennes *havelis* en y ajoutant un confort plus actuel. Il y a une jolie courette rafraîchie par une fontaine, un carré de pelouse devant, une piscine sur le flanc et des chambres au calme, aménagées avec goût, sans trop en faire. Même les moins chères ne sont pas décorées au rabais. Évitez quand même la nº 307, située sous la cuisine. Sur le toit, une jolie terrasse le soir au moment du dîner. Vraie machine à café au petit déj. Un bon choix dans cette catégorie.

Hotel Udai Kothi (*plan d'ensemble, A4, 33*) : *Hanuman Ghât. ☎ 243-28-10. ● udaikothi.com ● Résa conseillée. Double min 8 350 ₹, petit déj inclus.* Un hôtel récent qui en jette et reproduit l'architecture traditionnelle. Il bénéficie au passage d'un confort apprécié malgré quelques problèmes de finitions. Au final, plus de 50 chambres classées en 3 catégories, tout confort, joliment décorées dans un style traditionnel, réparties dans plusieurs bâtiments resserrés autour d'un petit jardin (mais dont on ne profite pratiquement pas). Piscine sur le toit et excellent resto. Dommage que la vue soit un peu gâchée par des constructions en cours qui l'environnent...

Un peu au nord de la vieille ville (hors plan d'ensemble par A3)

Prix moyens (1 500-3 000 ₹ / 20-40 €)

The Royal Country Retreat (*hors plan d'ensemble par A3, 35*) : *Ananta Rd, à côté de Budiye Bavdi. 📱 94-14-85-09-74. ● theroyaleretreat.com ● Compter env 150 ₹ pour y aller en rickshaw. Résa conseillée. Double 2 500 ₹, petit déj compris ; dîner veg' ou non 450-600 ₹.* À 20 mn en rickshaw au nord de la vieille ville. Cette maison bourgeoise, isolée au milieu des champs cultivés, propose 3 très belles chambres tout confort, dont la plus grande dispose d'une terrasse. Toutes possèdent leur propre salle de bains, une literie impeccable et s'avèrent d'une propreté sans faille. Jardin avec barbecue et chaises longues. Tout est nickel ici. La famille vous accueille les bras ouverts et vous propose même des cours de cuisine et quelques balades dans les villages environnants. Une belle adresse pour résider au calme sans casser la tirelire.

Où manger ?

La presque totalité des hôtels et *guesthouses* propose un restaurant en terrasse dont la qualité dépend d'une seule chose : leur capacité à fidéliser leur chef (souvent un Népalais) d'une année sur l'autre. La cuisine s'avère donc très variable d'une adresse à une autre. N'hésitez donc pas à sortir de la vieille ville pour essayer des restaurants qui ne soient pas destinés qu'aux touristes.

Dans la vieille ville

Bon marché (max 450 ₹ / 6 €)

|●| ***Lotus Café & Restaurant*** *(zoom II, B4,* ***55****) : 15, Bhattiyani Chohatta. 📱 99-29-16-42-08. Tlj 8h-22h30 (cuisinier en pause 15h-18h). Plats 80-180 ₹,* thalis *130-160 ₹.* À deux pas du Jagdish Temple, un petit resto sans prétention (juste 4 tables carrées en faux marbre en bas et un petit salon en mezzanine). Il sert une bonne cuisine typique de Mewar *veg'* ou non, à prix raisonnables.

|●| ***Govinda's Cafeteria*** *(zoom II, B4,* ***40****) : 169, City Palace Rd. 📱 94-13-02-45-92. Tlj 8h30-20h30.* À deux pas de l'entrée du City Palace, un café un peu à l'occidentale prolongé d'une petite terrasse donnant sur la rue. On y sert de bons en-cas (salades, sandwichs, pizzas...) et quelques *thalis*. Café (cher) et jus de fruits frais, aussi.

Prix moyens (450-900 ₹ / 6-12 €)

|●| ***Natural View Restaurant*** *(zoom II, A4,* ***42****) : 32, Lal Ghât, juste au-dessus de l'agence* Lakecity Holidays. *Tlj midi et soir.* Un resto à fréquenter le soir pour son agréable terrasse à peine éclairée à la bougie, avec vue sur le lac. Bonne cuisine. Goûtez au *lemon tandoori chicken,* à leur super *biryani,* aux savoureux plats de pâtes ou encore, le must, au *mixed grilled sizzler,* un mélange de viande et de légumes servi tout crépitant, un régal ! En revanche, n'oubliez pas votre lampe de poche !

|●| ***Gateway Restaurant*** *(zoom II, B4,* ***43****) : City Palace Rd. ☎ 241-09-03. À deux pas de l'entrée du City Palace. Tlj 9h-22h30.* Sur une terrasse surélevée par rapport à la rue, ombragée par une grande tente. Une adresse agréable et stratégiquement située. Carte étendue, mais tout est maîtrisé. 2 spécialités : le *Gateway style palak makai ka bharta* ou l'*Adraki malai mushroom.* Les plats de pâtes ainsi que les salades sont tout aussi réussis. Bonnes glaces. Machine à expresso. Attention, pas d'alcool. Négociant en marbre, le patron parle bien le français !

|●| ***Courtyard Restaurant & Café*** *(zoom I, B4,* ***46****) : Bhattiyanni Chohatta. 📱 80-03-85-26-19. Entrée par le porche de l'hôtel* Raj Palace. *Tlj 11h-22h30. Plats 190-290 ₹.* Eh bien non, pour une fois, aucune vue sur quoi que ce soit puisque, ici, on profite d'un agréable jardin (bordé d'un espace couvert) avec des tables dressées sous des toiles. Cuisine indienne qui se défend très bien, avec quelques spécialités du Rajasthan et des plats internationaux. Célèbre pour son *railway mutton curry,* un plat réputé dans toute l'Inde puisqu'il était servi à l'origine dans les wagons-restaurants de 1re classe. Salle climatisée bien appréciable en été. Bien aussi pour prendre un verre.

|●| ***O'zen Restaurant*** *(zoom II, B4,* ***44****) : 51, City Palace Rd. Tlj 9h30-23h30.* Une adresse plutôt moderne, façon lounge. On s'installe à l'étage, dans une salle vitrée donnant sur la rue, avec banquettes moelleuses ou fauteuils en osier, ou sur le toit-terrasse. *Chicken tikka masala* réputé. Sinon, à condition de faire l'impasse sur les pizzas, on se régale de boulettes de lentilles *(govind gutta),* de quelques achards d'aubergine ou d'une banane aux épices. Tous les soirs à 19h30, projection d'un film sur grand écran (au choix : *Octopussy* ou *Bienvenue au Marigold Hotel*).

Chic (900-1 800 ₹ / 12-24 €)

|●| ***Restaurant du Jagat Niwas Palace*** *(zoom II, A4,* ***29****) : dans l'hôtel du même nom (voir « Où dormir ? »). Tlj 12h-15h,*

LE RAJASTHAN

18h30-22h30. Plats 200-500 ₹. Terrasse surplombant le lac, avec nappes en tissu et chandelles sur les tables, et le *Lake Palace* en point de mire. C'est tout simplement l'un des cadres les plus romantiques de la ville pour dîner ! La cuisine n'est pas en reste, avec des plats indiens bien élaborés mais peu épicés, ce qui leur enlève quand même un peu de charme. Parmi les spécialités, poisson *(fish a la Jagat)* et *tandoori chicken* entier. Aussi des plats végétariens. Les meilleures tables sont réservées aux résidents de l'hôtel. Préférez la terrasse la plus haut perchée.

Très chic (min 1 800 ₹ / 24 €)

|●| ***Paantya Restaurant*** *(zoom I, B5, **47**) : dans le* Shiv Niwas Palace Hotel. *☎ 252-80-16. L'hôtel occupe une aile du palais du maharana, dans le City Palace ; au niveau de la 2e grille (rouge) qui interdit l'accès au palais, prendre à gauche (au lieu d'à droite) puis suivre le fléchage. Tlj 12h30-14h30, 19h30-22h30. Résa impérative en saison. Plats 600-700 ₹.* On dîne dans le cadre luxueux et reposant (un beau salon avec des tables superbement dressées ou un immense patio autour de la piscine) de l'hôtel le plus chic d'Udaipur après le *Lake Palace.* La carte est courte mais plus de la moitié sont des spécialités typiquement locales comme l'*aloo chutneywala* (pomme de terre à la coriandre) ou le *macchi jaisamandi* (un poisson d'eau douce sauce tomate-épinards). Lasagnes végétariennes, aussi. Concert de sitar de grande qualité tous les soirs.

Dans le quartier d'Outside Chand Pol *(plan A3-4)*

Bon marché (max 450 ₹ / 6 €)

Dans cette catégorie de prix, notons le resto-terrasse de la ***Panorama guesthouse.*** *Veg'* ou non, il n'est pas mal du tout, d'autant que les différents plats sont expliqués en français par Gokul, le maître des lieux. Service gentil.

|●| ***Millets of Mewar*** *(plan d'ensemble, A3, **30**) : à côté du Dream Heaven (voir « Où dormir ? »). 📱 87-69-34-84-40. Tlj 8h30-23h.* Une première terrasse au 1er étage, avec coussins pour se lover et lire tranquillou, et une autre au-dessus avec une poignée de tables (et bien sûr la vue sur le City Palace !). Une ambiance branchée sur le 25 watts, à savoir très cool. « *We are what we eat !* », affirme l'établissement. *OK, man.* Inutile de vous faire un dessin, on est chez les *veg'* de chez bio, tendance sans gluten ! On ne va pas s'en plaindre ! Une cuisine à base de millet, quasi sans huile. Des soupes (aux pois notamment), des salades (lavées à l'eau filtrée) et un excellent *thaï curry.* Beaucoup de légumes et de graines, donc. Sans oublier le milk-shake datte-banane ! En revanche, oubliez leur *chaï.*

|●| ***Jasmine Restaurant*** *(plan d'ensemble, A3, **48**) : Hanuman Ghât, au pied de la passerelle (après l'avoir traversée), un peu sur la droite. Tlj 8h30-22h30.* Cadre tout simple au bord du lac pour des plats très économiques (agréable *thali*), exclusivement végétariens, avec quelques options continentales, coréennes et même israéliennes. Ambiance bon enfant. Indiqué aussi pour le petit déj (bons pancakes). C'est surtout un endroit du matin. Accueil souriant de Himmad, le patron.

De prix moyens à chic (450-1 800 ₹ / 6-24 €)

|●| ***Hari Garh*** *(plan d'ensemble, A4, **49**) : Hanuman Ghât. ☎ 243-15-78. Tlj 12h-16h, 19h-22h30.* Derrière une majestueuse porte en bois s'ouvre ce restaurant-jardin au bord du lac (gare aux moustiques !), dont la terrasse supérieure, avec son ciel de bambou, sa musique suave et sa vue en partie cachée par un grand banyan, n'en demeure pas moins agréable en soirée. L'assiette est tout aussi intéressante, en particulier les spécialités de viande au tandoor, tendres à souhait. Service attentif quoiqu'un peu lent...

|●| ***Ambrai Restaurant*** *(plan d'ensemble, A4, **34**) : resto de l'hôtel* Amet Haveli *(voir « Où dormir ? »).*

☎ 243-10-85. Tlj 12h30-15h30, 18h30-22h30. Plats 330-375 ₹, thalis veg' ou non 655-865 ₹. Disons-le d'emblée : nous indiquons ce resto pour sa situation et son cadre, plus que pour sa cuisine (indienne, chinoise et continentale), bonne mais assez chère (bière hors de prix). En bout de presqu'île, au bord du lac Pichola, l'endroit jouit d'un magnifique point de vue. Ambiance sous les arbres paisible et romantique.

Du côté de la ville moderne

Bon marché (180-450 ₹ / 2,40-6 €)

I●I **Natraj Hotel** *(zoom I, C-D3, **50**) : New Bapu Bazar, derrière le cinéma Ashoka, dans une ruelle entre Bapu Bazar et Town Hall Rd. C'est le resto du Natraj Hotel. ☎ 242-12-49. Tlj 10h30-15h30 seulement.* Voici une bonne adresse pour déguster un excellent et authentique *vegetarian thali* du Gujarat. Un endroit peu connu des touristes et très prisé par la population locale. Les serveurs remplissent les plateaux à volonté. On ne vient pas pour le cadre mais pour manger à l'indienne, vite fait bien fait. Très bien aussi, le ***Natraj Dinning Hall*** *(plan d'ensemble, D5, **51** ; ☎ 248-74-88 ; tlj 10h45-15h45, 18h45-22h45 ; thali à volonté env 220 ₹)*, tenu par la même famille et situé exactement entre la gare des trains et celle des bus. La salle, proprette, sans déco, est à l'étage. *Thali* ici encore (au 1er étage), resto proprement dit au 2e... Et au rez-de-chaussée, glacier de bonne qualité, ***Thanco's Natural.***

I●I **Garden Restaurant** *(zoom I, C4, **52**) : Lake Palace Rd, dans la cour du Garden Hotel. ☎ 241-88-81. Tlj 11h30-15h, 19h30-22h. Thali env 265 ₹.* Resto servant uniquement un excellent *thali* strictement végétarien (pas de patates, pas de tubercules, ni ail ni oignons : nous, on adore), à volonté. Plus que la cuisine, c'est le lieu qui surprend. Il s'agit des anciens garages du *maharana.* Les bâtisses sont dans le plus pur style rétro d'avant-guerre. La salle du resto, bien nette, circulaire, est l'ancienne cantine des officiers. Aujourd'hui, ce sont les familles indiennes *middle class* qui viennent profiter du lieu.

Prix moyens (max 900 ₹ / 12 €)

I●I **Royal Repast** *(plan d'ensemble, B2, **53**) : Bedla House, Chetak Marg, en face de la SBBJ Bank (repérer l'écriteau « Sandal Jewellers », c'est juste en face, entrée discrète). 📱 98-29-22-03-62. Tlj 12h-15h30, 19h30-22h30. Plats veg' ou non veg' 265-625 ₹.* C'est le « gastro » d'Udaipur. Il est dirigé depuis près d'un siècle par la famille Bedla, qui possède une longue tradition d'accueil et de service : Nehru, Indira Gandhi, le Shah d'Iran, Jackie Kennedy et la reine Elizabeth sont venus s'asseoir à leur table. Dans un intérieur *british* très classe ou dans la courette aux accents méditerranéens, laissez-vous guider par les suggestions du chef, vous ne serez pas déçu. Cuisine traditionnelle du Mewar de haute volée, travaillée avec des produits 100 % naturels. Essayez le *shaani raan,* l'agneau mariné aux herbes (à commander la veille) ou le lapin aux épices. Tout est très bon et d'un excellent rapport qualité-prix. En repartant, offrez-vous la sauce aux 32 condiments, c'est la fierté de la maison.

I●I **Jhumar Restaurant** *(plan d'ensemble, A2, **54**) : 5, Rani Rd, près de l'Hotel Panna Vilas, Fateh Sagar. 📱 98-28-96-24-23. Tlj midi et soir. Plat 250 ₹, thali 420 ₹.* En hauteur, au bord de la route qui contourne le Fateh Sagar Lake, avec vue magnifique sur la Nehru Island. C'est ici que la *middle class* d'Udaipur dîne en famille ou entre amis. Peu de touristes, sauf éventuellement à l'heure du déjeuner. Dans l'assiette, une cuisine goûteuse, généreusement servie avec ce petit rien d'attention qui fait la différence. Pour le fun, préférer le resto du haut, bien kitsch avec des montagnes en photos développées pleine grandeur, ou la terrasse dont la vue domine le lac.

Où manger une pâtisserie ?
Où boire un bon café ou un jus frais ?

Café Edelweiss (zoom II, A4, **60**) : *73, Gangaur Ghât Rd, presque face à l'entrée du Bagore Ki Haveli. 94-14-23-32-83. Tlj 8h (8h30 en hiver)-21h.* Une adresse créée en 1999 par Günter, un Allemand aujourd'hui décédé. Depuis 2018, c'est son ami Rakesh qui a repris le flambeau de sa petite *German Bakery,* maintes fois copiée, jamais égalée. Une valeur sûre.

Mayur Café (zoom II, B4, **45**) : *juste en face du Jagdish Temple, sur le toit-terrasse de l'hôtel* Baba Palace *(ascenseur). ☎ 242-71-26. Tlj 8h-22h30.* Un endroit stratégique pour siroter une petite bière ou un jus et regardant le va-et-vient des fidèles se rendant au temple.

Vyom Juice Corner (zoom II, B4, **61**) : *sur le côté du Jagdish Temple. 98-28-48-97-34. Tlj 8h30-23h.* Minuscule échoppe : 4 chaises, 2 tabourets, 2 m² de terrasse et plein de jus de fruits frais, lassis, smoothies et *shakes.* Fait minute et devant vous !

Pap's Juices (zoom II, A4, **62**) : *juste avt le pont qui mène au quartier d'Outside Chand Pol. Tlj 9h-20h. Fermé mai-juin.* Ici encore, juste un comptoir avec quelques tabourets pour d'excellents jus de fruits frais, notamment de grenade. On peut aussi y avaler un muesli aux fruits le matin.

Achats

Artisanat particulièrement florissant à Udaipur. Beaucoup de jolies choses dans des domaines très variés : ***tissus avec incrustations de miroirs,*** nombreux ateliers de peintures miniatures, bijoux en argent, jouets en bois... On ne conseille plus aucune boutique particulière car, fortes de notre confiance, elles ont tôt fait d'abuser nos lecteurs. Conseil de prudence : ne pas acheter le 1er jour et comparer les articles dans plusieurs boutiques.

– ***Miniatures :*** on en trouve partout en ville. Des dizaines de boutiques-ateliers, dont beaucoup s'autoproclament « école d'art » ou « coopérative d'artistes ». C'est parfois vrai, mais souvent bidon. En fait, ce sont en général de simples commerçants qui se contentent de mettre 1 ou 2 peintres à l'entrée de la boutique pour la caution pédagogique et pour respecter le folklore. Mais bon, qu'importe, finalement, si les peintres en question savent y faire...

Les miniatures que l'on trouve ici sont surtout des reproductions d'œuvres des XVIIe et XVIIIe s, dont certains sont au City Palace. Elles reflètent le travail de plusieurs écoles de style. La profondeur des couleurs, leur abondance, la finesse des traits, le souci du détail, la complexité de la scène expliquent les différents niveaux de prix. Apprenez à observer les détails, laissez votre œil s'habituer aux différents niveaux de finition. Peu à peu, à force d'observation et de comparaison, vous serez capable d'évaluer vous-même la valeur d'une œuvre.

Pour vous donner une idée, les prix vont, en gros, de quelques centaines à quelques milliers de roupies. Rendre visite à plusieurs artisans, discuter, repartir, revenir... Il faut prendre son temps et marchander. C'est la meilleure garantie de payer un prix normal, pour un travail bien fait. Les miniatures existent sur soie, sur papier, sur bois ou sur marbre...

– Si vous voulez vous initier aux techniques des miniatures contactez l'atelier *Ashoka*, basé au *Gangaur Palace (zoom II, A4, **20**),* et faites marcher la concurrence. Compter en gros 250-300 ₹/h et par personne.

– ***Tissus :*** patchworks colorés, jupes généreuses, dessus de portes à motifs *(torana),* nappes imprimées aux tampons, peintures sur coton représentant des chevaux, des éléphants. Nombreuses boutiques autour du Jagdish Temple et de l'entrée principale du City Palace. Là aussi, comparer les prix. Il y a vraiment des affaires à faire.

– ***Bijoux :*** bracelets en argent, bagues, colliers... Échoppes tout le long du Bapu Bazar *(zoom I, C-D3-4)*.
– ***Temples de bois*** *(wooden temples)* **:** petits ouvrages de bois polychrome à plusieurs volets et ressemblant étrangement aux *retablos* péruviens, ces petits autels portables utilisés à l'époque de la colonisation espagnole qui servaient aux voyageurs pour faire leur prière en cours de route. Au Rajasthan, des divinités locales sont représentées sur les différents volets de ces « temples ». Des artistes itinérants allaient (et vont toujours) de village en village et interprétaient les saynètes, accompagnés d'un instrument de musique. On n'en trouve pratiquement qu'à Udaipur.

À voir. À faire

Parmi les monuments et visites cités plus bas, deux se trouvent dans l'enceinte même du City Palace et nécessitent d'acheter un ***pass*** (30 ₹ ; pas la mort) juste pour pouvoir pénétrer dans l'enceinte : il s'agit de l'embarcadère (accès au lac Pichola et au Jag Mandir) et de la *Cristal Gallery*.

City Palace Museum *(zoom I, A-B4)* **:** *entrée et billetterie principales au bout de la City Palace Rd, qui part du Jagdish Temple. • eternalmewar.in • Tlj 9h-17h30 (16h30 pour la caisse). Fermé le j. du Holi, ainsi que quelques ½ journées dans l'année, lorsque le maharana a besoin de tt son palais. Entrée : 300 ₹ ; réduc étudiants et seniors. Audioguide en français : 200 ₹. Possibilité aussi de prendre un guide (350 ₹ pour 1-5 pers) parlant le français, mais on vous conseille plutôt l'audioguide. Prévoir min 3h de visite.*
Également un son et lumière dans le City Palace, tlj en anglais à 19h ou 19h30 selon saison (se renseigner, billetterie ouv dès 18h à l'entrée principale), durée 1h ; 2 tarifs : 200 ou 500 ₹ selon emplacement (franchement, les moins chères permettent déjà de très bien voir) ; réduc enfants. Cet incroyable édifice en marbre et granit apparaît comme une forteresse gigantesque, longue de 250 m, haute d'une trentaine de mètres, d'une étonnante cohérence quand on sait que ce palais fut sans cesse agrandi par les différents *maharanas* qui s'y succédèrent. C'est Udai Singh, fondateur de la ville, qui fit donner le 1er coup de pioche en 1559. Partout son emblème (le soleil) est arboré. Bizarrement Louis XIV prit le même symbole, à la même époque.
C'est un labyrinthe de couloirs et de salles, un entrelacs d'escaliers, de cours et de courettes, un dédale de jardins, de patios, de vérandas, d'alcôves et de délicieux petits salons. Cependant, on trouve l'extérieur de ce palais beaucoup plus impressionnant que l'intérieur lui-même. Aujourd'hui, on peut diviser le City Palace en 3 parties : une aile toujours habitée par le *maharana* actuel (qui passe environ 9 mois par an à Udaipur), une autre aile transformée en 2 hôtels de grand luxe et une 3e partie, la principale, en musée. C'est là que nous vous emmenons. Prêt ?
– Passé la porte du palais, avant d'entrer dans la cour qui donne accès au musée, jeter un coup d'œil, sur la droite, au petit ***musée des Armes,*** qui recèle une collection de fusils, haches, dagues, épées-pistolets ou encore massues.
– On arrive ensuite dans la cour du ***Monti Chowk*** et, sur la droite, à l'entrée du musée. Passé celle-ci, on découvre la ***cour royale,*** qui était le lieu où l'on réunissait les nobles tandis que les femmes regardaient par les fenêtres à *jali* (l'équivalent des moucharabiehs arabes). Sur la droite, salle dédiée à Pratap Singh, célèbre guerrier qui repoussa les forces d'Akbar en 1576 (voir l'armure, de plus de 35 kg, de son cheval, qui était affublé d'une fausse trompe d'éléphant pour... « tromper » les éléphants ennemis !).
– À l'étage s'étend le ***Badi Mahal*** *(ou Amar Vilas),* superbe jardin agrémenté de plusieurs beaux arbres qui poussent naturellement. Ici, nous sommes au sommet de la colline sur laquelle est édifié le palais. Ici domine le style moghol. Au centre, la piscine en marbre du *maharana* servait pour le couronnement. Le *maharana*

était couvert de pièces en argent qu'il jetait ensuite à la foule. De là, balcon avec vue sur le lac, le palais de la Mousson et le *Lake Palace* d'un côté, et la ville nouvelle qui s'étend jusqu'au pied des collines de l'autre... C'est ici même qu'est célébré Holi, la fête des couleurs qui marque la fin de l'hiver.

– Puis on accède au ***Dilkhusal Mahal*** (et à sa somptueuse salle à miroirs), qui recèle de nombreuses peintures du XVIIIe s sur l'histoire des *maharanas* et leurs batailles, ainsi que leurs moments de détente. Superbes miniatures à séquences (un véritable storyboard, sorte de B.D. sans les bulles). Noter celle appelée *Jag Mandir* où le *maharana* apparaît 6 fois : pêchant à l'arc, assistant à un spectacle entouré de nombreuses femmes, se délassant à l'ombre d'une tente, flânant entre les cocotiers...

UNE PAIX EN DUR

Question : pourquoi retrouve-t-on presque partout le style moghol dans le City Palace d'Udaipur, alors que les Moghols ne parvinrent jamais à envahir la région ? Au XVIIe s, un traité de paix fut signé entre le maharana d'Udaipur et le Grand Moghol Shah Jahan (celui qui fit édifier le Taj Mahal à Agra). Une telle entente régnait entre les anciens ennemis que des architectes et des artistes furent invités à participer à l'édification et à la décoration d'une partie du palais. Voilà pourquoi le Badi Mahal, le Manak Mahal et le Mor Chowk accusent un style sacrément moghol.

– Plus loin et à l'étage inférieur, nombreuses autres superbes miniatures. Dans la petite loggia qui domine la ville nouvelle, notez les carreaux de céramique bleu pâle importés de Delphes sur lesquels figure une iconographie chrétienne. Ils se distinguent de ceux bleu foncé qui ornent le plafond et les murs ; ces derniers furent importés de Chine par les Portugais. Dans la bibliothèque voisine, le ventilateur fonctionnait... au kérosène. On verra ensuite la chambre à coucher du grand-père du souverain actuel, qui vécut 20 ans paralysé (il mourut en 1955). Il ne devait pas rigoler pour affronter tous ces escaliers en chaise roulante. On finit par lui construire un ascenseur. Voir ses toilettes juste à côté.

– Vient enfin le clou de la visite, le ***Mor Chowk,*** un patio orné de bas-reliefs avec 3 paons (l'oiseau national) représentant les 3 saisons que sont l'hiver, le printemps et la mousson. Ils sont constitués chacun de plus de 5 000 pièces en carreaux de faïence, verres colorés et fragments de miroirs d'une grande richesse, ainsi que d'un balcon en saillie *(jharokhâ)* remarquablement ciselé. Sublime. Sur le côté, la petite niche où le *maharana* s'asseyait pour prendre son petit déj. Il fait face au soleil situé de l'autre côté de la cour.

– Puis le ***Manak Mahal,*** irradié de mosaïques, de verres colorés, d'arcs polylobés, de faïence, etc. C'est ici que les *maharanas* d'Udaipur donnaient audience. Il est aussi appelé *Rubis Palace* en raison de la couleur rouge qui y règne

– La visite continue par le ***Zenana Mahal,*** le palais des Femmes, séparé des appartements royaux, où l'on notera surtout les salles en enfilade (effet visuel surprenant). En totale réfection lors de notre passage. Il abrite un riche ensemble de miniatures grand format et la très kitsch petite salle consacrée à Shriji Arvind Singh, le *maharana* actuel, couverte de portraits, esquisses et photos.

– Enfin, dans le ***Lakshmi Chowk,*** la grande cour du *zenana,* 3 galeries plus récentes, l'une abritant une belle collection d'instruments de musique, l'autre consacrée à la sculpture (beaucoup issues du temple d'Eklingji – voir « Dans les environs d'Udaipur »). Superbe. La 3e, consacrée à la famille royale, est en rénovation.

– Pour clore la visite, reconstitution d'une tente pour mariages princiers, puis une enfilade de petites salles consacrées à l'argenterie : du carrosse en argent aux palanquins, boîtes d'allumettes et autres accessoires du quotidien. Associé à la Lune (alors que l'or l'était au Soleil), l'argent était sacré. Il avait aussi le pouvoir, dit-on, de neutraliser le poison, c'est pourquoi les nobles buvaient toujours dans des gobelets en argent. On ne sait jamais...

➢ ***Promenade sur le lac Pichola*** *(zoom I, A5)* **:** la balade sur le lac se révèle vraiment inoubliable, en particulier en fin d'après-midi ou au coucher du soleil quand la lumière s'adoucit et que les façades du City Palace se teintent de couleurs mordorées. C'est aussi le meilleur moyen pour en appréhender ses dimensions, sa prestance.

Bateaux du City Palace *(zoom I, A-B5)* **:** *l'embarcadère se situe dans l'enceinte du City Palace, au sud. Départ (soumis aux conditions atmosphériques) tlj, ttes les heures 10h-14h (plus tard en été). 2 possibilités : la balade à 450 ₹ ou celle à 800 ₹ au coucher du soleil, qu'ils font commencer à... 14h (15h l'été) ; ½ tarif enfants.* La balade dure 1h et le bateau fait halte un moment au Jag Mandir (voir plus loin), ce qui est plutôt sympa. Billet un peu cher, hélas.

Yash Boating *(zoom II, A4)* **:** *embarcadère hors de l'enceinte du City Palace. 82-33-77-80-25. Départs ttes les 30-60 mn selon affluence, de 9h au coucher du soleil. Compter 300 ₹ (durée de la balade : 45 mn).* Moins cher que les bateaux du City Palace, mais plus court aussi, et pas de halte au Jag Mandir (l'île étant réservée aux bateaux du City Palace).

Jag Mandir *(plan d'ensemble, A5)* **:** *visite seulement dans le cadre de la balade sur le lac Pichola avec les bateaux du City Palace (voir plus haut).* Autre palais construit sur une autre île du lac Pichola, non loin du *Lake Palace Hotel*. Pas grand-chose à voir en fait, mais agréable. Ce joli palais de marbre et de stuc, aux fines tourelles, à l'élégante façade composée de kiosques, de balcons ciselés, de fenêtres ajourées, a été converti en lieu d'accueil pour les réceptions. C'est aussi un bar (cher) et un resto *(dîner 3 200 ₹ pour un couple, 2 200 ₹ en individuel ; résas au 90-01-79-62-37).* En tout cas, vue superbe au coucher du soleil à la fois sur le *Lake Palace Hotel* et le City Palace. Ne pas hésiter à grimper dans le petit pavillon central au fond. La petite salle du dôme à l'étage est pleine d'élégance et de mystère. Vue splendide du balcon.

Lake Palace Hotel *(plan d'ensemble, A4)* **:** exclusivement réservé aux clients qui y logent, mais il est incontournable et vous l'approcherez si vous faites une balade en bateau ! C'est en fait un hôtel de rêve, géré par la célèbre chaîne *Taj*, installé dans un ancien palais où les *maharanas* d'Udaipur recevaient leurs hôtes étrangers, parmi lesquels, évidemment, de nombreuses personnalités. L'écrivain et prix Nobel Octavio Paz lui consacra un poème.

Crystal Gallery *(zoom I, A-B4)* **:** *dans l'enceinte du City Palace, situé dans l'hôtel* Fateh Prakash. *Tlj 9h-18h. Entrée chère : 650 ₹ (réduc enfants) + 30 ₹ pour le pass ; audioguide en français inclus. Appareils photo interdits.*
Tout d'abord, c'est un vieil hôtel de luxe, beaucoup moins connu que le *Lake Palace*. Après avoir franchi quelques pièces, couloirs et escaliers, on arrive dans une salle à manger immense et d'une grande richesse, ornée d'une collection de portraits en pied des maharajas. À l'étage, dans des galeries ouvertes, une collection assez surréaliste de centaines d'objets ainsi que du mobilier... exclusivement en cristal.
Cette collection fut commencée en 1877 sur l'ordre du *maharana* Sajjan Singhji, fasciné par celle qu'il avait vue à Calcutta. C'est l'une des plus riches du monde, provenant d'une compagnie anglaise de Birmingham. C'est parfois beau, souvent kitsch, quelquefois ridicule, mais le travail est de qualité.

Vintage & Classic Car Collection *(zoom I, C4)* **:** *dans la cour du* Garden Hotel. *Tlj 9h-21h (resto jusqu'à 23h). Entrée : 350 ₹ ; réduc.* Le plus intéressant, c'est encore le bâtiment assez rétro. Il s'agissait des garages du *maharana*. On y voit encore les vieilles pompes à essence et les chambres destinées aux chauffeurs. Une collection qui plaira aux amoureux de vieilles guimbardes mais sachez qu'exception faite d'une Rolls-Royce de 1924 qui fut utilisée dans le film *Octopussy*, on ne peut en voir que les calandres, puisqu'elles sont coincées dans leur garage respectif !

➢ ***Balade à pied dans la vieille ville et le long des ghâts*** *(zoom II, A3-4)* **:** le matin de bonne heure, du City Palace vers Chand Pol (porte de la ville en direction

LE RAJASTHAN

de Sajjan Garh). La ville s'éveille. Vous longerez une immense porte à 3 arches ouvragées, surmontées de balcons décorés. Ces portes livrent passage aux femmes allant laver leur linge. Le charme des lavandières sur les ghâts, avec d'un côté les hommes (qui se lavent mais ne font pas la lessive), d'un autre les femmes (qui font les deux), répétant les mêmes gestes depuis des siècles. Perdez-vous dans les rues étroites avant l'ouverture des boutiques. D'une manière ou d'une autre, vous reviendrez automatiquement aux alentours du temple de Jagdish.

Jagdish Temple *(temple de Jagdish ; zoom II, B4)* **:** *ouv aux non-pratiquants tlj 5h30-14h30, 16h-22h (en été, ouvre à 5h, ferme à 22h30).*
Beau monument vishnouite du XVIIe s (1628-1652) autour duquel règne toujours une grande animation. Il faut dire qu'il est assez rare qu'un temple soit aussi bien situé. N'hésitez pas à grimper l'escalier raide, à pénétrer dans l'enceinte et à faire le tour de l'édifice, sculpté de toutes parts de figures divines (Vishnu et Krishna notamment), de danseurs et d'apsaras (beautés célestes). À l'intérieur, colonnes ciselées, chapiteaux, avec au centre, taillé dans la pierre noire, Jagannâth, le « seigneur de l'Univers ». Tout autour, 4 templions dédiés à Shiva, Ganesh, Durga et... au Soleil. Face à l'entrée du temple, une statue en laiton de Garuda avec des yeux perçants. Enfin, sur le flanc droit du temple principal, le filet d'eau qui coule d'une sorte de fontaine-gargouille porte bonheur à qui s'en asperge (quand il y a de l'eau). Si le cœur vous en dit, vous pouvez faire *un don en argent* au temple, au fond de la cour, sur la droite. Un panneau « Humble request » vous invite à donner aux humbles, aux nécessiteux, aux aveugles, aux culs-de-jatte, aux manchots, aux boiteux (liste non exhaustive). Des officiels ont un carnet à souches et délivrent un reçu correspondant à votre don (demandez-le, ça évite les détournements). L'argent collecté légalement sert à acheter de la nourriture, redistribuée sur place sous forme de *thali* 2 fois par jour.
Bien sûr, à l'entrée, de faux guides « sympa » vous présentent le temple pour mieux vous présenter ensuite... leur boutique.

➢ En sortant du temple, n'hésitez pas à descendre la Jagdish Temple Rd pour vous diriger vers la très coloniale et *british* **Clock Tower** *(zoom I, B3-4).* Vous vous retrouverez dans des quartiers anciens, commerçants et artisans, populaires et bien vivants, à l'écart des ruelles touristiques qui bordent les ghâts. Vendeurs de jouets en bois ou en papier mâché, artisans ciselant des fourreaux d'apparat pour faux sabres décoratifs, pâtissiers de rue, tailleurs, cordonniers, vendeurs de *chaï*...

Bagore Ki Haveli Museum *(zoom II, A4)* **:** *devant les ghâts, sur la gauche. Tlj 9h30-17h30 (dernière entrée 17h). Entrée : 100 ₹. Droit photo ou vidéo 50 ₹.*
Dans une ancienne *haveli* du XVIIIe s, édifiée par le 1er ministre du Mewar de l'époque et en grande partie rénovée. On est accueilli par une superbe porte d'entrée. La visite de l'édifice est au moins aussi intéressante que l'expo elle-même, aux diverses collections un peu hétéroclites, poussiéreuses et moyennement mises en valeur.
– À l'étage, grande salle avec une bonne centaine de marionnettes. Petite grimpette sur la terrasse supérieure (vue extra sur le lac et les ghâts). Puis on égrène d'autres petites salles bien dans leur jus, avec costumes, bijoux, jeux anciens, objets du quotidien, une salle de bains, des petits salons de repos, un fumoir à *hooka* (narghilé), des alcôves aux fenêtres colorées...
– Au rez-de-chaussée, une section sur les mariages royaux (avec mannequins grandeur nature), une collection de turbans et de coiffes diverses, d'instruments de musique, et même (allez savoir pourquoi) d'objets en polystyrène, parmi lesquels un canon, un lapin et une... tour Eiffel.
– C'est ici que tous les soirs, dans la cour située à l'étage, a lieu un ***spectacle de danses du Rajasthan*** (voir « Spectacles », plus loin).

Folk Art Museum – Bhartiya Lok Kala Mandal Museum *(plan d'ensemble, C2)* **:** *dans la rue qui part de Chetak Circle vers le nord. ☎ 252-50-77. Tlj 9h-17h30. Entrée : 60 ₹ ; 150 ₹ avec le spectacle de marionnettes qui se déroule tlj 12h-13h,*

18h-19h. Droit photo 20 ₹, vidéo 50 ₹. Un musée vieillot, certes, mais présentant quelques collections ethnographiques intéressantes, avec quelques explications en anglais. Au programme : marionnettes (un peu usées), terres cuites peintes, *vandarmal* (ceintures avec petites poches), jouets en argile, temples portatifs, instruments de musique, bijoux, masques, costumes de fêtes, turbans, symbolique des motifs traditionnels et photos des tribus locales. Plusieurs dioramas présentent des scènes de danses de différents États. Un petit spectacle (gratuit) de démonstration du maniement des divers types de marionnettes a aussi lieu toutes les 20 mn (n'hésitez pas à la demander).

Sunset Point Ropeway (*téléphérique ; hors plan d'ensemble par B5*) **:** *à env 1 km (à vol d'oiseau) au sud du centre. Pour s'y rendre en rickshaw env 100 ₹. Ouv 9h-20h. Tarif télécabine (A/R) : 300 ₹.* Les 2 petites télécabines vous hissent en 3 mn au sommet d'une colline d'où le coucher de soleil sur la ville et le City Palace vaut vraiment le coup d'œil. Petite buvette tout là-haut. Pour les marcheurs (et/ou les fauchés), un petit chemin cimenté permet de monter à pied (compter 20 mn).

Tibetan Market (*zoom I, B5*) **:** *dans un petit parc le long de la Lake Palace Rd. De nov à mi-fév seulement, tlj.* Des familles népalaises y vendent des vêtements et des articles en laine. C'est bon marché, et encore plus la dernière semaine, pour cause de liquidation totale !

➢ **Balade à vélo autour du lac Fateh Sagar** (*plan d'ensemble, A1-2*) **:** une promenade de 8 km, assez bucolique, à faire tôt le matin, avant les grosses chaleurs... et l'arrivée des véhicules à moteur (interdits entre 5h et 8h). Comme le Pichola, ce lac est artificiel et fut creusé par le *maharana* Jai Singh. Il est connecté à son voisin par un canal. Location de vélos possible dans la vieille ville (voir « Adresses utiles »).

En dehors de la vieille ville

Ahar (*hors plan d'ensemble par D3*) **:** *à 6-7 km à l'est de la vieille ville. Compter env 150 ₹ en rickshaw. Ouv 10h-17h. GRATUIT. Photos interdites (en principe).* Une sorte de « village » de cénotaphes élevés à la mémoire des nombreux *maharanas* du Mewar. On déambule parmi des cénotaphes, dont les plus anciens ont 350 ans. Seule la moitié du site est ouvert à la visite. Pour les passionnés.

Spectacles

Spectacle de danses du Rajasthan : *dans la Bagore Ki Haveli (zoom II, A4), près des ghâts. Tlj à 19h (séance supplémentaire vers 20h en cas d'affluence). Durée : 1h. Tarif : 150 ₹ (+ 150 ₹ de droit photo ou vidéo). Vente des billets à 18h15. Arriver tôt pour être bien placé. Si possible s'asseoir au pied de l'arbre.* Le meilleur spectacle du genre en ville, dans un cadre enchanteur (près de 800 personnes chaque soir !). Assis sur de grands tapis ou des banquettes dans la cour de la *haveli,* on voit la scène prendre vie avec les danses traditionnelles. Les costumes sont magnifiques, les danses, elles, plus ou moins bien synchronisées... Une démonstration de manipulation de marionnettes d'une durée de 15 mn clôt le show, mais ce n'est pas un vrai spectacle de marionnettes. Pour ça, se rendre au *Folk Art Museum* (voir ci-dessus).

Fête

– **Mewar Festival :** *en mars ou avr, selon les années (27-29 mars 2020).* Très populaire dans tout le Rajasthan, c'est la fête du Printemps *(Rituraj),* la reine des saisons. Cette fête coïncide avec celle de Gangaur, qui célèbre Gauri (avatar de Parvati), la déesse de la Félicité, de la Vie conjugale et de la Fidélité. Les femmes (mariées) et les jeunes filles (à marier) sont à l'honneur : elles mettent leurs plus beaux saris, se parent de bijoux et défilent en procession, portant jusqu'au lac de superbes statuettes de Gauri, l'épouse de Shiva, censée leur apporter le bonheur conjugal. Elle a lieu le 1er soir du festival, sur les ghâts bordant le lac, et est suivie le lendemain de programmes culturels (danses, musiques, concours, défilés, procession sur le lac, etc.). À l'occasion du festival, fête foraine dans la vieille ville, feux d'artifice et ambiance bon enfant dans tout Udaipur. L'animation la plus grande se déroule sur Gangaur Ghât.

DANS LES ENVIRONS D'UDAIPUR

Ceux qui remontent vers Ajmer (ou Jaipur) en voiture pourront s'arrêter à *Eklingji* et *Nathdwara,* 2 villages situés sur la route. Si vous gagnez Jodhpur en voiture, vous pouvez visiter *Kumbhalgarh* et *Ranakpur* dans la foulée, avant de poursuivre vers Jodhpur. Mais sachez que les visites risquent de se faire au pas de charge et il faut partir vraiment tôt le matin. Sinon, faire étape à Ranakpur après avoir visité d'abord Kumbalgarh est une bonne alternative, en voiture comme en bus.
Autre possibilité : louer une voiture avec chauffeur ou un taxi à plusieurs, et faire l'excursion au départ d'Udaipur. Voir « Agences de voyages » en début de chapitre.

Eklingji : *à 22 km d'Udaipur, sur la route d'Ajmer et de Jaipur. Attention, horaires bizarres : tlj 4h30-7h, 10h30-13h30, 17h-19h30. GRATUIT. Retirer ses chaussures. Casier (petit) pour les sacs. Photos interdites. Guide anglophone sur place (env 150 ₹).* Un remarquable ensemble de temples enclos dans de hauts murs. En tout, 108 petits temples. Le plus grand est dédié à Shiva. Les plus anciens datent des VIIIe et Xe s, mais ils ont été remaniés au XVe s par les *maharanas* du Mewar. C'est, en outre, un lieu de pèlerinage, spécialement fréquenté le lundi, jour de Shiva. Si vous arrivez 10 mn avant l'ouverture sonnée par les cloches, vous assisterez à la longue queue des fidèles, chargés d'offrandes. On passe devant plusieurs petits temples avant d'accéder au temple principal dédié à Shiva, très beau et frais, gardé par un Nandi (taureau sacré) en bronze et un autre en marbre noir, et par 2 éléphants blancs. À l'intérieur, un *Shiva aux quatre visages* en marbre noir. À l'arrière du temple principal, à gauche, un superbe temple du XVe s dédié à Vishnou. Faites-en le tour, il est bardé de sculptures en frise plus ou moins érotiques ainsi que de petits groupes de personnages jouant de la musique ou faisant la guerre.

Nagda Temples *(Sas-Bahu Temples)* **:** *si vous êtes en voiture, 1 km avt Eklingji, prenez à gauche au niveau d'un petit lac ; c'est à env 2 km. Tlj, du lever au coucher du soleil. GRATUIT.* Nagda, ville fondée au VIIe s, se développa jusque vers la fin du Xe s où elle devint capitale du Mewar. Les temples s'additionnèrent jusqu'au XVe s. De l'ensemble religieux, il subsiste ces 2 temples qui dateraient du VIIIe s, d'une étonnante finesse, posés dans un environnement campagnard reposant. L'un est dédié à Laksmi, l'autre à Vishnou. C'est ce dernier (à droite quand on arrive sur la plate-forme) qui est le mieux conservé. Comme à Eklingji, les extérieurs sont finement ciselés.

KUMBHALGARH (kumbhalgarh)

IND. TÉL. : 02954

Pour les amoureux de poliorcétique (l'art d'assiéger les villes, quoi !), la forteresse de Kumbhalgarh est un véritable must. Avec 12 km de long et 36 km d'enceinte, cette forteresse classée par l'Unesco est le 2e plus grand ouvrage militaire du Rajasthan. Approche superbe dans un paysage montagneux aride. Perdu sur les monts Aravalli, à un peu moins de 3h de route au nord d'Udaipur, le site est en passe de devenir un *hot spot* pour les touristes indiens (un peu comme Mount Abu). Résultat : les hôtels y poussent comme des champignons !

Arriver – Quitter

➢ ***Udaipur :*** pas de bus directs, il faut louer un véhicule auprès d'une agence ou d'un hôtel (la plupart des touristes groupent cette visite avec celle de Ranakpur, voir la rubrique « Agences de voyages » à Udaipur).

➢ ***Ranakpur :*** pas de bus directs non plus. Là encore, sans voiture, c'est assez galère. Pour visiter la forteresse depuis Ranakpur, les bus locaux (en provenance de Sadli) prennent leur temps, sachez-le : compter min 2h-2h30 de trajet (changement de bus à Sayara inclus). À l'arrivée, le bus vous dépose au rond-point où se trouve la statue noire du *maharana* Pratap (proche de l'entrée de la forteresse) et poursuit jusqu'à Kelwara, son terminus. Sinon jeep locale marquée « Taxi » à l'arrière. Plus cher.

Où dormir ? Où manger ?

Franchement, si vous voyagez en voiture et que vous comptez visiter Kumbhalgarh et Ranakpur dans la même journée, visitez d'abord la forteresse (elle ouvre dès 8h) et préférez passer la nuit à Ranakpur, c'est plus sympa.

De très bon marché à prix moyens

À part une *guesthouse* sordide, pas de logement bon marché à proximité de la forteresse, il faut pousser jusqu'à Kelwara. Ce n'est pas plus mal car c'est le terminus des bus locaux.

🏠 🍽 ***Karni Palace :*** *dans la rue principale de* ***Kelwara,*** *proche de l'arrêt des bus. 📱 99-50-15-93-01 ou 96-60-14-47-82. Lit en dortoir 150 ₹ ; double 3 000 ₹ (négociable). Plats 100-180 ₹.* Dans un bâtiment ordinaire et sans âme. Au 1er, quelques chambres climatisées avec salles de bains (eau chaude 24h/24) basiques mais pas trop mal tenues, donnant sur l'arrière et la campagne. Au 2e, un dortoir mixte de 20 lits (sans clim) avec eau chaude au seau, matelas mousse et couverture. Resto *veg'* réputé au rez-de-chaussée. Pas un mauvais plan.

Chic (3 000-5 400 ₹ / 40-72 €)

🏠 🍽 ***Mana Kumbhalgarh :*** *à env 2 km de la forteresse, sur la route de Kelwara, côté gauche. 📱 90-01-99-94-59. • manahotels.in • Doubles 3 300-4 000 ₹ ; petit déj 500 ₹.* Pas trop de différence entre les tentes et les cottages... Quant aux chambres, ce sont de vrais halls de gare. La piscine nous a paru être l'architecture la plus aboutie de ce petit complexe très prisé des familles indiennes en balade, mais qui mériterait d'être mieux entretenu. Vous n'y passerez pas vos vacances.

🏠 🍽 ***Kumbhalgarh Forest Retreat :*** *à env 5 km de la forteresse (direction Kelwara), sur la droite. 📱 88-81-76-67-80. • hotelkumbhalgarhforestretreat.com • Résa conseillée. Doubles 4 500-5 000 ₹. Pas de wifi.* À flanc de montagne, voici un établissement à l'architecture contemporaine, avec une touche de déco indienne. Plusieurs petites structures modernes et cubiques, sans charme particulier mais d'un confort acceptable. Le plus : leur terrasse privée, avec sièges en rotin, donnant sur la vallée ! Sans oublier la piscine. Bon resto.

Très chic (5 400-10 500 ₹ / 72-140 €)

🏠 🍽 ***The Aodhi :*** *à env 2 km avt la forteresse. 📱 74-25-96-21-11. Résas : 📱 80-03-72-23-33. • hrhhotels.com • Doubles 6 500-8 2750 ₹ ; petit déj 630 ₹. Buffet déj ou dîner 1 050-1 300 ₹.* Si vous en avez les moyens, et en dépit du nombre d'hôtels qui ont fleuri ces dernières années, c'est le meilleur plan pour loger à Kumbhalgarh. Pour une poignée de roupies de plus, offrez-vous une suite dans ce *lodge* de campagne appartenant au *maharana* d'Udaipur.

Organisés en terrasses, des cottages avec murs en pierre et toit de chaume imbriqués les uns dans les autres. Belle piscine et singes facétieux. Chambres thématiques spacieuses, avec clim, TV, coin salon et dessins d'animaux ou de fleurs aux murs. On a un faible pour les *hunting huts,* avec terrasse privée au-dessus de la chambre ! Resto (assez cher) sous une paillote de luxe, avec feu de bois le soir en hiver et petit spectacle. Bon accueil.

À voir

La forteresse : *à env 1,5 km du carrefour de la route Kelwara-Udaipur. En principe, tlj 8h-18h30 (19h en hiver). Entrée : 600 ₹ (550 ₹ par CB). Son et lumière en hindi vers 19h (billet : 236 ₹ en plus). Au pied de la forteresse, 2 petits cafés à fréquenter après la visite.* Elle fut édifiée en 1548 par le maharaja Khumbha (voir plus haut à Chittorgarh). Sur le plan architectural, elle se distingue par son appareillage de pierre original et, surtout, par ses bastions et tours de forme semi-circulaire et curieusement ventrue. Le fort apparaît immense, gigantesque, avec cette muraille impressionnante. Comme à Chittorgarh, on a la surprise de découvrir qu'aucune ville n'est plus protégée par ces remparts, aussi gigantesques soient-ils. Seul y subsiste un petit village et quelques temples, ainsi que le palais lui-même, le ***Badal Mahal*** ou palais des Nuages. Cette impression de grandiose et d'inutile, voire de dérisoire, n'est pas le moindre plaisir de cette découverte.

Mais dirigeons-nous tout d'abord vers le sommet de la forteresse. Pour y parvenir, on emprunte une imposante rampe qui longe ces incroyables murailles et qui grimpe, qui grimpe et passe d'abord par une succession de portes construites à angle droit pour éviter que les éléphants ennemis ne puissent charger avec puissance pour les défoncer. Tout en haut, le ***Badal Mahal,*** palais édifié au XIXe s et, à côté, le palais original, le *Kumbha Palace,* plutôt en ruine mais qui a conservé un petit temple où, selon la gardienne, une flamme brûle depuis le XVIe s ! Autour de la courette centrale du *Badal Mahal,* plusieurs petites salles conservent quelques frises d'éléphants, dont des scènes de combats et de chasse. Belles alcôves à arcades et *jali*. Le plaisir consiste surtout à se laisser happer par les volées d'escaliers pour se retrouver sur la terrasse supérieure d'où la vue alentour, sur les montagnes, est magnifique. Depuis ce promontoire, vous apercevrez aussi (mais il ne se visite pas) l'ancien *zenana.*

On redescend ensuite au pied de la forteresse et on se dirige vers les ***temples*** *(Vedi Complex),* dans un état de conservation remarquable, qui jouxtent le village situé à l'intérieur de l'enceinte. Le plus intéressant, isolé sur sa butte tel un petit Parthénon, présente un profil d'une élégance raffinée ainsi qu'une façade plate et carrée avec colonnes cannelées. À l'intérieur, une vache. En poussant derrière le village, d'autres petits temples touchants, perdus dans la végétation. Se promener sur le monumental chemin de ronde, sur lequel les créneaux sont si monstrueux, hauts et resserrés qu'on ne voit plus du tout le paysage !

LA ROUTE ENTRE KUMBHALGARH ET RANAKPUR

Cette fort belle route, qui suit une vallée se faufilant entre les monts Aravalli, s'avère délicieuse à plus d'un titre. D'abord les paysages de montagne ne sont pas monotones. Ils alternent entre contrées sauvages (arides en hiver, foisonnantes de verdure en période de mousson) et zones cultivées où tournent depuis des siècles de gigantesques norias entraînées par d'infatigables couples de bœufs. On cultive essentiellement ici de la canne à sucre, des céréales, de la moutarde... La modestie des villages, la beauté des paysans avec leurs turbans, la grâce des paysannes bijoutées jusqu'aux aisselles portant des voiles de mousseline fluo, les essaims d'enfants en uniforme qui vont à l'école ou en reviennent... On se sent bien.

RANAKPUR (ranakpur)

IND. TÉL. : 02954

Au nord d'Udaipur (2h-2h30 de route) et à l'ouest de Kumbhalgarh (à peine 12 km à vol d'oiseau mais... 60 km par la route !), dans une jolie vallée lovée au creux des monts Aravalli. Ce site, pas même un village, est célèbre pour son étonnant et magnifique temple d'Adinath, un sanctuaire jaïn à l'architecture d'une extrême finesse. Un véritable bijou, à ne surtout pas manquer entre Udaipur et Jodhpur. On peut même prévoir d'y dormir car la région est plaisante, et même s'il y a peu d'adresses pour loger (les prix s'en ressentent un peu), elles couvrent toute la gamme de confort.

Arriver – Quitter

➢ ***Udaipur et Jodhpur :*** les bus gouvernementaux (et seulement ceux-là) reliant Udaipur et Jodhpur passent en principe par Ranakpur. On peut donc s'y arrêter, et décider soit d'y dormir, soit de prendre (après la visite du temple) un autre bus pour Jodhpur ou Udaipur plus tard dans la journée (bien vérifier les horaires). Sinon, louer un véhicule auprès d'une agence ou d'un hôtel à Udaipur (voir les infos dans la rubrique « Adresses utiles » de cette ville), et faire la visite dans la journée de Kumbhalgarh puis de Ranakpur. C'est une bonne solution.

➢ ***Kumbhalgarh :*** se reporter à la rubrique « Arriver – Quitter » du chapitre consacré à cette forteresse, plus haut.

Où dormir ? Où manger ?

Toutes nos adresses sont situées au bord (ou en léger retrait) de la route empruntée par les bus reliant Udaipur à Jodhpur. Demandez au chauffeur qu'il vous dépose à hauteur de l'établissement choisi.

Très bon marché (60 ₹ / 0,80 € pour manger)

Dharamsala jaïn *(Maison des Pèlerins)* **:** *dans l'enceinte des temples, juste à gauche après avoir passé le portail. Déj 11h-13h, dîner 17h-18h. Ne pas se présenter en short et avoir les épaules couvertes.* On peut y manger, autour de longues tables en métal, un *thali* végétarien (resservi à volonté) pour 60 ₹ après avoir pris un ticket. Nourriture jaïne, donc pas d'œuf ni aucun tubercule (ail, oignons, pommes de terre, carottes, navets...). En revanche, excellente entrecôte (mais non, on rigole...) ! Prévoir une bouteille d'eau car ils ne servent que de l'eau en carafe.

De bon marché à prix moyens (600-3 000 ₹ / 8-40 €)

Roopam Resort : *env 2 km après les temples, en venant d'Udaipur. 96-02-63-76-62. • roopamresort.com • Doubles avec sdb 1 000-2 000 ₹. Buffet le midi 380 ₹ ; dîner 450 ₹ pour les hôtes seulement.* Au bord de la route, entouré de gentilles collines, d'arbres, de singes et d'oiseaux. Quelques chambres dans de petites unités en rez-de-chaussée ou à l'étage, sans fioriture, presque propres, avec ventilo ou clim. Certaines avec petit balcon mais toutes avec vue sur le vert (en période de mousson). Resto ombragé proposant un excellent buffet à l'heure du déjeuner.

De chic à très chic (3 000-10 500 ₹ / 40-140 €)

Ranakpur Hill Resort : *à env 2,5 km après les temples en venant d'Udaipur. 98-29-15-73-03. • ranakpurhillresort.com • Double env 5 310 ₹, petit déj inclus. Buffet midi et soir 650 ₹.* Dissimulé derrière une façade blanche, un complexe hôtelier d'une trentaine de chambres, relativement bien tenues (à l'exception des petites huttes situées au fond du jardin) et à la déco très sobre. Toutes avec grande salle de bains, clim, frigo et mobilier indien classique. Suites à prix surestimés, en revanche. Belle piscine. Excellent resto sur une terrasse-jardin à l'ambiance très garden-party. Bon accueil.

Maharani Bagh Orchard Retreat : *env 3,5 km après les temples en venant d'Udaipur. ☎ 28-51-51. • jodhanaheritage.com • Double 8 900 ₹, petit déj inclus. Repas env 800 ₹.* Construit au XIXᵉ s pour la maharani de Jodhpur, au milieu d'un superbe verger de manguiers dans un vallon luxuriant. Jardins fleuris et piscine tout en rondeurs, bien intégrée dans le décor. Des bungalows modernes, relativement espacés les uns des autres, abritent une quinzaine de belles chambres avec terrasse, clim et meubles joliment peints. Petit foyer central dans le jardin pour les soirées d'hiver. Ensemble parfaitement au calme. Resto en extérieur, parfois avec buffet. C'est le paradis des singes et des oiseaux.

Hotel Fateh Bagh : *300 m après le Maharani Bagh Orchard en venant d'Udaipur. ☎ 28-61-86. Résas à Udaipur : ☎ (0294) 252-80-16 ou 08. • hrhhotels.com • Doubles 8 300-8 700 ₹ (négociable) ; réduc d'env 50 % avr-sept. Déj-dîner 1 050-1 300 ₹.* Difficile de louper cette grosse pâtisserie indienne plantée en pleine cambrousse. Édifiée en partie avec des éléments récupérés d'un vieux palais rajasthani (fenêtres ciselées, tourelles, etc.), c'est pourtant une adresse raffinée et lumineuse, quoique légèrement vieillissante. Salle à manger grande comme une église, chambres à thème tout confort et élégamment décorées ; les plus chères avec lit suspendu (spécial mal de mer). Très bel espace vert sur le devant, avec vue sur les collines. Piscine de taille raisonnable, jacuzzi, hammam, sauna, resto et bar pour compléter l'ensemble.

À voir

Adinath Temple : *au bord de la route principale, côté droit en venant d'Udaipur. Les bus Jodhpur-Udaipur s'arrêtent juste devant. Pour les touristes, tlj 12h-17h. Entrée : 200 ₹, audioguide en français inclus. Appareil photo 100 ₹ ; tablettes, smartphones, caméra 300 ₹ (à ce prix-là, laissez-les à la consigne !) ; ne pas photographier les Tirthankaras, c'est interdit ! Objets en cuir, cigarettes, aliments et boissons interdits (fouille scrupuleuse à l'entrée). Épaules et jambes couvertes. Petit rappel : les prétendus moines qui prétextent une petite prière lorgnent surtout sur vos roupies.* À ne surtout pas manquer ! Le plus imposant temple jaïn d'Inde (avec celui de Dilwara à Mount Abu), un vrai joyau. Pour plus de précisions sur les jaïns, voir la rubrique « Religions et croyances » dans le chapitre « Hommes, culture, environnement ». Construit à partir de 1496 sur près de 50 ans pour le compte d'un riche marchand, ministre de Khumbha. Autant le temple paraît massif à

PRESQUE PARFAIT

Parmi les 1 444 piliers du temple d'Adinath, véritable forêt ciselée dans le marbre, un seul n'est pas droit. Erreur de l'architecte ? Faute d'un ouvrier ? Rien de tel, c'est volontaire ! Tout simplement parce que « Dieu seul est parfait, pas l'homme ».

l'extérieur, autant l'intérieur, époustouflant par son raffinement et sa richesse décorative, donne une impression de légèreté incroyable !
Quelques chiffres : 1 500 m², 33 m de hauteur, 24 dômes, 84 chapelles, 1 444 piliers, 20 moines, mais un seul matériau, le marbre ! Un peu avant d'entrer, sous l'espèce de portique, levez la tête, on voit des frises sculptées montrant des couples en pleine action et des femmes en train d'accoucher. Le temple, qui représente une demeure céleste, est dédié comme son nom l'indique à Adinath, fondateur et 1er *Tirthankara* du jaïnisme. Plan intérieur illustrant la manière dont s'est constitué l'Univers selon les jaïns (vraiment complexe, cette cosmogonie). Succession, sur un plan carré, à différents niveaux, de plusieurs dizaines de chapelles et *mandapas* et, surtout, de centaines de piliers ciselés, de dômes, de chapiteaux dont aucun ne reproduit les mêmes motifs (végétaux ou géométriques, frises d'animaux stylisés, etc.). Ensemble tout simplement prodigieux. Même aux moments les plus chauds, ceux où la lumière violente du soleil au zénith écrase contours et formes, il fait toujours frais et l'atmosphère se révèle douce et intime, dans un fantastique jeu d'ombres et de lumières. Malgré la profusion de détails architecturaux et de sculptures, on n'a jamais l'impression d'être écrasé. L'air, la lumière et la pierre jouent là une symphonie radieuse. En fin d'après-midi, c'est un ravissement. Notons pour l'anecdote, que ce type d'architecture qui tend à effacer les limites entre l'intérieur et l'extérieur dans un véritable hymne à la nature, influença de grands architectes comme Frank Lloyd Wright, par exemple.

Parashawnath Temple : *à côté, au milieu d'un beau jardin verdoyant, un petit édifice à sikhara, précédé d'un portique à colonnes. GRATUIT. Attention, là encore, ne pas photographier les Tirthankaras, c'est interdit.* Connu sous le nom de *temple des Prostituées,* à cause de quelques sculptures et représentations « lestes » sur les murs extérieurs du temple, au demeurant fort jolies. 2 autres temples plus loin, pour les mordus.

MOUNT ABU (mount abu)

30 000 hab. IND. TÉL. : 02974

• Plan *p. 545*

Perché à 1 200 m d'altitude sur un plateau dominé par le Gurû Sikhara, le point culminant des monts Aravalli (1 722 m), Mount Abu est une véritable oasis de fraîcheur qui contraste sauvagement avec les plaines environnantes. Pour cette raison, cette petite station de montagne, resserrée autour d'un petit lac, est un lieu de villégiature idéal. Résultat : du monde partout !
À vrai dire, à part la visite incontournable du temple jaïn de Dilwara, situé à quelques kilomètres de là, pas grand-chose à y faire pour un routard. C'est surtout la destination fétiche des familles indiennes en manque de vert ainsi que celle de nombreux Gujaratis du Nord trouvant ici l'alcool prohibé dans leur État. En calculant bien son coup, une fois la visite du temple effectuée, on n'est pas obligé d'y passer la nuit. Cela dit, quelques adresses plutôt chics permettent de laisser filer les heures dans un environnement bucolique qui ne manque pas de charme, en saison sèche comme en période de mousson.

Arriver – Quitter

➢ ***Entre Abu Road et Mount Abu :*** la gare ferroviaire la plus proche de Mount Abu est à 28 km, dans la vallée, à Abu Road (ville moche et sans intérêt). Si vous n'avez pas opté pour un bus qui vous dépose directement

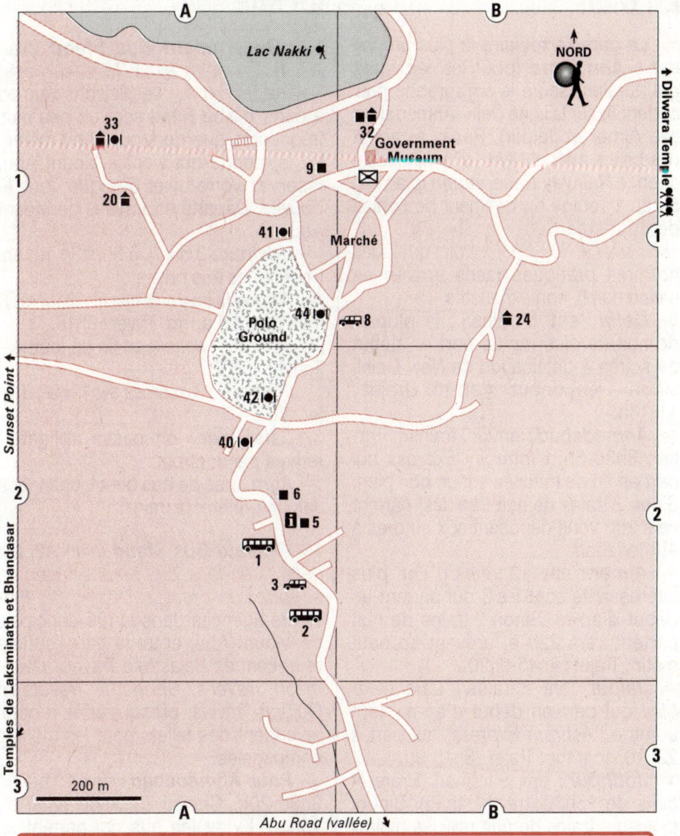

MOUNT ABU

■ Adresses utiles

- Tourist Reception Centre (A2)
- 1 Government Bus Stand (A2)
- 2 Private Bus Stand (A2)
- 3 Taxis collectifs pour Abu Road (A2)
- 5 Railway Reservation (A2)
- 6 Police (A2)
- 8 Taxis collectifs pour Dilwara (B1)
- 9 Doctor Chowhan's Clinic (A1)
- 32 Mount Abu Trekking (B1)

Où dormir ?

- 20 Shri Ganesh Hotel (A1)
- 24 Connaught House (B1)
- 32 Hotel Lake Palace (B1)
- 33 The Jaipur House (A1)

Où manger ? Où boire un verre ?

- 40 Kanak Dining Hall (A2)
- 41 Arbuda (A1)
- 42 Jodhpur Bhojnalya (A2)
- 44 Chacha Café (A1)

à Mount Abu, il faudra prendre une navette pour monter à la station. Bus local (env 15 bus/j. 5h-20h ; trajet 1h) ou façon sardines en boîte dans une jeep collective de 11 ou 13 places (celle-là même construite pour 5-7 places !).

Les stations de bus et de jeeps se situent juste à côté de la gare ferroviaire.

En train

La **gare ferroviaire** la plus proche est à **Abu Road** (pour les fainéants qui auraient sauté le paragraphe précédent !), sur la ligne Delhi-Ahmedabad (via Ajmer et Jaipur). Résas et achat des billets à Mount Abu, à la minuscule agence ***Railway Reservation*** *(plan A2,* ***5****)*, au 1er étage du bâtiment de l'office de tourisme *(lun-ven 8h-12h, 15h-18h ; sam 9h30-13h30)*. Voici quelques horaires pratiques (sans arrivée en pleine nuit !), non exhaustifs.

➢ ***Delhi :*** env 6 trains/j., la plupart de nuit (le plus rapide part en début de soirée à destination de New Delhi) sinon 1 en début d'ap-m. Trajet : 11-14h.

➢ ***Ahmedabad :*** env 20 trains/j. Trajet : 3h30-5h. L'*Intercity Express* qui part en fin de matinée est un bon plan. Sinon 2 trains de nuit (rapides) partent vers 23h vous déposent aux aurores à Ahmedabad.

➢ ***Ajmer :*** env 12 trains/j. Les plus intéressants sont les 3 qui partent en début d'ap-m. Sinon 2 trains de nuit partent vers 22h et arrivent au petit matin. Trajet : 4h45-9h20.

➢ ***Jaipur :*** env 8 trains/j. L'*Haridwar Mail* qui part en début d'ap-m, tout comme l'*Ashram Express*, qui part à 22h10, sont top. Trajet : 8h15-9h.

➢ ***Jodhpur :*** env 6 trains/j. Préférer celui de 15h30 (trajet : 4h35). Sinon, plusieurs trains de nuit rapides mais il faudra veiller jusqu'à 1h30. Trajet : 4-5h.

➢ ***Agra :*** l'*Agra Super Fast* part en principe tlj vers 21h15. Trajet : env 11h.

➢ ***Mumbai*** *(Bandra Station)* **:** 3-4 trains/j. Le *Surya Nagri Express*, rapide, part tlj à 23h25. Sinon, l'*Aravali Express* part en milieu d'ap-m. Trajet : 11-13h.

En bus

Government Bus Stand *(plan A2,* ***1****)* **:** *en plein centre, face au Tourist Reception Centre.* Les liaisons vers ou à partir d'Abu Road sont un peu plus fréquentes que de Mount Abu même. Vu le monde qui vient à Mount Abu, réservez votre billet dès que vous le pouvez. Départs et arrivées de Mount Abu :

➢ ***Udaipur :*** 3 bus/j. à 8h, 13h et 19h. Préférer les bus privés.

➢ ***Ahmedabad :*** 3 bus/j., 2 le mat, 1 en début d'ap-m. Trajet : 6h15.

➢ ***Jaipur :*** 1 *deluxe* en fin de journée. Trajet : 10h30.

➢ ***Jodhpur :*** 3 *express* avt 12h30. Trajet : 7h.

➢ ***Jaisalmer :*** on passe obligatoirement par Jodhpur.

➢ ***Agra :*** pas de bus direct, changer à Jaipur (préférer le train !).

Private Bus Stand *(plan A2,* ***2****)* **:** *départs en face de l'hôtel Sheratone, à l'entrée de la ville, sur la gauche.* Plusieurs agences dans la rue principale de Mount Abu, entre la gare routière et le centre : *Rajasthan Travels, Dashmesh Travel's, Shrinathji Travels* et *Gujurat Travels*, presque côte à côte, revendent des billets pour les mêmes compagnies.

➢ ***Pour Ahmedabad :*** env 10 bus/j., 9h30-20h. Choisir ceux de 9h30 ou 15h30. Éviter les bus qui partent en soirée.

➢ ***Pour Udaipur :*** en principe à 8h30, 15h30 et 18h30.

➢ ***Pour Ajmer et Jaipur :*** 2 bus partent à 19h.

➢ ***Pour Jodhpur :*** 1 bus à 18h30 (à réserver très à l'avance car très prisé). Trajet : 5h15.

Adresses et infos utiles

Distributeur à côté de l'office de tourisme. Banques dans la rue principale.

Tourist Reception Centre *(office de tourisme ; plan A2)* **:** *face à la gare des bus. ☎ 23-51-51. Tlj sauf dim 9h30-18h (13h30 sam).* Se contente de donner un plan de la région.

■ ***Railway Reservation*** *(plan A2,* ***5****)* **:** *dans le bâtiment du Tourist Reception Centre, à gauche et au 1er étage. Tlj sauf dim 8h-12h, 15h-18h.* Achat de billets de train.

■ ***Police*** *(plan A2,* ***6****)*.

■ ***Doctor Chowhan's Clinic*** *(plan A1,* ***9****)* **:** *au carrefour, sur la route de Dilwara.*

98-29-29-25-55. Très central. Tlj sauf mar 8h30-13h, 16h30-20h30. Petit dispensaire gouvernemental rudimentaire.

Taxis collectifs pour Abu Road *(plan A2, **3**) : face à l'hôtel* Hilltone. *Fonctionne 6h-19h. Compter 50 ₹/pers.* Ce sont des jeeps collectives de 11 ou 13 places. Elles partent quand elles sont pleines.

Taxis collectifs pour Dilwara *(plan B1, **8**) : au grand carrefour principal à l'entrée du marché. Compter 50 ₹/pers.* Ce sont des jeeps collectives. Même principe que pour se rendre à Abu Road.

■ ***Mount Abu Trekking*** *(plan B1, **32**) : rens à l'hôtel* Lake Palace. *94-14-15-48-54 ou 95-21-69-23-14. • mahendradan@gmail.com •* Charles, jeune guide naturaliste et anglophone fort sympathique, vous permettra de découvrir la nature, la vie animale et les villages des environs lors de sorties à la ½ journée *(2 500 ₹ pour 2)* ou à la journée *(4 000 ₹ pour 2)* ou de trekkings de plusieurs jours *(pour 2 j. de rando, compter 9 000 ₹ pour 2).*

– ATTENTION, ***ne partez jamais seul en trekking,*** plusieurs agressions ont été signalées dans le coin.

Où dormir ?

Pas moins de 60 hôtels et une bonne trentaine de restos. Ce n'est pas l'offre qui manque à Mount Abu. Mais on se répète, pas grand-chose à faire ici en dehors de la visite du temple jaïn de Dilwara (attention, il n'est accessible qu'à partir de 12h !). Vous n'êtes donc pas obligé d'y passer la nuit. Voici néanmoins quelques bonnes adresses.

De bon marché à prix moyens (600-3 000 ₹ / 8-40 €)

Shri Ganesh Hotel *(plan A1, **20**) : au bord du chemin qui monte vers la* Jaipur House. *94-14-34-43-46 ou 70-73-89-14-32. • hotelshriganesh.com • Doubles 700-2 500 ₹ (jusqu'à 3 000 ₹ sur certaines chambres en été).* Certainement l'une des adresses les moins chères et le meilleur rapport qualité-prix de la ville. À la fois centrale et bien au calme, car isolée. Chambres plus ou moins grandes, correctes pour le prix (même si les moins chères sont vraiment sommaires). Quelques familiales pour 5 personnes, également. Eau chaude le soir seulement (solaire). Petit déj servi dans l'agréable courette. Propose un tas de services pour routard : blanchisserie, résas de billets de transports, etc. En hiver, opter pour les nos 109 à 111, elles bénéficient du soleil en fin de journée. Bon accueil.

Chic (3 000-5 400 ₹ / 40-72 €)

Hotel Lake Palace *(plan B1, **32**) : au bord du lac et à l'écart du centre. ☎ 23-71-54. 97-84-94-71-54. • savshantihotels.com • En descendant vers le lac. Doubles 3 000-5 000 ₹, sans petit déj.* Bonne grosse maison bourgeoise avec terrasse devant et petite pelouse sur le côté. Une douzaine de chambres assez spacieuses, propres, toutes avec clim et entièrement réaménagées dans un style contemporain. Quelques familiales également. Demander celles avec balcon ou terrasse et surtout éviter les 2 sans fenêtre. Globalement agréable et calme. Un bon rapport qualité-prix.

Très chic (5 400-10 500 ₹ / 72-140 €)

The Jaipur House *(plan A1, **33**) : à l'est du lac, qu'elle surplombe merveilleusement. ☎ 23-50-01 ou 51-76. • royaljaipur.in • Doubles standard min 4 800 ₹, deluxe min 6 500 ₹, petit déj (basique) compris.* Cet ancien petit palais de 1897, résidence d'été du maharaja de Jaipur, dans un site admirable, est restauré et aménagé en hôtel. Ça reste intime, avec une quinzaine de chambres et suites, pour vous accueillir le temps d'une nuit de prince... Mais on vous le dit tout de suite, les chambres

LE RAJASTHAN

standard, situées dans les dépendances, sont chères, mal entretenues et ne présentent aucun intérêt. Si vous ne réservez pas l'une des 9 chambres *deluxe* situées dans le bâtiment principal, pas la peine d'y aller ! Sinon agréable resto à prix raisonnables.

Connaught House *(plan B1,* ***24****) : Rajendra Marg. ☎ 23-85-60. • jodhanaheritage.com • Double min 8 750 ₹, petit déj compris.* Dans cette propriété appartenant au Maharaja de Jodhpur dominant la jungle environnante, une dizaine de chambres, réparties dans 2 édifices. D'un côté, 5 très vastes et lumineuses chambres meublées à l'ancienne dans la maison vieille de 150 ans (certaines possèdent même une petite véranda façon jardin d'hiver), de l'autre, 5 chambres supplémentaires légèrement moins spacieuses mais tout aussi agréables car construites dans un esprit cottage. Ces dernières sont réparties en balcon face au levant. Entre les pendules, les vieux portraits, les photos jaunies de maharajas et le lourd mobilier de bois sombre, on est en plein XIXe s colonial. Petit coin de pelouse et de beaux arbres pour ombrager l'ensemble. Un bel endroit pour regarder tomber la pluie pendant la mousson.

Où manger ? Où boire un verre ?

Bon marché (180-450 ₹ / 2,40-6 €)

Jodhpur Bhojnalya *(plan A2,* ***42****) : dans le centre, en face de la Bank of Baroda. ☎ 23-53-82. 85-60-92-31-61. Tlj 9h-16h30, 19h-23h30.* Minuscule resto, mais grand par la qualité de son copieux *thali jodhpuri* à prix fixe, un des meilleurs de la ville ou encore son *special tadka dal bati*. Endroit bien tenu. Bon accueil. Bon lassi également.

Kanak Dining Hall *(plan A2,* ***40****) : près du Bus Stand. ☎ 23-83-05. Tlj 8h-16h, 19h30-22h30.* Encore une bonne adresse, typiquement indienne. Grande salle banale, terrasse protégée. Large carte proposant des plats de tous horizons (Gujarat, Pendjab, Inde du Sud et Rajasthan évidemment). Bons *thalis gujaratis* (servi à volonté), quelques pizzas, sandwichs. C'est bon et copieux.

Arbuda *(plan A1,* ***41****) : face à l'entrée nord du terrain de polo. 99-29-39-47-29. Tlj 8h-23h.* Vaste terrasse couverte et ouverte sur la rue. L'hiver, préférer la salle fermée et chauffée. On ne peut plus central, le grand classique. Agréable et familial. C'est le seul resto de Mount Abu où l'on peut faire le tour de l'Inde dans son assiette. Repas très correct, dans une ambiance populaire.

Chacha Café *(plan A1,* ***44****) : en plein centre. ☎ 23-54-47. Tlj 11h-minuit.* Grande salle climatisée et au calme pour une nourriture conventionnelle, sans éclat et un peu chère. Montez plutôt sur la terrasse pour commander une bière ou un lassi.

À voir. À faire

À l'exception du temple jaïn de Dilwara, aucun des sites touristiques ne nous a emballés. Sans compter que 300 ₹ (tarif spécial étrangers) pour aller voir le coucher du soleil, ça frise franchement l'arnaque ! À quand une taxe pour respirer ?

Dilwara Temple *(hors plan par B1) : à quelques km de Mount Abu. On peut s'y rendre en jeep collective (plan B1,* ***8****). Tlj 12h-18h (le mat, le temple est réservé au culte). GRATUIT. Retirer ses chaussures, femmes « indisposées » ne doivent pas entrer et objets en cuir à laisser au vestiaire, ainsi que les portables et les sacs. Photos interdites. Visite guidée de 30 mn en v.o. (en hindi, donc... sortez vos dicos).* C'est encore à l'ouverture, vers midi, que c'est le plus calme *(le mieux est d'arriver à 11h45 et de patienter).* Ensemble très compliqué de 5 temples jaïns édifiés aux XIe et XIIe s et plusieurs fois restaurés par la suite. Ils sont dédiés aux *Tirthankaras*

(prophètes) du jaïnisme (voir aussi la rubrique « Religions et croyances » dans « Hommes, culture, environnement »). Les 2 plus importants, en marbre, sont les plus beaux, peut-être, du Rajasthan (certes moins impressionnants par leurs dimensions mais par endroits plus finement ciselés que celui de Ranakpur !). Jamais cette pierre n'a été sculptée avec autant de finesse en tout cas.
– ***Vimal Vasahi Temple :*** édifié en 1031 (Vimal Shah était le ministre et commandant en chef des armées du roi du Gujarat). On y découvre un portique et un *mandapa* (salle de méditation) ornés de motifs d'une finesse inouïe. Superbe forêt de 48 colonnes sculptées. Autour, 52 cellules abritent les *Tirthankaras.* Coupole incroyablement ouvragée avec, au centre, une gigantesque fleur de lotus taillée dans un seul bloc de marbre, formée d'une douzaine d'anneaux concentriques ornés pour la plupart de personnages (danseurs, musiciens, cavaliers, animaux). Plus 16 *Vidyadevies* (déesses de la connaissance). Tout au fond du sanctuaire, une divinité en argent d'Adinath, le 1er *Tirthankara.* À l'entrée du temple, le *Vimal Vasahi Elephant Cell* (du XIIe s), avec une procession d'éléphants en marbre, dont certains portent encore la statue du mécène ayant financé en partie la construction du temple.
– ***Luha Visahi Temple :*** tout aussi magnifique, construit un peu plus en hauteur, en 1231, par 2 frères, également ministres du roi du Gujarat. Il est dédié à Neminath, le 22e *Tirthankara* et présente aussi une coupole très ouvragée. Tout autour, 16 beautés célestes et 360 petites figures de moines jaïns. Les 8 colonnes entourant le sanctuaire et leurs guirlandes sont d'une rare finesse et présentent de superbes et opulentes danseuses. Le mur du fond du sanctuaire se révèle un chef-d'œuvre de dentelle de pierre. Et savez-vous comment on obtint un travail aussi raffiné ? En promettant aux artisans-sculpteurs l'équivalent en argent de la poussière de marbre qu'ils produiraient en sculptant. Une fois ce travail achevé, les jaïns leur demandèrent d'affiner encore leur œuvre. Et cette fois la poussière de marbre serait changée en or. Pas étonnant que ce temple ait nécessité 1 500 maîtres artisans et presque autant de petites mains pendant 14 ans ! Sur l'arrière, en contournant le temple, le mur de marbre du fond présente des ouvertures géométriques aux motifs tous différents. Une symbolique que l'on retrouve sur les tapis tissés, de la Perse jusqu'au Maroc. En regardant au travers, on découvre une rangée d'éléphants de marbre et sur le mur, des hauts-reliefs de divinités.
– ***Khartar Vasahi Temple :*** c'est le 1er temple sur la gauche en entrant. Construit sur 3 niveaux, il présente un travail sur les colonnes centrales et la coupole beaucoup moins raffiné car il a été construit par les aides et non par les maîtres artisans. Ce sont les parois du sanctuaire central, d'une grande finesse, qui présentent le plus d'intérêt.
– ***Bhimashah Pittalhar Temple :*** renferme au fond une divinité du XVe s réalisée avec 800 kg d'or, autant d'argent, plus du cuivre, du zinc et de l'étain. L'ultime temple, quant à lui du XVIe s, est dédié au 24e *Tirthankara.* Néanmoins, ces 2 derniers n'atteignent pas le niveau de raffinement des premiers.

JODHPUR (jodhpur)

1 200 000 hab. IND. TÉL. : 0291

• Plan *p. 552-553*

2e ville du Rajasthan, Jodhpur affiche 2 visages bien distincts. D'un côté la forteresse, avec, à ses pieds, un enchevêtrement de constructions desservies par un labyrinthe de ruelles encombrées et vivantes, animées de mille métiers. De l'autre, la ville moderne, étudiante et tout aussi dynamique, quadrillée de larges artères bordées de boutiques à la mode, où résonne sans

cesse le concert des klaxons. Curieusement – exception faite du quartier très touristique de la Clock Tower –, la vieille ville demeure peu explorée par les visiteurs. Pourtant, c'est évidemment pour elle et surtout pour la forteresse que l'on vient à Jodhpur. Car il s'agit là d'un des plus beaux systèmes défensifs du Rajasthan, voire de l'Inde, doublé d'un très beau musée.
Avec plus de 300 jours de soleil et une pluviométrie quasiment nulle, Jodhpur n'a pas volé son surnom de *Sun City.* Du coup sa connexion au *Rajiv Gandhi Lift Canal,* qui achemine l'eau tout droit des montagnes himalayennes, a résolu le souci d'approvisionnement en eau et d'irrigation des terres.
Enfin, pour les amateurs de grands espaces, les campagnes environnantes, constituées de landes de sable plantées d'acacias, offrent d'intéressantes possibilités d'excursions, notamment vers les villages vishnoïs, communauté dont la vie s'organise autour de principes écologiques simples et de bon sens, et ce depuis plusieurs siècles.
– *AVERTISSEMENT,* dans la série arnaques : dans la vieille ville principalement, autour de la Clock Tower, de jeunes gens vous proposeront peut-être de vous faire découvrir une collection exclusive de pashminas, foulards, vêtements, tapis, etc., en prétendant travailler pour de grands noms de la mode internationale : Armani, Dior... Inutile de vous dire que ce n'est pas l'exacte vérité, n'est-ce pas ? Dans un autre registre, attention aussi à ce que l'on ne vous vende des épices au double (ou triple) de leur prix normal, ou du faux safran au prix du vrai (voir la rubrique « Achats », plus loin).

Arriver – Quitter

En train

2 gares ferroviaires : ***Main Railway Station*** *(plan B3)* et ***Maha Mandir Railway Station*** *(hors plan par D1).* C'est surtout la 1re qui intéresse les touristes. Consigne *(tlj 4h30-23h30 ; accès par le quai n° 1), retiring rooms* au 1er étage *(lit en dortoir 150 ₹, double 1 200 ₹)* ; également *ATM.*

■ ***Advance Reservation Office*** *(plan B3,* ***1****)* ***:*** *à 2-3 mn à pied de la gare principale, sur la droite en sortant de celle-ci, passé la poste. Tlj 8h-22h (pause 13h45-14h, variable).* On peut aussi réserver son billet par l'intermédiaire d'une agence privée (voir plus bas dans « Adresses utiles »), plus rapide.

➢ ***Delhi :*** min 4 trains/j., dont 3 de nuit. Le *Mandor Express* est un bon plan. Il part à 19h45, dessert Jaipur au passage (de nuit), arrivée à Old Delhi. Trajet : env 10-12h.

➢ ***Jaipur :*** env 10 trains/j., 6h-23h25. Durée : env 5-6h. Préférer l'*Incerticity Express,* le plus rapide, départ 5h55.

➢ ***Jaisalmer :*** 3 trains/j., dont 1 de nuit (départ 23h30, arrivée vers 6h). Une bonne solution. Trajet : 5h30-6h30.

➢ ***Bikaner :*** min 5 trains/j., 7h25-20h25. Trajet : 5-6h. Le *Ranakpur Express* égrène pas mal de sites touristiques depuis Mumbai. Sinon le plus direct et le plus rapide est celui de 7h40 mais il ne part que mer et dim.

➢ ***Udaipur :*** pas de train direct (changement à Ajmer), prendre le bus.

➢ ***Ajmer :*** 2 trains/j., à 6h20 et 7h10. Trajet : env 5h30. Le 1er continue vers Jaipur et Delhi, le 2d vers Chittorgarh.

➢ ***Mumbai*** *(Bandra Terminus)* ***:*** 2 directs/j. (ap-m et début de soirée). Trajet : 17-19h. Sinon, un train de nuit part ts les mar à 23h55, arrivée à Mumbai 16h45, dessert au passage Luni, Abu Road (Mount Abu) et Ahmedabad.

En bus

Government Bus Stand *(plan D2)* ***:*** *à env 2 km au nord-est de la Main Railway Station.* ☎ *255-08-98.* Les ***bus privés,*** quant à eux, partent de différents endroits à 2-3 km au sud-ouest de la gare ferroviaire principale, non loin du *Bombay Motors Circle* (pour Jaisalmer) et du stade *Barkatullah Khan (hors plan par A3),* ou du *Kalpataru Cinema* (pour Udaipur). Voici, à titre indicatif, les fréquences moyennes des liaisons entre les villes.

➢ ***Udaipur :*** env 15 bus gouvernementaux/j. 5h30-22h30, dont 2 *Volvo* (1 tôt le mat, l'autre en milieu d'ap-m ; via ***Ranakpur***). Nombreux bus privés aussi. Trajet : 4h30-7h, dont 1 bus couchettes de nuit à 22h30.

➢ ***Ajmer et Jaipur :*** ttes les 30-45 mn, 5h-minuit, dont 7 *Volvo.* Également des bus privés. Trajet : env 4h pour Ajmer, 6h-8h30 pour Jaipur. Préférer le train pour cette dernière destination.

➢ ***Pushkar :*** 4 bus gouvernementaux/j., 7h15-20h30. Trajet : 5h30. Mais le plus souple, c'est de prendre un bus pour Ajmer puis un transport local pour rejoindre Pushkar, à 12 km.

➢ ***Jaisalmer :*** env 12 bus gouvernementaux/j., 4h45-17h30, mais aucun *Volvo.* Préférer les bus privés au départ de *Bombay Motors Circle,* plus fréquents. Trajet : env 5h-5h30.

➢ ***Mount Abu :*** nombreux bus gouvernementaux pour Abu Road mais seuls 2 d'entre eux (à 11h30 et 12h30) vont jusqu'à Mount Abu. Trajet : 7h.

➢ ***Delhi :*** 2 bus gouvernementaux *deluxe,* vers 16h et 23h, et env 5 privés (fin d'ap-m et soir). Trajet : 12-15h.

➢ ***Ahmedabad :*** les bus gouvernementaux ne sont pas pratiques. Plusieurs bus privés en fin de journée et de nuit *(sleeper).* Trajet : 7h30-11h.

➢ ***Agra :*** 1 bus privé *(MR Travels),* en milieu d'ap-m. Trajet : 11h50. Beaucoup plus de liaisons depuis Jaipur.

➢ ***Le Shekhawati :*** nombreux bus gouvernementaux pour Sikar 4h45-23h15 dont plusieurs *sleeper,* puis changer pour prendre l'un des 4 bus pour ***Nawalgarh*** (la plupart le mat). Trajet : env 7h pour Sikar, plus 15-30 mn pour Nawalgarh.

➢ ***Bikaner :*** env 20 bus/j. 6h30-20h, surtout le mat. Et env 20 bus privés. Trajet : 4h30-6h30.

➢ ***Chittorgarh :*** 2 bus directs/j., à 11h30 et 20h30. Mais la plupart des voyageurs s'arrêtent à Udaipur d'abord. Trajet : env 7h.

En avion

✈ ***Aéroport*** *(hors plan par D3) : à 4 km au sud du centre.* Distributeur de billets (ATM) à l'entrée du parking et café dans le terminal. Compter 250 ₹ pour rejoindre la Clock Tower en rickshaw *prepaid,* le double en taxi.

➢ En tout, 2 vols/j. pour ***Delhi*** et autant pour ***Mumbai,*** avec *Air India* ou *IndiGo ;* pour Jaipur avec *Spice Jet* (voir « Adresses et infos utiles »).

Adresses et infos utiles

Infos touristiques

i ***Tourist Reception Centre*** *(plan C2) : à côté de l'hôtel RTDC, sur High Court Rd. ☎ 254-50-83. Lun-ven 10h-18h ; fermé w-e.* Un plan de la ville, et c'est à peu près tout. Mieux vaut s'informer auprès des agences de voyages.

Change, distributeurs

■ ***Forex*** *(plan B1) : 2 bureaux, l'un sur la gauche de la Clock Tower (quand on regarde la forteresse), l'autre OM Forex, dans la rue qui va vers la forteresse, au cœur de la vieille ville. Tlj 9h-21h.* Le plus pratique pour changer les espèces.

■ ***Distributeurs*** *(ATM) : on en trouve plusieurs dans la vieille ville ; juste à côté du resto Jhankar (voir « Où manger ? »), sinon, plusieurs sur la Nai Sarak (plan B2), non loin de la Clock Tower, ou alors à côté de l'office de tourisme, à la* ***SBI*** *(plan C2), ou encore à l'aéroport.*

■ ***Air India :*** *☎ 251-07-57 et 58. À l'aéroport (ouv au moment des vols surtout) : ☎ 251-26-17. • airindia.in •*

Agences de voyages

■ ***Poly Travels*** *(plan D2,* ***2****) : 10 D, Bus Stand, Paota (à côté du terminal des bus gouvernementaux). ☎ 254-52-10 ou 257-16-20 (le soir). 📱 98-29-14-74-70 ou 99-83-34-74-70 (Sanjay). • poly travels.com •* Une bonne agence. Les patrons, Surendra, Raj Gehlot (le frère) et Sanjay (le fils, qui parle un peu le français), sont accueillants

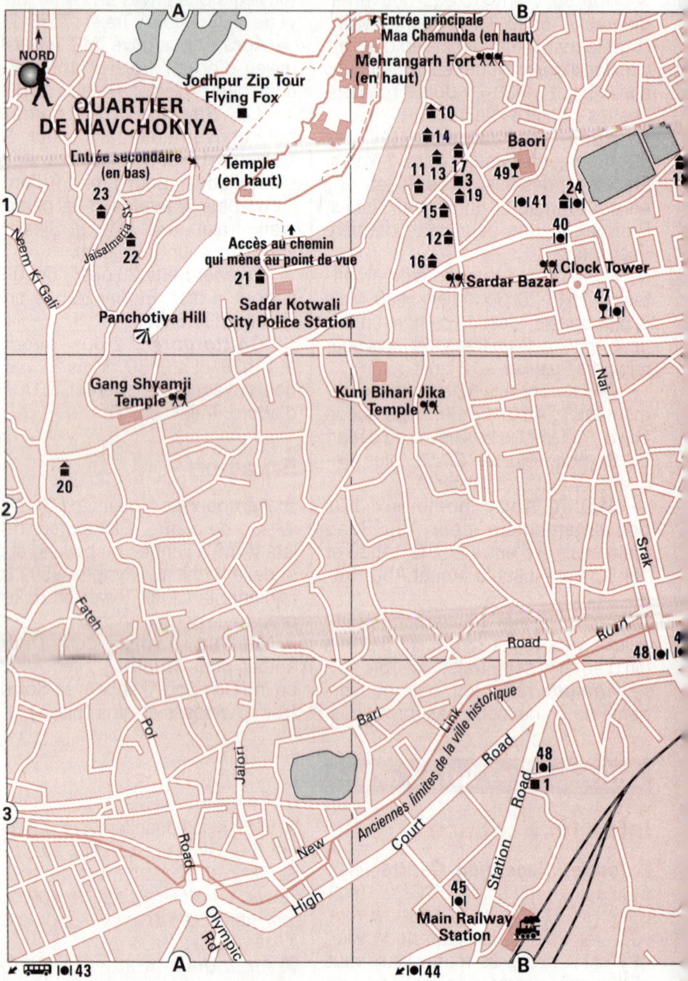

■ **Adresses utiles**

- ℹ Tourist Reception Centre (C2)
- **1** Advance Reservation Office (B3)
- **2** Poly Travels (D2)
- **3** Guchi's (B1)

Où dormir ?

- **10** Hill-View Guesthouse (B1)
- **11** Pushp Guesthouse (B1)
- **12** Sarvar Paying Guesthouse (B1)
- **13** Kesar Heritage Guesthouse (B1)
- **14** Bhavyam Guesthouse (B1)
- **15** Yogi's Guesthouse (B1)
- **16** Heaven Guesthouse (B1)
- **17** King's Retreat (B1)
- **18** Jee Ri Haveli (B1)
- **19** Geeta Mahal (B1)
- **20** Juna Mahal (A2)
- **21** Shahi Guesthouse (A1)
- **22** Singhvi's Haveli (A1)
- **23** Raj Mandir Boutique Homestay (A1)
- **24** Haveli Inn Pal (B1)
- **25** Durag Niwas Guesthouse (D3)
- **26** Mandore Guesthouse (hors plan par D1)

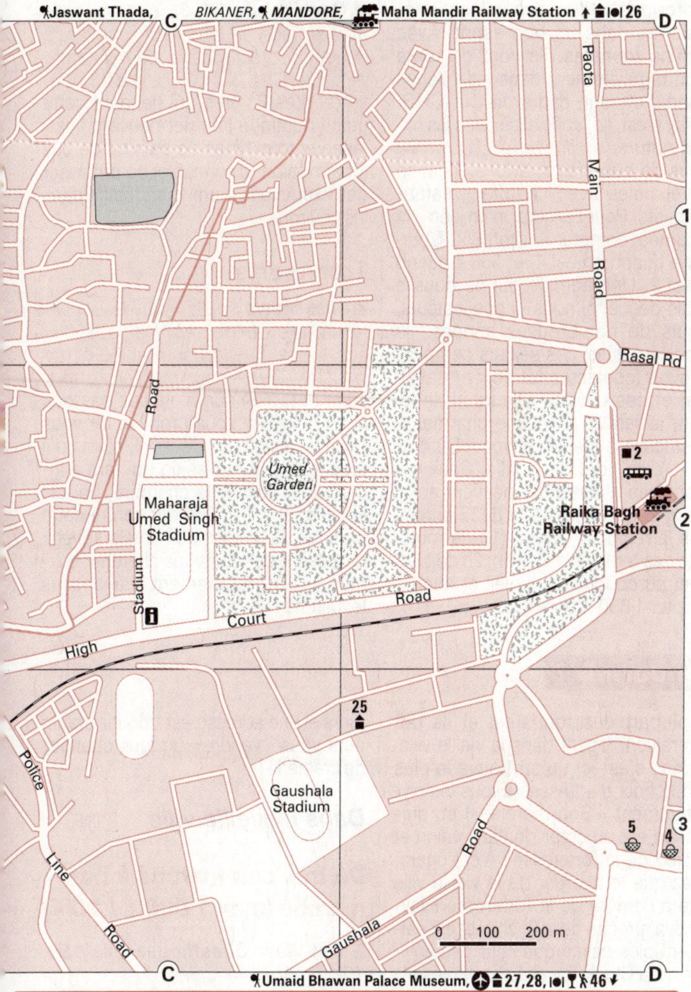

JODHPUR

27 Devi Bhawan (hors plan par D3)
28 Ratan Vilas (hors plan par D3)

Où manger ?

24 Indique (B1)
40 Chouhan Omlette Shop (B1)
41 Jhankar Restaurant (B1)
42 Restaurant Priya (B2)
43 Gypsy Restaurant (hors plan par A3)
44 Crossroads (hors plan par B3)
45 Kalinga Restaurant (B3)
46 On The Rocks (hors plan par D3)

Où déguster un lassi et autres douceurs ?

47 Shri Mishrilal Hotel (B1)
48 Janta Sweet Home (B2 ; B3)

Où boire un verre ? Où danser ?

46 Rocktails (hors plan par D3)
49 Step Well Café (B1)

Achats

4 Lalji Handicrafts (D3)
5 Suncity Art Exporters (D3)

et proposent des excursions intéressantes dans un bon esprit. Avec ou sans touristes, ils vont de toute façon régulièrement dans les villages vishnoïs dans le cadre de leur ONG. Sanjay s'est, lui, spécialisé dans les circuits nature (● wildeyetravels.com ●). Résas de bus, trains, avions, location de véhicules avec chauffeur, safari-photo, etc. Pour l'excursion en jeep à la ½ journée, compter environ 850 ₹/personne quand on est 4, et 950 ₹ quand on est 2. Une agence qui ne nous a jamais déçus, ni nous ni nos lecteurs, depuis de nombreuses années. Ils organisent aussi des séjours de travail bénévole (contactez-les pour en savoir plus) et des circuits ailleurs en Inde. Enfin, la famille tient une charmante *guesthouse* à Mandore (voir « Où dormir ? »), au nord de la ville. Ceux qui n'iront pas à Jaisalmer peuvent aussi faire un *Desert Safari Tour* de ½ journée dans la région d'Osiyan (1h de route, visite des temples d'Osiyan, 2h de chameau au coucher du soleil et retour ; compter 1 850 ₹/personne).

■ ***Guchi's*** (plan B1, **3**) **:** *dans la vieille ville, en face de la Guesthouse Kings Retreat, tt proche de la rue qui monte vers le fort. ☎ 298-09-05. 📱 82-33-00-20-03.* Les 2 frères qui tiennent cette petite boutique Internet peuvent aussi réserver tous types de train ou de bus (commission raisonnable) ou organiser des excursions à prix compétitifs dans les environs.

Transports

■ ***Rickshaws :*** *pour info, de la gare ferroviaire ou du terminal des bus à la Clock Tower, compter 80 ₹ ; de la Clock Tower pour monter au fort, 100 ₹.* Et, bien sûr, n'oubliez pas que si un rickshaw vous propose de vous conduire à un hôtel pour 5 ₹, c'est qu'il touche une commission qui fera augmenter le prix de la chambre, parfois jusqu'à 50 % ! Pour lutter contre cette pratique, la plupart des hôtels sérieux proposent de venir vous chercher eux-mêmes et gratuitement par-dessus le marché !

Où dormir ?

La plupart des touristes, et ils ont bien raison, logent dans la vieille ville. Normal, c'est ici qu'on trouve le plus grand choix d'adresses à tous les prix (notamment « Bon marché ») et, surtout, on est au cœur de l'animation et au pied de la forteresse ! À cet égard, notez que le quartier de la vieille ville situé à l'arrière de la forteresse (Navchokiya, proche de la 2e entrée) est nettement plus calme que celui des environs de la Clock Tower. Les voitures n'y circulent pas. On gagne sa *guesthouse* en rickshaw ou à pied.

On ne le répète pas à chaque adresse, mais sachez que la plupart des *guesthouses* et hôtels vous proposeront une excursion vers les villages vishnoïs. Ne vous décidez pas immédiatement, l'offre en la matière est assez inégale, tant au niveau de la prestation qu'au vu des tarifs pratiqués. Qui plus est, une taxe de 80 ₹/personne a été imposée par le gouvernement depuis fin 2017 pour tenter de rendre ce type de tourisme « équitable », c'est tout dire... Alors si une adresse est trop insistante pour vous « vendre » un tour, changez de crémerie !

Dans la vieille ville

De très bon marché à bon marché (max 1 500 ₹ / 20 €)

🏠 ***Hill-View Guesthouse*** (plan B1, **10**) **:** *la dernière guesthouse dans la ruelle qui grimpe au fort. ☎ 244-17-63. 📱 98-29-15-31-96. ● hill_view2004@yahoo.com ● Résa conseillée. Doubles 200-700 ₹ ; triple 900 ₹.* Une situation exceptionnelle, au pied de la forteresse, avec des chambres très simples (ventilo) réparties dans 2 bâtiments. Bien entretenues, elles possèdent pratiquement toutes une salle de bains avec douche chaude, quand bien même cette dernière tient plus de la pissette de moineau que des chutes du Niagara. Ici, ce n'est pas la déco qui emporte la mise mais plutôt l'accueil de

Zafran et Nageena, les 2 frangines en charge de votre confort. Un bon plan routard à des tarifs encore très raisonnables, d'autant que les petits plats du cuisinier népalais sont au top.

Pushp Guesthouse *(plan B1,* ***11****) : près de Manek Chowk. ☎ 264-84-94. 97-84-74-84-89 (Nikhil). • sonu kash003@yahoo.co.in • Au cœur de la vieille ville, bien fléché. Doubles 700-1 200 ₹.* Une petite *guesthouse* à l'accueil aussi charmant que familial, proposant une poignée de chambrettes soignées et décorées de peintures de fleurs, de dieux ou de maharajas. Avec ou sans *air cooler* (pas de vraie clim), mais toutes avec salle de bains (hors de la chambre pour les moins chères). Agréable *rooftop* avec vue sur les relais téléphoniques, où l'on savoure une bonne cuisine (végétarienne) maison. Une excellente petite adresse, fière de ne pas commissionner les rickshaws.

Sarvar Paying Guesthouse *(plan B1,* ***12****) : près de Manak Chowk. ☎ 261-64-24. Doubles avec sdb 400-900 ₹.* Passé l'entrée, on découvre un petit patio avec fontaine. Les chambres sont bien carrelées, toutes avec salle de bains (mais 3 seulement avec clim). La déco en revanche est franchement kitsch, avec des draps colorés, des pans de murs entièrement carrelés et quelques touches de peinture savamment distillées. Les moins chères n'ont pas de fenêtre. L'ensemble est un peu léger côté propreté... Sur le toit, terrasses avenantes faisant resto. Bon accueil d'Ayub et de Lucky.

De bon marché à prix moyens (600-3 000 ₹ / 8-40 €)

Kesar Heritage Guesthouse *(plan B1,* ***13****) : au cœur de la vieille ville, bien fléché. 90-01-10-20-24 ou 99-83-21-66-25. • kesarheritage.com • Doubles 900-2 200 ₹.* Une quinzaine de chambres (coquettes pour les plus onéreuses, raides du matelas et simplistes pour les moins chères), de taille et équipement variables (avec ou sans clim) mais toutes fraîches et nickel. Certaines donnent sur un balconnet, avec un bout de vue sur la ville. De plus, bonne ambiance le soir sur le toit-terrasse, avec parfois des hôtes s'affrontant au *carrom.* Enfin, la cuisine *veg'* de Sunny (le proprio) vous laissera un grand souvenir : nous, on s'est régalés !

Bhavyam Guesthouse *(plan B1,* ***14****) : dans la partie haute de la vieille ville, au pied de la forteresse. ☎ 264-41-48. 97-84-57-46-40 (Vijay). • bhavyamheritage@gmail.com • Doubles avec sdb 800-1 500 ₹.* Malgré sa façade peu engageante, cette petite auberge familiale a décidé de jouer le rapport qualité-prix pour se différencier de la concurrence. Ce n'est pas la folle ambiance mais les chambres, toutes avec eau chaude, sont propres et colorées pour la plupart. Celles de l'étage (les plus chères, avec clim) ont même hérité d'un embryon de déco avec des chaises « Mondrian » ou un lit *king size.* Terrasse embrassant tout le quartier de la Clock Tower. Bon accueil.

Yogi's Guesthouse *(plan B1,* ***15****) : Mehro Ka Chowk, dans une petite rue qui part presque en face de la Hare Krishna Guesthouse. ☎ 264-34-36. 85-60-00-03-44. • yogiguesthouse.com • Lit en dortoir 400 ₹ ; doubles 800-2 400 ₹.* Planquée au fond d'une courette, cette *haveli* par 3 fois centenaire, au bleu très soutenu, a réservé ses 4 étages à une douzaine de chambres et à un dortoir climatisé de 6 lits pas trop serrés avec salle de bains privative. Au menu, 3 catégories de chambres de bon confort, assez inégales côté ambiance mais fort bien tenues. Les plus chères (*heritage,* avec clim et vue sur le fort) sont carrément bien. Terrasse agréable au coucher du soleil. Bon accueil de Shruti.

Heaven Guesthouse *(plan B1,* ***16****) : derrière Mehta Market, Manak Chowk Rd. ☎ 263-92-83. 93-52-45-73-80 ou 99-29-99-95-95. • nisha jijain@yahoo.com • Doubles avec sdb 700-1 800 ₹.* Au cœur de la vieille ville, une de nos plus vieilles adresses. Au programme, une petite dizaine de chambres basiques, presque toutes avec clim (parfois un peu vieillotte) et eau chaude 24h/24. Propreté de plus en plus aléatoire en revanche, compensée par l'accueil chaleureux de Nisha... quand elle est là.

King's Retreat (plan B1, **17**) : *dans la rue qui va vers le fort, au cœur de la vieille ville.* ☐ *97-99-85-54-17.* • *kingsretreatjodhpur.com* • *Doubles 1 500-2 300 ₹, petit déj compris.* Une *guesthouse* récente offrant une poignée de chambres sobres mais non dénuées de caractère, autour d'un beau patio avec fontaine, plantes et sofa. Le prix dépend de la taille et de l'orientation des chambres (les plus chères sont un poil surfacturées quand même), mais toutes assez propres, plutôt spacieuses (hautes sous plafond), avec mobilier en bois, bonne literie et clim (y compris pour les moins chères). En prime, le resto (sur le toit) sert d'excellentes *quesadillas,* certes pas très local mais parfait pour les lassés des currys ! Propose aussi des circuits à vélo pour découvrir la ville *(700 ₹/pers).* Bon accueil.

Jee Ri Haveli (plan B1, **18**) : *near Rajmahal Girls School.* ☎ *254-00-07.* • *jeerihaveli.com* • *Doubles 2 000-2 500 ₹.* Un peu à l'écart, face au grand bassin Gulab Sagar, un petit édifice aux chambres nickel avec clim (sauf la moins chère). Celles avec balcon (6 sur 9) sont les plus sympa. Les autres sont intérieures et plus petites. Ensemble reposant et très propre. Charmant accueil familial.

De prix moyens à chic (1 500-5 400 ₹ / 20-72 €)

Geeta Mahal (plan B1, **19**) : *Mehro Ka Chowk Naya Bass, near Killi Khana.* ☐ *98-28-62-02-06.* • *geetamahal.com* • *Double avec sdb 1 500 ₹, inclus clim en été et chauffage en hiver.* Un véritable petit nid d'amour que ces 4 chambres « taillées dans le roc » décorées avec élégance par « Gucci », le jeune patron. Toutes bénéficient de l'eau chaude 24h/24, d'une bouilloire, d'un sèche-cheveux et de draps bien blancs et fraîchement repassés. Petite terrasse sympa où l'on sert de la bière en loucedé. Une belle adresse.

Juna Mahal (plan A2, **20**) : *Ada Bazar, Daga St.* ☎ *244-55-11.* ☐ *98-29-02-33-90.* • *junamahal.com* • *En faisant face à la Clock Tower en venant de la ville nouvelle, prendre à gauche et marcher 5-10 mn. Doubles avec sdb 2 050-3 550 ₹ ; copieux petit déj 150 ₹.* Le lieu se veut un *boutique homestay,* et force est de reconnaître que l'objectif est atteint ! À peine 5 chambres (aux noms de dieux), mais elles sont parfaites, à la déco claire et très soignée (murs de pierre blanche et petit mobilier en bois sculpté), avec d'excellents matelas, une salle de bains pimpante, TV, clim, sèche-cheveux, bouilloire, bref, la totale ! Toutes ou presque bénéficient d'une vue. Petite terrasse pour prendre un bain de soleil... et même 2 tortues qui arpentent cette belle maison restaurée vieille de 370 ans. Bon accueil.

Shahi Guesthouse (plan A1, **21**) : *Ghandi St, face au Narsingh Temple.* ☎ *262-38-02.* ☐ *98-28-58-38-83.* • *shahiguesthouse.net* • *À env 600 m de la Clock Tower en partant vers l'ouest. Doubles 2 800-3 200 ₹.* Dans cette superbe ancienne *haveli,* appartenant à une famille de joailliers, quelques chambres seulement à prix moyens au rez-de-chaussée, et d'autres plus chères dans les étages, avec vue sur le fort. Toutes possèdent un charme certain, les *heritage* bénéficient même d'un déco de magazine. La plus curieuse est restée dans son jus, avec balcon amovible (pour faire rentrer l'air frais) et *jharokhâ,* un balcon en saillie qui permettait aux femmes de voir sans être vues. Beaucoup de charme. Accueil sympa et familial. Terrasse sur le toit, bien agréable pour le petit déj. Une belle adresse.

Singhvi's Haveli (plan A1, **22**) : *Navchokiya, Ramdavji-ka-Chowk.* ☎ *262-42-93.* ☐ *98-28-25-89-20.* • *singhvihaveli.com* • *Doubles 1 600-3 800 ₹.* Ambiance « route des Indes » dans cette haveli vieille de 5 siècles aux accents baba cool. Les chambres, assez inégales, avec ou sans clim (éviter les moins chères) sont assez bien décorées mais pèchent par leur manque cruel d'entretien, notamment en ce qui concerne les salles de bains. Petit salon un peu baroque à l'étage, où l'on aime se retrouver dans la pénombre quand le cagnard assomme. Repas servis en terrasse. Bref, une adresse « spéciale selfies » qui aurait pu être en tête de classement si elle était un peu mieux tenue et que les prix des chambres les plus photogéniques n'avaient pas tendance à s'envoler.

Chic (3 000-5 400 ₹ / 40-72 €)

Raj Mandir Boutique Homestay (plan A1, **23**) : *Blue St, Old Fort Rd, Navchokiya. 98-29-02-33-90. • rajmandirhomestay@gmail.com • Double min 3 000 ₹, petit déj inclus ; les chambres les plus chères sont dans la catégorie « Très chic ».* C'est une maison bleue, elle n'est pas accrochée à la colline mais on y vient à pied et on ne frappe pas. Elle offre 7 très belles chambres tout confort (clim, TV satellite, bouilloire, literie impeccable avec draps bien blancs, eau chaude 24h/24), toutes différentes et impeccablement finies, réparties autour d'un atrium central. Beaucoup de charme. En terrasse, mi-vitrée, mi-ouverte, belle vue sur l'arrière de la forteresse. C'est là que les repas sont servis. Mr Joshi, le proprio, originaire d'Osiyan, organise des excursions dans sa famille. Bon accueil.

Haveli Inn Pal (plan B1, **24**) : *Gulab Sagar, derrière la Clock Tower. ☎ 261-25-19. • haveliinnpal.com • Accès au fond de la cour du Pal Haveli. Doubles 4 750-6 000 ₹, petit déj inclus.* C'est encore une histoire d'héritage compliqué qui explique la situation, assez discrète, du *Haveli Inn Pal* au fond de cette cour... Mais autant son grand voisin le *Pal Haveli* joue dans le registre *heritage,* autant ici le style contemporain donne l'impression d'une maison d'hôtes. Pour votre confort, 2 catégories de chambres (les moins chères au rez-de-chaussée, celles avec vue aux 1er et 2e étages). Toutes sont de bonne taille, joliment décorées dans le style du coin mais sans fioriture, et les salles de bains sont plus que nettes. Agréable salon à disposition, et le tout est plutôt calme. Bon accueil de Pushpendra dans un français presque parfait appris à l'Alliance française de New Delhi. Resto panoramique sur place.

Hors de la vieille ville

De bon marché à prix moyens (600-3 000 ₹ / 8-40 €)

Durag Niwas Guesthouse (plan D3, **25**) : *Old Public Park Lane, Rai Ka Bagh. ☎ 251-23-85. • durag-niwas.com • Au bout d'une ruelle. Attention, ne pas confondre avec le Durag Vilas voisin. Double env 1 800 ₹ ; petit déj-buffet 250 ₹. Repas 300 ₹.* À côté d'un centre sportif, une adresse hébergeant des volontaires qui s'investissent dans l'action sociale et pédagogique menée par les proprios au profit des femmes en difficulté. Mais tout le monde y est le bienvenu ! Les 7 chambres dispo (les autres sont réservées aux longs séjours) sont simples mais bien tenues. On rajoute volontiers des matelas en cas d'affluence. Certaines, assez petites, donnent sur la courette ensoleillée. Mais on préfère celle de la terrasse, tout en haut, avec ses 3 fenêtres. L'association gère aussi un cottage dans le village de Setrava, situé en gros à mi-chemin entre Jodhpur et Pokaran. Petit détail, ici pas de facture, on compte toutes ses dépenses soi-même et on paie son séjour à la fin. Une *guesthouse* un peu à part, idéale pour ceux qui souhaitent faire une expérience différente.

Chic (3 000-5 400 ₹ / 40-72 €)

Cette catégorie propose des adresses souvent d'un bon rapport qualité-prix mais un poil excentrées (compter bien 15-20 mn de rickshaw de la Clock Tower). La plupart offrent le charme, le confort, ainsi qu'une certaine tranquillité tout à fait appréciable.

Mandore Guesthouse (hors plan par D1, **26**) : *☎ 254-52-10 ou 257-16-20. 98-29-14-74-70. • mandore.com • À 7 km au nord de la vieille ville par la Dadawari Lane (bus en continu ttes les mn 6h-20h30 pour 25 ₹, ou rickshaw pour env 200 ₹). Transfert sur demande depuis* *l'aéroport ou les gares. Doubles 2 550-3 200 ₹. Repas 400-550 ₹.* Au milieu d'un charmant jardin bien fourni en végétation, une petite vingtaine de bungalows et 3 suites (avec lit *king size*) impeccables à la décoration personnalisée, avec douche, ventilo et clim : un confort très intéressant pour le prix. Atmosphère vraiment familiale, on se sent vite comme chez soi. Accueil attentionné des proprios, qui tiennent aussi l'agence *Poly Travels* (voir « Adresses utiles »). Vélos à dispo. Petit déj et bons repas (spécialités rajasthanies et quelques propositions chinoises) servis sur place dans l'agréable resto, pour un prix raisonnable. Ne pas hésiter à laisser votre excédent de médicaments à Surendra, qui les distribuera dans les villages en fonction des besoins. Pour ceux que ça intéresse, ils organisent aussi des séjours de travail bénévole vraiment enrichissants *(1-4 sem ; compter 150-175 €/sem en pens complète),* pour des individuels ou des groupes, au service des communautés vishnoïs des environs.

Devi Bhawan *(hors plan par D3,* ***27****) : Ratanada Circle (derrière Madho Niwas). ☎ 251-22-15. • devibhawan.com • Résa conseillée. Doubles 3 550-4 200 ₹.* Une véritable petite oasis dans ce quartier résidentiel ! Rathan Singh, le proprio, est un proche du maharaja de Jodhpur, alors tenez-vous bien ! Chambres organisées autour d'un jardin luxuriant et tranquille. Toutes sont soignées et joliment décorées avec mobilier d'époque et bien équipées, avec clim et même une petite terrasse. On peut aussi s'y restaurer (et bien !), dans une salle à manger au style colonial. Une belle piscine et un solarium complètent le tout. Une adresse d'un très bon rapport qualité-prix. Excellent accueil.

Très chic (5 400-10 500 ₹ / 72-140 €)

Ratan Vilas *(hors plan par D3,* ***28****) : Loco Shed Rd, Ratanada. ☎ 261-44-18 ou 30-11. • ratanvilas.com • Doubles 5 200-8 000 ₹, petit déj inclus. Réduc si résa sur leur site. Repas midi et soir 350-500 ₹.* Cette ravissante demeure des années 1920, agrandie très discrètement d'une aile récente, le tout organisé au fond d'une cour-jardin, possède un vrai charme. Pas trop grande (environ 20 chambres, donc une certaine intimité), c'est un véritable îlot de calme, loin de la frénésie du centre. Aux commandes, le dynamique cousin du maharaja de Jodhpur et sa charmante épouse. Classées en 3 catégories de la *standard* à la *pool superior,* leurs chambres sont soignées et bien fraîches. Distribuées soit en rez-de-chaussée soit à l'étage, elles s'ouvrent sur 2 patios agréables ou sur la jolie piscine entourée d'un bout de verdure, avec transats et parasols. Au resto, cuisine de haute volée, délicate et originale (hmm, les desserts !). Au final, une adresse très appréciée de nos lecteurs.

Où manger ?

Dans la vieille ville

Question restos, ça va être vite vu. Les meilleures adresses sont dans la ville nouvelle, alors n'hésitez pas à y aller en rickshaw *(compter env 80 ₹ pour y aller, 120 ₹ pour revenir).* Cela dit, presque toutes les *guesthouses* de la vieille ville font aussi resto sur leur toit-terrasse, généralement avec vue sur le fort. La cuisine est familiale et on a souvent de bonnes (voire d'excellentes !) surprises.

Très bon marché (max 180 ₹ / 2,40 €)

Chouhan Omelette Shop *(plan B1,* ***40****) : sur le côté nord-ouest de la place de la Clock Tower, juste à gauche après avoir franchi l'arche en accolade où figure l'inscription « Sardarmarket-Cirdikot ». Tlj 7h (9h en été)-23h.* Bonnes omelettes sur toast, agrémentées à son goût, à avaler vite fait, accompagnées d'un *chaï.* Pas de salle, juste

2-3 tabourets devant le petit kiosque. Pratique pour une petite faim mais on mange debout et en pleine foule, bien sûr !

Bon marché (180-450 ₹ / 2,40-6 €)

Jhankar Restaurant *(plan B1, 41) :* *au cœur de la vieille ville.* 98-28-03-12-91. *De la Clock Tower, face au fort, prendre à gauche, puis 1re à droite et encore à droite. Bien fléché. Tlj 7h30-23h.* Stratégiquement placé, c'est le resto attrape-touristes par excellence. Le midi, préférer les quelques tables de la courette gravillonnée à l'intérieur – un peu sombre –, nettement moins engageant. Le soir, grimper sur la terrasse pour un petit dîner aux chandelles. Dans l'assiette, cuisine correcte mais sans plus. Plats végétariens, chinois et même quelques pâtes et pizzas pour satisfaire la clientèle occidentale, ici très largement majoritaire.

Chic (900-1 800 ₹ / 12-24 €)

Indique *(plan B1, 24) : sur le toit de l'hôtel* Pal Haveli. *Plats veg' max 500 ₹, non veg' max 600 ₹, thalis 1 300-1 400 ₹.* Le cadre en soirée mérite le détour : une terrasse à ciel ouvert sur le toit d'une *haveli* d'époque, avec vue sur le fort d'un côté et la tour de l'horloge de l'autre... On dîne à la lueur des bougies, les fesses calées dans des fauteuils en osier rembourrés. Bonne cuisine, mais les tarifs sont un peu surfaits (on paie en partie la situation !). Service assuré par des gaillards en turban orange. Bonne ambiance.

Hors de la vieille ville

Très bon marché (max 180 ₹ / 2,40 €)

Restaurant Priya *(plan B2, 42) : au début de Nai Sarak (venant de la gare).* ☎ *254-58-79. Tlj 7h-minuit.* Un resto jaïn (donc strictement *veg'*) ouvert sur les embouteillages, avec un super *thali,* de bons *pulao* et des *dosaï* copieux. Au petit déj, vous pouvez aussi essayer l'*aloo paratha,* sorte de chapati à la pomme de terre très nourrissant. Et bien sûr le *makkania lassi* (un épais lassi parfumé au safran). Populaire et animé.

Prix moyens (450-900 ₹ / 6-12 €)

Gypsy Restaurant *(hors plan par A3, 43) : 689 9th « C » Rd, Sardarpura.* *74-12-07-40-71 ou 73. Tlj 10h-22h. Plats 130-220 ₹,* thali *illimité (servi à l'étage) 350 ₹.* Sans doute le meilleur resto de la ville. Pas pour son cadre de fast-food à l'indienne (avec serveurs en nœuds pap' quand même !) mais pour la qualité gustative de l'assiette. Au rez-de-chaussée, c'est du vite fait bien fait sur des tables en alu que l'on partage entre convives. Cuisine indienne majoritairement du Sud. Délicieux *chola batura,* succulents *dosaï,* quelques burgers végétariens aussi. À l'étage, c'est plus formel, on y ingurgite de copieux *thalis* rajasthanis servis à volonté. Beaucoup de monde. Aux heures de pointe, attendez-vous à faire la queue !

Crossroads *(hors plan par B3, 44) : 32, Bhev Vilas, PWD Colony, quartier de Sardarpura.* ☎ *262-23-24. Tlj 11h-23h. Plats 240-300 ₹, ½ poulet 350 ₹.* Ce bel établissement moderne et soigné (parfumé même !) est l'un des plus appréciés de Jodhpur. Les classes moyennes et supérieures s'y rassemblent pour désosser un poulet grillé en famille ou se farcir la panse de préparations à l'agneau (la spécialité de la maison). Sinon, bonnes pâtes, super soupes thaïes, préparations mexicaines, plats indiens classiques, etc. Une sorte de *world restaurant,* où l'on mange certes bien, mais où l'on vient aussi pour observer cette nouvelle Inde, bien dans ses baskets.

Kalinga Restaurant *(plan B3, 45) : au rdc de l'hôtel* Kalinga, *dans la rue face à la gare.* ☎ *261-58-71. Tlj 11h-23h. Plats veg' 250-350 ₹ (non veg' à peine plus chers).* Grand resto (plus de 100 couverts) bien isolé de la rue, un poil chic mais à la déco lambda. On y vient plutôt pour la qualité de la cuisine, très régulière. Pas mal d'hommes d'affaires et de familles aisées. Grand choix de plats *veg'* ou *non veg'* à toutes les sauces, sans oublier les préparations au tandoor, et pas seulement le poulet... Une valeur sûre.

On The Rocks *(hors plan par D3, 46) : Circuit House Rd. 91-19-36-45-55. Tlj 12h-15h, 19h-23h ou minuit. Plats veg' env 285-335 ₹, compter pratiquement le double pour les non-végétariens.* En plein air, un agréable jardin verdoyant et arboré, joliment aménagé. Quand il fait frais, brasero entre les tables. On peut aussi s'installer à l'intérieur. Autant le savoir, c'est le rendez-vous des jeunes fils à papa. Cuisine raffinée et variée, avec même du bon poulet au barbecue et des plats chinois. Assez onéreux, mais c'est l'un des endroits les plus sympa le soir à Jodhpur.

Où dormir ? Où manger sur la route d'Udaipur ?

Très chic (5 400-10 500 ₹ / 72-140 €)

Fort Chanwa *: à Luni. ☎ (02931) 28-42-16. Résas à Jodhpur : ☎ (0291) 513-22-44. • fortchanwa.com • À 35 km au sud de Jodhpur, village à 9 km de la route principale. Résa conseillée. Double min 7 700 ₹, petit déj inclus. Buffet 790 ₹, servi le midi si groupes, sinon le soir ; plats 300-600 ₹ à la carte.* Au cœur d'un village, un vieux manoir appartenant toujours à un cousin du maharaja de Jodhpur. Le maître des lieux a fait travailler principalement les artisans de son village, et les parties communes sont typiques de ce genre de palais. Chambres spacieuses de style indo-colonial un peu tristounes cependant (bien choisir). Les meilleures (les *deluxe heritage*) sont situées autour du patio intérieur mais elles sont nettement plus chères. Resto de qualité (voir, à côté du buffet, les menus imprimés des années 1940 !), généralement avec musique et spectacle de danse. Petite piscine haricot avec coin de verdure. Reçoit pas mal de groupes en revanche.

Rohet Garh *: à* ***Rohet,*** *dans le village même. 95-71-44-44-56 ou 83-02-82-98-50. Résas (à Jodhpur) : ☎ (0124) 465-43-30. • houseofrohet.com • À 45 km au sud-est de Jodhpur, en allant vers Pali et Udaipur. Doubles 7 700-11 300 ₹, petit déj + une balade en jeep de 2h inclus. Buffet midi 1 000 ₹, soir 1 350 ₹.* Un peu dans le style d'un *lodge* anglo-saxon, cet ancien relais de chasse marie avec harmonie l'intérieur et l'extérieur dans un esprit typiquement colonial. Pas étonnant que le Britannique Bruce Chatwin (l'un des plus célèbres écrivains-voyageurs du XXe s) y élut domicile pour y écrire son best-seller *Le Chant des pistes* ! Certaines chambres donnent sur un grand jardin arboré avec pelouse et paons, d'autres regardent un étang. Toutes sont très confortables, impeccablement tenues et joliment décorées de fresques, avec alcôves discrètes et mobilier ancien. Cuisine succulente et atmosphère au resto un peu guindée mais pas désagréable, voire rigolote ! Piscine. Possibilité d'excursions. Une étape délicieuse et un accueil à la hauteur !

Beaucoup plus chic (min 10 500 ₹ / 140 €)

Rawla Narlai *: à* ***Narlai.*** *☎ (02934) 26-04-43. 99-50-81-08-13. • rawlanarlai.com • À mi-chemin entre Jodhpur et Udaipur (env 1h de route au nord de Ranakpur ou de Kumbhalgarh, 7 km au nord-ouest de Desuri). Résa conseillée. Double min 12 800 ₹, petit déj inclus. Repas 1 600 ₹.* Lové au pied d'un mamelon de granit qui semble émerger de la terre pour allaiter la campagne, cet ancien relais de chasse du maharaja de Jodhpur a été admirablement réhabilité. Ce petit paradis construit au XVIIe s, tout en coins, recoins, courettes et pelouses, recèle une trentaine de chambres et suites dont une dizaine dans une aile nouvellement aménagée. Autant dire que le confort (piscine, spa, etc.) associé à l'atmosphère (certaines chambres ont gardé leurs fresques d'origine) en met plein les mirettes. Côté service, le personnel – trié sur le volet – vous dresse une table dans un endroit différent chaque soir. Le tout illuminé par des centaines de photophores. La maison organise également des excursions pour aller observer les léopards qui batifolent dans le coin à la fraîche. La vie de maharaja quoi !

Spécial coup de folie

🏠 🍽 ***Chanoud Garh :*** *à Chanoud. ☎ (2938) 28-25-50. 📱 98-28-66-92-21. • chanoudgarh.com • À 135 km au sud de Jodhpur (et 155 km d'Udaipur), à env 19 km de la route principale. Gares ferroviaires les plus proches : Falna ou Rani, à 1h de route de là. Résa impérative. Suites pour 2 en pens complète 21 800 ₹.* Au cœur d'un village perdu en pleine cambrousse parmi les landes de sable plantées d'acacias, un superbe palais restauré avec raffinement dont la moitié a été aménagée en maison d'hôtes, l'autre moitié servant toujours de résidence familiale. Dans la même famille depuis maintenant 13 générations ! À peine une petite dizaine de suites, vastes, toutes différentes et vraiment confortables (superbes salles de bains), décorées avec un goût sûr par Swati, la maîtresse des lieux, designer textile de profession. Beaux espaces communs : grande bibliothèque, terrasses cosy et charmant jardin dans la cour centrale. Pas mal d'activités proposées, depuis les cours de cuisine aux balades dans les environs, à la rencontre des villages et des zones ornithologiques. Excellente cuisine (à dominante végétarienne, mais viande sur demande). Une excellente adresse pour une lune de miel !

Où déguster un lassi et autres douceurs ?

🍸 🍽 ***Shri Mishrilal Hotel*** *(plan B1, **47**) : installé dans la grosse porte d'entrée du Sardar Market, à l'angle sud-est de la Clock Tower. Tlj 8h-21h. Bon à savoir : pas de toilettes.* Petite salle à l'atmosphère populaire où se mêlent touristes et locaux. Une sorte de salon de thé à l'indienne (mais sans thé) où l'on sert surtout le *makkania lassi* (épais, onctueux et parfumé au safran). On en écoule ici plus d'un millier par jour ! Quelques pâtisseries sucrées ou salées également, comme le *mawa kachori* (gâteau épais, au lait et aux épices), le *peda* (sucre et cardamome) ou, en hiver, le *gajar ka haluva,* à base de carottes.

🍽 ***Janta Sweet Home*** *(plan B3, **48**) : juste à gauche du bureau de résa des trains ; annexe au 3, Nai Sarak, face au Restaurant Priya, à l'orée de la vieille ville (plan B2, **48**). Tlj 6h30-23h.* Pâtisserie éminemment populaire (et vous comprendrez vite pourquoi en goûtant leurs produits !). La foule se presse en fin d'après-midi pour déguster, debout, dans du papier journal, les douceurs locales aux couleurs éclatantes, ou les beignets aux légumes. Prix au poids. Préférer celui dans la rue de la gare, « plus calme » et où l'on peut s'asseoir (salle à l'étage).

Où boire un verre ? Où danser ?

🍸 💃 Oui, c'est possible à Jodhpur ! Dans le jardin du resto ***On The Rocks*** *(hors plan par D3, **46**),* vous trouverez le pavillon ***Rocktails*** *(tlj 19h30-23h),* sorte de grotte de pierre labyrinthique, où la jeunesse dorée de Jodhpur et des environs (surtout des garçons, faut être clair) vient siroter rhums et whiskies (assez cher, quand même). On peut même y guincher sur la minuscule piste de danse animée par un DJ.

🍸 ***Step Well Café*** *(plan B1, **49**) : à côté de la Haveli Guesthouse, en surplomb du baori (puits à degré) nouvellement restauré. Accès par une ruelle discrète. Tlj 10h30-minuit.* Avec cette vue absolument plongeante sur ce magnifique puits (bien restauré, on se répète), voici le bistro de l'hôtel de grand luxe voisin, le *Raas.* 2 niveaux largement ouverts afin de faire circuler l'air (clim au rez-de-chaussée, quand même), surmontés, pour se vautrer sur des coussins, d'une belle terrasse avec vue supplémentaire sur le fort en version *chill out* très prisée le soir. Allez-y les poches pleines !

Achats

Jodhpur est, avec Udaipur, la ville du Rajasthan où l'on trouve la plus grande diversité artisanale, surtout en ce qui concerne le bois et le métal. La plupart des boutiques sérieuses et des antiquaires valables sont situés sur *Umaid Bhawan Palace Road (plan D3)*, parfois de véritables entrepôts, immenses, spécialisés dans l'exportation. Comparer (et négocier !) les prix avant d'acheter. Objets en bois, déco, boîtes sculptées, miroirs, boîtes à onguents. De l'ancien (peu), des copies (beaucoup)... C'est rarement bon marché aussi, d'autant que les possibilités de marchandage sont limitées. Certaines boutiques proposent également des étoffes incrustées de miroirs, spécialité du Gujarat (dessus-de-lit, coussins, tissus décoratifs...).

– *Conseil :* comme partout, l'usage veut que les boutiques commissionnent les chauffeurs. Donc, si vous vous rendez dans le secteur en rickshaw, demandez à ce qu'on vous dépose sur l'Umaid Bhawan Palace Road. Attendre qu'il parte, puis marcher 5 mn. Évidemment, ne jamais préciser que vous allez faire des emplettes. Ne pas oublier que la commission sur tous vos achats peut atteindre 40 % (et c'est vous qui payez !) Il arrive parfois aussi que le chauffeur touche un « passage », que ses clients achètent ou pas. D'où parfois l'insistance de certains d'entre eux pour vous conduire à bon port.

Lalji Handicrafts *(plan D3,* ***4****) :* *Umaid Bhawan Palace Rd. 98-29-02-58-88. • laljihandicrafts.com • Tlj 9h-19h30.* Une impressionnante caverne d'Ali Baba, mais qui ne fait pas que dans l'artisanat, loin s'en faut. Dédiée surtout à l'export, on y trouve des milliers d'objets de toutes sortes, pour certains authentiques, rangés par thématiques (statues, instruments de musique, outils, bibelots, vieux téléphones, luminaires... mais aussi des clés, des verrous, des poignées de porte !). Sur plusieurs salles et niveaux, un vrai capharnaüm, à visiter ne serait-ce que pour le plaisir des yeux. Si vous comptez vraiment acheter chez eux, le plus simple c'est de les appeler, ils enverront quelqu'un vous chercher.

Suncity Art Exporters *(plan D3,* ***5****) :* *5, Umaid Bhawan Palace Rd. ☎ 251-00-05. Tlj 10h-20h.* Un autre magasin-entrepôt, très vaste lui aussi, proposant tapis, statues, boîtes, ustensiles en tout genre, horloges, miroirs, gobelets en étain, vieilles lanternes, masques, cloches, etc. Également de très beaux meubles (déjà chérot) en bois recyclé. Pas moins de 4 niveaux en tout. Vous avez tout intérêt d'y arriver à pied...

Via Bishnoï, Village Craft : *Jhalamand Circle, Pali Rd. ☎ 272-01-85. 98-29-81-40-88. • vbvcraft.com • À env 10 km du centre de Jodhpur en direction de Rohet et Udaipur, sur la gauche ; près de la pompe à essence CTC. Attention, un autre magasin porte le même nom sur la rue principale mais ce n'est pas celui-là. Pour éviter les embrouilles, voici les coordonnées GPS : 26-12-58.2 N, 73-02-32.8 E. Tlj 8h-20h.* Dans une petite zone artisanale, un vaste entrepôt où une famille vishnoï vend les textiles et étoffes confectionnés dans les villages. Très grand choix de foulards, écharpes, tissus pour tous les goûts, tapis, dessus-de-lit, etc., à des prix intéressants et de bonne qualité. Possibilité de se faire tailler des vêtements (si vous êtes en circuit, on vous les livre à l'étape suivante).

– On trouve également à Jodhpur un certain nombre de boutiques d'***épices,*** principalement autour de la Clock Tower et dans les rues adjacentes. Un conseil : évitez-les, elles ne s'adressent, en gros, qu'aux touristes et vendent leurs épices (préemballées dans des petits sachets) nettement plus cher que si vous les achetez dans les épiceries. Si vous voulez acheter des épices, procurez-vous (un peu partout) des paquets de la marque *MDH* ou *Everest,* vous les paierez alors au prix local. Idem pour le safran du Cachemire, gardez-vous bien de l'acheter dans ces *spice shops* (arnaque garantie !). Cherchez plutôt (dans les épiceries) celui de la marque *Baby Saffron,* vendu en pistil sous vide dans un emballage scellé, il est excellent et moins cher qu'en France !

À voir. À faire

La forteresse de Mehrangarh *(plan A-B1)* **:** ***l'entrée principale*** *est facilement accessible à pied (en 20 mn) de la Clock Tower, en prenant à gauche au nord de la place, puis à droite et en continuant tt droit. Sinon,* ***l'entrée secondaire*** *est à 5 mn à pied (sans grimper) si vous logez dans la partie ouest de la vieille ville (Navchokiya). Autrement, en rickshaw, compter env 80-100 ₹. • mehrangarh.org • La caisse se situe à l'entrée principale (accessible aussi depuis l'entrée secondaire). Ouv 9h-17h (le site ferme à 18h). Entrée : 600 ₹, audioguide compris (en 11 langues, dont le français) ; réduc. Appareil photo 100 ₹, caméra 200 ₹. Prévoir une pièce d'identité pour l'audioguide. Guides officiels (certains francophones) à partir de 400 ₹ pour 1 à 4 pers mais, à notre avis, l'audioguide est suffisant. Compter min 2h pour la visite. Sur place, 3 cafés-restos : le* Palki, *juste après la billetterie, le* Mehran, *en haut de la rampe, à l'arrivée de l'ascenseur, et le* Chokelao Garden Café, *sur le flanc nord.*

– C'est aussi dans le fort que se tient, chaque année en fév, le ***World Sacred Spirit Festival*** *(• worldsacredspiritfestival.org •). Les mélomanes curieux s'y épanouiront...*

Forteresse édifiée en nid d'aigle au XVe s (à partir de 1459) par le fondateur de Jodhpur, le *rao* Jodha, qui donna son nom à la ville. Elle s'élève à plus de 135 m au-dessus de la cité ; d'une largeur de 80 à 100 m, elle s'étend sur plus de 400 m. Tout a été réalisé en grès ocre rose qui par endroits rappelle la couleur du bois. Les maharajas vécurent ici jusqu'au début du XXe s, puis s'exilèrent à l'*Umaid Bhawan Palace.*

On passe d'abord une belle arche ouvragée, la *Jey Pol,* puis une longue rampe en zigzag et plusieurs portes monumentales (montée un peu raide, mais ascenseur à dispo – ticket à 50 ₹ à acheter en plus). Les cours intérieures laissent apparaître de superbes façades ajourées finement sculptées, préfigurant déjà les délires de Jaisalmer en la matière. D'ailleurs, *Mehrangarh* ne signifie-t-il pas « Fort en Majesté » ? Enfin, on arrive au palais juché au sommet de la forteresse, transformé pour partie en musée. C'est le clou de la visite, un labyrinthe de salles qui rassemblent une superbe collection historique, dont voici un petit résumé.

– ***Sangar Choki*** *(cour du Couronnement)* **:** en levant les yeux, on peut admirer les dizaines de fenêtres ajourées *(jalis)* qui permettaient aux femmes d'observer ce qui se passait dans la cour... sans être vues. En tout, 250 dessins géométriques différents. Dans la cour siège un trône (ou trône un siège) en marbre. Le maharaja y prenait place lors du sacrement royal. Juste en face, un figurant (souvent endormi) prouve que l'opium est bien sa tasse de thé.

– ***Salle des nacelles d'éléphants* :** belle collection de ces sièges, des *howdah,* souvent ornés de lions (symboles de la royauté), provenant de plusieurs États, tous en bon état, du XVIIe au XIXe s. On aime particulièrement celui offert par Shah Jahan à Jaswant Singh, avec son lion au visage presque humain.

– ***Palki Khana* :** d'admirables palanquins du XVIIe au XIXe s, certains devant être portés par 8 personnes. Ceux qui sont clos étaient réservés aux femmes (on ne devait pas les voir).

– ***Daulatkhana Chowk*** *(trésor)* **:** on y trouve le superbe *Mahadol* (« Le grand palanquin ») ainsi que des épées et sabres originaux des XVIIe et XVIIIe s, aux manches et lames parfois très ouvragés (damasquinées en or !). Vanity-case en ivoire, beau *torana* orné de Ganesh mis au-dessus de la porte de la jeune mariée pour lui porter bonheur. Plus rares, des panneaux en fines lamelles de bambou tissé délicatement, décorés de motifs en fils de soie. Ils étaient trempés dans l'eau parfumée et accrochés sous les arches pour permettre à la brise de rafraîchir les pièces.

PUDIQUE JUSQU'À LA CHEVILLE !

La grand-mère de l'actuel maharaja fut la 1re maharani à se rendre à Londres, en 1925. À chaque visite, elle était couverte d'un long voile cachant tout son corps... sauf sa cheville, que les photographes de la presse londonienne s'empressèrent de photographier ! Le maharaja, scandalisé, acheta alors tous les journaux parus avec la photo compromettante, pour éviter que ceux-ci n'arrivent jusqu'en Inde !

– ***Umaid Vilas :*** quelques marches conduisent à cette vaste salle où sont exposées de magnifiques miniatures de différentes écoles des XVIIe et XVIIIe s. Prendre le temps de bien les détailler, y compris en utilisant l'appareil photo de son smartphone comme une loupe (notamment *Les démons se préparent à la bataille contre la déesse Durga* ou *Le maharaja Man Singh jouant au polo avec les femmes royales...*). Certaines sont d'une incroyable finesse quand on les regarde de près (les barbes notamment). Plus on les observe, plus on découvre de nouvelles saynètes. Noter aussi les vitrines qui exposent le matériel utilisé pour les réaliser (pigments et pierres broyés, pinceaux, etc.).

– En grimpant à l'étage, salle avec tentes royales, étoffes et grands panneaux de tissus brodés du XVIIIe s. Sur le flanc droit, le ***Shish Mahal*** *(palais des Glaces),* aux murs et plafond couverts de petits miroirs et de stucs sculptés et peints.

– ***Phool Mahal*** *(palais des Fleurs, dancing hall)* **:** un étage plus haut, cette salle était utilisée pour les spectacles de danse et les réceptions. Plafond très décoré et peintures à l'or sur les murs et les colonnes. Un seul artiste réalisa tout ce travail. D'ailleurs, vous avez remarqué, certains pans de mur sont restés nus : l'artiste mourut avant d'avoir fini son œuvre. Par respect pour lui, on laissa en l'état. Bel hommage. Noter la finesse des stucs. Autour du plafond, les portraits des maharajas alternent avec les portraits de dieux. Ben voyons ! Là encore les vitres colorées furent disposées plus tard.

– ***Salle d'armes :*** encore un étage au-dessus, riche expo d'armes du XVIe au XIXe s. Curieux « sabre-pistolet », plastrons, casque avec protège-nez, boucliers en carapace de tortue ou peau de rhino, fusils damasquinés et autres dagues à lames multiples, pour mieux lacérer les entrailles de l'ennemi...

– ***Takhat Vilas :*** depuis la terrasse à droite, cette superbe petite pièce avec au fond des vitraux colorés et un décor de boules de Noël au plafond, était la chambre à coucher de Takhat Singh. Murs incrustés de gravures, miroirs, fresques... Tout date du début du XIXe s.

– En redescendant, on accède au ***Jhankhi Mahal*** *(palais des Regards)* où est exposée une collection de drôles de berceaux de bébés maharajas, dont certains tout dorés et soutenus, en guise de protection, par des anges. Autrefois, il s'agissait de la pièce d'où les femmes observaient les 2 cours.

– ***Zanani Deodi*** *(ou zenana)* **:** la cour réservée aux femmes dont l'accès était gardé par des eunuques. Notez le superbe travail des fenêtres et levez les yeux sur les nids d'hirondelles au-dessus de la porte, une vraie HLM !

– ***Moti Mahal :*** attenant au *Zanani Deodi,* la salle d'audience officielle pour les *durbar* du maharaja, édifiée en 1595. Plafond en or et miroirs un peu partout. Les vitres en verre de couleur sont récentes. De petites ouvertures-alcôves permettaient aux femmes d'écouter les audiences sans être vues, comme toujours. Les niches de stuc abritaient les lampes à huile dont la lumière se reflétait dans les miroirs.

– Enfin, on parvient à une autre cour entourée de dizaines de fenêtres à *jalis* (l'équivalent des moucharabiehs arabes), absolument extraordinaires. Il s'agit en fait de la partie la plus ancienne du fort. Et on termine par la boutique du musée et/ou par l'astrologue royal *(tarif syndical de 500 ₹ le thème astral associé aux lignes de la main !).*

– Ne pas manquer de faire la ***promenade des remparts,*** même si celle-ci présente moins d'intérêt depuis que les créneaux sont inaccessibles (difficile désormais de prendre des photos de la ville). Au loin, on aperçoit l'*Umaid Bhawan Palace.*
Au bout de la promenade, en redescendant, petit temple hindou (se déchausser au petit escalier).

➢ ***Jodhpur Zip Tour Flying Fox :*** *accès rapide par l'entrée secondaire du fort. Sinon par l'entrée principale, à 5 mn à pied de la Jey Pol. ☎ 254-69-27 ou 0800-391-59-89. • flyingfox.asia • Ttes les heures 9h-16h30 (dernier run à 17h en hte saison). Fermé dernière sem de mai et tt juin. Entrée : 1 900 ₹ ; réduc étudiants et - de 17 ans, ainsi que pour les 2 premières sessions du mat juil-sept. Taille minimale requise : 1,40 m. Résas en ligne à des tarifs plus intéressants.* Une tyrolienne au pays des maharajas ! En tout 6 câbles qui forment un parcours en boucle, de 80 à 310 m de longueur au-dessus des rochers et des herbes folles du *Rao Jodha Desert Rock Park* qui, lui, ne présente pas grand intérêt. On conseille le tour de 16h30, pour la lumière, même si l'on ne glisse ni très haut (moins de 20 m de hauteur) ni très vite (20-30 km/h)... Bon matériel bien entretenu. Compter 45 mn-1h en tout.

👣👣 ***La vieille ville*** *(plan A-B1)* ***:*** le cœur de la vieille ville est circonscrit à l'intérieur de remparts datant du XVIe s dont on aperçoit par-ci par-là quelques vestiges. Laissez-vous aller au hasard de ses ruelles étroites, entre la Clock Tower et la partie ouest (en allant vers *Navchokiya Mohalla,* secteur plus intéressant à notre goût car moins touristique). Parcourez ce méli-mélo de passes et d'impasses, de courettes et de culs-de-sac qui s'étend au pied de la forteresse. Vous y découvrirez une kyrielle de petites échoppes et d'ateliers : bijoutiers, dinandiers, étameurs, laqueurs, marchands d'étoffes, de babouches, etc. Peu de touristes prennent le temps de véritablement y pénétrer et (surtout) de s'y perdre. Contrairement aux abords de la Clock Tower et du Sardar Market, devenus très touristiques (rabatteurs en pagaille), la partie ouest de la vieille ville offre encore aux curieux d'émouvantes scènes de la vie quotidienne à épingler dans sa mémoire. Vous y ferez d'enrichissantes rencontres.
Dans le quartier, notons quelques temples hindous qui méritent une visite : le ***Gang Shyamji Temple,*** construit au XVIe s sous le règne des Rathores, détruit par les Moghols qui le remplacèrent par une mosquée, puis reconstruit au XVIIIe s. Il est dédié à Krishna. Allez-y à 18h45, au moment de la prière (pas de short, pas d'épaules nues). Puis en redescendant vers la Clock Tower, dans Katla Bazar, le ***Kunj Bihari Ji Ka Temple.*** C'est l'un des grands temples de Jodhpur. La *puja* (l'office) y est célébrée 6 fois par jour *(ouv 6h-12h, 18h-minuit).*
Pour clore la journée, grimper sur la ***Panchotiya Hill*** (ou Patharia Hill) ***pour assister au coucher du soleil*** : se rendre d'abord au *City Police Sadar Kotwali,* puis remonter la rue. Le sentier qui permet d'accéder à la crête d'où l'on surplombe la ville pratiquement à 360°, démarre au bout de la rue.

👣👣 ***Clock Tower et Sardar Bazar*** *(plan B1)* ***:*** centre économique et névralgique de la vieille ville, et point de repère fort utile. La Clock Tower fut édifiée par le maharaja Sardar Singh en 1910 pour singer les *British* mais aussi pour... donner l'heure aux habitants. On peut y monter *(10h-18h ; 30 ₹),* plus pour voir le mécanisme de l'horloge (et le gros pendule de 50 kg qui oscille, en une seconde, d'un côté à l'autre) que pour la vue. Tout autour s'étend le Sardar Bazar dans un dédale de ruelles. L'activité débute vers 11h30 et bat son plein en fin d'après-midi. Après 22h, c'est désert ! Attention aussi, le quartier fourmille de rabatteurs et de faux guides soi-disant francophones qui vous proposeront de vous faire visiter la vieille ville. Éconduisez-les avec le sourire...

Jaswant Thada (hors plan par D1) : *sur la route du fort, à moins de 1 km de celui-ci. Tlj 9h-18h. Entrée : 50 ₹. Guide à partir de 100 ₹ jusqu'à 4 pers.* Petit temple de marbre blanc élevé à la mémoire de Jaswant Singh II par une de ses femmes et abusivement surnommé « le petit Taj ». Faut quand même pas pousser ! L'extérieur arbore toutefois des clochetons adorables, fenêtres ciselées, piliers sculptés... À l'intérieur, en revanche, juste quelques reproductions agrandies de miniatures figurant les portraits (de profil) des maharajas, mais pas de quoi casser 2 trompes à un éléphant. À l'extérieur : quelques cénotaphes et une belle vue sur la ville. En contrebas, à gauche, un petit bassin où viennent se poser quelques oiseaux migrateurs. Il fait partie du *Rao Jodha Desert Park*. Une zone naturelle parcourue de plusieurs sentiers naturalistes qui peine à trouver son public, et franchement chère pour ce que c'est.

OBSTINÉMENT VÉGÉTARIENS

Les Vishnoïs sont farouchement végétariens ! En 1999, des émeutes ont éclaté dans les villages quand une star du cinéma indien, en visite dans le coin, a exigé qu'on abatte un animal pour son repas... L'affaire fit grand scandale dans toute l'Inde. Les Vishnoïs y récoltèrent une notoriété qu'ils ne recherchaient nullement.

Umaid Bhawan Palace Museum (hors plan par D3) : *sur une butte au sud-est de la ville ; accès par le sud. ☎ 251-01-01. Musée ouv tlj 9h-17h. Entrée : 100 ₹.* C'est l'immense palais du maharaja de Jodhpur, que l'on aperçoit d'un peu partout depuis la ville, avec son impressionnante coupole. Le maharaja construisit cette incroyable pâtisserie pour résorber le chômage et la famine qui régnaient à Jodhpur dans les années 1930. Il y emploie aujourd'hui encore 300 personnes en permanence ; et une bonne partie est aujourd'hui occupée par un hôtel fort luxueux de la chaîne *Taj*. L'architecte anglais a conçu ce palais comme si l'empire des Indes allait durer 1 000 ans !

Le ***musée*** se compose de quelques salles reliées par des couloirs. La 1re est consacrée au maharaja Umaid Singh, qui fit ériger le palais, et au palais lui-même, à la construction duquel pas moins de 3 000 ouvriers travaillèrent pendant 15 ans. Autre particularité de l'édifice : ses blocs tiennent ensemble sans aucun mortier ! Plus loin, expo d'objets des années 1930-1940 (vaisselle, souvenirs de chasse, de polo et mobilier Art déco en miroirs notamment) et, donnant sur la cour, ***salle couverte de fresques*** illustrant des scènes du *Rāmāyana* (peintes par un Polonais), ainsi qu'une riche collection d'horloges et de montres européennes (en forme de phare, de moulin, de train, de bateau...). Visite libre, cartels en anglais. À voir éventuellement si vous avez le temps.

Les jardins de Mandore (hors plan par D1) : *à la limite nord de Jodhpur, à env 7 km de la vieille ville. Pour y aller, les bus qui partent ttes les quelques mn 6h-20h30 face à la station de bus de Jodhpur ou encore près de la Clock Tower (25 ₹). Sinon, compter min 100 ₹ l'aller en rickshaw.* Ancienne capitale du Marwar (au VIe s), cette petite cité, qui fait aujourd'hui partie de Jodhpur, possède des jardins très agréables (entrée libre) : on peut y voir ***plusieurs cénotaphes*** de maharajas en grès rouge, dont le plus imposant est celui d'Ajit Singh (1730), et de nombreux singes chapardeurs (ne mangez surtout pas devant eux).

À LA BONNE FLAMBÉE !

La pratique du sati, qui invite la veuve à s'immoler par le feu suite au décès de son mari, était courante sous le règne de l'aristocratie guerrière rajpoute. C'est également ce qui se produisit après la mort du maharaja Ajit Singh, décédé le 24 juin 1724. À la différence près que ce dernier avait la bagatelle de 6 épouses, 25 concubines et 32 femmes-esclaves. Il paraît même que 3 de ses proches conseillers mâles se seraient joints au funeste bûcher. On se demande encore pourquoi...

Voir aussi le curieux ***hall des Héros,*** un couloir abritant des statues kitsch du XVIIIe s représentant des divinités et héros populaires. À côté, un ***musée*** *(9h45-17h45 ; entrée : 100 ₹)* renfermant encore des statues de héros et de dieux, issues du 1er fort de Jodhpur (plus haut sur la butte), ainsi que des statuettes de différents métiers et des gravures illustrant la vie de la noblesse locale. Surtout sympa le dimanche quand les familles viennent manger un cornet de glace sur les pelouses.
– Depuis les jardins, un chemin grimpe jusqu'au site de ***Mandore Panchkunda*** *(15-20 mn de marche).* Un ensemble de 64 cénotaphes des reines. Nombre d'entre eux ont été restaurés. L'occasion d'une agréable balade.

DANS LES ENVIRONS DE JODHPUR

LES VILLAGES VISHNOÏS

Dans un rayon de 25 à 50 km environ aux alentours de Jodhpur, vivent les Vishnoïs (ou Bishnoïs), les 1ers écolos par philosophie. On estime leur population dans ce secteur à environ 200 000 personnes, réparties dans des petites villes et villages. Leur histoire vaut d'être contée. Au début du XVIe s, Jambhoji, fondateur et *guru* des Vishnoïs, édicta 29 principes de vie. Parmi ceux-ci, être végétarien, non violent, ne pas boire d'alcool, et vénérer toute forme de vie, du moindre arbuste aux animaux. En cela, les Vishnoïs sont parmi les seuls hindous à enterrer leurs morts. Tout ça pour éviter de couper une branche qui ne soit pas totalement morte pour allumer le bûcher crématoire. C'est peu dire ! Ils adoptent également une tenue vestimentaire particulière, les femmes voilées de rouge ou d'orange vif et les hommes tout en blanc...
En 1730, en pleine période d'agrandissement de son palais, le maharaja de Jodhpur envoya quelques membres de sa garde afin d'abattre quelques *khejris* (une variété d'arbustes, au fort pouvoir calorifique) dont il avait usage pour alimenter ses fours à chaux. Oui mais voilà, pour les Vishnoïs, le *khejri* est un arbre sacré, tout comme le *tulsi,* le basilic sacré de la médecine ayurvédique. On dit que c'est lui qui trouve l'eau au désert. Pourtant non violents, le sang des Vishnoïs ne fit qu'un tour et de nombreux villageois sortirent de leur discrétion coutumière pour s'opposer à l'abattage des arbres. En tête, une femme, Amrita, qui entoura un arbre de ses bras, invitant les autres femmes, puis bientôt toute la communauté à l'imiter. Mais la garde du maharaja avait reçu un ordre et ce fut l'hécatombe, arbres et hommes furent abattus sur-le-champ. Il y eut – dit-on – plus de 300 victimes ! Depuis ce massacre, les terres où vivent les Vishnoïs bénéficient d'une réglementation spéciale qui interdit à quiconque de toucher aux arbres comme aux animaux.
Du coup, les animaux le savent et se promènent en confiance aux abords des villages. Nous, on a vu des *chinkaras* (gazelles), des antilopes *pallas* (antilopes à cornes noires), des renards du Bengale, des mangoustes... Dans les champs vivent aussi de nombreux reptiles et pas mal d'oiseaux...
En excursion, la plupart des guides s'arrêtent au lac Guda, à 20 km au sud de Jodhpur, une réserve d'eau artificielle où viennent se poser nombre d'oiseaux migrateurs (dont des grues). Intéressant surtout d'octobre à février, si la mousson a été bonne. La visite se poursuit ensuite vers Kakani (village de potiers), puis Salawas (village de tisserands), spécialisé dans les *durries,* les tapis tissés. La visite vaut également pour les villages eux-mêmes, et surtout le mode de vie de leurs habitants, bien que ça semble de moins au moins authentique.

Comment faire la balade ?

Presque tous les hôtels et *guesthouses* de Jodhpur organisent ces *villages safaris,* la plupart du temps sur une demi-journée. Là aussi, il y a à prendre et à laisser car les tarifs pratiqués varient parfois du simple au double en fonction du nombre d'intermédiaires. Pour éviter les embrouilles, renseignez-vous avant auprès d'autres clients qui ont déjà fait l'excursion. Certaines agences comme *Poly Travels* (voir « Adresses utiles. Agence de voyages » à Jodhpur), nous ont semblées plus en accord avec ce que l'on qualifie aujourd'hui de tourisme équitable. Sinon dans la plupart des cas, malheureusement, une proportion importante des guides n'y connaît rien du tout. Ces derniers ne sont là que pour balader les touristes, avec arrêts sur des lieux de vente où ils sont commissionnés de 40 % sur vos achats ! Discernement, donc !

SUR LA ROUTE DE JAISALMER

OSIYAN *(OSIAN ; ind. tél. : 02922)*

À env 1h de route en voiture (1h30 en bus ou en train) au nord de Jodhpur, en chemin vers Phalodi et Jaisalmer. Ancienne capitale religieuse du Marwar, où la communauté jaïne vécu d'un commerce prospère pendant plusieurs siècles, Osiyan est une petite bourgade peu touristique. Elle offre une série complète de temples construits sur 4 siècles à partir du VIIIe s, dont plusieurs – les plus anciens – sont influencés par le style *gupta* (style originaire du Madhya Pradesh, reconnaissable à ses macarons circulaires). Inutile de vous dire qu'étant donné le nombre de petites merveilles à découvrir ici, il serait dommage de vous y arrêter en coup de vent. D'ailleurs les gens de Jodhpur ne s'y trompent pas. Ils sont encore nombreux à venir prier ici souvent. En mars et octobre, pendant 9 jours, a lieu le *Durga Festival*. De nombreux pèlerins font alors le déplacement.

Où dormir ? Où manger ?

Quelques campements sont installés au sommet d'une dune à quelques encablures du village, avec comme spécialité une balade à dos de chameau en prime. Rien de bien transcendant. C'est cher, les tentes sont à touche-touche et l'entretien est négligé la plupart du temps. Certaines adresses, certes plus confortables (si on y met le prix) et réservées principalement aux groupes, sont carrément surévaluées.

The Osiyan Restaurant : *chadi Choraha Phalodi (à la sortie d'Osiyan, sur la gauche direction Jaisalmer). 74-12-00-50-01. Tlj 7h-23h. Thali complet 350 ₹ ; plats 190-280 ₹.* Grande salle climatisée au sol gravillonné. Bonne cuisine rajasthanie préparée à la mesure (du sud de l'Inde, aussi et un peu moins chère). Toilettes « présidentielles » au cas où...

Bablu Guest House : *à deux pas de la gare routière. 94-13-27-97-47. • babludesertguideosian@gmail.com • Double 400 ₹.* Le sympathique Bablu propose 5 chambres très simples à l'étage de sa maison familiale, très nettes, avec une salle de bains. Toute la famille, elle, vit au rez-de-chaussée. Repas *(veg')* sur demande. Il vous proposera aussi de vous guider à la découverte des temples de la ville, ainsi que des villages alentour, avec ou sans chameaux.

À voir

Perdez-vous dans les ruelles de ce village, vous y croiserez de superbes *havelis* du XVe s ainsi qu'un *baori* (puits à escaliers) datant du IXe s. Au fil de votre errance, peut-être tomberez-vous sur quelques petits temples dédiés à *Harihara,* une divinité qui rassemble les 2 fondamentaux de l'hindouisme que sont Vishnou et Shiva ou encore à *Surya,* le dieu Soleil.

Mahavira Temple (*temple jaïn*) : *tlj 5h30-21h.*
Édifié à partir de la fin du VIIIe s, le temple n'a eu de cesse d'être agrandi et rénové depuis. Sculptures millénaires et récentes s'y mêlent indifféremment, tandis que le prêtre des lieux, Bhanu Sharma, son fils et des artisans continuent de ciseler patiemment des copies des pièces les plus abîmées pour les remplacer... Une œuvre digne des bâtisseurs de cathédrales du Moyen Âge !
Vous remarquerez immédiatement le splendide *torana* (portail) aux incroyables ciselures, surmonté de 2 gazelles. C'est une copie récente. L'original, lui, se trouve sur la gauche. Notez aussi la coupole (Xe-XIIe s) aux piliers carrés ornée de 8 magnifiques beautés célestes (les autres sont à l'extérieur du temple). À l'intérieur du sanctuaire principal (réservé aux croyants), on distingue des vestiges de frises sculptées et une belle idole dorée de *Mahavir,* 24e *Tirthankara,* à qui le temple est dédié. Il vous fixe droit dans les yeux de son regard perçant. Normal, ses yeux sont en diamants, ils ont été offerts par un riche homme d'affaires. Sortez du temple et prenez le temps d'en détailler la base des piliers, vous y remarquerez des pots, symbole typique de l'architecture hindoue. Ce qui tendrait à affirmer que ce temple aujourd'hui jaïn fut jadis consacré à l'hindouisme. Autour du temple, des autels plus petits, tout aussi superbes, dédiés à d'autres *Tirthankaras.* Au fond, une fresque polychrome sculptée et peinte représente la vie de *Mahavir.* En ressortant, remarquez les 2 statues qui encadrent la porte. Elles ont été retrouvées dans le sable, au large de Jaisalmer. Il s'agit peut-être d'un dieu Soleil, devenu jaïn par la magie du temps.

Sachiya Mata Temple : *imposant, il est situé au cœur du village et se voit de loin. Tlj 6h-20h30 (19h30 en hiver). GRATUIT (donation bienvenue mais dans la boîte, sinon l'argent ira dans la poche du receveur !).* Perché au sommet d'un long escalier couvert, le temple de la « Mère de la Vérité », de confession hindoue, est principalement dédié à la puissante Durga, caracolant sur son tigre fétiche. Son sanctuaire est situé au sommet. Sonnez la cloche avant d'y entrer pour que la chance soit avec vous ! Les pylônes sont couverts de miroirs à facettes façon boîte de nuit, style très en vogue à la fin du XXe s... Fréquemment, des musiciens accompagnent le chemin des fidèles venus faire leurs offrandes – une tradition après avoir célébré un mariage. Sur la terrasse supérieure, de part et d'autre du sanctuaire, plusieurs templions richement sculptés (en particulier sur la terrasse de gauche) : scènes de danses, quelques beautés célestes (apsaras) dont une, superbe, est en train de se contorsionner pour s'enlever une épine du pied, ainsi que quelques figures érotiques à moitié détruites lors de la domination moghole. Sans compter tout le gratin des dieux hindous (Vishnou, Krishna), ainsi que les héros des épopées védiques : Vayou, Chandra, Surya et consorts...

POKARAN (POKRAN ; ind. tél. : 02994)

À 110 km de Jaisalmer, au carrefour des routes de Bikaner, Barmer et Jodhpur.
On ne fait pas le détour exprès, mais on peut éventuellement y faire halte (en dehors de l'adresse que nous indiquons, quelques hôtels moyens et assez mal placés). Beaucoup de militaires dans le coin, en raison de la proximité de la frontière pakistanaise et de la présence du centre de recherches où fut expérimentée la bombe atomique indienne ! À gauche en arrivant de Bikaner, sur un promontoire, les cénotaphes des anciens *thakurs* (seigneurs) du coin. Ce gros bourg a grandi autour d'une petite forteresse rouge construite en 1532. Le palais, transformé en hôtel, possède une certaine élégance et un petit côté « perdu au milieu de nulle part » très étrange. On y trouve un petit ***musée*** *(tlj 8h-19h ; entrée : 100 ₹, gratuit pour les résidents de l'hôtel ou ceux qui y mangent).* Modeste et sans explications, il expose, au fil d'un dédale de coursives et d'escaliers, armes diverses (visez la grande épée du *thakur* pesant 35 kg !), boîtes à parfum et coffrets à bijoux peints, miniatures, costumes de femmes, d'enfants et celui, chamarré d'or, du maharaja.

Où dormir ? Où manger ?

Très chic (5 400-10 500 ₹ / 72-140 €)

🏠 🍽 ***Fort Pokaran Hotel & Resort :*** *au centre du bourg. 📱 84-48-31-55-57. • fortpokaran.com • Double min 5 900 ₹, petit déj inclus. Repas (buffet) 750 ₹ midi et soir. Pas vraiment de wifi.* De nombreux groupes font halte ici pour le buffet, aux options limitées, servi dans une grande salle austère décorée de portraits de maharajas. Un autre resto propose des repas à la carte. Les amateurs de solitude et d'atmosphère surannée pourront y passer la nuit. Les chambres les moins chères, au rez-de-chaussée, sont déjà confortables et bénéficient d'un coin salon, de la clim et d'une salle de bains en marbre. Sinon, opter pour les suites mais c'est bien plus cher. Belle piscine au jardin *(fermée de mi-avr à fin juin)* et excellent accueil.

JAISALMER (jaisalmer)

80 000 hab. IND. TÉL. : 02992

• Plan d'ensemble (plan I) *p. 572-573* • Forteresse (plan II) *p. 575* • Centre de la vieille ville (plan III) *p. 576-577* • Les environs de Jaisalmer *p. 591*

***Bikaner :** 328 km ; **Jodhpur :** 298 km ; **Ajmer :** 500 km.*

Il faut faire un effort pour atteindre cette ville perdue en lisière du désert du Thar, à une centaine de kilomètres du Pakistan. Effort vite récompensé quand, de loin, on aperçoit cette époustouflante forteresse ocre jaune émergeant de la plaine. On dirait un grand château de sable. Un rempart de 5 km relie ses bastions, épousant la roche mère. Cette « Carcassonne du désert » reste l'une de nos villes préférées au Rajasthan.

Car outre sa forteresse, ses ruelles encombrées sur lesquelles se penchent de superbes *havelis* et ses petits marchés, Jaisalmer est aussi la porte d'entrée du désert du Thar. Un désert plat comme une galette, que l'homme tente de domestiquer à grand renfort de plantations, d'éoliennes et de villages tressés entre eux par un réseau de petites routes bitumées et de pylônes électriques... Heureusement, il reste des dunes à escalader à dos de dromadaire et des nuits toutes crépitantes d'étoiles à passer au coin du feu... Et ça, franchement, c'est plutôt pas mal...

UN PEU D'HISTOIRE

L'histoire évoque un prince rajpoute, Jaisal, qui livra le territoire des siens aux armées musulmanes pour avoir été écarté du pouvoir... Pillée de fond en comble, l'ancienne capitale, Lodruva, fut laissée à l'abandon. C'est alors que Jaisal remarqua à 15 km de là un fantastique mamelon rocheux émergeant des sables du désert. Un ermite y vivait – qui reconnut bientôt en lui un descendant de Krishna. Une prophétie annonçait sa venue et la fondation d'un royaume. C'est ainsi que Jaisalmer vit le jour, en 1156, autour d'un fort de terre, juché sur le rocher.

Pilleurs, voleurs et bagarreurs invétérés, les princes rajpoutes semaient la terreur dans toute la région, attaquant jusqu'aux caravanes reliant l'Inde à la Perse. Les sultans de Delhi eurent tôt fait d'en prendre ombrage, et mirent par 2 fois le siège devant la ville au XIVe s. Par 2 fois, Jaisalmer tomba et la ville perdit une partie de ses hommes tandis que les femmes s'immolèrent par le feu (un *johar*) pour échapper à l'ennemi.

Les alliances entre les Moghols et les Rajpoutes permirent de calmer le jeu, et Jaisalmer s'enrichit grâce aux taxes récoltées sur les caravanes d'épices, d'opium et d'indigo. C'est un exportateur d'opium (on dirait aujourd'hui un narcotrafiquant) qui édifia la Patwah-ki-Haveli, le plus beau des hôtels particuliers de la ville... Bien d'autres riches marchands l'imitèrent aux XVIIIe et XIXe s. Le développement du port de Mumbai par les Britanniques et l'ouverture du canal de Suez sonnèrent le glas du commerce caravanier. Jaisalmer retomba dans l'oubli et le vent de sable effaça les pistes. La région, frontalière du Pakistan, revêt surtout aujourd'hui une valeur stratégique. L'armée y occupe, avec le tourisme, le rôle central.

Arriver – Quitter

Comme d'habitude, les *guesthouses* se chargent de vos billets de bus ou de train en échange d'une petite commission *(facilement 50 ₹).* N'hésitez pas, ça fait gagner beaucoup de temps ! En revanche, ***attention aux rabatteurs,*** particulièrement motivés : certains montent jusque dans les bus avant leur arrivée pour faire de la retape ! Même procédé dans le train venant de Jodhpur. Les prix sont alléchants, les photos séduisantes... mais parfois piquées à un autre hôtel !

En bus

Government Bus Stand *(plan I, B3,* ***1****)* ***:*** ☎ 25-15-41. Ts les bus gouvernementaux partent de la station, derrière le *Neeraj Hotel,* puis s'arrêtent 5 mn à la ***Main Bus Station*** *(plan I, D2,* ***2****),* à proximité de la gare, avant de poursuivre leur route. Seuls ceux pour Jodhpur ne s'y arrêtent pas. On peut les réserver par Internet.

Private Bus Stand : on vous les conseille ; un peu plus chers mais plus rapides et plus confortables. Ils partent et arrivent à ***Air Force Circle*** *(plan I, C3,* ***3****)* dans la journée, ou à ***Hanuman Circle*** *(plan I, B1,* ***4****)* tôt le mat ou tard le soir, où sont situés les bureaux des principales compagnies (*Hanuman Travel, Swagat* et *Chouhan Travels* sont les opérateurs principaux). Bien se faire préciser le lieu de départ. Également *Thar Travel* (*plan I, B2,* ***19*** ; dessert Ahmedabad, Surat et Mumbai) entre la poste et la gare routière gouvernementale *(plan I, B2).*

Gare des bus locaux *(plan I, B1,* ***5****)* ***:*** les bus locaux, partent d'un grand parking proche de l'hôtel *Renuka* (accès par une ruelle située entre Hanuman Circle et l'Amar Sagar Gate). Ceux pour Khuri d'un parking situé au début de la route pour Khuri *(plan I, D2,* ***7****).*

➢ ***Khuri :*** env 3-4 bus/j. grosso modo vers 8h, 11h et 15h (horaires approximatifs, bien se les faire préciser). On achète son billet dans le bus.

➢ ***Jodhpur :*** bus privés ttes les heures env, 5h-22h. En principe départ d'Air Force Circle (sauf les 3 premiers entre 5h et 6h du mat et le dernier, à 22h, de Hanuman Circle). Les meilleurs bus climatisés partent à 7h, 8h et 13h devant le *Sudarshan Hotel.* Sinon 8 bus gouvernementaux 5h30-18h. Trajet : 5h-5h30.

➢ ***Jaipur :*** 2 bus gouvernementaux à 6h et 17h15 mais sans clim. Trajet : 12h. Également 4 bus privés en fin d'ap-m 16h30-19h45, celui de 16h30 via ***Ajmer*** et ***Pushkar*** et celui de 19h45 via ***Pushkar.*** Trajet : env 9h30 pour Pushkar, 12h pour Jaipur. 1 bus gouvernemental se rend également à ***Ajmer*** tlj, départ 9h15. Trajet : 10h.

➢ ***Udaipur :*** 2 bus privés directs au départ d'Air Force Circle, vers 15h30 et 18h (clim pour ce dernier) via ***Jodhpur.*** 2 autres partent à peu près aux mêmes heures mais transitent par ***Barmer.*** Trajet : env 14h.

➢ ***Bikaner (via Phalodi) :*** 1 bus gouvernemental vers 7h15 ; trajet : 7h. Sinon 4 bus privés/j., vers 6h, 14h, 16h30 et 21h. Ils partent ts de Hanuman Circle, sauf ceux de 14h et 16h30 qui partent d'Air Force Circle. Trajet : 6-7h. Le bus de 16h30 poursuit jusqu'à Ganganagar (arrivée vers 7h du mat), à la frontière du Pendjab, et permet de changer de bus pour Amritsar.

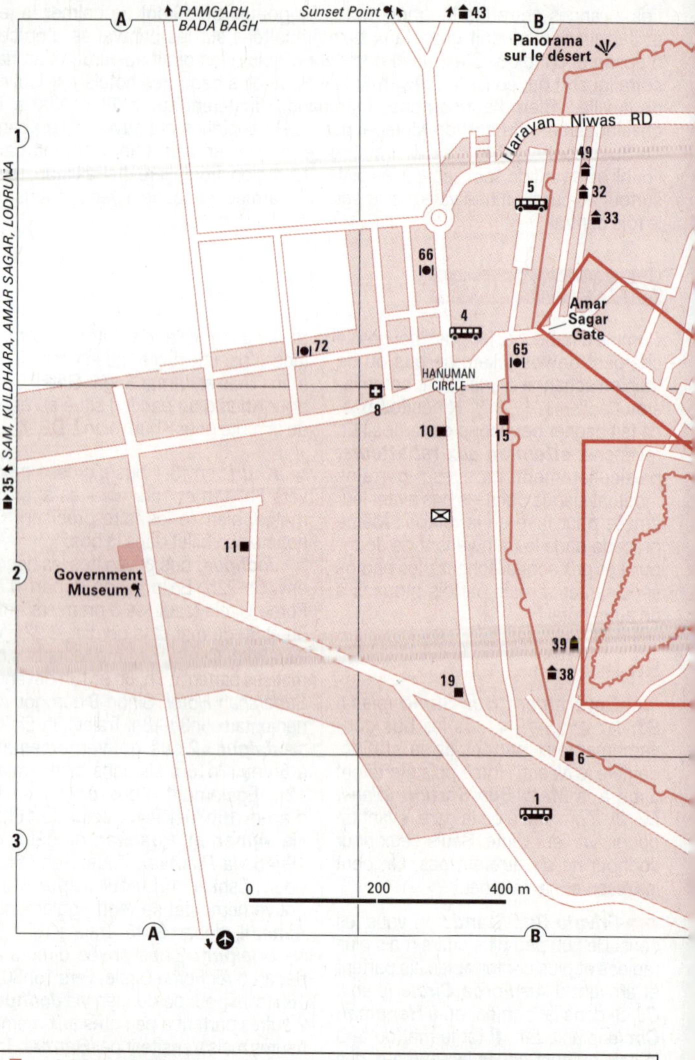

■ **Adresses utiles**

- Tourist Reception Centre (D2)
- 1 Government Bus Stand (B3)
- 2 Main Bus Station (D2)
- 3 Air Force Circle – Gare des bus privés nº 1 (C3)
- 4 Hanuman Circle – Gare des bus privés nº 2 (B1)
- 5 Gare des bus locaux (B1)
- 6 Bank of Bikaner and Jaipur (B2-3)
- 7 Bus pour Khuri (D2)
- 8 Government Hospital (B2)
- 9 Shri Maheshwari Hospital (hors plan par D2)
- 10 Police (B2)
- 11 Police Superintendent Office (A2)
- 14 Piscine de l'hôtel Golden Haveli (hors plan par C3)
- 15 Indian Overseas Bank (ATM ; B2)
- 17 Piscine de l'hôtel Narayan Niwas (C1)
- 19 Thar Travel (B2)

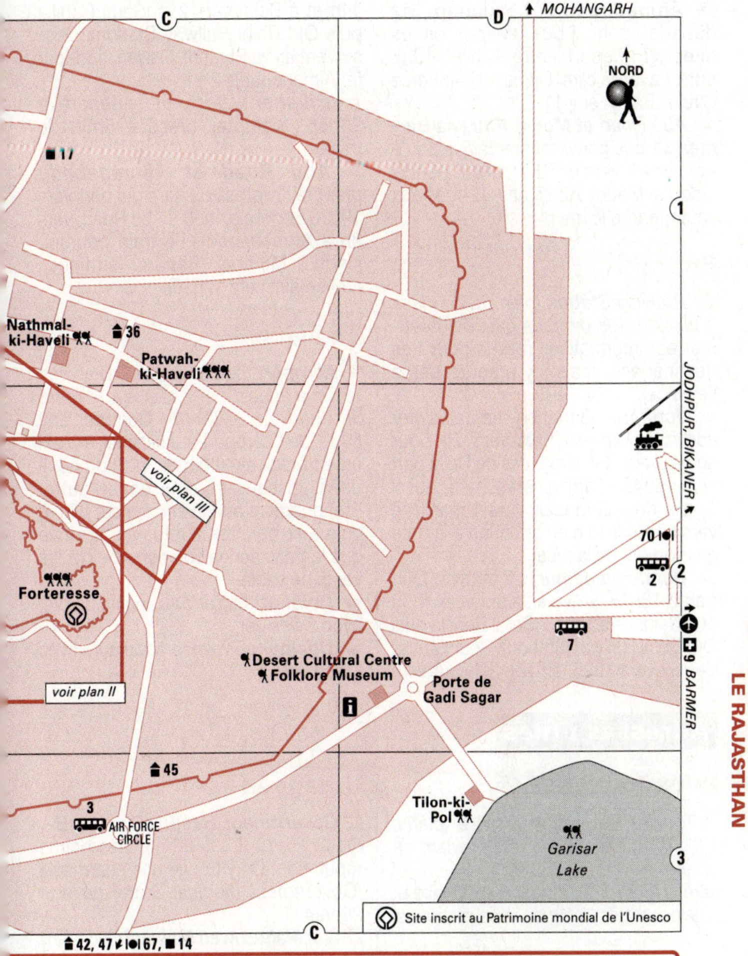

JAISALMER – Ensemble – Plan I

Où dormir ?

32 Hotel Renuka (B1)
33 Hotel Ratan Palace (B1)
35 Rang Mahal Royal (hors plan par A1)
36 KB Lodge (C1)
38 Shahi Palace Hotel (B2)
39 Hotel Roop Mahal (B2)
42 Fifu Hotel (hors plan par C3)
43 Heera Court Hotel (hors plan par B1)
45 Hotel Tokyo Palace (C3)
47 Jasmin Home (hors plan par C3)
49 Hotel Pleasant Haveli (B1)

Où manger ?

65 Chandan Shree Restaurant (B1)
66 Bikaner Restaurant (B1)
67 The Jaisal Treat (hors plan par C3)
70 Marudhara Restaurant (D2)
72 Shree Restaurant (A1)

➢ ***Ahmedabad :*** beaucoup de départs, dont 5 bus *sleeper* privés directs/j. (départ entre 17h et 19h), dont 1 avec la clim. Départs d'Air Force Circle. Trajet : env 11-12h.
➢ ***Abu Road et Mount Abu (via Barmer) :*** 1 bus gouvernemental/j. jusqu'à Abu Road, vers 5h30. Poursuit parfois jusqu'à Mount Abu : env 12h. Mieux vaut prendre le train.

En train

Railway Station *(plan I, D2)* **:** *résas tlj 8h-20h (13h dim).* La gare de Jaisalmer est informatisée (billets pour ttes destinations, mais s'y prendre très à l'avance).
➢ ***Jodhpur :*** 3 trains/j. Le *Jaisalmer Jodhpur Express* part vers 7h pour arriver vers 13h. L'*express* de Delhi part vers 16h45 et arrive vers 22h45. Aussi 1 train de nuit (départ vers 1h, arrivée vers 5h45, faire bien attention à la date au moment de la résa).
➢ ***Delhi (via Jaipur) :*** 2 trains/j. L'un part à 16h45, arrive à Jaipur vers 4h50 et à Delhi vers 11h15 (Sarai Rohilla puis Old Delhi Railway Station). Pour l'autre, départ vers 1h25, arrivée à Jaipur vers 14h et à Delhi vers 21h (Sarai Rohilla puis Old Delhi Railway Station). Desservent aussi Phalodi, Osiyan, Jodhpur (et Ajmer pour le 2d).
➢ ***Bikaner :*** 1 train/j. ; départ à 23h55 ; compter presque 5h30 de trajet.
➢ ***Abu Road et Ahmedabad :*** prendre l'*express* du sam qui part vers 19h20 (arrivée à 4h30 à Abu Road, vers 9h à Ahmedabad). Le train poursuit jusqu'à Mumbai (Bandra Terminus ; arrivée dim vers 17h30).

En avion

✈ ***Aéroport*** *(hors plan par D2)* **:** *à env 18 km à l'ouest de la ville, sur la route de Khuri. ☎ 25-00-48.* Compter env 500 ₹ de l'aéroport à Jaisalmer en taxi ou en rickshaw (beaucoup trop cher !) dans un sens comme dans l'autre. Pratiquement aucun service sur place. Vols aux horaires fluctuants. Il arrive que le trafic aérien soit perturbé par les vents de sable.
➢ ***Delhi et Jaipur :*** au moins 1 vol/j. avec *Spice Jet.*
➢ ***Udaipur :*** 5 vols/sem toujours avec *Spice Jet.*

Adresses utiles

Infos touristiques

Tourist Reception Centre *(plan I, D2)* **:** *à l'entrée de la ville en venant de Jodhpur et de la gare. ☎ 25-24-06. Tlj sauf w-e 9h-18h.* Un plan de la ville et quelques (très) maigres infos pratiques.

Banques, change

Plusieurs *ATM* et bureaux où changer les devises. Parmi eux :

■ ***Bank of Baroda*** *(plan III, G6,* ***12****)* **:** *juste à l'intérieur de l'Amar Sagar Gate.* Dispose d'un *ATM.* *2* ***bureaux de change*** *en face, ouv jusqu'au soir. ATM également à l'****Indian Overseas Bank*** *(plan I, B2,* ***15****), à l'extérieur de l'Amar Sagar Gate.*
■ ***Bank of Bikaner and Jaipur*** *(plan I, B2-3,* ***6****)* **:** *☎ 25-23-29. Lun-sam 10h-16h (13h sam).* Change les euros et les dollars. Et *ATM* juste à côté.

Urgences

Government Hospital *(plan I, B2,* ***8****)* **:** *☎ 25-13-35 ou 23-43.* Très bonne réputation. On y trouve une pharmacie *(Government Medical Store)* ouverte 24h/24.
Shri Maheshwari Hospital *(hors plan I par D2,* ***9****)* **:** *Barmer Rd, à env 4 km à l'est de la ville. ☎ 25-00-24.* Hôpital privé de bonne réputation mais cher.
■ ***Police*** *(plan I, B2,* ***10****)* **:** *à côté de Hanuman Circle. ☎ 25-21-00 (nº général) ou 25-23-22.* Pas d'une grande aide, et le personnel y parle rarement l'anglais. En cas de pépin (vol, agression, litige avec un hôtelier...), contacter plutôt le ***Police Superintendent Office*** *(plan I, A2,* ***11****)* : *☎ 25-22-33.*

Transports

■ ***Location de vélos :*** *quelques loueurs au pied de la forteresse.*

JAISALMER – Forteresse – Plan II

Adresses utiles

- **16** Desert Bikes (F4)
- **18** Ganesh Travels (E5)

Où dormir ?

- **20** Jai Laxmi Paying Guest House (E5)
- **21** Hotel Surja Guesthouse (F5)
- **22** Hotel Temple View (E5)
- **25** Sagar Guesthouse (E5)
- **26** Hotel Deep Mahal (E5)
- **27** Suraj Vilas (E5)
- **28** Desert Boy's Guesthouse (E5)
- **29** Hotel Victoria (E4)
- **31** Hotel Paradise (F5)
- **34** Hotel Fort Villa (E5)
- **40** Killa Bhawan (F4-5)
- **46** Hotel Garh Jaisal et Hotel Rajmandir (F4)

Où manger ?

- **61** The Refreshing Point (F5)
- **62** 8 July (F5)
- **63** The Sunset Palace (E5)
- **64** The Surya (F5)

■ ***Location de motos :*** *Desert Bikes (plan II, F4, et plan III, J7, **16**), au pied de la forteresse, face au parking. ☎ 94-14-15-00-33. • desertbikes.weebly.com • Tlj 9h-20h env. Compter 500-700 ₹/j. pour un scooter ou 1 000 ₹/j. pour une moto type* Royal Enfield. Possibilité de louer à la ½ journée et à l'heure, aussi. Dispose de motos récentes. Casque fourni. Prévoir 6 l d'essence pour un grand tour incluant Bada Bagh, Lodruva, Amar Sagar, Kuldhara, Khaba et Sam.

■ ***Rickshaws :*** *compter env 80 ₹ de la gare ferroviaire à l'entrée principale du fort, 100 ₹ jusqu'à Gandhi Chowk (plan III, G6) ; de la gare routière d'Air Force Circle à Gandhi Chowk, env 70 ₹.* Tous les rickshaws ne sont pas assez puissants pour monter jusqu'à la forteresse. Le plus souvent donc, on vous déposera à l'entrée où vous devrez

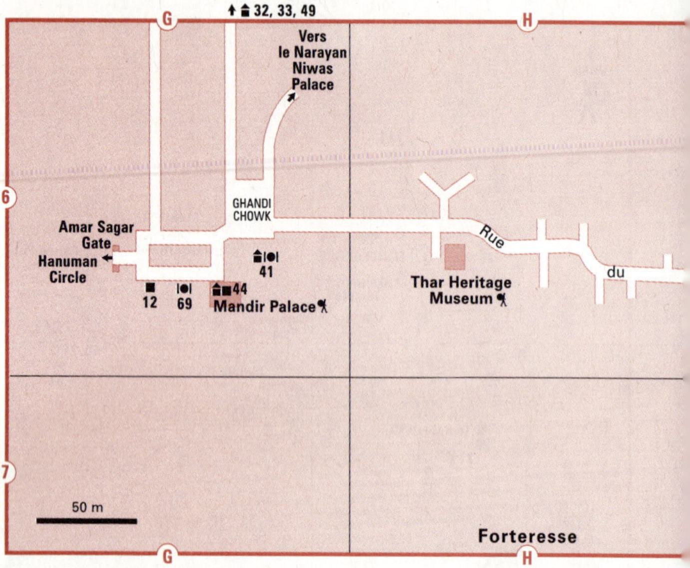

■ Adresses utiles	Où dormir ?
12 Bank of Baroda (ATM ; G6)	**32** Hotel Renuka (hors plan par G6)
16 Desert Bikes (J7)	**33** Hotel Ratan Palace (hors plan par G6)
44 Piscine de l'hôtel Mandir Palace (G6)	

prendre un autre rickshaw, ou monter à pied (moins facile avec des bagages !). De toute façon, il est *théoriquement* interdit d'y circuler entre 8h et 12h...

Loisirs

■ ***Piscines :*** certains grands hôtels acceptent que les non-résidents viennent faire trempette dans leur piscine, à l'instar du ***Narayan Niwas*** *(plan I, C1,* ***17*** *; 200 ₹/pers).* Précisons que cette superbe piscine à colonnades est intérieure et pas toujours très nette... Sinon, celle du ***Mandir Palace*** *(plan III, G6,* ***44*** *; 450 ₹)* pour jouer les princes ou encore celle du ***Golden Haveli*** *(hors plan I par C3,* ***14*** *; 300 ₹ pour 2h max),* belle et limpide.

Où dormir ?

À l'arrivée du train ou du bus, la retape dépasse ici toutes les bornes. Ne vous laissez pas embarquer si vous avez déjà fait votre choix et ne vous fiez pas aux fausses infos que les rabatteurs vous donneront. Autre chose : l'orthographe des noms ! Les hôteliers n'hésitent pas à rebaptiser leur établissement en passant les lettres au shaker. Par exemple, Suraj, Surja et Surya... la confusion est facile ! En saison, ne perdez pas trop de temps : les hôtels se remplissent vite.
On distingue 3 types d'adresse. Celles à ***l'intérieur de la forteresse,*** perchées au-dessus de la ville, certes très

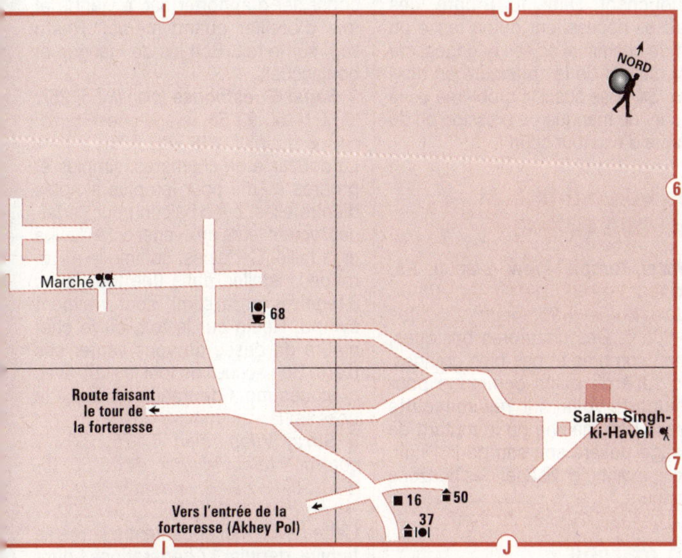

JAISALMER – Centre de la vieille ville – Plan III

37 1st Gate Home-Fusion (J7)
41 Hotel Nachana Haveli (G6)
44 Mandir Palace (G6)
49 Hotel Pleasant Haveli (hors plan par G6)
50 Hotel Shanti Home (J7)

Où manger ?

37 1st Gate Home-Fusion (J7)
41 Saffron (G6)
68 Midtown (I6)
69 The Trio (G6)

sympa le soir en terrasse, mais souvent vieillottes et, à quelques exceptions près, rarement très propres et surtout sans pression à la douche. Les chambres à ***l'extérieur de la forteresse,*** mais encore dans l'enceinte de la vieille ville, sont souvent plus modernes, comparativement moins chères, parfois plus propres et la douche bénéficie de plus de pression. Quant aux ***adresses excentrées,*** il s'agit, à quelques exceptions près, d'adresses plus chics. À Jaisalmer, dans la plupart des établissements le petit déj est compris dans le prix de la chambre. En outre, on peut venir vous chercher gratuitement à la gare ferroviaire ou routière, si vous avez réservé.

– *Petit rappel :* d'avril à début juillet (parfois jusqu'en septembre), la plupart des établissements (sauf en « Très bon marché » et « Bon marché ») accordent des ristournes importantes, de 20 % jusqu'à 50 %. Certaines adresses ferment même carrément à cette période. En revanche, pendant le festival du Désert, les prix flambent !

– *Précision utile :* ici le *check-out* est souvent à 9h ! C'est tôt, mais ça permet à ceux qui débarquent à l'aube de s'installer sans (trop) attendre. On gagne d'un côté ce qu'on perd de l'autre !

– *Eau chaude :* assez rare entre mars et octobre. Et même l'hiver, ce n'est pas garanti à 100 %...

Dans la forteresse *(plan II)*

On y trouve de nombreux hôtels. Ils présentent l'avantage de dominer la ville, et offrent pour la plupart d'agréables terrasses pour écluser un gorgeon au couchant. D'un autre côté, ces adresses nécessitent qu'on fasse un bout de chemin avec ses bagages, car il est difficile de les atteindre en rickshaw. Se pose aussi le problème de la douche, du manque de pression ou du manque d'eau tout court !

Très bon marché (max 600 ₹ / 8 €)

Hotel Temple View *(plan II, E5,* ***22****) : ☎ 25-28-32. 94-62-56-68-01 ou 94-14-46-99-98 (Teju). Doubles 400-600 ₹.* Des chambres basiques, un peu sombres et pas bien grandes, avec salle de bains commune pour la plupart. Voilà qui résume cette adresse bon marché où le routard de passage posera son sac pour 1 nuit, voire 2, avant d'envisager des horizons plus rieurs.

Bon marché (600-1 500 ₹ / 8-20 €)

Jai Laxmi Paying Guest House *(plan II, E5,* ***20****) : vers la pointe du fort. 81-07-10-81-24. Matelas sur la terrasse 100 ₹ (on utilise la sdb commune) ; doubles avec sdb 350-700 ₹.* Une adresse modeste d'à peine 5 chambres (salle de bains à partager pour la plupart), propres, tenue en famille dans une ambiance plutôt cool. Des prix doux, tout comme l'accueil, gentil, de Baiju, qui s'est spécialisée dans les massages ayurvédiques depuis une quinzaine d'années. Si l'eau chaude est parfois faiblarde au robinet, il suffit de demander un seau. Petit resto *veg'* en terrasse avec une jolie vue. Et si l'envie de dîner ou de déjeuner en famille vous tente, c'est possible.

Hotel Deep Mahal *(plan II, E5,* ***26****) : Vyas Para. ☎ 25-03-90. 94-14-36-55-09. Doubles sans ou avec clim 300-750 ₹.* Derrière cette façade étroite et plutôt modeste se cache une jolie *haveli* vieille de 3 siècles. Les 8 chambres, dont certaines sont accolées au temple voisin, sont réparties autour de 2 minuscules patios. Salles de bains à la propreté acceptable, draps colorés pour la plupart (on ne saurait trop vous conseiller d'apporter sac à viande et taie d'oreiller quand même). Resto *veg'* sur le toit. Bon jus de mangue et bon accueil.

Sagar Guesthouse *(plan II, E5,* ***25****) : 92-14-50-93-66. • sagarguesthouse.com • Doubles avec sdb 400-1 250 ₹.* La douzaine de chambres, simples et propres même pour les plus simples d'entre elles, avec balcon pour certaines, voient leurs prix varier selon la vue et la taille. Certaines, comme la nº 10, ronde, installée dans une tour (avec 3 fenêtres et la clim), sont vraiment sympa. Resto sur le toit, où le chef n'aura de cesse de vous vanter ses *thalis.* Bon accueil de tout le staff, avec quelques mots de français lorsque le boss est là.

Suraj Vilas *(plan II, E5,* ***27****) : à côté des temples jaïns. ☎ 25-30-19. 99-28-73-82-69. • hotelsurajvilas@yahoo.com • Doubles 800-1 500 ₹.* Cette *haveli,* qui appartient à la même famille depuis 17 générations, offre une grosse poignée de chambres toutes différentes révélant la patine d'une demeure contemporaine des 1ers Moghols ! La plus belle arbore un escalier privé (!) et un lit placé entre 2 rangées de colonnes. Par la fenêtre, vue superbe sur les temples jaïns... Les plus simples, en revanche, possèdent des matelas un peu raides... Resto *veg'* très correct *(fermé de mi-avr à début juil).*

De bon marché à prix moyens (600-3 000 ₹ / 8-40 €)

Dans cette catégorie, quelques adresses de charme proposent une gamme de chambres aux prix et au confort très étendus.

Hotel Surja Guesthouse *(plan II, F5,* ***21****) : Kotri Para, au bout du fort. 94-14-76-13-94 ou 94-60-51-62-91. • hotelsurja.com • Ne pas confondre avec le Surya, mitoyen. Résa conseillée. Doubles avec sdb 600-2 500 ₹.* Sur le flanc est de la forteresse, ce petit hôtel familial (7 chambres) a une propension avérée à faire le grand écart, tant au niveau du confort que du tarif. Ça va du cagibi ultrabasique à la chambre climatisée avec vue bénéficiant d'une literie aux draps immaculés et aux plis de repassage bien marqués. Celle facturée 650 ₹, avec salle de bains et clim, nous a semblé un bon compromis. Eau chaude assurée par chaudière à bois. Resto-terrasse dominant la ville, pour une ambiance cool, *shanti-shanti*, où se croisent des routards du monde entier.

🏠 ***Desert Boy's Guesthouse*** *(plan II, E5,* ***28****) : Vyasa Para. ☎ 25-30-91. 📱 95-71-60-09-44. • desertboysguesthouse.com • Doubles sans ou avec clim 800-3 000 ₹.* L'ensemble s'organise autour d'un petit patio et d'un escalier qui grimpe d'étage en étage, vers des chambres, certes bien décorées mais assez biscornues. Beaucoup de coussins. Vu le prix, on aurait préféré des draps bien blancs et un entretien plus rigoureux. Cela dit l'ensemble est agréable, car il reflète bien l'ambiance d'une *haveli*. Même les chambres sans vue ont attiré notre attention, surtout pour leur rapport qualité-prix... Petit resto *Otaro, veg'* bon marché, sur place, bien agréable.

🏠 ***Hotel Rajmandir*** *(plan II, F4,* ***46****) : accolé à l'hôtel* Garh Jaisal. *☎ 25-33-11. 📱 94-14-24-41-73. • hotelrajmandir.co.in • Doubles avec sdb 2 300-3 500 ₹.* Dans cet hôtel de poche, une poignée de chambres avec ou sans clim et vue, plutôt cosy mais petites, disposant juste d'une couverture et d'un drap du dessous pour les plus basiques (demandez à ce que l'on vous apporte un drap du dessus). Notre préférence va à celles aménagées dans un des bastions, à l'étage. Terrasse avec vue, pour le petit déj, très agréable aussi pour prendre le frais le soir.

🏠 ***Hotel Paradise*** *(plan II, F5,* ***31****) : en allant vers les temples jaïns. ☎ 25-26-74. • paradiseonfort.com • Doubles 1 450-3 000 ₹.* Plutôt le purgatoire si vous optez pour l'une des piaules les moins chères du rez-de-chaussée (très bon marché), avec salle de bains partagée et sans clim... Il faut desserrer les cordons de la bourse pour trouver, à l'étage, des chambres plus acceptables quoique très simples (déco quasi inexistante) mais aux draps bien propres quoiqu'un tantinet poussiéreux. Certaines, assez kitsch, possèdent 2 fenêtres : l'une sur le désert, l'autre sur la cour arborée et la forteresse. Terrasse sur le toit, à l'ambiance très agréable au couchant. Compte tenu de l'entretien général, c'est peut-être un peu surfacturé quand même...

De prix moyens à très chic (1 500-10 500 ₹ / 20-140 €)

🏠 ***Hotel Victoria*** *(plan II, E4,* ***29****) : Kund Para. ☎ 25-21-50. 📱 93-74-75-77-70. • hotelvictoriajaisalmer.com • Doubles 1 750-9 000 ₹.* Dans un coin calme de la forteresse, le ton est donné dès la jolie réception, où les portraits de famille des grands-pères font de l'œil à la Joconde en sari ! Dans cette famille de négociants en diamants et textiles, les 11 chambres de cette *haveli* superbement restaurée sont pratiquement toutes tournées face au soleil couchant. Elles affichent une déco vraiment soignée, un bon confort (frigo et clim dans la plupart) ainsi qu'une propreté sans faille. Les amoureux craqueront pour les belles *honeymoon* avec balcon, les familles pour les 2 chambres communicantes. Agréable terrasse flanquée d'un petit resto *veg'* (réservé aux hôtes) sur le toit. Un coup de cœur !

🏠 ***Hotel Fort Villa*** *(plan II, E5,* ***34****) : à l'extrémité sud de la forteresse. 📱 98-71-04-12-74. • fortvillaindia.com • Après le temple jaïn, pratiquement à la pointe du fort. Doubles 3 000-5 300 ₹ ; suites plus chères.* Un beau petit hôtel qu'a construit là Manish ! Faut dire que cet ancien réceptif pour le marché italien du tourisme connaît parfaitement les attentes de ses anciens clients. Sérieusement amoché par la vie, il a néanmoins trouvé suffisamment de ressource pour construire cette bâtisse dans le style typique du XVe s, qui tient plus de la maison d'hôtes que de l'hôtel, avec ses grandes et belles chambres. Déco raffinée, clim dernier cri, air et eau purifiée, coffre-fort, radiateur pour l'hiver, salles de bains parfaitement équipées.

Nul doute qu'il a anticipé la venue de clients plus exigeants. Seul bémol, la salle du petit déj se trouve au sous-sol. Bon accueil et en français par-dessus le marché !

Hotel Garh Jaisal *(plan II, F4,* ***46****) :* *à l'une des extrémités de la forteresse.* ☎ 25-38-36. 📱 77-27-04-75-67. • hotelgarhjaisal.com • *Double 5 500 ₹.* Cette authentique *haveli,* superbement restaurée, abrite 7 chambres aux murs en pierre, décorées de tentures indiennes et dotées de meubles de style rajpoute parfois très anciens. Pas d'inquiétude côté confort et propreté (bonne literie, clim et balcon offrant une vue sur la ville dans toutes les chambres), mais l'espace et la lumière manquent parfois. Terrasse sur le toit et massages ayurvédiques. Accueil sympa.

Killa Bhawan *(plan II, F4-5,* ***40****) :* *Kotri Para, proche du Garh Jaisal.* ☎ 25-12-04. 📱 99-29-90-57-16 *(Bhanu parle le français).* • hotelkillabhawan.com • *Dans un des bastions est de la forteresse. Doubles 6 000-11 800 ₹ ; suites plus chères.* À peine 8 chambres dans cet ancien petit palais biscornu à flanc de forteresse. Déco indienne qui en jette, enrichie de belles antiquités. Les chambres les moins chères, certes bien étroites, restent charmantes (et 2 d'entre elles se partagent une salle de bains : à privilégier en famille). Les plus grandes bénéficient d'un accès direct aux terrasses. Le confort n'est pas en reste : clim (sauf 1 chambre), jolis peignoirs, eau, thé et café à disposition toute la journée, etc. On profite aussi de 3 belles terrasses étagées, offrant une vue imprenable sur la citadelle et, en contrebas, la ville basse. Une adresse qui, vu le prix, mériterait toutefois un peu plus de pression au robinet.

Dans la ville ancienne, hors du fort (plans I et III)

Choisir de résider à l'extérieur de la forteresse n'est pas un mauvais choix à Jaisalmer. Les hôtels y sont généralement meilleur marché et les quartiers plutôt animés le soir.

De très bon marché à bon marché (max 1 500 ₹ / 20 €)

Hotel Roop Mahal *(plan I, B2,* ***39****) :* *en contrebas du fort, dans un quartier calme.* ☎ 25-17-00. 📱 94-14-76-06-22. • hotelroopmahal.com • *Doubles avec sdb 400-1 800 ₹.* Cet hôtel est géré par Chandra, un personnage haut en couleur, ancien chamelier patenté et francophone à ses heures. Notre homme propose, en outre, un *camel safari* intéressant en dehors des sentiers battus. Côté hôtel, c'est du basique de chez basique, avec une petite douzaine de chambres à ambiance et géométrie variables mais bien tenues dans l'ensemble. Les prix varient (beaucoup) selon que l'on utilise la clim ou pas. Espaces communs agréables où l'on vient débriefer sa balade au désert entre routards. Petit resto qui utilise un système de purification d'eau : votre boyau lui sera reconnaissant !

Hotel Shanti Home *(plan III, J7,* ***50****) :* *Dhibba Para.* 📱 99-28-73-82-69. • hotelshantihome.com • *Proche de la porte d'accès principale, pratiquement au pied de la forteresse, en face de* Bank of India. *Doubles avec sdb et clim 1 200-1 500 ₹.* Une poignée de belles petites chambres, dans cet hôtel fort bien tenu par Chimmy, à l'accueil très sympa et au sourire communicatif. Son créneau à lui, c'est la propreté. Il a soigné sa poignée de chambres, toutes climatisées, disposant d'une bonne literie (matelas bien épais) et de salles de bains nickel. 4 petites en bas, les 2 grandes à l'étage. Générateur en cas de panne de courant. Petit resto en terrasse ouvert sur le levant. Une adresse d'un bon rapport qualité-prix.

Hotel Renuka *(plan I, B1, et hors plan III par G6,* ***32****) :* *Chainpura St.* ☎ 25-27-57. • hotelrenuka.net • *Doubles 250-1 250 ₹.* Le *Renuka* s'est fait lui aussi plaquer une belle façade à l'ancienne... Les chambres (une dizaine) sont raisonnablement propres et donnent sur une ruelle tranquille mais surtout, elles sont parmi les moins chères de Jaisalmer. À vous de choisir entre les « placards » sans clim et avec bains communs et les chambres plus grandes et plus agréables des étages dont certaines sont climatisées (eau chaude matin et soir pour toutes). Plein de routards sont ravis du *camel safari* organisé par Sunny et ses frères, par ailleurs très fiables pour tout ce qui est services (réservations de trains, bus...). Belle vue de la terrasse, où l'on découvre un bon resto (même cuistot depuis plus de 20 ans !). Excellent accueil.

Hotel Ratan Palace *(plan I, B1, et hors plan III par G6,* ***33****) : Chainpura St. ☎ 25-27-57. • hotelrenuka.net • Doubles avec sdb 850-1 750 ₹, sans ou avec clim (eau chaude 24h/24).* C'est l'alter ego de l'*Hotel Renuka,* un peu dans le même esprit. Les chambres sont un peu plus grandes de ce côté, mais aussi plus impersonnelles et pas dit que vous obteniez les moins chères car elles sont souvent prises d'assaut. Certaines ont un balcon. L'ambiance est moins familiale, sûrement parce qu'il n'y a pas de resto sur le *rooftop.* On prendra son petit déj au *Renuka,* donc.

Chic (3 000-5 400 ₹ / 40-72 €)

Hotel Nachana Haveli *(plan III, G6,* ***41****) : Goverdhan Chowk, sur la place conduisant de l'Amar Sagar Gate au marché. ☎ 25-21-10. • nachanahaveli.com • Doubles 4 250-6 000 ₹.* Le portail franchi, le brouhaha extérieur s'évapore ; un charmant patio, puis un 2e, enfin de petites cours, se dessinent. Une quinzaine de chambres (avec clim et TV) se disséminent autour, entre arcades extérieures ciselées, portraits, objets anciens, peaux de bêtes, lances et autres lits à baldaquin... Cette *haveli* fort bien restaurée est indéniablement charmante, qui plus est, tenue par un jeune couple rajpoute aussi classe et moderne que sympathique. Notons tout de même que les chambres sont de dimensions très variées et les salles de bains soignées, aussi (douche ou baignoire, selon l'espace). Sur le toit-terrasse, le *Saffron* (voir « Où manger ? ») mérite le détour.

Hotel Pleasant Haveli *(plan I, B1, et hors plan III par G6,* ***49****) : Chainpura St. ☎ 25-32-53. • pleasanthaveli.com • Doubles 2 900-4 100 ₹. Réduc d'env 20 % hors saison.* Dans un quartier tranquille, encore une maison construite dans le style des anciennes *havelis.* Elle dispose de jolies chambres en pierre couleur miel offrant une atmosphère romantique. Classées en 3 catégories, elles sont toutes impeccables et agréablement meublées. Élégance et confort (belles salles de bains) sont au rendez-vous. Également 2 suites. L'accueil est pro, sympathique et arrangeant. Resto sur le toit, comme partout. Bref, une *haveli* plaisante !

KB Lodge *(plan I, C1,* ***36****) : juste en face de la Patwah-ki-Haveli. ☎ 25-38-33. • killabhawan.com • Doubles sans ou avec clim 3 780-4 500 ₹.* Ce petit hôtel appartient aux mêmes propriétaires que le *Killa Bhawan* (dans la forteresse). Il abrite quelques chambres de différentes tailles, confortables et plutôt agréables quoique sobres ; les plus charmantes, aménagées dans l'esprit *haveli* traditionnelle, disposent d'un balconnet-coin coussins. Accueil et entretien soignés. Belle vue sur la Patwah-ki-Haveli depuis la terrasse.

Très chic (5 400-10 500 ₹ / 72-140 €)

1st Gate Home-Fusion *(plan III, J7,* ***37****) : Dhibba Para, Amar Sagar Pol (au niveau du parking du fort). ☎ 25-44-62. • 1stgate.in • Double min 8 700 ₹.* Si vous êtes sensible à la déco et au confort, voici une adresse qui devrait vous satisfaire ! Derrière une façade à la mode des *havelis* d'autrefois, un hôtel récent d'une dizaine de chambres. Matières, couleurs, tissus brodés sont ici de mise dans un esprit contemporain, des parties communes aux chambres. Planchers en teck, jolis tapis, lits hyperdouillets, salles de bains contemporaines, peignoirs, bouilloire, minibar... Plus salle de fitness, hammam, boutique... Resto-terrasse très agréable également (voir « Où manger ? »).

Mandir Palace *(plan III, G6,* ***44****) : Gandhi Chowk. ☎ 25-27-88. • mandirpalace.com • Double min 8 800 ₹.* Il y a 3 siècles, le maharaja, soucieux d'encourager sa population à s'installer en dehors de la forteresse, donna l'exemple en faisant bâtir ce prestigieux palais. Peu à peu agrandi, il offre aujourd'hui une petite trentaine de chambres et suites (superbes), aménagées dans un style typique de la noblesse rajpoute et absolument d'époque. Tout est parfait ici, de la déco au confort et à l'entretien. Service aux petits oignons. Ajoutons une belle piscine (accessible aux non-résidents), un agréable jardin, un terrain de badminton et 2 restos. Une partie du palais est accessible au public moyennant 130 ₹ (*Jawahir Vilas* et galerie antique). Beaucoup de charme.

Hors de l'enceinte (plan I)

De très bon marché à prix moyens (max 3 000 ₹ / 40 €)

Shahi Palace Hotel *(plan I, B2,* ***38****) : Shiv Rd. ☎ 25-59-20. • shahipalacehotel.com • En bordure de l'enceinte de la ville. Doubles avec sdb 350-2 500 ₹, sans ou avec clim.* Voilà ce qu'on appelle une affaire de famille : 4 frères ont construit 4 hôtels au calme dont 3 sont presque côte à côte dans la même rue. Celui-ci est calqué sur les *havelis* traditionnelles. Les chambres y sont variables en revanche. Et si la gamme moyenne nous a à peu près séduits, ce n'est pas le cas des plus chères. Toutes sont équipées de draps bien blancs bien que les murs soient franchement patinés par endroits. Sur le toit-terrasse, une brochette de canapés face à la forteresse : une ambiance quasi lounge pour un resto à l'ambiance très internationale. À deux pas, la ***Star Haveli*** et l'***Oasis Haveli*** sont du même tonneau.

Heera Court Hotel *(hors plan I par B1,* ***43****) : Dr Achalvansi Colony, derrière les ruelles de Geeta Ashram Circle. 📱 94-14-14-96-47. • heeracourthotel.com • Un peu excentré, à env 20 mn de marche de la forteresse. Doubles sans ou avec clim 350-1 250 ₹.* Les frérots du *Shahi Palace* ont encore frappé ! Planté dans un quartier périphérique aux allures de village, un grand bâtiment en pierre locale qui aligne ses chambres en coursive le long de 2 étages de galeries-balcons bordées de coussins. Taille variable, comme la déco, plus ou moins poussée en fonction des tarifs paraît-il, mais franchement, la clim mise à part, on cherche encore à comprendre la différence de prix entre les moins chères (en bas) et les plus chères (à l'étage). Car toutes possèdent l'eau chaude et un matelas de bonne qualité. Du resto sur le toit, en partie abrité, large vue sur la campagne environnante. Cela dit, on se retrouve un peu dépendant des rickshaws. Accueil pro.

Hotel Tokyo Palace *(plan I, C3,* ***45****) : Air Force Chouraha. ☎ 25-54-83. • tokyopalace.net • Lit en dortoir 300 ₹ ; doubles avec clim 1 500-3 000 ₹.* Dès l'entrée, la déco joyeuse et l'ambiance bon enfant augurent une halte sympathique. Les 15 chambres ne déçoivent pas, confortables et dans le même esprit, assez sobres mais gaies. En demi sous-sol, les dortoirs climatisés accueilleront séparément filles et garçons (pas de lits superposés dans celui des filles). Agréable resto en terrasse (*veg'* ou pas, indienne, chinoise et même nipponne), avec vue superbe sur la forteresse. Clientèle plutôt japonaise, d'ailleurs... Car marié à une Japonaise, Mathar Khan, le propriétaire, passe 8 mois de l'année dans son pays d'adoption. Piscine, certes un peu coincée, mais propre et bienvenue. Accueil polyglotte. Une vraie adresse pour faire des rencontres.

De chic à très chic (3 000-10 500 ₹ / 40-140 €)

Fifu Hotel *(hors plan I par C3,* ***42****) : Pushkarna Bera Rd. 📱 99-28-05-59-86 ou 90-01-62-90-93. • hotelfifu.com • À 600 m de la Ring Rd. Double 3 500 ₹.* Assez excentrée mais bien au calme (on peut venir vous chercher), une *haveli* contemporaine. L'hôtel de Fifu propose des chambres soignées, pas bien grandes mais avec de jolis voilages, plein de couleurs et un bon confort (salle de bains en particulier). Resto *veg'* en terrasse. La famille possède aussi le *Pal Rajah Resort* à Khuri et peut occasionnellement vous fournir un guide francophone pour visiter la ville.

Jasmin Home (hors plan I par C3, **47**) : Bera Rd. ☎ 25-15-17. 📱 96-60-25-26-79. • jasminhome.com • À deux pas du Fifu Hotel. Double min 4 700 ₹ (réduc en été). Tenu par le frère de Fifu, ce charmant petit hôtel, aménagé à la manière des *havelis* (la cour en moins), propose 8 chambres élégantes, soignées et aux finitions impeccables (c'est suffisamment rare pour qu'on le précise). Salles de bains dernier cri, bonne literie, clim, bouilloire, etc. Restaurant en terrasse. Bref, une adresse reposante d'un excellent rapport qualité-prix. Accueil aux petits soins.

Rang Mahal Royal (hors plan I par A1, **35**) : Sam Rd. ☎ 25-39-43 ou 44. • hotelrangmahal.com • À la sortie de la ville, sur la route de Sam Dunes. Doubles 6 700-8 800 ₹. Très grand hôtel (120 chambres), bien à l'écart du tumulte à la sortie de la ville. Outre de se targuer d'avoir le plus copieux buffet de petit déj de Jaisalmer (compris dans le prix), cet hôtel nous a séduits par le rapport qualité-prix de ses chambres *standard* et *deluxe,* dont la plupart donnent sur une belle piscine à débordement ou sur le jardin. Les supérieures, elles, peut-être un peu mieux équipées (quoique), sont reléguées dans un bâtiment annexe sans âme. Sinon, l'hôtel affiche un resto en plein air à la belle saison (spectacle tous les soirs à 19h30) et un bar qui se vante d'avoir les meilleurs crus de la ville. Salle fitness, billard, ping-pong pour les amateurs.

Où manger ?

Dans la forteresse, on ne trouve quasiment que des adresses touristiques (les *thalis* sont pratiquement le double du prix normal en ville). Il faut sortir du fort pour découvrir des restos fréquentés (aussi) par les locaux. En saison chaude (mai-juin), certaines adresses sont fermées.

Dans la forteresse (plan II)

De très bon marché à bon marché (max 450 ₹ / 6 €)

The Surya (plan II, F5, **64**) : sur une placette tranquille, à l'extrémité du fort. 📱 98-82-19-37-01. Service non-stop 7h-23h. Les *thalis* végétariens, tout comme le *chicken tikka masala,* sont de vraies réussites ! Cela se passe sur une terrasse avec une impressionnante vue sur la vieille ville et le désert au loin, ou dans une petite salle chaleureuse (coussins et table basse), avec balcon en encorbellement.

The Sunset Palace (plan II, E5, **63**) : à l'une des extrémités de la forteresse, après les temples jaïns, tt au bout. Tlj 8h-22h. Congés : de mi-avr à juin. Contrairement aux promesses du nom, ce petit resto *veg'*, enchâssé sur les remparts, est vraiment modeste. En revanche, grignoter simplement ou boire un verre sur sa terrasse ombragée offre effectivement un joli cadre au soleil couchant...

The Refreshing Point (plan II, F5, **61**) : sur la grande place au cœur du fort. Tlj 7h-22h. La petite terrasse ombragée tourne le dos au palais. Plats végétariens très simples et tous azimuts : indiens, mexicains, israéliens, grecs, italiens... On peut se contenter d'y boire un jus de mangue frais en saison, en observant de haut l'animation de la placette.

8 July (plan II, F5, **62**) : sur la grande place au cœur du fort. L'étroite et modeste terrasse surplombe l'esplanade et les fenêtres ciselées du palais. Tenu par une famille indienne revenue d'Australie (monsieur, le stetson vissé sur le crâne, tient son propre resto dans un autre coin de la ville), le resto a ses qualités et ses défauts. Saluons d'abord une bonne cuisine indienne aux épices modulées à la demande. Ensuite, pas dit que vous mangiez ce que vous pointez du doigt sur la carte, car madame a tendance à choisir ce qu'*elle* veut plus que ce que *vous* voulez !

Hors les murs (*plans I et III*)

De très bon marché à bon marché (max 450 ₹ / 6 €)

|●| ***Marudhara Restaurant*** (*plan I, D2,* **70**) **:** *en sortant de la gare ferroviaire, traverser la route, c'est un peu plus loin sur la droite. Tlj 12h-15h, 20h-22h.* Tables usées jusqu'à la corde disposées la moitié du temps en plein air devant de grosses marmites toutes fumantes derrière lesquelles s'active le patron. Ici le frichti est frais et goûteux, 100 % *pure veg'* et ça se sait (toujours du monde). Et pas question de commander un *thali,* il n'y en a pas !

|●| ***Chandan Shree Restaurant*** (*plan I, B1,* **65**) **:** *près de Hanuman Circle. Tlj 7h-23h (pause 16h-18h).* Ce resto végétarien, aux murs tapissés de miroirs, est principalement fréquenté par les Indiens. Les plats sont servis au fur et à mesure qu'ils sont préparés, n'espérez donc pas manger en même temps que les copains ! Au menu, cuisine pendjabie et très bonnes spécialités du Sud. Le *thali,* pas très cher, est servi à volonté ! La maison a ouvert un nouveau resto le ***New Chandan Shree Restaurant*** à l'entrée de la forteresse.

|●| ☕ ***Midtown*** (*plan III, I6,* **68**) **:** *sur la petite place devant le Fort View, au 2e étage, en terrasse ; accès dans le passage à droite.* 📱 *94-14-05-21-44. Tlj 7h-23h.* Un modeste toit abrite les clients du soleil qui tape, et offre une vue imprenable sur la forteresse (extra en soirée !) et l'animation en contrebas. Cette adresse concocte une cuisine végétarienne excellente, avec des *thalis* copieux à des prix abordables. Tout est préparé à la commande. Plats chinois, snacks et pizzas aussi, sans oublier plein d'options de petits déj, occidentaux et indiens, et d'excellents gâteaux maison.

|●| ***Shree Restaurant*** (*plan I, A1,* **72**) **:** *fait l'angle avec Ram Gardh Rd et la 1re rue parallèle à la route des dunes de Sam, env 300 m à l'ouest de Hanuman Circle.* 📱 *88-75-32-86-83. Tlj 8h30-minuit (pause 16h30-18h30).* Fausses pierres aux murs mais vrais *thalis* gujaratis ou pendjabis. Excellents *dosaï* aussi. Une adresse prisée des locaux, y compris quand il fait chaud (petit jardin).

|●| ***Bikaner Restaurant*** (*plan I, B1,* **66**) **:** *juste au nord de Hanuman Circle.* ☎ *25-06-72. Tlj 7h-23h.* Encore un resto uniquement *veg'* apprécié des habitués. Sur la carte, plats du Rajasthan, du Pendjab et du sud de l'Inde avec, entre autres, un grand choix de *dosaï,* et des *thalis* en différentes versions régionales. On ressort l'estomac content. Service prévenant.

|●| ***The Jaisal Treat*** (*hors plan I par C3,* **67**) **:** *opposite Nagar Palika, Pushkarna Bera Rd.* 📱 *94-14-14-93-53. Juste avt l'hôtel* Golden Haveli. *Tlj midi et soir jusqu'à 22h30.* Sous le préau en tôles ondulées, ou mieux, à l'ombre des arbres de l'allée de ce *garden restaurant* qui n'en est pas vraiment un. Cuisine soignée et généreusement servie (1 plat pour 2 peut suffire). Pour la santé du porte-monnaie, optez pour la cuisine indienne, les plats « continentaux » sont un peu exagérés. Service attentionné.

Prix moyens (450-900 ₹ / 6-12 €)

|●| ***Saffron*** (*plan III, G6,* **41**) **:** *sur le toit-terrasse de l'*Hotel Nachana Haveli *(voir « Où dormir ? »).* ☎ *25-21-10. Tlj 7h30-23h.* La carte est riche et variée (snacks, chinois, italien, bof !) mais la qualité de la cuisine indienne remporte tous nos suffrages, avec un choix nettement plus varié qu'ailleurs et quelques spécialités de la cuisine *mughlaie* en version adoucie (sur demande). Musique traditionnelle le soir à partir de 20h. Service gentil mais vite débordé, dommage.

|●| ***The Trio*** (*plan III, G6,* **69**) **:** *Gandhi Chowk, à côté du Mandir Palace.* ☎ *25-27-33. Tlj 12h-15h30, 18h-22h30.* C'est un des plus anciens restos de Jaisalmer. Belle terrasse aménagée sous tente, mêlant artisanat du désert et photos anciennes. Dans un coin, le soir, un (bon) groupe de musiciens. Dans l'assiette, une cuisine parfois raffinée et savoureuse mais irrégulière. Dommage ! Comme ce service indifférent... Le soir, vue féerique sur la forteresse et le Mandir Palace, tout illuminés.

|●| ☂ ***1st Gate Home-Fusion*** (*plan III, J7,* **37**) **:** *Dhibba Para, Amar Sagar Pol (voir « Où dormir ? »).* ☎ *25-44-62.* Dans une salle design et élégante

LE RAJASTHAN

ou sur la magnifique terrasse face à la forteresse en soirée, le resto de ce séduisant hôtel réserve quelques sympathiques émotions gustatives. La carte indienne propose une sélection limitée mais très soignée ainsi que de belles saveurs méditerranéennes : pâtes cuites al dente et goûteuses, vraies pizzas cuites au feu de bois. À propos, si un vrai café vous tente, c'est le moment ! Atmosphère à la fois chic et décontractée.

Achats

Tout comme le Gujarat voisin, le Rajasthan – et plus particulièrement le désert du Thar – possède une longue tradition de tissus brodés incrustés de perles ou de fragments de miroirs : *toran* (porte-bonheur que l'on accroche au-dessus de la porte), *pantoran* (petites étoffes brodées) ou encore *chakla* (carrés brodés). À l'origine, il s'agit de pièces d'étoffes brodées par les jeunes filles et les femmes de leur famille qui leur servent de dot. Le fait que toutes ces étoffes soient nourries de couleurs vives n'est pas un hasard dans un environnement désertique où dominent le jaune et l'ocre. Et si la broderie est un art ancestral résultant des échanges entre tribus perses, afghanes et d'Asie centrale majoritairement musulmanes, le travail de la perle, lui, est relativement récent. Il date de 1850 et provient d'Afrique. Il a été introduit en Inde par les commerçants basés à Zanzibar. Évidemment, toutes ces belles étoffes font le bonheur des touristes. Il faut apprendre à différencier le vrai vieux du faux vieux, la broderie à la machine de celle faite à la main...
Jaisalmer compte aussi de nombreux petits bijoutiers qui travaillent l'argent (pour les musulmans) ou l'or (pour les hindous). Prenez le temps de vous perdre dans les ruelles de la vieille ville pour les observer.

LE RAJASTHAN

À voir

La citadelle ou forteresse (plan II)

À peine entré dans la forteresse, des jeunes gens se proposant de vous guider vous mettront le grappin dessus : franchement, c'est tout sauf utile, le fort est petit. Ça peut certes être un moyen sympa de lier connaissance, mais préparez-vous à finir dans une boutique, un hôtel, un resto ou une agence de *camel safari*... 40 % de commission, ça vous parle ?

ÂMES SENSIBLES S'ABSTENIR

La place centrale de la forteresse de Jaisalmer est tristement célèbre pour avoir été le théâtre de 2 johar et demi. Un johar ? Il s'agit de ces affreux bûchers collectifs où les femmes se jetaient pour sauvegarder leur honneur, lorsque l'ennemi s'apprêtait à prendre la place. Pourquoi « et demi », direz-vous ? Parce que le 3e johar, survenu au XVIe s, ne se déroula pas dans les règles de l'art : pris de court par une attaque surprise, les maris n'eurent pas le temps d'allumer le bûcher et, en désespoir de cause, égorgèrent leurs femmes.

La citadelle, la plus ancienne du Rajasthan après celle de Chittorgarh, a été fondée en 1156, mais ses murailles datent principalement des XVe et XVIe s. Hautes d'une dizaine de mètres, elles ont été édifiées sans mortier : les pierres, dont certaines atteignent 3 m de haut, tiennent par leur propre poids ! L'ancien chemin de ronde n'est malheureusement pas partout praticable. Qui plus est, il est parsemé d'ordures et souvent utilisé comme toilettes !
On recense 99 tours et 4 portes monumentales. La 1re, l'***Akhey Pol*** *(plan II, F4)*, plus récente et peu remarquable, mène rapidement à la splendide ***Suraj Pol*** *(plan II, F4)*, la porte principale du fort jusqu'au XVIe s. Vous ne manquerez pas d'y

détailler le délicat décor ciselé et les harmonieux graphismes du fronton. Le petit Ganesh est là pour bénir tous ceux qui passent en dessous. Suivent la ***Ganesh Pol*** *(plan II, F4)*, alias *Bhuta Pol* (porte des Fantômes), la plus ancienne, puis la ***Hava Pol*** *(plan II, F4)*, ou porte des Vents, considérée comme un lieu stratégique par les habitants pour... ses courants d'air, très agréables en été ! On débouche sur ***Dussehra Chowk*** *(plan II, F5)*, la place principale, bordée de belles demeures et des façades finement ciselées du palais du Rajmahal.

Rajmahal Palace *(plan II, F4-5)* **:** *tlj, en été 8h-18h, le reste de l'année 9h-18h (dernière admission 17h30). Entrée : 500 ₹, audioguide en français inclus ; réduc. Appareil photo 100 ₹, caméra 200 ₹. Attention, les enfants paient plein pot dès 10 ans... Prévoir 1h-1h30 de visite.* Bâti sur 7 étages à partir du début du XVIe s, le Rajmahal n'a pas la grâce des autres palais fortifiés du Rajasthan. Avant d'y pénétrer, ne ratez pas, en haut de l'escalier à gauche, le trône en marbre, d'où le maharaja assistait aux fêtes données en son honneur et tenait ses audiences publiques. L'intérieur est peu meublé, mais le dédale d'escaliers, de courettes et de salles forme un ensemble labyrinthique dont il était pratiquement impossible de sortir si par chance on avait réussi à y pénétrer. Qui plus est, la faible hauteur des portes obligeait à passer d'une pièce à l'autre la tête baissée, au risque, à chaque fois, de se faire décapiter par un garde en embuscade ! De quoi en perdre la tête ! Certaines salles ont été aménagées en musées (armes, timbres, sculpture religieuse et quelques manuscrits enluminés de la période moghole) qui tentent de mettre en lumière l'histoire des lieux. Attardez-vous surtout sur le « siège du lion », ce trône (salle 5) aux 8 fauves et 2 paons encadrant une fleur de lotus, sur lequel les maharajas sont couronnés – ce fut encore le cas du dernier en date, en 1982 ! Vous l'avez compris, on a plus apprécié la richesse architecturale du bâtiment que les tentatives de muséographie... Avant de sortir, ne loupez pas la plus haute tour et sa terrasse : vue sublime sur *Suraj Pol*, les remparts et une partie de la ville extra-muros.

Lakshminath Temple *(plan II, E4)* **:** *en sortant du Rajmahal Palace, dans une petite rue sur la droite.* Ce petit temple hindou du XVe s est consacré à Lakshmi Narayan, divinité bicéphale réunissant Lakshmi et Vishnou, ici représenté par une statue en marbre. L'histoire raconte qu'elle aurait été trouvée à 800 km de Jaisalmer, par un paysan dont la vache donnait spontanément son lait toujours au même endroit. Intrigué, l'homme creusa et trouva cette statue... Voilà qui méritait bien d'édifier un temple, non ?

UN ÉLÉPHANT TROMPEUR

Selon le Vastu Shastra (les règles ancestrales de l'architecture védique), les portes d'entrée des maisons (qui sont aussi les portes de sortie) ne doivent jamais être orientées vers le sud, car le sud appartient à Yama, dieu de la Mort. Le problème, c'est qu'on a rarement le choix, surtout quand on habite une forteresse comme Jaisalmer. Qu'à cela ne tienne, pour conjurer le mauvais sort, il suffit de mettre un Ganesh juste en face de l'entrée et le tour est joué !

Jains Temples *(plan II, E5)* **:** *tlj 7h-13h30 (mais attention, 3 d'entre eux ouv seulement 11h-13h30). Entrée : 250 ₹, appareil photo et caméra inclus. Se déchausser ; objets en cuir (et femmes indisposées !) sont interdits.* Au XVe s, la forteresse abritait jusqu'à 15 temples hindous et 8 temples jaïns. De ces derniers, sept demeurent, formant un fantastique ensemble finement ouvragé, mais aux structures si emberlificotées que l'on peine à savoir quand on quitte l'un pour pénétrer dans l'autre... De nombreux guides autoproclamés, parmi lesquels certains prêtres, proposent leurs services aux visiteurs. Une aide qui peut être précieuse, pour une fois.

Autrefois, quelque 3 000 jaïns vivaient à Jaisalmer. Chassés de leur bastion gujarati à la fin du XVe s, ils s'installèrent pour beaucoup au Rajasthan. Enrichis par le

commerce caravanier au long cours, les marchands de la communauté ont payé de leur poche la construction de 17 des 99 bastions de la forteresse, mais aussi financé ces chefs-d'œuvre, où la pureté du marbre blanc contraste avec le grès mat.
Les 2 temples ouverts le plus longtemps sont dédiés, pour celui de gauche (1509), à Chandra Phabu, le 8e *Tirthankara* du jaïnisme et, pour celui de droite (1536), à Adinath, le 1er des *Tirthankaras.* Situé juste à gauche, l'ensemble formé par les temples ouverts entre 11h et 13h30 est dominé par celui de Parshvanath (1473), le 23e et avant-dernier *Tirthankara.* Parmi les plus révérés, ce saint homme aurait vécu aux IXe-VIIIe s av. J.-C. Le temple est précédé d'un *torana* (portail) de toute beauté et s'enorgueillit d'une superbe coupole aux apsaras (beautés célestes) peintes, dont on retrouve l'image sur plusieurs colonnes et bas-reliefs. Tout autour du déambulatoire, dans les alcôves, se cache toute une armée de *Tirthankaras* de toutes tailles – 6666, chiffre sacré ! On peut grimper à l'étage pour observer les détails de la coupole. La partie centrale fut ciselée dans un unique bloc de pierre. Partout, d'autres apsaras, des têtes de dragons, des divinités – souvent hindoues –, des chapiteaux à l'image de Ganesh (montrant les dents !).
Déambulez dans les galeries et corridors, vous dénicherez les statues du maharaja et de la maharani à dos d'éléphants, une colonne portant les représentations des 24 *Tirthankaras.* Ne prenez pas les grandes têtes de dragon jaillissant des sanctuaires pour des gargouilles : ce sont des « robinets » à eau bénite ! Dans le temple de Sambhavanath, le plus ancien de tous (1467), le dôme se déploie en fleur de lotus... Superbe. Au sous-sol, ne ratez pas la relique sous la vitrine... Ce tissu, vieux de 8 siècles, soigneusement plié, entourait le corps du sage Bhadra Suriji lors de sa crémation. L'homme partit en fumée – jusque-là tout semble assez logique – mais le vêtement, lui, ne brûla point !
Pour en savoir plus sur le jaïnisme, voir la rubrique « Religions et croyances » dans « Hommes, culture, environnement ».

La ville basse *(plans I et III)*

Dans la ville basse, on découvre un magnifique ensemble de *havelis,* ces demeures – en fait de véritables palais – construites à partir du XVIIIe s par de riches négociants. On ne peut décrire la finesse des façades et des balcons incroyablement ouvragés tant ils sont époustouflants ! C'était à qui bâtirait le plus bel édifice, le plus haut, le plus imposant. La plupart se dressant dans d'étroites ruelles, on n'arrive pas toujours à saisir toute la richesse de l'ouvrage, faute de recul. Les 3 suivantes, parmi les plus importantes, sont les seules à être ouvertes à la visite.

Patwah-ki-Haveli *(plan I, C1) : ensemble de 5 maisons attenantes, dont 2 se visitent. L'une d'elles est transformée en musée. Tlj 9h-19h (dernière admission 18h30). Entrée : 250 ₹, droits photo inclus. Un guide est inutile (les explications du musée sont très complètes).* La Patwah-ki-Haveli est composée de 5 maisons édifiées entre 1800 et 1860 pour les 5 fils d'un riche marchand et banquier jaïn – si riche que bien des maharajas lui étaient redevables... À la tête de 350 échoppes à travers l'Asie, il faisait aussi bien commerce de fils d'or et d'argent que d'opium, de gemmes, de laine, de beurre clarifié *(ghee),* d'indigo, d'ivoire, d'épices, de parfums, de bois... Autre corde à son arc : la levée d'impôts pour le compte du maharaja (une charge qui s'achetait, comme en France sous l'Ancien Régime).

L'OPIUM DU PEUPLE

Étape incontournable sur la route des caravanes, Jaisalmer s'est beaucoup enrichie, jadis, grâce au commerce de l'opium. La drogue était offerte aux visiteurs diluée dans de l'eau avec du safran ! On en donnait aussi aux dromadaires pour qu'ils marchent plus longtemps et avec des charges plus lourdes...

Les pierres de grès jaune de la *haveli* ne sont pas maçonnées, mais ont été taillées de manière à pouvoir s'encastrer et solidifier la construction. Des artisans, hindous comme musulmans, furent appelés de toutes les régions voisines.
Le bâtiment ouvert à la visite, privé et à la richesse décorative époustouflante, est occupé par un ***musée de collections anciennes.*** Les étages de cette 1re *haveli* sont meublés, ce qui est rare. On découvre cuisine et salle à manger, élégante chambre au lit d'argent, salon avec aiguière géante, peintures et miroirs au plafond amplifiant jadis la lueur des bougies, superbes portes en bois sculpté, plafonds à caissons et murs peints rehaussés d'or. Et encore, au hasard des couloirs, des collections d'astrolabes, de turbans, de serrures et de casse-noix de bétel, mais aussi tous les attributs de la prospérité de cette famille, avec nombre d'objets importés, au XIXe s, d'Europe. Chose curieuse, cette *haveli* est à cheval sur la rue.
Une 2e *haveli* (la 5e, en fait), un peu plus loin, qui appartient au gouvernement, est ouverte à la visite *(tlj 9h-17h ; entrée : 200 ₹ ; pas de droit photo)* mais elle est totalement vide. En revanche, elle révèle, elle aussi, un admirable travail de sculpture et un enchevêtrement de gracieux encorbellements. Les pièces s'enroulent autour d'un petit patio étonnant de raffinement. D'un côté comme de l'autre, vous verrez ces planques dans lesquelles les proprios dissimulaient or et opium...

Nathmal-ki-Haveli *(plan I, C1)* **:** *située dans une ruelle perpendiculaire à la rue du marché. Tlj 9h-19h. Entrée gratuite (mais on vous proposera gentiment d'acheter divers objets dans la boutique installée dans la seule salle visitable !).* C'est la même famille qui habite là depuis sa construction. Admirez la façade gardée par 2 éléphants différents – ces derniers signalaient jadis les demeures des 1ers ministres. La partie accessible au public se limite à la salle de danse à l'étage et au patio, très original : les ailes gauche et droite furent respectivement sculptées par 2 frères architectes en 1885. Elles se ressemblent sans qu'aucun des 32 motifs géométriques ne soit identique. La rampe de la galerie a été ciselée dans seulement 4 pierres (une par côté). Dans la boutique, des objets en os de chameau et de beaux jeux d'échecs.

Salam Singh-ki-Haveli *(plan III, J7)* **:** *☎ 25-10-56. Tlj 8h-18h (19h en été). Entrée : 30 ₹. Appareil photo 20 ₹, caméra 50 ₹.* Cette *haveli* (XVIIIe s) a appartenu à l'un des plus célèbres tyrans de la région. 1er ministre du royaume rajpoute pendant 12 ans, Salam Singh empoisonna de nombreux courtisans, augmenta les impôts et persécuta la population. Il fut assassiné à son tour en 1880. Tout est assez délabré, mal entretenu, mais la visite reste intéressante pour mieux comprendre la construction des *havelis* de l'époque. Par exemple, on apprend que les marches irrégulières des escaliers étaient ainsi conçues pour provoquer la chute des assaillants. Dans la salle de danse du dernier étage, les innombrables miroirs servaient de rétroviseurs pour surveiller l'arrivée d'éventuels intrus – version caméras de surveillance de l'époque... Le 1er ministre avait fait le projet de relier sa demeure au palais via une passerelle aérienne. Mais le maharaja de Jaisalmer prit ombrage de cette démonstration de puissance et fit raser les 2 niveaux supérieurs ! On regrettera le forcing du proprio-guide qui oblige à passer (et à s'attarder) dans de petites pièces converties en boutique. Énervant.

La rue du Marché *(plan III, H-I6)* **:** toujours animée, surtout le matin et le soir. S'y alignent gargotes, tailleurs, vendeurs de tout, vendeurs de rien, vendeurs de rien du tout... On se sourit, on s'interpelle, on marchande, on repart et on ne s'en lasse pas. Sur une placette, les paysannes vendent leur production, attirant des vaches toujours trop gourmandes ! Le principal marché se tient près de *Hanuman Circle (plan I, B1-2),* avant l'*Amar Sagar Gate,* tous les matins jusqu'à 13h. Dans la partie basse *(plan III, J7),* les boutiques des commerçants (étoffes, bijoutiers) attirent les communautés musulmanes en prévision des mariages. On y croise des femmes venues acheter (ou vendre) leurs lourds bracelets à pointe en argent dont chacun pèse plus d'un kilo et sont impossibles à ôter sans faire appel à un spécialiste. Ces femmes portent sur elles entre 4 et 5 kg de bijoux en argent. Ce qui représente une somme considérable.

Thar Heritage Museum *(plan III, H6) : fléché depuis la rue du marché. 94-14-15-07-62. Tlj 9h-21h. Entrée : 100 ₹. Appareil photo 50 ₹, caméra 50 ₹.* Ce petit musée rassemble des objets collectés pendant près de 40 ans par Laxmi Narayan Khatri, auteur d'un petit livre sur l'histoire et la culture de Jaisalmer et de sa région (vendu sur place). Sur 2 niveaux, on trouve vraiment de tout : objets de la vie quotidienne, fossiles, instruments de musique, manuscrits très anciens, ciseaux pour tailler la laine des chameaux et des moutons, art populaire, sans oublier la photo de l'homme à la plus grande moustache du monde – décapité par un inconnu il y a quelques années ! Le tout fait assez capharnaüm, mais les commentaires de Mister Khatri donnent vie à chaque objet. S'il n'est pas là, allez le voir dans sa boutique, *Desert Handicraft Emporium,* à 20 m à gauche sur la rue du Marché.

Mandir Palace *(plan III, G6) : Ghandi Chowk. Tlj 9h-19h. Entrée : 100 ₹. Droit photo 30 ₹.* Bâtie vers 1830, l'aile du palais baptisée Badal Vilas est encore occupée par le maharaja de Jaisalmer et sa famille. Pas d'accès possible, mais on peut jeter un coup d'œil à l'autre partie, postérieure (1935-1940), Jawahir Vilas, transformée en hôtel chic. Lors de la visite, on traverse d'abord le *zenana* (partie réservée aux femmes). C'est là que commence le musée proprement dit : céramiques anciennes, antiques instruments de mesure, bijoux (mal éclairés). On passe ensuite dans l'autre partie. Le grès jaune, emblématique de la ville, y est superbement ciselé. Superbe faïence à motif floral. Moyennant 100 ₹, vous serez même autorisé à prendre place sur le trône en argent du maharaja... si, si !

Hors les murs

Desert Cultural Centre & Folklore Museum *(plan I, D2) : Gadisar Rd, à côté de l'office de tourisme. 94-13-86-56-65. Tlj 10h-18h. Entrée : 50 ₹. Appareil photo ou caméra 50 ₹. Certains soirs à 18h30 et 19h30, spectacle de marionnettes en anglais (on a vu mieux, on l'avoue) ; durée : env 40 mn pour 100 ₹ et 50 ₹ de droit vidéo.* C'est un peu un autre *Thar Heritage Museum* ! Ancien professeur d'histoire, M. Nand Kishore Sharma, a ouvert ce petit musée ethnographique après avoir collecté objets d'art et éléments de folklore dans la région. Maintenant, c'est son fils qui assure la visite. On trouve dans son musée : photos anciennes, retables portables, lampes à huile, instruments de musique (*sarangi,* sorte de violon), costumes, etc. Également une petite librairie avec des bouquins intéressants, des CD et DVD, en français pour certains. M. Sharma a aussi écrit un petit livre présentant l'histoire et la culture de Jaisalmer (avec une version en français), mais on trouve celui de M. Khatri un peu plus complet.

Garisar Lake *(plan I, D3) : à la sortie sud-est de la ville.* Creusé au XIVe s par le maharaja pour faciliter l'approvisionnement en eau de Jaisalmer, ce réservoir s'entoure de 4 temples hindous. On y accède en passant sous un joli porche, le ***Tilon-ki-Pol*** *(plan I, D3).* Cet ensemble de pavillons aériens flottant sur l'eau et de temples se révèle d'un charme exquis. Les militaires du coin y viennent en famille pour pique-niquer le dimanche, ou faire un tour en barque ou en embarcation à pédales *(env 50 ₹/pers pour 30 mn d'embarcation à pédales, sinon grosses barques plus chères).* À ne pas manquer, surtout au lever et au coucher du soleil, malgré le côté un peu attrape-touristes (pas mal de vendeurs à la sauvette).

UN PORCHE COQUIN ?

C'est une prostituée réputée pour son incroyable beauté, Tilon, qui fit bâtir au début du XXe s le grand portail d'accès au lac de Garisar. Les 2 piliers de l'arche, dit-on, rappelaient ses jambes écartées... On vous laisse imaginer ce qu'évoquait la clé de voûte ! Les femmes « bien » refusant de passer par là pour aller puiser l'eau, le maharaja ordonna de l'abattre. Mais Tilon, maligne, fit aménager au-dessus du porche un petit sanctuaire dédié à Vishnou. Le maharaja n'osa évidemment jamais le détruire, mais lui et sa cour durent contourner l'ouvrage.

Government Museum *(plan I, A2) : tlj sauf lun 9h30-17h. Entrée : 100 ₹.* Ce n'est forcément le musée à voir en priorité à Jaisalmer mais on ne peut pas dire qu'il soit tout à fait inintéressant. En gros : sculptures des Xe-XIIe s, peintures et instruments de musique. Vite vu quand même.

Pour le coucher du soleil, tout le monde converge vers la ***colline des Cénotaphes*** *(Vyas Chhatri),* aussi connue sous le nom de ***Sunset Point*** *(hors plan I par B1),* à 1 km de la ville, sur la route de Ramgarh. On s'y rend à vélo ou à pied. Bonjour la foule ! En plus, entrée payante *(prix variable, mais max 100 ₹).* Demandez un reçu ! Ensemble de cénotaphes bien plus modestes que ceux de Bada Bagh (voir ci-après). Ceux-ci furent édifiés par les riches brahmanes de la ville au cours du XIXe s.

Fête

– ***Festival du Désert :*** *autour de la pleine lune de fév, pdt 3 j. (7-9 fév 2020).* Festival assez récent dont l'authenticité ne saute pas aux yeux. Courses de chameaux, danses (du feu), musique, concours de la plus longue moustache, du noué de turban... et augmentation générale (souvent abusive !) des prix des chambres. C'est surtout l'occasion d'un bel aperçu sur les costumes traditionnels des habitants de la région.

DANS LES ENVIRONS DE JAISALMER

Ces excursions peuvent se faire en une demi-journée à 1 journée en louant un vélo (plutôt en saison fraîche), un 2-roues (si vous êtes à l'aise à moto, louez une *Royal Enfield*) ou les services d'un rickshaw. Certains sites sont également accessibles à dos de dromadaire (voir plus loin).
– Pour une visite groupée de Bada Bagh, Amar Sagar et Lodruva, tous situés au nord-ouest de Jaisalmer : *env 800 ₹ en rickshaw (400 ₹ sans Lodruva) ; compter le double en jeep.* Tous ces sites sont accessibles en voiture de tourisme si vous en avez loué une.

Bada Bagh : *à 6 km de Jaisalmer, en direction de Ramgarh. Pour s'y rendre, vélo ou rickshaw (env 120-150 ₹ l'A/R avec 30 mn d'attente). Site accessible du lever au coucher du soleil. Entrée : 150 ₹. Appareil photo 100 ₹, caméra 200 ₹.* Les cénotaphes des maharajas de Jaisalmer se regroupent sur une butte rocailleuse isolée, entourée par une armée d'éoliennes... qui nuisent sérieusement à la poésie du lieu, il faut le dire. Sous la plupart des coupoles soutenues par des piliers se dresse une stèle en marbre, ornée d'un personnage sculpté (beaucoup de fiers cavaliers) et souvent d'une petite inscription. Sur la crête, les cénotaphes n'ont pas de coupole mais des toits pyramidaux. Ce sont les plus anciens. Tous ces tombeaux sont vides, les cendres ayant été jetées dans le Gange après l'incinération des corps. Atmosphère un peu irréelle au coucher du soleil, quand la pierre prend de superbes teintes dorées. En contrebas, des champs semés d'une poignée de grands arbres. *Bada Bagh* signifie d'ailleurs « grand jardin »... même si celui-ci n'est plus accessible désormais...

Amar Sagar : *à env 6 km de Jaisalmer, sur la route de Lodruva. On s'y rend à 2-roues ou en rickshaw (env 200 ₹ A/R). Tlj 8h-19h. Entrée : 100 ₹. Droits photo 50 ₹ (demandez un reçu).* Ce temple jaïn du XVIIIe s, bien restauré, est posé au bord d'un petit lac (généralement asséché au printemps). Sur l'autre rive se dresse un bel ensemble de pavillons et de *chhatris.* Le sanctuaire principal, en grès finement sculpté, est précédé d'une avancée surmontant un portail d'entrée aux arches élégantes.

Lodruva (Lodarva) **:** *à env 10 km d'Amar Sagar (18 km de Jaisalmer). Pour s'y rendre, là aussi, rickshaw (env 300 ₹ A/R) ou vélo pour les courageux. Tlj 6h-20h30. Entrée : 100 ₹, appareil photo inclus.*

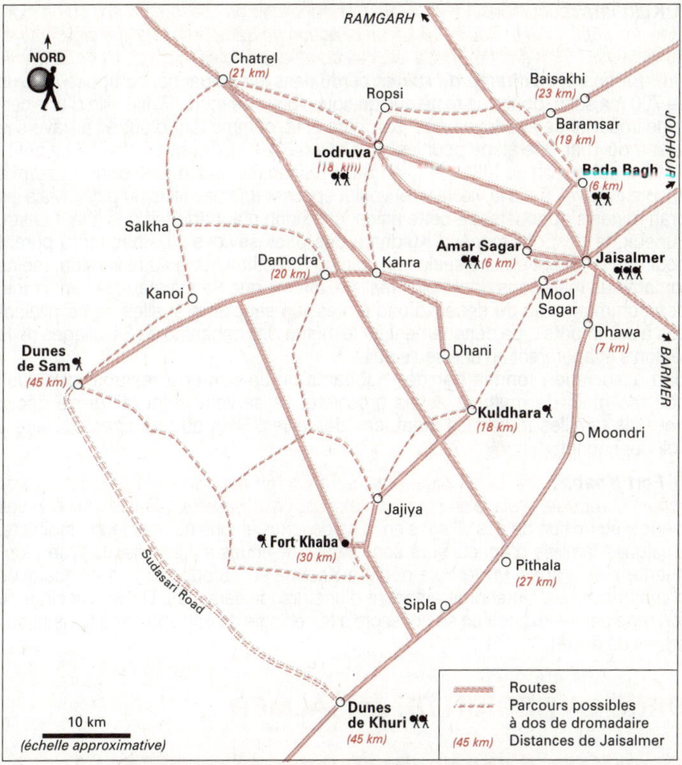

LES ENVIRONS DE JAISALMER

Lodruva fut, avant Jaisalmer, la capitale des Rajpoutes du clan Bhatti. Pillée par les armées afghanes au XIIe s, au prix d'une trahison, il n'en reste guère que quelques temples jaïns. Le plus petit est le plus célèbre et le plus ancien. Fondé il y a plus de 8 siècles, il a été reconstruit au XVIe s et magnifiquement restauré depuis. Il est précédé d'un remarquable *torana* (arche), s'enveloppe d'un treillis de pierre d'une extrême finesse et présente une coupole taillée dans un seul bloc dont la maîtrise des finitions rappelle le temple de Dilwara. À l'intérieur, des oiseaux piailleurs, de beaux piliers sculptés, des chapiteaux figurant dieux ou musiciens, une splendide luminosité... et une ferveur impressionnante lors des cérémonies. Parshvanath, le 23e *Tirthankara,* sculpté dans le granit noir, trône sous une voûte en pierre ciselée. La tradition jaïne attribue à chaque prophète un animal sacré. Celui de Parshvanath, c'est le serpent. Nul étonnement, donc, à ce que les fidèles croient en la présence, sous les fondations, d'un cobra royal... Sauf en photo, vous ne le verrez probablement pas, mais vous pourrez repérer l'entrée de son trou, sur le flanc droit du bâtiment, en face du curieux templion coiffé d'un arbre artificiel. Certains dévots s'agenouillent devant (notez l'usure des pierres au sol !). Ils lui offrent aussi du riz, des friandises ou du lait pour obtenir sa protection. Les gens du coin affirment qu'il sauva l'édifice des bombardements lors de la guerre indo-pakistanaise, en 1972... Quant à l'arbre artificiel, il évoque une espèce végétale censée réaliser les vœux. Il serait composé de 108 métaux différents, rien que ça !

Kuldhara : *aucun bus n'y va. Il faut louer une jeep ou prendre un taxi ou un rickshaw (env 500 ₹ A/R). Rouler 13 km en direction de Sam, puis prendre à gauche et continuer sur 5 km (fléché). Tlj du lever au coucher du soleil. Accès : 10 ₹ ; 50 ₹/voiture.* Étonnant, ce **champ de ruines** perdu dans la campagne, composé de plus de 700 maisons, dont il ne reste que quelques pans de murs. Petite ville d'une certaine importance au Moyen Âge, Kuldhara était, comme tant d'autres à travers le désert du Thar, une étape pour les caravaniers. Que se passa-t-il donc ? La petite histoire affirme qu'au XIXe s le tyran Salam Singh (celui-là même dont on admire encore la *haveli* dans la vieille ville) voulut épouser une des filles du pays. Mais les brahmanes s'opposèrent à cette union, car Singh n'appartenait pas à leur caste. Furieux, le despote menaça Kuldhara des pires sévices ; les habitants prirent peur et s'enfuirent en une seule nuit, loin du Rajasthan ! Une autre version, moins romantique mais sans doute plus réaliste, affirme que Salam menaça l'ensemble des communautés du désert d'une répression sanglante si elles ne se pliaient pas à ses impôts... Le dénouement fut le même : les habitants de 84 villages de la région s'évaporèrent en une seule nuit.
Une association fondée par des habitants de Jaisalmer a restauré quelques édifices mais de manière assez grossière. Ils servent aujourd'hui de décor pour les familles indiennes amatrices de selfies. Rien de très spectaculaire à voir cependant.

Fort Khaba : *env 12 km plus au sud. Tlj 7h-18h env ; souvent fermé hors saison. Peu importe, c'est le site qui vaut le coup, pas l'intérieur... Entrée : 10 ₹.* À vos pieds s'étend l'un de ces villages en ruine désertés en une nuit par leurs habitants. Quelques familles d'agriculteurs sont depuis revenues s'y installer. La vue plongeante révèle aussi un temple dédié à Krishna et, autour, la dune et quelques champs cultivés. Un endroit empreint d'une grande sérénité... Dans l'enceinte du fort, une pauvre exposition se consacre à la géologie du coin, aux traditions et aux arbres du désert.

DANS LA RÉGION DE JAISALMER

Excursions à dos de dromadaire

Incontournables méharées (c'est le nom qu'on donne aux balades à dos de dromadaire) dans le **désert du Thar.** Tout Jaisalmer (agences, hôtels et jusqu'au moindre rabatteur) se livre une concurrence acharnée, avec, souvent, pléthore d'intermédiaires qui engrangent une commission au passage. Autant dire que trouver le bon safari à prix juste mérite quelques conseils... Avant tout, rappelons que **le Thar n'est pas le Sahara** et que les systèmes géologiques ayant présidé à la création de dunes de sables n'ont pas du tout la même ampleur. Il s'agit le plus souvent ici de tas de sable résiduels provenant du lit d'une ancienne rivière que les vents ont accumulés sur une colline.
D'autre part, toute la région est piquée d'éoliennes, tant et si bien que le paysage est entièrement tressé de fils électriques et de pylônes. Pour compléter le tableau, rajoutons quelques carrières à ciel ouvert et les programmes de reverdissement initiés par le gouvernement, qui se traduisent aujourd'hui par des zones entières plantées d'acacias (comme à Dangri). Fort de ces informations, on comprend aisément qu'il faille s'éloigner toujours plus loin de Jaisalmer pour espérer trouver un « désert » encore vierge d'activités humaines. Le tout, c'est de partir dans la bonne direction et de rouler pendant suffisamment de temps... Le choix du prestataire s'avère donc primordial.

– Les excursions se font **de préférence de mi-juillet à début avril** ; le reste du temps, il fait beaucoup trop chaud. La meilleure période s'étend d'octobre à février. En revanche, la nuit, il fait froid à cette période : ***pensez à vous équiper en conséquence.***

– Certains hébergements qui campent sur place à longueur d'année organisent seuls leur propre circuit et une bonne quinzaine d'agences proposent leurs services. Comparer les prestations et les prix. Faites-vous décrire ***très précisément*** l'endroit (s'il s'agit de Sam ou de Khuri, oubliez tout de suite car ces sites sont saturés). Vérifier aussi s'il s'agit de camps fixes ou de bivouacs, si l'endroit du bivouac est proche d'une route goudronnée, d'un champ d'éoliennes ou pas, et si l'on a des chances de voir une dune ! C'est fou le nombre de lecteurs qui nous parlent de méharées entre goudron et pylônes... Faites-vous également préciser les menus si vous partez plusieurs jours (certaines agences livrent des repas plutôt chiches). L'eau est-elle comprise ? S'agit-il d'eau purifiée ? à volonté ? Dans tous les cas, prévoyez quelques provisions personnelles.
– Concernant les guides : demandez s'ils parlent l'anglais (important quand on part plusieurs jours !) et si les dromadaires sont bien prévus pour une seule personne ! Certains oublient de préciser qu'ils ne fournissent qu'une monture pour 2 clients...
– Il est important de savoir ce qui vous intéresse vraiment. S'agit-il juste de faire un selfie juché sur un dromadaire pour le poster ensuite sur Instagram ? Dans ce cas-là, 2h de méharée avec un petit bivouac à la clé peuvent suffire... Ou alors partir pour plusieurs jours à la rencontre des villages et de leurs habitants, pour vivre au rythme lent d'une méharée et apprendre à diriger un dromadaire, à s'occuper de lui, à observer le travail du chamelier... Tout est possible. Sur les journées complètes, on parcourt en moyenne une vingtaine de kilomètres (3h le matin et 2h l'après-midi).

Conseils

– *ATTENTION :* certaines agences proposent de rejoindre Bikaner en 12 jours. Sauf pour les mordus, il faut bien réaliser qu'à la longue ça peut devenir monotone et fatigant. On a vu des routards revenir de leur *camel safari* les fesses en compote et les lombaires bonnes pour jouer aux osselets...
– En fonction du prix, on vous fournira lits de camp, matelas, duvets, couvertures, tentes... ou pas ! Là aussi, bien se renseigner, et ne pas oublier que dans le désert entre novembre et mars, il fait très froid la nuit. Dans tous les cas, prévoir des vêtements bien chauds, sans oublier chapeau, lunettes, gourde, papier toilette, crème solaire, ainsi qu'une trousse à pharmacie.

Prix moyens d'un safari

Les safaris les moins chers sont à éviter car ce sont de véritables colonies de vacances. Pas de miracle, les prix bas signifient que l'organisateur rogne sur tout, et qu'il paie très mal (ou pas du tout) les chameliers. On évitera aussi les safaris au tarif délirant que vous facture l'hôtel après vous avoir laissé une chambre pour une bouchée de pain ! Sachez aussi que les tarifs varient en fonction du nombre de participants et de l'éloignement. Car le transfert en jeep depuis Jaisalmer jusqu'au lieu de départ de la méharée coûte cher (certains font 35 km, d'autre près du double). Trop souvent, on se retrouve avec d'autres gens sans en avoir été averti et sans que le tarif soit réduit pour autant ! Les prestataires les plus au fait du problème proposent des méharées pour 2, 4, voire 6 personnes maxi. C'est évidemment l'idéal mais ça se paie !
– Pour ***la méharée « classique » du coucher de soleil*** (départ de Jaisalmer vers 14h, transfert d'env 1h en jeep vers un village rajpoute – avec visite), on enfourche sa monture vers 16h pour 2-3h de balade jusqu'au coucher du soleil, puis on rentre au bercail sur les coups de 22h après avoir dîné sur place, compter environ 950 ₹ par personne (1 250 ₹/personne pour un groupe de 4) ; 1 200 ₹ si on décide de dormir sur place et de rentrer le lendemain après le petit déj. Cette dernière prestation voit son prix doubler si vous n'êtes que 2 ou 4.
– Pour ***la méharée de 2 jours pleins*** (départ de Jaisalmer vers 7h30, transfert d'env 1h – ou 1h30 pour certaines agences – en jeep vers les villages du désert). Balade d'une journée complète (avec visite de villages), déjeuner, dîner, nuit en

bivouac (sous tente), rebelote le lendemain (certaines agences proposent d'observer les animaux) et retour à Jaisalmer à 18h, compter environ 2 500 ₹/personne ; si une seule journée de tape-cul vous suffit, retour à 11h30, prix 2 250 ₹ (pratiquement le même prix car les charges fixes sont les mêmes). Sur la base de 2 jours pleins, les agences qui soignent leurs clients (2 à 6 personnes maxi par groupe) facturent la pension complète 1 500 ₹/personne et par jour si vous dormez sous tente et 1 250 ₹ si vous dormez à la belle étoile.
– Sur ces bases, chaque journée supplémentaire en pension complète est facturée entre 800 et 1 000 ₹ selon le prestataire.
– Et n'oubliez pas le pourboire du chamelier !

Avec qui partir ?

Tout dépend de ce vous attendez de ce type d'expérience. Mais encore une fois, bien se faire préciser ce que comprend la prestation car certains s'endorment sur leurs lauriers et ne voient pas fleurir les éoliennes autour de leurs campements quand d'autres poussent toujours plus loin dans le désert pour trouver des dunes vierges et soigner l'ambiance de leurs bivouacs.
– Un des *camel safaris* de bon rapport qualité-prix est celui du *Renuka* (*plan I, B1, et hors plan III par G6,* ***32*** *; ☎ 25-25-57 ; 📱 94-14-15-02-91 (Sunny) ; • renukacamelsafari.com •*). Ils vous emmènent passer la nuit à la belle étoile au sein de jolies dunes, sans personne aux alentours ! Bien se faire préciser le nombre de participants. Autre très bon choix : les safaris de l'hôtel *Roop Mahal* (*plan I, B2,* ***39*** *; ☎ 25-17-00 ; 📱 90-57-59-78-40 (Chandra) ; • experiencerajasthan.com •*), conduits dans une zone isolée dans des conditions d'encadrement et de confort optimales (souvent des groupes de moins de 6 personnes). Un poil plus cher, mais des canadiennes avec draps propres sont fournies et vous pourrez prendre une douche (gratuite) au retour à l'hôtel, si vous quittez Jaisalmer le soir même. Organise aussi des méharées sur plusieurs jours.
– L'agence *Ganesh Travels* (*plan II, E5,* ***18*** *; ☎ 25-01-38 ; 📱 99-29-28-07-77 (Seb) ; • ganesh-travels.org •*) propose aussi de bonnes prestations, à prix raisonnables. Là aussi, bien se faire préciser le nombre de personnes.

Spécial coup de gueule !

Vous êtes venu chercher la nature à l'état brut, les horizons dégagés, le ciel étoilé... et vous voici nez à nez avec une constellation de bouteilles plastique et autres canettes « tombées du dromadaire ». Le désert du Thar n'est pas une poubelle ! Demandez bien à l'agence si les chameliers qu'elle emploie ont prévu un sac-poubelle pour collecter les déchets. Non mais !

Les dunes de Sam : *à 45 km de Jaisalmer. Droit d'accès : 50 ₹/véhicule.* On vous en parle car c'est LE spot touristique pour le coucher de soleil. On y trouve un champ de dunes, pas très hautes mais assez jolies, où prolifèrent les camps de toile en hiver, les cars de touristes (indiens), les gargotes, les arnaques à la petite semaine et... des monceaux de détritus sur les bas-côtés ! Les agences et les *guesthouses* proposent un tour qui débute vers 15h, pour 250 ₹ environ (base 4 personnes minimum). Elles font généralement étape aussi sur le site d'*Amar Sagar*.

Les dunes de Khuri : *à 45 km au sud-est de Jaisalmer. Droit d'accès : 50 ₹/véhicule.* Aujourd'hui aussi touristique que Sam, ce village poussiéreux et sans charme s'amarre aux portes d'un champ de dunes assez belles, à tout juste 1 km des dernières habitations. Quelques chameliers proposent la balade, mais on peut facilement les atteindre à pied. Plus cher que Sam. Les agences demandent parfois jusqu'à 1 500 ₹ pour 2 en haute saison pour s'y rendre !
➢ ***Pour y aller :*** env 3-4 bus/j. grosso modo vers 8h, 11h et 15h (horaires approximatifs, bien se faire préciser). On achète son billet dans le bus. *Départ de la gare des bus « spécial Khuri » (plan I, D2,* ***7****). Trajet : env 1h30. Compter 50 ₹.*

Où dormir ? Où manger ?

Certains voudront peut-être dormir à **Khuri** *(ind. tél. : 03014)* pour mieux courir les dunes à l'aube et au couchant... Le village compte un bon paquet d'hébergements. Mais c'est surtout une destination prisée des touristes indiens. Voici tout de même 2 adresses.

Très bon marché (max 600 ₹ / 8 €)

Badal House : *dans le village ; fléché depuis l'arrêt de bus. ☎ 27-41-20. 📱 81-07-33-90-97. • napsakhuri@gmail.com • Double env 600 ₹, incluant la ½ pens. Pas de wifi.* Une adresse familiale qui nous a séduits par sa propreté, son atmosphère, la gentillesse et la simplicité de l'accueil. Les chambres, dans la maison en dur, et les huttes sont installées autour de 2 petites cours en terre battue proprettes. Confort très sommaire : salle de bains commune, sanitaires à l'indienne, et couchage sur des matelas assez raides ou sur des *charpoys* qu'on vous autorisera à mettre sur la terrasse lors de grosses chaleurs ! Propose aussi des safaris à prix raisonnables.

Chic (3 000-5 400 ₹ / 40-72 €)

Pal Rajah Resort : *5 km avt Khuri en venant de Jaisalmer. 📱 98-29-76-22-75. • palrajahresort.com • Hutte avec sdb 4 200 ₹, tente avec sdb 5 500 ₹ pour 2, incluant ½ pens, balade à dromadaire (2h) et spectacle de danse ; négociable.* Tant qu'à tenter l'expérience de dormir dans le désert, autant le faire ici, un peu à l'écart, directement au pied de ces dunes privées ! Le camp regroupe 7 huttes (ou cottages) traditionnelles assez mignonnes (mais eau chaude au seau), disposées autour d'une cour avec son brasero central. Plus 14 tentes agréables et confortables (eau chaude à la douche !), face aux dunes. Ambiance touristique, évidemment, mais prestations de bonne qualité.

BIKANER (bikaner)

257 000 hab. IND. TÉL. : 0151

• Plan *p. 597*

Aux portes du désert du Thar comme sa rivale Jaisalmer, Bikaner est une ville moins touristique dont la principale attraction est l'énorme forteresse de Junagarh, plantée en son centre. Elle ne dégage pas vraiment un charme irrésistible, mais elle constitue une étape intéressante sur la route du Shekhawati. Sa vieille ville, avec quelques belles *havelis,* garde des traces de son passé médiéval. Et pour éviter les foules qui se pressent à Jaisalmer pour des *camel safaris* formatés, pourquoi ne pas se servir de Bikaner comme base pour partir à dos de dromadaire arpenter les dunes du désert du Thar ? Bikaner a d'ailleurs en cette matière une solide réputation pour l'élevage des dromadaires ; et l'espèce locale est spécialisée dans le trait plutôt que la selle. Une foire aux chameaux s'y tient tous les ans à la date de la pleine lune de janvier.

UN PEU D'HISTOIRE

À la fin du XVe s, le *rao* Bika, fils du maharaja de Jodhpur, s'élance avec une petite armée vers la zone désertique du nord du Rajasthan pour se tailler son propre royaume. 20 ans plus tard, une ville sort de terre : elle s'appellera Bikaner, en son honneur et celui d'un certain Nera, leader du clan Jat attaché au lieu.

À l'avènement des Moghols, la famille régnante de Bikaner est l'une des premières à leur faire allégeance : une décision qui lui vaut un rôle important dans l'empire. Nombre de ses fils s'illustrent alors dans des batailles à travers toute l'Inde. Les conflits avec le Marwar, puis avec les *thakurs* locaux, sont fréquents. Comme Jaisalmer, elle s'enrichit grâce au passage des caravanes, puis subit de plein fouet le déclin du commerce caravanier à la fin du XIXe s... Le maharaja trouve alors une solution : il devient fournisseur de dromadaires pour les armées britanniques, qui en avaient grand besoin pour mener leurs guerres à la frontière du Nord-Ouest !

Un maharaja éclairé

Parvenu au pouvoir en 1898, Ganga Singh mène le *Bikaner Camel Corps* jusqu'en Chine en 1901, en Somalie en 1904, puis lance ses chameliers à l'assaut des tranchées allemandes lors de la Première Guerre mondiale ! Il représente l'Empire des Indes au Congrès de Versailles en 1919, siège à la SDN à La Haye, est promu général de l'armée de Sa Majesté et fait partie du *War Office* en 1939-1945. Ami de Georges Clemenceau, il le convie à la chasse au tigre (un comble pour le « père de la Victoire » surnommé aussi « le Tigre » !). Homme moderne, il fait venir le chemin de fer jusqu'à Bikaner, transforme certaines parties de son territoire semi-désertique en oasis en faisant percer un canal (Ganga Canal), promeut éducation, santé publique, développement des routes, électrification et commerce.

Arriver – Quitter

En train

Railway Station *(plan A2)* : *Station Rd, en plein centre-ville. Infos : ☎ 131.* Retiring rooms sur le quai nº 1 et consigne 24h/24 (prix selon taille du bagage). Mais il faut avoir un billet au départ de Bikaner pour pouvoir laisser un sac en consigne : acheter un billet pour Deshnoke *(10 ₹)*, par exemple.

➢ **Delhi :** 1-4 trains/j. Les plus rapides : le *Delhi Intercity*, départ à 22h30, arrivée à Sarai Rohilla vers 6h ; ou l'*Intercity Express* de 9h30, arrivée vers 17h30 à Sarai Rohilla. Trajet : 8-14h.

➢ **Jaipur :** 3-5 trains/j. L'*Intercity* part à 6h et le *Hanumangarh Kota Special* à 23h. Trajet : 6h30-7h30.

➢ **Jodhpur :** 5-7 trains/j. Les 2 plus pratiques et rapides partent le mat, tlj : le *Ranakpur Express* à 9h30, le *Kalka Barmer Express* à 11h. Trajet : 5h-6h30.

➢ **Jaisalmer :** 1 *express* tlj vers 23h05, arrivée à Jaisalmer vers 4h50 (attention, pas de résa). Trajet : 5-6h. Également le mar à 18h30 pour une arrivée vers 23h20 depuis Bikaner Junction.

➢ **Deshnoke :** env 10 trains/j. 6h-23h30 (dont 1 *passenger* très peu cher). Trajet : 30 mn max.

➢ **Ahmedabad :** 2-4 trains/j., presque ts partant ou arrivant dans la nuit... Trajet : 13-16h.

➢ Pas de train direct pour Ajmer ou Pushkar.

En bus

Bikaner compte plusieurs gares routières.

Central Bus Stand *(plan B1, 1)* : *à 2 km au nord de la ville. ☎ 252-38-00. Env 50 ₹ en rickshaw depuis le centre. Consigne ouv 4h-22h.* Véritable gare routière, pour les bus gouvernementaux.

➢ **Jaisalmer :** 1 seul bus direct, à 12h. Trajet : 6-7h.

➢ **Jaipur, via Fatehpur (Shekhawati) :** 9 *express*/j., 6h30-17h. Trajet : 7h pour Jaipur, 3h30 pour Fatehpur.

➢ **Jodhpur :** bus ttes les heures, 5h30-18h30. Trajet : env 4h30.

➢ **Pushkar et Ajmer :** bus ttes les heures, 5h-18h. Trajet : 6h pour Pushkar, 7h pour Ajmer.

➢ **Delhi :** 3 *express*/j., vers 5h45, 6h45 et 8h30. Trajet : 12h. Mieux en train. À noter que les *express* de 6h45 et de 8h30 font halte à **Mandawa** (5h de trajet).

➢ **Ahmedabad :** 1 *express*, à 13h30. Trajet : 15h.

➢ **Udaipur :** 2 *express*/j., à 7h30 et 16h30 (via **Ranakpur** pour ce dernier). Trajet : 13h (10h pour Ranakpur).

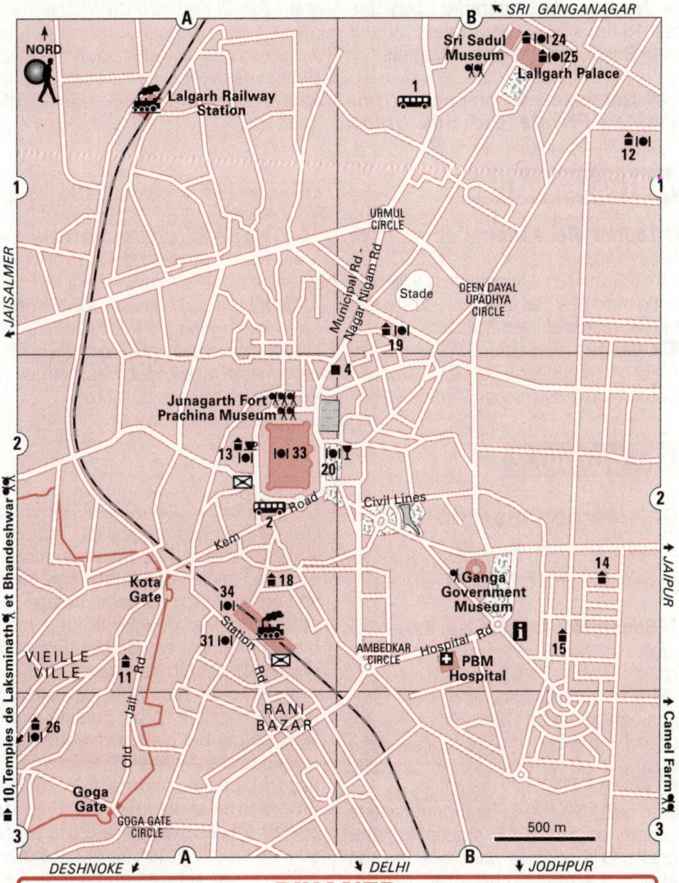

BIKANER

Adresses utiles

- Tourist Reception Centre (B2)
- **1** Central Bus Stand (B1)
- **2** Private Old Bus Stand (A2)
- **4** Ganpati Forex (A-B2)

Où dormir ?

- **10** Tanisha Heritage Haweli (hors plan par A3)
- **11** Shanti House (A2)
- **12** Narendra Bhawan (B1)
- **13** Bhairon Vilas (A2)
- **14** Shri Ram Heritage (B2)
- **15** Raj Haveli (B2)
- **18** Hotel Jaswant Bhawan (A2)
- **19** Hotel Harasar Haveli et Desert Winds Hotel (B1)
- **24** Lallgarh Palace Hotel (B1)
- **25** Laxmi Niwas Palace (B1)
- **26** Hotel Bhanwar Niwas (A3)

Où manger ?

- **12** Pearl & Chiffon (B1)
- **13** Ganesha Coffee Lounge et restaurant de Bhairon Vilas (A2)
- **20** Gallops (A-B2)
- **25** Resto du Laxmi Niwas Palace (B1)
- **31** Restos populaires et Heeralal's (A2)
- **33** Prachina Museum Café (A2)
- **34** Deluxe Restaurant et restaurant de l'Ever Green Hotel (A2)

➢ ***Nagaur, via Deshnoke :*** bus ttes les 15 mn 4h45-19h. Trajet : 30 mn pour Deshnoke, 2h30 pour Nagaur.

Nombreuses compagnies privées au ***Private Old Bus Stand*** (plan A2, **2**) : *au sud du fort, le long de la rue, avec quelques agences vendant des billets pour les bus privés dans des baraques, et surtout au niveau de* ***Ambedkar Circle*** *(plan B2).*

Adresses utiles

Tourist Reception Centre *(plan B2)* **:** *Puram Singh Circle.* ☎ *222-67-01. Tlj 9h30-18h.* Un plan de la ville pratique mais pas très à jour, avec liste des hôtels, restos et lieux à visiter.

■ ***Change :*** *chez* ***Ganpati Forex*** *(plan A-B2, 4),* 📱 *95-49-22-22-02, près du* Rama Hotel, *sur Nagar Nigam Rd ; tlj 10h-18h. Sinon, nombreux* ***ATM*** Visa et MasterCard, *proches de la gare ferroviaire, et à côté de l'office de tourisme.*

✚ ***Santé :*** *en cas de besoin,* ***PBM Hospital*** *(plan B2), Hospital Rd.* ☎ *222-63-34.* Hôpital gouvernemental, soins de qualité raisonnable, mais il vaut mieux fermer les yeux sur les couloirs crasseux...

Où dormir ?

De très bon marché à bon marché (400-1 800 ₹ / 5,30-24 €)

Shanti House *(plan A2,* ***11****)* **:** *New Well, City Kotwali, derrière Jain Paathshala.* ☎ *254-33-06.* 📱 *94-61-15-97-96. • inoldcity@yahoo.com • De Station Rd, direction Bada Bazar/Rangdi Chowk (panneau vert), puis à gauche à la patte-d'oie ; c'est env 200 m plus loin. Lit en dortoir 120 ₹ ; doubles sans ou avec clim 450-800 ₹.* Tenu par un jeune couple, ce mini-*B & B* empile 4 chambres très modestes dans une maison étroite. La moins chère, au rez-de-chaussée, microscopique et sans fenêtre, sert de... dortoir (7 m² et 3 lits lors de notre passage !), limite insalubre. Les autres, aux étages, sont un peu mieux, avec fenêtre et salle de bains. Micro-terrasse sur le toit où on peut vous installer un matelas s'il n'y a plus de place (ou si vous êtes vraiment fauché). Accès à la cuisine, repas sur demande et *cooking class* avec madame, Tara. Gouri viendra vous chercher gratuitement aux gares et organise aussi des visites à pied originales pour découvrir la vieille ville (50 ₹/personne pour 1h). Une adresse pour routards endurcis !

Shri Ram Heritage *(plan B2,* ***14****)* **:** *A-228, Sardul Ganj.* ☎ *252-26-51.* 📱 *92-61-00-11-00. • raobikaji.com • Lit en dortoir env 260 ₹, doubles 800-1 800 ₹, petit déj inclus. Wifi seulement à la réception.* Plus *guesthouse* ou AJ à l'ancienne que *heritage,* avec son grand dortoir au dernier étage (un peu vieillot – et douche froide – mais bien pratique) et son dédale de chambrettes de confort varié (avec ou sans clim, avec ou sans salle de bains...). Repas possible, type cuisine familiale, ce qui est bien commode car il n'y a pas grand-chose dans le coin. Et accueil plutôt attentionné de Yogendra, un ancien militaire à la retraite. Propose également des excursions d'une soirée ou plus dans le désert (ils ont quelques huttes assez simples du côté de Raisar), sans mauvaises surprises a priori.

Prix moyens (1 200-3 300 ₹ / 16-40 €)

Hotel Jaswant Bhawan *(plan A2,* ***18****)* **:** *Daudsar House Complex, Alakhsagar Rd.* 📱 *90-01-55-47-46. • hoteljaswantbhawan.com • De l'autre côté de la gare ferroviaire ; prendre la passerelle au-dessus des voies, l'hôtel est juste après le parking, sur la droite. Doubles 1 400-2 400 ₹ selon taille et saison.* Pas trop loin du fort et bâti en 1926 pour l'ancien 1er ministre, ce petit hôtel d'une vingtaine de chambres est avenant. D'abord, il y a le petit

LE RAJASTHAN

jardin reposant. Puis des chambres (3 catégories) très propres mais sans déco, avec sols et salle de bains en marbre, ventilo et clim, donnant sur les patios ou sur le toit-terrasse. Les *superieur deluxe* occupent une aile toute récente mais bien fondue dans la bâtisse. Atmosphère paisible, imprégnée des évocations de l'Inde ancienne. Repas sur demande (*veg'* ou non), mais patience : la cuisine n'est pas faite sur place. Accueil aimable. Seul bémol, la proximité des trains qui brisent le silence de la nuit...

Hotel Harasar Haveli (plan B1, **19**) : *près du Karni Singh Stadium. ☎ 220-98-91 ou 252-73-18. • harasar.com • Doubles avec sdb 1 300-3 000 ₹ selon confort, petit déj compris. Wifi resto et lobby seulement.* Dans un quartier quelconque, à 20 mn à pied de l'entrée du fort, cet hôtel moderne, à l'imitation des *havelis* traditionnelles (portail de bois sculpté et couloirs ornés de fresques), propose une tripotée de chambres. Celles qui ont été rénovées dans le style moghol sont les plus séduisantes. Les moins chères, à l'arrière, sont propres mais sans déco, et leurs salles de bains datent. Mais tout est nickel et confortable dès les 1ers prix. Pour dîner, resto « havelisé », ou terrasse abritée au 1er étage ; plats *veg'* ou non, très corrects, bien qu'un peu chers. Transfert gratuit de/vers les gares. Parfois un peu usine pour groupes, mais accueil gentil. Bien pour une courte étape. Juste à côté, le **Desert Winds Hotel** (même famille), est au diapason.

Tanisha Heritage Haweli (hors plan par A3, **10**) : *Aasaniyon Ka Chowk, près de Rampuria Haveli. ☎ 254-39-72. 📱 75-68-02-56-62. • tanishaheritagehaweli@ymail.com • Congés : juin. Doubles 1 200-2 000 ₹ selon taille et confort ; petit déj en sus (inclus pour la plus chère). Repas végétarien copieux 350 ₹.* Au beau milieu de la ville, dans un dédale de ruelles (accès en rickshaw), cette petite *haveli* propose 8 chambres réparties autour d'une grande terrasse. La famille loge au rez-de-chaussée, aime les bibelots nacrés, les fleurs artificielles... et les peluches. Les chambres, au 1er étage, ne sont guère plus sobres, mais propres, avec salles de bains nickel. Spécialement pour les filles, pick-up à la gare routière ou ferroviaire (1,5 km), car le lieu n'est pas facile à trouver. Une adresse où partager le quotidien d'une famille indienne, pleine de gentillesse !

Chic (3 000-5 400 ₹ / 40-72 €)

Bhairon Vilas (plan A2, **13**) : *face au Junagarth Fort, à deux pas de la poste. ☎ 254-47-51. 📱 99-28-31-22-83. • bhaironvilas.com • Doubles avec sdb 2 750-4 000 ₹ selon taille et vue (fort ou jardin). Repas 350 ₹. Ordi et wifi au lobby seulement.* Ancienne résidence fortifiée (1872) d'un 1er ministre du maharaja dont l'esprit est perpétué par ses héritiers, l'hôtel abrite des chambres avec ventilo et clim, richement décorées pour les plus chères (les *heritage*), toutes différentes et séduisantes (bien que sombres), avec de beaux tissus, des souvenirs de famille et moult antiquités... dans une atmosphère bohème (et parfois poussiéreuse, c'est vrai !). Au dernier étage, 4 chambres lumineuses avec ou sans terrasse et vue sur le fort, assez simples côté déco. Déjeuner ou dîner dans le jardin fleuri fréquenté par les colibris, ou dans la salle de resto. Antique bar, surmonté de bouteilles plus que centenaires. Piscine dans le jardin, et *Ganesh Coffee Shop* à l'entrée (voir « Où manger ? »). Une adresse de charme à forte personnalité ! Organise des pique-niques en plein désert au coucher du soleil ; ambiance caravane, avec musiciens et feu de camp sous la voûte étoilée. Notre coup de cœur !

Raj Haveli (plan B2, **15**) : *B-222, Sadul Ganj. ☎ 220-87-77. • rajhaveliheritage.com • Doubles 3 000-4 500 ₹, petit déj inclus.* Dans un quartier résidentiel calme, un hôtel certes sans grand charme malgré sa façade façon *haveli* en grès, mais au confort standard, bien entretenu et plutôt pimpant avec ses vastes chambres parquetées, ses salles de bains en marbre et ses meubles en bois sombres. Accueil pro et disponible. Pour un séjour sans surprise.

De très chic à beaucoup plus chic (5 400-plus de 10 500 ₹ / 72-140 €)

Narendra Bhawan *(plan B1, 12) : Karni Nagar, Gandhi Colony. ☎ 225-25-00. • narendrabhawan.com • Double min 9 000 ₹, petit déj inclus. Promos fréquentes et intéressantes.* Voici la dernière résidence de l'ultime maharaja de Bikaner (mort en 2003), un palais devenu palace, inspiré de ses goûts éclectiques. Style Art déco, ambiance jazz et gin – dès le bar de l'entrée encadré de voitures de collection, superbes velours aux teintes soutenues : le palais moderne, en gros ! Belles et vastes chambres aussi élégantes que raffinées, superbe cour intérieure idéale pour siroter un thé ou profiter du petit déjeuner, restaurant à la hauteur du lieu... et service diligent, précis et d'une courtoisie souriante. La petite piscine à débordement, en terrasse, offre une vue extra sur la ville. Un coup de cœur !

Hotel Bhanwar Niwas *(plan A3, 26) : Rampuria St. ☎ 252-93-23 ou 220-10-43. • basavanhotels.com • Résa conseillée. Doubles 6 000-7 100 ₹, petit déj inclus ; suite aussi. Réduc de 30 % mai-juil. Repas 700-800 ₹. Wifi à la réception.* En plein cœur de la vieille ville, une superbe *haveli* de 1927 dont l'intérieur mêle styles européen et indien. Même sans y loger, on peut admirer ces petits salons italianisant chargés de dorures, qui bordent un magnifique patio. Mais l'ensemble, esthétiquement plaisant, donne une impression figée, voire froide. L'édifice compte 25 chambres inégales. Certaines ne sont que raffinement : mosaïques au sol, peintures délicates... Resto accessible à tous mais quelconque. Accueil moyen, et service un peu léger pour un hôtel de cette catégorie.

– Les 2 adresses suivantes sont aménagées dans des ailes du Lallgarh Palace, bâti en 1902 dans un style anglo-rajpoute affirmé et ceint de jardins. L'ensemble est toujours géré par une branche de la famille royale de Bikaner.

Laxmi Niwas Palace *(plan D1, 25) : dans l'aile sud du Lallgarh Palace. ☎ 220-00-88. • laxminiwaspalace.com • Double min 13 000 ₹ ; suite aussi. Réduc de 50 % env avr-oct.* L'hôtel s'organise autour d'un majestueux patio tout ciselé, une véritable dentelle de grès rouge. Un cadre superbe pour jouer au maharajah d'un jour, et qui abrite des chambres vastes et confortables, joliment décorées. Celles du rez-de-chaussée sont sombres et 2 n'ont pas de fenêtre. En revanche, les 4 *Palace Rooms* perchées sur le toit, avec leur terrasse particulière et vue sur la ville, sont vraiment séduisantes. Service stylé. Dans les parties communes, la salle de billard, et au bar, nombreux trophées de chasse et touchantes photos décorant les murs. L'une d'elles montre Clemenceau, « le Tigre », invité en 1921 à une chasse au... tigre ! Resto (voir « Où manger ? »). Belle piscine extérieure.

Lallgarh Palace Hotel *(plan B1, 24) : dans l'aile nord-ouest du Lallgarh Palace. ☎ 254-02-01 à 07. • lallgarhpalace.com • Double min 9 000 ₹ ; suite aussi ; réduc importante hors saison. Repas 800 ₹.* Moins grandiose que le *Laxmi Niwas Palace,* mais tout de même impressionnant ! Éviter, au rez-de-chaussée, les chambres aveugles ou qui donnent sur la sombre cour-jardin. Les autres sont de taille variable, parfois très vastes, élégantes et confortables. Jardin intérieur, billard, courts de tennis et de badminton, magnifique piscine intérieure (non chauffée et pas toujours pleine) aux colonnades néoclassiques, spa. Tout cela respire la classe, mais manque un peu de chaleur, jusque dans la réception compassée.

Où manger ?

Pas grand-chose à se mettre sous la dent. Privilégier les repas à l'hôtel, notamment dans les adresses de la catégorie « Prix moyens ».

Bon marché (180-450 ₹ / 2,40-6 €)

Le long de Station Road, juste avant d'arriver à la gare, plusieurs ***restos populaires*** *(plan A2,* ***31****)* avec leurs salles ouvertes sur la rue jouent à touche-touche. Proposent à peu près tous le même genre de plats préparés sous vos yeux.

Heeralal's *(plan A2,* ***31****) : Heeralal Mall, en face de la gare. ☎ 220-44-55. Tlj 7h-22h.* L'entrée se fait par la partie fast-food, devancée par une longue vitrine. À l'étage, grande salle en partie vitrée pour profiter de l'activité incessante de la gare. On savoure les meilleurs *thalis* de la ville, ainsi qu'une cuisine goûteuse bien qu'assez grasse. Dur pour le régime mais vraiment bon ! Ambiance endormie le midi, plus vivante le soir.

Deluxe Restaurant *(plan A2,* ***34****) : Station Rd. ☎ 252-81-27. Tlj midi et soir jusqu'à 21h30.* Le contraire de ce qu'annonce l'enseigne ! Pas grave, ça reste une sympathique gargote, avec ventilo, vieilles banquettes en plastoc et petits box. Excellent et copieux *thali* végétarien, plus *paratha, curd,* naan, pizzas et quelques plats chinois.

Prachina Museum Café *(plan A2,* ***33****) : sur l'esplanade intérieure du fort, à côté du Prachina Cultural Centre & Museum. Mêmes horaires que le fort.* À l'abri sous quelques arbres et les pieds sur la pelouse, une pause bienvenue après la visite. Sandwichs ou snacks, de même que soupes, riz et plats chinois. Salle climatisée, pas toujours ouverte.

Restaurant de l'Ever Green Hotel *(plan A2,* ***34****) : Station Rd, à côté du* Deluxe Restaurant*. ☎ 254-20-61. Tlj 7h-22h.* Un genre de snack végétarien moderne aux murs couverts de motifs... égyptiens ! Spécialités d'Inde du Sud et un grand choix de currys, plats chinois et continentaux, le tout préparé sous vos yeux dans une cuisine vitrée. Bien aussi pour le petit déj.

Ganesha Coffee Lounge *(plan A2,* ***13****) : à l'entrée de l'hôtel* Bhairon Vilas *(voir « Où dormir ? »). Tlj 10h-14h, 16h-21h.* Pour siroter un vrai expresso, un thé choisi, un jus bien frais ou s'offrir un goûter, choix cornélien entre la petite salle très personnalisée, mix de brocante et de magazine déco, et l'agréable terrasse en hauteur, ambiance plus *chill out.* Au calme, en prime !

De prix moyens à chic (450-1 800 ₹ / 6-24 €)

Gallops *(plan A-B2,* ***20****) : juste en face de l'entrée du fort de Junagarth. ☎ 320-08-33. Tlj midi et soir, jusqu'à 22h30. Prix moyens.* Resto long comme un wagon et flanqué d'une terrasse avec vue sur... le fort. Carte *veg'* ou non avec pizzas, plats chinois ou indiens un peu fades mais adaptés aux palais occidentaux délicats, ou petits en-cas comme des *pakoras.* Très bien pour se désaltérer aussi après la visite du fort. Choix de cafés, jus de fruits, et même de la bière. Prix un poil forcés.

Resto du Laxmi Niwas Palace *(plan B1,* ***25****) : Lallgarh Palace. ☎ 220-27-77 ou 00-88. Plat min 500 ₹, buffet 1 300 ₹.* Salles aussi élégantes que l'hôtel, mais c'est sous les arches de la superbe cour qu'il fait bon s'attabler pour un dîner romantique, avec chaque soir un superbe spectacle de danse et musique traditionnelle. Ce privilège est souvent réservé aux hôtes, mais tentez votre chance en téléphonant à l'avance. Préférer la carte, *veg'* et *non veg',* au buffet nettement moins fin. Service impeccable. Addition élevée mais souvenir inoubliable.

Voir aussi, dans des genres très différents, le restaurant du ***Bhairon Vilas*** *(plan A2,* ***13****)* pour sa cuisine rajasthanie (*veg'* ou non) assez typique, au fond du jardin quand le temps est au beau ; et le très classe ***Pearl & Chiffon*** du *Narendra Bhawan (plan B1,* ***12****)* : assiette aussi raffinée que le cadre, mais les prix décollent !

À voir. À faire

Junagarth Fort *(plan A2) : ☎ 254-22-97. ● junagarh.org ● Tlj 10h-17h30 (dernier billet 16h30). Entrée : 350 ₹, audioguide en français (bien fait) inclus ;*

+ 100 ₹ pour le Prachina Museum ; réduc étudiants et - de 12 ans ; gratuit - de 5 ans. Caméra 150 ₹. Compter 1h30 de visite.
Un des rares forts du Rajasthan (avec celui de Jaipur) bâti sur terrain plat, il fut le siège des maharajas de Bikaner durant des siècles. La construction a été initiée en 1589 sous l'empereur Akbar. Il mêle différentes influences architecturales, militaires et décoratives. Doté de 37 bastions hauts de 12 m, le fort déploie ses murailles sur un périmètre de 914 m. Il renferme divers palais et sanctuaires, dans un labyrinthe de couloirs, d'escaliers, de terrasses et de cours intérieures.
À l'entrée, sur le mur du 2e porche, à gauche, noter les « empreintes » des mains des princesses, ciselées en bas-relief après leur *sati,* c'est-à-dire leur immolation sur le bûcher de leur maharajah de mari. Voici les principales étapes.
– Après la rampe d'accès à une 1re cour et les portes massives bardées de piques métalliques censées arrêter la charge des éléphants, une 2e cour en grès rose, finement sculptée. Au centre, entouré d'un bassin en marbre de Carrare, un kiosque sous lequel le maharaja prenait place lors des fêtes (dont Holi). Levez le nez vers la tour d'angle carrée, vous y verrez des peintures murales représentant train et bateau – symboliques du Raj britannique. En face une fenêtre décorée de carreaux de Chine. Sur la gauche, aujourd'hui derrière des baies vitrées, c'est le ***Karan Mahal*** (la salle d'audience) avec un trône en argent.
– Côté gauche, une nouvelle cour blanche entourée de jarokha donne accès à plusieurs salles. Ne pas manquer la porte en argent (650 kg) fixée au mur. 1re pièce (parfois fermée), celle du ***Phul Mahal*** (salle des Fleurs) ornée de superbes peintures. Au fond, l'***Anup Mahal*** (salle du Couronnement) avec ses piliers ouvragés sur plusieurs niveaux, sa déco chargée rouge et or, son plafond incrusté de miroirs dominant d'anciens tapis confectionnés par des prisonniers. Le trône du maharaja est serti de verre coloré.
Dernière étape, le petit ***Badal Mahal*** (ou « salle des Nuages »), décoré de fresques représentant Rada et Krishna dans un ciel bleu et nuageux zébré d'éclairs stylisés, donnant l'illusion que la pluie s'écoule sur les murs. L'endroit était, paraît-il, destiné aux enfants du maharaja, qui n'avaient jamais vu la pluie !

> **ÇA SUINTE !**
> *En raison de la pénurie d'eau, ce sont 40 t de ghee, le beurre clarifié, qui furent utilisées pour asseoir les fondations du temple jaïn de Bandeshwar. Lorsqu'il fait très chaud, en été, la graisse sort des jointures des pierres !*

– On regagne ensuite la cour au kiosque pour grimper au 1er étage par un escalier étroit. Dans la 1re salle, un ***petit autel d'Hanuman,*** une ancienne table d'échecs, des planches à clous, ainsi que divers accessoires de fakirs (photos à l'appui !).
– À l'entrée de la superbe ***chambre de Gaj Singh Manda,*** une balancelle dorée dont le mouvement entraîne une ronde de statuettes. Murs finement incrustés de miroirs, plafonds et portes ouvragés.
– En repassant par la salle des planches à clous, on gagne la 2de partie de la forteresse via un couloir et le ***Lal Niwas*** (la pièce de vie), avec ses fleurs rouges peintes sur les murs et plafonds et ses miroirs. À côté, le 1er ascenseur du Rajasthan (1914), importé d'Angleterre et toujours en fonction.
– On traverse ensuite un dédale de couloirs pour finalement déboucher dans la partie la plus récente du palais, le ***Ganga Niwas*** (fin XIXe-début XXe), et d'abord les ***salles d'armes.*** Quelques curiosités comme ces fusils de 1,60 m de long pour la chasse au tigre et de 3 m de long pour les éléphants, ou ces superbes sabres avec pommeau d'or, d'argent et de jade, une épée de 27 kg et des *kattars* (les poignards à tigre dotés de 2 minipistolets).
– Ensuite, dans le ***Ganga Durbar Hall*** (salle de Conférences) datant de 1937, profusion de motifs sculptés dans la pierre, plafonds en bois de rose et énormes lustres. À l'entrée, un trône en bois de santal sous son baldaquin. Au fond, l'espace où se tenaient les femmes qui pouvaient voir sans être vues, comme d'hab' !

– À quelques pas de là, le ***bureau du maharaja Ganga Singh,*** avec ses uniformes et sa cuillère à soupe en argent spéciale grandes moustaches... Jetez un œil à cette gravure du traité de Versailles, où le maharaja était membre de la délégation britannique : coiffé de son turban, au centre, derrière son ami Clemenceau.
– Dernière pièce : avion biplan de la Première Guerre mondiale offert par les Anglais, carrioles, palanquins, trône en bois du XIIIe s...

Prachina Cultural Centre & Museum *(plan A2) : dans un pavillon, sur l'esplanade à gauche en sortant du Junagarth Fort. ☎ 252-56-09. • prachinamuseum.org • Tlj 9h-18h. Entrée : 100 ₹.* Petit musée fondé par la fille du maharaja Narendra Singh, évoquant différents aspects de la vie des hauts dignitaires locaux, fortement influencé par les Occidentaux : costumes d'apparat (robes incrustées d'or des princesses rajpoutes), statues pour la procession de Gangaur, objets du quotidien (argenterie, cristallerie et... crachoirs du maharaja !) et pour finir un arbre généalogique, et des harnachements de chevaux et chars à bœufs. Belle mise en valeur des savoir-faire artisanaux de Bikaner, toujours vivaces. Au 1er étage, du mobilier Art déco, des portraits, des armures et d'anciennes photos de la cour de Bikaner. Explications intéressantes en anglais.

Lallgarh Palace et Sri Sadul Museum *(plan B1) : au nord de la ville. ☎ 252-24-64. • maharajagangasinghjitrust.org.in • En rickshaw, env 60 ₹ depuis le centre. Lun-sam 10h-17h. Entrée : 50 ₹ ; réduc. Caméra 150 ₹.* Construit en 1902, ce « Versailles des Sables » de grès rouge, au style anglo-rajpoute s'entoure d'un vaste jardin. Le dernier descendant y résida jusqu'en 2003 et, désormais, ce sont, faute d'héritier mâle, les femmes de la famille qui y vivent et gèrent l'héritage, Junagarth Fort inclus. 2 ailes ont été transformées en hôtel, et le reste demeure la résidence privée de toutes ces dames !
En face, les 7 salles du musée, organisées autour d'un vénérable wagon de 1946 du *Bikaner State Railway* utilisé par le maharaja Sadul Singh, exposent dans un joyeux empilement une riche collection iconographique, véritable dépositaire de la mémoire indo-anglaise tout au long du règne des maharajas Ganga, Sadul, Karni et Narenda... tous des Singh. Précieuse collection de miniatures de l'école de Bikaner. Avec des milliers de photos et d'objets, on passe en revue les cérémonies officielles, parties de chasse, réceptions fastueuses, portraits de famille en grande tenue et autres réunions politiques. On observe les têtes de circonstance des dames anglaises dans les dîners ennuyeux, les torses gonflés de fierté des chasseurs de tigre, armes et trophées à la clé... La visite est l'occasion de boire un thé sur place et de jeter un œil sur les longs couloirs et les cours intérieures du palais.

Ganga Government Museum *(plan B2) : route de Jaipur. ☎ 252-88-94. Tlj sauf lun 9h45-17h15. Entrée : 100 ₹.* Poussiéreux et vieillot, ce musée tout en rond conserve néanmoins quelques pièces intéressantes : instruments de musique, portraits et objets personnels du maharaja Ganga Singh, photos de l'époque coloniale, bel éventail de l'artisanat local (dont des « poteries » réalisées à partir de peau de dromadaire recouverte de laque !), armes... Et, au 1er étage, une section archéologique avec terres cuites des périodes kushan et pré-gupta (admirer l'expressivité et le naturel de ces bas-reliefs en terra-cotta), petits bronzes, superbe *Jain Saraswati* en marbre blanc du XIe s et tablettes de *satis.*

➢ ***Balade dans la vieille ville*** *(plan A2-3) : du fort, suivez la rue principale menant à Kota Gate ou prenez un rickshaw pour vous faire déposer devant le* Bhanwar Niwas Hotel. Au-delà de Kota Gate et des remparts s'étend le centre ancien encore ceinturé de 8 km de remparts. Les trekkeurs urbains arpenteront un dédale de ruelles encombrées de vaches, de motos, de piétons affairés, et bordées de très nombreuses *havelis*. Coup d'œil au ***Bhanwar Niwas*** *(plan A3,* ***26****),* l'hôtel installé dans la plus belle *haveli* bâtie par la famille Rampuria à l'aube du XXe s. Prenez-y un thé pour admirer ses salons intérieurs. L'une des façades, sur la ruelle opposée à l'entrée, est une délicate dentelle de grès rouge. Remarquable travail

LE RAJASTHAN

sur les consoles des fenêtres. D'autres *havelis* bâties par les Rampuria ou les Daga, une autre famille de riches négociants, ponctuent le quartier.
En traversant le marché aux épices, on arrive, à l'extrémité ouest de la vieille ville, au ***Laksminath Temple*** *(hors plan par A3 ; tlj 6h-13h, 17h30-22h30 ; donation suggérée ; pas de photos, et ôter chaussures, chaussettes et ceinture).* En marbre blanc et grès rouge, consacré vers 1500 à Vishnou, il se dresse au lieu même où Bikaner fut fondé. On y pénètre par un portail à tourelles. Quelques rats habitent les lieux, bien moins nombreux qu'à Deshnoke ! Essayez d'y être vers 10h, au moment de la *puja* (cérémonie). Assez envoûtant !

Bhandeshwar Temple *(temple jaïn ; hors plan par A3)* **:** *à côté du Laksminath Temple. Tlj 5h-13h, 17h30-23h30. Appareil photo 20 ₹.* Surmonté d'une tour conique et dédié au 5e *Tirthankara,* Sumit Nath Ji, il aurait été fondé en 1468 par un riche marchand. L'intérieur du sanctuaire, entièrement polychrome (le seul au Rajasthan !), est orné de scènes de cour et des processions avec de nombreux personnages peints sur fond vert, d'exquises petites frises de couleurs et de colonnes semées de fleurs. Assez étonnant ! De la terrasse, panorama sur la vieille ville *(laissez 20 ₹ en partant pour le gardien).*

Festival

– ***Camel Festival :*** *11-12 janv 2020.* Plus modeste et moins connu que celui de Jaisalmer, il n'en est pas moins conçu pour le tourisme. Parades, courses, balade à dos de dromadaire, etc.

DANS LES ENVIRONS DE BIKANER

Devi Kund Sagar : *à 8 km sur la route de Jaipur, à l'est, puis bifurcation à droite vers Napasar. Env 200 ₹ A/R en rickshaw, ou, si vous êtes en voiture, halte sur la route du Shekhawati. Tlj 9h-17h. Entrée : 10 ₹.* C'est depuis le XVIe s le lieu de dernier sommeil des membres de la famille royale de Bikaner, en rase campagne au bord d'un lac. Leurs cénotaphes constituent un ensemble émouvant et élégant de coupoles érigées sur le lieu de leur crémation.

Camel Farm – National Research Centre on Camel *(ICAR ; hors plan par B3)* **:** *à env 7 km au sud-est de Bikaner. ☎ 223-01-83. • nrccamel.icar.gov.in • Env 200 ₹ A/R en rickshaw avec attente. Oct-mars, tlj 12h (14h avr-sept)-18h30. Entrée : 200 ₹. Appareil photo 100 ₹. Tour à dos de dromadaire : 100 ₹. Balade en chariot tiré par un dromadaire : 50 ₹/pers.* Ce centre de recherche sur les camélidés étudie leur reproduction, la génétique, leurs maladies, etc. L'Inde compte plus de 1,5 million de camélidés, surtout au Gujarat. Le petit musée à l'entrée est sans grand intérêt mais, en se baladant près des enclos, on apprend plein de trucs... à condition d'avoir pris un guide. Un peu avant 16h, on voit revenir le gros des 300 dromadaires du centre, que l'on mène au point d'eau. Au *Camel milk Parlour, camel tea, camel ice-cream* et lait frais ! Juste à côté, ***National Research Centre on Equines*** (mêmes horaires) : autrement dit, même principe, mais appliqué aux chevaux et autres ânes.

➢ Il n'y a pas qu'à Jaisalmer que l'on peut s'adonner aux joies du ***camel ride.*** Plusieurs formules, un peu moins touristiques, existent à partir de Bikaner. En général, il s'agit d'une balade en fin d'après-midi, au coucher du soleil, suivi d'un dîner dans le désert, puis retour en ville. Quelques agences ou hôtels proposent aussi des camps où passer la nuit, et sont prêts à organiser des méharées de 2 ou 3 jours. Pour bien choisir avec qui faire votre balade à dromadaire, voir les recommandations dans le chapitre « Jaisalmer », plus haut ; bien vérifier en particulier ce qui est compris et ce qui ne l'est pas (eau, nourriture, etc.) ainsi que le type de dunes et de villages approchés, sachant que certains coins autour de Bikaner sont très fréquentés par des groupes et ont perdu de leur bel isolement sous les étoiles...

ENTRE BIKANER ET JAISALMER

Khichan : *à mi-chemin entre Bikaner et Jaisalmer, à 4 km de Phalodi, sur la route de Nagaur.* Une belle halte sur la route, entre août et mars, quand des milliers de grues demoiselles se rassemblent autour d'un petit étang et quelques dunes. Spectacle époustouflant et magnifique, particulièrement impressionnant quand ces nuées de volatiles élégants, d'une envergure de près de 2 m, vous survolent ! Un moment magique et bienvenu sur une route bien monotone...

DESHNOKE (देशनोक)

À 35 km au sud de Bikaner, sur la route de Jodhpur et d'Ajmer, ce village vaut une halte, le temps de visiter son fameux *temple aux Rats sacrés.*

Arriver – Quitter

En bus

Arrêt des bus à l'orée du portique qui mène au temple.

➢ ***Bikaner :*** bus express, 6h-21h, ttes les 20 mn env. Trajet : 45 mn. À Bikaner, le départ et l'arrivée se font au *Central Bus Stand*. Liaisons également avec **Jodhpur,** puisqu'il s'agit de la ligne Jodhpur-Bikaner.

En train

Gare à 300 m du temple.

➢ ***Bikaner :*** env 8 trains/j. 7h-23h30 (dont 1 *passenger* très peu cher). Trajet : env 1h30.

En rickshaw

De Bikaner, compter 400 ₹ l'A/R avec attente.

À voir

***Shri Karni Mata Temple** (temple aux Rats sacrés) : tlj 4h-22h. GRATUIT. Appareil photo 30 ₹, caméra 30 ₹. Âmes délicates s'abstenir, d'autant qu'il faut se déchausser (prévoir de bonnes chaussettes épaisses) ! On peut aussi enfiler des housses-chaussons pour 10 ₹.* Le temple, vieux de 600 ans, présente une belle architecture : dans sa façade en marbre est enchâssée une porte ouvragée en argent. À droite, on distingue nettement Ganesh, Shiva, et à gauche Surya, Karni et Lakshmi. Mais une nouvelle coupole, en construction, masquera bientôt l'ancienne...

Le lieu est spectaculaire au petit matin, quand les cloches sonnent et que les dévots font leurs offrandes (2 *puja* par jour : à 5h et 18h45). Par centaines, les bestioles (de la taille de gros mulots) évoluent tranquillou dans l'édifice, sautillant d'une grille à une margelle, faisant la sieste sur les marches, entrant

RONGEURS POÈTES

Mystique hindoue du XIVe s, vénérée par les souverains de Bikaner et de Jodhpur, Karni Mata, membre d'une caste de bardes, est considérée comme une incarnation de Durga, déesse de la Puissance. Elle aurait redonné vie, sous forme de rat, au fils d'un conteur après que Yama (le dieu de la Mort) l'eut refusé. Celui-ci accepta que Karni Mata réincarne tous les conteurs et poètes en rats...

et sortant de milliers de trous... On leur concocte de délicates douceurs dans d'immenses chaudrons, puis ils se regroupent, moustaches frémissantes, autour des gamelles géantes où lait, graines et autres offrandes sont déposés par les fidèles... qui trempent même leur doigt dans la marmite et le sucent ensuite : un aliment goûté par le rongeur devient béni ! Le saint des saints est lui aussi envahi par les petits gaspards... Si l'un d'entre eux vient se poser sur votre pied, c'est un bon présage. Et si vous apercevez un rat blanc (il y en aurait 4 ou 5), c'est que la chance est avec vous pour toute la vie !
Attention à ne pas en tuer un par mégarde, cela vous coûtera cher : il devra être remplacé par un rat identique... en or ! Un grillage a même été tendu au-dessus de la cour pour que les rapaces n'en fassent pas leur goûter.
– ***Festival :*** *2 fois/an en avr-mai et oct-nov.* Assez touristique.

NAGAUR (नागौर) 30 000 hab. IND. TÉL. : 01582

Aux portes du désert du Thar, Nagaur fut une ville âprement disputée entre musulmans et rajpoutes. Il en subsiste une enceinte de remparts autour de la ville, et surtout la forteresse d'Ahhichatragarh, ceinturé par 1 km de hautes murailles, flanquées de pas moins de 30 bastions. Il est toujours la propriété du maharaja de Jodhpur, qui l'a reconverti en partie en hôtel de charme. La partie du palais qu'on visite a conservé de la période moghole une riche décoration peinte et des jardins délicieux.

Arriver – Quitter

➢ Liaisons en bus fréquentes avec Nagaur sur la ligne Bikaner (à 105 km au nord, trajet 2h)-Jodhpur (à 140 km au sud, trajet 3h) et sur la ligne Bikaner-Ajmer.

Où dormir ? Où manger très chic ?

Ranvas Heritage Hotel : *Gandhi Chowk, dans une aile de la forteresse. ☎ 24-12-71 et 77. Résas à Jodhpur : ☎ (0291) 257-23-21. • ranvasnagaur.com • Doubles 17 000-22 000 ₹, avec petit déj. Resto catégorie « Très chic » aussi.* Sans doute un des fleurons hôteliers du Rajasthan qui n'en manque pourtant pas. Enchantement garanti. Admirablement restaurée, cette partie du fort (et ses multiples couloirs dans lesquels se perdre – en fait l'ancien *zenana*) se déploie dans un jeu subtil d'ombre et de lumière : autour d'une vaste cour centrale (une piscine d'eau vert émeraude se cache dans un recoin), une dizaine de pavillons bas, parés de bougainvillées, chacun flanqué d'une cour privée et composé de 2-3 chambres, et suite prolongée d'une terrasse au niveau supérieur. Partout, un mobilier élégant et sobre, et de multiples coins repos garnis de profonds coussins. Les *standard,* malgré leur confort, ne sont tout de même pas bien grandes. Le resto, en salle ou sous un pavillon à arcades, propose une cuisine raffinée ; il est accessible aux non-résidents. La balade sur les remparts au coucher du soleil est un moment de romantisme ab-so-lu. Accueil aux petits soins. Bon à savoir : entre octobre et mars, des tentes de luxe alignées comme à la parade sur une esplanade à l'arrière de l'hôtel (mais encore dans l'enceinte fortifiée) complètent l'offre pour absorber l'affluence lors des festivals *(résa indispensable ; tente pour 2 pers env 14 000 ₹).*

À voir

Ahhichatragarh Fort : *tlj 9h-17h (30 mn plus tôt et plus tard en été). Entrée : 100 ₹. Caméra 150 ₹.* Son nom peut se traduire par « cobra à capuchon ». Restauré depuis 20 ans grâce au soutien de l'Unesco, le fort qui date du XIIe s recèle encore un ingénieux système de canaux qui amène l'eau d'un puits près des remparts vers les fontaines et les bains du complexe.
Après une vaste esplanade où évoluaient les cavaliers, accès aux palais sur la gauche. Succession de bassins et de jardins fleuris. Ne pas manquer les plus belles fresques dans le *Hadi Rani Mahal* restituant des scènes de la vie du harem, où l'on peut voir ces dames en train de se brosser les cheveux, ou nager dans l'une des piscines devant d'autres assises sur une balançoire. Grimper sur la terrasse pour embrasser l'ensemble des bâtiments. Voir encore le hammam d'Akbar et le palais de celui-ci, assez simple avec une véranda donnant sur les jardins. Un petit musée permet de constater à l'aide de cartes et de photos l'état d'avancement des restaurations.

Manifestation

– **Nagaur Cattle Fair :** *4 j. fin janv-début fév (30 janv-2 fév 2020). Depuis la gare routière de Nagaur, rickshaw (la foire est à 3-4 km au sud du centre-ville).* Si vous avez décidé d'échanger un(e) proche contre 2 ou 3 dromadaires à cette foire aux bestiaux parmi les plus typiques du Rajasthan, c'est le moment ! Les Rajasthanis enturbannés viennent exhiber leurs chevaux, ânes, taureaux, et surtout leurs dromadaires (70 000 animaux !). Ces derniers font l'objet d'un incroyable toilettage (sculptures sur poil, dessins graphiques à la teinture, harnais d'apparat). Quelques-unes des festivités (spectacles le soir, défilés...) sont plutôt orientées vers le tourisme de groupes.

LE SHEKHAWATI

• Carte *p. 609*

Région située au centre du triangle Bikaner-Jaipur-Delhi. Bordée à l'est par les monts Aravalli, c'est une plaine, légèrement ondoyante, à mi-chemin entre les riches terres de la vallée du Gange et l'aridité du désert du Thar. Comme la région se trouvait sur le chemin des caravanes – entre Moyen-Orient et Chine, et entre Delhi et la côte du Gujarat – c'est ici que les riches marchands marwaris s'établirent dès le XVIIe s. Mais c'est surtout au XIXe s qu'ils firent fortune, grâce aux nouveaux centres de commerce développés par les Britanniques.

LES *HAVELIS*

Enrichis par le négoce des étoffes, épices, indigo et opium, les marchands *marwaris* se firent construire de magnifiques résidences : les *havelis.* Ce nom vient de *hava* (air), en raison des nombreuses fenêtres et autres moucharabiehs qui les ventilaient judicieusement. Le plan architectural est quasiment immuable. Une 1re cour, bordée de pièces, était réservée aux affaires (et aux hommes, évidemment) : rien n'était assez beau pour témoigner de la prospérité du maître des lieux et en mettre plein la vue aux acheteurs ! Une 2de cour, souvent moins fastueuse, abritait la famille.
La particularité des *havelis* du Shekhawati est l'étonnante profusion des fresques qui recouvrent les façades, les murs intérieurs... et toutes les surfaces possibles.

Les thèmes en sont divers : récits religieux et mythologiques, légendes, imagerie populaire ou tout simplement portraits de famille. Au début du XXe s apparaissent des trains, des voitures, des bicyclettes, des avions, des phonographes... parfois purement imaginés. Ces peintures sont généralement de grande qualité et illustrent une époque désormais révolue. Malgré les outrages du temps et les intempéries, elles ont pour la plupart défié les années jusqu'à présent, mais certaines ont subi des dégâts, souvent irréversibles, occasionnés par la négligence ou plus tristement le manque d'intérêt pour ce patrimoine unique !
C'est à la fin des années 1970 que le Shekhawati fut remis à l'honneur, grâce au travail d'Ilay Cooper, un ethnologue-photographe qui repéra les fresques en sillonnant le Rajasthan à vélo. Si le sujet vous intéresse, on vous recommande son passionnant bouquin *The Painted Towns of Shekhawati* (en anglais, Prakash Books). Cependant, l'indifférence quasi générale des autorités locales et de la plupart des propriétaires menace ce patrimoine de disparition irréversible.
Depuis plus de 20 ans, un homme a décidé de se battre. Ramesh C. Jangid a créé, dès 1993, avec une Française, Catherine Ripou, l'association Les Amis du Shekhawati, dans le but de répertorier, de protéger, de restaurer les fresques et d'y sensibiliser la population. Quelques réhabilitations ont d'ailleurs vu le jour depuis. L'association a aussi entrepris des démarches auprès de l'Unesco pour faire classer les sites au Patrimoine mondial de l'humanité. Parallèlement, elle a aussi mis en place des programmes d'aide auprès des enfants handicapés et défavorisés de la région. Pour plus d'infos :

■ ***Les Amis du Shekhawati :*** *Ramesh C. Jangid, c/o Apani Dhani, Nawalgarh 333042 (Rajasthan). ☎ (01594) 22-22-39. ● amis-shekhawati.org ● Ou, en France : Catherine Ripou, Le Village, 84400 Castellet. ☎ 04-90-75-16-13.*

Les *havelis* aujourd'hui

Aujourd'hui, la plupart des *havelis* sont vides. La construction du chemin de fer et le développement des grands ports de commerce portèrent un coup fatal aux caravanes. Les marchands marwaris émigrèrent à Delhi, Mumbai et Kolkata. Certains laissèrent au pays une famille de gardiens *(chowkidars)* ou un lointain cousin pour entretenir les bâtiments, voire les fermèrent tout simplement.
Les peintures les mieux préservées se situent souvent à l'intérieur, mieux protégé des ravages de la mousson et du soleil. En plus des fresques, le travail du bois (portes, linteaux et fenêtres ciselées) est généralement tout à fait remarquable (parfois celui des stucs aussi).
Outre les *havelis,* les riches marchands sont aussi à l'origine de la construction de temples, de puits, de cénotaphes et de caravansérails ; bref, un patrimoine unique !

COMMENT VISITER LE SHEKHAWATI ?

Pour une visite un peu sérieuse, il faut compter au moins 3 jours, même si son périmètre est finalement assez restreint. Une bonne douzaine de petites villes et de villages possèdent leurs *havelis,* cénotaphes et puits. Mieux vaut les détailler tranquillement que les accumuler jusqu'à l'overdose...
Le circuit traditionnel est Nawalgarh, Mandawa et Fatehpur. Si vous êtes en fonds, vous trouverez sur votre route des hôtels *heritage* des plus confortables. Cette région, comme tout le Rajasthan, a longtemps été divisée en petits royaumes dirigés par des *thakurs* qui ont transformé une partie de leurs belles demeures en hébergements pour s'assurer des revenus. C'est aussi l'occasion de découvrir une Inde rurale encore éminemment traditionnelle. Les hommes sont enturbannés et portent de grandes moustaches. Les femmes sont drapées dans des saris aux couleurs superbes. On trouve partout des bus et jeeps qui assurent la liaison d'un village à l'autre.

LE SHEKHAWATI

INFOS ET CONSEILS UTILES

L'idéal est de prendre un guide pour repérer et visiter les *havelis,* leurs noms étant rarement indiqués. Que vous fassiez seul la visite ou pas, n'oubliez pas que vous pénétrez parfois dans l'intimité des habitants même si, de plus en plus, les gardiens ou les familles elles-mêmes tirent un profit financier du tourisme. Souvent, on vous demandera donc un peu d'argent. Notre conseil : ne donner qu'avec discernement, et de toute façon guère plus de 20 ₹. Pourquoi ? Pour limiter les effets pervers du tourisme, même si celui-ci reste ici encore discret. Néanmoins, le nombre de gamins réclamant des stylos et de l'argent augmente d'année en année (voir la rubrique « Mendicité » dans « Hommes, culture, environnement »).
Il est préférable que les habitants apprennent à gérer les ambiguïtés de cette activité et des revenus qui lui sont liés. Facile à dire, certes, quand la redistribution des richesses aux populations locales est aléatoire. C'est d'ailleurs aussi ce que tente d'améliorer Les Amis du Shekhawati, en soutenant et en faisant connaître le travail des artisans locaux, par exemple. À chacun ensuite de jouer le jeu, de se comporter respectueusement en n'étalant pas ses roupies, et de prendre conscience que seul un tourisme équitable et solidaire peut sauver le Shekhawati...

Dans le même esprit, ne pas oublier que les *havelis* sont des propriétés privées et non des musées gouvernementaux. Respect donc pour les habitants, pas de mitraillage photographique à tout-va, surtout sans leur demander leur avis ! Cela vous donnera d'autant plus d'assurance pour refuser les sollicitations abusives, voire agressives, si le cas se présentait.

NAWALGARH (nawalgarh) 100 000 hab. IND. TÉL. : 01594

• Plan *p. 612-613*

Plutôt qu'à Mandawa, on vous conseille de séjourner à Nawalgarh, bien plus authentique. Les *guesthouses* y sont plus agréables, légèrement moins chères, et les groupes moins nombreux. Les *havelis* sont aussi les plus intéressantes et les mieux conservées : il y en a près de 120, dont une cinquantaine en état convenable, pour votre plus grand plaisir ! Si les fresques murales ont si bien résisté au temps, c'est dû à l'excellente qualité des mortiers et des plâtres utilisés à l'époque, obtenus à partir d'une chaux provenant des pierres de la proche colline de Khiror.

– En venant de Jaipur, ne pas confondre la zone des bus et de la gare ferroviaire avec le vrai village, à 600 m de là *(en rickshaw, prévoir env 60 ₹ pour le trajet)* ! Tout est à découvrir à pied, plutôt qu'en rickshaw, et il est conseillé de prendre un guide pour explorer les *havelis,* la majorité des habitants ne les connaissent pas par leurs noms.

– ***Shekhawati Festival :*** *en fév.*

Arriver – Quitter

En bus

Nawalgarh compte 3 gares routières. Le ***Main Bus Stand*** *(RSRTC ; plan A2,* ***1****)*, pour les bus desservant Delhi, Jaipur, Jodhpur et Sikar (d'où partent de nombreuses correspondances pour Bikaner, Jodhpur, Delhi, Ajmer, Pushkar...). Un autre ***Bus Stand*** *(plan C1,* ***2****)*, pour les liaisons avec Bikaner et les villages du Shekhawati (Dundlod, Fatehpur, Mandawa, Lakshmangarh...). Du 3e ***Bus Stand*** *(plan C2,* ***3****)*, les bus partent pour Parsurampura.

➢ ***Jaipur :*** ttes les 30 mn, 5h-minuit. Trajet : 3h-3h30.

➢ ***Mandawa :*** ttes les 30 mn, 7h-19h15, pour 1h de trajet. Ils passent ts par ***Dundlod*** et ***Mukundgarh.***

➢ ***Fatehpur :*** ttes les 30 mn, 7h-19h15. Trajet : 2h. Ces bus partent et arrivent au *Mandawa Bus Stand* de Fatehpur.

➢ ***Jhunjhunu :*** très nombreux bus, ttes les 30 mn, 5h-minuit.

➢ ***Parasrampura :*** env 10 bus/j., 8h15-19h30 (18h depuis Parasrampura).

➢ ***Mukundgarh :*** env 20 bus/j., 8h15-20h45.

➢ ***Bikaner :*** 1 *deluxe*/j. Trajet : 6h. Autre option : passer par Sikar, d'où les liaisons sont plus nombreuses.

➢ ***Jodhpur :*** 4 bus/j., 9h10-19h50. Trajet : env 10h.

➢ ***Udaipur :*** 2 bus privés/j., en soirée.

➢ ***Ajmer :*** 2 bus/j., à 10h et 14h.

➢ ***Chandigahr :*** 3 bus le mat, 6h55-8h30.

➢ ***Delhi :*** 9 bus/j. avec *Rajasthan State Roadways,* plus quelques-uns avec *Haryana State Roadways* (dont 3 de nuit : inconfortable mais pratique), 9h45-23h15. Trajet : 7-8h.

En train

➢ ***Bikaner :*** pas de direct. Rejoindre la gare ferroviaire de Loharu ou rejoindre Churu par la route et ensuite prendre le train. Le bus est plus rapide et pratique.

➢ ***Delhi* :** les mer et ven seulement, *express* n° 14811 via Rewari Junction ; départ vers 14h45, arrivée vers 21h à la gare de Sarai Rohilla. Depuis Delhi, aussi mer et ven, *express* n° 14812 : départ de Sarai Rohilla vers 6h50, arrivée à Nawalgarh à 12h20. Également 1 train de nuit tlj : départ à 23h de Sikar, arrêt à 23h30 à Nawalgarh, et arrivée 5h à Delhi Sarai Rohilla. Depuis Delhi Sarai Rohilla, même topo : départ 23h, arrivée à 4h30 à Nawalgarh et 5h à Sikar. Sinon, 2 *passengers*/j. entre Sikar (via Nawalgarh et Jhunjhunu) et Rewari Junction ; départ de Nawalgarh vers 7h15 et 20h30 (arrivée Rewari Junction env 5h plus tard) ; et depuis Rewari Junction, nombreuses liaisons avec Delhi en 1h30-2h. Préférez le départ de 7h15 pour ne pas débarquer à Delhi en pleine nuit. Fonctionne aussi dans le sens Delhi-Rewari Junction-Nawalgarh.

Adresses utiles

■ ***Change et distributeurs* :** *ATM à la* ***State Bank of India*** *(plan C2,* ***5****), au bout de Station Rd, à côté de la poste et du cinéma. Et à la* ***Bank ICICI*** *(plan A2,* ***6****), Old Bus Stand, Station Circle Gumchakar. Également possible de changer les devises auprès des bureaux de* ***Western Union*** *et* ***Money Express,*** *près du marché.*

✚ ***Santé* :** *en cas de besoin, s'adresser au* ***Jangid Hospital*** *(plan C2). ☎ 22-20-06.*

■ ***Alternative Travels India* :** *voir l'Ecolodge Apani Dhani (plan B1,* ***12****) dans « Où dormir ? Où manger ? ». Également en France : • voyagessolidaires-rajasthan.com •* L'agence de Ramesh propose, à la carte, des circuits à thème dans le Rajasthan avec possibilité de loger chez l'habitant. Toujours avec cette approche alternative, sociale et durable, chère à Ramesh, et une partie des bénéfices réinvestis dans des projets locaux. Contactez-le 3 semaines à l'avance de préférence.

■ ***Heritage Walk* :** édité sous le patronage de INTACH (la principale ONG indienne de protection du patrimoine) et initié par Ramesh, des Amis du Shekhawati (encore eux !), un dépliant (sur papier recyclé, bien sûr) avec une carte détaillée de Nawalgarh et de ses principaux sites, ainsi que des infos sur l'histoire de la région, est en vente à 50 ₹ à l'*Ecolodge Apani Dhani* (tous les bénéfices sont réinvestis dans la sauvegarde du patrimoine local). Promenade guidée à la demande.

Où dormir ? Où manger ?

À Nawalgarh, 2 adresses sortent du lot pour leur engagement en faveur du tourisme durable dans la région et leur credo (presque une religion) écologique : *Ramesh Jangid's Tourist Pension* et *Ecolodge Apani Dhani* (voir plus haut Les Amis du Shekhawati et *Alternative Travels India*). Leur éthique relève du tourisme équitable, et ce depuis 1985, donc bien avant que ces concepts ne deviennent un phénomène de mode. Alors, certes, il s'agit d'une famille de brahmanes, qui n'entend pas sacrifier ses traditions sur l'autel du tourisme à tout crin et qui demande à ses hôtes de respecter certaines règles (nourriture strictement végétarienne et zéro alcool, en particulier) qui peuvent sembler parfois austères, mais c'est aussi l'occasion d'une expérience authentique et de vraies rencontres.

Bon marché (600-1 500 ₹ / 8-20 € pour dormir ; max 450 ₹ / 6 € pour manger)

⌂ |●| ***Rajesh Jangid's Tourist Pension*** (plan B1, **10**) **:** *dans le village, près du Maur Hospital. ☎ 22-40-60. • touristpension.com • Doubles avec sdb 1 050-1 650 ₹ selon taille, petit déj compris. Aussi un dortoir tt récent et confortable (les contacter pour les détails).* Dans un quartier calme au cœur de la ville, cette pension familiale

Adresses utiles

- 1 Main Bus Stand (A2)
- 2 et 3 Bus Stands (C1 et C2)
- 5 ATM State Bank of India (C2)
- 6 ATM Bank ICICI (A2)
- 12 Alternative Travels India (B1)

Où dormir ? Où manger ?

- 10 Rajesh Jangid's Tourist Pension (B1)
- 12 Ecolodge Apani Dhani (B1)

est tenue par le jovial Rajesh, fils de Ramesh, et sa femme, Sarla. Ce couple adorable, qui habite sur place, propose 8 chambres simples, propres et agréables (eau chaude pour la plupart). Bonne documentation en français sur la région, horaires des bus, et même les plans des principales villes. Ils organisent à la demande des cours de cuisine, des super visites guidées des *havelis* de Nawalgarh (Rajesh est un puits d'érudition et d'humour !), des excursions dans le Shekhawati (à vélo, en jeep, en Ambassador vintage ou en charrette tirée par un chameau), etc. Démonstrations d'artisanat. Excellente cuisine végétarienne que l'on peut déguster sur le toit-terrasse, ou dans le salon bibliothèque du rez-de-chaussée. Possibilité d'y dîner, bien sûr, même pour les non-résidents (sur réservation). Ici, on ne consomme pas d'alcool et on ne demande pas de ristourne (les prix sont corrects pour la qualité proposée !). Un excellent rapport qualité-prix.

Hotel Natraj *(plan C1, **16**) : Sabji Mandi, près du fort et un peu en retrait de Podar Gate, au milieu du marché.*

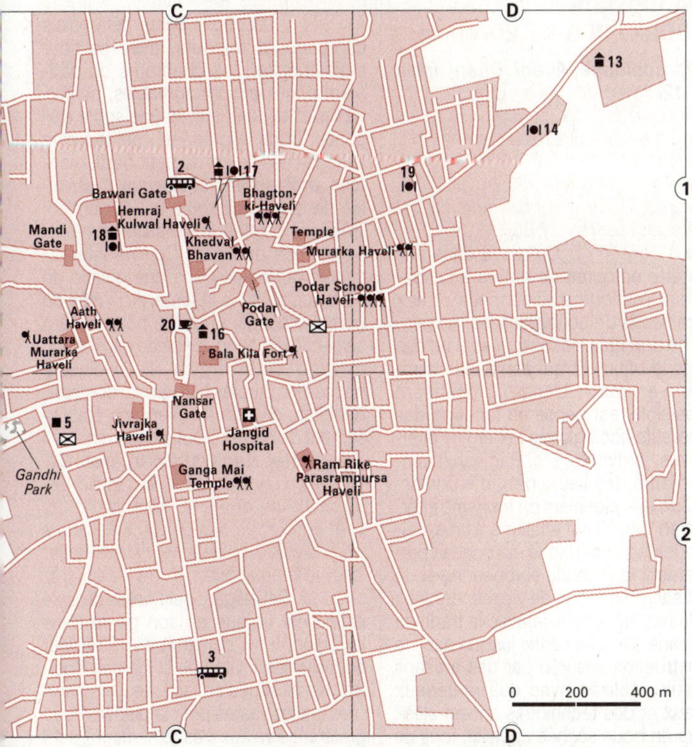

NAWALGARH

13 Roop Niwas Kothi (D1)	**19** New Bungli Restaurant (D1)
14 D. S. Bungalow Guesthouse (D1)	**Où manger une bonne pâtisserie ?**
16 Hotel Natraj (C1)	**20** Bhagwanji Halwai (C1)
17 The Grand Haveli (C1)	
18 Hotel Koolwal Kothi (C1)	

☎ 22-24-54. Double env 600 ₹. Pas de wifi. Pour les budgets serrés, de petites chambres très sommaires avec ou sans clim mais dotées de sanitaires privés. Matelas sur socle de bois, un peu dur ! Terrasse sur le toit avec cabanons couverts pour se reposer à l'ombre. Fait aussi resto-pâtisserie.

|●| *D. S. Bungalow Guesthouse* *(plan D1,* ***14****)* ***:*** *près du Roop Niwas Palace. 98-28-82-81-16 (Pinky) ou 99-83-16-89-16.* Une adresse toute simple tenue par Bunty et Pinky, des plus accueillants. Madame mitonne avec talent des petits plats végétariens à prix mini, tout simples, mais qui flattent délicieusement les papilles, à savourer dans la cour. *Thali* (y compris non *veg'*) sur commande.

|●| *New Bungli Restaurant* *(plan D1,* ***19****)* ***:*** *Chiranya Meel, Koti Rd. 76-65-71-14-16. Pas de panneau... discret. Tlj 7h-21h.* Un resto où l'on mange à l'étage sur une terrasse bordée de voilages. Cuisine du Nord-Ouest parfumée et fraîche, grillades au tandoor. On n'est pas obligé de faire aussi une visite guidée avec le proprio, aussi insistant soit-il...

Prix moyens (1 500-3 000 ₹ / 20-40 €)

🏠 |●| ***Ecolodge Apani Dhani*** *(plan B1,* ***12****) : près de Kishan Chhattrawas, Jhunjhunu Rd. ☎ 22-22-39. • apanidhani.in • À env 600 m au nord du Main Bus Stand. Doubles 1 300-1 800 ₹, bungalow 2 000 ₹ (+ 500 ₹ avec clim), également une chambre familiale et quelques tentes (1 800 ₹) nov-fév. Repas 150-400 ₹.* On arrive dans une courette entourée de huttes à l'architecture rustique traditionnelle et aux murs fleuris de bougainvillées. Au centre, un agréable kiosque, et sur l'un des côtés le bâtiment qui abrite les chambres « en dur ». L'endroit, charmant et paisible, est pensé en fonction des impératifs écologiques : énergies alternatives, jardin bio, etc. Ramesh, l'affable maître des lieux, pétri d'érudition, est l'un des pionniers du tourisme alternatif en Inde. C'est également un excellent guide francophone qui connaît parfaitement la clientèle européenne et un partisan d'un mode de vie respectueux de la nature, en phase avec la tradition indienne. Cela se vérifie jusque dans la construction assurée par des artisans locaux, réalisée avec des matériaux locaux et des techniques ancestrales : murs en boue séchée et paille, toits de chaume. Chaque bungalow, sobrement mais joliment décoré, est équipé d'une salle de bains (eau chaude solaire). À la table commune, délicieux plats végétariens à base essentiellement des produits bio du jardin. Propose aussi cours de cuisine (bel espace dédié), ateliers de découverte de l'artisanat, balade à vélo ou visites guidées, avec toujours le souci d'en faire profiter la population. Belle salle de yoga. Une excellente adresse, unique au Rajasthan. Rappel : pas d'alcool sur place, ni de marchandage sur les tarifs. Procurez-vous le dépliant (en anglais) *Exploring Nawalgarh* édité par ses soins avec une carte bien utile pour découvrir les *havelis*.

De chic à très chic (min 3 000 ₹ / 40 €)

🏠 ***Roop Niwas Kothi*** *(plan D1,* ***13****) : à 2 km du centre. ☎ 22-20-08. • roopniwaskothi.com • Double env 7 000 ₹, petit déj inclus (négociable). Wifi à la réception.* Un peu le genre petit palais campagnard rajpoute, avec sa cour majestueuse. Les chambres du bâtiment principal sont agréables, confortables et décorées avec une sobre élégance. Dans la propriété, petite ferme avec vaches (le lait du petit déj !), moutons, dromadaires et chevaux (possibilité de balades jusqu'à un jour entier). Très jolie piscine, belle salle de billard et location de vélos. Cuisine internationale ou locale dans une galerie de portraits, ou sous la tente. À gauche du portail d'accès, un autre hôtel collé à celui-ci, le *Roop Vilas Palace* (plus cher) : c'est qu'une sévère bataille juridique a opposé les 2 frères héritiers du domaine. Résultat : chacun a ouvert son établissement de part et d'autre du jardin...

🏠 |●| ***Hotel Koolwal Kothi*** *(plan C1,* ***18****) : 40, Govt Hospital Rd. ☎ 22-58-17. 📱 98-28-89-66-72. • koolwalkothi.com • Doubles 3 500-5 000 ₹ (parfois jusqu'à 6 000 ₹), petit déj inclus. Buffet (cuisine internationale) midi et soir 500 ₹, ou carte.* Cet élégant petit palais de style italien est unique en son genre dans la région. Il fut construit en 1934 pour accueillir les invités de la *Hemraj Koolwal Haveli* située en face. Les 16 chambres, assez vastes pour la plupart (notre préférence va aux *classic heritage*), sont réparties entre le bâtiment principal et une annexe harmonisée avec l'ensemble. Beaux meubles et cadres anciens pour le charme, salles de bains modernes pour le confort. Agréable jardin, bar et piscine. Vélos à dispo.

🏠 |●| ***The Grand Haveli*** *(plan C1,* ***17****) : Bawari Gate. ☎ 22-53-01 ou 02. 📱 94-60-78-02-12. • grandhaveli.com • Doubles 5 000-6 000 ₹ ; spacieux duplex 7 000 ₹. Dîner-buffet env 600 ₹.* Très centrale, voici une des plus grandes *havelis* de la ville, entièrement recouverte de fresques (ça a coûté, dit-on, une petite fortune !). Les chambres, réparties autour de 2 cours, la 2de sur fines colonnettes, offrent un confort honnête et des salles de bains modernes (quoique parfois biscornues... Pas simple de se doucher quand on est grand !). Déco tape-à-l'œil un peu vieillotte et mobilier fatigué... dommage. Resto acceptable, sans plus.

Où déguster une bonne pâtisserie ?

Bhagwanji Halwai (plan C1, **20**) : *au centre, non loin de Nansa Gate. Tlj 8h-21h.* Dans cette pâtisserie, vous trouverez, entre autres, d'excellents *raj bhog,* la spécialité de Nawalgarh : une boulette marron, à base de lait bouilli et de citron.

À voir

Ne pas oublier de lire « Infos et conseils utiles » au début de ce chapitre. Impossible de décrire ici toutes les *havelis*... 21 familles richissimes vivaient ici, dans plus de 300 maisons ! En voici les principaux fleurons, en partant de Mandi Gate *(plan A1).*

Hemraj Kulwal Haveli (plan C1) : *tt près du Khedval Bhavan. Entrée : 50 ₹.* Date de 1905. 2 cours richement décorées. L'une était réservée aux hommes qui y traitaient leurs affaires, l'autre aux femmes. Sous le portique d'entrée, portraits de famille et ceux de Nehru et de Gandhi. Juste en face, ancienne résidence construite pour les invités (voir l'hôtel *Koolwal Kothi* dans « Où dormir ? »).

Khedval Bhavan (plan C1) : *habitée par une famille, demander l'autorisation avt d'entrer.* Une des plus belles de la ville, datant du XIXe s. En plus des fresques, joli travail d'incrustation de fragments de miroirs dans la cour intérieure. Noter le petit train peint entre les coupoles.

Bhagton-ki-Haveli (ou Bhagat Haveli ; plan C1) : *tlj 9h-18h. Entrée : 50 ₹.* L'une de nos préférées pour la multitude de ses fresques bien conservées. Superbe portique d'entrée avec, sous la voûte, un maharaja et des couples d'Anglais, et sous les encorbellements, un chemin de fer et un bateau à vapeur. De part et d'autre, 2 dais, un pour abriter le gardien et l'autre, les musiciens qui accueillaient les visiteurs. Sur la gauche, fresque amusante avec un éléphant composé de 8 femmes. Sur la droite, une femme dont la ressemblance avec Frida Khalo est assez nette.
À l'intérieur, remarquables piliers et balustrades du patio à galerie. Dans la 1re cour, sur la gauche, un tram tiré par des chevaux. Puis, sur le tympan central, grande scène d'une infinie délicatesse représentant le mariage de Krishna : il touche le *torana* (le symbole du mariage au-dessus de la porte) avec un bâton ; au milieu, célébration du mariage autour d'un feu ; dans 2 loggias, les musiciens et les spectatrices, puis une parade d'éléphants et de chevaux, suivie d'un bataillon de femmes accueillant les invités. Dans le médaillon central, portrait de la reine Victoria.
Sur la droite, on découvre l'ancien bureau du propriétaire, conservé dans son jus. Curieusement, les murs n'ont pas été décorés de fresques. Le maître des lieux voulait donner l'impression que la pièce était entièrement recouverte de marbre (en fait, du plâtre !).
Tout autour, une coursive permettait aux femmes d'assister aux spectacles, bien dissimulées derrière des rideaux. Dans la 2de cour (construite en 2 temps : la famille s'étant agrandie avec les années... la maison compte aussi 2 cuisines : 1 par famille), les colonnes étagées sur 2 niveaux donnent une étonnante impression de hauteur. Au passage, amusante dame jouant au yo-yo. Au 1er étage, une pièce un brin théâtrale permettait de surveiller tout ce qui se passait dans les 2 cours. Imaginez, 40 ou 50 personnes vivaient ici aux heures les plus fastes... Du toit, vue sur de grands chevaux peints sur un mur en face et noircis par les pluies.

Murarka Haveli (plan C1) : *face à la Podar School Haveli. Tlj 8h30-18h. Entrée : 70 ₹.* Quelques peintures bien restaurées à l'extérieur et des scènes amusantes (automobile, bus, couple d'Anglais...). Notez, dans la 2de cour, un Jésus-Christ sous l'encorbellement... Les pièces intérieures sont vierges de décoration, en revanche la 2de cour présente des fresques racontant les aventures de Krishna ainsi que de nombreux portraits.

Podar School Haveli (*Haveli Museum ; plan C1*) **:** *☎ 22-54-46. • podarhavelimuseum.org • Tlj 8h-20h (8h30-18h30 en hiver). Entrée : 105 ₹ ; réduc - de 12 ans. Appareil photo 30 ₹, caméra 50 ₹.* Construite en 1902 et transformée en 1965 en école après une donation de son propriétaire, puis restaurée dans les années 1980, c'est aujourd'hui un musée. La *haveli* a le mérite de présenter différents aspects de la culture du Rajasthan, malgré le manque d'explications (d'où l'intérêt de la visite guidée...).
Les fresques sont magnifiques et particulièrement foisonnantes (pas moins de 750 !). Parmi les plus remarquables : sous les voûtes de l'entrée, des Krishna dansant ; dans la cour, une scène où 2 cousins jouent leurs femmes aux dés (claaasse !) ; au-dessus, un joli train et dans un coin à gauche, la représentation de villes occidentales (le marchand avait voyagé, mais l'imagination a guidé la main du peintre !). Également de superbes motifs floraux. Dans ce qui fut la bibliothèque de l'école, ne pas manquer la peinture au-dessus de la porte, où 2 animaux se partagent la même tête. D'un côté, un éléphant ; de l'autre, un buffle.
Seconde cour très jolie également. En regardant droit devant soi, puis en haut, à droite de Ganesh, la célèbre scène de Krishna qui a piqué les vêtements de jeunes femmes se baignant (elles les lui réclament, il se marre). Tout autour, différentes petites salles d'expo : les forts de la région, bijoux et pierres précieuses, scènes de fêtes et festivals, costumes de mariage (par castes), les écoles de peinture. Au 1er étage, tripotée de salles : maquettes des forts du Rajasthan, objets d'art en marbre, collection de turbans, etc. Dans la 1re cour, au rez-de-chaussée, instruments de musique (dont certains en version miniature).

Bala Kila Fort (*plan C1*) **:** *entrée 25 ₹ (pour la famille vivant là).* Passer la 1re porte (une arche monumentale) et traverser la cour. C'est l'ancien fort de Nawalgarh, aujourd'hui habité par différentes familles. On ne visite qu'une pièce, mais quelle pièce ! Magnifiques jeux de miroirs incrustés. Les maharanis y passaient leur temps à parfaire leur minois. Au plafond, superbe fresque représentant Jaipur (chorchez donc le palais des Vents !) avec l'armée de la ville qui se rend à Nawalgarh pour rencontrer le maharaja. Puis les habitants de Nawalgarh allant commercer à Jaipur.

Aath Haveli (*plan C1*) **:** *visible seulement de la rue.* Un groupe splendide de 6 *havelis* (appelés curieusement les 8 *havelis* !), édifiées autour de la même cour pour, au départ, 8 frères, mais le projet n'a pas été mené à terme. Sur la 1re fresque, à gauche en entrant, un véhicule de 1890 jouxtant des Anglaises se baignant. Puis une femme se maquillant en donnant le sein à son bébé suivie d'une représentation rigolote d'un train avec des wagons peints comme des maisons sur roue (eh oui, l'artiste n'avait jamais vu de train de sa vie !).

En face, vous trouverez l'**Uattara Murarka Haveli** *(plan C1 ; accès 8h-17h ; 70 ₹).* Fresques particulièrement délicates (notamment sur la façade, les 4 éléphants se faisant face). Jolie arche principale avec de magnifiques miniatures.

Jivrajka Haveli (*plan C2*) **:** *à env 150 m de l'Uattara Murarka Haveli.* 2 cours intérieures plus que centenaires. Admirez la façade, le porche et la porte en laiton finement ciselée. Plus loin dans la ruelle, catalogue détaillé des différents modèles de voitures du début du XXe s...

Ganga Mai Temple (*plan C2*) **:** *généralement fermé 11h-16h ; sinon, le prêtre habite derrière et ouvre volontiers le temple aux visiteurs. Petite donation (20 ₹) appréciée.* Fresques sur les arches, plafond richement peint au-dessus de la galerie qui décrit l'histoire du *Rāmāyana.* Juste en face de l'entrée, sanctuaire de la déesse Ganga. À gauche en entrant, lingam de Shiva à 5 têtes, et toute la petite famille : le fiston Ganesh avec papa-maman (Shiva et Parvati). Ne pas oublier l'obole à la déesse Ganga.

Ram Rike Parasrampura Haveli (*plan C2*) **:** ne se visite pas, mais remarquer la rampe extérieure pour y accéder, le grand portique et les statues sur le toit.

DANS LES ENVIRONS DE NAWALGARH

Old Parasrampura : *à 18 km au sud-est de Nawalgarh par une mauvaise route (voir plus haut « Arriver – Quitter »). Arrêt de bus à 500 m du temple. Demander la clé dans une petite maison à l'arrière de la Saraf Haveli (ne pas arriver avt 10h30-11h car la famille qui garde la clé n'est pas sur place). Prévoir env 50 ₹ de donation.* Vieux village peu touristique. Un cénotaphe, érigé sur les lieux de la crémation du *takhur* Sardul Singh, est orné à l'intérieur de la coupole de très anciennes peintures parmi les plus anciennes de la région. La fresque, réalisée vers 1750 avec seulement 2 couleurs, noir et ocre, relate la bataille qui opposa Rāma au roi de Lanka. Vraiment magnifique !
En haut, images de cour avec le *takhur* qui partage ses possessions entre ses 5 fils. En dessous, scènes de lutte et Krishna soulevant la Terre avec le petit doigt. Sur la droite des 5 fils, un *jugement dernier* à l'indienne : *Dharma Raj* tient le dossier des défunts dans la main. Les personnages accroupis sont déjà au paradis, en dessous, ceux qui sont enchaînés partent pour une vie de tourments. On distingue un homme attaché et tourmenté par un serpent, et dessous, un bain d'huile bouillante attend d'autres malheureux.
Plus bas encore, représentation du *Rāmāyana.* Splendide chasse au tigre. Lorsqu'on est face à la porte d'entrée, scène de bataille géniale avec Rāma en colère (Ravana a enlevé sa femme Sītā). Au milieu, une rivière symbolise la mer séparant l'Inde de Lanka (les taches marron figurent les pierres permettant de la traverser). Côté alliés de Rāma, on trouve bien sûr les singes et les ours.
Également une série de portraits qui se suivent en bas de la coupole. Commencer par Ganesh et ses 2 jolies copines (il déguste un *laddu,* une friandise), ensuite vers la droite, on trouve Rāma, puis Sītā, Lakshman, Hanuman (le singe), Shiva, Brahma et sa femme, puis les 10 avatars de Vishnou (le poisson, la tortue, le sanglier, l'homme-lion, le nain, jusqu'à la 10e, *Kaki,* sur son cheval blanc). Impossible de tout décrire !
Voir aussi, dans le village, le Gopi Nath Temple, datant de la même époque que le cénotaphe et lui aussi en partie couvert de fresques (à l'origine bicolores comme celles du cénotaphe, colorisées tardivement), et la jolie *Saraf haveli,* de 1850.

DUNDLOD *(ind. tél. : 01594)*

À env 7 km au nord-ouest de Nawalgarh.
Quelques beaux spécimens de *havelis* dans cette petite bourgade rurale, mais rien d'exceptionnel. On peut aussi visiter la partie non occupée du fort. Et puis l'intérêt, c'est que l'endroit rassemble en un même lieu 3 spécialités de la région : des *havelis,* un puits monumental et le fameux fort d'architecture moghole transformé en hôtel-haras.

Goenka Haveli Museum : *un peu avt le fort, sur la droite. Tlj 9h30-18h30 (hiver) ou 8h-20h (été). Entrée : 60 ₹.* Voici la demeure d'origine d'une famille célèbre qui fit fortune à Calcutta, construite en 1870 et à présent partiellement rénovée. Des mannequins, grandeur nature, illustrent un peu la vie quotidienne : bureau des comptables, échantillons de tissus, gramophone, cuisine et ses ustensiles, chambre à coucher, salon avec son système de ventilation à cordons... Grandes jarres de stockage en bronze et cruche en métal scellée qui renferme de l'eau du Gange de 1902. Dans la 1re cour, dans les salons latéraux, magnifiques portes de laiton incrustées aux linteaux en bois finement sculptés. Fresques sur le thème de la vie de Krishna, Vishnou et Shiva tout autour de la 2de cour. Au 1er étage, les costumes, coffres, livres de comptes et quelques bijoux dans un joyeux désordre poussiéreux. Monter sur la terrasse pour la vue sur le village et les 4 grandes *havelis* abandonnées devant.

Le ***puits-citerne*** *(well)* ***monumental,*** avec ses 4 tourelles traditionnelles, est aujourd'hui abandonné. À côté, un ensemble intéressant de ***chhatri de la famille Goenka*** (1888). L'un des dômes du cénotaphe est superbement peint. Essayer de trouver le gardien, ou demander la clé au *Goenka Haveli Museum.* Belles scènes du *Rāmāyana,* notamment (en regardant en direction du puits), la grande bataille, avec Rāma et son armée de singes et d'ours. Sur sa droite, on voit Krishna en train de soulever la Terre avec son doigt (air connu !). Autre saynète amusante quand Vishnou se repose sur un siège formé de 1 000 têtes de nagas (oui, les serpents !).

LAKSHMANGARH

À 20 km au sud de Fathepur, une bourgade dominée par un fort datant du début du XIXe s. Il ne se visite pas, mais belle vue sur la ville en grimpant jusqu'en haut de la rampe. Au pied du rocher à gauche, à côté de l'arrêt des bus, l'impressionnante ***Char Chowk Haveli,*** avec ses 4 cours intérieures, dont les parties les plus anciennes datent du XVIIIe s. Avec un peu de chance, vous trouverez quelqu'un pour vous guider à l'intérieur et visiter à l'étage, le charmant *Sheesh Mahal,* un délicieux boudoir où les miniatures érotiques font de l'œil aux fresques guerrières (prévoir une lampe de poche !).
➢ ***Pour y aller :*** nombreux bus au départ du *Main Bus Stand* de Nawalgarh (trajet : environ 1h).

LOHARGAL

À environ 12 km au sud de Nawalgarh, au pied de petites montagnes, une ville sacrée et peu touristique qui attire les pèlerins venus vénérer Surya, le dieu du Soleil. 1 km avant, très beau ***Shetendas ki baori*** du XVIe s (puits à degrés de 35-40 m de profondeur), flanqué d'un *dharamsala.* À l'entrée du site, sur la gauche, 2 grands réservoirs, pour recueillir les eaux de pluie, datant du Moyen Âge. La montée au *mandir* se fait par une longue rue piétonne plantée de manguiers et bordée de boutiques qui vendent des chutneys en bocaux. Tout au bout, un ghât alimenté par la source sacrée pour les ablutions des fidèles (c'est vers 17h-18h que le lieu dégage le plus de ferveur) et le temple dédié à la divinité (donation contre bénédiction du prêtre local). Derrière le temple, une terrasse au pied de la falaise permet une belle vue sur l'ensemble du site.

MANDAWA (मण्डावा)

21 000 hab. IND. TÉL. : 01592

• Plan *p. 619*

À 30 km au nord-ouest de Nawalgarh, voici l'une des villes les plus importantes du Shekhawati et la première à s'être ouverte avec succès au tourisme. Ancienne cité marchande prospère, elle dénombre une concentration de *havelis* souvent restaurées dotées de fresques au charme suranné, sans oublier le superbe château.

Arriver – Quitter

En bus

Bus Stand (plan A1) : *à l'extrémité ouest de la rue principale, Main Bazar, sur la place.*
➢ ***Nawalgarh :*** ces bus partent de *Surash Chowk (plan B1)* et non du *Bus Stand* ; ttes les 15 mn 7h-18h30. Trajet : 45 mn-1h. À Nawalgarh, les bus partent et arrivent au *Bus Stand* no 2. Ils passent par ***Dundlod*** et ***Mukundgarh.***

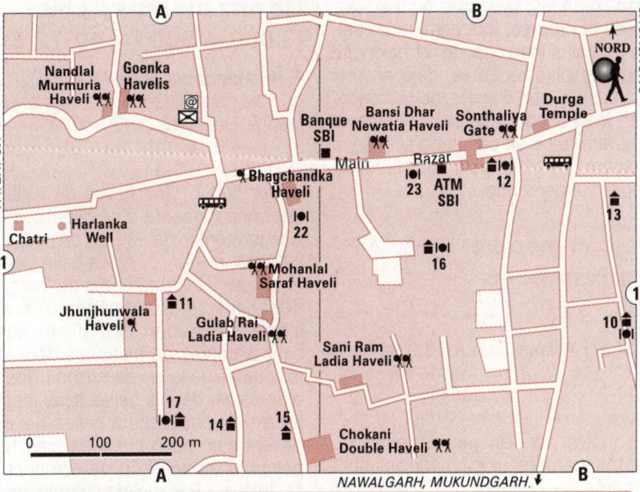

MANDAWA

Où dormir ?	Où manger ?
10 Hotel Shekhawati (B1)	**16** Castle Mandawa (B1)
11 Hotel Surya Palace (A1)	**17** Mandawa Kothi (A1)
12 Mandawa Haveli (B1)	
13 Hotel Heritage Mandawa (B1)	**22** Monica Restaurant (A1)
14 Chobdar Haveli (A1)	**23** Nana Restaurant – Pawana Haveli (B1)
15 Shahi Palace (A1)	

➢ ***Fatehpur :*** A/R ttes les 15 mn 5h30-20h (22h au retour). Trajet : env 30 mn.

➢ ***Bikaner :*** 5-6 *express* (publics) et 1 *deluxe* (privé)/j., 7h30-17h30. Trajet : 3h30.

➢ ***Jaipur :*** 1 bus/j., vers 7h. Trajet : env 4h.

➢ ***Delhi :*** 8 bus directs/j. dans les 2 sens, 8h-21h30. Trajet : env 6h.

En train

La gare ferroviaire la plus proche se trouve à ***Mukundgarh,*** à env 10 km ; accessible en bus ou en jeep.

Adresse utile

■ ***State Bank of India*** *(plan B1) : dans la rue principale, près du marché. Lun-sam 10h-17h ; fermé dim.* Dans une belle *haveli* ; *ATM* presque en face. Fresques sur le mur à droite.

Où dormir ?

Bon marché (600-1 500 ₹ / 8-20 €)

Hotel Surya Palace *(plan A1,* ***11****) : dans le centre, en face de la Golden Haveli (ou Mohanlal Saraf Haveli). ☎ 22-30-77. 📱 98-87-24-99-81. • htl suryapalace@yahoo.com • Doubles 600-1 500 ₹.* Dans ce bâtiment en L, de plain-pied autour d'une cour austère, une grosse poignée de chambres

LE RAJASTHAN

assez grandes, avec clim ou non, carrelées et propres, tout comme les salles de bains (eau chaude, et baignoire pour les plus récentes, déjà en prix moyens). Aucun charme, peu de déco, rien. Mais accueil très gentil ; et même si la famille ne vit pas sur place, il y a toujours quelqu'un pour vous recevoir. Repas sur demande.

De bon marché à prix moyens (600-3 000 ₹ / 8-40 €)

Shahi Palace (plan A1, **15**) : *en face du Chokani Double Haveli. ☎ 22-35-64. 📱 94-14-54-17-50. • shahipalacemandawa.com • Doubles 1 500-3 000 ₹, avec petit déj.* Un peu à l'écart du centre, derrière une façade joliment décorée se cachent une dizaine de chambres réparties dans un bâtiment rénové de plain-pied, autour d'une cour carrée qui alignent tables et chaises. Aménagement moderne plaisant, avec ce qu'il faut d'exotisme dans la déco, bon équipement (et même 2 salles de bains dans certaines chambres !). Resto dans la cour (dîner aux chandelles) ou à l'abri le long de la rue. Accueil fort aimable. Un bon rapport qualité-prix.

Hotel Shekhawati (plan B1, **10**) : *en retrait de Mukandgarh Rd. ☎ 22-30-36. 📱 93-14-69-80-79. • hotelshekhawati.com • Prix très variables : 1 200-2 800 ₹ selon taille et équipement (TV, clim, eau chaude ou terrasse) ; petit déj inclus pour les plus chères. Demander à les voir et négocier un peu.* Gros bâtiment tout éclairé la nuit, disposant d'une bonne vingtaine de chambres calmes, globalement propres, mais aveugles pour les moins chères. Elles sont décorées, comme les parties communes, de peintures réalisées par des artistes de passage (7 ans de travail) : certaines fresques sont carrément coquines *(honeymoon rooms)*. Resto en terrasse au 1er étage ou sur le toit, de qualité inégale, mais agréable pour boire un verre. Accueil au bagou sympathique (quelle insistance pour vous proposer des visites guidées !), et rapport qualité-prix finalement honorable. Surveiller tout de même l'addition.

De prix moyens à chic (3 000-4 500 ₹ / 40-72 €)

Mandawa Haveli (plan B1, **12**) : *au cœur du village, à côté de la Sonthaliya Gate. ☎ 22-30-88. 📱 94-13-36-65-46. • hotelmandawa.com • Doubles 3 000-5 500 ₹ ; suite aussi. Buffet 500 ₹.* Une *haveli* du XVIIIe s, ancienne demeure d'un bijoutier marwari joliment restaurée, qu'on peut visiter sans y loger *(70 ₹)*. La belle façade et la cour intérieure ornée de fresques dégagent une atmosphère assez intime. La plupart des 20 chambres sont décorées de peintures décrivant les étapes de la vie de Krishna. Toutes différentes, depuis celles sans fenêtre au rez-de-chaussée à celles qui disposent d'un patio privé, de planchers peints, d'arcades ou de colonnettes sculptées... Pas mal de charme, donc, mais l'entretien laisse un peu à désirer. Bonne cuisine servie sur la terrasse du toit. Accueil cordial.

Hotel Heritage Mandawa (plan B1, **13**) : *assez central. ☎ 22-37-12. • hotelheritagemandawa.com • Doubles 2 000-4 500 ₹, petit déj inclus.* Magnifique *haveli* centenaire, remarquablement restaurée avec une façade particulièrement ornementée. Pour la plupart, les fresques sont récentes, mais délicatement exécutées. Les chambres, organisées autour de 2 belles cours, offrent un large éventail de prix et d'ambiances : des moins chères, très banales mais propres, aux plus luxueuses, spacieuses et charmantes bien qu'assez sombres. On aime bien la no 208 entièrement couverte de fresques, la no 103 avec une mezzanine et ses minimiroirs partout, et la no 106 tapissée de fresques dorées. Dîner sur la terrasse, ou dans le jardin

Chobdar Haveli (plan A1, **14**) : *près de la Gulab Rai Ladia Haveli. ☎ 22-32-61. 📱 94-14-36-95-67. • hotelchobdarhaveli.com • Double env 4 000 ₹, avec petit déj.* Une bonne adresse dans un coin un peu à l'écart mais proche du centre animé. Cette *haveli* traditionnelle, comme un palais de poche quasiment sans fresques (presque une curiosité !), ne compte que 4 chambres, toutes différentes, avec salles de bains nickel et meubles d'époque. La *black & white* s'inscrit dans une grande arche, l'*orange* est décorée de niches et celle du rez-de-chaussée donne sur de fines arcades. En revanche, salle à manger banale... Patron francophone cultivé et partisan de la conservation du patrimoine, mais pas toujours présent. Excellente cuisine de produits bio du jardin au dîner (sur résa). Terrasse avec vue sur le fort.

De très chic à beaucoup plus chic (5 400-plus de 10 500 ₹ / 72-140 €)

Mandawa Kothi *(plan A1, **17**) : un peu à l'écart, sur une butte. 96-02-59-92-99. • mandawakothi.com • Double 6 000 ₹, petit déj inclus. Dîner (sur commande, pour les hôtes) 600 ₹.* Il ne faut pas se fier à la façade, laissée dans son jus d'antique *haveli* un peu décrépite... De longs mois de restauration ont réveillé ces vieux murs, pour y nicher une grosse poignée de chambres modernes, confortables (belles salles de bains), aménagées avec une sobriété presque monacale. Plutôt inhabituel par ici ! On apprécie surtout les vastes espaces communs, la quiétude de la grande cour et... la vraie piscine ! Propose diverses activités, de l'attendu *heritage walk* au cours de cuisine. Personnel discret et aux petits soins.

The Desert Resort *: à 2 km au sud du village. ☎ 22-31-51 ou 35-12. • mandawahotels.com • Doubles 8 300-10 300 ₹. Repas 850-1 000 ₹. Wifi à la réception.* Planté au beau milieu de la campagne, c'est un superbe ensemble de bungalows inspirés de l'architecture de la région et du désert du Thar : jolis murs en adobe décorés d'harmonieux dessins blancs. Adorables chambres dites *standard* (mais pas standard du tout !) et *deluxe*, aménagées avec raffinement, décorées d'objets anciens et réparties un peu à touche-touche dans d'agréables cottages formant comme un petit hameau. Certaines (les *deluxe*) avec arches intérieures et sur plusieurs niveaux. Les suites, plus conventionnelles, s'avèrent nettement moins charmantes, et aussi bien plus chères. Ravissant coin salon, terrasse pour admirer le coucher du soleil, ping-pong. Dîner-buffet avec musiciens et spectacle de marionnettes. Petit déj assez moyen. On ne peut s'empêcher de déplorer la présence d'une piscine, certes très agréable, mais bien peu écologique dans un quasi-désert... Ce petit mouvement d'humeur passé, on doit reconnaître que l'ensemble est diablement réussi.

Castle Mandawa *(plan B1, **16**) : au centre du village. ☎ 22-31-24 ou 34-32. • mandawahotels.com • Doubles 8 300-11 800 ₹ ; suite aussi ; petit déj inclus (ouf !). Repas 850-900 ₹. Wifi à la réception seulement.* On pénètre dans cette pittoresque forteresse, construite en 1755 par le *thakur* Nawal Singh (également fondateur de Nawalgarh), par une longue rampe et des portes monumentales gardées par des rajpoutes en armes et moustaches en guidon de vélo. Les chambres, très confortables (mais sans TV !), sont bien spacieuses, toutes différentes, avec du mobilier ancien, certaines ont des balancelles, d'autres sont sur plusieurs niveaux, et toutes sont dotées de salles de bains impeccables. Les suites s'avèrent dignes des *Mille et Une Nuits...* surtout celle sous la tour d'angle. Salons coquets et salle à manger avec quelques peintures et fresques intéressantes. Très jolie piscine dans le jardin, spa, bar à cocktails et boutique de rigueur. Préparez-vous à ne pas être seul dans ce *castle*... le lieu est très fréquenté par les groupes. Accueil et service blasés.

Où dormir très chic dans les environs ?

Hotel Vivaana Haveli *: à **Churi Ajitgarh,** un petit village tranquille à 9 km au sud de Mandawa. ☎ 27-50-58. 99-29-06-90-02. • vivaana.com • Doubles 6 500-8 800 ₹, petit déj inclus. Repas 750 ₹.* 2 magnifiques *havelis* mitoyennes du XIXe s reconverties en un remarquable hôtel, un des plus séduisants du Shekhawati. Les 25 chambres, toutes différentes (avec

LE RAJASTHAN

clim mais sans TV), sont réparties autour de ravissantes courettes. Déco particulièrement réussie, ici tout en sobriété, là, plus spectaculaire par la grâce de superbes fresques. Mais, partout, un goût prononcé pour l'élégance et le raffinement, dans un style indien moderne. Salles de bains contemporaines magnifiques elles aussi, parfois immenses. Les repas aux chandelles sont servis dans un vaste jardin intérieur où se tiennent des spectacles (marionnettes, danse). Piscine, bar, spa, massages, prêt de vélos, *camel safaris,* balades à cheval, piscine, bar, spa, massages... Accueil aussi délicat que le lieu. Une très belle adresse dans un Shekhawati très rural.

Où manger ?

Malgré l'afflux de touristes, la ville est plutôt « mange-tôt » ! Et presque tous les hébergements disposent d'un resto.

De bon marché à prix moyens (180-900 ₹ / 2,40-12 €)

Monica Restaurant *(plan A1,* ***22****)* **:** *Haveli Ward, 5. ☎ 22-41-78. 📱 99-28-20-75-23. Tlj midi et soir, jusqu'à 22h. Plat de viande (poulet, mouton) env 200 ₹.* Sur le toit d'une charmante petite *haveli* rénovée, le choix entre une salle climatisée dépourvue de charme et une terrasse guère plus séduisante mais tranquille et sous les étoiles. Petite laine conseillée. On ne vient donc pas ici pour le cadre mais pour savourer une cuisine locale très correcte, épicée ou non en fonction de votre demande. Une mention pour l'agneau *biryani.* Service attentionné, un peu lent...

Nana Restaurant – Pawana Haveli *(plan B1,* ***23****)* **:** *sur la rue principale. Tlj dès 8h.* Cuisine végétarienne, servie dans un cadre assez rustique. On mange dans la cour ou sur une terrasse surplombant la rue et le brouhaha du marché. Bon accueil et bon marché. Une dizaine de chambres également autour de la cour, mais forcément un peu bruyantes puisque ladite cour est aussi la salle de resto !

À voir

Côté *havelis,* comme à Nawalgarh, impossible de tout décrire. Le bouquin d'Ilay Cooper *(The Painted Towns of Shekhawati)* se révèle plus que jamais utile. Voici, tout de même, quelques-uns de nos coups de cœur. Cela dit, un bon guide peut être utile pour s'y retrouver dans le dédale des rues *(prévoir 300-400 ₹ selon durée et satisfaction).*

On conseille d'abord de partir de la ***rue du bazar*** *(Main Bazar),* artère principale de la ville bordée de boutiques d'artisans. Débuter par la portion de la rue qui mène à Jhunjhunu, à l'est : on accède au temple hindou ***Shri Ragunath.*** Peut-être vous apposera-t-on le *tilak* au milieu du front avant de vous réclamer une petite offrande ! Cour décorée comme une *haveli,* et près de l'autel consacré à Krishna et Radha, scènes du *Rāmāyana* et du *Mahābhārata.*

Après avoir franchi ***Sonthaliya Gate,*** en direction de l'ouest, repérer sur la gauche l'accès au ***Castle Mandawa*** derrière ses hautes murailles (voir « Où dormir ? Où manger ? »). Après un petit coup d'œil au château, reprendre Main Bazar. À 30 m sur la droite, une *haveli* abrite la *State Bank of India (SBI).* C'est la ***Bansi Dhar Newatia*** *(plan B1),* datant de 1910, qui présente, sur sa façade droite, une série de fresques aux références modernes (avion des frères Wright, bicyclette, voiture...). Tout au bout de Main Bazar, en tournant à gauche sur la placette, voici l'une des plus anciennes *havelis* de Mandawa, ***Bhagchandka Haveli*** (1820), avec sa façade très basse et son entrée (pas toujours ouverte) encadrée de chevaux et d'éléphants.

LE RAJASTHAN

Toujours en direction de Fatehpur, en faisant un crochet sur la droite, vous trouverez la ***Nandlal Murmuria Haveli,*** l'une des plus originales de la ville, datant de 1935. Très différente des autres avec sa déco aux tonalités vertes, elle se pare de portraits de Nehru, Gandhi, du roi George V, du politicien Chandra Bose (à cheval) et du Bouddha, ainsi que de fresques racontant le voyage du marchand en Europe. On reconnaît Venise : la place Saint-Marc, le Grand Canal, le pont des Soupirs... Pour visiter, numéro de contact sur la porte *(50 ₹/pers).*
Juste à côté et en face, 2 très belles demeures appartenant à la même famille, les ***Goenka Havelis,*** datant de 1890, aux fresques délicates bien conservées (donation, comme toujours).
En poursuivant vers le sud, on passe devant le puits, ***Harlanka Well,*** flanqué de ses 4 piliers et doté d'une rampe d'accès pour les dromadaires.
En face de l'*Hotel Surya Palace,* on peut jeter un coup d'œil, sans entrer, à la ***Jhunjhunwala Haveli*** (ou *Gold Painting Haveli* ; *plan A2* ; 200 ₹ – trop cher !) : extérieur orné de nombreuses fresques, comme cette scène de femmes se baignant nues, étonnamment pas censurée malgré des détails très... anatomiques. À l'intérieur, une boutique, passage obligé pour contempler les murs recouverts d'or.
Pas très loin, vous voici devant la ***Mohanlal Saraf Haveli*** *(plan A1 ; 100 ₹)* datant de 1870. En façade, scènes très intéressantes : à l'angle gauche, au niveau du 1er encorbellement et à côté du bain de Krishna et ses *gopis,* une petite fresque badigeonnée représentait une scène jugée un peu trop osée... À l'intérieur dans la 1re cour, scènes de danses vraiment exquises. Dans la cour du fond, très endommagée, aucune porte... elles ont tout simplement été vendues par l'ancien gardien !
À deux pas encore, par une rampe d'accès, se trouve la célèbre ***Gulab Rai Ladia Haveli*** *(plan A1),* immense demeure habitée par 3 familles. Construite en 1870, avec ses 150 fenêtres (parfois minuscules !), elle est l'une des plus intéressantes. Sur la façade extérieure qui longe la rue à gauche, on observait autrefois quelques scènes érotiques, aujourd'hui badigeonnées. À l'intérieur, délicat travail d'incrustation de morceaux de miroirs colorés importés de Belgique, une mode très en vogue en Inde au XIXe s. Noter le fin travail de sculpture sur les fenêtres et les peintures toutes noircies par les fumées des cuisines.
En face, l'architecture intérieure de la ***Khemani Haveli*** ne manque pas de charme, avec ses 2 cours soigneusement restaurées. Jetez un œil sur les fresques ornant la 2de cour, avec ses avions, trains, voitures... illustration fantasmée de la lointaine Europe de l'époque.
Puis, à droite, voir la ***Chokani Double Haveli*** *(plan B1 ; 100 ₹).* Il s'agit d'une *haveli* double, datant de 1910, et dont chacune des entrées est encadrée par 2 éléphants. Les maîtres des lieux étant chacun pères de fils jumeaux, ceci explique cela ! Scènes représentant des Anglais et un fumeur de joints, entre autres. Portes cloutées surmontées de délicates arches. Un truc curieux : les petites poulies à l'extérieur des fenêtres. On y passait une corde qui faisait fonctionner les grands éventails destinés à rafraîchir la maison. Actionnés de l'extérieur par les serviteurs, ils préservaient ainsi l'intimité des maîtres.
Enfin, derrière le fort, la ***Sani Ram Ladia Haveli*** *(plan B1),* édifiée à la fin du XIXe s. Sur place, boutique d'artisanat et d'antiquités, plus ou moins authentiques. À gauche de la porte d'entrée, entre compteurs électriques et tuyauteries, on aperçoit les bribes d'une fresque de procession de mariage. À l'extérieur, sur la droite, des peintures représentent des Anglais, un fumeur de haschisch, des musiciens et, tout au bout, une scène très rare : une *sati* sur le bûcher de son défunt époux, qu'un sultan (musulman !) amoureux tente de secourir... Dans la 1re cour, salon où étaient traitées les affaires : magnifiques peintures de chefs rajpoutes et colons anglais, admirablement conservées. Entre chaque portrait, de minuscules fenêtres, pour permettre aux femmes de voir sans être vues. En dessous, portraits du proprio et de ses fils. Dans la 2de cour, notez, sur les portes jaunes et vertes, les cadenas recouverts de tissu cousu... Bonjour la confiance entre les frangins !

FATEHPUR (फतेहपुर)

90 000 hab. IND. TÉL. : 01571

Ville animée fondée par des princes musulmans, à 23 km à l'ouest de Mandawa, aussi grande que Nawalgarh mais à l'architecture plus disparate et au charme moins évident. Pas mal de *havelis* concentrées dans et autour de la rue principale, mais, sauf une exception, assez dégradées.

Arriver – Quitter

En bus

Fatehpur compte 3 gares routières. Le ***RSRTC Bus Stand*** (dans la rue principale, à la sortie sud de la ville) pour les bus à destination de Bikaner (ttes les heures, en 3h30), Jaipur (ttes les heures, en 3h30), Delhi (6 bus/j., en 7h) et Sikar. Également le ***Mandawa Bus Stand*** (sur la route de Mandawa, non loin du *Prince Haveli*) pour les bus à destination de Mandawa, Nawalgarh et Mahansar. Enfin, la ***station des bus privés*** (ou des jeeps), également dans la rue principale (Churu-Sikar Rd), à 100 m au sud du *RSRTC Bus Stand.*

➢ ***Mandawa :*** A/R ttes les 30 mn 6h-18h15. Trajet : 1h.

➢ ***Nawalgarh :*** en boucle ttes les 30 mn 6h15-18h15. Trajet : 2h. À Nawalgarh, les bus partent et arrivent au *Bus Stand* n° 2. Tous via ***Dundlod, Mukundgarh*** et ***Mandawa.***

Où dormir ? Où manger ?

Le Prince Haveli : *en allant vers la sortie nord de la ville, à 2 km du centre, fléché depuis la rue principale. ☎ 23-30-24. • leprincehaveli.com • Doubles 1 500 ₹ (avec sdb commune)-7 000 ₹ ; petit déj 200 ₹. Repas 400-600 ₹.* Cette belle *haveli* patiemment restaurée accueille désormais des hôtes dans une quinzaine de chambres toutes différentes et au confort variable mais décorées avec raffinement. On profite pleinement du décor et de l'ambiance pour se sentir transporté au temps des caravanes des marchands marwaris sur la route de la Soie. Repas de qualité assurés sur la terrasse, accessible à tous, et agréable petite piscine à l'arrière, à côté du joli bar. Pas mal de propositions pour mieux découvrir Fatehpur et les alentours : balades guidées, sortie en moto à la journée... ou yoga ! En tout cas, une belle expérience.

À voir

Juste à côté du *RSRTC Bus Stand,* jeter un œil à la ***Kedia Haveli*** (1915) **:** balustrade en fer forgé, et scènes montrant Krishna et Rada assez bien préservées dans la 1re cour intérieure. Du *RSRTC Bus Stand,* prendre à droite. À 200 m sur la droite, la ***Krishna Mandir Haveli,*** transformée en sanctuaire, offre des scènes de guerre tout autour du patio, où les dieux sont représentés en bleu. Toujours en remontant la rue principale, on peut explorer encore bien d'autres *havelis.* Il suffit de pousser la porte et de demander poliment aux occupants...

Le Prince Haveli : *voir « Où dormir ? Où manger ? ». Tlj 9h-18h. Visite guidée : 250 ₹ ; réduc - de 14 ans et étudiants.* Une *haveli* du milieu du XIXe s, rachetée et aujourd'hui joliment restaurée, malgré quelques libertés avec la tradition, par Nadine Le Prince, une artiste-peintre française (d'où le nom de l'endroit, rien à voir avec un prince du Shekhawati). On déambule dans les différentes pièces, autour des 2 cours, accompagné d'un(e) stagiaire francophone – souvent des étudiants en archéologie –, qui donne pas mal de clés de compréhension sur le travail de restauration de cette demeure. Certaines fresques d'origine, parfaitement bien conservées, dans une dominante de bleu, sont éclatantes de beauté. Les boiseries sont également remarquables. À l'arrière, dans un bâtiment moderne, une galerie où sont exposées peintures et dessins de Nadine Le Prince, et d'artistes contemporains indiens. Dans le caravansérail mitoyen, un lieu pour expos diverses.

Non loin, la ***Jagannath Singhania Haveli,*** sur la route de Churu, construite en 1882 (donation demandée). De chaque côté de la voûte à l'entrée, moult danseurs ; et sur la façade extérieure, dans des nuances de bleu, la figure de Laksmi sur une fleur de lotus et encadrée de 4 éléphants. La même scène se répète 4 fois autour du patio. De l'intérieur, on ne peut voir que la 1re cour, le reste est dans un état de délabrement avancé.

DANS LES ENVIRONS DE FATEHPUR

RAMGARH

À env 20 km au nord de Fatehpur, sur la route de Mahansar.

Là aussi, bourgade peu touristique, fondée à la fin du XVIIIe s par les Poddar à la suite d'une brouille commerciale avec le *thakur* de Churu. Riches commerçants marwaris, les Poddar voulurent surpasser la beauté de Churu. Du coup, entre les portes de la ville, la longue rue du bazar masque à peine une ribambelle de *havelis* souvent couvertes de fresques, dans lesquelles sont aujourd'hui installés divers commerces. Beaucoup sont quasiment en ruine ou terriblement dégradées par les devantures anarchiques des échoppes, mais l'ensemble, allié à l'animation de la rue, dégage un charme certain.

Faites-vous indiquer, à l'écart du centre, le ***Shani Mandir,*** le petit « temple des miroirs ». L'autel du saint des saints, les murs, les arcades resplendissent d'un foisonnement de morceaux de miroirs incrustés dans des fresques finement peintes. Portes en argent ! On y vénère Shani, le dieu du samedi. Ce jour-là, le prêtre collecte les offrandes d'argent, d'huile et de grain. Ganesh est aussi largement représenté. En prime, quelques fresques délicates, dont un mariage de Shiva, avec ses gracieuses danseuses. Ambiance tranquille et recueillie... ce qui n'empêche pas le gardien de vous délester d'une cinquantaine de roupies !

À l'entrée de la ville (venant de Fathepur), un magnifique ensemble de ***cénotaphes de la famille Poddar,*** festival de *chhatris* et coupoles finement ciselés. Tous entièrement décorés de fresques extérieures, hélas en très mauvais état.

MAHANSAR (mahansar)

3 000 hab. IND. TÉL. : 01595

Un village paisible, en dehors des sentiers battus, à 33 km au nord de Mandawa, réputé pour sa « boutique en or », la *Sone Chand Ki Dukan Haveli* de toute beauté... Et puis une sorte de fort massif construit au XVIIIe s. Il domine le village d'un côté et le désert de l'autre, et abrite carrément 2 hôtels ! L'occasion de se poser dans un lieu à l'écart du monde, dans une Inde très rurale.

Arriver – Quitter

➢ ***Mandawa :*** bus ttes les heures (direction Bissau ou Ramgarh). Durée : 1h30.

Où dormir ? Où manger ?

De prix moyens à chic (1 500-5 400 ₹ / 20-72 €)

Narayan Niwas Castle : *dans l'une des ailes du fort. ☎ 26-43-22. 99-28-33-14-67. • mehansarcastle.com • Doubles 1 600-1 850 ₹, suite 2 250 ₹, petit déj inclus. Dîner 450 ₹. Wifi mais pas partout.* Un panorama et un décor exceptionnels, dans un dédale d'escaliers et de terrasses. En tout, une quinzaine de chambres peintes dans le plus pur style du Shekhawati, vieillottes et moyennement tenues, mais certaines sont ornées de belles peintures (comme la nº 11, mais qu'elle est sombre !). La nº 1 vaut le coup pour la vue. La nº 5 se distingue par ses arcades, sa mezzanine et son plafond peint. La moins chère est la chambre « secrète » (nº 13), en sous-sol. Ensemble tout de même un peu hétéroclite et poussiéreux (ne pas hésiter à choisir une suite), le tout compensé par l'accueil chaleureux... ça contribue, d'une certaine manière, au charme *Mille et Une Nuits* du lieu. Repas corrects, et accueil sorti tout droit d'un tableau du Raj britannique de province.

Mahansar Fort : *dans l'autre aile du fort (les 2 entrées sont voisines). ☎ 26-47-61. 91-66-77-50-74. • mahansarfort.com • Doubles 2 200-2 500 ₹, petit déj inclus. Menus 600-700 ₹, ou petits plats à la carte.* Ce bout de fort est tenu par Seema et Bhagwatti, un adorable jeune couple indien qui a tout rénové (parfois de ses propres mains pour les peintures). Comme il était difficile de repousser les murailles, la vingtaine de chambres sont complètement biscornues, voire étriquées, ou équipées d'une salle de bains aussi grande que la chambre elle-même... ou aussi minuscule, c'est selon ! En voir plusieurs, toutes sont différentes. Déco faite de bric et de broc, dans le registre un peu kitsch « comme à la maison ». Vaut surtout pour la gentillesse de l'accueil et l'ambiance familiale. Cuisine particulièrement soignée. Spécialement pour les Français, un pastis local, l'*asha,* est servi en apéro ! Il est fabriqué à base d'anis, de miel, d'orange, de gingembre et de cardamome. Repas sur demande sur la terrasse ou au rez-de-chaussée.

À voir

Sone Chand Ki Dukan Haveli : *à côté du Shiv Temple. On vous indiquera où trouver la pers responsable de l'ouverture de cette* haveli *dans une boutique voisine (demander la « Golden Room Key »). Visite tlj 8h-17h. Entrée : 100 ₹.* Voici la fierté du village ! Tout l'intérieur de la boutique du négociant en métaux précieux et opium qui habitait là fut orné, vers 1850, de peintures absolument superbes. Finesse d'exécution exceptionnelle, extraordinaire richesse des couleurs dans les rouge et or ! Fabuleux travail de ciselage sur les poutres. Fresques pleines de rythme. Dans le tiers gauche de la boutique, le *Rāmāyana,* et tout le panthéon des dieux hindous se rendant au mariage de Rāma. À l'intérieur de l'enceinte du château, la cérémonie du mariage proprement dite, chef-d'œuvre de miniature. En face, la bataille du *Rāmāyana.* Dans le tiers droit, la vie complète de Krishna illustrée. Au plafond, chaque femme joue d'un instrument de musique différent. Sur une des corniches, Krishna tient une montagne sur un doigt. Au centre, médaillons du panthéon hindou. Dans la salle intérieure du milieu, 2 petites fresques, avec large utilisation d'or. À gauche, Shiva et Parvati, à droite, Laksmi et ses 4 éléphants.

– À 100 m sur la gauche de la *haveli,* le ***dancing hall*** (salle de fêtes) somptueux qui se pare de lustres de verre de Belgique et d'Europe centrale. Et si vous vous logez dans le village, les hôteliers se feront un plaisir de vous faire visiter d'autres *havelis*.

DANS LES ENVIRONS DE MAHANSAR

ALSISAR (*ind. tél. : 01595*)

À 25 km au nord-est de Mahansar et 25 km au nord de Jhunjhunu (par la SH41, plutôt en bon état). Encore un village qui n'a pas bougé depuis quelques siècles, en tout cas probablement depuis qu'un *thakur* y construisit sa résidence ! Vaut surtout une halte pour son hébergement, aménagé (encore !) dans l'ancienne demeure du prince local. À noter quand même, chaque année en décembre, un festival de musique et de performances artistiques qui réunit jusqu'à 5 000 personnes !

🏠 🍽 ***Alsisar Mahal :*** *☎ 24-52-71 ou 72. Résas à Jaipur : ☎ (0141) 236-82-90. • alsisarmahal.com • Double min 12 000 ₹, petit déj inclus. Buffet dîner env 1 250 ₹. Wifi théorique.* L'ancien château-palais du XVIIIe s du *thakur* d'Alsisar a été magnifiquement transformé en hôtel sans en altérer le charme ni le caractère. Plus de 50 chambres, gigantesques pour les *superior deluxe* – plus modeste pour les *deluxe* –, joliment aménagées, et très confortables. Excellente cuisine servie dans une immense salle à manger parée d'arcades et de lustres de cristal, tables dressées de turquoise. Belle piscine cernée de délicates coupoles. Salle de billard, trophées de chasse, peau de panthère... stylé, comme le service. Et même un bar en sous-sol, ambiance « oubliettes », le *Dungeon* ! Une étape fort élégante, voire impressionnante !

🏠 🍽 ***Indra Vilas :*** *à côté de l'Alsisar Mahal. ☎ 24-55-67. 📱 97-99-88-49-99. Résas à Jaipur : ☎ (0141) 400-55-64. • indravilasalsisar.com • Double min 7 000 ₹, petit déj compris. Repas 500-600 ₹. Wifi à la réception.* Aménagé dans une ancienne *haveli* couverte de fresques. À peine moins cher que son voisin, mais beaucoup moins charmant. Les 26 chambres encerclent soit une cour, aux peintures hélas assez abîmées, soit un vaste jardin, flanqué d'une piscine. Chambres inégales, assez jolies, mais tout de même bien chères pour le confort proposé. Pas mal de groupes, accueil chaleureux quoique assez commercial.

SUR LA ROUTE DE DELHI

JHUNJHUNU (*ind. tél. : 01592*)

À 25 km au nord-est de Mandawa.
2e ville en importance du Shekhawati avec 125 000 habitants, Jhunjhunu n'est pas à proprement parler une ville touristique. Néanmoins elle a conservé de son passé musulman un centre intéressant. On peut le parcourir à pied pour admirer quelques *havelis* dans la rue principale qui part près du Nehru Bazar. Et surtout, à l'extérieur du centre, un temple hindou assez spectaculaire, ainsi qu'un mausolée dédié à un saint musulman fort vénéré par les pèlerins.

Où dormir dans le coin ?

🏠 🍽 ***Hotel Jamuna Resort :*** *à **Jhunjhunu,** non loin du Rani Sati, au nord du centre. 📱 89-55-97-63-48. Doubles 1 500-2 500 ₹. Wifi à la réception.* Un grand hôtel moderne à l'architecture inspirée des anciennes *havelis,* la finesse en moins. Le bâtiment principal, surtout destiné aux groupes, propose des chambres peu convaincantes (et chères). Celles situées autour d'une paisible courette pleine de bougainvilliers sont assez mignonnes. On aime bien celles aux murs chaulés incrustés de miroirs, typique du Rajasthan, ou entièrement recouvertes de fresques colorées, à la mode du Shekhawati. Confort classique. Resto végétarien.

The Piramal Haveli : *à Bagar, sur la route de Delhi, à 15 km à l'est de Jhunjhunu. ☎ (01592) 22-12-20. • neemranahotels.com • Double 3 000 ₹, petit déj inclus. Repas végétarien env 500 ₹.* Une immense villa de style italianisant, avec un fort long péristyle à colonnes. Le rêve devenu réalité d'un très riche commerçant marwari fou d'Italie. À l'intérieur, les frises et les plafonds mélangent angelots ailés, divinités indiennes et portraits de famille. Les 8 chambres installées autour d'un charmant patio sont restées dans leur jus, un brin fatiguées mais propres et charmantes. Ambiance hors du temps, d'autant que le village alentour semble lui aussi figé entre 2 époques.

À voir

Rani Sati : *prendre un rickshaw depuis la station de bus à côté du Nehru Bazar (env 30 ₹). Tlj 5h-13h, 15h-22h. Entrée libre.*
Ce vaste complexe religieux, très fréquenté, vaut pour son pesant de kitsch. Il est dédié à une *sati*, qui, au XVIe s, choisit la mort sur le bûcher funéraire de son mari, un riche commerçant. Depuis, elle est vénérée comme une incarnation de la déesse Durga. Rien que la façade, aux tons pastel à empilement d'étages et surmonté de clochetons et de statues de divinités bariolées, vaut le détour. À l'intérieur enfilade de cours, de jardins et galeries, et 300 chambres destinées aux très nombreux pèlerins, fort généreux en donation, paraît-il. Le hall principal (ni chaussures ni photos) est couvert de fresques évoquant le sacrifice de la sainte. Dans la 3e cour, sur la gauche, un long bâtiment en marbre à contourner pour arriver au saint des saints. Sinon, plusieurs templions répartis dans le jardin. L'un d'eux abrite une idole en argent, pour laquelle les cérémonies sont ponctuées des roulements d'un tambour animé par un singulier automate. Tant de ferveur pour une femme qui choisit un destin sacrificiel... surprenant tout de même...

LE GUJARAT

Un État un peu oublié des touristes, qui ne manque pourtant pas d'attraits, y compris pour ceux qui veulent voir l'Inde au-delà des vieilles pierres. État de contrastes, désert et côte fertile, tribus nomades et contrebande internationale, traditions et technologies de pointe, terre de Gandhi... L'état des routes est bon autour d'Ahmedabad, ce qui permet la très bonne moyenne de 60 km/h.
Le meilleur moment pour entreprendre un périple au Gujarat est d'octobre à mars, car les températures montent vite très haut le reste du temps.

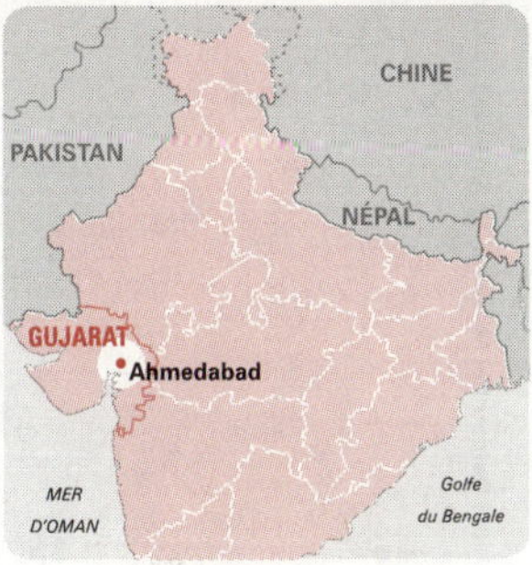

AHMEDABAD (ahmedabad) 6 000 000 d'hab. IND. TÉL. : 079

• Plan *p. 630-631*

1re ville indienne à être classée au Patrimoine mondial de l'Unesco (2017) en raison de la richesse architecturale de son centre historique, Ahmedabad mérite bien qu'on y consacre un peu de temps. Cette mégapole, coupée en 2 par la rivière Sabarmati, offre 2 visages. Rive droite, c'est une ville jeune et bouillonnante, aux artères encombrées, caractéristique de l'Inde du XXIe s, avec – cerise sur le gâteau – quelques œuvres monumentales laissées par de grands noms de l'architecture moderniste tels Le Corbusier, Louis Khan ou Charles Correa... Sur la rive gauche bat encore son cœur historique ; un inextricable lacis de ruelles bordé d'anciennes *havelis* (maison de négociants), occupées aujourd'hui par de nombreuses familles d'artisans encore en activité. Une structure urbaine et sociale très élaborée où subsistent quelques beaux témoins du passé : mosquées, temples, portes monumentales, autour desquels se déploient chaque jour d'innombrables petits marchés.
Riche de son passé en matière d'industrie textile, Ahmedabad recèle aussi l'un des plus beaux musées du Textile au monde (à réserver avant votre départ), sans oublier l'ashram de Sabarmati, un lieu chargé de symbole, puisque c'est d'ici que Gandhi lança ses campagnes de désobéissance civile dans les années 1920. Il est aujourd'hui transformé en musée.

Arriver – Quitter

En bus

Gita Mandir New Bus Station *(plan D3,* ***1****)* **:** *à 20 mn à pied au sud-est du centre historique.* Pour tous les départs en bus gouvernementaux longue distance. Pour un long trajet, privilégier les bus privés, un peu plus chers.
➢ ***Mount Abu* :** préférer le train, plus rapide, éventuellement les bus privés (voir ci-après).
➢ ***Udaipur* :** 9 bus/j., 5h-22h45. Trajet : 4h30-7h. Le meilleur plan est le *Volvo* de 18h, arrivée Udaipur à 22h30.

Bus privés *(plan A3,* ***2****)* **:** *Shephati Center, Paldi Six Rd (à env 10 mn en rickshaw du centre).* Parmi les agences,

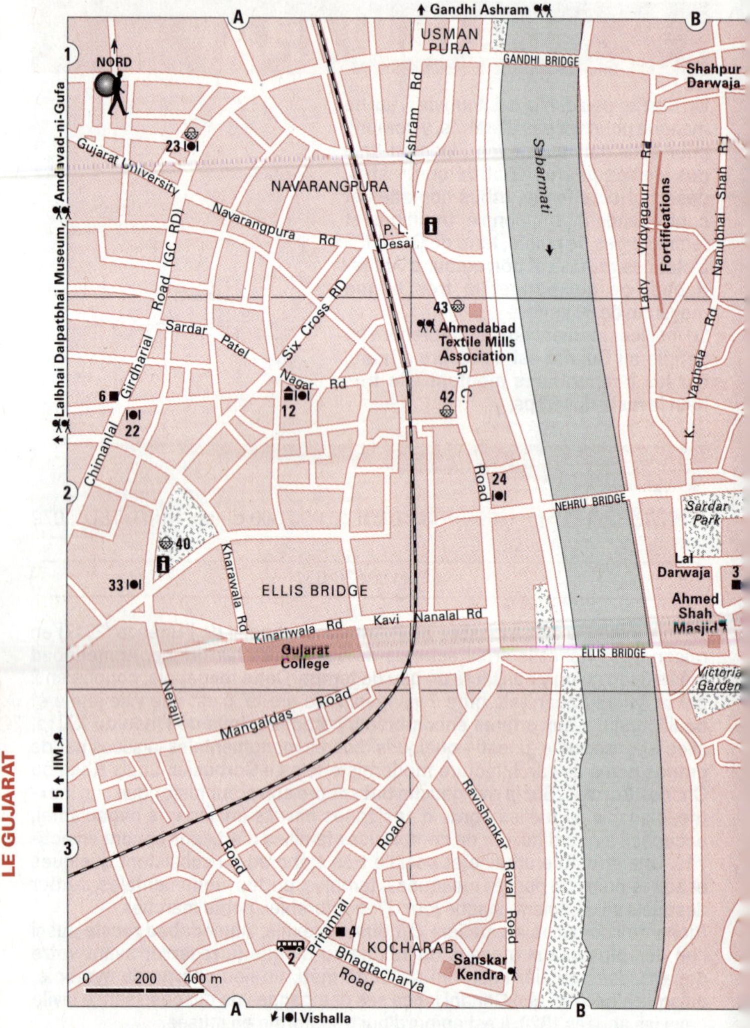

■ **Adresses utiles**

- Tourism Information Bureau (Gujarat Tourism ; B1)
- Tourism Desk (ville ; A2)
- 1 Gita Mandir New Bus Station (D3)
- 2 Bus privés (A3)
- 3 State Bank of India (B2)
- 4 Riddhi Travels et Paulo Travels (A3)
- 5 Alliance française (hors plan par A3)
- 6 Thomas Cook (change ; A2)
- 14 Retiring rooms (Railway Station ; D2)

Où dormir ?

- 11 Hotel Cadilac (C2)
- 12 Lemon Tree Hotel (A2)
- 15 Hotel Volga et Metropole Hotel (C2)
- 17 Divan's Bungalow (C3)
- 21 The House of Mangaldas Girhardas et Hotel Good Night (C2)

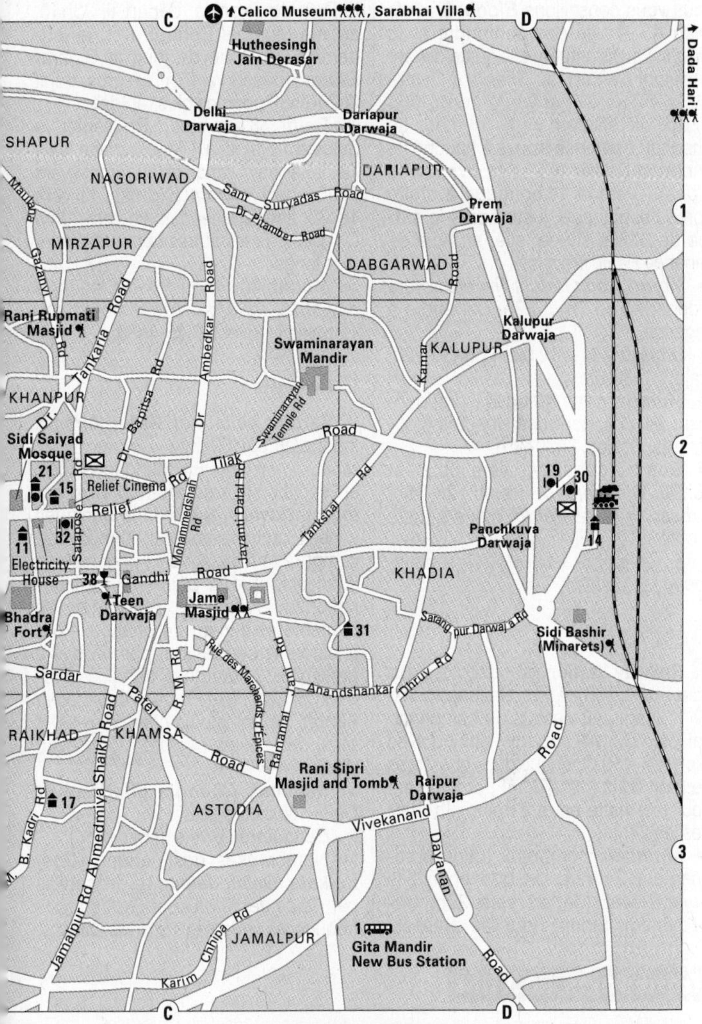

AHMEDABAD

31 Mangaldas Ni Haveli II (D2)

Où manger ?

19 Jay Vijay (D2)
21 The Green House et Agashiye (C2)
22 Sasuji (A2)
23 Mirch Masala (A1)
24 Pleasure Trove (B2)
30 Hotel Sagar (D2)
32 Hotel ZK (C2)
33 Jay Bhavani Vadapav (A2)

Où siroter un lassi ?

38 Gandhi Cold Drink House (C2)

Achats

23 Hansiba (A1)
40 Night Market (A2)
42 Handloom House (B2)
43 Garvi Gurjari (B2)

nous vous conseillons ***Riddhi Travels*** (*plan A3, **4***; ne pas confondre avec *Siddhi Travels,* située, elle, juste devant l'*Anilkunj Center*), au *Shephati Centre* (☎ *26-57-74-77* ; 📱 *98-25-25-46-08* ; • *riddhitravels.com* • ; *tlj 7h-22h*). Le *Shephati Center* se trouve à gauche de l'*Anilkunj Center* (où se trouve l'hôtel *Alpha*). C'est la 1re boutique à droite après l'esplanade, juste après la statue de Shiva, située, elle, en face de l'agence *Paulo Travels*.

➢ ***Mount Abu :*** *Riddhi Travels* assure 2 départs/j., à 7h et 22h. Se rendre à l'agence.

➢ ***Udaipur :*** env 12 bus/j., 6h30-22h. Trajet : 4h30-6h.

➢ ***Mumbai :*** env 40 bus/j., pratiquement 24h/24, dont des *sleepers* (couchettes). Trajet : 8h30-11h.

➢ ***Goa :*** 2 départs/j. vers 8h30 et 16h30. *Sleeper* AC. Trajet : 25-26h. À réserver chez ***Paulo Travels*** juste à côté (*plan A3, **4*** ; ☎ *26-57-58-64* ; 📱 *95-10-20-58-88* ; • *paulotravels.com* • ; *tlj 7h-22h*).

En train

Railway Station (*plan D2*) **:** *rive est, tt au bout de M. G. Rd.* *Retiring rooms* au 1er étage, au-dessus du hall principal (*plan D2, **14***) : dortoir sans ou avec clim (*225-450 ₹*), et quelques chambres de 2 ou 3 lits (*min 700 ₹*) ; strictement pour une halte entre 2 trains (3h maxi ttes les 24h).

➢ ***Mumbai :*** nombreux trains pratiquement 24h/24. Un bon choix : le *Gujarat Mail* (départ vers 22h, trajet : 8h25). Sinon, pour les pressés, le *Duranto Express,* départ tlj 23h40, arrivée Mumbai Central à 6h le lendemain. Un train de jour, le *Gujarat Express* (départ vers 7h). En gros, trajet 6h20-8h30 pour les plus rapides.

➢ ***Delhi :*** 3 *express*/j. Privilégier le *Swarna J. Raj,* tlj à 17h40, arrivée New Delhi Railway Station le lendemain vers 7h30 ; ou l'*Ashram Express,* tlj vers 18h30, arrivée le lendemain vers 10h à Old Delhi. Ts les autres sont nettement plus longs.

➢ ***Mount Abu*** (*Abu Road Station, à env 1h15-1h30 de Mount Abu*) **:** env 12 trains/j. Trajet : 3h45-4h30.

En avion

✈ ***Sardar Vallabhai Patel Airport*** (*hors plan par C1*) **:** *à 14 km au nord-est du centre-ville.* En attendant la mise en service du très attendu ***Dholera International Airport*** dans quelques années, l'actuel aéroport d'Ahmedabad compte 2 terminaux : le T1 pour les vols intérieurs, et le T2 pour les vols internationaux. À l'arrivée, petit office de tourisme et bureau de change. Pour rejoindre le centre-ville, pas de bus à proximité ; 2 comptoirs de taxis : *Prepaid Car Service* et *Prepaid Ahmedabad Airport,* un poil moins cher (*300-400 ₹ selon destination, compter 200 ₹ avec Uber*).

➢ ***Mumbai, Chennai (Madras) et Delhi :*** plusieurs vols/j.

➢ ***Bangalore :*** 5 vols/sem.

➢ Nombreuses destinations ***(Goa, Kolkata, Delhi, Jaipur...),*** desservies par *Spice Jet*, *IndiGo* et *GoAir,* à des fréquences variables selon les saisons.

Transports en ville

Vu l'étendue de la ville et la complexité des transports, vous n'aurez guère le choix : les rickshaws restent la meilleure formule. Bonne nouvelle, s'ils n'ont souvent pas de compteur, les petites courses en centre-ville restent relativement économiques : 20-30 ₹ en moyenne.

Adresses utiles

ℹ ***Tourism Desk*** (*plan A2*) **:** *Law Garden (rive ouest).* ☎ *32-52-03-78. Tlj sauf dim 10h-18h (en principe !).* C'est l'office de tourisme municipal. Peu efficace, on peut s'en passer.

ℹ ***Tourism Information Bureau*** (*Gujarat Tourism ; plan B1*) **:** *H. K. House, Ashram Rd, Shreyas Colony.* ☎ *26-57-80-44 ou 26-58-91-72. N° gratuit :* ☎ *1-800-200-50-80.*

• gujarattourism.com • *Juste en face du magasin de chaussures Bata situé au carrefour, un peu en retrait d'Ashram Rd (fléché en bleu). Lun-sam (sauf 2e et 4e sam du mois) 10h30-18h ; fermé dim.* De la bonne volonté, mais peu de doc utile.

■ ***Distributeurs, change :*** **State Bank of India** *(plan B2, **3**), face au* Local Bus Terminal, *Lal Darwasa Station (et un ATM sur Relief Rd). Lun-sam 11h-15h (13h sam) ; fermé dim. Sinon* **Thomas Cook** *(plan A2, **6** ; Supermall 30-33, ground floor, near Lal Bunglow, C. G. Rd ; tlj 9h30-18h).* Changent les devises. *Nombreux **ATM** internationaux en ville, rive ouest en particulier, dont celui de la **HDFC,** sur Ashram Rd, à 200-300 m du* Tourism Information Bureau.

■ ***Hôpitaux :*** *à 3 km du centre,* **The New Civil Hospital,** *Civil Hospital Rd, Asarwa, Haripura. ☎ 22-68-37-21. • civilhospitalamdavad.org • Pour obtenir une ambulance, composer le ☎ 102. Sinon* **Zydus** *(hôpital privé), Zydus Hospital Rd, near Sola Bridge, S.G. Highway : ☎ 1-800-123-54-33 ou 66-19-02-00 (urgences). • zydushospitals.com •*

■ ***Alliance française*** *(hors plan par A3, **5**) : B/S Food Corporation of India, Himali Tower Lane, Manekbaug Shyamal Rd. ☎ 26-73-38-00 ou 39-00. • ahmedabad.afindia.org • Lun-ven 9h-18h30, sam 11h-18h, dim 12h-16h.* Une bibliothèque, une médiathèque et un ciné-club dont la programmation est bimensuelle (voir leur site internet). Organise pas mal de concerts et des expos. Sympathique petit café *Rock Concepts (tlj 10h30-22h).* Une occasion de rencontrer des Indiens francophones.

■ ***Garha Tours & Travels :*** *426/D, Super Mall, near* Navrangpura Tel *Exchange, C. G. Rd. 📱 98-79-61-41-91. • garhatours.in •* Une agence sérieuse, aussi bien pour louer simplement une voiture avec chauffeur pour quelques jours que pour organiser un tour complet du Gujarat.

Où dormir ?

Ahmedabad propose peu de vraies adresses routardes.

Très bon marché (max 600 ₹ / 8 €)

■ ***Hotel Cadilac*** *(plan C2, **11**) : Cadilac House, Advance Cinema Rd. ☎ 25-50-75-58 ou 59. Central, tt proche de l'Electricity House. Accueil au 1er étage.* Sanjay Sampat, le patron, vous accueillera gentiment. Là s'arrêtent malheureusement les éloges pour cet hôtel dont la propreté des chambres (avec ou sans salle de bains) est franchement limite. Ne pas oublier son sac à viande ni sa taie d'oreiller. Pour dépanner.

Bon marché (600-1 500 ₹ / 8-20 €)

■ ***Metropole Hotel*** *(plan C2, **15**) : Relief Rd. ☎ 25-50-79-88 ou 89. • hotelmetropole.in • Presque face à l'Electricity House, juste avt le* Volga Hotel. *Doubles avec sdb, ventilo ou clim 700-1 000 ₹.* Un hôtel central, c'est d'ailleurs son unique atout, car pour le reste, c'est service minimum : clim du Néolithique, propreté des draps approximative et eau chaude capricieuse (le matin seulement). Les bouchons d'oreilles sont également de mise, étant donné la symphonie pour moteurs et klaxons qui se joue en permanence dans la rue. Accueil gentil, en revanche.

Prix moyens (1 500-3 000 ₹ / 20-40 €)

■ ***Hotel Volga*** *(plan C2, **15**) : opposite Electricity House, Relief Rd. ☎ 25-50-94-97 à 99. • hotelvolga.in • Dans la ruelle perpendiculaire à Relief Rd qui part face à l'Electricity House. Double env 1 600 ₹ ; pas de petit déj.* Ici, une trentaine de chambres (grandes pour la plupart) qui ne brillent pas par leur originalité mais qui se tiennent plutôt bien, avec des sols moquettés ou carrelés, ainsi que tout le confort attendu de cette catégorie d'hôtel. Côté propreté, c'est franchement moyen mais l'accueil et le fait que l'eau chaude coule 24h/24 en font malgré tout un bon choix pour poser son sac.

🏠 ***Hotel Good Night*** *(plan C2, **21**) : Lal Darwaja, en face de la mosquée Sidi Sayad.* ☎ *25-50-71-81 ou 25-50-68-66.* • *hotelgoodnight.co.in* • *Doubles 1 600-2 200 ₹ ; petit déj servi en chambre env 150 ₹.* Un hôtel récent qui offre de belles chambres tout confort allant de la *standard* à l'*executive* réparties sur 3 étages. Malgré une propension avérée pour le carrelage et des salles de bains minimalistes, cela reste un bon plan car la propreté est au rendez-vous (draps blancs et bien repassés, déco banale mais soignée). Préférer quand même celles qui donnent sur la petite rue à l'arrière plutôt que sur le boulevard. Bon accueil.

Chic (3 000-5 400 ₹ / 40-72 €)

🏠 🍽 ***Divan's Bungalow*** *(plan C3, **17**) : M.B. Kadri Rd, près de Gaiekwad Haveli.* ☎ *25-35-54-28.* 📱 *99-98-95-35-50.* • *divansbungalow.com* • *Double min 4 700 ₹. Dîner 800-1 100 ₹.* Étonnante bâtisse datant du XIXe s, aujourd'hui reconvertie en hôtel. Son nom est trompeur, car il ne s'agit en rien d'un vulgaire bungalow, mais plutôt d'un hôtel cossu aux chambres démesurément grandes, aux meubles d'origine. Une déco tout en bois sculpté, avec lustres à pampilles, tapis d'orient et effets de miroirs. Il y flotte une atmosphère délicatement surannée. Pour une poignée de roupies supplémentaires, offrez-vous l'une des 2 suites *heritage* situées à l'étage. Les repas se prennent dans l'ancienne salle à manger ou dans le patio intérieur, aux beaux jours. Un bon rapport qualité-prix.

Très chic (5 400-10 500 ₹ / 72-140 €)

🏠 ***The House of Mangaldas Girhardas*** *(plan C2, **21**) : Lal Darwaja, en face de la mosquée Sidi Sayad.* ☎ *25-50-69-46.* • *houseofmg.com* • *Double min 7 700 ₹.* Ancienne demeure d'un magnat du textile, construite en 1924, reconvertie avec goût en hôtel de charme. On ne se lasse pas de déambuler dans cet enchevêtrement de coursives, de vérandas et d'escaliers. Toutes les chambres sont différentes, d'où l'importance de bien la choisir. Leur décoration, élégante et raffinée, s'avère d'un exotisme sans pareil, quant aux salles de bains, elles sont un véritable enchantement. Seul hic, les turbulences de la ville se perçoivent encore dans les chambres ou suites d'angle, dommage... On y mange aussi très bien (voir plus bas), à condition d'y mettre le prix. Petite piscine intérieure.

🏠 ***Mangaldas Ni Haveli II*** *(plan D2, **31**) : Gangadhiya ni Pol, via Sakdi Sheri.* ☎ *25-50-69-46.* • *reservation@houseofmg.com* • *Près de Manek Chowk, Khadia, mais réception à l'hôtel* House of MG. *Doubles 4 800-7 100 ₹.* Une ancienne *haveli* entièrement réhabilitée à deux pas de Manek Chowk. Au programme : 6 chambres, assez petites mais hautes de plafond pour certaines, bénéficiant d'une déco qui hésite entre le moderne et l'ancien. C'est plaisant. Petit jardin avec balancelle, parfait pour prendre les derniers soleils. Idéal pour s'immerger dans l'animation de la vieille ville le soir.

🏠 🍽 ***Lemon Tree Hotel*** *(plan A2, **12**) : 434/1, Mithakhali Six Cross Roads.* ☎ *44-23-23-23.* • *lemontreehotels.com* • *Double env 5 900 ₹.* Voici un hôtel de structure contemporaine classique, à taille humaine et d'un bon rapport qualité-prix. C'est une chaîne s'intéressant au développement durable et qui se dit *eco-friendly.* Accueil et service effectivement souriant et attentionné, qui justifient déjà le *friendly.* Chambres propres et d'excellent confort, calquées sur le standard international, donc sans surprise. Resto au cadre coloré offrant une cuisine correcte au rez-de-chaussée.

Où manger ?

La plupart des bonnes adresses se situent dans la ville nouvelle. S'y rendre en rickshaw ou encore moins cher, avec *Uber.*

Dans le quartier de la gare

Très bon marché (max 180 ₹ / 2,40 €)

|●| ***Hotel Sagar*** *(plan D2, **30**) : presque en face de la gare et à côté du bureau de poste. Tlj 10h-16h, 19h-minuit.* Spécialités de *thalis* et plats punjabis, jaïns, madrasis. Cuisine végétarienne. Vraiment pas cher.

|●| ***Jay Vijay*** *(plan D2, **19**) : Reid Rd. 📱 80-00-78-98-70. À une foulée de la gare. Tlj en continu 7h-23h.* Grande salle assez moderne, confortable et proprette, où se sustenter de *thali* gujarati, jaïn ou rajasthani, ainsi que quelques spécialités du sud de l'Inde et du Pendjab. Une valeur sûre.

Dans le vieux centre

Bon marché (180-450 ₹ / 2,40-6 €)

|●| ***Hotel ZK*** *(plan C2, **32**) : Relief Rd, à deux pas du* Relief Cinema*. ☎ 25-50-61-21 ou 22. Carte snack non-stop 11h-23h30.* Ambiance traditionnelle tamisée, juste ce qu'il faut de lumière pour voir dans son assiette. Spécialités de mouton et de poulet (continentales, indiennes et chinoises). Petite carte végétarienne. Leur conception du *little spicy* étant très pimentée, comme vous avez le choix, dites « *no chilly* » ! Service rapide et repas flirtant avec la catégorie « Prix moyens » si vous avez un peu faim.

De prix moyens à chic (450-1 800 ₹ / 6-24 €)

|●| ***The Green House*** *(plan C2, **21**) : snack de l'hôtel* The House of Mangaldas Girhardas *(voir « Où dormir ? »). Tlj 7h-22h. Snack env 300 ₹, plats à prix chic.* La pause casse-croûte sous une pergola, autour de grandes tables de marbre. Malgré le bruit persistant de la circulation, cela reste un endroit agréable et reposant dès le petit déj. Cuisine sans grand éclat cependant, et service assez inefficace.

Très chic (plus de 1 800 ₹ / 24 €)

|●| ⛱ ***Agashiye*** *(plan C2, **21**) : resto de* The House of Mangaldas Girhardas*, sur le toit-terrasse. ☎ 25-50-69-46. Tlj 12h-15h30, 19h-23h. Résa le soir. Thalis à prix fixes 1 200-1 700 ₹.* Une belle adresse, à privilégier en soirée : à la lueur des bougies et des braseros, le plaisir de découvrir toutes les subtilités des saveurs gujaraties dans la danse toujours renouvelée d'un *thali* servi à volonté. Serveurs en costume, ambiance romantique (apporter sa lampe de poche). Également quelques tables dans de jolis bungalows de bois climatisés, pour se protéger des chaleurs du plein été. Le midi, petit *thali* déjà bien copieux !

Dans le quartier ouest (la ville moderne)

Très bon marché (moins de 180 ₹ / 2,40 €)

|●| ***Jay Bhavani Vadapav*** *(plan A2, **33**) : 8/9, Maradia Plaza, Panchavati, C.G. Rd. ☎ 26-40-40-90. Au niveau du carrefour, au pied d'un bâtiment qui aligne quelques restos. Tlj 10h-23h30.* Un fast-food 100 % couleur locale, avec quelques spécialités indiennes du Sud, des burgers végétariens et de la cuisine chinoise. Une poignée de tables en terrasse.

Bon marché (180-450 ₹ / 2,40-6 €)

|●| ***Sasuji*** *(plan A2, **22**) : C. G. Rd, en face du* Lal Bungalow*. ☎ 26-40-50-65 ou 66. Pas facile à repérer : dans l'édifice Anja Jewels, l'entrée du resto se signale seulement par « Dining Hall » en*

lettres rouges. Tlj 11h-15h, 19h-22h. Au 3e étage d'un immeuble (ascenseur), grande salle au cadre très sobre, organisée en box. On y trouve certainement les meilleurs *thalis* et lassis de la ville ! Il faut voir le ballet des serveurs qui virevoltent autour des tables, remplissant les grandes assiettes en métal, sous l'œil du maître d'hôtel qui a vite fait de repérer les clients en manque... Vous avez dit « rassasié » ?

|●| ***Mirch Masala*** *(plan A1,* ***23****) : Swastik Char Rasta, C. G. Rd. ☎ 26-40-33-40. Pas loin du Royal Inn. Tlj 12h-14h45, 19h-23h.* Comme enseigne, un gros piment rouge et quelques marches à descendre pour parvenir à une espèce d'auberge rurale au chaleureux cadre intérieur. Jolies fresques murales, photos vintage et objets domestiques pour la couleur, banquettes et serviettes en tissu pour le confort et pléthore de serveurs pour le service... Cuisine traditionnelle de bonne qualité servie généreusement. Quelques spécialités : *seekh kebab masala, murgh rogan josh* et toute une série de savoureux « *chef's special* »...

Prix moyens (450-900 ₹ / 6-12 €)

|●| ***Pleasure Trove*** *(plan B2,* ***24****) : B/101-104, Sakar 7 (Ashram Rd), près du Patang Hotel et du Nehru Bridge (à env 15 mn de marche de l'hôtel House of MG). ☎ 26-57-51-92. Au 1er étage, au-dessus du concessionnaire Volkswagen. Tlj 12h-14h30, 19h15-22h30. 1er arrivé, 1er servi (allez-y de bonne heure !).* Dans un cadre superbe et soigné, un resto très prisé des locaux qui ne désemplit pas. On y sert (avec style) le meilleur de la cuisine traditionnelle revisitée avec une finesse extrême, un maniement subtil des saveurs, des herbes et des parfums ! Appréciée des familles et de la *middle class* qui vient souvent banqueter ici en des tablées de 15-20 convives dans une joyeuse effervescence. Absolument délicieux... Généreux *thalis* végétariens ou non, servis au déjeuner comme au dîner (demandez-les !). Sinon, longue liste de savoureux *tandooris khazana,* sans oublier les recettes des autres États de l'Union indienne, voire d'autres pays... Sans conteste, notre meilleure adresse en ville !

Un peu excentré

Prix moyens (450-900 ₹ / 6-12 €)

|●| ***Vishalla*** *(hors plan par A3) : à 7 km au sud de la ville. ☎ 26-60-24-22 ou 09-19. Y aller en rickshaw et négocier l'A/R + l'attente. Tlj 10h-23h (dîner servi à partir de 19h). Snack env 200 ₹ ; déjeuner 350-560 ₹ ; entrée + repas env 700 ₹ le soir.* Sorte de camp pour groupes en vadrouille, attenant à un petit musée attrape-touristes *(tlj sauf lun 14h-22h ; entrée : 50 ₹, photo 100 ₹).* Franchement, nous avons craint l'arnaque, jusqu'au clou de la soirée, le *thali gujarati*. Installé en tailleur devant d'immenses tables basses et une feuille de bananier, on a droit à une valse à mille plats orchestrée par une bonne vingtaine de serveurs prompts à remplir vos coupelles à volonté. Un régal. Une adresse appréciable aussi à l'heure du déjeuner pour un *thali* vite fait bien fait et une gorgée de bière en revenant de Sarkhej Roza. En revanche, oubliez le musée, sauf si vous rêvez de gros pots en cuivre.

Où siroter un lassi ?

🍸 ***Gandhi Cold Drink House*** *(plan C2,* ***38****) : Bhadra Bazar, pratiquement en face du Nishat Restaurant. ☎ 25-50-75-55. Le nom se détache bien, en vert sur le blanc carrelé de la façade. Tlj 10h-23h.* Tout est fait maison. *Ice cream, sweet lassi* (le meilleur de la ville) ou *salt lassi,* et, spécialité du lieu, le *faluda.* Bar sympa donnant directement sur la rue et sur une petite salle. Tout autour, nombreuses cuisines de rue proposant sucreries et petits plats salés.

Achats

Night Market (*plan A2,* **40**) **:** *Law Garden. Tlj 19h-23h (voire minuit).* Sur le trottoir, le long du jardin, petites échoppes essentiellement textiles avec beaucoup de choix, dont les fameux *chaniyas cholis* (vêtements traditionnels incrustés de miroirs, typiques du Gujarat).

Hansiba (*plan A1,* **23**) **:** *8, Chandan Complex, près de Swastik Cross Rd (au-dessus du resto Mirch Masala). Lun-sam 11h-19h30 ; fermé dim.* Une coopérative autogérée par des femmes qui propose des vêtements brodés et des housses de coussins (entre autres). 65 % du produit des ventes leur reviennent directement.

Handloom House (*plan B2,* **42**) **:** *Ashram Rd, à côté du Natraj Theatre. Lun-sam 10h30-19h30 ; fermé dim.* Beaux saris. Prix fixes.

Garvi Gurjari (*plan B2,* **43**) **:** *Ashram Rd. En face de l'Old Reserve Bank of India. Tlj 10h30-19h.* Emporium d'État, donc des prix fixes, et un choix incroyable.

À voir

Pour qui s'intéresse à l'architecture et à l'art (en particulier au textile), Ahmedabad est une ville passionnante. Si la ville nouvelle se parcourt en rickshaw, étant donné les distances entre les différents centres d'intérêt, la vieille ville, elle, s'arpente à pied. S'y perdre est un véritable régal.

Le vieil Ahmedabad

Un peu d'histoire

Pour comprendre la richesse et la diversité architecturale du vieil Ahmedabad, il faut fouiller un peu son histoire. La ville est fondée au XIe s par les Solankî, une dynastie apparentée au clan rajpoute Châlukya de confession jaïne. À l'époque, Karnavati (c'était le nom de la ville) est déjà une plaque tournante du commerce dans l'océan Indien. Reprise par le sultanat de Delhi à la fin du XIIIe s, la ville connaît dès le début du XVe s un développement sans pareil avec l'arrivée d'Ahmed Shah, un sultan qui en fait la capitale du sultanat du Gujarat et la rebaptise Ahmedabad. C'est sous son règne que la ville construit son système défensif et amorce l'organisation de son tissu urbain qui perdurera pendant plusieurs siècles.

À la fin du XVIe s, affaiblie par les guerres et quelques épisodes de sécheresse (donc de famine), Ahmedabad passe sous la coupe de l'empereur moghol Akbar, lequel relance l'activité économique. Désormais centre de commerce de 1re importance, notamment dans le domaine du textile, la ville se pare alors de très belles *havelis,* de mosquées. Friande d'étoffes rares et de broderies, la noblesse moghole favorisera les arts avec une générosité qu'explique un système de succession très particulier : à l'époque, la terre comme les biens immobiliers ne pouvaient se transmettre de père en fils. Aucun intérêt à investir dans la pierre, donc. Dans le même temps, au cours d'une vie, les impôts s'accumulaient comme des arriérés jusqu'au jour du décès. Une fois le décès prononcé, la propriété est saisie et l'argent capitalisé reversé aux héritiers moyennant le prélèvement de taxes absolument faramineuses. Les nobles moghols avaient donc tout intérêt à dépenser tout l'argent qu'ils gagnaient de leur vivant pour échapper à l'impôt !

En 1753, Ahmedabad sera mise à sac par les principaux opposants aux Moghols, les Marathes, de confession hindoue, avant de tomber dans l'escarcelle de la Compagnie des Indes orientales en 1818. Un siècle plus tard, Gandhi lancera, depuis son ashram de Sabarmati, son programme de désobéissance civile qui conduira l'Inde à l'indépendance.

De l'époque d'Ahmed Shah, la ville a conservé une petite portion de son mur d'enceinte le long de la rivière, la plupart de ses portes (les *darwajas,* qui servent toujours de repères) et surtout son inextricable labyrinthe de ruelles, de culs-de-sac et de cours, organisé en *pol* (sorte de micro-quartier qui fermait ses portes la nuit et où vivaient en parfaite harmonie musulmans, hindous et jaïns). Venir à Ahmedabad sans se perdre dans son bazar serait une véritable erreur ! Pour en apprendre plus sur cette étonnante organisation tant urbaine que sociale et en découvrir les richesses cachées : minuscules temples jaïns en partie souterrains, *havelis* tout en bois ciselé, passages secrets, et ses *chabutaro,* d'étonnantes mangeoires à oiseaux monumentales qui parsèment les *pol* (on en dénombre près de 600 !).

NON, LYON N'A PAS INVENTÉ LES TRABOULES !

Parfois, une porte d'immeuble avec serrure... On entre donc dans une maison ? Pas du tout, c'est un passage discret, voire secret entre 2 pol (micro-quartiers). Il permettait de fuir ou de se réfugier en cas d'attaque, un genre de traboule. Ouvert au moment des cérémonies des temples et rarement après 12h.

On vous recommande chaudement l'une des 2 visites guidées suivantes :

– ***Heritage Walk of Ahmedabad :*** *départ tlj du temple Swaminarayan Mandir (plan D2), dans le quartier de Kalupur, à 8h pétantes. ☐ 96-87-33-24-84. • heritagewalkahmedabad.com • Tarif : 120 ₹. On peut réserver en ligne. En anglais.* Compter 2h-2h30 de visite, de *pol* en *pol* et de temple en mosquée sous la conduite d'un(e) jeune guide, jusqu'à Manek Chowk et Jama Masjid. Vraiment extra, ça vaut la peine de se lever un peu tôt ! L'hôtel *House of MG* propose plus ou moins le même circuit pour un prix nettement supérieur mais en petit comité *(oct-mars seulement ; départ de l'hôtel à 7h30 ; ☎ 25 50 60 40 ; • houseofmg.com/explore/heritage-walks/ • ; tarif : 430 ₹).* Également un circuit de 1h en soirée mais sans grand intérêt.

– *Petit rappel :* on se déchausse à l'entrée des mosquées comme des temples.

👣 ***Jama Masjid*** *(plan C2)* **:** *Gandhi Rd. En plein centre. Jambes et épaules couvertes. Lors des prières, visite interdite aux femmes.*

Édifiée en 1423 par Ahmed Shah, le sultan fondateur de la ville, ce fut la plus grande mosquée de l'Inde à cette époque. À l'origine, elle était destinée à l'usage privé du sultan et de sa famille. Vaste cour entourée d'une galerie à colonnades. Au centre, le bassin aux ablutions. Bien que ce soit une mosquée, les motifs décoratifs sont de style franchement jaïn. À l'époque, les tailleurs de pierre étaient pratiquement tous jaïns, d'où ce penchant pour les fleurs et les personnages (certaines des coupoles sont même sculptées comme des fleurs de lotus !). De chaque côté du porche, 2 minarets, à moitié démolis par un séisme en 1819. À l'intérieur, grande coupole à l'entrée finement ciselée, forêt de colonnes (au moins 260), avec galerie, balcons joliment sculptés, volutes... Visite agréable.

– À deux pas de la grande mosquée, en sortant par la porte faisant face à la salle de prière, arrivée au *Bad Sha's Hajira,* le **tombeau d'Ahmed Shah** (1442). Une structure sans prétention où repose le sultan fondateur de la ville. Seuls les hommes peuvent y pénétrer après s'être déchaussés et couvert le dessus du crâne. De l'autre côté de la rue, ses épouses reposaient dans le *Rani-ka-Hujra.*

– Plus que la mosquée, c'est le quartier animé qui attire. Des centaines d'échoppes de tissu fabriqué à Ahmedabad, dont les *chaniya cholis,* les vêtements brodés typiques du Gujarat, décorés de perles, de coquillages et incrustés de miroirs. Animation sympathique, surtout dès que l'on quitte la grande artère qu'est Gandhi Road pour s'enfoncer dans le labyrinthe des *pol.* À l'arrière de la mosquée, la rue qui part de *Manek Chowk* en direction du fleuve (rue parallèle à Gandhi Rd) concentre les ***marchands d'épices*** *(plan C2-3)*.

🚶 En remontant Gandhi Road vers le fleuve, c'est une vraie plongée dans un marché quotidien foisonnant : les stands s'accumulent presque jusqu'au milieu de la chaussée, jusqu'à hauteur de ***Teen Darwaja*** *(ou Tripolia Gate ; plan C2)*, une large porte à 3 arches datant de 1411. C'était l'entrée royale du ***Bhadra Fort*** *(plan C2)*, au bout de Gandhi Road. Ce vieux bastion du XVe s, œuvre lui aussi d'Ahmed Shah, abritait le palais des sultans. Aujourd'hui, pas grand-chose à voir.

Hors des fortifications, rive gauche

Hors de l'enceinte et pourtant intimement liés à l'histoire de la ville, voici quelques monuments, présentés du sud au nord, dans le sens inverse des aiguilles d'une montre. Prendre un rickshaw (en négociant pour 2-3h) pour en faire le tour.

🚶 ***Ahmed Shah Masjid*** *(plan B2)* **:** *entre Lal Dawarja et Ellis Bridge.* Restaurée en 2011, c'est la plus vieille mosquée d'Ahmedabad. Elle date de 1414. L'intérieur n'est pas sans rappeler les temples hindous. Elle est précédée d'un jardin et de son bassin aux ablutions. Là encore, colonnes de style jaïn, et 5 coupoles. Bel arbre de vie à droite de l'entrée.

🚶 ***Rani Sipri Masjid and Tomb*** *(mosquée et tombe de Rani Sipri ; plan C3)* **:** *entre le centre et Gita Mandir New Bus Station.* Il suffit de pousser la grille pour entrer. Édifiée au XVIe s par la veuve du sultan Mahmud Begada (petit-fils d'Ahmed Shah), la mosquée est l'un des plus beaux exemples d'art indo-musulman du Gujarat. À droite, un sanctuaire où repose Rani Sipri (on n'y entre pas). À gauche, la petite mosquée, avec ses 6 coupoles dont le travail vaut qu'on lève la tête, flanquée de 2 minarets élancés et gracieux. La pierre brune semble être en bois, tellement le travail de ciselure est fin. Chaque fenêtre ajourée *(jali)* est composée de motifs ornementaux différents, tantôt géométriques, tantôt floraux, d'une rare finesse d'exécution...

🚶 ***Sidi Bashir Minarets*** *(plan D2)* **:** *un peu au sud de la gare ferroviaire, en retrait de la grande route.* Très connus mais pas grand-chose à voir. On les appelle *shaking minarets* : lorsque l'un bouge, l'autre remue en stéréo (mais pour des raisons de sécurité, plus de démonstration).

🚶🚶🚶 ***Dada Hari*** *(hors plan par D1)* **:** *au nord-est du centre historique (compter bien 20-25 mn en rickshaw).*
Dans un cadre presque champêtre, calme et serein, un des endroits les plus intéressants d'Ahmedabad. Il s'agit de l'un de ces ***superbes puits-citernes*** à galeries souterraines que l'on trouve aussi au Rajasthan, sous le nom de *baoli* (ou *baori* ; au Gujarat, ce sont des *vav*). Celui-ci date de la fin du XVe s. C'est une véritable cathédrale souterraine qui descend vers la nappe phréatique totalisant 6 étages (tenez vos enfants par la main, il n'y a pas de garde-fou). Sur les côtés, les piliers et les paliers, nombreux bas-reliefs avec inscriptions en ourdou (la variante locale de l'arabe) et en sanskrit. Tout au fond, un puits octogonal. Et dans les parois de ce dernier se cache, de part et d'autre, un escalier en colimaçon qui remonte jusqu'à la surface (condamné car dangereux). Incroyable ensemble aux circonvolutions multiples. Vous remarquerez, à la surface, un circuit de petits canaux qui permettait d'amener l'eau jusqu'à des fontaines et bassins.
Derrière le puits, belle mosquée pleine d'équilibre et de finesse, étonnante de sérénité. Peut-être une des plus belles du Gujarat. S'il est là, demandez au fils de l'imam de vous en faire la visite (donation bienvenue). Bien que petit, l'édifice possède une prodigieuse richesse sculpturale. Délicates arabesques, dentelures,

cannelures, chapelles sculptées... À droite de la mosquée, le mausolée de Dada Hari, surmonté d'une seule coupole tenue sans aucun pilier.

Rani Rupmati Masjid *(mosquée ; plan C2)* **:** *proche de Delhi Darwaja.* Construite au XVe s par le sultan Mahmud Begada en l'honneur son épouse Rani Rupmati, cette mosquée est caractéristique du mariage entre les architectures islamique et hindoue. Les minarets qui encadrent la porte furent coupés en deux par un séisme au début du XIXe s, mais ce qui en reste est absolument superbe. À l'intérieur, la coupole surélevée laisse passer la lumière. La reine repose à l'extérieur, dans le mausolée situé à droite de l'entrée.

Hutheesingh Jain Derasar *(temple jaïn ; plan C1)* **:** *Shahibaug Rd, Baldolpura, un peu après Delhi Darwaja en s'éloignant du centre. Tlj 9h-13h, 17h-20h. Pas de photos.* Magnifique édifice de marbre blanc construit à la fin du XIXe s par un richissime commerçant jaïn. Le pauvre mourut avant la fin des travaux qui lui coûtèrent la bagatelle de 8 millions de roupies. Une somme colossale à l'époque. Une centaine d'ouvriers travaillèrent d'arrache-pied pendant 2 ans alors qu'une famine ravageait le Gujarat. Il est dédié à Darmanath, le 15e *Tirthankara.*

Ahmedabad industriel et contemporain

On l'a vu à travers l'histoire, l'industrie textile a permis à Ahmedabad de s'enrichir au fil des siècles. Ce penchant pour la belle architecture a perduré après l'indépendance du pays où quelques magnats du textile passèrent commande aux plus grands architectes, Le Corbusier en tête. Ainsi trouve-t-on en ville un patrimoine architectural unique. Ahmedabad s'enorgueillit d'ailleurs de posséder les écoles d'architecture et de design les plus prestigieuses de l'Union indienne. Ceux qui s'intéressent à l'architecture partiront avec intérêt à la découverte des bâtiments suivants.

Ahmedabad Textile Mills Association – ATMA *(le palais des Filateurs ; plan B2)* **:** *Ashram Rd, pas très loin de Gujarat Tourism. ☎ 26-58-22-73. Réservation obligatoire min 15j. à l'avance par mail : • atma.secgen@gmail.com • GRATUIT.* Construit en 1954 pour le syndicat textile de la ville. Aujourd'hui, un peu vide. Le visiteur, après avoir gravi la longue rampe d'accès en béton, déambule dans ces vastes volumes au bord de la rivière et retrouve quelques spécificités de Le Corbusier : les pièces dans la pièce, tout en courbes, les mezzanines, les portes basculantes, et une atmosphère largement ventilée. Le bâtiment s'abrite derrière de larges jardinières : la végétation fait obstacle au soleil, tout comme les pans inclinés, véritables brise-soleil, qui rythment la façade.

Sanskar Kendra *(plan B3)* **:** *rive droite, au sud, juste après le Sardar Bridge. Tlj sauf lun 10h30-18h. GRATUIT.*
Destiné à l'origine à devenir le musée de la Connaissance, ce bâtiment construit en 1954 par Le Corbusier devait faire partie d'un complexe beaucoup plus étendu qui n'a jamais été réalisé. Conçu en brique et béton armé, il abrite aujourd'hui 2 musées. Le ***City Museum*** raconte l'histoire de la ville : bribes d'urbanisme avec les 1ers *pol,* l'importance du textile dans la région (avec machines, etc.), les révoltes syndicales, Gandhi, et sa marche du sel... Quelques artistes locaux sont également exposés ainsi qu'une section ayant trait aux religions.
Au rez-de-chaussée, le ***Kite Museum*** consacre une petite salle à l'histoire du cerf-volant depuis 200 av. J.-C. jusqu'à nos jours, tout en exposant des dizaines de ces cerfs-volants ultrabasiques qui sont fêtés chaque année le 14 janvier sur tous les toits de la ville. Pas de quoi s'envoler cependant, c'est franchement vieillot...

La Villa Sarabhai *(hors plan par C1)* **:** *dans le jardin du Calico Museum, non loin de l'Underbridge, Sahibag. 📱 98-79-00-24-23. • j.mogera@ve-par.com • Visite sur rdv uniquement, env 1 000 ₹/ pers.* Encore une commande faite à Le Corbusier.

Similaire dans sa conception aux maisons Jaoul de Neuilly-sur-Seine, la villa est conçue pour être entièrement traversée par la brise.

Indian Institute of Management *(IIM ; hors plan par A3)* **:** *rive droite, à l'est de la ville, sur Vikram Sarabhai Rd, à l'angle avec 132 Ft Ring Rd. Tlj 8h-20h. GRATUIT – ne pas oublier son passeport.* Vaste campus universitaire arboré construit par Louis Kahn entre 1962 et 1974. La brique rouge est partout, depuis les vastes et austères *plazas* jusqu'aux longs corridors intérieurs, ponctués de fenêtres circulaires ou semi-circulaires qui offrent d'étonnantes perspectives sur les envolées de cages d'escaliers. Décédé avant la fin des travaux, l'architecte ne verra jamais son œuvre terminée.

Amdavad-ni-Gufa *(hors plan par A2)* **:** *dans le campus de l'université du Gujarat, accès par University Rd. Tlj sauf lun 16h-20h. GRATUIT.*
Une galerie d'art souterraine réalisée par BV Doshi, l'architecte indien fan de Louis Kahn. L'espace est semblable à une grotte, l'éclairage naturel est assuré par de petites lucarnes : elles projettent au sol des rayons de lumière qui changent en fonction de la journée. Largement inspirée de la mythologie hindoue, la structure est réalisée en fibrociment. Tout est autoportant. L'artiste MF Husain, qui imagina cette œuvre avec Doshi, a utilisé les murs de la galerie comme des toiles.
L'endroit accueille régulièrement des expos d'art contemporain de bon niveau. Petit café pour s'en jeter un.

Calico Museum *(Sarabhai Foundation ; hors plan par C1)* **:** *non loin de l'Underbridge, Sahibag. ☎ 22-86-59-95 ou 81-72. • calicomuseum.org • Tlj sauf mer : visite guidée en anglais (max 20 pers) 10h30-13h.* ***Uniquement sur résa par courriel sur leur site internet.*** *S'y prendre au moins 1 sem avt la date choisie, parfois plus en hte saison. Résas ouv 6 mois à l'avance ; inutile de vous pointer à l'improviste, vous ne rentrerez pas. Selon les périodes de l'année, visite guidée de la collection religieuse et de la partie « technique textile » 14h45-16h45 mar et sam. Rens sur leur site internet. GRATUIT. Important : appareils photo et portables interdits (on peut les laisser à l'accueil).*
Bien qu'on le fasse un peu au pas de course, c'est l'un des plus intéressants musées du Textile jamais visités. Une collection privée constituée par une des grandes familles d'industriels du textile de la ville, exposée dans 2 bâtiments en bois, aux façades admirablement ciselées, vieux de plus de 2 siècles.
La visite est encadrée par une guide passionnée, mieux vaut ne pas la lâcher d'une semelle et prêter l'oreille. Pour commencer, petit rappel de l'importance du textile dans la culture moghole. Rappelons que les Moghols, nomades à l'origine, vivaient sous des tentes dont l'intérieur était brodé, ce qui permettait de jouer par transparence avec les rayons du soleil pour créer une atmosphère irréelle. Les textiles exposés (sous plastique pour éviter qu'ils ne s'abîment) datent pour la plupart des XVIIe et XVIIIe s. On y découvre un large panel d'étoffes, qui varient tant par la matière (soie, coton, laine) que par la conception même de leur fil de trame, cela afin de rechercher l'effet désiré : résistance, sensation du toucher. La couleur était produite à base de composants entièrement naturels ; même chose pour les mordants qui permettaient d'en modifier l'aspect ainsi que pour les fixateurs. S'ensuivent les différentes techniques de broderies (fil d'or, fil d'argent).
À l'époque (XVIIe s), les broderies avaient atteint un tel degré de perfection qu'elles étaient souvent confondues avec de la peinture ! C'est l'occasion de faire un petit tour des techniques utilisées par les tisserandes et les brodeuses des différents États de l'Union indienne : Cachemire, Gujarat bien sûr (avec beaucoup de broderies), Bihar, Pendjab, Kolkata. Même sous plastique, la majorité des pièces exposées arborent des couleurs éclatantes. On apprend au passage que certains pashminas ont nécessité le travail simultané de 2 brodeuses pendant 3 ans !
À l'étage est entreposée une palanquée de vêtements, tous plus richement brodés les uns que les autres. L'ambiance est un peu irréelle. Au Gujarat, le district de Kutch est en quelque sorte la Mecque de la broderie. Toutes les maisons sont

décorées de tissus brodés. Dans les ouvrages des brodeuses, hommage est rendu au travail des champs, aux grands événements qui jalonnent la vie, on tisse, on brode, on surpique, on assemble : perles, coquillages, fragments de miroirs, etc. Dans le même temps, à l'autre bout du pays, au Bihar, les motifs hésitent entre Picasso et Mirò, tandis qu'au Pendjab le trait est plus linéaire, plus sobre.
La visite se poursuit dans la ***partie technique du musée.*** L'occasion d'étudier en détail les méthodes qui permettent de donner du relief au textile, d'éviter que la couleur ne fuse, sans oublier les innombrables points de broderie ou encore la manière dont sont sculptés les tampons de bois qui servent aux impressions.
Un thé clôt la visite. On passe vraiment un bon moment, quand bien même on regrette un peu de ne pas avoir eu suffisamment de temps pour détailler certaines œuvres. Cela reste cependant un musée d'exception.

Lalbhai Dalpatbhai Museum *(hors plan par A2)* **:** *L. D. Institute of Indology Campus, opposite L. D. Engineering Hostel, Navarangpura. ☎ 26-30-68-83. • ldmuseum.co.in • Tlj sauf lun et j. fériés 10h30-17h30. Visite guidée en anglais dim à 11h sur résa : • mail@ldmuseum.co.in • GRATUIT. Pas de photos et sacs à la consigne.* Cet agréable bâtiment de style moderniste présente de manière très aérée une superbe collection d'œuvres d'art à caractère religieux (art lapidaire, bronze, sculpture sur bois) qui témoigne de la richesse multiconfessionnelle de l'Inde depuis des temps immémoriaux. Le rez-de-chaussée expose les pièces les plus volumineuses ainsi que des monnaies (les plus anciennes, les *bentbar,* datent de 600 av. J.-C.). L'étage, lui, est entièrement consacré à la peinture allant du XIe au XVIIe s ainsi qu'à la broderie et à l'art perlé du XIXe s. Très bel inventaire des écoles de peinture miniature qui se sont développées au Gujarat entre le XVe et le XIXe s. Vaut le déplacement.

Gandhi Ashram *(hors plan par B1)* **:** *Ashram Rd, au nord-ouest de la ville, de l'autre côté de la Sabarmati. ☎ 27-55-72-77. • gandhiashramsabarmati.org • Tlj 8h30-18h30. GRATUIT.*
Une visite qui vaut pour ce qu'elle apporte de connaissance sur Gandhi mais aussi pour le bâtiment lui-même. Pensé par l'architecte Charles Correa, il est fidèle à la simplicité du Mahatma. À l'entrée, un panneau explique les règles de l'ashram. Non-violence, chasteté, pauvreté, travaux physiques, tolérance religieuse. Au sein de la communauté, on travaille 8h, on prie, le tout dans une recherche permanente de la Vérité. Gandhi y vécut de 1918 à 1930. C'est d'ici que partit la marche du Sel de 1930, 1er acte de rébellion contre l'occupant anglais et 1re application de la non-violence à une vaste échelle.
Dans ce grand parc, surplombant la Sabarmati, plusieurs édifices. Les plus intéressants sont le musée, la maison, et une librairie bien approvisionnée d'ouvrages sur Gandhi. Le musée présente plusieurs salles dans 2 parties distinctes : dans la 1re, chronologie de la vie de Gandhi, où de nombreuses photos originales et inédites rendent la visite passionnante. On peut ainsi suivre l'incroyable évolution du Mahatma de 1876 à 1947 et tous les grands événements de sa vie (effectuer la visite dans le sens des aiguilles d'une montre). Nombreux documents comme ses 1ers articles, ses débuts d'avocat, son militantisme en Afrique du Sud contre les discriminations raciales... Les 1res marches en 1913, la mort de sa femme Kasturba en prison, les grèves de la faim contre les affrontements intercommunautaires...
Dans l'autre partie, le propos est politique : la salle est entièrement consacrée aux luttes avec d'émouvantes photos et documents. En particulier la section sur la marche du Sel, les luttes dans les industries textiles, le boycott des magasins vendant des tissus anglais, la répression, les nombreuses arrestations, son action en faveur des intouchables.
En surplomb de la rivière, la maison du neveu de Gandhi qui fut le 1er militant de son équipe (mort en 1928).

Ensuite, visite de la modeste demeure de Gandhi, située à quelques encablures de là. On y voit l'espace de prière, ainsi que l'endroit où il filait le coton avec le métier qu'il avait lui-même mis au point... Pour celles et ceux que ça intéresse, en ressortant de l'ashram, prendre sur la droite et marcher 5-10 mn jusqu'au ***Kalam Kush*** *(sortir de l'ashram de Gandhi, prendre à droite jusqu'à un relais téléphonique, puis à gauche juste avt, c'est à 50 m à gauche ; ☎ 27-55-98-31 à 32 ; • guj.khadimandal@yahoo.in • ; tlj sauf dim 8h-17h ; GRATUIT).* Une fabrique de papier recyclé à partir d'anciens vêtements réduits en poudre. Petite boutique. Intéressant.

Sarkhej Roza : *à 12 km du centre, sur la route de Rajkot. À 20 mn en rickshaw ; env 150-200 ₹ l'aller simple. Tlj 9h-18h (la mosquée ferme après la dernière prière).*
Bel ensemble de mosquée, mausolées, palais, le tout construit dans le plus pur style hindou autour d'un immense réservoir. Le Corbusier admirait la beauté austère du lieu et son rôle tout à la fois royal, religieux et social. Mausolée édifié en 1440 par Ahmed Shah dans un style unique prémoghol, une architecture fusionnant l'art persan, hindou et jaïn avec les 1ers éléments d'un style islamique... Il fut construit (ainsi qu'une mosquée) en l'honneur du cheikh Ahmed Khattu Ganj Baksh, un saint soufi ayant vécu ici jusqu'à l'âge de 111 ans. Réputé pour sa bonté, son ouverture d'esprit, sa générosité et son amour de la poésie, de la musique et des oiseaux. Ça se sent encore aujourd'hui à travers l'atmosphère et les sourires...
– *Le mausolée* est hélas, interdit aux femmes. Messieurs, entrez-y après vous être déchaussés et couvert le dessus du crâne. À l'entrée, une femme vous donnera quelques pétales de rose enveloppés dans du papier journal et vous caressera la tête avec des plumes d'autruches. Faites comme tout le monde, mangez-les (les pétales, pas les plumes), ou déposez-les sur le tombeau du saint, vous vivrez alors jusqu'à 111 ans, comme lui ! Au centre, les tombeaux du saint et de 2 sultans. La merveille, ce sont, côté ouest, les *jalis,* écrans de pierre ciselés de motifs géométriques laissant filtrer la lumière.
– *La mosquée* (pas de photos) invite à déambuler dans sa vaste forêt de 120 colonnes. Décor plus austère, seules 2 portes sont ciselées. Au-dessus du mihrab, une coupole centrale. L'une des sorties donne sur le bassin aux ablutions, puis on retrouve la cour centrale. Face au mausolée du cheikh s'élève un autre mausolée abritant le tombeau de Mahmud Begada (le petit-fils d'Ahmed Shah), une bibliothèque religieuse et, dans les couloirs qui tournent autour d'un autre petit mausolée, quelques panneaux explicatifs en anglais sur l'histoire de ce complexe. Entre les deux, le *Bardari,* pavillon de repos central à colonnes où se détendent les familles.
– *Le réservoir :* dimensions impressionnantes (213 m x 253 m) et tout en escaliers. Pratiquement à sec en dehors de la saison des pluies. De l'autre côté, on distingue l'aristocratique silhouette du palais d'été du sultan.

Fête

– ***Makar Sankranti*** *(Uttarayan en gujarati)* **:** *le 14 janv.* Ce jour-là, c'est la fête du Vent, et le ciel d'Ahmedabad est envahi par des milliers de cerfs-volants pour un combat qui durera toute la journée.

DANS LES ENVIRONS D'AHMEDABAD

Adalaj : *à une bonne vingtaine de km au nord du centre. En rickshaw, petite trotte de 40 mn ; 200-300 ₹ l'aller simple. Tlj 6h-18h. Entrée libre.* Peut-être le plus bel ensemble de *vav* (réservoirs d'eau) du Gujarat. Un puits monumental construit façon temple, quel hommage mérité à Sa Majesté l'Eau ! Une succession de paliers aux colonnes finement sculptées descendent jusqu'au fond du puits. Un véritable travail d'orfèvre. Une douce lumière accompagne le visiteur et une bienheureuse fraîcheur l'accueille à la citerne tout en bas. Au moment de la saison des pluies, le niveau peut atteindre le haut de la barrière. Évitez d'y aller le week-end, c'est noir de monde !

HOMMES, CULTURE, ENVIRONNEMENT

BOISSONS

– ***L'eau :*** évitez absolument de boire l'eau du robinet ou de suçoter des glaçons (sauf, en principe, dans les restos ou bars chics, où ils sont faits avec de l'eau filtrée). On trouve de l'eau en bouteille partout, purifiée ou microfiltrée *(Aquafina, Kinley...)*. Plus rarement aussi de l'eau minérale. L'*Himalayan,* parmi les meilleures eaux indiennes, est puisée dans des sources de l'Himalaya. Dans l'Himalaya, d'ailleurs, essayez la *Golden Eagle* (à ne pas confondre avec la bière !). Dans tous les cas, vérifiez systématiquement que le bouchon et le collier de serrage sont bien fermés, intacts et surtout sans fuite. L'eau en bouteille plastique s'achète partout dans les petits kiosques (prix souvent marqué dessus, environ 20 ₹ le litre, ainsi que la date de mise en bouteille – à vérifier).

– ***Boissons gazeuses :*** le *Coca-Cola* est largement concurrencé par la marque indienne *Thumbs Up* et par *Pepsi.* Ces dernières années, il y a eu une levée de boucliers contre *Coca-Cola* dans plusieurs États du pays. La marque achète des sources et les exploite pour fabriquer ses boissons, pompant dans la nappe phréatique. Résultat, l'eau vient à manquer pour les paysans. Une honte ! D'importantes campagnes d'information dénoncent cette situation. De plus, récemment, les 2 multinationales fabriquant du cola ont été accusées d'utiliser des eaux trop largement souillées par des pesticides. Bref, consommez plutôt les sodas locaux ! Beaucoup de sodas ne sont pas mauvais en y pressant un citron vert *(fresh lime soda).*

– ***La bière :*** on en trouve en bouteilles de 330 ou 650 ml (ou encore en canette de 500 ml). Dans les restos bon marché, style cantine, on n'en sert pas, pas plus que dans les restos *pure veg'*. Beaucoup de petites adresses (comme les *guesthouses*) dans les coins touristiques, si elles ne possèdent pas de licence d'alcools (hyper-chère), vous en serviront pourtant... discrètement et sans taxe (les restos avec licence, eux, appliquent une *VAT* de 20 %). Parmi les bières les plus connues : la *Kingfisher,* la *Knock Out,* l'*UB* et la *Foster's,* qui existent en version *Premium* (légère), ou *Strong.* On trouve aussi assez facilement des bières importées *(Heineken, Carlsberg, Stella...),* généralement en petites bouteilles, et à prix bien plus élevés. On peut aussi en acheter dans les *liqueurs shops.*

– Dans les restos avec licence, on peut aussi trouver du ***vin,*** mais il est cher et pas génial (les taxes à l'importation sont exorbitantes). Parmi les productions locales, on peut noter le Sula et le Grover Zampa (rouge, blanc ou rosé).

– Les ***alcools*** plus forts (qu'on trouve dans les bars, restos un peu chics ou les *liqueurs shops*) sont chers aussi, même produits en Inde. Les whisky, vodka ou gin locaux sont en général capables d'abattre un cheval en moins de deux... bref, à consommer avec modération ! Une excellente liqueur au Rajasthan : l'*asha.* À noter aussi que dans certaines villes saintes (comme Pushkar, Rishikesh, Haridwar ou encore Varanasi), on n'a théoriquement pas le droit de servir de l'alcool (bière y compris) dans les restos. Une particularité, le Gujarat, où la prohibition est à peu près totale : il faut demander un permis pour avoir le droit de boire autre chose que de l'eau... sauf sur l'île de Diu (vestige de son ancien statut de colonie portugaise). Mais, quoi qu'il arrive, évitez à tout prix de boire les alcools nébuleux des bars borgnes, sans marque reconnue.

– ***Le thé*** *(chaï en hindi)* **:** la boisson nationale ; servi avec du lait (héritage de la colonisation anglaise !). Sinon, il faut préciser qu'on veut du *black tea.* Le thé indien *(masala chai)* est bouilli avec du lait, du sucre, de la cardamome et plein d'autres épices, jusqu'à constituer un breuvage très sucré, typique et délicieux. Cela dit, les établissements touristiques tendent de plus en plus à servir un *chaï* très peu épicé et sans sucre... Pour goûter un vrai *chaï,* rien de tel que les petites échoppes en bord de route.

– ***Le café,*** en revanche, en particulier celui servi dans les hôtels, n'est pas le fort du pays (même si les États du Sud en produisent). On en trouve cependant du vrai, fait à la machine, dans un nombre croissant de bars-restos à l'occidentale de certaines villes (plutôt touristiques).

– Le ***lassi*** est une boisson très populaire, à base de yaourt. Il en existe de 3 sortes : nature *(plain),* sucré *(sweet)* ou salé *(salt).* Les *sweet lassis* se déclinent en divers parfums, la banane, la mangue (les plus courants) mais aussi la rose, le safran ou autre... À moins de préciser l'inverse, du sucre est ajouté dans les lassis aux fruits, et c'est parfois trop sucré. Gaffe aussi, certains rallongent ou coupent les lassis à l'eau (pas toujours filtrée). Préciser : *no water (please) !* Le *kashmiri lassi* est agrémenté de fruits secs (pistaches, raisins secs, etc.) : très nourrissant !

– Le ***jus de mangue*** *(mango juice)* est excellent. En boîte, en berlingot ou en bouteille. Plein d'autres boissons aux fruits : *Appi* à la pomme, *Frooti* à la mangue, goyave...

– Également tous les ***jus de fruits frais*** (mangue, ananas, banane, etc.), à condition, là encore, qu'ils ne soient pas coupés à l'eau ou servis avec des glaçons (sauf dans les lieux chics).

– ***Les milk-shakes :*** on en trouve de toutes sortes. Le *mango milk-shake* étant le meilleur selon nous !

– Le ***nimbu pani*** est un jus de citron vert excellent, servi sucré ou salé. Malheureusement, souvent coupé... d'eau et de glaçons.

– Le ***jus de noix de coco,*** que l'on boit directement dans la noix, avec une paille. Sans danger aucun pour la santé. Désaltérant !

– Le ***jus extrait de la canne à sucre,*** très rafraîchissant, qu'on ne trouve pas partout. On peut l'acheter auprès de marchands ambulants trimbalant leur pressoir à canne à sucre, mais méfiez-vous des conditions d'hygiène (et refusez les glaçons). S'il est préparé dans de bonnes conditions, c'est délicieusement frais et léger. Encore meilleur avec un peu de jus de citron.

CINÉMA

> **« En Inde, le cinéma est une affaire aussi sérieuse que l'opéra en Italie. »**
>
> **Suketu Mehta**

Tout a commencé en 1896 quand les frères Lumière apportèrent le cinématographe à Bombay, quelques mois après avoir présenté leur extraordinaire invention à Paris ! La même année, la 1re salle de cinéma (Elgin Talkies) ouvrait ses portes à Bangalore. C'est à Bombay aussi que fut projeté le film muet *Raja Harishchandra* de *Dadasaheb Phalke*, considéré comme le père du cinéma indien. Le prix le plus prestigieux récompensant un travail cinématographique en Inde porte aujourd'hui son nom.

1 200 films muets furent tournés en Inde et le 1er film parlant date de 1931. Plus d'un siècle plus tard, le cinéma est devenu en Inde aujourd'hui l'une des formes de distraction les plus populaires. Les films indiens attirent dans le monde un milliard de spectateurs de plus que les productions hollywoodiennes. Les films américains ne représentent que 5 % du marché cinématographique de l'Inde. L'Inde enregistre chaque année près de 3 milliards d'entrées (pour environ 13 000 salles) !

Bollywood

Afin de satisfaire cette énorme demande d'évasion du public, l'industrie cinématographique indienne tourne chaque année plus de 800 longs-métrages, ce qui place l'Inde ***en 1re position mondiale*** des pays producteurs de films (devant les États-Unis). Une grande partie de ces films sont produits dans les studios de Mumbai, surnommés ***Bollywood*** en référence à l'ancien nom de la ville indienne et aux célèbres studios américains. Bollywood produit environ 90 % des films (la plupart tournés en langue hindi), tandis que le reste de la production se partage entre les autres centres cinématographiques du pays, tels Chennai (Madras) pour les films en tamoul, Bengaluru (Bangalore) pour les films en kannada, et Kolkata (Kollywood) pour les films en bengali.

De cette énorme production, une petite minorité s'est récemment fait remarquer dans les festivals internationaux. En 2013, l'Inde n'était-elle pas l'invitée d'honneur au Festival de Cannes ? Les productions bollywoodiennes intriguent et intéressent de plus en plus. Ainsi le film *Devdas,* présenté hors compétition à Cannes en 2002, ou *Lagaan,* nominé aux oscars en 2001, ou encore *Coup de foudre à Bollywood, Le Mariage des moussons, La Famille indienne, Black* (un Bollywood sans musique ni chanson !), *Om Shanti Om* ou *My Name is Khan* percent sur le marché international et séduisent un autre public.

La majorité des productions sont destinées à un public local et se contentent souvent d'intrigues assez simplistes, ou d'histoires d'amour « à l'eau de rose ». Les ingrédients des intrigues sont souvent identiques : des bons et des méchants s'affrontent, un bellâtre en guise de héros, une héroïne séduisante (et souvent très sexy), une histoire d'amour contrariée mais qui, bien sûr, se dénouera à l'avantage du héros, sans oublier la victoire des valeurs éternelles, de la religion, de la famille et des bons sentiments.

Toutefois, il est à noter que de plus en plus les scénarios des films s'orientent vers d'autres genres. L'aventure, l'action, l'espionnage, le suspense inspirent les scénaristes. De vrais thrillers à la Hitchcock ont été portés à l'écran, toujours avec les inévitables scènes chantées et dansées qui font partie de la culture cinématographique indienne. Citons *Kahaani* (2012), de Sujoy Gosh, un film d'espionnage tourné à Kolkata, tout comme *Gunday,* avec Arjun Kapoor et Priyanka Chopra. Plus noir et véritable thriller, *Gang of Wasseypur,* d'Anurag Kashyap (2012) ou *Titli,* hyperréaliste, de Kanu Behl (2014).

Les ***scènes chantées et dansées*** font de chaque film indien une sorte de comédie musicale avec ballets. On les retrouve dans la majorité des films populaires : les acteurs se mettent subitement à chanter et à danser (avec une gestuelle assez provocante, étonnante quand le moindre baiser n'est jamais échangé !). La jeune héroïne, à la voix suraiguë et aux lèvres pulpeuses, entonne à tue-tête une ritournelle dans les bras de son soupirant. Puis les amoureux transis se lancent dans une gambade enfiévrée, rejoints aussitôt par une troupe de danseurs, sur une chorégraphie mêlant à la fois le monde oriental et la comédie musicale américaine. Après quelques minutes de voltige, tout rentre dans l'ordre et l'histoire reprend son cours comme dans n'importe quel film. 20 mn plus tard, rebelote, puis retour à la normale. Et ainsi de suite ! Les thèmes des films à succès sont ensuite fredonnés dans l'Inde tout entière.

Bollywood compte désormais de ***nombreuses stars,*** littéralement adulées par leur public, dont la vie et les frasques alimentent généreusement les colonnes des journaux. ***Sanjay Dutt*** (né en 1959, 120 films) a connu la gloire mais aussi la prison après avoir été accusé dans une affaire de drogue et d'armes. Autre star de Bollywood, ***Akshay Kumar*** (né en 1967) a tourné plus de 100 films. L'acteur ***Shah Rukh Khan,*** plus angélique, a été érigé au rang de dieu vivant. Il est classé comme le 2e acteur le plus riche du monde. Les femmes ont une place aussi importante que les hommes dans le cinéma indien, comme le prouvent les actrices ***Aishwarya Rai, Kajol, Karisma Kapoor,*** et bien sûr ***Priyanka Chopra, Kareena Kapoor, Katrina Kaif, Deepika Padukone, Sonam Kapoor, Sonakshi Sinha*** ou ***Vidya Balan*** (voir, plus loin, « Personnages »).

Le cinéma d'art et d'essai

Il existe également un ***cinéma d'art et d'essai,*** avec des films de qualité produits par certains auteurs dont les analyses de la société indienne sont souvent percutantes. Dans cette catégorie de cinéma, des auteurs bengalis tels que Satyajit Ray ou Mrinal Sen tiennent une place prépondérante, et leur talent est reconnu depuis longtemps par la critique internationale. Mais ils sont plus souvent visionnés dans les cinémas d'art et d'essai en Europe que dans le sous-continent...

Aller au cinéma en Inde

Lors de votre voyage en Inde, essayez d'assister au moins une fois à une séance de cinéma. Sitôt passé l'achat des billets (de 50-100 ₹ – environ 1 € – au balcon, jusqu'à 500-600 ₹ – 7 à 8 € – dans les multiplexes modernes) et une fois à sa place dans une salle généralement immense (pour un film qui dure en moyenne 3h), on est immédiatement pris par l'ambiance : l'action est à la fois sur l'écran et dans la salle. Les spectateurs crient, rient, commentent, s'agitent et reprennent les chansons qu'ils connaissent par cœur !

CUISINE

La découverte de l'Inde passe évidemment par l'exploration de sa merveilleuse cuisine. C'est l'une des plus riches (pas seulement en matières grasses !), l'une des plus parfumées et des plus subtiles au monde. En revanche, si vous n'aimez ni le riz, ni les épices, ni le thé, cherchez vite une autre destination !

LE PIMENT, CET INCONNU

Le « piquant » n'est pas une saveur, car il n'agit pas sur les papilles mais sur les nerfs. La sensation est donc une douleur dont l'intensité est graduée de 1 à 10 selon l'échelle de Scoville. Il est fort utilisé dans les cuisines tropicales, car c'est un bactéricide et il réduit les infections intestinales. Pour l'atténuer, ni eau ni pain mais... du lait.

Selon la région où il habite, sa religion, sa caste, l'Indien ne mange pas la même chose que son voisin. Un brahmane (caste supérieure) ne mangera en principe que la cuisine végétarienne préparée par un autre membre de sa caste, sous peine de consommer une nourriture impure. Celle-ci aura été cuisinée au *ghee* (beurre clarifié), matière supérieure à l'huile et à l'eau, du fait des notions de pureté et d'impureté qui lui sont si chères.
On trouve 2 grandes sortes de cuisine.
– La ***cuisine végétarienne,*** extraordinairement variée, convertirait le plus intégriste des carnivores. Elle peut être très stricte *(pure veg'),* c'est-à-dire sans viande ni poisson, ni œuf, ni fromage, et parfois même sans oignon ni ail, considérés comme des excitants. En fait, est théoriquement interdite aux hindous – et encore plus aux brahmanes – toute nourriture poussant sous terre (comme les tubercules), considérée comme impure car risquant de tuer des vers, insectes, etc. Végétarisme strict également pour les jaïns et certains adorateurs de Krishna, un avatar de Vishnou, lequel aurait déclaré, dans un passage du *Mahābhārata* : « La viande des animaux est pareille à la chair de nos propres fils. »
Le végétarisme n'est pas uniquement une question religieuse. La viande reste un produit cher ; du coup, seule une faible part de la population en mange régulièrement. Cela étant, avec l'émergence de la classe moyenne, sa consommation dans le pays augmente, ce qui ne va pas sans poser de nouveaux problèmes car, dans ce pays où l'espace agricole est limité, les activités liées à l'élevage accaparent des terres qu'il serait plus profitable sur le plan nutritif d'exploiter pour cultiver des céréales et des légumes.

De fait, le régime végétarien reste en Inde l'une des réponses à la sous-alimentation, même si les lobbies de l'élevage industriel (les gros propriétaires) font pression dans le sens contraire...
– La ***cuisine non végétarienne,*** qui se compose le plus souvent de mouton (parfois de chèvre) et de poulet. Quasiment pas de porc (près de 200 millions de musulmans en Inde) ni de bœuf, vache sacrée oblige, bien que la consommation de viande rouge (buffle, de plus en plus) soit en augmentation.
Si la cuisine du sud de l'Inde est essentiellement végétarienne (riz, légumes et sauces épicées réunis dans les *thalis,* voir ci-dessous), la cuisine du Nord est plus volontiers carnivore (viandes au tandoor ou façon *mughlaie,* donc d'origine persane ou moghole), et le riz est souvent remplacé par une incroyable variété de pains à base de blé. Cela dit, on retrouve les spécialités du Nord et du Sud pratiquement dans tout le pays !
S'il y a une constante dans la cuisine indienne, c'est d'abord l'utilisation des épices. Et même du « mélange des épices », qui se dit *masala* en hindi, car chaque cuisinier compose une alchimie savante et personnelle d'épices différentes (au minimum 10), faisant ainsi le charme et la magie de sa cuisine, et qu'il adapte aussi à chaque type d'aliment (le mélange n'est pas le même pour le poisson, l'aubergine ou le poulet). Attention au *garam masala,* et d'autant plus que l'on va vers le sud. Heureusement, il y a toujours le riz ou le pain, et surtout le *curd,* ça adoucit un brin. Pour calmer le jeu, on peut se rabattre sur la cuisine chinoise, généralement peu (voire pas) épicée.
– Les ***thalis*** (parfois appelés simplement *meals*), menus que l'on trouve dans les petits restos indiens. Pour une somme modique, vous aurez droit à une feuille de bananier ou à un plateau métallique compartimenté rempli de riz, *dal* (lentilles), un ou plusieurs currys de légumes *(bhajis)* et de l'*Indian bread* (*rotis* ou *chapatis*) ; le tout traditionnellement servi à volonté. On y ajoute parfois du *curd* (yaourt), du *chutney* (condiment épicé), des sauces et un dessert. Les *thalis* peuvent aussi se retrouver dans certains restos chics. Vous pourrez alors goûter à un ensemble de spécialités régionales extra.

Quelques plats de base et spécialités

– ***Le dal** (ou **dhal**) **:*** le plat de base dans tout le pays, pour ne pas dire le plat du pauvre. Préparation à base de lentilles (*dal* signifie « légumineuse » en hindi). Malgré son apparente simplicité, c'est délicieux, surtout dans les *dhabas* (gargotes) en bord de route, accompagné d'un chapati ou d'un naan ! C'est aussi la principale source de protéines d'un régime végétarien. Le *dhal makani,* un mélange crémeux de plusieurs lentilles et haricots, est l'un des plus goûteux.
– ***Le curry :*** adaptation anglaise du mot hindi *kari* (signifiant sauce). Poudre au départ, et par extension c'est devenu le nom d'une sauce et d'un plat qui se prépare avec toutes sortes d'aliments (poulet, mouton, poisson, langouste, mais aussi légumes, pousses de bambou, etc.). Le secret, c'est bien sûr les épices, saisies dans le *ghee* (beurre clarifié) ou dans l'huile pour en libérer les arômes. Le grand classique est le *chicken curry.* Un curry très répandu dans le Nord : le *rogan josh,* à base d'agneau.

SACRÉ CURRY

En hindi, cela signifie « plat en sauce ». Il n'existe donc pas un curry, mais des tas de currys ! Il ne s'agit pas d'une épice mais d'un mélange de plusieurs épices. On utilise différents noms selon les régions et les mélanges. D'ailleurs, masala *signifie simplement « mélange ».*

– ***Les biryani et pulao :*** plats de riz pilaf (le pilaf est un mode de cuisson venu du Moyen-Orient) parfumés au safran et cuisinés avec ou sans viande, en version végétarienne ou aux œufs. Le *biryani* est cuit à l'étouffée au tandoor (four en terre) tandis que le *pulao* se prépare à la casserole. Raviront les amateurs de plats peu pimentés. Un original : le *biryani cachemiri,* préparé avec des fruits frais ou secs. À noter que les biryani végétariens parmi les plus savoureux sont ceux faits avec du ***riz basmati,*** une variété de riz à grain long et effilé, typiquement indienne. Le nom « basmati » vient de l'hindi et signifie « reine du parfum ».

– ***Le tandoori :*** morceaux de viande ou de poisson ayant macéré dans du yaourt épicé et pimenté, et qui sont cuits dans le tandoor, un four jarre en terre cuite ou en métal. Le terme s'applique à tous les aliments cuits de cette manière. On trouve partout du poulet, des brochettes de mouton tandoori, etc. Le terme *tikka* signifie quant à lui que la viande ou le poisson ont été débarrassés de leurs os ou arêtes.

– ***Les kebab et kofta :*** le premier est une brochette de viande hachée et grillée (le plus connu : le *chicken seekh kebab*) tandis que le second se compose de boulettes de viande *(kima kofta)* ou de légumes *(malai kofta),* hachés et cuits dans une sauce au yaourt épicée.

– ***Le korma :*** une sauce à base de yaourt, de noix de cajou, d'amandes, de graines diverses... On le trouve accompagné de *navratan* (légumes), *shahi* (mouton), *paneer* (fromage frais non fermenté), etc.

– ***Le paneer :*** fromage frais, un peu semblable au *cottage cheese* anglais ou à la ricotta italienne, très utilisé dans la cuisine végétarienne. Toutes sortes de manières de l'accommoder : avec des épinards *(palak paneer),* avec des petits pois *(mattar paneer),* etc.

Les accompagnements

– Les ***chutneys*** (légumes et fruits macérés aigres-doux) et les ***achards*** (apparentés aux pickles anglo-saxons) accompagnent la plupart des plats, mais sont servis à part. À l'époque où les maharajahs singeaient la cuisine insipide des Anglais, leurs cuisiniers eurent l'idée d'ajouter ces condiments épicés dans les assiettes. Le chutney était né.

L'INVENTION DU CHUTNEY

De retour en Angleterre, les officiers britanniques trouvaient la cuisine anglaise bien fade. Voilà pourquoi ils inventèrent le chutney, ce formidable mélange d'épices, légumes et fruits marinés dans du vinaigre. D'ailleurs, la 1re marque célèbre s'appelait Colonel Skinner's Chutney.

– ***Le dahi*** (*curd* en anglais) ***et le raita :*** yaourt nature pour le premier, dans lequel on ajoute concombre, tomate en dés additionnés et d'épices douces pour le second. Bon pour les intestins et pour éteindre un palais enflammé !

Les pains

D'une extraordinaire variété ! Pas toujours facile de s'y retrouver. Mangez-les chauds, c'est nettement meilleur, et ils remplacent avantageusement les couverts. Un point commun : tous sont ronds et plutôt plats.

Les pains du Nord

– ***Roti et chapati :*** galette de farine complète mélangée à de l'eau et non levée. Cuit au four (tandoor) pour le premier et sur une plaque de fonte *(tawa)* pour le second. Ce sont les pains les plus courants.

– ***Naan :*** galette de farine blanche au levain liée avec du lait, traditionnellement cuite sur la paroi intérieure d'un four tandoor. On en trouve de délicieux, comme le *butter* ou le *cheese naan* (fourré au fromage). Parfois à l'ail ou garni d'amandes, de fruits secs... Un régal.

– ***Puri :*** pâte préparée comme un naan (sans jeu de mots), mais frite et gonflée comme un petit ballon !

– ***Paratha*** *(ou* ***parotha****)* **:** galette feuilletée légèrement plus épaisse que celle du naan et cuite sur une plaque avec du *ghee* (beurre clarifié).

Les pains du Sud

– ***Dosaï*** *(ou* ***dosa,*** *c'est pareil)* **:** crêpes fines de farine de lentilles et de riz. On les mange nature *(plain dosaï)* ou farcis avec des pommes de terre *(masala dosaï),* assez pimentés mais excellents, un classique des petits déj indiens accompagnés de sauces (noix de coco et coriandre pour les plus courantes) ! Plusieurs variantes selon les régions : l'***uttapam*** (ou *uthappam*) est plus épaisse (style pizza), moins digeste. Parfois agrémenté de noix de coco râpée *(coconut uttapam),* il constitue un petit déj plus doux que les *masala dosaï* pour les estomacs fragiles. Se mange également en plat principal.

– ***Pappadam*** *(ou* ***pappad****)* **:** de couleur jaune, c'est une crêpe de farine de lentilles épicée et frite, fine et craquante. Il accompagne très bien le *thali* ou un *biryani,* l'usage veut alors qu'on émiette son *pappadam* sur son riz. Saupoudrés de graines de cumin, ils ressemblent presque à des chips.

– ***Idlis*** **:** à base de riz concassé et de *curd* qui doit fermenter toute la nuit avant d'être cuit à la vapeur dans des moules ronds et bombés. Délicieux et exclusivement servi au petit déjeuner, accompagné de *coconut chutney* et de *sambar* (bouillon épicé de légumes). Un classique de la cuisine du Sud. D'autres variantes pour des petits déj indiens : le ***vada sambar*** (galette de lentilles frite) et l'***upma*** (semoule), toujours servis avec des légumes.

Cuisine de rue et en-cas

Toujours très bon marché, mais regarder à l'hygiène par 2 fois. Les *chaats* (originaire de Kolkata) sont des sortes de snacks, comme le *samosa* (beignet triangulaire farci à la viande ou aux légumes), le *pakora* (beignet de légumes frits ou de *paneer* – fromage), le *katchori* (beignet fourré de lentilles, pommes de terre ou pois épicés) et le *puri.* Spécialité de Mumbai mais exportée hors de ses murs, le *bhelpuri* est composé de pois chiches, pommes de terre, riz, oignons, accompagné de chutney, ou d'une sauce au tamarin ! Vraiment bon. Et partout, des vendeurs de brochettes et plein de petites spécialités régionales à découvrir.

Fruits et desserts

Les marchés regorgent de fruits. En revanche, éviter les salades de fruits servies dans la rue (problèmes d'hygiène !).

– Petites ***bananes*** vertes ou jaunes délicieuses. Elles se trouvent partout. Les bananes roses, plus grosses, sont encore plus parfumées.

– ***Papaye*** **:** top pour les troubles intestinaux grâce à la papaïne qu'elle contient. Les graines sont excellentes contre les parasites. De nombreuses plantations ne cultivent la papaye que pour les besoins de l'industrie pharmaceutique.

– ***Chikoo*** *(****sapota*** *ou* ***sapotille****)* **:** petit fruit rond à peau brune, à la texture granuleuse de poire et à la saveur très sucrée. Originaire du Mexique, il fut introduit en Asie par les Espagnols.

– Également des ***oranges,*** des ***goyaves,*** des ***ananas*** (surtout dans le Sud), des ***noix de coco*** toute l'année et des ***mangues*** vers mai-juin.

ATTENTION, NOIX DE CAJOU

Cette noix succulente est le fruit de l'anacardier, un arbre originaire du Brésil à l'origine. Sur les marchés, elle est toujours proposée décortiquée. En effet, entre ses 2 coquilles se tient un liquide particulièrement toxique, l'urushiol. Il provoque même des brûlures sur la peau si l'on tente d'extraire la noix manuellement.

– ***Pâtisseries et sucreries :*** indescriptibles par leur nombre. Citons juste l'*halwa,* très différent de celui du Moyen-Orient. Le *kulfi* est une glace à base de pistaches ou d'amandes, souvent complété de cardamome (plein de variantes). Généralement, les douceurs indiennes sont à base de semoule, de lait caillé ou de miel et peuvent vous paraître abominablement sucrées ou... délicieusement écœurantes ! Notre dessert préféré reste le *gulab jamun,* des boulettes au lait, dorées à la poêle et servies dans un sirop parfumé à la cardamome et à l'eau de rose... typique de la cuisine du Nord.

Le *paan*

Après leur repas, les Indiens chiquent du *bétel* ou *paan,* c'est quelque chose de sacré en Inde. Les *paan shops* se trouvent partout. Le bétel étant plongé de longues heures dans l'eau non filtrée, on conseille vivement de ne pas tenter l'expérience. Une feuille de bétel, une couche de chaux éteinte, des morceaux de noix d'arec, des épices, des aromates, et parfois un peu de tabac. On roule le tout, on mâche, on chique et on crache un jus rouge abominable. Les chauffeurs de bus et de rickshaws en mâchent toute la journée pour éviter de s'endormir, car le bétel est un excitant-euphorisant, un peu comme une tasse de café, mais en pire. Outre le fait de ronger les gencives, c'est la 1re cause du cancer de la bouche en Inde (la chaux n'aide pas...). Mais les traditions ont la vie dure !

Si vous êtes invité à manger dans une famille indienne

– Enlevez vos chaussures si vos hôtes n'en ont pas.
– Mangez avec la main droite uniquement (la gauche étant réservée à des usages impurs...), en surveillant du coin de l'œil les autres pour voir comment ils se débrouillent. Essayez, on s'y fait. On y trouve même un certain plaisir. Pour les plus réfractaires, pas de souci, les Indiens mangent de plus en plus avec des couverts et sont de plus assez larges d'esprit pour ne pas vous en vouloir si vous vous trompez de main !
– Les Indiens terminent généralement leur repas en mâchant une feuille de bétel (voir plus haut).
– Il arrive souvent que les femmes ne mangent pas en présence des invités. La plupart du temps, la maîtresse de maison prépare le repas et le sert pendant que vous vous délectez. De même, il se peut que votre hôte ne fasse que vous regarder.
– Il n'est pas impoli de laisser des restes, de toute façon on vous resservira tant que vous viderez l'assiette.
– Si l'un de vos hôtes éructe sans discrétion en fin de repas, ne soyez ni surpris ni choqué. C'est normal ! Et n'hésitez pas à en faire autant pour exprimer votre satisfaction...

Petit lexique culinaire

Français	**Anglais**	**Hindi**
Aubergine	*eggplant*	*baingan*
Beurre	*butter*	*makkhan*
Carotte	*carrot*	*gaajar*
Chou-fleur	*cauliflower*	*gobi*
Couteau	*knife*	*chhoori*
Cuillère	*spoon*	*chamach*
Épinard	*spinach*	*palak*
Fourchette	*fork*	*kanta*
Fromage	*cheese*	*paneer*
Légume	*vegetable*	*sabzi*
Lentilles	*lentils*	*dal*
Oignon	*onion*	*piaz*
Pain	*bread*	*roti*
Petits pois	*peas*	*mattar*

Pois chiche	*chickpea*	*chana*
Poisson	*fish*	*alu*
Pommes de terre	*potatoes*	*aloo*
Riz cuit	*rice*	*bhat*
Riz non cuit	*rice*	*chawal*
Sucre	*sugar*	*cheeni*
Tomate	*tomato*	*tamatar*
Viande	*meat*	*gosht*
Yaourt	*curd*	*dahi*
Épices		
Cannelle	*cinnamon*	*dalchini*
Cardamome	*cardamome*	*laichi*
Cumin	*cumin*	*jira*
Épicé	*spicy*	*garam*
Piment	*red pepper*	*chili*
Poivre noir	*black pepper*	*kali mirch*
Safran	*saffron*	*zafran ou kesar*
Fruits		
Banane	*banana*	*kéla*
Mangue	*mango*	*am*
Pomme	*apple*	*séb*
Boissons		
Café	*coffee*	*kofi*
Eau	*water*	*pani*
Eau minérale	*mineral water*	*aqua minerale*
Lait	*milk*	*dudh*
Thé	*tea*	*Chaï*

CURIEUX, NON ?

– La main gauche est impure (elle sert à nettoyer les fesses : c'est un point sur lequel hindous, jaïns et musulmans sont bien d'accord !). Résultat, même les gauchers mangent avec leur main droite.
D'ailleurs, pour se laver les mains, jamais la droite n'entre en contact avec la gauche. Et lorsque l'on se retrouve à participer à une cérémonie religieuse, c'est pareil, gaffe à la main gauche !
– Pour dire oui ou non, le dodelinement de la tête est quasi identique : c'est dans l'expression du visage que l'on peut lire la différence.
– Évitez l'avalanche de compliments sur la cuisine et les enfants (et même de leur caresser la tête) : on pense que cela amène le mauvais œil.
– Si vous aidez une femme à porter un paquet, si vous lui offrez votre place dans le bus ou votre bras pour descendre (en gentil Européen), ça peut être considéré comme une insulte, retenez-vous !
– Il vaut mieux réveiller la personne qui dort dans le couloir du train plutôt que l'enjamber. Alors, ne vous énervez pas si on vous réveille pour passer. C'est un signe de respect.
– Vous le remarquerez très vite, dans la rue, ça klaxonne partout, tout le temps, pour un rien... La raison principale en est qu'il n'y a pas de code de la route (en vigueur du moins)... et qu'il faut donc signaler sa présence... tout le temps et partout. Et tant pis si cela énerve les voyageurs étrangers !
– L'Inde a inventé il y a plus de 3 000 ans une des bases de données les plus vastes et complexes du monde, le ***Bhrigu Samhita.*** Grâce à ce système, 45 millions d'horoscopes pouvaient être traités et consultés. Les gens du peuple y avaient accès.

– Le ***concept du zéro*** (appelé shunya) et le ***système décimal*** ont été inventés en Inde avant d'être transmis en Occident par le biais des Arabes. Dans le domaine des mathématiques, les Indiens sont excellents. D'ailleurs les navigateurs arabes ont longtemps qualifié les mathématiques de *Hindsat,* « la science de l'Inde ».

DROITS DE L'HOMME

Ont voté ! Près de 900 millions d'électeurs (pour 1,3 milliard d'habitants) se sont déplacés pour leur devoir électoral durant un scrutin de 6 semaines, en avril et mai 2019. Et à la fin, c'est Narendra Modi qui a gagné. Haut la main, le dirigeant du BJP a été reconduit pour un 2d mandat. Mais le discours sécuritaire et identitaire qu'il a développé tout au long de la campagne ne cesse d'inquiéter. L'islamophobie gagne du terrain, les musulmans étant les principaux commerçants de viande de bœuf (animal sacré pour les hindous), et la montée de groupes radicaux paramilitaires, comme la Rashtriya Swayamsevak Sangh (RSS) est ainsi à l'origine de nombreuses attaques à l'encontre des musulmans, qui ont fait 8 morts en 2018. Avec la complicité plus ou moins tacite des autorités. Mais ce sentiment anti-musulman s'observe à tous les degrés de l'administration. En proie à un vaste flux migratoire, l'État de l'Assam a mis en place un grand plan de recensement, visant 32 millions de personnes. Au moins 4 millions d'entre elles, officiellement toutes celles qui ne peuvent justifier de la présence de leur famille avant 1971, pourraient se voir exclues. Une initiative qui pour beaucoup vise directement la minorité musulmane.

Au-delà, l'Inde penche de plus en plus vers un autoritarisme qui ne dit pas (encore) son nom. De plus en plus de journalistes, de défenseurs des droits autochtones, ou de militants pour l'environnement sont arrêtés arbitrairement, ou doivent faire face à un harcèlement judiciaire. Le gouvernement utilise les lois sur la sédition, la diffamation ou l'antiterrorisme pour justifier ces atteintes à la liberté d'expression.

Dans de nombreuses régions, les ***conflits communautaires, ethniques*** et sociaux continuent de faire des victimes. La guerre entre le gouvernement et la rébellion maoïste des Naxalites est également toujours d'actualité. Né dans les années 1960-1970, ce mouvement de guérilla compterait aujourd'hui près de 20 000 hommes, et prospère dans les États du Centre et du Nord-Ouest. L'implantation de groupes industriels sur des territoires appartenant à des Adivasis (aborigènes) provoque par ailleurs de nombreuses tensions. Les Dalits (castes inférieures) sont toujours soumis à de nombreuses discriminations, et subissent une répression de plus en plus importante, alors que des voix s'élèvent dans leurs rangs pour renforcer leurs droits.

L'éternel ***conflit frontalier du Cachemire*** a connu une forte poussée de fièvre début 2019. En réponse à des attentats dans la zone, l'Inde a procédé, pour la 1re fois depuis 1971 à des frappes aériennes contre des cibles côté pakistanais. Et la communauté internationale, qui s'inquiète toujours d'une escalade militaire entre ces 2 États nucléarisés, a retenu son souffle. Les forces de sécurité y sont par ailleurs toujours accusées par les ONG d'exactions contre les populations.

Le ***nombre d'agressions sexuelles et de viols*** est par ailleurs en augmentation constante en Inde, à tous les niveaux de la société.

Les progrès en matière de lutte contre la pauvreté ont en revanche été impressionnants, même si beaucoup reste à faire. En dépit de quelques avancées, l'esclavage infantile est toujours une réalité, dans des domaines très divers (mines, filatures, etc.), et touche le plus souvent des enfants de castes inférieures.

Pour en savoir plus, n'hésitez pas à contacter :

■ ***Fédération internationale des Droits de l'homme (FIDH) :*** *17, passage de la Main-d'Or, 75011 Paris.* ☎ *01-43-55-25-18.* • *fidh.org* • Ⓜ *Ledru-Rollin.*

■ ***Amnesty International*** *(section*

française) **:** *76, bd de la Villette, 75940 Paris Cedex 19.* ☎ *01-53-38-65-65.* • *amnesty.fr* • Ⓜ *Belleville ou Colonel-Fabien.*

N'oublions pas qu'en France aussi les organisations de défense des Droits de l'homme continuent de se battre contre les discriminations, le racisme et en faveur de l'intégration des plus démunis.

ÉCONOMIE

Des performances économiques convoitées...

Pendant de longues années, l'image d'une Inde apocalyptique a prévalu dans de nombreux esprits occidentaux : une masse gigantesque de plus de 1 milliard d'êtres affamés, mal logés, peu ou pas du tout vêtus, au-dessus de laquelle évoluent quelques maharajas.

Des très riches, des très pauvres, et une énorme classe moyenne

Si cette vision a toujours un (bon) pied dans la réalité, l'Inde en 2018 compte quelque 131 milliardaires en dollars. Parmi eux, le roi du pétrole, du gaz et de la pétrochimie, Mukesh Ambani, patron du groupe *Reliance*. Au 2d rang, Azim Premji, indien musulman qui a fait fortune dans l'industrie et l'informatique. Au 3e rang, le célèbre Lakshmi Niwas Mittal (3e fortune du pays en 2018), dirigeant de *Mittal Steel,* plus gros producteur d'acier au monde, qui a racheté en 2006 le groupe français *Arcelor.* Viennent ensuite les frères Hinduja, Pallonji Mistry (PDG d'un groupe de construction), Shiv Nadar (informatique, logiciels, software), la famille Godrej, Dilip Shanghvi (pharmacie, roi des médicaments génériques), Kumar Birla (de la riche famille des Birla dont la maison à Delhi fut la dernière demeure de Gandhi). Les patrons du groupe *Tata* comptent aussi parmi les grandes fortunes indiennes. Tata s'est offert la grande firme alimentaire anglaise *Tetley,* et, en 2012, les marques britanniques *Land Rover* et *Jaguar* (un vrai pied de nez à l'ex-colonisateur !).

Un pays producteur de richesses

Rien de vraiment étonnant si l'on vous dit que l'Inde est le 2e producteur mondial de riz, de thé, de sucre et de blé, et le 2e exportateur de coton. Mais l'Inde fabrique aussi ses voitures, ses trains, certains de ses avions, ses ordinateurs, ou encore ses fusées, ses satellites et ses bombes atomiques ! Elle possède plusieurs centrales nucléaires et a paraphé un accord de coopération avec la France pour en développer d'autres.

Après l'indépendance, grâce aux plans quinquennaux (avec omniprésence de l'État dans tous les rouages de l'économie), l'Inde s'est dotée d'une industrie lourde, aidée par l'abondance de réserves en matières premières (fer, charbon, et même pétrole) et par l'existence d'un important réseau de communication : routes, chemin de fer (laissé par les Anglais). Ce n'est qu'à partir de 1991, sous le gouvernement Rao, que le pays s'est converti à l'économie de marché après 45 ans de socialisme nehruvien. Le but : casser la bureaucratie, privatiser un grand nombre d'entreprises et ouvrir le pays aux capitaux étrangers.

LA BANQUE DE DIEU

Créée en 1927 par des religieux hindous, la banque Dhanlaxmi gère l'argent de 2 100 temples. Les donations considérables feraient pâlir d'envie beaucoup de nos curés. Exemple : le temple de Tirupathi près de Chennai a un revenu annuel de plus de 100 millions de dollars. La banque offre des reçus permettant de déduire fiscalement les dons. Grâce à Internet, elle donne la possibilité aux hindous établis à l'étranger d'envoyer leur obole. Laksmi est la déesse de la prospérité. On comprend mieux !

Mais la machine a eu du mal à se mettre en route pour différentes raisons (déficience des infrastructures de base, bureaucratie restée lourde et dissuasive pour les investisseurs étrangers, etc.). Avec l'arrivée au pouvoir de Manmoham Singh, en 2004, les choses ont connu un nouveau tournant.

La diversification des activités et la demande intérieure ont tiré l'économie vers le haut, hissant la croissance économique autour de 8-10 % jusqu'en 2010 (exception faite de 2008). De quoi faire de nombreux envieux parmi les gouvernements occidentaux... Après une baisse de 2011 à 2013, le taux de croissance est reparti à la hausse et avoisine toujours les 7 % en 2018-2019. Et tout cela dans le contexte d'un ralentissement global, ce qui a permis au pays de devenir la 6e économie mondiale, et de passer ainsi devant la France début 2018. Par ailleurs, la roupie reste relativement stable, la dette extérieure de l'Inde modérée, et les réserves de change confortables.

LA BANQUE DES ENFANTS DES RUES

Le Children's Development Khazana est une coopérative dont le but est de sortir les enfants des rues, de la faim et de la précarité. On leur apprend à gérer leurs maigres revenus et on les éduque. Tous les petits métiers sont acceptés (cireurs de chaussures, vendeurs ambulants, ramasseurs de déchets...). Tout sauf mendicité et prostitution.

Le marché automobile, notamment, s'est emballé ; plus de 4 millions de véhicules à moteur sont produits chaque année dans le pays. Dans les années 2020, le marché indien devrait devenir le 3e marché mondial. De quoi attirer les constructeurs automobiles du monde entier (Nissan, Hyundai, Toyota, Ford, PSA Peugeot Citroën, General Motors). Le géant national, Tata, s'est engouffré dans la brèche, lançant en 2009 la voiture la moins chère au monde, la *Nano*, au succès pour l'heure mitigé. Renault attend beaucoup de la *Kwid*, sa voiture à très bas coût (à partir de 3 500 €), lancée en 2015 sur le marché indien. Les problèmes d'embouteillages dans les grandes villes ont de beaux jours devant eux...

L'économie indienne est aujourd'hui l'une des plus dynamiques au monde. Le pays est considéré comme l'un des « marchés porteurs » des prochaines décennies. De nombreux contrats et accords internationaux de coopération ont été signés ces dernières années dans différents domaines (aéronautique, centrales nucléaires, gazoducs, agroalimentaire, industrie pharmaceutique, armement, tourisme, grande distribution, etc.). Bref, tout le monde veut en être.

Des bases encore fragiles

Il ne faut pas que ces bons chiffres fassent oublier que le pays doit aussi s'attaquer à ses propres maux. Ses infrastructures vétustes d'abord, la corruption ensuite, sans oublier ses carences dans le secteur énergétique. En plus de polluer, le charbon, qui assure à lui seul ⅔ de la production électrique, est massivement exporté, et la production peine à suivre la demande galopante dopée par l'industrialisation, entraînant de fréquents délestages dans tout le pays. Le marché noir et surtout l'économie informelle restent aussi un problème, car le manque à gagner pour l'État est énorme. Plus de la moitié des 1 500 entreprises les plus importantes de l'Inde ne paient presque pas d'impôts ou pas du tout.

ANTI-CORRUPTION EFFICACE

L'Inde souffre d'une gigantesque épidémie de corruption. Depuis 2010, le site • ipaidabribe.com • donne des cauchemars aux fonctionnaires et policiers ripoux. Les citoyens y racontent leurs histoires de pots-de-vin. Les résultats sont si efficaces que le site a déjà inspiré d'autres pays.

On pense que ***40 % de l'économie indienne serait de l'argent noir.*** Enfin, même si l'inflation a été maîtrisée en 2018 (4,85 %), celle-ci reste très sensible aux aléas climatiques qui peuvent affecter les cultures.

Au pouvoir depuis 2014, le gouvernement de Narendra Modi promet de prendre ces problèmes à bras-le-corps, annonçant par dizaines de milliards de roupies les plans d'investissements dans les infrastructures de transport, simplifiant l'acquisition de foncier pour les entreprises, poussant à une privatisation du secteur des mines de charbon censées doper la production électrique. Une campagne « Make in India », lancée en 2014, vise à promouvoir les implantations industrielles dans le corridor entre New Delhi et Mumbai.

Autre mesure importante, prise fin 2016 : la démonétisation des billets de 500 et 1 000 ₹ (remplacés par de nouveaux billets de 500 et 2 000 ₹) afin de lutter contre le travail au noir, la fraude à l'impôt et les contrefaçons, entre autres. Reste que ce qui gangrène surtout l'économie indienne, c'est d'une part la pauvreté endémique de la population (lire plus bas « Une situation en trompe l'œil »), d'autre part la corruption généralisée.

– *La GST (Goods and Services Tax) :* mise en place en 2017, cette taxe est gérée par l'État fédéral et remplace totalement l'ancienne TVA. Elle est unique, et s'applique pour les biens et les services dans tous les États de l'Union indienne. Ainsi, dans l'hôtellerie, la GST va de 12 à 28 %. Dans l'ancien système où les taxes étaient variables d'un État à l'autre, on était arrivé à des situations absurdes : un bien indien produit dans l'État A, transporté dans l'État B et vendu dans l'État C pouvait coûter plus cher qu'un produit importé de l'étranger !

La rivalité des grands voisins : Inde et Chine

Alors que le développement spectaculaire de la Chine s'est appuyé, entre autres, sur une production industrielle intense, l'Inde s'est davantage tournée vers des secteurs de transformation et de haute technologie (informatique, pharmacie, agroalimentaire, énergie...). Pour simplifier, à la Chine le textile à bas prix, à l'Inde les produits plus sophistiqués, qui demandent un personnel qualifié. Le savoir-faire indien dans ces domaines est en effet reconnu, et ces spécificités n'ont pas échappé aux grands groupes qui, depuis longtemps, ont choisi comme points d'appui Bengaluru (Bangalore) et Hyderabad pour la délocalisation de leurs activités informatiques et économiques.

Depuis le début des années 2000, enfin, des entreprises de moindre envergure, en particulier dans les services (téléphonie, informatique, et leurs désormais fameux *call centres*), se sont également installées en Inde pour bénéficier de la main-d'œuvre meilleur marché, et des compétences des ingénieurs indiens. L'Inde est devenue une superpuissance mondiale de centres d'appels externalisés. Plus de 40 % des 500 sociétés les plus importantes du monde font effectuer en Inde une partie du traitement de leurs données informatiques (notamment à Bengaluru). Dans le match entre les 2 pays, l'Inde semble avoir pris la main en 2015 où, pour la 1re fois, son taux de croissance économique a dépassé celui de la Chine. La croissance démographique de l'Inde, supérieure aussi à celle de la Chine, est un atout de poids dans la partie qui se joue entre les 2 puissances.

Une situation en trompe l'œil ?

L'Inde n'en est pas à une apparente contradiction près. Si des progrès remarquables ont été accomplis, si les grandes famines appartiennent au passé, si l'espérance de vie a bondi de 10 ans entre 1990 et 2018, il ne faut pas se laisser emporter par un optimisme aveuglant, car la dimension des problèmes actuels défie toujours l'imagination. Certes, une véritable classe moyenne forte de 200 à 300 millions d'Indiens a vu le jour ces dernières années. Ils possèdent, pour la plupart, télévision et voiture. Ils consomment, dépensent, sortent, partent en week-end ou en vacances...

Mais le pays demeure victime d'écarts extrêmement importants. En 2018, l'indice de développement humain de l'Inde établi par les Nations Unies pointait à la 168e place sur 189. Bien des Indiens ruraux, qui constituent encore ⅔ de la population, ne voient pas l'ombre d'une amélioration dans leur vie quotidienne. Dans les grandes villes, les nouveaux riches côtoient toujours les bidonvilles... Selon la Banque mondiale, en 2014, plus de la moitié des Indiens survivaient avec moins de 3,10 $ par jour. Un Indien sur deux n'a pas accès à des toilettes. Le marché du travail peine à absorber une population toujours croissante et même ceux qui ont un emploi ne sont pas toujours les mieux lotis. Le droit du travail n'est pas appliqué, et les salaires sont si faibles que les ouvriers logent à plusieurs, entassés dans une même pièce.

LA REVANCHE DES INTOUCHABLES

Constamment humiliés, ils travaillent souvent plus que les autres. Malgré leur origine, certains réussissent et deviennent des entrepreneurs prospères. Pour fuir le mépris, ils changent parfois de nom et même de religion (certains sont devenus chrétiens ou bouddhistes). Il existe désormais une chambre de commerce et d'industrie réservée aux intouchables (DICCI).

Les méfaits du libéralisme : la santé et l'éducation, parents pauvres du système

Alors que l'Inde est le 1er importateur mondial d'armes, avec notamment l'achat de 36 avions Rafale à la France en 2016, le budget de la santé, est un des plus faibles au monde (un peu moins de 1,5 % du PIB. Quand la Sécurité sociale en France mobilise 30 % de la richesse nationale), la sécu indienne a encore été amputée de 15 % en 2015-2016 (le budget de l'éducation connaissant le même sort sur la même période !). Pourtant, en 2018, le pouvoir a décidé de l'instauration d'une couverture sociale universelle. L'État en paiera une partie, la seconde restant à la charge des cotisants, sur la base du volontariat. Si le projet est déjà une avancée, difficile d'imaginer cotiser quand on n'a pas d'argent...

Agriculture : Révolution verte dans les choux

Le secteur agricole représente aujourd'hui environ 15 % du PIB indien et emploie environ 47 % de la population active. C'est dire l'importance de l'agriculture en Inde, même si sa contribution à la richesse nationale n'a cessé de diminuer depuis les années 1970 ! Le pays est aujourd'hui la 4e puissance agricole mondiale. Alors qu'en 1951 l'agriculture ne suffisait pas à nourrir toute la population, les 60 dernières années ont été marquées par une croissance de la production alimentaire plus forte que celle de la population. Un exemple : le lait. Près de 173 coopératives laitières fournissent en lait environ 1 000 villes. ***L'Inde est devenue le plus gros producteur mondial de lait.***

LE JUGAAD OU L'ART DE LA DÉBROUILLE

Les Indiens sont les rois du système D. Avec peu de moyens et beaucoup d'imagination, ils survivent alors qu'ils manquent souvent de tout. Ainsi ils utilisent des machines à laver pour brasser le lassi (yaourt liquide) en mélangeant lait, sucre et fruits. Et des panneaux publicitaires, exposés à l'air humide, permettent de récupérer de l'eau potable.

Cet effort dans le domaine agricole, que l'on baptisa la « Révolution verte », débuta en 1965. Avec pour objectif d'atteindre l'autosuffisance alimentaire du pays, il se concentra sur 4 aspects principaux : réorganisation de la distribution des terres ;

création de banques rurales alimentaires et de développement ; mise en place de laboratoires de recherche ; importation d'engrais et création de nouvelles semences à « haute production » (OGM), au risque de rendre les paysans dépendant des industries semencières.
Si elle exporte aujourd'hui certaines denrées (épices, thé, noix de cajou et légumes transformés notamment), l'agriculture indienne reste toujours très dépendante de facteurs naturels : la mousson, les inondations, la sécheresse et autres aléas climatiques... Bien que 97 % des terres cultivables soient travaillées (soit près de la moitié du territoire indien), 75 % de celles-ci restent exploitées de manière traditionnelle. En réalité, seules certaines régions fertiles et bien irriguées comme le Pendjab et l'Haryana ont véritablement profité de la Révolution verte.
Aujourd'hui, l'Inde des campagnes est contrainte de faire sa révolution « capitaliste » mais cette conversion, trop brutale dans ce pays inégalement développé et habitué à la régulation de l'État, s'est révélée catastrophique pour les paysans (comme en atteste le nombre élevé de suicides parmi eux !). Le système de production traditionnel ne peut rivaliser avec les techniques de culture intensive. Quant aux règles de la concurrence, dogme de l'OMC, elles mettent en péril la sécurité alimentaire du pays, les États-Unis intimant au gouvernement indien de mettre fin à son système de stocks de céréales achetées sous le prix du marché pour être redistribuées aux citoyens les plus pauvres, arguant que cette pratique distordrait la concurrence... Or la production agricole peine déjà à répondre à la croissance de la demande (plus de 15 millions de personnes supplémentaires à nourrir chaque année !). L'autosuffisance alimentaire est donc toujours une préoccupation forte.

ENVIRONNEMENT

« ***L'Inde est malade de sa pollution et de ses déchets*** », a écrit Akash Kapur dans son brillant essai *L'Inde de demain* (Albin Michel, 2014). Pour beaucoup d'observateurs, la fulgurante croissance économique du pays s'accompagne d'une destruction de l'environnement. L'Inde est classée en effet (141e rang sur 178) parmi les derniers pays à « l'indice de performance environnementale ». Cet indicateur de la santé environnementale prend en compte nombre de paramètres, dont la pollution, l'état de l'eau, les émissions de CO_2.
Pour l'Inde, l'enjeu essentiel est le développement économique, et le pays accorde peu de priorité à l'environnement. Le gouvernement de Narendra Modi, au pouvoir depuis mai 2014, a décidé de revoir à la baisse les règles de protection de l'environnement en vue de faciliter la construction d'infrastructures et l'implantation de sites industriels. Les partisans de la croissance à tout prix ont de beaux jours devant eux...
– ***Bon à savoir :*** les dégâts écologiques coûteraient au pays environ 4 % de son PIB.

Eau et énergie

L'état des fleuves et des rivières est catastrophique. 70 % des eaux de surface sont contaminées par des produits toxiques. À l'origine de ce désastre : les rejets de l'industrie chimique, les déchets enfouis sans protection, des eaux usées, sans oublier les restes d'animaux et d'êtres humains... issus des pratiques religieuses. L'Inde produit 100 millions de tonnes d'ordures municipales par an. Exemple criant : le Gange. Les mauvaises langues n'hésitent plus à le comparer à un énorme égout à ciel ouvert ! Ce grand fleuve a pourtant une capacité d'autorégénération 10 à 25 fois supérieure aux autres fleuves de la planète grâce à une énorme quantité d'oxygène dissous. Les nappes phréatiques sont à leur tour affectées. Choléra, hépatites et maladies de peau se développent, en particulier dans les bidonvilles, où l'eau courante est rare et viciée. On note également une contamination de puits à l'arsenic. En attendant, Narendra Modi, le chef du gouvernement, qui a fêté sa victoire en se recueillant au bord du Gange, a promis de dépolluer le fleuve (question de prestige !). Un grand plan d'assainissement du fleuve a donc été lancé... Le 5e en 50 ans...

En matière d'***énergies renouvelables,*** là, la situation évolue. L'Inde qui continue à produire 60 % de son énergie électrique grâce au charbon, est le 3e pays émetteur de gaz à effet de serre. Lors de la COP21 en 2015, le pays n'a pas avancé d'objectifs chiffrés en matière de réduction de ces gaz, contrairement à la Chine. Pas question de porter atteinte au sacro-saint développement économique...

Si le pays a décidé de miser en partie sur le ***nucléaire*** (en 2019, il a commandé 6 réacteurs de type EPR à la France), il s'est aussi engagé à devenir un champion en matière ***d'énergies renouvelables,*** et même un leader dans le domaine de l'énergie solaire. La part de ces énergies devrait passer à 40 % de la production nationale d'électricité à horizon 2030 (contre 16 % environ en 2016). Voilà qui est ambitieux... Toujours est-il que dès 2010 l'Inde a lancé un programme de développement de l'énergie solaire *(National Solar Mission).* En 2012, l'État du Gujarat, qui bénéficie de 300 jours d'ensoleillement par an, inaugurait ***le plus grand parc solaire au monde*** (aujourd'hui dépassé par celui d'Ouarzazate au Maroc), sur près de 2 000 ha. L'***énergie éolienne*** semble également avoir le vent en poupe (!). Il y a encore beaucoup à faire, mais la production éolienne croît annuellement d'environ 20 % depuis le milieu des années 2000. Les autorités s'intéressent notamment à l'éolien offshore.

Plus insidieuse, la déforestation massive des hautes vallées himalayennes (pénuries de bois, extension des cultures, etc.) est à l'origine de redoutables inondations qui, chaque saison des pluies, dévastent des dizaines de villages dans les basses plaines du Bihar et du Bengale. Par suite d'une érosion accrue, les terres arables disparaissent et, en aval, on déplore la sédimentation des réservoirs de barrage et des cours d'eau occasionnant des changements aussi brusques que catastrophiques du tracé des lits fluviaux. Quant aux gigantesques barrages élevés sur les contreforts himalayens, ils posent bien des interrogations dans cette région fort exposée aux séismes...

Pollution de l'air

Globalement, le bilan est alarmant. Un rapport de *Greenpeace* paru en 2019 relate que 22 des 30 villes les plus polluées au monde seraient indiennes ! 2 raisons principales à cela : d'abord, les ***rejets d'usines et de centrales à charbon*** qui échappent généralement à tout contrôle. La 2de cause de pollution concerne, bien sûr, la ***circulation automobile,*** non seulement démente, mais aussi polluantissime. En raison de l'augmentation alarmante du nombre de véhicules (1 000 à 1 400 par jour !) et de la persistance de nombreuses cuisines et braseros au (mauvais) charbon de bois, ***New Delhi*** détiendrait, selon l'OMS, le triste record de ***la ville la plus polluée du monde en particules fines !***

Dès 2001, la Cour suprême a pourtant imposé aux transports publics de Delhi la reconversion au gaz naturel compressé. Cette mesure est entrée en vigueur en avril 2016 pour tous les taxis. Autre mesure choc : la mégapole a expérimenté la circulation alternée début 2016, avant de faire machine arrière. En novembre 2017, la ville a pourtant connu ***un pic de pollution 27 fois supérieur au taux maximum préconisé par l'OMS.*** Quant à ***Mumbai,*** malgré l'interdiction de circuler en centre-ville pour les rickshaws, le trafic automobile est là aussi exponentiel, créant une chape de gaz polluants au dessus de la cité. L'air est parfois irrespirable malgré les vents marins, en particulier pendant les périodes de grosse chaleur. La ville tente toutefois de réagir : l'aménagement d'un gigantesque réseau de métro a débuté en 2014, prévoyant à terme la construction de 7 nouvelles lignes et 150 km de rails, destinés à seconder le réseau de trains urbains, fortement saturé. Une chance pour les 22 millions d'habitants de la mégapole, qui pourront se déplacer plus facilement, tout en polluant moins.

L'écologie : une idée neuve et très minoritaire

Curieusement, l'Inde a vu naître Anil Agarwal (1947-2008), une grande figure de l'écologie mondiale. Il fit partie de ceux qui imposèrent l'idée suivante : chaque individu de la planète doit être égal face à la quantité de gaz à effet de serre qu'il émet. Agarwal a aussi réussi à faire diminuer l'utilisation du diesel dans certaines grandes villes indiennes.

Malgré l'état désastreux de l'environnement, de ***nombreuses initiatives en matière d'écologie et de développement durable*** sont à noter, même si elles semblent être des causes isolées. La ville de Bhubaneswar dans l'Odisha assainit quotidiennement 4,5 millions de litres de ses eaux usées (uniquement les eaux domestiques et non les eaux industrielles), avec des lentilles d'eau et des poissons, avant de les rejeter dans la rivière. Dans le Rajasthan, on tente l'aventure de « l'arbre à pétrole », le fruit du jatropha dont les graines une fois pressées produisent un ***agrocarburant.*** Ce fruit n'étant pas comestible, il ne risque pas de faire grimper les prix de la nourriture comme d'autres biocarburants. Un programme de recherche est en cours. Partout, localement, des ONG indiennes (3,3 millions d'ONG en Inde, record mondial !) et internationales développent des projets de cultures biologiques, de recyclage des déchets ou d'économie d'énergie. La société civile, elle, bouge !

Dans cet esprit, saluons l'initiative de ces jeunes bénévoles qui organisent des opérations de nettoyage urbain et publient le résultat de leurs actes sur les réseaux sociaux, bouleversant de fait le système social inégalitaire de l'Inde qui veut que seules les castes dites « inférieures » se chargent de ce travail. Bravo !

LE SIKKIM, TERRE D'ESPOIR ÉCOLOGIQUE ?

Ce petit état de l'Himalaya est considéré comme un modèle en matière environnementale. En 2003, il a décidé de bannir progressivement l'utilisation de pesticides et engrais chimiques. Depuis 2016, leur utilisation est même un crime passible d'une peine de prison ! La totalité des terres de l'État sont désormais certifiées biologiques. Un exemple qui montre qu'avec de la volonté politique, tout est possible.

FILMOGRAPHIE

Films indiens

Parmi la multitude de films indiens, on distingue le cinéma d'auteur et le cinéma bollywoodien. Voici quelques films représentant ces 2 courants, présentés par ordre d'arrivée à l'écran.

- ***Mother India*** (Inde, 1957) **:** de Mehboob Khan. Cet *Autant en emporte le vent* indien est considéré comme un des films essentiels du cinéma indien. Nominé aux oscars (comme *Salaam Bombay !*), il retrace la vie difficile d'une femme, Radha, qui doit élever seule ses 2 fils. Face aux malheurs, elle gardera toujours la tête haute. On retrouve ici la cuisine bollywoodienne : scènes chantées, dansées, drame surjoué... Malgré une trame vieillotte, on est surpris de la modernité et de la force du personnage central.
- ***Les films de Satyajit Ray :*** réalisateur bengali et auteur de l'œuvre majeure du cinéma indien. Après avoir été peintre et dessinateur, il a un déclic sur le tournage du *Fleuve,* réalisé dans les environs de Calcutta en 1951 par Jean Renoir, dont il fut l'assistant. Révélé par la ***trilogie d'Apu*** : *Pather Panchali* (*La Complainte du sentier,* 1955), *Aparajito* (*L'Invaincu,* 1957) et *Apu Sansar* (*Le Monde d'Apu,* 1959), Ray fut d'abord influencé par le néoréalisme italien. L'histoire conte l'enfance d'Apu dans un village pauvre en marge d'une forêt tropicale, puis son évolution à

Bénarès et à Calcutta. Le 2e épisode remporta le Lion d'or à Venise en 1957, tandis que cette trilogie se termine en apothéose par l'un des chefs-d'œuvre du cinéma classique contemporain. Ray enchaîna une trentaine de films jusqu'à sa mort en 1992. Notons encore *Le Salon de musique* (1958), dans lequel l'un des derniers rajas ruine sa famille, *La Déesse* (1960), *Charulata* (1964) et *Les Joueurs d'échecs* (1977). Ses derniers films, tous aussi sublimes, montrent une vision moderne de l'Inde, comme dans *Les Branches de l'arbre* (1990), *Lo Visiteur* (*Agantuk*, 1991) produit par Gérard Depardieu.

– ***Salaam Bombay !*** (Inde/France, 1988) **:** de Mira Nair, interprété par des enfants des rues de Bombay, en décors naturels. Le film, Caméra d'or au Festival de Cannes 1988, raconte l'histoire de Krishna, un gamin abandonné par le cirque où il travaillait et chassé de chez lui. Il débarque à Bombay, sans connaître personne... Vision effrayante mais sans misérabilisme de la vie de la rue, toujours d'actualité.

– ***Le Mariage des moussons*** (Inde/France, 2001) **:** de Mira Nair, qui connaît un nouveau succès (après *Salaam Bombay !*) salué par un Lion d'or à la Mostra de Venise. Dans une famille bourgeoise pendjabie, le mariage de la fille des Verma se prépare. Mais le ciel est assombri par l'approche de la mousson et une série d'intrigues, de secrets. Avec finesse et poésie, Mira Nair nous parle de l'inceste, des clivages de classes et de générations. Instructif, beau et émouvant.

– ***Lagaan*** (Inde, 2001) **:** d'Ashutosh Gowariker. La résistance d'un petit village, en 1893, face à l'odieux occupant britannique qui ne cesse d'écraser les paysans sous les impôts. Manichéisme improbable, certes, mais l'ensemble est bien ficelé, bien joué, et costumes et musiques sont superbes. En gros, si l'équipe de cricket du village bat celle des Anglais, le *lagaan* (l'impôt sur les récoltes) sera annulé pendant 3 ans. Suspense garanti et rythme excellent (malgré les 3h40).

– ***Devdas*** (Inde, 2002) **:** de Sanjay Leela Bhansali. Adapté d'un roman du début du XXe s, il a fortement contribué à l'engouement pour Bollywood en Occident. Intrigue à l'eau de rose évidemment . Devdas, fils d'un riche propriétaire, et Paro, fille d'un modeste voisin, s'aiment depuis l'enfance et pensent naïvement que leurs années de séparation ne seront qu'une parenthèse. C'est sans compter sur les différences de classes sociales (et de castes)... Du même réalisateur, citons aussi ***Black*** (Inde, 2005).

– Les friands de films bollywoodiens apprécieront encore ***Mission Kashmir*** (Inde, 2000), de Vidhu Vinod Chopra, ***La Famille indienne*** (Inde, 2001) ou ***My Name is Khan*** (2010), de Karan Johar, ***Veer Zaara*** (Inde, 2004), de Yash Chopra, et ***Om Shanti Om*** (Inde, 2007), de Farah Khan.

– ***Gangs of Wasseypur*** (Inde, 2012) **:** d'Anurag Kashyap. Dans la ville minière de Wasseypur, 2 familles de gangsters s'affrontent sur 3 générations et plus de 5h (le film est d'ailleurs scindé en 2 parties) pour le partage du pouvoir et des richesses. Spectaculaire pour sa mise en scène et la violence de certaines scènes, le scénario emprunte beaucoup à la réalité.

– ***The Lunch Box*** (Inde, 2013) **:** de Ritesh Batra. Ila tente de retrouver toute l'attention de son mari en lui mitonnant des petits plats, livrés ensuite dans une *lunch box* à son bureau par le formidable réseau des *dabbawallahs* de Mumbai... Mais, impensable erreur, c'est Saajan, un solitaire un peu aigri, qui déguste le déjeuner, une fois, 2 fois... Ila décide alors d'engager la conversation avec l'inconnu.

– ***Titli*** (Inde, 2014) **:** de Kanu Behl. Une plongée très réaliste dans la banlieue de Delhi, tournée pour l'essentiel en décor naturel (le réalisateur vient du documentaire). Titli (« papillon » en hindi), issu d'une famille de braqueurs à la petite semaine, rêve d'une vie plus honnête et moins violente. Manipulé par son père et ses frères, il va, de victime, devenir l'oppresseur de sa jeune épouse, avant de trouver en celle-ci une alliée inattendue. Mais tous deux y laisseront des plumes, et des ailes... Sous-titré « Une chronique indienne », un portrait juste de l'Inde des invisibles, qui évoque aussi bien les lourdeurs du patriarcat et l'omniprésence de la corruption que l'évolution de la place des femmes dans la société.

– ***La Saison des femmes*** (*Parched,* Inde, 2015) **:** de Leena Yadav. Voici 3 jeunes femmes indiennes aux destins très différents qui, ensemble et chacune à sa manière, tentent de prendre le pouvoir sur leur vie et d'échapper au chemin tout tracé que leur réservait la société patriarcale de leur petit village du Gujarat. Un film d'auteur assez cru, qui parle ouvertement (ce qui est rare en Inde !) de violence conjugale, de sensualité... et d'amitié féminine.
– ***Monsieur*** (*Sir* ; Inde, 2018) **:** de Rohena Gera. Mumbai et ses quartiers de tours résidentielles chic. Mumbai, où Ratna et Ashwin partage un appartement et une bonne part de leur quotidien... mais la 1re comme domestique du 2nd. Malgré les interdits sociaux (tacites ou assumés, d'ailleurs !) qui gouvernent toujours la société indienne, une véritable complicité, voire une intimité, narrée avec beaucoup de délicatesse, va se nouer entre ces 2 personnages, d'autant qu'ils sont chacun à un tournant de leur vie. Une comédie romantique tout en finesse qui offre un portrait pudique de l'Inde contemporaine et de ses vieux démons.
– En 2014, le film ***Kumbh Mela (Sur les rives du fleuve sacré)*** a été réalisé par Pan Nalin. Ce documentaire remarquable a été tourné pendant la grande fête de Kumbh Mela, pèlerinage ayant lieu tous les 12 ans sur les rives du Gange et rassemblant des millions de dévots pendant un mois et demi. Il raconte l'histoire d'un gavroche fugueur et malin, fasciné par le mode de vie des *sadhus* (ascètes hindous).

Films étrangers

La plupart des films étrangers sur l'Inde proposent une image fantasmée du pays, très différente de celle que vous découvrirez. Peu de ces films offrent une perspective réaliste du sous-continent.
– ***Les Trois Lanciers du Bengale*** (*The Lives of a Bengal Lancer,* États-Unis, 1935) **:** de Henry Hathaway, avec Gary Cooper. Le 1er film important de Hathaway, tourné au Bengale et dans la passe de Khyber. Un petit joyau d'exotisme et de clichés hollywoodiens. Stone, le fils d'un colonel du 41e lancier du Bengale, se laisse séduire par une espionne russe... Sens de l'honneur et grandeur de Sa Majesté au service d'un film « de cape et d'épée ».

LA TERRIBLE SECTE DES THUGS

Encore active au XIXe s, ses adeptes étaient des adorateurs de la déesse noire de la Destruction, Kali (des temples lui sont encore dédiés). Ils étranglaient rituellement leurs victimes avant de les dépouiller. Ces fanatiques furent la terreur des colonisateurs britanniques. Ils ont inspiré Spielberg dans Indiana Jones et le temple maudit.

– ***Kim*** (États-Unis, 1950) **:** réalisé par Victor Saville, avec Errol Flynn et Dean Stockwell, d'après le célèbre roman de Rudyard Kipling. L'histoire rocambolesque de Kimball O'Hara, orphelin irlandais livré à lui-même dans l'Empire britannique des Indes au XIXe s. Tourné en grande partie au Rajasthan.
– ***Le Fleuve*** (*The River,* États-Unis, 1951) **:** de Jean Renoir. D'après le livre de Rumer Godden. 1er prix international à la Biennale de Venise en 1951. Tourné au bord du Gange, pour les uns, il s'agit d'un chef-d'œuvre, un poème lyrique, un hymne à la vie et à la nature, avec des images superbes montées au rythme du fleuve lui-même... Pour d'autres, ce n'est qu'un long fleuve assez ennuyeux. L'anecdote est qu'il a été produit par un fleuriste américain ! Renoir, fatigué du système hollywoodien, voulait un film sans chasse au tigre, sans éléphants et sans stars.
– ***Le Tigre du Bengale*** (États-Unis, 1959) et ***Le Tombeau hindou*** (1960) **:** de Fritz Lang. Un grand classique du film d'aventures exotiques, tourné en Inde, en 2 parties, avec la séduisante Debra Paget et Paul Hubschmid. Fritz Lang s'inspira

d'un scénario de jeunesse, écrit en 1921. L'ingénieur français Henri Mercier débarque en Inde, à la demande d'un maharaja pour moderniser son immense palais. À peine arrivé, il tombe sous le charme de Seetha, une danseuse sacrée, pourtant déjà promise à Chandra, qu'elle déteste. 2 hommes aiment passionnément la même femme... On devine la suite. Le film fut tourné dans les palais (Lake Palace à Udaipur) et les sables du Rajasthan.

– ***Chaleur et Poussière*** (*Heat and Dust*, États-Unis, 1982) **:** réalisé par James Ivory. Anne (Julie Christie), jeune Anglaise des années 1980, débarque en Inde pour retrouver les souvenirs de sa grand-mère Olivia (Greta Scacchi), qui y vécut sous l'Empire britannique, aux côtés de son mari. Belle et anticonformiste, Olivia brave les usages de son pays et ceux de l'Inde, en tombant amoureuse et enceinte d'un séduisant nabab... Histoire d'amour impossible qui met en scène 2 êtres issus de 2 planètes opposées.

– ***Gandhi*** (Grande-Bretagne, 1982) **:** réalisé par Richard Attenborough, avec Ben Kingsley (Gandhi) et Candice Bergen. Tournée dans un style classique, avec un énorme budget, cette œuvre remarquable (3 oscars en 1982) retrace fidèlement la vie pleine de rebondissements et l'action non violente de Gandhi en faveur de l'indépendance de l'Inde. Depuis ses années d'avocat en Afrique du Sud jusqu'à son jeûne décisif pour la paix ethnique et religieuse à Calcutta, et son assassinat le 30 janvier 1948. Du grand cinéma ! Ben Kingsley est habité par le caractère déterminé de l'homme au rouet.

– ***La Route des Indes*** (Grande-Bretagne, 1984) **:** de David Lean, réalisateur de *Lawrence d'Arabie* et du *Pont de la rivière Kwaï.* Adapté d'un roman de E. M. Forster, le film, malgré son titre, n'a rien d'une saga baba cool. L'action se déroule dans les années 1920, sous la domination britannique. Accompagnée de sa future belle-fille Adela, l'élégante miss Moore débarque à Bombay, puis dans un village reculé où son fils Rony exerce le métier de juge. Au contact de l'Inde, la jeune Adela s'enfonce dans une étrange névrose dont le docteur Aziz, accusé de viol, sera victime.

– ***Nocturne indien*** (France, 1989) **:** d'Alain Corneau, avec Jean-Hugues Anglade, Otto Tausig et Clémentine Célarié. D'après le roman d'Antonio Tabucchi. Tourné à Bombay, à Chennai (Madras) et à Goa, le film raconte, sur une troublante musique de Schubert, l'errance d'un homme à la recherche d'un ami disparu en Inde. Cette quête, presque irréelle, traite de la multiplicité des réalités, de l'illusion de l'apparence et de la quête de soi.

– ***Caste criminelle*** (France, 1989) **:** de Yolande Zauberman. En 1871, les Anglais déclarent « criminels » les membres d'une tribu de rebelles et de voleurs et les parquent dans des camps fermés. Aujourd'hui, quelque 3 millions de descendants de cette caste des « nés criminels » subissent encore les conséquences de cette loi, officiellement abolie en 1947, mais toujours dans les usages et les esprits.

– ***Fire*** (Canada, 1996) **:** de Deepa Mehta, réalisatrice indienne installée au Canada. Ce film fait partie d'une trilogie dont le dernier volet (*Water,* succédant à *Earth*) n'a pu être tourné en raison des manifestations suscitées en Inde par les 2 premiers. Car il s'agit ici de sensualité, et de perte de l'innocence au nom de la religion... Dans *Fire,* un fragile équilibre familial est rompu lorsque 2 belles-sœurs se rapprochent et découvrent ensemble désir et joie de vivre.

– ***Camera Kids*** (États-Unis, 2005) **:** de Ross Kauffman et Zana Briski, oscar du meilleur documentaire. À Sonagachi, le quartier rouge de Kolkata, la photographe new-yorkaise Zana Briski va enseigner aux enfants des prostituées l'art de la photographie. L'aventure que leur propose Zana offre à ces gamins pleins de vie, malicieux et drôles, l'occasion de regarder et de se regarder différemment et, peut-être, d'imaginer un avenir meilleur.

– ***Slumdog Millionaire*** (États-Unis/Grande-Bretagne, 2009) **:** de Danny Boyle, d'après le roman (pas terrible) de Vikas Swarup, *Les Fabuleuses Aventures d'un Indien malchanceux qui devint milliardaire.* Un sacré succès, couronné par

8 oscars. L'Inde des *slums* – bidonvilles – illustrée par le parcours extraordinaire du jeune Jamal. Comment s'est-il retrouvé sur le plateau télé du « Qui veut gagner des millions ? ». La production le soupçonne de tricherie. C'est toute l'histoire de sa vie, et de celle des *slums* de Mumbai, qu'il va devoir dérouler pour se justifier... Flash-back, suspense, jeux des acteurs... tous les ingrédients d'un excellent moment de cinéma.
– ***L'Homme qui défiait l'infini*** (Grande-Bretagne, 2016) **:** de Matthew Brown. C'est l'histoire vraie de Srinivâsa Râmânujan, un jeune mathématicien indien autodidacte, élevé à Madras (Chennai) et qui débarque à Cambridge pendant la Première Guerre mondiale. Auteur de fulgurantes intuitions sur la théorie des nombres, il fut un des plus grands mathématiciens de notre temps. En toile de fond, le film est aussi prétexte à dépeindre la relation compliquée de l'Inde avec son colonisateur.
– ***Lion*** (États-Unis/Angleterre/Australie, 2016) **:** de Garth Davis. Saroo, un enfant de 5 ans, perd son grand frère adoré dans le tumulte des gares indiennes et se retrouve sans repères à Kolkata (Calcutta). Finalement recueilli par un orphelinat puis adopté par une famille australienne, il se met en quête, 25 ans plus tard, de sa famille d'origine. Inspiré d'une histoire vraie, un superbe périple qui traverse l'Inde du Nord rurale et un bel éventail d'émotion !

GÉOGRAPHIE

L'Inde, grand quadrilatère situé à cheval sur le tropique du Cancer, est le 7e pays du monde par sa superficie de 3 287 590 km², soit environ 6 fois la France. La plus grande distance couvre 2 933 km d'ouest en est et 3 214 km du nord au sud.
L'Inde, qui possède 15 200 km de frontières terrestres et un littoral de 6 100 km, est bordée au nord par le Tibet, la Chine, le Népal, le Bhoutan ; à l'est par le Myanmar (ex-Birmanie) et le Bangladesh ; à l'ouest par le Pakistan.
Les 4 grandes zones géographiques du pays sont :
– ***l'Himalaya* :** c'est une énorme chaîne ininterrompue sur 2 400 km, avec une largeur qui varie de 240 à 320 km. Elle marque la frontière avec le Tibet, le Bhoutan, la Chine et le Népal ; à l'extrême nord-ouest du pays, à la frontière pakistanaise, la chaîne du Karakorum prend le relais ;
– ***les plaines* :** on distingue 3 bassins principaux formés par l'Indus à l'ouest, le Gange au centre et le Brahmapoutre à l'est. La plaine du Gange, où la densité de la population est la plus élevée du monde, présente un relief uniformément plat. Entre Delhi et le golfe du Bengale, il n'y a que 200 m de dénivelée, ce qui est l'une des causes principales des inondations dévastatrices provoquées par la mousson ;
– ***la zone désertique,*** qui comprend le Rann de Kutch et le Rajasthan à l'ouest ;
– ***le plateau péninsulaire,*** séparé du bassin du Gange par plusieurs chaînes de montagnes d'altitude moyenne (460 à 1 220 m). Ce sont les monts Aravalli, Vindhya, Satpura, Marikola et Ajanta. La péninsule est flanquée, à l'est, d'une chaîne côtière, les Ghâts orientaux (altitude moyenne de 600 m), eux-mêmes séparés du golfe du Bengale par une large plaine côtière, dans laquelle s'évasent les estuaires des grands fleuves du sud de l'Inde, la Kistna et la Godavari.
À l'ouest, la péninsule est également bordée par une chaîne côtière d'altitude plus élevée (1 000 à 2 400 m), les Ghâts occidentaux, qu'une mince bande de littoral sépare de la mer d'Oman.
La pittoresque chaîne des Nilgiris, située dans le sud de la péninsule, marque le point de rencontre de ces 2 systèmes montagneux.

Les fleuves et les rivières

Ils jouent un rôle primordial dans la vie religieuse des Indiens et coulent en abondance dans toutes les parties du pays.

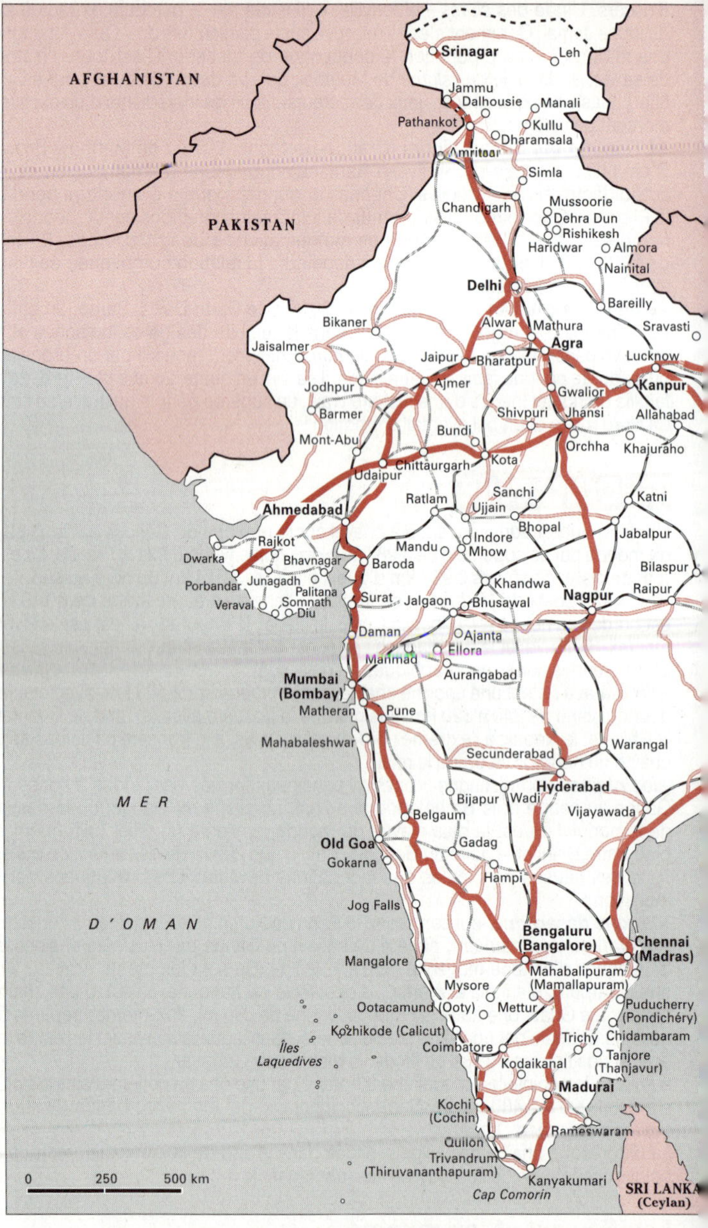
AFGHANISTAN
PAKISTAN
Srinagar
Leh
Jammu
Dalhousie
Manali
Pathankot
Kullu
Dharamsala
Amritsar
Simla
Chandigarh
Mussoorie
Dehra Dun
Rishikesh
Haridwar
Almora
Nainital
Delhi
Bareilly
Bikaner
Alwar
Mathura
Sravasti
Jaisalmer
Agra
Jaipur
Bharatpur
Lucknow
Jodhpur
Ajmer
Gwalior
Kanpur
Barmer
Shivpuri
Jhansi
Allahabad
Bundi
Mont-Abu
Orchha
Khajuraho
Chittaurgarh
Kota
Udaipur
Sanchi
Ratlam
Katni
Ahmedabad
Ujjain
Bhopal
Rajkot
Indore
Jabalpur
Dwarka
Mandu
Mhow
Bhavnagar
Baroda
Bilaspur
Porbandar
Junagadh
Palitana
Khandwa
Raipur
Surat
Jalgaon
Nagpur
Veraval
Somnath
Diu
Bhusawal
Daman
Ajanta
Ellora
Manmad
Aurangabad
Mumbai
(Bombay)
Matheran
Pune
Mahabaleshwar
Warangal
Secunderabad
Hyderabad
Bijapur
Wadi
M E R
Vijayawada
Belgaum
Old Goa
Gadag
Gokarna
Hampi
Jog Falls
D' O M A N
Bengaluru
(Bangalore)
Chennai
(Madras)
Mangalore
Mahabalipuram
(Mamallapuram)
Mysore
Ootacamund (Ooty)
Mettur
Puducherry
(Pondichéry)
Kozhikode (Calicut)
Trichy
Chidambaram
Îles
Laquedives
Coimbatore
Tanjore
(Thanjavur)
Kodaikanal
Madurai
Kochi
(Cochin)
Rameswaram
Quilon
Trivandrum
(Thiruvananthapuram)
Kanyakumari
0
250
500 km
Cap Comorin
SRI LANKA
(Ceylan)

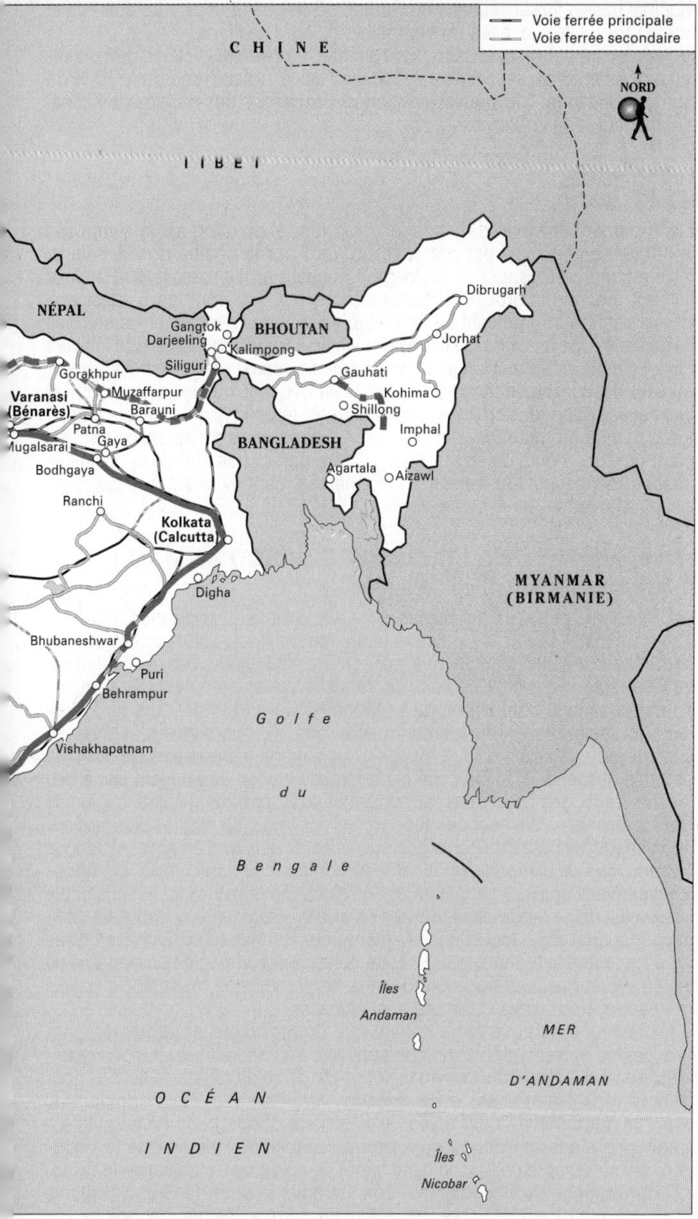

L'INDE – Chemins de fer et Expressway

Le principal bassin fluvial est celui du Gange, qui irrigue et couvre un quart de la surface du pays. C'est le réseau fluvial majeur du nord de l'Inde.
Le Sud comprend plusieurs bassins, tous orientés de l'est vers l'ouest, ou inversement. Le plus important est celui de la Godavari qui, à lui seul, représente 10 % de la superficie de l'Inde. Il faut aussi mentionner l'existence des bassins de Kistna, de la Mahanadi et de la Cauvery.

HISTOIRE

Pour comprendre l'histoire de l'Inde, un petit rappel de géographie s'impose ! Cette immense péninsule est protégée au nord par la chaîne de l'Himalaya, obstacle infranchissable, qui se prolonge à l'ouest par les massifs du Pamir et de l'Hindou Koush (en gros, l'Afghanistan actuel). C'est donc par l'ouest que les 1ers « envahisseurs » arrivent en Inde, depuis le plateau iranien et les steppes d'Asie centrale. Une fois passé l'Hindou Koush, la progression naturelle se fait vers l'est, le long de la vallée du Gange. Pour aller plus au sud, la tâche est difficile, car la péninsule est constituée d'un grand plateau (le Deccan), traversé d'est en ouest par des fleuves et par des chaînes montagneuses, mais il n'y a aucun axe naturel nord-sud ! On comprend mieux d'une part pourquoi le territoire indien est très rarement unifié au cours de son histoire, d'autre part que le sud de la péninsule soit resté imperméable aux influences extérieures, contrairement à la vallée du Gange, plus ouverte.

De la civilisation de l'Indus (3000-1500 av. J.-C.) aux Aryens (1500-IIIe s av. J.-C.)

Si les Dravidiens, plusieurs millénaires av. J.-C., sont la 1re civilisation, dite « de l'Indus », à s'installer autour du fleuve Indus (eh oui !), on sait toujours peu de chose sur leurs origines, d'autant que leur écriture n'a toujours pas été déchiffrée. Ce qu'il en reste avant tout, ce sont les traces d'une société agricole. Certains sites très urbanisés, dont Harrappa et Mohenjo Daro (de nos jours au Pakistan) en sont les meilleurs représentants, ainsi que le 1er personnage représenté dans la position *yoga.* Vers 1500 av. J.-C., les Aryens – une peuplade nomade et pastorale descendue du Caucase et du plateau iranien – se mêlent peu à peu aux descendants des Dravidiens, apportant dans leurs bagages une religion, le védisme, transmise oralement par des hymnes (les Véda, complétés plus tard par les Upanishads) avant d'être écrits quelques siècles plus tard en sanskrit, langue des Aryens. Les dieux védiques, incarnant, comme ceux des Grecs, les forces de la nature (vent, soleil...), se mêlent aux religions dravidiennes, et cet ensemble de croyances, rituels et divinités formera ce que les Occidentaux appellent l'hindouisme (concept qui n'existe pas vraiment pour les Indiens). Très hiérarchisée autour d'un prêtre, le brahmane, la société aryenne est à l'origine du système de castes en vigueur aujourd'hui : doté de tous les pouvoirs, le brahmane s'appuie sur ces castes, très rigides et terriblement efficaces.
En fait, c'est en réaction à cette rigidité que ***bouddhisme et jaïnisme,*** ignorant les castes et issus philosophiquement des très anciennes religions dravidiennes, se développent, autour de la notion de cycle de réincarnation. Et pour s'affranchir des brahmanes, le ***roi Ashoka,*** au IIIe s av. J.-C., s'appuiera lui aussi sur le bouddhisme pour unifier le 1er empire d'Inde (Empire maurya). Le brahmanisme s'adoucit donc peu à peu pour survivre, tandis que le bouddhisme, avant tout une philosophie, se teinte de religion en « déifiant » le Bouddha. Cette branche du bouddhisme, connue sous le nom de Grand Véhicule (contrairement au Petit Véhicule, resté proche du modèle original prêché par l'Éveillé), gagnera plus tard l'Extrême-Orient et permettra, vers le Ier s avant notre ère, la représentation iconographique du Bouddha afin d'atteindre un plus grand nombre d'adeptes.

Les Mauryas (IIIe s av. J.-C.)

Avant l'arrivée d'***Alexandre le Grand*** dans le nord-ouest de l'Inde, l'empire du Magadha s'est constitué autour de ***Pataliputra*** (l'actuelle Patna), dans la région du Bihar actuel (région qui restera le foyer essentiel des dynasties de l'Inde du Nord, jusqu'à l'arrivée des Arabes au XIe s apr. J.-C.). Au IVe s av. J.-C., Alexandre et les Grecs sont stoppés par le 1er Empire indien, dit Empire maurya, continuateur du Magadha. Centrés sur Pataliputra, Chandragupta et ses successeurs (dont le célèbre Ashoka) règnent alors sur un empire immense, que seuls les ***Moghols*** arriveront à égaler au XVIe s. Seul l'extrême sud de la péninsule échappe à l'emprise maurya. À la mort d'Ashoka, les différents vassaux reprennent leur indépendance, et l'Inde redevient une mosaïque de dynasties plus ou moins puissantes. Si Ashoka a la réputation d'avoir été un roi extrêmement pieux, ayant grandement prôné le bouddhisme, la rapidité avec laquelle, à sa mort, l'empire se disloque prouve cependant que cette cohésion n'était maintenue que par la force. Il n'en reste pas moins le premier, dans l'histoire, à avoir compris la force politique du domaine religieux. D'ailleurs, si le bouddhisme ne s'est jamais imposé en Inde, c'est peut-être parce qu'il fut trop souvent amené d'en haut par des souverains aux intentions ambiguës.

Les Andhras, les Shungas, les Kushanas (IIe s av. J.-C.-IIIe s apr. J.-C.)

Après les Mauryas, le Sud redevient indépendant sous l'Empire andhra, qui donne son nom à l'actuelle région de l'Andhra Pradesh. Autour de Pataliputra, ce sont les Shungas qui reprennent à leur compte le cœur de l'Empire maurya. Au nord-ouest, cependant, l'Asie centrale est en ébullition. Résultat : des peuples indo-européens nomades, les Scythes et les Parthes, investissent cette région – l'actuel nord de l'Afghanistan, alors aboutissement de la route de la Soie venant de Chine –, qui se transforme en véritable melting-pot culturel et religieux. Indiens, Grecs, Iraniens, Parthes, Scythes, Chinois, tout ce beau monde s'affronte, le bouddhisme y côtoie les dieux grecs, le zoroastrisme – religion iranienne – y découvre l'hindouisme... C'est grâce à ce brassage culturel extraordinaire que sont créées les 1res représentations figurées du Bouddha sous l'influence, en particulier, de la tradition artistique occidentale (grecque). Des nomades d'Asie centrale, les Kushanas, et leur célèbre souverain, Kanishka, mettent finalement tout le monde d'accord, aux alentours de la naissance du Christ. Leur empire s'étend alors en Inde sur tout le Nord jusqu'à Mathura, mais reste freiné au sud par les Andhras.

Les Guptas (IVe-Ve s) : l'âge d'or

C'est encore dans la région du Bihar que va naître l'Empire gupta. Le fondateur de la dynastie s'appelle Chandragupta, à ne pas confondre avec le fondateur des Mauryas ! Cette période est souvent considérée, notamment dans le domaine de l'art, comme un âge d'or mais, au Ve s, les Huns, en provenance d'Asie centrale, vont mettre à mal l'unité de l'empire qui se rétrécit autour de Pataliputra. Seules les puissantes dynasties du sud de l'Inde repoussent ces nouveaux envahisseurs qui, bloqués à l'est, se tournent alors vers l'ouest, c'est-à-dire vers l'Europe...

L'époque médiévale (VIe-XIe s)

Après l'Empire gupta débute la période médiévale de l'Inde. Le centre du pouvoir indien se déplace alors vers le sud, où les ***Chalukyas*** créent un puissant empire dans l'actuel Karnataka. Plus au nord, une dynastie vassale, les ***Rashtrakutas,*** les supplantera quelque temps. À l'est, les Pallavas, perpétuels ennemis des Chalukyas. Plus au sud, les dynasties Chola, Chera et Pandya vont, tour à tour, dominer la région. Dans le nord de l'Inde, la disparition des Guptas laisse un vide, comblé le temps d'une génération par le grand roi Harsha de Kanauj, avant le nouvel essor de dynasties très anciennes : les ***Pallas du Bengale,*** ou les ***Rajpoutes du Rajasthan*** (parmi eux, les Pratihara). Cependant, à partir du VIIIe s, les Arabes prennent place dans le nord-ouest de l'Inde, et leur arrivée va y bouleverser très vite les dynasties traditionnelles. Cette période, bien que très instable politiquement, est l'une des plus fécondes de l'art indien. Époque encore où les flottes des dynasties du Sud dominent l'océan Indien, et vont ainsi essaimer vers la Birmanie, l'Indonésie... ***L'art indien s'exporte*** lui aussi, modifié par le génie de chaque peuple, à Pagan en Birmanie, à Angkor au Cambodge, à Borobudur à Java...

CHIFFRES ARABES

Cette invention, qui provient en fait d'Inde, est révolutionnaire pour 2 raisons : le système décimal et la création du zéro. Elle fut ensuite importée en Europe par les marchands arabes, via l'Andalousie. Dès le Xe s, elle remplaça avantageusement les chiffres romains, bien trop longs à écrire.

Les 1res dynasties musulmanes, Vijayanagar (XIe-XVe s)

Bien qu'apparus dès le VIIIe s en provenance d'Afghanistan, les Arabes seront repoussés jusqu'au XIe s : les Ghaznévides s'imposent alors dans la région de l'actuelle Delhi. Profitant des dissensions qui déchirent les différentes dynasties du Nord (Pratihara, Palla...), ils s'installent durablement. À partir de là, le sultanat de Delhi va se maintenir sous des dynasties d'origines turque, arabe ou afghane. Ce n'est que petit à petit, et sans jamais s'imposer, qu'ils pénètrent dans le sud de l'Inde. En effet, leurs propres dissensions internes, ajoutées aux menaces extérieures (Afghans, puis Mongols, Rajpoutes hindous...), les fragilisent en permanence. Seul l'extrême sud de la péninsule, avec l'***empire de Vijayanagar,*** particulièrement puissant aux XIVe et XVe s, symbolise la résistance hindoue. Cette 1re période arabe laisse un souvenir amer aux hindous. Des multitudes de temples sont détruits, l'islam est imposé par la force, les hindous persécutés, bref, ces dynasties islamiques fragiles, expansionnistes et peu tolérantes, à de rares exceptions près, ne pratiquent guère le syncrétisme religieux ou culturel. Un art islamique s'impose, sans souci d'intégrer celui des Indiens, qui continue à s'épanouir dans le Sud.

L'influence moghole

Les Moghols, de religion musulmane, arrivent en Inde au XVIe s et fondent un empire qui va durer plus de 3 siècles. Inutile de dire que leur influence, notamment artistique, a eu le temps de s'épanouir et de marquer le sous-continent indien. C'est à eux que l'on doit, entre autres, le fameux ***Taj Mahal.***

Le ***Turc Babur,*** fondateur de la dynastie, étend très vite son territoire dans le nord du pays. La rapidité étant une affaire de famille, le fils, Humayun, perd en un rien de temps les acquis paternels, mais finira par reconquérir son trône 15 ans plus tard. En 1556, c'est Akbar (« le Très Grand »), fils de Humayun et donc petit-fils de Babur (simple !), qui donne à l'Empire moghol toute sa grandeur. Il annonce la ***période dite des « Grands Moghols ».*** Influencé par son précepteur persan, il prône la tolérance universelle, qui se manifestera surtout en matière religieuse ou dans sa réglementation des pratiques sociales. En 1605, à la mort d'Akbar, comme on n'est jamais mieux servi que par soi-même (c'est bien connu !), ***Jahangir,*** le fils d'Akbar, se couronne lui-même empereur. S'il avait su... Il doit faire face à moult rébellions (dont celle de son fils, allié aux sikhs), qu'il réprime avec l'aide du prince Khurram (son 3e fils), lequel reçoit alors le titre de ***Shah Jahan, littéralement le***

« Souverain du Monde ». À la mort de l'empereur, en 1627, Shah Jahan monte sur le trône. On retiendra surtout de son règne une éclosion architecturale extraordinaire. Mais à grands hommes, fins tragiques : destitué par son fils (l'ingrat !), il est jeté en prison dans le fort d'Agra, où il meurt en 1666. ***Aurangzeb*** clôt le cycle des « Grands Moghols », en passant la majeure partie de son règne à batailler (contre les Marathes), pour constater finalement son échec politique. Il sera pourtant considéré par les musulmans comme celui qui a consolidé l'identité islamique en Inde.
Ensuite, c'est le début de la fin : l'invasion persane du XVIIIe s affaiblit l'empire, qui s'éteint en 1857, avec la révolte des Cipayes (compléments dans « À voir. Old Delhi. Le Fort Rouge »).

Les Européens (XVIIIe-XXe s)

Les Européens deviennent au XVIIIe s particulièrement entreprenants. ***Les Portugais,*** présents depuis le XVIe s, sont vite rejoints par les Anglais et les Français dès le XVIIe s. Le but de ces nouveaux envahisseurs ? S'accaparer les ressources naturelles du sous-continent, épices et poivre en particulier. Chacun crée ses comptoirs et ses « Compagnies des Indes ». Mais le désir de contrôler directement l'ensemble du territoire se fait plus pressant.
Après avoir mis en déroute ***les Français*** retranchés à Pondichéry et Chandernagor, ***les Anglais,*** au XVIIIe s, choisissent pour s'implanter de s'allier aux derniers sultans de la région de Delhi, tout en profitant des conflits permanents des dynasties indiennes traditionnelles. Car ces dernières, trop contentes de s'émanciper de la tutelle musulmane, pensent avant tout à restaurer leur prestige passé au lieu de s'unir contre les Anglais. Les Marathes sont les plus coriaces (une fois de plus), mais rien ne peut empêcher la naissance de l'Empire britannique des Indes. Le 1er janvier 1877, la reine Victoria est proclamée impératrice des Indes.

LA FIN DU POUVOIR DES MAHARAJAS

En 1911, le roi George V se fit couronner « empereur des Indes » à Delhi. Il en profita pour interdire aux maharajas d'entretenir une armée. Ils n'eurent dès lors de cesse de dépenser sans compter : habits fastueux, fêtes insensées, voitures luxueuses. Tout était désormais dans la frime et la futilité. Beaucoup se ruinèrent et finirent par transformer leurs palais en hôtels.

L'indépendance de l'Inde : 15 août 1947

Dès 1885, Nehru père crée le Congrès national indien, parti de notables militant pour une indianisation de l'administration coloniale. Sous l'impulsion de ***Gandhi*** (lire plus bas « Personnages »), le mouvement se convertit à la non-coopération. La répression britannique est violente, mais, bousculée par la stratégie du Mahatma prônant désobéissance civile et non-violence, ***l'Empire finit par céder un peu d'autonomie.*** En 1935, un Parlement et des assemblées locales voient le jour. Avec la Seconde Guerre mondiale, dans laquelle les Britanniques entraînent l'Inde malgré elle, les revendications indépendantistes se durcissent, le Congrès exigeant désormais le départ des Anglais tandis que Gandhi lance le mouvement ***Quit India,*** qui ne sera pas aussi non violent qu'il l'aurait voulu... Au sortir de la guerre, le Royaume-Uni est trop affaibli. ***Jawaharlal Nehru*** (le fils) devient président d'un gouvernement provisoire en 1946, avant que la couronne britannique ne cède officiellement le ***15 août 1947.*** S'ensuit la ***partition*** du pays, qui s'accompagne de violences interreligieuses et de déplacements de populations, conséquences malheureuses du ressentiment hindou à l'égard des anciens conquérants musulmans et du système discriminant mis en place par le pouvoir colon, « privilégiant » les hindous contre les musulmans selon le vieux précepte du diviser pour mieux régner. À noter qu'il n'y a pas eu de violence, ni de guerre contre les Anglais. Le Pakistan (qui comprend alors aussi le Pakistan oriental, l'actuel Bangladesh) est constitué, séparant l'Inde des plus anciens sites archéologiques qui avaient vu naître la civilisation de l'Indus. La boucle est bouclée, longue vie au Pakistan et à l'Inde.

Les hommes (Nehru, Patel) qui héritent de la tâche de gouverner l'Inde indépendante doivent non seulement trouver un modèle de gouvernement pour le pays, mais également faire face aux problèmes de la partition du sous-continent et aux haines religieuses exacerbées, très vite compliqués de problèmes de nationalismes régionaux et de conflits linguistiques, suscités par le débat au sujet de la langue nationale. Il leur faut donc trouver un type de gouvernement qui, tout en conservant un pouvoir central décidant des options nationales, permettrait aussi aux différentes communautés ethniques et linguistiques qui composent l'Inde d'avoir la possibilité de gérer leurs propres affaires. ***L'Inde prend donc la forme d'une fédération,*** dont l'autonomie des États est tout de même limitée par un pouvoir central fort. Sur le plan international, alors que le monde s'enfonce dans la guerre froide, Nehru fait le choix du non-alignement. Une ligne qui définit la politique étrangère du pays jusqu'à aujourd'hui. L'Inde n'a pas d'alliés, seulement des partenaires.

La « dynastie » Nehru-Gandhi

La lignée politique la plus célèbre du pays a donné plusieurs 1ers ministres fameux, mais les liens familiaux ne sont pas ceux qu'on croit souvent. D'autant plus que le nom du plus légendaire des Gandhi (à savoir le Mahatma) n'a en fait rien à voir dans l'histoire ! Petit portrait de famille pour (essayer de) s'y retrouver...

Fondateur de cette lignée, Motilal Nehru (1861-1931), qui présida 2 fois le Congrès national indien. Son fils, ***Jawaharlal*** (disciple du Mahatma), lui succède en 1929 et entre dans l'histoire en devenant, en 1947, le premier 1er ministre de l'Inde indépendante, au nom du parti du Congrès, émanation bien sûr du Congrès national indien. Sa fille, ***Indira Gandhi,*** 2 fois 1er ministre et issue du même parti, n'est donc pas celle du Mahatma mais l'épouse d'un certain Feroze Gandhi, avocat comme le Mahatma mais sans parenté avec lui. Un nom qui a sûrement aidé à l'ascension politique d'Indira. Elle accède au pouvoir en 1966 et mène une politique socialiste en prônant un rapprochement avec l'URSS communiste. En 1971, elle apporte un soutien décisif à la création du Bangladesh en envoyant l'armée indienne combattre les troupes pakistanaises qui massacrent les populations. Le Pakistan occidental est hostile à la séparation du Pakistan oriental. ***Le Bangladesh, jeune nation indépendante, doit beaucoup à l'action d'Indira Gandhi.*** Elle décrète l'état d'urgence en 1975, perd le pouvoir en 1977 et y revient en 1980. En juin 1984, cette « dame de fer » lance l'armée indienne à l'assaut du Golden Temple d'Amritsar, saint des saints du sikhisme et bastion des séparatistes armés. Cette opération, baptisée *Blue Star,* fait des centaines de morts et provoque une répression terrible, y compris dans la capitale, Delhi. En représailles, Indira est assassinée par 2 fanatiques sikhs présents parmi ses gardes du corps. La même année, son fils, ***Rajiv Gandhi*** (petit-fils de Nehru), la remplace au poste de président du parti du Congrès et de 1er ministre après sa victoire aux élections législatives. Son mandat commence par une tragédie : la fuite de gaz à Bhopal. Lors d'un meeting électoral en 1991 dans la ville de Sriperumbudur, près de Chennai, Rajiv sera assassiné dans un attentat-suicide commis par une militante du LTTE (les Tigres tamouls du Sri Lanka).

Sonia Gandhi, veuve de Rajiv (qu'elle avait rencontré à l'université anglaise de Cambridge mais originaire de... Turin), entrée en politique après l'assassinat de son mari, reprend donc le flambeau de l'illustre famille en présidant le parti du Congrès et vise le poste de... 1er ministre. Poste qu'elle a finalement préféré refuser après la victoire du parti du Congrès en mai 2004 : ses origines italiennes étaient trop critiquées pour qu'elle se sente en sécurité !

La relève semble finalement assurée par ***Rahul Gandhi*** (né en 1970), fils de Sonia et de Rajiv. Après une carrière dans le privé, il entre discrètement en politique en 2004 et gravit tous les échelons, jusqu'à occuper depuis janvier 2013 le siège de vice-président du parti du Congrès. Certains le voient comme un 1er ministre en puissance...

Déclin du parti du Congrès et prémices de l'ère nationaliste

La décennie 1990-2000 voit l'émergence en politique de nouveaux personnages moins traditionnels et de nouvelles forces vives, en particulier celle du BJP (Bharatiya Janata Party, Parti nationaliste hindou, tendance extrême droite) qui, dès 1989, soutient le parti de gauche Janata Dal (émanation des petits paysans de la vallée du Gange) et lui permet d'accéder au pouvoir. Le nouveau 1er ministre, ***V. P. Singh,*** fait passer une augmentation des quotas en faveur des basses castes dans l'administration. Les réactions violentes des hautes castes ne se font pas attendre : grèves de la faim, immolations par le feu... Mais en 1991, ce front politique se décompose et le parti du Congrès revient en force, pendant que le BJP devient la 2e force politique du pays. Le passage historique à l'économie de marché est alors amorcé sous le gouvernement de P. V. Narasimha Rao.
Cependant, fin 1992, la ***destruction à Ayodhya (Uttar Pradesh) de la mosquée Janam Sthan*** par les hindous extrémistes (cette mosquée aurait été construite par Babur, 5 siècles plus tôt, sur le lieu de naissance présumé du *Rāmāyana*) déclenche de vives violences interconfessionnelles, symptôme révélateur d'un malaise plus général dans cette société indienne partagée entre modernité et traditions.
Autre nouveauté : pour la 1re fois, ***les intouchables obtiennent une représentation politique à l'Assemblée.***
En 1997, Inder Kumar Gujral, issu lui aussi du Janata Dal, succède à Gowda. 1er ministre atypique, rassembleur et modéré, il est l'homme des compromis et fait d'emblée un pas en direction des pays voisins, notamment le Pakistan (il y est né). Élection en juillet (au suffrage indirect) du nouveau président Kocheril Raman Narayanan : encore une première pour les opprimés que l'arrivée de cet intouchable de 75 ans à la tête de l'État !

Le regain des tensions nationales et internationales

Pour le cinquantenaire de l'indépendance, en 1998, l'Inde laïque et républicaine, la « plus grande démocratie du monde », se fait un drôle de cadeau en portant au pouvoir les nationalistes hindous du BJP, en plein essor depuis 10 ans ! Le BJP et ses alliés n'atteignent cependant pas la majorité absolue et forment une délicate coalition pour composer le nouveau gouvernement mené par Atal Bihari Vajpayee, réélu en octobre 1999. Vajpayee, bien que modéré, réaffirme alors la puissance militaire de l'Inde. Avec le Pakistan, ennemi traditionnel, mais aussi avec la Chine, une véritable course à l'armement s'engage (5 essais nucléaires indiens en 1998), alarmant la communauté internationale.
L'année suivante voit se tenir un ***sommet historique entre l'Inde et le Pakistan*** (les 1res négociations depuis 10 ans) sur la question du Cachemire, qui apporte un (très bref) apaisement des tensions entre les 2 pays. Malgré ce sommet, les 2 pays procèdent chacun à son tour à des tirs de missiles au mois de mars 2000. Et dès juin, l'échec de ces négociations entraîne la reprise des combats, au Cachemire et à la frontière du Ladakh.
À l'automne 2001, après la tragédie du 11 Septembre, George W. Bush lève l'embargo instauré par les États-Unis sur l'Inde (et le Pakistan) après les essais nucléaires de 1998, pendant que l'Inde et la Chine opèrent une tentative de rapprochement, plus compliquée.

L'année 2002 est une année d'instabilité pour l'Inde moderne : dans le Gujarat, déjà durement touché par un tremblement de terre l'année précédente, de violents heurts entre hindous et musulmans éclatent tout au long du printemps pendant qu'une nouvelle crise entre l'Inde et le Pakistan, toujours sur la question du Cachemire, conduit les 2 pays à s'affronter quotidiennement sur la frontière.
En juillet 2002, l'élection au suffrage indirect du nouveau président, ***Abdul Kalam,*** originaire de la minorité musulmane, se révèle un signe fort. Cet éminent scientifique entend « transformer » l'Inde en « une nation prospère débarrassée de la pauvreté... ». Dans la même veine, en mai 2004, à la suite de l'échec aux législatives du BJP, le choix du nouveau 1er ministre ***Manmohan Singh,*** représentant du parti du Congrès et issu, lui aussi, d'une minorité religieuse (les sikhs), est perçu comme le signal d'une nouvelle période d'apaisement. Depuis, les violences intercommunautaires ont cependant continué notamment sous la forme d'***attentats terroristes.*** On peut tout de même noter quelques gestes positifs, comme ces manœuvres de rapprochement et de compromis entamées par les gouvernements pakistanais et indien ou l'ouverture partielle de la frontière indo-pakistanaise au Cachemire, après un séisme meurtrier en octobre 2006, pour faciliter la tâche des équipes de secours.

Quelles chances pour demain ?

Après plus de 60 années d'indépendance, le « désenchantement » frappe une population qui supporte de moins en moins l'***augmentation des inégalités*** et surtout la ***corruption généralisée*** qui « dévore le pays », de la bouche même de l'ancien 1er ministre Gujral !
Dans le même temps, il faut bien reconnaître les atouts de ce pays de plus de 1,3 milliard d'habitants. Son taux de croissance économique avoisine (en 2018) les 8 % et dépasse légèrement celui de la Chine. La liste des avancées technologiques et commerciales s'allonge chaque mois. Sa démocratie, quoique chaotique, continue d'être une référence en Asie. Enfin sa presse a su rester pluraliste. En dépit des difficultés, l'Inde, 3e puissance économique mondiale après les États-Unis et la Chine, est à présent un géant économique de poids. Au pays des brahmanes, on est donc entré de plain-pied dans la mondialisation. Encore l'Inde devra-t-elle, face aux énormes forces centrifuges qui la menacent, faire renaître l'espoir dans le cœur de son peuple afin de conserver son unité.
Face à la corruption et à une certaine inertie du parti du Congrès, les Indiens ont majoritairement voté pour les nationalistes du BJP et leurs alliés aux élections législatives de mai 2014. Et amené par là même au poste de 1er ministre l'homme fort de cette formation, ***Narendra Modi.*** En tant que chef du gouvernement du Gujarat de 2001 à 2014, ses résultats économiques encourageants ont sans aucun doute joué en sa faveur (même si les mauvaises langues murmurent que la prospérité économique du Gujarat est bien plus ancienne que son gouvernement par M. Modi). Mais il s'y est aussi distingué par ses discours islamophobes, et sa gestion très controversée des violences intercommunautaires qui ont marqué le Gujarat en 2002. Alternance, certes, mais peut-être pas des plus paisible...

LA RUÉE VERS L'OR

Les Indiens vouent une vénération démente à l'or, utilisé massivement notamment pour le mariage, l'épargne et les offrandes au temple. Résultat, l'Inde est devenue le 1er importateur de métal précieux au monde. Cet engouement est responsable de la moitié de leur déficit commercial.

Le Cachemire, un enjeu stratégique majeur

Quand les Britanniques dominaient les Indes, il s'agissait de tout le sous-continent indien, Pakistan occidental et Pakistan oriental (actuel Bangladesh)

inclus. Dès 1940, ***Ali Jinnah et sa Ligue musulmane*** exigent la création de la ***République islamique du Pakistan,*** chose faite en 1947 lors de l'indépendance indienne. À cette occasion, chacune des différentes provinces doit choisir son camp : Inde, Pakistan ou accession à l'indépendance. Le Jammu-Cachemire, peuplé d'une majorité de musulmans mais présidé par un maharaja hindou, temporise. Le maharaja finit par rejoindre l'Union indienne, sous condition d'un référendum d'autodétermination à venir. Or l'Inde ne veut pas entendre parler de référendum, contrairement au Pakistan qui verrait là un bon moyen de récupérer légitimement la région. Le cessez-le-feu en vigueur depuis 1949 et supervisé par l'ONU est interrompu en 1965 par un 2d conflit. Depuis, le Pakistan comme l'Inde se sont dotés de l'arme nucléaire, de quoi élever encore le niveau de tension.
Aujourd'hui, le peuple kashmiri – 8 millions côté indien, 3 millions côté pakistanais – est l'otage des 2 grandes puissances auxquelles cette guerre permet de poursuivre leur frénétique course à l'armement. Le Cachemire est également une importante réserve d'eau, dont dépend l'irrigation de toute la vallée de l'Indus. De part et d'autre, il suffit souvent d'agiter l'épouvantail du Cachemire pour faire oublier les délicats sujets de politique. Pratique... L'Inde a toujours accusé son voisin d'aider et d'armer la guérilla séparatiste. Elle brandit la « menace terroriste » pour justifier ses actions, confortée par la radicalisation de certains groupes armés, dont la lutte a depuis pris une connotation religieuse. Conséquence : près de 1 million de soldats sont déployés dans la région. En plus de surveiller la frontière, les soldats sont en faction aux entrées des villes et villages, dans les rues mêmes. Bref, il s'agit bel et bien d'une invasion, accompagnée d'intimidation et d'aveugles représailles pour qui ose défier le gouvernement indien. Les humiliations subies par les habitants rendent tout dialogue sur le terrain impossible. Une présence militaire massive installée dans la durée. Depuis la reprise des combats en 1989, on estime à 30 000 le nombre de morts dans ce conflit.
Régulièrement les gouvernements indien et pakistanais renouent le dialogue, et tentent de le maintenir... ou pas. Les pourparlers restent timides et soumis à bien des soubresauts. Grosse tension début 2019, après une attaque terroriste en Inde : incursion de l'aviation indienne dans le ciel pakistanais, et bombardement d'un hypothétique camp de terroristes. La situation se crispe en août lorsque le 1er ministre Narendra Modi entend supprimer l'autonomie assez importante de l'État du Jammu-et-Cachemire (régi par l'article 370 de la Constitution indienne), pour en faire un Territoire de l'Union, c'est-à-dire gouverné directement par Delhi et sans plus d'Assemblée législative ni gouvernement locaux... Assignation à résidence des principaux opposants à la clef... Et le projet de loi entend également scinder le Jammu-et-Cachemire en 2 entités distinctes, séparant l'ouest (à majorité musulmane, autour de Srinagar et Jammu) et l'est (à majorité bouddhiste, Ladakh et Kargil).

Rouages et tensions de l'Inde moderne

Les organes du pouvoir

Bien que la Constitution fasse du président de l'Union le chef de l'exécutif, il n'a que l'armée sous sa coupe. En revanche, il peut jouer un rôle important lorsque la formation des gouvernements est difficile, comme au cours de ces dernières années. Il nomme le 1er ministre, qui est normalement le chef du parti majoritaire au Parlement, et les gouverneurs de chaque État. Un système calqué sur celui de la Grande-Bretagne.
Le 1er ministre détient tous les pouvoirs et légifère avec l'aide de son Conseil des ministres. Le Parlement est composé de 2 chambres, et vote ou non les lois soumises par le gouvernement. On retrouve les grandes lignes de ce modèle parlementaire dans chacun des États de la fédération.

Les partis

L'échiquier politique se partage en 3 tendances. Le BJP (Bharatiya Janata Party), formation nationaliste hindoue, n'avait plus qu'une majorité relative au Parlement depuis octobre 1999, avant son retour en force en 2014. Le parti du Congrès, aux idées socialistes et présidé par Sonia Gandhi, a dirigé quasi sans discontinuer le pays de l'indépendance jusqu'en 1995, avant de retrouver le pouvoir de 2004 à 2014. Le 3e grand camp est le Troisième Front (ou Front uni). Dans ce dernier, on trouve au coude à coude aussi bien le parti Janata Dal (dominé par les castes paysannes intermédiaires du Nord), les partis de gauche plus radicaux comme le Parti communiste de l'Inde marxiste (le CPI-M), le Parti communiste de l'Inde (le CPI), le Bahujan Samaj Party (association de basses castes), que la multitude de petits partis régionaux comme le parti Telugu Desam, l'AGF (Front de gauche) de l'Assam, la Conférence du Cachemire (13 partis au total)... Et c'est ce 3e camp qui, au niveau local comme national, sert finalement de grand arbitre en fonction des jeux d'alliances qui se nouent et se dénouent...

La montée politique des intouchables... un espoir pour les opprimés

L'Inde a toujours offert des carrières en or aux idoles des opprimés. La nouveauté, c'est que ce sont les *dalits* (intouchables) eux-mêmes qui en profitent. En 1995, une femme intouchable arrivait au pouvoir dans l'Uttar Pradesh grâce à une alliance avec le BJP. 2 ans plus tard, un hors-caste de 75 ans, Kocheril Raman Narayanan, était élu chef de l'Union indienne. Après les femmes, les musulmans et les intouchables qui ont atteint les plus hautes fonctions, ce fut au tour des eunuques, le « 3e sexe », d'occuper des sièges de maire de villes moyennes comme dans le Madhya Pradesh. Puis ce fut au tour des sikhs de prendre place sur le devant de la scène politique, lors du mandat du 1er ministre Manmohan Singh, de 2004 à 2014.
Certes symbolique, l'émergence politique des castes n'est pas pour autant une promesse de bouleversement – loin des micros, beaucoup accusaient le président Narayanan de n'avoir jamais rien fait pour les siens... Le drame des *harijans* (« enfants du dieu Hari »), c'est qu'eux-mêmes divisés en sous-castes ils sont rarement enclins à faire front commun. Nehru avait l'ambition de transcender les différences de castes. À voir la situation des plus pauvres aujourd'hui, on peut se demander, au-delà des apparences, si l'on n'a pas fait machine arrière. De toute évidence, l'émergence des castes dans le jeu politique n'est pas encore le prélude à leur disparition réelle (le système des castes a été officiellement aboli avec l'indépendance). Les intouchables resteront encore longtemps les victimes du carcan religieux et social de leur naissance...

Petite histoire de l'art

L'époque maurya

Si la civilisation de l'Indus a laissé quelques traces (statuettes et sceaux), il ne reste aucun monument, temple ou sculpture d'avant l'époque d'Alexandre le Grand ! En effet, les Indiens construisaient et sculptaient à partir du bois, matériau à la longue peu résistant dans un climat tropical (ce qui explique aussi que les 1res sculptures ou 1ers temples en pierre soient inspirés des techniques sur bois). Les 1ers vestiges artistiques datent seulement de l'époque maurya.
Les 1ers stupas datent de la ***période maurya*** (IVe-IIe s av. J.-C.), même si leur origine symbolique remonte à la nuit des temps. C'est un monticule plein, en forme de dôme, surmonté d'un petit pavillon appelé *harnika*. Les fidèles tournent autour dans le sens des aiguilles d'une montre. Il est percé d'arches richement sculptées. D'abord en brique, les 1ers stupas furent ensuite recouverts de pierre. Le site de Sanchi est surtout intéressant pour ses stupas (bouddhiques, on vous le rappelle).

De cette époque également datent les ***1res grottes sculptées*** de l'art indien. Les plus anciennes – hindoues ou jaïnes – se trouvent près de Bhubaneshwar, en Odisha, mais les plus élaborées sont sur la côte ouest, et furent excavées par des bouddhistes (comme les 1res grottes d'Ajanta). Elles sont de 2 types : les *chaitya,* véritables temples avec une nef centrale encadrée de colonnes avec au fond une abside abritant le stupa ; et les *vihara,* pièces rectangulaires entourées de cellules monastiques.
Si ces « grottes » vont évoluer jusqu'à la période médiévale, leur symbolique reste la même pour les bouddhistes, les hindous ou les jaïns : il s'agit de se retirer en méditation au sein même de la terre « matrice ».

L'époque kushan

Culturellement, c'est une période fondamentale pour l'art indien, alors fécondé par l'art grec, via les Kushans. La notion grecque de personnalisation des dieux développe les 1res représentations figurées du Bouddha en Inde, et, par extension, de la trinité hindoue (Brahma, Vishnou et Shiva). Ce mélange des différentes traditions artistiques donne naissance à la ***période classique de l'art indien*** sous la dynastie des Guptas.

L'art classique indien (IVe-IXe s)

C'est LA grande période de l'art indien. À Ajanta, les bouddhistes excavent leurs plus belles grottes, désormais peintes, témoignage inestimable du raffinement et de la richesse des cours indiennes de l'époque. Sous les Rashtrakutas, les sites d'Ellora et d'Elephanta voient brahmanes et moines jaïns se surpasser (temple Kailassa sculpté à ciel ouvert à Ellora, Inde du Sud). Les sculpteurs atteignent alors une maîtrise qui contraste avec les siècles précédents. L'***art gupta*** idéalise la réalité mais conserve simplicité, sobriété, élégance et sensualité (voir les bouddhas en grès du musée de Sarnath). La sculpture brahmanique est plus foisonnante et variée : Ganesh à tête d'éléphant, Vishnou et ses nombreux bras, etc. On reste impressionné par la triple représentation *(trimurti)* du Shiva d'Elephanta, ou par le célèbre rocher dit « La Descente du Gange » à Mahabalipuram (Inde du Sud).
C'est de cette période classique que datent les 1ers temples. Pour l'***art chalukya,*** voir les sites d'Aihole, de Badami ou Pattadakal. Pour l'***art pallava,*** les temples de Mahabalipuram et Kanchipuram s'imposent (voir notre guide *Inde du Sud*).

L'art médiéval indien (IXe-XVe s)

Cette période, que l'on peut qualifier de prémoghole, voit arriver les 1res dynasties musulmanes, qui pensèrent surtout à détruire les monuments indiens et causèrent des dégâts inestimables. Mais, finalement, un véritable art indo-musulman (en particulier à Delhi) devait naître de cette rencontre forcée. Les sultans se devaient d'employer des ouvriers hindous, afin de construire des lieux de culte susceptibles d'accueillir les nouveaux convertis... En édifiant les grands dômes des mosquées, les hindous apprirent les techniques arabo-persanes et s'affranchirent de leur technique de construction par encorbellement qui ne permettait pas de couvrir de grands espaces.
Dans le même temps s'épanouirent, dans un foisonnement et une créativité extraordinaires, l'architecture et la sculpture traditionnelles hindoues. Influencé par l'art dravidien Chalukya (originaire du sud-est de l'Inde) se développe le ***style Nagara*** (ou « style du Nord »), dont les temples de Gwalior et Bhubaneshwar restent de magnifiques exemples. Mais le plus célèbre est probablement le site de Khajuraho, renommé pour ses délicieuses sculptures érotiques, merveilleuse démonstration de la sensualité indienne. N'oubliez pas, petits coquins, que le but reste la maîtrise absolue des sensations, dans l'espoir de se détacher des contraintes du monde réel (si, si) ! Le style dit « du

Sud », influencé par l'art dravidien pallava, se développe dans le territoire des dynasties Chola et Pandya, qui succédèrent aux Chalukyas. Et au XIVe s, c'est l'empire de Vijayanagar qui reprit le flambeau de l'art dravidien.

L'art moghol

Tout le monde connaît le Taj Mahal. Mais, sans vouloir offenser votre culture légendaire, vous ne savez peut-être pas que Shah Jahan, le 3e « Grand Moghol », en fut l'instigateur. Si le célèbre mausolée représente le plus parfait aboutissement de l'art moghol, chaque empereur a contribué à l'évolution du style, apportant sa pierre à l'édifice architectural et pictural.

L'art moghol apparaît avec le règne d'***Akbar,*** attiré par les civilisations perse, hindoue et européenne. Son style est empreint de ces 3 influences. La tombe d'Humayun (qui servit de modèle au Taj Mahal), puis les monuments d'Agra synthétisent bien cette fusion. Son apport se reconnaît à la prédominance de grès rouge incrusté de marbre blanc. Akbar crée également une école de peinture. Dans l'atelier impérial, dirigé par 2 maîtres persans, est peinte la 1re grande œuvre moghole : 2 000 tableaux qui retracent les aventures du héros Amir Hamza. Ces miniatures, aux supports variés (bois, cuir, palme ou tissu), servent à illustrer les *râgas* (système musical), les ouvrages religieux et légendaires.

Elles se développent sous le règne de ***Jahangir,*** qui y ajoute son goût pour le naturalisme et les portraits. Jahangir nourrissait en fait 2 amours : sa femme aux surnoms romantiques de Nur Mahal (« Lumière du Palais »), puis de Nur Jahan (« Lumière du Monde »), et l'art. ***Shah Jahan*** poursuit cette illustre lignée et scelle à jamais les 2 passions de son prédécesseur en érigeant à Agra le plus grand chef-d'œuvre architectural moghol : le Taj Mahal, en mémoire de sa défunte épouse. Construit en marbre blanc, le mausolée allie à la fois puissance et finesse. Les incrustations de pierres noires, formant des motifs géométriques et d'admirables calligraphies, contrastent avec la blancheur du matériau. Son ambition architecturale s'étend à Delhi, dont il fait sa capitale en 1638. Il y bâtit le Fort Rouge et la plus grande mosquée de l'Inde : la Jama Masjid (« mosquée du Vendredi »). Toujours plus haut, toujours plus fort, ses 3 dômes en marbre blanc dominent encore la capitale. Plus encore que Jahangir, le « Souverain du Monde » cultive l'art des jardins, rehaussant par là même la beauté de ses monuments. Bassins, jets d'eau et cascades servent d'écrin aux imposants édifices. Une harmonie que l'on retrouve dans la forteresse de Lahore et dans celle de Delhi.

Avec ***Aurangzeb,*** le déclin est à la fois politique et artistique. Grand dévot, tout entier tourné vers l'orthodoxie des lois islamiques, il déteste les arts, jugés dangereux. La musique est interdite et les peintures murales badigeonnées à la chaux (même celles du mausolée d'Akbar, sacrilège !). Une de ses rares réalisations, la Moti Masjid du fort de Delhi, révèle toute la lourdeur et la mièvrerie de son style architectural. L'art moghol trépasse.

Voir aussi • ***templenet.com*** •, en anglais : un répertoire de tous les temples indiens, classés par région, avec leur signification et leur histoire ; et un lexique pour mieux comprendre les facettes de l'architecture indienne.

Quelques dates

– ***1500 av. J.-C. :*** invasion des Aryens. Tribus nordiques d'origine imprécise : région de la Caspienne et, peut-être plus loin dans le temps, Asie centrale.
– ***599-527 av. J.-C. :*** vie de Mahavira, fondateur du jaïnisme.
– ***563-483 av. J.-C. :*** vie de Sakyamuni (Siddharta), le Bouddha.
– ***500 av. J.-C. :*** « naissance » du bouddhisme.
– ***326 av. J.-C. :*** Alexandre le Grand entre en Inde.
– ***325 av. J.-C. :*** Alexandre quitte l'Inde, y laissant des garnisons.
– ***320 av. J.-C. :*** Chandragupta Maurya chasse les Macédoniens et fonde la dynastie maurya (320-184). L'empire comprendra la totalité de l'Inde actuelle, sauf l'extrême sud, plus le Baloutchistan et l'Afghanistan.

- ***273-232 av. J.-C. :*** Ashoka, le grand empereur indien. Apogée de la dynastie maurya. Âge d'or de l'Inde. Ashoka se convertit au bouddhisme. 1ers temples excavés ; stupas de Sanchi.
- ***184 av. J.-C. :*** 1res grottes excavées d'Ajanta.
- ***Ier et IIe s av. J.-C. :*** royaumes grecs de Bactriane et du Pendjab.
- ***455-500 apr. J.-C. :*** les Huns visitent l'Inde.
- ***712 :*** les Arabes occupent le Sind, province au nord du royaume (sud du Pakistan actuel).
- ***712-1000 :*** pillages musulmans de l'Inde.
- ***800-1400 :*** royaumes rajpoutes.
- ***950-1050 :*** temples chandellas de Khajuraho.
- ***1008 :*** Mahmoud de Ghazna, musulman afghan, ravage le nord de l'Inde.
- ***1192 :*** occupation de l'Inde du Nord par les musulmans. Delhi devient la capitale de l'Empire musulman indépendant de l'Inde.
- ***1288-1293 :*** Marco Polo traverse l'Inde.
- ***1398 :*** le Turc Tamerlan pille Delhi.
- ***1469-1538 :*** vie de Nanak, fondateur du sikhisme, une doctrine non violente à l'époque.
- ***1498 :*** Vasco de Gama jette l'ancre devant Calicut, sur la côte de Malabar.
- ***1510 :*** les Portugais occupent Goa.
- ***1526 :*** fondation de l'Empire moghol par Babur (1483-1530), descendant de Tamerlan. La capitale est Delhi.
- ***1556-1605 :*** règne d'Akbar « le Très Grand ».
- ***1569 :*** fondation de Fatehpur Sikri, la nouvelle capitale d'Akbar.
- ***1600 :*** une compagnie de commerce anglaise obtient le droit d'ouvrir des comptoirs sur les côtes occidentale et orientale.
- ***1605-1627 :*** règne de Jahangir.
- ***1627-1658 :*** règne de Shah Jahan. C'est le « Grand Moghol » des Occidentaux, l'époux de Mumtaz Mahal.
- ***1631 :*** mort de Mumtaz Mahal. Édification du Taj Mahal.
- ***1639 :*** fondation de Chennai (Madras) par les Anglais.
- ***1707 :*** fin du cycle des « Grands Moghols ». Morcellement du pays ; rois locaux musulmans et hindous.
- ***1741-1754 :*** Dupleix fonde l'Empire français des Indes.
- ***1763 :*** fin de la guerre franco-anglaise. Suprématie de l'Angleterre.
- ***1857 :*** révolte des Cipayes et fin de l'Empire moghol. Les territoires occupés par les troupes de la Compagnie des Indes orientales passent sous le contrôle de la couronne britannique.
- ***1869 :*** naissance de Gandhi.
- ***1877 :*** la reine Victoria est couronnée impératrice des Indes.
- ***1911 :*** le roi George V transfère la capitale de l'Empire britannique des Indes de Calcutta à New Delhi.
- ***1915 :*** retour d'Afrique du Sud de Gandhi.
- ***1947 :*** indépendance et partition de l'Inde en 2 États, la République indienne et la République islamique du Pakistan.
- ***1947-1964 :*** gouvernement de Nehru.
- ***1948 :*** assassinat du Mahatma Gandhi.
- ***1964-1965 :*** 2e guerre indo-pakistanaise.
- ***1966-1977 :*** gouvernement d'Indira Gandhi.
- ***1971 :*** 3e guerre indo-pakistanaise, indépendance du Bangladesh.
- ***1974 :*** explosion de la 1re bombe atomique indienne.
- ***1975-1977 :*** état d'urgence instauré par Indira Gandhi. Suspension des libertés civiles.
- ***1977-1979 :*** gouvernement de Morarji Desai.
- ***1980-1984 :*** gouvernement d'Indira Gandhi.
- ***1984 :*** assassinat d'Indira Gandhi. Victoire aux élections législatives du parti du Congrès avec Rajiv Gandhi, fils d'Indira. Catastrophe industrielle de Bhopal.

– ***1989 :*** victoire du parti Janata Dal, grâce au soutien du BJP (Bharatiya Janata Party, parti nationaliste hindou). V. P. Singh est 1er ministre.
– ***1991 :*** assassinat de Rajiv, le dernier Gandhi au pouvoir. Retour du parti du Congrès. Passage à l'économie de marché.
– ***1992 :*** le 6 décembre, destruction de la mosquée de Babur, le Janam Sthan, par les hindous extrémistes.
– ***1994-1995 (juin) :*** montée en puissance du parti nationaliste hindou, le BJP.
– ***1996 :*** cuisante défaite historique du parti du Congrès-I et fin de l'ère Gandhi-Nehru. BJP majoritaire au Parlement.
– ***1997 :*** en septembre, funérailles nationales pour Mère Teresa.
– ***1998 :*** victoire du BJP et du nouveau 1er ministre, Atal Bihari Vajpayee. En mai : essais nucléaires.
– ***2000 :*** reprise des combats au Cachemire et tensions avec le Pakistan. Visite triomphale de Bill Clinton à New Delhi : prémices d'un rapprochement indo-américain et annonce de l'arrêt des essais nucléaires indiens. Résultats similaires au Pakistan.
– ***2002-2003 :*** violences au Gujarat. Reprise des combats au Cachemire. Menace d'une guerre nucléaire indo-pakistanaise puis reprise des relations diplomatiques entre les 2 pays.
– ***2004 :*** le parti du Congrès remporte les élections législatives et place un sikh, Manmohan Singh, à la tête du gouvernement. En décembre, un terrible tsunami touche les côtes sud-est du pays.
– ***2005 :*** un bus « de la paix » traverse la frontière indo-pakistanaise du Cachemire, une première depuis la partition ; détente et rencontres bilatérales sur la question du Cachemire.
– ***2006 :*** rapprochement de l'Inde et des États-Unis (visite en Inde de George W. Bush).
– ***2007 :*** en juillet, une femme, Pratibha Patil, est élue présidente de la République. En août, l'Inde signe un accord de coopération nucléaire avec les États-Unis.
– ***2008 :*** en novembre, regain de tensions entre Indiens et Pakistanais, à la suite d'une dizaine d'attentats coordonnés à Mumbai et attribués au Lashkar-e-Toiba (LeT), groupe terroriste islamiste basé au Pakistan.
– ***2009 :*** la crise économique mondiale touche aussi l'Inde. Le parti du Congrès arrive largement en tête des élections parlementaires et le 1er ministre, Manmohan Singh, est reconduit dans ses fonctions.
– ***2010 :*** en janvier, l'Inde fête le 60e anniversaire de sa République. En avril, une loi rend l'école primaire obligatoire et gratuite dès 6 ans pour tous. Moins réjouissant, le taux d'inflation explose, tandis que le prix des denrées alimentaires s'envole.
– ***2011 :*** face à la multiplication des scandales, un grand vent de ras-le-bol anti-corruption traverse le pays : grèves de la faim, arrestations d'anciens ministres... Portée par son marché intérieur en pleine explosion, l'économie indienne tient bon, même si tous sont loin d'en profiter...
– ***2012 :*** résultats du grand recensement décennal : 16 % des habitants de la planète sont indiens. 1re visite depuis 2005 du président pakistanais à New Delhi. En mai, Viswanathan Anand retrouve pour la 5e fois son titre de Champion du monde d'échecs. Net ralentissement de la croissance économique, l'inflation creuse dangereusement les inégalités...
– ***2013 :*** plusieurs affaires de viol à l'encontre de femmes indiennes ou étrangères secouent le pays, et ravivent les polémiques liées au statut des femmes. L'économie indienne marque le pas, empêtrée dans la corruption, avec une croissance faible.
– ***2014 :*** l'Inde compte désormais 29 États avec la création du Telangana (scission de l'Andhra Pradesh), dont la capitale est Hyderabad. L'économie renoue avec une croissance forte. Le BJP (parti nationaliste hindou) remporte les élections législatives : Narendra Modi devient 1er ministre.
– ***2015 :*** en s'attaquant à l'une des plaies du pays, la corruption, Modi tente de redonner du crédit à la politique.

– ***2016 :*** le 8 novembre, soudainement, démonétisation des billets de 500 et 1 000 ₹, mesure nécessaire – selon le gouvernement – pour lutter contre les contrefaçons et l'évasion fiscale. Ces billets sont remplacés par d'autres de 500 et 2 000 ₹. Dans les semaines qui suivent, c'est la pagaille dans les banques et les distributeurs de billets sont pris d'assaut.
– ***2017 :*** en mai, le BJP du 1er ministre s'arroge un État de plus, ex-bastion du parti du Congrès : le Karnataka.
– ***2018 :*** en mars, visite en Inde du président français, Emmanuel Macron.
– ***2019 :*** escalade de la violence au Cachemire entre l'Inde et le Pakistan. Suite à un attentat-suicide perpétré le 14 février dans l'État du Jammu-et-Cachemire par le mouvement islamiste Jaish-e-Mohammed (JeM), 40 soldats indiens sont tués. L'Inde réagit aussitôt en organisant des frappes préventives sur un camp d'entrainement du mouvement terroriste au nord-est du Pakistan. 2 avions indiens sont abattus et un pilote capturé par le Pakistan qui ferme son espace aérien. Grosse tension entre les 2 pays... Le 23 mai, après 6 semaines de scrutin d'élections législatives (900 millions d'électeurs, dont 67 % se sont exprimés...), le BJP conduit par Narendra Modi, le 1er Ministre sortant, remporte 303 sièges, soit une très large majorité (et le meilleur score de son histoire), le Parti du Congrès n'obtenant que 52 sièges (une chute vertigineuse). Narendra Modi, qui avait fait de ce scrutin un quasi-référendum sur sa personne, est donc reconduit au poste de 1er Ministre pour 5 ans, au cours d'une cérémonie d'investiture digne d'un couronnement. Le pan-hindouisme du BJP semble avoir de beaux jours devant lui, ce qui n'est pas pour rassurer les minorités... Le 22 juillet, l'Inde propulse une fusée chargée d'une sonde à destination du pôle sud de la lune : l'engin devrait alunir le 5 septembre et explorer cette zone méconnue de notre satellite, une 1re pour le pays ! Dès le 5 août, la politique intérieure fait parler d'elle : le 1er ministre Narendra Modi dépose une loi destinée à supprimer la relative autonomie du Jammu-et-Cachemire et à disloquer l'État en 2, séparant la partie ouest à majorité musulmane (Srinagar et Jammu, qui deviendrait un territoire de l'Union, directement gouverné par Delhi sans Assemblée législative locale) de la partie est, à majorité bouddhiste (Ladakh). Un vrai coup de tonnerre démocratique.

MÉDECINE AYURVÉDIQUE

« Science de la vie » ou « savoir sur la longévité », l'ayurveda est un antique système médical indien, dont les principales théories furent fixées à l'époque védique, en 5000 av. J.-C. La légende dit que son invention est attribuée à Dhanvantari, le médecin des dieux. Ce bienfaiteur est un avatar mineur de Vishnou, et serait né du barattage de la mer de lait. Les grands textes littéraires, comme le *Mahābhārata* et le *Rāmāyana,* renferment de nombreuses références aux pratiques médicales. Cette tradition s'est perpétuée mais il a fallu 2 textes fondamentaux écrits en sanskrit, pour que l'Ayurveda soit en quelque sorte « homologué », aux 1ers siècles de l'ère chrétienne.
Voilà donc une « médecine douce et naturelle » avant la lettre, qui utilise les plantes, les produits animaux et des minéraux. La médecine ayurvédique a répertorié 436 plantes pour atténuer ou soulager la douleur. Comme toute médecine digne de ce nom, elle comprend 8 branches : médecine générale, pédiatrie, gériatrie, ORL, psychiatrie, toxicologie, médecine interne et chirurgie. Extrêmement complexe et codifiée, cette science ne traite pas les symptômes isolés, mais la personne en entier, dans son rapport avec son environnement.
Selon l'ayurveda, il existe 3 « constitutions » ou « humeurs » majeures (les *doshas*) présentes dans chaque individu : *vata, pitta* et *kapha.* Ce sont les interactions entre ces *doshas* et leur équilibre qui déterminent la complexion de chacun sur le plan physique, émotionnel, intellectuel et spirituel. Par exemple, un déséquilibre *vata* peut provoquer anxiété, nervosité et insomnie tandis qu'un déséquilibre *pitta* provoquera l'irritabilité et la colère et, de ce fait, éruptions cutanées ou inflammations. Pour déterminer la constitution d'une personne, comme pour établir un diagnostic,

le médecin utilise différents procédés tels que la prise de pouls, l'observation de la peau, de la langue, etc. Selon son analyse, le thérapeute aura recours à la pharmacopée (à base de plantes), aux massages, aux exercices de yoga, à la méditation, et même à la diététique. Les traitements ayurvédiques sont souvent longs (au moins 15 jours pour la plus simple cure).
Aujourd'hui, la pratique de l'ayurveda en Inde connaît un véritable renouveau, y compris dans le nord du pays. Avec la prolifération des centres, on assiste aussi à une déperdition de qualité, et les traitements sont très inégaux. Il s'agit donc de bien se renseigner avant de choisir son lieu de cure.
À savoir également : les ***massages dits « ayurvédiques »*** proposés dans les zones touristiques relèvent la plupart du temps du massage de relaxation et d'agrément, exécutés par des masseurs rarement professionnels. Cela peut être agréable, mais ne vous attendez pas à découvrir en 30 mn tous les bienfaits d'une médecine plurimillénaire ! Dans certains cas, vous serez généreusement enduit d'une huile de mauvaise qualité (impression marinade garantie), avant de vous faire pétrir sur une table plus ou moins propre (après la marinade, l'effet savonnette !)... Heureusement, certains centres font travailler des masseurs compétents. Si vous en trouvez un, essayez au moins une fois le plus célèbre des massages indiens, *abhyanga,* pratiqué généralement à l'huile tiède. À défaut de soigner, il apporte (quand il est bien fait !) une agréable détente du corps et de l'esprit. Pour terminer, rappelons qu'en Inde les femmes sont toujours massées par des femmes et les hommes par des hommes.

MÉDIAS

Votre TV en français : TV5MONDE, la 1re chaîne culturelle francophone mondiale

Avec ses 11 chaînes et ses 14 langues de sous-titrage, TV5MONDE s'adresse à 370 millions de foyers dans 198 pays par câble, satellite et sur IPTV et est présente dans plus de 3 millions de chambres d'hôtels. Vous y retrouverez de l'information, du cinéma, du divertissement, du sport, du documentaire... Préparez votre séjour grâce à son site voyage • *voyage.tv5monde.com* • et, en voyage restez connecté avec les applications et le site • *tv5monde.com* • Demandez à votre hôtel le canal de diffusion de TV5MONDE et contactez • *tv5monde.com/contact* • pour toute remarque.

Presse

Pas d'idées reçues, les médias indiens sont parfaitement développés. La ***presse*** notamment, d'une qualité et d'une diversité tout à fait comparables à ce que l'on trouve en Occident. Et ce, tant en anglais et en hindi que dans les langues régionales : d'après les statistiques gouvernementales, plus de 100 000 publications sont comptabilisées auprès du bureau d'enregistrement de la presse indienne (RNI) en mars 2015, dont près de la moitié en hindi ! Pas moins de 23 langues sont représentées. Et le nombre de demandes d'enregistrement continue d'augmenter. Le gouvernement refuse près de 7 000 d'entre elles

INCROYABLE PRESSE INDIENNE

La presse s'effondre dans le monde entier. En Inde, elle affiche une santé insolente. Avec plus de 60 000 titres vivants, elle est diffusée en une vingtaine de langues locales. Chaque jour, The Times of India *vend 13 millions d'exemplaires, dans un foutoir inouï (archives surréalistes et dortoirs de porteurs au sous-sol !). Quelques secrets : un prix de vente très faible (moins de 5 centimes d'euro) et une vraie liberté par rapport au pouvoir.*

chaque année. Leader de la presse anglophone nationale, le *Times of India* est une véritable institution. Suivent ensuite *The Hindu* et *The Indian Express,* qui disposent d'éditions régionales, puis *The Hindustan Times,* surtout présent à Delhi. *The Telegraph,* basé à Kolkata, est également réputé. Mais dans l'ensemble tous ces supports restent très conventionnels et, en tout cas, peu provocateurs en matière de politique. On note souvent un ton relativement nationaliste. Seul *The Indian Express,* considéré par beaucoup comme le meilleur (même si ce n'est pas le plus grand), s'aventure régulièrement en terrain miné (scandales, etc.). Lire parfois les journaux permet d'en savoir un peu plus sur la société indienne, y compris en lisant les annonces matrimoniales, parfois marrantes, des éditions du dimanche. Pour les amateurs, il y a aussi plusieurs quotidiens économiques, émanant pour la plupart des mêmes groupes que les grands quotidiens. Les hebdomadaires enfin, tous de bonne qualité : *India Today* (le plus connu), *Times of India, Outlook* (très réputé également) et *Frontline* (plus hardi et plus engagé... à gauche), pour ne citer que les plus répandus. Également un petit courageux très engagé, le *Tehelka* (« Sensations »), connu pour ses articles de fond n'hésitant pas à traiter de sujets dérangeants.
Pour autant, avec seulement 6 % de la population qui parle l'anglais, ces journaux sont clairement destinés à une élite. La grande majorité de la population alphabétisée s'en remet aux quotidiens nationaux en hindi, voire le plus souvent aux quotidiens régionaux en langue vernaculaire (la preuve, le plus gros tirage est le *Dainik Bhaskar,* qui tire à près de 4 millions d'exemplaires en hindi). *Dainik Hindustan* (groupe *Hindustan Times*), *Dainik Jagran, Malayalam Manorama* (en malayalam, une langue du Sud), *Amar Ujala* et *Rajasthan Patrika* dominent.

Télévision et radio

Du point de vue ***radio,*** la situation a évolué avec l'arrivée de nombreuses radios privées sur la bande FM.
Côté ***TV,*** le câble est très répandu, peut-être parce qu'il est peu cher. Des chaînes nationales, bien sûr, avec des programmes à dominante indienne (parfois des films étrangers, mais rarement en anglais), dont la chaîne nationale Doordarshan. Et puis une multitude de chaînes régionales en langues vernaculaires (disponibles cependant dans tout le pays), mais aussi des chaînes étrangères comme CNN, BBC, MTV, National Geographic, HBO... Sans compter les quelques fréquences que chaque opérateur se réserve pour ses propres programmes pirates (et qui lui permettent d'attirer de la pub des magasins du coin). Deux gros réseaux très présents : *Star India* (propriété de Rupert Murdoch) qui se décline en Star News, Star Plus, Star Movies, Star Sports, Star World... et *Zee TV* (Zee News, Zee Movies...). À force de zapper, vous tomberez tôt ou tard sur plusieurs chaînes francophones, dont TV5MONDE, France24, Fashion TV (mode) ou MCM (musique).

Liberté de la presse

L'Inde figure au 133e rang sur 180 pays au classement mondial de la liberté de la presse 2016, établi par *Reporters sans frontières.* L'arrivée du 1er ministre Narendra Modi au pouvoir en 2014 a fortement inquiété les médias pour leur liberté. Au point que le nouveau ministre de l'Information et de la Radiodiffusion a éprouvé le besoin de les rassurer dès le lendemain de sa prise de fonction. Ces craintes sont infondées, a-t-il déclaré, invitant même les médias à la « critique constructive »... Cela n'a pas duré.
Dès le 7 août 2015, le même ministre menaçait de révoquer les licences de 3 réseaux de télévision par câble. Leur « erreur » ? Les chaînes auraient « semé le doute sur l'intégrité du système judiciaire » en diffusant des interviews critiquant l'exécution de Yakub Memon, pendu en juillet 2015 pour des attentats à Mumbai en 1993 qui avaient fait 257 victimes. Dans un éditorial publié le 17 août, le *New York Times* soulignait que « la volonté du gouvernement de

M. Modi d'exploiter des règles au contenu flou pour punir des chaînes dont le point de vue ne lui convient pas montre la vulnérabilité des médias télévisuels à la censure étatique ».

Dans le cadre d'un vaste dispositif légal, amendé à plusieurs reprises pour tenir compte de l'émergence des nouveaux médias, l'un des chapitres de la loi sur la technologie de l'information prescrit par exemple jusqu'à 3 ans d'emprisonnement pour du contenu pouvant « provoquer un danger, être considéré comme une insulte, une contrariété ou un inconvénient ». Autant de termes vagues qui peuvent être utilisés à discrétion, voire de façon abusive, pour cibler l'expression d'opinions religieuses ou politiques jugées « d'opposition ».

Dans un contexte de tensions communautaires (et religieuses) toujours vives, les violences à l'égard des journalistes sont nombreuses, notamment dans l'État du Cachemire, où plusieurs journalistes ont été victimes d'agression. En 2015, au moins 8 journalistes ont été tués en lien avec leur activité, un chiffre probablement minoré. Les auteurs de ces attaques jouissent de plus d'une impunité quasi systématique après leurs méfaits. Narendra Modi est néanmoins resté silencieux face à la recrudescence d'incidents impliquant de nombreux journalistes et acteurs de l'information, inquiétés, voire tués pour leurs écrits, notamment sur la corruption, la politique ou la criminalité. Le gouvernement n'a prévu aucune unité spécialisée dans la lutte contre l'impunité des crimes envers les médias, alors même que les chiffres du bureau national d'enregistrement de la criminalité (National Crime Records Bureau, NCRB) font état d'une attaque de journaliste tous les 3 jours en 2014.

Ce texte a été réalisé en collaboration avec ***Reporters sans frontières.*** Pour plus d'informations sur les atteintes aux libertés de la presse, n'hésitez pas à contacter :

■ ***Reporters sans frontières :*** *CS 90247, 75083 Paris Cedex 02. ☎ 01-44-83-84-84. • rsf.org •*

MENDICITÉ

> **« L'hindou mendie, froidement,**
> **avec conviction, avec culot.**
> **Considérant cet emploi comme sa destinée.**
> **Les hindous, ni bons ni charitables,**
> **passent leur chemin et le laissent**
> **parce que c'est sa destinée. »**
>
> **Henri Michaux, *Un barbare en Asie***

Sujet épineux qui continue d'agiter la conscience des voyageurs... Il n'y a pas de réponse toute faite sur l'attitude à adopter devant la mendicité. Ce genre de problème renvoie à la conscience et aux valeurs de chacun. Il n'y a pas de « bonne » ni de « mauvaise » attitude. Il y a tout simplement l'attitude qui met en accord avec soi-même. Sans jugement.

Sans vouloir donner de leçon, voici quelques conseils : tout d'abord, essayez de réfléchir à cette question auparavant, histoire de ne pas vous trouver mentalement dépourvu quand un lépreux vous tendra son moignon ou quand un gamin infirme vous poursuivra dans sa caisse à roulettes. Même si on n'est pas sollicité toutes les 5 mn, mieux vaut être prêt. Enfin, il est bon d'avoir conscience qu'un geste généreux peut parfois avoir des conséquences imprévisibles, voire négatives.

D'une manière générale, il faut éviter de donner de l'argent aux enfants des rues. Les sommes sont souvent récupérées par une petite mafia locale, une sorte de réseau de « protecteurs » qui en profite. De même, il faut éviter de donner à un groupe d'enfants, qui se battront aussitôt, les plus costauds

sortant vainqueurs de l'immanquable bagarre. Il peut également arriver, quand on donne à un gamin isolé, que ses « copains » le rudoient ensuite pour lui prendre ce qu'on lui a offert.
Dans les campagnes, avec les enfants qui ont manifestement un foyer, ne rien donner non plus mais pour d'autres raisons : en habituant ces enfants à recevoir des cadeaux sans travailler, vous risquez d'en faire... des mendiants. Et aussi de favoriser un comportement systématique et vicié par rapport aux touristes.
Cela dit, il ne faut pas oublier que donner fait aussi partie de la vie en Inde et que de nombreux Indiens sont investis dans la lutte contre la pauvreté. Certains ne regardent jamais les mendiants, comme s'ils n'existaient pas, parce que la réalité est trop dure et qu'il est préférable de la nier. Mais aussi en raison de la croyance au karma qui donne une certaine « légitimité » à la misère pour de nombreux Indiens...
Il est vrai qu'on ne peut pas donner à tout le monde, tout le temps. Alors que faire ? En faisant sa propre petite cuisine intérieure, une sorte de cocktail mental, on peut trouver des solutions acceptables. Une parmi tant d'autres peut être d'avoir toujours des petites coupures et de la monnaie sur soi à destination de ceux qui n'ont pas d'autres choix pour survivre : les estropiés, les aveugles, les *sadhus,* les vieillards, les veuves... C'est une réponse comme une autre et une décision qui appartient à chacun.
À noter également que dans certains temples des organismes caritatifs indiens récoltent des fonds afin de nourrir les plus pauvres. Ce sont alors des dons officiels pour lesquels vous pouvez exiger un reçu (ça évite les détournements). Rappelons que l'Inde compte 1 ONG pour 400 habitants ! Autre possibilité : entrer en contact, avant même votre arrivée sur place, avec des associations locales, afin de vous renseigner sur leurs besoins réels, quitte à vous procurer une partie du matériel (comme du matériel scolaire, ou des livres en anglais) une fois arrivé sur place.
Voilà quelques idées, quelques directions. Le plus important étant de rester en accord avec soi-même.

MUSIQUE, DANSE

La danse et la musique sont certainement les arts de prédilection des Indiens. Depuis des siècles, ces arts ont été transmis sans discontinuité par des lignées de maîtres *(gurus)* et de disciples, et sont encore très vivants. Ces dernières années cependant, aucun jeune artiste d'envergure ne semble reprendre le flambeau. Le modèle « pop » occidental attire en effet bon nombre de candidats à la musique, et les compositeurs recherchent avant tout la gloire éphémère des chansonnettes de Bollywood, le comble de la réussite étant d'entendre son refrain sur les sonneries de téléphones mobiles...
La musique comme la danse classique, restées très proches de celles pratiquées au IVe s av. J.-C., se sont maintenues grâce à une tradition orale qui s'appuie d'une part sur les très grandes possibilités de mémorisation, d'autre part sur la liberté de création et d'improvisation de chaque individu. Il ne s'agit donc pas d'une tradition figée, mais de la création, à chaque fois nouvelle, d'un artiste, selon des codes établis il y a plus de 20 siècles.
Issus de cette tradition, des styles différents se sont développés, suivant les régions et les influences diverses. 2 lignées principales sont à distinguer :
- le Nord, beaucoup plus touché que le Sud par l'influence de la culture musulmane, a donné naissance à la musique « hindoustani » et à un style de danse où se mêlent expression dévotionnelle et danse de cour ;
- la musique carnatique et les divers styles de danse du Sud, purement hindous, sont restés plus proches des formes originelles.

À cette grande tradition classique sont étroitement liées des formes plus populaires, folkloriques ou rituelles, qui, dans toute l'Inde, rythment la vie quotidienne, participent des travaux, des fêtes ou de la vie religieuse.

Les musiques, où les entendre ?

La musique, en Inde, est partout. Il n'y a qu'à prendre un bus pour entendre en boucle des mélodies enjouées, passer près d'une radio ou d'une TV allumée dans un magasin pour être happé par les rythmes des films de Bollywood. Dans les petites villes ou petits villages, des groupes de musiciens, souvent amateurs, perpétuent un répertoire de chansons folkloriques et se produisent volontiers à la demande, à l'occasion des fêtes de village ou pour les notables locaux ; ils sont souvent accompagnés de danseurs ou de spectacles divers (marionnettes, par exemple).

Entrez sans a priori dans les temples, asseyez-vous et écoutez... à l'ombre d'un mur, des Indiens, accompagnés d'un petit harmonium et de percussions, se réunissent pour un *kirtan* (chant collectif adressé à un dieu) ou pour écouter des *bhajans* (chants poétiques, souvent adressés à Krishna) interprétés dans un style semi-classique par un chanteur local. Un peu plus loin, la rumeur de mantras vous entraîne dans une contemplation émerveillée de la vie religieuse. Dans le Sud, ce sont des joueurs de *nadashwaram* (sorte de grand hautbois), accompagnés de percussions très puissantes, qui, devant l'entrée du temple, invitent à y pénétrer. Les Indiens seront toujours heureux d'accueillir un visiteur qui sait regarder, écouter, prendre le temps d'être là. Dans le Nord, vous croiserez parfois des *bands,* en costume d'apparat, qui se louent pour les mariages ou les occasions importantes et jouent dans la rue à trompettes et tambours déployés.

Où que vous alliez, il y a de fortes chances pour que des fêtes locales ou religieuses donnent lieu à des réjouissances auxquelles participent souvent des musiciens.

Dans les grandes villes, outre les manifestations dont nous venons de parler, il est fréquent de pouvoir assister à des concerts de musique classique, annoncés par les journaux locaux. Et de grands festivals y ont lieu chaque année.

La musique classique

Sans vouloir entrer dans les complexités techniques, disons que le système musical indien est fondé sur 2 composantes principales : le ***râga,*** au thème mélodique, et le ***tala,*** au thème rythmique.

Le *râga* est avant tout le choix d'un certain nombre de degrés dans l'octave, choix de notes sur lequel le musicien conduit toute son improvisation. Le mot *râga* exprime une idée de « coloration » car il s'agit avant tout pour le musicien de lui donner « sa couleur », de faire vivre le sentiment, l'émotion qui sont liés à chaque *râga.* C'est pourquoi le choix du *râga* n'est pas anodin : il doit correspondre au lieu, à l'heure, à la saison et à l'émotion du moment, et jamais un musicien en Inde ne le jouera en dehors des conditions prescrites par la tradition. Le développement du *râga,* après une 1re partie de découverte et d'exposition du mode, lente et méditative *(alap),* se fera ensuite suivant des cycles rythmiques de plus en plus rapides, avec accompagnement de percussion.

Le rythme *(tala)* est un élément essentiel du développement musical, car il structure l'improvisation et, par sa rapidité en fin de morceau, permet d'atteindre aux paroxysmes de l'émotion. Les cycles rythmiques les plus courants sont ceux de 16, 12, 10, 8 et 7 temps. Le percussionniste et le soliste improvisent de part et d'autre, et se retrouvent ensemble sur le *sam,* 1er temps du cycle.

Les musiciens se produisent généralement par groupes de 3 ou 4 :

- un instrument d'accompagnement, le *tampura,* parfois remplacé par un harmonium, qui fait sonner la fondamentale ;
- un percussionniste ;
- un musicien soliste, jouant d'un instrument à cordes ou à vent, ou bien un chanteur.

Il arrive que 2 solistes jouent en duo, auquel cas ils pratiqueront un dialogue où chacun jouera en alternance.

Les instruments à cordes

Tous les instruments mélodiques conçus par la lutherie indienne l'ont été pour pouvoir moduler de la même manière que la voix et produire ces glissements caractéristiques qui frappent d'abord l'oreille occidentale.

– ***Le tampura :*** le corps est fait d'une calebasse (un type de citrouille) et d'un long manche creux ; 4 cordes font sonner la fondamentale tout au long du morceau.

– ***Le veena :*** instrument légendaire de la déesse Sarasvati, composé de 2 caisses de résonance fixées à un long manche.

– ***Le sitar :*** très populaire, forme plus récente (XIIIe s) et allégée (une seule caisse de résonance) du *veena.*

– ***Le sarod :*** proche du *rebab* afghan ; le manche est recouvert d'une feuille de métal ; joué par des lignées de musiciens musulmans.

– ***Le violon occidental :*** accordé différemment et tenu le manche vers le bas, il est surtout utilisé dans la musique carnatique pour des tricotages vertigineux.

– ***Le sarangui :*** instrument à archet avec de nombreuses cordes ; origine populaire.

Les instruments à vent

– ***Les flûtes :*** traversières en bambou.

– ***Le shehnai :*** instrument à anche double (sorte de hautbois), très populaire en Inde du Nord ; le ***nagashwaram*** est son équivalent dans le Sud.

Les percussions

Dans toute l'Inde sont utilisés des tambours à double peau que l'on frappe avec les doigts. Parmi ceux-ci :

– ***les tablas :*** 2 instruments inséparables ; l'un de sonorité très fine à la main droite, le gauche a un son plus sourd ; Inde du Nord ;

– ***le mridangam :*** percussion double à un seul fût de bois en Inde du Sud ;

– ***le pakhawwaj*** est son équivalent en Inde du Nord.

Il existe également des percussions en terre *(ghatam),* ainsi que des instruments métalliques (petites cymbales, clochettes, etc.).

La danse

Avant d'être un spectacle, la danse indienne est un acte rituel ou dévotionnel. Soit que l'artiste adresse par sa danse une prière aux dieux, soit qu'il représente des épisodes de leur existence (extraits du *Rāmāyana,* moment de l'enfance de Krishna...), ou bien encore qu'il fasse partager au spectateur l'exaltation d'une émotion humaine ou simplement le plaisir du rythme. Dans tous les cas, il remplira le rôle d'intermédiaire entre l'homme et les dieux.

Les Indiens distinguent, quel que soit le style, 2 types de danse.

– ***Nritta :*** la danse purement rythmique, dans laquelle intervient l'expression d'aucun sentiment, et où les divers mouvements ne jouent qu'un rôle esthétique.

– ***Nritya :*** danse mimée, narrative ou symbolique, utilisant le langage très complexe de l'*abhinaya,* mouvements expressifs de tout le corps, et particulièrement du visage et des mains *(mudra),* dont les multiples combinaisons constituent un code précis. Ce code, connu des spectateurs, permet d'évoquer des objets, des personnages, des sentiments, des situations et même des idées abstraites. Le spectateur non initié peut saisir la partie mimée de l'*abhinaya,* mais pourra plus difficilement comprendre les symboles précis que constituent les *mudra.*

Un récital de danse combine donc des parties de *nritta* et de *nritya,* parfois séparément, d'autres fois en alternance dans un même morceau.

Les principaux styles classiques sont directement issus des danses qui étaient pratiquées dans les temples par les *devadasi* (servantes des dieux), selon les règles antiques du Natya Sastra. On rencontre principalement 8 formes de danse : le *Bharata natyam,* le *Kuchipudi,* le *Mohini attam,* le *Kathakali,* l'*Odissi,* le *Manipuri,* le *Kathak* et le *Chhau.* Malgré les différences de style, il existe une grande unité de la gestuelle dans toutes les formes de danse en Inde.

PERSONNAGES

Figures politiques

– ***Mohandas Karamchand Gandhi*** *(1869-1948)* **:** au départ, rien ne prédestinait Gandhi à une vie politique. Né au Gujarat, marié à l'âge de 13 ans, il part étudier en Angleterre, pour être avocat, comme son père. À son retour en Inde, il exerce quelque temps, sans grand succès, avant d'accepter une offre pour partir en Afrique du Sud. Mais dans cette colonie britannique les Indiens n'ont aucun droit, et le racisme est quotidien. Selon la légende, c'est dans un train que Gandhi aurait saisi cette réalité, en se faisant expulser d'un compartiment de 1re classe malgré son billet valide. Considérée comme sa « naissance politique », cette mésaventure le pousse à prendre la tête de la communauté indienne du pays. C'est là qu'il élabore et met pour la 1re fois en pratique son fameux concept de *satyagraha,* la résistance non violente. En 1915, il rentre en Inde et s'implique d'emblée dans plusieurs conflits locaux (Bihar, Gujarat). Il jouit bientôt d'une notoriété nationale, et hérite du surnom de *Mahatma,* « la Grande Âme ». Il lance alors le mouvement de non-coopération, qui lui vaudra en 1922 une condamnation à 6 ans de prison. En 1930, il initie à Ahmedabad la fameuse « marche du Sel », remise en cause du monopole anglais sur la production et la vente de sel (et implicitement de la colonisation dans son ensemble). Parvenu à Dandi, sur la côte, il ramasse une poignée de sel, incitant par ce simple geste des millions d'Indiens à défier les lois anglaises. C'est le début du mouvement de désobéissance civile. Après un séjour en prison et un voyage à Londres, Gandhi s'installe dans un minuscule village, Sevagram, auprès des plus pauvres (on peut d'ailleurs encore y visiter son ashram). En 1942, son mouvement *Quit India* est un appel clair et net à l'indépendance. Opposé au principe de partition et pour protester contre les heurts intercommunautaires, Gandhi entame une dernière grève de la faim peu après l'indépendance (le 15 août 1947). Cette dernière bataille lui coûte la vie : le 30 janvier 1948, alors qu'il se rend aux prières du soir, un jeune fanatique hindou lui tire 3 balles dans le cœur.

LA PRINCESSE MORTE POUR LA FRANCE

Noor Inayat Khan était une descendante de sultan. Née à Suresnes, elle parlait parfaitement le français. Face aux nazis, elle s'engagea dans les services secrets britanniques. Trahie, elle fut torturée pendant 10 mois avant de mourir à Dachau. Laurent Joffrin lui a consacré un livre poignant, La Princesse oubliée.

– ***Jawaharlal Nehru*** *(1889-1964)* **:** indépendantiste et nationaliste, compagnon de route de Gandhi, Nehru était une combinaison étrange d'aristocratie (une famille de brahmanes) et de marxisme-léninisme. Issu d'une famille aisée, il fait des études de droit en Angleterre, puis rentre en Inde pour être avocat en 1912. Mais, 7 ans plus tard, il abandonne une carrière prometteuse pour rejoindre le parti du Congrès, dont il deviendra l'un des leaders. Entre 1921 et 1945, il est emprisonné 9 fois par l'administration anglaise. Grand ami de lord Mountbatten (et très très proche de sa femme Edwina...), il est invité en 1946 à former un gouvernement d'intérim. Après avoir tenté, en vain, d'éviter la partition, il est élu 1er ministre, poste où il sera reconduit jusqu'à sa mort. Au pouvoir, Nehru favorise l'industrialisation, dote l'Inde d'une économie mixte et de plans quinquennaux. Architecte de la politique extérieure indienne, il la définit comme anti-impérialiste, anticoloniale, s'efforçant d'entretenir des relations pacifiques avec toutes les nations, sans se ranger derrière l'un des 2 blocs de la guerre froide. Il fait ainsi de l'Inde l'un des piliers du mouvement des non-alignés.

– ***Maharaja Sir Hari Singh*** *(règne de 1925 à 1947)* **:** personnage réputé cruel, Hari Singh, hindou, était au pouvoir dans l'État du Cachemire en 1947, lors de la partition. Il doit alors choisir s'il veut rattacher son État, majoritairement musulman, à l'Inde ou au Pakistan. Il opte en dernière minute pour l'Inde, tout en réclamant au vice-roi lord Mountbatten une promesse de référendum, pour déterminer plus tard à qui irait le Cachemire. Préconisée par une résolution de l'ONU en 1948, cette consultation populaire n'eut jamais lieu, l'Inde jugeant que la signature du maharaja légitimait son autorité sur le Cachemire... 2 guerres et plus de 30 000 morts plus tard, la question du Cachemire est toujours dans l'impasse, comme le prouve l'escalade de la violence en février 2019 entre l'Inde et le Pakistan.

– ***Subhash Chandra Bose*** *(1897-1945)* **:** surnommé « Netaji », en référence à un célèbre guerrier indien, il fut l'un des principaux dirigeants indépendantistes. Né à Cuttack (Orissa), il fait des études à Calcutta et Cambridge. Fondateur du Parti communiste indien, il estimait la tactique de non-violence de Gandhi insuffisante pour obtenir l'indépendance et prônait la résistance armée. Pendant la Seconde Guerre mondiale, il va jusqu'à s'allier avec les ennemis de l'Angleterre : l'Allemagne nazie et le Japon (ce qui peut paraître incongru pour un communiste). Il noua également des liens avec Adolf Hitler et supervisa la création d'une « Légion de l'Inde libre » dans la Wehrmacht, composée de prisonniers de guerre indiens capturés par les Allemands. Emprisonné 11 fois par les Britanniques, il suscite des sentiments ambivalents en Inde : respecté comme l'une des figures de la lutte pour l'indépendance mais critiqué pour son alliance avec les forces nazies et japonaises. Il meurt mystérieusement en 1945 dans un accident d'avion à Taiwan.

– ***Muhammad Ali Jinnah*** *(1876-1948)* **:** également connu sous le nom de *Ka'id-i-A'zam* (« Grand Guide »). Après des études de droit à Londres, il s'installe à Bombay comme avocat puis rejoint le Congrès en 1906 et enfin la Ligue musulmane en 1913. Il devient le leader de la communauté musulmane pendant la lutte pour l'indépendance de l'Inde. Il défend l'idée d'un État autonome pour les musulmans de l'Inde, alors que Gandhi souhaitait la conservation d'un État unique. En 1946, Jinnah profita de la victoire de la Ligue dans un certain nombre d'États (Pendjab, Sind, Bengale...) pour lancer une campagne réclamant la création d'un État musulman autonome. Cette campagne, pacifiste, dégénéra en violences intercommunautaires obligeant les autorités à céder. M. Ali Jinnah devint alors le 1er gouverneur général du Pakistan et fut aussi désigné président de l'Assemblée constituante. Il fut, à ce titre, chargé de définir l'appareil gouvernemental du Pakistan et dut gérer l'arrivée massive de réfugiés de toute l'Inde. Paradoxalement cet homme politique promoteur d'un État laïc et démocratique a sous-estimé le poids religieux de l'islam dans la constitution de ce même État.

UNE TERRIBLE PARTITION

Ali Jinnah, leader musulman, exigea la création de deux États indépendants dès mars 1940, ce qui permit la naissance du Pakistan la veille de l'indépendance de l'Inde, le 14 août 1947. Cette partition fut terrible, avec 200 000 à 1 million de morts (crimes, viols). Ali Jinnah mourut 13 mois plus tard, de la tuberculose. Lord Mountbatten dit par la suite que s'il l'avait su atteint de cette maladie, il aurait retardé l'indépendance pour éviter cette violente partition. Les services secrets britanniques ont été nuls !

– ***Lord Mountbatten*** *(1900-1979)* **:** Louis Francis Albert Victor Nicholas Battenberg de son vrai nom, membre de la famille royale d'Angleterre et dernier vice-roi des Indes. Il est resté dans l'histoire comme l'architecte du partage de l'empire des Indes, entre Inde et Pakistan. Nommé vice-roi en mars 1947, Mountbatten doit préparer l'indépendance. Il négocie la partition du pays, un choix qui lui vaudra des ennemis, mais qui permet à l'Angleterre de se retirer avec élégance. On sait que lady Mountbatten avait une relation amoureuse avec Nehru, l'opposant politique de son mari (que celui-ci respectait). Il fut assassiné par l'IRA en 1979, au large des côtes irlandaises.

– ***Indira Gandhi*** *(1917-1984)* **:** fille de Nehru, Indira grandit entourée des plus grands leaders de l'indépendance. Après la mort de son père en 1964, le parti du Congrès, en quête d'un leader manipulable, la propulse 1er ministre dès 1966. Erreur : Indira s'avère être une politique très autoritaire, respectée par les plus grands chefs d'État de l'époque. En poste jusqu'en 1977, elle élimine ses rivaux, mène la guerre au Pakistan (1971) et fait entrer l'Inde dans l'ère nucléaire (1974). Mais, accusée de fraude électorale, elle répond en 1975 en décrétant l'état d'urgence, qui durera 2 ans. Ses ennemis politiques sont emprisonnés, les droits constitutionnels abrogés, la presse muselée. Elle convoque alors des élections anticipées... qu'elle perd misérablement. La « Dame de fer de l'Asie » est pourtant réélue en 1980. En 1984, dans un effort désespéré pour mettre fin au mouvement sécessionniste sikh qui se propage au Pendjab, elle lance l'armée contre le Golden Temple à Amritsar (lieu le plus sacré du sikhisme), où se sont réfugiés les leaders du mouvement. Un geste qui lui vaudra d'être assassinée quelques mois plus tard par ses propres gardes du corps, 2 sikhs.

– ***Medha Patkar*** *(née en 1954)* **:** originaire de Bombay, cette femme est une légende vivante des mouvements populaires à travers le monde et un symbole du *satyagraha,* la doctrine gandhienne de résistance passive. Doctrine qu'elle applique à des luttes de protection de l'environnement (la rivière Narmada), de défense des droits tribaux ou paysans (implantation d'industries accompagnées d'expropriations), en bref, une activiste sociale. Toujours combattante, elle soutient, durant l'été 2011, le mouvement massif et populaire favorable à l'adoption d'une loi anticorruption (Jan Lokpal Bill) plus sévère.

– ***Mayawati Kumari*** *(née en 1956)* **:** élevée dans un bidonville au sein d'une nombreuse fratrie, celle qu'on surnomme volontiers « la reine des intouchables » a bénéficié du système de discrimination positive réservée aux basses castes. En 2007, son parti (le BSP) remporte une majorité absolue aux élections régionales de l'Uttar Pradesh, la propulsant à la tête de l'État le plus peuplé du pays (près de 200 millions d'habitants), qui plus est l'un des plus pauvres. Le culte de la personnalité, qu'elle orchestre de manière magistrale, est néanmoins contesté et des soupçons d'enrichissement personnel pèsent sur elle. Par ailleurs, son bilan n'a pas convaincu : son parti a perdu les élections régionales de 2012.

– ***Kailash Satyarthi*** *(né en 1954)* **:** colauréat (avec la jeune Pakistanaise Malala Yousafzai) du prix Nobel de la paix 2014, Kailash Satyarthi est un militant de l'ombre luttant de longue date contre le travail des enfants, encore largement répandu en Inde. Avec son ONG Bachpan Bachao Andolan (« Mouvement pour sauver l'enfance ») qu'il a fondée en 1980, cet ingénieur, disciple de Gandhi, assure avoir sauvé 82 000 enfants du travail forcé. Lire également plus bas « Population ».

Artistes et intellectuels

– ***Ravi Shankar*** *(1920-2012)* **:** ce fut l'ambassadeur de la musique indienne, le maître du sitar, mondialement reconnu comme musicien et compositeur hors pair. Particulièrement doué pour combiner musique traditionnelle et d'autres genres venus d'Occident, le maestro inspire bien des artistes. S'il doit sa renommée internationale à ses apparitions sur les scènes rock des années 1960 (Woodstock, Beatles...), il avait déjà largement fait ses preuves dans son pays avant de s'exporter. À plus de 90 ans, il donnait toujours des concerts dans le monde entier, accompagné de sa fille Anoushka, digne héritière de ses dons pour le sitar. Norah Jones, son autre fille, chanteuse et actrice mondialement connue, a elle aussi plusieurs cordes à son arc...

– ***Satyajit Ray*** *(1921-1992)* **:** cinéaste né à Calcutta, il compte parmi les plus grands maîtres du 7e art. Tournée exclusivement en bengali, sa langue maternelle, son œuvre est reconnue pour son approche humaniste, sa finesse à dépeindre les relations humaines, les émotions, les conflits... Issu d'une famille d'intellectuels et d'artistes, Satyajit se découvre dès l'enfance une passion pour le cinéma. Il se lance au début des années 1950, après sa rencontre avec Jean Renoir, en adaptant un roman bengali, *Pather Panchali.* Sorti en 1955, le film fait un malheur dans le monde entier (Prix du document humain à Cannes en 1956). Satyajit Ray réalise ensuite en moyenne un film par an jusqu'à sa mort. En parallèle, il continue à écrire, et crée entre autres 2 personnages très populaires de la littérature policière bengali, Feluda, un détective, et le Prof' Shonku, un génial scientifique.

– ***Amitabh Bachchan*** *(né en 1942)* **:** acteur originaire d'Allahabad, le plus emblématique du cinéma indien de la fin du XXe s, avec plus de 200 films au compteur ! Il se fait vraiment connaître en 1973 avec le film *Zanjeer.* Il gagne le surnom de « Angry Young Man » (« jeune homme en colère ») grâce à de nombreux rôles de ce type. En 1982, Amitabh se blesse gravement sur le tournage de *Coolie* et se consacre dès lors à la production, puis brièvement à la politique. Après quelques déboires financiers (et un exil à l'étranger), il réussit son retour à la fin des années 1990 en présentant l'émission « Qui veut gagner des millions ? » pour la TV indienne. Fort de sa popularité retrouvée, il renoue alors avec le cinéma dans *Mohabbatein* (2000), *La Famille indienne* (2001) et surtout *Black* (2005), unanimement salué. En France, Bachchan a été promu officier de la Légion d'honneur pour sa contribution « à la vie culturelle indienne et internationale ». Courtisé par Hollywood, il fait une apparition dans *Gatsby le Magnifique* (2013) et dans *Bombay Talkies* (2013) projeté au Festival de Cannes (hors compétition).

– ***Arundhati Roy*** *(née en 1961)* **:** figure de proue des écrivains « anglo-indiens », c'est-à-dire écrivant en anglais. Son 1er et excellent roman, *Le Dieu des petits riens,* lui amène la célébrité et lui vaut le très prisé Booker Prize en 1997, le premier à revenir à une femme indienne. Élevée au Kerala, elle déserte à 16 ans le domicile familial pour s'installer dans un squat à Delhi. Après une école d'architecture et quelques scénarios pour la TV, elle se compromet définitivement avec une critique de film virulente. Son best-seller et son regard critique sur la société indienne (système des castes, condition de la femme, communisme, etc.) la placent au cœur de controverses, qu'elle alimente au travers de ses essais. Son dernier roman, *Le Ministère du bonheur suprême,* est sorti en janvier 2018.

– ***Tarun J. Tejpal*** *(né en 1963)* **:** « Enfin un roman neuf, brillant et original qui nous arrive de l'Inde », a déclaré Naipaul lors de la parution de *Loin de Chandigarh* (voir « Livres de route » dans « Inde du Nord utile »), 1er roman de Tejpal. Cet intellectuel, journaliste, s'est avant tout fait connaître avec *tehelka.com,* revue en ligne qu'il fonde en 2000 et qui traite de sujets dérangeants (dont la corruption du gouvernement au début des années 2000). Malgré son faible tirage, c'est une référence du journalisme d'investigation et de la presse indépendante en Asie. Tejpal est aussi éditeur. Sa 1re publication (*Le Dieu des petits riens,* d'Arundhati Roy) ne gagna rien moins que le Booker Prize en 1997. Ses 2 romans suivants, *Histoire de mes assassins* (2009, éd. Buchet-Chastel), largement inspiré de sa vie, et *La Vallée des Masques* (2012), sont très bien reçus par la critique. Ses déboires avec la police, dans une affaire avérée d'agression sexuelle à Goa en 2013, ont cependant fait chuter l'icône de son piédestal... et ont même failli compromettre l'avenir de *Tehelka,* dont il s'est retiré.

– ***Shah Rukh Khan*** *(né en 1965)* **:** né à Delhi dans une famille musulmane originaire du Pakistan, il est associé à sa femme, hindoue, dans leurs 2 maisons de productions. Surnommé « King Khan », c'est l'un des acteurs les plus populaires du cinéma indien. 10 fois Oscar indien du meilleur acteur, présentateur vedette de « Qui veut gagner des millions ? » (à la suite d'Amitabh Bachchan, voir plus haut), il a produit et joué dans *Paheli,* film qui permit la reconnaissance de la production indienne à Hollywood aux oscars 2005. Depuis avril 2008, sa statue en cire est en bonne place au musée Grévin à Paris ! Son dernier grand succès international en date, *My Name is Khan* (2010), traite de l'islamophobie aux États-Unis après les attentats du 11 septembre 2001.

– ***Aishwarya Rai*** *(née en 1973)* **:** actrice indienne née à Mangalore. Étudiante et mannequin à mi-temps, cette splendide jeune femme devient assez rapidement l'égérie de *Pepsi* en Inde, avant d'être élue Miss Monde en 1994. Dès lors, Bollywood s'y intéresse : elle fera ses débuts de comédienne dans le drame *Iruvar,* en 1997. Elle enchaîne depuis les longs-métrages. En France, on la découvre dans *Devdas* (2003), dans lequel elle incarne la belle et fière Paro. Poursuivant son ascension, elle joue dans le film anglo-indien *Coup de foudre à Bollywood* et est également membre du jury du 56e Festival de Cannes, en 2003. Aujourd'hui, l'ambassadrice de L'Oréal Paris est sollicitée de toutes parts. En 2007, elle a épousé le fils d'Amitabh Bachchan, autre vedette du cinéma indien (voir plus haut) avec qui elle a eu une petite fille en 2011. Et en 2013, sa statue en cire a complété la collection du musée Grévin à Paris.

– ***Allah Rakha Rahman*** *(né en 1966)* **:** originaire de Chennai et issu d'une famille de musiciens, c'est l'un des compositeurs de musique de films les plus célèbres en Inde, surnommé « le Mozart de Madras ». Ses morceaux mélangent musique traditionnelle indienne et sonorités inspirées de la pop occidentale. Il a obtenu 2 oscars pour la musique du film *Slumdog Millionnaire* en 2009, et a composé la chanson officielle des jeux du Commonwealth en 2010. Il a vendu plus de 200 millions d'albums.

Les grands acteurs économiques

– ***La dynastie Tata*** **:** le groupe Tata est avant tout une histoire de famille, depuis 5 générations, et touche quasiment tous les secteurs de l'économie indienne. Parsi d'origine, le fondateur, Nusserwanji, se focalise au début du XIXe s sur la production de coton. Son fils, Jamsetji, étend l'influence du groupe dans le textile, puis jette les bases des activités sidérurgiques. Mais c'est aussi un nationaliste convaincu, persuadé que son activité doit servir au développement de l'Inde tout entière, à son indépendance économique (en pleine colonisation !). Une vision qui restera bien ancrée dans la famille par la suite. En 1904, ses 2 fils prennent le relais, poursuivent la diversification (automobile, savonnerie, papeterie, ciment, etc.) et érigent le 1er hôtel de la chaîne *Taj,* le fameux *Taj Mahal* de Mumbai. Mais c'est J. R. D. Tata, leur petit-neveu élevé à Paris, qui fait du groupe ce qu'il est aujourd'hui : arrivé à la tête de Tata en 1938, il y reste jusqu'en... 1991 ! Passionné d'aviation (1er Indien à obtenir son brevet de pilote), il avait déjà lancé auparavant *Airlines Tata,* futur *Air India.* Il diversifie encore les activités, souvent en partenariat (radio, chimie, pharmacie, électronique, camions, tourisme, etc.) et est sacré « plus grand capitaine de l'industrie indienne ». À sa mort, c'est un neveu lointain, Ratan, qui reprend le flambeau et fait passer à Tata le cap de la libéralisation sans trop d'encombres, en se concentrant sur des secteurs porteurs comme l'informatique et la microélectronique. Aujourd'hui, Tata reste le 1er groupe indien (103 milliards de dollars de chiffre d'affaires), un des plus grands créateurs d'emplois (581 000 salariés !), et le plus diversifié : vous ne pourrez passer, pendant votre séjour en Inde, à côté d'objets de consommation ou d'utilisation courante estampillés « TATA » : tout est Tata, Tata est partout...

– ***Lakshmi Mittal*** *(né en 1950)* **:** profession ? Milliardaire. Créateur et actionnaire principal (88 %) du groupe *Mittal Steel Company,* le plus gros producteur d'acier au monde, il en est toujours le président associé à son fils Aditya.

Cet hindou originaire du nord-est du Rajasthan s'est spécialisé dans la reprise d'usines en faillite. *Mittal Steel* rachète ainsi son concurrent direct, le français *Arcelor*, malgré une rude opposition des gouvernements européens. Mittal, 91e fortune du monde (et 4e de l'Inde) selon *Forbes* en 2019, s'illustre régulièrement par son train de vie démesuré : achat d'une villa immense à Kensington Palace Gardens, le quartier des milliardaires de Londres (128 millions de dollars), mariage fastueux de sa fille à Vaux-le-Vicomte et au château de Versailles (l'un des plus coûteux de tous les temps : 55 millions d'euros), etc.

LES MARWARI

Caste de commerçants et d'usuriers qui possèdent nombre de grandes entreprises indiennes. L'adage populaire leur donne la réputation d'être sans scrupule, prêts à s'enrichir par n'importe quel moyen, y compris licenciements et mensonges. Et de ne faire affaire loyalement qu'avec les membres de leur caste, et eux seulement. Un exemple célèbre : Lakshmi Mittal est marwari (et Lakshmi déesse de la Richesse !).

– ***Mukesh Ambani*** *(né en 1957)* **:** héritier du groupe *Reliance Industries*, une des plus grandes entreprises privées d'Inde, cette autre figure emblématique du business indien doit son succès à sa politique de modernisation du traitement traditionnel des cotonnades ainsi qu'à sa réussite dans le domaine de la pétrochimie. Il a depuis diversifié son entreprise dans la communication, la recherche et le commerce de détail, le tout grâce aux zones économiques spéciales (ZES) créées par l'État indien en 2000. 13e fortune mondiale au classement *Forbes* 2019, et l'homme le plus riche d'Inde, il s'est fait remarquer en se faisant construire la maison individuelle la plus chère du monde (1 milliard de dollars) à Mumbai : la tour Antilia, 27 étages pour 37 000 m² habitables...

Les figures spirituelles et charismatiques

– ***Rabindranath Tagore*** *(1861-1941)* **:** poète, écrivain et philosophe, né à Calcutta dans une famille aisée. Avec un 1er recueil de poèmes publié dès l'âge de 17 ans, il devient vite le plus grand écrivain de l'époque coloniale, accumulant poèmes, nouvelles, romans et pièces de théâtre. Tagore écrivait en bengali, mais traduisait lui-même la plupart de ses œuvres en anglais. Prix Nobel de littérature en 1913 et sacré chevalier par le roi George V en 1915, il renonça à ce titre en 1919, pour protester contre le massacre d'Amritsar (Pendjab : près de 380 manifestants indiens abattus par l'armée anglaise). Tagore s'est aussi investi dans l'enseignement, dont les lacunes profondes étaient, selon lui, source de tous les problèmes de l'Inde. Il milita pour que celui-ci soit en langue locale (et non en anglais colonial) et qu'il mette en avant la créativité « au service de l'amélioration des conditions de vie des êtres humains » ainsi que la joie et la conscience du patrimoine culturel du pays. Sur ces bases humanistes, il fonda l'école de Santiniketan en 1901, puis les universités (toujours en fonction) de Vishva Bharati (1919) et Shri Niketan (1921). L'enseignement scientifique doit être associé au savoir philosophique et spirituel, et l'éducation permettre à chacun le plein épanouissement tout en lui enseignant un moyen de gagner sa vie. Par ailleurs, il voulait une fréquentation internationale de ces universités, la connaissance des autres cultures restant à ses yeux le meilleur moyen de lutter contre le nationalisme, source de conflits.

– ***Sri Aurobindo*** *(1872-1950)* **:** originaire du Bengale, fils d'un médecin de campagne, Sri Aurobindo est envoyé dès l'âge de 7 ans en Angleterre pour étudier. Diplômé de Cambridge, il revient à Calcutta et enseigne quelque temps l'anglais et le français. Mais opposé à la colonisation anglaise, il entre en politique. Leader d'un parti extrémiste, il passe un an en prison avant de se réfugier, en 1910, en territoire français, à Pondichéry. Il y connaît une seconde vie – spirituelle – et y reste jusqu'à sa mort. Ayant apparemment beaucoup cogité en prison, il considérait l'occupation de son pays comme une facette d'un problème bien plus vaste : la transformation de l'être humain. Il prêche la « nouvelle évolution », celle d'un monde qui serait régi par l'esprit. En 1920, il est rejoint par la Mère, une Française qui sera sa plus fidèle disciple, et construira l'ashram qui porte son nom à Pondichéry et la proche cité d'Auroville.

Les figures atypiques

– ***Mahesh Yogi*** *(1917-2008)* **:** *guru* indien, fondateur de la méditation transcendantale en 1957. Dans les années 1960, il est à la tête d'importants mouvements de méditation transcendantale ayant pour objectif d'enseigner (aux Occidentaux en particulier) la pratique de cette discipline. À cette époque, le mouvement de méditation transcendantale fait partie du phénomène de la contre-culture américaine et intéresse de nombreuses personnalités. Parmi ses disciples célèbres, les Beatles, les Beach Boys, le chanteur-compositeur Donovan, les comédiens Andy Kaufman, Mia Farrow ou Clint Eastwood, ainsi que David Lynch. C'est d'ailleurs George Harrison qui avait découvert ce *guru* alors qu'il était parti à Bombay suivre des leçons de sitar auprès de Ravi Shankar.

– ***Srinivâsa Râmânujan*** *(1887-1920)* **:** certainement un des plus grands génies des mathématiques de tous les temps. Né dans une famille de brahmanes pauvres, cet autodidacte de petite santé (il est mort à l'âge de 32 ans), doué d'une intuition prodigieuse, apprend seul les mathématiques grâce à 2 livres qu'il s'est procurés enfant. À force de persuasion, il finit par intéresser quelques cerveaux occidentaux qui l'invitent à la prestigieuse université de Cambridge. Là, Râmânujan élaborera près de 4 000 formules mathématiques qui se sont vérifiées par la suite et dont nombre d'entre elles sont encore étudiées aujourd'hui. Un film raconte sa vie : *L'homme qui défiait l'infini,* de Matthew Brown (2016).

– ***Vandana Shiva*** *(née en 1952)* **:** physicienne, épistémologue, écrivain, docteur en philosophie des sciences et féministe indienne, Vandana Shiva est l'une des chefs de file écologistes et altermondialistes, internationalement reconnue, notamment dans le secteur de la défense de l'agriculture paysanne et biologique. Elle lutte ainsi activement contre le brevetage du vivant et la biopiraterie (pour que les semences restent dans le domaine public et ne passent pas aux mains de multinationales). Elle mène une campagne acharnée contre les OGM. En 2004, elle est parvenue à faire fermer une usine *Coca-Cola* du Kerala.

– ***Mata Amritanandamayi dite « Amma »*** *(née en 1953)* **:** figure spirituelle indienne internationalement connue. Pour beaucoup, Amma (« mère ») est une sainte. Née dans une famille misérable de pêcheurs du Kerala, elle vient dès son plus jeune âge au secours des pauvres et de toute personne en souffrance. Elle fonde l'ashram d'Amritapuri (Kerala), siège de l'ONG « *Embracing the world* », qui constitue un des plus larges réseaux d'œuvres caritatives en Inde. Son organisation jouit aujourd'hui d'un statut consultatif auprès de l'ONU. Pour réconforter les gens en détresse, elle s'est fait une spécialité du *darshan,* étreinte qui se veut libératrice. Son étreinte est accordée à chacune des personnes qu'elle rencontre lors de rassemblements géants en Inde et dans le monde. Elle aurait ainsi réconforté 37 millions de personnes sur terre ! Elle se bat ainsi contre la violence et le système des castes, pour la condition féminine, et pour le dialogue interreligieux. Quand le pape François a réuni au Vatican 10 chefs religieux contre l'esclavage, Amma en était.

– ***Phoolan Devi*** *(1963-2001)* **:** figure très controversée et plus connue comme la « Reine des bandits », sa vie fut une sacrée aventure. Née dans un petit village de l'Uttar Pradesh, elle est mariée à l'âge de 11 ans, puis enlevée par des bandits, avec lesquels elle vit quelques années. Kidnappée à nouveau en 1980, cette fois-ci par des truands des hautes castes, elle est battue et violée pendant des jours. L'année d'après, elle forme sa propre bande et se venge en massacrant une vingtaine de propriétaires terriens de la caste Thakur. Sa cavale durera 2 ans, avant sa reddition en 1983. Accusée de 50 meurtres, elle passe 11 ans en prison, sans jamais avoir été déclarée coupable. À sa sortie, en 1994, elle se marie puis, en 1995, est élue députée ! Le 26 juillet 2001, la « Reine des bandits » est assassinée à Delhi. Règlement de comptes ? Exécution politique avant les proches élections régionales ? Quoi qu'il en soit, Phoolan Devi n'a pas fini de faire parler d'elle.

POPULATION

Difficile de faire le tour de ce sujet pour un tel pays, aussi nous contenterons-nous d'un bref état des lieux. Voici simplement quelques informations, loin d'être exhaustives, mais qui permettent une 1re approche, par thèmes, de la population indienne.

Démographie

La population de l'Inde (238 millions d'habitants au début du XXe s et 350 millions à l'indépendance) a dépassé le milliard en 2000. Selon les estimations, l'Inde compte en 2019 environ 1,37 milliard dont la moitié a moins de 25 ans. Une croissance fulgurante, et dont l'explication, globalement, tient à ceci : avant, il y avait équilibre entre taux de mortalité et de natalité ; mais au XXe s, la médecine occidentale et ses progrès ont débarqué, entraînant une baisse du taux de mortalité. Conséquence : la croissance de la population s'est envolée ! En un mot, le grand responsable, à présent, c'est le taux de natalité... Bien sûr, il est en baisse lui aussi (surtout par rapport à il y a 50 ans) mais, selon les courbes actuelles, l'Inde devrait quand même rattraper la Chine à l'horizon 2022-2024 ! Aujourd'hui, le pays abrite près de 18 % de la population mondiale, alors que sa superficie ne représente que 2,2 % de la surface totale des terres émergées... À noter que le nombre de diplômés indiens est équivalent à la population française et que la classe moyenne indienne compte environ 200-300 millions de personnes.

Un autre phénomène inquiétant : le ***déséquilibre hommes-femmes,*** qui croît en partie à cause de l'examen prénatal révélant le sexe de l'enfant. Vu la nette préférence des Indiens pour les garçons – traditionnellement, une fille est un mauvais investissement puisqu'elle sera amenée à quitter la maison parentale et, pire, elle est encore très largement synonyme de dot à débourser –, les avortements prolifèrent. La loi condamne théoriquement les pressions des médecins pour faire pratiquer cet examen prénatal, mais les habitudes ont la vie dure. Résultat : si le *sex-ratio* dans le monde est de 99 femmes pour 100 hommes (en 2011), celui de l'Inde est de 94 femmes pour 100 hommes (et de 83 femmes pour 100 hommes à Mumbai), et le phénomène touche toutes les classes de la société. On vous laisse imaginer les conséquences à long terme...

MÂLE DOMINANT

L'échographie est une invention extraordinaire, sauf en Inde. Elle favorise l'obsession de l'héritier mâle. Avec un garçon, pas de dot à payer. Les avortements – parfois très tardifs – des embryons de sexe féminin sont fréquents et rien n'arrive à enrayer cette folie. La disparité entre hommes et femmes qui se profile laisse entrevoir une véritable catastrophe humanitaire.

Le drame de l'enfance exploitée

Dans les campagnes, la ***mortalité infantile*** reste toujours importante : près de 300 000 enfants y meurent chaque année de diarrhée ; 48 % des moins de 6 ans souffrent de malnutrition. En outre, l'exploitation des enfants par le travail reste une calamité nationale : on estime à environ 60 millions le nombre d'enfants travaillant pour des employeurs autres que leurs parents. Le drame de ces gamins commence à heurter une partie de l'opinion indienne et à remuer quelques consciences.

C'est le cas de ***Kailash Satyarthi*** (voir, plus haut, la rubrique « Personnages »), fondateur de la *Bachpan Bachao Andolan* (● bba.org.in ●) et couronné du prix Nobel de la paix en 2014. Considéré comme « l'avocat des petits », il est parvenu, depuis 1980, à libérer plusieurs dizaines de milliers d'enfants esclaves, au prix de luttes acharnées. Une fois sortis de la servitude, les gamins sont placés dans le *Mukti ashram,* l'ashram de la Libération, dans le village d'Ibrahimpur, près de Delhi, ou encore au *Bal ashram.* Là, ils réapprennent à être libres et retrouvent les gestes de base de la vie normale des enfants de 6 à 14 ans. Une goutte d'eau dans l'océan, mais exemplaire.

RELIGIONS ET CROYANCES

**« En Inde, si vous ne priez pas,
vous avez perdu votre voyage.
C'est du temps donné aux moustiques. »**

Henri Michaux

L'Inde ne s'aborde pas facilement et ne se révèle pas spontanément aux étrangers. C'est un pays où le poids des traditions marque tous les aspects de la vie quotidienne et y joue un rôle de 1re importance. Beaucoup d'entre elles ne sont que de simples coutumes ou des superstitions se transmettant au fil des siècles. Néanmoins, elles constituent le fondement véritable, l'essence même de sa civilisation. Déroutant !

L'hindouisme

C'est la religion prédominante de l'Inde, avec plus de 1 milliard de pratiquants (environ 80 % de la population), et aussi l'une des plus anciennes. Elle n'a ni fondateur ni clergé officiel. Elle repose sur 2 principes fondamentaux.

– La 1re idée clé de la religion hindoue est que ***l'univers se fonde sur un ordre, la Vérité,*** qui le maintient en existence. Toute transgression de l'ordre se répercute sur l'ensemble du cosmos. C'est lourd comme responsabilité ! Si la mousson arrive en retard ou si les pluies provoquent des inondations catastrophiques, la croyance populaire attribue volontiers ces désordres à une faute, et particulièrement à la faute principale du XXe s : avoir rompu les équilibres traditionnels et donc perturbé l'ordre cosmique (le *dharma*).

– La 2de idée est que ***l'homme est fait d'un corps périssable*** et transitoire, et d'une âme éternelle qui se réincarne indéfiniment d'un corps à l'autre en gardant une espèce de casier judiciaire des fautes et des bonnes actions commises dans ses différentes vies : le karma. Comme la vie n'apporte, c'est bien connu, que souffrances et accablement, le but de tout bon hindou est d'en finir au plus vite avec ce cycle de réincarnations pour atteindre enfin la *moksha.* On ne se réincarne pas au hasard : on renaît dans une caste qui correspond très exactement à son casier religieux.

À chaque réincarnation, donc, chacun peut, grâce à sa conduite, se rapprocher de l'état de pureté, condition nécessaire à la délivrance finale. Les 1ers voyageurs européens s'étonnaient de ce peuple « qui ne trouve rien de plus désirable que l'anéantissement ».

SNOBISME ET HINDOUISME

La vache Punganur est minuscule puisqu'elle ne mesure guère plus de 80 cm de haut et ne pèse que 7 kg en moyenne. Elle est devenue à la mode parmi la bourgeoisie hindoue, initialement parce que son lait est particulièrement riche. Animal sacré, cette minivache est devenue un animal de compagnie... pas trop encombrant.

Les principales croyances de l'hindouisme sont illustrées dans le *Mahābhārata* et le *Rāmāyana.* Ces 2 épopées mettent en évidence le système des castes, en fonction desquelles s'établit le karma, somme des actions passées qui conditionne la réincarnation de l'âme (samsara).
Rédigé au IIe s av. J.-C., le ***Mahābhārata*** est la plus longue épopée de toutes les littératures. Jugez-en plutôt : 90 000 versets. Pour la lecture, on vous conseille un soupçon de motivation ! Il relate le combat entre les 5 frères Pāndava et leurs cousins les Kaurava, qui symbolise la lutte entre le bien et le mal. Au cours du 6e livre du *Mahābhārata,* on trouve l'évangile des hindous, la *Bhagavad-gīta* : Krishna (avatar de Vishnou) encourage le chef des Pāndava à obéir au devoir de sa caste, celle des guerriers, et à combattre contre ses cousins dans un but désintéressé, afin d'atteindre la récompense suprême, la délivrance *(moksha).*
Le ***Rāmāyana,*** composé à partir du IVe s av. J.-C., conte l'histoire merveilleuse de Rāma à la recherche de son épouse Sītā, enlevée par le démon Rāvana.
Voir aussi • ***hindukidsworld.org*** •, en anglais : l'hindouisme expliqué aux jeunes (et moins jeunes) sous forme d'animations. Très sympa !

Les castes

Elles sont l'expression même de cette conception du monde. Il s'agit d'un système d'origine religieuse, fondamental pour le fonctionnement de la vie sociale en Inde. La société traditionnelle indienne est fondamentalement inégalitaire. Cela signifie que l'esprit indien appréhende le monde d'une manière naturellement hiérarchique. Dans cette hiérarchie, chacun appartient à un groupe, et ce groupe a une position bien définie sur l'échelle de la société indienne.
Héritage des 3 ordres indo-européens (prêtres-magiciens, guerriers, paysans), 4 *varnas* (castes) composent grosso modo la société-religion hindoue :
- ***les brahmanes :*** caste des prêtres et des lettrés sortis de la bouche de Brahma ;
- ***les kshatriyas :*** guerriers, sortis de ses bras ;
- ***les vaishyas :*** commerçants, artisans et agriculteurs, sortis de ses cuisses ;
- ***les sudras :*** serviteurs, sortis de ses pieds.

On trouve aussi des Indiens qui n'appartiennent à aucune *varna.* Ce sont les ***parias (intouchables),*** qui sont hors caste. En Inde aujourd'hui on n'emploie pas le terme de paria mais celui de ***dalit*** (« écrasé », « opprimé »). Les femmes, incarnant le désir, appartiennent à la caste de l'homme dont elles « dépendent » (père, mari...) ou, à défaut, à la caste la plus basse. Leur caste d'origine ne joue que dans les relations sociales (mariage, repas).
Les 3 premières castes représentent environ 20 % de la population, les *sudras* 42 % et les *parias* 20 % ; le reste de la population, c'est-à-dire les non-hindous, est majoritairement composé de musulmans et de sikhs.
On peut également se demander sur quelles valeurs est maintenant fondée cette hiérarchie. Qu'est-ce qui différencie un *brahmane* d'un *paria* ? Pas nécessairement son aisance matérielle, puisque plus de la moitié des brahmanes vivent en dessous du seuil de pauvreté. Le critère retenu est celui de la pureté rituelle. En effet, les Indiens ont une notion très forte du pur et de l'impur, et cette notion même de pureté est intimement liée au fonctionnement de la société hindoue.

LES LINGAYATS, DES HINDOUS DOUX ?

Cette minorité hindoue refuse le système des castes et le mariage des enfants, et pratique un hindouisme ouvert sur le monde contemporain. Face aux tentations intégristes qui sous-tendent l'Inde actuelle, cette communauté pacifique demande le statut de « minorité religieuse » (être donc reconnue comme une religion sans lien avec l'hindouisme, afin de ne pas être assimilée à ses excès...). Statut qui ne peut être accordé que par le 1er ministre...

Ceux qui font partie des castes supérieures se livrent à des activités « pures », tandis que les autres, tout en bas de l'échelle, ont des occupations qui les rendent encore plus « impurs ». Les intouchables *(dalit)* pratiquaient les métiers considérés comme les plus avilissants (nettoyage des latrines, ramassage des ordures, crémation des cadavres...).
On peut également se demander pourquoi les Indiens de basses *varnas* ne cherchent pas à s'élever dans la hiérarchie en évitant les choses « impures ». Mais ce serait oublier que la caste est un cadre de vie dans lequel se trouvent famille et amis, et qu'il est impossible de la quitter ! Il faut d'ailleurs préciser que, à l'intérieur des castes, il y a des milliers de subdivisions (on en a dénombré plus de 3 000 !) : les *jatis* (la naissance). Comme le nom de la personne indique sa *jati,* il indique donc aussi sa caste. Ainsi, quand 2 hindous déclinent leur identité, ils savent à qui ils ont affaire et cela règle leur comportement. Finalement, c'est simple ! Vous comprendrez aussi mieux pourquoi un hindou « né » potier ou cordonnier, et travaillant comme commerçant ou ingénieur dans une usine, n'en continuera pas moins à suivre les rites religieux de sa naissance, ceux liés au métier de potier ou de cordonnier.
La caste ne joue pas uniquement un rôle contraignant, elle encadre aussi la socialisation, la solidarité et l'entraide. Tous les interdits, pourtant sévèrement condamnés par les législations, sont encore respectés scrupuleusement dans beaucoup de villages. Ailleurs, ils tendent à disparaître.
Il a toujours été très mal vu de se révolter contre sa caste. Pourtant, on a pu assister à de sanglantes émeutes : les intouchables (on dit aussi *dalits* – « opprimés » – ou *harijans,* c'est-à-dire les « enfants du dieu Hari », mais c'est condescendant) ont eu la prétention de proclamer que, intellectuellement et socialement, ils n'étaient pas moins évolués que les autres communautés. Ça s'est terminé dans un bain de sang.

L'HABIT NE FAIT PAS LE BRAHMANE

On le reconnaît au cordon qui pend de son cou, en bandoulière, à même la peau. Les castes ne correspondent pas aux classes sociales. Au sein des brahmanes (près de 6 % de la population) se trouvent des gens d'origines sociales très différentes, de riches industriels comme de modestes agriculteurs. Et de nombreux cuisiniers, puisque seul un brahmane peut préparer les repas d'un autre brahmane. Tous les brahmanes ne sont donc pas forcément prêtres. De même, aujourd'hui, un intouchable peut s'enrichir à la tête d'une usine qui travaille le cuir (l'impur !), tandis qu'un brahmane peut rester pauvre toute sa vie.

Ce n'est qu'après l'indépendance (1949) que le gouvernement a déclaré inconstitutionnel le ***principe de l'« intouchabilité » des parias,*** ceux qui, de tout temps, furent complètement exclus du système. Le gouvernement indien a instauré des quotas réservant aux intouchables des postes dans l'administration. De la même manière, il leur a octroyé des bourses d'études.
Comme toujours, c'est dans les villes que l'évolution a été la plus rapide. Bien qu'il soit de plus en plus assimilé à nos principes de différenciation sociale, le système de cloisonnement de la population en castes reste fermement ancré dans l'esprit des habitants de nombreux villages. Les structures rurales ne sont sans doute pas étrangères à ces pesanteurs. On ne peut modifier en 50 ans des traditions plusieurs fois millénaires.

Le village

Le village, lieu d'observation privilégié de la structure et du fonctionnement de la vie sociale, est l'endroit idéal pour comprendre l'organisation des castes selon les notions de pureté et d'impureté. Chaque groupe réside à un endroit précis du village, révélateur, pourrait-on dire, de son régime alimentaire. Les familles de la caste dominante vivent généralement au centre du village dans des maisons en dur, près du temple des dieux majeurs de l'hindouisme, Shiva ou Vishnou. Plus la notion d'impureté est présente, plus le niveau de la caste diminue, et plus les maisons sont en périphérie. C'est à l'écart du village, dans de misérables huttes, que l'on retrouve les intouchables. Telle est, schématiquement, la structure d'un village. Mais il faut y ajouter les données économiques qui créent des fortunes dans certaines *jatis* inférieures, comme celles des commerçants, et l'on voit s'ériger de véritables petits palais.

Le temple

Le temple est toujours la demeure d'une ou de plusieurs divinités. Un dieu, par exemple, avec sa compagne, leurs montures sacrées et leurs multiples avatars, cela fait parfois beaucoup de monde ! Comme presque tous les temples appartiennent à des particuliers, le choix de la divinité dépend de ceux qui ont construit le temple, même si l'État les rachète de plus en plus. Rendez-vous au temple, au coucher du soleil, au moment de l'offrande de la lumière. Agitant une clochette de la main gauche, le prêtre offre à la divinité les ***5 éléments*** : l'eau, la terre (symbolisée par une fleur), le feu (sous forme d'une lampe à huile), l'air (une queue de yack faisant éventail). Le 5e élément, « celui qui enveloppe tout », est représenté par une pièce de tissu. Dans chaque maison traditionnelle, cette cérémonie se déroule au rythme des gongs, des clochettes et des tambours, sous la responsabilité du chef de famille. Les couleurs utilisées pour les cérémonies hindoues (dans les vêtements, sur le corps et sur le visage) sont l'orange, le vermillon et le jaune safran.

Les divinités

Pour l'hindou, Dieu en tant que réalité suprême et absolue est partout. Mais on ne peut vénérer que ses formes manifestées (les *avatars*), c'est-à-dire les innombrables divinités qui peuplent le panthéon hindou et qui représentent des aspects différents de la même réalité. Quand on sait qu'à l'époque védique il n'existait « que » 33 dieux et qu'aujourd'hui l'Inde en compte plus de 33 millions, on comprend mieux le sens de « religion polythéiste » ! Enfin, sachez que chaque dieu est associé à une ou plusieurs montures et possède des attributs propres, et que le nombre de bras souvent impressionnant symbolise la puissance et la souveraineté cosmique : autant d'éléments utiles pour identifier les divinités dans les temples.
Pour vous donner une idée de l'importance des divinités dans la vie des hindous, sachez que la Cour suprême de New Delhi a accordé la personnalité juridique aux dieux du panthéon hindou pour les autoriser à devenir propriétaires « comme n'importe quel citoyen »...
Pas question de les passer tous en revue, mais voici les principales divinités et les mythes qui s'y rattachent.

La trinité hindoue (Trimûrti)

Triade cosmique formée de Brahma, Vishnou et Shiva.
– ***Brahma :*** il est le ***créateur du monde,*** né des eaux primordiales. Ses symboles sont la fleur de lotus, le sceptre, le *mala* (rosaire) et le livre des Véda. Sa monture est le cygne.
– ***Vishnou :*** son rôle est de protéger l'univers. Il est le ***conservateur de ce qui a été créé.*** Ses symboles principaux sont le disque solaire, ou roue du temps, qu'il peut lancer dans l'univers pour se défendre ; ainsi que la conque marine, la massue et la fleur de lotus. L'aigle blanc à corps d'homme *(Garuda)* est connu pour être sa monture. Il descend sur terre sous différents avatars pour faire régner l'ordre. ***Krishna*** en est un. Plus curieux, les Hindous considèrent ***Bouddha*** comme un avatar de Vishnou...

– ***Shiva :*** reconnaissable à son 3e œil, il peut détruire tout ce qui ne reflète pas la réalité. Coiffé d'un chignon de longs cheveux, il danse au milieu des flammes symbolisant le rythme perpétuel de la destruction et de la régénération. Ses symboles sont la peau de tigre, le lingam, et sa monture est le taureau (Nandi).

Les grandes déesses du panthéon hindou

– ***Sarasvati :*** épouse de Brahma, déesse de la Connaissance, des Lettres, des Arts et de la Musique. Ses attributs sont le *veena* (instrument de musique à corde), le livre des Véda et le *mala* (rosaire). Vénérée par les écrivains, les artistes et les scientifiques, elle est aussi honorée par les étudiants. Sa monture est le cygne.
– ***Laksmi :*** appelée parfois *Sri* (qui signifie « éclat », « beauté »), elle est l'épouse de Vishnou, qu'elle trompe allègrement. Mais les voies divines étant impénétrables, Laksmi est considérée comme une sainte, une maîtresse de maison soumise, et même une épouse modèle. Déesse de la Fortune et de la Prospérité, elle est vénérée dans tous les commerces. Ses attributs sont les pièces d'or et 2 lotus, et sa monture le hibou.
– ***Parvati*** *(ou* ***Uma Parvati****)* ***:*** « la Fille de la Montagne », épouse de Shiva avec qui elle partage les mêmes attributs de l'ascèse et du renoncement et parfois la même monture, elle est aussi la mère de Skanda et ***Ganesh,*** dieu de la Prospérité et de la Sagesse.

Et quelques autres divinités...

– ***Ganesh :*** on l'invoque avant de se lancer dans un nouveau projet ou un travail intellectuel, de prendre la route ou de s'endetter, car il est « Celui qui enlève les obstacles ». Ganesh est ainsi devenu le dieu favori des voyageurs, des marchands, voleurs, étudiants et gens de lettres. Une sorte d'Hermès indien ! C'est aussi le dieu du Spectacle. Au début ou à la fin des films, on trouve son effigie. Enfin, beaucoup de couples font appel à lui pour avoir un enfant ou pour souhaiter à leur descendance un avenir sans embûches. Il est fréquemment accompagné de sa monture, la souris.

UN ÉLÉPHANT, ÇA TROMPE...

Selon certains mythes, Ganesh doit sa célèbre tête d'éléphant au tempérament soupe au lait (quasi caractériel, n'ayons pas peur des mots) de son père, Shiva. Celui-ci, rentrant de voyage, trouva Parvati, son épouse, en compagnie d'un jeune homme. Sans penser une seconde que son fils pouvait avoir grandi pendant son absence, il lui trancha la tête. Shiva promit de rattraper le cou(p) en remplaçant la tête de Ganesh par celle du 1er être vivant qu'il croiserait en chemin. Malheureusement pour lui, ce fut un éléphant ! En compensation, Ganesh est un dieu extrêmement populaire, vénéré par la presque totalité des hindous et présent à l'entrée de chaque temple.

– ***Durga :*** divinité suprême et d'une beauté inaccessible, rattachée à la fois à Vishnou et à Shiva. Comme Vishnou, elle se bat pour défendre l'ordre cosmique. Elle est aussi une des formes de l'épouse de Shiva. L'origine de Durga est des plus étonnante : tous les dieux ont réuni leurs pouvoirs pour donner naissance à une divinité ayant toutes leurs caractéristiques. Incarnation de la puissance, de la force guerrière, elle est souvent représentée avec une multitude de bras, combattant le démon-buffle.
– ***Kali*** *(ou* ***Chamunda****)* ***:*** déesse de la Destruction et de la Mort, elle fréquente les champs de crémation, boit du vin et du sang, et est souvent représentée la langue pendante, un bâton orné d'une guirlande de crânes à la main. Les cheveux hirsutes, le visage émacié et grimaçant, elle piétine des jambes coupées et des restes humains : la femme idéale, quoi !

Les sadhus et gurus

Dans la tradition religieuse hindoue, les grands sages, considérés comme saints en vertu de leur savoir spirituel sont vénérés presqu'à l'égal des dieux. Les dévots admirent leur conduite exemplaire, leurs compétences en tant que maîtres spirituels leur expérience mystique. En parcourant l'Inde, vous rencontrerez forcément ces étranges personnages couverts de cendres et pratiquement nus, le cou chargé d'amulettes, certains le crâne rasé, la plupart arborant une étonnante tignasse. Ils attirent nos regards d'Occidentaux par leur allure souvent excentrique. Les uns errent sur les routes, ce sont les *sadhus,* les autres dispensent des leçons sur les places publiques, ce sont les *gurus* (maîtres, vénérés).

– ***Les sadhus :*** « homme bon, homme sain ». La chevelure des *sadhus* est impressionnante par sa longueur, son volume et sa consistance. Ces derniers ne se peignent jamais, ils frottent leurs cheveux avec la sève des arbres – le banian par exemple –, et leur donnent l'aspect d'épaisses mèches pareilles à une toison de laine. On a même rencontré un *sadhu* avec des dreadlocks de 2,50 m de long ! Symbole de puissance, cette tignasse se porte de 2 manières : lâchée ou enroulée en un énorme chignon. Tout comme leur corps, elle est entièrement recouverte de cendres, symbole de renoncement absolu, suivant le modèle de Shiva.

Le *sadhu* devient *siddha,* soit ermite, soit ascète, après de dures pénitences et diverses formes de mortifications. Si acrobatiques que puissent paraître les postures adoptées par les *sadhus,* ces derniers n'ont pas pour but de faire pénitence par des mortifications aussi insensées qu'inutiles, mais d'atteindre la délivrance du cycle infernal des renaissances *(moksha)* pour fondre leur propre âme *(atman)* dans l'âme universelle *(brahman).* Beaucoup fument rituellement du haschisch en l'honneur de Shiva, la divinité « illuminée » !

– ***Les excès des sadhus :*** rester debout durant des semaines le bras en l'air, rester assis ou enfoui dans la terre pendant des années, vivre accroché à la branche d'un arbre, tel un singe suspendu la tête à l'envers. Se tenir sans cesse les poings fermés jusqu'à ce que les ongles poussent dans la chair... Un voyageur français du XVIIIe s parle déjà d'un *sadhu* « qui avait fait vœu de mesurer la surface de l'Indostan avec son corps, s'en allant trébuchant sur le dos et sur le ventre, se vautrant dans la fange et même dans ses excréments... ».

– ***Les gurus :*** en Inde la notion de *guru* n'a pas de connotation péjorative. Le mot signifie « lourd de sagesse », « vénéré ». Il s'agit d'un enseignant qui transmet sa connaissance à un disciple. Par extension, ce titre de *guru* désigne le chef spirituel d'une secte issue de l'hindouisme, souvent chef d'une communauté spirituelle qu'il réunit dans un ashram.

Les vaches sacrées

Quand on arrive en Inde, on est toujours surpris de voir ces vaches errer à leur gré dans les rues, et souvent en plein milieu. Il paraît que les voitures créent un courant d'air qui chasse les mouches ! Ces vaches ne sont pas abandonnées. Elles ont un propriétaire qui a compris que les pelouses municipales (et les poubelles !) sont, somme toute, un fourrage particulièrement bon marché. Il est difficile pour un Occidental de comprendre l'importance de la vache pour les

À PEINE UNE DIVINITÉ

Les Occidentaux sont surpris de la place de la vache dans l'hindouisme... À y regarder de près, elle fait pourtant à peine partie de leur panthéon. Vous ne verrez que très peu de temples dédiés à cet animal, sous le nom de Surabhi ou Kamadhenu, à la différence du singe (Hanuman) ou du dieu-éléphant (Ganesh). Ne pas la confondre avec le taureau que l'on trouve parfois à l'entrée des temples : il s'agit de Nandi, la monture de Shiva.

hindous. Rappelons la révolte des cipayes, provoquée par une rumeur : on aurait distribué de la viande de bœuf aux soldats hindous (et, pour faire bonne mesure, de la viande de porc aux soldats musulmans !).

Aux 1ers temps de la crise de la vache folle, des membres du BJP ont formulé une sérieuse offre pour récupérer nos 12 millions de pauvres vaches promises à l'abattoir. Ils projetaient d'ouvrir des asiles pour vaches malades dans tout le pays (il existe d'ailleurs au Gujarat et dans l'Uttar Pradesh des « asiles » pour vieilles vaches « à la retraite », ou malades). Cela suffit à suggérer que la vache n'est pas un élément folklorique, un caprice étrange, mais un symbole fondamental de la relation que l'hindou entretient avec la nature. En réalité, le respect de la vache est le signe de l'*ahimsa,* de l'absence de volonté de tuer ; c'est aussi un signe de respect envers la « mère universelle », cette vache qui symbolise la maternité, la charité, la pitié.

Plus pieux et plus pratique encore : la vache est l'animal qui permet au défunt de traverser le fleuve *(Vaitarani)* qui le sépare du paradis. En offrant au prêtre une vache lors des funérailles, le défunt pourrait ainsi s'accrocher à sa queue et traverser le *Vaitarani* vers la félicité.

La vache sacrée trouve son origine dans le bon sens de l'Inde ancienne où les famines étaient fréquentes. Seul le lait de vache est consommé par le petit de l'homme. En faisant de la vache la mère de l'homme et en lui donnant son rôle religieux, les sages ont donc assuré la survie des enfants. Les économistes peuvent bien rappeler que 60 % de ces animaux sont totalement improductifs, que les autres sont sous-productifs, que c'est un non-sens absolu que de nourrir et soigner les animaux jusqu'à leur mort, l'abattage d'une vache suscite encore des émeutes (en revanche, manger du buffle est possible, mais réglementé dans certains États).

Mais c'est finalement l'automobile qui devrait avoir le dernier mot (air malheureusement trop connu) : vu les encombrements dantesques dans les grandes villes, la loi autorise les policiers, depuis 2005, à faire déguerpir les vaches à grands coups de bâton, quand elles restent plantées au milieu des rues. La question n'en reste pas moins le plus sûr détonateur des incidents entre hindous et musulmans.

SACRÉMENT VACHARD !

À Delhi, qui compte quelque 40 000 vaches sacrées, les kidnappings nocturnes de bovins sont de plus en plus fréquents. Après un passage par des abattoirs illégaux, ils finissent bel et bien... en steak.

Les murs de prière

Vous croiserez sûrement sur votre chemin de drôles de murs, dont chaque pierre porte la marque d'une gravure, une formule ésotérique : *Ôm mani padme hum. Ôm* et *hum* sont 2 syllabes à signification mystique. *Mani* et *padme* désignent, quant à eux, le joyau (symbole masculin) et le lotus (symbole féminin) représentant l'Absolu. Autrefois, chaque voyageur ajoutait sa propre pierre à l'édifice, puis il le longeait, mais toujours par la gauche, afin de se protéger des mauvais esprits.

Ôm

Au début et à la fin de chaque invocation, de chaque prière, on peut entendre le son *ôm.* Ce son, qui se fait sur une longue expiration, représente l'idée d'éternité, le son primordial. Il est la source du commencement des temps, contient tout ce qui a été, est et sera. C'est le mantra le plus précieux du yoga. Il symbolise les 3 mondes (le Ciel, la Terre et l'Espace intermédiaire), ainsi que les 3 divinités primordiales (Brahma, Vishnou et Shiva).

L'intégrisme hindou

À plusieurs reprises, le militantisme hindou (la « vague safran ») a causé des centaines de morts. Le fanatisme hindou ne date pas d'hier : dès 1925, une association des volontaires nationaux est créée (RSS), qui regroupe militants, syndicalistes et religieux hindous. Travaillant pour que l'hindouisme s'impose en Inde – au moyen d'une discipline spirituelle et physique, et de bâtons... – l'organisation compte aujourd'hui 25 000 branches et 2 millions de membres. Théoriquement opposée à l'action politique, elle tente cependant parfois de contrôler le Parti nationaliste (BJP).

L'URINE, LA VACHE À LAIT DES NATIONALISTES

Les intégristes hindous sont friands des cosmétiques Goratna. Un onguent à base d'urine de vache sacrée soigne (?) l'acné. Mais rien ne vaut leur dentifrice à... la bouse.

Le bouddhisme

C'est en Inde, dans une petite ville au nord de Varanasi, sur l'actuelle frontière avec le Népal, que le futur Bouddha, prince Siddhartha, commence à « s'éveiller » en comprenant que les souffrances de l'homme sont le fruit de ses passions. Il s'agit donc de les maîtriser pour s'en libérer... Pour y parvenir, le Bouddha (aussi connu sous les noms de *Gautama* ou *Sakyamuni*) préconise une discipline strictement individuelle et propose une sorte de mode d'emploi, plutôt pragmatique, permettant à chacun de devenir soi-même un bouddha. Pas une mince affaire ! Sa vie est l'illustration la plus éloquente de sa philosophie.

Probablement né à ***Lumbini*** (Népal) entre 563 et 483 avant notre ère dans une famille royale, le futur Bouddha (« l'Éveillé ») montre dès sa plus tendre enfance une précocité et d'une intelligence quasi surnaturelles. À l'âge de 16 ans il gagne la main de sa cousine Yashodharâ, qui lui donne un fils. Alors qu'il jouit d'un bonheur sans nuages, à l'âge de 29 ans, Siddhartha comprend soudain que non, la vie n'est pas un long fleuve tranquille, et que le bonheur n'est qu'illusion. 4 rencontres, avec un vieillard, un malade, un mort et un ermite, lui font prendre conscience des souffrances humaines et de ce que peut être la sagesse. Il renonce alors à sa vie de fastes, fuit son palais et commence une nouvelle vie chez les ascètes brahmanes. Elle dure 6 ans – 6 ans de privations extrêmes qui ne suffisent pas à lui indiquer la voie vers le nirvana. Délaissant ce jusqu'au-boutisme, il adopte alors une voie médiane : celle de la mesure en toute chose, et atteint l'Illumination en une seule nuit de méditation.

Après quelques hésitations, il se décide à enseigner aux hommes et révèle les Quatre Nobles Vérités à Sarnath (près de Bénarès) : l'existence est souffrance *(dukkha)* ; les souffrances ont des causes *(samudaya)* ; ces causes doivent être supprimées pour atteindre la libération/le nirvana *(nirodha)* ; elles peuvent être supprimées par l'observation d'une mode de vie mesuré suivant les enseignements du Noble Chemin octuple – les commandements du bouddhisme, en quelque sorte. En ligne de mire : comprendre l'impermanence de toute chose, l'inexistence du soi et apprendre à contrôler ses désirs. Suivent divers sermons, conversions et miracles, tous plus extraordinaires les uns que les autres. Et une recette miracle : la méditation.

La mort de Siddhartha *(Parinirvana)*, à l'âge de 80 ans, est l'illustration de 2 dogmes fondamentaux du bouddhisme : le caractère éphémère de la vie et l'universalité de la souffrance. Juste avant de mourir et d'accéder au nirvana, le Bouddha avait pris soin de réunir ses disciples et de les exhorter à ne pas se décourager et à suivre la philosophie enseignée. Ceux-ci se séparèrent rapidement en 2 groupes, chacun suivant une interprétation différente des enseignements reçus. L'*Hinayana* ou *Petit Véhicule* indique que le chemin du nirvana (délivrance finale du cycle

- ***Bhumi-Sparsa ou « Geste de la prise de la terre à témoin »***

Position assise du lotus, la main droite touche le sol, tandis que la gauche repose sur les jambes, paume tournée vers le ciel. Ce geste représente l'Éveil de Bouddha. Appelé aussi maraisijaya-mudra (victoire sur Mara).

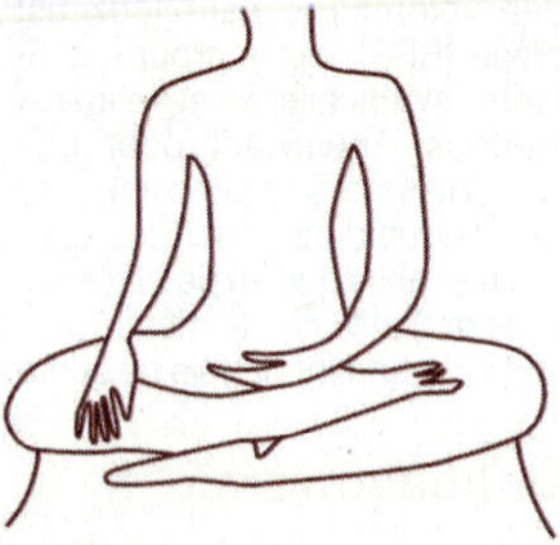

- ***Dhyana ou « Attitude de méditation »***

Les 2 mains reposent l'une sur l'autre, paumes vers le ciel, la main droite sur la main gauche. Les jambes sont pliées en tailleur, dans la position du lotus.

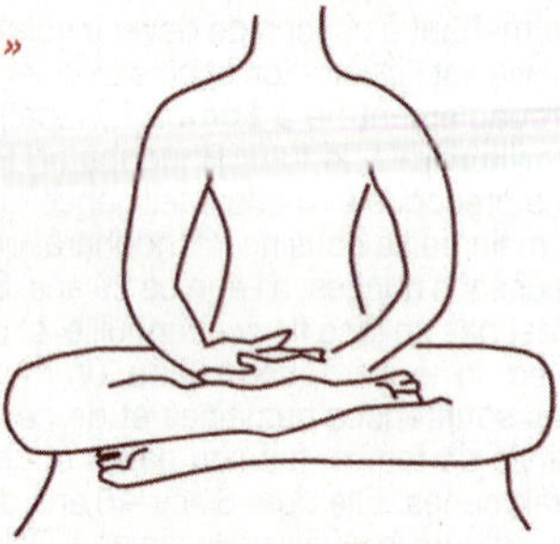

- ***Vitarka et Dharma-tchakra ou « Geste de tourner la roue »***

Position debout ou assise, le bras droit est levé, main à demi ouverte pour que le pouce et l'index se joignent et forment un cercle (la roue, symbole de l'enseignement). Fait avec une seule main, ce geste s'appelle Vitarka ; fait des 2 mains, il se nomme Dharma-tchakra. Ce geste rappelle le premier sermon de l'enseignement du Bouddha.

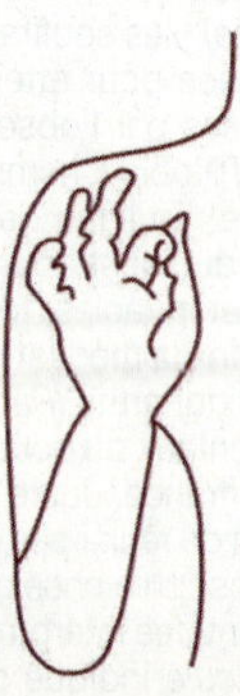

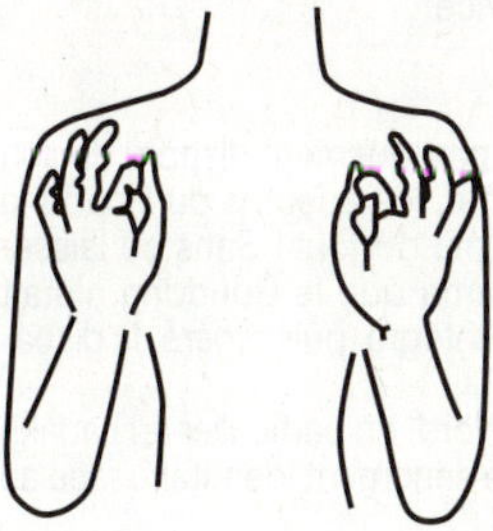

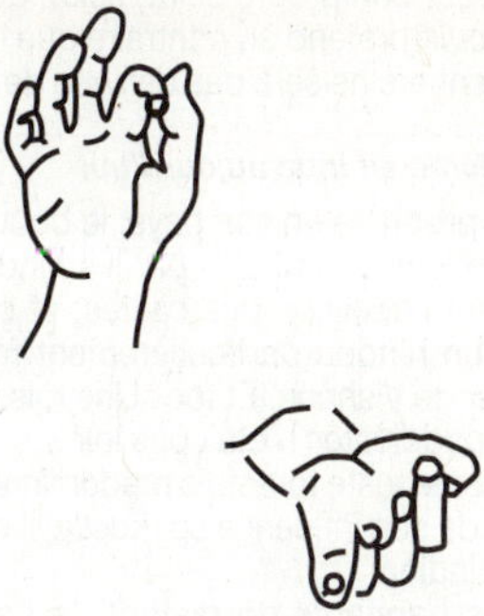

/arada ou « Geste du don »

is ou debout, main droite ouverte
fferte, bras allongés, ce geste
celui du don, de la charité,
faveurs répandues.

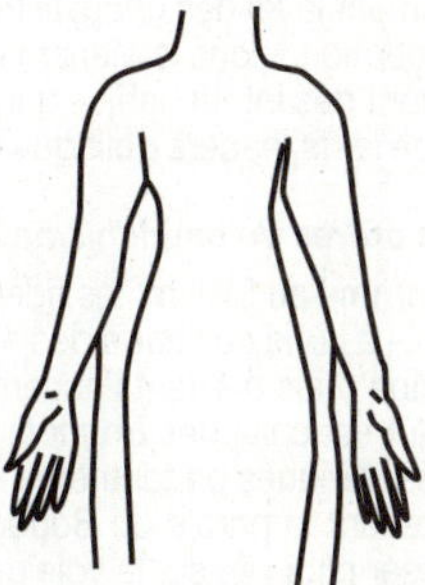

.bhaya ou « Apaisant les querelles »

tion debout ou en marche, une ou
‹ mains levées, paume en avant.
:t le geste de l'absence de crainte et
apaisement.

des naissances et renaissances) ne peut être atteint qu'individuellement, chacun travaillant pour son propre salut, selon des règles très strictes. Le *Mahāyāna* ou *Grand Véhicule* prétend au contraire que le nirvana ne pourra être atteint tant que l'humanité entière ne sera pas délivrée de sa souffrance.

Le bouddhisme en Inde aujourd'hui

Nul n'étant prophète en son pays, le bouddhisme a pratiquement disparu de son territoire d'origine, combattu par les hindous. En effet, les adeptes du Bouddha préconisaient l'abolition des castes, et ça n'a pas plu du tout ! Sans se laisser démonter, un hindou particulièrement malin proclama que le Bouddha n'était qu'un avatar de Vishnou. Et toc ! Une fois le concept intégré, puis digéré, la disparition des bouddhistes n'était pas loin...

Le bouddhisme reste toutefois prédominant dans le Nord, en particulier au Ladakh où, en plus de son influence spirituelle, il entretient le sentiment identitaire face au gigantisme indien.

Les 2/3 des habitants du district de Leh sont ainsi adeptes du bouddhisme lamaïste (tibétain), introduit au Tibet au VIIIe s par Padmasambhava (alias Guru Rinpotché), puis au Ladakh vers le Xe s. Au Sikkim, ils sont 28 % environ, ce qui est peu dans la mesure où il a statut de religion officielle – le bouddhisme était traditionnellement la foi des *chogyal* (rois) du Sikkim.

Une autre exception : dans le Maharashtra, on compte plusieurs millions de bouddhistes. Ce sont des intouchables qui se sont convertis en masse après 1956, sur les conseils de leurs leaders politiques, pour échapper au système des castes.

Les 4 grands ordres du bouddhisme lamaïste

Au Ladakh comme au Sikkim, les fidèles appartiennent – comme chaque monastère d'ailleurs – à l'une ou l'autre des 4 écoles principales, qui partagent l'essentiel de leur doctrine mais mettent l'accent sur diverses formes de pratiques. Le plus ancien courant est celui des *Bonnets rouges (Nyingmapa),* fortement tourné vers les aspects ésotériques du tantrisme – l'étude de vieux écrits hindous considérés comme contenant la parole du Bouddha et permettant de canaliser son énergie pour progresser plus vite sur la voie de l'illumination. Ses moines se consacrent à la méditation solitaire, ce dont témoignent de nombreux ermitages autour de leurs monastères. Les Nyingmapa sont largement majoritaires au Sikkim. 2 autres ordres sont regroupés sous la même étiquette de « Bonnets rouges ». Les *Kagyupa,* axés sur la tradition orale et eux-mêmes subdivisés en plusieurs écoles (la principale étant celle des *Drukpa*), ont leur siège au Sikkim, à Rumtek, mais une controverse existe depuis des années pour la nomination du *karmapa,* leur chef spirituel (réincarné). Le personnage de Milarépa, un grand maître très vénéré, responsable de la 2de diffusion du bouddhisme au Tibet au XIe s, leur est associé. Les *Sakyapa,* peu nombreux et davantage tournés vers l'ascétisme (dont la charge suprême se transmet d'oncle à neveu !) s'inspirent, eux, des enseignements du maître yogi indien Virupa. Quant aux célèbres *Bonnets jaunes (Gelukpa),* ils sont issus d'une réforme menée au XVe s. L'actuel dalaï-lama (« océan de sagesse ») appartient à cet ordre, mais les gelukpa sont finalement assez peu nombreux au sud de l'Himalaya. Au Sikkim, un seul monastère leur est attaché, à Gnathang.

Si le bouddhisme tibétain conserve un rôle essentiel dans les sociétés himalayennes, il n'échappe pas à une certaine crise des vocations. La tradition veut (ou plutôt voulait...) que les familles envoient leur 2^d fils au monastère, dès l'âge de 5 ou 6 ans, où ils rejoign(ai)ent orphelins et enfants manifestant des dispositions particulières pour l'étude. Des années plus tard, les jeunes moines vont parfaire leur formation théologique dans les grands monastères du Sud de l'Inde, qui ont remplacé ceux du Tibet, où ils se rendaient avant l'invasion chinoise.

Au sommet du *gompa* (monastère) : le *rinpotché,* le « précieux », n'est pas issu de la formation continue, mais choisi par un panel de dignitaires religieux en tant que réincarnation du *rinpotché* qui l'a précédé à ce poste, souvent sous la forme

corporelle d'un enfant très jeune – qui va vivre au monastère avec sa mère pour y être formé. Comment est-il choisi ? Lorsqu'il « reconnaît » les objets du défunt *rinpotché* en affirmant qu'ils sont les siens...
Les lamas jouent un rôle important en tant que guides spirituels, mais aussi social – aidant parfois à arranger certains des mariages, ou praticiens de la médecine traditionnelle.

Monuments du bouddhisme lamaïste

– ***Les murs de mani,*** que l'on trouve un peu partout sur les routes des monastères ou les chemins des chortens au Ladakh, sont des murs de pierres entassées, gravées de l'inscription « Ôm Mani Padme Um », la prière murmurée par tout le monde à longueur de journée (cela signifie : « Salut ô joyau dans la fleur de lotus »). On ne touche pas à ces pierres, ce serait un sacrilège ! Quand on rencontre un mur de *mani,* il faut le contourner dans le sens des aiguilles d'une montre. On réduit ainsi le temps qui nous sépare de l'accès au nirvana après les multiples réincarnations.
– ***Les chortens :*** on les appelle *stupas* dans la plupart des pays bouddhistes. Il faut les contourner, eux aussi, dans le sens des aiguilles d'une montre. Il existe 8 types de *chortens,* reliés aux 8 principaux événements de la vie du Bouddha. Le plus souvent, ils contiennent des textes sacrés (dans les temples), les cendres d'un défunt ou ont été érigés à titre de protection ou de... pénitence. Certains abritent des reliques de grands maîtres spirituels. Souvent, ils marchent par trois : un jaune (symbole de sagesse), un blanc (compassion) et un bleu (protection). Leur base carrée symbolise la terre ; le bulbe, l'eau ; la « flèche », le feu et la demi-lune ou croissant du sommet, l'air. Mais ces parties sont aussi associées aux différents niveaux de sagesse.
– ***Les gompa :*** c'est-à-dire les monastères. Il y en a dans les plus petits villages. Beaucoup s'accrochent à la montagne selon un équilibre invraisemblable, mais ne vous inquiétez pas pour eux, la plupart du temps ils sont là depuis des siècles ! C'est en raison des invasions passées qu'ils se perchèrent ainsi. Au Ladakh, les plus anciens, millénaires, sont plutôt tapis dans les vallées. Au Sikkim, ils sont plus récents (XVIIe-XXe s).
– ***Les drapeaux à prières :*** disséminés partout, notamment autour des monastères, sur le toit des maisons, au niveau des cols et des ponts, ils sont imprimés de mantras (prières) que le vent diffuse à l'infini pour le bien du monde et des hommes. Les *lungta,* de forme horizontale, forment de véritables guirlandes multicolores. Chaque couleur représente un élément : rouge pour le feu, blanc pour l'espace et l'air, jaune pour la terre, vert pour l'eau, bleu pour le ciel. Le blanc est aussi signe de deuil : à la mort d'un proche, on érige 108 drapeaux et on les laisse ainsi jusqu'à ce que les éléments les aient disloqués.
– ***Les moulins à prières :*** entourant les monastères par dizaines, ils produisent autant de « Ôm Mani Padme Um » qu'ils font de tours (dans le sens des aiguilles d'une montre, bien sûr !).

Petit lexique

– *Dukhang :* salle de prière principale dans un monastère tibétain.
– *Gonkhang :* salle de prière consacrée aux divinités protectrices, d'aspect « terrifiant ». On leur offrait traditionnellement des armes et des têtes d'animaux morts (pratique révolue).
– *Lhakang :* petite salle consacrée à une divinité dans les monastères lamaïques. Au Sikkim, les *lhakang* sont souvent inaccessibles aux profanes.
– *Thangka :* peinture tibétaine sur tissu.
– *Rinpotché (ou rimpoché) :* le chef de la communauté monastique, réincarnation de son prédécesseur.
– *Kagyur* : livres sacrés contenant les paroles du Bouddha, enveloppés dans des étoffes orange. Il y a 108 volumes.

– *Tangyur* : ce sont les commentaires et explications des paroles du Bouddha *(kagyur)* par les sages, les maîtres et érudits. On compte 240 ouvrages.

Représentations et symboles les plus fréquents

– ***Padmasambhava (ou Guru Rinpotché, « précieux maître ») :*** maître bouddhiste considéré comme le fondateur du bouddhisme tibétain (au VIIIe s) et, par extension, himalayen. Il est presque assimilé dans la région à un « second Bouddha ». On le reconnaît à ses bottes et ses fines moustache et barbe. Ses 1ers disciples fondèrent l'école des Nyingmapa (Bonnets rouges). 8 représentations alternatives existent, dont une très semblable au Bouddha et une autre sous la forme de ***Dorje Drolö,*** un personnage à l'air courroucé (le « fou sage ») chevauchant un tigre, qui chasse les démons ! Padmasambhava est omniprésent au Sikkim (au détriment du « vrai » Bouddha...).
– ***Gautama Bouddha :*** le bouddha du présent, alias prince Siddhârta, alias Shakyamuni, qui a donné naissance au bouddhisme au Ve ou VIe s av. J.-C. dans le nord de l'Inde.
– ***Avalokitésvara :*** le très présent bodhisattva de la compassion, généralement représenté avec 1 000 bras. Le dalaï-lama est considéré comme une de ses réincarnations.
– ***Maitreya :*** un bodhisattva qui serait le bouddha du futur, souvent représenté avec les mains dessinant le geste de l'enseignement.
– ***Amitābha*** **:** le bouddha des bouddhas, ou de la pureté infinie (régnant sur la « terre pure »), souvent représenté assis sur une fleur de lotus (et en couleur rouge).
– ***Manjusri :*** le *bodhisattva* de la sagesse, généralement représenté tenant l'épée... de la sagesse.
– ***Vairocana :*** le bouddha « illuminateur », représenté en blanc, attaché aux écoles tantriques.
– ***Tsongkhapa :*** le fondateur des Bonnets jaunes ; il est représenté dans les monastères de cet ordre.
– ***Les mandalas :*** support de méditation des pratiques tantriques, représentation symbolique de l'univers, le mandala se présente sous la forme d'un carré contenant un cercle contenant une multitude de symboles sacrés. Ils peuvent être imprimés sur tissus ou réalisés à base de sables colorés (lors des fêtes en général). Symboles de l'impermanence, ils sont rapidement détruits même s'il a fallu des jours de patient travail pour les réaliser.
– ***Bhavacakra*** *(la roue de la vie)* **:** vous la trouverez dans de nombreux monastères, peints sur les murs, et sur les *thangkas.* Figurant les enseignements du Bouddha, elle comporte 4 cercles concentriques. Dans le premier (au centre), l'avidité est représentée par un coq, la haine par un serpent, l'ignorance par un porc. Ce sont les « 3 poisons », causes de la *dukkha* (souffrance), dont il faut se défaire pour atteindre le nirvana. Le 2d cercle illustre le karma. Le troisième, le plus important, décrit les 6 états de l'existence (le samsara) : enfers, monde des fantômes, animaux, êtres humains, demi-dieux (encore belliqueux !) et êtres célestes. Le but : renaître dans la bonne case grâce à ses actes vertueux ! Le cercle extérieur, le plus étroit, décrit en 12 cases la chaîne éternelle des causes et des conséquences (quelle action déterminera quel karma) ; c'est la « coproduction conditionnée ». Quant au personnage effrayant tenant la roue, il représente l'impermanence des choses.

Quelques infos utiles

Au Ladakh, la plupart des monastères sont ouverts à la visite tous les jours de 6h ou 7h à 18h, avec une pause entre 13h et 14h. Au Sikkim, ils ouvrent et ferment en général plus tôt. L'entrée est presque partout payante et varie entre 20 et 100 ₹. N'oubliez pas d'enlever vos chaussures avant d'entrer dans les sanctuaires (chaussettes conseillées). Intérieur comme extérieur, il faut circuler dans le sens des aiguilles d'une montre autour ou dans les édifices. Les photos sans flash sont autorisées dans certains temples, interdites dans d'autres (presque partout au Sikkim).

Les cérémonies ont lieu généralement le matin très tôt, parfois aussi le soir ; on peut y assister. Au Ladakh, cela vaut vraiment le coup à Thiksé, où l'on se réveille au son des grandes trompes tibétaines ! Certains monastères (dont Thiksé, justement) abritent des hôtelleries ou acceptent de loger 1 ou 2 personnes, mais c'est rarement nickel et très froid hors saison !

L'Islam

Il ne faut pas oublier que l'Inde, avec près de 200 millions de musulmans (14 % de sa population), est le 3e pays musulman au monde (après l'Indonésie et le Pakistan), malgré la partition de 1947.
Bien que l'islam soit une religion égalitaire, on trouve chez les musulmans une hiérarchie entre les communautés qui ressemble fort aux castes : elle est fondée sur le degré de pureté par rapport à l'islam originel. Les hindous sont passés à l'islam par castes entières (et en gardant donc tous les devoirs correspondants), poussés par la misère à rechercher un nouveau maître.
– ***Les fakirs :*** le mot vient de l'arabe *fukr* « mendier ». On les confond souvent avec les *sadhus,* ascètes de religion hindouiste. Les fakirs sont des ascètes musulmans ayant fait vœu de pauvreté. Renonçant au monde, ces gyrovagues (religieux vagabonds) errent sur les routes et vivent de mendicité. Il y a des fakirs sérieux, comme ceux qui visitent les lieux sacrés de l'islam et les tombes des saints musulmans. D'autres sont des fanfarons qui se font remarquer par leurs prétendus tours de magie...

Le christianisme

L'Inde compte aujourd'hui environ 30 millions de chrétiens (2,3 % de la population totale). Parmi ceux-ci, près de 70 % suivent le rite de la liturgie catholique obéissant à Rome. D'autres croyants sont de rite syriaque oriental (l'église catholique syro-malabare). Une minorité chrétienne et orthodoxe obéit au patriarche d'Antioche. Il y a aussi des protestants.
Les chrétiens d'Inde vivent principalement au ***Kerala*** (6 millions de personnes) et au ***Tamil Nadu*** (4,4 millions). Un quart de la population de Goa est composée de chrétiens. Le christianisme serait apparu dans le sud de l'Inde avec ***saint Thomas*** qui arriva à Cranganore (Kerala) en 52 apr. J.-C. L'apôtre aurait d'abord converti des juifs déjà installés là. Après avoir fondé plusieurs communautés et églises chrétiennes, saint Thomas fut tué à Mylapore. Il aurait été enterré à l'emplacement de la basilique Saint-Thomas à Chennai. La 1re vague d'évangélisation se déroula dès le IIIe-IVe s. La 2de vague date de l'arrivée des missionnaires européens venus avec les colons portugais dans le sillage de Vasco de Gama (1498). Parmi eux, ***saint François-Xavier*** (jésuite espagnol du XVIe s enterré à Goa), qui diffusa le catholicisme sur la côte, de Goa jusqu'à Cochin.
Aujourd'hui, les communautés chrétiennes du sud de l'Inde vivent en paix et en bonne entente avec les autres religions, sauf quand l'extrême droite hindoue prêche la haine. Elle orchestre alors des campagnes antichrétiens, qui aboutissent parfois au pire : mises à sac d'églises, autodafés de bibles, harcèlement des communautés chrétiennes, etc. Mais cela reste sporadique et minoritaire.
– ***Bon à savoir :*** le christianisme indien a intégré le système des castes, bien que l'égalitarisme fasse partie de leurs préceptes. On trouve ainsi des chrétiens de castes supérieures et des chrétiens de castes inférieures.

Les sikhs et le sikhisme

Les sikhs forment ***l'une des communautés les plus originales de l'Inde,*** composée d'environ 23 millions de personnes (1,7 % environ de la population totale). Il s'agit d'une minorité religieuse (et non ethnique) solidaire, entreprenante, très présente dans le domaine de l'économie, des affaires et du commerce. Le sikhisme, qui prescrit l'honnêteté et le service de la société, en fait des interlocuteurs recherchés dans les transactions financières.

Extérieurement, ils se distinguent facilement des autres Indiens. Ils ont une barbe non taillée (mais bien entretenue), souvent enserrée dans une résille, et accompagnée d'une belle moustache. Ils arborent fièrement un turban de couleur dans la rue comme au bureau, dans n'importe quel lieu public, sauf le soir chez eux. Il ne s'agit pas d'un vague chiffon enroulé à la va-vite, mais d'un vrai et beau turban, repassé et net, cachant leur longue chevelure sacrée roulée en chignon. Les sikhs constituent une ***élite indienne, aussi intellectuelle que commerçante,*** soudée autour de sa religion, le sikhisme, une étrange synthèse de l'islam monothéiste et de l'hindouisme polythéiste.

LES TOURMENTS DU TURBAN

Le turban (et la barbe) distingue un sikh du commun des mortels. Le turban est obligatoire pour un sikh « initié » et fait partie intégrante de son habillement. Un vrai sikh est prêt à affronter moult difficultés pour préserver ses attributs, et l'interdiction éventuelle de porter le turban est toujours ressentie comme une persécution religieuse. La couleur n'a pas de signification particulière, mais, par habitude, le rouge est souvent préféré pour un mariage, le blanc lors de funérailles. Le bleu foncé, le safran et l'orange sont les couleurs du Khalsa (l'élite religieuse). Le jaune (safran ou orange) est devenu un symbole de la lutte pour l'indépendance du Khalistan.

Guru Nânak, inventeur d'une religion nouvelle

Tout a commencé au milieu du XVe s, au Pendjab, cette lointaine province du Nord-Ouest à la terre si fertile, couloir des rencontres et des invasions. En 1469 naquit, dans un petit village à une soixantaine de kilomètres de Lahore (aujourd'hui au Pakistan), un dénommé Nânak, hindou, membre de la classe des *kshatriyas* (nobles, guerriers). Reprochant à l'hindouisme son ritualisme et son système de castes, il s'intéressa à l'islam chiite et aux autres religions. Après son mariage, à 27 ans, Nânak fit ce que la légende appelle une « rencontre mystique ». Après 3 jours de retraite silencieuse, il déclara : « Il n'y a pas d'hindous, il n'y a pas de musulmans, il n'y a qu'un Dieu, la Vérité suprême. » Le nouveau *guru* s'en alla prêcher sa religion à travers l'Inde moghole, l'Irak, et même en Arabie. Il revint ensuite au pays.

Sans le savoir vraiment, il avait donné naissance à une foi nouvelle, capable d'apaiser les haines religieuses. ***De l'hindouisme, il rejeta les castes*** et conserva la réincarnation. ***De l'islam, il retint la simplicité, l'absence de représentations divines,*** la prière et le dogme du Dieu unique. ***Du bouddhisme,*** il garda le sens de la compassion et du détachement des passions. Un certain dépouillement, en somme. Comme tout inventeur, il butina aussi quelques idées chez les chrétiens, les zoroastriens, et même dans la religion juive, retenant toujours ce qu'il pensait être le meilleur de chacun. Ses disciples prirent eux-mêmes le nom de sikhs, dérivé d'un mot sanskrit signifiant justement « disciple ». Génial dans son inspiration, il le fut aussi par son sens de l'organisation. Il désigna son successeur (pour éviter les dissensions à sa mort), le *guru* Angad (1539-1552).

Angad donna au mouvement un recueil d'hymnes et créa un alphabet spécial, le *gurmukhi*. Après Angad, une dizaine de *gurus* se succédèrent à la tête de cette nouvelle communauté religieuse, le mouvement s'organisa et prit de l'ampleur. Le *guru* Amar Das s'insurgea contre le sacrifice des veuves. Et Ram Das (1574-1581) fonda la ville d'Amritsar, la capitale religieuse des sikhs, où se dresse encore de nos jours le Golden Temple.

Le credo des « 5 K »

La tyrannie du pouvoir central, l'hostilité croissante des musulmans et des hindous, les persécutions qu'ils subirent amenèrent le 10ᵉ *guru,* Govind Singh (1675-1708), à ***transformer cette religion en une foi militante.*** Il créa l'ordre militaire des *Khalsas,* les « Élus de Dieu ». Il rassembla ses 5 disciples préférés (les *Panj Piyara*) et les fit entrer dans la confrérie après un rituel. Au terme de ce baptême, les 5 hommes reçurent de nouveaux noms se terminant tous par *Singh* (« lion » !). Avec le temps, les Singh se sont multipliés et sont aujourd'hui les « Mister Smith » des sikhs. Ces ***hommes-lions*** devaient pouvoir défendre leur foi au prix de leur vie.

Le guru institua la loi des « 5 K ». Les Khalsas devaient laisser pousser leurs poils *(kesh),* ne pas couper leur barbe ni leurs cheveux. Le 2ᵉ K fut le *kangha* : un peigne d'ivoire ou de bois qu'ils placeraient dans leur chignon. Le 3ᵉ K, le *kara* : le bracelet d'argent (ou en fer argenté, voire en acier) qu'ils enfileraient à leur poignet droit. Le 4ᵉ K *(kacca)* désignait le caleçon court qu'ils devraient porter. Enfin, 5ᵉ K, le poignard *(kirpan)* ou l'épée qu'ils auraient toujours sur eux pour se défendre. Depuis ce serment, les sikhs les plus pieux continuent à suivre coûte que coûte ces préceptes, même si aujourd'hui on peut observer une certaine souplesse dans leur application.

Combattants redoutables, excellents guerriers, ils infligèrent aux Anglais leur pire défaite aux Indes, en 1849, au village de Chillianwala. Près d'un tiers des soldats de l'armée des Indes étaient, comme par hasard, des sikhs, et environ la moitié des soldats et officiers décorés pendant les 2 guerres mondiales provenaient aussi de leur communauté. Au lendemain de l'indépendance de l'Inde, en 1947, des sikhs s'illustrèrent en sens inverse par leur zèle sanguinaire, en perpétrant des massacres parmi les musulmans du Pendjab. Héritage probable, mais dévoyé cette fois, de la règle sacro-sainte des « 5 K » !

Outre ces 5 préceptes, les sikhs ne doivent théoriquement pas boire de vin, ni fumer, ni manger de la viande provenant d'animaux égorgés selon le rite musulman.

L'Adi Granth, livre sacré

Ils vénèrent un livre sacré, l'*Adi Granth* (« Livre fondamental ») ainsi que le *Guru Granth Sahib,* un recueil de textes religieux rédigés par Nânak, ses disciples et les bardes célébrant les 1ᵉʳˢ fondateurs du sikhisme. L'*Adi Granth* est conservé dans le saint des saints : le ***Golden Temple d'Amritsar,*** mais il est aussi présenté dans tous les *gurdwaras,* c'est-à-dire les temples sikhs. À la fois catéchisme pratique, livre de prières et recueil de poésies, ***l'Adi Granth est la base de leur foi.*** La *Mukti* est le but suprême, c'est-à-dire la libération du samsara, le cycle des naissances. L'obstacle majeur dans l'élévation de l'esprit s'appelle *Haumai,* un condensé des mauvais penchants comme l'égoïsme, la passion, la colère, l'avarice et l'orgueil. Pour s'en libérer, il faut, selon la foi sikhe, retrouver « la dévotion aimante qui mène à l'union complète avec Dieu, source unique de l'amour et de la grâce ». Bel idéal gâché par l'intolérance des uns et l'extrémisme des autres, et trop souvent récupéré à des fins politiques.

Reste la figure exemplaire et intacte du fondateur du sikhisme, Guru Nânak, célébré par les sikhs, chaque année en novembre, dans toute l'Inde. Au cours de cette fête marquant l'anniversaire de sa naissance, les nombreux commerces tenus par les sikhs, les bureaux et les sociétés ferment leurs portes.

Le judaïsme

Il faut dire un mot des juifs, non point à cause de leur nombre, mais parce que c'est l'une des plus anciennes communautés de la diaspora. Elle était, en effet, déjà installée au Kerala avant l'ère chrétienne. Elle est arrivée en 70 av. J.-C., consécutivement à la destruction du second temple de Jérusalem. Aujourd'hui, une poignée d'entre eux seulement vivent encore à Kochi (Cochin)... Fait étonnant, on trouve 2 castes, les juifs blancs et les juifs noirs, ces derniers étant considérés comme « intouchables » par les autres.

Les parsis

Héritiers de la religion perse (d'où leur nom) de Zarathoustra, les parsis, peu nombreux, adorent le Soleil. Pour ne pas souiller les éléments après leur mort, ils confient leurs dépouilles aux vautours au sommet des « tours du silence ».

Le jaïnisme

Non violents, les jaïns refusent les armes et ne consomment aucun animal. Ils sont respectés de tous les autres Indiens et n'ont jamais été persécutés.
On compte aujourd'hui 4 à 5 millions de jaïns en Inde, la plupart au Maharastra, au Rajasthan, dans le Gujarat, le Madhya Pradesh et au Karnataka. Au Rajasthan, et particulièrement à ***Mount Abu*** et ***Ranakpur,*** vous visiterez leurs admirables temples, la plupart construits en marbre blanc, qui se caractérisent par une grande finesse d'exécution et une étonnante sérénité, malgré la profusion de sculptures. Dans le Sud, c'est à Sravanabelagola, dans le Karnataka, qu'on trouve leur lieu de culte le plus connu.
Le jaïnisme est une religion dont les origines remontent bien avant notre ère. Son développement serait dû à une ***réaction contre le système des castes hindoues*** et contre les sacrifices d'animaux. Leurs règles feraient passer Brigitte Bardot pour timorée ! Une doctrine « radicale » fut édictée par Mahavira (il vécut à la même époque que le Bouddha), le dernier *Tirthankara,* au VIe s avant notre ère, prônant l'égalité de toute vie et l'ascétisme. Au Ier s de notre ère, un schisme eut lieu entre les jaïns. Les *digambaras,* vêtus de pas grand-chose (précurseurs de nos naturistes), et les *shvetambaras,* vêtus de blanc. On trouve les premiers dans le Sud et les seconds plutôt dans le Nord.
Les jaïns croient dans la division de l'univers en cycles, où alternent progrès et déclin. Ces cycles sont régis par les *Tirthankaras,* maîtres du jaïnisme. Il y en eut 24. Ce sont en quelque sorte les patriarches, les réformateurs religieux. Au fil des siècles, ce sont eux qui guidèrent les fidèles. Souvent, les temples sont dédiés à tel ou tel *Tirthankara.* Les jaïns recherchent la libération de l'âme en la détachant de son karma. Mais le jaïn de la rue ne peut y parvenir. Et même pour les religieux, rien n'est sûr. Car la tâche est rude.
Il existe ***5 règles majeures*** : ***ne tuer aucun être vivant,*** ne pas voler, se détacher des biens matériels, être chaste, ne pas manger... de nuit (on pourrait manger un insecte sans le voir). C'est pour respecter au pied de la lettre ces règles, et surtout la première, que vous verrez souvent dans les temples des jaïns portant une étoffe devant la bouche. Cela pour éviter d'avaler une quelconque bestiole en respirant. De même, ils balaient les temples en permanence, et même devant eux dans la rue. Cela pour n'assassiner aucune fourmi ou autre bébête. Pour la même raison, vous verrez leurs moines marcher le long des routes : ils ne prennent jamais le bus, puisque les véhicules tuent les insectes.
Ils sont vêtus de blanc, sont évidemment ***strictement végétariens,*** et se veulent d'une extrême tolérance. Curieusement, leur éloignement de tout ce qui est matériel ne les empêche pas d'avoir ***le droit de s'enrichir. Les jaïns sont des ascètes, mais des ascètes riches.*** Cette richesse vient tout simplement du fait qu'il leur est interdit de tromper leur prochain : on leur fait donc confiance ! Professionnellement, les jaïns se trouvent surtout dans les affaires, le commerce et la joaillerie, puisque les métiers militaires, l'agriculture et l'élevage leur sont interdits.
En visitant les temples, vous vous apercevrez qu'ils ne refusent pas (quand ils ne le réclament pas) un bon pourboire. Par ailleurs, la communauté jaïne fait preuve d'une extrême générosité envers les hôpitaux, les œuvres, les écoles... En pénétrant dans un temple jaïn, on a tout d'abord le sentiment d'une grande confusion

architecturale, une sorte de superposition un peu brouillonne d'édifices. Il n'en est rien. Les formes, les tailles, l'orientation de chaque partie de l'ensemble répondent aux règles d'une cosmogonie précise. Tout est réglé en fonction du *mandala*, sorte de diagramme idéal représentant toutes les puissances universelles, et centré autour d'une divinité précise. Très compliqué pour les non-initiés ! Ce qui n'empêche pas d'apprécier, en revanche, la qualité des sculptures, leur finesse, leur grâce... et leur état de conservation.

RÉSERVES D'ANIMAUX ET PARCS NATIONAUX (*WILDLIFE SANCTUARIES* ET *NATIONAL PARKS*)

Ces réserves et parcs nationaux se rencontrent un peu partout en Inde. Ils ont été créés pour sauvegarder des espèces animales en voie de disparition (le lion d'Asie du Gujarat, l'antilope à 4 cornes, le rhinocéros unicorne, les ânes sauvages et le tigre, bien sûr car l'Inde totalise plus de la moitié de la population de tigres vivant dans le monde !). Leur accès est limité (certaines réserves sont même fermées une partie de l'année, et ce sans aucune indication) et payant (bien cher pour les plus importants) ; il faut parfois demander un permis. Sachant qu'on dénombre aujourd'hui pas moins de 80 parcs et 441 réserves d'animaux, on vous épargnera la liste exhaustive !

– Attention : un certain nombre de réserves sont fermées en juillet et août, période de mousson.

PRESSENTIMENT ANIMAL

Lors du tsunami de 2004, on ne retrouva aucun cadavre d'animal. 6e sens surprenant ? On aperçut chiens, écureuils, poules fuir les rivages. Même les éléphants cassèrent leurs chaînes pour se mettre à l'abri. Ils disposent d'une perception très affinée des bouleversements naturels.

RÔLE DE LA FEMME

Être femme en Inde aujourd'hui recouvre bien des réalités différentes. Entre la jeune citadine issue d'une haute caste et l'intouchable des villages de l'Andhra Pradesh, rien de comparable, à 1re vue. Et pourtant... Même si les choses évoluent lentement, toutes deux n'auront d'existence sociale au cours de leur vie qu'au travers des hommes de leur famille : le père d'abord, le mari (et la belle-mère toute-puissante) ensuite, enfin le fils (théoriquement) si elles se retrouvent veuves. Toutes deux sont presque assurées de se marier traditionnellement, sans avoir forcément rencontré leur futur époux avant le jour de la cérémonie. Toutes deux, en fait, dépendent du bon vouloir de la famille et de la société. Entre le poids de la tradition et les contingences économiques, la vie de la femme indienne est une succession d'obstacles et de contraintes.

L'INDE MONTRE L'EXEMPLE

On connaît la vie exécrable et humiliante de bien des Indiennes. Et pourtant, depuis mars 2010, une loi exige que le tiers des élus du Parlement soit des femmes. Mais elle n'a pas été définitivement adoptée. Jusqu'à présent, seuls les intouchables et tribus minoritaires avaient droit aux quotas. Bien des politiciens s'y sont opposés : ils craindraient, en effet, une baisse de la corruption !

La jeune citadine, si elle est issue de la classe aisée, a plus de chances de fréquenter une université. Mais dans un pays où l'alphabétisation est encore une lutte quotidienne, les femmes font évidemment partie des exclus de l'enseignement. Les chiffres de 2015-2016 marquent cependant un net progrès : si 81,3 % des hommes (de plus de 15 ans) peuvent être comptés comme alphabétisés, 63 % des femmes (de plus de 15 ans) peuvent en dire autant.
Mais ces indications livrées à l'échelle du pays occultent des disparités régionales autrement plus catastrophiques. Le ***Rajasthan rural*** et traditionnel affiche le taux le plus bas du pays avec 52,7 % de femmes alphabétisées, et le ***Bihar miséreux*** 53,3 %. À l'inverse, plus de 93 % des femmes du Kerala peuvent lire et écrire (cet État est le plus alphabétisé de l'Inde). Mais là encore, il faut différencier la ville de la campagne, où les filles quittent rapidement les bancs de l'école pour s'acquitter des travaux des champs...
Pourtant, le problème crucial n'est pas tant l'enseignement ou le mariage arrangé que la déconsidération réelle des femmes. ***Avoir une fille est considéré comme une charge financière et un mauvais investissement.*** D'abord parce que les dots (bien qu'interdites officiellement depuis 1961) ont toujours cours lors des mariages. Et aussi parce qu'une fille ne rapportera rien une fois mariée. Les conséquences sont diverses, depuis l'infanticide (ou l'avortement tardif, une fois déterminé le sexe féminin de l'enfant à venir – officiellement interdit...), à la vente à des agences d'adoption, en passant par les mauvais traitements (65 % des femmes seraient touchées par la violence domestique), la malnutrition, etc., au sein même des familles. ***Il manquerait aujourd'hui environ 60 millions de femmes en Inde*** : c'est l'un des seuls pays au monde (avec la Chine) à avoir une population masculine plus nombreuse que la population féminine.
Un vieux dicton ne dit-il pas qu'« élever une fille, c'est comme arroser le jardin des voisins » ? Donc, autant qu'elle rende service tant qu'elle est là : tâches domestiques, garde des enfants plus jeunes, petits travaux rémunérateurs (prostitution dans le pire des cas) seront son lot quotidien, et la prépareront de toute façon à son futur rôle d'épouse, bien mieux que l'école.

L'enfer du mariage

Une fois mariée, la femme passe en principe sous l'autorité de son époux. En pratique, sous celle de sa belle-mère, qui va enfin pouvoir se défouler sur cette nouvelle venue de toutes les brimades qu'elle a elle-même endurées. Tous les cas de figure sont possibles : ***violences morales et conjugales, abus sexuels et psychologiques, torture physique,*** et même meurtre, en particulier lorsque la dot tarde à être réglée *(dowry murder).* Cette manière de se débarrasser d'une belle-fille, de préférence déguisée en suicide ou en accident domestique (de nombreux saris prennent « malencontreusement » feu dans les cuisines...), permet en plus au fils d'épouser une autre femme, et donc de récupérer une autre dot... Par chance, les médias indiens ont fini par s'en émouvoir et, en zone urbaine, le nombre de ces exactions a tendance à régresser. Mais en zone rurale, il est beaucoup plus difficile d'évaluer l'ampleur du phénomène.

La crémation des veuves

Même cas de figure pour la ***crémation rituelle des veuves*** (le *sati*), interdite théoriquement par les Anglais dès 1829. Cependant elle continua de se pratiquer au Rajasthan et au Bengale et dans les communautés hindoues « intégristes » jusqu'au début du XXe s. En 2008, un cas s'est encore produit à Raipur (au centre-est du pays), où une femme de 75 ans s'est jetée dans le bûcher funéraire où brûlait son mari défunt de 80 ans. Si ces coutumes archaïques sont désormais marginales, les conditions de vie des veuves restent très problématiques. La femme n'a plus d'existence sociale après la mort de l'époux, considéré comme le seul détenteur de l'autorité morale et économique.

Les veuves sont ainsi fréquemment rejetées et finissent leurs jours dans des hospices, sont réduites à la mendicité, ou rejoignent Vrindavan, ville-refuge (voir encadré). Les fortes pressions familiales et l'absence d'indépendance économique sont également un obstacle quasi insurmontable à toute tentative de divorce. Autorisé depuis 1955, il n'est que très peu appliqué... Une récente réforme le rend plus facile et, s'ils restent rares, les chiffres montrent que la société indienne est en train de l'adopter.

LA CITÉ DES VEUVES

En Inde, selon une croyance, rencontrer une veuve dès le matin porte malheur, c'est un mauvais présage. La superstition engendre l'ostracisme à l'égard des veuves. Pour y échapper, celles-ci se réfugient à Vrindavan, une ville sainte dédiée à Krishna, dans l'Uttar Pradesh, entre New Delhi et Agra. Elles sont environ 6 000 veuves à y vivre en paix, mais très pauvrement. Certaines logent dans les temples et ashrams, d'autres mendient. Elles vivotent mais personne ne les rejette.

Le grave problème du viol

Ce qui reste certain, c'est que la femme indienne, même lorsqu'elle a la chance de tomber sur une belle-famille correcte, n'est guère reconnue comme individu. Elle n'a pas droit à la parole, subit souvent des violences conjugales, qui vont des coups quotidiens aux viols. Elle mange après toute la famille, c'est-à-dire les restes. Elle manque de soins médicaux, d'attention, de respect, en somme. Reportez-vous donc au bouquin de la « Reine des bandits », si vous voulez des exemples circonstanciés... (*Moi, Phoolan Devi, Reine des bandits* ; voir « Livres de route » dans « Inde du Nord utile »). En décembre 2012, le viol collectif d'une étudiante dans un bus à Delhi a suscité une forte réaction de la part de la société civile choquée. Le retentissement fut mondial.

Les femmes plus émancipées au sud qu'au nord

On vous l'accorde, ce tableau peut paraître bien sombre, et recouvre difficilement la grande diversité de l'Inde. En rentrant un peu plus dans les détails, ***l'Inde du Sud est moins sauvage avec sa moitié féminine*** : dans le ***Kerala,*** peu de discrimination scolaire, moins de décès bizarres ; peut-être une vieille implantation communiste et chrétienne en est-elle la raison ? Le ***Rajasthan*** et l'***Uttar Pradesh,*** en revanche, sont en tête sur la liste noire. Et même au sein des familles, on peut noter parfois une étonnante différence entre une fille étudiante qui va discuter ouvertement d'émancipation et sa mère qui n'aura pas ouvert la bouche ni mis un pied hors de la cuisine.

Heureusement, parmi le petit tiers de population qui a un niveau de vie moyen et un environnement urbain, le nombre de ***femmes autonomes et entreprenantes*** s'accroît d'année en année. Non contentes de travailler, elles tentent de faire avancer la cause de leurs congénères. Et les associations, ONG, etc., qui se battent pour concrétiser le principe de l'égalité des sexes (présent dans la Constitution indienne), augmentent en nombre et en poids, en favorisant, par exemple, le développement d'initiatives féminines dans les campagnes.

SARI

Un sari est une longue étoffe drapée de 5,50 m (minimum) à 10 m de long sur 1,10 m de large. C'est tout ce qu'il y a dans un sari, mais c'est déjà pas mal ! Sous le sari, juste un jupon et un corsage qui laisse le ventre nu. Traditionnellement, la manière de le draper autour du corps varie selon la région, l'ethnie, l'activité, la religion, etc. Il peut exprimer aussi l'humeur, l'événement, l'occasion.

Le blanc est porté pour marquer un deuil, tandis que la nouvelle mariée se drapera dans un sari rouge éclatant, la plupart du temps brodé de fils d'or. Vous l'avez compris, il existe une très grande variété de saris, sans parler des motifs représentés et du tissu utilisé.
Aujourd'hui, c'est le style urbain qui se répand dans toute l'Inde : quelles que soient la texture et l'étoffe, il est porté de manière à permettre aux femmes des mouvements plus aisés. Mais, à moins d'être experte, vous aurez le plus souvent l'air d'un paquet mal emballé. Bon à savoir : la plupart des Indiennes ajoutent bon nombre d'épingles à nourrice pour assurer la pérennité de leur tenue.

SAVOIR-VIVRE ET COUTUMES

– Sauf s'il en a pris l'initiative, ***ne serrez pas la main*** de votre interlocuteur, certains considèrent que c'est un acte impur. De même, faire la bise est considéré comme un acte sexuel.
– Au lieu de serrer la main, vous pouvez, comme beaucoup d'Indiens, ***saluer en joignant les mains*** sous le menton et en baissant la tête. Ils accompagnent ce geste du mot *namaste* ou *namaskar,* plus respectueux ; dans les campagnes, ils s'adressent la bénédiction *ram ram*.
– ***Ne touchez pas non plus votre interlocuteur*** avec vos pieds (déjà, ici, ça ne se fait pas !) et ne dirigez pas la plante de vos pieds vers lui ; mais si avec vos mains vous touchez ses pieds par inadvertance, il y verra un signe de grand respect. Cette recommandation est aussi valable pour les représentations des divinités quelles qu'elles soient. Les mendiants chercheront parfois à vous toucher les pieds, vous obligeant par la même occasion à récompenser cette marque de respect...
– ***Ne vous habillez pas de façon légère.*** Shorts, bermudas (a fortiori moulants), débardeurs et jupes courtes sont à proscrire. Plus encore en ce qui concerne les décolletés plongeants, et cela vaut pour les femmes comme pour les hommes. Évitez d'avoir les épaules et les jambes dénudées, cela peut réellement choquer. Bien sûr, une plus grande tolérance est accordée dans les boîtes de Mumbai par exemple, mais pas d'excès non plus.
– ***En couple, ne soyez pas trop démonstratifs.*** Sérieusement, évitez de vous embrasser en public et même de vous tenir par la main. On sait, c'est plutôt frustrant, mais c'est comme ça. D'ailleurs, vous serez frappé par la pudeur extrême des couples indiens qui ne s'autorisent aucune marque d'affection en public. En revanche, les signes d'amitié entre hommes sont fréquents : il n'est pas rare de voir 2 hommes se tenir par la main ou par le petit doigt (sans aucune connotation amoureuse).
– Même conseil de retenue en ce qui concerne les photos. Voir aussi « Photos » dans « Inde du Nord utile ».
– Si vous êtes attablé dans un resto en compagnie d'Indiens, ne vous offusquez pas si l'un d'eux se met à l'écart avant l'arrivée des plats. Certains végétariens respectent leur doctrine jusqu'au bout au point de ne pouvoir partager la table d'un « carnivore ».

EXÉCUTION PAR ÉLÉPHANT

Les Moghols avaient l'habitude d'exécuter leurs opposants politiques et les criminels en les faisant piétiner par des éléphants. Le dernier supplice eut lieu en 1947.

TANTRA HINDOU

Dès le VIe s, des textes sacrés enseignaient l'art des positions amoureuses. L'harmonie sexuelle est fondamentale pour s'épanouir et se rapprocher des dieux. Pourquoi, aujourd'hui, l'Inde est-elle devenue si pudique ? L'interdiction du baiser au cinéma en est un bon exemple.

– ***Si vous êtes invité à un repas,*** oubliez vos manières d'Européen et évitez de proposer votre aide, c'est offensant pour la famille qui vous accueille. Voir à ce sujet « Cuisine. Si vous êtes invité à manger dans une famille indienne ».
– ***Si vous visitez un temple hindou*** ou bouddhiste, ou une mosquée, il faudra obligatoirement vous déchausser, et parfois même enlever vos chaussettes ! Dans les temples sikhs, les objets et vêtements en cuir sont interdits (ceinture, etc.) et il est impératif de se laver les mains avant d'entrer. Le cuir est aussi parfois interdit chez les hindous, comme sur les berges du lac de Pushkar. Les jaïns, eux, outre le cuir, refusent l'entrée aux femmes indisposées...

SIGNES, SYMBOLES ET SUPERSTITIONS

Toute activité quotidienne est liée à la spiritualité. Le sens du sacré sous-tend tous les gestes de la journée. Le paysan parera ses vaches pour aller au marché, fera des offrandes pour assurer la protection de ses cultures. Les femmes mariées portent le *tilak* tous les jours, symbolisant l'œil de la vérité. Le scientifique consulte les dieux avant chaque expérience. Le fait de laisser déambuler les vaches dans les villes, d'être végétarien ou d'envisager la vie sous son aspect transitoire... relève encore et toujours du sacré.
– ***Le tilak** (ou **tika** ou **tilaka**) :* cette marque apposée sur le front des dévots hindous représente « le 3e œil », ou « œil de la connaissance » de Shiva. Il est écrit que Parvati avait caché les yeux de Shiva pour jouer. D'où ce 3e œil symbolique. Autrefois dessiné d'un geste religieux avec le majeur de la main droite, le *tilak* est aujourd'hui plus décoratif mais est toujours censé porter bonheur. Il se compose d'une poudre vermillon ou d'une pâte de bois de santal (le santal est sacré en Inde). De plusieurs couleurs et formes, on distingue surtout le rouge et le noir (tous deux ayant traditionnellement une signification sociale : rouge pour les femmes mariées, noir pour les filles célibataires), puis le jaune et le blanc, ce dernier produit à base de bouse de vache (!).
– ***Le svastika :*** ce mot provient du sanskrit ***su*** (« bon ») et ***asti*** (« cela est »). « Cela est bon. » Connue depuis la haute Antiquité, cette croix marque la régénération perpétuelle, le tourbillon créationnel. Symbole cosmique pour les hindous et les jaïns, c'est aussi l'emblème de Ganesh (divinité de la Connaissance). Mais chacun y voit ce qu'il veut : il représente par exemple la Roue de la Loi pour les bouddhistes... Ce qui explique que l'on en voit partout en Inde, mais aussi dans les différents pays himalayens et en Chine. Son autre nom de « croix gammée » s'explique par ses 4 branches en forme de « gamma » (lettre grecque). Il ne faut donc surtout pas voir de référence au nazisme dans l'emploi de ce symbole par les hindous (puisqu'il lui est antérieur). En reprenant la croix gammée, Hitler, très versé dans l'ésotérisme, voulait en faire l'emblème de l'aryanité (définie elle-même de façon trompeuse, selon des critères raciaux). Il ne faisait qu'imiter Charlemagne, qui en avait déjà fait son emblème. Raciste et copieur.
– ***Le lingam :*** mot signifiant « signe » en sanskrit. C'est une pierre oblongue et dressée – souvent d'apparence clairement phallique – symbolisant Shiva, ici dans son rôle de transformateur et de créateur. La base du lingam est généralement posée sur une sorte de petite table d'offrandes appelée *yoni,* « réceptacle », telle une matrice ou un sexe féminin.

Superstitions

Les superstitions indiennes sont nombreuses. Nous pouvons en citer quelques-unes.
– Tout d'abord la foi que l'on accorde au ***Rohukolam.*** *Rohu* est le corps céleste mythique qui symbolise le mauvais augure. *Kolam* est le mot sanskrit pour « heure ». D'après la tradition, Rohu s'approprie 90 mn chaque jour afin d'exercer son influence néfaste. Tout ce qu'on aborde ou commence pendant cette

période tourne mal. Ainsi, par exemple, le lundi de 7h30 à 9h ; ou durant la nuit de dimanche à lundi de 4h30 à 6h. Pendant ces laps de temps, il est urgent de ne rien commencer ! On peut tout de même déjouer les maléfices de Rohu en feintant : un examen à 8h le lundi ? Je feins en sortant de chez moi d'aller voir un voisin, puis par un chemin détourné et sans en avoir l'air, je débouche dans la salle d'examen...

– Il est formellement déconseillé de ***dormir la tête tournée vers le sud,*** car, d'après la mythologie indienne, le Sud appartient à Yama, dieu de la Mort.

– Il ne faut jamais payer ses dettes après le crépuscule : cela reviendrait à renvoyer pour la nuit Laksmi, la déesse de la Richesse et de la Prospérité. L'adage dit donc : « Les lampes sont allumées, revenez donc prendre votre dû demain matin. » L'allumage de la lampe, le soir, symbolise l'invitation faite à Laksmi à entrer dans la maison.

– Attention, ***éternuer porte malheur,*** surtout si cela se produit au moment même où l'on va entreprendre quelque chose. Ainsi, pour éviter tout mauvais présage, on joue une musique assourdissante pendant les repas de mariage : si quelqu'un dans l'assistance éternue, on ne l'entend pas.

SITES INSCRITS AU PATRIMOINE MONDIAL DE L'UNESCO

UNESCO – Organisation des Nations Unies pour l'éducation, la science et la culture · En coopération avec le Centre du patrimoine mondial

Pour figurer sur la liste du Patrimoine mondial, les sites doivent avoir une valeur universelle exceptionnelle et satisfaire à au moins un des 10 critères de sélection. La protection, la gestion, l'authenticité et l'intégrité des biens sont également des considérations importantes.

Le patrimoine est l'héritage du passé dont nous profitons aujourd'hui et que nous transmettons aux générations à venir. Nos patrimoines culturel et naturel sont 2 sources irremplaçables de vie et d'inspiration. Ces sites appartiennent à tous les peuples du monde, sans tenir compte du territoire sur lequel ils sont situés.

Pour plus d'informations : • *whc.unesco.org* •

En Inde du Nord

– ***La tombe de Humayun*** (1993), le complexe monumental du ***Qutb Minar*** (1993) et l'ensemble du ***Fort Rouge*** (2007) à Delhi.

– ***Le Taj Mahal*** (1983) et le ***Fort Rouge*** (1983) à Agra.

– ***Fatehpur Sikri*** (1986).

– ***Le Keoladeo Ghana National Park*** (1985) à Bharatpur.

– L'ensemble monumental (1986) de ***Khajuraho.***

– L'ensemble du ***temple de la Mahabodhi*** (2002) à Bodhgaya.

– ***Les monuments bouddhiques de Sanchi*** (1989).

– ***Le chemin de fer de montagne « Darjeeling Himalayan Railway »*** (1999) et celui qui conduit de ***Kalka à Shimla*** (2008).

– ***Le temple du Soleil*** (1984) à Konârak.

– Le parc archéologique de ***Champaner-Pavagadh*** (2004) dans le Gujarat.

– ***Le Jantar Mantar*** (2010) ainsi que toute la ***vieille ville de Jaipur*** (2019), dans le Rajasthan.

– ***Les forts de Chittorgarh, Kumbhalgarh, Sawai Madhopur, Jhalawar, Jaipur et Jaisalmer*** (2013).

– ***Le site archéologique Nalanda Mahavihara*** (université de Nalanda) à Nalanda (2016).

– ***L'œuvre architecturale de Le Corbusier*** (2016) à Chandigarh.

– ***La vieille ville d'Ahmedabad*** (2017) dans le Gujarat.

YOGA

Les 1res références au yoga se trouvent dans les textes védiques, les plus anciens écrits sacrés de l'Inde antique. Longtemps discipline secrète, transmise oralement de maître à disciple, son enseignement s'est largement démocratisé et l'on peut le pratiquer presque partout en Inde, dans le cadre de stages (le plus souvent dans les ashrams) ou de cours (on en trouve régulièrement dans les zones touristiques).
Il n'y a pas un yoga mais des yogas, et nous ne pouvons résumer ici l'étendue et la complexité de cet ensemble de systèmes philosophiques et pratiques. Pour faire simple, on peut dire que la fonction première du yoga est ***d'unifier les différents niveaux, physique, psychique et émotionnel*** d'une personne. Le terme même de « yoga » (du sanskrit *yuj,* l'acte d'atteler les chevaux, devenu *yug,* ce qui sert à relier) signifie union du corps et de l'esprit grâce à la respiration.
En pratique, on combine des exercices physiques (les *âsana*) et d'autres respiratoires *(prânâyamâ).* Il existerait plus de 84 000 *âsana,* mais le nombre de 2 000 est généralement retenu et peu de yogis en maîtrisent autant ! Les maîtres vous diront qu'en pratiquer quelques-unes suffit, la qualité prévalant sur la quantité. Parmi les postures les plus célèbres, citons *kapalâsana* (l'impressionnante posture sur la tête) et *padmâsana* (le fameux lotus). L'enchaînement de postures le plus connu étant le *sûryanamaskar,* ou « salutation au soleil ».
Le yoga est l'apprentissage d'un état de conscience privilégié, qui permet des retrouvailles avec soi-même, son but ultime étant, dans le cadre religieux ou dévot, l'ascension spirituelle.
– ***Yogi :*** vient du sanskrit *yogî,* « qui est unifié ». À l'origine, un yogi est celui qui pratique le yoga. Ce n'est ni un *fakir* (ascète musulman), ni un *guru* (maître spirituel hindouiste), ni un *sadhu* (ascète), contrairement à ce que l'on pense souvent.

les ROUTARDS sur la FRANCE 2020-2021

(dates de parution sur • *routard.com* •)

Découpage de la FRANCE par le ROUTARD

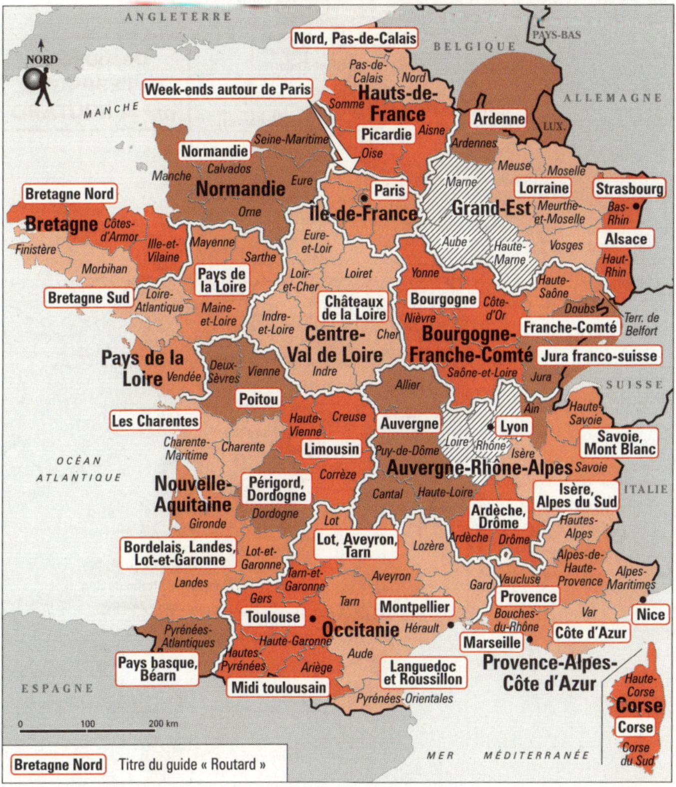

Autres guides sur la France

- Hébergements insolites en France
- Nos meilleurs campings en France
- Nos meilleures chambres d'hôtes en France

Autres guides sur Paris

- Paris
- Paris balades
- Paris exotique
- Restos et bistrots de Paris
- Le Routard des amoureux à Paris
- Week-ends autour de Paris

Le Routard à vélo

- EuroVelo6
- La Bourgogne du Sud à vélo
- La Loire à Vélo
- La Vélodyssée (Roscoff-Hendaye)
- Le Canal des 2 mers à vélo
- Paris Île-de-France à vélo
- ViaRhôna

les ROUTARDS sur l'ÉTRANGER 2020-2021

(dates de parution sur • *routard.com* •)

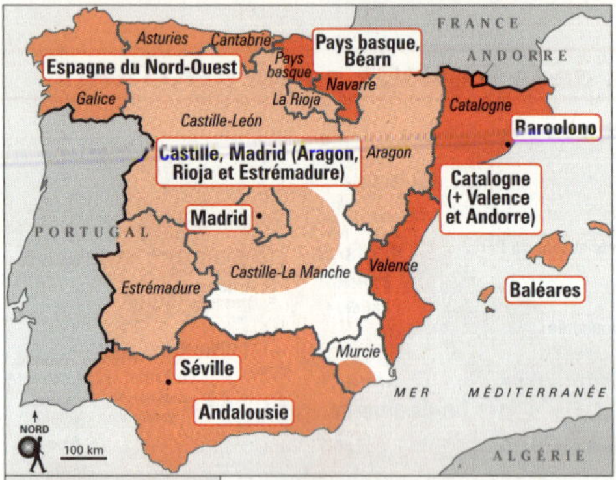

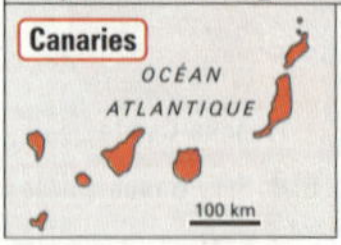

Découpage de l'ESPAGNE par le ROUTARD

Découpage de l'ITALIE par le ROUTARD

Autres pays européens

- Allemagne
- Angleterre, Pays de Galles
- Autriche
- Belgique
- Bulgarie
- Crète
- Croatie
- Danemark, Suède
- Écosse
- Finlande
- Grèce continentale
- Hongrie
- Îles grecques et Athènes
- Irlande
- Islande
- Madère
- Malte
- Norvège
- Pays baltes : Tallinn, Riga, Vilnius
- Pologne
- Portugal
- République tchèque, Slovaquie
- Roumanie
- Suisse

Villes européennes

- Amsterdam
- Berlin
- Bruxelles
- Budapest
- Copenhague
- Dublin
- Lisbonne
- Londres
- Moscou
- Naples
- Porto
- Prague
- Saint-Pétersbourg
- Stockholm
- Vienne

les ROUTARDS sur l'ÉTRANGER 2020-2021

(dates de parution sur • *routard.com* •)

Découpage des ÉTATS-UNIS par le ROUTARD

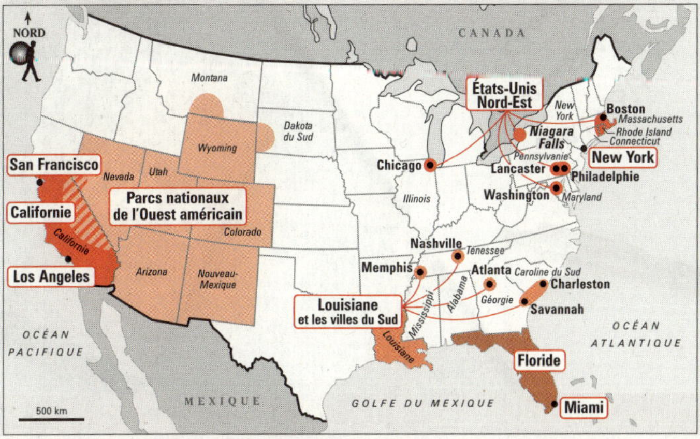

Autres pays d'Amérique

- Argentine
- Brésil
- Canada Ouest
- Chili et île de Pâques
- Colombie
- Costa Rica
- Équateur et les îles Galápagos
- Guatemala, Belize
- Mexique
- Montréal
- Pérou, Bolivie
- Québec et Ontario

Asie et Océanie

- Australie côte est + Red Centre
- Bali, Lombok
- Bangkok
- Birmanie (Myanmar)
- Cambodge, Laos
- Chine
- Hong Kong, Macao, Canton
- Inde du Nord
- Inde du Sud
- Israël et Palestine
- Istanbul
- Jordanie
- Malaisie, Singapour
- Népal
- Shanghai
- Sri Lanka (Ceylan)
- Thaïlande
- Tokyo, Kyoto et environs
- Turquie
- Vietnam

Afrique

- Afrique du Sud
- Égypte
- Kenya, Tanzanie et Zanzibar
- Maroc
- Marrakech
- Sénégal
- Tunisie

Îles Caraïbes et océan Indien

- Cuba
- Guadeloupe, Saint-Martin, Saint-Barth
- Île Maurice, Rodrigues
- Madagascar
- Martinique
- République dominicaine (Saint-Domingue)
- Réunion

Guides de conversation

- Allemand
- Anglais
- Arabe du Maghreb
- Arabe du Proche-Orient
- Chinois
- Croate
- Espagnol
- Grec
- Italien
- Japonais
- Portugais
- Russe
- G'palémo (conversation par l'image)

Livres-photos/Livres-cadeaux

- Voyages
- Voyages : États-Unis (octobre 2019)
- Voyages : France (octobre 2019)
- Voyages : Italie
- Road Trips (40 itinéraires sur les plus belles routes du monde)
- Nos 120 coins secrets en Europe
- Les 50 voyages à faire dans sa vie
- 1 200 coups de cœur dans le monde
- 1 200 coups de cœur en France
- Nos 52 week-ends dans les plus belles villes d'Europe
- Nos 52 week-ends coups de cœur en France
- Cahier de vacances du Routard

Nous tenons à remercier tout particulièrement Loup-Maëlle Besançon, Thierry Bessou, Gérard Bouchu, François Chauvin, Grégory Dalex, Fabrice Doumergue, Cédric Fischer, Carole Fouque, Nicolas George, Michelle Georget, David Giason, Claude Hervé-Bazin, Emmanuel Juste, Dimitri Lefèvre, Fabrice de Lestang, Romain Meynier, Éric Milet, Pierre Mitrano, Jean-Sébastien Petitdemange, Thomas Rivallain et Jean Tiffon pour leur collaboration régulière.

Brice Andlauer
Jean-Jacques Bordier-Chêne
Agnès Debiage
Coralie Delvigne
Jérôme Denoix
Tovi et Ahmet Diler
Clélie Dudon
Sophie Duval
Alain Fisch
Bérénice Glanger
Adrien et Clément Gloaguen
Sébastien Jauffret
Alexia Kaffès
Augustin Langlade
Jacques Lemoine
Aline Morand
Louis Nagot
Caroline Ollion
Martine Partrat
Odile Paugam et Didier Jehanno
Céline Ruaux
Prakit Saiporn
Nejma Tahri Hassani
Alice Tonasso
Caroline Vallano

Direction : Nathalie Bloch-Pujo
Direction éditoriale : Élise Ernest
Édition : Matthieu Devaux, Olga Krokhina, Gia-Quy Tran, Julie Dupré, Emmanuelle Michon, Pauline Janssens, Amélie Ramond, Margaux Lefebvre, Aurore Grandière, Astrid Richard, Lisa Pujol, Camille Lenglet et Anne Le Marois
Ont également collaboré : Véronique Rauzy, Magali Vidal, Aurélie Gaillot et Marie Gosset
Cartographie : Frédéric Clémençon et Aurélie Huot
Contrôle de gestion : Jérôme Boulingre et Yannis Villeneuve
Secrétariat : Catherine Maîtrepierre
Fabrication : Nathalie Lautout et Audrey Detournay
Relations presse : COM'PROD, Fred Papet. ☎ 01-70-69-04-69.
• *info@comprod.fr* •, Martine Levens (Belgique) et Maureen Browne (Suisse)
Direction marketing : Stéphanie Parisot, Élodie Darty et Charlotte Brou
Couverture : • *le-bureau-des-affaires-graphiques.com* •
Silhouette du Routard : Clément Gloaguen (d'après Solé)
Maquette intérieure : • *le-bureau-des-affaires-graphiques.com* •, Thibault Reumaux et • *npeg.fr* •
Direction partenariats : Jérôme Denoix
Contact partenariats et régie publicitaire : Florence Brunel-Jars
• *fbrunel@hachette-livre.fr* •

INDEX GÉNÉRAL

LISTE DES CARTES ET PLANS

IMPORTANT : DERNIÈRE MINUTE

Sauf rare exception, le *Routard* bénéficie d'une parution annuelle à date fixe. Entre deux dates, des événements fortuits (formalités, taux de change, catastrophes naturelles, conditions d'accès aux sites, fermetures inopinées, etc.) peuvent intervenir et modifier vos projets de voyage. Pour éviter les déconvenues, nous vous recommandons de consulter la rubrique « Guide » par pays de notre site ● ***routard.com*** ● et plus particulièrement les dernières ***Actus voyageurs.***

Remarque importante aux hôteliers et restaurateurs

Les enquêteurs du *Routard* travaillent dans le plus strict anonymat. Aucune réduction, aucun avantage quelconque, aucune rétribution n'est jamais demandé en contrepartie. Face aux aigrefins, la loi autorise les hôteliers et restaurateurs à porter plainte.

Avis aux lecteurs

Le Routard, ce n'est pas comme le bon vin, il vieillit mal. On ne veut pas pousser à la consommation, mais évitez de partir avec une édition ancienne. Les modifications sont souvent importantes.

Les réductions accordées à nos lecteurs ne sont jamais demandées par nos rédacteurs afin de préserver leur indépendance. Les hôteliers et restaurateurs sont sollicités par une société de mailing, totalement indépendante de la rédaction, qui reste donc libre de ses choix. De même pour les autocollants et plaques émaillées.

Avec routard.com, choisissez, organisez, réservez et partagez vos voyages !

✓ Rejoignez la plus grande communauté francophone de voyageurs : **plusieurs millions d'internautes.**

✓ Échangez avec les routarnautes : forums, photos, avis d'hôtels.

✓ Retrouvez aussi toutes les informations actualisées pour choisir et préparer vos voyages : plus de 300 guides destinations, une centaine de dossiers pratiques et un magazine en ligne pour découvrir tous les secrets de votre destination.

✓ Enfin, comparez les offres pour organiser et réserver votre voyage au meilleur prix.

Les Routards *parlent aux* Routards

Faites-nous part de vos expériences, de vos découvertes, de vos tuyaux et de vos coups de cœur. Aidez-nous à remettre l'ouvrage à jour. Indiquez-nous les renseignements périmés. Faites profiter les autres de vos adresses nouvelles, combines géniales... On adresse un exemplaire gratuit de la prochaine édition à ceux qui nous envoient les meilleurs courriers, pour la qualité et la pertinence des informations.

Quelques conseils cependant :

– Envoyez-nous votre courrier le plus tôt possible afin que l'on puisse insérer vos tuyaux sur la prochaine édition.

– N'oubliez pas de préciser l'ouvrage que vous désirez recevoir, ainsi que votre adresse postale.

– Vérifiez que vos remarques concernent l'édition en cours et notez les pages du guide concernées par vos observations.

– Quand vous indiquez des hôtels ou des restaurants, pensez à signaler leur adresse précise et, pour les grandes villes, les moyens de transport pour y aller. Si vous le pouvez, joignez la carte de visite de l'hôtel ou du resto décrit.

En tout état de cause, merci pour vos nombreux mails.

122, rue du Moulin-des-Prés, 75013 Paris

• guide@routard.com • routard.com •

Routard Assurance *2020*

Enrichie au fil des années par les retours des lecteurs, *Routard Assurance* est devenue une assurance voyage référence des globes-trotters. Tout est inclus : frais médicaux, assistance rapatriement, bagages, responsabilité civile... Avant votre départ, appelez *AVI* pour un conseil personnalisé. Besoin d'un médecin, d'un avis médical, d'une prise en charge dans un hôpital ? Téléchargez l'appli mobile *AVI international* pour garder le contact avec *AVI Assistance* et disposez de l'un des meilleurs réseaux médicaux à travers le monde. *AVI Assistance* est disponible 24h/24 pour une réponse en temps réel. De simples frais de santé en voyage ? Envoyez les factures à votre retour, *AVI* vous rembourse sous une semaine. *40, rue Washington, 75008 Paris. ☎ 01-44-63-51-00. • avi-international.com • Ⓜ George-V.*

Édité par Hachette Livre (58, rue Jean-Bleuzen, CS 70007, 92178 Vanves Cedex, France)
Photocomposé par Jouve (rue de Monbary, 45140 Ormes, France)
Imprimé par Jouve 2 (Quai n°2, 733, rue Saint-Léonard, BP 3, 53101 Mayenne Cedex, France)
Achevé d'imprimer le 24 octobre 2019
Collection n° 13 - Édition n° 01
54/6629/8
I.S.B.N. 978-2-01-706837-2
Dépôt légal : octobre 2019

PAPIER À BASE DE FIBRES CERTIFIÉES